INDIEN

Herausgegeben von
Dietmar Rothermund

INDIEN

Kultur, Geschichte,
Politik, Wirtschaft, Umwelt

Ein Handbuch

Herausgegeben von
Dietmar Rothermund

Verlag C. H. Beck

Mit Abbildungen, Karten und Tabellen

Die Deutsche Bibliothek – CIP-Einheitsaufnahme

Indien : Kultur, Geschichte, Politik, Wirtschaft, Umwelt / hrsg. von Dietmar Rothermund. – München : Beck, 1995
ISBN 3-406-39661-5
NE: Rothermund, Dietmar [Hrsg.]

ISBN 3 406 39661 5

Satz: Fotosatz Otto Gutfreund GmbH, Darmstadt
Druck und Bindung: Ebner, Ulm
Gedruckt auf säurefreiem,
aus chlorfrei gebleichtem Zellstoff hergestelltem Papier
Printed in Germany

Inhalt

XI.
Die indischen Christen
Hans-Werner Gensichen

XII.
Die Sikhs
Marla Stukenberg

Vierter Teil
Literatur, Musik, Kunst

XIII.
Tendenzen der modernen indischen Literaturen
Lothar Lutze

XIV.
Aspekte der indischen Kunst
Joachim K. Bautze

XV.
Handwerk und Volkskunst
Jutta Jain-Neubauer

XVI.
Geschichte und Konzepte der indischen Musik
Josef Kuckertz

XVII.
Tanz und Theater
Kapila Vatsyayan

Fünfter Teil
Bildung, Gesundheitswesen, Forschung und Technologie

XVIII.
Das Bildungswesen
Dietmar Rothermund

XIX.
Das Gesundheitswesen
Hans Jochen Diesfeld

XX.
Naturwissenschaftliche und technologische Forschung
Gisbert Freiherr zu Putlitz und *Thomas Schmitt*

Sechster Teil
Der Staat

XXI.
Parlamentarische Demokratie und Föderalismus
Dietmar Rothermund

XXII.
Rechtssystem und Verfassung
Dieter Conrad

XXIII.
Die Verteidigung
Dipankar Banerjee

XXIV.
Die Außenpolitik
Citha D. Maaß

XXV.
Die deutsch-indischen Beziehungen
Dietmar Rothermund

Siebter Teil
Die Wirtschaft

XXVI.
Die Stadien der wirtschaftlichen Entwicklung
Dietmar Rothermund

XXVII.

Finanzsystem und Geldverfassung

Waltraud Schelkle

XXVIII.

Die Liberalisierung der Wirtschaft

Hans Christoph Rieger

XXIX.

Genossenschaften, Gewerkschaften und Verbände

Dietmar Rothermund

XXX.

Infrastruktur: Transport und Kommunikation

Wolfgang-Peter Zingel

Anhang

Verzeichnis der Karten

Vorwort

Das Interesse an Indien hat zwei Aspekte, die in dem vorliegenden Werk gleichermaßen berücksichtigt werden: Das alte Interesse an Indiens Kunst, Musik, Literatur und Religion und das neuerwachte Interesse an Indiens Politik und Wirtschaft. Die indische Kultur hat Europa und insbesondere Deutschland schon seit Jahrhunderten fasziniert. Es gibt heute 18 Lehrstühle für Indologie an deutschen Universitäten, die diesem ersten Aspekt des Interesses an Indien gewidmet sind. Auch an diesem Buch haben namhafte Indologen mitgewirkt, doch die Leserschaft dürfte zum geringsten Teil aus Indologen bestehen. Aus diesem Grund ist auf die wissenschaftliche Umschrift indischer Namen und Wörter verzichtet, sondern die in englischen Veröffentlichungen gebräuchliche Umschrift verwendet worden.

Der andere Aspekt des Interesses an Indien, die Beobachtung seiner politischen und wirtschaftlichen Entwicklung in der Gegenwart, hat lange Zeit eine geringe Rolle gespielt. Das lag daran, daß sich die Republik Indien als recht stabil erwiesen hat und es daher für die Medien wenig Aufregendes zu berichten gab. Zudem hatte sich Indien weitgehend vom Weltmarkt abgeschottet, und sein Anteil am Welthandel war ständig zurückgegangen. Die Kreise der Wirtschaft hatten daher wenig Anreiz zur Beschäftigung mit Indien. Seit 1991 hat sich in dieser Hinsicht ein überraschender Wandel eingestellt. Die Zahlungsbilanzkrise dieses Jahres, der Regierungswechsel und die neue Liberalisierungspolitik haben Aufmerksamkeit erregt. Indien ist dabei, sich in die Weltwirtschaftsgemeinschaft einzubringen, und sein enormes Potential wird ihm bald ein großes Gewicht verleihen.

Zugleich haben harte innenpolitische Auseinandersetzungen in Indien, die fast schon den Ausbruch eines Bürgerkriegs befürchten ließen, die Aufmerksamkeit der Weltöffentlichkeit erregt. Immerhin lebt rund ein Fünftel der Weltbevölkerung in Indien. Daher hat das, was dort geschieht, weltweite Bedeutung. Die Medien berichten über politische Ereignisse naturgemäß immer nur ausschnitthaft. Die Aufgabe dieses Werkes ist es, den Hintergrund des Tagesgeschehens zu erklären und damit dem Leser eine Perspektive für die Einordnung der jeweils neusten Nachrichten zu geben.

Der Herausgeber dieses Handbuchs ist Historiker und neigt daher dazu, die langfristige historische Perspektive zu betonen. Er hat dies jedoch in seinen anderen Veröffentlichungen zur Geschichte Indiens zur Genüge getan und sich daher bei der Gestaltung des vorliegenden

Werkes bewußt zurückgehalten und seiner Disziplin nicht den Vorrang gegeben. Nur ein Kapitel über die Epochen der indischen Geschichte richtet sich an die Leser, die auch eine historische Orientierung erwarten. Sie seien freilich gewarnt, da es sich dabei um einen Gang durch die Geschichte mit Siebenmeilenstiefeln handelt. Eine ausführliche Zeittafel im Anhang ergänzt diese Darstellung.

Soweit wie möglich sind die Kapitel dieses Buchs von deutschen Autorinnen und Autoren geschrieben worden, die am besten wissen, was für ein deutschsprachiges Publikum wichtig und erklärungsbedürftig ist. Die Entwürfe der Kapitel zirkulierten im Autorenteam, damit jeder auf die Beiträge der anderen Bezug nehmen konnte. Es wäre schwergefallen, eine Vielzahl ausländischer Mitarbeiter auf diese Weise in das Autorenteam einzubeziehen und sie auf das einzustimmen, was die deutschsprachige Leserschaft von ihnen erwartet. Der Beitrag des indischen Generals, der über die Verteidigung Indiens geschrieben hat, ist in dieser Hinsicht ein Glücksfall. Er hat aufgrund seiner intimen Kenntnis des Sachgebiets einen Fragenkatalog des Herausgebers sehr präzise beantwortet. Herr Brig.Gen. a. D. Heinz P. Ptak hat die vom Herausgeber angefertigte Übersetzung dieses Kapitels überprüft. Auch ihm sei hier herzlich gedankt. Besonderer Dank gebührt der Verfasserin des Kapitels über die darstellenden Künste, die zu den großen Persönlichkeiten des indischen Kulturlebens gehört. Auch bei diesem Kapitel hat der Herausgeber seine Übersetzung einer sachkundigen Kollegin, Frau Dr. Saskia Kersenboom, Utrecht, zur Überprüfung zugesandt und möchte ihr dafür danken, daß sie diese Aufgabe übernommen hat.

Der Plan des Werkes ist aus dem Inhaltsverzeichnis klar ersichtlich, er soll daher hier nicht im einzelnen kommentiert werden. Allen Autorinnen und Autoren sei für ihre Mitwirkung und das geduldige Eingehen auf Korrekturvorschläge und Ergänzungswünsche des Herausgebers herzlich gedankt. Besonderer Dank gilt auch Herrn Dr. Georg Berkemer vom Südasieninstitut der Universität Heidelberg, der bei der redaktionellen Arbeit mitgeholfen und die Tabellen und die Zeittafel im Anhang erstellt hat.

Heidelberg, Juni 1995 *Dietmar Rothermund*

Erster Teil

Umwelt und Bevölkerung

I.
Ökologische Grundlagen: Naturraum und Klima

Hans-Georg Bohle

Indien, das den Kern von Südasien bildet, ist der Fläche nach das siebtgrößte Land der Erde. In der Nord-Süd-Ausdehnung mißt es 3214 km, in der weitesten West-Ost-Erstreckung 2933 km. Im Nordwesten grenzt Indien an Pakistan, im Norden an China, Nepal und Bhutan, im Osten an Bangladesch und Myanmar. Zum Staatsgebiet von Indien gehören außerdem verschiedene Inselgruppen: Andamanen und Nikobaren im Indischen Ozean sowie Lakkadiven, Minicoy und Amindiven an der westlichen Malabarküste.

1. Der Naturraum: Die landschaftsräumliche Großgliederung Indiens

Im Verlaufe der geographischen Beschäftigung mit Indien hat es nicht an Versuchen gefehlt, den indischen Subkontinent in landschaftsräumliche Einheiten unterschiedlicher Größenordnungen zu gliedern. Die vergleichende Untersuchung von Max Herresthal (1976) gibt einen guten Überblick darüber, welche Kriterien die verschiedensten Autoren zugrunde gelegt haben und zu welchen Gliederungsversuchen sie gekommen sind. In der Regel werden morphographische und klimatologische Faktoren kombiniert, die in ihrer Interdependenz das landschaftsräumliche Gefüge des Landes bestimmen und die auch kulturgeographische Merkmale wie die Landnutzung stark beeinflussen.

Trotz der unterschiedlichsten methodischen Herangehensweisen und ungeachtet der Vielzahl der verwendeten Abgrenzungskriterien sind sich alle Versuche, Indien landschaftsräumlich zu gliedern, darin einig, daß das Land aus drei großen Baueinheiten besteht. Da sind zunächst die Landschaftsräume der nördlichen Gebirgsumrahmung des indischen Subkontinents, die vom Gebirgssystem des Himalaya dominiert werden. Nach Süden folgen als eine zweite große Baueinheit die Landschaftsräume der nordindischen Ebenen, insbesondere die Tiefebenen von Ganges und Brahmaputra. Eine dritte Großeinheit stellt der Sockel der eigentlichen Halbinsel Indiens dar, der von der Dekkan-Scholle gebildet wird. Die physiogeographischen Kontraste zwischen diesen drei Makroregionen sind außerordentlich ausgeprägt. Während das Gebirgssystem des Himalaya ein sehr junges und hochdifferenziertes Relief aufweist, ist die Halbinsel überwiegend von einer offenen, flachwelligen und sehr alten Topographie geprägt, die lange Perioden geologischer Ruhe widerspiegelt. Dazwischen schieben sich die nordindischen Tiefebenen mit weitgespannten monotonen Aufschüttungsflächen großer Ausdehnung. Diese drei großen Baueinheiten umfassen eine außerordentliche Vielfalt in der natürlichen Ausstattung des Landes, eine Vielfalt, die von den höchsten vergletscherten Bergregionen der Welt bis zu den tropischen Küstenräumen von Kerala, von den amphibischen Deltabereichen Bengalens bis hin zu den Trockensteppen der Wüste Tharr reicht.

Dem Prinzip der naturgeographischen Dreigliederung von Indien folgt auch Harald Uhlig (1977: 55–78) in seiner ausgezeichneten Analyse der naturräumlichen Großräume Indiens. Neben einzelnen aktuellen Darstellungen zur Geologie, Morphologie, Klimatologie und Ökologie Indiens bilden seine Ausführungen eine wichtige Grundlage für die nachfolgenden Kapitel zur landschaftsräumlichen Gliederung von Indien.

Das Gebirgssystem des Himalaya

Mit einer Länge von über 2500 km ist die Ost-West-Erstreckung des Himalaya mehr als doppelt so lang wie die des Alpenbogens. In geologischer Hinsicht wird das Gebirgssystem überwiegend aus präkambrischem metamorphen Gestein (Gneise, Migmatite, kristalline Schiefer, Quarzite, granitische Intrusionen etc.) gebildet. Diese Gesteine stellen die Frontseite des alten Gondwana-Kontinents dar, der im Paläozoikum noch eine große Landmasse aus den Kernen der heutigen Kontinente der Südhalbkugel gebildet hatte. Beim Auseinanderdriften dieses Urkontinents schob sich die indische Landmasse über den Äquator hinweg nach Norden. Im Mesozoikum war das heutige Gebiet des Himalaya von der großen Geosynklinale des Tethys-Meeres eingenommen. Seine Sedimente bilden das heutige Plateau von Tibet aus.

Obwohl viele Prozesse der erdgeschichtlichen Entwicklung des Himalaya-Systems bis heute wissenschaftlich stark umstritten und große Teile des Gebirgskomplexes geologisch noch immer nicht genau bekannt sind, scheinen die orogenetischen Aktivitäten, die die alte Tethys-Synklinale zum heutigen Himalaya-System umgestalteten, doch in drei großen Phasen stattgefunden zu haben. In einer ersten Phase wurde im Oligozän die zentrale Achse des Himalaya herausgehoben. In einer zweiten Phase, die bis in das Miozän reicht, kam es zu umfangreichen Faltungs- und Schuppungsprozessen und zu mächtigen Deckenüberschiebungen. Alle Deckenfronten schauen nach Süden, das heißt, daß die Hauptschubrichtung nördlich-südlich gewirkt hat. Die beiden wichtigsten tektonischen Linien sind die zentrale Hauptüberschiebung (zwischen Himalaya-Hauptkamm und Vorderem Himalaya) und die

Hauptrandstörung, ebenfalls eine (zwischen Vorderem Himalaya und Siwalikketten gelegene) Überschiebung. In einer dritten Phase, die dem Post-Pliozän zuzuordnen ist und die bis heute anhält, wurden die Sedimente der Siwaliks – des Vorgebirges – von kräftigen Faltungsvorgängen erfaßt. Der Himalaya ist demzufolge dem weltumspannenden System der jungen alpidischen Faltengebirge zuzuorden.

Die geomorphologische Gliederung in der Längsrichtung weist von Süden nach Norden fünf parallelgeschaltete tektonische Haupteinheiten auf. Als Übergangsraum zwischen den nordindischen Ebenen und dem Gebirgssystem erstreckt sich zunächst ein 25–50 km breiter, von sumpfigen Wald- und Savannenlandschaften geprägter Landschaftsraum. Dies ist der fast ganzjährig feuchte «Tarai», der lange Zeit wegen Malariaverseuchung nahezu unbesiedelt geblieben war und erst in jüngster Zeit nach der Zurückdrängung der Malaria flächenhaft für die Besiedlung erschlossen wird. Diese Zone ist am Gebirgsfuß von ausgedehnten Schwemmfächern durchsetzt, die von den großen Gebirgsflüssen in Form von Schottern und Sanden aufgeschüttet wurden. Wegen ihrer großen Wasserdurchlässigkeit und der niedrigen Qualität der Böden sind auch diese Landschaftsbereiche traditionell nur dünn besiedelt.

Nach Norden hin schließt sich ein zweiter meridionaler Landschaftsraum an, das Vorgebirge der «Siwaliks». In einer Breite von 10–80 km ist dieses breit gestaffelte, teilweise aber auch vom Himalaya tektonisch überschobene Vorgebirge dem eigentlichen Gebirgssystem auf rund 1700 km Länge vorgelagert. Die absoluten Höhen reichen von 600–1200 m. Es handelt sich um eines der jüngsten Gebirge der Erde, das mit der Hebung des Himalaya aufgewölbt und vielfach schräg gestellt wurde und noch heute von tiefgreifenden Erosionsprozessen geprägt wird. Wenn sich die Flußtäler innerhalb der Siwalik-Ketten oder zwischen Siwaliks und Vorderem Himalaya – meist handelt es sich um Längstäler – zu größeren Becken ausweiten, so spricht man von «Duns». Da hier inselhaft Bewässerungswirtschaft möglich ist, treten in den Duns einzelne größere Bevölkerungskonzentrationen auf.

Nach Norden hin schließen sich den Siwaliks zunächst die Ketten des Vorderen Himalaya an, ein Landschaftsraum, der im östlichen Himalaya nur einen schmalen Streifen bildet, der sich nach Westen hin aber kontinuierlich ausdehnt. Die höchsten Gipfel des Vorderen Himalaya erreichen nahezu 5000 m Höhe. Trotz der beträchtlichen Höhenunterschiede und der schwierigen Durchgängigkeit ist der Vordere Himalaya ein bedeutender Siedlungs- und Lebensraum. Das betrifft nicht nur die großen, altbesiedelten Gebirgsbecken, wie die von Kaschmir oder Kathmandu, sondern auch die zahllosen Terrassenböden, Berghänge und Kuppen, die von ethnisch sehr unterschiedlichen Bergvölkern teils im Bewässerungsfeldbau, teils im Regenfeldbau ackerbaulich genutzt werden. Wegen der beträchtlichen Regenfälle und der jahreszeitlich stark schwankenden Wasserführung der Bergflüsse bilden hier Prozesse der flächenhaften Bodenabspülung sowie Erdrutsche und Muren eine ständige Bedrohung für die Agrarbevölkerung.

Die vierte, sich weiter nach Norden anschließende Baueinheit des Himalaya ist der eigentliche Himalaya-Hauptkamm, der die höchsten Berge der Welt aufweist. Allein zehn Gipfel des Hochhimalaya sind höher als 8000 m, 31 überragen immerhin 7600 m. Weite Flächen des Himalaya-Hauptkammes sind vergletschert, wobei die aus Süden heranfließenden monsunalen Niederschläge die Hauptvergletscherungen an den Südexpositionen entstehen lassen. Rund 10 % der Oberfläche des Himalaya sind vergletschert. Die Gletscher des Himalayasystems bilden eines der größten natürlichen Wasserreservoire der Erde. Trotz der enormen Schwankung in der Wasserführung der großen Ströme Nordindiens sichern die Gletscher auch außerhalb der Regenzeiten eine ganzjährige Wasserzufuhr. Insofern sind sie für die Bewässerungskulturen des indischen Tieflandes von lebenswichtiger Bedeutung. Zahlreiche Flüsse durchbrechen den Hauptkamm, vom tibetischen Himalaya ausgehend, in antezedenten Schluchten. Hier werden die größten vertikalen Höhenunterschiede der Erde erreicht.

Die fünfte und innerste Baueinheit des Himalaya bildet schließlich der «Tibetische Himalaya» nördlich des Hauptkammes. Auch hier kam es im Rahmen der alpidischen Gebirgsbildung zu Überschiebungsprozessen, wobei Sedimente des Tibetischen Himalaya dem Hochhimalaya aufgeschoben wurden. Indien hat im Westen mit dem Territorium von Ladakh Anteil am Tibetischen Himalaya.

Was die Quergliederung des Himalaya betrifft, so werden hier weniger geologische und tektonische als vielmehr klimaökologische und politische Grenzen herangezogen. Auch die von Herresthal (1976) vorgeschlagene Gliederung folgt diesen Abgrenzungskriterien (Karte 1, Einheiten 1.1.1 bis 1.1.4). Meist wird der Himalaya von West nach Ost in fünf unterschiedliche Raumeinheiten untergliedert. Vom Indus bis zum Satlej ist dies der Kaschmir-Himalaya, von dem oft noch der Panjab-Himalaya abgegrenzt wird. Aus der semi-ariden Dornbuschsteppe des Panjab folgen subtropische Höhenstufen der Vegetation, die mit ansteigender Höhe von Hartlaubwald, subtropischen Kiefern bis hin zu temperiertem Mischwald gefolgt werden. Weiter nach Osten schließt sich dann eine zweite naturräumliche Einheit an, der Kumaon-Himalaya, der bis zur Westgrenze von Nepal reicht. Vegetationsmäßig ist dieser Raum von subtropischen Laubwäldern (Sal) und Langnadelkiefern geprägt. Weiter nach Osten folgt dann der Nepal-Himalaya, dem sich als vierte Raumeinheit der Sikkim-Himalaya anschließt. Ihm folgt als fünfter Landschaftsraum der Assam-Himalaya. Im südöstlichen Bereich des Gebirges ist die Fußregion von tropischen Regenwäldern geprägt. Zur Höhe hin schließen sich immerfeuchte Höhen- und Nebelwälder an. Von großer wirtschaftlicher Bedeutung sind hier die von Teeplantagen überzogenen Bergflanken von Darjeeling und Assam.

Die Tiefebenen von Ganges und Brahmaputra

Die großen Flußebenen von Ganges und Brahmaputra bilden zwischen dem Gebirgssystem des Himalaya und der alten Scholle des Dekkan ein großes alluviales Tiefland aus. Es handelt sich um eine synklinale Depression, die sich im Alttertiär (oberes Eozän) herausbildete und die ihr Entwicklungsmaximum während des Jungtertiärs (Miozän) erreichte. Seitdem ist diese Depression allmählich mit Sedimenten aufgefüllt worden, die bis zu 2000 m mächtig sind. Sie sind überwiegend sandiger oder lehmiger Natur und bilden zusammen mit Kiesaufschüttungen pleistozänen oder holozänen Alters die Oberfläche der großen Flußebenen. Im Untergrund des Senkungstroges befinden sich unkonsolidierte alttertiäre Sedimente des Himalayapiedmont; noch weiter darunter liegen alte Formationen der Gondwana-Scholle.

Die aktuelle Reliefbildung in den nordindischen Tiefebenen wird von den beiden großen Flußsystemen des Ganges und des Brahmaputra bestimmt. Trockengefallene Flußläufe, wassergefüllte Altarme und langgestreckte Säume von Marschland hinter den Uferdämmen der großen Flüsse sind die Hauptcharakteristika der großen Ebenen.

Die Gangesebene läßt sich weiter in verschiedene Landschaftsräume untergliedern (vgl. Karte 1, Einheiten 2.2.1 bis 2.2.4). Im Westen ist dies zunächst das Zwischenstromland («Doab») zwischen Ganges und Jamuna. Die Jamuna fließt mehr als 500 km lang südlich parallel des Ganges und schüttet dabei fruchtbare alluviale Lehmböden auf, die mit Hilfe flußparalleler Kanäle bewässert werden und damit eine der Kornkammern Indiens ausbilden (vgl. Karte 1, Einheit 2.2.1). Nördlich des Ganges-Jamuna-Doab befindet sich die Rohilkhand-Ebene von Uttar Pradesh, die nach Osten hin in die Avadh-Ebene des östlichen Uttar Pradesh übergeht. Daran schließen sich nach Osten hin die unteren Ebenen von Bihar an, die vom Ganges in zwei kompakte Blöcke unterteilt werden. West-Bengalen umfaßt schließlich den letzten Teil der Gangesebene; die Mündung des Ganges bildet ein großes amphibisches Delta mit zahllosen Deltazweigflüssen.

Der Brahmaputra, der in einer tiefen Schlucht den Himalaya zum Tiefland von Assam hin durchbricht, verbindet sich in der Deltaregion mit dem Ganges. Am äußeren seewärtigen Rand des Deltas bilden sich ausgedehnte Gezeitensümpfe aus («Sunderbunds»). Wegen des geringen Gefälles kommt es insbesondere im Unterlauf des Ganges und Brahmaputra häufig zu Stromverlagerungen und weitflächigen Überflutungen. Wenn Schneeschmelze im Himalaya, monsunale Regen, tropische Wirbelstürme und binnenwärtsgerichtete Sturmfluten zusammentreffen – dies ist oftmals im Spätsommer der Fall–, kommt es zu verheerenden Überschwemmungskatastrophen, die immer wieder Abertausende von Flutopfern gefordert haben.

Die Wasserscheide zwischen dem Ganges- und dem Indussystem liegt westlich von Delhi an der sogenannten «Pforte von Delhi». Westlich

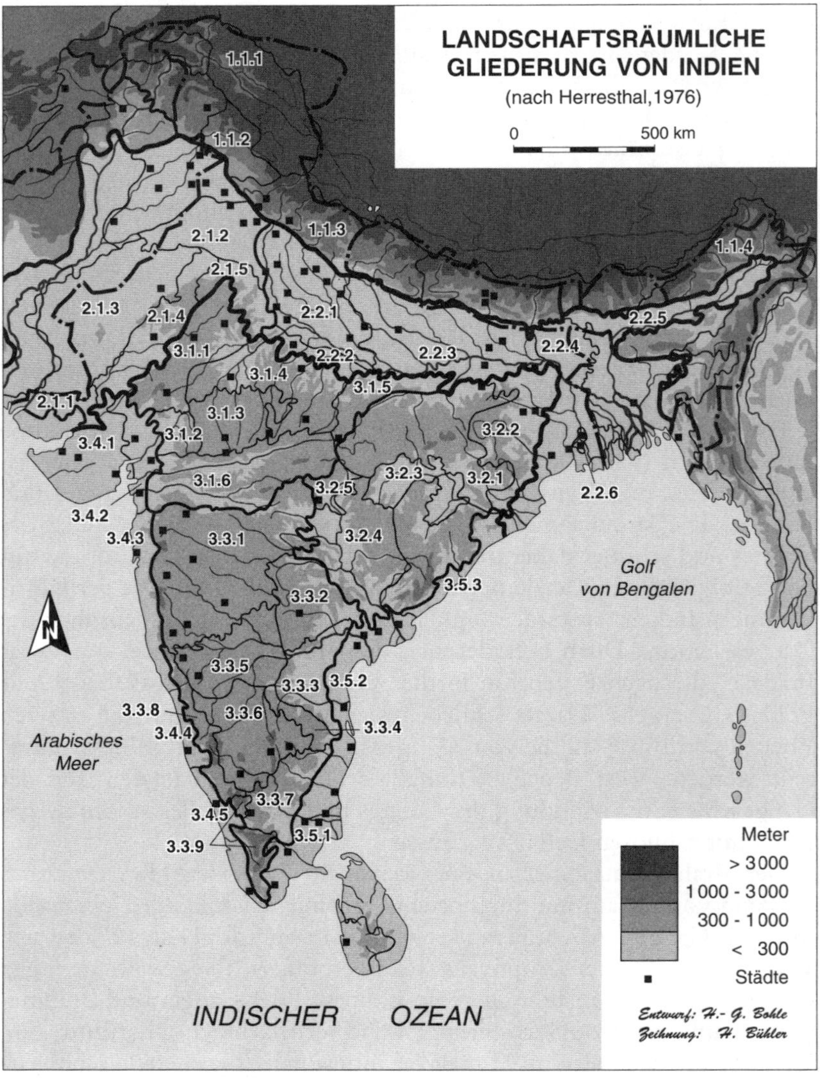

dieser Wasserscheide hat Indien Anteil am sogenannten «Fünfstromland» («Panjab»), wo die fünf Ströme Satlej, Beas, Ravi, Chenab und Jhelum in einem großen Fächer dem Indus zufließen (vgl. Karte 1, Einheit 2.1.2). Während der britischen Kolonialzeit ist hier ein umfangreiches Bewässerungssystem mit zahllosen Stauwehren und Bewässerungskanälen entstanden. Für Indien ist der Satlej von besonderer Bedeutung, da hier kurz vor der Grenze nach Pakistan der Rajasthan-Kanal abgeleitet werden konnte, der große Bereiche des semi-ariden Rajasthan bewässert. Hier handelt es sich um weitgespannte Sand- und Tonebenen mit Steppencharakter.

Die Tiefebenen von Ganges und Brahmaputra weisen eine Reihe von morphologischen und hydrographischen Strukturmerkmalen auf, die für die Landwirtschaft von großer Bedeutung sind. Obwohl die großen Flüsse ganzjährig Wasser führen, sind die jahreszeitlichen Schwankungen doch enorm. Kurz vor der Einmündung in das Delta beträgt die Wasserführung des Ganges im jahreszeitlichen Mittel rund 13000 m^3/sec., sie kann aber im Sommer bis auf über 70000 m^3/sec. ansteigen. Durch

---

Karte 1

1 *Die Landschaftsräume der nördlichen Gebirgsumrandung des indischen Subkontinents*
1.1 *Die Gebirge des Nordens*
1.1.1 *Karakorum, östlicher Hindukusch und der Himalaya von Ost-Kashmir und Nord-Himachal*
1.1.2 *Panjab-Himalaya*
1.13 *Himalaya von Garhwal, Kumaon und West-Nepal*
1.14 *Assam-Himalaya*
1.2 *Die Gebirge des Ostens*
1.2.1 *Meghalaya-Mikhir*
1.2.2 *Birmanesisches Grenzgebirge (Patkai- und Arakan-Gebirge)*
1.2.3 *Westliche Vorketten der birmanesischen Grenzgebirge*
2 *Die Lanschaftsräume der nordindischen Ebenen*
2.1 *Die westlichen nordindischen Ebenen*
2.1.1 *Rann von Katch und das Indusdelta*
2.1.2 *Ost-Panjab*
2.1.3 *Ṭhar*
2.1.4 *Westliches Aravallivorland*
2.1.5 *Nördliche Aravallis und das Sekhavatigebiet*
2.2 *Die östlichen nordindischen Ebenen*
2.2.1 *Obere Gangesebenen*
2.2.2 *Nord-Bundelkhaland und Gwalior*
2.2.3 *Mittlere Gangesebene*
2.2.4 *West-Bengalen*
2.2.5 *Assam und Nord-Bengalen*
2.2.6 *Kalkutta-Hugliside*
3 *Die Landschaftsräume der Dekkan-Scholle*
3.1 *Nordwestlicher Dekkan*
3.1.1 *Aravallis und Banasland*
3.1.2 *Mahi-Bagar*
3.1.3 *Mahva-Plateau*
3.1.4 *Bundelkhand und Nord- und Ost-Malwa*
3.1.5 *Rewah-Plateau und Kaimur Hills*
3.1.6 *Der Vindhya-Satpura-Landschaftsraum*
3.2 *Nordöstlicher Dekkan*
3.2.1 *Baghelkhand, West-Choa Nagpur und die Bergländer Orissas*
3.2.2 *Ost-Choa Nagpur und Nordost-Orissa*
3.2.3 *Chattisgarh und mittleres Mahanadiland*
3.2.4 *Süd-Waingangaland und West-Dandakaryana*
3.2.5 *Nord-Waingangaland*
3.3 *Südlicher Dekkan*
3.3.1 *Maharashtra*
3.3.2 *Telangana*
3.3.3 *Gebirge und Becken von Cuddapah*
3.3.4 *Anantapur-Chittoor*
3.3.5 *Nordkarnataka*
3.3.6 *Maisur-Maidan*
3.3.7 *West-Tamilnad*
3.3.8 *Südliche West-Ghats*
3.3.9 *Nilgiris und die Gebirgsmassive am Kap Komorin*
3.4 *Die Westküste des indischen Subkontinents*
3.4.1 *Katch, Kathiawar und West-Gujarat*
3.4.2 *Ost-Gujarat*
3.4.3 *Konkan*
3.4.4 *Goa und Kanara*
3.4.5 *Kerala*
3.5 *Die Ostküste des indischen Subkontinents*
3.5.1 *Die Küsten Tamilnads*
3.5.2 *Nellore und die Deltas von Andhra*
3.5.3 *Das Küstenland der Northern Circas*

den parallelen Verlauf der großen Flüsse zwischen langgestreckten «Doabs» entstand eine streifenförmige geoökologische Feingliederung, wobei die Wasser- und Bodenverhältnisse charakteristische Zonen für die Landwirtschaft ausbilden (Nitz 1971). Beiderseits der Flußbetten erstrecken sich in der Regel breite Niederungen («Khada»), die eine Art Flußmarsch bilden. Weitflächige jahreszeitliche Überschwemmungen zwingen zur Anlage von Siedlungen auf künstlichen Hügeln. Gleichzeitig kann das große Wasserpotential aber auch für den Reisbau genutzt werden. Zwischen den Niederungen liegen dann die bereits erwähnten Zwischenstromplatten («Doabs»), die zum größten Teil während des Pleistozän aufgeschüttet wurden. Während der Randbereich der Zwischenstromplatten zumeist ein agrarisch ungünstiger, von Dünen durchzogener Flugsandbereich ist, bestehen die Zentralbereiche der «Doabs» aus außerordentlich fruchtbaren Lehmböden. Erst östlich von Patna, wenn sich das Gangessystem zu einem Strom vereinigt, entfällt die Ausbildung der für die Landwirtschaft so wichtigen Zwischenstromplatten. Hier erreicht das Stromtiefland mit knapp 200 km seine geringste Breitenausdehnung, während es sich im westlichen Nordindien bis zu einer Breite von 320 km erstreckt. Die gesamte Länge des nordindischen Tieflandes beträgt rund 2400 km.

Die Dekkan-Halbinsel

Die Dekkan-Halbinsel ist die dritte große Baueinheit des indischen Naturraumes. Sie schließt sich etwa südlich von 25° nördlicher Breite an das nordindische Tiefland an. Es handelt sich um eine geologisch sehr alte Grundgebirgsscholle, die als ein Teilstück des Urkontinents Gondwana anzusehen ist. Der archaische Grundgebirgskomplex besteht überwiegend aus Graniten, Gneisen und kristallinen Schiefern. Die Aravalli-Berge, die die Nordwestspitze der alten Scholle bilden, gelten als einer der ältesten Absenkungströge der Welt, der sich mit den Abtragungsprodukten der benachbarten Hochgebirge auffüllte.

Während der Gebirgsbildung des Himalaya kam es im Nordwesten der alten Grundgebirgsscholle zu zahlreichen Brüchen, die zu weitflächigen vulkanischen Deckenergüssen führten. Im nördlichen Dekkan von Madhya Pradesh und Gujarat bedecken auf einer Fläche von rund 520000 qkm kompakte, flachgeschichtete Basaltdecken den Grundgebirgskomplex bis zu einer Mächtigkeit von 3000 m. Aus den Basaltdecken haben sich die fruchtbaren, gut wasserspeichernden Regur-Schwarzerden («black cotton soil») gebildet, die aufgrund ihrer hohen Wasserspeicherfähigkeit von großer landwirtschaftlicher Bedeutung für den Regenfeldbau, insbesondere von Baumwolle, sind.

Die Dekkan-Halbinsel läßt sich naturräumlich in drei Großlandschaften gliedern (vgl. Nag/Sengupta, 1992). Eine erste charakteristische

Landschaft ist das eigentliche Binnenplateau. Wo die flachgeschichteten Basalte von Laven, Aschen und Süßwassersedimenten durchsetzt sind, bildet sich durch treppenartiges Zurückwittern («Trapp») von wechselnd durchlässigen und widerständigen Schichten eine weiträumige Schichtstufenlandschaft heraus, die von Zeugenbergen, den vorgelagerten Resten höherer Schichtflächen, sowie von Tafelbergen durchsetzt ist. Dazwischen sind weitgespannte Ebenheiten eingeschaltet (vgl. z. B. Karte 1, Einheit 3.3.1). Der südliche Teil der Dekkan-Scholle, der nicht von Basalten bedeckt ist, wird von weiträumigen gewellten Rumpfflächen eingenommen. Aus den Rumpfflächen ragen glokken- oder tafelbergförmige Inselberge heraus, die sich mit steilem Fußknick über die Ebenheiten erheben. Der Wechsel von starker mechanischer Verwitterung in der Trockenzeit und Flächenbildung in der Regenzeit wird hier als der wichtigste Mechanismus der Flächenspülung und einer gleichzeitigen tiefgründigen Tiefenverwitterung angesehen (Büdel, 1986: «Doppelte Einebnungsfläche»). Neuere Untersuchungen (Brückner, 1989) zeigen jedoch, daß die Rumpfflächen des südindischen Binnenlandes nur durch das geologisch langfristige Alternieren von Phasen mit dominierender Tiefenverwitterung und Phasen starker Abtragung durch Oberflächenabfluß im Sinne der «Pediplanation» entstanden sein können. Der bloße jahreszeitliche Zyklus reicht für den Prozeß der Flächenbildung offensichtlich nicht aus.

Obwohl die Niederschläge im südlichen Binnenland in der Regel höher sind als im Regur-Gebiet, lassen die im Süden dominierenden kristallinen Latosole wegen ihrer Tonhaltigkeit den Niederschlag rasch abfließen. Deshalb ist hier der Einsatz künstlicher Bewässerung von großer ackerbaulicher Bedeutung. Die Kulturtechnik der Anlage von Stauteichen, die oftmals in ganzen Ketten über die Flußläufe gelegt werden und die die weitgespannten Spülmulden zum Speichern von Bewässerungswasser nutzen, hat aufgrund jahrhundertelanger Sedimentation den morphologischen Prozeß der Flächenbildung noch anthropogen verstärkt.

Im Norden der Dekkan-Scholle ist eine Abfolge von Grabenbrüchen und Gebirgsketten entstanden. Im Nordwesten wird der Grabenbruch des Narmada-Tales nach Süden hin von den horstartig aufgewölbten Ketten des Satpura-Gebirges, nach Norden hin von dem treppenförmig ansteigenden Vindhya-Gebirge eingerahmt. Noch weiter nach Norden geht das Vindhya-Gebirge in das Malwa-Plateau über. Der nordöstliche Bereich der Dekkan-Halbinsel wird vom Bergland von Chota Nagpur (vgl. Karte 1, Einheiten 3.2.1 und 3.2.2) eingenommen. Hier sind kohlehaltige Schichten im kristallinen Gestein eingelagert, so daß sich in den Tälern von Damodar, Mahanadi, Son, Vardha und Godavari die etwa 70 wichtigsten Kohlefelder Indiens aneinanderreihen. Da sich südlich an die Kohlelagerstätten in geringer Entfernung die großen Erzvorkommen von Singhbum anschließen, ist das Chota Nagpur-Bergland heute wichtigster Standort der indischen Schwerindustrie.

Das verheerende Erdbeben in Maharashtra vom September 1993 hat gezeigt, daß die indische Platte noch immer unter enormen Spannungen steht, die sich in einem zerstörerischen Flächenbeben entladen können. Gewöhnlich treten Erdbeben in Indien eher am Nordrand der indischen Platte auf, wo sie sich nach Norden hin gegen den asiatischen Block schiebt und unter ihm abtaucht. Dabei entstehen Tiefbeben mit einem Epizentrum zwischen 100 und 700 km unter der Erdoberfläche, so daß die Schäden und die Zahl der Opfer i. d. R. nicht ganz so erheblich sind.

Von großer Bedeutung für den wirtschaftenden Menschen sind auch die breiten Talsohlen der großen Ströme, die das Binnenplateau des Dekkan entwässern und die mit ihren fruchtbaren Alluvialböden lange Streifen von Bewässerungsfeldland ausbilden. Das hydrographische System des Dekkan ist aufgrund des Absinkens der Grundgebirgsscholle im östlichen Bereich heute stark asymmetrisch ausgebildet. Obwohl die Quellbereiche der Flüsse am westlichen Rand des Plateaus liegen, fließen die Ströme i. d. R. über das gesamte Binnenland nach Osten zum Bengalischen Golf ab. Besonders ausgeprägt ist diese Asymmetrie im mittleren und südlichen Dekkan, wo sich ein von West nach Ost abfallendes, in mehrere Stufen gegliedertes Plateaurelief herausgebildet hat.

Einen zweiten typischen Naturraum nehmen die im Osten ausgedehnten und im Westen außerordentlich schmalen Küstentiefländer Südindiens ein. Auch diese Asymmetrie ist Ausdruck der nach Osten gerichteten Kippbewegung der gesamten mittleren und südlichen Grundgebirgsscholle des Dekkan. Insofern haben die nach Osten zum Bengalischen Golf hin entwässernden großen Ströme weitgedehnte Deltas aufgeschüttet, die als große Bewässerungssysteme heute die Kornkammern Südindiens bilden. Allein die Deltas von Kaveri und Mahanadi umfassen mehr als 10000 qkm, das gemeinsame Delta von Godavari und Krishna ist noch weit ausgedehnter. Das zwischen den großen Deltas der Ostküste (Koromandel-Küste) eingeschaltete Tiefland (vgl. Karte 1, Einheiten 3.5.1 bis 3.5.3) ist wegen der günstigen Grundwasserverhältnisse und der fruchtbaren alluvialen Böden ebenfalls von großer Bedeutung für die Bewässerungslandwirtschaft. Morphologisch gesehen handelt es sich bei der Ostküste um eine sandige Ausgleichsküste mit Nehrungen und Haffs. Der schmale Küstenstreifen an der Westküste (Malabar-Küste, vgl. Karte 1, Einheiten 3.4.4 bis 3.4.5) zum Arabischen Meer besteht dagegen aus Felssockeln und Laterittafeln, die im Süden von Lagunen gegliedert sind. Aufgrund der günstigen Niederschlagsverhältnisse ist dieser Raum von großem landwirtschaftlichen Potential und daher auch extrem dicht besiedelt.

Eine dritte typische Großlandschaft der Dekkan-Halbinsel bilden die Küstenbergländer (vgl. z. B. Karte 1, Einheit 3.3.3). Auch hier kommt die morphologische Asymmetrie der Halbinsel in der gestuften Heraushebung der westlichen Ghats zum Ausdruck, die mit einer mächtigen Stufe nach Westen hin abbrechen und sich nach Osten hin treppenförmig in die Plateaulandschaft des Binnendekkans fortsetzen. Während die West-Ghats Höhen von über 2600 m erreichen, steigen die östlichen Ghats maximal auf 1600 m auf. Es handelt sich um einzelne Teilschollen des Dekkanplateaus, die als inselbergförmige Bergstöcke die Ebenheiten der Rumpfflächen überragen. Die Bergländer der West-Ghats sind wegen ihrer Teeplantagen und Edelholzwälder von erheblicher wirtschaftlicher Bedeutung.

2. Das Klima: Das indische Monsunklima

Es gibt kaum ein Land der Erde, für das das Klima und seine Wechselfälle eine so entscheidende Rolle spielen wie für Indien. Von besonderer Bedeutung sind dabei die Niederschlagsverhältnisse, denn noch immer ist die Landwirtschaft auf rund 70 % der Anbaufläche unbewässert und daher direkt von Regenfällen abhängig. Das Klima Indiens wird weitestgehend vom Monsun bestimmt. Mit seinem jahreszeitlichen Wechsel zwischen Regen- und Trockenzeit prägt der Monsun die Vegetation und den landwirtschaftlichen Anbau. Vom Jahresablauf des Monsun und seinen Niederschlägen hängen Arbeit, Einkommen und Nahrungsversorgung für Hunderte von Millionen Menschen ab. Eine ausgezeichnete Beschreibung des indischen Monsunklimas und seiner räumlichen wie zeitlichen Differenzierung findet sich bei Domrös (1977: 47–55). Seine Ausführungen bilden eine wichtige Grundlage für die nachfolgende Darstellung.

Der Monsun

Das indische Monsunklima ist durch den jahreszeitlichen Wechsel zwischen dem regenbringenden Südwest-Monsun im Sommer und dem trockenen Nordost-Monsun im Winter gekennzeichnet. Insofern ist es der sommerliche Südwest-Monsun, der für die indische Agrarwirtschaft von so entscheidender Bedeutung ist; oftmals wird der Sommermonsun daher als der eigentliche Monsun bezeichnet.

Genetisch handelt es sich beim Sommermonsun um den weiträumigen Übertritt des südhemisphärischen Südost-Passates über den Äquator hinweg auf die Nordhalbkugel. Ausschlaggebend ist das Hitzetief über Südasien, dessen Kern am Rande der Tropen nahe dem nördlichen

Wendekreis liegt. Es weist einen wesentlich geringeren Luftdruck auf, als er normalerweise in der äquatorialen Tiefdruckrinne vorkommt. Dadurch wird, wie Weischet (1977, 233 ff.) in seiner Einführung in die Allgemeine Klimatologie darlegt, ein durchgehendes Luftdruckgefälle vom subtropischen Hochdruckgürtel der Südhalbkugel quer über den Äquator bis hin zum Hitzetief über Nordindien hergestellt. In der Folge endet die Passatströmung der Südhalbkugel nicht in einer Tiefdruckfurche nahe dem Äquator, sondern die Strömung wird bis zum Wirkungsbereich des Tiefs am Rande der Tropen fortgesetzt. Dabei kommen die Luftströmungen mit zunehmender Entfernung vom Äquator unter den Einfluß der Corioliskraft; aus dem südhemisphärischen Südost-Passat wird daher über dem indischen Ozean zunächst eine Südwest- und später eine West-Süd-West-Strömung.

Wichtig für die klimatischen Wirkungen des Südwest-Monsuns ist das Phänomen der Flächenkonvergenz. Da mit zunehmender Entfernung vom Äquator die Flächen zwischen den Gradfeldern der Meridiane laufend abnehmen, bedeutet dies für die Luftmasse, daß sie ihre Anfangsgrundfläche ebenfalls kontinuierlich verkleinern muß. Dadurch verliert die Strömung laufend die Stabilität ihrer Luftschichtung. Aus der ausgesprochen stabil geschichteten Passatströmung wird so eine labil geschichtete regenbringende Monsunströmung.

Die aus dieser Monsunströmung resultierenden Niederschlagsverhältnisse hängen allerdings entscheidend davon ab, wieviel Wasserdampf die Strömung auf ihrem Weg zur indischen Landmasse aufnehmen kann. Während der südliche Teil des Sommermonsuns große Mengen von Wasserdampf über dem Arabischen Meer aufnehmen kann, wird der nordwestliche Teil des indischen Subkontinents von Monsunströmungen getroffen, die sich von Ostafrika her über den Süden Arabiens auf dem Landweg nähern. Diese nördliche Strömung ist entsprechend trocken, während der südliche Zweig zu regenträchtigen Konvektionserscheinungen führt und der Küste von Kerala ergiebige Sommerniederschläge bringt. Die Tatsache, daß am Ostfuß der West-Ghats auf der Lee-Seite eine deutliche Trockenzone ausgeprägt ist, belegt, daß der Monsun nur eine relativ flache Strömung ist, so daß auch die Variabilität von Jahr zu Jahr sehr groß sein kann.

Die Jahreszeiten

Ausgehend von einem Regime wechselnder Luftmassen über dem indischen Subkontinent werden in der Regel vier Jahreszeiten unterschieden.

1. Südwest- oder Sommermonsun: Juni bis September
2. Nachmonsun oder Monsunrückzug: Oktober bis Dezember

3. Nordost- oder Wintermonsun: Januar bis März
4. Vormonsun: April bis Mai.

Entsprechend der zuvor beschriebenen Genese und Wirkungsweise der sommerlichen Monsunströmung kommt es Ende Mai/Anfang Juni in Südindien zu Wolkenbrüchen und Gewittern, die den Einbruch des Monsun markieren. Die Aktivität des Südwest-Monsuns verlagert sich von Woche zu Woche weiter nach Norden und erreicht ihren Höhepunkt Mitte Juli im nördlichen Indien. Die höchsten Monsunregen fallen an der Westabdachung der West-Ghats und der vorgelagerten Malabarküste in Form von Stauregen. In diesem schmalen Streifen entlang der Westküste betragen die Niederschläge im Durchschnitt 2500 mm. Ein zweites bedeutendes sommermonsunales Niederschlagsgebiet sind die indisch-burmanischen Grenzgebirge in Assam, die im Mittel 1500–2000 mm Niederschlag aufweisen. Auch der Nordosten des Dekkan-Hochlandes erhält beträchtliche südwestmonsunale Regenfälle. Im Gegensatz dazu finden sich auch in der Sommermonsunzeit ausgesprochene Trockengebiete, eines im Regenschatten der Ghats in Südostindien, ein zweites im Nordwesten des Landes im westlichen Rajasthan. Hier liegen die Niederschläge zum Teil unter 200 mm im Jahr.

Der Nachmonsun beginnt im nördlichen Indien Anfang September und erreicht Südindien Ende November/Anfang Dezember. Der gesamte Subkontinent ist dann durch Trockenheit gekennzeichnet. Allein die südostindische Koromandel-Küste erhält aufgrund zyklonaler Störungen erhebliche Niederschläge. Der winterliche Nordost-Monsun (Januar bis März) ist genetisch ein Teil der allgemeinen Passatzirkulation; der stabil geschichtete Nordost-Passat bringt entsprechend trockene Kontinentalluft mit sich. Auch der sogenannte Vormonsun ist durch Trockenheit gekennzeichnet, allerdings steigen die Temperaturen in dieser Jahreszeit stark an, so daß es sporadisch zu heftigen Konvektionsniederschlägen kommen kann.

Die Klimaregionen Indiens

Die angesprochene räumlich-zeitliche Differenzierung des Monsunklimas hat zur Folge, daß sich über dem indischen Subkontinent ein hochdifferenziertes kleinräumiges Muster unterschiedlicher Niederschlagsverhältnisse herausbildet (Karte 2). Insofern kann eine Gliederung in Klimaregionen nur eine grobe Annäherung an die realen Verhältnisse darstellen. Eine erste große Klimaregion ist tropisch-humider Natur. Sie umfaßt einerseits die Westküste Südindiens mit den West-Ghats, andererseits im nordöstlichen Indien die Bundesländer Meghalaya sowie den westlichen Teil von Nagaland und Tripura. Die durch-

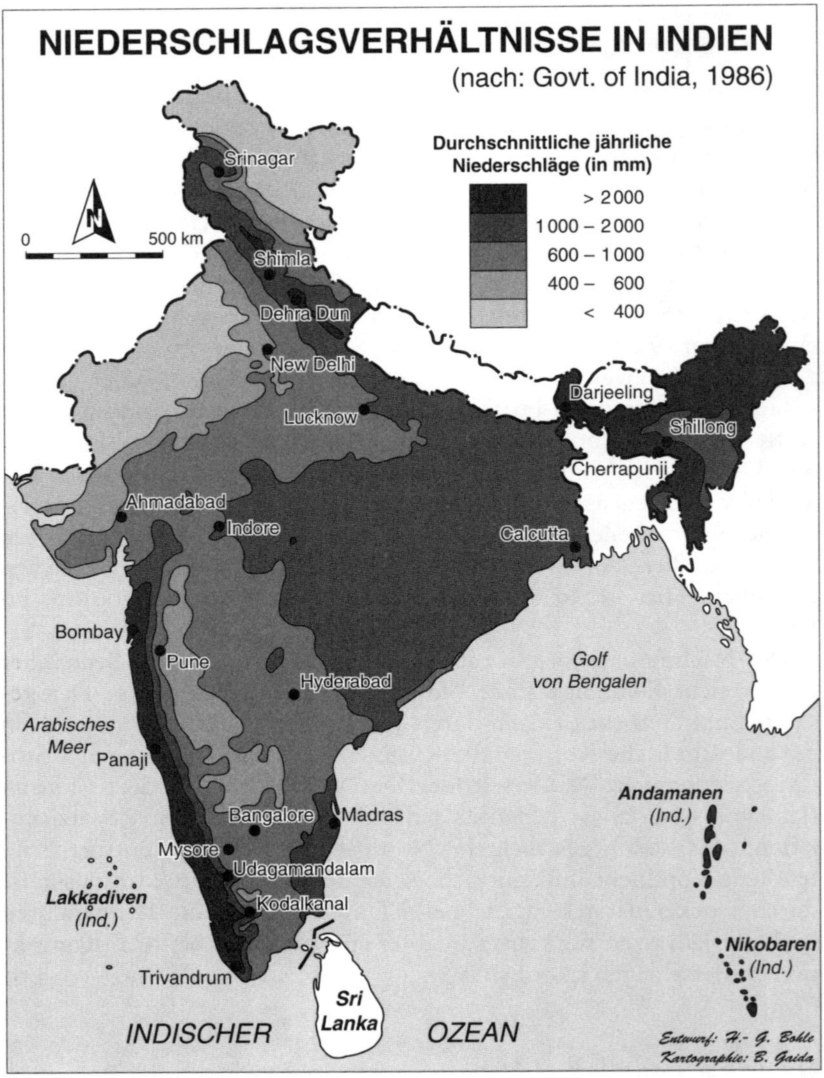
NIEDERSCHLAGSVERHÄLTNISSE IN INDIEN
(nach: Govt. of India, 1986)
Durchschnittliche jährliche Niederschläge (in mm)
> 2000
1000 – 2000
600 – 1000
400 – 600
< 400
N
0
500 km
Srinagar
Shimla
Dehra Dun
New Delhi
Lucknow
Darjeeling
Shillong
Cherrapunji
Ahmadabad
Indore
Calcutta
Bombay
Pune
Hyderabad
Golf von Bengalen
Arabisches Meer
Panaji
Andamanen (Ind.)
Bangalore
Madras
Mysore
Udagamandalam
Lakkadiven (Ind.)
Kodalkanal
Nikobaren (Ind.)
Trivandrum
Sri Lanka
INDISCHER
OZEAN
Entwurf: H.-G. Bohle
Kartographie: B. Gaida

Karte 2

schnittlichen Jahresniederschläge übertreffen hier 2500 mm. In dieser Region finden sich sogar die regenreichsten Orte der Erde. Bei der Klimastation Cherrapunji an der Südflanke der Khasia-Berge werden die absolut höchsten Niederschläge mit Durchschnittswerten von nahezu 11000 mm Jahressumme (extremstes Einzeljahr: 23000 mm) erreicht.

Der größte Teil der Dekkan-Halbinsel wird vom tropischen Savannenklima eingenommen; die durchschnittlichen Niederschläge liegen hier bei etwa 1000 mm im Jahr. Eine Ausnahme bilden die Lee-Lagen der West-Ghats im inneren Karnataka und Tamil Nadu. Hier betragen die Jahresniederschläge weniger als 750 mm. Nach Nordwesten hin schließt sich an das tropische Savannenklima eine Region mit subtropischem Savannenklima an; die Niederschläge liegen hier zwischen 500 und 750 mm im Jahr. Noch weiter nordwestlich folgt eine subtropische Wüstenregion. Hier im westlichen Rajasthan erreichen die Niederschläge teilweise weniger als 150 mm im Jahr.

Die großen nordindischen Tiefebenen können als eine subtropisch-humide Region bezeichnet werden. Die Niederschläge variieren hier allerdings stark von West nach Ost. Während im extremen Westen weniger als 650 mm im Jahr erreicht werden, können die Niederschläge im äußersten Osten dieser Region über 2500 mm liegen. Eine ähnliche Differenzierung ist auch bei den Gebirgsklimaten zu beobachten. Während die Niederschläge in den Fußhügelbereichen des westlichen Himalaya unter 1000 mm liegen, übersteigen sie im östlichen Himalaya durchweg 2500 mm im Jahr.

Die Niederschlagsvariabilität

Ein gravierendes Problem für die indische Landwirtschaft sind die großen Schwankungen in den Niederschlagsverhältnissen. Das betrifft sowohl die Ergiebigkeit der Regenfälle als auch die Wahrscheinlichkeit des Auftretens von Niederschlägen zu bestimmten, agrarisch bedeutsamen Zeitpunkten. Zwischen 1981 und 1989 gab es immerhin drei Jahre (1982, 1986, 1987), in denen die sommermonsunalen Niederschläge landesweit weniger als 90 % des langjährigen Mittels erreichten. Umgekehrt kam es in zwei Jahren (1983, 1988) zu Regenfällen, die um mehr als 10 % über dem Jahresdurchschnitt lagen.

Allgemein läßt sich feststellen, daß die Variabilität der Regenfälle mit zunehmender durchschnittlicher Niederschlagsmenge abnimmt. Insofern sind die ohnehin benachteiligten trockensten Agrarregionen Indiens in besonderem Maße von Niederschlagsrisiken betroffen, was zu ständigen Erntegefährdungen führt. Hier kann nur der Ausbau der künstlichen Bewässerung auf Dauer Abhilfe schaffen. Umgekehrt können vor allem in den besonders niederschlagsreichen Gebieten Indiens übermäßige Regenfälle auch zu Überschwemmungen führen und so ebenfalls schwere Schädigungen der Landwirtschaft hervorrufen.

Die Temperaturverhältnisse

Im Vergleich zu den Niederschlagsverhältnissen sind die Temperaturverhältnisse für die indische Agrarwirtschaft nur von untergeordneter Bedeutung. Das Jahresmittel der Temperatur schwankt zwischen 27–29 °C. Die jahreszeitlichen Temperaturschwankungen sind im feuchten südindischen Küstengebiet am geringsten (Trivandrum 2,7 °C), im nordindischen Landesinneren am größten (Delhi 20,0 °C). Die Jahresamplitude der Temperatur steigt also sowohl mit zunehmender Breitenlage als auch mit wachsender Kontinentalität an; gleiches gilt auch für die Tagesamplitude der Temperatur, die etwa im nordindischen Winter von Minustemperaturen in der Nacht bis 20 °C am Mittag reichen kann.

Im Jahresablauf ist die Vormonsunzeit am heißesten. Die höchsten Tagestemperaturen in der nordindischen Tiefebene liegen dann zwischen 38–43 °C, im nordwestlichen Wüstengebiet erreichen die Temperaturen bis zu 49 °C. Die kühlste Jahreszeit ist die winterliche Nordost-Monsunzeit; die durchschnittlichen Tagestemperaturen liegen dann in Delhi bei 14 °C, in Südindien bei 20–25 °C. Die landesweit gleichmäßigste Temperaturverteilung ergibt sich im Oktober, wenn die Durchschnittstemperaturen nahezu überall in Indien um 28 °C betragen.

3. Die natürlichen Ressourcen: Potentiale und Hemmnisse für die indische Landwirtschaft

Indien ist noch immer ein Agrarland, denn nahezu 70 % seiner Bevölkerung hängen direkt oder indirekt von der Landwirtschaft ab. Insofern bilden die natürlichen Ressourcen des Landes entscheidende Potentiale, aber auch Hemmnisse für das tägliche Leben der Mehrheit der indischen Landbevölkerung. Es sind vor allem vier Bereiche der physischen Umwelt, die die Landwirtschaft besonders entscheidend prägen: das Klima, der Boden, die Wasserverfügbarkeit und das Relief. Sie alle haben erheblichen Einfluß auf die Art, Ausdehnung und Intensität des landwirtschaftlichen Anbaus. Da die klimatischen und morphographischen Verhältnisse bereits zuvor abgehandelt wurden, soll hier abschließend kurz auf die edaphischen und hydrologischen Potentiale und Hemmnisse eingegangen werden.

Die Böden

Hinsichtlich ihrer landwirtschaftlichen Eignung lassen sich in Indien drei große edaphische Einheiten untergliedern, die sich grundlegend in den physikalischen und chemischen Eigenschaften der Böden unterscheiden. Da sind zuerst die überwiegend roten, teils sandigen, teils lehmigen Böden des östlichen und südlichen Dekkan-Plateaus. Sie sind zwar durchweg arm an Nährstoffen, aber wo sie in ausreichender Mächtigkeit ausgeprägt sind, reagieren sie doch sehr positiv auf Bewässerung. Ungünstiger sind hier die Lateritböden, die an der Küste von Kerala und Karnataka sowie in Orissa, entlang der Südwestgrenze von West-Bengalen und im südöstlichen Tamil Nadu ausgebildet sind. Die harte oxydierte Kruste an der Erdoberfläche stellt neben der geringen Nährstoffhaltigkeit der Böden ein ernsthaftes Hemmnis für die landwirtschaftliche Nutzung der Lateritböden dar. Ein zweiter großer Bodenbezirk Indiens ist der Schwarzerdebereich in der westlichen Hälfte des nördlichen Dekkan. Diese Böden sind, wie bereits beschrieben, vulkanischen Ursprungs, und ihre beträchtliche Wasserhaltekapazität sowie ihr Nährstoffreichtum machen sie zu einem ausgesprochen günstigen Boden, insbesondere auch für den Regenfeldbau. Sie sind bevorzugte Standorte des Baumwollanbaus. Eine dritte große edaphische Einheit Indiens sind die Alluvialböden, die durchweg die Grundlage für die großen Kornkammern des Landes bilden. Besondere Gunstfaktoren sind ihr Nährstoffreichtum, ihre Kalkhaltigkeit und ihre lockere Struktur. Sie bedecken rund 43 % des Landes und stellen damit den bei weitem verbreitetsten Bodentyp Indiens dar. Räumliche Schwerpunkte von Alluvialböden bilden der breite Gürtel der nordindischen Tiefebenen sowie die Deltas von Mahanadi, Godavari, Krishna und Kaveri.

Die Wasserressourcen

Die Wasserressourcen des Landes, sei es Oberflächenwasser oder Grundwasser, sind für die Landwirtschaft neben den direkten Niederschlägen von lebenswichtiger Bedeutung. Wasserressourcen sind aber auch deshalb ein besonders kritischer Faktor für die indische Landwirtschaft, weil in keinem anderen Bereich der Ressourcenplanung so viele Ungewißheiten auftreten. Es ist insbesondere der Niederschlagsrhythmus mit seinen beträchtlichen räumlichen und zeitlichen Unterschieden, der das Ausmaß der oberflächlichen Wasserabflüsse und der Auffüllung von Grundwasser immer wieder neu bestimmt.

Was das Oberflächenwasser betrifft, so wird geschätzt, daß rund 167,5 Mrd. m^3 Wasser aus den indischen Flußsystemen für die Landwirtschaft zur Verfügung stehen. Davon wird rund ein Drittel, 55,5

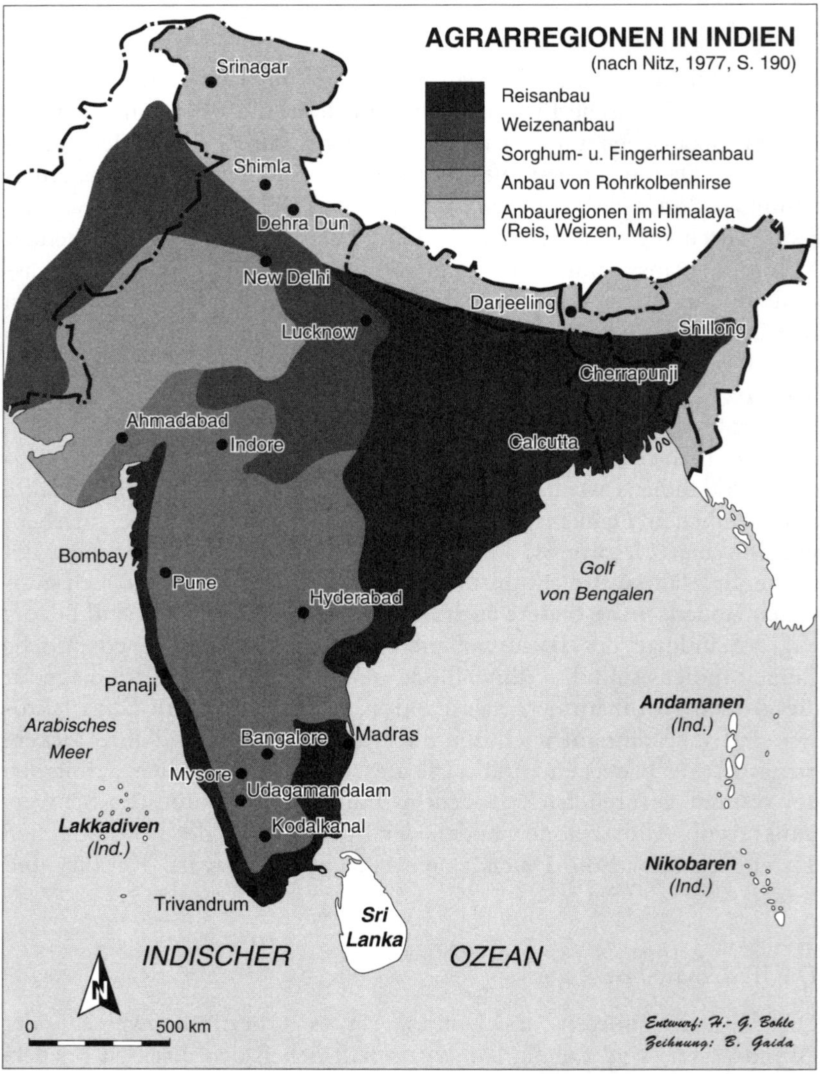
AGRARREGIONEN IN INDIEN
(nach Nitz, 1977, S. 190)
Reisanbau
Weizenanbau
Sorghum- u. Fingerhirseanbau
Anbau von Rohrkolbenhirse
Anbauregionen im Himalaya (Reis, Weizen, Mais)
Srinagar
Shimla
Dehra Dun
New Delhi
Lucknow
Darjeeling
Shillong
Cherrapunji
Ahmadabad
Indore
Calcutta
Bombay
Pune
Hyderabad
Golf von Bengalen
Panaji
Arabisches Meer
Bangalore
Madras
Mysore
Udagamandalam
Kodaikanal
Lakkadiven (Ind.)
Andamanen (Ind.)
Nikobaren (Ind.)
Trivandrum
Sri Lanka
INDISCHER
OZEAN
N
0
500 km
Entwurf: H.-G. Bohle
Zeichnung: B. Gaida

Karte 3

Mrd. m^3, tatsächlich für die Bewässerungslandwirtschaft genutzt. Insofern besteht hier noch ein großes zukünftiges Potential. Erhebliche Probleme ergeben sich jedoch durch Wasserstreitigkeiten zwischen den Bundesstaaten des Landes, wodurch in vielen Regionen eine optimale Entwicklung der Wasserressourcen behindert wird.

Die indischen Grundwasserreserven werden etwa auf das Zehnfache der jährlichen Niederschlagsmengen geschätzt. Sie werden in erster Linie durch Bohrbrunnen für die Landwirtschaft nutzbar gemacht, wobei die Schwerpunkte in den Bundesstaaten Panjab, Haryana, Uttar Pradesh, Bihar und West-Bengalen liegen. Im Durchschnitt wird rund ein Viertel des nutzbaren Potentials tatsächlich für die Bewässerung ausgeschöpft; manche Länder wie etwa der Panjab nutzen dagegen etwa drei Viertel des Grundwasserpotentials für die Landwirtschaft aus. Ein besonders gravierendes Problem der Brunnenbewässerung ist die immer häufiger auftretende Übernutzung des Grundwassers mit der Konsequenz von sinkenden Grundwasserständen.

Indien ist ständig der Bedrohung durch Fluten und durch Dürrekatastrophen ausgesetzt, wobei sich immer wieder die Abhängigkeit des Landes vom Verlauf des Sommermonsuns ausdrückt. Rund 8 Mio. ha sind im Jahresdurchschnitt von Fluten betroffen, wobei durchschnittlich 24 Mio. Menschen geschädigt werden. Umgekehrt leiden 50 Mrd. ha, das heißt 16 % der Fläche Indiens, regelmäßig unter Dürrebedingungen. Besonders hoch ist das Dürrerisiko in Maharashtra, in West-Rajasthan, in großen Teilen von Gujarat, im Binnenbereich von Karnataka sowie in Tamil Nadu und im südlichen Andhra Pradesh. Die indische Regierung unternimmt große Anstrengungen zur Flutkontrolle und zur Vermeidung von Dürrekatastrophen. Bei der Flutkontrolle liegt das Schwergewicht auf dem Bau von Staudämmen. Der Bekämpfung von Dürrekatastrophen dient das «Drought-Prone Areas Programme» sowie das «Desert Development Programme», mit Schwerpunkt auf dem Ausbau der Bewässerung. Mehr als ein Drittel aller Distrikte des Landes fallen unter eines der beiden Programme.

II.

Die Siedlungsformen: Dörfer, Städte, Metropolen

Dirk Bronger

1. Wirklichkeiten und Widersprüche

Zum Verständnis des Siedlungssystems Indiens muß man sich immer folgende Tatbestände vergegenwärtigen:

– Indien ist kein «Land» im herkömmlichen Sinne. Indien ist zumindest ein Subkontinent. Seine Fläche übertrifft die der EU um über ein Drittel. Was aber wichtiger, weil weit relevanter ist: Indiens Bevölkerungszahl von gegenwärtig – Jahresmitte 1994 – 900 Millionen Menschen ist so groß wie die Nord-, Mittel- und Südamerikas plus Japans zusammengenommen. Sie entspricht der Gesamtzahl der «zweiten» (ehemalige Sowjetunion) und «vierten» (Afrika) Welt. Jeder sechste Mensch auf unserer Erde ist eine Inderin oder ein Inder.

– Indien ist bis heute ein Land der Dörfer: von den bei der letzten Volkszählung (März 1991) ermittelten 846 Millionen Bewohnern leben über 77% in ca. 640000 Gemeinden (s. Tab. 1). Ihnen stehen nicht einmal 1600 Städte (= Siedlungen mit > 20000 E.) gegenüber, in denen 22,9% der Bevölkerung leben (s. Tab. 3).

– So unbestreitbar diese Feststellung auch ist – sie macht nur einen Teil der Wirklichkeit aus. An den drei Antipoden des dörflichen Indien, den drei Megastädten *Bombay, Kalkutta* und *Delhi* sei diese zweite Wirklichkeit festgemacht: Gegenüber ihrer im Vergleich zu London oder Paris bis heute nicht besonders ausgeprägten demographischen Hegemonialstellung ist der *funktionale Konzentrationsprozeß* aller wichtigen Einrichtungen des sekundären und tertiären Lebensbereichs wie in vielen EL-Megastädten auch bei ihnen weit fortgeschritten. – Man stelle sich nachfolgende Daten für Paris und London bezogen auf die gesamte EU (nur 40% der Einwohner Indiens!) vor: Auf 3,3% (1981) bzw. 3,9% (1991) der Bevölkerung (London und Paris weisen die gleiche Metropolisierungsquote – 3,9% der EU – auf) entfielen:

- 12,7% der Universitätsstudenten
- 15,5% der Krankenhausbetten
- 18,3% des Produktionswertes der Industrie
- 30,6% (mit Madras: 45%) des über die Häfen abgewickelten Im- und Exports
- 34,3% der Telephonanschlüsse
- 39,9% der PKWs und sogar
- 90,3% des internationalen Flugverkehrs (ohne Sri Lanka & Nepal).

Was aber das insgesamt Wichtigste ist:
– 43,5 % der Einkommensteuer ganz Indiens wurden (1984) in den drei Großmetropolen erwirtschaftet.
– Indien ist nicht allein ein Land mit einer ausgeprägten kulturellen, sprachlichen und damit regionalen Vielfalt. Indien ist vor allem ein Land von einer sonst nirgendwo erreichten sozialen Differenziertheit – was eher Zersplitterung bedeutet: Bereits die unterste Verwaltungseinheit, das «revenue village», besteht, nein, ist segmentiert in ein bis drei Dutzend Kasten bzw. kastenähnliche Gruppen. *Jeder* einzelne ist in eine hineingeboren und wird als Angehöriger dieser gleichen Kaste sterben, denn es herrscht Endogamie, d. h. Zwang zur Heirat innerhalb ein und derselben Kaste (s. Kap. II. 3).

2. Ländliche Siedlungen: Typischer Lebensraum der Inder

Im statistischen Mittel zählt die ländliche Gemeinde gut 1000 Einwohner und hat eine Gemarkungsfläche von 515 ha. Die Bevölkerung rekrutiert sich aus 15–20 Kasten, die – ebenfalls endogamen – Subkasten nicht eingerechnet.

Derartige Durchschnittswerte besagen für die Wirklichkeit sehr wenig; bei der Größe und Differenzierung des Subkontinentalstaates Indien sind sie sogar irreführend. Grundsätzlich: Das «indische» Dorf gibt es ebensowenig wie das «europäische» Dorf. Diese Aussage hat ihre Gültigkeit sowohl für die strukturellen als auch für die funktionalen Merkmale der ländlichen Siedlungen.

Strukturelle Merkmale

Bereits der erste Blick auf die Gemeindegrößenklassen (Tab. 1) offenbart eine außerordentliche regionale Vielfalt. Verallgemeinernd läßt sich ein Süd-Nord-Gefälle ausmachen mit den Antipoden der Weiler- und Einzelhofstruktur im Himalaya-Vorland bis zu den Großgemeinden in Kerala: Hier gehören fast drei Viertel der Siedlungen der größten Gemeindeklasse an; die größte (Kalkoonthal im Cardamom-Gebirge) zählte 1981 85626 Einwohner – eine Größe, die in Gesamtindien seinerzeit nur von 348 Städten übertroffen wurde.

Dabei ist die oben genannte Vielfalt noch ausgeprägter, als es die statistischen Daten deutlich machen können – die im übrigen in der hier gegebenen Zusammenstellung nur bis zur Bundesstaatenebene reichen. Denn bei knapp 640000 ländlichen Siedlungen handelt es sich stets nur um die Bevölkerung der «Steuergemeinde» («revenue village»), was keineswegs immer mit dem Dorf identisch ist. Von einer gewissen

Größe an, diese aber wiederum sehr unterschiedlich in den einzelnen Landesteilen, gliedert sich ein «revenue village» in eine Mittelpunktsiedlung, um die sich eine Anzahl von Weilern (Hamlets) von wiederum sehr unterschiedlicher Größe gruppiert. So gehören im südlichen Indien zu einer derartigen Großgemeinde nicht selten ein oder mehrere Dutzend hamlets, wobei die Zahl ihrer Bewohner die des Mittelpunktdorfes (Kasba) bisweilen um ein Vielfaches übertrifft (s. Bronger 1970: 104 – Abb. 3).

Ebenso wie bei der Einwohnerzahl weist auch die Größe der Gemarkungsfläche erhebliche Schwankungswerte auf: von wenigen 100 ha in den dichtbesiedelten Gebieten bis zu solchen von über 100 000 ha in der Wüste Thar, wo die einzelnen Hofgruppen einer Gemeinde – hier Dhanis genannt – nicht selten 10 km und mehr voneinander entfernt liegen.

Aber nicht allein hinsichtlich ihrer statistischen Größe, sondern ebenso nach ihrem *Grundriß,* der Anordnung und Dichte der Wohnstätten als auch besonders im *Aufriß* (Hütten-, Haus- und – seltener – Gehöftformen einschließlich der dabei verwandten Baumaterialien) zeichnen sich die ländlichen Siedlungen durch einen außerordentlichen Formenreichtum aus. Am verbreitetsten ist ohne Zweifel das Haufendorf, danach folgt, bereits mit Abstand, das Straßendorf. Neben diesen beiden verbreitetsten Siedlungsformen finden wir noch eine Vielzahl anderer: In Kerala wie auch in Westbengalen die Pfahlbausiedlungen entlang der Mangrovenküsten sowie die Einzelhofsiedlungen (Bronger 1977: 131 – Abb. 10). In überflutungsgefährdeten Teilen, insbesondere im Gangesdelta, stehen sie vielfach auf Wurten und schließen sich hier, entlang der Flüsse, zu Reihensiedlungen oder Weilern von sehr unterschiedlicher Größe und Wohndichte zusammen (Bronger 1977: 136 – Abb. 13). In den Berg-, insbesondere den Himalayaregionen herrscht Weiler- und Einzelhofstruktur vor, in Teilen Kaschmirs vielfach die Hausbootsiedlung. In den bewässerten Gebieten des Panjab finden wir vielfach planmäßig angelegte Kolonistendörfer mit Häusern längs der Kanäle. Je feuchter und fruchtbarer das Land, desto näher liegen die Dörfer zusammen; im trockenen Land bei extensiverer Wirtschaft liegen sie weiter auseinander. Besonders geschlossene, von der Physiognomie her «städtisch» wirkende Siedlungen finden wir in den offenen, ungeschützten (und historisch oft umkämpften) Landschaften, am ehesten in den Schwarzerdegebieten des Dekkan. Die früher verbreitete und notwendige Befestigung ist nicht selten in Teilen noch erhalten (Bronger 1977: 134 – Abb. 12). Zu nennen sind schließlich noch die vielen Sonderformen, die unter den zahlreichen «tribes» in den einzelnen Landesteilen anzutreffen sind.

Tab. 1: Anteil der Dorfbewohner nach Gemeindegrößenklassen: 1991[1] *(ohne Jammu & Kaschmir)*

Bundesstaat	Anteil der Gemeinden nach Größenklassen ∑	> 10.000	> 5.000	> 2.000	> 1.000	> 500	< 500
Andhra Pradesh	27.159	352	161	6.503	6.428	4.767	8.948
Arunachal Pradesh	3.659	6	8	25	82	222	3.316
Assam	25.650	41	126	1.805	4.988	6.461	12.229
Bihar	79.082	383	1.635	7.651	12.768	16.337	40.308
Goa	405	9	41	98	78	64	115
Gujarat	18.696	150	618	3.429	5.430	4.640	4.429
Haryana	7.119	74	384	1.705	2.021	1.544	1.391
Himachal Pradesh	19.438	7	14	170	495	1.666	17.086
Karnataka	29.327	170	610	3.448	5.861	7.426	11.812
Kerala	1.424	1.041	258	102	16	3	4
Madhya Pradesh	76.532	184	391	3.271	11.422	21.675	39.589
Maharashtra	43.160	275	802	4.724	10.632	12.408	14.319
Manipur	2.256	8	33	139	192	311	1.573
Meghalaya	5.633	2	3	38	129	484	4.977
Mizoram	804	3	7	30	61	155	548
Nagaland	1.230	4	10	108	170	280	658
Orissa	51.179	55	125	1.815	5.761	10.726	32.697
Panjab	12.862	58	225	1.635	3.130	3.609	4.205
Rajasthan	39.960	118	442	3.256	7.062	10.138	18.944
Sikkim	460	–	3	36	79	160	182
Tamil Nadu	19.135	294	1.176	4.883	5.460	3.482	3.840
Tripura	869	22	98	350	203	107	89
Uttar Pradesh	124.436	366	1.543	11.992	24.523	29.573	56.439
West Bengal	40.972	241	1.151	5.823	8.064	9.225	16.468
Unionsterritorien:							
Andaman & Nicobar Islands	547			15	44	65	423
Chandigarh	25	1	3	8	6	2	5
Dadra, Nagar & Haveli	72	2	1	25	17	15	12
Daman & Diu	24	1	2	6	6	6	3
Delhi	215	22	22	88	44	13	26
Lakshadweep	28	–	5	4	–	–	19
Pondicherry	270	2	5	38	48	75	102
INDIA	632.628[2]	3.891	9.902	63.220	115.220	145.639	294.756

[1] einschließlich der als Städte klassifizierten Siedlungen mit < 20.000 Einw.; [2] + Jammu & Kaschmir: 4.727 (1981).

Quelle: COI 1991, Series - I, India Part II - A (i), General Population Tables, New Delhi 1991 (Berechnungen v. Vf.)

Funktionale Merkmale

Die Strukturmerkmale allein sagen über die Lebenswirklichkeit der im Dorf lebenden Menschen naturgemäß noch nichts aus. Diese – komplexe – Wirklichkeit sei daher an einem Einzelbeispiel erhellt, wofür wir eine Gemeinde der verbreitetsten Siedlungsform, ein Haufendorf, dazu stadtfern gelegen, ausgewählt haben. Um dieser zweifellos sehr anspruchsvollen Aufgabenstellung wenigstens annäherungsweise gerecht werden zu können, ist es – als Voraussetzung! – erforderlich, die wichtigsten Faktoren zur Bestimmung der Lebenswirklichkeit, die Zahl der Bewohner, ihren Beruf, ihren Besitz etc. stets nach ihrer Kastenmitgliedschaft zu ermitteln. In der – unter allen Ländern der Erde einzigartigen – Kastengesellschaft dieses Mega-Staates ist dies von grundsätzlicher Bedeutung: *Erstens* ist das gemeinsame verbindende Band der Hindus ihre Kastenzugehörigkeit; zusammen mit der Anerkennung durch die Mitglieder der anderen Kasten (im Dorf) sind dies Grundvoraussetzungen des Hindu-Seins (Näheres s. Kap. II. 3). *Zweitens* ist der Orientierungsrahmen, sowohl für die Kaste als auch für das Individuum, weder Indien noch der Bundesstaat, auch nicht der Distrikt oder Tahsil, sondern in allererster Linie ihre/seine *jati* (Kaste) bzw. der Gemeindeverband, in welcher ihre/seine Kaste organisiert ist und in die er/sie selbst sozial und – wenn auch weniger stringent – wirtschaftlich eingebettet, aber auch eingebunden ist.

Es ist die *Kaste*, die die ländlichen Siedlungen dieses Landes von denen (nahezu) aller übrigen in der ganzen Welt deutlich unterscheidet: Denn die Kastengliederung der Dorfbevölkerung sowie die wirtschaftlichen Verhältnisse, in denen der einzelne lebt, spiegeln sich eindrucksvoll in der Siedlungsgestaltung des Dorfes in Indien wider. Dabei prägt die Zugehörigkeit zu einer Kaste in starkem Maße die *Dorfanlage* (Herausbildung der Viertel), während die wirtschaftlichen Kontraste innerhalb ein und derselben Kaste im differenzierten *Siedlungsaufriß* ihren Niederschlag finden, denn sie sind hauptverantwortlich für die unterschiedliche bauliche Gestaltung *innerhalb* der Kastenviertel. Dementsprechend wächst mit der Größe der Siedlungen auch die Differenziertheit in der Siedlungsgestaltung. In allen diesen Zusammenhängen findet die Beharrungskraft des Kastensystems ihre räumliche Ausprägung. Kurz: Bei den allermeisten ländlichen Siedlungen der allermeisten Regionen Indiens können wir bis heute von *Kastendörfern* sprechen.

Die kartographische Aufnahme (vgl. Abb. 1) sowie die *Verteilung des Landeigentums und des bewässerbaren Landes nach Kastenzugehörigkeit* (vgl. Tab. 2; Abb. 2) der 220 km südwestlich von Hyderabad gelegenen ca. 2300 E. zählenden Gemeinde dokumentieren diese Beziehungszusammenhänge und geben darüber hinaus bereits wertvolle Aufschlüsse zur o. g. Fragestellung nach der «Lebenswirklichkeit» in der ländlichen Gemeinde:

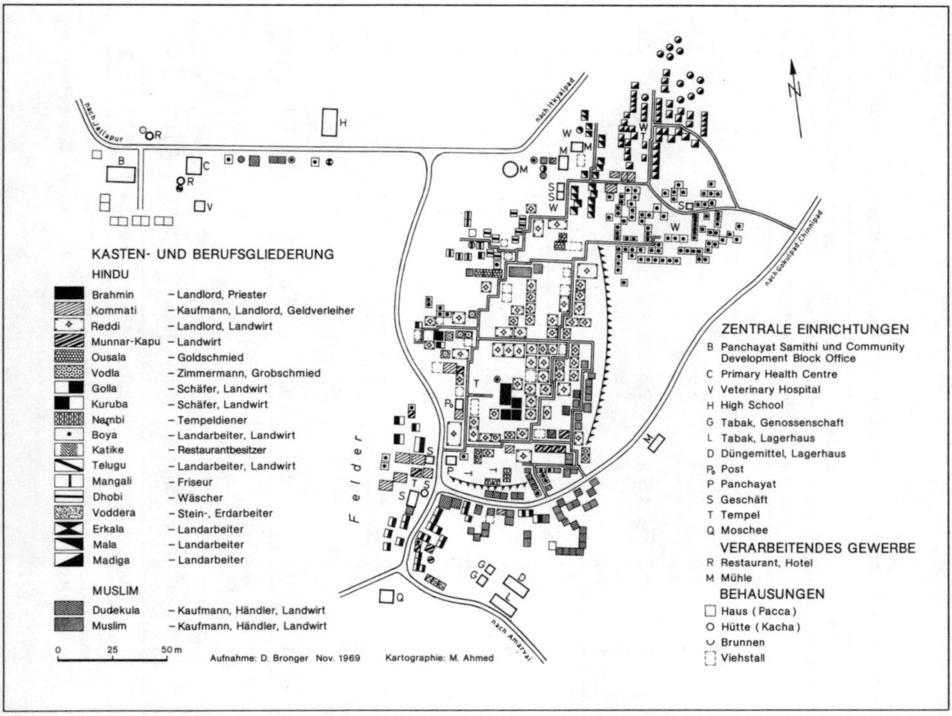

Abb. 1: Kasten- und Berufsgliederung in einer südindischen Gemeinde

– In ihrer Anlage bietet die Beispielgemeinde das Bild eines geschlossenen Haufendorfes, wie es für die Schwarzerdegebiete des mittleren und westlichen Dekkan-Hochlandes typisch ist (s. o.).

– Die sich aus 20 Kasten bzw. kastenähnlichen Gruppen zusammensetzende Bevölkerung siedelt mehrheitlich in *Kastenvierteln* (einschließlich der Muslims!).

– Der Siedlungsaufriß offenbart gravierende Unterschiede vor allem *zwischen* den einzelnen Kasten. Diese sozialen *und* wirtschaftlichen Gegensätze treten am deutlichsten zutage zwischen den in der Mitte des Dorfes auf einem von W her sanft, nach O und S steil abfallenden Landrücken (Schutzlage) siedelnden Großgrundbesitzern der *Brahmanen,* vor allem aber der «dominant caste» der *Reddies* auf der einen und den im N sich niedergelassenen *Paria*-Kasten auf der anderen Seite. Die stattlichen, nicht selten zweigeschossigen Steinhäuser der ersteren bilden einen überaus scharfen Kontrast zu den armseligen strohbedeckten, fensterlosen, einräumigen Lehmhütten der «Unberührbaren». Die strenge Abgeschlossenheit dieses dichtbebauten Viertels wird noch durch einen eigenen Tempel und Brunnen unterstrichen.

Tab. 2: Lebenswirklichkeit: Produktionsfaktoren Boden und Wasser nach Kastenzugehörigkeit in einer Dekkan-Gemeinde

Funktionsbereich	Kaste	Beruf: traditioneller B. (Kastenberuf)	Beruf: heutiger B.[1] (Berufswirklichkeit)	Haushalte: Anzahl	Haushalte: Anteil (%)	Landeigentum insgesamt: Fläche ($acre^2$)	Landeigentum insgesamt: Anteil (%)	Landeigentum insgesamt: Fläche / Haushalt	davon Bewässerungsfeldbau: Fläche ($acre^2$)	davon Bewässerungsfeldbau: Anteil (%)	davon Bewässerungsfeldbau: Fläche / Haushalt
1	2	3	4	5	6	7	8	9	10	11	12
Landwirtschaft	Reddi	Landlord	& Landwirt	63	15,0	2.614,1	61,8	41,5	806,2	62,1	12,8
	Munur-Kapu	Landwirt	Landwirt	11	2,6	66,1	1,6	6,0	20,2	1,6	1,8
	Boya	Landarbeiter	& Landwirt	106	25,2	307,7	7,3	2,9	66,3	5,1	0,6
Übriger primärer Sektor	Golla	Schäfer	& Landwirt	26	6,2	117,2	2,8	4,5	53,6	4,1	2,1
	Teluga (Besta)	Fischer	Landwirt	1	0,2	7,2	0,2	7,2	–	–	–
	Erkala	Schweinehalter	Landarbeiter	1	0,2	–	–	–	–	–	–
Handel	Kommati	Händler/Geldverleiher	& Landlord	13	3,1	146,4	3,5	11,3	53,2	4,1	4,1
Handwerk / Gewerbe	Ousala	Goldschmied	& Landwirt	5	1,2	18,9	0,4	3,8	13,4	1,0	2,7
	Vodla	Zimmermann	& Grobschmied	5	1,2	14,3	0,3	2,9	–	–	–
	Kuruba	Wollweber	& Landwirt	6	1,4	38,5	0,9	6,4	–	–	–
	Katike	Fleischer	Restaurantbesitzer	1	0,2	–	–	–	–	–	–
	Voddera	Stein-, Erdarbeiter	& Landarbeiter	3	0,7	3,4	0,1	1,1	–	–	–
Dienstleistungen: a) sakrale	Brahmin	Priester	& Landlord	5	1,2	407,2	9,6	81,4	80,6	6,2	16,1
	Nambi	Tempeldiener	& Landwirt	4	1,0	78,5	1,8	19,6	40,0	3,1	10,0
	Thammali	Tempeldiener	[3]	–	–	28,6	0,7	3	–	–	–
b) übrige	Mangali	Friseur	& Landwirt	8	1,9	32,1	0,8	4,0	5,0	0,4	0,6
	Dhobi	Wäscher	& Landarbeiter	9	2,1	9,7	0,2	1,1	1,5	0,1	0,2
Scheduled Castes	Mala	Pferdehalter	Landarbeiter	20	4,8	9,2	0,2	[3]	3,4	0,3	[3]
	Madiga	Abdecker, Gerber, Schuhmacher	Landarbeiter	64	15,2						
Übrige	Muslim	–	Landwirt, Landarbeiter, Händler	41	9,7	330,3	7,8	4,7	155,0	11,9	2,2
	Dudekula[4]	Baumwollreiniger		29	6,9						
TOTAL				421	100,0	4.229,4	100,0	10,0	1.298,4	100,0	3,1

[1] Hauptberuf – bei mehreren genannten Berufen werden diese oft in Kombination ausgeübt
[2] 1 acre = ca. 0,4 ha
[3] sämtliche Landeigentümer leben außerhalb des Dorfes
[4] Muslime (konvertiert)

Quelle: Eigene Erhebungen

– Für die Stringenz des Kastensystems spricht, daß selbst die beiden Paria-Kasten in eigenen Vierteln (mit eigenem Kastenbrunnen!) wohnen: die *Madigas* im O und die höher rangierenden *Malas* im W.
– Aber auch in den meisten übrigen Teilen des Dorfes ist eine Viertelsbildung klar zu erkennen: zwischen den Reddies und Madigas siedelt im tiefer gelegenen NO, d. h. räumlich vom Zentrum deutlich abgesetzt, die zahlenmäßig größte (s. Tab. 2, Sp. 5), die Landarbeiter-Kaste der *Boyas,* im NW die Familien der *Friseur-* und der *Wäscher*-Kaste, südlich anschließend die meisten Familien der *Goldschmiede* und daran anschließend die *Zimmerleute.* Im SW gruppieren sich die *Wollweber* sowie die *Schäfer* in eigenen Vierteln, unterbrochen nur von der Händler-Kaste der *Kommati.* Im S wohnen die drei Familien der *Steinarbeiter*-Kaste zusammen, woran sich im SO der Gemeinde die *Muslim-Kasten* sowie ein Teil der Bauernkaste der *Munur Kapu* anschließen.

Bestimmend für das *Beziehungsgefüge der Bewohner in einer Gemeinde* ist ihre Segmentierung in endogame Kasten, die hierarchische Rangordnung der Kasten, die Kasten-Berufsbedingtheit sowie die wirtschaftlichen Verhältnisse der betreffenden Kaste *und* des einzelnen. Bei dem infolge der Bevölkerungsentwicklung gerade der letzten 40 Jahre (s. Kap. I. 3) immer knapper werdenden Produktionsfaktor Boden ist die *Größe des Landbesitzes* ausschlaggebend für das wirtschaftliche Ansehen und den diesbezüglichen Einfluß einer Kaste, aber auch des einzelnen Mitgliedes, kurz: ein ganz wesentlicher Indikator für die Lebenswirklichkeit. Dies gilt in der ganz überwiegenden Zahl der ländlichen Gemeinden Indiens bis heute: Außer den traditionellen Arbeitsmöglichkeiten (Kastenberufe) und gleichzeitig fehlender Industrie existieren *innerhalb* der Gemeinde Ausweich- und damit Verdienstmöglichkeiten sonst nur im kastenfreien, d. h. im landwirtschaftlichen Bereich. Unsere Beispielgemeinde bildet ein Spiegelbild dieser Verhältnisse:
– Das Land ist sehr ungleich auf die einzelnen Kasten verteilt (Tab. 2, Sp. 7–9; Abb. 2). Allein auf die «dominant caste» des südlichen Dekkan-Hochlandes, die Reddi-Kaste, entfällt bei einem Bevölkerungsanteil von 15 % fast 62 % des Landes; zusammen mit den beiden am höchsten rangierenden Kasten der Brahmanen und Kommatis sind es bei 19,3 % der Bevölkerung 75 % des Bodens. Dagegen kommen auf die zwei Paria-Kasten der Malas und Madigas mit einem Bevölkerungsanteil von 20 % ganze 0,2 % des Landes (Abb. 2) – zudem wohnen die (drei) Kleineigentümer nicht im Dorf selbst, d. h., daß die 84 Paria-Familien unserer Gemeinde selbst über kein einziges Stück Land verfügen!
– Diese extrem ungleiche Verteilung gilt auch für das besonders wertvolle *Bewässerungsfeldland* (Sp. 10–12); der Anteil der Reddies und Kommatis liegt hier sogar noch etwas höher.
– Die Untersuchungsergebnisse zum *Individualbesitz* unterstreichen noch die *wirtschaftliche Vormachtstellung* der Mitglieder der *oberen Kasten:*

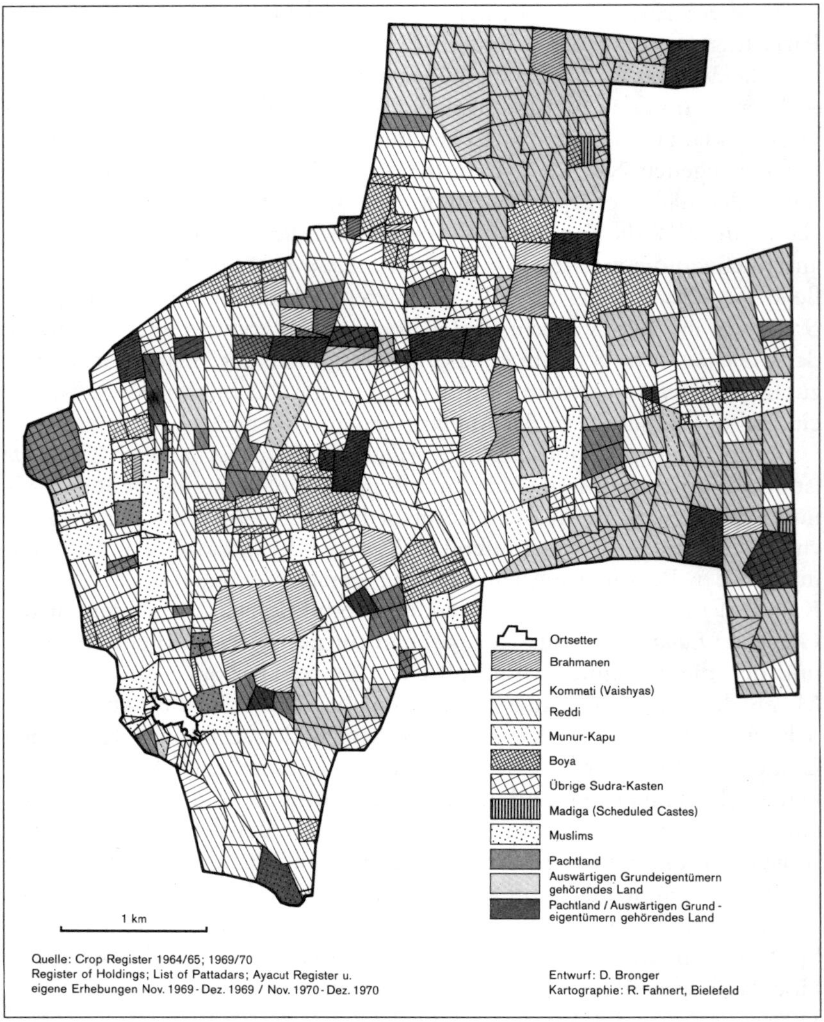

Abb. 2: Landverteilung nach Kastenzugehörigkeit in einer südindischen Gemeinde

die 4 Großgrundbesitzer (> 100 acres/40 ha), die einzigen, die in der Lage sind, nennenswert für den Markt zu produzieren, rekrutieren sich ausschließlich aus diesen Kasten (3 Reddies, 1 Brahmane), die 12 größeren Grundbesitzer (> 50 acres/20 ha) mit einer einzigen Ausnahme (1 Muslim) ebenfalls. Sonst herrscht Kleinbetriebsstruktur vor: Fast drei Viertel (72,4 % der Betriebe) liegen unterhalb des Durchschnittswertes der Gemeinde von 16 acres (6,4 ha). Wichtiger als diese Zahl ist jedoch, daß fast 60 % der 421 Haushalte über keinerlei Landeigentum verfügen.

– Das bedeutet: Die *agrare sozialökonomische Schichtenstruktur* korrespondiert eindeutig mit dem *Kastenrang:* Während die «Landlords» ausschließlich von den Mitgliedern der obersten Kasten gestellt werden, rekrutieren sich die Tagelöhner in erster Linie aus den «Unberührbaren», daneben vor allem den Boyas. Da aufgrund der Kasten-Berufsbedingtheit die im primären Sektor festgelegten Kastenmitglieder nicht in andere (Kasten)berufe ausweichen, bzw. ihre Berufe – hier: Friseur, Wäscher, Pferdehalter, Schuhmacher, Baumwollreiniger (s. Tab. 2, Sp. 3) – die Kastenmitglieder nicht mehr allein zu ernähren vermögen, ist die Mehrzahl der Dorfbewohner von den – wenigen – Landlords abhängig. Das Fazit: Von dem angestrebten Ziel einer «socialist pattern of society» ist das ländliche Indien auch nach über 45 Jahren Unabhängigkeit noch immer weit entfernt.

Diese Abhängigkeitsstrukturen werden durch die funktionalen (wirtschaftlichen) Beziehungsverhältnisse zwischen den Landlords/Landwirten und den Handwerks- und Dienstleistungskasten nur differenziert: Denn die kastenberufsbedingte Arbeitsteilung hat eine gegenseitige Abhängigkeit mit denjenigen Kasten zur Folge, die untereinander in *festen* Beziehungsverhältnissen stehen. Dies sind in erster Linie die Priester, Töpfer, Zimmerleute, Grobschmiede, Friseure, Wäscher sowie – heute nur noch bedingt – die Madigas, da Schuhe und Sandalen heute überwiegend industriell gefertigt werden.

Dieses System der wirtschaftlichen Beziehungen, das für ganz Indien nachgewiesen ist, wird als *Jajmani-System* bezeichnet. Derjenige, dem die Dienstleistungen erbracht werden, ist der *Jajman,* der die Dienste verrichtet, der *Kamin.* Der einzelne Kamin bietet seine Dienste in der Regel mehreren, stets jedoch bestimmten Jajmani-(= Landbesitzer)-Familien an, unabhängig von deren Zugehörigkeit zu einer bestimmten Kaste. Art und Höhe der Entlohnung richtet sich nach der wirtschaftlichen Stellung des Jajmans (Näheres s. Bronger 1975: 207ff.). Da nicht alle Dienstleistungen in *einem* Dorf – vor allem bei kleineren Dörfern – von den Bewohnern selbst erbracht werden können, ist das Beziehungsgefüge, sei es in reglementierter (Jajmani-System) oder, zeitlich wie personell, weniger fester Form nicht ausschließlich auf ein Dorf beschränkt, sondern erstreckt sich auch auf benachbarte Gemeinden.

Stellt man in Rechnung, daß es selbst unserer überdurchschnittlich großen Beispielgemeinde – sogar Sitz eines Community Development Blocks – an Grundversorgungsfunktionen (Töpfer, Grobschmied, Weber, Schneider), aber auch an notwendigen zentralen Einrichtungen, in erster Linie einem Wochenmarkt, fehlt, so mag man ersehen, daß kaum ein Dorf in Indien als ein autarker Organismus anzusprechen sein dürfte, vielmehr in der Regel enge funktionale Verflechtungen mit einer Reihe von Nachbargemeinden sowie der Kreis- (Tahsil) wie auch der Distrikthauptstadt bestehen.

Diese sog. «dezentralisierte zentralörtliche Struktur» (Bronger 1970) auf dem Lande, die jedem kleineren zentralen Ort etwas an Zentralität gibt, aber keine leistungsfähigen Mittelzentren schafft, ist bewußt durch die staatliche Verwaltungs- und Raumordnungspolitik herbeigeführt worden. Diese erst in den 80er Jahren teilweise korrigierte übertriebene Dezentralisierungspolitik hat die dominierende Stellung der Großstädte gegenüber dem Land erhalten können. Sie ist damit hauptverantwortlich für den bis heute existierenden Gegensatz zwischen Stadt und Land.

3. Städte und Metropolen – Konfrontation der Kulturen

Starkes Städtewachstum bei geringer Verstädterung: Indiens Städtesystem im 20. Jahrhundert

1991, im Jahr der letzten Volkszählung, wies Indien mit seinen vier Megastädten Bombay, Kalkutta, Delhi und Madras die größte Anzahl derartiger Großagglomerationen (> 5 Mill. Einwohner) unter allen Ländern der Erde auf – noch vor den USA und der VR China (je 3). Mit einer statistisch ausgewiesenen städtischen (= Siedlungen >20000 E.) Bevölkerung von über 193 Millionen lag Indien ebenfalls an der Spitze – wiederum vor den USA und China. Hat sich der Subkontinent von einem ländlichen zu einem städtisch dominierten Staat gewandelt?

Die Antwort hatten wir bereits gegeben: Das Gegenteil ist der Fall. Auch heute, an der Schwelle zum 21. Jahrhundert, ist Indien ein Land der Dörfer, die indische Gesellschaft in erster Linie eine Dorfgesellschaft.

In diesem Zusammenhang sind noch eine Reihe weiterer – scheinbarer – Widersprüche zu nennen:

Zwar ist (auch) in Indien die städtische Bevölkerung *relativ* weit stärker gewachsen als die ländliche. In der letzten Dekade 1981–1991 lag die urbane Bevölkerungszunahme mit 43,1 % um das 2,3fache höher als die der ruralen (18,8 %) und ebenfalls weit über der der Gesamtbevölkerung (23,6 %). Während um die Jahrhundertwende jeder zwanzigste in einer Stadt lebte, war es zur Zeit der Unabhängigkeit (1947) jeder zehnte, 1981 jeder fünfte, und heute, 1991, ist es fast jeder vierte.

Auf das Gesamtwachstum bezogen übertrifft der ländliche den städtischen Bevölkerungszuwachs *absolut* gesehen jedoch bis heute fast um das Doppelte – 1981 bis 1991 nahm sie um 103 Millionen gegenüber 58 Millionen in den Städten zu. Das aber bedeutet auch: Von einer *Landflucht* größeren Ausmaßes kann in Indien – im Unterschied zu vielen Entwicklungsländern – deshalb nicht gesprochen werden.

Ungeachtet seinem *starken Städtewachstum* weist Indien im internationalen Vergleich eine bis heute *geringe Verstädterung* auf. Mit der gesamten

Urbanisierungsquote (Anteil der in Städten von über 20000 Einwohnern lebenden Bevölkerung) von knapp 23 % rangiert Indien weit unten in der Rangskala sämtlicher Länder der Erde: es wird hierin von Asien insgesamt (ca. 30 % – ohne Japan), ja sogar von Afrika (ca. 30 %) übertroffen, von Lateinamerika (ca. 72 %), Europa (ca. 74 % – ohne ehem. SU) und Nordamerika (ca. 75 %) ganz zu schweigen. Mehr noch: In einer großen Anzahl von Ländern (nicht nur der «Dritten» Welt) nahm die Verstädterung einen eindeutig dynamischeren Verlauf.

Sehr unterschiedlich verlief der Verstädterungsprozeß nach den Städtegrößenklassen (Tab. 3): Während die Klein- und Mittelstädte (bis 100000 Einw.) fast um die Hälfte hinter dem urbanen Wachstum zurückblieben und demzufolge ihr Anteil an der urbanen Bevölkerung insgesamt von 51 % (1901) auf 27 % (1991) absank, verzeichneten die Metropolen ein fast explosionsartiges Wachstum mit der Folge, daß sie ihren Anteil weit mehr als verdreifachen konnten (von 11 % auf 37 %). Kurz: Es fand eine zunehmende Verlagerung der urbanen Bevölkerung von den Mittel- und Kleinstädten auf die Großstädte, in erster Linie auf die Millionenstädte, statt, von denen die Urbanisierungsdynamik in besonderem Maße getragen wurde (Tab. 4).

Die *demographische Dominanz der Metropolen,* ganz besonders der Megastädte, verdeckt eine allenfalls durchschnittliche Verstädterung in Landesteilen mit statistisch hoher Urbanisierungsquote. Ohne Bombay fällt diese in Maharastra von 32 % auf 19 %, unter Einschluß der beiden übrigen Millionenstädte Pune und Nagpur auf 14 %. Im Falle Westbengalens sinkt die Quote ohne Kalkutta sogar von 25 % auf etwas über 8 %, d. h. weit unter den gesamtindischen Durchschnitt, ab.

Das Ausmaß der Verstädterung steht in keiner direkten Relation zur Bevölkerungsdichte: Niedrige Quoten finden sich sowohl in dünn besiedelten Landesteilen (Madhya Pradesh, Rajasthan) als auch in übervölkerten Bundesstaaten (Uttar Pradesh, Bihar, Kerala). Demzufolge sind Regionen mit relativ hoher Städtedichte noch keineswegs Regionen mit hoher Verstädterung. So weist die mittlere und untere Gangesebene eine hohe Städtedichte auf – jedoch leben infolge der dichten ländlichen Bevölkerung hier nur 12 % in Städten.

Als wichtigste *Ursache* für die «verzögerte Urbanisierung» (Nissel 1986) sind zu nennen: Erstens die Tatsache, daß trotz unübersehbarer Fortschritte in der Industrialisierung Arbeitsplätze in diesem Sektor nur in bescheidenem Umfang geschaffen werden konnten. Auch wenn ein überdurchschnittlich hoher Anteil der industriellen Arbeitsplätze auf den urbanen Sektor entfällt – noch immer fast zwei Drittel der 1988 ca. 23 Millionen in diesem Sektor (einschließlich Dorf«industrie») –, so ist eine solche Zahl sicherlich kein nennenswerter Pull-, geschweige denn ein Landflucht auslösender Push-Faktor. Zwischen 1971 und 1981 umfaßte die *Land-Stadt-Migration* zwar immerhin 10,4 Millionen Men-

Tab. 3: Urbanisierung nach Stadtgrößenklassen. 1901–1991: INDIEN[1]

(I = > 1 Mill.; II + III = > 100.000; IV = > 20.000 E.) a: Bevölkerung insgesamt; b: Bevölkerungswachstum (1901 = 100); c: Anteil an der Gesamtbevölkerung (%)

Jahr	Urbane Bevölkerung insgesamt			Größenklasse I		Größenklasse II + III		Größenklasse IV		Anteil a. d. städt. Bevölkerung nach Stadtgrößenklassen (%)				Rurale Bevölkerung insges. (000)	Bevölkerung insges. (000)
	Anzahl d. Städte		Bevölk. (000)	Anzahl d. Städte	Bevölk. (000)	Anzahl d. Städte	Bevölk. (000)	Anzahl d. Städte	Bevölk. (000)	I	II + III	IV	ges.		
1901	201	a	13.519	1	1.488	23	5.098	177	6.932	11,0	37,7	51,3	100,0	219.448	232.967
		b	100		100		100		100					100	100
		c	5,8		0,6		2,2		3,0						
1911	204	a	13.865	2	2.857	21	4.099	181	6.909	20,6	29,6	49,8	100,0	232.087	245.952
		b	103		192		80		100					106	106
		c	5,6		1,1		1,7		2,8						
1921	226	a	15.481	2	3.231	26	4.911	198	7.339	20,9	31,7	47,4	100,0	228.779	244.260
		b	115		217		96		106					104	105
		c	6,3		1,3		2,0		3,0						
1931	280	a	19.631	2	3.504	31	6.586	247	9.540	17,8	33,6	48,5	100,0	251.116	270.747
		b	145		235		129		138					114	116
		c	7,3		1,3		2,4		3,6						
1941	370	a	28.687	2	5.379	45	11.141	323	12.167	18,8	38,8	42,4	100,0	280.332	309.019
		b	212		361		219		176					128	133
		c	9,3		1,7		3,6		4,0						
1951	499	a	43.168	5	11.997	69	15.311	425	15.860	27,8	35,5	36,7	100,0	306.637	349.805
		b	319		806		300		229					140	150
		c	12,3		3,4		4,4		4,5						
1961	680	a	61.418	7	18.148	95	21.232	578	22.038	29,5	34,6	35,9	100,0	363.418	424.836
		b	454		1.220		416		318					166	182
		c	14,5		4,3		5,0		5,2						
1971	893	a	89.607	9	27.840	136	32.283	748	29.484	31,1	36,0	32,9	100,0	439.311	528.918
		b	663		1.871		633		425					200	227
		c	16,9		5,3		6,1		5,5						
1981	1.225	a	134.898	12	42.612	204	51.681	1.009	40.605	31,6	38,3	30,1	100,0	523.243	658.141
		b	998		2.864		1.014		586					238	283
		c	20,5		6,5		7,8		6,2						
1991	1.592	a	193.034	23	71.656	277	68.074	1.292	53.304	37,1	35,8	27,1	100,0	651.290	844.324
		b	1.428		4.816		1.335		769					297	362
		c	22,9		8,5		8,1		6,3						

[1] ohne Assam und Jammu & Kaschmir (1901–1981)

Quelle: CENSUS OF INDIA 1901–1991 (Berechnungen v. Vf.)

Tab. 4: Bevölkerungsentwicklung der Metropolen (> 1 Mill. Einw.) 1901–1991

Nr.	Metropole (> 1 Mill.)	Fläche (qkm)	Bevölkerung (000)	Dichte (pro qkm)	1901	1911	1921	1931	1941	1951	1961	1971	1981	Wachstum 1901–1991 (1901 = 100)
1	2	3	4	5	6	7	8	9	10	11	12	13	14	15
1.	Greater Bombay MC	603	9.910	16.434	928	1.139	1.380	1.391	1.801	2.994	4.152	5.971	8.243	1.068
1a.	Greater Bombay U.A.	1.132[1]	12.572	11.106							4.600	6.721	9.683	(1.355)
2.	Kalkutta U.A.	852	10.916	12.812	1.488	1.718	1.851	2.106	3.578	4.589	5.737	7.031	9.194	734
3.	Delhi U.T.	1.483	9.370	6.318	406	414	488	636	918	1.744	2.659	4.066	6.220	2.308
4.	Madras U.A.	572	5.361	9.372	594	604	628	775	930	1.542	1.945	3.170	4.289	903
5.	Hyderabad U.A.	378	4.280	11.323	448	502	406	467	739	1.128	1.249	1.796	2.546	955
6.	Bangalore U.A.	366	4.087	11.167	159	189	237	306	407	779	1.200	1.654	2.922	2.570
7.	Ahmedabad U.A.	222	3.298	14.856	186	217	274	314	595	877	1.206	1.742	2.548	1.773
8.	Pune U.A.	344	2.485	7.224	164	173	199	250	324	606	791	1.135	1.686	1.512
9.	Kanpur U.A.	299	2.111	7.060	203	179	216	244	487	705	971	1.275	1.639	1.040
10.	Nagpur U.A.	237	1.661	7.008	167	119	165	242	329	485	690	930	1.302	995
11.	Lucknow U.A.	146	1.642	11.247	256	252	241	275	387	497	656	826	1.008	641
12.	Surat U.A.	95[1]	1.517	15.968	130	125	127	111	186	237	318	493	914	1.167
13.	Jaipur U.A.	210	1.514	7.210	160	137	120	144	176	291	410	637	1.015	946
14.	Cochin U.A.	189	1.140	6.032	61	70	73	110	139	177	292	505	686	1.869
15.	Coimbatore U.A.	291	1.136	3.904	53	47	75	108	190	287	448	736	920	2.143
16.	Vadodara U.A.	114	1.115	9.781	104	99	95	113	153	211	310	467	745	1.072
17.	Indore U.A.	114	1.104	9.684	98	54	105	143	204	311	395	561	829	1.127
18.	Patna U.A.	109	1.099	10.083	172	171	151	194	236	326	415	551	919	639
19.	Madurai U.A.	112	1.094	9.768	106	134	144	188	245	371	491	712	908	1.032
20.	Bhopal M.C.	285	1.064	3.733	77	56	45	61	75	102	223	385	671	1.382
21.	Vishakhapatnam U.A.	97	1.052	10.845	41	43	45	57	70	128	211	363	604	2.566
22.	Varanasi U.A.	104	1.026	9.865	226	217	211	220	279	370	506	635	797	454
(23.	Kalyan M.C.	enthalten in 1a	1.014	)	11	13	18	26	31	169	247	396	649	9.218
24.	Ludhiana M.C.	110	1.012	9.200	49	44	52	69	112	154	244	401	607	2.065
Gesamt 1–22, 24		7.861[1]	71.656	10.505										1.140
Metropolisierungsquote (%)			8,5[2]											

[1] angenäherter Wert; [2] bezogen auf Gesamt-Indien; U.A. = Urban Agglomeration; U.T. = Union Territory; M.C. = Municipal Corporation

Quellen: COI 1901–1991 (Berechnungen v. Vf.)

schen, diese Zahl entspricht jedoch lediglich 12,4 % des ländlichen Bevölkerungszuwachses von 84 Millionen in diesem Zeitraum. Unter Einschluß der Rückwanderung reduziert sich dieser Anteil sogar auf 8,8 % (berechnet nach Roy 1989: 36). Bei den Wanderungsbewegungen der indischen Bevölkerung dominiert bis heute eindeutig die *Land-Land-Migration;* auf sie entfällt 45 % des Gesamtvolumens. Eine wesentliche Ursache dafür liegt in den von der Kastenzugehörigkeit diktierten Heiratsvorschriften: Sie schließen praktisch eine Heirat innerhalb des Dorfes und der näheren Umgebung aus.

Eine weitere Ursache für die bis heute begrenzte Landflucht dürfte im soziokulturellen Bereich zu suchen sein: in der traditionellen Verachtung des städtischen Lebens in der hinduistischen Mentalität, die in vielen Schriften Gandhis wie auch in indischen Filmen zum Ausdruck kommt, in denen das «ländliche Leben» verherrlicht wird.

Für Indien treffen die für die «Dritte»-Welt-Länder typischen *«Push»*- und *«Pull-Faktoren»* als Ursache für die Abwanderung vom Lande und die daraus resultierende überproportional hohe Zunahme der urbanen Bevölkerung ebenfalls zu. Zu ersteren gehören ländliche Überbevölkerung mit nachfolgender ständiger Verkleinerung der Betriebe, massive Verschuldung der Bauern bei gleichzeitig fehlenden Arbeitsplatzalternativen, dazu die Unterprivilegierung bis hin zur Unterdrückung der immerhin 23,5 % der Gesamtbevölkerung zählenden Unberührbaren («scheduled castes») und Stammesangehörigen («scheduled tribes»). Zu den wichtigsten «Pull»-Faktoren zählen die Anziehungskraft der Großstädte, welche sich in erster Linie auf die Hoffnung nach einem Arbeitsplatz und dem damit verbundenen sozialen Aufstieg konzentriert.

Das sich etwa zu gleichen Teilen aus Geburtenüberschüssen und Wanderungsgewinnen rekrutierende Städtewachstum ist in seiner Gewichtung sowohl regional als auch im Einzelfall sehr unterschiedlich. Allein für die Metropolen (> 1 Mill. Einw.) ergibt sich eine Schwankungsamplitude des Anteils der Migranten an der Gesamtbevölkerung zwischen dem Hauptimmigrationszentrum der Indischen Union, Bombay, mit 51,5 % und lediglich 20 % in Hyderabad. Ebenso lassen sich bei den *Migrationsursachen* eindeutige Unterschiede feststellen: Im Falle Bombays steht die Suche nach Arbeit deutlich im Vordergrund, bei Delhi die Familienzusammenführung. Damit wird der Charakter Bombays als *der* Wirtschaftsmetropole wie umgekehrt der Delhis als Verwaltungszentrale des Landes dokumentiert.

Von den Ursprüngen bis zur Gegenwart: Stadtentwicklung und Stadtstruktur

In der Entwicklungsgeschichte der Stadt können folgende Epochen unterschieden werden:

I *Frühgeschichtliche, vor-hinduistische Stadtkulturen* (Industalkultur: 7.–2. Jahrtausend v. Chr.): Heute nur noch in Ausgrabungen und Museen zu besichtigen.

II *Hinduistische Epoche:* 300 v. Chr.–1800 n. Chr.: Ihre Stadtplanungsideen wirken heute vor allem in den Residenz- und Tempelstädten fort.

III *Muslimische Epoche:* 1300–1800 n. Chr.: Lehnt sich in Stadtanlage an die vorherige an; lebt heute in erster Linie in ihren Baudenkmälern fort.

IV *Britische Kolonialepoche:* 1780–1947: Verwirklichte völlig neue Stadtplanungsideen, die allerdings räumlich neben der bestehenden Stadt dieser angefügt wurden.

V *Indische Epoche:* Seit 1947: Mit eigener wie auch europäisch-amerikanischer Konzeption werden die Städte weiterentwickelt – durch die Bevölkerungsexplosion sind Planungskonzepte häufig zunichte gemacht.

Für den Grund- und Aufriß der heutigen Stadt gilt naturgemäß das gleiche, was bereits für die ländlichen Siedlungen festzustellen war: bei der Größe und der kulturellen Vielfalt des Subkontinents kann es die «indische Stadt» nicht geben. Hinzu kommt, daß – im Unterschied zu den Dörfern – bei vielen Städten die o. g. historischen Epochen II–IV nachwirken bzw. heute noch sichtbar sind. So ist z. B. das auf die hinduistischen Prinzipien der Stadtplanung zurückgehende, nach den Himmelsrichtungen orientierte Hauptachsenkreuz (s. u.) in einer erheblichen Anzahl von älteren, insbesondere Residenz- und/oder Verwaltungs-, d. h. planmäßig angelegten, Städten, ja selbst im muslimischen Alt-Hyderabad, deutlich erkennbar. Andererseits weisen die Altstädte von heutigen Millionenstädten, wie etwa Delhi, Ahmedabad oder Bangalore, keinerlei oder nur mit viel Phantasie erkennbare Anzeichen dieser frühen Stadtplanungsideen auf.

Um dieser Vielfalt dennoch wenigstens etwas gerecht werden zu können, versucht nachfolgende idealtypische Strukturskizze (Abb. 3) die wichtigsten Gestaltelemente der indischen Großstadt modellhaft zusammenzufassen (Smailes 1969: 177ff.; Blenck 1977: 158ff.; Domrös 1981: 147f.):

Die *Altstadt,* ursprünglich von einer Stadtmauer umgeben und von einer Palastburg (Fort) bewacht, liegt in der Regel am Fluß: sehr häufig auf der südlichen (Agra, Allahabad, Patna, Hyderabad etc.), seltener der nördlichen (Vijayawada), aber auch an der westlichen (Delhi) und östlichen (Ahmedabad) Seite, dazu in hochwasserfreier Lage. Typisch ist ferner das nach den vier Himmelsrichtungen orientierte Hauptstraßenkreuz. Durch sie, die gleichzeitig Hauptbasarstraßen sind, wird die Altstadt in vier Viertel geteilt, denen sich – häufig bis heute nachweisbar – die einzelnen Kasten zuordnen. Im Unterschied zur Geradlinigkeit des Hauptstraßenkreuzes weisen die Nebenstraßen in den Stadtvierteln einen eher netzförmigen Grundriß mit kurzen, regulär oder irregulär ausgebildeten Sackgassen auf. Die Viertelbildung ist weniger streng außerhalb der Altstadt. Das gilt auch für die sog. *«Bustees»,* die Lehmhüttensiedlungen ländlicher Art (oft Slums), in denen die Angehörigen niederer tiefrangierender Dienstleistungskasten leben.

Auch in den Zeiten muslimischer Herrschaft blieb dieser Stadttypus weitgehend unverändert. Nur im NW Indiens sind manchmal an die Stelle der kurzen Sackgassen indischen Typs mehr orientalische, stark verästelte Sackgassen getreten. Muslimische Einflüsse haben sich dagegen sichtbarer im architektonischen Gefüge der Städte niedergeschlagen, vor allem in Palastanlagen, Moscheen und Mausoleen.

Im Grundriß der heutigen indischen Großstadt ist die Epoche IV, die kolonial-britischen Einflüsse, am deutlichsten verankert – drei der heutigen vier Megastädte (Bombay, Kalkutta, Madras) gehen überhaupt erst auf diese Epoche zurück. Die Umgestaltung begann mit dem Bau der Eisenbahn (Näheres s. Kap. VIII. 5), die starke Entwicklungsimpulse brachte. Die erste *Stadterweiterung* erfolgte in Richtung Bahnhof. Die Überlandstraße wurde nunmehr aus der Altstadt herausgelegt und bildet heute mit der zum Bahnhof führenden Straße ein neues Geschäftszentrum vorwiegend moderner Artikel und Einrichtungen, die keine Konkurrenz für die Basarstraßen sind (Radios, Fahrräder, Autoreparatur, Tankstellen, Hotels etc.). Am Bahnhof selbst entstehen die ersten Industriebetriebe sowie Großhandelslager. Schon damals kommt es, neben den regelmäßig angelegten Wohnkolonien der Eisenbahnarbeiter, auch hier zur Ausbildung der «Bustees» für niederes Dienstleistungspersonal und Arbeiter. Die sich im Anschluß an den Eisenbahnbau entwikkelnden Industriebetriebe schaffen ebenfalls Werkssiedlungen, in denen jedoch nur ein Teil der Arbeiter Unterkunft finden kann. Der Rest ist ebenfalls gezwungen, sich Lehmhütten zu bauen, die sich netzartig um die Industriebetriebe gruppieren – ein bis heute zu beobachtendes und noch in Zunahme begriffenes Strukturelement.

In scharfem Kontrast zur dichtbesiedelten Altstadt («Old Delhi» hat teilweise über 200000 Einwohner pro km^2!) und den mit Ausnahme des Hauptstraßennetzes weitgehend ungeplanten Erweiterungen steht die im 19. und 20. Jahrhundert von der britischen Kolonialmacht angelegte Wohn- und Geschäftsstadt der englischen Zivilbeamten, die *«Civil Lines».* Als Ausdruck kolonialer Distanz sowohl in physischer als auch sozialer Hinsicht sind die britischen Viertel von der indischen (Alt-) Stadt durch einen «Cordon sanitaire», z. B. Fluß, Hügel, Eisenbahn, Fernstraße, unbebaute Fläche, deutlich getrennt. Entlang einer breiten, baumbestandenen Hauptstraße («The Mall») waren früher die Behörden (außer Verwaltung das Post- und Telegraphenamt, Gericht, Finanzamt

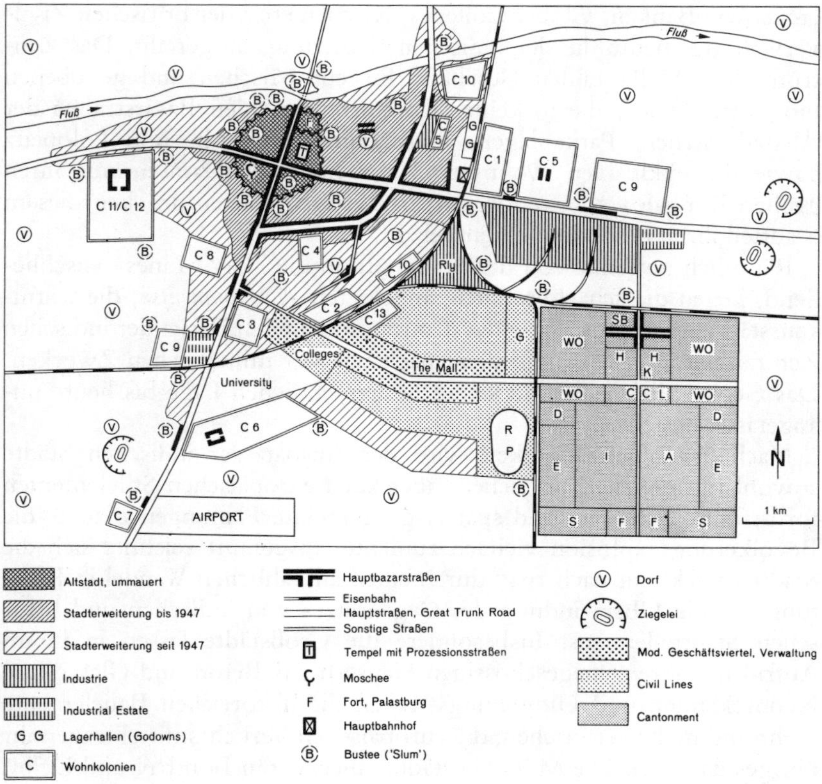

bkürzungen:

			Wohnkolonien		
dustrie	Rly	Railway Workshop (Eisenbahnreparatur-Werkstätte)	vor 1947	C 1	Railway-Colony (Eisenbahn)
				C 2	Police Lines (Polizei)
vil Lines	R	Race Course (Pferderennbahn)		C 3	Sweeper Colony (Feger und Reiniger)
	P	Polo		C 4	State Bank Colony (Bankangestellte)
	G	Golf		C 5	Company Housing Colony (Werkssiedlung)
antonment	SB	Sadr-Bazar	nach 1947	C 6	University Colony (Universität)
	H	Hospital		C 7	Airport Colony (Flughafen)
	K	Kirche		C 8	Refugee Colony (Flüchtlinge)
	C	Club		C 9	Industrial Housing Colony (Staatl. Arbeiterwohnungen)
	L	Kino		C 10	Slum Clearance Colony (Slum Sanierung)
	WO	Wohngebiet Offiziere		C 11	Low-Income-Group-Housing (Niedrige Einkommensgruppen)
	I	Infanterie		C 12	Middle-Income-Group-Housing (Mittl. Einkommensgruppen)
	A	Artillerie		C 13	Civil Servants (Mittl. Reg. Beamte)
	D	Lager, Depots			
	E	Exerzierplatz			
	S	Schießplatz			
	F	Friedhof			

Entwurf: J. Blenck
Kartographie: P. Kamelski

Abb. 3: Die indische Großstadt. Entwurf zu einer idealtypischen Strukturskizze

etc. sowie Banken, Clubs, Colleges, Kirchen etc.) der britischen Zivilverwaltung, heute die der indischen Regierung, aufgereiht. Das Zentrum der «Mall» bilden Geschäfte für europäischen und gehobenen indischen Bedarf, die in keiner Konkurrenz zu den Basarstraßen der Altstadt stehen. Parkanlagen, Pferderennbahn, Golf- und Poloplatz sowie die exklusiven Wohnviertel der höheren Beamten mit ihren großen Bungalows in gepflegten, parkartigen Gärten drücken diesem Stadtteil ihren besonderen Stempel auf.

Räumlich getrennt von der Stadt, oft an die «Civil Lines» anschließend, liegen die schachbrettartig angelegten *«Cantonments»*, die Garnisonsstädte. Nach 1947 ging das Cantonment in den Besitz der indischen Zentralregierung über und dient nach wie vor militärischen Zwecken. Das Gebiet blieb aufgrund seiner besitzrechtlichen Lage bis heute unangetastet bestehen.

Nach der Unabhängigkeit wird der Ausbau der indischen Städte sowohl mit eigenen, britischen, aber auch europäischen Stilelementen fortgeführt. Anfangs (und später) gutgemeinte Planungen machte die Bevölkerungsexplosion vielfach zunichte. Insgesamt zeichnet sich die Stadtentwicklung nach 1947 durch einen allmählichen Wandel in Richtung auf die Überwindung des Gegensatzes von indischen und britischen Stadtteilen aus. Insbesondere die Großstädte lassen in ihrem Aufriß mit ihren vielgeschossigen Häusern aus Beton und Glas, ihren Neonreklamen und Umgehungsstraßen die historischen Bauelemente mehr und mehr verwischen; die europäischen Verkehrsmittel tragen ihr übriges dazu bei. Die Millionenstädte, allen voran Bombay und Delhi, verändern sich in Struktur und Funktion mehr und mehr zu kosmopolitanen Städten.

Entwicklungsprobleme

Diese Glitzerfassade darf keineswegs darüber hinwegtäuschen, daß sich die Städte Indiens, insbesondere seine Groß- und noch mehr seine Millionenstädte, mit Problemen von für uns kaum faßbaren Dimensionen konfrontiert sehen. Dieser Tatbestand, zusammen mit dem eingangs (Kap. II. 2) erwähnten ausgeprägten funktionalen Konzentrationsprozeß aller wichtigen Einrichtungen im sekundären und tertiären Bereich der Metropolen, ganz besonders in den Megastädten, mündet ein in eine für die zukünftige Entwicklung des Landes zentrale Fragestellung: Welche Rolle spielt die Metropole und die Metropolisierung für den Entwicklungsprozeß Indiens? Fördert sie die Entwicklung der übrigen Landesteile oder wirkt sie eher entwicklungshemmend?

Diese Frage wird, zumindest was die metropolitan-*externen* Folgewirkungen anbelangt, in der Forschung bis heute kontrovers diskutiert. Das gilt auch für Indien. Am Beispiel von Bombay sei diese Problematik wenigstens angedeutet (Näheres: Bronger 1993: 107ff.): Auf der einen Seite lösen die mangelnden Arbeitsplatzmöglichkeiten auf dem Lande sowie die Sogwirkung der Großmetropole mit ihren anscheinend unbegrenzten Beschäftigungsmöglichkeiten eine Binnenwanderung aus, die aufgrund ihrer Dimension – fast 150000 pro Jahr! – von der Stadt infrastrukturell kaum noch zu verkraften ist. Zusätzlich werden durch den damit verbundenen «brain drain» den Abwanderungsregionen wichtige Entwicklungsressourcen entzogen.

Auf der anderen Seite lieferte allein Bombay im Jahre 1984 über ein Viertel der indischen Einkommensteuer. Das heißt: Die Staats- und Landeshaushalte und damit auch die staatlichen Entwicklungsinstrumente werden zum wesentlichen Teil aus Mitteln finanziert, die die Metropolen erbringen. Legt man diesen Gesichtspunkt zugrunde, erscheinen nicht die Metropolen, sondern die sie umgebenden rückständigen Regionen als parasitär.

Fest steht: Die Metropolen haben mit der Bewältigung der durch diesen Massenansturm ausgelösten metropolitan-*internen* Folgewirkungen – Wohnungsbau, Arbeitsplatzbeschaffung, sanitäre Verhältnisse, Bildungs- und Gesundheitseinrichtungen, Verkehrsprobleme und Luftverschmutzung sowie Energieversorgung – nicht annähernd Schritt halten können. Denn diesen Problemen von für uns kaum faßbarer Dimension steht eine völlig unzureichende Finanzausstattung der Kommunen gegenüber. Das Budget von Greater Bombay, mit Abstand das höchste aller Millionenstädte Indiens, belief sich im Jahr 1980 pro Einwohner auf 363 Rupees, umgerechnet seinerzeit ca. 90 DM pro Kopf und Jahr. Hamburg mit seiner bereits hochentwickelten Infrastruktur stand etwa das 85fache (7700 DM/Kopf) zur Verfügung! – Allerdings wurden von dieser Summe gerade 3,2 % für «slum clearance and improvement» ausgegeben.

So sind es in erster Linie die Metropolen, die die Gesellschaft in für uns unvorstellbarem Maße polarisieren. Das bezieht sich keineswegs nur auf die ausgeprägten Einkommensdisparitäten, räumlich sichtbar in dem Gegensatz zwischen den ausgedehnten und rasch anwachsenden Slum- und Squatterquartieren auf der einen und den ebenso rasch zunehmenden vollklimatisierten Luxusappartements und Nobelvillen der Multimillionäre aus Wirtschaft und Politik auf der anderen Seite. In den vier Megastädten ist der Anteil der Slumbewohner an der Gesamtbevölkerung nach indischen Berechnungen inzwischen auf 50 % angestiegen (Alam/Alikan 1987).

Gravierender, ja bedenklicher aber ist, daß man dem immer wieder propagierten Hauptziel, der *ökonomischen und sozialen Integration der Unterprivilegierten,* auch gedanklich nicht einen Schritt näher gekommen ist. Nicht nur von der großen Mehrheit der Reichen, sondern auch von der des aufstrebenden Mittelstandes werden die Armen eher verachtet.

Der Anblick der Hütten, der ganze Schmutz und Gestank der Slums passen nicht in ihr westlich geprägtes Bild von einem modernen Indien. Ihr Indien ist die wirtschaftlich und technologisch aufstrebende südasiatische Supermacht, die Atomkraftwerke und Mittelstreckenraketen baut, deren Söhne und Töchter in England oder den USA studieren. Die Armen sind daher nichts anderes als ein Schandfleck in ihrem ästhetischen Empfinden.

Wohlgemerkt: ... in ihrem ästhetischen Empfinden. Ein soziales Gewissen gegenüber diesen Millionen, Inder wie sie selbst, existiert (fast) überhaupt nicht. Auch dies ist eine schwerwiegende Hypothek für die Entwicklung des Landes.

III.

Das Bevölkerungswachstum

Dietmar Rothermund

Einleitung

Trotz ständiger Bemühungen um Familienplanung und Geburtenkontrolle ist die indische Bevölkerung in den vergangenen vier Jahrzehnten stark angewachsen. Das liegt nicht so sehr an einer hohen Geburtenrate, sondern an einer raschen Reduktion der Sterberate und einer entsprechenden Erhöhung der Lebenserwartung. Aufgrund der Erfahrungen mit dem demographischen Übergang in den westlichen Industrieländern erwartete man auch in Indien eine ähnliche Entwicklung, doch diese Erwartungen wurden bisher enttäuscht.

Der demographische Übergang erfolgt in drei Phasen. In der ersten Phase sinkt die Sterberate, die Geburtenrate bleibt aber noch hoch, und so kommt es zu einem erheblichen Bevölkerungswachstum. Die zweite Phase folgt gewöhnlich nach einer Generation, sie bringt den demographischen Umschlag, d. h. die Anpassung der Geburtenrate an die sinkende Sterberate. In einer Graphik verlaufen die Kurven, die die beiden Raten darstellen, nach dem Umschlag parallel nach unten. Erst in der dritten Phase kommt es dann zu einer Parität von niedrigen Geburten- und Sterberaten oder gar zu einem Absinken der Geburtenrate unter die Sterberate. Deutschland trat ca. 1890 in die zweite und 1930 in die dritte Phase ein. In der Folgezeit wich es vorübergehend von dem durch alle anderen Industrieländer vorgezeichneten Muster ab (Geburtenanstieg im Dritten Reich), erlebte aber in jüngster Zeit ein Absinken der Geburtenrate unter die Sterberate. Indien aber befindet sich immer noch in der ersten Phase. Diese hält dort ungewöhnlich lange an und führt deshalb zu einem enormen Bevölkerungswachstum. Während dieses Wachstum von der Volkszählung 1951 bis zu der von 1961 noch 21,5 Prozent betragen hatte, stieg es im nächsten Jahrzehnt auf 24,8 und fiel dann sehr geringfügig ab (1971–81 = 24,7 Prozent, 1981–91 = 23,5 Prozent). In der Sterberate hatte Indien 1991 mit 10 pro Tausend bereits mit Deutschland gleichgezogen, die indische Geburtenrate betrug aber immer noch 30 pro Tausend. Der Vergleich mit Deutschland hinkt freilich, weil die deutsche Sterberate natürlich durch die Überalterung der Bevölkerung geprägt wird, während Indien eine «junge» Nation ist. Die Differenz zwischen den beiden Raten in Indien (19) zeigt die weitere Wachstumstendenz an. Die Volkszählung von 1991 ergab eine Bevölkerungszahl von 844 Millionen. Zur Zeit (1994) dürfte Indien etwa eine

Bevölkerung von ca. 892 Millionen haben. Die Zukunftsperspektiven sind alarmierend. Im Jahr 2000 wird es rund eine Milliarde Inder geben.

Das Bevölkerungswachstum bremste den Anstieg des Prokopfeinkommens. Die Wirtschaftswachstumsrate betrug lange Zeit ca. 3,5 Prozent pro Jahr, sie wurde von indischen Experten ironisch die «Hindu-Wirtschaftswachstumsrate» *(the Hindu rate of growth)* genannt. Nach Abzug des Bevölkerungswachstums verblieben davon weniger als 1,5 Prozent als Wachstum des Prokopfeinkommens. Erst in den 1980er Jahren stieg die Wirtschaftswachstumsrate auf 5 Prozent pro Jahr, während rund 3 Prozent für das Wachstum des Prokopfeinkommens verblieben. In diesen Jahren war auch wieder ein höheres Wachstum des industriellen Sektors zu verzeichnen. Damit ging einher, daß der Anteil der Landwirtschaft am Bruttosozialprodukt ständig fiel und auf rund ein Drittel absank, obwohl nach wie vor etwa drei Viertel der Bevölkerung in der Landwirtschaft tätig sind. Dieses Mißverhältnis deutet bereits an, welche Tendenzen dem Eintreten des demograpischen Umschlags in Indien entgegenwirken. Die rückständige Landwirtschaft saugt die wachsende Bevölkerung wie ein Schwamm auf, schafft aber nicht die Bedingungen, die den demographischen Umschlag fördern. Es hat sich nämlich in den Industrieländern erwiesen, daß wachsende Urbanisierung und eine Steigerung des Wohlstands der Masse der Bevölkerung den demographischen Umschlag herbeiführen.

1. Die Volkszählungsdaten 1891–1991

Die indischen Volkszählungen sind administrative Meisterleistungen. Ihre Genauigkeit läßt angesichts des riesigen Personaleinsatzes, der dafür erforderlich ist, nichts zu wünschen übrig. Die folgenden Analysen stützen sich daher auf eine gesicherte Datenbasis. Sie werden zeigen, daß bei der Bevölkerungsentwicklung in Indien im 20. Jahrhundert kein einheitlicher Trend zu erkennen ist. Die ersten beiden Jahrzehnte des 20. Jahrhunderts waren durch die Hungersnöte gegen Ende des vorigen Jahrhunderts und größere Grippe-Epidemien vor und während des Ersten Weltkriegs eine Zeit der Stagnation gewesen. Die alle zehn Jahre durchgeführten Volkszählungen ergaben für ganz Indien die folgenden Bevölkerungszahlen (in Millionen): 1891 = 280, 1901 = 284, 1911 = 303, 1921 = 306, also für den gesamten Zeitraum von 30 Jahren ein Wachstum von nur 9 Prozent. Nach 1921 zeichnete sich ein allmähliches Wachstum ab, das aber erst nach der Erlangung der Unabhängigkeit rascher fortschritt.

Als Indien 1947 in die Unabhängigkeit entlassen wurde, hatte es – nach der Teilung – eine Bevölkerung von rund 340 Mio. Die wirtschaftlichen Erfolge der unabhängigen Nation wurden zu einem großen Teil vom Bevölkerungswachstum aufgezehrt. Wie bereits erwähnt, war es nicht eine steigende Geburtenrate, sondern der Rückgang der Sterberate, der die indische Bevölkerungsexplosion bewirkte. Ein Blick auf Tabelle 1 zeigt, daß die Geburtenrate 1961 einen Gipfel erreichte und seitdem allmählich gefallen ist. Die Sterberate war schon 1951 wesentlich geringer als die Geburtenrate, fiel dann von 1961 bis 1971 steil ab und zeigt seitdem einen weiteren langsamen Abfall, der in einem Abstand von ca. 20 pro 1000 zum Rückgang der Geburtenrate verläuft. Daraus ergibt sich die Bevölkerungsexplosion.

Ein Grund für den Rückgang der Sterberate ist ohne Zweifel die Verbesserung der Gesundheitsfürsorge, die sich an den Daten über die registrierten niedergelassenen Ärzte und die Zahl der Krankenbetten ablesen läßt. Bei der Zahl der Ärzte ist von 1961 bis 1981 ein stetiger Fortschritt festzustellen, leider jedoch nur in geringerem Maße im letzten Jahrzehnt. Dasselbe gilt auch für die Zahl der Krankenbetten. Der Anstieg der Lebenserwartung ist ein weiteres Indiz für die Verbesserung der Volksgesundheit, er hat sich gerade im letzten Jahrzehnt besonders stark bemerkbar gemacht. Der demographische Umschlag ist jedoch noch nicht in Sicht. Das bei der Volkszählung von 1991 festgestellte Absinken der jährlichen exponentiellen Wachstumsrate könnte ein Hinweis auf einen bevorstehenden Umschlag sein, aber das Signal ist noch recht schwach und gibt zu keinen großen Hoffnungen Anlaß.

Ein hoffnungsvolles Zeichen ist der Rückgang der Fertilitätsrate der Frauen, d. h. die durchschnittliche Zahl der Kinder, die Frauen im gebärfähigen Alter zwischen 15 und 45 Jahren bekommen. Diese Rate ging von 5,2 (1971) auf 3,6 (1991) zurück. Die Zahl der Ehepaare, die angaben, Verhütungsmittel zu benutzen, stieg von rund 12 Prozent (1972) auf 43 Prozent (1993) an. Dabei muß man freilich berücksichtigen, daß die Zahl der Frauen im gebärfähigen Alter im gleichen Zeitraum enorm zugenommen hat, und daß viele der Paare, die Empfängnisverhütung betreiben, bereits mehrere Kinder haben.

Es wird allgemein angenommen, daß der Bildungsstand der Frauen einen entscheidenden Einfluß auf den Erfolg der Geburtenkontrolle hat. Die Tabelle zeigt einen Rückgang des Analphabetismus der indischen Frauen, wobei sie freilich noch stets hinter den Männern zurückbleiben. Von 1951 bis 1991 ist der Anteil der Männer am Analphabetismus um die Hälfte, bei den Frauen aber nur um ein Drittel zurückgegangen. Die Grundschulbildung der Frauen wirkt sich auch auf die Kindersterblichkeit und damit auf die Bereitschaft zur Familienplanung aus. Hierzu wird weiter unten noch mehr ausgeführt werden.

Tab. 1: Bevölkerungsdaten 1951–1991

	1951	1961	1971	1981	1991
Bev. (Mio.)	361	439	548	683	844
Bev. Dichte (qkm)	117	142	177	216	267
Jährl. expon. Wachstum	1,25	1,96	2,2	2,22	2,11
f/ 1000 m	946	941	930	934	929
Geburtenrate(pro 1000)	39,9	41,7	36,9	33,9	29,3
Sterberate (pro 1000)	27,4	22,8	14,9	12,5	9,8
Lebenserwartung	31,1	41,3	45,6	50,5	59,9
Ärzte (pro 1000 Bev.)	0,17	0,19	0,28	0,39	0,47
Krankenbetten (pro 1000 Bev.)	0,32	0,52	0,64	0,83	0,96
Analphabeten (ges.%)	82	72	66	57	48
Analphabeten (m %)	73	60	54	44	36
Analphabeten (f %)	91	85	77	70	60

Quelle: Ashish Bose, Population of India. 1991 Census, New Delhi 1991 und Economic Survey 1992/93, New Delhi 1993

2. Frauendefizit und Frauenbildung

Die Benachteiligung der Frauen findet auch in einem Aspekt der demographischen Entwicklung ihren Ausdruck, der mit der allgemeinen Verbesserung der Volksgesundheit kontrastiert, es ist dies das Frauendefizit, das im vergangenen Jahrzehnt nicht etwa reduziert wurde, sondern noch weiter angewachsen ist. Zur Zeit gibt es in Indien rund 30 Mill. weniger Frauen als Männer. Dieses Defizit ist ein regionalspezifisches Problem Nordindiens, noch genauer gesagt der ländlich-patriarchalen Gesellschaft der drei Bundesländer Haryana (874), Panjab (888) und Uttar Pradesh (882). Hier ist die junge Schwiegertochter, die meist schon als Teenager ins Haus der Schwiegereltern ziehen muß, jederzeit ersetzbar, denn wenn sie stirbt, kann der Sohn wieder heiraten, und es wird dabei eine weitere Mitgift kassiert, die einzufordern zwar gesetzlich verboten ist, aber doch leicht als «Hochzeitsgeschenk» deklariert werden kann.

Den regionalen Diskrepanzen im Frauendefizit entspricht auch die Analphabetenrate. Im großen, rückständigen Uttar Pradesh sind noch 45 Prozent der Männer und 74 Prozent der Frauen Analphabeten. Ein weiterer Indikator der Rückständigkeit ist die Säuglingssterblichkeit, die 1989 in Indien im nationalen Durchschnitt 91 pro 1000 Lebendgeburten betrug, in Uttar Pradesh dagegen 118. Ein Kontrastprogramm dazu bietet Kerala, der südlichste Staat Indiens, in dem alte matriarchale Traditionen eine höhere Stellung der Frau bewirken. Hier gibt es kein Frauendefizit, sondern einen Frauenüberschuß (1040), die Säuglingssterblichkeit ist die niedrigste in Indien (22), und es gibt nur noch 13 Prozent Analphabeten unter den Frauen. Dabei gehört Kerala zu den armen Bundesländern, wie im Kapitel über regionale Diskrepanzen näher erläutert wird.

Die Frauenbildung ist offenbar wichtiger als allgemeiner Wohlstand, wenn es um die Eindämmung des Bevölkerungswachstums geht. Die Frau mit Schulbildung schränkt die Zahl ihrer Kinder ein, weil sie ihre Kinder besser betreut und daher sicherer sein kann, daß sie überleben. Untersuchungen über den Zusammenhang von Schulbildung und Kindersterblichkeit zeigen dies deutlich. Bei einer Auswertung der entsprechenden Daten der indischen Volkszählungen ergab sich, daß die Rate der Kindersterblichkeit bei Müttern mit Grundschulbildung (1–7 Jahre Schulbesuch) weniger als die Hälfte von der beträgt, die sich bei Analphabeten feststellen läßt. (Die Kindersterblichkeit bezieht sich hier auf Kinder der Altersgruppe 0 bis 5 Jahre.) Wenn die Mütter die Schule 7 bis 10 Jahre besucht haben, nimmt die Kindersterblichkeit noch weiter ab und beträgt weniger als ein Drittel der bei Analphabeten ermittelten Zahlen. Eine noch höhere Schulbildung geht mit einer weiteren Reduktion der Kindersterblichkeit einher, doch sie bleibt natürlich auf eine kleine Minderheit beschränkt und ist daher für die Familienplanung nicht mehr relevant. Diese Daten zeigen, daß man durch eine breitenwirksame Elementarschulbildung der Frauen eine bemerkenswerte Reduktion der Kindersterblichkeit erreichen könnte, und diese wirkt sich dann direkt auf die Bereitschaft zur Geburtenkontrolle aus.

Freilich ist bei solchen Korrelationsanalysen immer eine gewisse Vorsicht geboten. So könnte sich bei eingehenderen Untersuchungen erweisen, daß der Schulbesuch der Frauen in engem Zusammenhang mit der wirtschaftlichen Position der Familie steht und die geringere Kindersterblichkeit in solchen Familien daher eher von dieser Position abhängt als unmittelbar vom Bildungsgrad der Frau. Ähnliches gilt von der Korrelation des Rückgangs der Kindersterblichkeit mit dem der Zahl der Geburten. Gleiche Verlaufskurven lassen nicht unbedingt auf eine direkte kausale Beziehung schließen. Die allgemeine Aussage, daß sich eine bessere soziale Stellung der Frauen auf die Senkung der Kindersterblichkeit und der Geburtenrate auswirkt, dürfte jedoch unumstritten sein.

3. Die Probleme der Familienplanung

Die staatlichen Bemühungen um Geburtenkontrolle und Familienplanung sind angesichts der Rückständigkeit in weiten ländlichen Gebieten Indiens nicht von Erfolg gekrönt gewesen. Den Beamten und Angestellten des öffentlichen Dienstes kann man zur Auflage machen, nur zwei Kinder in die Welt zu setzen, aber sehr viel weiter reicht der

Einfluß der Regierung in dieser Hinsicht nicht. Greift man zu drakonischen Maßnahmen, wie Indira Gandhi, die zur Zeit ihres Notstandsregimes (1975–76) Zwangssterilisierungen durchführen ließ, dann tut man diesem Programm eher Abbruch, als daß man es fördert. Viele Politiker sprechen daher am liebsten gar nicht mehr davon, um nicht in Verruf zu geraten. So ist auch der Begriff *Family Planning* in allen offiziellen Verlautbarungen durch den weniger rigoros klingenden Begriff *Family Welfare* ersetzt worden.

Die Zwangssterilisierungen während des Notstandsregimes haben in erster Linie Männer, und dabei meist arme Leute, betroffen. Die entsprechende Operation ist bei Männern wesentlich leichter durchzuführen als bei Frauen. Es kommt hinzu, daß das Schamgefühl der Frauen einem solchen Eingriff entgegensteht. Erst die Operation mit einem Endoskop, das in der Nähe des Nabels eingeführt wird, nur einen winzigen Einschnitt erfordert und von Experten innerhalb einer Minute durchgeführt werden kann, hat einen entscheidenden Fortschritt auf diesem Gebiet gebracht. Die Patientin kann sofort danach heimkehren. Solche Experten haben großen Zulauf. Ihre Methode wird auch von Gruppen (Muslims, Stammesangehörige etc.) akzeptiert, die für andere Maßnahmen der Geburtenkontrolle nicht zugänglich sind. Diese Methode erfordert freilich den Einsatz von entsprechend ausgebildeten Ärzten in rückständigen ländlichen Gebieten. Der indische Pionier dieser Methode hat immerhin in 20 Jahren mehr als 300000 solcher Eingriffe durchgeführt. Wenn man freilich bedenkt, daß in Indien zur Zeit schätzungsweise 120 Mill. Frauen in gebärfähigem Alter leben, dann ist selbst ein derartig sensationeller Einsatz nur ein Tropfen auf dem heißen Stein. Den Bürokraten, die für Familienplanungsprogramme zuständig sind, imponieren natürlich alle Maßnahmen, die sich sofort statistisch erfassen und melden lassen, während indirekte Methoden, wie etwa die Förderung der Grundschulbildung der Frauen, ihnen weniger einleuchten, denn auf ihre Auswirkung muß man längere Zeit warten.

Eine Zunahme der Urbanisierung würde einen Geburtenrückgang sicher am raschesten bewirken, denn es hat sich gezeigt, daß die Geburtenrate 1989 in den städtischen Gebieten bei 25 (pro 1000), in den ländlichen aber bei 32 lag (nationaler Durchschnitt 30,5). Doch mit der Urbanisierung geht es in Indien nicht so schnell voran, wie es das Bevölkerungswachstum erwarten ließe. Das Angebot städtischer Arbeitsplätze hat nicht mit diesem Wachstum Schritt gehalten. Die Anziehungskraft der Städte ist daher beschränkt, bei manchen, wie etwa Kalkutta, sprechen die Demographen geradezu von einem Rückstoßeffekt, der durch Überfüllung und städtisches Elend bewirkt wird. Bei der Behandlung der regionalen Diskrepanzen wird auch auf die Unterschiede im Urbanisierungsgrad hingewiesen werden.

Das Fazit aus diesem demographischen Überblick ist, daß das indische Bevölkerungswachstum noch eine ganze Weile fortschreiten wird, ehe eine Stabilisierung einsetzt. Die indische Regierung hat die Prognose für das Erreichen der Parität von Geburten- und Sterberate im Jahr 2000, die 1983 verkündet wurde, inzwischen revidiert und nennt nun statt dessen die Jahre 2011 bis 2016. Doch auch diese Prognose wird wohl erneut revidiert werden müssen, denn sie setzt voraus, daß Indien die zweite Phase des demographischen Übergangs wesentlich schneller bewältigt als dereinst die westlichen Industrieländer. Dazu müßte schon ein Empfängnisverhütungsmittel vorhanden sein, daß in Form einer Impfung mit Langzeitwirkung für Millionen von Frauen rasch zugänglich wäre. Es gibt bereits Experimente auf diesem Gebiet, aber ein zuverlässiges Mittel dieser Art mit der erforderlichen Breitenwirksamkeit ist noch nicht auf dem Markt. Die Nebenwirkungen der injizierten bzw. implantierten Langzeitverhütungsmittel sind mitunter sehr problematisch. Sie können zu häufigen, unregelmäßigen Blutungen führen, die für indische Frauen aus zwei Gründen ganz besonders unangenehm sind. Zum einen gilt die menstruierende Frau als unrein und ist daher von dem, was im alltäglichen Leben geschieht, weitgehend ausgeschlossen, zum anderen sind etwa zwei Drittel der indischen Frauen aufgrund von Fehl- oder Unterernährung (Eisen- und Proteinmangel) blutarm und werden durch vermehrte Blutungen lebensgefährlich geschwächt. Die medizinische Forschung auf dem Gebiet verträglicher Langzeitverhütungsmittel müßte daher höchste Priorität haben. Auch sind alle Maßnahmen dieser Art nur im Rahmen einer besseren allgemeinen Gesundheitsfürsorge vertretbar. Die Bürokratie gibt sich oft mit punktuellen Interventionen zufrieden und überläßt die Patientinnen dann ihrem Schicksal. Damit ist einer Akzeptanz der Geburtenkontrolle, die eine nachhaltige Wirkung garantiert, aber nicht gedient.

IV.
Regionale Diskrepanzen

Dietmar Rothermund

1. Arme und reiche Bundesländer

Genau wie Europa weist auch Indien beträchtliche Diskrepanzen der regionalen Entwicklung auf. Dabei ist die Differenz zwischen dem reichsten Bundesland (Panjab) und dem ärmsten (Bihar) mit 3,3:1 sogar geringer als die zwischen den reichsten und den ärmsten Nationen Europas. Die folgende Übersicht (Tabelle 1) soll einen Eindruck vom Entwicklungsgefälle innerhalb Indiens vermitteln.

Tab. 1: Disparitäten des Prokopfeinkommens von 15 Bundesländern

Rang	Höhe d. Einkomm.	Getreide-prod. (kg)	Analphab. (%)	Unter Armut (%)	Geb. / Sterb. (Pro 1000)
1. Panjab	3,3	1400	41	7	29/8
2. Maharashtra	2,9	250	35	29	26/8
3. Haryana	2,7	800	44	12	33/8
4. Gujarat	2,4	180	39	18	28/9
5. West Bengal	1,9	240	43	28	27/8
6. Karnataka	1,9	260	44	32	27/9
7. Andhra Pradesh	1,8	200	56	32	26/10
8. Tamil Nadu	1,7	220	37	33	21/9
9. Rajasthan	1,6	290	61	22	34/10
10. Kerala	1,5	40	10	17	18/6
11. Madhya Pradesh	1,4	260	56	37	36/14
12. Uttar Pradesh	1,4	300	59	35	35/11
13. Assam	1,3	150	47	23	31/12
14. Orissa	1,2	220	51	45	29/13
15. Bihar	1	100	61	41	31/10
Indien (Durchschnitt)	1,7	260	48	30	29/10

Quelle der Daten: Economic Survey 1992–93 und 1993–94 (Die Angaben über das Prokopfeinkommen wurden vom Autor aufgrund der Schätzungen des Nettoinlandsprodukts der betreffenden Bundesländer für 1990–91 errechnet.)

Die Tabelle enthält mehrere Indikatoren, von denen man vermuten würde, daß sie eine hohe Korrelation aufweisen. Die Rangskala der wichtigsten Bundesländer ist nach der Höhe des Prokopfeinkommens aufgestellt, wobei das des ärmsten Bundeslands als Einheit genommen wurde (Bihar = 1). Es folgt in der nächsten Spalte die Getreideproduktion pro Kopf der ländlichen Bevölkerung (kg pro Jahr, 1992). Die weiteren Indikatoren sind die Analphabetenrate, der Prozentsatz der

Bevölkerung unter der Armutsgrenze und das Verhältnis von Geburten- zu Sterberate, das anzeigt, wie weit das betreffende Land noch vom demographischen Umschlag entfernt ist.

Ein Vergleich der ersten beiden Spalten zeigt, daß der Panjab und Haryana ihr hohes Einkommen der bemerkenswerten Produktivität ihrer ländlichen Bevölkerung zu verdanken haben, während in Maharashtra und Gujarat in erster Linie die städtische Bevölkerung zum Wohlstand beiträgt. Der sehr niedrige Stand der Getreideproduktion in Kerala ist nicht auf eine geringe Produktivität auf diesem Gebiet zurückzuführen, sondern weist darauf hin, daß hier die Produktion von Nutzfrüchten eine größere Rolle spielt als die Getreideproduktion. Das läßt sich freilich nicht von Bihar sagen, dessen sehr geringe Produktivität beim Getreide seinen tiefen Stand auf der Rangskala widerspiegelt. Die Getreideproduktion Bihars ist freilich erst in letzter Zeit so sehr zurückgegangen. Im Jahr 1990 betrug die Prokopfproduktion der ländlichen Bevölkerung dort noch ca. 150 kg. Doch selbst dann wäre das Verhältnis noch 1:9 gewesen und nicht 1:3,3 wie beim allgemeinen Profkopfeinkommen. Zum Ausgleich für seine geringe Agrarproduktivität hat Bihar große Stahlwerke und den Löwenanteil des indischen Kohlebergbaus. Die vergleichsweise kleine städtische Bevölkerung (15 Prozent) trägt daher unverhältnismäßig viel zum Sozialprodukt dieses Bundeslandes bei.

Die letzten drei Spalten der Tabelle enthalten Indikatoren, von denen man erwarten dürfte, daß sie den Wohlstand bzw. die Armut der Bundesländer reflektieren. Die fünf ärmsten Länder entsprechen denn auch weitgehend diesen Korrelationserwartungen. Sie habe hohe Analphabetenraten, der Prozentsatz der Menschen unter der Armutsgrenze ist überdurchschnittlich, die Geburtenraten sind hoch, auch die Sterberaten sind bei einigen dieser Bundesländer höher als der nationale Durchschnitt. Nur Assam fällt aus dem Rahmen. Obwohl es sehr arm ist, ist seine Analphabetenquote durchschnittlich und der Prozentsatz der Bevölkerung unter der Armutsgrenze sogar besonders niedrig. Gegen alle Korrelationserwartungen sprechen die Daten für Kerala, das trotz seiner Armut bei den drei Indikatoren positive Spitzenwerte zu verzeichnen hat. Hier muß jedoch das Phänomen der Binnenwanderung in Indien berücksichtigt werden: Auswanderer aus Kerala sind in vielen Bundesländern zu finden, dagegen gibt es kaum Einwanderer in Kerala. Ferner hat Kerala in großem Maße von der Wanderung von Fachkräften in die Länder am Persischen Golf profitiert. Tamil Nadu, das in bezug auf das Prokopfeinkommen den indischen Durchschnitt darstellt, ist bei zwei Indikatoren (Analphabetenrate und Geburten- und Sterberaten) positiv überdurchschnittlich, während die ihm benachbarten Länder Andhra Pradesh und Karnataka bei allen drei Indikatoren eher durchschnittlich sind.

Die Spitzengruppe der vier reichsten Bundesländer, die mit deutlichem Abstand beim Prokopfeinkommen weit vorn liegen, zeigt eine Reihe bemerkenswerter Abweichungen von den Korrelationserwartungen. Im Panjab und in Haryana sind die Analphabetenraten im Verhältnis zu ihrem Reichtum recht hoch und die Geburtenraten entsprechen dem nationalen Durchschnitt, liegen in Haryana sogar noch darüber. Im zweitreichsten Land Maharashtra fällt der verhältnismäßig hohe Prozentsatz von Menschen unter der Armutsgrenze auf. Darin kommt der Kontrast zwischen den küstennahen Industriezentren und dem kargen Hinterland zum Ausdruck. Ohne die großen Hochlandgebiete entsprächen die drei Indikatoren für Maharashtra wohl eher denen des benachbarten Gujarat.

Unter dem Gesichtspunkt großräumiger regionaler Diskrepanzen gesehen zeigt die Übersicht vor allem den bemerkenswerten Kontrast zwischen den vier reichsten Bundesländern (der Nordwesten Indiens und die nördliche Westküste) einerseits und den vier großen Ländern des sogenannten «Hindi-Herzlandes» (Bihar, Madhya Pradesh, Rajasthan und Uttar Pradesh). Der indische Demograph Ashish Bose hat für diese Bundesländer das Akronym BIMARU geprägt, in dem das Hindi-Wort *bimar* (krank) steckt. Er spielt damit auf ihre schlechte demographische Lage an, denn diese armen Länder haben zusammengenommen eine Bevölkerungszahl von 335 Millionen und ihre Geburtenzahlen liegen alle über dem nationalen Durchschnitt. Während die Differenz zwischen Geburten- und Sterberate im Durchschnitt 19 beträgt, liegt sie bei diesen vier Ländern zwischen 21 und 24. Damit sind sie vom demographischen Umschlag noch sehr weit entfernt und werden auch in Zukunft noch kräftig anwachsen. Die vier reichen Länder haben insgesamt nur eine Bevölkerungszahl von 156 Millionen. Sie werden also durch das Schwergewicht der armen Bundesländer mehr als aufgewogen. Hier einen Ausgleich zu schaffen, ist eine dringende Aufgabe für Indiens Planer, der sie bisher nicht gerecht geworden sind.

2. Soziale Diskrepanzen: Die Situation der Frauen

Neben dem soeben dargestellten ökonomischen Gefälle gibt es auch noch soziale Diskrepanzen, die nicht unbedingt das gleiche Muster ergeben. Bereits zuvor wurde auf das Beispiel des Staates Kerala hingewiesen, der sehr arm ist, aber in bezug auf einige soziale Indikatoren Spitzenwerte erreicht. Dieser Kontrast zwischen ökonomischen und sozialen Daten soll nun noch auf einem besonderen Gebiet aufgezeigt werden. Es geht dabei um die Situation der Frauen, charakterisiert durch die folgenden Indikatoren: 1. Kenntnisse des Lesens und Schreibens bei Frauen im Alter von über 15 Jahren, 2. Schulbesuch der Mädchen im

Alter zwischen 10 und 14 Jahren, 3. Mädchen, die bereits im Alter von 15 bis 19 Jahren verheiratet sind. Auf eine Auflistung der Bundesländer soll hier verzichtet werden, statt dessen soll gleich eine Typologie der Bundesländer, die auf einer Zusammenfassung dieser Daten beruht, vorgestellt werden.

Kerala ist in bezug auf alle drei Indikatoren den anderen Bundesländern so haushoch überlegen, daß es hier außer Konkurrenz genannt sein soll, während man die anderen Bundesländer in drei Gruppen zusammenfassen kann: I. Maharashtra, Panjab, Tamil Nadu, Gujarat, West-Bengalen, II. Karnataka, Haryana, Orissa, gefolgt in einigem Abstand von Andhra Pradesh, III. die BIMARU-Länder. Es bleibt dabei freilich auf einige Besonderheiten hinzuweisen. So ist Maharashtra in bezug auf die ersten beiden Indikatoren zwar bemerkenswert, weist aber einen hohen Anteil von frühverheirateten Mädchen aus, während die Frauen im Panjab in letzterer Hinsicht sogar mit denen Keralas gleichstehen, in bezug auf den ersten Indikator hinter Maharashtra zurückfallen, es aber in bezug auf den zweiten übertreffen. Der rasche ökonomische Aufstieg des Panjab hat vermutlich sowohl in einem erhöhten Schulbesuch der jungen Mädchen als auch in einem Rückgang früher Heiraten seinen Ausdruck gefunden. Wie bereits im vorigen Kapitel erwähnt, zeichnet sich der Panjab jedoch negativ durch ein verhältnismäßig hohes Frauendefizit (888 f pro 1000 m) aus. Eine Tatsache, die mit dem Befund, der hier diskutiert worden ist, schlecht vereinbar ist, denn in allen Bundesländern der Gruppe I ist das Frauendefizit gering.

Insgesamt läßt sich sagen, daß der Kontrast zwischen den Großregionen A (Panjab, die Nordwestküste und der äußerste Süden) und B (BIMARU-Länder) auf dem hier diskutierten Gebiet sogar noch größer ist als in bezug auf die ökonomische Lage. Für die zukünftige Entwicklung läßt sich prognostizieren, daß die sowohl wirtschaftlich als sozial fortschrittlichen Staaten, insbesondere Maharashtra, Gujarat, West-Bengalen und Tamil Nadu, weiterhin führend sein werden, wobei die letztgenannten freilich wesentlich ärmer sind als die ersten beiden Bundesländer. Panjab und Kerala, die zur Zeit jeweils die Spitzenposition auf dem ökonomischen und dem sozialen Gebiet einnehmen, sind beide recht kleine Bundesländer. Sie haben auf ihren jeweiligen Gebieten auch nahezu das Ende der Fahnenstange erreicht. Am anderen Ende befinden sich die rückständigen BIMARU-Länder, die auch in Zukunft ihre Position nicht sehr rasch verbessern dürften.

3. Unterschiede in der Bevölkerungsdichte

Einen weiteren Einblick in die regionalen Diskrepanzen innerhalb Indiens bieten uns die Angaben über die Bevölkerungsdichte in den Distrikten. Der nationale Durchschnitt der Bevölkerungsdichte liegt bei 267 pro qkm (1991). Weite Gebiete Indiens sind trocken und unwirtlich und dementsprechend auch nicht dicht bevölkert. Das gilt insbesondere für die Wüstengebiete Rajasthans. Dort gibt es Distrikte mit sehr geringer Bevölkerungsdichte: Jaisalmer (9), Bikaner (44), Barmer (50), Churu (91), Jodhpur (93). Ähnlich niedrige Zahlen findet man nur noch in einigen Distrikten Madhya Pradeshs: Bastar (58), Surguja (93), Mandla (97). Das zentrale Dekkan-Hochland Südindiens in den Bundesländern Andhra Pradesh und Karnataka liegt in der Bevölkerungsdichte ebenfalls weit unter dem nationalen Durchschnitt. Typische Hochlanddistrikte dieser Art sind in Andhra Pradesh die Distrikte Adilabad (129), Khammam (137) Cuddapah (147), in Karnataka die Distrikte Kodagu (118), Chikmagalur (141), Gulbarga (159), Raichur (165), Bijapur (171).

Am anderen Ende der Skala stehen die stark übervölkerten Gebiete in der Gangesebene und in dem kleinen Bundesland Kerala. In Kerala gibt es drei primär ländliche Distrikte mit über 1000 Menschen pro qkm: Alappuzha (1408), Ernakulam (1162), Kozhikode (1115). Eine ähnliche Bevölkerungsdichte findet man nur noch in den ländlichen Distrikten der Gangesebene in Nord-Bihar: Darbhanga (1101), Vaishali (1053), Siwan (973), Saran (970), Beguserai (945), Samastipur (935), Muzaffarpur (929), Sitamarhi (904). In den benachbarten Distrikten von Ost-Uttar Pradesh ist der Bevölkerungsdruck ähnlich stark: Gorakhpur (923), Mau (834), Deoria (813), Jaunpur (794), Ballia (753), Azamgarh (747).

In den letztgenannten Gebieten ist die Zahl der landlosen Landarbeiter in den letzten Jahrzehnten sehr gestiegen. Die Bevölkerungsvermehrung treibt denen, die Land besitzen, billige Arbeitskräfte geradezu auf den Acker. Das wirkt sich lähmend auf die Arbeitsproduktivität in der Landwirtschaft aus, die in diesen Gebieten weit unter dem nationalen Durchschnitt liegt. Kerala zeigt dagegen, daß es auch eine ganz andere Reaktion auf ländliche Überbevölkerung geben kann, denn dort liegt die Arbeitsproduktivität weit über dem nationalen Durchschnitt. Dies bezieht sich freilich zumeist auf die Produktion von Nutzfrüchten, denn bei der Getreideproduktion schneidet Kerala – wie in Tabelle 1 dokumentiert – sehr schlecht ab. Der Anteil der städtischen Bevölkerung liegt in Kerala (28 Prozent) nur geringfügig über dem nationalen Durchschnitt (26 Prozent).

4. Kontrastierende Urbanisierungsprofile der Bundesländer

Die drei großen Hafenstädte Bombay, Kalkutta und Madras und die imperiale Hauptstadt New Delhi entstanden unter britischer Kolonialherrschaft, die zugleich bewirkte, daß weite Gebiete Indiens geradezu unterurbanisiert geblieben sind. So zeigen die 15 größten Bundesländer sehr unterschiedliche Urbanisierungsprofile. Einige zeichnen sich durch eine Vielzahl «kleinerer» Großstädte aus, andere haben dagegen etliche sehr große Städte und nur verhältnismäßig wenige kleine und mittlere. Dann gibt es gar Bundesländer wie Assam und Orissa, die einen so niedrigen Urbanisierungsgrad haben, daß bei ihnen im Bereich der größeren Städte mit über 600000 Einwohnern überhaupt nichts zu verzeichnen ist.

Ein Überblick über die 15 wichtigsten Bundesländer (Tabelle 2) zeigt die unterschiedlichen Urbanisierungsprofile sehr deutlich. Es ist dabei die Häufigkeit der folgenden Gruppen von Städten berücksichtigt worden: I) 100000 bis 200000 Einwohner, II) 200000 bis 400000, III) 400000 bis 600000, IV) 600000 und darüber. Für diese letzte Kategorie sind auch die absoluten Zahlen (Summe) und der Anteil dieser Kategorie an der Gesamtbevölkerung des betreffenden Bundeslandes angegeben worden.

Tab. 2: Urbanisierungsprofile von 15 Bundesländern (1991)

Bundesland	Bev. (Mill.)	I.	II.	III.	IV.	IV. (Mill.)	IV. (Bev.-anteil %)
Andhra Pradesh	66	19	7	3	3	6	0,9
Assam	22	2	–	1	–	–	–
Bihar	86	7	6	2	1	1	0,1
Gujarat	41	13	2	–	4	6,5	16
Haryana	16	9	2	–	1	0,6	0,3
Karnataka	44	13	3	2	3	5,4	12
Kerala	29	7	3	1	3	2,7	9
Madhya Pradesh	66	3	3	1	6	4,4	7
Maharashtra	79	9	8	3	6	17,3	22
Orissa	31	3	2	2	–	–	–
Panjab	20	6	1	1	2	1,7	8
Rajasthan	44	7	2	3	2	2,1	5
Tamil Nadu	55	14	6	1	4	8	14
Uttar Pradesh	139	22	9	4	7	7,9	6
West Bengal	68	38	10	1	2	11,6	17
Summe	806	172	64	25	44	75,2	9

Quelle der Zahlen: Ashish Bose, Demographic Diversity of India,1991 Census, State and District Level Data, New Delhi 1991

Zur Korrektur der Tabelle muß erwähnt werden, daß Delhi (9,4 Mill.) den Status eines *Union Territory* hat und daher hier nicht berücksichtigt wurde. Für die benachbarten Bundesländer Haryana, Panjab und Uttar Pradesh hat jedoch Delhi die Funktion einer regionalen Metropole. Eine anteilige Zurechnung dieser Metropole ist nicht möglich, auch würde sie das Urbanisierungsprofil der drei benachbarten Bundesländer nicht so grundlegend ändern, daß sie damit weit über den nationalen Durchschnitt kämen. Immerhin dürfte Haryana bei einer solchen anteiligen Zurechnung nicht so «unterurbanisiert» erscheinen, wie es die Tabelle zeigt.

Sehr auffällig ist die Unterurbanisierung des gesamten Ostens (Andhra Pradesh, Assam, Bihar, Orissa) mit der Ausnahme West-Bengalens. Letzteres zeichnet sich neben dem hohen Prozentsatz von städtischer Bevölkerung der Kategorie IV durch eine für Indien sonst ganz ungewöhnliche Vielzahl (38) von Städten der Kategorie I aus. Die Summe der Bevölkerung der Städte der Kategorien I bis III beträgt etwa 8,5 Mio. In Maharashtra, das als einziges Bundesland West-Bengalen in bezug auf den Urbanisierungsgrad überlegen ist, sieht das Profil dagegen ganz anders aus. Die Urbanisierung ist dort sehr «kopflastig», die Kategorie IV dominiert eindeutig, die Summe der Bevölkerung der Städte der Kategorien I bis III beträgt nur etwa 6 Mio. Das benachbarte Gujarat zeigt ein ähnlich «kopflastiges» Profil.

Rajasthan, Madhya Pradesh und Uttar Pradesh sind deutlich unterurbanisiert, wenn auch nicht ganz so wie Bihar. Insgesamt kann jedoch gesagt werden, daß die oben als BIMARU-Länder bezeichneten Bundesländer auch in bezug auf ihre Urbanisierungsprofile einen rückständigen Eindruck machen.

Karnataka und Tamil Nadu beeindrucken sowohl durch ihren überdurchschnittlichen Urbanisierungsgrad als auch durch ein verhältnismäßig ausgewogenes Profil. In Karnataka beträgt die Bevölkerung der Städte der Kategorien I bis III rund 4 Mio. und in Tamil Nadu 4,5 Mio., damit wird die Summe der Bevölkerung dieser Kategorien durch die der Kategorie IV nicht so sehr in den Schatten gestellt wie in Maharashtra. Die Urbanisierungsprofile dieser südlichen Bundesländer gleichen eher dem West-Bengalens.

Die Verteilung der indischen Millionenstädte zeigt auch sehr deutliche regionale Diskrepanzen. Zieht man eine Grenze zwischen Nord und Süd am 24. Breitengrad, so liegen von den insgesamt 23 Millionenstädten nur 5 im Norden, dagegen 18 im Süden. Noch krasser ist der Kontrast zwischen dem Osten und dem Rest des Landes. Wenn wir den Osten am 84. Längengrad beginnen lassen, dann gibt es jenseits dieser Linie nur zwei Millionenstädte (Kalkutta und Patna). Die größte Konzentration von Millionenstädten auf verhältnismäßig kleinem Raum zeigt der Streifen von Ahmadabad bis Pune (Entfernung ca. 520 km), denn hier liegen fünf von ihnen mit einer Gesamtzahl von 21 Mill. Einwohnern. Diese soeben beschriebene Region und die um Delhi werden auch in Zukunft die wirtschaftlichen und politischen Machtzentren Indiens bleiben, in einigem Abstand gefolgt von einer dritten Region, die man als das Dreieck Madras-Bangalore-Madurai bezeichnen kann.

Zweiter Teil

Geschichte und Gesellschaft

V.
Epochen der indischen Geschichte

Dietmar Rothermund

Einleitung

Die Skizze der Geschichte Indiens, die hier vorgelegt wird, soll der raschen Orientierung dienen. Sie ist eine Art Ariadnefaden, der durch das Labyrinth der unendlich reichen und komplexen Vergangenheit dieses großen Landes führt. Zwei Grundannahmen werden dabei gemacht, nämlich daß die Einheit des Raumes zugleich auch eine Einheit der Geschichte bedeutet – vergleichbar freilich mit der Geschichte Europas und nicht mit der einer einzelnen Nation –, und zweitens, daß es gerechtfertigt ist, die indische Geschichte in Epochen einzuteilen, die weitgehend mit denen der europäischen Geschichte vergleichbar sind. Wenn also hier von Frühgeschichte, Altertum und Mittelalter die Rede ist, so ist das nicht ein Zugeständnis an den europäischen Leser, der gewohnt ist, die eigene Geschichte so zu gliedern, sondern entspricht der Überzeugung des Verfassers, daß diese Epocheneinteilung auch für die indische Geschichte sinnvoll ist. Die Markierung der Epochengrenzen ist dabei selbstverständlich mit anderen Namen und Ereignissen verbunden, aber zeitlich zeigt sich eine weitgehende Übereinstimmung. Dabei sind natürlich alle Epocheneinteilungen nachträglich an den Prozeß der Geschichte herangetragene Bezeichnungen. Keiner, der als Zeitgenosse eine Epochengrenze miterlebte, wird sich ihrer so bewußt gewesen sein, wie der rückschauende Historiker. Schließlich gibt es auch bei einer solchen rückschauenden Grenzbestimmung verschiedene Sichtweisen. Während ein Historiker die Vorboten der Neuzeit heranziehen sieht, spricht der andere vom «Herbst des Mittelalters», doch über das Vorhandensein einer Epochengrenze sind sich beide einig. Über solche Unterschiede der Sichtweise kann hier nicht im einzelnen berichtet werden, denn diese Skizze ist nicht der Diskussion von Epochengrenzen gewidmet, sondern dient der Inhaltsbestimmung dieser Epochen. Die Ereignisgeschichte wird dabei kurz gehalten. Nähere Einzelheiten sind der Zeittafel zu entnehmen.

Im Vordergrund des Interesses stehen Legitimation und Manifestation von Herrschaft, ferner die Reichweite intensiver Herrschaft und die Interventionsreichweite von Eroberern. Die Legitimation ist in den älteren Epochen zumeist religiöser Art, ebenso die Manifestation von Herrschaft, die seit dem Mittelalter in der Errichtung von Tempeln und in der Patronage von Kunst und Literatur ihren Ausdruck fand. Die

Reichweite intensiver Herrschaft war bis ins frühe Mittelalter oft auf einen Umkreis von 100 bis 200 Kilometer um die jeweilige Hauptstadt beschränkt, doch die Interventionsreichweite war beträchtlich. Kriegszüge über 1000 Kilometer waren keine Seltenheit. In diesem Zusammenhang verdienen Waffentechnik und Strategie besondere Aufmerksamkeit. Wie im einzelnen gezeigt werden soll, hat der Wandel auf diesem Gebiet buchstäblich «epochale» Bedeutung gehabt.

1. Die Frühgeschichte: Von der Induskultur zur Einwanderung der Arier

Die Geschichtsschreibung stützt sich auf schriftliche Zeugnisse. Die Zeiten, für die solche Zeugnisse fehlen, werden der Vorgeschichte zugerechnet, die man nur auf ähnliche Weise erschließen kann, wie es die Anthropologen bei der Erforschung schriftloser Kulturen tun. In der indischen Geschichte ergibt sich jedoch ein eigentümliches Dilemma. Die Induskultur hatte eine Schrift, die jedoch bisher nicht entziffert werden konnte, und die ihr folgende Kultur der arischen Einwanderer hatte eine reichhaltige religiöse Literatur (Veda), die aber nur mündlich überliefert und erst in sehr viel späterer Zeit schriftlich fixiert wurde. Es kommt hinzu, daß für die Induskultur eine Fülle von archäologisch erkundetem Material vorliegt, während von den arischen Einwanderern bisher gesicherte Spuren dieser Art fehlen. Deshalb soll hier die Zeit von ca. 3000 bis 600 v. Chr. als «Frühgeschichte» bezeichnet werden.

Als die imposanten Ruinen der großen Städte Harappa und Mohenjo Daro im Industal in den 1920er Jahren von britischen Archäologen entdeckt und beschrieben wurden, hielt man sie für «Kolonien» der mesopotamischen Hochkultur. Inzwischen ist durch weitere archäologische Forschungen deutlich geworden, daß diese Induskultur Vorläufer in unmittelbarer Nachbarschaft hatte, die viele Jahrtausende zurückreichen, und daß sie sich weit nach Nordindien und in südöstlicher Richtung bis nach Gujarat und vielleicht darüber hinaus erstreckte. Vieles läßt darauf schließen, daß es sich hier um eine von Priestern gelenkte Kultur handelte und daß die Religion dieser Kultur eine Art «Proto-Hinduismus» gewesen sein muß. Von einem vermeintlichen Ableger der mesopotamischen Kultur ist die Induskultur also zur eigenständigen Basiskultur des indischen Subkontinents avanciert, deren Wurzeln bis zur «neolithischen Revolution» zurückreichen. Ausgrabungen in Mehrgarh am Bolan-Fluß (Baluchistan) haben Funde erbracht, die bis ca. 6000 v. Chr. zurückreichen und beweisen, daß dort zu jener Zeit bereits Ackerbau betrieben wurde.

Mit der mesopotamischen Kultur hatte die Induskultur lebhafte Handelsbeziehungen, offenbar vermittelt durch Zwischenstationen in Arabien (Oman), über die auch Beziehungen zu Afrika bestanden. So sind afrikanische Hirsearten über diese Verbindung nach Indien gekommen, die in Fundstätten in Gujarat nachgewiesen wurden. Die wichtigsten Getreidearten der Induskultur waren sonst Weizen und Gerste. Der Reis kam erst in einer Spätphase dieser Kultur von Osten her. Weizen und Gerste wurden dagegen schon in den Fundstätten im an das Industal angrenzenden Baluchistan gefunden. Dort hatten die Vorläufer der Induskultur gewohnt und durch Eindämmung kleiner Täler fruchtbaren Boden für den Ackerbau gewonnen. Die lockeren Dämme, die sie bauten, dienten nicht dem Wasserstau, sondern der Anlagerung von Schwemmland. Mit dieser Erfahrung bei der Schwemmlandbearbeitung konnten sich die Menschen später in die riesige Schwemmlandschaft des Indus vorwagen und eine große Kultur begründen, die von ca. 2500–1700 v. Chr. eine bemerkenswerte Stabilität aufwies. Die weiträumige Uniformität von Maßen und Gewichten zeugt davon, daß hier eine Kultur bestand, die gemeinsame Richtlinien befolgte.

Über Aufstieg und Niedergang dieser Kultur wird noch immer heftig debattiert. Pollenanalysen haben ergeben, daß die Niederschläge in der Region wohl nach 3000 v. Chr. angestiegen sind, während nach 1700 v. Chr. eine Trockenzeit einsetzte. Das Zentrum der Induskultur hat vermutlich um die noch nicht ausgegrabene Stadt Ganweriwala im Tal des jetzt völlig verschwundenen Ghaggar-Flusses gelegen. Es wird angenommen, daß die jetzt nach Osten fließende Jamuna zur Blütezeit der Induskultur durch dieses heutzutage trockene Flußbett nach Westen in den Indus abfloß. Tektonische Verwerfungen am Fuße des Himalaya mögen diese entscheidende Weichenstellung bewirkt haben. Ein solches Ereignis würde auch den raschen Niedergang der Induskultur erklären, deren Zentrum buchstäblich austrocknete, während sich nur noch die Außenposten etwas länger hielten. Die Fundstätten der Post-Induskulturphase (nach 1700 v. Chr.) sind durch eine regellose Bauweise gekennzeichnet, die deutlich von der disziplinierten Gleichförmigkeit abweicht, die die Kultur in ihrer Blütezeit aufwies.

Während die Gelehrten früher dazu neigten, die von Norden einwandernden Arier für die Zerstörung der Induskultur verantwortlich zu machen, meint man jetzt, daß diese Kultur schon längst dahin war, als die nomadisierenden Rinderhirten, die sich selbst *arya* (die Edlen) nannten, in Indien eintrafen. Doch müssen sie den Nachfahren dieser Kultur wohl begegnet sein, denn es wird vermutet, daß das Wort *mleccha,* mit dem der orthodoxe Hindu noch heute den unreinen Fremden bezeichnet, dem Namen *Meluhha* entspricht, der aus mesopotamischen Quellen bekannt ist und vermutlich die Eigenbezeichnung des Volkes der Induskultur war.

Nachdem die Arier sich zunächst im nördlichen Panjab (Fünfstromland) niedergelassen hatten, drangen sie nach Osten vor. Dabei betrieben sie wahrscheinlich Brandrodung, denn in ihren Hymnen an den Feuergott Agni heißt es, daß er ihnen vorangeflammt sei. Der in der Periode höherer Niederschläge wahrscheinlich sehr dichte Regenwald der oberen Gangesebene muß in der Trockenzeit für eine solche Brandrodung anfällig geworden sein. Das fruchtbare Land, das auf diese Weise frei wurde, lud zum Ackerbau ein. Der Bedeutungswandel des Sanskritwortes *grama,* das zunächst die Wagenburg, später aber das Dorf bezeichnete, zeigt den Übergang vom Nomadenleben zur seßhaften Landwirtschaft an. Agni hielt jedoch an, als er den Fluß Sadanira (Gandak) erreichte. Der arische Brandrodungsbau fand hier seine Grenze, und die arischen Brahmanen, die die Normen setzten, sprachen eine Art Bannfluch über das Gebiet jenseits dieses Flusses aus. Es galt ihnen als unsicher, anarchisch und gefährlich.

In der Gangesebene westlich des Sadanira entstanden viele arische Kleinkönigreiche, die meist im Kampf miteinander lagen, dadurch aber auch ständig ihre Kriegskünste übten. Ihre große Wunderwaffe war der Streitwagen, der ihnen in offener Feldschlacht die Überlegenheit über alle nicht so gerüsteten Feinde sicherte. Der Wagenmacher galt daher auch als einer ihrer vornehmsten Handwerker. Die Kriegskunst bestand insbesondere im Zusammenwirken der beiden Insassen des Streitwagens, des Wagenlenkers und des Bogenschützen. Rasches Erreichen des Feindes und ruhige Position beim Schuß waren gleichermaßen erforderlich. Der leichte, wendige Streitwagen war freilich für die Überwindung unwegsamen Geländes wenig geeignet. Er mußte dann zum Transport auf einen Ochsenkarren geladen werden. Sobald es gelang, Elefanten zu zähmen und gleich mehrere Bogenschützen auf einen Elefantenrücken zu plazieren, waren die Tage des Streitwagens – und der kleinen arischen Königreiche – gezählt.

Die Epochengrenze zwischen Streitwagenkultur und Kriegselefantenkultur entspricht nahezu einer ganz anders markierten Epochengrenze, nämlich der zwischen der durch den Mythos bestimmten Frühzeit und dem Anbruch eines neuen, kritisch-reflexiven Denkens in der «Achsenzeit». Bei dieser Koinzidenz handelt es sich nicht um eine kausale Beziehung, sondern um eine geschichtliche Konvergenz verschiedener Prozesse, die im folgenden Abschnitt beschrieben werden soll.

2. Das Altertum: Die Expansion der Großreiche des Ostens

Der Begriff der «Achsenzeit» wurde von Karl Jaspers geprägt, der in dem nahezu gleichzeitigen Auftreten der großen Philosophen in Griechenland, des Buddha in Indien und des Konfuzius in China das Zeichen einer weltgeschichtlichen Epoche sah. Für Jaspers stand dies im Kontext seiner Existenzphilosophie. Er sah in der Achsenzeit die erste Begegnung des Menschen mit sich selbst, nachdem er aus der Welt des Mythos hervortrat. In Indien ist diese kritische Reflexion übrigens nicht erst bei Buddha, sondern zuvor schon in den Upanishaden festzustellen. Der berühmte Brahmane Yajnavalkya, wohl ein Zeitgenosse des griechischen Philosophen Thales, hatte bereits eine kritische philosophische Position eingenommen. Er war übrigens auch der erste prominente Brahmane, der der Einladung eines Königs folgte, der in dem «verfluchten» Gebiet jenseits des Flusses Sadanira (Gandak) herrschte. Seine Lehren wurden in der Brhadaranyaka-Upanishad als quasi-wörtliche Zitate des Meisters überliefert. Ganz ähnlich wurden später die Lehrreden des Buddha von seinen Schülern in aller Ausführlichkeit festgehalten. Bei den Buddhisten beginnt denn auch die schriftliche im Unterschied zur mündlichen Überlieferung durch das Auswendiglernen heiliger Texte. Der Buddha lebte und lehrte ebenfalls an der Nahtstelle zwischen der alten Gangeskultur und der «Ostmark», auf der der Fluch der Brahmanen lastete. Sein Protest gegen die im vedischen Opferritual erstarrte Religion der orthodoxen Brahmanen ist auch in diesem Kontext zu sehen.

Die «Ostmark» wurde zur Hochburg verschiedenster heterodoxer Lehren. Buddhismus und Jainismus blühten hier, und die Ajivikas verbreiteten Lehren, die an die der Stoiker und Kyniker erinnern. In dieser Atmosphäre gediehen Könige ganz neuer Art, amoralische Machtmenschen, die auch vor dem Vatermord nicht zurückschreckten. Ajatashatru, der in der buddhistischen Literatur als gewandter Gesprächspartner des Buddha auftritt, war ein solcher König. Ihm und seinem von ihm ermordeten Vater Bimbisara war der rasche Aufstieg des Reichs von Magadha zu verdanken, das zur Hausmacht mehrerer Dynastien wurde, die nicht nur den ganzen Osten unterwarfen, sondern die Königreiche der westlichen Gangesebene eroberten und auch nach Süden vordrangen. Reiche Eisenerzvorräte, fruchtbare Reisebenen und der Einsatz von Kriegselefanten trugen zum Erfolg des Großreichs bei.

Die Maurya-Dynastie war die bedeutendste Dynastie Magadhas. Sie errichtete das erste gesamtindische Großreich. Ihr Gründer Chandragupta hatte nach dem Alexanderzug Nordindien erfolgreich gegen den Diadochen Seleukos Nikator verteidigt, hatte dann ein Bündnis mit ihm geschlossen und ihm 500 Kriegselefanten geschenkt – wohl der spektakulärste Fall von Militärhilfe im Altertum. Kautilya, der Verfasser des Staatslehrbuchs *Arthashastra*, soll ein Minister Chandraguptas gewesen sein. Ashoka, der Enkel Chandraguptas, hielt sich jedoch nicht an die machiavellistischen Lehren des *Arthashastra*. Er wurde auf der Höhe seiner Macht Laienanhänger des buddhistischen Ordens und ließ in Felsedikten überall in seinem Reich und vor allem an dessen Grenzen im Süden (Karnataka) und im Nordwesten, im heutigen Afghanistan, seine

Botschaft der friedlichen Koexistenz verbreiten. Seine Staatsethik war sozusagen ein säkularisierter Buddhismus, denn der Buddhismus war als Mönchsreligion nicht für die Staatsordnung zuständig. Andererseits leitete er aus seiner Qualifikation als Laienbruder auch die Kompetenz ab, für die Befolgung der Ordensregeln durch die Mönche zu sorgen. Herrschaftslegitimation und -manifestation nahmen beim ihm eine ganz neue Form an. Er konnte und wollte nicht mehr auf das alte Modell des von Brahmanen legitimierten arischen Königs zurückgreifen, sondern suchte im Buddhismus einen neue Legitimationsgrundlage, ohne diesen direkt zur Staatsreligion zu machen. Der Manifestation seiner Herrschaft dienten die Fels- und Säulenedikte, mit denen er seine Untertanen direkt ansprach. Er wählte dazu Prakrit, die damalige *lingua franca*, und nicht das von den Brahmanen gepflegte Sanskrit.

Nach Ashokas Tod verfielen sein Reich und seine Staatsideologie bald. Die Brahmanen und die von ihnen legitimierten Könige bekamen wieder die Oberhand. Es entstand eine Synthese des alten arischen Königsmodells der Gangesebene mit der in der «Ostmark» entwickelten Staatskunst und ihren neuen Machtmitteln. Sanskrit wurde wieder zur Sprache der Herrschaftslegitimation und -manifestation. Eine Inschrift des Shaka-Königs Rudradaman (ca. 150 n. Chr.) in gepflegtem Sanskrit zeigt dies deutlich. Als Nachfahre ausländischer Eroberer war dieser König ganz besonders auf diese Art der Legitimation angewiesen. Ähnlich wie Rudradaman versuchten sich übrigens viele Fremdkönige dieser Zeit zu indisieren. Die Kushana-Dynastie, die Teile Zentralasiens sowie einen großen Teil Nordindiens beherrschte, bestätigt dies. Die Namen der ersten Herrscher dieser Dynastie, Kanishka und Huvishka, zeigen noch deutlich ihre zentralasiatische Herkunft an, doch der letzte große Herrscher dieser Dynastie hieß bereits Vasudeva. Die Interventionsreichweite war mit den neuen Machtmitteln gestiegen, doch war es nach wie vor nicht möglich, ein indisches Großreich zu halten, wenn man nicht für Indien optierte, dort seine Hauptstadt errichtete und sich mit der Unterstützung der Brahmanen legitimierte.

Gegen Ende des Altertums gelang es noch einmal einer Dynastie, die ihre Hausmacht im Osten hatte, ein Großreich zu errichten. Es war dies die Gupta-Dynastie, die wegen ihrer Heiratsallianz mit der zentralindischen Vakataka-Dynastie auch die Vakataka-Gupta-Dynastie genannt wird. Die Herrschaftszeit dieser Dynastie vom späten 4. bis zum Ende des 5. Jahrhunderts war die Blütezeit der klassischen Sanskritliteratur. Skulptur und Baukunst nahmen unter dieser Herrschaft eine Gestalt an, die die Formensprache des Mittelalters prägte. Der Begriff «Klassik» im Sinne einer maßgebenden Norm trifft auf diese Periode zu.

3. Das frühe Mittelalter: Kultur und Politik der Regionalkönigreiche

Der Einbruch der Hunnen, die von 500 bis 527 Nordindien beherrschten, setzte dem «klassischen» Altertum ein grausames Ende. Die Hunnenkönige Toramana und Mihirakula beabsichtigten offenbar nicht, sich als neue Ordnungsmacht zu etablieren. Kulturelle Legitimation und Manifestation ihrer Herrschaft waren für sie kein Problem. Sie raubten und zerstörten. Ihre Herrschaft verging so schnell wie sie begonnen hatte. Der Hunnensturm war jedoch nur der dramatischste Aspekt dieser Zeitenwende. Der Niedergang des blühenden Handels mit Rom hat Indien zu jener Zeit ebenfalls betroffen. Die Hunnen hinterließen ein Machtvakuum in Nordindien. Dafür entfalteten sich nun die Staaten Südindiens, die vom Hunnensturm nicht erreicht worden waren. Sie reproduzierten das Kulturerbe des Altertums und übertrafen es sogar an Gestaltungskraft und Einfallsreichtum.

Die militärischen Machtmittel waren seit der Verdrängung des Streitwagens durch den Kriegselefanten mehr oder weniger gleich geblieben. Die Unterhaltung von Kriegselefanten war kostspielig. Wer sich eine größere Zahl von ihnen leisten konnte, war seinen Nachbarn überlegen. Auf diese Weise hatten die Großreiche des Altertums ihr Machtmonopol gesichert. Doch nach der Zerstörung des letzten Großreiches kam es zu einer Proliferation der Machtmittel. Da nach dem Hunneneinfall bis zum Jahr 1000 kein bedeutender Eroberer in Indien eindrang, konnten die indischen Herrscher nun wie dereinst die kleinen Könige in der Gangesebene ihre Rivalitäten untereinander austragen. Doch die neuen Regionalkönigreiche hatten mehr Machtmittel, ihre Herrschaftsintensität und ihre Interventionsreichweite waren größer. Nicht selten traten der mächtigste König der Nordebene und der mächtigste Herrscher des südlichen Hochlandes gegeneinander an. Die Herrscher des Hochlandes wiederum führten Kriege gegen die der fruchtbaren Deltaregionen an der Südostküste. Die Formen der Herrschaftslegitimation und -manifestation glichen sich dabei immer mehr aneinander an. Das Modell der indischen Königsherrschaft eignete sich auch zum Export nach Südostasien, wo einheimische Herrscher Brahmanen einluden, damit sie ihnen zeigten, wie man einen Staat macht. Die königliche Patronage sorgte auch für eine weite Streuung brahmanischer Siedlungen in allen Teilen Indiens. Herrschaftsfreie Räume, die Stammesgesellschaften als Rückzugsgebiete nutzen konnten, schwanden dahin. Mit der Herrschaftsdichte wuchs auch die Notwendigkeit, die Beziehungen zu den jeweiligen Nachbarherrschern zu regeln. Dadurch setzte eine Feudalisierung des Herrschaftssystems ein.

Die Gelehrten sind sich nicht einig, ob man den Begriff Feudalismus zur Interpretation der indischen Geschichte verwenden darf oder nicht.

Einige verneinen es vehement, während marxistische Historiker, die nachweisen wollen, daß auch Indien die von ihrem Meister skizzierten Entwicklungsstufen durchlaufen hat, es natürlich bejahen. Wenn man unter Feudalismus ein hierarchisch geordnetes Geflecht gegenseitiger Verpflichtungen versteht, dann wird man auch der indischen Geschichte gerecht. Die Form, die dieses Geflecht dort annahm, war die des *samanta-chakra* (wörtl. Kreis von Nachbarn). Der mächtigere König bezog unterworfene Rivalen oder schutzsuchende Nachbarn in seinen *samanta-chakra* ein. Zuerst mochten sie seinem Hof nur Glanz verleihen, indem sie sich bei wichtigen Anlässen um ihn scharten. Ferner mochten sie ihm Heerfolge leisten und schließlich ein wichtiges Amt bei Hofe übernehmen. In einem weiteren Stadium mochte der König wichtigen Ministern den Titel eines *mahasamanta* (wörtl. großer Nachbar) verleihen. Selbstverständlich kam es vor, daß ein mächtiger *samanta* die Oberhoheit seines Herrn abschüttelte oder ihn gar stürzte und sich selbst an seine Stelle setzte. Doch auch das Gegenteil war möglich, nämlich daß die Großen des Reiches aus wohlerwogenem Eigeninteresse und weil sie sich untereinander in Schach hielten zusammenwirkten, um die Macht der Dynastie zu erhalten, auch wenn gerade ein schwacher Herrscher auf dem Thron saß. Dieses Beziehungsgeflecht prägte bald fast überall in Indien den politischen Stil. Es paßte in eine politische Landschaft, in der zumeist ein Gleichgewicht der Kräfte bestand und große Eroberer nur ab und zu wie Kometen über den Horizont zogen, aber keinen bleibenden Eindruck machten und schon gar nicht ein neues Großreich errichteten. Für den kulturellen Gleichklang war dieses System sehr förderlich, doch den Aufstieg von Universalherrschern begünstigte es nicht. Die nationalistische Geschichtsschreibung Indiens, die sich an den Großreichen des Altertums orientierte, konnte sich daher nicht für das Mittelalter begeistern. Es war eine «unbrauchbare Vergangenheit», aus der sich kein politisches Kapital schlagen ließ. Erst in neuerer Zeit wird dem Mittelalter wieder mehr Beachtung geschenkt, und man entdeckt den kulturellen Reichtum und die eigene Dynamik, die es kennzeichnen.

Eine Dynamisierung der Entwicklung hatte Indien dem großen Plünderer Mahmud von Ghazni zu verdanken, der nach dem Jahre 1000 insgesamt 17 Raubzüge nach Nordindien machte und damit riesige Schätze, die dort von Herrschern und Tempeln gehortet worden waren, nach Afghanistan umleitete, von wo sie ins Abbasidenreich strömten und den internationalen Handel belebten. Mahmud von Ghazni war zu jener Zeit der größte Feldherr des Abbasidenreiches und mußte die geraubten Schätze zum Ausbau seiner Macht rasch verausgaben. Der internationale Seehandel vom Persischen Golf über Indien nach China wurde dadurch sehr angeregt. Die südindische Chola-Dynastie und die mit ihr im Bunde stehenden großen südindischen Händlergilden stiegen in großem Maß in dieses Geschäft ein. Als das Reich Srivijaya auf Sumatra den Cholas den Seeweg nach China versperrte, entsandten sie 1025 eine Flottenexpedition, die offenbar das geplante Ziel erreichte und den Seeweg wieder öffnete. Andere Küstenstaaten Indiens müssen auf ähnliche Weise aus dieser Wiederbelebung des Seehandels Nutzen gezogen haben. Auf diesem Umweg profitierte Südindien letztlich von der Beraubung Nordindiens durch Mahmud von Ghazni, der allerdings großes Leid über Indien gebracht und viele großartige Tempel, darunter auch den von Somnath in Gujarat, zerstört hatte.

Während Mahmud von Ghazni Indien nur ausraubte und nicht die Absicht hatte, dort seine Herrschaft zu errichten, begann rund zwei Jahrhunderte später mit einem anderen afghanischen Herrscher, Mahmud von Ghor, die islamische Invasion Indiens, die dort die Spielregeln des Machterwerbs und der Machterhaltung grundlegend ändern sollte.

4. Das späte Mittelalter: Islamische Invasion und Militärfeudalstaaten

Durch Muhammad von Ghor wurde ein neues Staats- und Verwaltungssystem nach Indien verpflanzt, das sich in den islamischen Reichen Westasiens ausgebildet hatte. Die Stärke dieser Reiche beruhte auf ihren schlagkräftigen Kavallerietruppen, die zumeist aus Militärsklaven bestanden, die von früher Jugend an als Reiterkrieger ausgebildet wurden. Zur Erhaltung dieser Truppen wurde den Kommandanten das Grundsteueraufkommen ganzer Gebiete zugewiesen. Das arabische Wort *iqta* (= Zuteilung) bezeichnete diese Art der Zuweisung. Sie war zunächst nicht erblich, sondern an das jeweilige Amt gebunden. Eroberte Gebiete konnten auf diese Weise rasch aufgeteilt werden. Deshalb war es kein Problem, solche Militärfeudalstaaten schnell auszudehnen und dennoch gut zu finanzieren. Natürlich ergaben sich auf diese Weise auch zentrifugale Tendenzen. Dem wirkte eine andere Institution entgegen, die der türkische Heerführer Togrilbeg 1040 erfand, als er sich vom machtlosen Kalifen von Bagdad zum Sultan (= Bevollmächtigter) ernennen ließ. In der islamischen Welt konnte es im Prinzip nur einen Kalifen geben, aber die Zahl seiner «Bevollmächtigten» war praktisch unbeschränkt. Das hatte Togrilbeg sicher nicht im Sinn, als er sich zum Sultan ernennen ließ. Die Proliferation des sultanischen Staatsmodells setzte jedoch sehr bald ein. Alles, was ein Sultan brauchte, waren gute Pferde, tapfere, ihm ergebene Reitersklaven und Territorien, die er ihnen als *iqta* zuweisen konnte. Muhammad von Ghor war ein solcher Sultan. Er verleibte seinem Sultanat große Teile Nordindiens ein, wollte aber seine Hauptstadt nicht nach Indien verlegen. Doch nach seinem Tod riß sein Gouverneur, der Reitersklave Qutbuddin Aibak, selbst die Herrschaft an sich und begründete so 1206 das Delhi-Sultanat. Freilich wurde erst sein Schwiegersohn und Nachfolger Iltutmish 1229 offiziell vom Kalifen zum Sultan ernannt. Iltutmish war ein fähiger Herrscher, der sich ganz Nordindien bis nach Bengalen unterwarf und dem es auch gelang, den Mongolensturm abzuwehren, der damals alle anderen Länder Asiens in Mitleidenschaft zog. Auch seine Nachfolger kämpften immer wieder gegen die Mongolen. Als Dschingis Khans Enkel Hülägü 1258 hoch zu Roß in den Palast des Kalifen stürmte und ihn vom Thron stürzte, war das Delhi-Sultanat bereits auf der Höhe seiner Macht und konnte alle Eroberer abwehren.

Dieses Sultanat war kein dynastischer Staat, meist folgte ein Usurpator dem anderen. Doch das war zugleich seine Stärke, denn die tüchtigsten Feldherrn strebten stets ins Zentrum, statt sich von Delhi loszusagen. Sie entstammten alle der von außen eingewanderten Militärelite, die Indien in einem System des Überlagerungsfeudalismus beherrschte. Der mächtigste Sultan von Delhi, Alauddin Khalji (1296–1316), versuchte das Gewebe dieses Überlagerungsfeudalismus zu durchstoßen und einen Zentralverwaltungsstaat zu schaffen. Er zog Lehen ein, senkte den Sold der Truppen, trieb die Grundsteuer systematischer ein und kontrollierte die Preise, um seinem Militär bei reduziertem Sold einen gleichbleibenden Lebensstandard zu sichern. Sein großer General Malik Kafur, ein konvertierter Hindu, unternahm Beute- und Eroberungszüge bis ins südlichste Indien und brachte dem Sultan riesige Schätze. Diese blitzschnellen Kriegszüge demonstrierten die Überlegenheit der muslimischen Kavallerie und zwangen die Hindukönige des Südens, sich rasch zu «sultanisieren», wenn sie überleben wollten.

Der Kakatiya-König von Warangal, Prataparudra (1295–1323), ein unmittelbarer Zeitgenosse Alauddins, mußte seine Kräfte mit Malik Kafur messen und war vermutlich der erste Hinduherrscher, der das System des Delhi-Sultanats konsequent kopierte und sozusagen unter dem Gesetz des Gegners antrat. Er teilte sein Land unter 77 Kavalleriekommandanten *(nayak)* auf und wies zugleich jedem von ihnen eine Bastion seiner Hauptstadt zu. Letzeres hatte wohl auch symbolische Bedeutung. Es kam auf diese Weise zum Ausdruck, daß diese Kommandanten die Säulen seines Staates waren. Die Militärsklaverei gab es bei den Hindus nicht, doch bot das neue Nayak-System ebenfalls tüchtigen Kriegern rasche Aufstiegsmöglichkeiten. Der *samanta-chakra*, mit dem sich frühere Hinduherrscher umgaben, wurde so durch einen Ring der Kavalleriekommandanten ersetzt, der durch den Ring der Bastionen sichtbar gemacht wurde.

Der Militärfeudalismus fand auch auf andere Weise seinen sichtbaren Ausdruck. Indien wurde von einem Netz von kleinen Städten überzogen, die zugleich Garnisons- und Verwaltungsstädte und Marktflecken waren. Dort saß der Kavalleriehauptmann, der auch die Funktionen der zivilen Obrigkeit wahrnahm. Frühere Einrichtungen der lokalen Selbstverwaltung schwanden dahin. Der Hauptmann, der zumeist ortsfremd und in Nordindien oft landfremd war, hatte das Sagen. Er wurde häufig versetzt, damit er sich keine lokale Hausmacht erwerben konnte.

Der militärfeudale Stadttyp, der auf diese Weise entstand, unterschied sich deutlich von den Stadttypen der Vergangenheit. Feudalismus und Urbanisierung werden zumeist als Gegensätze betrachtet, doch für den Militärfeudalismus gilt das nicht. Er bewirkte freilich eine besondere Art der Urbanisierung. Die Garnison und die sie umgebende Schicht von Dienstleistenden prägten das Stadtbild. Nicht nur der Kommandant, sondern auch ein großer Teil der Truppen und Dienstleistenden waren ortsfremd und sprachen eine andere Sprache als die Bauern der Umgebung. Auf dem Lande sah man allenfalls den Krieger hoch zu Roß, der der Steuereintreibung Nachdruck verlieh, die für die Erhaltung des Militärs lebenswichtig war.

Die Sultanisierung des Südens wurde durch Muhammad Tughluq (1324–1351) vorangetrieben, der weite Gebiete des Südens eroberte und 1327 seine Hauptstadt von Delhi nach Daulatabad im nordwestlichen Dekkan-Hochland verlegte. Er mußte diese Position aber bald wieder aufgeben, weil er sonst den Norden verloren hätte. Nachdem er so das Feld geräumt hatte, füllten selbsternannte Sultane das Machtvakuum im Süden: das Bahmani Sultanat mit der Hauptstadt Gulbarga (Nord-Karnataka) und das Sultanat von Ma'bar mit der Hauptstadt Madurai (Süd-Tamil Nadu).

Zur selben Zeit (ca. 1346) gründeten die Brüder Harihara und Bukka, deren Herkunft umstritten ist, das Reich von Vijayanagar (Siegesstadt) in Karnataka und unterwarfen bald fast ganz Südindien. Es war dies eine Art Hindu-Sultanat, das in seiner Struktur dem Delhi-Sultanat sehr ähnlich war. Das Nayaksystem der Kakatiyas, unter denen Harihara und Bukka zuvor gedient haben sollen, wurde hier reproduziert. Die Dynastie der Gründer wurde später von Usurpatoren, die neue Dynastien gründeten, abgelöst, aber die Hauptstadt Vijayanagar war und blieb Zentrum des Reiches, so wie Delhi im Sultanat des Nordens.

Vijayanagar lag ständig im Krieg mit dem benachbarten Bahmani-Sultanat und später auch mit dessen Nachfolgestaaten. Im Rahmen dieser Auseinandersetzungen sollen 1367 bereits Kanonen auf dem Schlachtfeld eingesetzt worden sein, was zu dieser Zeit selbst in Europa noch sehr ungewöhnlich war. Das Delhi-Sultanat hatte sich zur Verteidigung gegen die Mongolen eine beachtliche Festungsartillerie zugelegt, aber die Feldartillerie war im 14. Jahrhundert noch weitgehend unbekannt, weil es noch keine leichten, beweglichen Geschütze gab. Die wendige Kavallerie konnte den schweren Geschützen leicht ausweichen. So kann es sich bei dem Einsatz von 1367 wohl nur um ein Imponiergehabe ehrgeiziger Feldherrn gehandelt haben. Selbst später blieb die

Koordination von Kavallerie und Artillerie oft ein Problem, und die kostspieligen Kanonen wurden meist nur eingesetzt, um dem Gegner zu beweisen, daß man sie sich auch leisten konnte. Schlachtentscheidend waren sie nur dann, wenn sie wie später bei den Großmoguln in großer Übermacht vorhanden waren und in die Gesamtstrategie gut einbezogen wurden.

Im 14. und 15. Jahrhundert war es nach wie vor die Stärke der Kavallerietruppen, die das Kriegsglück entschied. Da es in Indien keine guten Kriegspferde gab, mußten sie aus Arabien und aus den Ländern am Persischen Golf importiert werden. Persische Pferdehändler waren daher an den Höfen Indiens sehr einflußreich und stiegen nicht selten zu hohen Ämtern auf. Vijayanagar bezahlte in den Jahren seiner Blütezeit sogar für auf dem Transport eingegangene Pferde den vollen Preis – eine Art staatlicher Versicherung, die offenbar den Sinn hatte, dem Gegner beim Pferdeimport zuvorzukommen.

Während bis Ende des 14. Jahrhunderts das Delhi-Sultanat der mächtigste Staat auf indischem Boden gewesen war, hatte im 15. Jahrhundert der Süden den Vorrang. Der Einfall des großen Eroberers Timur, der 1398 Delhi verwüstete, traf Nordindien schwer. Er raubte nicht nur große Schätze, sondern nahm auch indische Künstler und Baumeister mit, die er beim Ausbau seiner fernen Hauptstadt Samarkand einsetzte. Das Delhi-Sultanat wurde erst nach Jahrzehnten durch die afghanische Lodi-Dynastie wieder zum Leben erweckt. Keiner der Herrscher des Südens versuchte jedoch, im Norden zu intervenieren. Das Gleichgewicht der Kräfte im Süden hielt sie in Schach. Es ergab sich, daß sich fast niemals ebenbürtige Herrscher als Zeitgenossen gegenüberstanden, und so wechselte die Vormachtstellung von Generation zu Generation. Zu Beginn des 15. Jahrhunderts lag Vijayanagar unter Devaraya II. in Führung, der seinem Reich die Gebiete an der Ostküste einverleibte. Dann stieg Orissa unter Kapilendra, dem Gründer der Suryavamshi-Dynastie, auf. Er war ein Usurpator, der aus der Schicht der Nayaks aufgestiegen war. Kapilendra brach in das Reich von Vijayanagar ein und eroberte die Gebiete der Ostküste bis zur Kaveri. Nach ihm wurde das Bahmani-Sultanat zur Vormacht des Südens, als der große Minister und Feldherr Mahmud Gawan die Geschicke dieses Staates bestimmte. Er war ein persischer Pferdehändler, der seinem Sultan treu diente, bis ihn dieser 1481 hinrichten ließ. Er war das Opfer einer Palastintrige geworden. Danach verfiel das Bahmani-Sultanat und löste sich in mehrere Nachfolgestaaten auf. Mit diesen wiederum hatte der größte Herrscher Vijayanagars, Krishnadevaraya (1509–29), leichtes Spiel, der die ganze Ostküste bis hin nach Orissa eroberte.

Krishnadevaraya war ein Zeitgenosse des ersten Großmoguls Baber, doch sie waren beziehungslose Zeitgenossen, wie dereinst Mahmud von Ghazni und die Cholakönige Rajaraja und Rajendra. Ein etwas älterer

Zeitgenosse Babers und Krishnadevarayas war der portugiesische König Manuel II. (1495–1521), dessen weitgespannte Eroberungspläne große Bedeutung für Indien haben sollten. Doch mit der Herrschaftszeit dieser Könige stehen wir an der Schwelle der frühen Neuzeit, die auch für die indische Geschichte eine neue Epoche bedeutet.

5. Die frühe Neuzeit: Die Hegemonie der Großmoguln

Das Neue, das die Neuzeit Indien brachte, war einerseits der Aufstieg eines Großreichs, das seine Macht in erster Linie dem Einsatz der Feldartillerie verdankte, und andererseits der Kontakt mit den europäischen Seemächten, der nach der Entdeckung des Seeweges nach Indien durch Vasco da Gama sehr rasch bedeutsame Folgen haben sollte.

Der Einsatz der Feldartillerie war bereits schlachtentscheidend, als Baber 1526 bei Panipat dem zahlenmäßig weit überlegenen Heer des Sultans von Delhi, Ibrahim Lodi, entgegentrat. Baber stellte die Geschütze mit Lederriemen aneinandergebunden in breiter Front auf und trieb dann mit Flankenbewegungen seiner Kavallerie die aus Kavallerietruppen und Kriegselefanten bestehende Armee des Sultans auf die Geschütze zu. Babers Kavallerie bediente sich dabei einer Taktik, die er von den Usbeken gelernt hatte. Die Reiter preschten auf den Feind zu, rissen die Pferde herum, schossen einen Hagel von Pfeilen über den Rücken der Pferde ab, galoppierten davon und wiederholten das Manöver gleich darauf an anderer Stelle. Nachdem Baber die Schlacht gewonnen und Delhi geplündert hatte, investierte er einen großen Teil der Beute in weitere Geschütze, die er von türkischen Kanonengießern an Ort und Stelle produzieren ließ. Er setzte diese Feldartillerie auf Flöße, die den Ganges bis nach Bengalen hinunter vordrangen. Der Sultan von Bengalen hatte zwar ebenfalls Kanonen, aber wußte sie nicht richtig einzusetzen. Sie dienten ihm wohl nur zu dem bereits erwähnten Imponiergehabe und feuerten ihre Böllerschüsse ohne rechtes Ziel in die Gegend. Mit solchen Gegnern wurde Baber rasch fertig.

Selbstverständlich war auch die Kavallerie nach wie vor wichtig, und das System des Militärfeudalismus blieb unter den Großmoguln erhalten. Der bedeutende Unterschied war jedoch, daß die Zentralmacht durch die Feldartillerie enorm aufgewertet wurde. Diese Waffengattung war so teuer, daß nur eine große Zentralmacht sie sich leisten konnte, und trug damit wiederum zur Erhaltung dieser Macht bei. Hand in Hand mit dieser Entwicklung ging die Erhebung von Grundsteuer in Geld, denn nur dieses konnte von den entferntesten Provinzen in die Zentrale transferiert werden, während Naturalsteuern allenfalls vor Ort durch die Kavallerietruppen konsumiert werden konnten. Der Einzug von Steuern in Geld bedingte wiederum eine entsprechende Landvermessung und Steuerverwaltung sowie die Zirkulation einer Währung, die allgemein akzeptiert wurde. Die Münzpolitik der Großmoguln war hervorragend, ihre Rupie hatte einen hohen Silbergehalt. Die Zirkulation war in einem großen Agrarland natürlich sehr langsam, deshalb mußten Münzen in reichlichem Maße zur Verfügung stehen. Da Indien keine eigenen Silbervorkommen hatte, konnte das Silber nur durch den Außenhandel ins Land kommen. Ohne die Entdeckung des amerikanischen Silbers, das sich rasch in einem breiten Strom nach Asien ergoß, wäre der Aufstieg der Großmoguln nicht so rasch erfolgt und sie hätten kaum so weite Gebiete Indiens ihrer Zentralmacht unterwerfen können. Selbstverständlich spielten beim Aufstieg der Großmoguln auch ihre zunächst sehr tolerante Religionspolitik und ihre Heiratsallianzen mit den Rajputen, den mächtigen Kriegern Nordindiens, eine Rolle, doch ohne die materielle Grundlage hätte ihnen auch diese weise Politik wenig genutzt.

Der Silberstrom wurde durch die europäischen Seemächte vermittelt, deren Vorhut die Portugiesen waren, die im frühen 16. Jahrhundert geradezu schlagartig ein Netz über den Ozean spannten, das von Mombasa an der Küste Afrikas über den Persischen Golf nach Goa und schließlich bis nach Malakka und Macao reichte. König Manuel II. hatte seinen Kapitänen erstaunlich genaue geopolitische Instruktionen mit auf den Weg gegeben. Seine Kenntnisse stammten aus der spätmittelalterlichen Kreuzzugspropagandaliteratur, die zum Teil sehr genaue Angaben über Häfen und Stützpunkte am Indischen Ozean enthielt. Daß die Portugiesen erst 1498 Mittel und Wege fanden, den Südatlantik zu bezwingen, den Weg ums Kap der Guten Hoffnung zu finden und es von indischen Lotsen lernten, die Tücken des Monsuns zu überwinden, bedeutete ja nicht, daß sie nicht wußten, wohin die Reise ging. Davon hatten sie sogar sehr genaue Vorstellungen. In Asien traten sie zunächst als grausame Eroberer, Piraten und Plünderer auf, aber sie waren auch geschickte Händler. Ihre Hauptstation Goa war zuvor ein Landeplatz persischer Pferdehändler gewesen, und sie stiegen nun in großem Stil in diesen Handel ein. Ferner kauften sie große Mengen Pfeffer für den europäischen Markt.

Die großen Landmächte Indiens hatten kaum direkte Beziehungen zum Seehandel und unterhielten deshalb auch keine Marine. Sie waren aber sehr daran interessiert, daß der Handel Silber ins Land brachte. Ferner waren sie auf den Pferdeimport angewiesen, und so genossen die Portugiesen die besondere Gunst der Herrscher von Vijayanagar. Portugiesische Söldner wurden gern als Artilleristen von indischen Herrschern in Dienst genommen. Der Großmogul Akbar hieß die Jesuiten nicht nur deshalb an seinem Hof willkommen, weil er über die christliche Lehre mit ihnen diskutieren, sondern weil er von ihnen mehr über den neusten Stand der Technik auf dem Gebiet der Artillerie erfahren wollte. Als ernste Bedrohung empfanden die indischen Herrscher die Europäer nicht. Eine Invasion von See her war unmöglich, weil der Monsun jedes Jahr die Nachschubwege abgeschnitten hätte. Der Zugriff auf die einheimische Grundsteuer, der allein die dauerhafte Erhaltung von Machtmitteln in Indien ermöglichte, war den Europäern zunächst verwehrt. Hätten die indischen Herrscher nähere Einzelheiten über die bescheidenen Dimensionen der Heimatstaaten der Fremdlinge gewußt, so wären sie in ihrer Sorglosigkeit noch bestärkt worden. Der Sultan von Bijapur, einem der Nachfolgestaaten des Bahmani-Sultanats, auf dessen Territorium sich die Portugiesen in Goa festgesetzt hatten, war auf ihren hartnäckigen Widerstand gestoßen und hielt sie sicher nicht für harmlos. Er hätte sie jedoch leicht vertreiben können, wenn ihm nicht Vijayanagar dabei in den Rücken zu fallen drohte, das den Portugiesen Schutz gewährte. Schon dieses frühe Beispiel zeigt, daß die Europäer es sehr gut verstanden, die indischen Mächte gegeneinander auszuspielen.

Während die Europäer zunächst noch marginale Erscheinungen in Indien blieben, beherrschte das Reich der Großmoguln die politische Bühne Indiens. Die Hegemonie dieses Reichs fand nicht nur in seiner militärischen Überlegenheit ihren Ausdruck, sondern auch in anderer Hinsicht. Das Verwaltungssystem dieses Reichs bis hin zur Terminologie der persischen Amtssprache wurde überall nachgeahmt. Selbst in Kleidung und höfischer Etikette waren die Großmoguln vorbildlich. Das dynastische Charisma trug viel zu dieser buchstäblichen Vorbildlichkeit bei. Auf ganz unislamische Weise ließen sich die Großmoguln porträtieren und dazu noch mit einem Heiligenschein. Dabei kannte diese Dynastie keine geregelte Erbfolge, sondern überließ es einem dynastischen Darwinismus, wer aus den unvermeidlichen Erbfolgekämpfen unter den Prinzen als Sieger hervorging. Auf diese Weise kam kaum je ein schwacher Herrscher auf den Thron. Die Erbfolgekämpfe waren für die Prinzen lebensgefährlich, nicht aber für die Großen des Reichs, die auf der Seite des Verlierers gestanden hatten. Sie wurden vom Gewinner rasch wieder in Gnade aufgenommen, weil er ihre Unterstützung brauchte, um seine Herrschaft zu konsolidieren.

Die Hierarchie der Großen des Reichs war von dem Großmogul Akbar (1556–1605) systematisch geordnet worden. Jeder erhielt einen Rang *(mansab)*, der sich nach der Größe der Kavallerietruppe richtete, die er zu unterhalten hatte. Die Rangskala ging von mehreren Tausend bis zu wenigen Hundert. Das Gebiet der Grundsteuerzuweisung *(jagir*, früher *iqta)* entsprach diesem Rang. Höflinge, die keine militärischen Aufgaben hatten (Gelehrte, Poeten usw.), wurden ebenfalls in diese Rangskala eingeordnet. Sie brauchten jedoch keine Truppen zu unterhalten, auch waren ihre Ränge meist niedrig. Häufige Versetzungen sorgten dafür, daß keine Hausmacht entstand. Jede Beförderung machte ohnehin eine Versetzung erforderlich, weil sie mit der Zuweisung eines größeren Gebiets verbunden war. Die Positionen waren nicht erblich, aber faktisch entstand doch eine Art Reichsadel, weil die Söhne der Großen des Reiches bei der Vergabe von entsprechend hohen Rängen berücksichtigt wurden.

Das Mogulreich hatte einerseits manche Charakterzüge eines frühneuzeitlichen Territorialstaats, war aber andererseits doch noch ein Militärfeudalstaat, der die Strukturmerkmale des Überlagerungsfeudalismus des Delhi-Sultanats beibehalten hatte. So waren denn auch bis zur Mitte des 17. Jahrhunderts die Großen des Reichs hauptsächlich Muslims türkischer, afghanischer und persischer Abstammung. Erst der Großmogul Aurangzeb änderte das System nach seiner Eroberung der Staaten des Südens, als er ihre Würdenträger in die Reichshierarchie aufnahm und ihnen Positionen an der Spitze der Rangskala einräumte. Darunter waren übrigens auch Hindus. Das führte zu einer Inflation der oberen Ränge und zu einer Überdehung des von Akbar so sorgfältig konstruierten Systems. Dadurch wurde die Grundsteuerbasis überstrapaziert und es gab Bauernunruhen.

Während die Großmoguln dank ihrer Feldartillerie auf dem Schlachtfeld unschlagbar waren, konnten sie sich gegen die leichte Kavallerie aufständischer Freischärler oder die von Dorfschmieden gefertigten Handfeuerwaffen der Bauern letztlich nicht durchsetzen. Es kam hinzu, daß Aurangzeb denselben Fehler machte wie Muhammad Tughluq drei Jahrhunderte zuvor, indem er seine Hauptstadt von Delhi nach Aurangabad verlegte, das nur wenige Kilometer von dessen alter Hauptstadt Daulatabad entfernt liegt. Doch während Muhammad Tughluq zu seiner Zeit bald nach Delhi zurückkehrte, harrte Aurangzeb die letzten Jahrzehnte seines langen Lebens in Aurangabad aus. Er selbst vermochte das überdehnte Reich noch zusammenzuhalten, doch als er 1707 starb, ging es rasch dahin und war bald nur noch ein Schatten seiner selbst. Aber dieser Schatten lag mehrere Jahrzehnte über Indien und verhinderte, daß sich eine andere einheimische Macht an die Stelle des Mogulreichs setzte.

Aurangzebs gefährlichster Widersacher war Shivaji, der Führer der Marathen, der mit seiner Guerillastrategie dem überlegenen Gegner gefährlich wurde und 1664 sogar Surat, den Haupthafen des Mogulreichs überfiel und ausraubte. Zehn Jahre später ließ er sich in Maharashtra mit Hindu-Zeremoniell zum König krönen. Diese Herausforderung trug wesentlich dazu bei, daß Aurangzeb schließlich seine Hauptstadt nach Aurangabad verlegte. Solange Aurangzeb lebte, konnten die Marathen nicht die Oberhand gewinnen, aber nach seinen Tod eroberten sie rasch weite Gebiete Indiens.

Inzwischen waren aber die zunächst so marginalen Europäer an der maritimen Peripherie Indiens immer stärker geworden und hatten befestigte Brückenköpfe errichtet, von denen aus sich ihr Einfluß weit ins Hinterland erstreckte. Der portugiesische Pfeffer- und Pferdehandel hatte keinen Eingriff in die einheimische Produktion erfordert. Aber seit der Mitte des 17. Jahrhunderts war der Export indischer Baumwolltextilien immer bedeutender geworden. Zuerst hatte die niederländische Ostindiengesellschaft entdeckt, daß sich mit diesen Textilien ein schwunghafter Handel in Südostasien treiben ließ, aus dessen Erlös dann wiederum die Gewürzsendungen nach Europa bezahlt werden konnten. Dann hatte man bei den Auktionen in Amsterdam festgestellt, daß auch der europäische Markt für diese Textilien aufnahmefähig war. Die englische Ostindiengesellschaft hatte schließlich diesen Handel in noch größerem Stil betrieben und dann in wachsendem Maße in die indische Produktion eingegriffen, indem sie Muster lieferte und Stoffgrößen vorschrieb, für die eine andere Art von Webstuhl erforderlich war. Sie ließ auch in eigenen Werkstätten durch Lohnarbeiter Tuche bleichen, die dann in London bedruckt werden konnten. Da die Wirren im zerfallenden Mogulreich oft die Nachschubwege für spezielle Tuche abschnitten, entwickelten die Angestellten der Ostindiengesellschaft einen Spürsinn für alternative Bezugsquellen und waren überall präsent. Dabei erfuhren sie natürlich nicht nur etwas über die Textilproduktion, sondern hörten auch auf politischem Gebiet das Gras wachsen. So war es nur noch ein kleiner Schritt zur militärischen Intervention. Dafür standen in den Handelsniederlassungen ausgebildete indische Söldner zur Verfügung, zumeist Infanteristen, die von den indischen Kavalleristen zunächst unterschätzt wurden, bis sie merkten, mit welcher Präzision eine mit europäischem Drill ausgebildete Infanterietruppe die angreifende Kavallerie niedermähen konnte. Die Ostindiengesellschaft errichtete sozusagen in ihren Enklaven einen eigenen Handels- und Infanteriestaat auf indischem Boden, der den indischen Gegnern aber nicht nur in bezug auf den Drill der Söldner, sondern auch im Hinblick auf die Kriegsfinanzierung überlegen war. Selbst den besten indischen Heerführern ging nämlich oft mitten im Krieg das Geld für die Soldzahlung aus, und dann standen sie bald ohne Truppen da. Die Angestellten einer Handelsgesellschaft führten dagegen ihre Kriege mit dem Rechenstift.

6. Die Epoche der britischen Kolonialherrschaft

Die britische Kolonialherrschaft in Indien wurde von Robert Clive begründet, der als junger Schreiber der Ostindiengesellschaft nach Indien kam und das Militärhandwerk erst vor Ort lernte. Er machte sich einen Namen, als er 1751 die Festung von Arcot gegen eine große Übermacht verteidigte. Der Nawab von Arcot war ein Verbündeter der

Briten. Sechs Jahre später schlug Clive in der Schlacht von Plassey den Nawab von Bengalen, der es gewagt hatte, die Briten aus Kalkutta zu vertreiben. Der machtlose Großmogul im fernen Delhi trug darauf der Ostindiengesellschaft die Steuerhoheit über Bengalen an. Clive wollte zugreifen, meinte aber, daß diese Steuerhoheit im Namen der britischen Krone und nicht der Ostindiengesellschaft wahrgenommen werden solle. Premierminister Pitt war dagegen, weil er befürchtete, daß die bengalischen Einnahmen die Position des Königs gegenüber dem Parlament stärken würden. Erst 1765 durfte Clive das Angebot des Großmoguls annehmen, nun aber im Namen der Ostindiengesellschaft.

In der Zwischenzeit waren zwei weitere entscheidende Schlachten geschlagen worden. Auf dem traditionellen Schlachtfeld von Panipat nördlich von Delhi waren 1761 die gewaltigen Heere der Marathenkonföderation und des afghanischen Herrschers Ahmad Shah Durrani gegeneinander aufmarschiert. Durrani, der es geschafft hatte, leichte Feldartillerie auf den Rücken von Kamelen zu befestigen, gewann die Schlacht. Die Marathen zogen sich nach Süden zurück, Durrani aber ging wieder nach Afghanistan. Dadurch entstand ein Machtvakuum in Nordindien, in das die Briten förmlich hineingesogen wurden. Drei Jahre später schlugen britische Truppen bei Baxar in Bihar die vereinten Armeen des Großmoguls und des Nawabs von Bengalen.

Die Briten waren nun Herren der Lage. Von derselben Basis aus, die einst für die Maurya- und später für die Guptadynastie der Ausgangspunkt ihrer Großreiche gewesen war, setzte die Ostindiengesellschaft zur Eroberung des Subkontinents an. Sie übernahm das Grundsteuersystem der Großmoguln, doch während diese zwischen Veranlagung *(jama)* und tatsächlich eingetriebener Steuer *(hasil)* unterschieden, stellten die Briten sich auf den Standpunkt, daß der veranlagte Betrag auch eingetrieben werden mußte, und setzten dies rücksichtslos durch. Es kam ihnen dabei zugute, daß der oberste Bezirksbeamte nicht mehr ein indischer Kavallerieoffizier war, sondern ein britischer Angestellter der Ostindiengesellschaft, der seinen Amtsbereich nicht mit dem Säbel, sondern mit dem Rechenstift in der Hand regierte. Dem militärfeudalen Aufwand wurde auf diese Weise rasch ein Ende bereitet. Das Grundsteueraufkommen stand nahezu vollständig den Briten zur Verfügung. Damit hatten sie nun die finanzielle Grundlage, die zur Machtgewinnung und -erhaltung in Indien notwendig war. Die Briten waren klug genug, im Zuge ihrer Eroberung nur die fruchtbarsten Landstriche unter ihre direkte Herrschaft zu nehmen, den Rest beließen sie indischen Fürsten, mit denen Bündnisverträge geschlossen wurden, die ihnen eine interne Autonomie gewährten, aber sie in politischen und militärischen Fragen den britischen Anweisungen unterstellten. So wurden diese Fürstenstaaten isoliert und erstarrt wie Insekten im Bernstein bewahrt.

Die Ostindiengesellschaft blieb bis 1858 für die Regierung Indiens zuständig. Nachdem ihr zunächst das Handelsmonopol und schließlich sogar das Privileg, Handel zu treiben, entzogen worden war, waren nur noch das Regieren und Steuereinziehen ihre durch königliches Privileg geschützten Funktionen. Diese Konstruktion – die Verwaltung eines Großreichs im Auftrag der Anteilseigner einer privaten Aktiengesellschaft – war zwar absurd, aber praktisch. Der britische Staat war auf diese Weise nicht für Indien verantwortlich und brauchte keine unvorhergesehenen Belastungen zu befürchten. Das änderte sich schlagartig, als der große indische Aufstand von 1857 den Verlust Indiens zu bedeuten schien. Nun mußten auch königliche Truppen zur Rettung Indiens eingesetzt werden, und nachdem der Aufstand niedergeschlagen worden war, wurde die Ostindiengesellschaft aufgelöst und die britische Krone übernahm die direkte Herrschaft über Indien, eine Aufgabe, die Königin Viktoria, die sich ab 1877 Kaiserin von Indien nannte, sehr ernst nahm.

Der Aufstand wurde durch mehrere, zunächst nicht miteinander verbundene Faktoren ausgelöst. Er begann mit einer Meuterei indischer Söldnertruppen in einer Garnison in der Nähe von Delhi. Nachdem diese ihre britischen Offiziere getötet hatten, zogen sie nach Delhi und reaktivierten den alten Großmogul, der dort als harmloser Staatspensionär der Ostindiengesellschaft lebte, die der Form nach Indien immer noch in seinem Namen regierte. Dann erhielten die Meuterer Unterstützung von nordindischen Bauern und Grundbesitzern, die von der harten Steuerverwaltung der Briten betroffen waren. Die Briten brachten das Land von Steuerschuldnern beim geringsten Zahlungsverzug unter den Hammer. Gerissene indische Geldleiher hatten sich das zunutze gemacht und solchen Grundbesitz auf Auktionen billig erworben. Der Anbau von Nutzfrüchten in der fruchtbaren Gangesebene hatte zum Raubbau und zur Degradation des Bodens geführt. Beunruhigt war man in Indien auch von der aggressiven Propaganda christlicher Missionare. Die Ostindiengesellschaft hatte den Missionaren zunächst keine Einreise nach Indien gestattet, weil sie befürchtete, daß sie Anstoß erregen würden. Doch mächtige Kreise daheim hatten eine Revision dieser Politik erzwungen. Es gab also genug Gründe für eine allgemeine Unzufriedenheit in Indien, die sich schließlich im Aufstand artikulierte. Allein die meuternden Truppen hatten das militärische Potential, um den Aufstand gefährlich werden zu lassen. Es fehlte ihnen jedoch an militärischer Führung, denn sie waren immer nur von britischen Offizieren befehligt worden. Ein alter indischer Artilleriefeldwebel war der ranghöchste Unteroffizier im Lager der Meuterer, und sie ernannten ihn prompt zu ihrem General. Der Mann war kein Feldherr und konnte die Truppen nicht richtig einsetzen. Dennoch stand das Schicksal der Briten in Indien auf des Messers Schneide. Die Rettung kam schließlich von den Sikhs, die die Briten zuvor mit der Hilfe der nun meuternden Truppen bezwungen hatten, an denen die Sikhs sich rächen wollten. Seit dieser Rettung in der Not waren sie bei den Briten gut angeschrieben und wurden bevorzugt für die britisch-indische Armee rekrutiert, die nun der britischen Krone unterstand.

Der Aufstand war ein traumatisches Erlebnis für die Briten in Indien. Von nun an trauten sie den Indern generell nicht mehr, obwohl der Aufstand auf Nordindien begrenzt geblieben war und weder in Bengalen noch in Südindien Unterstützung gefunden hatte. Das liberale Sendungsbewußtsein der Briten, die davon ausgingen, daß sie Indien die Segnungen der Zivilisation brachten und daß die Inder ihnen dafür dankbar waren, war verflogen. Von nun an gaben jene Briten den Ton an, die meinten, Indien sei erzkonservativ, Fürsten und traditionelle Grundbesitzer seien die *«natural leaders of the people»*, und auf sie müsse man sich daher stützen. Die neue indische Bildungsschicht, die aus den von den Briten errichteten Bildungsanstalten in Indien hervorgegangen war, hatte sich nicht am Aufstand beteiligt, wurde dafür aber nicht gelobt, sondern eher verachtet. Sobald sie erste Anzeichen eines noch sehr gemäßigten Nationalismus zeigte, wurde sie als «mikroskopische Minderheit» bezeichnet, die nicht das «wahre Indien» repräsentiere. Dementsprechend wurde auch der 1885 gegründete indische Nationalkongreß mit Verachtung und Mißtrauen bedacht. Indischen Beamten in britischen Diensten wurde verboten, die Sitzungen des Nationalkongresses zu besuchen oder sich sonst an seinen Aktivitäten zu beteiligen.

In der zweiten Hälfte des 19. Jahrhunderts kamen neue technische Mittel den Briten bei der Erhaltung ihrer Herrschaft über das ferne Großreich zugute. Die Dampfschiffahrt durch den Suezkanal kürzte den Seeweg nach Indien ab. Der Telegraph ermöglichte blitzschnelle Kommunikation, während es im 18. Jahrhundert oft über ein Jahr gedauert hatte, bis Nachrichten aus Indien mit Anweisungen aus London beantwortet wurden. Die rasche Ausbreitung des Eisenbahnnetzes – darunter auch viele Strecken, die in erster Linie strategischen Zwecken dienten – erleichterte den Zugriff auf alle Regionen Indiens. Eine Wiederholung des Aufstandes wurde so ausgeschlossen. Es kam hinzu, daß nun wesentlich mehr britische Truppen – auf Kosten des indischen Steuerzahlers – in Indien stationiert waren. Doch gab es auch eine gut organisierte indische Armee. In zwei Weltkriegen wurden Millionen indischer Soldaten im Dienste der Briten auf allen Kriegsschauplätzen eingesetzt.

Die Weltkriege des 20. Jahrhunderts schwächten freilich die britische Weltmacht so sehr, daß es ihr letztlich unmöglich wurde, die Herrschaft über das ferne Indien aufrechtzuerhalten. Es kam hinzu, daß der indische Nationalismus erstarkte und Mittel und Wege fand, um die Kolonialherrschaft in die Schranken zu weisen. Der nationalliberale Nationalismus der Frühphase, der sich auf Petitionen und die Forderung nach Verfassungsreformen beschränkte, bedrohte die Briten nicht. Der Terrorismus der Nationalrevolutionäre war gefährlicher, konnte aber das System der Herrschaft nicht zum Wanken bringen, weil die einzelnen britischen Beamten, die Opfer von Terroranschlägen wurden, jederzeit ersetzbar waren. Erst die von Mahatma Gandhi geleiteten Kampagnen der Nichtzusammenarbeit und des bürgerlichen Ungehorsams forderten die Briten auf neue und unerwartete Weise heraus. Gewalttätigkeiten konnten sie rasch unterdrücken, aber gewaltfreie Kampagnen, die dazu führten, daß Abertausende die Gefängnisse füllten, waren dazu geeignet, die britische Herrschaft zu unterminieren. Die Briten wußten nur zu gut, daß Gandhi recht hatte, wenn er betonte, daß sie von der Zusammenarbeit mit unzähligen Indern abhingen, angefangen vom Barbier bis zum Richter und Verwaltungsbeamten. Es wäre unmöglich gewesen, schon allein die mittlere Beamtenschaft durch Briten zu ersetzen. Gandhis Kampagnen verdarben auch vielen jungen Briten, die sonst in einer Karriere in Indien das Ziel ihrer Wünsche gesehen hätten, den Appetit auf einen solchen Einsatz. So sahen sich die Kolonialherrn dazu gezwungen, immer mehr Inder für die höchsten Verwaltungsposten zu rekrutieren. Im Zweiten Weltkrieg wurde dann auch das Offizierkorps der Armee weitgehend indisiert, während man sich zuvor – eingedenk des Aufstandes – sehr davor gehütet hatte, diesen Schritt zu tun.

Die Weltkriege und Gandhis Kampagnen drängten die Briten zur Dekolonisierung, und schließlich waren sie froh, dem zuvor von ihnen gehaßten Nationalkongreß die Macht übertragen zu können, um das Land, das sie fast zwei Jahrhunderte beherrscht hatten, nicht im Chaos zu verlassen, was auch für sie unter Umständen beträchtliche Verluste bedeutet hätte.

7. Zeitgeschichte: Die Republik Indien

Die Zeitgeschichte Indiens nach 1947 wird in vielen Beiträgen zu diesem Handbuch behandelt. Deshalb sollen hier nur solche Aspekte dieser Epoche betrachtet werden, die in den anderen Beiträgen nicht im Vordergrund stehen und deren Kenntnis von den anderen Autoren weitgehend vorausgesetzt wird. Dazu gehört die große Bedeutung, die Jawaharlal Nehru für die junge indische Republik hatte. Er überbrückte die Epochengrenze zwischen der Kolonialherrschaft und der Geschichte des unabhängigen Staates. Im Jahre 1889 geboren, war er zwanzig Jahre jünger als sein Mentor Gandhi, mit dem er oft stritt, dem er sich aber letztlich immer wieder unterordnete, um im Hauptstrom der indischen Politik zu bleiben, der zur Zeit des Freiheitskampfes stets von Gandhi gelenkt wurde, obwohl die Zeitgenossen mehrfach glaubten, Gandhi sei am Ende, habe nichts mehr zu sagen und müsse von jüngeren Kräften abgelöst werden. Durch seine lange Schul- und Universitätsausbildung in Harrow und Cambridge war Nehru viel mehr von westlichen Ideen geprägt worden als Gandhi, der in seiner Jugend nur drei Jahre in London Jura studiert hatte. Während Gandhi zutiefst religiös war, bezeichnete sich Nehru als Agnostiker. Trotz aller Differenzen ernannte Gandhi schließlich Nehru zu seinem politischen Erben.

Nehru und seinen Mitstreitern aus der Zeit des Freiheitskampfes ist es zu verdanken, daß die junge Republik nach innen und außen eine selbständige Politik betrieb und daß ihr eine Militärdiktatur erspart blieb, wie sie sich im benachbarten Pakistan etablierte. An sich hatten beide Nachfolgestaaten Britisch-Indiens dieselbe britische Tradition des unpolitischen Militärs übernommen, das auf seine Professionalität stolz ist. Doch war da auch das vorbritische Erbe der Epoche des Militärfeudalismus, die mehrere Jahrhunderte angedauert hatte. Natürlich konnte von einer Wiederbelebung des Militärfeudalismus im 20. Jahrhundert nicht die Rede sein, aber dieses Phänomen hatte letztlich darin bestanden, daß eine Militärelite eine Überlagerungsherrschaft über eine Bevölkerung ausübte, die dieses Joch geduldig trug. Das konnte unter Umständen auch im 20. Jahrhundert geschehen.

Nehrus weiteres Verdienst bestand darin, daß er sich gegen vielerlei Widerstände für die Prinzipien des säkularen Staates einsetzte, dabei verstand er unter Säkularismus sehr viel mehr als man im Westen darunter versteht. Das Problem der Trennung von Kirche und Staat gab es in Indien ohnehin nicht, denn eine Kirche als mächtige Institution kennen weder Hinduismus noch Islam, und die Kirche der kleinen christlichen Minderheit hatte in Indien nie eine bedeutsame Rolle gespielt. In Indien hatte dagegen der Konflikt der beiden großen Religionsgemeinschaften, Hinduismus und Islam, die politische Atmosphäre vergiftet. Die Briten hatten diesen Konflikt im Sinne des «Teile und herrsche» genutzt. Daraus war schließlich ein «Teile und zieh ab» geworden, als sie als letzten Verwaltungsakt vor der Gewährung der Unabhängigkeit die Muslimmehrheitsbezirke im Westen und Osten abtrennten und damit Pakistan ins Leben riefen. Gandhi und Nehru waren gegen diese Teilung gewesen, hatten sie aber dann akzeptiert, um Schlimmeres zu vermeiden. Aber die Teilung hatte das Problem nicht gelöst, denn nur zwei Drittel der indischen Muslims lebten in Pakistan, ein Drittel verblieb in Indien. Nehrus Einsatz für den Säkularismus bedeutete also zunächst einmal, diesen in Indien verbliebenen Muslims eine politische Heimat zu bieten und sie nicht als fünfte Kolonne Pakistans auszugrenzen. In diesem Sinne ist auch seine Haltung im Kaschmirkonflikt zu sehen. Dieser Fürstenstaat, dessen Bevölkerung mehrheitlich aus Muslims bestand, aber von einem Hindu-Maharaja regiert wurde, hatte sich Indien und nicht Pakistan angeschlossen. Nehru hatte versprochen, daß später ein Volksentscheid herbeigeführt werden solle. Doch die Teilung Indiens durch die Briten war auch nicht aufgrund eines Volksentscheids erfolgt. So wäre ein Referendum in Kaschmir nicht nur eine lokale Angelegenheit gewesen, sondern hätte zum ersten Mal die Frage zur Abstimmung gestellt, ob indische Muslims lieber zu Indien oder zu Pakistan gehören wollen. Damit stand Nehrus säkularer Staat auf dem Spiel, und so wurde sein rasches Versprechen später nicht eingelöst. Der Kaschmirkonflikt ist ein Dauerbrenner geblieben, der den indischen Säkularismus immer wieder auf harte Proben stellt.

Nehrus Idee des säkularen Staates beschränkte sich aber nicht nur auf die Frage des Zusammenlebens von Hindus und Muslims, sondern schloß die Prinzipien der Französischen Revolution – Freiheit, Gleichheit, Brüderlichkeit – mit ein. Er stellte dies in einem seiner häufigen Rundbriefe an die Ministerpräsidenten der indischen Bundesländer ausdrücklich fest. Er wußte nur zu genau, daß zwar die politische Freiheit errungen worden war, daß es aber an Gleichheit und Brüderlichkeit in einer vom Kastengeist geprägten Gesellschaft fehlte. Der säkulare Staat sollte die moralische Anstalt sein, in der die Gesellschaft sich in seinem Sinne wandeln konnte. Der Begriff *civil society* war damals noch nicht in aller Munde, aber genau das war es, was er sich für Indien wünschte. Er näherte sich damit den Vorstellungen der gemäßigten Nationalliberalen des 19. Jahrhunderts, die den radikalen Nationalrevolutionären entgegengehalten hatten, daß Indien noch keine moderne Nation sei, sondern erst eine werden wolle, und daß soziale Reform und Verfassungspatriotismus unerläßliche Voraussetzungen dafür seien.

Es war für Nehru ein Problem – und es ist bis heute ein Problem geblieben –, daß sich die Idee des Säkularismus der großen Masse der Bevölkerung nicht vermitteln ließ. Das sehr künstliche Sanskrit-Neuwort *dharmanirapekshata*, das Säkularismus bedeuten soll, aber eigentlich Gleichgültigkeit gegenüber der Religion heißt, zeigt dieses Problem an. Es kommt hinzu, daß für den Hindu *dharma* eben nicht nur Religion, sondern Weltgesetz und Moral bedeutet – und denen gegenüber kann man nicht gleichgültig sein.

Das Problem der Vermittlung der Idee des Säkularismus bestand aber nicht nur in diesem Bereich, sondern auch in dem des konkreten politischen Handelns. Hier wurde Nehru vorgeworfen, daß er mit zweierlei Maß gemessen habe, als er einerseits eine Reform des Hindufamilienrechts durchsetzte, andererseits aber das islamische Recht nicht antastete, so daß die indischen Muslims nach wie vor auf einem Recht beharren dürfen, das die Frauen benachteiligt und der Idee des säkularen Staates zutiefst widerspricht.

Säkularismus und *civil society* sind daher in Indien nach wie vor Ziele, um deren Verwirklichung gerungen wird, und nicht ein gesicherter Besitzstand, den es nur zu bewahren gilt. Dieses Ringen vollzieht sich in aller Öffentlichkeit, denn Indien hat eine bemerkenswert freie Presse und ein temperamentvolles politisches Leben, das manchmal sehr turbulent werden kann. Dabei zeigt sich dieses Land Mahatma Gandhis nicht immer gewaltfrei, sondern neigt auch zu blutigen Ausschreitungen. Pessimistische Propheten sehen dann immer wieder das Ende der indischen Demokratie und der staatlichen Einheit nahe herbeigekommen, doch bisher ist Indien auch nach heftigen Auseinandersetzungen immer wieder zur Besinnung gekommen und hat seinen Weg unbeirrt fortgesetzt. Da ein Fünftel der Menschheit in Indien lebt, ist das für die Weltgemeinschaft von großer Bedeutung.

VI.
Die Vielfalt der indischen Sprachen

Hermann Berger

1. Besonderheiten der indischen Sprache

In dem ersten großangelegten Versuch, die Gesamtheit der indischen Sprachen zu dokumentieren, G. A. Griersons einundzwanzigbändigem *«Linguistic Survey of India»* (1903–1927), wird die Zahl der Sprachen von Indien, zu dem damals auch das heutige Pakistan gerechnet wurde, mit 179 angegeben, die der Dialekte mit 544. Sie ist sicherlich übertrieben und ohne Erläuterungen grob irreführend, aber selbst wenn man in Rechnung zieht, daß zu den als «Sprachen» gerechneten Idiomen allein 116 abgelegene Stammessprachen sinotibetischer Herkunft am Nord- und Nordostrand Indiens und eine große Anzahl unbedeutender illiterater kleiner und kleinster Gruppen in Indien selbst gehören, bleibt die Zahl beeindruckend und zeigt, daß Indien auch sprachlich kein «Land» im europäischen Sinne darstellt, sondern einen Kontinent von großer ethnischer Vielfalt. Die Vielfalt der Sprachen beruht einerseits darauf, daß vier voneinander ganz verschiedene Sprachfamilien Abkömmlinge in Indien haben, andererseits aber auch auf dem natürlichen Drang zu regionaler Differenzierung, der in unterschiedlichem Ausmaß in allen Teilen der Erde wirksam war. Zu allen Zeiten hat es in Indien aber auch starke Tendenzen zur Vereinheitlichung und Bildung von überregionalen Verkehrs- und Literatursprachen gegeben. Eine große Rolle haben bei der Bildung neuer Schriftsprachen namentlich im Mittelalter die großen hinduistischen Religionsgemeinschaften gespielt, die sich regionaler Sprachen bedienten, aber dadurch, daß sie Anhänger auch außerhalb ihres angestammten Gebietes hatten, Elemente aus anderen Sprachen aufnahmen und damit eine Art Mischsprache ausbildeten. Andererseits haben die zum Islam bekehrten Inder neben der arabischen Schrift auch viele arabische und persische Lehnwörter übernommen, so daß es stellenweise zu einer Spaltung derselben Sprache in eine hinduistische und eine muslimische Variante kam, am ausgeprägtesten bei Hindi und Urdu (s. u.).

Eine sehr charakteristische Erscheinung in der indischen Sprachentwicklung ist auch die sog. «Diglossie», d. h. das Auseinanderfallen von Schrift- und Umgangssprache. Die Schriftsprache, in der Wörter und grammatische Formen früherer Sprachstufen festgehalten werden, gilt gegenüber der gesprochenen Sprache als die höhere, ja «eigentliche»; sie muß in der Schule eigens wie eine zweite Sprache erlernt werden. Eine

Neigung dazu haben alle indischen Schriftsprachen, doch ist die Neigung extrem im Tamil, weniger stark im Bengali ausgeprägt. In den modernen Literatursprachen setzt sich immer mehr die umgangssprachliche Variante durch. Mit der Neigung zur Diglossie hängt auch der verbreitete Purismus der Schriftsprachen zusammen. Die seit der Kolonialzeit in Massen eingedrungenen englischen Wörter wurden bereits im 19. Jh. systematisch durch solche aus dem Sanskrit ersetzt, oft als reine Lehnübersetzungen gegen dessen Geist verstoßend. So stellt hindi *prishtha-bhumi* «Hintergrund» eine wörtliche Übersetzung von engl. «background» dar; *prati-kriya*, wörtlich «Gegenhandlung», heißt im Sanskrit nur «Vergeltung, Gegenmaßnahme, Abhilfe», hat aber im modernen Hindi auch die Bedeutung von engl. «reaction» übernommen, usw. Namentlich im Hindi wird eine mit Sanskritwörtern überladene Hochsprache von orthodoxen und nationalistischen Kreisen als ein Symbol für den politischen Hinduismus gefördert und als eine Art zweites Sanskrit betrachtet, und große Summen wurden für die Erarbeitung von weitgehend nutzlosen Wörterbüchern zur «Reinigung» der Sprache verwendet. Eine vorerst kaum zu überschreitende Grenze bildet das riesige Vokabular der modernen Naturwissenschaft und Technik, dessen vollständige Indisierung auf eine Absurdität hinauslaufen würde. Auch in anderen Bereichen sind die neosanskritischen Elemente dem einfachen Volk unverständlich und tragen zunächst zur Steigerung der Diglossie bei, sie scheinen aber doch durch den starken Einfluß der Massenmedien und die steigende Bildung eine Chance zum allgemeinen Gebrauch zu haben. Auch ist zu bedenken, daß dieser Einfluß nur *eine* Schicht der Sprache, eben die moderne, betrifft und daneben das echtindische, traditionelle Element noch ungebrochen weiterlebt. Die darin zum Ausdruck kommende Fähigkeit, fremde Elemente fast unbegrenzt aufzunehmen und zugleich einem noch bestehenden Ganzen organisch einzufügen, ist auch sonst ein Kennzeichen der indischen Kultur. Die modernen Literaten haben sich von vorneherein nicht auf puristische Exzesse eingelassen und verwenden den Wechsel von verschiedenen Sprachebenen nur als wirkungsvolles Stilmittel.

Vorläufig ist aber der Einfluß des Englischen in der gesprochenen Sprache noch ungebrochen, selbst in den untersten Volksklassen findet man einen erstaunlich hohen wenigstens passiven englischen Wortschatz. Ein Zugang zu Staatsämtern und Universitäten ist nach wie vor ohne Englischkenntnisse unmöglich, wenn auch deren Qualität oft zu wünschen übrig läßt und namentlich bei weniger Gebildeten Aussprachegewohnheiten und grammatische Konstruktionen der indischen Muttersprache durchschlagen, z. B. in der Aussprache von engl. *f* als *ph* oder in dem häufigen Weglassen des bestimmten Artikels. Auch durch die als «spelling pronunciation» bekannte Erscheinung, nach der z. B. ein geschriebenes *i* des Englischen auch an falscher Stelle wie *ai* gesprochen wird oder *ea* in *peasant* als *i*, sind viele Unterschiede zum Standardenglischen bedingt. Da die meisten Inder das Englische viel häufiger untereinander gebrauchen als mit Ausländern, hat sich der größte Teil dieser Eigentümlichkeiten bereits so verfestigt, daß man vom indischen Englisch als einem eigenen, in sich geschlossenen Typus sprechen kann, von dem abzuweichen unter Indern als Snobismus gewertet wird.

Die Etablierung des Englischen als Bildungssprache geschah offiziell 1835 auf ein Gutachten des britischen Politikers und Historikers Th. B. Macaulay hin, in dem dieser das traditionelle Bildungssystem Indiens für minderwertig und dem englischen weit unterlegen erklärte und damit früheren Bestrebungen vor allem von Missionaren, die bestehenden Literatursprachen schrittweise für den modernen Gebrauch tauglich zu machen, den Boden entzog, eine Demütigung, die für den kulturbewußten Inder bis heute ein schweres Trauma darstellt. Es läßt sich freilich im nachhinein fragen, ob die Vorherrschaft des Englischen nicht ohnehin als Folge der Kolonialherrschaft eingetreten wäre und ob es nicht als vorläufig einzige panindische Gemeinsprache bei der Befreiung und nationalen Einigung Indiens auch von Nutzen war. Auch hat die Vorherrschaft des Englischen das Heraufkommen eines ausdrucksstarken modernen Prosastils in allen indischen Schriftsprachen nicht verhindern können. Nach anfänglicher Abhängigkeit von westlichen Vorbildern sind die indischen Literaturen auch in der Themenstellung und Form zu eigenständigen bedeutenden Teilhabern der Weltliteratur geworden. Wegweisend dafür war vor allem die unter englischem Einfluß entstandene Tagespresse, die mit einer Anzahl von über 21 000 Zeitungen und Zeitschriften mit z. T. hohen Auflagen starken sprachlichen Einfluß auf die gesamte Bevölkerung ausübt.

Trotz ihrer zum Teil verschiedenen Herkunft haben die indischen Sprachen in einem jahrtausendelangen Zusammenleben eine Reihe von gemeinsamen Zügen entwickelt, die sie als Ganzes von den umgebenden Sprachen abheben. Dazu gehören im Lautlichen die Spaltung der *t*-Laute in eine vordere und eine hintere (retroflexe) Reihe und das Fehlen eines wortunterscheidenden Akzents, in der Grammatik der Ausdruck der Kasusbeziehungen durch Postpositionen, die systematische Ausbildung von Verbalformen, die das Bewirken einer Tätigkeit an anderen bezeichnen («Kausative» wie in deutsch fallen – fällen), ein unveränderliches Partizip der Vorzeitigkeit (Absolutiv, «nachdem ... getan hatte»), u. a. Ein einigendes Band bilden auch die zahllosen Entlehnungen aus dem Sanskrit, die damit dieselbe Rolle einnehmen wie die lateinisch-griechischen Lehnwörter in den westlichen Sprachen, und schließlich auch die den indischen Sprachen hervorragend angepaßte Schrift. Sie tritt zum ersten Mal im 3. Jh. vor Chr. in den Inschriften des Kaisers Ashoka auf und hat sich in der Folgezeit in verschiedene lokale Varianten aufgespalten, die jedoch alle nach dem gleichen Prinzip (Bezeichnung der Vokale durch diakritische Zeichen statt durch eigentliche Buchstaben) gebaut sind und bei einzelnen Buchstaben noch große Ähnlichkeit aufweisen. Am verbreitetsten ist heute der Nagari genannte Typus, in dem ein Teil der indoarischen Sprachen (Hindi, Marathi, Nepali u. a.) und das Sanskrit geschrieben wird. Die für die indischen Sprachen viel weniger geeignete persisch-arabische Schrift wird von muslimischen Bevölkerungsgruppen (Urdu, Panjabi, Kashmiri) verwendet.

Die indische Verfassung erkennt 18 offizielle Schriftsprachen an, dazu vier weitere Sprachen, die nicht als Verfassungssprachen gelten, aber als «Akademiesprachen» von der Literaturakademie gefördert werden. Unter den Verfassungssprachen wird das Sanskrit nur noch als eine Art Liebhaberei von einer verschwindend kleinen Minderheit verwendet und ist im übrigen als «Neo-Sanskrit» in der Wortverwendung so stark von den modernen indischen Sprachen und dem Englischen beeinflußt, daß es der klassischen Sprache nur noch in der äußeren Form ähnlich ist. Drei weiteren (Urdu, Sindhi, Nepali) ist gemeinsam, daß ihr eigentliches Verbreitungsgebiet heute außerhalb von Indien liegt (s. u.). Die Grenzen der Teilstaaten der indischen Union fallen mit den Sprachgrenzen zusammen, doch zeigt die Sprachenkarte durch zahlreiche Minderheiten und Enklaven immer noch ein buntes Bild. Dabei bedingt die traditionelle Sozialordnung mit ihrem Hang zur gegenseitigen Abschließung, daß sich kleine und kleinste Sprachgemeinschaften in einer fremden Umgebung jahrhundertelang als Haussprache erhalten können. Ein extremes Beispiel stellt die Weberkaste der Saurashtrans dar, die nach glaubwürdigen Überlieferungen im 11. Jh. aus Nordindien nach dem Süden gewandert ist und dort ihre angestammte Sprache, ein altertümliches Gujarati, ohne ein geschlossenes Siedlungsgebiet zu bilden, inmitten einer dravidisch sprechenden Umgebung bis heute bewahrt hat. Innerhalb einer Sprache besteht oft eine starke Tendenz zur Differenzierung nach sozialen und religiösen Gruppen; im Gujarati z. B. läßt sich mühelos an der Sprechweise erkennen, ob der Gesprächspartner Hindu, Muslim oder Parse ist. – Daß fast alle nordindischen Sprachennamen auf *-i* enden, erklärt sich daraus, daß sie eigentlich feminine Adjektivformen sind; Gujarati heißt also «die Gujaratische», wobei *bhasha* «Sprache» zu ergänzen ist.

2. Die indoarischen Sprachen

Der größere Teil der indischen Sprachen gehört der von der Wissenschaft so genannten «neuindoarischen» Sprachengruppe an, die das nördliche Indien, grob gesprochen, bis zum 18. Breitengrad einnimmt. Ihre Glieder haben sich über verschiedene Zwischenstufen aus dem Sanskrit entwickelt, einer grammatisch komplizierten und überaus wortreichen Kunstsprache, deren erste Dokumente im 2. vorchristlichen Jahrtausend entstanden sind und die bis in die Neuzeit als Literatur-, Wissenschafts- und Kultussprache verwendet wurde. Sie sind dabei von einem synthetisch-flektierenden, dem des Lateinischen und Griechischen sehr ähnlichen Sprachbau zu einem weitgehend analytischen übergegangen, ohne aber dabei ihren indogermanischen Grundcharakter zu verlieren; in manchen Punkten, z. B. in der reichlichen Verwendung von Hilfsverben zur Bildung von Tempora und Modi, zeigen sie auch wieder strukturelle Ähnlichkeiten mit den modernen europäischen Sprachen, besonders dem Englischen. Die Gliederung der indoarischen Sprachen nach größeren Gruppen ist im einzelnen noch umstritten; die hier gegebene Aufzählung folgt mehr geographischen Gesichtspunkten. Die angegebenen Sprecherzahlen entstammen dem *Census Report* von 1981; sie stellen nur grobe Annäherungen dar und beziehen sich nur auf die in Indien lebenden Sprecher.

Die wichtigste Sprache Nordindiens ist mit Abstand das Hindi (264 Mio.), das von der Verfassung auch als die Nationalsprache Indiens vorgesehen ist und mit Ausnahme von Tamilnad Pflichtsprache in allen indischen Schulen ist. Es beruht auf dem in der Umgebung von Delhi gesprochenen, auch Khari Boli genannten Dialekt und gehört einer größeren Dialektgruppe an, zu der noch zahlreiche illiterate Varianten in Uttar Pradesh und Madhya Pradesh gehören sowie ein großer Teil der am Rande des Himalaya gelegenen sog. Pahari-Sprachen (d. i. «Bergsprachen»). In einer für den Fremden irreführenden Weise werden aus mehr politischen als sachlichen Gründen diese Sprachen sowie die vom Hindi recht verschiedenen Literatursprachen Bhojpuri, Magahi, Maithili und das Rajasthani dazugerechnet (von daher rührt auch die oben angegebene hohe Sprecherzahl), von denen die beiden letzten auch als eigene Akademiesprachen (s. o.) anerkannt sind. Als Literatursprache trat das Hindi an die Stelle der einst hochberühmten, heute aber in die Provinzialität abgesunkenen Braj Bhasha, die ihr Zentrum in Mathura hat.

Das Hindi im engeren Sinne war ursprünglich mit dem Urdu (35 Mio. in Indien) identisch, einer Art persisch-arabisch-indischen Mischsprache, die im Bereich von Delhi im Umkreis der Mogulherrscher entstanden ist, worauf schon die Herkunft des Namens (aus türk. *ordu* «Heerlager») hindeutet. Es wurde erst im 19. Jh. vom Hindi abgespalten, als dessen persisch-arabische Bestandteile durch Sanskritwörter ersetzt wurden. Die Grammatik und der originalindische Teil des Wortschatzes sind noch in beiden Sprachen derselbe, doch wird das Urdu mit arabischer Schrift geschrieben und gilt in ganz Indien als die Sprache der Muslims. Seine im höfischen Milieu geschulte Eleganz und Urbanität des Stils, mit dem es dem Hindi immer noch überlegen ist, sichern ihm in Indien auch nach dem Zurücktreten von der Sprachenszene bis heute ein hohes Ansehen. In Pakistan ist das Urdu Staatssprache, verbunden mit der Merkwürdigkeit, daß es außer bei muslimischen Flüchtlingen aus Indien nirgends Muttersprache, sondern überall nur Zweitsprache ist. In Indien verliert das Urdu gegenüber dem Hindi zusehends an Gewicht. Der Gegensatz zwischen Hindi und Urdu war nicht immer so ausgeprägt wie heute und gilt vor allem für den hohen literarischen Stil. Früher gab es eine als Hindustani («Sprache Indiens») bezeichnete Übergangsform, an deren Pflege noch Gandhi viel gelegen war und der auch die gesprochene Sprache von New Delhi zugrunde liegt. Ihre Kenntnis war schon in den vergangenen Jahrhunderten durch die Mogulherrschaft über ihren angestammten Bereich verbreitet. Heute ist es noch die meist sogar in lateinischer Schrift geschriebene Militärsprache Indiens; außerdem ist eine flexionslose pidginartige Variante in den Großstädten Nordindiens unter dem Namen «Bazar Hindustani» als Verkehrssprache verbreitet.

Dem Hindi nahe verwandt ist das im Westen angrenzende Panjabi (19 Mio.), das sich aber neben ihm kaum nennenswert literarisch entfalten konnte, wozu auch die Teilung des Panjab in ein hinduistisches und ein muslimisches Gebiet bei der Abtrennung Pakistans im Jahre 1948 beigetragen hat. Dasselbe Schicksal traf auch das Kashmiri, heute die nördlichste Sprache Indiens, das im übrigen in seinem Bau von den anderen Sprachen Nordindiens stark abweicht. Es gehört zusammen mit einer Anzahl von illiteraten Stammessprachen (Shina, Khowar, Kohistani mit ihren Dialekten), die jedoch sämtlich in den Hochgebirgstälern des nördlichen Pakistan liegen, zu dem sog. «dardischen» Sprachstamm, der schon früh in vielen Punkten eine Sonderentwicklung gegenüber den eigentlich indischen Sprachen der Ebene durchgemacht hat.

Im westindischen Bundesstaat Gujarat ist die Staatssprache das Gujarati (33 Mio.), das noch im Mittelalter mit den Sprachen von Rajasthan (s. o.) eine einheitliche Sprache bildete. In dieser Zeit entfaltete es eine reiche religiöse und profane Literatur. Die moderne Literatur des Gujarati kann sich mit der der großen Sprachen Hindi, Bengali usw. nicht messen, Weltruhm erlangt hat aber Gandhis Autobiographie *The Story of my Experiments with Truth*, die ursprünglich in dieser Sprache abgefaßt war. Zu den bedeutendsten modernen indoarischen Sprachen zählt das Marathi (50 Mio.) im Bundesstaat Maharashtra. Es geht auf den mittelindischen Dialekt Maharashtri zurück, der seinerseits schon im Altertum als der vorzüglichste Dialekt galt und besonders von der Religionsgemeinschaft der Jainas verwendet wurde. Im Mittelalter wurde das Alt-Marathi Träger einer bedeutenden religiösen Literatur der Bhakti-Bewegung. – Dem Marathi nahe verwandt ist das Konkani (4 Mio.), gesprochen in der ehemaligen portugiesischen Kolonie Goa und den angrenzenden Gebieten. Es ist neben dem Militär-Hindi (s. o.) die einzige indische Sprache, die, vorwiegend von Christen, außer in der Nagari-Schrift auch in lateinischen Buchstaben geschrieben wird. Die östlichsten Sprachen der indoarischen Sprachen sind das Bengali (52 Mio.), das Assamesische (9 Mio.) und das Oriya (23 Mio.). Die drei Sprachen haben viel Gemeinsames, im Lautlichen z. B. die dumpfe, *o*-artige Aussprache des *a* und das Fehlen der Unterscheidung von Länge und Kürze bei den Vokalen, sowie Einzelheiten der Formenlehre, die eine Zusammenfassung zu einer eigenen Gruppe ermöglichen. Von den dreien ist das Bengalische unbestreitbar die bedeutendste. In ihm wurden schon im Mittelalter mythologische Versepen in einer Sprachform verfaßt, die mit der heutigen Schriftsprache im wesentlichen identisch ist. In neuerer Zeit war es vor allem Rabindranath Tagore, der dem Bengalischen zu Weltruhm verhalf und darüber hinaus die Aufmerksamkeit auf Indien und seine Kultur überhaupt lenkte. Durch sein hohes literarisches und kulturelles Ansehen ist das Bengali auch unverändert die Staatssprache des benachbarten Muslimstaates Bangladesch geworden, wo es anders als die islamischen Varianten von Hindi, Panjabi und Kashmiri weder mehr arabisch-persische Wörter aufgenommen hat noch mit der arabischen Schrift geschrieben wird. Das Bengali hat, worauf gebildete Bengalen mit Stolz hinweisen, schon früher als die übrigen nordindischen Sprachen die entscheidenden Schritte zu einer modernen Schriftsprache getan, freilich um den Preis einer massiven Sanskritisierung im Wortschatz und damit eines Auseinanderfalls von Umgangssprache und Schriftsprache, von denen die zweite bezeichnenderweise die «gute Sprache» *(sadhu bhasha)* genannt wird.

Von den heute hauptsächlich außerhalb des indischen Staatsverbandes gesprochenen indoarischen Sprachen kann das Singhalesische auf Srilanka auf die reichste und älteste, weitgehend buddhistisch bestimmte Literatur zurückblicken. In seiner über zwei Jahrtausende währenden Isolierung hat diese Sprache freilich so starke lautliche und grammatische Veränderungen durchgemacht, daß es eine Zeitlang brauchte, bis ihr Zusammenhang mit den nordindischen Sprachen erkannt wurde. Verwandte des Singhalesischen sind das Divehi auf den Malediven und das Lakkadivische auf den Lakkadiven. Demgegenüber stellt das heute auf Pakistan beschränkte Sindhi einen besonders altertümlichen Abkömmling des sanskritischen Sprachstammes dar. Seine Literatur, im 18. Jh. durch den Mystiker Shah Abdul Latif auf einen hohen Stand gebracht, ist durchgehend islamisch bestimmt. Das Nepali, zur Pahari-Gruppe des Hindi gehörig, wurde 1769 von den Gurkhas zur offiziellen Staatssprache von Nepal erhoben. Schließlich soll unter den außerhalb Indiens gesprochenen Sprachen auch die Romani genannte Sprache der zu einer nicht mehr bestimmbaren Zeit aus Nordindien ausgewanderten Zigeuner nicht unerwähnt bleiben. Sie hat in großem Umfang Wörter aus den Sprachen der Gastvölker übernommen, aber im grammatischen Bau den neuindoarischen Typus bis heute erstaunlich treu bewahrt.

3. Die dravidischen Sprachen

Gegenüber den vom Sanskrit abstammenden indoarischen Sprachen des nördlichen Indien stellen die dravidischen Sprachen einen eigenen, völlig unabhängigen Sprachstamm dar, der wahrscheinlich schon seit undenklichen Zeiten, sicherlich aber schon vor der Ankunft der aus dem Nordwesten eingewanderten Arier in Indien beheimatet war. Daß die dravidischsprechende Bevölkerung Träger einer überlegenen urbanen Kultur war, zeigt sich schon in der großen Anzahl von Lehnwörtern, die bereits das ältere Sanskrit von ihnen übernommen hat; erst in nachchristlicher Zeit unterlag der dravidische Süden einer verstärkten sprachlichen und kulturellen Überlagerung aus dem Norden, im Gefolge derer die Schriftsprachen ihrerseits zahllose Lehnwörter aus dem Sanskrit aufgenommen haben. Neben den vier großen Literatursprachen Tamil, Malayalam, Kanaresisch und Telugu, die in den Bundesstaaten Tamil Nadu, Kerala, Karnataka und Andhra Pradesh gesprochen werden, gibt es noch eine ganze Reihe von illiteraten Stammesidiomen (Gondi, Parji, Kurukh, Toda u. a.), die vor allem auf abgelegene Gegenden der an das südliche Madhya Pradesh angrenzenden Gebiete konzentriert sind. Eine Zwischenstellung nimmt das Tulu (2 Mio.) ein, dessen Bereich an der Westküste Indiens zwischen Kanaresisch und Malayalam liegt. Es besitzt keine eigene Literatur, aber reiche mündliche Überlieferungen und hat in jüngster Zeit die Anfänge zu einer selbständigen Schriftsprache durchgemacht. Weitab davon wird in Baluchistan von den nomadisierenden Stämmen der Brahui eine dravidische Sprache gesprochen, doch lassen sich daraus wohl kaum Rückschlüsse auf die frühere Verbreitung der Sprachfamilie ziehen. Die Dravida-Sprachen gehören dem sogen. agglutinierenden Typus an, d. h., sie sind in ihrem Bau dem Türkischen, Finnischen usw. näher verwandt als den vom Sanskrit abstammenden Sprachen Nordindiens.

Von den vier offiziellen dravidischen Literatursprachen ist die bedeutendste das Tamil (45 Mio.). Seine Literatur kann sich an Alter und Umfang zwar nicht mit der des Sanskrit messen, doch reicht sie immerhin bis in die letzten Jahrhunderte vor Chr. zurück. Aus dieser Zeit, der sog. Sangam-Periode, sind uns Sammlungen von hochrangigen lyrischen Gedichten in einer kunstvoll ausgebildeten Dichtersprache überliefert. Die Sprache hat sich in den späteren Epochen noch ständig weiterentwickelt, aber vor allem in der grammatischen Form; in der Lautform und im Wortschatz ist das Tamil gegenüber dem Hindi, Bengali usw. von einer unglaublichen Beständigkeit geblieben, die auch dem modernen Sprecher das Gefühl vermitteln kann, er spräche im Grunde noch die gleiche Sprache wie seine Vorfahren vor 2000 Jahren. Das Tamil hat sich auch viel länger als die drei anderen dravidischen Literatursprachen dem Einfluß des Sanskrit entzogen. Dieser hat sich erst massiv im Mittelalter im Zuge der neuen religiösen Strömung der Bhakti geltend gemacht, doch machen sich in moderner Zeit zusammen mit der Besinnung auf dravidische Eigenart und separatistischen Bestrebungen auch puristische Tendenzen bemerkbar, die ein sanskritfreies Tamil fordern. Der Auseinanderfall von Schriftsprache und Umgangssprache ist im Tamil stärker als in jeder anderen Sprache Indiens. Die Umgangssprache wird heute durchgehend in Filmen (außer in mythologisch-historischen) verwendet, in der Romanliteratur nur in den Dialogen, während der Erzähltext weiterhin in der Schriftsprache geschrieben ist. Das Malayalam (26 Mio.) im Staate Kerala ist eigentlich nur ein alter Dialekt des Tamil, der seit dem Ende des ersten nachchristlichen Jahrtausends eine eigenständige Entwicklung durchgemacht hat. Vom Tamil unterscheidet es sich außer durch grammatische Eigentümlichkeiten auch durch eine eigene Schrift und einen ungewöhnlich hohen Anteil an Lehnwörtern aus dem Sanskrit. Anders als im Tamil setzt die literarische Überlieferung der im Norden daran angrenzenden großen Literatursprachen Telugu (54 Mio.) und Kanaresisch (oder Kannada, 30 Mio.) erst im Mittelalter ein und zeigt auch von Anfang an einen starken sanskritischen und hinduistischen Einschlag. Auch in der Lautstruktur zeigen diese Sprachen einen vermittelnden, mehr als das extrem verschiedene Tamil dem Norden angenäherten Charakter. Das Kanaresische hat die bedeutendere moderne Literatur, die auch internationale Anerkennung gefunden hat.

4. Die Munda- und die sinotibetischen Sprachen

Bei diesen beiden Gruppen handelt es sich um Reste von bedeutenden, in Indien aber nur in verstreuten Stammessprachen vertretenen Sprachfamilien. Sie besitzen außer Missionstexten eine gedruckte Literatur höchstens in ersten Ansätzen, sind aber für die Erforschung der sprachlichen Vorgeschichte Indiens von großer Bedeutung. Die Munda-Sprachen bilden den westlichen, indischen Zweig einer Sprachfamilie, die seit P. W. Schmidt die «austroasiatische» genannt wird und zu der östlich von Indien neben zahlreichen Stammessprachen so bedeutende Literatursprachen wie das Khmer in Kambodscha und das Mon in Burma gehören. Auf eine einst stärkere Verbreitung und einen nachhaltigen Einfluß auf die indoarischen Einwanderer weisen Lehnwörter schon im frühen Sanskrit hin, darunter viele aus dem typisch indischen Milieu wie für «Pfau», «Betel», «Elefant» usw. Die wichtigste Mundasprache ist das im östlichen Bihar und in Westbengalen gesprochene Santali (5 Mio.); andere, kleinere Sprachen sind Mundari, Korku, Kharia, Gadaba u. a. Eine nicht zur Mundagruppe gehörige austroasiatische Sprache ist das in Assam gesprochene Khasi.

Die zahlreichen, aber nur von kleinen Gruppen gesprochenen Abkömmlinge des sinotibetischen Sprachstamms sind auf das an Burma angrenzende Gebiet von Assam beschränkt und erst durch rezente Einwanderung nach Indien gelangt. Von ihnen hat nur das zu den Akademiesprachen gerechnete Manipuri (oder Meithei, 1 Mio.) eine ältere literarische Tradition. Rein tibetische Dialekte werden im Himalaya an der Grenze zu Nepal gesprochen.

VII.
Aspekte der Gesellschaftsstruktur Indiens: Kasten und Stämme

Monika Böck und *Aparna Rao*

Der soziale Raum Indiens bietet auf den ersten Blick ein Bild extremer Differenziertheit: hier leben eine Vielzahl sozialer und ethnischer Gruppen, die verschiedene Dialekte bzw. Sprachen sprechen, deren Überzeugungssysteme variieren, und die sich in ihrer Alltagspraxis unterscheiden. Man denkt primär wahrscheinlich an eine rigide, religiös verankerte, äußerst langlebige Sozialordnung, die diese Vielfalt strukturiert und zu einem organischen Ganzen zusammenschließt: das «Kastensystem», ideologisch verwurzelt in den moralphilosophischen Ausführungen des Hinduismus.

In der einschlägigen Literatur wird ein bemerkenswert konsistentes Bild vom Kastensystem gezeichnet, das sich ungefähr folgendermaßen zusammenfassen läßt:

1. Kasten sind sakraler Natur. Die soziale Ordnung ist Ausdruck der religiösen Ordnung und mit dieser untrennbar verbunden.
2. Kasten sind geschlossene Gruppen. Mitgliedschaft erlangt man durch Geburt. Heirat ist nur innerhalb der eigenen Gruppe erlaubt (Endogamie).
3. Kasten sind Berufsgruppen. Der Beruf ist nicht frei wählbar, sondern wird vererbt.
4. Kasten sind strikt hierarchisch geordnet. Ordnungskriterium ist das religiös begründete Ideal der Reinheit. Entsprechend ihrer Berufe werden die Gruppen einer Reinheit-Unreinheit-Skala zugeordnet, wobei Brahmanen, als «Priester» das Ideal der Reinheit par excellence verkörpernd, an der Spitze stehen, «Unberührbare» oder «Kastenlose», *qua* Beruf (z. B. Straßenkehrer, Gerber) als «unrein» betrachtet, am Ende.
5. Die Kastenidee ist allumfassend und allgegenwärtig, durchdringt alle Bereiche der gesamten Gesellschaft und des täglichen Lebens. Die Gesamtheit der Kasten bildet ein organisches Ganzes. Jede Kaste ist immer auf das Ganze bezogen und erlangt Bedeutung und Funktion nur aus dem Ganzen (Holismus).

Es muß jedoch bemerkt werden, daß dieses scheinbar konsistente Bild des Kastensystems durch zahlreiche historische und ethnographische Untersuchungen wiederholt in Frage gestellt wurde. So ist es fast unmöglich, die zahlenmäßige regionale Verteilung der «Kasten» anzugeben, obwohl genau dies immer wieder von offizieller Seite versucht wurde. Wegen regionaler und zeitlicher Unterschiede ist es höchst problematisch, mit Quellenmaterial, wie man es in den verschiedenen Census of India findet, umzugehen. So findet man zu unterschiedlichen Zeitpunkten in den Census verschiedene Definitionen und Klassifikationssysteme, nach denen eine Gruppe beschrieben wird. Ein Grund für diese Widersprüchlichkeit liegt im Begriff der «Kaste» selbst.

1. Der Begriff «Kaste»

Bereits der Gebrauch des Wortes «Kaste» ist nicht unproblematisch. Man könnte im Sinne Max Webers den Begriff definieren als «eine durch rituelle Kommensalitäts- und Konnubialschranken nach außen abgegrenzte, durch positive oder negative Privilegierung und durch ökonomische Sondergebarung nach innen zusammengeschlossene erbliche Gemeinschaft innerhalb eines sozialen Gesamtverbandes» (nach Schluchter 1984: 47).

Es ist jedoch schwierig, diesen Begriff auf reale soziale Einheiten anzuwenden, bzw. auf die einheimischen (emischen) Konzepte *varna* und *jati* zu beziehen. So benutzen Inder den Begriff auch oft, um die religiöse Zugehörigkeit zu benennen, und «Muslim», «Hindu», «Christ», «Sikh» usw. werden dann als «Kasten» bezeichnet.

«Kaste» stammt von dem portugiesischen *casta,* was «unvermischt, rein» bedeutet und vom Lateinischen *castus* = «keusch» abzuleiten ist. Der Begriff wurde früher auch in anderen Teilen Europas verwendet, um die Vererbung des Berufes vom Vater auf den Sohn und die damit verbundene Schichtung der europäischen Gesellschaften zu bezeichnen. Von den Spaniern scheint das Wort im Sinne von «Rasse», «Genus» oder «Spezies» auf alle Lebewesen, auch den Menschen, bezogen und dann von den Portugiesen in der Mitte des 15. Jahrhunderts auf Indien angewandt worden zu sein.

2. Der Begriff *«jati»*

Das Wort *jati* wird etymologisch abgeleitet von der Sanskrit-Wurzel *jan/ja* = «gebären», «erzeugen». Als grundlegende Bedeutung wird meist «Geburt», «Ursprung», «Entstehung» angegeben. Eine weitere geläufige Bedeutung, vor allem in den Sanskrit-Grammatiken, Logikwerken und Verhaltenskodizes, ist «Klasse», «Genus». Das Wort wird in späteren Texten verwendet auch im Sinne der Eigenschaften, die eine Klasse konstituieren. *Jati* kann demnach jegliche Art von Lebewesen bezeichnen, einschließlich der Götter, aber auch der Menschen. Auf Menschen angewandt, kann *jati* ein bestimmtes Geschlecht oder eine bestimmte Verwandtschaftsgruppe bedeuten. Man kann aber auch all diejenigen mit diesem Wort benennen, die sich durch ihre ethnische Herkunft, ihre kulturelle Tradition, ihre religiöse Zugehörigkeit, ihren Beruf von anderen unterscheiden lassen; nicht zuletzt kann man *jati* auch auf eine gesamte Nation anwenden. Allgemein gesprochen, werden mit dem Wort *jati* all diejenigen Personen bezeichnet, denen aufgrund ihrer gemeinsamen Ursprünge grundlegende Ähnlichkeiten zugewiesen werden und die grundlegende Unterschiede zu denen aufzuweisen scheinen, die diese Ursprünge nicht teilen. Welche Ebene der Gesellschaft man allerdings mit *jati* bezeichnet, ist kontextabhängig. Zu welchen Mißverständnissen dieser kontextabhängige Gebrauch führen kann, mag das folgende fiktive Gespräch zwischen einem Fremden (F) und einem Einheimischen (E) verdeutlichen. Nehmen wir an, der Fremde weiß bereits, daß Kaste etwas mit Heirat zu tun haben kann und daß man besser den emischen Begriff *jati* verwenden sollte, um einen Einheimischen nach seiner Kastenzugehörigkeit zu fragen:

F.: Welcher *jati* gehören Sie an?

E.: Wir sind *Rajput.*

F.: Dann können Sie also die *Rajput,* die im Nachbardorf wohnen, heiraten?

E.: O nein! Niemals können wir die heiraten! Die gehören nicht zu unserer *jati.*

F.: Aber Sie sind doch *Rajput,* und die sind auch *Rajput?* Wie können Sie dann nicht derselben *jati* angehören?

E.: Nun, erstens sagen die zwar, sie seien *Rajput,* aber wie können wir da sicher sein? Und überhaupt, auch wenn wir sicher wären, würden wir die niemals heiraten, denn die gehören nicht zu unserer *jati.*

F.: Hm? Wen dürfen Sie dann überhaupt heiraten?

E.: Das sagte ich Ihnen doch bereits! Wir heiraten nur diejenigen, die zu unserer *jati* gehören, diejenigen, die wir immer geheiratet haben!

F.: Aber da ist doch ein Widerspruch! Eben haben Sie mir gesagt, Ihre *jati* sei *Rajput,* und nun gibt es *Rajput,* die Sie nicht heiraten dürfen, weil sie nicht zu Ihrer *jati* gehören . . .??

E.: Warum ist hier ein Widerspruch? Einerseits sind doch auch alle *Rajput* gleich und verschieden von denen, die keine *Rajput* sind. Andererseits bestehen *Rajput* aus vielen verschiedenen Gruppen, die nicht untereinander heiraten dürfen, weil sie verschieden sind (Quigley 1993: 8).

Es sei dahingestellt, ob unser Fremder aus den Erklärungen des Einheimischen das System nun besser verstanden hat. Halten wir noch einmal fest: *jati* ist ein relativer Begriff, der immer im Kontext eines Gegenübers, von dem man sich abgrenzt, zu verstehen ist. Allerdings steht hinter diesen kontextabhängigen Bedeutungsverschiebungen des Wortes der grundlegende Gedanke der Geburt oder des Ursprungs.

3. Der Begriff *«varna»*

Steht hinter dem Begriff *jati* die grundlegende Idee der Geburt, so ist das Wort *varna* mit dem grundlegenden Gedanken der Funktion verbunden, genauer: *Varna* bezieht sich auf ein Klassifikationssystem, das dazu dient, die soziale und kosmische Harmonie aufrechtzuerhalten. Der Begriff *varna* läßt sich bis in die vedische Zeit (ca. 1200–900 v. Chr.) zurückverfolgen. Als Grundbedeutung wird am häufigsten «Farbe» oder «Hautfarbe» angegeben. Im *Rigveda* ist von *varna* meist im Zusammenhang mit den *«Arya»* (hellhäutige einwandernde bzw. erobernde Gruppen) und *«Dasa»* (dunkelhäutigere ansässige Bevölkerung) die Rede. Man spekuliert aber auch darüber, daß *varna* in diesen Texten nicht nur helle oder dunkle (Haut-)Farbe bezeichnet, sondern sich auch auf weitere Unterscheidungsmerkmale dieser beiden Gruppen beziehen könnte – wie Körperbau, Sprache, Wirtschaftsform, Riten. Die wichtigste Textstelle, in der das spätere *varna*-Konzept wahrscheinlich zum erstenmal im Zusammenhang mit dem Gedanken der Fortdauer sozialer und kosmischer Harmonie auftaucht, findet sich in einer Hymne des *Rigveda.* In dieser berühmten Hymne wird erzählt, wie die Götter die Welt erschaffen, indem sie *Purusa,* den kosmischen Urmann, opfern: «Als sie (i. e. die Götter, d. A.) den *Purusa* auseinanderlegten, in wieviele Teile teilten sie ihn? Was ward sein Mund, was seine Arme, was werden seine Schenkel, (was) seine Füße genannt? Sein Mund ward zum *Brahmanen,* seine beiden Arme wurden zum *Rajanya* (i. e. *Ksatriya,* d. A.) gemacht, seine beiden Schenkel zum *Vaisya,* aus seinen beiden Füßen entstand der *Sudra*» (*Purusa-Sukta,* X, 90, 11–12 nach Geldner 1951–57 Bd. 3: 288).

Rituelle Handlungen sind also das zentrale Moment der Entstehung der vier *varna:* ein Opfer ist notwendig, um das Universum zu erschaffen. Aus diesem Opfer gehen *Brahmana, Ksatriya, Vaisya* und *Sudra* hervor, jeder aus einem anderen Körperteil des Urmannes. Die vier *varna* entstehen demnach durch Aufteilung eines Ganzen, bildeten jedoch ursprünglich eine organische Einheit. Jahrhunderte später finden wir in den Gesetzbüchern des Manu (ca. 200 v. Chr.–200 n. Chr.) den vier *varna* ihre unterschiedlichen Funktionen explizit zugewiesen. Ebenso wie zur Erschaffung des Universums ein Opfer notwendig gewesen sei, so wird in diesen Texten argumentiert, seien weitere Opfer erforderlich, um die Kontinuität des Universums zu bewahren. Jede *varna* hat, im Sinne einer göttlich auferlegten Pflicht, ihre Bestimmung und Funktion zu erfüllen: Die Pflicht des Brahmanen ist es, zu studieren und zu lehren, zu opfern, Gaben zu verteilen und zu empfangen; die des *Ksatriya* ist es, das Volk zu beschützen, zu opfern und zu studieren. Der *Vaisya* soll zwar auch opfern und studieren, seine Hauptaufgabe liegt jedoch in der Viehzucht, im Bodenbau, im Handel und im Geldverleih. Der *Sudra* hat als Handwerker oder Bauer die Pflicht, den anderen drei *varna* zu dienen. Und so wird in den Gesetzbüchern beigefügt, es sei besser, seine eigenen Pflichten schlecht zu erfüllen als die eines anderen gut.

Die Angehörigen der drei ersten *varna* werden auch als *dvija* oder «Zweimalgeborene» bezeichnet, da sie in einem gewissen Alter eine Initiationszeremonie durchlaufen müssen. Während dieser Zeremonie wird den Knaben eine «heilige Schnur» umgelegt, die als Symbol der Aufnahme – der «zweiten Geburt» – in ihre jeweilige *varna* steht und ihnen das Recht gibt, die heiligen Texte zu studieren.

Das Konzept der «guna»

Bezog sich *varna* in den frühesten Texten wohl vor allem auf äußerlich wahrnehmbare Unterschiede zwischen Menschengruppen, so konnotierte der Begriff im Verlauf der Jahrhunderte zunehmend den moralischen und intellektuellen Wert und die Pflichten *(dharma)* eines Menschen bzw. einer Menschengruppe. Der moralische und intellektuelle Wert einer *varna* drückt sich u. a. in den Zuschreibungen von bestimmten Eigenschaften oder Qualitäten *(guna)* aus, die durch bestimmte Farben symbolisiert sind. Z. B. steht rot für *rajoguna,* Pomp und Luxus, und wird den *Ksatriya* als angemessene Lebensführung zugeordnet.

Das *guna*-Konzept ist allerdings wesentlich komplexer als diese einfache Zuordnung von Qualität oder Eigenschaft zu Farbe und *varna.* Nicht zuletzt steht *guna* in Beziehung zum komplexen Konzept der Person: entsprechend ihrer *varna-* und *jati*-Zugehörigkeit, ihres Geschlechts, ihres Status und ihrer Persönlichkeit sind in jeder Person ganz bestimmte *guna* vorhanden. Es existiert die Auffassung, daß jede *varna* ihre spezifische *guna* von dem jeweiligen Körperteil des vedischen *Purusa* bekommen hat, aus der sie ursprünglich entstanden ist. Doch wird auch darauf hingewiesen, daß jedes Wesen alle drei *guna* in verschiedenen Anteilen besitzt, die allerdings veränderbar sind: bei Menschen durch Diät (z. B. vegetarische Ernährung, Meidung von Alkohol), Berufsausübung und der Einhaltung bestimmter Verhaltensweisen. Die als Substanzen vorgestellten *guna* werden sowohl weitergereicht (durch Vererbung oder beim Kontakt mit anderen Wesen) als auch absorbiert. Die *guna* könnte man als ideale Verhaltenseigenschaften beschreiben, die bei den Angehörigen der jeweiligen *varna* «naturgemäß» verschieden angelegt sind. Der Prozeß der Aufnahme und Abgabe dieser Substanzen ist laut Marriot und Inden (1977) das entscheidende Moment bei der Vorstellung von Reinheit-Unreinheit. Interagiert man mit Höher- bzw. Niedrigrangigen, so nimmt man bessere bzw. schlechtere, unreinere Substanzen auf.

Kommensalität und Heirat

Der Austausch von Substanzen findet in den alltäglichen Situationen wie dem gemeinsamen Essen, gemeinsamen Wohnen und den alltäglichen Kontakten auf der Straße oder im Beruf statt. Dies erfordert natürlich pragmatische Lösungen, um sich von diesen alltäglichen «Kontaminationen» zu reinigen, denn nicht immer kann man den Kontakt zu niedrigerrangigen Menschen vermeiden. Das tägliche Bad und das tägliche Gebet *(puja)* stellen beispielsweise solche Lösungen dar. Gekochte Speisen oder Wasser von Personen niedrigeren Ranges anzunehmen oder Wasser vom selben Brunnen zu schöpfen, wird man vermeiden, es sei denn, man befindet sich beispielsweise auf Reisen. Aber auch für diesen Fall gibt es gewisse «Tricks», Speisen zu «reinigen»: indem man etwa darauf besteht, daß sie in geklärter Butter *(ghi)* gebraten werden. Prinzipiell sind die fünf Produkte der Kuh rein und reinigend. Es sei auch noch bemerkt, daß der Beruf des Kochs traditionell von *Brahmanen* ausgeübt wurde, so daß man meist gekochte Speisen bedenkenlos genießen konnte. Die Bedeutung der Kommensalität (zusammen essen) wird am deutlichsten in den Fällen, in denen Personen aufgrund ihres Fehlverhaltens aus der Kaste verstoßen werden. Diese Personen dürfen von nun an mit ihren ehemaligen Kastenmitgliedern weder essen, trinken noch rauchen.

Auch Heiratsbeziehungen spielen eine besondere Rolle im Rahmen dieser Austauschprozesse. So führen «Blutmischungen» durch Heirat zwischen Mitgliedern unterschiedlicher Kasten zur verwerflichsten Form der Absorption minderwertiger Substanzen. Solche Beziehungen kamen natürlich vor; während man aber die Heirat zwischen höherstehenden Frauen und niedrigstehenden Männern (Hypogamie) als etwas Unnatürliches verdammte, duldete man die Eheschließung einer Frau mit einem Mann aus einem ihr höherstehenden Rang (Hypergamie). Über die Jahrhunderte hinweg hat sich das Prinzip der Hypergamie durchgesetzt und wird sogar positiv bewertet, während die Hypogamie oft die Ermordung der Ehepartner mit sich bringt. Wahrscheinlich hat die Hypergamie sowohl zu weiblichem Infantizid bei den höheren Kasten als auch zu hohen Mitgiftzahlungen geführt. Da ein Vater sich für seine Tochter am liebsten einen Bräutigam wünscht, der einem höheren Rang als er selbst angehört, wird er versuchen, durch eine «Zugabe» (Mitgift) einen besonderen materiellen Anreiz zu schaffen. Gleichzeitig haben Frauen aus den obersten Rängen weniger Chancen, einen Ehemann zu finden, da sich der «Heiratsmarkt» für sie stärker eingeschränkt darstellt als für Frauen, die weiter unten in der Kastenhierarchie stehen. Das Kastensystem könnte man als ein patriarchales System bezeichnen, in dem Frauen aus den oberen Kasten die Kastenreinheit bewahren – etwa durch arrangierte Heiraten mit Gleichrangigen, oder indem man sie gar nicht verheiratet.

4. Das *varna*-Modell als Ideal

Varna ist also in erster Linie ein Klassifikationsschema. In den Texten der Sanskrittradition tritt *varna* als ein Muster auf, das das Universum in seiner gesamten Totalität organisiert, ersichtlich im Motiv des Urmannes. Das *varna*-Modell hat einen weitreichenden Anwendungsbereich; es durchdringt alle Lebensbereiche, und alles läßt sich damit klassifizieren, ordnen und erklären. Nicht nur das, was wir die Naturgesetze nennen würden, läßt sich mit diesem Modell beschreiben; auch spezifische lokale und historische soziale Erscheinungen werden damit erklärbar. Beidem, «Naturgesetz» und «zufälliger» Erscheinung, wird derselbe Wahrheitsgehalt beigemessen und dieselbe universelle und ewige Gültigkeit zugeschrieben. Dies hatte zur Folge, daß im Laufe der Zeit alle spezifischen «zufälligen» Erscheinungen in das Modell eingebaut wurden und damit Existenzberechtigung und ewige Gültigkeit erlangten. Weil in diesem Modell alles mit allem in Beziehung steht, konnte man keinen einzigen Teilaspekt dieses Gewebes hinterfragen, ohne daß man damit nicht den Gesamtentwurf in Frage gestellt hätte. Man kann allerdings nicht genug betonen, daß das *varna*-Modell ein theoretisches Konstrukt darstellt, das in der Sanskrittradition repräsentiert ist. Dieses theoretische Konstrukt auf die Praxis zu übertragen, konnte – außer im rituellen Bereich – ohne Widersprüche nie gelingen.

Ideal und Wirklichkeit

Selbst die Kastenordnung, die wir in einer kleinen Region vorfinden, ist erstaunlich komplex und paßt nicht widerspruchslos in das *varna*-Idealbild. Wir sollten daher von verschiedenen, lokalen Kastensystemen sprechen. Zum Beispiel kann die lokal dominante Kaste, die behauptet *Ksatriya* zu sein und auch als solche anerkannt wird, durchaus eine *jati* oder eine Gruppe von Familien sein, die erst in den letzten hundert Jahren politische Macht erlangt hat und damit den Anspruch auf den *Ksatriya*-Status stellte. Genauso kann die lokal wichtigste Händlerkaste durchaus einen Lebensstil führen, der eher dem Idealbild der *Sudra* als dem der *Vaisya* entspricht. Auch kann man auf *Sudra* treffen, die viel mehr Land besitzen als *Brahmanen* oder *Ksatriya*. Dies scheint schon immer eine Tatsache gewesen zu sein, und nur in den Zentren der schriftlichen Sanskrittradition (sog. Große Tradition), d. h. in den alten urbanen Zentren oder Tempelstädten, scheint das *varna*-Modell von den dominanten Kasten als Ideal verinnerlicht worden zu sein. Auch die Behauptung, *Brahmanen* ständen immer an der Spitze der gesamten Hierarchie, kann nicht überall aufrechterhalten werden. In Gegenden des westlichen Uttar Pradesh verwenden z. B. *Sanad-Brahmanen* den Namenszusatz *Singh* (Löwe), um ihren Machtanspruch zu demonstrieren. *Singh* ist die Namensbezeichnung der *Rajputen,* die sich als *Ksatriya* betrachten und lokal dominant sind. Auch benutzen bestimmte brahmanische Gruppen des Jammu-Gebietes als Namensbezeichnung den Zusatz *Durrani,* einen Stammesnamen der islamischen Paschtunen aus Ostafghanistan, die das Gebiet eine Zeitlang unterworfen hatten. In diesem Fall haben sich *brahmanische* Gruppen, in Anerkennung der lokalen Machtkonstellation, kultureller Elemente von außerhalb des *varna-jati*-Modells bedient.

So trifft der Begriff der «Sanskritisierung», der gemäß dem indischen Soziologen M. N. Srinivas das Bestreben nach einem höheren Status innerhalb des *varna-jati*-Modells kennzeichnet, nicht überall zu. Diesen Begriff hatte Srinivas eingeführt, um den kulturellen Wandel und die soziale Mobilität im indischen Kastensystem zu erklären. In seinen Untersuchungen hatte er festgestellt, daß das Kastensystem kein so rigides und unveränderbares System ist wie bisher angenommen. Durch Nachahmung und Übernahme von Lebensstil, Symbolen, Ritualen und Glaubensvorstellungen höherstehender Kasten – so glaubte Srinivas – können niedrigrangige Kasten eine bessere Position innerhalb des *varna-jati*-Modells erreichen, und auch außenstehende Gruppen, wie die sog. «Stämme» (s. u.), können sich auf diese Weise integrieren. Den Prozeß der Sanskritisierung konnte man seiner Meinung nach allerdings nicht immer getrennt vom Prozeß der «Verwestlichung» betrachten. Obwohl sich die Werte der Sanskrittradition einerseits und der westlichen Kultur andererseits manchmal widersprechen können, so greifen dennoch die Prozesse der Sanskritisierung und der Verwestlichung ineinander. Als nachahmenswerte Vorbilder werden vor allem diejenigen Gruppen angesehen, die einen hohen wirtschaftlichen Status innehaben. Diese Gruppen haben ihre Position meist erreicht, indem sie eine westliche Bildung genossen, zu der sie jedoch überwiegend nur dann Zugang hatten, wenn sie hochkastig waren (Srinivas 1962: 9). Soziale Mobilität ist also innerhalb des Systems möglich; allerdings handelt es sich um eine kollektive Mobilität, denn nur eine Gruppe als Ganzes kann die Leiter der Hierarchie hinauf- oder hinabsteigen. Ob der Aufstieg allein durch bloße Nachahmung funktioniert oder ob nicht vielmehr wirtschaftliche und politische Macht eine Rolle spielen, bleibt dahingestellt.

5. Arbeitsteilung

Eines der wichtigsten Merkmale des Kastensystems ist die ausgeprägte Arbeitsteilung. In den Sanskrittexten wird jeder *jati* ein spezifischer Beruf zugeordnet, und häufig liest man dort, daß gemischten *jati* – die aus Ehen von Personen unterschiedlicher *jati* entstanden sind – auch neue Berufskategorien zugeordnet wurden, um sie in das *varna*-Konzept zu integrieren. In den buddhistischen Texten werden zahlreiche berufliche Spezialisierungen genannt. So wurden z. B. verschiedene Fischer-Kasten nach den Fischarten, die sie fingen, und nach den Geräten, die sie benutzten, unterschieden. Ähnliche Differenzierungen fand man auch in den ersten Dekaden dieses Jahrhunderts in großen Teilen Indiens.

Das jajmani-*System*

Diese spezielle Form der Arbeitsteilung, die einige europäische Gelehrte als ein harmonisches Abhängigkeitsverhältnis zwischen den Kasten im Rahmen von autark funktionierenden Dorfgemeinschaften betrachteten, nennt man «*jajmani* system». Etymologisch läßt sich dieser Begriff vom Sanskrit *yajamana* ableiten, eine Bezeichnung für denjenigen Mann, für den ein Priester ein Opfer *(yajna)* durchführt. Der Begriff *jajman* bezieht sich auf Mitglieder einer landbesitzenden *jati*, um die sich verschiedene beruflich spezialisierte *jati* gruppieren. Landbesitzende, landbestellende und Dienstleistungen verrichtende *jati* stehen hier in einem komplexen ökonomischen Austauschverhältnis zueinander. Das *jajmani*-System wurde unterschiedlich interpretiert und erklärt. So behaupteten einige, daß das System nicht harmonisch sondern ausbeuterisch sei; andere waren der Meinung, daß der Kern des Systems religiöser Natur sei. Folgendes Weitere wurde vorgeschlagen:

– das *jajmani*-System sei Ausdruck des präkolonialen, nicht-monetären Wirtschaftssystems, das jedem Mitglied der Dorfgemeinschaft einen Anteil an der Ernte der Landbesitzer, bzw. Bauern sichere. *Jajmani*-Beziehungen seien nur in Zusammenhang mit Tauschbeziehungen, die zwischen Verwandten laufen, zu verstehen, da die Verwandtschaft den zentralen Bereich aller Beziehungen darstelle;

– in jeder Dorfgemeinde gebe es eine Dominanz der mächtigsten Bauernkaste, die im rituellen Bereich durch den Austausch von Gaben aufrechterhalten werde. Dieses Modell erklärt die Dichotomie zwischen der vertikalen pan-indischen Hierarchie der *Brahmanen* und der Zentralität der lokal dominanten Kaste. Hier werden regionale Unterschiede durch die zwei oft widersprüchlichen Prinzipien der Reinheit-Unreinheit einerseits und wirtschaftlicher Macht einer landbesitzenden Kaste andererseits erklärt.

Dagegen wird als Kritik vorgebracht, daß seit Jahrhunderten, wenn nicht Jahrtausenden, ein monetäres Wirtschaftssystem in Indien weit verbreitet gewesen sei. Diese Erkenntnis stellt die These der Autarkie von Dorfgemeinschaften in Frage und verweist darauf, daß bereits in prähistorischer Zeit überregionale Tauschbeziehungen existierten. Es wird auch argumentiert, daß den *jajmani*-Beziehungen kein einheitliches Organisationsprinzip unterliege, sondern daß es vielmehr eine Vielfalt an lokal-spezifischen Beziehungen gebe, die keine überregionalen Gemeinsamkeiten aufweisen.

Das Prinzip «Reinheit-Unreinheit»

Die Arbeitsteilung hängt aber auch mit dem Prinzip der Reinheit und Unreinheit zusammen und dieses wiederum mit dem Konzept der *guna* und der Vorstellung «naturgemäßer» Anlagen im Menschen. Das Prinzip der Reinheit-Unreinheit schreibt den rituellen Status einer Gruppe innerhalb des *varna-jati*-Modells fest, d. h., der Grad der Reinheit bestimmt, welche Meidungsstrategien gegenüber anderen angewandt werden. Das Prinzip, das der Vorstellung von Reinheit-Unreinheit zugrunde liegt, entspricht dem der Übertragung vieler Krankheiten: Ansteckung. Alles, was mit etwas «Unreinem» in Kontakt kommt, ist potentiell in der Lage, diese Unreinheit weiterzugeben. Im Zusammenhang mit den *guna* (s. o.) ist die Vorstellung festgeschrieben, daß im allgemeinen ein Mensch aus einer niederen Kaste vor allem minderwertige Eigenschaften hat, er befindet sich damit in einem ständigen Zustand der Unreinheit. Dagegen kann ein Priester zumeist nur temporär «unrein» werden. Der Grad der Unreinheit hängt vom Rang der *jati* ab. Zur Veranschaulichung wollen wir drei Beispiele von *jati* anführen, deren Berufe direkt mit körperlichen Substanzen zu tun haben:

Beruf	Tätigkeit
Friseur	schneidet Haare, Nägel und wäscht die Leichen von Höherkastigen
Wäscher/in	wäscht die Wäsche und kommt dadurch in Kontakt mit Körperflüssigkeiten
Müllmann/frau	beseitigt Müll und Exkremente

Der Grad der Unreinheit dieser *jati* steigt proportional mit den Anteilen der Unreinheit, die sie absorbieren: die *jati*, die für die Abfallbeseitigung zuständig ist, ist die «unreinste», und im allgemeinen «unberührbar» (Mahar 1959). Das Prinzip Reinheit-Unreinheit trennt die zahlreichen Berufsgruppen voneinander und bringt sie in eine Rangordnung. Daher sind die verschiedenen *jati* auch voneinander abhängig. Reinheit-Unreinheit allein allerdings erklärt nicht, warum z. B. Goldschmiede in einer bestimmten Region einen höheren Rang haben als z. B. Getreidehändler – keine von beiden Gruppen hat verunreinigende Berufe. Der amerikanische Anthropologe McKim Marriot (1968) kommt daher zu dem Schluß, daß der Kern des Kastensystems einen weiteren wesentlichen Aspekt hat, nämlich die Ordnung, die sich aus der Opposition von «dienen und bedient werden» ergibt:

Bediente	Dienende
Landbesitzer	Landlose
Gebende (vornehmlich Nahrung)	Nehmende

6. Die Peripherie des Kastensystems

Kaste und Nicht-Hindus

Wie bereits dargestellt, hat das Kastensystem durch die Moralphilosophie des Hinduismus seine wesentlichen Ausformungen erfahren. Wie ist nun dieses System mit der zweiten großen Religion des südasiatischen Subkontinents, dem Islam, dessen wesentliche ideologische Prinzipien von denen des Hinduismus z. T. sehr unterschiedlich sind, zu vereinbaren? Wird als Hauptprinzip des Hinduismus eine natürliche Hierarchie der Menschheit angenommen, so dominiert im Islam im Gegensatz dazu das Prinzip der Gleichheit. Die meisten Arbeiten über indische Muslime zeigen jedoch, daß ihr Sozialsystem mit der hinduistischen Kastenstratifikation weitgehend vergleichbar ist: Endogamie, spezialisierte Berufsgruppen und eine soziale Hierarchie sind genauso vorhanden (Ahmad 1978, Rao 1988). Drei wesentliche Merkmale für die gesellschaftliche Schichtung bei südasiatischen Muslimen sind Abstammungs-, berufliche und politische Kriterien, die gemeinsam für die Verteilung von Status und Macht ausschlaggebend sind. Auch das Konzept der Reinheit-Unreinheit spielt eine Rolle, könnte aber auf Faktoren wie Abstammung und Beruf zurückgeführt werden. Zusätzliche Kriterien, wie die Praxis der Verschleierung *(pardah)* oder die Höhe der Morgengabe (Rao 1992) beeinflussen den sozialen und religiösen Status, hängen aber auch mit dem wirtschaftlichen Status der Familie zusammen.

Es muß betont werden, daß, unabhängig von der Ideologie, keine der religiösen Gemeinschaften Indiens sich *de facto* außerhalb des Kastensystems gestellt hat. Auch bei indischen Christen gilt die Praxis, wenn auch nicht das Prinzip, der Stratifikation und Gliederung nach kastenähnlichen Einheiten, und in vielen Kirchen sind sogar Meßbecher und Sitzordnung nach Kasten-Status getrennt. Allerdings wird die Existenz von Kasten, für administrative Zwecke, nur für die hinduistische Bevölkerung anerkannt. Durch diese auf der Ideologie und nicht auf der Praxis basierenden, offiziellen Ansichten werden niedrigrangige hinduistische Gruppen in einem Quotensystem eingebunden (s. u.: «scheduled castes»), nicht aber ähnliche Gruppen anderer Religionszugehörigkeit oder Hindugruppen, die zum Islam oder Christentum übertreten.

Man kann das Kastensystem als einen machtvollen Mechanismus begreifen, der die indische Gesellschaft zu einer Einheit und Ganzheit werden läßt. Zwar beruht das System auf dem Prinzip der Ungleichheit und Trennung (*varna-jati* Modell), aber es schafft auch Abhängigkeitsverhältnisse (*jajmani*-System) und wirkt manchmal auch integrierend (z. B. durch die Sanskritisierung). Wie wirken nun diese integrierenden Faktoren? Um diese Frage zu beantworten, wollen wir uns nun an die Peripherie des Systems begeben: zu denjenigen Gruppen, die allein schon durch ihre Benennung als Außenstehende gekennzeichnet sind – zu den sog. «Stämmen» und den sog. «Unberührbaren», die man oft im Deutschen «Pariah» (abgeleitet von Paraiyar, der Name einer *jati* in Südindien) nennt.

Stämme

Nach dem Zensus von 1981 gibt es in Indien ca. 52 Mio «Stammesangehörige», auch «tribals» oder auf Hindi *adivasi* (Ureinwohner) genannt; das sind ungefähr 7–8 % der indischen Gesamtbevölkerung (Devalle 1992: 32). Etwa die Hälfte von ihnen bewohnt das zentralindische Wald- und Bergland zwischen den Bundesländern Gujarat im Westen und West-Bengalen im Osten, den sog. «Stammesgürtel» Indiens. Der Rest lebt im Norden, Nordosten und in Teilen Südindiens. Die Bezeichnung *adivasi,* «Ureinwohner», mag uns an die Dasa des *Rigveda* erinnern, die von den einwandernden *Arya* verdrängt wurden (s. o.). Hier besteht zwar ein Zusammenhang, doch bleiben Versuche, spezifische «Stämme» der Gegenwart mit Namen in Verbindung zu bringen, die in der Sanskritliteratur als Bezeichnungen der «Ureinwohner» auftauchen, meist spekulativ. Bemerkenswert ist jedoch, daß sich diese Dichotomie zwischen Einwanderern/Ureinwohnern, dominanten Gruppen/peripheren Gruppen, Kasten/Stämmen, Hindi/Tribals bis in die Gegenwart festgeschrieben hat und bei einigen «Stämmen» selbst ihre Entsprechung findet. So grenzen sich z. B. die Khasi im nordöstlichen Meghalaya vehement von den «Fremden aus dem Tiefland», den *Dkhar* ab, ein abwertender Begriff, der meist für Hindus verwendet wird (Böck im Druck), und die Munda der Jharkhand-Region scheinen mit dem Begriff *Diku* den «schmutzigen, dreckigen und schlechten, fremden Ausbeuter» zu konnotieren.

Was kann man nun unter dem Begriff «Stamm» verstehen? Als definitorische Merkmale des Begriffes werden in der Ethnologie im allgemeinen gemeinsame Abstammung, gemeinsames Territorium und politische Einheit angegeben. Allerdings begann man auch zu erkennen, daß «Stämme» – d.h. der Zusammenschluß kleinerer auf verwandtschaftlicher Basis organisierter Einheiten mit dem Anspruch auf ein bestimmtes Territorium – zum großen Teil ein Phänomen der kolonialstaatlichen Situation waren. In neuerer Zeit konzentriert man sich daher zunehmend auf die Beziehung zwischen staatlicher Expansion und der Formierung von Gruppenidentitäten im Rahmen des Prozesses der Selbst- und Fremdzuschreibung spezifischer Traditionen (Orywal und Hackstein 1993).

In Indien hat der Begriff «Stamm» jedoch eine besondere Bedeutung angenommen. Eingeführt von den Briten während der Kolonialzeit, sollten mit diesem Begriff in erster Linie Gruppen gekennzeichnet werden, die in abgelegenen Wald- und Bergregionen Indiens lebten und aufgrund ihrer geographischen Isoliertheit auf den ersten Blick grundlegende Unterschiede zu den sogenannten Kastenhindus aufzuweisen schienen. Es sei an dieser Stelle angemerkt, daß sich nicht zuletzt durch die Zensuserhebungen der Briten die Kastenordnung verfestigte. Die ordnende Hand der Kolonialbeamten war es auch, die die Unterscheidung von Kasten und «Stämmen» administrativ und politisch zementierte. 1874 wurden von der Kolonialregierung legislative Schutzmaßnahmen erlassen, die die «Stämme» vor dem Verlust ihres Landes bewahren sollten, und sogenannte «scheduled areas», bzw. «backward areas» wurden von der allgemein geltenden Rechtsprechung völlig oder teilweise ausgenommen. Über diesen rechtlichen Sonderstatus der «Stämme» kam es Anfang der 30er Jahre zwar zu heftigen politischen Kontroversen. Dennoch wurde in dem «Government of India Act» von 1935 der rechtliche Sonderstatus beibehalten und nach der Unabhängigkeit Indiens weiterhin in der Verfassung festgeschrieben. Besondere Schutzgesetze zur Förderung und Entwicklung gelten bis heute nicht nur für die «Stämme», sondern auch für «unberührbare» und andere unterprivilegierte *jati*. So entstehen seit 1936 lange Listen von «registrierten Stämmen» («scheduled tribes») und «registrierten Kasten» («scheduled castes»), die fortlaufend modifiziert werden, ohne allerdings eindeutige Kriterien für die Zuordnung zu benennen.

Als Merkmale, nach denen man «Stämme» angeblich identifizieren konnte, wurden beispielsweise im *«Report of the Scheduled Castes and Tribes Commission»* von 1952 folgende genannt:

«1. Sie leben abseits der zivilisierten Welt in unzugänglichen Wald- und Berggebieten. 2. Sie gehören entweder zu den Negrito-, australoiden oder mongoloiden Rassentypen. 3. Sie sprechen einen gemeinsamen Stammesdialekt und bekennen sich 4. zu einer primitiven Religion, die man Animismus nennt. 5. Sie gehen primitiven Tätigkeiten nach wie Jagen und Sammeln. 6. Sie sind hauptsächlich Fleisch-Esser. 7. Sie sind entweder nackt oder halbnackt und gebrauchen Rindenstücke und Blätter als Kleidung. 8. Sie pflegen eine nomadische Lebensweise und lieben es zu trinken und zu tanzen» (Mathur 1972: 459).

Daß diese Kriterien mehr Willkür und Vorurteile widerspiegelten als ein praktikables Klassifikationsinstrument darstellten, zeigt der oft benutzte und wertende Begriff «primitiv». Darüber hinaus sind diese Kriterien schlichtweg als falsch zu bezeichnen. Beispielsweise überschneidet und vermischt sich das religiöse Überzeugungssystem vieler «Stämme» eindeutig mit hinduistischen Glaubensvorstellungen. Außerdem spielen bei der «Registrierung» politische Kalküle eine nicht geringe Rolle. Dies wird besonders deutlich am Beispiel der Bakkarwal im Jammu und Kaschmir, denen man jahrelang diesen rechtlichen Sonderstatus verweigerte, bis im Rahmen des Bürgerkrieges die Regierung auf ihre Loyalität und Hilfe angewiesen war.

Die «Stämme» Indiens betrachtet man daher am besten als eine politisch-administrative Kategorie, in die Gruppen unterschiedlichster Lebensformen eingeordnet werden: «Registriert» sind solche, die hauptsächlich vom Sammeln, Jagen und Fischfang leben und Wanderfeldbau oder Viehwirtschaft betreiben; den Großteil der «registrierten Stämme» bilden allerdings diejenigen, die als seßhafte Ackerbauern leben bzw. sich als Landarbeiter verdingen. Die meisten der «registrierten Stämme» leben in ländlichen Regionen, die man aber längst nicht mehr alle als Rückzugsgebiete bezeichnen kann. Zahlreiche *adivasi* wehren sich in ihrem «traditionellen» Lebensraum gegen den Bau von Großstaudämmen, die Einrichtung von Truppenübungsplätzen und gegen die Abholzung ihrer Wälder (Hörig 1990). Darüber hinaus rekrutieren bestimmte Industriezweige (Teeplantagen, Minen-, Stahl- und Bauindustrie) billige Arbeitskräfte aus den sog. Stammesgebieten. Zudem scheint sich eine neue Kategorie sog. «urbaner Stämme» langsam herauszubilden, nicht nur weil einige nach dem Verlust ihres Landes in städtische oder industrielle Zentren abwandern, sondern auch weil in den sog. «Stammesgebieten» städtische Zentren entstehen. In den ersten Jahren nach der Unabhängigkeit waren es u. a. deutsche Industrieunternehmen, die die Urbanisierung in diesen Regionen vorantrieben, wie z. B. in Rourkela (im Jharkhand-Gebiet). Ebenfalls entstehen in den sog. «Tribal States» im Nordosten (Manipur, Meghalaya, Mizoram und Nagaland) zunehmend urbane Zentren.

Wie viele «Stämme» tatsächlich registriert sind, konnte man nie so genau sagen. Oft wurden Untergruppen eines «Stammes» als eigenständige Stämme gezählt; besonders in Fällen, in denen eine Gruppe über mehrere Bundesländer verteilt lebt, führten unterschiedliche Namensnennungen zu Verwirrungen. Diese verwirrende Situation endete oft in Rechtsstreitigkeiten, da den Angehörigen der «scheduled tribes» aufgrund ihres Sonderstatus ein gewisser Prozentsatz der Beamtenstellen und der politischen Mandate zusteht und somit der Anreiz bestand, sich für eine Registrierung einzusetzen (Galanter 1984: 289ff.). Das 1985 von indischen Anthropolgen und Soziologen begonnene *«People of India»*-Projekt sollte nicht zuletzt diese Mängel beseitigen und Klarheit darüber schaffen, wie viele «Gemeinschaften» innerhalb der indischen Gesellschaft vorhanden sind, und welcher Kategorie (Muslime, Hindu, «scheduled caste», «scheduled tribe» usw.) sie zuzuordnen sind. In der Tradition der kolonialen *«Caste and Tribe»*-Bände stehend, identifizierte dieses gigantische Unternehmen 635 «scheduled tribes» (Singh 1992: 208). Allerdings bleibt dahingestellt, ob damit Probleme beseitigt oder neue geschaffen werden. Offen bleibt nach wie vor die Frage, ob nun eine «Gemeinschaft» den «scheduled castes» oder den «scheduled tribes» zuzurechnen ist. So zählen beispielsweise die Gond in Madhya Pradesh zu den «registrierten Stämmen», während die Gond in Uttar Pradesh den Status einer «registrierten Kaste» einnehmen.

Zunehmend begreift man Kasten- und Stammesgesellschaften in Indien als Formen der Sozialorganisation, die als Idealtypen am jeweiligen Ende eines Kontinuums liegen. Der Zugang zu Land ist ein Gradmesser dafür, welchem Ende des Kontinuums eine Gemeinschaft zuzuordnen ist, dem «Stammesende» oder dem «Kastenende» (Bailey 1961). In «Stammesgesellschaften» wäre die Mitgliedschaft in einem Klan gleichzeitig Bedingung und auch Berechtigung für Landnutzungsrechte. Es existiert keine ökonomische Spezialisierung und – damit verbunden – kein Abhängigkeitsverhältnis und keine hierarchische Ordnung wie im Kastensystem, in dem tendenziell hochrangige Kasten auch im Besitz des Landes und der politischen Macht sind. In der Realität weisen sowohl «Stammes»- als auch Kastengesellschaften auch Züge der jeweils entgegengesetzten idealtypischen Form auf.

Aus einer entwicklungsgeschichtlichen Perspektive betrachtet, lassen sich grob zwei Sichtweisen ausmachen: Die einen betrachten «Stämme» als ursprünglich sich außerhalb des Kastensystems befindlich. Durch Kontakt mit und Übernahme von Elementen der dominanten Kultur werden sie «hinduisiert» und in das Kastensystem eingegliedert (vgl. «Sanskritisierung»). Andere sehen in «Stammesgesellschaften» den Ausgangspunkt für die Entwicklung des Kastensystems. Beide Hypothesen führen jedoch in dieselbe Richtung: Stammesgesellschaften befinden sich in einem Stadium der Entwicklung, dessen Ziel die Eingliederung in die «sanskritische» Hindu-Gesellschaft mit ihren westlich-orientierten Neuerungen und ihrer nationalen Staatsorganisation ist (Urhahn 1985: 8ff.). Von welchen Möglichkeiten der Eingliederung in das Kastensystem können wir nun ausgehen? Louis Dumont (1976: 233ff.) sieht zwei Wege, über die eine fremde Gruppe Zugang zu einer territorialen Kasteneinheit erhalten konnte. Einer führt über die Stufe der «Unberührbarkeit», der andere über das Mittel der Gewalt. Indische Stammesgesellschaften sind heute nicht in der Lage, fremde Gebiete zu erobern und ihre Herrschaft dort mit dem Emblem des *Ksatriya*-Status zu legitimieren; eher könnten sie das Recht auf Selbstbestimmung im eigenen Lebensraum verteidigen. Autonomiebestrebungen in bestimmten «traditionellen» Stammesgebieten Indiens, wie im Jharkhand (verschiedene Distrikte der Bundesstaaten Bihar, West Bengalen, Orissa und Madhya Pradesh umfassend, vgl. Devalle 1992: 54), ebenso wie separatistische Tendenzen im Nordosten des Landes sind hierfür Beispiele. Für die meisten «Stämme» jedoch bleibt nur der erste Weg über den Status der «Unberührbaren» offen.

Man kann zwar der Kastengesellschaft eine integrative Fähigkeit nicht absprechen, doch, wie Dumont sagt (1976: 233), «hierarchisiert man, anstatt auszuschließen». Daher ist der Begriff «Kastenlose», auch wenn er von vielen Indern benutzt wird, irreführend, wenn nicht falsch. Man kann durch Fehlverhalten zwar aus seiner *jati* ausgeschlossen werden, niemals jedoch aus dem Gesamtsystem, da man auf einer niedrigeren Stufe der Hierarchie wieder integriert wird. Es dürfte deutlich geworden sein, was das «Hierarchisieren» für Angehörige von Gruppen bedeutet, die sich wie die «Stämme» an der Peripherie des Systems befinden. Zwar keinen Ausschluß, aber Integration sozusagen unter den Füßen des *purusa* – es sei denn, man verschafft sich Zugang zu wirtschaftlichen und politischen Ressourcen und kontrolliert diese in entscheidendem Maße.

Die Unberührbaren

Im Zusammenhang mit den integrativen Fähigkeiten der Kastengesellschaft wird oft der Begriff der Toleranz genannt. Man toleriert zwar Verschiedenheit, aber man hierarchisiert sie auch. Toleranz setzt also voraus, daß die dominierende, hierarchisierende Ordnung akzeptiert wird. Wie stellt sich diese Akzeptanz nun aus der Perspektive der «Unberührbaren» dar?

«Unberührbare» scheinen ihren Status in der Kastenhierarchie nicht immer und überall widerspruchslos verinnerlicht zu haben, denn aus ihrer Sicht sind sie ungewollt in diese Position geraten. Eigentlich, so erzählen ihre Mythen, seien sie die Brüder von *Brahmanen* oder *Ksatriya* gewesen, und nur durch Betrug, Unfälle oder Mißverständnisse – und nicht durch eigenes Verschulden – hätten sie ihren ursprünglich hochrangigen Status verloren. Aus ihrer Sicht entspringt ihre Position im Kastensystem nicht einer göttlichen Verordnung, wie es in der Sanskrittradition formuliert ist. Im Gegenteil: sie scheinen ihre Position als durchaus veränderbar zu begreifen. Dennoch kann man in ihren Erklärungen der sozialen Ordnung kein wirkliches Gegenmodell zur Kastenideologie erkennen. Das hierarchische Prinzip, ebenso wie das Konzept der Reinheit-Unreinheit bleibt unwidersprochen. Auch sie ordnen sich in zahlreiche *jati*, und innerhalb ihrer Gemeinschaft baut sich wiederum eine Hierarchie von Reinheit-Unreinheit auf. So hat man beispielsweise in einer südindischen Dorfgemeinschaft festgestellt, daß unter den «Unberührbaren», die in einer Siedlung außerhalb der Dorfgrenzen leben müssen, erstaunlich rigide Kastenhierarchien herrschen. Auch hier gibt es reinere und weniger reine *jati*, und Meidungsstrategien sind ebenfalls ausgeprägt (Moffatt 1979). Von «dem Status der Unberührbaren» oder von der Solidarität unter «Unberührbaren» kann man demzufolge kaum sprechen. Selbst B. R. Ambedkar, dem großen politischen Führer, der aus einer «unberührbaren» *jati* kam, konnte es kaum gelingen, Wählerstimmen von «Unberührbaren» zu gewinnen, die nicht seiner eigenen *jati* angehörten.

Unberührbarkeit ist zwar überall in Indien vorhanden, doch drückt sie sich in den verschiedenen Regionen unterschiedlich aus und ist auch in graduellen Abstufungen zu finden. Die Vorstellung von «den Unberührbaren» als einer Einheit ist nicht in erster Linie auf die Kolonialzeit zurückzuführen. Mit der Kategorie «scheduled tribes» führten die Briten auch die der «scheduled castes» ein. Ebenso heterogen wie die Kategorie der «registrierten Stämme» ist die der «registrierten Kasten». Nach dem Zensus von 1991 fallen 16,5 % der indischen Bevölkerung in diese Kategorie; das «People of India»-Projekt zählte insgesamt 635 «registrierte Kasten» (Singh 1992: 208). «Scheduled castes» ist die offizielle Bezeichnung für «Unberührbare» im heutigen Indien. In ähnlich euphemistischer Weise hatte Mahatma Gandhi – so die Meinung vieler Niedrigkastigen heute – für sie den Begriff *harijan,* «Leute Gottes», geprägt, und in Bengalen wird der Begriff *«namasudra»* (der zu respektierende *Sudra*) angewandt. Der Begriff *Dalit*, «Gebrochene, Ausgebeutete, Unterdrückte», wie sich vor allem politisch aktive Gruppen «Unberührbarer» nennen, dürfte ihrer realen Situation am ehesten entsprechen. Seit Beginn dieses Jahrhunderts laufen die politischen Diskurse über «scheduled tribes» und «Unberührbarkeit» parallel. In gleicher Weise wie den «registrierten Stämmen» wird den «registrierten Kasten» durch die indische Verfassung ein Sonderstatus zugebilligt: Reservierung eines bestimmten Prozentsatzes an Ausbildungs- und Beamtenstellen und politischen Mandaten. Als ebenso problematisch stellen sich auch die Kriterien dar, die Gruppen aufzuweisen haben, um den Status einer «registrierten Kaste» zugesprochen zu bekommen. Denn «Unberührbarkeit» existiert in graduellen Abstufungen. So mag der einen Gruppe strikt verboten sein, sich einem Tempel oder den Gemeindebrunnen auch nur zu nähern, während der anderen Gruppe «nur» der Zugang zum inneren sakralen Bereich verwehrt bleibt; auch dürfen diese das Wasser aus den Brunnen nutzen, jedoch es nicht selber schöpfen. «Unberührbarkeit» gilt seit 1951 per Verfassungsdekret als «abgeschafft» und soll offiziell strafrechtlich verfolgt werden. Es ist jedoch oft schwierig, Diskriminierung aufgrund der Kastenzugehörigkeit nachzuweisen und damit zu bestrafen; und selbst in nachweislichen Fällen, wie z. B. Verweigerung des Zuganges zum Tempel oder zu Brunnen, wird das Gesetz selten angewandt. Dies hängt mit der gesamten Machtstruktur zusammen, zum einen, weil die Diskriminierten nicht wagen, gegen die dominanten Kasten Anklage zu erheben, auch wenn sie die Gesetze kennen; und zum anderen, weil an den entscheidenden offiziellen Stellen solche Anklagen selten weiterverfolgt werden.

1931 und 1936 entstanden die ersten Listen «registrierter Kasten», die nach der Unabhängigkeit zunächst weitergeführt wurden. 1965 hat die Regierung ein Komitee mit der Revision dieser Listen betraut. Das Komitee berichtete erwartungsgemäß mit Genugtuung vom «schnellen Verschwinden» des Phänomens der «Unberührbarkeit», vor allem im städtischen Bereich. Doch gelang es ihm nicht, die Gruppen, die seiner Meinung nach nicht mehr benachteiligt waren, von der Liste zu streichen, da ihre politischen Vertreter vehement dagegen Einspruch erhoben (Galanter 1984: 137f.).

7. Kaste und Politik

Wiederholt traten in der Geschichte Indiens religiöse Bewegungen auf, die sich gegen die dem Kastensystem zugrundeliegende Ideologie der Ungleichheit und Trennung richteten. Der Buddhismus wird im allgemeinen als eine der frühesten dieser Gegenbewegungen angesehen. Seit dem 6. Jh. spielte er jedoch in Indien kaum eine Rolle mehr, und erst heute findet er vor allem unter den *Dalit* wieder neue Anhänger. Es war vor allem B. R. Ambedkar (selber aus der *jati* der *Mahar*), der der wichtigste Führer der *Dalit* war, der den Buddhismus unter ihnen propagierte. Er vertrat die Meinung, daß im alten Indien drei Gesellschaften nacheinander existierten: die brahmanische, die buddhistische und die hinduistische. Mit der hinduistischen assoziierte er die Unterdrückung der niederen Kasten und lehnte sie aus diesem Grunde ab. Als ideologische Basis einer neuen egalitären Gesellschaft war er also auf der Suche nach einer Religion, die die Gleichheit der Menschen postuliert. Gleichzeitig dachte er indisch-national und wollte daher keine Religion – wie z. B. das Christentum – akzeptieren, die nicht ihre Wurzeln in Südasien hatte. Aber auch das Christentum ist bei vielen *Dalit* und bei der sogenannten «Stammesbevölkerung» vergleichsweise stark vertreten (siehe Beitrag: Die indischen Christen). Innerhalb des Hinduismus waren es seit dem 7. Jh. in Südindien und seit dem 15. Jh. in Nordindien vor allem die Bhakti-Bewegungen, die gegen die Macht der Tempel und der Priester Stellung bezogen. Insbesondere die sog. *nirguna*-Richtung in Nordindien, die eine monotheistische Vorstellung von einem Gott «ohne *(nir-)* Merkmale *(guna)*» und ohne Inkarnationen lehrte, stand einer orthodoxen Kastenideologie entgegen (siehe Beitrag: Die Sikh). Während der Kolonialzeit scheinen sich orthodoxe Ideale einerseits erhärtet zu haben, wobei die Zensuserhebungen eine wesentliche Rolle spielten. Denn im Bestreben, die unzähligen Gruppen in ein für ganz Indien geltendes Klassifikationsschema einzuordnen, versuchte man häufig, unklare Angaben über ihre soziale Position zu bereinigen, indem man die klassischen Sanskrittexte zu Rate zog. Andererseits wurde aber auch unter dem Einfluß der Kolonialisierung eine Erneuerung des Hinduismus vorangetrieben, die die Ideale der Sanskrittradition mit westlich-humanistisch geprägten Idealen verknüpfte. Diese sozial-reformistischen Bewegungen – z. B. *Arya Samaj* und *Brahmo Samaj* – traten für die Abschaffung des Kastensystems ein.

Während der Kolonialzeit gewann die Frage nach der Kastenzugehörigkeit zweifellos an politischer Brisanz. So versuchten manche *jati* ihre Zugehörigkeit zu den obersten Rängen nachzuweisen, um in den Genuß bestimmter Vergünstigungen zu kommen, die z. B. eine Karriere in der Kolonialarmee oder Kolonialadministration ermöglichten. Seit Beginn dieses Jahrhunderts haben sogenannte «caste associations» die politische Landschaft Indiens entscheidend geprägt, und mit der Einführung des demokratischen Wahlrechts wurden z. T. die Wahlbezirke so eingeteilt, daß sie dem Einflußbereich lokal dominanter Kasten entsprechen.

1953 wurde eine Kommission eingesetzt, die neben den «scheduled tribes» (ST) und «scheduled castes» (SC) weitere sozial benachteiligte Gruppen (OBC) identifizieren sollte. Die Liste von 2399 «other backward classes» (OBC), die diese Kommission 1955 vorlegte, fand jedoch damals nicht den Zuspruch der Regierung, und 1979 wurde eine zweite Kommission beauftragt, die Kriterien zur Identifizierung sozial benachteiligter Gruppen genauer zu spezifizieren. In einer öffentlichen Umfrage, die diese nach ihrem Vorsitzenden B. P. Mandal benannte Kommission durchführte, stellte sich heraus, daß fast ⅔ der Befragten der Meinung waren, es habe seit der Unabhängigkeit keine wesentlichen materiellen Veränderungen innerhalb des Kastensystems gegeben. ¾ der Befragten sahen Kastenzugehörigkeit immer noch als wesentliches Kriterium für soziale Benachteiligung an (Agrawal & Aggarwal 1991: 43). 1980 legte die «Mandal Commission» ihren Bericht vor, der 3743 «other backward classes» (OBC) auflistete und Vorschläge zur Förderung dieser Gruppen miteinschloß. Diese Vorschläge wurden 1982 vom Parlament einstimmig angenommen, sie sollten allerdings erst acht Jahre später in Kraft treten. Am 17. August 1990 wurde ein Memorandum erlassen, das die Reservierung von Stellen im öffentlichen Dienst für die unterprivilegierten Gruppen der SC-, ST- und OBC-Kategorie auf insgesamt 49,5 % erhöhte. Dieser Versuch, die Vorschläge der «Mandal Commission» bundesweit in die Tat umzusetzen, führte jedoch sofort zu massiven Protesten im Norden des Landes, die letztendlich den Sturz der Regierung herbeiführten.

Bezüglich der Quotenregelung scheint sich das Land heute in zwei Lager zu spalten: während in den nördlichen Bundesländern selbst die bescheidensten Förderungsmaßnahmen für OBCs auf scharfen Widerstand stoßen, werden in den südlichen Bundesländern solche Förderungsmaßnahmen vergleichsweise problemlos praktiziert. Hierbei muß jedoch erwähnt werden, daß die OBCs im Süden, besonders in Tamil Nadu, wo sie mit einem hohen Prozentsatz an der Gesamtbevölkerung beteiligt sind, ihren politischen Willen schon vor Jahren artikulierten und weitgehend durchsetzten.

Kastenstrukturen haben sich allerdings im Verlauf dieses Jahrhunderts wesentlich verändert, sie haben sich vor allem im urbanen Bereich bedeutend gelockert. Um so eindringlicher wird von vielen Indern die Frage gestellt, ob durch das Quotensystem diese Veränderungen nicht wieder rückgängig gemacht werden.

Inwieweit die Praxis der «positiven Diskriminierung» alte Strukturen konserviert, bleibt eine offene Frage. Einerseits muß man befürchten, daß damit genau das wiederbelebt oder erhärtet wird, was im modernen Indien als «abgeschafft» gilt: das Kastendenken. Andererseits ist die Vorstellung von «Unberührbarkeit» noch lange nicht überwunden. Dies zeigen in erschreckender Weise Zeitungsberichte über sogenannte «Brunnenkriege» und gewaltsame Übergriffe auf «Unberührbare».

Vor allem die Situation in Uttar Pradesh und Bihar gibt Anlaß zu dieser Befürchtung. Mittlerweile unterhält dort fast jede der mächtigeren *jati* kleine Privatarmeen. Seit kurzem schlagen ihre Opfer (*Dalit* und *jati* der OBC-Kategorie) nicht nur mit gleichen Mitteln zurück, sondern bekriegen sich auch untereinander.

8. Schluß

Halten wir noch einmal fest: *varna* und *jati* sind die zentralen Konzepte, die die indische Gesellschaft strukturieren. Ihre komplexe Bedeutung läßt sich mehr schlecht als recht mit dem Begriff «Kaste» umschreiben. «Kaste» als unglückliche Übersetzung dieser Konzepte anzusehen oder als europäische Erfindung abzutun, führt uns allerdings nicht aus dem Dilemma. Denn von Hindus selbst wird häufig eine Beziehung zwischen Eigen- und Fremdbenennung hergestellt. Die wohl verbreitetste Meinung ist, *jati* sei die konkret operierende Einheit, d. h. die «reale Kaste», *varna* die theoretische Kategorie. Gemäß dieser Auffassung besteht die Welt aus unzähligen *jati*, die jeweils einer der vier *varna* bzw.

einer der beiden Randkategorien *harijan/dalit* («Unberührbare») und *adivasi* («Ureinwohner/Stämme») zugeordnet werden können. Man kann drei ineinandergreifende Mechanismen erkennen, die das Kastensystem konstituieren: Hierarchie, Reinheit-Unreinheit, Arbeitsteilung. Aufgrund beruflicher Spezialisierungen entstanden komplexe Austauschbeziehungen, in die verschiedene *jati* eingebunden waren (*jajmani* Beziehungen).

Die indische Kastengesellschaft als statisches, unwandelbares System zu betrachten, das soziale Mobilität und Entwicklung verhindert, ist sicherlich nicht gerechtfertigt. Im Gegenteil: das Kastensystem hat ausgeprägte assimilierende Kräfte. Integration und Assimilation funktionieren allerdings nur unter der Voraussetzung der Hierarchisierung. Zwar ist das System in sich flexibel, aber seine wesentlichen Konzepte und Mechanismen sind erstaunlich beharrend und setzen sich heute in nur wenig modifizierter Form fort. Im Zuge des Wandels der wirtschaftlichen Struktur Indiens verweben sich allerdings immer mehr Kastenstrukturen mit Klassenstrukturen. Es bleibt spannend zu beobachten, wie sich in diesem zunehmend konsumorientierten Land diese beiden Phänomene weiter entwickeln.

VIII.
Die Stellung der Frau in der Gesellschaft

Chitra und Dietmar Rothermund

Die Epen und Mythen Indiens enthalten viele Geschichten von eindrucksvollen Frauengestalten, die auch heute noch weitererzählt werden. Die Gesellschaft der vedischen Arier war patriarchalisch organisiert, doch auch in dieser Gesellschaft fanden Frauen Lob und Anerkennung, vor allem wenn sie die weiblichen Tugenden verkörperten, die diese Gesellschaft sehr hoch schätzte. War die Frau fromm und gottesfürchtig, dann wurde ihre Ehre in der Not auch durch ein Wunder gerettet. Die Geschichte der Draupadi im Mahabharata berichtet über ein solches Wunder. Draupadi war die Ehefrau der fünf Pandavabrüder. Diese Form der Polyandrie, bei der eine Frau mehrere Brüder heiratet, ist übrigens heute noch in den Gebieten am Fuße des Himalaya bekannt, weil in dieser kargen Landschaft nicht jeder Mann einen Hausstand gründen kann. Die Pandavas liebten wie so viele Helden der alten Zeit das Würfelspiel, und als sie alles an ihre Gegner, die Kauravas, verloren hatten, setzten sie schließlich Draupadi aufs Spiel und verloren auch sie. Die Kauravas wollten ihre Beute entkleiden, doch so sehr sie auch an ihrem Sari zogen, es gelang ihnen nicht, ihn ihr zu entreißen, denn er wurde immer länger und länger, bis sie es aufgaben.

Reinheit und Treue der Frau werden in der Geschichte von Rama und Sita im Epos Ramayana gepriesen. Nachdem der Dämonenkönig Ravana Sita entführt und Rama sie gerettet hatte, kamen im Volk Zweifel über ihre Unberührtheit auf. Sita stellte sich einem Gottesurteil und ging unversehrt aus den Flammen hervor. Die Unzertrennlichkeit der Ehepartner wird durch eine andere Geschichte betont. Sie handelt von dem Weisen Vashishtha und seiner Frau Arundhati. Als der Weise sich in den Wald zurückzog, um den Rest seiner Tage dort meditierend zu verbringen, folgte sie ihm und wurde zur Asketin, die es ihm in Buße und Meditation gleichtat. Die Unzertrennlichkeit dieser beiden ist noch heute am Sternenhimmel zu sehen, denn die zwei Sterne im Sternbild des Großen Bären, die stets nahe beisammen sind, werden in Indien Vashishtha und Arundhati genannt. Die Ehefrauen der großen Weisen zeichneten sich aber manchmal auch dadurch aus, daß sie ihre Ehepartner durch kluge Fragen herausforderten. Gargi, die Frau des Yajnavalkya, ist für solche Fragen bekannt, über die in den Upanishaden berichtet wird. Yajnavalkya war übrigens von diesen Fragen gar nicht begeistert, sondern warnte seine Frau, ihr Kopf werde zerspringen, wenn sie weiterhin Fragen stelle, die auch der weiseste Mann nicht beantworten könne.

Doch Frauen konnten nicht nur klug, sondern dazu noch streitbar und tapfer sein. Kaikeyi, die jüngere Frau von Dasharatha, dem Vater Ramas, ist ein berühmtes Beispiel dafür. Sie lenkte den Streitwagen ihres Mannes in der Schlacht und verhalf ihm zum Sieg. In jüngerer Zeit hat die Rani von Jhansi, die 1857 gegen die britischen Kolonialherren zu Felde zog, vorbildliche Tapferkeit bewiesen und wird dafür noch immer verehrt. Doch die ritterliche Wertschätzung kluger und tapferer Frauen in einer vom Patriarchat geprägten Gesellschaft bedeutete nicht, daß die Grundsätze dieser Gesellschaft angezweifelt wurden. Das Matriarchat aber, das den Gegenpol zu dieser männlich bestimmten Gesellschaftsordnung bedeutet, blieb auf den Süden Indiens beschränkt und wurde im Laufe der Jahrtausende ständig weiter zurückgedrängt. Nur die schönen und mächtigen Muttergottheiten des Südens, die noch heute verehrt werden, zeugen von der einstigen Größe des Matriarchats.

Eine von diesen Göttinen soll hier stellvertretend für alle anderen genannt werden: Minakshi. Ihr großer Tempel steht in Madurai. Er ist in seiner gegenwärtigen Form nur wenige Jahrhunderte alt, aber der Kult der Minakshi geht bis in sehr alte Zeiten zurück. Der Name Minakshi bedeutet «die Fischäugige». Damit wird ein Schönheitsideal betont, das auch heute noch seine Gültigkeit hat und in der indischen Kunst stets beachtet wird. Der Name bezieht sich dabei freilich nicht auf das Auge selbst, sondern auf die elegant geschwungene Form der Augenlider, die die Form eines Fisches haben. Mit dem Vordringen der patriarchalischen Gesellschaftsform von Norden nach Süden kam Minakshi zu einem Gemahl: der große Gott Shiva wurde ihr angetraut. Die Hochzeit der beiden wird auch heute noch jedes Jahr mit einer großen Prozession gefeiert. Auf diese poetische Weise wurde die Kluft zwischen patri- und matriarchalischer Gesellschaft überbrückt. Erinnerungen an die rein matriarchalische Gesellschaft haben sich nur noch im äußersten Süden, in Kerala, gehalten, wo in einigen Kastengruppen noch heute der Mann in die Familie der Frau einheiratet und die Erbfolge mütterlicherseits verläuft. Nicht von ungefähr ist die Stellung der Frau in Kerala besonders gut. Dort können mehr Frauen schreiben und lesen als in den anderen Teilen Indiens, die Kindersterblichkeit ist gering, die Geburtenbeschränkung erfolgreich. So gesehen hätte man Indien eine stärkere Überlebenskraft matriarchalischer Strukturen wünschen mögen, aber die alte patriarchalische Agrargesellschaft mit ihrem kriegerischen Ethos und dem Prinzip der männlichen Besitzstandwahrung setzte sich durch und prägt das Leben bis zur Gegenwart.

1. Die Heiratssitten der patriarchalischen Gesellschaft

Die Heiratssitten dienten dazu, die patriarchalische Gesellschaftsform zu stützen. Die Frau mußte möglichst noch vor Beginn der Pubertät verheiratet werden, denn dann war sie noch eine Jungfrau, die die Reinheit der Familie bewahren würde. Mit der Heirat ging die Verantwortung für die Frau von der Familie des Brautvaters auf die Familie ihres Mannes über. Es versteht sich von selbst, daß solche Heiraten nur arrangiert sein konnten und daß es keine Liebesheiraten gab. Heute ist die «Kinderheirat» gesetzlich verboten, aber die arrangierte Heirat ist auch weiterhin die bevorzugte Form der Eheschließung. Die Liebesheirat ist in einem solchen System ja auch geradezu bedrohlich, denn sie würde selbstverständlich Kastenschranken überspringen und chaotische Verhältnisse herbeiführen. Freilich gibt es in der alten Literatur auch Beispiele für Heiraten, bei denen die Frauen selbst ihren Partner wählten. Diese «Selbstwahl» (*swayamvar*) bezog sich aber meist auf eine Auswahl unter standesgemäßen Freiern. Die Frau durfte nicht unter ihrem Stand (Kastenstatus) heiraten, während es dem Manne erlaubt war, auch eine Frau aus einer niedrigeren Kaste zu heiraten.

Die Heirat ist in Indien nach wie vor nicht eine Angelegenheit der beiden Ehepartner, sondern ihrer gesamten Familien, die denn auch mit aller ihnen zu Gebote stehenden Macht dafür sorgen, daß die Ehe ein Erfolg wird und nicht auseinandergeht. Dementsprechend sind die Scheidungsraten in Indien noch gering und die Kinder wachsen im Schoße der Familie auf – und damit meint man in Indien nicht nur die Kernfamilie, sondern die engere Verwandtschaft mit Großeltern, Onkeln und Tanten.

Die Ehescheidung war in der alten patriarchalischen Gesellschaft völlig unbekannt. Ein Mann konnte mehrere Frauen heiraten und war dazu verpflichtet, für sie alle zu sorgen. Zusätzliche Heiraten erfolgten vor allem dann, wenn die Frau dem Mann keinen Sohn gebären konnte. Er war dann geradezu verpflichtet, eine weitere Frau zu nehmen. Das bedeutete zugleich, daß eine Frau erst als Mutter eines Sohnes ihre Daseinsbestimmung erfüllte. Die Beziehung zwischen Mutter und Sohn war in der Hindu-Familie daher stets besonders innig. Der Vater blieb in der patriarchalen Familie immer eine Respektsperson, die Mutter aber bedeutete Liebe und Zuwendung. Auch der Mutterbruder *(mama)*, der ja in der Familie seiner Schwester keine Verantwortung trug, konnte zum persönlichen Freund werden, während der Vaterbruder (*chacha*) den gleichen Respekt forderte wie der Vater, vor allem wenn er sein älterer Bruder war.

Starb der Vater, dann ging die Verantwortung für die Mutter an den Sohn über. Sie lebte fast immer in seinem Hause. Die Wiederverheiratung von Witwen war nach alter Sitte nicht gestattet. Eines der wichtigsten Ziele der indischen Sozialreformer des 19. Jahrhunderts war es, die Wiederverheiratung von Witwen zu fördern, zumal es viele junge Witwen gab, die mit einem viel älteren Mann verheiratet gewesen waren und den Rest ihres Lebens elend und geächtet verbringen mußten. Gerade junge Witwen, deren Leben unerfüllt geblieben war, galten als Gefahr für die Gesellschaft, da sie Männer in Versuchung führen konnten. Die schreckliche Sitte der Witwenverbrennung wird in diesem Zusammenhang verständlich. Stieg die Witwe auf den Scheiterhaufen ihres Mannes und ließ sich mit ihm verbrennen, dann wurde sie als «sati» (Gefährtin) verehrt. Blieb sie unter den Lebenden, so hatte sie von denen kaum Mitleid, sondern eher Ablehnung und Mißtrauen zu erwarten. Die «Freiwilligkeit» der Witwenverbrennung wurde durch dieses soziale Umfeld begünstigt. Es muß freilich betont werden, daß all das nur für bestimmte Kastengruppen gilt, die eine besondere Auffassung von der Reinheit der Frau und der Familie haben. Nicht alle höheren Kasten billigten die Witwenverbrennung. Bei unteren Kasten oder gar bei den Unberührbaren, bei denen die Frau oft den ganzen Lebensunterhalt für die Familie mit ihrer Hände Arbeit verdient, galten ohnehin ganz andere Sitten. Die Ehe ist für Frauen dieser Schichten oft nur eine ganz und gar unzeremonielle Übereinkunft mit einem Partner, von dem sie sich auch wieder trennt, wenn er seine Pflichten nicht erfüllt und ihr zur Last fällt.

Die inzwischen in Indien gesetzlich verbotene Institution der Mitgift spiegelt die geschilderten Gesellschaftsumstände, die sich in den Heiratssitten ausdrücken, ebenfalls wider. Da die hochkastige Frau nicht unter ihrem Stand heiraten darf, muß ihr Vater tief in die Tasche greifen, um einen standesgemäßen Ehepartner für sie zu finden. In den unteren Kasten, in denen die Frau selbst arbeitet und manchmal mehr schafft als der Mann, ist die Mitgift unbekannt, hier wird eher ein Brautpreis bezahlt, denn die Arbeitskraft der Tochter geht ihrem Vater verloren, und er muß dafür kompensiert werden. Da aber die Zahlung eines Brautpreises als typisches Merkmal eines niedrigen Kastenstatus gilt, haben Familien, die etwas auf sich halten, sich bereits umgestellt und fordern nun ebenfalls «Hochzeitsgeschenke» für ihre Söhne.

Für die landbesitzenden höheren Kasten bedeutete die Zahlung von Mitgift früher zugleich auch die Entschädigung einer «weichenden Erbin», bzw. einer traditionell vom Erbrecht Ausgeschlossenen. Diese Mitgift war ursprünglich als «Frauengeld» *(stridhan)*, meist in der Form von Goldschmuck, allein zur Verfügung der Tochter bestimmt. Es galt für den Ehemann als Schande, wenn er dieses «Frauengeld» veräußerte. Er tat es nur im äußersten Notfall und mit Zustimmung der Frau, wenn es etwa darum ging, den Verkauf des Landes, von dem die Familie lebte, zu vermeiden. Im Laufe der Zeit wurde die Mitgift freilich umfangreicher, sie wurde praktisch zum Preis, den man für einen standesgemäßen

Bräutigam zahlte. Die neue Gesetzgebung im unabhängigen Indien hat nun aber die Töchter zu Miterbinnen gemacht und jegliche Mitgift gesetzlich verboten. Das ist modern und fair, wird aber den immer noch herrschenden Sitten nicht gerecht, die jetzt die Tochter bzw. ihren Ehemann doppelt begünstigen. Die Mitgift nimmt nun die Form aufwendiger «Hochzeitsgeschenke» an, und wenn dann der Erbfall eintritt, erhält die Tochter ihren Anteil wie alle anderen Geschwister. Kraß gesagt, sind Töchter ein reines Verlustgeschäft. Ein Vater, der mehrere Töchter hat, wird allgemein bedauert. Die Abtreibung weiblicher Föten oder gar die Tötung weiblicher Säuglinge wird durch diese Situation begünstigt. Dabei reicht oft schon mangelnde Fürsorge, um sich des unerwünschten Nachwuchses zu entledigen. Die besondere Gefährdung der Frauen hat oft nicht einmal mit der Heirat ein Ende, denn die junge Schwiegertochter ist ja jederzeit ersetzbar. Sie hat erst ausgesorgt, wenn sie die Mutter eines Sohnes geworden ist.

Neuerdings ist in diesem Zusammenhang viel von «Mitgiftmorden» die Rede gewesen. Damit ist gemeint, daß der junge Ehemann und seine Eltern einen «Unfall» inszenieren, der der Frau das Leben kostet. Bei der bald darauf erfolgenden Wiederverheiratung kann man erneut «Hochzeitsgeschenke» eintreiben. Dergleichen ist vorgekommen, aber es dürfte sich dabei nur um die Spitze eines Eisberges handeln, der zum größten Teil nicht aus Morden, sondern aus mangelnder Fürsorge besteht, mit der letztlich das gleiche Ziel erreicht wird. Das an anderer Stelle beschriebene Frauendezifit, eine demographische Besonderheit Indiens, läßt sich auf diese Weise erklären.

2. Die Stellung der Frau in der indischen Mittelklasse

Während das bisher Gesagte sich hauptsächlich auf die ländliche, noch weitgehend traditionell bestimmte Gesellschaft Indiens bezieht, bietet die moderne, meist städtische Gesellschaft der indischen Mittelklasse ein ganz anderes Bild. Typisch für diese Gesellschaft ist die durch Hausangestellte bzw. durch Familienmitglieder freigestellte berufstätige Frau, die heute Positionen aller Art erringen kann und den Lebensstil der urbanen Gesellschaft wesentlich mitbestimmt. Dabei handelt es sich nicht mehr um Ausnahmefälle, die als marginales Phänomen von der Gesellschaft geduldet werden, sondern um Millionen von Frauen, die die moderne indische Gesellschaft prägen. Das bedeutet zugleich, daß diese Frauen ihre Positionen mit natürlicher Selbstverständlichkeit füllen und oft weit weniger als ihre Kolleginnen in westlichen Ländern das Gefühl haben, daß sie ständig vor männlichen Neidern auf der Hut sein und ihre Position Tag für Tag erneut verteidigen müssen. Weitgehend intakte Familienverhältnisse tragen zu dieser entspannten Atmosphäre bei. «Singles» sind in Indien noch sehr selten. Doch die Gesellschaft der urbanen Mittelklasse toleriert auch sie.

Die Scheidung wird nur selten vollzogen. Daß sie überhaupt möglich wurde, ist der von Premierminister Nehru energisch vorangetriebenen Hindu-Familienrechtsreform der 1950er Jahre zu verdanken. Sie bedeutete ohne Zweifel einen bemerkenswerten Beitrag zur Emanzipation der Frau, wurde aber erst in dem Maße zur sozialen Realität, als Frauen in der Lage waren, selbst genügend Geld zu verdienen, um ihren Lebensunterhalt zu bestreiten. Obwohl nun bereits sehr viele dazu in der Lage sind, hat dies die Scheidungsrate nicht in die Höhe getrieben. Die oben beschriebene Stabilität der arrangierten Heirat, die auch für die meisten berufstätigen Frauen noch die Regel ist, hält die Scheidungsrate niedrig. Die Formen des Arrangements haben sich freilich auch den modernen Anforderungen angepaßt. War früher der Status der Familien der beiderseitigen Eltern ausschlaggebend und wurde die individuelle Kompatibilität allenfalls mit Hilfe des Horoskops überprüft, so achtet man jetzt mehr auf den Ausbildungsstand, die Berufserfahrung und die individuellen Präferenzen der Partner. Die traditionelle Vorschrift, daß sich die Ehepartner möglichst vor der Hochzeit nicht einmal gesehen haben sollen, ist der Methode des «Interviews» gewichen, bei dem beide Partner vor der Heirat Gelegenheit dazu haben, etwas voneinander zu erfahren. Beide Seiten können nach einem solchen Interview auch den Eheplan ablehnen. Ein Element der Gleichberechtigung ist so in die alten Formen der arrangierten Heirat hineingekommen. Liebesheiraten sind in der jüngeren Generation übrigens nicht mehr verpönt. Sie durchbrechen dann oft die Kastenschranken. Aber sie haben immer noch einen Seltenheitswert.

Die Einstellung der Mittelklassefrauen zur Geburtenbeschränkung ist positiv. Der Zugang zu ärztlicher Fürsorge ist zudem für die Mittelklasse natürlich wesentlich besser als für die Bauern auf dem Lande. Die Bereitschaft, die Familie klein zu halten, steigt aber in dem Maße, in dem man sicher ist, daß man die Geborenen auch am Leben erhalten kann. Indiens Bevölkerungsproblem wäre gelöst, wenn alle Frauen möglichst bald zu Mittelklassefrauen aufsteigen könnten. Doch diese Möglichkeit liegt noch in weiter Ferne. Es kommt hinzu, daß die Emanzipation der Mittelklassefrau heute noch weitgehend davon abhängt, daß sie sich wenigstens zu einem Teil auf Hilfskräfte aus unteren Schichten verlassen kann. Die Inanspruchnahme solcher Hilfe ist zwar in letzter Zeit auch immer teurer geworden, aber die Diskrepanz zwischen einem Mittelklassegehalt und dem Lohn der Haushaltshilfe ist immer noch groß genug. So gesehen gehört die berufstätige Mittelklassefrau zu einer angesichts der Größe der Bevölkerung verhältnismäßig kleinen privilegierten Schicht.

3. Die Lage der Muslimfrauen

Bisher war hier nur von der Hindu-Gesellschaft die Rede. Die Lage der Frauen kleinerer Minderheiten (Christen, Sikhs) unterscheidet sich von der der Hindu-Frauen kaum. Die Muslimfrauen haben jedoch ein ganz anderes Los. Sie haben weit geringere Chancen zur Emanzipation. Die islamische Gesellschaft ist in einem noch viel größeren Maße patriarchalisch bestimmt, als es die Hindu-Gesellschaft je war. Es kommt hinzu, daß es im Islam ausgesprochen frauenfeindliche Tendenzen gibt. Frauen, die sich dagegen zur Wehr setzen, riskieren große Gefahren. Die Reform des islamischen Rechts ist nahezu unmöglich. Zwar hat der Prophet gesagt, daß die Gemeinschaft der Gläubigen sich nie irren werde und damit theoretisch eine Anpassung seiner Lehren an den Geist der Zeit gestattet, praktisch sind es aber immer die islamischen Schriftgelehrten *(ulema)*, die für die Auslegung des Rechts zuständig sind und sich dabei natürlich auf den Koran berufen.

Als Premierminister Nehru das Hindu-Recht reformierte, hätte er eigentlich einen Schritt weiter gehen sollen und ein allgemeines bürgerliches Familienrecht ohne Rücksicht auf die jeweilige Religionsgemeinschaft einführen sollen. Daß er es nicht getan hat, wird ihm heute oft zum Vorwurf gemacht. Er hatte aber schon mit den Hindus genug Schwierigkeiten und konnte ihr Ehe- und Familienrecht nicht an einem Stück, sondern nur in der Form einzelner Spezialgesetze neu fassen. Bei den Meinungsführern der Muslims wäre er auf entschiedenen Widerstand gestoßen. Die Teilung Indiens lag noch nicht lange zurück, und Nehru wollte alles tun, damit die in Indien verbliebene Muslimminderheit sich dort heimisch fühlte. Diese Rücksichtnahme ging zu Lasten der Muslimfrauen.

Der Fall der Shah Bano, einer Muslimfrau, die ihren geschiedenen Ehemann auf Unterhalt verklagte, hat dies in der Amtszeit von Premierminister Rajiv Gandhi sehr deutlich gemacht. Der oberste Gerichtshof Indiens hatte ihrer Klage stattgegeben, und zwar nicht durch Interpretation des islamischen Rechts, sondern unter Bezugnahme auf ein altes britisch-indisches Gesetz, das den Ehemann zum Unterhalt verpflichtet, um zu verhüten, daß die Frau ein Sozialfall wird. Die Muslimorthodoxie protestierte gegen dieses Urteil und setzte sich mit der Meinung durch, daß der Gerichtshof sich hier in islamische Rechtsvorschriften eingemischt habe, die die Unterhaltspflicht ganz anders regelten. Nun gibt es in der Tat eine solche Regelung, aber sie ist in den meisten Fällen für die Frau sehr ungünstig. Da es für einen Muslim sehr leicht ist, sich von seiner Frau zu scheiden – er braucht nur dreimal ihr gegenüber die Scheidungsformel auszusprechen – wird in der Regel bei der Eheschließung ein Betrag *(meher)* festgelegt, der ihr im Fall einer Scheidung auszuzahlen ist. Da man bei der Eheschließung meist nicht an die Scheidung und schon gar nicht an einen eventuell erforderlichen Inflationsausgleich denkt, reicht der vereinbarte Betrag meist nicht aus, um den Unterhalt der geschiedenen Frau zu sichern. Das aber ist nur ein Beispiel für die Diskriminierung der Muslimfrauen. Ihre Benachteiligung in der islamischen Gesellschaft wird zudem durch Sitten und Gebräuche bestimmt, die nicht unbedingt auch durch das islamische Recht gedeckt sind.

Zu diesen praktischen Formen der Benachteiligung gehört es, daß die Muslimfrauen – insbesondere bei den wohlhabenden Familien – ihr Leben in den Frauengemächern *(zenana)* verbringen müssen, die durch einen Vorhang *(purdah)* von den anderen Wohnräumen abgeschirmt sind. An eine Berufstätigkeit oder auch nur ein Erscheinen in der Öffentlichkeit ist für solche Frauen gar nicht zu denken. Es gibt natürlich auch Muslimfamilien, die diese Praktiken aufgegeben haben und deren weibliche Mitglieder ebenso am Berufsleben teilnehmen, wie die berufstätigen Frauen der Hindu-Mittelklasse. Aber das sind vergleichsweise sehr wenige Frauen. Die Mehrheit muß sich nach wie vor dem Diktat der patriarchalen Orthodoxie beugen, die die Privilegien einer Männergesellschaft mit ihrem Glauben verbindet und beides energisch verteidigt.

Dritter Teil

Die Religionsgemeinschaften

IX.
Die Erscheinungsformen des Hinduismus

Heinrich von Stietencron

Die Kulturgeschichte Indiens zeichnet sich u. a. dadurch aus, daß sich hier ein ungewöhnlich breites Spektrum religiösen Denkens entfalten konnte. Vertreten sind polytheistische, animistische, pantheistische, monotheistische und atheistische Religionen sowie mehrere historisch gewachsene Mischungen aus diesen Typen. Mehrere bedeutende Religionen sind in Indien entstanden. Einige haben weit über den indischen Subkontinent hinaus das Denken und Handeln großer Bevölkerungsteile oder sogar ganzer Völker geprägt. Solcher Religionsexport aus Indien war in den letzten 2000 Jahren vor allem für Zentralasien, China, Japan und Südostasien von zentraler Bedeutung. Seit Ende des 19. Jahrhunderts macht er sich zunehmend auch in Europa und in Nordamerika bemerkbar. Auch gab es seit dem frühen 19. Jh. wirtschaftlich bedingte Migrationen von Indern in alle Welt. Bedeutende indische Bevölkerungsgruppen gibt es heute in Südostasien, Australien, Sri Lanka, den Golfstaaten, Afrika, England, Kanada und den Vereinigten Staaten sowie auf Surinam, Mauritius, Madagaskar und Trinidad.

Die religiöse Literatur Indiens umfaßt einen Zeitraum von mehr als 3500 Jahren. Obgleich die klimatischen Bedingungen für die Bewahrung von Texten – in älterer Zeit meist Handschriften auf Palmblatt oder Birkenrinde, ab dem 13. Jh. auch auf Papier – denkbar ungünstig sind und viele nur noch namentlich bekannte Schriften der Vernichtung anheimfielen, bietet Indien dem Religionswissenschaftler noch immer ein Quellenmaterial, das nach Umfang, Qualität und Vielseitigkeit weltweit kaum seinesgleichen kennt.

1. Der Begriff «Hinduismus»

Die indische Verfassung unterscheidet zwischen einheimischen, d. h. in Indien entstandenen Religionen und solchen, die ihren Ursprung außerhalb Indiens hatten, auch wenn diese zum Teil schon seit langer Zeit in Indien Fuß gefaßt haben. Alle in Indien entstandenen Religionen subsumiert sie unter dem Begriff «Hindu Religion» bzw. Hinduism. Auch der Buddhismus, der Jainismus und die Religion der Sikhs fallen unter diesen Oberbegriff. Ein Gleiches gilt für den Shivaismus, den Vishnuismus, den Shaktismus und andere, auch im Westen unter «Hinduismus» eingeordnete Religionen, sowie für die verschiedenen Stammesreligionen Indiens und die zahlreichen, je nach Region unterschiedlichen Volkskulte. Diese umfassende Auslegung des Begriffs «Hinduismus» ist im Westen ungewohnt. Auch hat sie den Protest der Sikhs hervorgerufen, die den Sikhismus als eigene Religion in die Verfassung aufgenommen wissen wollten. Doch solche religiöse Eigenständigkeit besitzen auch alle anderen genannten Religionen. Es handelt sich nämlich durchweg um unterschiedliche Religionen, die mit dem Wort «Hinduismus» nur dahingehend näher gekennzeichnet werden, daß sie indischen Ursprungs sind. Ein Hindu ist demnach nicht etwa ein Anhänger einer bestimmten Religion, wie man im Westen oft fälschlich annimmt; er ist vielmehr der Anhänger einer (beliebigen) Religion indischen Ursprungs. Diese Auslegung des Begriffs «Hindu» ist relativ neu, läßt sich aber historisch gut begründen. Seinem Ursprung nach stammt das Wort «Hindu» aus dem alten Persien, ist also keine Selbstbezeichnung der Inder. Es bezeichnete die Menschen im Lande des Flusses Indus, die Bewohner Indiens, entsprach also genau unserem Worte «Inder». Mit Religion hatte das Wort noch nichts zu tun. Erst als sich zu Beginn des 8. Jh. n. Chr. Anhänger des Islam im unteren Industal festgesetzt hatten und vor allem seit zu Beginn des 13. Jh. ganz Nordindien unter islamische Herrschaft und persischsprachige Verwaltung geraten war, begann das Wort «Hindu» jene religiöse Komponente anzunehmen, die ihm noch heute anhaftet. Muslime waren nun in Indien anwesend, fühlten sich selbst aber im Wort «Hindu» nicht inbegriffen, sondern andersartig, ebenso wie die aus Persien eingewanderten Parsen, die Christen und die Juden. Es waren also die Muslime, welche dem Wort Hindu die Bedeutung «Anhänger einer einheimisch-indischen Religion» beilegten, die heute in der indischen Verfassung festgeschrieben ist.

Der moderne Begriff «Hinduismus» ist eine westliche Wortschöpfung. Er wurde von Engländern erst im 19. Jh. eingeführt, nachdem sie vorher von «Gentoo» (nach portugiesisch gentio = Heide) oder von «Hindoo» gesprochen hatten. Anfangs glaubten die Europäer wirklich, die Hindus gehörten zu einer einzigen heidnischen Religion, die allerdings in ziemlich verschiedene Sekten untergliedert sei. Daß es sich um verschiedene Religionen handeln könnte, kam ihnen aus zwei Gründen nicht in den Sinn: Erstens waren alle Heiden Anhänger des Teufels und somit einer Religion; zweitens kannten sie aus der eigenen Geschichte die blutigen Religionskonflikte zwischen Christen und Juden oder Christen und Muslimen. Sie konnten sich gar nicht vorstellen, daß Menschen verschiedener Religionen so friedlich miteinander leben könnten, wie dies in Indien der Fall war.

Erst die genauere Erforschung der religiösen Texte und der religiösen Praxis im 20. Jh. hat gezeigt, daß es sich beim Hinduismus in Wirklichkeit um mehrere Religionen handelt. Diese haben durchaus verschiedene Ursprünge. Auch benutzen sie je andere heilige Schriften. Vor allem aber verehren sie einen je anderen Gott als höchste Gottheit. Die falsche Vorstellung, «Hinduismus» sei der Name einer Religion, muß also wieder aufgegeben werden.

Die Inder selbst bezeichnen die Religion als Dharma, gelegentlich auch als «ewiger Dharma» (sanatana Dharma). Dieses Wort bezeichnet die normative Grundlage jeglichen Handelns, wenn dieses der kosmischen und moralischen Ordnung entsprechen soll. Da den Menschen nach Geschlecht, Kaste, Lebensalter und spezifischer Lebenssituation je unterschiedliche Aufgaben und Verhaltensweisen zugewiesen sind, ist auch der Dharma jeweils verschieden. Auch die jeweiligen Verhaltensvorschriften der Religionsgemeinschaften gehören zum individuellen Dharma. Darüber hinaus wird das Wort auf die Naturgesetze und auf die Regeln angewendet, welche tierisches und pflanzliches Verhalten steuern. Unser Begriff Religion deckt also nur einen kleinen Ausschnitt aus dem semantischen Feld des indischen Begriffs Dharma ab. Daraus erklären sich manche Mißverständnisse, die entstehen, wenn die Europäer und Inder Religion mit Dharma übersetzen und umgekehrt, gewöhnlich aber ganz verschiedene Dinge damit meinen.

2. Historische Religionen der Hindus

Die Religion der Induskultur (Blütezeit ca. 2500–1750 v. Chr.)

Trotz zahlreicher archäologischer Funde aus Mohenjo-Daro, Harappa und anderen Städten der Induskultur läßt sich die Religion dieser Kultur bisher nur bruchstückhaft rekonstruieren. Mehrere Versuche, die Indusschrift zu entziffern, haben noch nicht zu überzeugenden Ergebnissen geführt. Daher können Interpretationsversuche nur auf anderen Relikten der materiellen Kultur beruhen: den Überresten öffentlicher Bauwerke, den Bildelementen der zahlreichen und künstlerisch sehr hochstehenden Speckstein-Siegel, den wenigen Beispielen einer gehobenen Bildhauerkunst in Stein und in Bronze und den zahlreichen Funden einer primitiven, nicht-professionellen Kleinkunst.

Die Induskultur, die sich in den Randgebieten des Industals auf bis in das 7. Jahrtausend zurückreichende Vorstufen zurückverfolgen läßt, erstreckte sich in ihrer Blütezeit über ein Gebiet, das an Ausdehnung die Reiche des Alten Ägypten und des Zweistromlandes wohl noch übertrifft. In diesem Gebiet gab es normierte Maße und Gewichte, normierte Ziegelgrößen, eine relativ einheitliche Stadtplanung einschließlich der städtischen Kanalisation und Wasserversorgung und eine einheitliche Schrift und Siegelschneidekunst. All dies deutet auf einen zentralistisch organisierten Staat. Zu erwarten wäre daher auf dem Sektor der Religion ein zentraler Staatskult. Erstaunlicherweise hat man jedoch kein einziges Bauwerk gefunden, das sich als Tempel oder öffentliche Kultstätte deuten ließe, obwohl man in mehreren großen Ruinenstädten danach gesucht hat. Statt dessen fand man in den großen Städten ein aufwendig konstruiertes großes öffentliches Bad, das möglicherweise rituellen Waschungen gedient haben könnte – vielleicht ein Vorläufer der rechteckig gemauerten Tempelteiche, die in historischer Zeit die indischen Tempelanlagen auszeichnen.

Kein einziges Götterbild, das in einem Tempel gestanden haben könnte, ist in der Induskultur gefunden worden, wohl aber gab es künstlerisch hochstehende Steinskulpturen, wie den 18,7 cm hohen Kopf und Oberkörper des «Priesterkönigs» (so genannt, weil die Figur entfernt an mesopotamische Herrscherdarstellungen erinnert). Es gab also vermutlich weder Tempel, noch eine Verehrung von Götterbildern.

Aus den Darstellungen der Specksteinsiegel läßt sich entnehmen, daß man Baumgottheiten verehrte. Auch ist eine durch eine Hörnerkrone hervorgehobene, meist sitzende Gestalt als Gottheit interpretiert worden. Die Krone selbst bietet jedoch keine Gewähr dafür: sie wird auch von Figuren getragen, welche sich selber in Ehrfurcht vor einer Baumgottheit verneigen, könnte also auch einen Priester oder vornehmen Gläubigen kennzeichnen. Die Sitzhaltung dieser und ähnlicher, z. T. auch ungekrönter Figuren, die an den späteren Sitz indischer Yogis erinnert, hat zu Spekulationen über ein hohes Alter yogischer Praktiken geführt. Auch hat man geglaubt, den Gott Shiva als Herrn der Tiere (Pashupati) in einem Siegel erkennen zu können, das die sitzende gekrönte Figur mit Tiger, Elefant, Nashorn und Büffel zeigt. Die Identifikation ist jedoch fraglich, da Shiva nicht Wildtiere, sondern Haustiere schützt und auch nicht deutlich ist, ob es sich bei der mit Armreifen und Halsketten geschmückten Gestalt überhaupt um eine männliche Figur handelt. Schließlich haben die zahlreichen tönernen Figurinchen von nackten, geschmückten Frauen die These provoziert, daß es im Industal den Kult einer Muttergottheit gegeben habe. Auch diese These ist wenig wahrscheinlich, denn die meisten dieser nur bis zu 8 cm großen Figürchen sind lieblos und kunstlos hergestellte Wegwerfware, vielleicht als kurzlebiges Spielzeug geeignet, vielleicht auch als Symbolfigur für magische Praktiken wie Fruchtbarkeits- und Liebeszauber verwendbar. Zur dauernden Verehrung bestimmte Bildnisse einer Göttin können sie kaum gewesen sein.

Asko Parpola, der sich jahrelang mit der Entzifferung der Indusschrift beschäftigte, hat geglaubt, aus den Siegeltexten eine Astralreligion ableiten zu können, in der auch Namen späterer indischer Gottheiten auftauchen. Da dies aber zu erstaunlichen Verzerrungen im Charakter bekannter Gottheiten geführt hätte und die richtige Lesung der Schrift noch keineswegs gesichert ist, mußten auch diese Versuche vorläufig aufgegeben werden.

Wenn also über die Religion dieser Kultur erst die endgültige Entzifferung der Schrift nähere Aufschlüsse bringen kann, so ist es doch wahrscheinlich, daß sie nicht ganz ohne Einfluß auf die spätere Zeit geblieben ist. Baumgottheiten z. B. wurden noch in historischer Zeit in Nordindien als Yakshas oder Yakshis verehrt, und es ist möglich, daß auch andere Elemente der nicht-arischen Kultpraxis und Glaubenswelt wie etwa die rituellen Waschungen im Tempelteich weit in die Vergangenheit zurückreichen.

Die vedische Religion (Blütezeit ca. 1500–500 v. Chr.)

Als älteste der literarisch dokumentierten Religionen Indiens besitzt die polytheistische vedische Religion noch heute das Prestige altehrwürdiger Tradition, obwohl sie schon vor rund 2500 Jahren ihre dominierende Stellung einbüßte. Sie zeigt enge Verwandtschaft mit der altiranischen Religion und läßt in Götternamen und Mythen auch Beziehungen zur Religion der Griechen, Römer und Germanen erkennen. Daher wurde sie für die Erforschung der Frühzeit indo-europäischer Religionsgeschichte besonders interessant. Träger dieser Religion waren im 2. Jht. v. Chr. seminomadische, Rinder und Pferde züchtende Stämme, die sich selbst als Arya (Edle) bezeichneten und von Westen kommend in mehreren sukzessiven Wellen über die Pässe des Suleiman-Gebirges und des Hindukush in das Industal eindrangen. Dabei scheinen sie zunächst die ansässige Bevölkerung aus dem fruchtbaren Weideland verdrängt zu haben. Erst als der Bewegungsspielraum geringer wurde, kam es zu ihrer Unterwerfung. Ihre Siege schrieben die Arya der Mitwirkung ihrer Götter zu. Daher waren sie auch darauf bedacht, die bereits unterworfene oder noch zu unterwerfende einheimische Bevölkerung strikt von jenem religiösen Wissen und der Opfertechnik fernzuhalten, denen sie Sieg, Erfolg und Herrschaft zu verdanken glaubten. Aus dieser religiösen Abschottung entstand allmählich das Kastensystem. Es enthält in den drei oberen Kasten eine übliche, funktional gegliederte gesellschaftliche Schichtung (Priesterstand = Brahmanen, Wehrstand = Kshatriyas und Nährstand = Vaishyas). Charakteristisch aber ist die strikte, durch das Postulat mangelnder Reinheit begründete Abgrenzung der einheimischen Shudras als 4. Kaste, welche vom religiösen Wissen rigoros ausgeschlossen wird. Die Hinzufügung von Kastenlosen erfolgte später, als auch austro-asiatische und tibeto-birmanische Stämme in das Blickfeld traten und die Gesellschaft selbst sich stärker ausdifferenzierte.

Benannt ist die vedische Religion nach der Bezeichnung ihrer heiligen Schriften, den vier Veden (Veda = Wissen), von denen der Vierte erst spät als Veda anerkannt wurde (Panini im 5. Jh. kennt ihn, aber Kautalya im 3. Jh. zählt ihn noch nicht zu den heiligen Schriften). Der Rigveda (= «das Wissen von den Versen») enthält in 10 Büchern oder Liederzyklen 1028 Hymnen mit insgesamt mehr als 10000 Versen an verschiedene Götter, davon die meisten aus dem 2. Jahrtausend v. Chr. In diesem Veda, der wahrscheinlich im 10. Jh. zu einer abgeschlossenen autoritativen Textsammlung zusammengefaßt wurde, ist uns das älteste Korpus religiöser Schriften und zugleich die älteste große dichterische Schöpfung der indoeuropäischen Sprachfamilie erhalten geblieben. Zwei weitere Veden (Samaveda «das Wissen von den Gesängen» und Yajurveda «das Wissen von den Opfersprüchen») sind in der ersten Hälfte des 1. Jahrtausends entstanden. Als letzte Sammlung wurde der Atharvaveda zusammengestellt, der teilweise sehr altes, teilweise auch jüngeres Material enthält. Seine Absonderung von den übrigen Veden beruht auf der Tatsache, daß er vorwiegend den für apotropäische Zwecke benötigten magischen Sprüchen zur Abwehr von Krankheit und Unheil aller Art sowie den Zaubersprüchen zur Erreichung bestimmter Zwecke (Liebeszauber, Schadenszauber) gewidmet ist. Zur vedischen Literatur gehören ferner die umfangreichen Textgattungen der Brahmanas, Aranyakas und Upanishaden sowie die zum Studium des Veda benötigten Hilfswissenschaften (Vedanga), d. h. Phonetik, Metrik, Grammatik, Etymologie, Astronomie/Kalenderwissenschaft und Ritualwissenschaft. Letztere umfaßt die Handbücher zu den öffentlichen Opfern und Sakramenten einschließlich der Königsweihe (Shrautasutra), den häuslichen Opfern und Sakramenten (Grihyasutra) und zu den Vorschriften rechten Verhaltens für alle Kasten und alle Lebensstadien (Dharmasutra). Auch die mathematisch-geometrischen Berechnungen zur Konstruktion des Opferaltars (Shulvasutra) gehören in den umfangreichen Komplex der Ritualwissenschaft (Kalpa). Von den Veden bis zu den Upanishaden gilt diese Literatur als Shruti (Offenbarung), der Rest als Smriti (autoritative Erinnerung, Tradition). Die Veden selbst gelten der späteren Tradition als anfangslos, unerschaffen und unvergänglich, während die Welten entstehen und vergehen.

Das Pantheon vedischer Götter besteht aus mehreren Göttergruppen (Adityas, Vasus, Rudras, Maruts etc.). Ihre Mitglieder sind gleich göttlich, wenn auch von unterschiedlicher Machtfülle, und sie wenden sich je eigenen Wirkungsbereichen zu, die nicht immer klar voneinander getrennt sind. Diese Gottheiten ordnen sich in ein relativ lose strukturiertes hierarchisches Gefüge ein und tragen gemeinsam dazu bei, die Weltordnung aufrechtzuerhalten. Sie sind jedoch weder weisungsgebunden noch in ihren Kompetenzen eng begrenzt, so daß sich ihre Handlungsbereiche nicht selten überlagern.

In der Gruppe der Adityas, die durchweg als Himmelsgötter konzipiert sind, verbinden sich abstrakte Konzepte wie «Wahrheit» oder «gültige Ordnung», «Vertrag», «Feundschaft», «gerechter Anteil» etc. mit vorwiegend solaren Aspekten und mit dem gestirnten Nachthimmel. Sie wachen über die kosmische und moralische Odnung, sind wohlwollend und hilfreich, strafen aber auch den Übeltäter. Ihre Gesetze gelten für den Kosmos als ganzen und bei den Menschen für alle durch Vertrag oder Sitte etablierten Verpflichtungen. Herausragende Gestalten unter ihnen sind die Götter Mitra und Varuna, beide als König bezeichnet, die gemeinsam Tag und Nacht regieren, allwissend sind, alle Schandtaten und auch die geheimsten üblen Gedanken erspähen und den Sünder bestrafen. Insbesondere der Gott Varuna, der als strafender Gott gefährliche und majestätische Aspekte in sich vereinigt und deutliche Züge eines Universalherrschers trägt, wird für den Anführer arischer Stämme in Friedenszeiten zum Vorbild: es ist sein Richterstab, der bei der Königsweihe dem neu geweihten Herrscher übergeben wird.

Nach dem Zeugnis des Veda überwiegen allerdings die Kriegszeiten, beziehungsweise das Bedürfnis, die Götter um Beistand anzurufen, tritt bei Kriegs- und Beutezügen eher auf als an Friedenstagen. Im Kriege aber ist der Gott Indra der sieghafte Anführer. Er war es, der nach einem kosmogonischen Mythos die zauberkräftige Schlange Vritra erschlug, welche die Wasser und die himmlischen Lichter gefangengehalten hatte. Indra tötete den Dämon, er befreite die Wasser, er bahnte den Flüssen den Weg zum Meere. Indra ist ein Gott des Luftraums, eine Wurfkeule dient ihm als zerschmetternde Waffe, der Windgott und die (Monsun-) Stürme sind seine Begleiter. Wenn er sich an die Spitze des Kriegertrupps setzt, so ist der Sieg sicher, denn er durchbricht die Wälle der feindlichen Siedlungen, er erbeutet ihre Rinder. Indra bedarf allerdings der Stärkung für seinen Sieg. Sein Lieblingstrank ist der Rauschtrank Soma, der für ihn gepreßt, gekeltert und mit Milch und Honig vermischt wird. Dieser Trank macht Indra Mut, er vervielfacht seine Kräfte, er begeistert ihn zum Kampf und zum Sieg, Soma selber wurde in den Augen der Arya zur mächtigen Gottheit, zum König aller Pflanzen. Aber noch ein weiterer Gott ist unerläßlich zum Erfolg, nämlich der Feuergott Agni, der Mittler zwischen Menschen und Göttern. Agni nämlich ist es, welcher die Opfergabe verwandelt, sie für die Götter genießbar macht und sie in seinem Rauch zu den Himmlischen trägt.

Die vedischen Götter sind frei beweglich. Sie sind nicht an Tempel oder Götterbilder gebunden. In Gedankenschnelle sind sie überall, wo man sie mit fehlerlos bereitetem Opfer und kunstvollem Preislied ruft. Einige von ihnen – Varuna, Mitra, Indra, Pushan u. a., aber auch der Schlangendämon Vritra – besitzen eine als Maya bezeichnete Zauberkraft. Es ist dies jene schöpferische Zaubermacht, mit deren Hilfe alle Wunder dieser Welt erschaffen wurden, mit deren Hilfe aber auch Illusion und Verwirrung produziert werden kann.

In den spätesten Liedern des Rigveda und in der anschließenden Phase der vedischen Religion beginnen die Sänger und Priester, nach dem letzten Ursprung der Welt zu fragen. Mehrere Schöpfungsmodelle waren schon im Veda entwickelt worden: die Entstehung der Welt durch schöpferische Gestaltung, durch Paarung und Geburt, durch Opferung eines Urwesens, durch Askese und Willenskraft oder durch Selbstentfaltung eines göttlichen Keims im Weltei. Nun intensiviert man die Suche nach dem Einen hinter dem Vielen, nach der Herkunft der Götter, nach dem Urgrund der Welt. Man findet es im Brahman, im schöpfungskräftigen absoluten Bewußtsein, das sich zunächst im wahrheitsträchtigen Wort ausdrückt und das so Gedachte als Wirklichkeit realisiert.

Hier wird der ältere Polytheismus der vedischen Religion überlagert und bereits teilweise abgelöst von einem Pantheismus, der in der Zeit der älteren Upanishaden eine erste große Blüte erlebt. Die ganze Welt und alle ihre Teile sieht man nun von göttlicher Kraft durchdrungen, so daß es nichts auf der Welt gibt, das nicht göttlicher Natur wäre. Diese Kraft ist das Brahman. Es ist in allen Dingen und Wesen vorhanden, es ist der unsichtbare Zeuge allen Geschehens, das einzige, allgegenwärtige Bewußtsein. Die ganze Welt ist sein Leib. Und im Menschen findet sich Brahman als das bewußte Selbst (Atman), dessen Identität mit Brahman nur vollständig zu realisieren braucht, wer wieder in das absolute Bewußtsein eingehen will. Die Götter selbst verlieren nun an Bedeutung. Sie sind nur ausführende Organe einer höheren Macht, die unsichtbar hinter ihnen steht.

Auch die Vorstellung vom Karman und der Wiedergeburt wird bereits in den Brahmanas und Upanishaden konzipiert und ausgebildet. Wie die Pflanze wächst, Blüten hervorbringt, Frucht trägt und stirbt, um beim nächsten Vegetationszyklus wieder von neuem hervorzusprießen; und wie das Wasser, das vom Himmel kommt, von der Sonne aufgesogen wieder zum Himmel aufsteigt, um von dort später abermals herabzuregnen, so kommt und geht auch der Mensch in einem anfangslosen Kreislauf der Geburten. Er wird geboren, wächst auf, altert, stirbt und wird wiedergeboren. Aber im Unterschied zu Pflanze und Tier und allen anderen Wesen kann er durch sein Handeln die Qualität des nächsten Lebens beeinflussen. Er ist der göttlich gesetzten und gehüteten Weltordnung und der sittlichen Ordnung verpflichtet. Wichtiger noch: er vermag seine Pflichten zu erkennen, Heilsames von nicht Heilsamem zu unterscheiden und entsprechend zu handeln. Es entsteht die Karman-Lehre, derzufolge jede Tat nicht nur eine äußere Wirkung hervorbringt, sondern auch eine Prägung in der eigenen Seele hinterläßt, welche die Erfahrung der positiven oder negativen Konsequenzen dieser Tat schon in diesem oder in einem der nächsten Leben vorbestimmt. Der Mensch gestaltet also täglich sein künftiges Leben. Ein richtender Gott wird überflüssig: durch Reifung ihrer Tatfolgen belohnen oder richten die Lebewesen sich selbst.

Damit vollzieht sich ein weiterer Prozeß, der die Götter einer wichtigen Funktion beraubt: sie brauchen die Guten nicht mehr zu belohnen, die Bösen nicht mehr zu bestrafen. Beides geschieht in naturgesetzlicher

Konsequenz durch das handelnde Lebewesen selbst. Der Mensch hat nun die Aussicht, sogar den Himmel Indras zu erreichen, wenn er nur genügend gutes Karman anhäuft. Die wahrhaft Weisen freilich kann selbst dieses Ziel nicht mehr reizen, denn auch der Himmel bietet nur vergängliches Glück: Ihr Ziel ist von nun an das Austreten aus dem Kreislauf der Geburten und das Eingehen in Brahman, in das absolute Bewußtsein. Mehr als 1300 Jahre später, als der südindische Brahmane Shankara seine Version eines reinen Monismus (advaita vedanta) propagiert, kommen diese monistischen Gedanken – nunmehr gänzlich ohne den vedischen Götterglauben – in abgewandelter Form noch einmal zu hoher Blüte. Noch heute bestimmen sie in Indien das Selbstverständnis vieler philosophisch gebildeter Menschen.

Während die mystische Spekulation in der Zeit der Brahmanas und älteren Upanishaden solche neuen Wege geht, wird zugleich die Opferwissenschaft bis ins Detail ausgefeilt. Man versucht die Gesetze zu erkennen, durch die der Mikrokosmos des Opfers mit dem Makrokosmos verbunden ist und dort seine Wirkungen hervorbringt. An der Wirksamkeit des Opfers wird nicht gezweifelt, nur die Götter werden dabei unnötig. Es ist vielmehr das Opfer selbst, welches im Mikrokosmos des Opferplatzes neue Bedingungen schafft, welche sich im Makrokosmos zwangsläufig auswirken müssen, und das somit in die Abläufe des Weltgeschehens verändernd eingreift. Die Brahmanen als Besitzer exklusiven magisch-rituellen Wissens fühlen sich nun als Experten in einer schicksalsbestimmenden Kunst. Sie gewinnen an Macht und beanspruchen den obersten Rang in der Gesellschaft. Alle anderen sozialen Gruppen werden von diesem Spezialistentum abhängig. Das führt allerdings zu einer Gegenbewegung aus der Kriegerschicht, welche den Anspruch der Brahmanen zurückweist, ihre Autorität in Frage stellt, selbst neue Erlösungslehren propagiert und teilweise auch der Übernahme von Religionsformen der nicht-arischen Unterschicht den Weg bereitet. Die vedische Religion hat sich gewissermaßen selbst demontiert. Sie existiert zwar als Prestigeträger noch weiter, wird noch jahrhundertelang hie und da von Königen für repräsentative Opfer in Anspruch genommen und bringt in der Schule der Purva Mimamsa im 1. Jahrtausend n. Chr. noch große Gelehrte hervor. Eine ständig wachsende Zahl der Gläubigen wendet sich jedoch schon in den letzten Jahrhunderten vor unserer Zeitrechnung neuen Religionen zu, und viele Brahmanen müssen sich später notgedrungen diesem Trend anschließen.

Was von der vedischen Religion bis heute überlebt, sind die Sakramente, welche alle wichtigen Etappen des Lebens der Angehörigen der drei oberen Kasten von der Empfängnis und der Geburt des Kindes über Initiation und Heirat bis zur Einäscherung nach dem Tode begleiten. Anläßlich der Initiation, die ursprünglich in das Studium des Veda einführen sollte, lernt jedes Kind den ersten Vers der vedischen Hymne Gayatri auswendig, welche eine Bitte an den Sonnengott um Erleuchtung enthält. Dieser Vers wird noch immer beim Morgengebet verwendet, und es ist in den meisten Fällen der einzige Vers aus allen vier Veden, den man wirklich noch kennt – den kleinen Kreis von Sanskrit-Gelehrten natürlich ausgenommen.

Der Jainismus («Lehre der Anhänger des Jina»)

Der religiöse Umbruch setzte gegen Ende des 6. Jh.s ein, zeigte erste gesellschaftliche Folgen im 5. Jh. und nahm im 4. und 3. Jh. dramatische Formen an. Das schon in der vedischen Religion bedeutsame Instrument der Askese zur Schulung des Willens und zur Steigerung der Erkenntnisfähigkeit war schon seit einiger Zeit für neue Ziele eingesetzt worden: für die Suche nach einem Ausweg aus dem Kreislauf der Geburten. Dieses Ziel war auch für junge Menschen aus der wohlhabenden Mittelschicht und aus Aristokratenfamilien so attraktiv, daß sich einige von ihnen von ihren sozialen Pflichten abwandten, um in Asketengruppen nach Erlösung zu suchen. Diesem Trend folgten auch zwei junge Aristokraten in der östlichen Gangesebene, die später als Ordensgründer Berühmtheit erlangten: Mahavira (der große Held), der auch Jina (der Sieger) genannt wird, und sein jüngerer Zeitgenosse Buddha (der Erwachte). Ihre Lebenszeit fällt ungefähr ins 6.–5. Jh. v. Chr. (die Datierung ist noch umstritten).

Mahavira (traditionelle Daten 599–527) gilt als Erneuerer einer asketischen Bewegung, deren Lehre schon vor ihm von 23 «Furtbereitern» (tirthankaras) verkündet worden sein soll, von denen der letzte, Parshvanatha, vielleicht als historische Persönlichkeit gelten kann. Seine Lehre geht davon aus, daß sich in der Welt zwei ewige Prinzipien gegenüberstehen: Geistiges und Ungeistiges. Das Geistige besteht in einer unendlichen Zahl individueller Seelen (jiva). Das Ungeistige umfaßt die 5 Kategorien: Bewegung, Ruhe, Raum, Stoff und Zeit. Dabei ist die Zeit räumlich begrenzt, so daß es zeitlose Räume in der Welt gibt. Der Stoff besteht aus unendlich vielen Atomen, durch deren wechselnde Kombination die Vielfalt der Formen des Universums entsteht. Alles Stoffliche ist beseelt: nicht nur die Menschen, sondern auch Tiere, Pflanzen, Gestein, Wasser etc. Die ursprügliche Reinheit und Allwissenheit der Seele wird jedoch durch feinstoffliche Substanzen, die als Folge von Karman eindringen, getrübt. Dies zwingt sie zum Verweilen im Kreislauf der Geburten, bis alles Karman getilgt ist. Eine solche Reinigung der Seele wird im Jainismus durch sittliche Lebensweise und strenge Askese, durch möglichst vollständiges Vermeiden jeglicher Verletzung eines anderen Lebewesens (ahimsa) und folglich auch durch Vegetarismus angestrebt. In letzter Konsequenz dieses rigorosen Gewaltverzichts steht der freiwillige Hungertod, den Mahavira selbst im Alter von 72 Jahren vorgelebt haben soll. Ist eine Seele von allen Verunreinigungen befreit, so steigt sie in den höchsten Himmel auf, um dort in ruhiger Seligkeit zu verharren. Der Jainismus kennt weder einen Schöpfer noch einen Erlöser. Der Weg zur Erlösung wurde aber durch den Jina deutlich vorgezeichnet. Er und die anderen Tirthankaras gelten als Vorbilder und Lehrer, deren Verehrung am Hausaltar oder Tempel läuternd wirken kann.

Die Gemeinde der Jainas («Anhänger des Jina») besteht aus Mönchen, Nonnen und Laien. Um die Läuterung der eigenen Seele voranzutreiben, unterziehen sie sich den fünf großen Gelübden, kein Wesen zu verletzen, nicht zu lügen, nicht zu stehlen, sexuelle Enthaltsamkeit zu üben (bei Laien: den Ehebruch zu meiden) und besitzlos zu bleiben (bei Laien: unnötigen Besitz zu meiden). Wegen der Strenge ihrer Lebensführung war die Gemeinde der Jainas nie sehr groß. Sie hat aber aus dem gleichen Grunde auch hohe Achtung erfahren. Schon die Herrscher der Nandas und Mauryas im Magadha des 4.–3. Jh.s haben den Orden der Jainas unterstützt, und auch in Utkala (heute Orissa) genossen sie mehrere Jahrhunderte lang königliche Protektion. Eine Migration anläßlich einer schweren Hungersnot in Bihar und Bengalen führte viele Anhänger des Mahavira nach Rajasthan, Gujarat und in den Dekkhan, wo diese Religionsgruppe noch heute ihre Schwerpunkte hat. Eine Spaltung des Ordens vollzog sich im Jahre 80 n. Chr., als ein Teil der Mönche an Mahaviras strenger Askesevorschrift der totalen Nacktheit für Mönche festhielt (digambara = «die mit den Himmelsrichtungen Bekleideten», heute noch in Karnataka angesiedelt), während die andere Gruppe weiße Gewänder einführte (shvetambara = «die Weißgekleideten»). Letztere legten auf einem Konzil im 5. Jh. den umfangreichen, in Prakrit geschriebenen Kanon ihrer autoritativen Schriften fest. Die Digambaras benutzen etwa die gleichen Schriften, betonen aber, daß die Originaltexte verlorengegangen seien und dies nur jener Teil sei, den man, nicht ganz ohne Fehler, aus der Erinnerung habe rekonstruieren können.

Im Mittelalter wurden Jainamönche in Gujarat und Karnataka nicht selten als Ratgeber und Minister an fürstliche Höfe berufen. Als Gelehrte und Schriftsteller haben Jainamönche Bedeutendes zur indischen Kultur beigetragen. Die Laien konnten sich wegen ihres rigorosen Gewaltlosigkeitsgebots weder dem Ackerbau (beim Pflügen könnten Lebewesen verletzt werden) noch der Kriegskunst widmen. Sie wandten sich dem Handel und Bankgewerbe zu, und da sie zugleich einer asketischen Lebensweise verpflichtet blieben, haben sie ihre Gewinne häufig in prächtigen Tempelbauten und öffentlichen Einrichtungen angelegt. Noch heute bilden sie eine relativ wohlhabende und einflußreiche Bevölkerungsgruppe.

Der Buddhismus

Der Buddha entstammte dem Kshatriya-Klan der Shakyas. Sein Leben ist legendenumwoben und die Lebensdaten sind umstritten. Einigkeit herrscht jedoch darüber, daß er 80 Jahre alt war, als er starb bzw. «ins Nirvana einging». Nach der bis vor wenigen Jahren als verläßlicher geltenden Ceylonesischen Tradition geschah dies 218 Jahre vor der Königsweihe des Königs Ashoka (268 v. Chr.), nach der nördlichen Tradition dagegen nur 100 Jahre vorher. Es ergeben sich die ungefähren Lebensdaten 566–486 oder 448–368 v. Chr. Ersteres Datum wird durch die puranische Überlieferung der Hindus gestützt. Beim gegenwärtigen Stand der Forschung scheint jedoch ein Ansatz zwischen den beiden Daten denkbar.

Auch Buddha gründete einen Mönchsorden, der von Laienanhängern unterstützt wurde. Gegen Ende seines Lebens stimmte er nur ungern auch der Initiation von Nonnen zu. Seine Lehre wurde in den «vier edlen Wahrheiten» zusammengefaßt, welche von der Existenz des Leidens, seiner Entstehung, seiner Überwindung und von dem Weg zu seiner Überwindung handeln. Als entscheidende Differenz seiner Analyse des Menschen zu den brahmanischen Lehren seiner Zeit ist festzuhalten, daß er keine bleibende Substanz, keinen Atman, keine Seele erkennt, welche von Geburt zu Geburt wandern könnte. Der Mensch ist vielmehr ein Aggregat der fünf Daseinsgruppen: Gestalt, Empfindung, Wahrnehmung, Willensregung und Bewußtsein, die ihrerseits auf vergänglichen Elementen aufbauen und selber vergänglich sind. Sie entstehen in Abhängigkeit von vielen sie bedingenden Faktoren und lösen sich auch in Abhängigkeit von anderen Faktoren wieder auf. Was aber nicht aus sich selbst besteht, sondern immer durch anderes bedingt ist und seinem Wesen nach dem Wandel und der Vergänglichkeit unterliegt, das muß in letzter Analyse als Leid bezeichnet werden, weil es die Unvergänglichkeit nicht besitzt, welche unabdingbare Voraussetzung des wahren Glückes ist. Ebenso verhält es sich mit allen anderen Wesen im Kreislauf des Samsara: sie sind unbeständig, leidvoll und ohne bleibendes Selbst. Verkörpern können sie sich nach der später ausgefeilten Lehre im Bereich der Götter, der Menschen, der Tiere, der Totengeister oder der Hölle, d. h. aller Wesen, welche das dreistufige Weltall bevölkern: die Welt der sinnlichen Begierden, die von der Hölle bis zu den niederen Göttern reicht, die feinstoffliche Welt der Brahma-Götter und die körperlose Welt der höheren Götter. Hier und an vielen anderen Stellen der Buddha-Legende zeigt sich, wie der Buddhismus mit Geschick die volkstümlichen Götter des Polytheismus in seine eigentlich atheistische Lehre integriert hat. Indra und seine himmlischen Götter, die noch im Kreislauf der Geburten gefangen sind, werden als Diener und Verehrer des Buddha dargestellt. Und selbst der Schöpfergott Brahma steht im Rang tief unter dem Buddha.

Nach Buddhas Lehre wird das kontinuierliche Werden und Vergehen der Lebewesen durch den «Durst» nach Dasein verursacht, der seinerseits auf den Taten früherer Leben und der daraus resultierenden Beflekkung und Unwissenheit beruht. Ein Ende des Leidens kann erst erreicht werden, wenn keine neuen Daseinsimpulse mehr entstehen. Dies ist der Fall, wenn man frei wird von Durst, Leidenschaft und Unwissenheit und folglich ohne Gier, Haß und Verblendung handelt. Nur solches Handeln produziert keine karmische Haftung mehr, es bindet die fünf Daseinsgruppen nicht mehr zusammen, so daß sie ihre Grundlage verlieren und auseinanderfallen. Das Ende des Werdens in Abhängigkeit ist dadurch erreicht und zugleich auch das Ende des Leidens: Es erlischt, wie die Flamme einer Öllampe, wenn das Öl, das sie speiste, verbraucht ist. Was folgt, ist das Eingehen ins Nirvana, über das der Buddha selbst keine Aussagen gemacht hat.

Als Weg zur Erlösung hat der Buddha den edlen achtgliedrigen Pfad vorgezeichnet, den die Mönche seines Ordens und die Laien nach Kräften üben sollen und der sich nicht wesentlich von anderen Anweisungen zur Versenkungspraxis unterscheidet. Sein Ziel ist die rechte Erkenntnis (1), welche nur auf der Basis einer rechten Gesinnung (2) erlangt werden kann. Seine Voraussetzung ist ein sittliches Verhalten, das sich in rechtem Reden (3), rechtem Handeln (4) und rechtem Lebenserwerb (5) ausdrückt. Und sein operatives Kernstück besteht in der meditativen Übung, welche in Genügsamkeit, aber ohne selbstzerstörerische Askese in der rechten Anstrengung (6), der rechten Achtsamkeit (7) und der rechten Versenkung (8) besteht.

Buddhas Lehre fand relativ rasch breiten Zulauf und die finanzielle Unterstützung reicher Kaufleute und mächtiger Fürsten. Die Laienanhänger nahmen – ähnlich wie bei den Jainas und anderen Mönchsgemeinden – allgemeine Reinheitsgelübde auf sich, wie das Unterlassen einer Verletzung von Lebewesen, von Lüge, Diebstahl, Verkehr mit der Frau eines anderen und Genuß von Rauschmitteln. Durch die Speisung und Kleidung der Mönche konnten sie religiöses Verdienst erwerben, um zu einer besseren Wiedergeburt zu gelangen. Für die Mönche und Nonnen wurden Ordensregeln erlassen und nach und nach ergänzt. Regelmäßige öffentliche Beicht- und Bußfeiern wurden eingeführt. Dennoch ließen sich Konflikte und Spaltungen des Ordens auf die Dauer nicht vermeiden. Sie traten bereits bei den Konzilen von Rajagriha (nach der ceylonesischen Chronologie im Jahr 483, relativ bald nach dem Tode des Buddha), von Vaishali (100 Jahre später) und von Pataliputra (im 18. Regierungsjahr des Königs Ashoka, ca. 250 v. Chr.) auf und setzten sich später dank der Ausbreitung des Buddhismus nach Ceylon, Südostasien, Zentralasien, Tibet und Ostasien weiter fort. Zu unterscheiden sind im Wesentlichen drei Hauptlinien (sog. «Fahrzeuge»): Theravada oder Hinayana, Mahayana und Vajrayana. Die von ihren Gegnern als «Kleines Fahrzeug» (Hinayana) bezeichnete Linie der «Lehre der Alten» (Theravada) betont, daß bei aller Hilfe durch andere jeder einzelne letztlich nur durch eigene Anstrengung die Erlösung zu erreichen vermag. Das «Große Fahrzeug» (Mahayana) hebt Buddhas Entschluß hervor, nach der Erleuchtung nicht sogleich ins Nirvana einzugehen, sondern seine Heilsbotschaft zum Wohle aller Menschen in der Welt zu verbreiten. Diese Linie entwickelt und propagiert das Ideal des Bodhisattva, des mitleidserfüllten «Erleuchtungswesens», welches die eigene Erlösung zurückstellt, bis es allen anderen Wesen Erlösung gebracht hat. Das «Diamantfahrzeug» (Vajrayana) schließlich ist eine tantrisch geprägte Fortbildung des Mahayana Buddhismus, die vor allem in Tibet eine eigenständige Form entwickelt hat. Jedes dieser Fahrzeuge ist in mehrere Schulen untergliedert, die z. T. auf dem Gebiet der Erkenntnislehre und Metaphysik, z. T. im Bereich der Ordensregeln und Organisation, z. T. auch im Bereich der Meditationstechniken Unterschiede aufweisen. Das Bewußtsein ihrer Zusammengehörigkeit wird dadurch jedoch nicht in Frage gestellt.

Ebenso wichtig wie die interne Auseinandersetzung über die richtige Auslegung der Lehre Buddhas war aber auch die Diskussion mit den anderen Religionen in Indien. Hier haben die Buddhisten vor allem durch ihre Leugnung der Autorität des Veda und durch ihre Behauptung, es gebe keine bleibende Seele im Menschen, für Zündstoff gesorgt. Von den Brahmanen wurden sie als Nihilisten (nastika) bezeichnet und bekämpft. Dennoch gewannen sie Einfluß und die Förderung machtvoller Gönner. Als sogar der mächtige König Ashoka zum Laienanhänger wurde und den Buddhismus durch den Bau zahlreicher Stupas und durch Aussendung von Missionaren unter königlicher Protektion förderte, faßte der Mönchsorden auch in Südindien und in Ceylon Fuß und wurde im Nordwesten über die Grenzen Indiens hinaus bekannt gemacht. Die Tatsache, daß sich die buddhistische Lehre von Anfang an vor allem in der städtischen Kaufmannsschicht und unter den Fürsten eine wohlhabende Gönnerschaft sichern konnte, macht sich auch in den folgenden Jahrhunderten bemerkbar. So entstehen im 2. und 1. Jh. v. Chr. die aufwendig gebauten und mit überaus reichem Skulpturenschmuck versehenen Stupas von Bharhut und Sanchi. Zur Zeit des nordindischen Kushana-Reiches (1.–3. Jh.) breitet sich der Buddhismus nach Afghanistan und Zentralasien aus. Es entstehen erste Übersetzungen buddhistischer Texte ins Chinesische, und diese Expansion nach Ostasien setzt sich mit zunehmender Intensität im 3.–7. Jh. fort. Schon im 6. Jh. gelangte der Buddhismus über Korea auch nach Japan. Und seit dem 7. Jahrhundert faßte er Fuß in Tibet, wo er vor allem ab Mitte des 8. Jh.s an Einfluß gewann und schließlich unter Verschmelzung mit Elementen der einheimischen Bon-Religion und geprägt von einer dominanten tantristischen Komponente eine Staatsform schuf, die theokratische Züge trägt.

In Indien selbst stand der Buddhismus bis zum 12. Jh. in hoher Blüte. Er wurde jedoch ins Mark getroffen, als die Muslime im 13. Jh. Nordindien eroberten und die Klöster und Bibliotheken zerstörten. Dies war nicht nur gegen den Buddhismus gerichtet, auch die Hindutempel wurden zerstört. Aber der Hindu kann seinen Gott zu Hause in der Familie verehren; der buddhistische Mönch und Laie ist auf die Mönchsgemeinde angewiesen. Die Flucht der Mönche (vor allem nach Südostasien) ließ eine Laienanhängerschaft zurück, die nun ohne spirituelle Betreuung war und sich teils den Hindu Religionen zuwandte, teils zum Islam übertrat. Zwar hielten sich vereinzelte buddhistische Gemeinden in Südindien und Orissa, doch sie waren vom Strom der wandernden Mönche abgeschnitten und verkümmerten mit der Zeit. Erst in der Neuzeit hat eine Wiederbelebung ehemaliger heiliger Stätten des Buddhismus in Indien stattgefunden, die von japanischen Klöstern ausging. Auch zahlreiche Exiltibeter tragen dazu bei, die buddhistische Präsenz in Indien wieder sichtbar zu machen.

Der älteste erhaltene Kanon der Literatur des Buddhismus, mit deren Sammlung schon auf dem ersten Konzil begonnen worden war, wurde im 1. Jh. v. Chr. in Ceylon in der Sprache Pali niedergeschrieben und dann sukzessive bis ins 5. Jh. n. Chr. ergänzt. Er umfaßt drei Sammlungen (Körbe: pitaka), welche die Lehrreden des Buddha (sutta), die Ordensdisziplin (vinaya) und die Metaphysik (abhidhamma) zum Gegenstand haben. Die entsprechenden Sanskrittexte sind nur zum Teil erhalten. Eine umfangreiche Kommentarliteratur schließt sich an jede der drei Sammlungen an. Dagegen sind die Schriften des Mahayana und Vajrayana Buddhismus vorwiegend in Sanskrit verfaßt worden. In Nordindien fielen sie weitgehend der Zerstörung der Klöster durch die Muslime zum Opfer, sind aber zum größten Teil in chinesischer und / oder tibetischer Übersetzung erhalten geblieben.

Der Vishnuismus

Das vierte Jahrhundert v. Chr. war in Indien eine Zeit großer sozialer, politischer und religiöser Umbrüche. Der Anspruch der Brahmanen auf den höchsten Rang in der Gesellschaft stand zwar noch im Raum und wurde weiterhin aufrechterhalten, in Wirklichkeit aber verloren die Brahmanen und die vedische Religion ihre Kundschaft und verarmten. Mönche aus den Orden des Jina und des Buddha und mehrere andere Weisheitslehrer durchzogen predigend das Land und machten den Brahmanen ihre angestammte Klientel streitig. Daß die mächtigen Herrscher von Magadha sich schon zu Anfang des 4. Jh.s den Jainas zugewandt hatten, war für die Brahmanen schlimm genug. Nun aber begannen sie eine von Magadha ausgehende Expansionspolitik, welche das politische Gleichgewicht der nordindischen Fürstenstaaten völlig über den Haufen warf. Nacheinander besiegten sie von Westen her sämtliche Fürstentümer zwischen dem Vindhya Gebirge und dem Himalaya bis einschließlich Avanti und das Gebiet der Kuru-Panchalas, also das ganze Gebiet östlich von Ujjain, Mathura und Delhi. Und sie taten dies nicht, wie vorher üblich, um Tribut zu verlangen und als Oberherren anerkannt zu werden. Vielmehr setzten sie die angestammten Herrscher ab, entmachteten ihre Familien und schlossen das ganze Gebiet zu einem Großreich zusammen, das von Pataliputra (heute Patna) aus zentralistisch regiert wurde. Die Folge war, daß die Brahmanen nicht nur in Magadha, sondern in großen Teilen Nordindiens ihre wichtigsten Arbeitgeber verloren. Die vedafeindlichen Mächte waren im Aufwind, die vedatreuen Brahmanen hatten das Nachsehen. Hinzu kam die religiöse Verunsicherung der Bevölkerung. Im festen Glauben an die eigene magische Macht als Opferkünstler hatten die Brahmanen selber dazu beigetragen, daß Indra und seine Götter nicht mehr so ernst genommen wurden. Kein Wunder, daß auch die Buddhisten und Jainas in diesen Göttern nur dienende Geister sahen, welche sich glücklich schätzen konnten, wenn sie den Mahavira oder den Buddha mit einem Blütenregen ehren durften. Das Volk aber brauchte mächtige und zugängliche Götter, solche, die in der Lage waren, Schutz und Hilfe zu gewähren und denen man sich nähern konnte, ohne einem Brahmanen teure Geschenke machen zu müssen.

In dieser Situation wandten sich in Nordindien viele der Arier einer neuen Gottheit zu: Vasudeva Krishna (= Krishna, Sohn des Vasudeva), den seine Anhänger als den Erhabenen (bhagavat) bezeichneten. In seinem Kult verbanden sich Elemente der mystischen Spekulation der Upanishaden – insbesondere die Lehre vom omnipräsenten Brahman – mit dem Bilder- und Tempelkult der Götter der Shudras und dem Heroenkult, der in der Yaksha-Verehrung einheimische Wurzeln besaß. Neu und ehrfurchtgebietend war die monotheistische Konzeption dieses Gottes als höchster und einzig wirklicher Gott, der die Welt und alle Wesen einschließlich der anderen Götter in sich trägt und hervorbringt, der allwissend und allmächtig alles Seiende lenkt und letztlich der einzig Handelnde ist, weil nichts ohne seinen Willen geschieht. Neu war auch der Weg zur Erlösung, den dieser Gott den Gläubigen anbot: einerseits pflichtgemäßes und vor allem selbstloses Handeln in der Gesellschaft, weil dadurch kein Karman entsteht; und andererseits bedingungslose, liebende Hingabe an ihn, den Gott, der seinerseits die Welt und alle seine Geschöpfe liebt und erlöst. Bhakti, «dienende Zuwendung», kennzeichnet die neue Beziehung zwischen Mensch und Gottheit, welche das vedische Opfer ablöst und zugleich die intellektuelle Suche nach erlösendem Wissen in eine starke emotionale Beziehung einbindet. Das upanishadische Brahman wird in Krishna zur ansprechbaren Person. Und der Yoga, der zunächst nur die Anschirrung und Disziplinierung der eigenen Sinne und Gedanken zum Ziel hatte, bekommt nun ein größeres Ziel: die Anschirrung des Individuums an die Gottheit, damit in der Verbindung mit ihr aller Makel getilgt wird und die Erlösung sich vollzieht.

Es ist dieser Gott, dessen Selbstoffenbarung in der Bhagavadgita beschrieben wird. Und hier zeigt sich auch ein weiteres wichtiges Element seines Wesens: Der Gott inkarniert sich in die Welt, wann immer Recht und Ordnung (dharma) schwinden und Unrecht und Chaos (adharma) die Oberhand gewinnen. Krishna, der Sohn des Vasudeva, ist eine solche, für die Rettung der Welt sich vollziehende Inkarnation des Göttlichen. Er ist Mensch und höchster Gott zugleich. Dieser höchste Gott ist Narayana, der auf den Urwassern ruhende Schöpfergott, der schon im «Brahmana der Hundert Wege» mit dem Urgott Purusha identifiziert worden war, der sich selbst in die Welt geopfert hat. Noch älter ist die Gleichsetzung dieses Purusha als Prototyp des welterschaffenden Opfers mit dem vedischen Gott Vishnu. Und so steht hinter der neuen Gottheit Vasudeva Krishna eine uralte vedische Tradition, die noch unverbraucht ist, denn Purusha und Vishnu gehören einer Schicht der vedischen Überlieferung an, die beim normalen brahmanischen Opfer eher im Hintergrund bleibt.

Der Kult des Vasudeva Krishna nahm zu Anfang verschiedene Formen an, die von unterschiedlichen Trägergruppen ausgestaltet wurden und daher zunächst auch unterschiedliche Traditionen entwickelten: a) Er verband sich mit dem Kult des Naga Samkarshana zu einem Doppelkult, in dem die beiden Götter ein Brüderpaar bilden. b) Er bezog den Sohn und Enkel Krishnas ein, um eine Emanationskette des Göttlichen (und eine Kontinuität der Inkarnation) darzustellen, welche den verschiedenen Stufen der kosmogonischen Selbstentfaltung Gottes Ausdruck verleihen sollte. c) Er bildete eine in asketischer Tradition stehende Theologie aus, welche dem Gotte Narayana deutlicheres Profil verlieh. d) Er entwickelte unter Einbeziehung von Konzepten aus dem Kult des Brahma-Prajapati eine dem kshatriya-dharma der Kriegerschicht verpflichtete, königliche, herrschaftsorientierte Vishnu-Mythologie. e) Schließlich verband er sich auch mit einem Pastoralkult, der wesentliche Elemente zur Kindheitsmythologie Krishnas beitrug. Seit dem 1. oder 2. Jh. n. Chr. gewinnt der königliche Aspekt Vishnus zunehmend an Bedeutung. Aber erst im 5. Jh. n. Chr. haben sich die verschiedenen Zweige des Krishna / Vasudeva / Narayana / Vishnu-Kultes unter der übergreifenden Bezeichnung «Vishnuiten» (vaishnava) vereinigt, freilich ohne dabei ihre theologischen Schwerpunkte ganz zu verwischen.

Von da an wurde der Vishnuismus zu einer dominierenden Kraft in Indien. Er absorbierte nach und nach eine Reihe anderer Kulte, vor allem aber den Kult des Brahma und den Sonnenkult, der noch bis ins 8. Jh. eine eigenständige Religion bildete. Auch dem Buddhismus konnte er Gläubige abgewinnen. Wie dieser wies er dem Polytheismus der vedischen Götter und der Volkskulte einen untergeordneten Platz in seinem theologischen System an: Sie sind noch unerlöste Seelen und können von sich aus keine Wünsche erfüllen. Krishna selber ist es, der die Wünsche erfüllt, die Unwissende an andere Götter richten. Auch die großen Götter Shiva und Brahma integriert die vishnuitische Theologie an geeigneter untergeordneter Stelle. Beide sind vergängliche Wesen, wenngleich ihr Leben länger dauert, als das der niederen Götter. Sie sind mit der zyklisch wiederkehrenden Schöpfung und Zerstörung der Welt betraut und handeln dabei im Auftrage Vishnus. Im Vergleich zu diesem ewigen Gott ist ihre Lebenszeit jedoch nur kurz: Sie entspricht nur einem Lidschlag der Augen des großen Gottes.

Im goldenen Zeitalter der Guptaherrschaft besaß die Verehrung des Vishnu Narayana ausgeprägte königliche Protektion. Die Betonung seiner Anhänger auf der welterhaltenden, die Welt schützenden und behütenden Rolle des Gottes Vishnu führte zu einer konzeptionellen Annäherung von Königtum und Vishnuismus: der König konnte nun als irdischer Stellvertreter des Gottes Vishnu gelten, da er dessen Rolle des Beschützers von Recht und Ordnung für seinen territorialen Bereich übernahm. Auch die in der Mythologie des Gottes Vishnu immer wieder hervortretende Rolle des Siegers über dämonische Kräfte wurde von den Königen zur Legitimierung eigener Kriege aufgegriffen. In Analogie zu dem großen Gotte konnten sie ihre Aufgabe darin sehen, die als Dämonen abgewerteten Feinde zu besiegen und die Erde aus ihren Klauen zu befreien. Diese Nähe von Königtum und Gottesherrschaft fand auch Ausdruck in der Aufnahme des epischen Helden Rama unter die Inkarnationen des Vishnu, deren Zahl sich schließlich im 6. Jh. bei zehn Inkarnationen stabilisierte.

Doch nicht nur die Herrschenden sprach der Vishnuismus an. Schon frühzeitig trat er mit sozialreformerischen Ideen auf, wandte sich gegen die Diskriminierung der Unterkasten und propagierte den emotionalen Weg der Gottesliebe als Heilsweg, der auch dem Armen und Ungebildeten offensteht. Von der Verehrung Krishnas als Helden verlegte sich der Schwerpunkt auf die wunderbare Kindheit des inkarnierten Gottes, auf seine Spiele, Streiche und Wundertaten, auf den Charme, mit dem er später die Hirtenmädchen bezauberte, und auf die Liebe, die sie alle mit ihm verband. Damit aktivierte der Krishnakult neben den heroisch-männlichen auch die mütterlichen Gefühle (vatsalya) und die starken Emotionen intensiver Liebesbeziehung zwischen Mann und Frau (prema) als Gleichnis für die Beziehung zwischen Mensch und Gottheit. Dabei wurde die menschliche Seele als weibliche Geliebte konzipiert, welche sich ihrem Liebhaber, dem Gotte Krishna, hingibt und mit ihm verschmilzt. Wesentliches Gewicht kommt jedoch der Selbstlosigkeit dieser Liebesbeziehung zu: Sobald sich im Herzen der Geliebten Stolz und Überheblichkeit regt oder ein Besitzanspruch auftritt, zieht Krishna sich zurück. Doch auch diese Abwesenheit Gottes wird als heilsträchtig erfahren, weil die Reue und die Sehnsucht nach dem fernen Geliebten eine Läuterung bewirkt und die Liebenden wieder zusammenführt. Diese Liebesmystik, zunächst vor allem in Südindien zu hoher religiöser und literarischer Blüte erhoben, setzte sich später auch im Norden Indiens durch und konzentrierte sich dabei auf das Paar Radha und Krishna, denen die Gläubigen in Preisliedern und kultischem Dienst gemeinsam Verehrung entgegenbringen.

Unter den heiligen Schriften der Vishnuiten erfreuen sich besonderer Beliebtheit: a) das Epos Ramayana in seiner Gesamtheit, vor allem jedoch in seiner Hindi-Nachdichtung durch Tulsidas; b) aus dem Epos Mahabharata vor allem die Bhagavadgita und andere theologische Exkurse sowie der Harivamsha mit der Kindheitsgeschichte Krishnas, welcher als Nachtrag zum Mahabharata gilt; c) die vishnuitischen Puranen, insbesondere das Vishnupurana und das Bhagavatapurana; d) die als inspiriert geltenden religiösen Lieder der Alvars (7.–9. Jh.) und bedeutender bhaktas des späten Mittelalters. In Südindien gelten die Samhitas der Vaikhanasa-Schule und die Agamas der Pancaratra-Schule als weitere bedeutende Offenbarungstexte.

Der Vishnuismus ist heute vielleicht die nach Zahl der Gläubigen größte unter den indischen Religionen, dicht gefolgt vom Shivaismus. Er hat sich seit der Mitte des 19. Jh.s in der nationalen Unabhängigkeitsbewegung vor allem in Nordindien stark engagiert und beherrscht dort heute den städtischen Mittelstand und die Schicht der Großindustriellen, soweit sie nicht den Jainas oder Parsen zugehören. Sein politisches Gewicht ist entsprechend spürbar und wurde in den letzten Jahren durch die Fernsehverfilmung der Epen Ramayana und Mahabharata noch erkennbarer. Die Bemühungen, am mythischen Geburtsort des Gottes Rama in Ayodhya (Nordindien) einen neuen Tempel zu erbauen, haben zwar 1992 zum gewaltsamen Abriß einer dort stehenden alten Moschee geführt, sind aber wegen der dadurch entstandenen heftigen Spannungen mit den Muslimen vorläufig zurückgestellt worden.

Der Shivaismus

Entstehungsbedingungen und Entstehungszeit der zweiten großen monotheistischen Religion Indiens, des Shivaismus, waren fast die gleichen wie beim Vishnuismus. Auch hier war zuerst ein anderer Name des Gottes dominant (Rudra), auch hier handelte es sich um die Verbindung spätvedischer Spekulationen mit einer Gottheit, die Züge vedischer und außervedischer Gottheiten miteinander vereinigte. Wegen seines zerstörerisch-gefährlichen und unnahbaren Charakters flößte der Gott Rudra eher Furcht ein, und seine Verehrung setzte sich erst etwa 200 Jahre später durch als diejenige des Vasudeva Krishna. Von Anfang an war sie mit dem Yoga und mit asketischer Praxis verbunden.

Rudra war ein der vedischen Religion als machtvoller und gefährlicher Außenseiter bekannter Gott, der in den Bergen herumstreift und dessen Pfeile für die Menschen und ihr Vieh Krankheit und Verderben bringen. Dieser Gott, der sich, vom Opfer ausgeschlossen, mit dem unreinen Opferrest begnügen mußte und den man dennoch fürchtete, ging eine Symbiose mit dem zerstörerischen Aspekt des Feuergottes Agni ein, einem Gott, der im brennenden Scheiterhaufen Leichen verzehrte und der ebenfalls wild und gefährlich werden konnte, wenn er als Wald- oder Steppenbrand alles Lebendige rücksichtslos vernichtete. Für den Wahrheitssucher, der sich von der Gesellschaft absonderte, um unter Selbstkasteiung und Yoga in der Wildnis höheres Wissen zu suchen, erwies sich die weltvernichtende Wut des Gottes Rudra als kongenial und verständlich, ja erstrebenswert: Wollte doch auch der Yogin die Vielheit der weltlichen Erscheinungen im Feuer höheren Wissens verbrennen, um zur Erkenntnis des Einen Absoluten vorzudringen. Rudra wurde zum Gott der Yogis und Asketen. Den Namen Shiva, der «Gückverheißende» oder «Gnädige», gab man ihm in euphemistischer Absicht: Er sollte den leicht erzürnten Gott von vornherein friedlich und wohlwollend stimmen.

In der Mythologie zeigt sich Shiva ebenso maßlos in seiner Askese wie in seiner Zeugungskraft. Der Stier ist sein Reittier, Parvati (auch Uma genannt), die Tochter des Berges, ist seine Gemahlin. Auch diese Göttin ist ambivalent. Aus der freundlichen Gemahlin kann Durga werden, «die schwer Zugängliche» oder gar Kali, die schwarze, alles verschlingende Göttin Zeit. Shivas Symbol ist das Lingam, ein abstrahiertes phallisches Symbol, das nicht nur ausströmende schöpferische Potenz anzeigt, sondern auch deren Kontrolle und aufwärtsgerichtete Transformation in erlösendes Wissen. Wie Vishnu ist auch Shiva ein Dämonen besiegender Gott. Doch ihm geht es nicht, wie Vishnu, um die Aufrechterhaltung der Ordnungsprinzipien dieser Welt. Seine Gegner sind die Widerstände, welche die Bemühungen des Yogin vereiteln: Unwissenheit, geistige Blindheit und Verwirrung, die den Adepten von erlösendem Wissen fernhalten.

Nach der voll ausgebildeten shivaitischen Theologie ist Shiva der Höchste Herr (parameshvara), der Große Gott (maheshvara), welcher die Welt erschafft, erhält und wieder zerstört. Er ist reines Bewußtsein, besitzt aber unbegrenzte Fähigkeit (shakti) zu wollen, zu wissen und zu handeln. Wenngleich Shiva und seine Fähigkeiten letztlich eines sind, lassen sie sich in mythischem Bilde doch aufteilen in den männlichen Shiva und seine weibliche Shakti, repräsentiert je nach Anlaß durch friedliche (shanta) oder schreckliche (ugra) Aspekte seiner Gemahlin Durga. Dieser duale Aspekt des Gottes kommt auch in seiner bildlichen

Darstellung als «Herr, der zur Hälfte ein Weib ist» (ardhanarishvara) zum Ausdruck, wobei die rechte Hälfte des Körpers männlich, die linke weiblich dargestellt wird. Im weiteren Verlauf des kosmogonischen Prozesses ist es Shakti, welche – gelenkt vom Bewußtsein Shivas – handelt. Dabei führt der Weg von der Einheit des höchsten Gottes über eine Skala von 36 Daseinsfaktoren (tattva) zur Vielfalt der Welt.

Neben Shiva als omnipotentem Herrn (pati) existieren, bewußt und anfangslos wie er selber, unzählige Seelen (pashu = Haustier), die sich nur dadurch von ihm unterscheiden, daß sie mit einem anfangslosen Makel (mala) und mit Karman behaftet sind. Um ihnen Gelegenheit zu geben, diesen Makel abzustreifen, erschafft Shiva mit Hilfe seiner Shakti die Welt, wobei er in der verhüllenden Materie Maya und ihren Evoluten Fesseln produziert, welche die Seelen binden und ihre Wahrnehmungs- und Handlungsfähigkeit einschränken. Für die Seelen ist dieses Eintreten in noch größere Bindung nicht grausam, sondern ein notwendiger Schritt im Erlösungsprozeß, da die Einzelseele nur so ihr Karman abzubauen und mit Shivas Gnade allmählich in immer feinstofflichere Stufen des Daseins aufzusteigen vermag, bis sie, von allem Karman befreit, ihren anfangslosen Makel abstreift und vollkommen wird wie Shiva selbst. Die so erlöste Seele ist allwissend und glückselig, handelt aber nicht, sondern wird uneingeschränkter Zeuge von Shivas Handeln.

Auch der Shivaismus hat im Zuge seiner Ausbreitung andere Kulte aufgesogen, insbesondere den des Kriegsgottes Kumara (auch Skanda und Karttikeya genannt), der als «Sohn» in die Familie Shivas eingegliedert wurde. Ein zweiter «Sohn» wurde der elefantenköpfige Gott Ganesha, der noch heute als Beseitiger von Hindernissen aller Art liebevoll verehrt wird. Durch die Betonung des weiblichen Aspekts war es dem Shivaismus auch möglich, eine große Zahl von lokal oder regional verehrten Göttinnen mit Shivas Gemahlin Durga zu identifizieren und in den Shivaismus zu integrieren. Dadurch hat Shivas Partnerin in den zahllosen Tempeln Indiens viele unterschiedliche Namen, die jedoch alle nur Ausdruck seiner einen, vielgestaltigen Shakti sind. Wie Vishnu, so wurde auch Shiva von den Fürsten Indiens als siegreicher, Feinde vernichtender Gott verehrt. Er gilt aber auch als Erfinder und Meister des Tanzes und der Musik. Für die Brahmanen steht seine Rolle als Herr der Yogis (Yogisvara) und Vernichter der Unwissenheit im Vordergrund. Die einfachen Gläubigen aber verehren seine Füße in demütiger Hingabe, um durch seine sündentilgende Gnade herausgehoben zu werden aus dem Kreislauf der Wiedergeburten.

Der Shivaismus hat sich aufgrund regionaler und doktrinaler Differenzen im Laufe der Jahrhunderte in viele Sekten aufgespalten. Sie repräsentieren ein breites Spektrum von Verhaltensformen, das vom unauffälligen Bürger bis zum nackten, mit Asche von Leichenverbrennungsstätten beschmierten Wanderasketen reicht, dessen Bettelschale aus einem Totenschädel geformt ist. Vor allem aber hat sich in Regionen mit starker Komponente eines ursprünglichen Göttinnenkultes das Gleichgewicht zwischen Shiva und Shakti zugunsten der Göttin verschoben. Diese Göttinnen waren vor ihrer Integration in den Shivaismus in der Regel gefährlich und todbringend, und sie sind es geblieben. Man tut gut daran, sie rechtzeitig mit Opfern zu besänftigen, damit sich ihr Zorn gar nicht erst entfaltet. Sind sie befriedigt, so zeigen sie die Seite der schützenden und liebenden Mutter; sind sie es nicht, so verschlingen sie ihre Kinder. Das gilt auch für die zahlreichen Krankheitsgöttinnen, die mit Cholera, Malaria und Pocken vor allem die Kinder dahinraffen, aber auch vor eben diesen Krankheiten zu schützen vermögen, wenn sie gnädig gestimmt sind. Wo also ein vorbeugender Umgang mit der Göttin lebenswichtig erschien, behielt ihr Kult seine Bedeutung und konnte theologisch auch untermauert werden. War es nicht die Shakti, welche allein handelt, während Shiva nur untätig zuschaut? Wäre Shiva ohne die Shakti nicht gänzlich hilflos? Aus dieser Perspektive entwickelte sich ab dem 12. Jh. eine Theologie des Shaktismus, welche der Göttin den höchsten Platz einräumt. Sie ist es, welche für die Schöpfung, Welterhaltung und Weltzerstörung verantwortlich ist. Sie allein ist es auch, welche den Wesen Erlösung gewähren kann. Shiva spielt nur noch eine untergeordnete Rolle; in manchen Fällen wird er gar nicht mehr erwähnt. So hat sich der Shaktismus in begrenzten Regionen Indiens zu einer eigenständigen Religion entwickelt. Wo dieser Schritt nicht getan wurde, kommt der Shakti als Gemahlin des Gottes dennoch große Bedeutung zu.

Die heiligen Schriften der Shivaiten bilden ein Korpus von 28 von Shiva selbst offenbarten umfangreichen Agamas sowie eine Reihe weiterer Tantras (die Begriffe agama und tantra sind in diesem Fall austauschbar) und der kurze Text der Shivasutras, die ebenfalls göttlichen Ursprungs sind. Auch die shivaitischen Puranas, die als Unterredungen des großen Gottes mit seiner Gemahlin Parvati konzipiert sind, sollen von Shiva selbst stammen. Sehr beliebt und reich an theologischen Einsichten sind viele von inspirierten Heiligen verfaßte Preislieder, vor allem die von Bhakti erfüllten Dichtungen der 63 südindischen Nayanars, die vom 7.–10. Jh. in Tamil verfaßt wurden. Hier steht Shiva als der Liebevolle, Freundliche, Hilfreiche und Gnädige im Vordergrund: der Gott, dem man sich gänzlich hingeben muß, um sich selbst ganz zu gewinnen. Unter den Liedersammlungen dieser Mystiker ragen das Devaram (enthält Lieder der Heiligen Appar, Sambandar und Sundarar, 7.–8. Jh.) und das Tiruvacakam (verfaßt von Manikkavacakar, 7. Jh.) besonders hervor. Wichtig sind ferner als Anbindung an die vedische Literatur die Shvetashvatara Upanishad und das Shatarudriyam, welches 100 Formen des Rudra preist. Eine reiche theologische Literatur schließt sich an diese heiligen Schriften an.

3. Der neuzeitliche Hinduismus

Der Einbruch des Islam in Nordindien im 13. Jh. brachte für alle Hindu-Religionen nördlich des Vindhya-Gebirges einen Verlust an Einfluß und an fürstlicher Protektion. Viele Tempel wurden zerstört. Kopfsteuer und Pilgersteuer reduzierten die Möglichkeiten der Hindus, ihre verbleibenden Tempel finanziell in dem Maße zu fördern, wie dies früher der Fall gewesen war. Sehr viele Brahmanenfamilien flohen in den Süden und Südosten des Landes, wo einzelne Hindureiche noch bis ins 16. Jh. ihre Unabhängigkeit bewahrten. Doch mit Ausnahme weniger Gebiete wurde später auch der Süden von islamischen Herrschern überrollt. Hinzu kam ab dem 18. Jh. ein zunehmendes Streben nach territorialer und administrativer Herrschaft der europäischen Handelskompanien, das schließlich in der britischen Kolonialherrschaft gipfelte. Unter dem Druck dieser mehr als 7 Jahrhunderte dauernden Fremdherrschaft mußten die Hindu-Religionen enger zusammenrücken, um überhaupt überleben zu können. In den Kerngebieten islamischer Herrschaft im Norden gab es teilweise so wenige Brahmanen, daß eine Familie mehrere Dörfer betreuen mußte. In der Not wurde es auch vielerorts die Regel, daß ein und derselbe Priester die Tempel verschiedener Religionsgruppen rituell zu versorgen hatte. Das Ritual wurde entsprechend vereinfacht und teilweise standardisiert.

Diese Angleichung und Kooperation der Hindu-Religionen haben in Südindien nicht in gleichem Maße stattgefunden. Im Norden aber haben sie dazu geführt, daß ein Zusammengehörigkeitsgefühl der Hindu-Religionen vorhanden war, als in der Mitte des 19. Jh.s eine an europäischen Vorbildern orientierte nationale Bewegung in Indien einsetzte. Sie konnte sich nicht auf eine gemeinsame Sprache berufen – Indien war ja in mehrere Sprachregionen und zwei vollständig verschiedene Sprachfamilien aufgeteilt – und brauchte daher ein anderes einigendes Band der Nation. Dieses fand sie in der Religion der Hindus, in ihrem ewigen Dharma (sanatana dharma), wobei die Wortführer in den nordindischen Städten Vishnuiten waren und die wesentlichen Merkmale dieses Hindu Dharma entsprechend formulierten.

Nun hatten allerdings die europäischen Missionare schon seit langem moralische und soziale Mißstände in Indien angeprangert und als Beweise für die Minderwertigkeit der Religion der Hindus gedeutet: Das Kastenwesen, die Witwenverbrennung, der religiöse Mord der Sekte der Thugs und Machtmißbrauch in den Klöstern waren nur die Spitzen jenes Eisberges von Verderbtheit, der notwendigerweise aus Aberglauben und Götzenkult hervorgehen mußte. Mehrere Reformbewegungen in Nordindien griffen diese Vorwürfe auf, verwiesen auf die uralte Tradition des Veda und suchten die eigene Tradition von Dekadenzerscheinungen zu reinigen. So entstanden u. a. der von Raja Ram

Mohan Roy 1828 gegründete Brahma Samaj, der sich gegen das Kastensystem und gegen die Witwenverbrennung aussprach, sogar von der Verehrung von Götterbildern Abstand nahm, und dessen Ethik zu Anfang noch deutlich von christlichem Einfluß geprägt war. 1875 gründete Dayananda Sarasvati den Arya Samaj, der allein die Veden als heilige Schriften anerkennt und aus ihnen eine Abkehr von Tempelkult und Bilderverehrung begründet. Es folgt 1897 die Ramakrishna-Mission, die Svami Vivekananda zu Ehren seines Lehrers Ramakrishna Paramahamsa ins Leben ruft und deren Arbeit bis heute von einem hohen sozialen Engagement getragen ist. Dieses wird jedoch nicht auf die christliche Lehre von der Gleichheit der Menschen, sondern auf die Lehren der Bhagavadgita von der selbstlosen Pflichterfüllung und auf die Karman-Lehre gegründet, und auf der Basis des monistischen Advaita Vedanta werden alle Religionen als mögliche, wenn auch der niederen Realität verhaftete und daher minderwertige Wege zum gleichen höchsten Ziel, dem Brahman, gewertet. Diese und viele andere Bewegungen kennzeichneten einen Erneuerungsprozeß, der aus dem reichen Schatz der religiösen Traditionen Indiens einzelne Elemente hervorhob, um sie als Richtlinien für eine spirituelle, soziale und nationale Regeneration einzusetzen.

Daß diese mit der Unabhängigkeit im Jahre 1947 noch nicht erreicht war, zeigte das große Blutvergießen, das die Teilung des Landes in Indien und Pakistan auslöste. Danach stand neben dem wirtschaftlichen Aufbau viele Jahre lang die Bildung einer gesamtindischen nationalen Kultur im Vordergrund staatlicher Bemühungen. Religiöse Differenzen wurden dabei möglichst unterdrückt. Das Postulat der Einheit der Hindus führt jedoch seit einigen Jahren zu Spannungen mit den Minoritäten, deren Religionen nicht-indischen Ursprungs sind. Es ist zu hoffen, daß ein alter und über viele Jahrhunderte hin erfolgreicher Leitgedanke der indischen religiösen Tradition wieder beachtet wird: daß die Verletzung anderer in Gedanken, Worten und Taten unweigerlich eigenes Leid verursacht und daß derjenige Staat gedeiht, in dem die Religionen in friedlichem Wettstreit miteinander sich um das Wohl aller Wesen bemühen.

X.
Der Islam in Indien

Kerrin Gräfin von Schwerin

Einleitung

Wenn hier vom Islam in Indien gesprochen wird, so ist unter «Indien» zunächst der historische Raum Südasiens vor seiner Teilung im Jahre 1947, für die zeitgeschichtlichen Aspekte jedoch das Indien in den Grenzen nach 1947 zu verstehen, d. h. also ohne die heute von Pakistan und Bangladesch beherrschten Territorien im Nordwesten und Nordosten Indiens. Auch wenn auf die Sonderentwicklung des Islam in den beiden Nachbarstaaten hier nicht eingegangen werden kann, so ist deren Existenz in vieler Hinsicht für die gegenwärtigen existentiellen und politischen Probleme und Fragen der indischen Muslims von Bedeutung und muß bei deren Beurteilung berücksichtigt werden. So wird bei zwischenstaatlichen Problemen und Auseinandersetzungen von der Sündenbock- oder Geiselfunktion der Minderheiten gesprochen.

In Indien befinden sich die Muslims in einer Minderheit von 11 %; in absoluten Zahlen handelt es sich um eine Bevölkerung von etwa 120 Millionen. Diese Muslim-Bevölkerung ist in sehr unterschiedlicher Massierung über die indische Union verteilt. Nur ein geringerer Teil gehört zur Mittelklasse, die Mehrzahl der indischen Muslims sind im unteren Drittel der gesellschaftlichen Hierarchie zu finden. Anders als in Pakistan und Bangladesch sieht diese Muslim-Bevölkerung sich in Indien außerstande, die im Islam postulierte Einheit von Religion und Politik zu verwirklichen. Der vom ersten indischen Premierminister Indiens, Jawaharlal Nehru, als säkular definierte Staat übernahm mit seinem Verzicht auf Einmischung in religiöse Angelegenheiten eine Schutzfunktion für diese Minderheit. Der Indische National-Kongreß, der die Freiheit Indiens von der britischen Kolonialherrschaft erstritten hatte, wurde lange Zeit von den Muslims als Garant ihrer Rechte und Sicherheit favorisiert. Eine eigene überregionale Muslim-Partei hat es nach dem Verbot der Muslim League, die für Pakistan gefochten hatte, in Indien nicht wieder gegeben. Das Wahlverhalten der Muslims hat sich im vergangenen Jahrzehnt geändert, nicht nur, weil die Führung der Congress-Partei nicht mehr wie früher unangefochten ist, sondern weil das Vertrauen in die Politiker insgesamt gelitten hat angesichts wachsender sozialer und wirtschaftlicher Spannungen, deren Opfer häufig Minderheiten sind. Die Diaspora-Situation ist den Muslims Indiens bewußt und wird ihnen durch jede neue Krise verdeutlicht, sei es ein Konflikt mit den Nachbarstaaten Pakistan oder Bangladesch (vor 1973 Ost-Pakistan), das Dauerthema der Reform des Muslim-Familienrechts oder seien es pogromartige Unruhen, sog. ‹communal riots›, in indischen Städten, die jüngst in der Zerstörung der Babri-Moschee in Ayodhya gipfelten. Diese Probleme sind neueren Datums und stehen im Zusammenhang mit dem Streß wirtschaftlicher Entwicklung und einer unter großem Leistungsdruck stehenden jungen Demokratie in einem Land, das weitgehend von vorindustriellen Werten und einer durch religiöse Regeln legitimierte starre Gesellschaftsstruktur bestimmt wird.

Die indischen Muslims sind Teil dieser Gesellschaft, denn die Mehrzahl ihrer Mitglieder wurde irgendwann in Indien zum Islam konvertiert. Doch die Religion, der sie angehören, ist nicht auf indischem Boden gewachsen und steht in vielen Aspekten im Gegensatz zu den Glaubensinhalten und Verhaltensweisen ihrer indischen Hindu-Nachbarn.

1. Ein historischer Überblick

Die indischen Muslims haben, wie ihre Glaubensbrüder andernorts, Anteil an der Tradition des Islam, seiner Ethik und seinen Gesetzen, seiner übernationalen intellektuellen Kultur, seinen Institutionen. Indien kam mit dieser Religion auf verschiedenen Wegen in Kontakt. Arabische Händler liefen indische Küstenorte an, bildeten Kolonien und praktizierten ihre Religion, den Islam, ab dem 7./8. Jahrhundert. Eine arabische Strafexpedition gegen Piraten führte zur Besetzung des südlichen Sindh; eine weitere Expansion scheiterte an der Gegenwehr der Hindu-Fürsten. Über Afghanistan und den indischen Nordwesten drangen seit dem 11. Jahrhundert Abenteurer mit ihren Heeren und Gefolgsleuten nach Nordindien ein, zerstörten Hindu-Reiche und deren Tempelanlagen, gründeten Dynastien und Städte. Das Delhi-Sultanat, infolge der mörderischen Mongolenstürme von der zentralasiatischen Ursprungsregion dieser muslimischen Eroberer getrennt, dehnte seinen Einflußbereich auf weite Teile Indiens auf Kosten von Hindu-Königreichen aus. Doch gelang im 13. Jahrhundert eine dauerhafte Einigung Indiens unter zentraler Herrschaft so wenig wie später unter den mächtigen Moghulen im 16.–18. Jahrhundert. Die Stadt Delhi im nördlichen Zentrum des Subkontinentes war das wirtschaftliche und politische Machtzentrum, doch entwickelten sich in der autarken Muslim-Provinz wichtige Regionalkulturen: im Dekhan, in Bengalen, in Gujarat, Jaunpur und Malwa. Ihre kulturellen und administrativen Traditionen profitierten von persischen und zentralasiatischen Einwanderern.

Diese fremden muslimischen Herrscher mit ihren Armeen und deren Troß ließen sich in Indien nieder und nahmen nicht nur politisch, sondern auch «geistlich» Besitz von indischem Territorium, indem sie Moscheen erbauten. Qutb Minar in Merauli/Delhi, erbaut aus den Überresten zerstörter Tempel, überragt wie eine riesige Siegessäule die benachbarte Moschee nach dem Vorbild zentralasiatischer Architektur. Die Träger islamischer Werte und Kenntnisse, die 'ulama, etablierten sich als Interpreten von Theologie und Recht am Hofe und in den Verwaltungen. Von den vier großen Rechtsschulen des Islam setzte sich die Hanafi-Rechtslehre mehrheitlich durch, doch gibt es Minderheiten, die andere Rechtslehren befolgen, so auch die Schiiten. Schiitische Fürstenhäuser regierten im Dekhan (16./17. Jh.) und in Awadh (18. Jh.), im Zentrum regierten jedoch sunnitische Dynastien. Die Sanktifizierung des Landes (Digby, 1986) wurde mit der sichtbaren Installation von Sufi-Orden und Heiligengräbern und der Propagierung des mystischen Weges vollendet. Der Sufismus, wie er in Nord-Ost-Persien und in Zentralasien seit Jahrhunderten gelebt wurde, schuf so in Indien ein Medium der Muslim-Identität und für die nicht-muslimische Bevölkerung einen Anziehungspunkt, der die fremde Religion für sie zugänglich machte.

2. Der indische Sufismus

Historiker sind sich darin einig, daß Sufi-Pirs (Heilige) in einem langwierigen und andauernden Prozeß der Islamisierung von Teilen der indischen Bevölkerung eine wichtige Rolle gespielt haben, doch nicht über den Verlauf dieses Prozesses. Die Entwicklung islamisch-mystischer Institutionen verlief generell in drei Phasen: Die Anfänge liegen im 7.–9. Jahrhundert; im 10.–13. Jahrhundert reiften Theologie, Literatur und Ordensbildung zur Blüte; in der Zeit danach bis in die Gegenwart glaubt man, einen Verlust innerer Substanz und eine Verwässerung durch Popularität beobachten zu können. Doch ist dies Urteil nur bedingt gültig. Am Hofe der Mogulen zeichneten sich selbst Mitglieder der Herrscher-Familie durch eine tiefe mystische Frömmigkeit aus. Die bedeutendsten Poeten und Theologen des 18. Jahrhunderts waren Mitglieder von Sufi-Orden.

Nach Indien gelangten die Sufi-Orden also in der Phase ihrer Blüte. Das Delhi-Sultanat spielte dabei eine Schlüsselrolle. Die Heiligen als Verkörperung der rechten Religion besaßen große moralische Autorität. Nach ihrem Tod ging diese Autorität auf ihr Grabmal und ihre persönlichen Nachfolger über. Vereinzelt kam es zu Autoritätskonflikten zwischen Pir und Sultan; doch suchte der Sultan im allgemeinen die spirituelle Macht des Heiligen (karamat, baraka) über seine Anhänger für seine Interessen zu nutzen; er patronisierte darum den Heiligen und später dessen Grabmahl, indem er zu ihm pilgerte und Gebäude und

Kult durch Schenkungen unterstützte. In diese Zeit fällt auch die Verbindung zwischen religiösem und politischem Ritus, verkörpert im dastar bandi, der Zeremonie der spirituellen Herrschaftsnachfolge. Mit der Krönung – dem Binden des Turbans – wird der qalifa (Nachfolger) in seine Rechte eingesetzt. Es ist im heutigen Indien und in Pakistan nicht ungewöhnlich, wenn Kandidaten für hohe politische Ämter oder das Parlament demonstrativ solche populären Heiligengräber aufsuchen, um selbst von deren Autorität zu profitieren.

Der Heiligenkult

Ein Heiligengrab (dargah) erfüllte und erfüllt noch heute religiöse, soziale, wirtschaftliche und politische Funktionen. In erster Linie war der Pir Vermittler zwischen Gott und den Gläubigen. In seiner Gottnähe läßt er, bzw. sein Grab, die Gläubigen über Gaben, fromme Aktivitäten und Teilnahme am Ritus Anteil am Segen Gottes nehmen. Selbst die Erde, über die der Pir schritt, vermittelt diesen Segen, oder das Wasser, mit dem sein Grab gewaschen wurde, oder das Tuch, das es bedeckte. Die Beziehung zwischen dem Heiligen als Lehrer (murshid) und dem Gläubigen als Schüler (murid) wird durch einen Treueschwur (bai'a) besiegelt. Rituale, an denen die Anhänger eines Pirs teilnehmen, sind qawwali, musikalische Darbietungen am Grab des Heiligen, die öffentliche Speisung (langar) sowie die Feier von 'urs, dem Todestag des Pirs, an dem er sich mit Gott vereint, verheiratet. Ähnlich wie ein weltlicher Fürst «herrscht» der Pir über ein Territorium (vilayat), ein spirituelles Königreich auf Erden. Diese Herrschaft wird von seinem designierten Nachfolger, der Autorität und Charisma des Pirs erbt, ausgeübt, nachdem der Heilige verstorben ist. Meist trägt dieser Nachfolger den Titel sajjadanashin oder gaddinashin («der auf dem Gebetsteppich sitzt»), bei einigen Institutionen heißt er auch diwan, ein Titel, mit dem die Funktion des Steuereinziehers angedeutet wird. Die oft eigenständige Aufgabe eines Verwalters, der keine spirituelle Autorität besitzt, wird vom mutawalli ausgeübt. Der dargah oder «Hof» wird als «königlicher Hof» zum Mikrokosmos spiritueller und weltlicher Macht. An der Krönungszeremonie des dastar bandi, dem «Binden des Turbans», nehmen die benachbarten sajjadanashin je nach ihrer hierarchischen Position teil. Gekrönt wird ein neuer sajjadanashin oder ein qalif, ein zum Gehilfen avancierter Schüler. Dieser übernimmt die Betreuung der zahlreichen Anhänger, bereist das Land, gründet für seinen Lehrer in anderen Landesteilen einen neuen Orden (kanqah).

Ein für die verschiedenen Heiligengräber und ihre Kulte gemeinsames Entwicklungsmuster hat es nicht gegeben. Ihre jeweilige Bedeutung hing u. a. vom Gründer, seiner Persönlichkeit und Ausstrahlung, vom gesellschaftlichen und wirtschaftlichen Standort und Umfeld des dargahs, von der geographischen Nähe zur politischen Macht oder einfach von historischen Zufällen ab. Manch ein dargah entstand erst sehr viel später nach dem Tod eines Pirs durch eine Wiederentdeckung des Grabes.

Im Nordwesten Indiens, im Panjab und in Sindh, in dem sich zuerst muslimische Eroberer mit Heer und Anhang niederließen, kam es zu einer besonders intensiven Ausprägung des Sufismus. Das gekuppelte Grab des Bahauddin Zakariya (gest. 1262) in der Stadt Multan hat die Gräberarchitektur in Nordindien nachhaltig beeinflußt. Es wirkt mit seinen fünf Meter dicken Mauern auf quadratischem Grundriß wie eine Festung. Bahauddin war ein Schüler des Begründers der Suhrawardiyya silsillah (Orden). Dessen Schüler wiederum, Sayyid Jalaluddin Sarpanch, der aus Buchara in Turkestan stammte, ging nach Ucch, um dort einen Orden einzurichten. Ucch-e-Sharif im südlichen Multan mit seinen imposanten Grabhallen war über Jahrzehnte ein geistiges und geistliches Zentrum der Qadiriyya- und Suhrawardiyya-Orden. Die Ruinen der Gräber werden noch heute von Pilgern aufgesucht. Über diese qalifas oder auserwählte Schüler des Heiligen entstanden in einer Region ausgedehnte Netze des Ordens.

Eine besonders weitläufige Ausdehnung in Indien besaß der Orden der Chishtiyya. Das Grab seines Gründungsvaters Muhiuddin Chishti in der Stadt Ajmer/Rajasthan zieht jedes Jahr zu seinem 'urs-Fest große Pilgerströme aus ganz Indien an. Zu seinen wichtigsten qalifas gehören Nizamuddin Auliya in Delhi, Fariduddin Ganji-i-Shakar in Pakpattan (Ajodhan) und Bandanawaz Gesudaraz in Gulbarga/Dekhan. Sufi-Orden und mystischen Gräberkult gibt es jedoch in allen von Muslims bewohnten Regionen Indiens. Die äußere Ausstattung der Gräber variiert dabei stark. Ein einfacher Grabhügel mit einer Fahne daneben oder ein kleiner Schrein am Wege vermittelt den Segen eines Pirs so gut wie ein überdimensionierter Kuppelbau. Die Größe des Gebäudes sagt allerdings doch etwas über die zumindest historische Bedeutung des Pirs aus.

Soziale und wirtschaftliche Funktionen

Heiligengräber haben als Pilgerzentrum im Laufe ihrer Geschichte dazu beigetragen, ihren Standort auch wirtschaftlich zu einem Anziehungspunkt für die Bevölkerung werden zu lassen. Religiöse Feste wie 'urs sind meist mit Märkten verbunden, die den Besuchern neben Devotionalien auch Waren für den täglichen Gebrauch zum Kauf anbieten. Die bedeutenderen dargahs müssen für den steten Pilgerstrom und die großen Feste gut organisierte Dienste wie Unterkunft, Verpflegung, Gesundheitsfürsorge, persönliche Betreuung und Unterhaltung anbieten. So sind oft um die Heiligtümer neue Städte oder Stadtteile entstanden, die von dem Heiligtum geprägt sind.

Landgeschenke bzw. Stiftungen waren eine übliche Ausstattung, um den Unterhalt einer kanqah, der Institution des Ordens mitsamt den Gebäuden, der Moschee und dem Heiligengrab, zu sichern. Privatleute wie Könige bedienten sich dieser Mittel, um religiöse und politische Verdienste zu erwerben. Dabei handelte es sich nicht um Landbesitz im europäischen Verständnis, sondern um Einkünfte aus den Grundsteuern der Bauern. Erst unter den Engländern wurde aus diesen Rechten Landbesitz.

Andere Gaben wurden von den oft zahlreichen Pilgern zum Grab des verehrten Heiligen, besonders aber an seinem Todestag, gebracht. Dabei konnte es sich um Geld, Schmuck oder andere Waren handeln. Die Gaben und Stiftungen waren teils so definiert, daß die daraus resultierenden Mittel für bestimmte Zwecke gebunden waren, etwa den Bau einer Moschee, ein bestimmtes Ritual, die Pflege des Geländes oder die öffentliche Speisung, die von den Verwaltern des Heiligtums an Pilger und Bedürftige verteilt wurde. Im Chishti-Heiligtum Nizamuddin Auliya und anderen dargahs, die keine Verfügung über Land besitzen, ist es üblich, die am Tag eintreffenden Spenden noch am Abend an die an der Verwaltung beteiligten Familien und die Armen, die z. T. auf dem Gelände des dargahs leben, zu verteilen.

Die Kontinuität des Kultus hing wesentlich von der Fähigkeit des sajjadanashin bzw. seiner gesamten Familie ab, in der lokalen Politik Fuß zu fassen und sich zu behaupten. Er mußte die notwendigen Ressourcen für den Unterhalt der Institution und ihrer Funktionsträger herbeischaffen und diese wiederum an die Anhängerschaft umverteilen, damit deren Zahl und das Prestige des dargahs und seiner spirituellen Leitung erhalten und vermehrt wurde. Zur Mittlerfunktion des Pirs und seines Nachfolgers gehörte es auch, als unparteiischer Friedenshelfer unter streitenden Parteien aufzutreten. Um als solcher wirken zu können, mußte er entsprechend hohes Ansehen in der Bevölkerung genießen.

Meist blieb das Amt des sajjadanashin in einer Familie, es wurde vom Vater auf den Sohn oder vom Onkel auf den Neffen vererbt. Solche Familien konnten mit ihren zahlreichen Mitgliedern sogar eine eigene Kaste bilden. Dies war bei den Chishtis im Nordwesten Indiens der Fall, die sich mit den Klans der Khokars, Bhattis, Dhudis etc. durch den Treueschwur (bai'a) verbanden. Besiegelt wurde diese Klient-Patron-Beziehung auch durch das verwandtschaftliche Band der Heirat. Die zum Islam konvertierten Klans der Rajputen und Jats gaben ihre Bräute an die Chishtis, diese verheirateten ihre Töchter jedoch innerhalb ihrer eigenen (Chishti) Kaste (Eaton, 1984).

Die historische Funktion des Heiligengrabes war es, die lokale Tradition und Kultur in ein überregionales, größeres System zu integrieren, die ländlichen Klans politisch an das Machtzentrum Delhi und religiös an den Islam anzubinden. So bestand die Islamisierung im Nordwesten

Indiens vorwiegend in der Herstellung einer Beziehung von Klienten zu einer Institution gesellschaftlicher und wirtschaftlicher Bedeutung. So erklärt sich auch die Tatsache, daß diese Anhänger islamischer Pirs häufig nur geringe Kenntnisse ihrer Religion besitzen. Das Phänomen der Militarisierung eines dargahs bzw. eines Ordens samt seiner Anhängerschaft hat hier seine Wurzeln. Ein Beispiel ist die Jat-Armee eines Chishti-Heiligen, die Mitte des 18. Jahrhunderts gegen einen weltlichen Fürsten zu Felde zog, um das vilayat des Chishti-Pirs zu verteidigen und auszudehnen. Eine solche Entwicklung war besonders dort möglich, wo ganze Klans oder Stämme zu Anhängern eines Pirs geworden waren. Besonders deutlich wird das Zusammenspiel von Heiligem und nomadischen Anhängern in der Entstehung einer Naqshbandi-Dynastie (Khojas), die im 17. und 18. Jahrhundert die Herkunftsregion der Mogulen, Ost-Turkestan, beherrschte. Ihre Krieger rekrutierten sich aus nur oberflächlich islamisierten Kirgisen.

Im Panjab gingen große Familien von Pirs mit Großgrundbesitz in der Neuzeit eine enge Verbindung zur politischen Macht ein, unter den Briten wie im nachkolonialen Pakistan. Die Europäer betrachteten diese konservativen ländlichen Kräfte als Mittler und stützende Säulen ihrer Macht und suchten die über Jahrhunderte gewachsenen Strukturen der Heiligenkulte zu erhalten. Doch nahm die Autorität dieser Mittler zwischen Lokalität und Imperium unter den nicht-muslimischen Briten auch Schaden.

Die Heilkraft der Heiligen

Einige dargahs haben eine besondere soziale Funktion übernommen, indem sie sich auf die Heilung von Krankheiten spezialisiert haben, d. h. die Wundertätigkeit des Heiligen (karamat) entfaltet ihre besondere Wirkung in der Heilung von Krankheiten. Es gehört auch zu den Aufgaben des Pirs/sajjadanashin, mit Hilfe von Apotheken und Unani-Heilern Medizin für Krankheiten zu verordnen und zu verkaufen. Auch der Handel mit Amuletten floriert. Dabei kann es sich um somatische und psychosomatische Krankheiten oder andere psychische Störungen handeln. Spiritueller Trost wird den um Rat bittenden Pilgern erteilt. So kann sich ein dargah auf die Heilung bestimmter Krankheitsbilder spezialisieren. Im Heiligtum des auf dem Boden des Sonnenkultes entstandenen Kultes um den Märtyrer Salar Masud werden u. a. Lepra-Kranke vermehrt angetroffen, die sich Heilung durch Berührung mit dem Grab versprechen. Der dargah des Chishti-Heiligen Muhiuddin in Ajmer besitzt dagegen Heilkraft bei psychischer Erkrankung.

Ähnliche Bedeutung erlangte ein dargah in Gujarat, der Mira Datar-dargah, der auch auf einen Muslim-Märtyrer zurückgeht. Mira Datar verzichtet auf alle übrigen Funktionen eines Heiligengrabes und konzentriert sich ganz auf die Behandlung und Heilung psychischer Probleme. Der Geist des Pirs gilt im ganzen Land als mächtiger Exorzist. Es gibt sozusagen ärztliche Überweisungen aus Ajmer und anderen Sufi-Zentren an diesen dargah. Wie dies im Krankheitsfall in Indien üblich ist, begleiten ganze Familien den Patienten. Sie bleiben manchmal Wochen und Monate am Ort. Der Name der psychischen Erkrankung wird allgemein als Epilepsie umschrieben; dahinter verbergen sich jedoch verschiedene Symptome psychischer Störungen, deren Ursachen nicht bekannt sind. Die Diagnose und Therapie sind immer identisch, so daß die Patienten einander gegenseitig bestärken und stützen. Der dargah bietet ihnen keine psychische, sondern eine magische Erklärung der Ursache der Störung an. Zur Therapie gehört das Rezitieren von Versen, das Spielen rhythmischer Musik, der Patient fällt in Trance. Der «böse Geist», der ihn quält, wird in der Zeremonie ausgetrieben und über ein «rotes Band» zum Grab des Pirs «abgeleitet». Dabei ist es wichtig, auf die gestammelten Worte des Kranken zu achten. Die Ekstase hilft, Probleme zwischenmenschlicher Beziehungen aufzuzeigen (Pfleiderer).

Bashar und beshar

Die Akzeptanz des Sufismus im Islam war anfangs umstritten. Grundsätzlich wird der Gräberkult, ein wichtiger Aspekt des Sufismus, im Quran nicht gebilligt, doch ist der Heiligenkult infolge einer jahrhundertealten Praxis in allen islamischen Regionen als Bestandteil der Religion angenommen worden.

Der mystische Weg (tariqa) verbindet in sich Traditionen unterschiedlicher Herkunft und Qualität. Das Charisma, das dem Pir magische Wunderkräfte verleiht, mag puristische, autoritäre, ja «böse» Züge tragen, arrogante Anmaßung, Verfolgung Andersgläubiger und Willkürherrschaft zur Folge haben, wie sie einem frühen Sheikh der Stadt Ucch nachgesagt werden. Die Wurzeln dieser Heiligkeit und Autorität in vorislamischen Traditionen und in einem neben dem Islam weiter praktizierten Schamanismus sind auch nach einem über ein Jahrtausend alten Bekenntnis zum Islam noch sichtbar. Die wohlwollend wirkende Kraft des Heiligen steht der indisch-buddhistischen Tradition näher. Heiligenkulte, die deutliche Spuren vor- bzw. nicht-islamischer Traditionen aufweisen, werden als «beshar», außerhalb der Regeln stehend, definiert (Gaborieau 1986).

Doch stehen die meisten Orden des indischen Sufismus auf dem Boden der islamischen Tradition, indem sie die Gültigkeit der Sunna und der Shari'at betonen. Damit folgen sie den anerkannten Regeln islamischen Verhaltens und werden als «bashar», regelkonform, bezeichnet.

Der Orden der Naqshbandiyya, der wohl am strengsten am Primat der Shari'at festhält, kam erst mit den Mogulen im 16. Jahrhundert nach Indien und entwickelte mit Sheikh Ahmad Sirhindi, einem Schüler Khwaja Baqi Billahs, um 1600 und danach eine eigene Richtung, genannt Mujaddidi. Sie wandte sich gegen die unter dem Mogul-Kaiser Akbar verbreitete Liberalität gegenüber indischen Einflüssen und suchte den so «korrumpierten» Islam zu reinigen. Dieser islamische Fundamentalismus bediente sich dabei bewußt politischer Mittel, um Einfluß auf Herrscherhaus und muslimische Elite zu gewinnen. Zum regelkonformen Weg der Sufis gehört neben der Betonung der islamischen Rechtslehre auch die Zugehörigkeit der Pirs/Sheikhs zur sozialen Oberschicht (ashraf). Ein Sharif stammt von den arabischen Stämmen ab, ein Sayyid, die oberste soziale Kategorie, sogar aus der Familie des Propheten Mohammed. Diese Oberschicht legitimiert ihre gesellschaftliche und religiöse Autorität durch strikte Befolgung islamischer Verhaltensregeln (adab).

Sufi-Adab

Für den Sufi-Pir aus einem Sayyid-Geschlecht wie auch für seine Schüler und Anhänger gelten besondere Regeln des Sufismus, die in der Literatur über die Jahrhunderte entwickelt und tradiert wurden. Im Kompendium aus der Feder eines Schülers von Abu Ismail Abdullah al-Ansari lesen wir: «Wisse, daß die Sufis viele Verhaltensregeln haben zu Fragen, wie man sitzt, aufsteht, schläft, sich anzieht, ißt und trinkt, eine Einladung annimmt, zur Musik lauscht, es sich zuhause bequem macht, auf Reisen geht, und zu allen anderen Gelegenheiten. Wer auch immer den Sufi-Rock (khirqa) anzieht und den Weg des Sufis geht, muß diese Verhaltensregeln kennen und sie praktizieren, damit sein Äußeres durch sie geschmückt wird und sein Inneres mit der Wahrheit des Sufismus gesegnet wird.»

Die Sayyid-Familien, die von außerhalb Indiens – aus Bagdad, Bukhara, Nishapur – einwanderten, haben großen Anteil an der Entstehung einer Gelehrtenkultur im indischen Islam gehabt. Aus ihre Mitte kamen nicht nur Sufi-Meister, sondern auch Gelehrte, also Mitglieder der 'ulama, die dem mystischen Pfad (tariqa) folgten und als Lehrer einer islamischen Schule fungierten. Teils lebten solche Familien in bitterer Armut, da ihr hoher gesellschaftlicher Rang und Anspruch ihnen keine Erwerbstätigkeit gestattete. Soweit sie über Einkommen aus Grundsteuern verfügten, brachten sie es zu ansehnlichem Reichtum wie etwa die Bukhari Sayyids von Ucch und Multan. In der Entwicklung kleiner Handelsorte (qasbah), in der Verwaltung der Provinzen und als Mittler zwischen Herrscher und Volk spielten diese Familien eine zentrale Rolle. Der Sufismus wurde vom Vater auf den Sohn weitergegeben, so daß ganze

Großfamilien über Jahrhunderte in der mystischen Tradition standen. Nicht nur spielten sie im Zusammenhang mit der spirituellen Nachfolge der Heiligen und der spirituellen Leitung eines dargah eine Rolle, sie waren auch als Literaten und theologische Gelehrte für die indo-muslimische Kultur von großer Bedeutung. Eine solche Gelehrtenfamilie begründete die Institution des Ferangi Mahal in Lucknow, die bis in die Gegenwart bedeutende Männer hervorbrachte.

Auch die Beziehung zwischen dem Meister und seinem Schüler, zwischen pir und murid, unterliegt wie andere Aspekte des Sufismus den geltenden Regeln. Die Aufgabe des Lehrers ist es, dem Schüler das Wesen des Seins über die religiöse Doktrin des Sufismus und über die Einübung von Konzentration zu vermitteln, damit er erfüllt werde vom Frieden Gottes. Der Schüler verpflichtet sich zu Loyalität und Gehorsam. Die vielen strengen Regeln sollen den Schüler vor Eitelkeit, Anmaßung und Stolz bewahren. Ihre Befolgung ist die Voraussetzung für seine spirituelle Transformation, die über Meditationsübungen erreicht wird. Ein Mittel der Meditation ist zikr, das Wiederholen heiliger Worte, entweder im gemeinsamen Sprechen, oder aber, wie in einem Zweig der Naqshbandiyya, schweigend.

Die fünfte Regel des Ansari beschäftigt sich mit einem Problem, das besonders in der Praxis vieler indischer Sufi-Orden offenbar wird, die als «beshar» definiert werden. Der Schüler soll seinen Rock nicht, so heißt es hier, von den Nachkommen eines Meisters empfangen, der respektiert wird, der viele Anhänger hat, also «populär» ist, der in Gegenwart von Königen geehrt wird. Ein solcher Mann ist kein Meister des Sufismus, denn er verdirbt das Herz und die Religion. Er ist der Innovation (bid'a) verdächtig, und Innovation ist Unglaube und des Teufels. «Wenn du jemanden siehst, der mit Wunderkräften begabt ist, lasse dich nicht irreführen, denn er ist des Teufels.» Innovation im indischen Kontext heißt vor allem Assimilation indischer oder Hindu-Gewohnheiten.

Doch gibt es auch strittige Punkte, die nichts mit dem indischen Umfeld zu tun haben. Kontrovers wird vor allem das Thema der Ekstase (sama') und der Musik am Grabe des Heiligen (qawwali) behandelt. Der Orden der Chishtiyya zeichnet sich durch eine besondere Vorliebe für persische Dichtung und die Qawwali-Musik aus, die als Medium der Versenkung in Gott benutzt wird. Ekstase über das Hören von Musik sowie ekstatischer Tanz gelten aber in anderen Orten als nicht erlaubt und «beshar». Auch in einem zweiten Punkt unterscheiden sich die Orden: die Chishtiyya betonen das Gesetz der Armut und verweigerten – zumindest in den Anfängen – grundsätzlich die Annahme von Landgeschenken und Stiftungen, die eine wirtschaftliche Unabhängigkeit des dargahs garantiert hätten. Diese Abstinenz von Nizamuddin wurde möglicherweise durch die Nähe zu einem sicheren

Klientel in der Hauptstadt Delhi möglich, denn unter den Anhängern Nizamuddins befanden sich viele Höflinge. Ganz anders die Orden der Suhrawardiyya und Qadiriyya und auch später das Chishti-Heiligtum in Pakpattan, die umfangreiche Schenkungen annahmen.

Wandernde Derwische

Zur Kategorie der «beshar-Sufis» gehören auch die verschiedenen Derwisch-Orden mit nicht-konformen Verhaltensweisen. Qalandar, Malang, Fakir etc., das sind Namen für verschiedene Gruppen von sog. freien Sufis, die bewußt die üblichen Regeln des Mystizismus, auch die shari'at selbst, die ja den weltlichen Umgang der Muslims untereinander regelt, mißachten.

Durch allerlei äußere Demonstrationen des Nonkonformismus setzen sie sich von den orthodoxen Sufis ab: durch ein abstoßendes Aussehen, schmutzige und zerrissene Kleidung, rüdes Benehmen oder provokante Äußerungen. Die Rasur aller Kopfhaare gilt als Zeichen der Askese. Derwische leben zölibatär und erbetteln ihren Lebensunterhalt. Drogenkonsum ist üblich. Der Typ der Kleidung, ihre Farbe, die Form des Hutes und auch der Haarstil lassen auf die Zugehörigkeit zu einer bestimmten Gruppe schließen. Das Phänomen der freien Sufis geht auf die Frühzeit des Islam zurück und war im 13. Jahrhundert besonders in Ost-Persien und in Zentralasien verbreitet. Im Unterschied zu «bashar-Sufis» rekrutieren sie sich aus den unteren sozialen Schichten und Kasten. Die Mehrzahl sind Männer, doch sind auch weibliche Derwische zugelassen. Unter diesen Sufis gibt es besonders bizarre Charaktere, die auch verwirrt oder psychisch schwer gestört sein können, oder aber in ihrer grimmigen Physiognomie ein Ausbund des Bösen zu sein scheinen und magische Fähigkeiten besitzen. Die Gruppe langhaariger Malamatis provoziert mit ihrem absichtlich dümmlichen Gehabe und einer beleidigenden Sprache den Tadel (malamat) und die Verachtung ihrer Mitmenschen, eine Reaktion, die sie vor Eitelkeit und Hochmut bewahren soll. (Dabei kann es durchaus verlockend sein, die Eitelkeit durch besonders effektvolles Theaterspiel zu befriedigen!)

Die Körperrasur wird als ein Initiationsritus praktiziert, bevor der Novize fast nackt, mit Asche aus Kuhdung beschmiert, mit der Bettelschale in der Hand hinaus auf die Straße geschickt wird, um sich zu bewähren. Hält er die vorgegebene Probezeit durch, erhält er die ihn kennzeichnende Kleidung und Kopfbedeckung. Die Wanderschaft, meist ohne Ziel, bestimmt den Lebensstil der Derwische. Manche von ihnen wandern von einem religiösen Fest zum anderen, in Gruppen oder allein. Von den sajjadanashin der dargahs erhalten sie Einladungen zum 'urs-Fest. Sie lagern in der Nähe von Friedhöfen oder errichten auf dem Gelände des dargah provisorische Unterkünfte, wo sie asketische

Übungen verrichten. Teils treten sie auch als Musiker oder Tierschausteller auf.

Derwische sind nicht notwendigerweise ohne Bindungen, sondern pflegen lose Beziehungen zu den orthodoxen Orden. Sie haben einen Schutzheiligen. So sind die Malangs Nordindiens Anhänger Zindah Shah Madaris (Zinda Pir). Angeblich erreichte Zinda Pir das hohe Alter von 125 Jahren und wurde dann lebendig begraben. Seine Anhänger nennen sich Madaris.

Für Außenstehende präsentieren sich Derwische, ob Qalandar oder Malang etc., als Nonkonformisten am Rande oder außerhalb der Gesellschaft. Sie selbst besitzen jedoch sehr exakte Vorstellungen über ihre Lebensweise und ihr Verhalten. All ihr Tun geschieht auf Befehl Gottes: hukm hai (es ist Befehl). Ihr Leben ist nicht durch feste Regeln bestimmt, sondern durch den Willen Gottes bzw. eines Heiligen, dem Mittler zwischen Gott und Mensch. Den Befehl erhalten sie in Form eines Traumes oder einer Vision. Durch sie wird ihnen mitgeteilt, welcher dargah, welcher Pir ihrer Dienste bedarf. Ist der dargah vernachlässigt, so sorgt der Malang dafür, daß er gereinigt wird oder daß sogar ein neues Mausoleum errichtet wird.

Der Malang konzentriert sich ganz auf sein Innenleben und vermeidet jeden Kontakt und Kompromiß mit dem äußeren Leben, dem Erwerb von Lebensunterhalt etwa oder der Sexualität. Die weibliche Welt absolut meidend, wird der statt dessen mit Gott «verheiratete» Malang selbst zur Braut/Frau, indem er sich ganz dem Willen Gottes unterwirft.

Hier besteht eine Parallele zur Definition von 'urs, dem Todestag des Heiligen, an dem er die Vereinigung mit Gott vollendet. Dieses Rollenverständnis der Malangs äußert sich im Tragen weiblicher Kleidungsstücke. Der Konsum von Rauschgift (charas, bhang) unter Malangs stellt den Trancezustand her, in dem sich die Seele Gott öffnet und seinen «hukm» vernimmt. Im Unterschied zum pir-murid-Verhältnis und der auch sonst hierarchisch strukturierten Ordnung innerhalb und unter den einem Orden zugehörigen dargahs interagieren die Derwische eher auf horizontaler Ebene mit ihresgleichen. In der Hierarchie eines dargah nehmen sie außerhalb des eigentlichen Heiligtums, dem diwan khana, Platz. Damit wird ihre Außenseiterposition unter den Sufis bekräftigt. Doch ganz ohne Rangfolge kommen auch die Malangs nicht aus. Junge Novizen, auch «kleine Malangs» genannt, dienen sich den «großen Malangs» als Gehilfen und Unterhalter an, um schließlich in ihren Kreis aufgenommen zu werden. Sie befreien damit die Älteren von der Notwendigkeit, sich mit banalen Äußerlichkeiten wie dem Füttern des Feuers, einem ständigen Begleiter der Derwische, zu befassen. Auch wenn ein Malang auf Einladung eines Pirs zum 'urs-Fest mit einem Turban «gekrönt» werden kann, ein Pir kann er nicht werden.

Die Bauls

Daß es eine Affinität von Sufi-Derwischen und Hindu-Asketen gibt, scheint nahezuliegen. Sowohl Lebensform wie Inhalte gleichen einander. Der Verzicht auf, ja der Protest gegen Doktrinen und Hierarchien, gegen Kaste und Regeln ist all diesen Gruppen, die sich aus den unteren sozialen Schichten rekrutieren, gemeinsam. Gemeinsam ist ihnen auch die zentrale Stellung «göttlicher Liebe», die es zu erlangen gilt. Der Sufismus ist daher auf natürliche Weise ein Bindeglied zwischen Hindus und Muslims geworden.

Die Sekte der Bauls in Bengalen ist eine solche Gruppe, die durch die Aufmerksamkeit, die ihnen der große indische Dichter Rabindranath Tagore gewidmet hat, auch außerhalb Indiens bekannt geworden ist. Zu den Bauls zählen sich sowohl Hindus wie auch Muslims unterer Kasten. S. Das Gupta beschreibt in seinem Buch «Obscure Religious Cults» (1969) die Baul-Religion als einen geheimen Kult, der sich um die Doktrin des «unbekannten Vogels» rankt. Dieser Vogel betritt und verläßt auf mysteriöse Weise den Körper. Die Suche nach diesem Vogel bestimmt das Leben der Bauls.

Das Bild des Seelenvogels ist keine Besonderheit der bengalischen Bauls, sondern hat in vielen Volksreligionen Ausdruck gefunden. In der persischen Dichtung begegnen wir ihm in Form der Nachtigall, die sich nach der Schönheit der Rose sehnt. Die Rose aber ist die Liebe Gottes. Bis in die Gegenwart taucht diese Metapher in der indischen Poesie auf (Mohammad Iqbal). Dabei steht nicht die Vereinigung, sondern das Sehnen nach der göttlichen Liebe im Vordergrund des Strebens der Asketen.

Auch äußerlich haben die Bauls mit Derwischen vieles gemeinsam. Sie sind ungepflegt, tragen zerrissene Lumpen und einen konisch geformten Hut. Ihr Betragen ist provokant und «seltsam». Freiheit des Geistes ist ihre Devise: «Entgegengesetzt sind die Wege und Sitten des Mannes, der das wahre Gefühlsleben genießen kann und der ein Liebhaber wahrer Liebe ist; niemand kann sich des Wie und Wann seines Verhaltens sicher sein.» Bauls ziehen über Land und singen Lieder zu ihren Instrumenten.

Ihre «Religion» wird als gottlos bezeichnet, denn sie kennen keinen Gottesdienst oder puja, keine Götterbilder. Doch wird die Hindu-Seite der Sekte dem Vaishnavismus zugeordnet und ihr Ursprung auf Chaitanya zurückgeführt. Ihr pantheistischer Mystizismus speist sich sowohl aus dem mystischen Vaishnavismus wie dem Sufismus. Beiden ist das Mittel der Ekstase auf dem Weg zur Vereinigung gemeinsam. Der Initiationsritus geht auf tantristische Gebräuche zurück. Rabindranath Tagore «entdeckte» die Bauls Ende des 19. Jahrhunderts als Quelle einer Erneuerung der einheimischen Literatur, die unter der Starrheit der Sanskrit-Traditionen litt. Die unbekümmerte, spontane, direkte Form der Mitteilung menschlicher Gefühle und religiöser Emotionen inspirierte seine eigene Poesie. Die Identifikation des intellektuellen Städters Tagore mit dem poetischen Stil dieser ländlichen Asketen ging so weit, daß er der «Größte der Bauls» genannt wurde. Die religiöse Doktrin oder Lebensform interessierte ihn wenig.

Poesie steht in der indischen Gesellschaft allgemein und im Sufismus besonders in hohem Ansehen. Sie ist Ausdruck tiefer menschlicher und religiöser Gefühle und kann eine entsprechend gestimmte Zuhörerschaft zu ekstatischen Emotionen bewegen. Dabei bleiben bei aller individuell empfundenen Betroffenheit die Bilder im Traditionellen. Der Ghazal, eine persische Versform, spielt eine herausragende Rolle bei den Urdu-Dichtern des 18. und 19. Jahrhunderts, die ihre Liebeserfahrungen in die doppeldeutigen Bilder des Sufismus kleideten.

3. Fundamentalistische Kritik am Sufismus

Der Niedergang muslimischer Macht im Indien des 18. und 19. Jahrhunderts löste eine tiefe politische wie spirituelle Krise unter indischen Muslims aus. Als «Vater» einer indo-muslimischen Reformbewegung wurde lange Zeit Shah Waliullah von Delhi (18. Jh.), der sowohl 'alim wie sufi war, angesehen, wobei seine Mitgliedschaft im Orden der Naqshbandiyya besondere Beachtung fand. Die Ursprünge eines teils militärisch organisierten Fundamentalismus des 19. Jahrhunderts wurden auf das Gedankengut Shah Waliullahs zurückgeführt. Die Engländer bezeichneten diese religiösen Aktivisten als Wahhabiten nach dem arabischen Fundamentalisten Mohammed ibn Abdul Wahhab, da sie annahmen, daß es eine politisch-religiöse Beziehung zwischen Indien und dem Nahen Osten gab. Das Anliegen der indischen Wahhabiten war die Wiederherstellung des dar-ul-islam, die Regeneration von Muslim-Herrschaft, da es nach islamischem Verständnis keine Trennung von Politik und Religion geben kann.

Neuere Studien der Schriften Shah Waliullahs haben dies Bild vom radikalen Reformer korrigiert. Wie andere Zeitgenossen war er in alle vier großen mystischen Orden initiiert worden: er war ein Chishti, Qadiri, Suhrawardi und Naqshbandi. Seine Methoden und Argumente hielten sich im Rahmen eines üblichen islamischen Fundamentalismus, mit denen er die Muslims seiner Zeit aufforderte, zu den wahren Quellen und Inhalten der Vergangenheit zurückzukehren. Seine Einstellung zum Heiligenkult wandelte sich im Laufe seines Lebens. Mit zunehmendem Alter lehnte er die in Indien üblichen Formen des Heiligenkultes ab. Die politische Bedeutung Shah Waliullahs war eher marginal. In erster Linie war er ein tief religiöser Sufi mit zeitkritischem Bewußtsein, aber kein Aktivist, inspiriert vom politischen Engagement der Mujaddidi-Naqshbandiyya. So ist vielmehr davon auszugehen, daß die muslimischen Reformbewegungen im Indien des 19. Jahrhunderts, wie von den britischen Beamten vermutet, durch Pilger-Kontakte mit den arabischen Fundamentalisten inspiriert worden sind.

In ähnlicher Weise muß der Versuch, die Mujaddidi-Naqshbandiyya als eine prägende politische Kraft im Mogul-Staat darzustellen, so etwa ihren Einfluß auf das politische Handeln Aurangzebs, oder gar als «Erfinder» des Muslim-Kommunalismus und schließlich der Pakistan-Bewegung, kritisch betrachtet werden. So wurde auch der neuzeitliche Hindu-Muslim-Konflikt als direkte Folge der Mujaddidi-Reformbewegungen gesehen, während die Tatsache, daß gerade die indische 'ulama einen Muslim-Nationalstaat nicht unterstützte und die Führung der in vorderster Front für diesen Staat eintretenden Politiker eher einer säkularen Staatsphilosophie zuneigte, weitgehend ignoriert wurde.

Die traditionell fundamentalistische Kritik der 'ulama an angeblichen Innovationen des indischen Islam, die es bereits in früheren Jahrhunderten gegeben hatte, und die damit beabsichtigte Distanzierung von der die indische Muslim-Diaspora umgebenden Hindu-Kultur gewann jedoch im 19. Jahrhundert in einem fremdbestimmten, unter britischer Kolonialherrschaft stehenden Indien eine neue politische Bedeutung. Während die Praxis der islamischen Volksreligion, der Heiligenkult, das Ziel dieser Kritik also, mehr oder weniger von ihr unberührt blieb, leistete die politische Rezeption dieser orthodoxen Kritik einen Beitrag zum ideologischen Selbstverständnis der indischen und pakistanischen Muslims. Die Befolgung islamischer Verhaltensregeln (adab) wurde auch in den unteren Bevölkerungsschichten erwartet und forciert mit dem Ziel, eine deutliche Identitätsabgrenzung gegenüber den Hindus zu erreichen. Dies hat dazu geführt, daß Muslims, die sich am Heiligenkult beteiligen, bewußt ist, daß sie sich u. U. außerhalb des islamischen adab bewegen; in manchen dargahs wird heute eine Islamisierung von Kulten beobachtet, d. h. ein Bemühen, den anerkannten Regeln islamischen Verhaltens zu entsprechen.

Die Kritik von seiten der muslimischen Modernisten, deren geistiges Zentrum das Mohammedan Anglo-Oriental College in Aligarh war, unterschied sich nicht wirklich von den Fundamentalisten. Sayyid Ahmad Khan, der Begründer dieser Institution, stand selbst den Mujaddidi-Naqshbandiyya nahe und betonte wie diese die zentrale Bedeutung der shari'at auch für die Sufi-Praxis.

Im öffentlichen Bewußtsein hat aber auch die Front der Sozialisten gegen jede Form von «Aberglaube» und «Ausbeutung» durch die Pirs Fuß gefaßt. Heiligengräber gelten als Hort von Unwissen, Rückständigkeit und Fortschrittsfeindlichkeit, Eigenschaften, die mit dem abfälligen Begriff «piri-muridi» bezeichnet werden und die durch Reform und Aufklärung zu beseitigen sind.

4. Staat und Religion in Indien

Der muslimisch regierte Staat des indischen Mittelalters hatte sich um das moralische und ökonomische Wohlergehen der Sufi-Heiligtümer bemüht, indem er das Wohlverhalten der sajjadanashin kontrollierte, sogar eigene politische Kandidaten für diese Ämter ernannte sowie die Institution mit Schenkungen und Stiftungen unterstützte. Auch im kolonialen Indien wie in den postkolonialen Staaten Indien und Pakistan waren dies die beiden Hebel, über die staatlicher Einfluß ausgeübt wurde. Die Engländer hielten sich zwar ganz bewußt aus der religiösen Rechtsprechung heraus, doch nicht aus Disputen über die Gültigkeit von Stiftungen und deren säkulare Verwaltung, da hier Fragen der Steuerfreiheit eine Rolle spielten.

Die Verwaltung von dargahs und Hindu-Tempeln stand wohl schon immer in dem Geruch, korrupt zu sein. Eine kritische Einstellung zu Mißwirtschaft und Korruption wurde im 19. Jahrhundert durch die strikten moralischen Maßstäbe der europäischen Verwaltung bestärkt. Es gab wohl kaum einen dargah, dessen Verwaltung nicht vor Gericht durchleuchtet werden mußte. So kam es in Indien vor der Unabhängigkeit und nach 1947 zu einer Serie von Gesetzen, die eine Kontrolle über die Verwaltung von Stiftungen (auqaf) regelten, indem sog. zentrale Waqf Boards geschaffen wurden. Da der als säkular konzipierte indische Staat selbst sich nicht in die Angelegenheiten der Muslims einzumischen gedachte, wurden diese Boards von Mitgliedern der «Muslim-Gemeinde» besetzt, die waqf als Ausdruck korrekten religiösen Handelns und als einen Teil indischer Muslim-Identität betrachtete.

Da die Kontrolle über auqaf in den indischen Unionsstaaten in einem bald durch die Fülle und Kompliziertheit der Fälle überlasteten Board zusammengefaßt war, zog sich deren Bearbeitung über Jahre in die Länge. Hierzu trug und trägt vor allem auch der steigende Wert von Land, vor allem Bauland, bei. So sah sich der Staat doch zur Überwachung der Gremien und Einmischung in deren Arbeit aufgefordert.

Während große Teile des indischen Rechts in den letzten beiden Jahrhunderten durch den Eingriff der Engländer sowie durch Gesetzgebung der indischen Parlamente entscheidende Modifikationen erfuhren, blieb das Muslim-Familienrecht weitgehend unverändert. Dies liegt vor allem am Widerstand der 'ulama, die davon ausgeht, daß die shari'at göttlich gestiftetes Recht und damit unantastbar sei, und die dem säkularen indischen Staat nicht gestattet, islamisches Recht zu reformieren. Die shari'at wird als Richtschnur idealen islamischen Verhaltens und Mittelpunkt muslimischer Identität gewertet; das bedeutet, daß es sich hier um einen Glaubensartikel handelt, der kaum sachlichen Argumenten zugänglich ist: daß nämlich islamisches Recht nur bedingt auf dem Koran fußt und erst im Mittelalter von Menschenhand und mit

Menschenverstand verfaßt wurde, und daß bereits in der Kolonialverwaltung absichtlich und zufällig ‹Innovationen› Eingang in das islamische Recht fanden. Kompliziert wird das Problem noch durch die andauernde Gültigkeit von Gewohnheitsrecht und die Existenz von Minderheiten, die nicht der Hanafi-Rechtsschule folgen, sondern wie in Kerala das Shafi-Recht anwenden. Während andere Muslim-Staaten ihr Familienrecht reformiert haben, halten indische Muslims an ihrem Familienrecht besonders hartnäckig fest, obwohl es auch in Indien an deutlichen Stimmen prominenter Juristen wie A. A. A. Fyzee zugunsten einer Reform nicht gefehlt hat. Welch ein Politikum die Frage der Reform des Muslim-Familienrechts in Indien ist, zeigte sich im Jahr 1985, als der indische Supreme Court einer alten Frau, die von ihrem Mann geschieden worden war, ein Unterhaltsgeld von ihrem Mann zugestanden hatte (Shah Bano-Fall). Der vehemente Protest konservativer Muslims richtete sich gegen die Tatsache, daß ein weltliches Gericht sich angemaßt hatte, in das islamische Familienrecht einzugreifen. Der Supreme Court wurde von der 'ulama belehrt, daß eine Heirat nach islamischem Recht ein Vertrag sei, mit dessen Aufkündigung auch alle Verpflichtungen des Ehepartners erloschen. Die Ehre der geschiedenen Frau verbiete ihr jeden weiteren Kontakt zu ihrem Mann. Unterhalt durfte nur für drei Monate nach der Scheidung gezahlt werden. Die Congress-Regierung Rajiv Gandhis schloß sich dieser Sichtweise an und sicherte sich so die Unterstützung der konservativen Muslim-Wählerschaft. Angesichts der politischen Verunsicherung der indischen Muslims infolge der aggressiven anti-muslimischen Propaganda der Hindu-Fundamentalisten und der Bharatiya Janata-Partei (BJP) und nach den alarmierenden Ereignissen in Ayodhya im Dezember 1992 ist eine Wiederaufnahme der öffentlichen Diskussion über diese Aufgabe in näherer Zukunft nicht zu erwarten.

5. Der indische Islam: eine Kontroverse

Wissenschaftliche Kontroversen haben den Vorteil, daß sie lange schwelende Meinungsverschiedenheiten über Inhalte eines Forschungsgegenstandes und die Methoden seiner Bearbeitung in zugespitzter Form deutlich machen. Eine solche Kontroverse wurde vor etwa einem Jahrzehnt unter Historikern und Anthropologen über die Frage ausgetragen, welcher der islamischen Traditionen Südasiens der Vorrang gebühre, der «kleinen» oder der «großen Tradition». Anlaß waren von dem indischen Soziologen Imtiaz Ahmad herausgegebene Aufsatzsammlungen zu Themen der Sozial- und Familienstruktur, der Religion und des Rituals. Imtiaz Ahmad wird jener «Schule» zugerechnet, die den heterogenen Charakter des indischen Islams betont und die sich damit bewußt von jenen Wissenschaftlern distanziert, die in der Beschränkung auf schriftliche Quellen dessen Identität mit dem klassischen Islam der Ursprungsregionen hervorheben.

Diese letztere Sichtweise wird vor allem von dem Historiker Aziz Ahmad mit seinen Arbeiten zur intellektuellen Geschichte indischer Muslims vertreten, der heterodoxe «kleine Traditionen» als temporäre, korrigierbare Abweichungen von der «großen Tradition» betrachtet und die Nähe zur shari'at, dem islamischen Recht, zum Maßstab islamischer Identität erklärt.

Nicht zu übersehen ist in der Kontroverse der unterstellte Zusammenhang zwischen wissenschaftlicher These und nationaler Identitätsstiftung. War es doch im Interesse jener Muslims, die innerhalb der Unabhängigkeitsbewegung eine Teilung des indischen Subkontinentes betrieben, die Existenz einer eigenständigen Muslim-Nation in Indien nachzuweisen. Wissenschaftler, die umgekehrt den besonderen, im Lande selbst gewachsenen Misch-Charakter der muslimischen Kultur und Gesellschaft betonten, lieferten willkommene Argumente für die politische Einstellung indischer Muslim-Nationalisten.

Der Historiker Mohammad Mujeeb beantwortet die sein Buch einleitende Frage, wer denn die indischen Muslims seien, mit Hinweisen auf die zahlreichen regionalen, sozialen und religiösen Unterschiede der Muslim-Gesellschaft. Er zitiert dazu Daten, welche die Engländer in ihrem enzyklopädischen Bemühen, alles über die Bevölkerungen Indiens zu erfahren, zusammengetragen hatten. Südwestlich von Delhi z. B. lebten die Meos und Minas, deren Hindu-Namen durch das Anhängsel «Khan» islamisiert worden waren, die nicht nur jahreszeitlich bedingte Hindu-Feste, sondern auch den Geburtstag des Hindu-Gottes Krishna feierten. Die wenigsten von ihnen kannten die kalimah (Glaubensbekenntnis); statt in der Moschee beteten sie zu einem Stein, der die Panch Pirs, die «Fünf Heiligen», verkörperte; oder sie verehrten den Muslim-Märtyrer Salar Masud in Form einer Lanze, die aus einem Erdhügel herausragte. Neben diesen Heiligenkulten, die in unterschiedlicher Form in ganz Indien zur islamischen Volksreligion gehören, gab es die verschiedenen Sekten der Schiiten, der Khojas, Bohras, Pirais, der Dhikris etc. und jene der Sunniten. Ethnische Gruppen wie die Sidis, die Molislams, die Kasbatis, Rathors, Ghanchis unterschieden sich in ihrer regionalen Herkunft, ihrem religiösen Ritus, ihren Gesetzen. Mit diesen Zitaten will Mujeeb nicht implizieren, daß es nicht so etwas wie eine religiöse Gemeinde indischer Muslims gäbe, er will vielmehr auf den andauernden Prozeß der Islamisierung und die aus den historischen Prozessen resultierenden sozialen Differenzierungen der Bevölkerung hinweisen.

Imtiaz Ahmad fühlt sich Mujeeb mit seinen durchaus noch nicht systematischen Sammlungen meist empirischer Aufsätze verpflichtet.

Aus der Wissenschaftsgeschichte der orientalischen Fächer wird unschwer deutlich, daß bis in die jüngste Zeit die Philologen, Theologen und Historiker dominierten. Der Islam war eine Domäne der Arabisten. Die Muslims in Südasien blieben meist außerhalb des wissenschaftlichen Horizontes.

Mit dem wachsenden Interesse von Soziologen und Anthropologen an der Geschichte der Kulturvölker und einer Berücksichtigung historischer Quellen sowie umgekehrt von Historikern an soziologischen Fragestellungen mehren sich Einzeluntersuchungen zur religiösen Praxis, über heterodoxe Theologien, zur politischen und sozialen Auswirkung von Reformbewegungen. So ist zu erklären, daß der islamische Mystizismus und die Volksreligion in Indien in den letzten Jahrzehnten besondere Aufmerksamkeit erfahren haben.

XI.
Die indischen Christen

Hans-Werner Gensichen

1. Zur Situation des Christentums in Indien

Die indischen Christen statistisch zu erfassen, ist verhältnismäßig unproblematisch, vorausgesetzt daß man die Unschärferelation berücksichtigt, die den meisten Zahlenangaben über Indien eignet. Überschlägig rechnet man heute mit etwa 20 Millionen Christen im gesamten Bereich der Indischen Union, davon 13–14 Millionen Katholiken und 6–7 Millionen anderer Konfessionszugehörigkeit. Daß man über solche Annäherungswerte kaum hinauskommt, hat einen einfachen Grund: Sowohl unter den Muslimen als auch den Christen und Sikhs gibt es gelegentlich die Tendenz, bei der alle zehn Jahre stattfindenden Volkszählung die Religionszugehörigkeit nicht anzugeben, da man nachbarschaftlichen Repressalien aus dem Weg gehen möchte. Bei näherer Betrachtung zeigen die Zahlen freilich Relationen an, die noch weiter zu denken geben können. Die christliche Minderheit steht zwar nach den Hindus mit 82,5 % und den Muslimen mit 12 % der Gesamtbevölkerung an dritter Stelle. Aber die zwanzig Millionen, unter europäischen Verhältnissen eine respektable Zahl, bedeuten in Indien nur etwa 2,6 % der Bevölkerung, also eine geradezu überproportional winzige Minorität, überdies zur Zeit mit eher abnehmender als steigender Tendenz (die nichtgetauften sogenannten «Krypto-Christen», mit etwa 1,5 Millionen meist zu zahlreich geschätzt, entziehen sich der statistischen Erfassung und bleiben hier unberücksichtigt). Nicht nur die Hindu-Mehrheit ist demgegenüber erdrückend, sondern auch die Zahl von fast hundert Millionen Muslimen, nach Indonesien und Bangladesch die drittgrößte islamische Bevölkerung der Welt. Lediglich die Buddhisten sind mit etwa vier Millionen in der Reihe der großen Weltreligionen in Indien noch schwächer repräsentiert als die Christen; aber dafür gibt es besondere historische Gründe, die für das Christentum nicht geltend zu machen sind.

Erschwerend kommt hinzu, daß die christliche Minderheit in Indien höchst ungleichmäßig verteilt ist. Waren jahrhundertelang der Südwesten und der Südosten des Subkontinents die unbestreitbaren geographischen Schwerpunkte der indischen Christenheit, wenn man einmal vom kleinen Goa absieht, so hat in den letzten Jahren und Jahrzehnten eine bemerkenswerte Neugruppierung stattgefunden. Mizoram, einer der von Bergstämmen bewohnten Bundesstaaten an der Grenze zu Burma, steht mit einem christlichen Bevölkerungsanteil von 87 % an der Spitze.

Die Nachbarstaaten Nagaland (65 %), Meghalaya (47 %) und Manipur (26 %) folgen mit geringeren, aber immer noch beachtlichen Werten, während das alte christliche «Stammland» Kerala mit knapp 22 % heute im Rückstand ist. Ganz anders sieht es allerdings im Nordwesten und Norden aus, insbesondere im dichtbevölkerten Ganges-Tal, wo Christen nur weit verstreut zu finden sind und wo es, wie etwa im Wüstenstaat Rajasthan, nach wie vor größere Gebiete gibt, in denen das Christentum überhaupt nicht vertreten ist.

Nächst der ungleichen geographischen Verteilung ist die konfessionelle Zersplitterung als ein Faktor zu nennen, der es schwierig macht, von «der» christlichen Minderheit oder «den» Christen in Indien zu sprechen. Hier ist auf die Konsequenzen der höchst unterschiedlichen Modalitäten der Missionierung in den verschiedenen Epochen der indischen Geschichte hinzuweisen, von denen noch besonders zu reden sein wird. Faktisch gibt es kaum eine kirchenrechtliche, liturgische oder dogmatische Sonderart, aber auch kaum eine Häresie oder ein Schisma der außerindischen Christenheit, die nicht irgendwann einmal nach Indien importiert worden wären. Auch schon in der vorkolonialen Zeit der sogenannten Thomas-Christen im indischen Südwesten, als das Christentum noch in verhältnismäßig homogener Gestalt in Erscheinung trat, sind die Keime zu Spaltungen gelegt worden, die den beteiligten Kirchen bis heute zu schaffen machen. Kerala, das Heimatland dieser frühen indischen Christenheit, hat seitdem den fragwürdigen Ruf bekommen, daß es zugleich derjenige Teil Indiens ist, in dem die größte Zahl verschiedener christlicher Denominationen auf engstem Raum miteinander rivalisieren. Allein jene von dort ausgehende Traditionsgruppe der Thomas-Christen ist heute in fünfzehn Kirchenkörper aufgespalten, die ihre Herkunft aus der Überlieferung einer Missionierung durch den Apostel Thomas herleiten und von denen die kleinsten nur wenig über tausend oder zweitausend Glieder zählen. Selbst der anderweitig einigermaßen geschlossene Block der römisch-katholischen Kirche ist davon betroffen; denn in ihm gibt es Gruppen, die, obwohl der römischen Jurisdiktion zugehörig, sich aus anderen Gründen voneinander getrennt halten. Der Papst, so heißt es, muß bei Indienbesuchen darauf achten, daß er seine Übernachtungen gleichmäßig auf die Erzbischöfe der verschiedenen Riten verteilt. Was diese Situation nicht nur für die betroffenen Körperschaften selbst, sondern auch für ihre nichtchristliche Umwelt bedeutet, inwieweit sie aber auch zu intensiveren Bemühungen um Einheit der Christen geführt hat, ist hier nicht weiter zu erörtern. Unstreitig ist der Zustand der konfessionellen Zersplitterung ein Faktor, der ein besseres Verstehen der gesamten christlichen Minderheit und ihrer Zukunft auf dem Subkontinent erschwert. In Indien wird demgegenüber gelegentlich auf die hinduistische Mehrheitsreligion verwiesen: Warum sollen sich die Christen über ihre eigenen Spaltungen den Kopf zerbrechen, wenn doch die Hindus in noch weit größerem Umfang zersplittert sind? Die Antwort ist schon vor Jahren von bedeutenden indischen Vorkämpfern der neuzeitlichen Kircheneinigungsbewegung gegeben worden: Was immer die Hindus tun oder nicht tun – das Christentum ist, anders als der Hinduismus, an das Mandat seines Stifters gebunden, «auf daß sie alle eins seien» (Joh. 17,20), und dies Mandat gilt es auch in Indien zu erfüllen. In den Jahren nach dem letzten Krieg haben die größeren protestantischen Kirchen – wenn auch nicht alle – mit dem Vollzug der Vereinigung in einer Weise begonnen, die weltweit vorbildlich wurde. Zunächst wurde 1947 die «Church of South India» gegründet, in der sich erstmals bischöfliche (anglikanische) und nicht-bischöfliche Kirchen zusammenschlossen. In etwas anderer Gruppierung, aber nach dem gleichen Muster, entstand 1970 die «Church of North India». Nicht zu übersehen ist allerdings, daß die Einigungsbewegung seitdem kaum noch Fortschritte gemacht hat. Seit dem Zurücktreten der westlichen Missionen, die sich besonders um die Einheit der Kirchen bemühten, setzen viele indische Kirchen ihre Prioritäten offenbar anders. Es kommt hinzu, daß sich mittlerweile neben den älteren Kirchen auch freie charismatische Gruppen ausbreiten, die, mit oder ohne Anlehnung an westliche Vorbilder, schon durch ihr starkes Wachstum eine neue, vorerst nicht leicht einzuordnende Note in das vielfältige Bild der indischen Christenheit bringen.

Ein weiteres Hindernis auf dem Wege zum Verständnis der indischen Christenheit hängt wenigstens indirekt mit dem Faktum der konfessionellen Aufspaltung zusammen und darf nicht ignoriert werden. Zum Verstehen gehört die Gemeinsamkeit der Sprache, und damit ist es im polyglotten Indien zunächst einmal schlecht bestellt. Die Meister der missionarischen Begegnung mit Indien und den Indern sind jedoch ausnahmslos auch Meister in mindestens einer, meist aber in mehreren der indischen Sprachen gewesen, angefangen von den Jesuiten Thomas Stephens im 16. und Roberto Nobili im 17. Jahrhundert, über die dänisch-hallische Mission in Tranquebar im 18. Jahrhundert bis hin zu William Carey und seinem großen «Sprachlabor» und Übersetzungsbetrieb in Serampore im frühen 19. Jahrhundert, und weiter bis in unsere Zeit. M. V. La Croze, hugenottischer Hofbibliothekar Friedrich Wilhelms I. in Berlin und Verfasser der ersten wissenschaftlich verläßlichen Geschichte des Christentums in Indien, schrieb sein großes Werk auf französisch (deutsche Übersetzung 1724). Später war man auf Englisch als lingua franca angewiesen und mußte sich im übrigen auf Dolmetscher verlassen. Das mochte gehen, weil es anders nicht ging. Aber die viva vox evangelii, das lebendige Wort, wie es in den indischen Gemeinden im Schwange war, besaß man in der jeweiligen Muttersprache, so wie die Missionare und ihre Helfer es übersetzt hatten. Die heute oft gehörte Pauschalkritik an den christlichen Missionaren, die angeblich zwangsläufig die vorgefundene einheimische Kultur in ihrer Gänze zerstörten, ist nie weniger berechtigt gewesen als gerade hier; denn bis heute stehen und fallen die christlichen Gemeinden mit der Bibel, dem Gesangbuch und dem Katechismus in ihrer Muttersprache, in der sie ihrerseits auf die Anrede durch die christliche Botschaft zu antworten vermögen. Wer dabei nicht mithören, mitdenken und mitreden kann, steht allerdings unter einem schwerwiegenden Handicap, das als solches wenigstens erkannt werden muß, auch wenn man es nicht ausschalten kann.

Vergrößert wird dieses Handicap schließlich noch durch einen ungünstigen Umstand anderer Art, an dem vollends nichts mehr zu ändern ist. Schon vor über drei Jahrhunderten hat ein unglückseliger Zwischenfall der indischen Missions- und Kirchengeschichte dafür gesorgt, daß wichtige Quellen für die Frühzeit des indischen Christentums vernichtet wurden. Es war der portugiesische katholische Erzbischof A. de Menezes von Goa, der es kurz vor 1600 für richtig hielt, die Kirche der Thomas-Christen der Jurisdiktion der römischen Kurie zu unterwerfen und deswegen dieser Kirche auch ihre alten Dokumente zu nehmen. Der kirchenpolitische Zweck wurde zwar fürs erste erreicht. Der Verlust an unersetzlichem historischen Quellenmaterial war jedoch nicht wiedergutzumachen und trug zu einem Trauma bei, das in der indischen Christenheit bis heute nachwirkt.

In gewissem Sinne als Kompensation für solche Komplikationen darf man die Tatsache bewerten, daß die authentische Stimme der indischen Christen selbst heute weit mehr als früher zu vernehmen ist. Natürlich kann auch jetzt nicht auf den umfangreichen Bestand an Dokumenten, Korrespondenz, beschreibender und analytischer Literatur verzichtet werden, den die Missionare aller christlichen Konfessionen in Indien zusammengetragen haben. Aber es entspricht der Logik der Entwicklung in einem ökumenischen Zeitalter, daß heute die Geschichte der indischen Christenheit überwiegend von ihren eigenen Repräsentanten geschrieben wird. Seit zehn Jahren erscheint eine indische Kirchengeschichte in sechs Bänden, an der nur noch zwei nichtindische Autoren beteiligt sind. Dazu kommt eine wachsende Zahl von Einzelpublikationen indischer Verfasser, die erkennen läßt, daß nunmehr die indische Christenheit die Darstellung ihrer Geschichte, ihrer gegenwärtigen Lage und ihrer Zukunftsperspektiven in ihre eigene Verantwortung übernommen hat, wie dies ja eigentlich selbstverständlich sein sollte. In die gleiche Richtung weist die Tatsache, daß in den letzten Jahren an indischen staatlichen Universitäten, so in Mysore und Madras, besondere Lehrstühle bzw. «Departments for Christianity» eingerichtet worden sind, die der authentischen Vertretung und Erforschung des indischen Christentums durch indische Gelehrte neuen Auftrieb geben dürften.

2. Historische Wurzeln

Was diese und andere Neuerungen für das innere Gefüge und Wesen der indischen Christenheit bedeuten, wird in ihren Kirchen ausgiebig diskutiert, von der indischen Öffentlichkeit jedoch kaum zur Kenntnis genommen. Zwar hat der erste Ministerpräsident des neuen, selbständigen Indien gelegentlich darauf hingewiesen, daß das Christentum in Indien immerhin schon früher präsent gewesen sei als der Islam und schon deswegen als eine der in Indien bodenständigen Religionen zu betrachten und zu respektieren sei. Andere führende Politiker haben jedoch nicht so viel Neutralität aufgebracht wie der Agnostiker Nehru, sondern hielten und halten es eher mit der zynischen Bemerkung des Hindu-Philosophen und Staatsmannes Sarvepalli Radhakrishnan, die Christen seien «ganz gewöhnliche Leute, die lediglich durch ihre außergewöhnlichen Ansprüche auffielen». Wie dem auch sei – die Identität der indischen Christen ist nun einmal schon von ihrer Geschichte her nicht nur mit dem Odium des quantitativen Minderheitsstatus, sondern auch der qualitativen Fremdheit belastet. Hier ist nicht der Ort, um der indischen Kirchengeschichte im Detail nachzugehen. Aber trotz des schon erwähnten Mangels an Quellen ist bereits für die Frühzeit deutlich, daß die ersten Christen auf indischem Boden, etwa um das Jahr 300, nicht als missionierende Wanderprediger im apostolischen Stil auftraten, sondern als Händler aus Mesopotamien, die sich in Kerala niederließen, ihre syrische Kirchensprache und Liturgie mitbrachten und bald auch eigene syrische Priester hatten. Außerdem fanden in Indien offenbar auch nestorianische Christen aus Persien eine Zuflucht, die während der ersten sassanidischen Christenverfolgung, um die Mitte des 4. Jahrhunderts, ihre Heimat verlassen mußten. In der Feudalstruktur südindischer Fürstenstaaten vermochten diese Christen sich rasch als angesehene Untertanen zu assimilieren und unter der einheimischen Bevölkerung Fuß zu fassen, wobei die persisch-nestorianische kirchliche Jurisdiktion erhalten blieb. Mischehen und Konversionen machten es möglich, daß die Gruppe inmitten der Hindu-Gesellschaft überlebte – «in Dogma, Gottesdienst und Ethos mesopotamische Christen, in jeder anderen Hinsicht Inder» (L. W. Brown). Das Element des Fremden blieb also erhalten, auch in einem gesellschaftlichen Kontext, der dieser Christenheit je länger je mehr auch die Akkommodation an das indische Kastensystem ermöglichte.

Christianisierung als unmittelbares Korrelat einer von außen aufgezwungenen Fremdherrschaft setzte sich erst im Zuge der portugiesischen Kolonisierung durch, also seit 1498, mit allen mißlichen Begleiterscheinungen sowohl für die Thomas-Christen als auch für die nichtchristliche Bevölkerungsmehrheit. In kleinerem Maßstab trat später protestantisches Christentum in den Teilen Indiens auf, die unter holländische und dänische koloniale Botmäßigkeit gerieten. Hier wie auch in den Territorien der Britischen Ostindischen Companie entwickelte sich allerdings ein anderes Muster der Christianisierung. War unter portugiesischer Herrschaft die Ausbreitung des Christentums ein integrierender Bestandteil kolonialer Machtausübung, so waren die protestantischen Mächte, angefangen bei den Holländern, in der Regel nicht ernsthaft daran interessiert, mit Hilfe ihrer Machtmittel in die religiösen Verhältnisse im Lande einzugreifen und die Tätigkeit christlicher Missionare planmäßig zu unterstützen. In den Gebieten der britischen Companie waren auch englische Missionare bis 1813 überhaupt nicht zugelassen; erst danach galt der Grundsatz freier Religionsausübung für jedermann. In der dänischen Besitzung Tranquebar hatte die bereits 1706 einsetzende Mission deutscher lutherischer Pietisten in harten Auseinandersetzungen mit der Kolonialobrigkeit ein Aktionsmodell entwickelt, das es erlaubte, die Mission weitgehend von kolonialpolitischer Bevormundung freizuhalten, und diese Tendenz hat auch anderswo in Indien beispielgebend gewirkt.

Damit allein ist die Last der Geschichte, die der christlichen Minderheit zu schaffen macht, freilich noch nicht bewältigt. Nicht ohne Grund ist in der Zeit des indischen Befreiungskampfs darüber Klage geführt worden, daß nur wenige Christen sich aktiv an der nationalen Erhebung beteiligt hätten. Dem entspricht heute die Tatsache, daß nur selten christliche Politiker sich einen Namen machen, sei es auf der Ebene der Zentralregierung, sei es in den Bundesstaaten. Nehru konnte noch die christliche Prinzessin Amrit Kaur als Gesundheitsministerin in sein Kabinett aufnehmen, die dann im gleichen Jahr starb wie er (1964). Außer ihr wäre noch George Fernandes zu nennen, 1977–79 Minister in der Zentralregierung, später nicht wieder gewählt, der freilich mehr als Sozialist und weniger als Christ politisch in Erscheinung getreten ist. Daß in den Jahren 1990–92 einer der prominentesten indischen Laienchristen, Dr. M. M. Thomas, Angehöriger der südindischen Mar-Thoma-Kirche, als Gouverneur von Nagaland amtieren konnte, war ein durch die besonders schwierige Situation in diesem mehrheitlich christlichen Stammesgebiet bedingtes Experiment, das nicht von Dauer sein konnte. In der indischen Wirtschaft schließlich haben die Christen dem kaum etwas an die Seite zu setzen, was beispielsweise der aus der viel kleineren Minorität der Parsen stammende Großindustrielle J. R. D. Tata geleistet hat.

Eine Umfrage unter indischen Christen endete vor einigen Jahren mit dem folgenden Ergebnis: «Ihr Leben in geschlossenen Gruppen, ihre Beschäftigung mit ihrem eigenen Leben und ihren besonderen Interessen begrenzt nicht nur den sozialen Horizont vieler Christen, sondern erzeugt bei ihnen auch eine ‹Ghettomentalität›», also eine Selbstgenügsamkeit, die auch heute noch, lange nach dem Ende der Kolonialepoche, die christliche Minderheit nur zu leicht als Fremdkörper erscheinen läßt. Ein hinduistischer Verlag hat 1979 eine kritische Studie über die indische Christenheit herausgebracht, deren Titelbild für sich spricht. Es zeigt ein Kreuz, auf dessen linkem Balken ein Leprosarium, auf dem rechten eine Schule, an der Spitze ein Hospital und am Fuß ein Waisenhaus – im Schnittpunkt aber einen Haufen von Geldmünzen in verschiedenen ausländischen Währungen. Die Intention der Darstellung bedarf keiner Erläuterung; ob sie in dieser Form der Wirklichkeit der indischen Christen gerecht wird, bleibt allerdings fraglich.

3. Die soziale Situation der Christen im heutigen Indien

Der indische Soziologe C. T. Kurien, selbst ein Christ, hat einen Hinweis gegeben, der über Kurzschlüsse der zitierten Art hinausführen kann: Um ihren Auftrag zu erfüllen, sollte die christliche Minderheit «in ständiger Selbstprüfung das praktizieren, was ihr Glaube für ihre Mitmenschen und die gesamte Gesellschaft bedeuten könnte, und dieser Bedeutung durch Sprache, Symbolik und Aktion einen Ausdruck verleihen, der für jedermann verständlich ist. Sie sollte, m. a. W., in ihrem eigenen Zusammenleben so glaubwürdig wie möglich die Mitmenschlichkeit demonstrieren, die alle Schranken der indischen Gesellschaft überwindet.» Damit ist gewiß nicht gesagt, daß nun etwa das Bild der Mutter Teresa in den Slums von Kalkutta an Leuchtkraft verloren hätte – als Typus einer für Indien kongenialen Verkörperung christlicher caritas, die den einzelnen inmitten von Elend und Tod begleitet und deren Botschaft auch ohne viele Worte spontan verständlich wird. Nichts ist auch dagegen zu sagen, daß heute wie schon seit den Anfängen christlicher Mission im Lande die im oben erwähnten Bild als Karikaturen wiedergegebenen Beispiele nach wie vor durchaus zur Realität christlichen Dienstes im Alltag gehören: Hospital und Schule, Waisenhaus und Leprastation. Gleichwohl ist nicht zu übersehen, daß die Dimensionen sozialen Elends, mit denen man es heute in Indien zu tun hat, den vergleichsweise engen Wirkungsbereich christlicher Nächsten-Liebe längst gesprengt haben. Es ist die Ungerechtigkeit der Strukturen, der wirtschaftlichen wie der sozialen, die heute wie nie zuvor das Tun der Liebe herausfordert. Dessen wird sich die indische Christenheit zunehmend bewußt, und dies um so mehr, als sie das strukturelle Übel in ihrer eigenen Mitte hat. Genaue Zahlen lassen sich kaum angeben; aber man kann damit rechnen, daß in vielen Teilen des Landes nahezu die Hälfte der Christen selbst zu den notorisch Unterprivilegierten gehört.

Die Sozialpolitik der Regierung tut das Ihre, um die Ungerechtigkeit gerade gegenüber den Christen fühlbar zu machen. Der circulus vitiosus ist nahezu perfekt: Wer Christ wird, kann nicht mit einer Erleichterung des sozialen Aufstiegs rechnen, sondern muß sich eher auf Erschwerungen gefaßt machen. Erstens untersteht er ab sofort einer neuen Rechtsordnung (Personal Law), die nicht nur den Abbruch der alten gesellschaftlichen Beziehungen impliziert, sondern auch Enterbung und andere konkrete Nachteile mit sich bringt. Zweitens, und das ist meist noch einschneidender, verliert man mit der Konversion zum Christentum alle staatlichen Sonderförderungen, auf die sonst die Angehörigen niederer Kasten und insbesondere die Kastenlosen Anspruch haben, wie etwa Schulgeldfreiheit, Ausbildungsbeihilfen u. a. In Einzelfällen sind Angehörige des öffentlichen Dienstes entlassen worden, wenn sie zum Christentum übertraten oder wenn herauskam, daß sie schon bei der Einstellung Christen waren. Die Folgen für die Integrität und den Zusammenhalt der christlichen Gemeinde sind ebenso deutlich wie die Gefährdung des sozialen Friedens im allgemeinen. In der katholischen Kirche ist gelegentlich bereits von einem Exodus aus diesen Verhältnissen die Rede.

Es fehlt freilich auch nicht an christlichen Stimmen, die die Kirchen daran erinnern, daß in ihrer eigenen Mitte Ungerechtigkeit, Diskriminierung und Kastendünkel keineswegs eliminiert sind, ja daß – wie es eine Gruppe indischer Theologen 1981 ausgedrückt hat – «die Kirche selbst zu den meisten Forderungen nach Gerechtigkeit schweigt, daß sie als Grundbesitzerin sich der Landreform versagt, daß sie sich als Institution überhaupt dank ihres immer noch beachtlichen Einflusses unter den Besitzenden dem Kampf der Armen und Unterdrückten entzieht». Mittlerweile hat sich daran allerdings einiges geändert. Die Bewegung der «Dalits», der «Gebrochenen», d. h. vor allem der von Gandhi noch als «Gotteskinder» (Harijans) apostrophierten Kastenlosen, findet auch unter den indischen Christen zunehmend Rückhalt und Unterstützung. Das Phänomen ist neu und in vieler Hinsicht wahrhaft «unerhört»: Erstmals warten die Harijans nicht mehr darauf, daß andere sich für sie einsetzen, sondern nehmen ihr Schicksal selbst in die Hand. «Die Schwachen greifen zum Schwert. Der Wurm wird zur Kobra» (S. J. Samartha). Soweit sie Hindus sind, hoffen sie nicht mehr darauf, innerhalb ihrer eigenen Gruppe bessergestellt zu werden, sondern fassen die Möglichkeit ins Auge, der angestammten Religion den Rücken zu kehren. Massenbekehrungen zum Islam, die vor allem in Südindien Aufsehen erregt haben, sind auch von Christen als Alarmsignale verstanden worden, erst recht ein Massaker an einer ganzen Gruppe von überwiegend christlichen Dalits in einem Dorf in Andhra Pradesh im August 1991.

Die Besorgnis, die durch solche Exzesse geweckt wird, darf freilich nicht verhindern, daß bei der Bewertung dieser Entwicklung die religionspolitischen Hintergründe berücksichtigt werden. So wie, nach einer noch nicht publizierten Untersuchung von Eleanor Zelliot, die «‹Dalit-Kultur› heute bereits eine Art von modischem Glaubensartikel» geworden ist, so ist auch in der christlichen Minderheit gelegentlich die Tendenz festzustellen, die Sache der Dalits gleichsam für das Christentum mit Beschlag zu belegen. Allenthalben tauchen Entwürfe einer «Dalit-Theologie» auf, für die es an christlichen theologischen Hochschulen bereits eigene Lehrstühle gibt und die auch vom theologischen Nachwuchs in Europa, insbesondere in Deutschland, als attraktiver Gegenstand für Magisterschriften und Dissertationen entdeckt worden ist, nicht selten mit recht gewagten Folgerungen für das westliche Christentum. Darauf, daß die Sache der Dalits unstreitig religiöse Relevanz besitzt, ist noch zurückzukommen. Ob sie sich allerdings auf lange Sicht zum religionspolitischen Exportartikel machen läßt, ist eine Frage, die der internen Entscheidung der indischen christlichen Kirchen überlassen bleiben sollte.

Es fällt nicht leicht, angesichts dieser weitreichenden Perspektiven noch einmal an die kleinen, unscheinbaren Schritte zu erinnern, die indische Christen nach wie vor wagen, um aller Ungewißheit und Frustration zum Trotz wenigstens punktuell an der Behebung der sozialen Not- und Mißstände mitzuwirken. Das besondere Charisma der Mutter Teresa und ihres Ordens bleibt in einer Kategorie für sich und entzieht sich der Nachahmung im größeren Kontext der gesellschaftlichen Strukturen. Die Kastenordnung nachhaltig zu erschüttern, ist selbst Gandhi nicht gelungen und kann auch nicht zur Aufgabe der Liebestätigkeit werden, wie sie von einer religiös motivierten Gemeinschaft zu erwarten ist. Aber zeugnishafte Wirkung kommt heute und, wenn nicht alle Zeichen trügen, auch in Zukunft vor allem den Aktionen zu, die sich über konventionelle Wohltätigkeit hinaus der Bekämpfung der Ursachen von Armut und Elend zuwenden.

In Kerala ist das Beispiel einer Frau besonders wirksam geworden, der katholischen Ordensschwester Alice, die 1984 zusammen mit gleichgesinnten Christen zwei Wochen lang öffentlich fastete, um auf ein strukturelles Übel hinzuweisen, das die Fischer an der Malabar-Küste betrifft. Ihre Existenz ist durch die von der Regierung geförderte Tätigkeit von außen eindringender Großfischerei-Unternehmen gefährdet. Die Behörden verhielten sich ablehnend gegenüber der fastenden Ordensfrau, und die zuständige Ortskirche nicht minder. Aber auf sie wird es letztlich zurückfallen, wenn Zeichen wie diese unbeachtet bleiben. Und noch mehr: Mit den anderen Religionen in Indien wird sich auch die christliche Minderheit fragen müssen, ob es für ihre Zukunft nicht doch weniger auf Statusvorteile und Machtpositionen ankommt als auf Glaubwürdigkeit, weniger auf die soziale Funktion als auf die spirituelle und theologische Wahrhaftigkeit, von der abschließend zu reden ist.

4. Das Christentum und sein Verhältnis zum Hinduismus

Kaum ein Ereignis der neueren indischen Religionsgeschichte hat die Gemüter so erregt wie die Zerstörung der alten Babri-Moschee in Ayodhya durch fanatisierte Hindu-Fundamentalisten am 6. Dezember 1992. Wahrscheinlich hat man sogar zu Recht dieses Geschehen mit den anderen großen nationalen Zäsuren seit der Teilung des Subkontinents im Jahr 1947 auf eine Stufe gestellt, oder auch davon gesprochen, daß Mahatma Gandhi zwar 1948 erschossen wurde, aber erst am Tag von Ayodhya gestorben sei. «Ayodhya wird uns stets als ein Wendepunkt indischer Geschichte in Erinnerung bleiben», schreibt auch der indische Christ John Fernandes, und er fährt fort: «aber eine Wende wohin? Die Antwort haben wir alle bei uns selbst zu suchen.» Es ist hier nicht der Ort, das Geschehen und seine Folgen im einzelnen zu rekapitulieren; aber aus der Perspektive der indischen Christenheit lassen sich drei Aspekte hervorheben.

Zunächst ist erneut die Frage nach dem säkularen Staat und seinem Selbstverständnis zu stellen; denn es ist ja diese in der indischen Verfassung verankerte Charakteristik, die für alle Bürger Indiens, insbesondere aber für die Angehörigen religiöser Minoritäten, die Gewähr gibt, daß in Indien keine wie auch immer geartete Theokratie, insbesondere auch kein «Hindustan», eingerichtet werden darf. Zweifellos kann die Verfassungsbestimmung von den verschiedenen Religionsgruppen unterschiedlich interpretiert werden. Auch zwischen der westlichen und der indischen Auslegung des säkularen Staatscharakters gibt es Unterschiede. Insbesondere versteht sich nach gängiger indischer Auffassung der säkulare Staat nicht als atheistisch oder areligiös, sondern läßt beispielsweise sogar Raum für die Anrufung des Namens Gottes bei der Eidesleistung oder der Übernahme hoher Staatsämter. Für das christliche Verständnis ist jedenfalls entscheidend, daß die Verfassung volle Gewissens- und Religionsfreiheit garantiert und damit auch jeden Führungsanspruch einer religiösen Gruppe für das gesamte Gemeinwesen ausschließt.

Daß das Ereignis von Ayodhya durch das Ergebnis der Regionalwahlen im November 1993 mindestens in seinen politischen Konsequenzen eine gewisse Entschärfung erfahren hat, daß also die «Hindutva-Bewegung» etwas von ihrer Dynamik eingebüßt hat, könnte auch unter den Christen die Hoffnung stärken, daß der Hindu-Fundamentalismus noch keinen so unaufhaltsamen Siegeszug angetreten hat, wie es unmittelbar nach Ayodhya den Anschein hatte. Ob diese Tendenz anhält, wird sich in den Regionalwahlen 1995 und den nächsten Bundeswahlen (wahrscheinlich 1996) erweisen. Falls, wie es den Anschein hat, die vor allem in Uttar Pradesh neu hervortretenden Repräsentanten der Armen und «Unberührbaren» weiter an Boden gewinnen, dürfte dies auch für die christliche Minderheit im ganzen Land von Vorteil sein, zumal wenn damit eine Neubesinnung auf die Bedeutung des in der indischen Verfassung verankerten Säkularitätsprinzips einhergeht.

Dafür spricht auch ein zweiter Sachverhalt, der für die Zukunft der christlichen Minderheit Bedeutung hat und durch die Vorgänge in Ayodhya erneut in die Diskussion gekommen ist. Die indische Verfassung läßt keinen Zweifel daran, daß die allen Bürgern gewährte Gewissens-, Berufs- und Religionsfreiheit auch die Freiheit der Konversion einschließt. Schon seit langem ist jedoch in Indien die Frage gestellt worden, ob damit nicht ein sachfremdes, nur für die westliche Welt brauchbares Verständnis des Säkularitätsprinzips sanktioniert würde – eine Lebensanschauung, die alle Rücksicht auf einen Glauben an Gott und eine Transzendenz so weit ausschlösse, daß auch das Bekenntnis zu einer Religionsgemeinschaft irrelevant wäre. Demgegenüber hat sich die Tendenz zu einer theokratischen Auslegung des Konversionsproblems verstärkt. Der Hinduismus, bekanntlich von jeher nicht nur eine Religion im Sinne einer Glaubenslehre, sondern ein «way of life», der sich alle Bereiche des menschlichen Lebens unterordnet, wird als Kultur dargestellt, die einen gesamtindischen Absolutheitsanspruch impliziert. Aus dieser Kultur kann man nicht «aussteigen», ohne seine indische Identität zu verlieren, so wie sie aus der Vergangenheit überkommen und im «sanatana dharma», der Religion über allen Religionen, verbindlich sanktioniert ist. Wie die anderen religiösen Minderheiten in Indien, insbesondere die Muslime, mit diesem Anspruch umgehen, ist ein Kapitel für sich, in dem die Ereignisse von Ayodhya und ihre Folgen einen neuen und wahrhaft erschreckenden Akzent gesetzt haben. Für die Christen, die für ihre Religion von vornherein keine so rigide Absolutsetzung vertreten können wie etwa die Muslime im Hinblick auf die Shariah, ist hier eine Entscheidung gefordert, die an den Grund ihres Glaubens rührt und in der Frage der Konversion eine aktuelle Zuspitzung erhält.

Das Angebot des Hinduismus steht fest: auch die indischen Christen können und sollen sich in der übergreifenden Hindu-Gemeinschaft heimisch fühlen; denn diese Gemeinschaft hat letztlich auch Platz für Jesus Christus und Allah – so wie sie ja in ihrem engeren Bereich bereitwillig für ein ganzes Pantheon von Göttern jeder Art Raum schafft. Nicht tolerierbar wäre allerdings der Verzicht auf die kulturellen und sozialen Konventionen, die im «Hindu way of life» zusammengefaßt sind. Konversion, wenn sie denn sinnvoll sein sollte, wäre allenfalls als eine Einbahnstraße vorzustellen – von der unhaltbaren Exklusivität des Islam oder des Christentums zur Inklusivität des Hindu-Dharma, keinesfalls aber umgekehrt, da dies auf einen Verrat am gesamtindischen Geistes- und Kulturerbe hinausliefe.

Abendländisches Denken ist, mit graduellen Unterschieden, immer wieder von solcher «Toleranz» beeindruckt gewesen. In Indien vermag man die ganze Härte des Anspruchs, der dahintersteht, wahrscheinlich deutlicher zu erkennen, auch ohne daß es dafür der traumatischen Erfahrung von Ayodhya bedurft hätte. Man erinnert sich noch sehr gut der Gesetzgebung einzelner Bundesstaaten in der neueren Vergangenheit – Orissa und Madhya Pradesh 1968, Arunachal Pradesh 1978 –, die den Religionswechsel zu reglementieren versuchten, mit unverkennbarer Spitze gegen das Christentum. Die Tarnungsversuche, die diese Gesetze enthalten, können verwirren: Niemand kann ja etwas dagegen haben, daß Zwang, Verleitung und Täuschung bei der werbenden Verbreitung religiöser Lehren untersagt werden. Niemand wird auch bezweifeln, daß die Freiheit jedes einzelnen, bei seiner angestammten Religion zu bleiben und nirgendwohin zu konvertieren, ein schutzbedürftiges Gut ist. Die indischen Christen wissen aber auch aus Erfahrung, daß die Gesetze in einer Weise interpretiert und angewendet werden können, die den Bestimmungen der indischen Verfassung nicht in jeder Hinsicht entspricht. Nur so erklärt sich, daß es dank des Einspruchs der indischen Zentralregierung bisher nicht gelungen ist, die regional durchgesetzten Einschränkungen der Religionsfreiheit für ganz Indien verbindlich zu machen. Bedauert wird allerdings, daß die Belastungen, die mit einer Konversion insoweit verbunden sind, als damit die Unterstellung unter ein neues Persönlichkeitsrecht erforderlich wird (s. o.), nach wie vor in Geltung sind. Die Schaffung eines gesamtindischen, einheitlichen Personenrechts, das den Gefahren des Fundamentalismus vorbeugt, ohne doch die Unterschiede der Religion, Sprache und Kultur zu ignorieren, dürfte freilich noch in weiter Ferne liegen.

Ein neuer Impuls zur Beschäftigung mit dem Konversionsproblem kann sich, wie es scheint, schließlich noch im Zusammenhang mit der bereits erwähnten Bewegung der Dalits ergeben. Es ist bekannt, daß man sich dort bevorzugt auf Dr. R. B. Ambedkar (1891–1956) beruft, der sich schon in den Jahren zwischen den Weltkriegen als Vorkämpfer für die Rechte der Kastenlosen profilierte. Heute greift man vor allem auf das zurück, was Ambedkar bereits 1935 in einem Vortrag unter dem Titel «Why Conversion?» (neu gedruckt von der Dalit Sahitya Academy, Bangalore 1987) zur Frage des Religionswechsels gesagt hat, also lange bevor er 1956 mit Hunderttausenden seiner Anhänger zum Buddhismus übertrat – womit er zweifellos eine der nachhaltigsten Erschütterungen der indischen Gesellschaft ausgelöst hätte, wenn er nicht schon ganz kurz danach gestorben wäre. Das Kernstück seiner Botschaft inspiriert heute den Befreiungskampf der Dalits: Nur der Religionswechsel kann den sozialen Wandel schaffen, der den Unterdrückten zu ihrem Recht verhilft. Kastenlosigkeit ist nicht nur ein gesellschaftliches Übel unter anderen. Sie ist in der Hindu-Religion verankert und deshalb nur dadurch zu überwinden, daß man mit dieser Religion bricht. Ambedkar selbst hat zeitweilig auch ernsthaft an den Übertritt zum

Christentum gedacht, ihn dann aber nicht vollzogen, da nach seiner Meinung das Kastensystem auch in den indischen Kirchen noch kaum angefochten in Geltung war. Dessen ungeachtet steht heute erneut zur Debatte, was Ambedkar den Harijans schon vor sechzig Jahren einschärfte: «Den Geschmack eines gewöhnlichen Getränks kann man ändern; aber aus Gift kann man nicht amrit (Nektar) machen. Wer das gesamte Kastensystem abschaffen will, versucht gerade dies – Gift in amrit zu verwandeln. Aber erst wenn wir einer Religion den Rücken kehren, die unsere Mitmenschen wie Aussätzige behandelt, können wir anfangen, diese Diskriminierung zu überwinden.» Ob die indischen Christen von heute einem solchen Appell zustimmen könnten, bleibt allerdings offen. Von manchen indischen christlichen Theologen kann man jedenfalls durchaus andersartige Ratschläge hören: Auch wenn Hindus von Christen eingeladen würden, «das Kreuz gegen das OM einzutauschen», sollte sich die indische Christenheit als ganze auf diese Art von Konkurrenz nicht einlassen und auf mögliche statistische Gewinne lieber verzichten (S. J. Samartha). So nobel dieser Vorschlag auch gemeint ist, so bleibt doch die Frage, ob es den Dalits überhaupt noch um Statistik geht, oder nicht vielmehr um eine umfassende Befreiung, die sowohl religiöse als auch soziale Auswirkungen hat.

An diesem Punkt allerdings stoßen die Möglichkeiten dessen, der die Dinge lediglich als Außenstehender beobachtet, endgültig an ihre Grenze. Die Dialoge, die hier weiterführen könnten, die Taten, die jetzt geboten wären, sind und bleiben die Sache derer, die in Indien selbst Verantwortung tragen. Als 1981 in dem südindischen Dorf Meenakshipuram 180 Harijan-Familien gemeinsam zum Islam übertraten, formulierte ein islamischer Augenzeuge eine Lehre aus dem Geschehen, die für die Zukunft aller Religionen in Indien, auch die der Christen, schicksalhafte Bedeutung erlangen könnte: «Wechsel der Religion ist nicht mehr nur eine oberflächliche Krankheitserscheinung, sondern das Symptom eines tiefer liegenden Übels, das wir alle nur zu unserem eigenen Schaden ignorieren können.»

XII.
Die Sikhs

Marla Stukenberg

Der Sikhismus ist nicht viel älter als 500 Jahre und damit eine der jüngsten Religionen der Welt. Obgleich seine rund 16 Millionen Anhänger im indischen Kontext eine religiöse Minderheit von nur ca. 2 % der Bevölkerung ausmachen, sind die Sikhs die viertgrößte Religionsgemeinschaft des Subkontinents. Ungefähr 80 % der Sikhs praktizieren ihre Religion in deren Ursprungsgebiet, dem heutigen nordindischen Bundesstaat Panjab. Die zeitliche und die geographische Nähe zum religiösen Ursprung beeinflußt den Umgang der Sikhs mit ihrer eigenen Geschichte, in der sich historische Ereignisse und Heiligenlegenden zu einem Erzählstrang verbinden.

Die Sikh-Religion ist aus einer Reformbewegung des Hinduismus hervorgegangen. Einerseits bestehen daher zwischen Hindus und Sikhs enge Kontakte und selbst familiäre Bindungen; die Mitglieder beider Gemeinschaften heiraten untereinander, und nicht selten erziehen Hindu-Familien einen Sohn im sikhistischen Glauben. Andererseits zieht sich die Furcht der Sikhs vor dem Verlust ihres Heilsweges und vor einem Rückfall in den ‹Hindu-mainstream› wie ein roter Faden durch ihre Geschichte. Die Entwicklung der Sikhgemeinschaft ist daher ein wechselhafter Prozeß der Abgrenzung und Annäherung, der aber im Laufe der Zeit ein immer schärferes Profil dieser religiösen Gemeinschaft hervortreten ließ.

1. Vom Wanderprediger Nanak zum religiösen Kriegerorden

Nanak, der Begründer und erste Guru der Sikhs (1469–1539), stand der subversiven Bhakti-Bewegung des Hinduismus nahe. Den Beginn des sikhistischen Glaubens markiert ein Offenbarungserlebnis: Nanak vernahm eine Stimme, die ihn anwies, in dem Glauben an einen einzigen Gott Barmherzigkeit, Reinheit, Andacht und Dienen zu leben und zu predigen. Bald sah man ihn als Lehrer, d. h. als *Guru*, an und seine Schüler als *Sikhs* (Jünger, Schüler). Nanak, heißt es, wollte zwischen Hinduismus und Islam vermitteln und gilt bis heute als Symbol der Bruderschaft zwischen den beiden großen Religionsgemeinschaften; gleichzeitig wandte er sich jedoch deutlich von einigen Merkmalen und Glaubenspraktiken des Hinduismus ab: Als Ersatz für das Netzwerk von Hindu-Pilgerstätten, Riten, Idolen, Tempeln und die Ordnungsstruktur des Kastensystems bot er seinen Anhängern die schlichte Formel des «nam dan isnan». «Nam» bezeichnet das ständige Meditieren über den göttlichen Namen; unterstützt wird die Meditation durch «dan», das Verteilen von Almosen, und schließlich vervollkommnet durch «isnan», eine reine Lebensweise. In Nanaks Hymnen und Gebeten wird die diesseitige Welt mit ihren Bedürfnissen bejaht. Das Streben nach Macht, Wohlstand und Prestige ist daher legitim; es gilt allerdings das Gebot, das Verdiente zu teilen. Dieses Teilen zeigt sich in der heute noch gepflegten Sitte des *langar,* der gemeinsamen Freiküche in jedem Sikh-Tempel, wo jeder ohne Rücksicht auf Kastenschranken ein kostenloses Essen erhalten kann. Hierzu gehört auch *kar sewa,* die unbezahlte, freiwillige Arbeit. So werden z. B. die meisten Tempel von Männern und Frauen ohne Entgelt gebaut und gereinigt. Die Religion lenkt damit das materielle Streben in die gewünschte Richtung: auf eine starke und prosperierende Gemeinschaft, für deren Wohlergehen der einzelne durch sein individuelles Streben einen Beitrag leistet. Der Glaube an ein vorbestimmtes Schicksal und seine passive Hinnahme ist im Sikhismus verpönt. Sikhs glauben an die Möglichkeit des Menschen, durch Fleiß und eigene Anstrengung das Leben in die Hand zu nehmen. Der Sikhismus akzeptiert zwar den Hinduglauben an das Karma und die Seelenwanderung, sieht aber für den Menschen die Chance, durch sein Handeln aus diesem Kreislauf auszubrechen und die Erlösung zu erlangen.

Nach Nanak folgten neun weitere Gurus (Angad, Amar Das, Ram Das, Arjun Dev, Hargobind, Har Rai, Har Krishen, Tegh Bahadur und Gobind Singh), so daß sich die Gemeinschaft bis 1708 jeweils um eine zentrale Persönlichkeit herum formieren konnte. In dieser Zeit wich die knappe Lehre Guru Nanaks schrittweise dem Bedürfnis der sich erweiternden Sikh-Anhängerschaft nach Institutionen, Riten, Pilgerstätten und äußeren Symbolen. Unter dem fünften Guru, *Arjun Dev,* erreichte diese Entwicklung einen vorläufigen Höhepunkt. Guru Arjun Dev faßte seine Hymnen mit denen seiner Vorgänger sowie Schriften moslemischer und hinduistischer Heiliger zu einer Anthologie zusammen und gab den Sikhs damit ihre «Bibel», den *Granth Sahib.* Zugleich legte er den Grundstein für das größte Heiligtum der Sikhs, den Goldenen Tempel in Amritsar: Das spirituelle Zentrum, der *Harimandir Tempel,* liegt auf einem Wasserbecken, dem ‹Teich der Unsterblichkeit›. Ihm gegenüber befindet sich seine weltliche Entsprechung, der *Akhal Takht* (Thron des Zeitlosen); von ihm aus können bindende Beschlüsse für die säkularen Belange der Sikhgemeinschaft verkündet werden. Diese Synthese von geistlicher und weltlicher Macht ist philosophisch im Prinzip des *miri-piri* verankert und findet Ausdruck im Sikh-Emblem des *nishan:* Das zweischneidige Schwert, das die Reinheit des Glaubens symbolisiert, wird beschirmt von zwei schützenden *kirpans* (Schwertern).

Im Jahre 1606 ließ Mogul-Kaiser Jehangir, der befürchtete, Arjun Dev könne zu großen Einfluß auf die Bevölkerung nehmen, den Guru zu Tode foltern. Er war der erste einer großen Zahl von Sikh-Märtyrern, auf die sich das Selbstbewußtsein der Gemeinschaft bis heute stützt. Neben das Martyrium trat jedoch bald die Militanz als wesentliches Element der Sikh-Identität: Der Märtyrertod Guru Arjun Devs markiert den Wendepunkt, an dem die Umwandlung der Sikhs von einer pazifistischen Sekte in einen kriegerischen Orden einsetzte. Der sechste Guru und Sohn des Märtyrers, *Guru Hargobind,* soll nun zur Verteidigung des Glaubens die Bewaffnung der Sikhs angeordnet haben. Die Militarisierung der Gemeinschaft ist jedoch wohl auch darauf zurückzuführen, daß von Anfang an zahlreiche *Jats* von den Lehren der Gurus angezogen wurden. Die Jats sind eine ländlich-agrarische Gemeinschaft mit einer ausgeprägt martialischen Tradition. Der Konflikt zwischen den Sikhs und der Mogulautorität ist daher auch in Zusammenhang mit dem kulturellen Einfluß der Jats auf die Sikhgemeinschaft zu sehen; schließlich wollten die Mogulen der Entstehung einer von kriegerischen Jats geprägten Sekte nicht tatenlos zusehen. Heute stellen die Jats die wirtschaftlich prosperierende Sikh-Elite auf dem Land dar.

Auch der neunte Guru, *Tegh Bahadur,* wurde von Mogul-Kaiser Aurangzeb im Jahre 1675 zum Tode verurteilt. Vor seiner Hinrichtung beschwor er seinen Sohn, ihn zu rächen. Dieser zehnte und letzte Guru, *Gobind Singh,* einte die Sikhs zu einer homogenen Kriegergemeinschaft. Er entwickelte das Taufzeremoniell der *Kanda pahul,* bei dem alle aus der gleichen Eisenschale den Amrit, eine Art Zucker-Nektar, trinken und sich dadurch in Abkehr vom Kastenrangschema der Hindus zu der egalitären Gemeinschaft der *Khalsa* vereinigen. Alle männlichen Mitglieder erhalten durch diese Taufe den Nachnamen *Singh* (Löwe), alle weiblichen den Nachnamen *Kaur* (Prinzessin, Löwin). Zudem schrieb Gobind Singh den Sikhs eine Kleiderordnung vor, durch die sich alle Sikhs von nun an deutlich sichtbar von Hindus und Muslims unterschieden. Er ließ sie schwören, die *fünf k's* zu befolgen: niemals das Kopf- oder Barthaar zu schneiden *(kesh),* das Haar mit einem Kamm zu befestigen *(kangha),* einen Eisenarmreif am Handgelenk zu tragen *(kara),* immer einen Säbel bei sich zu haben *(kirpan)* und schließlich eine der soldatischen Mode der Zeit entsprechende kurze Hose zu tragen *(kuchha).* Männliche Sikhs tragen einen Turban über ihrem Haarknoten, der ein typisches Erkennungsmerkmal dieser Glaubensgemeinschaft darstellt.

Vor seinem Tode erhob der Guru den *Granth Sahib,* das Heilige Buch der Sikhs, zu einer Art schriftlichem Guru, dem gleiche Verehrung zuteil werden solle wie einem lebendigen Guru. Auch schuf er die Institution der *Sarbat Khalsa,* wonach der Guru immer dann imaginär anwesend sei, wenn sich fünf orthodoxe Sikhs in seinem Namen versammeln. Diese institutionelle Absicherung diente dabei auch als

Vorleistung für den Bestand der Gemeinschaft in einem Jahrhundert großer politischer Herausforderungen. Innerhalb von dreißig Jahren wurde der Panjab zehnmal von Mogulen, Persern, der Kabul-Dynastie und Kriegerherren der Marathen ausgeplündert. Die Sikhs bildeten Guerilla-Truppen, die sich zu zwölf Konföderationen, den *misls,* zusammenschlossen. Diese Milizen schlugen nicht nur die einfallenden feindlichen Heere, sondern schalteten auch die Autorität der muslimischen Gouverneure im Panjab völlig aus. Den Höhepunkt ihrer Macht erreichten die Sikhs unter *Ranjit Singh* (1781–1839), dem es gelang, die anderen Milizen unter seine Kontrolle zu bringen. 1799 ließ sich Ranjit Singh zum König krönen und errichtete einen theokratischen Militärstaat. Der Bedrohung durch den Vorstoß der East-India-Company begegnete Ranjit Singh offensiv: Zwischen 1810 und 1820 wurde das Sikh-Territorium nahezu verdoppelt. Erst sein Tod und der Kampf um die Nachfolge schwächten die Sikhs, so daß dem Druck der britischen Besatzungsmacht nun auch im Panjab nicht mehr standgehalten werden konnte. Zwei Anglo-Sikh-Kriege (1845/46 und 1848/49) führten zur Konsolidierung der britischen Herrschaft im Panjab.

2. Von der kolonialen Romanze zum organisierten Sikh-Protest

Die neuen kolonialen Interessenkonstellationen trugen dazu bei, das Selbstbewußtsein der Sikhs nun auch von außen zu festigen. Die Briten versuchten, die Loyalität der Sikhs zu gewinnen und sie für die Kolonialarmee anzuwerben. Dem Granth Sahib wurden militärische Ehren zuteil; die fünf k's wurden zu einem Bestandteil der Uniform, und Sikhs avancierten zu Elite-Soldaten der britisch-indischen Armee. Diese bevorzugte Behandlung sollte einen Rückfall der Sikhs in den Hinduismus verhindern; die Briten befürchteten nämlich, daß dies den Kampfgeist der Sikhs zunichte und sie für die Kolonialarmee unbrauchbar machen würde.

Für die Sikhs brachte der Armeedienst Karrieremöglichkeiten, Prämien und Pensionen mit sich, so daß sich bereits 1860 ca. 15 bis 20 % der britisch-indischen Armee aus Sikhs rekrutierten. Viele Sikhs profitierten außerdem davon, daß die Briten im Panjab neue Siedlungsgebiete anlegen ließen und den Bau neuer Straßen- und Eisenbahnnetze sowie die Einführung eines Post- und Telegraphendienstes veranlaßten. Durch ihren wirtschaftlichen und sozialen Aufstieg wurden die Sikhs zum Modell. Hindus aus niedrigen Kasten bzw. Kastenlose traten zum Teil zum Sikhismus über, da er ihnen größere soziale und berufliche Mobilität versprach.

Der Herausforderung durch christliche Missionare und neohinduistische Reformbewegungen begegneten die Sikhs ihrerseits mit einer sikhistischen Reformbewegung: Um 1880 bildeten sich die *Amritsar Singh Sabha* und die *Lahore Singh Sabha,* welche versuchten, die Sikh-Religion von anderen Religionsgemeinschaften ideologisch abzugrenzen. Die Briten unterstützten diesen Trend mit philologischen Studien, deren Ergebnisse den vermeintlichen Antagonismus zwischen Hindus und Sikhs bekräftigten.

Während des Ersten Weltkrieges erreichte die Zusammenarbeit zwischen Briten und Sikhs ihren Höhepunkt. Tausende von Sikhs kämpften auf britischer Seite. Nach Kriegsende erwarteten die Sikhs für ihre Loyalität eine angemessene Anerkennung und forderten, daß ein Drittel der Mandate in der Provinzregierung des Panjab den Sikhs reserviert werden solle, obwohl sie nur 12,4 % der Bevölkerung in diesem Gebiet ausmachten. Durch die Montagu-Chelmsford-Reformen im Jahre 1918 wurden ihnen jedoch nur 18,5 % der Sitze zugebilligt. Dieses Frustrationserlebnis leitete die Entfremdung zwischen Briten und Sikhs ein.

Eine traumatische Erfahrung, die das Ende dieser kolonialen Romanze markiert, war das Massaker von *Jallianwala Bagh* in Amritsar am 13. April 1919. An diesem Tag hatten sich fast 20000 Menschen – überwiegend Sikhs – zu einer friedlichen Protestkundgebung versammelt. General Dyer versperrte mit seinen Truppen den einzigen Ein- und Ausgang des Platzes und gab ohne vorherige Warnung Schießbefehl. Nach offiziellen Angaben wurden 379 Menschen getötet und über 2000 Menschen verletzt.

Die Auseinandersetzung um das Management der Sikh-Schreine *(Gurdwaras)* führte schließlich dazu, daß sich die Sikhs politisch organisierten. Aufgrund eines Brauchtums waren viele Aufseher der Gurdwaras Hindu-Brahmanen. Diese verehrten neben dem Granth Sahib auch noch Hindu-Gottheiten und führten hinduistische Rituale und Idole in den Gurdwaras ein. Die Position dieser Mahants war mit der Zeit vererbbar geworden, so daß sie sich als Besitzer der Tempel betrachteten. Dem Ziel, die Gurdwaras wieder in Sikh-Regie zu führen, stand das Eigentumsrecht im Wege, weshalb sich die Regierung den Forderungen der Sikhs nicht annahm. Die Sikhs gingen daher zur Tat über: Sie gründeten im November 1920 das *Shiromani Gurdwara Prabandhak Committee* (SGPC), ein Zentralkomitee für die Verwaltung der Gurdwaras. Die Radikaleren formierten sich unter dem Namen *Akali Dal* zu einem halbmilitärischen Korps, um die Gurdwaras mit Gewalt von den Mahants zu befreien. Bei den blutigen Auseinandersetzungen stand die Kolonialregierung auf seiten der Mahants. 1925 endete die Bewegung mit dem Sieg der Akalis und der Verabschiedung des Sikh-Gurdwara-Gesetzes.

Das aus dem Kampf um die Gurdwaras hervorgegangene SGPC und der Akali Dal sind bis heute wichtige Institutionen der Sikh-Politik. Das SGPC, eine Art ‹religiöses Parlament› der Sikhs, verwaltet über 700 bedeutende Gurdwaras und hat das Monopol über das gesamte Spendenaufkommen. Neben seiner ideellen Funktion stellt das SGPC somit eine mächtige finanzielle Ressource dar, auf welche der Akali Dal, der heute die gemäßigte Partei der Sikhs darstellt, zurückgreifen kann. Beide Organisationen kultivierten von Anfang an eine kritische Einstellung zum Säkularstaat und proklamierten ein spezifisches Geschichtsbild; dieses reproduziert das militärische Modell einer vom kriegerischen Geist der Jat-Kultur und der Khalsa-Disziplin geprägten Gemeinschaft, wobei die Gurdwaras als politische Bühnen fungieren.

3. Auf dem Weg zur Nation?

Am Vorabend der Unabhängigkeit ließ die Forderung der Muslims nach einem eigenen Staat bei den Sikhs die Furcht vor Unterdrückung in einem hindu-dominierten Indien aufkommen. Der Kampf um Bewahrung und Schutz der religiösen, kulturellen, wirtschaftlichen und politischen Rechte der Sikhs hat hier seinen Ursprung. Die Stilisierung des Panjab zum ‹homeland› der Sikhs begründete in der Folgezeit eine neue Definition der Sikhs als einer ethno-territorialen Gemeinschaft; diese Definition bildet die ideelle Basis, auf der sich die Khalistan-Forderung, die Beanspruchung eines eigenen Sikh-Staates, entwickeln konnte.

1947 errang der Subkontinent seine Unabhängigkeit. 2,5 Millionen Sikhs strömten aus Pakistan nach Indien und ließen berühmte Glaubensstätten und fruchtbare Anbaugebiete zurück. 66 % der Fläche, 80 % der bewässerten Gebiete und 52 % der Bevölkerung des Panjab fielen bei der Teilung an den neuen Staat Pakistan.

Nach der Teilung agitierte der Akali Dal im indischen Bundesstaat Panjab für eine Sprachprovinz des Panjabi, die *Panjabi Suba,* was jedoch in Wirklichkeit auf die Einrichtung einer religiösen Provinz für die Sikhs abzielte. Der Kongreß lehnte diese Forderung ab, da Panjabi sich als Sprache nur unwesentlich von Hindi unterscheide. Außerdem widerspreche das Anliegen dem ideologischen Bekenntnis der Republik zum Säkularismus, da die Panjabi Suba vorwiegend von Sikhs gefordert werde. Erst 1966, nachdem die Sikhs im Indo-Pakistan-Krieg mit ihren militärischen Verdiensten für Indien den öffentlichen Widerstand gegen die Panjabi Suba geschwächt hatten, wurden die Hindi-Sprachbezirke als neues Bundesland Haryana vom Panjab abgetrennt. Im reorganisierten Panjab hatten die Sikhs zunächst eine Mehrheit von 56 %, die inzwischen auf 52 % geschrumpft ist.

Seit der Unabhängigkeit wurde unter vielen Sikhs das Gefühl genährt, eine diskriminierte Minderheit zu sein. Dies manifestiert sich z. B. in der ihrer Meinung nach zu klein ausgefallenen Panjabi Suba und in der Vernachlässigung des Panjab bei staatlichen Investitionen im industriellen Sektor. Andere Bereiche lassen jedoch eher auf eine ‹positive Diskriminierung› der Sikhs schließen: Obwohl ihr Anteil an der indischen Bevölkerung nur ca. 2 % beträgt, stellen sie 10 % der Soldaten und 22 % der Offiziere; dies hat in Indien durchaus Aussagekraft, da Armeeposten wegen ihrer sozialen Sicherheit und dem Prestige begehrt sind. Auch steht dem subjektiven Gefühl der Diskriminierung die Tatsache gegenüber, daß der Panjab bei der Einführung einer modernen Agrartechnologie von der Zentralregierung in Delhi wegen seiner günstigen ökologischen Voraussetzungen bevorzugt berücksichtigt wurde. Der dadurch ausgelöste landwirtschaftliche Produktionsboom, die *Grüne Revolution,* machte aus dem Panjab die Kornkammer Indiens, einen der reichsten Bundesstaaten der Indischen Union. Von seiten vieler Sikhs wird hingegen betont, daß der Erfolg der Grünen Revolution vor allem auf ihren eigenen Fleiß, ihren unermüdlichen Einsatz und Unternehmensgeist zurückzuführen sei; der wirtschaftliche Gewinn werde jedoch von der Zentralregierung abgezogen und nicht in den Panjab reinvestiert. Hier wiederholt sich im Empfinden der Sikhs die schon zur Kolonialzeit gemachte Erfahrung, für den eigenen Einsatz nicht entsprechend belohnt zu werden. Die grandiose Selbsteinschätzung vom tatkräftigen, dynamischen, disziplinierten und leistungsorientierten Sikh trifft so auf eine Reihe historischer Analogien, in denen sich Sikhs als die von jeher benachteiligte und diskriminierte Minderheit sehen. Dieses Schwarz-Weiß-Bild lenkt jedoch von zahlreichen Grautönen ab, welche die soziale und wirtschaftliche Situation innerhalb der Sikh-Gemeinschaft selbst kennzeichnen: Eine Folge der Grünen Revolution war die Klassenpolarisierung zwischen einer kleinen Zahl reicher Großgrundbesitzer, vornehmlich Jat-Sikhs, und der Mehrheit von Kleinbauern sowie einem stetig anwachsenden Agrarproletariat. In dieser Situation beginnt der Akali Dal, die eigenen kulturellen und wirtschaftlichen Diskrepanzen innerhalb der Gemeinschaft durch die bewußt betriebene Abgrenzung von einem Hindu-Feindbild zu überspielen. Die verschiedenen ökonomischen Interessengruppen konnten durch diese Strategie als Solidargemeinschaft politisch mobilisiert werden.

Der Akali Dal übernahm die politische Vertretung der ökonomischen, regionalen und politischen Interessen der Sikhs gegenüber der Zentralregierung in Neu-Delhi. Die wesentlichen ökonomischen Forderungen lauten: höhere Preise für landwirtschaftliche Produkte, niedrigere Abgaben für staatliche Versorgungsleistungen, mehr Wasser aus den Flüssen des Panjab für die Sikh-Bauern und die Förderung der Industrie im Panjab. Zu den regionalen Ansprüchen zählt die Forderung, daß die zwischen den Bundesstaaten Panjab und Haryana geteilte Stadt Chandigarh alleinige Hauptstadt des Panjab werden solle. Panjabisprechende Gebiete sollen dem Panjab zugeteilt werden. Als krönender

Abschluß wurde das Ziel der Staatsautonomie für den Panjab in den Forderungskatalog aufgenommen. Dieses Ziel wurde vom Akali Dal in der berühmten *Anandpur Sahib Resolution* von 1973 formuliert. Neben politischen Verhandlungen griff der Akali Dal auf die klassischen Agitationstechniken der *morchas* zurück, die in weitgehend friedlichen Massendemonstrationen und Straßenblockaden bestanden. Auch bewegten sich die Forderungen innerhalb des verfassungsmäßigen Rahmens und stellten keine wirklich bedrohliche Herausforderung des Säkularstaates dar.

In den 80er Jahren jedoch kam es zu einer Eskalation, die den Bundesstaat innerhalb weniger Jahre in ein vom Terror verzerrtes Krisengebiet verwandelte und dazu führte, daß international vom Konfliktpotential im Panjab Notiz genommen wurde. Diese Entwicklung wird vor allem mit einem Namen in Verbindung gebracht: mit Jarnail Singh Bhindranwale. Er schürte als Integrationsfigur der extremistischen Sikhs den zuvor nur schwelenden Konflikt und ist verantwortlich für blutigste Ausschreitungen – nicht nur gegen die Hindus des Panjab, sondern auch gegen nicht kollaborierende Sikhs. Weniger bekannt ist jedoch, daß Bhindranwale von den Kongreßpolitikern selbst zu einer politischen Kraft herangezüchtet wurde. Indira Gandhi instrumentalisierte den Vorsteher eines Priesterseminars, um religiöse Gegensätze im Wahlkampf auszunutzen; mit Hilfe Bhindranwales gelang es ihr, den Akali Dal als gemäßigte Interessenvertretung der Sikhs zu spalten und letztlich unglaubwürdig zu machen. Bhindranwale blieb jedoch nicht die vom Kongreß eingesetzte Marionette, sondern wurde zum Führer mehrerer Terrorgruppen (Khalistan Commando Force, Bhindranwale Tiger Force u. a.), die den gesamten Panjab mit Gewalt überzogen, in einigen Gebieten eine Art Parallelregierung einrichteten und der Sikh-Bevölkerung einen neuen Sikh-Fundamentalismus aufzwangen. Durch Rückverweise auf die Märtyrertradition der Sikhs brachte Bhindranwale viele junge Männer dazu, ihr Leben für den angeblich gerechten Krieg der Sikhs, den *dharam yudh,* aufs Spiel zu setzen bzw. zu opfern. Er schickte Motorradkommandos in die Dörfer, die Blutbäder anrichteten, ließ Busse überfallen und Züge entgleisen. Über mehrere Jahre hinweg verging beinahe kein Tag ohne zweistellige Todeszahlen aus dem Panjab auf den ersten Seiten der indischen Zeitungen.

Die Zählebigkeit dieses Konfliktes steht dabei auch in Zusammenhang mit seiner internationalen Dimension: Das an den Panjab angrenzende Pakistan unterstützte die Sezessionsbewegung der Sikhs durch Hilfestellungen für die Terroristen, Waffenlieferungen und Ausbildungslager, so daß sich durch den Sikh-Konflikt die ohnehin trüben Beziehungen zwischen Indien und Pakistan merklich verschlechterten. Die einzige Landroute Indiens nach Jammu & Kaschmir, dem anderen großen Konfliktherd zwischen Indien und Pakistan, führt mitten durch den Panjab, was schlaglichtartig die strategische Bedeutung dieses Bundesstaates für die beiden Nachbarländer beleuchtet. Nicht zu unterschätzen ist sicherlich auch die Rolle der im Ausland lebenden Sikhs; es ist anzunehmen, daß die in den Vereinigten Staaten, Kanada, England und in der Bundesrepublik Deutschland etablierten Sikhs den Kampf organisatorisch, materiell und ideell unterstützten.

Ab April 1984 sah es ganz danach aus, daß Bhindranwales Plan gelingen würde, die Hindus aus dem Panjab zu vertreiben und langfristig den Sikh-Staat ‹Khalistan› zu errichten, obwohl dieses Ziel nie von einer Mehrheit der Sikh-Gemeinschaft verfolgt wurde. Für die Industrie und Wirtschaft des Bundesstaates zeichneten sich schwerwiegende Konsequenzen ab. Im Juni 1984 ließ Indira Gandhi den Goldenen Tempel, das Hauptquartier der Terrororganisationen, von der indischen Armee stürmen. Die indischen Truppen drangen mit Panzern in den Goldenen Tempel ein und fügten damit sowohl dem Heiligtum wie auch der Sikh-Psyche nicht reparable Schäden zu. Der Tod Bhindranwales und die Zerstörung des Goldenen Tempels beschworen eine neue Terrorwelle herauf, der sich nun mehr Sikhs anschlossen, da sie ‹Operation Bluestar› als Beleg dafür empfanden, daß die Sikh-Religion durch die Hindu-Mehrheit bedroht sei. Der ursprüngliche Interessenkonflikt stellte sich so zunehmend als Glaubens- und Überlebenskampf der eigenen Religionsgemeinschaft dar und mündete in einem von Sikh-Separatisten geschürten Bürgerkrieg. Als Rachereaktion auf ‹Operation Bluestar› wurde Indira Gandhi am 31. Oktober 1984 von ihren beiden Sikh-Leibwächtern ermordet. Darauf brach vor allem in Delhi eine neue Welle kommunalistischer Gewalttätigkeit aus, diesmal von seiten der Hindus. Sikh-Familien wurden überfallen, ihre Geschäfte, Häuser und Tempel niedergebrannt. An den drei folgenden Tagen gab es allein in Delhi mehr als 2000 Tote. Indische Menschenrechtsorganisationen kamen bei ihren Recherchen zu dem Schluß, daß die Massaker an den Sikhs nicht Ausdruck spontaner Wut und Trauer über den Mord waren, sondern daß die Pogrome unter Mitwirkung ortsansässiger Kongreßmitarbeiter planmäßig durchgeführt wurden.

Versuche, den Konflikt auf dem Verhandlungsweg zu lösen, scheiterten daran, daß die Kongreßpartei letztlich aus Angst vor dem Stimmenverlust unter der Hindu-Wählerschaft die ausgehandelten Kompromisse nicht implementierte. Sie machte damit wiederum die gemäßigten Sikh-Politiker unglaubwürdig und goß Wasser auf die Mühlen der Extremisten. So bildete sich eine Strategie des Abnutzungskampfes heraus, die sich jeglichem politischen Diskurs über Jahre entzog. 1987 wurde das Regionalparlament in Chandigarh aufgelöst und der Panjab der direkten Verwaltung durch die Zentralregierung in New Delhi unterstellt. Erst im Februar 1992 fanden wieder Landtagswahlen im Panjab statt, und seit 1993 zeigt sich eine Normalisierung der Verhältnisse in diesem

Bundesstaat. Geschäftsleute wagen es mittlerweile wieder, in den Panjab zu investieren. Hindus und Sikhs beginnen, ihre sozialen Kontakte untereinander wieder zu pflegen.

Es ist zu wünschen, daß die gegenwärtigen versöhnlichen Tendenzen nicht nur auf ein Ausbluten der Terrorbewegung durch das scharfe Vorgehen von Polizei und indischer Armee zurückzuführen sind. Eine echte Überwindung des Sikh-Separatismus und ein dauerhaft friedliches Zusammenleben der verschiedenen Religionsgemeinschaften im Panjab erfordert eine umsichtige Politik, welche nicht verschiedene Volksgruppen gegeneinander ausspielt, sondern sie gleichberechtigt an einer nationalen indischen Identität Anteil haben läßt.

Vierter Teil

Literatur, Musik, Kunst

XIII.
Tendenzen der modernen indischen Literaturen

Lothar Lutze

1. Gemeinsamkeit und Vielfalt

Angesichts des in Indien herrschenden Sprachenwirrwarrs mag es gewagt und fragwürdig sein, von einer indischen Literatur zu sprechen; der Plural ‹indische Literaturen› scheint dieser Situation am ehesten gerecht zu werden. Auf den ersten Blick entspricht der sprachlichen Vielfalt Indiens – und des gesamten südasiatischen Subkontinents – eine literarische. Die Verfassung der Indischen Union erkennt inzwischen 18, die zentrale Literaturakademie in Neu-Delhi sogar 22 Literatursprachen an und erfaßt damit mehr als 90 % der Gesamtbevölkerung. Für diese Sprachen und deren Sprecher sowie für die dazugehörigen Literaturen bedeutet das zunächst einmal regierungsamtliche und handfest-materielle Förderung, darüber hinaus aber hebt diese Anerkennung ihren Status und ihr Ansehen im gesamtindischen Rahmen beträchtlich. Die Literaturgeschichtsschreibung inner- und außerhalb Indiens trägt dieser Vielfalt inzwischen Rechnung, am deutlichsten wohl die von Jan Gonda herausgegebene mehrbändige «History of Indian Literature», in der die wichtigsten regionalsprachigen Literaturen jeweils in mindestens einem gesonderten Band behandelt werden.

Dieser additiven, «arithmetischen» Behandlungsweise stellt der bengalische Literaturwissenschaftler Sisir Kumar Das den großangelegten Entwurf einer integrierten Geschichte der indischen Literatur entgegen. Aus indischer Sicht wendet er sich gegen die Gleichsetzung einer Literatur (und einer Nation) mit einer dominierenden Sprache. Die indische Literatur ist eine Literatur in vielen Sprachen, geeinigt durch ihre Gemeinschaftlichkeit (communality), ihr Gefühl von Zusammengehörigkeit (togetherness) – Begriffe, die sich auf die Grundbedeutung des sanskritischen Wortes für Literatur, ‹sahitya›, berufen.

Dieses Konzept, das die Einheit der indischen Literatur betont, tut dies also nicht auf Kosten der Regionalsprachen, indem es eine Prestigesprache wie das Sanskrit zum alleinigen oder zumindest beherrschenden Bezugspunkt macht, ganz im Gegenteil: Die Mehrsprachigkeit wird als durchgängiges Charakteristikum indischer Literatur herausgearbeitet, das auch in Gestalt mehrerer Sprachebenen in einem Einzelwerk – etwa im klassischen Sanskritdrama – oder im mehrsprachigen Gesamtwerk einzelner Autoren von Vidyapati (14./15. Jh.; Sanskrit/Avahattha/Maithili) bis zu Dilip Chitre (geb. 1938; Marathi/Englisch) zutage tritt.

S. K. Das verweist auch auf die mehrere Sprachgrenzen überschreitenden Bewegungen der indischen Mystik (bhakti) oder des europäischen Symbolismus. Man ist versucht, analog zum linguistischen Sprachbund-Begriff, der den auf langfristiger Annäherung beruhenden Zusammenschluß von Sprachen unterschiedlicher Herkunft bezeichnet, von einem indischen Literaturbund zu sprechen. Der Versuch, die indische Literatur hier als eine geschlossene darzustellen, ist also durch die Tatsache bestimmt, daß die sprachliche Unterschiedlichkeit neben einer Gemeinsamkeit des Empfindens, des Denkens, der Vorstellungskraft an Bedeutung verliert.

Diese Gemeinsamkeit fußt nicht zuletzt auf der Bildwelt der Hindu-Mythologie, in die jeder Inder, auch der nicht-hinduistische, hineingeboren wird. Allzeit verfügbar, für den Produzenten wie für den Rezipienten von Literatur, stellt sie ein unerschöpfliches Reservoir dar, das auch und gerade der modernen indischen Literatur Geschichten, Gestalten und metaphorische Kürzel in Fülle liefert. Es sind vor allem immer wieder die beiden großen Epen, das Ramayana und das Mahabharata, in ihren Sanskritfassungen wie auch den zahlreichen volkssprachlichen Varianten, auf die die Autoren mit Vorliebe zurückgreifen: Rama und Sita, Krishna, Arjuna und Draupadi sind und bleiben vertraute Figuren vom Himalaya im Norden bis zur Südspitze des Subkontinents; in ihrer Originalgestalt oder auch in zeitgemäßer Verkleidung überwinden sie Kasten- und Klassenschranken und lösen religiöse und regionale Bindungen. «Es mag übertrieben klingen», versichert R. K. Narayan, der indoenglische Romancier, in der Einleitung zu seiner Nacherzählung von Kambans Tamil-Ramayana, «aber ich stehe nicht an zu behaupten, daß fast jedem einzelnen der fünfhundert Millionen Einwohner Indiens» – diese Zahl galt für die frühen siebziger Jahre – «die Handlung des Ramayana mehr oder weniger vertraut ist. Jeder einzelne, ungeachtet seines Alters, seiner Einstellung, seines Bildungsstandes oder seiner Position im Leben, kennt den wesentlichen Teil des Epos und verehrt die Hauptfiguren darin, Rama und Sita. Jedem Kind wird die Geschichte beim Schlafengehen erzählt... Das Ramayana durchdringt unser kulturelles Leben allzeit in der einen oder der anderen Form, sei es als gelehrter Diskurs in einem öffentlichen Auditorium, als Erzählung eines traditionellen Geschichtenerzählers im Freien oder als Theaterstück oder Tanzdrama auf der Bühne. Welches Medium es auch sein mag, das Publikum ist immer erpicht darauf. Jeder kennt die Geschichte, aber hört sie liebend gern wieder von neuem.»

2. Die Moderne: Periodisierung und historischer Überblick

Das Jahr 1800, so S. K. Das, bietet sich als literaturgeschichtlicher Einschnitt an: In diesem Jahr wurden am 10. Januar die Druckerei der Serampore Mission und am 4. April, zur Ausbildung britischer Verwaltungsbeamter auch in indischen Sprachen, das Fort William College eröffnet, zwei Institutionen also, die bei der Verbreitung von Druckerzeugnissen in Englisch wie auch in verschiedenen Regionalsprachen eine Schlüsselrolle spielten. Diese beiden Gründungen leiteten den langwierigen Modernisierungsprozeß des indischen Literaturbetriebs ein, mit allen gesellschaftlichen und wirtschaftlichen Konsequenzen, in dessen Verlauf aus Hörern von mündlicher Überlieferung oder vorgelesener handschriftlicher Literatur allmählich Leser gedruckter, z. T. in Massenauflagen verbreiteter Bücher werden sollten. Dieser Prozeß ist bis heute keineswegs abgeschlossen: Noch 1991 wurde eine Alphabetisierungsrate von nur 52,11 % der Gesamtbevölkerung ab dem 8. Lebensjahr angegeben (Männer 63,86 %, Frauen 39,42 %). Hier sei der Hinweis erlaubt, daß Analphabetentum, zumindest im indischen Kontext, auf keinen Fall mit «Ungebildetheit» gleichzusetzen ist; daß der Hindidichter Ajneya (S. H. Vatsyayan, 1911–1987) einmal von den Schwierigkeiten eines modernen Literaten mit dem Wechsel von einer illiteraten, aber gebildeten Hörerschaft zu einer ungebildeten Leserschaft sprach, war mehr als ein Bonmot.

Was damals außerdem begann, war der lange Weg der literarischen Prosa zur gleichberechtigten Anerkennung als «hohe» Literatur; noch immer gewinnt man aus literarischen Diskussionen, selbst mit erfolgreichen Roman- und Kurzgeschichtenautoren, gelegentlich den Eindruck, daß Versliteratur letztlich das höhere Ansehen genießt, auch wenn man das nicht immer offen ausspricht.

Ob man nun das Jahr 1800 als literaturgeschichtliches Wendejahr anerkennt oder nicht, fest steht, daß die Geschichte der literarischen Moderne in Indien mit dem vollen Einsetzen westlichen Einflusses auf die indische Literatur in den ersten Jahrzehnten des neunzehnten Jahrhunderts beginnt. Kalkutta, die damalige Hauptstadt des britischen Indien, spielte in diesem Prozeß eine Art Brückenkopfrolle; ‹der Westen› wurde dabei – übrigens bis vor wenigen Jahrzehnten noch – fast ausschließlich von englischsprachigen Originalwerken und Übersetzungen vertreten. Und diese Geschichte ist im wesentlichen eine Geschichte der Absorption dieses Einflusses, die sich, unterschiedlich von Autor zu Autor und sich auch innerhalb der individuellen Lebensläufe wandelnd, zwischen den Extremen der Nachahmung auf der einen und der Abstoßung auf der anderen Seite abgespielt und in den glücklicheren Fällen zu schöpferischer Verarbeitung geführt hat. Diese sich in der Regel auf einheimische Traditionen stützende Auseinandersetzung mit westlichen Vorbildern, eine historische Tatsache, stößt bei uns nicht selten auf zweierlei Reaktionen: auf der einen Seite, oft aus scheinbar berufenem Mund, den kulturnostalgischen Ruf nach der großen literarischen Vergangenheit angesichts der heruntergekommenen (d. h. ‹verwestlichten›, ‹unindischen›) Moderne; auf der anderen Seite das Anlegen ausschließlich europäischer Maßstäbe an außereuropäische Literaturen und im Gefolge davon die unzulässige Übertragung des Konzepts der Unterentwickeltheit auf den kulturellen Bereich.

Dem widerspricht nicht, daß es in einer Anfangs- und Übergangsphase die westliche Kultur war, vertreten vor allem durch die englische Sprache und Literatur, die bei der Wiederbewußtmachung der großen kulturellen Vergangenheit Indiens Pate stand. Freilich gibt dieser Umstand den literarischen Neuanfängen im neunzehnten Jahrhundert – etwa den Dichtungen des Bengalen Michael Madhusudan Datta (1824–1873) und den Romanen seines Landsmanns Bankimchandra Chatterji (1838–1894) – etwas eigenartig Sekundäres: Hin- und hergerissen zwischen unkritischer Bewunderung und nationalstolzer Ablehnung westlicher Kultur und Literatur, verkündeten diese Autoren ihre patriotische Botschaft mit missionarischem und reformerischem Eifer, behielten dabei aber – teils als Widerpart, teils als Adressaten – den Westen vor Augen, der sich, ungeachtet der indischen Inhalte, in ihren Werken beharrlich spiegelte.

Dies gilt jedoch nicht, oder nur sehr eingeschränkt, für die Urduliteratur, die sich bis in die Gegenwart hinein im wesentlichen an arabischen und persischen Vorbildern orientiert. Asadullah Khan Ghalib (1797–1869), der in Persisch und Urdu dichtete, ist unumstritten eine der überragenden Figuren der modernen indischen Literatur. Er ist der meistzitierte unter den vielzitierten Urdupoeten; vor allem die Ghazelen aus seinem Urdu-Diwan stellen ein Reservoir dar, das immer wieder das treffende Wort zur rechten Zeit liefert, und das in vollendeter Form. Darüber hinaus versteht es Ghalib, die poetischen Konventionen, die für die Urdudichtung charakteristisch sind und die er meisterhaft beherrscht, mit gedanklicher Tiefe und individuellen Zügen zu versehen – etwa mit seinem Realitätssinn, seiner (Selbst-)Ironie, seinem Wortwitz und Humor – und damit eine Modernität ganz eigener Art zu schaffen.

Was oben über die schöpferische Auseinandersetzung mit westlichen Einflüssen gesagt wurde, gilt – mit Einschränkungen – auch noch für die Generation der großen Übergangs- und Vaterfiguren in der indischen Literatur, die, geboren in der zweiten Hälfte des neunzehnten Jahrhunderts, überwiegend in den ersten Jahrzehnten des zwanzigsten wirkten: Saratchandra Chatterji (1876–1938; Bengali), Mohammad Iqbal (1877–1938; Persisch/Urdu), Vallattol Narayana Menon (1878–1958; Malayalam), Premchand (Dhanpatrai Srivastava, 1880–1936; Hindi/

Urdu), Subramania Bharati (1882–1921; Tamil). Nur lief nun dieser Integrationsprozeß weniger geräusch- und anspruchsvoll, dafür selbstverständlicher, gekonnter – kurz: literarischer ab; das poetische Potential einiger dieser Autoren machte es der folgenden Literatengeneration schwer, eigene Wege zu finden.

Ganz besonders trifft das natürlich auf den Bengalen Rabindranath Thakur (Tagore, 1861–1941) zu, den ersten und bisher einzigen Inder, der des Literatur-Nobelpreises für wert befunden wurde (1913), und zwar letztlich für eine Auswahl aus seiner Gedichtsammlung «Gitanjali», die er bezeichnenderweise selbst ins Englische übersetzt hatte. Die Größe Tagores, des viel Genannten und wenig Gekannten, ist für die meisten von uns eine, die auf Hörensagen beruht, eine Größe zweiter Hand also, die sich nun zu Recht anschicken könnte zu veralten, es sei denn, sie ließe sich kritisch überprüfen und damit aufs Spiel setzen.

Ganz verstehen läßt sich das Phänomen Tagore nur, wenn man sich auch seine außer-, seine überliterarische Bedeutung vergegenwärtigt, etwa in der Rolle des Spracherziehers seiner Region, der sich keineswegs zu schade war, «Sahaj path» (leichte Lesestücke) für die Kinder Bengalens zu verfassen, um sie gleich bei der Einführung in ihre sprachliche Umwelt auch den Atem der ‹großen› Literatur spüren zu lassen und ihnen dabei das Ohr für klangliche Feinheiten ihrer Sprache zu schärfen. Durch solche sprachpädagogische Kleinarbeit, und nicht nur durch die nobelpreisträchtige Erzeugung von Prestigeliteratur, gab er den Bengalen etwas, das außerhalb Bengalens zur Stunde leider immer noch keine Selbstverständlichkeit ist: eine Sprache, auf die sich stolz sein läßt; das Bewußtsein jedes einzelnen, an einer Elitesprache teilzuhaben, die zugleich seine Muttersprache ist, und damit eine Identifikationsmöglichkeit, die gerade in einer postkolonialen Ära lebenswichtig ist und, wie die Entstehung Bangladeschs gezeigt hat, stärker sein kann als eine religiöse Bindung.

Aber auch die Suche nach ‹Literatur›, nach gekonnt Gemachtem also, dürfte bei Rabindranath Thakur manches noch Unentdeckte zutage fördern. Vor allem in dem von Krankheit und Vereinsamung gezeichneten Alterswerk wird man fündig: Da ist z. B. die sprachlich-zeichnerische Kunstwelt von «Se» (Er/Sie/Es), einem Prosatext, der auch dem bengalischen Durchschnittsleser kaum bekannt ist und der literaturwissenschaftlichen Erschließung harrt. Da sind seine späten Gedichte, poetische Tagebucheintragungen, minuziös mit Ort und Stunde ihrer Entstehung versehen. Personale Poesie, also weniger artistisch als auf die Person des Autors bezogen zu lesen; ein Zwischending zwischen ‹confessio› und ‹mantra›, zwischen dilettantischem Drauflosdichten und künstlerischer Reflexion; bemerkenswert durch zunehmende Skepsis und Verdüsterung angesichts des nahenden Todes, im Wechsel mit heiterster Gelöstheit; bemerkenswert auch durch die Verweigerung einer «Botschaft» und, damit zusammenhängend, den Einbruch des Absurden und Grotesken in eine Welt, die einmal als heil galt und es nun, ähnlich wie «Se», auch dem bengalischen Leser schwermacht, sich darin zurechtzufinden; bemerkenswert schließlich durch den Versuch, solchen Stimmungen, solchen Verstimmungen mit formaler Vielfalt beizukommen: Die Skala reicht vom Nonsense-Gedicht im Gassenhauerton bis zum in Seherpose vorgetragenen Rückgriff auf Upanischadisches.

Für die Nachfolger war es schwierig, sich aus dem Schatten, den dieses Werk warf, zu lösen. Das gelang zum Teil nur mit Hilfe von literarischen Bewegungen und Gegenbewegungen, zu denen sich der indische Literaturbetrieb in der ersten Hälfte des zwanzigsten Jahrhunderts weitgehend formierte. Der literarische Wandlungsprozeß, der in dieser Zeit stattfand und im Grunde noch heute nicht abgeschlossen ist, ließe sich als ein Prozeß der Literarisierung der Literatur beschreiben. In seiner nationalistischen Ausprägung fand das starke politische Engagement, das in den vierziger Jahren zur Bildung unabhängiger neuer Staaten auf dem Subkontinent führen sollte, seine kulturell-literarische Entsprechung und Vertiefung in der nordindischen chhayavad-Bewegung, die – wie so manche literarische Entwicklung – von Bengalen ausgegangen und dort mit dem Namen Rabindranath Thakurs verbunden war. In der benachbarten Hindiliteratur setzte diese Bewegung Anfang der zwanziger Jahre ein und erreichte ihren Höhepunkt in der ersten Hälfte der dreißiger Jahre. Einer ihrer dortigen Hauptvertreter war, wenigstens zu Beginn seiner literarischen Karriere, Nirala (Suryakant Tripathi, 1896–1961). In ihrem gedanklichen Ansatz stellte die chhayavad-Schule eine eigenartige, aber bezeichnende Verquickung indischen philosophischen Denkens – die Welt als Schatten (chhaya), den das Überirdische im Irdischen wirft – mit Ideen der englischen Romantiker (Wordsworth, Coleridge, Shelley, Keats) dar. Die Lyrik – besonders in Gestalt von Naturlyrik – war die tonangebende literarische Gattung; fast ausnahmslos dichtete man in einer poetischen Kunstsprache, die nicht in Frage gestellt wurde: Hier hatte Hofmannsthals Chandoserlebnis noch nicht stattgefunden. Das Vertrauen in die Fähigkeit von dichterischer Sprache, Wirklichkeit zu erfassen, schien unerschüttert.

Demgegenüber hatte das politische Engagement der progressivistischen Bewegung, die sich 1936 in der Progressive Writers' Association organisierte und ihren Höhepunkt Anfang der vierziger Jahre erreichte, von Anfang an eindeutige sozialistische und internationalistische Akzente; diese bestimmten auch den besonderen Charakter des von dieser Gruppe verfochtenen Antikolonialismus. Wie jede literarische Bewegung, besonders wenn sie politisch initiiert ist, diente auch der Progressivismus manchem als Schlupfloch für schriftstellerische Mittelmäßigkeit; doch es besteht kein Zweifel an seiner entscheidenden Mitwirkung bei der Modernisierung und internationalen Öffnung in diesem Jahrhundert, und einige der überragenden Schriftstellerpersönlichkeiten dieser Epoche waren wenigstens an irgendeinem Zeitpunkt ihrer Karriere mehr oder weniger überzeugte Progressivisten: außer den genannten Premchand und Nirala der Bengale Manik Banerji (1908–1956), Srirangam Srinivasa Rao (‹Sri Sri›, 1910–1983; Telugu), Saadat Hasan Manto (1912–1955; Urdu); auch der wesentlich jüngere Dandapani Jayakantan (geb. 1934; Tamil) z. B. hatte seine marxistische Phase. Wie immer bei ‹engagierter› Literatur, entstanden bedeutende Werke freilich erst dann, wenn diese Autoren sich von ideologischer Enge lösten und ihnen die konsequente Umsetzung ihres sozialen und humanitären Engagements ins Literarische gelang. Bezeichnend ist, daß im Progressivismus Kurzgeschichte und Roman zu den vorherrschenden Gattungen wurden und der Versuch seiner Autoren, breiteste Leserkreise anzusprechen, mit Selbstverständlichkeit dazu führte, daß sie sich mehr oder weniger erfolgreich darum bemühten, ihre erzählende Prosa der jeweiligen Volkssprache anzunähern. Erst wenn man berücksichtigt, daß in Indien, wie bereits angedeutet, bis tief in dieses Jahrhundert hinein Literatur, wollte sie ernst genommen werden, sich der Verssprache zu bedienen hatte, kann man die Leistungen der führenden indischen Prosaautoren dieser Epoche ganz ermessen. «In Hindi war vor fünfundzwanzig, dreißig Jahren die Kurzgeschichte noch nicht einmal geboren», sagt Premchand voll begründetem Stolz. «Aber heute gibt es keine einzige Zeitschrift ohne zwei bis vier Kurzgeschichten – es gibt sogar mehrere Zeitschriften, die ausschließlich Kurzgeschichten anbieten.»

Gegen den Romantizismus des chhayavad und den Kollektivismus der Progressivisten und, wenn man will, die Ideologisierung der Literatur überhaupt traten in den vierziger und fünfziger Jahren literarische Gruppierungen an, die das Attribut ‹neu› im Schilde führten und sich für eine Individualisierung der literarischen Arbeit einsetzten: so z. B. nayi kavita und navya kavya (neue Lyrik) in der Hindi- bzw. Kannadaliteratur und nayi kahani (neue Erzählung) in der Hindiliteratur. Was die neuen (Hindi-)Erzähler wollten, war nicht mehr Premchands krasses Gegenüber dörflicher und städtischer Typen; irgendein Dorf, irgendeine Stadt interessierten nicht mehr: Es ging um ein bestimmtes Dorf eines bestimmten Bezirks, in dem von bestimmten Personen ein bestimmter Dia- bzw. Soziolekt gesprochen wird; es ging um einen bestimmten jungen Mann vor dem Eingang eines bestimmten Kinos in einer bestimmten Großstadt. Einig waren sich die neuen Erzähler in der Forderung: ‹Hier und jetzt›.

Was hier gefordert wurde, war Beschränkung und Zurücknahme; man wünschte sich eine erzählende Literatur, die ‹gereinigt› ist von Ideologismus wie von Ästhetentum: Der Schriftsteller hat ‹sich die

Finger verbrannt›, also begnüge er sich mit der ‹künstlerisch intensivierten Vereinigung von Person und Situation›, der Stil bildet sich dann am Gegenstand; also lasse er die Realität mit aller Akribie und aller Wahrhaftigkeit in ihrer ganzen Komplexität sichtbar werden. Heilsam oder nicht, schön oder nicht – diese Herausforderung der Wirklichkeit wird der Schriftsteller annehmen, für sie wird er sich engagieren.

Die neuen Erzähler sind längst nicht mehr neu; ihre Nachfolger haben ihnen nicht zu Unrecht Klüngelei und Vetternwirtschaft vorgeworfen; ohne Frage aber ist das Realitätsengagement dieser Gruppe und ähnlicher ‹Schulen› in anderen Regionalsprachen heilsam für die Qualität der gegenwärtigen erzählenden Literatur Indiens gewesen: Der Differenzierungsprozeß in der erzählenden Prosa hatte mit ihnen ein vorläufiges Ziel erreicht, das sprachliche Instrumentarium war für neue Aufgaben gerüstet.

Ein prominenter Zweig der neuen Erzählung konzentrierte sich auf das städtische Milieu als Schauplatz und auf durch die Urbanisierung ausgelöste individuelle Konflikte als Gegenstand von Kurzgeschichten und Romanen; im Mittelpunkt steht häufig der ‹am admi›, der der halburbanisierten unteren Mittelklasse angehörende Durchschnittsmensch als (Anti-)Held. Diesem städtischen Zweig stand ein anderer gegenüber, der die Tradition des anspruchsvollen Provinz- und Heimatromans fortführte und vervollkommnete. Vertreten wird dieser etwa durch Kota Shivarama Karanth (geb. 1902) in Karnataka und den Hindi-Romancier Phanishwarnath Renu (1921–1977), dessen «Maila Anchal» (Schmutziger Rand), 1954 erschienen, inzwischen allgemein als moderner Klassiker anerkannt ist. Peter Gaeffke hält diesen Romantypus für den «eigenständigste(n) Beitrag des gegenwärtigen Indien zur Weltliteratur».

Die neuen Lyriker scharten sich in der Regel um herausragende Autorenpersönlichkeiten wie Jibanananda Das (1899–1954) in Bengalen, Bal Sitaram Mardhekar (1909–1956) in Maharashtra, Ajneya (S. H. Vatsyayan, 1911–1987) im Hindi-Sprachgebiet und Gopalakrishna Adiga (1918–1992) in Karnataka, oft in deren Rolle als Herausgeber von Literaturzeitschriften und Lyrikanthologien. Gemeinsam ist den genannten Autoren – bei aller individuellen Verschiedenheit – übrigens eine sekundär-reflexive neben der primär-poetischen Haltung gegenüber der dichterischen Tätigkeit, was sich bei ihnen allen in wichtigen Essaysammlungen niedergeschlagen hat.

Die neuen Lyriker haben nie eine ‹Schule› etwa auf der Grundlage einer gemeinsamen Ideologie oder eines gemeinsamen Stilkonzepts gebildet. Was sie miteinander verband, waren eine intellektuelle Neugier, eine grundsätzlich ‹experimentalistische› Einstellung und eine ethisch fundierte Suche nach einem neuen Wertsystem, die in einer beständigen Kraftprobe mit dem Westen zu «einer wachsenden Bewußtheit der Einzigartigkeit und Totalität des menschlichen Wesens» (Ajneya) und, als Folge davon, zu einem Wandel der poetischen Sensibilität führte. Dabei stellten sie nicht nur die traditionellen Tabus in Frage, die bis dahin die Wahl der einer poetischen Bearbeitung zugänglichen Themen eingeschränkt hatten. Die Sprache selbst, besonders das Verhältnis zwischen Wortgestalt (shabda) und Wortsinn (artha), wurde problematisch und die Auseinandersetzung mit diesem Problem ihrerseits zum poetischen Thema. Bewußter als je zuvor verstand sich der Autor nun als Sprachkünstler und nahm als solcher Kenntnis von Veränderungen auf der Rezipientenseite, die bewirkt waren von der langsamen, aber stetigen Verbreitung der Lese- und Schreibkundigkeit auf dem Subkontinent, von der bereits die Rede war.

Hatten die Vorgänger der neuen Lyriker noch ‹naiv›, das heißt im schlafwandlerischen Glauben an ihr Medium und für ein imaginäres Publikum gedichtet, das wie das traditionelle indische aus Kennern bestand, die für ein einfühlendes Hören geschult waren, so zogen die neuen Lyriker die Konsequenzen aus der Tatsache, daß dieses Publikum – für sie wenigstens – nicht mehr existierte: Man lernte Gedichte schreiben, die bestimmt waren, nicht mehr gemeinschaftlich gehört, sondern von Individuen gelesen zu werden, denen die poetischen Konventionen der Vergangenheit nicht mehr vertraut waren – ein Grund mehr übrigens für den Autor, auf eine besondere poetische Diktion zu verzichten und statt dessen die Alltagssprache zu poetisieren: Neuere Tendenzen weisen in diese Richtung.

Für die Urdudichtung gilt dies wiederum nur mit großem Vorbehalt. Zwar hat auch sie ihre ‹Modernisten›; das weitaus größere Ansehen (und den entsprechenden Zulauf) genießen jedoch nach wie vor die vor allem in Ghazelen dichtenden ‹Traditionalisten›. Wer je ein ‹mushaira›, also eine öffentliche Rezitation von Urdupoesie, besucht, der gewinnt eine lebendige Vorstellung vom Funktionieren eines konsensästhetischen Systems, eines Systems also, das auf der Übereinstimmung und dem Einverständnis zwischen Vortragenden und Zuhörern und ihrer gemeinsamen Kenntnis poetischer Konventionen beruht.

Im Gesamtbild der indischen Gegenwartsliteratur zeichnet sich seit einiger Zeit eine Entwicklung ab, die sich als Wendung nach innen deuten ließe. Die Vorstellung von einer nach außen gerichteten Auseinandersetzung zwischen indischer Tradition und westlicher Moderne ist im übrigen sowieso eher eine Vereinfachung, die unserem westlichen Denken in Dichotomien entspringt; dabei ist doch ‹parampara›, ein sanskritisches Wort, das häufig etwas voreilig unserem Traditionsbegriff gleichgesetzt wird, keineswegs wie dieser nur vergangenheitsorientiert, im Gegenteil, ‹parampara› wird durchaus dynamisch aufgefaßt und läßt Veränderung zu. Tradition und Moderne bilden im indischen Denken also nicht unbedingt ein Gegensatzpaar; jemand oder etwas kann sehr wohl traditionell sein und modern zugleich.

Auf jeden Fall tritt allem Anschein nach die Auseinandersetzung mit westlichen Einflüssen zumindest vorübergehend in den Hintergrund neben dem Konflikt zwischen nationalen und regionalen Tendenzen, zwischen zentripetalen und zentrifugalen Kräften innerhalb der Kultur des Subkontinents. Was im literarischen Bereich ins Auge fällt, ist vor allem die Spannung zwischen urbaner, ruraler und tribaler einheimischer Kultur, sind das Geben und Nehmen zwischen gedruckter/gelesener Buchliteratur (also ‹Literatur› im wörtlichen Sinn), vorgetragener/gehörter mündlicher Überlieferung und durch die elektronischen Medien vermittelter Literatur. Wer sich wissenschaftlich mit moderner südasiatischer Literatur beschäftigt, muß mit einem erweiterten Literaturbegriff arbeiten, wenn er nicht will, daß seine Arbeit Stückwerk bleibt; daß sich dieser Aufsatz soweit im wesentlichen auf die urbane Buchliteratur beschränkt hat, soll nicht vergessen lassen, daß deren fruchtbare Koexistenz mit den anderen genannten Literaturtypen – in einer Kultur, die noch immer zur Hälfte von Analphabeten getragen wird – dem indischen Autor von heute Möglichkeiten bietet, die seinem westlichen Kollegen fremd geworden sind und die, ins Schöpferische umgemünzt, bis auf weiteres richtungweisend bleiben könnten.

Die Tatsache, daß die hier dargestellte Auseinandersetzung an der Entstehung des modernen indischen Theaters am ehesten zu verdeutlichen ist, sei zum Anlaß genommen, noch kurz auf die dritte literarische Gattung, das Drama, einzugehen. Die Geschichte des indischen Dramas im neunzehnten und zwanzigsten Jahrhundert, und zwar bis in die Gegenwart hinein, ist, was seine Formen und Themen betrifft, eine des Mit- und Gegeneinanders, der gelegentlichen Symbiose und wechselnden Vorherrschaft dreier Modelle, von denen zwei der Elitekultur zugehören: das klassische Sanskritdrama und das europäische Drama vor allem shakespearescher Provenienz; hinzu kommt als drittes Modell das indische Volksdrama. Dieses hat im Lauf der Jahrhunderte zahlreiche regionale Varianten entwickelt, die trotz Film und Fernsehen in ihrer jeweiligen Region noch immer große Zuschauermengen anziehen: so yakshagana in Karnataka, tamasha in Maharashtra, bhavai in Gujarat, nautanki in Uttar Pradesh, jatra in Bengalen oder, als beliebte Variante des religiösen Volkstheaters, die Ramlila, die Dramatisierung des Lebens und der Taten des göttlichen Rama, die alljährlich in ganz Nordindien aufgeführt wird. Das Theater der Parsen, das seine Blütezeit von den siebziger Jahren des vorigen Jahrhunderts bis in die erste Hälfte unseres Jahrhunderts hinein erlebte, war dagegen urbaner Herkunft und Prägung: Seine Aufführungen, ob nun von Stücken mit indisch-mythologischem Hintergrund oder von Shakespeare-Bearbeitungen, zeichneten sich vor allem durch ihre grelle Melodramatik und Gewaltsamkeit sowie durch die Lautstärke ihrer musikalischen Einlagen aus; die Sprache der Dialoge war in der Regel Hindustani, also eine volkstümlicheinfache Mischung von Urdu und Hindi. Hauptsache, die Zuschauer kamen in Scharen und zahlten: So wurde das Parsi-Theater mit seiner Trivialität und Kommerzialität zum unmittelbaren Vorgänger des Hindifilms.

Vor kurzem beklagte G. N. Devy («After Amnesia», 1992) die Vernachlässigung der literarischen Traditionen der bhashas, also der Volkssprachen, zugunsten sanskritischer und westlicher elitärer Vorbilder. Das gilt sicher nicht, zumindest in dieser Ausschließlichkeit, für das moderne indische Drama, im Gegenteil: Das Volksdrama ist unter den drei genannten Modellen das lebenskräftigste und kontinuierlichste, und das dürfte eigentlich nicht überraschen, ist doch das Drama als Teil des Theaterbetriebs abhängig von Publikumsgunst und -zuspruch, und dieses Publikum ist in Indien nach wie vor ein mehrheitlich analphabetisches, dabei aber durchaus kritisch-kundiges, dessen Sympathien eindeutig den von ihm geprägten Theatertraditionen gehören.

Die Stückeschreiber des neunzehnten wie des zwanzigsten Jahrhunderts lassen sich im wesentlichen nach ihrer jeweiligen Orientierung an diesen drei Modellen gruppieren. So setzte sich der bereits erwähnte Bengale Michael Madhusudan Datta in Worten und Werken vehement für westliche Vorbilder ein; er schreibe für den Teil seiner Landsleute, der wie er selbst denke und «mehr oder weniger stark von westlichen Ideen und Denkweisen durchdrungen» sei, und habe – in einer bemerkenswerten Umkehrung des Antikolonialismus – die «Absicht, die Ketten abzuschütteln, die uns eine sklavische Bewunderung alles Sanskritischen geschmiedet hat». Sein bengalischer Landsmann Dinabandhu Mitra (1829–1874) setzte diesen programmatischen Höhenflug in realistische Praxis um und veröffentlichte 1860, beeinflußt von westlichen Vorbildern, seinen kolonialismuskritischen «Nildarpan» (Indigospiegel). Ganz anders der Gujarati-Dramatiker Ranchodbhai Udayram (1837–1923): Er hielt sich mit Vorliebe an das klassische Sanskritdrama, während der gern als Vater des modernen Hindidramas gefeierte Bharatendu Harishchandra (1850–1885) versuchte, der publikumswirksamen Trivialität des Parsi-Theaters den Ernst seiner mythologischen und patriotisch-zeitkritischen Stücke entgegenzusetzen, oft in Anlehnung an bengalische Vorbilder.

Die der einheimischen Tradition, der klassischen wie der volkstümlichen, am ehesten gemäße Entwicklung war jedoch die eines Dramentypus, wie ihn etwa das in Bengalen populäre jatra-Theater ausgebildet hatte; mit besonderem Erfolg machte sich Girish Chandra Ghosh (1844–1912) diesen Regionalstil mit dessen charakteristischen Musikeinlagen zunutze. Am entschiedensten in diese Richtung ging der Marathi-Dramatiker Balvant Pandurang Kirloskar (1843–1885), der das irgendwo zwischen Musikdrama und Singspiel anzusiedelnde sangit-natak entwickelte: «Es war opernhaft, aber nicht von der Oper inspiriert», meint S. K. Das dazu, «es war eine Modifikation des Theaters, wie es in der Volkstradition existiert.» Das schließt nicht aus, daß Kirloskar mit der europäischen Nummernoper, in der Prosadialoge mit lyrisch-musikalischen Höhepunkten abwechseln, sehr wohl vertraut war: Man kann davon ausgehen, daß sie eine bestärkende Wirkung auf die entsprechende einheimische Tradition hatte. Auch der junge Rabindranath Thakur (Tagore) begann seine Karriere als Dramatiker unter dem Eindruck des europäischen Musiktheaters, dem er indische Musiktraditionen und -stile entgegensetzte. Später löste er sich von diesen opernhaften Anfängen, indem er die Musikalität in die Sprache hinein verlegte, bis er etwa mit «Raja» (Der König der dunklen Kammer, 1910) zu seinem eigenen Stil gefunden hatte.

Eine ganz ähnliche Suche nach einem mehr oder weniger individuellen Stil läßt sich auch bei einigen der bedeutenderen Dramatiker in der zweiten Hälfte unseres Jahrhunderts beobachten; auch hier dienen als Grundlage im wesentlichen die drei genannten Modelle. Viele der wichtigeren Stücke, die Ende der sechziger Jahre geschrieben und aufgeführt wurden, orientierten sich am illusionistischen Drama des Westens. Das Hindistück «Adhe-adhure» (Die Halbfertigen, 1969) von Mohan Rakesh (1925–1972) ist ein markantes Beispiel. Rakesh – übrigens auch einer der Neuen Hindi-Erzähler – hatte sich vor allem mit «Ashadh ka ek din» (Ein Tag im Monat Ashadh, 1954), einem romantisierenden Stück über seinen großen Vorgänger Kalidasa, als Dramatiker einen Namen gemacht; nun, gegen Ende seiner Laufbahn als Experimentator (und nebenbei auch Theoretiker) des Dramas, legte er mit «Adhe-adhure» ein Stück vor, das in der Gegenwart und im städtischen Mittelklassemilieu spielt und mit seinen Anklängen an Ibsen und Strindberg zumindest im Rückblick als Endstation erscheint; man fragt sich heute, wie und ob überhaupt der Dramatiker Mohan Rakesh weitergemacht hätte, wäre er am Leben geblieben.

Das urbane Autorentheater schien zu stagnieren; was lag näher, als daß einige der experimentierfreudigeren Stückeschreiber sich dem Volkstheater ihrer jeweiligen Region zuwandten. In der ersten Hälfte der siebziger Jahre erschienen in schneller Folge drei Stücke im Volkstheaterstil, die inzwischen inner- und außerhalb Indiens als moderne Klassiker gelten: 1971 «Hayavadana» von Girish Karnad (geb. 1938; Kannada – Karnads erstes bedeutenderes Stück, «Tughlaq» [1964], war noch ein historisches Drama im Shakespearestil gewesen –); 1972 «Ghashiram Kotwal» (Polizeichef Ghashiram) von Vijay Tendulkar (geb. 1928; Marathi) und 1974 «Bakri» (Die Ziege) von Sarveshwar Dayal Saksena (1927–1983; Hindi). Am konsequentesten pflegt die Volksnähe jedoch der Theaterleiter, Regisseur und Stückeschreiber Habib Tanvir (geb. 1923) mit seinem Naya Theatre, einer Schauspielertruppe, die die nacha-Tradition von Chattisgarh zur Grundlage ihrer

Inszenierungen macht. Zu den beliebtesten Stücken gehören, von Tanvir selbst verfaßt, «Agra Bazar» (1954) und «Charan Das Chor» (1974). Begünstigt wurden diese Anleihen beim Volkstheater durch die für Indien bezeichnende Situation, in der nie eine scharfe Trennungslinie zwischen klassischer und volkstümlicher, ernster und trivialer, Elite- und Massenkunst gezogen wurde, mit dem Ergebnis, daß im Bereich des Theaters viele der Prinzipien und Praktiken des klassischen indischen Theaters im regionalen Volkstheater gewissermaßen überwintert haben und in unserem Jahrhundert sogar in Massenmedien wie dem kommerziellen Hindifilm zutage treten.

Sollte es dem gegenwärtigen urbanen Theater in Indien gelungen sein, auf seinem Weg von der Illusion zur Imagination einheimische Theatertraditionen wiederzuentdecken und -zubeleben, ohne dabei provinziell zu werden, so wäre das nicht zuletzt einer anderen Entdeckung zu verdanken: der des epischen Theaters des Bertolt Brecht. Der ungeheure Erfolg Brechtscher Stücke über ganz Indien, der irgendwann in den späten fünfziger Jahren einsetzte, läßt sich nur durch eine gewisse Affinität der Theorie und Praxis seines Theaters mit der des traditionellen indischen Theaters erklären. Ohne Frage bestärkte das Erscheinen Brechts auf der indischen Bühne das Gefühl, daß es durchaus möglich war, zum modernen Welttheater beizutragen, ohne dabei der eigenen Tradition den Rücken zuzukehren.

3. Englischsprachige Literatur im unabhängigen Indien: Versuch einer Standortbestimmung

Welche Rolle die – oft produktive – Spannung zwischen überregionalen Prestigesprachen auf der einen und Regional- und Volkssprachen auf der anderen Seite in der Geschichte der indischen Literatur gespielt hat und immer noch spielt, dürfte inzwischen deutlich geworden sein. Sanskrit war und ist eine solche Prestigesprache; die Sanskritisierung des Hindi und anderer ‹bhashas› in diesem Jahrhundert – zunächst hauptsächlich aus nationalistischen Gründen – stellt den nicht immer geglückten Versuch dar, etwas von diesem Glanz in die Gegenwart zu übertragen. Mit dem Eindringen des Islam im indischen Mittelalter trat das Persische als Prestigesprache hinzu, und viel von seinem Ansehen ging und geht noch heute auf den gehobenen Stil des Urdu über. Schließlich wurde in den zwei Jahrhunderten englischer Herrschaft in Indien das Englische zu einer allindischen Elitesprache und damit zum exklusiven Verständigungsmittel eines modernen Brahmanentums, und es fungiert als solches bis auf den heutigen Tag.

So kam es zu dem Paradox, daß im unabhängigen Indien neben der sanskritischen Kultur – und oft in Konkurrenz mit ihr – das während der

Unabhängigkeitsbewegung heftig bekämpfte Englisch zu einem der großen nationalen und kulturellen Einigungsfaktoren wurde. Der Bengale Suniti Kumar Chatterji (1890–1977) machte sich zum Stimmführer vieler indischer Intellektueller vor allem seiner Generation, wenn er «die Einwirkung des europäischen Geistes auf den indischen Geist durch die Literatur des Englischen während der vergangenen einhundertfünfzig Jahre» in fast überschwenglichen Worten dankbar anerkennt: Der «unschätzbare Dienst» dieser Literatur «bei der Modernisierung des indischen Geistes und der Wiederbewußtmachung seines großen Erbes aus der Vergangenheit und seiner gewaltigen Einheit kann nicht hoch genug gewertet werden. Englisch ist eines der größten Geschenke des modernen Zeitalters an Indien. Die Auswirkungen davon finden wir in allen modernen indischen Literaturen.»

Doch es ist nicht nur Grund zur Dankbarkeit angesichts der Tatsache, daß dieses Englisch noch immer, und im Zeichen der «Globalisierung» womöglich in wachsendem Maße, die volle Entfaltung und Anerkennung indischer Regionalsprachen verhindert und der Weg zu den politischen und wirtschaftlichen Machtpositionen in der Regel über eine angelernte Kenntnis des Englischen und dabei oft über die Trümmer der Muttersprache und somit der persönlichen Identität führt: ein Dilemma, vorstellbar nur in einer postkolonialen Situation. Eine dieser Situation gemäße Ironie ist es, daß es der Wahlbrite T. S. Eliot war, der in seinen «Notes towards the Definition of Culture» die britische Kulturpolitik in Indien vielleicht am entschiedensten in Frage stellte: «In diese verworrene Welt» – d. h. Indien – «kamen die Briten mit ihrer Gewißheit, daß ihre eigene Kultur die beste auf der Welt sei, ihrer Ignoranz hinsichtlich der Beziehung zwischen Kultur und Religion und (spätestens seit dem neunzehnten Jahrhundert) ihrer arglosen Annahme, daß Religion von zweitrangiger Bedeutung sei»; und er kommt zu dem pessimistischen Schluß: «Die Vorteile der britischen Herrschaft werden bald vergessen sein, die schlimmen Auswirkungen der Störung einer einheimischen Kultur durch eine fremde werden bleiben.»

Ob man nun eher zur Begeisterung Chatterjis neigt oder zur Skepsis Eliots, fest steht, daß die indische Literatur in englischer Sprache ein Ding für sich ist, daß sie unter den Einzelliteraturen eine Ausnahmestellung einnimmt, die einerseits durch ihre Überregionalität und andererseits durch ihre geringe soziale Reichweite gekennzeichnet ist. «Was Sanskrit für das alte Indien war, ist Englisch für das moderne Indien», heißt es bei S. K. Das. «Beide Sprachen sind mit der herrschenden Macht verbunden und beide vom Volk als Ganzem getrennt.» Aber die «Idee einer indischen Literatur untergräbt nicht die Einmaligkeit einzelner Literaturen, sondern ist darauf ausgerichtet, die schöpferischen Impulse und Errungenschaften des indischen Volkes in ihren vielfachen sprachlichen Äußerungen zu erfassen. Und das ist der Grund, aus dem indische Literatur in Persisch und Englisch, auch wenn keines von beiden eine indische Sprache ist, als Teil der indischen Literatur angesehen werden sollte.»

Worin liegen nun die Besonderheiten der indoenglischen Literatur? Was als erstes ins Auge fällt, ist wahrscheinlich ihr Mangel an indischen Lesern. Der literatursoziologischen Statistik bleibt es überlassen, festzustellen, welchen und einen wie großen Leserkreis die Produkte indoenglischer Autoren innerhalb Indiens haben und ob sich dieser Kreis wesentlich vergrößert, wenn sie in Regionalsprachen übersetzt werden. Ohne einer solchen Untersuchung vorzugreifen, darf man annehmen, daß ihr Ergebnis niederschmetternd wäre. Das Aufkommen einer «global» orientierten neuen Mittelklasse in den vergangenen zwei Jahrzehnten ändert daran nichts: Sie ist längst dem Fernsehen verfallen. Man schreibt also nicht, oder – das hängt vom jeweiligen Autor ab – wenigstens nicht in erster Linie, für das indische «Volk als Ganzes». Von Raja Rao (geb. 1909) hieß es einmal, er sei gerade damit beschäftigt, «den Osten dem Westen zu erklären». Dies ist in der Tat das eigentliche Engagement der indoenglischen Literatur – wahrscheinlich ein einmaliges literaturgeschichtliches Phänomen: eine ganze Literatur, die für den Export angefertigt wird.

Dabei erhebt sich die Frage, wie sich diese Art von Extraversion mit einer anderen, vielleicht der entscheidenden Motivation vereinbaren läßt: der Selbstrealisation des Schreibenden. Ist der indoenglische Autor als künstlerische Persönlichkeit noch ganz ‹er selbst›, wenn er während des Schreibens, als ‹impliziten Leser›, die Leserschaft eines anderen Kulturkreises im Sinn hat? Khushwant Singh (geb. 1915), sonst wahrlich nicht von Komplexen heimgesucht, meinte 1962 zu seiner eigenen Produktion, er schreibe zwar nicht für irgendein besonderes Publikum, aber da er in Englisch schreibt, «drängt sich seinen Arbeiten ganz unvermeidlich das Bewußtsein einer Leserschaft auf, die mit Indien nicht vertraut ist».

Bei weniger robusten Künstlernaturen, vor allem innerhalb der älteren Autorengeneration, kann dieses Bewußtsein in eine persönliche Tragik münden, die von den meisten Kritikern entweder nicht gesehen oder verschwiegen wird. Eine Ausnahme macht C. L. Nahal, der anläßlich einer Besprechung von Khushwant Singhs «I Shall not Hear the Nightingale» (1959) und Manohar Malgaonkars (geb. 1913) «Combat of Shadows» (1962) von «dieser gewaltigen Tragödie verstreuter Sensibilität» spricht, die darin bestehe, daß der indoenglische Autor «weiß, daß seine emotionalen Wurzeln nicht im Englischen sind; und doch kann er wegen seiner Erziehung und Ausbildung seine Arbeit in keiner indischen Sprache leisten». Um diese ‹Unzulänglichkeit› zu überspielen, «erklärt er ständig sich selbst, oder er neigt dazu, vorwitzig und neunmalklug zu werden, und gibt ständig an... Kein Inder kann

Romane in Englisch schreiben, ohne sich die ganze Zeit über unsicher zu fühlen.»

Dieses Urteil ist sicher zu pauschal. Es gilt ganz gewiß nicht – um nur einen Vertreter der älteren Autorengeneration zu nennen – für den südindischen Romancier R. K. Narayan (geb. 1906), dessen Werke – von «Swami and Friends» (1935) bis zu «Salt & Sawdust», seiner 1993 veröffentlichten Sammlung von ‹Stories and Table Talk› – nun fast schon sechs Jahrzehnte lang in unauffälliger Regelmäßigkeit und Selbstverständlichkeit erscheinen. Was an Narayan besticht, ist seine selbst im Englischen spürbare Bodenständigkeit, sind sein leiser Humor und seine kunstvolle Bescheidenheit, die den europäischen Leser gelegentlich an Tschechow erinnern. «The Guide» ist mehr als der Titel seines wohl bekanntesten Romans (1958). Vielleicht ist Narayans Malgudi überhaupt die ‹Region› des indoenglischen Romans: eine imaginäre Kleinstadt mit Spektakel (tamasha) und Jahrmarkt (mela), «die Bühne einer wandernden Schauspielergruppe, die sich überall schnell errichten und abbauen läßt» (D. Riemenschneider); vielleicht ist sein Romanheld Raju die Schlüsselfigur im fiktiven Rollenspiel: Eulenspiegel-Krull als Fremdenführer, charmant und amüsant in dem Versuch, die Welt ein wenig zum Narren zu halten.

1981 erschien Salman Rushdies «Midnight's Children» (deutsch: «Mitternachtskinder»). Dieser Roman des 1947 in Bombay geborenen Emigranten löste eine Flutwelle indoenglischer Romane von zum Teil erstaunlicher Qualität aus, die bis heute nicht abgeebbt ist. «Um es einfach zu sagen, bisher, vor diesem großen Buch, hat der indoenglische Roman im Bauch des Wals gelebt», begrüßt Makarand R. Paranjape Rushdies literarischen Befreiungsschlag. «Aber jetzt ist alles, was die neuen Romane wollen, zu kreischen und zu randalieren wie ‹Midnight's Children› ... Ich kann haufenweise Romane nennen, die von Rushdies befreiender Hand berührt sind.»

Auch wenn hier die Begeisterung des Kritikers mit ihm durchzugehen scheint – was er zu beschreiben versucht, ist ein Neuaufbruch, der in der indischen Literaturgeschichte seinesgleichen sucht. Lange scheint es her zu sein, daß ein Nirad C. Chaudhuri (geb. 1897) in «The Intellectual in India» (1967) seinen Jüngern nahelegte, sich um Himmels willen an die Grammatik und Idiomatik des (damals noch britischen) Standard-Englisch zu halten; seinen englischen Freunden, wenn sie ihr Erstaunen über seine Übergenauigkeit kundtäten, sage er: «Aber wenn ich Fehler mache, werdet ihr behaupten, daß der Nigger kein Englisch kann.»

Die Zeiten, in der man sich der überseeischen Leserschaft andiente, sind, scheint es, ein für allemal vorbei. Was unter den jüngeren indoenglischen Autoren vorherrscht, ist eine Haltung des ‹Ich werd's euch zeigen› und des ‹Wer nicht will, der hat schon›; da ist kein Raum mehr für Apologetik und Minderwertigkeitskomplexe. Dies gilt für die meisten Romanciers der achtziger und neunziger Jahre; nur drei weitere seien hier noch genannt: von den Frauen Shashi Deshpande mit «The Dark Holds No Terrors» (1980; deutsch: «Das Dunkel birgt keine Schrecken») und «That Long Silence» (1988; deutsch: «Die Last des Schweigens»); dann der Bengale Amitav Ghosh (geb. 1956) mit «The Circle of Reason» (1986; deutsch: «Bengalisches Feuer oder Die Macht der Vernunft») und vor allem «The Shadow Lines» (1988); schließlich Vikram Seth (geb. 1952), der Verfasser von «The Golden Gate» (1986), einem Versroman im Stil von Puschkins «Eugen Onegin», und des Erzähl-Marathons «A Suitable Boy» (1993). Natürlich beherrschen diese Autoren unter anderem auch das britische – bzw. neuerdings auch das amerikanische – Englisch, aber sie lassen sich nicht mehr davon beherrschen; sie spielen damit Katz und Maus, setzen ihm alle möglichen Schattierungen des indischen Englisch (wie Bombay-Englisch, Kalkutta-Englisch) entgegen – und bereichern damit die englische Sprache und mit ihr die gegenwärtige Weltliteratur in englischer Sprache.

XIV.
Aspekte der indischen Kunst

Joachim K. Bautze

1. Zur geographischen und zeitlichen Ausdehnung der indischen Kunst

Unter indischer Kunst werden im weiteren Sinne auf dem Gebiet des indischen Subkontinents, d. h. der heutigen Indischen Union, Pakistans, Bangladeschs, Nepals, Bhutans und Sri Lankas, gefertigte Kunstwerke verstanden. Die dort entwickelte Kunst ist u. a. die Kunst zweier in Indien entstandener Weltreligionen: des Brahmanismus (Hinduismus) und des Buddhismus. Die Kunst des ebenfalls in Indien entstandenen Jinismus blieb auf den Subkontinent beschränkt. Eine von außerhalb nach Indien gebrachte Weltreligion ist die des Islam, die auf dem Subkontinent Monumente entstehen ließ, die zu den bedeutendsten Bauwerken der Weltkunst gerechnet werden müssen. Der Einfluß der in Indien gefertigten christlichen und jüdischen Kunst ist vergleichsweise gering.

Die indische Kunst wirkte vor allem nach Osten, genauer gesagt, bis zum japanischen Inselreich. Die westliche Ausstrahlung hingegen verläuft sich im Wüstensand Ost-Irans. Die Mongolei unter Einschluß Tibets und Zentralasiens muß zum nördlichen Ausdehnungsbereich gerechnet werden. Südostasien gehört ebenfalls zum unmittelbaren Einflußbereich der indischen Kunst. Bestimmte Elemente der chinesischen Kunst sind ohne Kenntnis der zugrundeliegenden buddhistisch-indischen Kunst undenkbar.

Zur für damalige Verhältnisse quasi weltumspannenden geographischen Ausdehnung der indischen Kunst gesellt sich ein nicht minder eindrucksvoller zeitlicher Rahmen. Zusammen mit den beiden ältesten Hochkulturen der Welt, der ägyptischen und der im Zweistromland, fällt die der Induszivilisation, die gegen Ende des dritten vorchristlichen Jahrtausends wie auf dem Reißbrett geplante Städte hervorbrachte, die im Falle von Harappa und Mohenjo Daro im heutigen Pakistan je etwa 35000 Einwohner zählten. Die Produktion der indischen Kunst im engeren Sinne wird seit fast zweieinhalb Jahrtausenden bis auf den heutigen Tag in ungebrochener Tradition fortgeführt. Es kann daher behauptet werden, daß, global gesehen, keine andere Region die Weltkunst mehr beeinflußt hat als Indien. Hinzugefügt werden muß die Art und Weise, wie die indische Kunst sich über so große Räume verbreiten konnte. Es waren nicht, wie im Falle einiger anderer Weltreligionen, stets das Feuer und das Schwert, die der Verbreitung der Kunst vorangingen. Es war für die außerindischen Nachbarländer vor allem der Durst nach dem Wissen über die buddhistischen bzw. brahmanistischen Lehren, der zusammen mit den in Indien entstandenen mythologisch-relgiösen Texten die damit untrennbar verbundene Kunst in die auch weiter entfernten Länder gelangen ließ.

2. Zur systematischen Erforschung der indischen Kunst seit 1900

Schon den Römern war in frühchristlicher Zeit die indische Kunst in Form von Elfenbeinschnitzereien nicht unbekannt. Seit dem Mittelalter drangen über die arabischen Länder Kunstgegenstände indischer Herkunft bzw. Abbildungen in Form von Holzschnitten und Stichen nach Europa, wurden aber eher als «monströs», als «kurios» betrachtet. Rembrandt oder Maria Theresia, die indische Miniaturen sammelten und sich von ihnen z. T. sogar zur Produktion von Kunstwerken inspirieren ließen, waren eher die Ausnahme. Der Europäer schätzte zunächst weniger die indische Kunst im engeren Sinne – Skulptur, Malerei, Architektur – als die indische Kunst im weiteren Sinne unter Einschluß bzw. Betonung der Handwerkskunst. Für die indische Kunst im engeren Sinne gab es kein Interesse, also auch keinen Markt, wohl aber ließen sich hohe Profite mit dem Verkauf von indischem Kunsthandwerk, vor allem mit Textilien, erzielen. Die Engländer planten sogar eine großangelegte Produktion von in Indien absetzbaren Textilien bis zur Beherrschung des indischen Textilmarktes. Ein Unternehmen, das mit der Einführung des mechanischen Webstuhls zusammen mit der Vormachtstellung in Indien dem europäischen Inselreich fast gelang.

Das deutsche Interesse an der indischen Kunst hielt sich stets in Grenzen. Bezeichnenderweise brachte Prinz Waldemar von Preußen nach seinem mehrjährigen Indienaufenthalt – wohin er als Manöverbeobachter während der Anglo-Sikh-Kriege geschickt worden war – über ein Dutzend indischer Kanonenrohre mit, die heute noch im Berliner Zeughaus unweit der Schloßbrücke ausgestellt sind. Die zahlreichen Geschenke, meist indisches Kunsthandwerk der Spitzenklasse, die Prinz Waldemar während seines Indienaufenthaltes von lokalen Herrschern erwiesenermaßen erhielt, stießen bei ihm auf weniger starkes Interesse. Die Preußen hatten, im Gegensatz zu den Franzosen und Engländern, noch nicht gelernt, daß weniger martialische Kriegstrophäen von kulturell weitaus größerer Wichtigkeit sind.

Die erste systematische, von einem illustrierten Katalog begleitete «Ausstellung indischer Kunst-Gegenstände zu Berlin» fand 1881 statt und war, wie der Katalogtitel bereits vermuten läßt, einzig dem Kunsthandwerk gewidmet. Außerhalb Deutschlands hatte zu diesem Zeitpunkt auch die Erfassung der indischen Kunst im engeren Sinne längst begonnen. 1814 wurde das Indian Museum von Kalkutta eröffnet, voran ging die Gründung der heute noch bestehenden «Asiatic Society». Nach der offiziellen Übernahme der Besitztümer der englischen Ostindienkompanie durch die englische Krone nach der Niederschlagung des indischen Aufstandes (1858) begann die indische Denkmalpflege unter englischer Regie ihre systematische Arbeit und veröffentlichte illustrierte Grabungs- und Begehungsberichte.

Erforschung und Präsentation von 1900 bis 1947

Nach den spektakulären Darbars oder Staatsempfängen von 1877 und 1903, bei denen höchste Abgeordnete der englischen Regierung so viele indische Herrscher empfingen wie organisatorisch nur möglich, folgte der Darbar von 1911 unter Teilnahme keiner geringeren als Their Imperial Majesties The King-Emperor and Queen-Empress. Anläßlich dieses verschwenderisch produzierten und unüberbietbaren politischen Spektakels fanden sowohl in England als auch in Indien richtungsweisende Ausstellungen der indischen Kunst statt. Der umfangreiche Katalog der «Indischen Kunst-Ausstellung» von Delhi, anläßlich des Darbars von 1903, stellte wieder Gebrauchskunst vor, der von der indischen Denkmalpflege, dem «Archaeological Survey» herausgebrachte «Krönungs-Darbar-Katalog» von 1911 führt in erster Linie indische Malereien und Handschriften auf. Die Ausstellung war im Archäologischen Museum von Delhi zu sehen, und obwohl sie fast 1000 Exponate umfaßte und über dreieinhalb Monate geöffnet war, wurden nur 2196 Besucher gezählt. Etwa gleichzeitig wurde in London die mit einer umfangreichen indischen Abteilung besetzte «Festival of Empire»-Ausstellung veranstaltet, über die die verschwenderisch illustrierte «Zeitschrift für Indische Kunst und Gewerbe» (Journal of Indian Art and Industry) ausführlich berichtete. Interessant ist zu beobachten, wie stark die indische Kunst im engeren Sinne mit der im weiteren Sinne, also rein gewerblicher Gebrauchskunst, verknüpft blieb. 1914 eröffnete King George V den Nordflügel des Britischen Museums, in dem orientalische Kunst ausgestellt wurde, in der Indien sehr gut vertreten war und ist. In Deutschland wurde die indische Kunst zwar nicht einem Kunstgewerbe-Museum einverleibt, wie in anderen europäischen Ländern geschehen, sondern zunächst einem primär ethnographischen Bereich. Mogulmalereien wurden darin nicht wegen ihrer Schönheit an die Wand genagelt, sondern weil sie dieses oder jenes Fest illustrieren. Immerhin wurden von 1902 bis 1914 vier Expeditionen zwar nicht nach Indien, aber ins zentralasiatische Turkestan geschickt, von wo die Forscher mit vielen Kunstwerken, vor allem Wandmalereien und Lehmfiguren neben auch hölzernen Kleinfunden und alten Manuskripten, reichbeladen zurückkehrten. Die Zeit zwischen den beiden Weltkriegen sollte dann genutzt werden, dieses Material, das auf ähnliche Weise auch vor allem von französischen, anglo-indischen, russischen und japanischen Expeditionen aus Zentralasien entfernt wurde, aufzuarbeiten.

Erforschung und Präsentation von 1947 bis 1994

Die Unabhängigkeit Indiens sorgte in vielfacher Hinsicht für einen Wandel der Rezeption sowie der Erforschung der indischen Kunst. Indien war nicht mehr alleiniger Besitz des britischen Empires, Indien wurde zu einer Macht, die anerkannt sein und selbst entscheiden wollte, was mit ihren Denkmälern geschieht. Die Engländer, ihren Einfluß in Indien naturgemäß schwinden sehend, starteten einen einzigartigen Versuch, mit dem gezeigt werden sollte, wie sehr das bröckelnde Empire die einstige Kronkolonie als Verbündeten (und, so dürften die Briten gehofft haben, weiteren Abnehmer britischer Waren) schätzt: Sie veranstalteten die wohl bisher größte, umfassendste und umfangreichste Präsentation indischer Kunst aller Zeiten. Die vom Königshaus patronisierte Ausstellung fand vom 29. November 1947 bis zum 29. Februar 1948 in der Royal Academy of Arts in London statt. Neben der Kunst im engeren Sinne gelangten auch noch Gebrauchskunst und moderne indische Kunst zur Präsentation, traten aber zahlenmäßig schon weit hinter die «klassischen» Kunstwerke zurück. Der mit 1436 Exponaten bestückten Ausstellung war ein größerer Erfolg beschieden als der von 1911 in Delhi. Diese Londoner Ausstellung führte, sicher ungewollt, zur Bildung des «National Museum of India». Einen großen Teil der Exponate schickten nämlich verschiedenste indische, mehr oder weniger staatliche Museen nach London. Die Rückkehr der Stücke in ihre angestammten Museen wurde jedoch in Delhi, mittlerweile funktionsfähige indische Hauptstadt, für immer unterbrochen: Eine Auswahl der repräsentativsten Stücke blieb in New Delhi und bildete den Grundstock des frisch gegründeten indischen National-Museums.

Die umfangreichste Präsentation (über 865 Ausstellungsstücke) indischer Kunst hierzulande war nach dem Londoner Muster unter dem Titel «5000 Jahre Kunst aus Indien» 1959 in der Essener Villa Hügel zu bewundern. Daß praktisch dieselbe Ausstellung danach im Kunsthaus Zürich und dann im Petit Palais, Paris, noch einmal gezeigt wurde, dürfte für ihren Erfolg sprechen. Sahen die Engländer mit ihrer Ausstellung von 1947–48 den indischen Subkontinent als Einheit, d. h. Indien zusammen mit Pakistan und Bangladesch (dem damaligen Ost-Pakistan), so sah das Essener Modell nur Kunst aus dem Bereich der Indischen Union vor, worüber die beiden pakistanischen Staaten nicht glücklich gewesen sein dürften. Folglich wurde im Juni 1962 in Darmstadt eine Ausstellung unter dem Titel «5000 Jahre Kunst in Pakistan» eröffnet, die mit 700 Exponaten sicher die umfangreichste ihrer Art war.

Die endgültige «Salonfähigkeit» der Kunst eines bedeutenden Teils der Welt wurde in Deutschland 1971 mit der Gründung des Museums für Indische Kunst in Berlin besiegelt. Wurde noch zu Beginn des 20. Jahrhunderts die indische Kunst mit Handwerkskunst gleichgesetzt, so hat sich mit der Gründung dieser Institution ein grundlegender Wandel vollzogen: Die angewandte Kunst ist nur noch schwach vertreten und gelangte in erster Linie in die Abteilung Südasien des Völkerkunde-Museums. In der 1985 neueröffneten Südasien-Abteilung des Linden-Museums Stuttgart kann der Besucher jedoch die «dörfliche» Kunst neben der «imperialen» Kunst durchaus noch nebeneinander in Augenschein nehmen. Die Trennung von Kunsthandwerk und inzwischen «museal» genannter Kunst wurde mit entsprechend getrennten Ausstellungen und Katalogen 1992 anläßlich der offiziellen «Indien-Festspiele» weiter vollzogen. Dieses Trennungskonzept schlug sich auch auf die Museumsgestaltung im eigentlichen Indien nieder.

In die Zeit der Gründung des Museums für Indische Kunst Berlin fallen auch die von 1966–74 durchgeführten Grabungskampagnen nämlichen Museums, von denen ein umfangreicher Grabungsbericht beredtes Zeugnis ablegt.

Daß staatliche Mittel mittlerweile längst nicht mehr ausreichen, um Institutionen zu gründen bzw. zu unterhalten, die sich der Präsentation indischer Kunst widmen, zeigen die jüngsten Eröffnungen bzw. Wiedereröffnungen: Die Wiedereröffnung der einst von King George V eingeweihten, wohl längsten Ausstellungsfläche asiatischer Kunst wurde 1992 nur durch die Gelder des Mannes möglich, nach dem dieser Teil des Britischen Museums nunmehr benannt wurde, nämlich der Joseph E. Hotung Galerie orientalischer Altertümer. Ein Teil der indischen Ausstellungsfläche wurde mit den Geldern eines bekannten japanischen Verlages aufgebaut. Immerhin fand die Eröffnung noch in Anwesenheit der englischen Königin statt. Bei der im März 1994 in Zürich eingeweihten Villa Rieter, die der Ausstellung vor allem der indischen Malerei als Teil des Rietbergmuseums gewidmet ist, läßt der Name wenig auf die tatsächlich von privater Hand in diesen Ausstellungskomplex geflossenen Gelder schließen. Anders verhält es sich jedoch mit der im April 1994 erfolgten Eröffnung der entsprechenden Abteilung im Metropolitan Museum, New York, die nicht umsonst «Florence and Herbert Irving Galleries for the Arts of South and Southeast Asia» heißt.

Zur Rezeption der indischen Kunst

Der Betrachter braucht, um ein indisches Kunstwerk angemessen würdigen zu können, neben einem ästhetischem Formverständnis oder «Kunstsinn» auch das Wissen vom religiös-literarischen Hintergrund. Da letzteres kaum zur klassischen europäischen Allgemeinbildung gehört – selbst die perfekte Beherrschung des altindischen Sanskrit vermag an der deutschen Universität ein nicht vorhandenes Latinum kaum aufzuwiegen –, bleibt dem in der «klassischen Antike» gebildeten Europäer die indische Kunst stets fremd. Es ist wohl das unbewußte europäische, vor allem deutsche Sträuben gegen die ungeheure Direktheit und unmittelbare Intensität der indischen Kunst, mit der sich zu beschäftigen süchtig machen kann, weil neben ihr zunächst andere Teile der Weltkunst zu verflachen drohen. Es ist aber nicht nur das europäische und besonders deutsche Unvermögen, sich von eigenen Bildungsklauseln und Vorurteilen ausländischen Einflüssen gegenüber zu lösen, was die indische Kunst in Europa etwa im Gegensatz zur ostasiatischen Kunst so wenig attraktiv macht. Es sind politische Gründe, auf die näher einzugehen dieser knappe Exkurs verbietet.

Der beflissene Kunstkenner oder Sammler kämpft gegen die zentraleuropäische Ignoranz allem Fremden gegenüber, reibt sich auf, verglüht und wird nur von wenigen seinesgleichen dafür um so heftiger wie ein Held gepriesen: die Vor- und Nachteile der ausschließlichen Beschäftigung mit der indischen Kunst. Es gibt aber noch andere Fallstricke, und die liegen in der Natur der Sache: Da die die Kunst tragenden Religionen heute noch praktiziert werden, treten Glaubensfragen bzw. Glaubenskonflikte auf. So ist etwa das einer osttibetischen Malerei des 13. Jahrhunderts zugrundeliegende kosmologische bzw. religiös-philosophische Konzept einem nicht-initiierten Betrachter letztendlich für immer verborgen. Er kann lediglich Aussagen zur Form machen und versteht die inneren Zusammenhänge nicht, die für den initiierten Mönch hingegen zum Alltag gehören. Aus diesem Unverständnis heraus erklärt der Mitteleuropäer Dinge innerhalb der indischen Kunst dann gerne für «unlogisch» oder «unfertig», mitunter aus unbewußtem Neid gegenüber dem initiierten «Kollegen». Dieses Unvermögen, aus dem eine leider nicht zu verleugnende deutsche Überheblichkeit resultieren mag, führt so weit, daß selbst in jüngster Zeit von offiziell hierzu beauftragter Seite urindische Gottheiten in Abhängigkeit zur antiken griechischen Kunst gesetzt worden sind. Ein in dieser Hinsicht geradezu harmloses Beispiel, da politisch ohne Wirkung, bietet der Chronist der Reise von Prinz Waldemar nach Indien: «So kann ein Indier nie etwas durchaus schön und harmonisch vollenden; etwas Fremdartiges und Lächerliches muß immer daran sein.» Nach heutiger Erfahrung kann diese Aussage im deutschen Sinne wie folgt weitergeführt werden: «Und wenn einmal an der indischen Kunst etwas schön sein sollte, ist dies auf den Einfluß der antiken griechisch-römischen Kunst zurückzuführen.»

Schier unüberbrückbar ist die Diskrepanz zwischen der Masse der Kunstwerke, die Indien hervorgebracht hat, und ihrer Auf- bzw. Bearbeitung. So gibt es z. B. von der Anlage des berühmtesten indischen Bauwerkes, des 1648 im wesentlichen vollendeten Taj Mahal in Agra, bis heute keinen veröffentlichten, vollständigen und verläßlichen Plan. Wer könnte sich eine solche Situation mit Bezug auf die Anlage von Versailles oder Sanssouci ernsthaft vorstellen? Zu dieser Diskrepanz dürfte der Mangel an Akzeptanz der indischen Kunst wesentlich beigetragen haben. Die Inder selbst haben seit Jahrhunderten entsprechende Pläne großformatig auf Baumwollstoff gemalt. Nur sind diese, weil mit den Augen eines indischen Künstlers gesehen, für den «Europäer» bislang wenig akzeptabel und daher auch nicht entsprechend publiziert.

3. Die früheste Kunst auf dem indischen Subkontinent (Induskultur)

Die in Teilen Pakistans und Nordwestindiens nachweisbaren Zeugnisse der Industalkultur oder Industalzivilisation – Steinskulpturen, Bronzefiguren, Terrakotten, Luxusgegenstände wie Spiegel, Goldschmuck – nehmen scheinbar bereits einige Merkmale der indischen Kunst vorweg. In Ermangelung der Les- bzw. Übersetzbarkeit der auf sehr zahlreichen Steatitsiegeln und Gefäßen überlieferten, offensichtlich hochausgeklügelten Schrift lassen sich absolute Aussagen nicht machen, bis, analog der ägyptischen Hieroglyphen, ein «Stein von Rosetta» oder eine Bilingue mit mindestens einer lesbaren Schrift entdeckt wird. Der etwa um 1800 v. Chr. zum Ende kommenden nachurbanen Phase der Industalkultur folgen – archäologisch gesehen – Jahrhunderte mit zahlreichen Fundstücken wie um 1000 v. Chr. datierte Bronzemodelle und verschiedene Keramikarten neben kupfernen Harpunen und anderen Waffen (?), die sich miteinander jedoch kaum in eine nachvollziehbare Verbindung bringen lassen. Licht in dieses Dunkel bringt endgültig erst der zwischen 273–232 v. Chr. regiert habende Herrscher Ashoka.

4. Die frühindische Kunst im engeren Sinne

Mit dem Kaiser Ashoka der Maurya-Dynastie beginnt nicht nur die indische Monumentalkunst, sondern auch die indische Kunst im engeren Sinne. Neben seinen historisch einigermaßen gesicherten Regierungsdaten wurde unter seiner Regierung die älteste Form der bisher lesbaren indischen Schrift, die «Ashoka-Brahmi», auf zahlreichen Felsen und Ediktsäulen fast über den gesamten indischen Subkontinent verbreitet. Die Ediktsäulen künden sowohl vom buddhistischen Glauben, zu dem Ashoka nach einem vernichtenden Feldzug im Gebiet des heutigen Orissa übergetreten sein soll, als auch von der Macht jenes indischen Kaisers. Die Größe seines Reiches läßt sich nämlich ungefähr an der Verbreitung jener Ediktsäulen und Felsinschriften ermessen.

Die aus hochpoliertem, monolithischen Sandstein bestehenden, sich leicht nach oben verjüngenden, etwa 18 m hohen Ediktsäulen von durchweg rundem Grundriß waren mit bemerkenswerten Kapitellen bekrönt, denen häufig ein achämenidischer Einfluß nachgesagt wird. Das Kapitell der Ediktsäule von Sarnath, am Ort der ersten Predigt des Buddha aufgestellt, stellt heute das Staatswappen der Indischen Union dar und ist als solches seit der politischen Unabhängigkeit Indiens auf unzähligen Geldscheinen, Münzen, Briefmarken und offiziellen Dokumenten aller Art verewigt worden. Die ebenfalls aus einem einzigen Stück Sandstein gemeißelten Kapitelle Ashokas sind in der Regel etwas über 2 Meter hoch und – von unten nach oben – in drei Abschnitte gliederbar. Auf dem glockenförmigen Lotos mit abwärts weisenden Blütenblättern ruht ein runder Abakus, der mit Tieren (Löwe, Elefant, Pferd, Stier, Gans) oder Symbolen (Rad der buddhistischen Lehre) versehen sein kann. Diesem Abakus ist dann eine Tiergruppe wie in Sarnath (vier gegenständige Löwen, von denen nur die Vorderkörper gezeigt werden) oder ein einzelnes Tier (Löwe, Elefant) aufgesetzt.

Die Regierungszeit Ashokas markiert auch den Beginn der überlieferten indischen Freibauarchitektur. In den Barabar-Bergen nördlich von Gaya im Bundesstaat Bihar erhielten sich zwei in den Fels getriebene Kultbauten nach dem Vorbild der bis dahin stets aus Holz und Stroh errichteten Kultstätten. Erwähnenswert ist die Apsis am Ende der Schmalseite, die sich weit über ein Jahrtausend erhalten sollte.

Ein weiteres bis dahin kaum erhaltenes architektonisches Novum der Zeit stellt der Stupa dar, der sich aus der Ashokazeit aber kaum irgendwo unverändert erhalten konnte und daher weiter unten skizziert werden soll.

Zu den zeitlichen und räumlichen Orientierungshilfen

Schon seit der Maurya-Zeit wird in den gängigen Abhandlungen die indische Kunst mit Dynastien in Verbindung gebracht, von denen z. T. nur angenommen wird, daß sie diese oder jene Kunst hervorbrachten oder förderten. Naturgemäß entstanden nicht alle Kunstwerke, die aufgrund etwa eines bestimmten Grabungshorizontes im 3. Jahrhundert vor der Zeitenwende entstanden, unter dem Patronat der Mauryas, dennoch werden sie in der Regel mit dem Etikett «Maurya» versehen.

Abb. 1: Das sog. Ashoka-Kapitell von Sarnath, Sarnath, archäologisches Museum, ca. Mitte des 3. Jh.s v. Chr.

Ist über die Mauryas vergleichsweise viel, vor allem über außerindische Quellen neben den zahlreichen Inschriften, bekannt, kann dasselbe z. B. nicht mehr von der Shunga-Dynastie (185–73 v. Chr.) behauptet werden, die die Dynastie der Mauryas ablöste. Dennoch werden dieser Zeitepoche zugeordnete Kunstwerke aus dem Norden des Subkontinents mit «Shunga» betitelt, obwohl sie mitunter in Gegenden entstanden, die von den Shungas weder direkt noch indirekt politisch oder kulturell beeinflußt worden sein konnten. Als Folge dieses nicht vorhandenen Einflusses werden dann mitunter entsprechende Fundstücke als «zur kulturellen Phase der Shungas zugehörig» ausgewiesen, eine zwar genauere, für den Laien aber nicht vereinfachende Orientierungshilfe. In den Jahrhunderten nach der Zeitenwende vermehren sich die kunstfördernden Dynastien sehr rasch, vor allem, da es sich stets um Reiche handelt, die jeweils nur einen Teil des Subkontinentes verwalten können und räumlich und zeitlich nebeneinander existieren.

Auf diese zahlreichen, jeweils stilistisch durchaus unterscheidbaren dynastischen Epochen eines gewichtigen Teils der Weltkunst einzugehen, erlaubt dieser Exkurs aus sachzwänglichen Gründen nicht. Hier können nur die wichtigsten, den gesamten Subkontinent betreffenden Entwicklungen in ihren gröbsten Zügen berücksichtigt werden. Desgleichen gilt ebenso für eine weitere Orientierungshilfe, die nicht dynastisch, sondern geographisch sein soll. Auf diese Orientierungshilfe wird vorzugsweise zurückgegriffen, wenn innerhalb einer mehr oder weniger homogenen Stilentwicklung mehrere Dynastien teilhatten, wenn ein geographischer Name genauer ist oder wenn sich ein bestimmter geographischer Name mittlerweile eingebürgert hat. Wie groß dann das geographische Gebiet sein soll, bleibt oft dem Betrachter überlassen. Entgegen all dieser scheinbaren Ungereimtheiten bei der zeitlich-geographischen Einordnung hat doch jeder nur halbwegs informierte Betrachter unter dem weitfaßbaren geographischen Begriff wie etwa «Gandhara» eine ganz bestimmte Stilrichtung vor Augen, auf die in diesem Zusammenhang auch nicht eingegangen werden kann.

Zu den Eigenarten der indischen Kunst im allgemeinen und der frühesten Kunst im besonderen: die panindischen Gottheiten

Besonders in den letzten beiden vorchristlichen Jahrhunderten legten die indischen Künstler den Grundstein für die gesamte kommende Kunstentwicklung des Subkontinents. Ein Wesensmerkmal der indischen Kunst ist die Beharrlichkeit der einmal geschaffenen Traditionen, wobei die stilistischen Traditionen wandelbarer zu sein scheinen als die ikonographischen. Diesen Traditionen ist daher zwar kein ewiges Leben vergönnt, aber sie sterben permanent, ohne je tot zu sein.

Das sichtbare Pantheon der letzten Jahrhunderte vor der Zeitenwende ist durch Gottheiten charakterisiert, die zunächst keiner bestimmten Religionszugehörigkeit zuzuweisen sind, obwohl es eine Form des Buddhismus, Jinismus und Brahmanismus bereits gab. Zwar gibt es z. B. ab dem 2. Jh. v. Chr. mit zunehmender Zahl buddhistische Kultstätten mit Kunstwerken wie Steinmetzarbeiten und (Wand-)Malereien, jedoch ist die Kunst zunächst weder ikonographisch noch stilistisch als typisch buddhistisch einzuordnen. Überhaupt, und das ist wieder ein allgemeiner Zug der indischen Kunst, sind erst in nachchristlicher Zeit entstandene, etwa zeitgenössische Werke einer geographisch oft sehr weiten Region nur über ihre Ikonographie, nicht aber über ihren Stil einer bestimmten Religionsgemeinschaft zuzuordnen. Das hängt zum nicht geringen Teil damit zusammen, daß ein und derselbe Künstler, etwa ein Bildhauer, Aufträge sowohl von der einen als auch der anderen

Abb. 2: Fünfköpfiger Schlangengott (Naga) *und der am menschlichen, ringgeschmückten Ohr erkennbare Vogel Garuda, Detail des mittleren Querbalkens vom östlichen Tor* (torana) *des Stupas Nr. 1 in Sanchi, ca. 10 v. Chr.*

Religionsgruppe annahm. So galt es auch nicht als ungewöhnlich, wenn ein Herrscher Anhänger und Förderer der einen Religionsgemeinschaft war, während seine Frau eine andere Religionsgemeinschaft mit Stiftungen unterstützte. Wohl aus primär politischen Gründen konnte ein Herrscher auch die Kunst einer Religion fördern, der er offiziell überhaupt nicht zugehörte.

Die Götter der frühindischen Kunst werden oft über ihre angenommenen Wohnstätten verehrt, wobei diese Kulte eben bis auf den heutigen Tag nie verdrängt worden sind. Schlangen, Nagas, leben nach indischem Glauben im Wasser, was nicht verwundert, da sie doch in erster Linie von Fröschen leben, was jeder, der einmal einen Monsun lang in einem abgelegenen Dorf lebte, bestätigen kann. Also wurden Teiche verehrt, zu denen Treppenstufen, sog. Ghats, herabführten. Tonmodelle derartiger Schlangenkultstätten brachte die weiter oben erwähnte Ausgrabung des Museums für Indische Kunst Berlin zutage.

Abb. 3: Die Weihe (abhisheka) *der Glücksgöttin Lakshmi durch zwei Elefanten, Detail des nördlichen Tores am Stupa Nr. 1 in Sachi*

Und noch heute wird unweit der Erleuchtungsstätte des Buddha in Bodh Gaya, Bihar, ein derartiger Teich wegen eines in ihm wohnenden Naga verehrt. In der frühen Kunst erscheint der Naga in der Regel rein theriomorph wie eine Kobra mit einer ungeraden Anzahl aufgeblähter Hauben. Naginis oder weibliche Schlangengottheiten weisen in der Anwesenheit (männlicher) Nagas stets ein Paar Hauben weniger auf.

Der Gegenspieler der Nagas ist der Sonnenadler Garuda, der in vorchristlicher Zeit besonders an buddhistischen Monumenten vertreten ist und in (fast) theriomorpher Form an seinem menschlichen Ohr mit dem Ohrring, oder aber, in seiner therio-anthropomorphen Form, an seiner vogelschnabeligen Nase mit einer Schlange neben seinen Flügeln erkennbar ist.

Eine andere frühe und bis heute in ungebrochener Hochachtung stehende Gottheit ist die Göttin Lakshmi. Auch sie ist in den vorchristlichen Jahrhunderten an Monumenten unterschiedlichster Religionszugehörigkeit vorhanden. Vorchristliche Terrakotta-Darstellungen zeigen sie auf einem runden Topf stehend, wie sie aus ihrer herabhängenden rechten Hand eckige Münzen auf einen Adoranten regnen läßt, wobei die Lakshmi offensichtlich die Fähigkeit hat, einen Blütenregen in einen Münzregen zu verwandeln. In der Regel aber hält sich die (materiellen) Reichtum, Glück und Kindersegen gewährende, wohlgestaltete Lakshmi auf einer großen Lotosblüte auf, wobei sie mit jeder ihrer beiden Hände einen Lotos hält. Hinter oder neben ihr stehen gewöhnlich zwei oder später auch vier Elefanten, die eine einer Taufe nicht unähnliche Weihe (Abhisheka) an ihr vollziehen, indem sie die Göttin aus bauchigen Gefäßen mit Wasser übergießen.

Obwohl die frühindische Kunst eine Fülle von exzellentesten Frauendarstellungen aufzuweisen hat, ist ihre jeweilige Benennung schwierig. Frauen waren neben seltener dargestellten Nymphen (Apsaras) vor allem Baumgöttinnen (Vrikshadevatas), die stets anmutig und jung sind. Sie greifen meist in das Geäst eines Baumes, der durch die Berührung der barbusigen Schönheit im wahrsten Sinne des Wortes aufblüht. Überhaupt können Frauen als hocherotisch dargestellt werden, wobei der Künstler es ganz geschickt vermieden hat, sie völlig entblößt zu zeigen. In der Regel sind die Frauen mit einem rockartigen Textil bekleidet, das aber so hauchdünn ist, daß auch die intimsten weiblichen Partien durch das Textil hindurch minutiös auszumachen sind. Nicht selten sind auch gerade in der frühindischen Kunst die Darstellungen von sich liebkosenden Liebespaaren an ansonsten sehr religiösen Monumenten, wobei die unmittelbare Nachbarschaft von «religiöser» und «weltlicher» Kunst beim europäischen Betrachter stets Irritationen hervorruft. Es scheint, als ob die Darstellung des eigentlichen Geschlechtsaktes unter Ausnutzung der phantasievollsten Kopulationspositionen und -kompositionen unter Einschluß des Oralverkehrs und homo-erotischer Vereinigungen in der frühindischen Kunst zunächst auf die hochentwickelte Terrakottakunst beschränkt blieb, wo die bildliche Umsetzung dieser Themen dafür um so häufiger zu beobachten ist.

Die verbreitetste, namentlich bekannte männliche Gottheit der letzten vorchristlichen Jahrhunderte ist der wohlbeleibt dargestellte Kubera, der im allgemeinen an seiner aus Mungohaut genähten Geldbörse erkennbar ist. Auch er wird von Religionen unterschiedlichster Prägung verehrt und ist zudem ein gutes Beispiel für die Wandelbarkeit der indischen Ikonographie. In vorchristlicher Zeit hält Kubera einen eindeutig mit Münzen gefüllten Geldsack, der in nachchristlicher Zeit häufig einem Ichneumon oder Mungo weicht, wobei eigentlich natürlich das zu gewährende Geld im Vordergrund stand und nicht das Fell, aus dem das «Portemonaie» genäht war. Es wäre so, als ob in Europa, wo die Geldbörse aus dem Fell einer Katze gefertigt war und daher «Geldkatze» hieß und wie ein Beutel vom Gürtel hing (daher Beutel-

Abb. 4: Die in den Baum greifende Göttin «Chulakoka», Pfeilerrelief vom Steinzaun (vedika) *des Stupas von Barhut (Detail)*

schneider = Dieb), sich im Laufe der Zeit in eine lebende Katze verwandeln könnte, um nur auf ein Beispiel der Wandlungsfähigkeit indischer Ikonographie hinzuweisen.

Kubera ist ein Yaksha oder, genauer gesagt, der König der Yakshas und mehr noch als Lakshmi für materiellen Wohlstand zuständig. Neben Kubera gibt es noch eine Anzahl Yakshas, die unter verschiedenen Namen den Fokus lokaler Kulte darstellten und eigentlich von recht ambivalenter Natur sind, wobei in der Regel der wohlmeinende Aspekt überwiegen mag. Sie gelangen in der Regel monumental und vereinzelt sogar in Überlebensgröße zur Darstellung und tragen häufig einen Geldbeutel, der an den sich durch das Fell drückenden Münzen erkannt werden kann. Vereinzelt treten auch ebenso monumental gestaltete weibliche Formen der Yakshas, die Yakshis, auf.

Eine vorchristliche, inschriftlich eindeutig identifizierte lebensgroße Darstellung ist der «Kubera Yaksha» als Pfeilerrelief am berühmten Steinzaun des Stupas von Barhut. Dieser Kubera steht auf einem kauernden, gnomartigen Wesen, einem Nara, denn schon in vorchristlicher Zeit stehen indische Gottheiten auf sogenannten Vahanas oder Reittieren, im Falle von Kubera ein fast menschliches Wesen. Diese Vahanas sollten einige Jahrhunderte später gewissermaßen die ikonographische Unterscheidungsfähigkeit des stetig anwachsenden indischen Pantheons erleichtern, da ein bestimmtes Tier einer bestimmten Gottheit als «Vahana» zugeordnet wird, egal ob die Gottheit auf dem Vahana nun «reiten» kann oder nicht. Am Vahana war dann die Gottheit leichter und schneller zu erkennen als an den Attributen. Im Falle des ab dem 4. nachchristlichen Jahrhundert aufkommenden bzw. sich in Skulpturen manifestierenden Ganesha-Kultes kommt es dann bei weniger mit der indischen Kunst vertrauten Betrachtern zum Heiterkeitserfolg, da dem schwergewichtigen, elefantenköpfigen Gott Ganesha eine Maus bzw. Ratte als Vahana dient, ohne daß an die Witze vom Elefanten und der Maus gedacht war. Der Künstler mußte dann u. U. die Ratte auf Kalbsgröße bringen, um die Transportfähigkeit Ganeshas durch sein Vahana glaubwürdig erscheinen zu lassen.

Kubera ist der Herr der Nidhis oder Schätze, wobei besonders ein Lotos-Schatz (Padma-Nidhi) und ein Muschelhornschatz (Shankha-Nidhi) zu erwähnen sind. Erwartungsgemäß sieht man auf den vorchristlichen Darstellungen zunächst, wie aus einem Lotos bzw. einer Meeresschneckenschale sich Ströme von Geldmünzen ergießen. In nachchristlicher Zeit dann werden der Lotos-Schatz und der Meeresschneckenschalen-Schatz personifiziert, wobei die Personifizierung von Gegenständen wieder als charakteristisch für die indische Kunst gelten kann. Die Personifikationen von Shankha- bzw. Padma-Nidhi sind noch vergleichsweise einfach: Ein jeweils wohlbeleibtes männliches Wesen hält eine Lotosblüte bzw. eine Meeresschneckenschale, aus der sich dann jeweils ein Strom von Münzen ergießt.

Weitere Helfer des Yaksha Kubera sind neben den Naras auch die an ihren spitzen Ohren erkennbaren untersetzten Guhyakas, die oft als Atlanten ihre Pflicht tun, im Gegensatz zu den Naras aber keine Gottheiten, sondern Architekturteile tragen müssen.

Zu den universellen Gottheiten ab frühester Zeit gehört auch Surya, der Sonnengott. Häufigst frontal dargestellt, lenkt er einen zweirädrigen Wagen, vor den zunächst 4, in späterer Zeit dann 7 Pferde gespannt sind.

Neben diesen Gottheiten wimmelt es geradezu schon in der frühen indischen Kunst von Symbolen und symbolträchtigen Tieren, wie etwa dem Makara, bei dessen Gestaltung der Ganges-Gavial bzw. der Ganges-Delphin als Vorbild gedient haben dürfte. Der Makara ist eine Art Phantasiekrokodil mit lanzettartiger, am Ende verdickter Schnauze,

Abb. 5: Der Sonnengott Surya in seinem von vier Pferden gezogenen Wagen, Pfeilerrelief vom Steinzaun (vedika) *des Tempels in Bodh Gaya, ca. 50 v. Chr.*

Flossen, oft nur zwei Vorderfüßen und langem, häufig aufgerolltem Schuppenschwanz. Makaras verkörpern die Fruchtbarkeit des Wassers und sind oft mit dem Lotos verbunden, der am häufigsten dargestellten und symbolträchtigsten Blume der indischen Kunst überhaupt. Neben den Makara gesellen sich noch weitere, teils phantastische Tiere, deren Merkmal der frühindischen Entstehungszeit das Flügelpaar ist, das in späterer Zeit völlig in Vergessenheit gerät und in der indischen Kunst

Abb. 6: Makara eines Querbalkens vom Steinzaun (vedika) *des Stupas von Barhut, ca. 120 v. Chr.*

erst wieder unter indirektem Einfluß der persisch-zentralasiatischen Kunst ab dem Ende des 16. Jahrhunderts auftauchen soll.

So wie der Lotos vor allem das Symbol universeller Fruchtbarkeit ist, steht der ebenso häufig dargestellte «Gefüllte Topf» (Purna-Ghata oder Purna-Kalasha) für Glück und Wohlstand an sich. Dem immer bauchig-rund dargestellten Topf entwachsen üppigst diverse Blumen, meist Lotosse. Auch heute noch, und das erscheint eben dem Nicht-Inder als typisch «indisch», darf er bei keiner wichtigen religiösen Zeremonie fehlen. Auf weitere indische Symbole frühester Zeit, derer es noch viele gibt, kann naturgemäß hier nicht eingegangen werden.

Zu Architektur und «religionsspezifischen» Darstellungen

Auf der einen Seite gibt es in der frühen Kunst – wie erwähnt – noch keine religionsspezifischen oder ikonographisch einwandfrei unterscheidbaren Darstellungen von Gottheiten. Auf der anderen Seite wurden die Monumente naturgemäß mit mehr versehen als nur den weiter oben skizzierten Gottheiten und Symbolen.

Abb. 7: Ansicht des Stupas Nr. 2 von Sanchi mit Steinzaun, Mitte 2. Jh. v. Chr.

Die Buddhisten z. B. versahen ihre Monumente u. a. mit Illustrationen von Geschichten aus den «Vorleben» des Buddha, den sog. Jatakas. Bevor Buddha letztmalig als Mensch geboren wurde, durchlief er zahlreiche Entwicklungsstadien als Mensch und Tier, in denen der künftige Buddha stets als ein von allen nur denkbaren positiven Tugenden erfülltes Wesen handelt. Diese Geschichten gehörten zunächst zum indischen, vorbuddhistischen Volksgut, wurden dann aber von den Buddhisten für missionarische Zwecke mehr oder weniger umgeschrieben. Da sie in diesem Zusammenhang zunächst wenig bekannt waren, wurden sie zunächst mit Beischriften versehen, die den Titel der Erzählung nennen, weil sie dem Betrachter in der (buddhistischen) Form noch nicht vertraut waren. Auch wurden Begebenheiten aus dem Leben Buddhas in reliefierter Form veranschaulicht, ohne daß jedoch der Buddha in der uns heute bekannten Form dargestellt worden wäre, wobei auch hier zunächst nicht auf erklärende Beischriften verzichtet werden konnte. Der Buddha erschien bis zur Zeitenwende nur in seiner anikonischen Form: als leerer Thron, bestimmter Baum, «Laufsteg», Fußabdruck, «Rad des Gesetzes» oder Stupa.

Der Stupa ist neben dem Chaitya und dem Vihara eine der wichtigsten architektonischen frühindischen Errungenschaften, die an Größe mit den ägyptischen Pyramiden verglichen werden kann, wenn wir an die Stupas von Sri Lanka denken, wo sie Dagobas genannt werden. Ursprünglich war der Stupa wohl ein Tumulus aus Erde, in dem die sterblichen Überreste eines Verstorbenen in Form von Asche in einer kleinen Urne beigesetzt wurden. Da Tiere daran herumgescharrt haben dürften, wurde der Stupa durch einen ihn umgebenden Holzzaun geschützt. Im Laufe der Zeit wurde der Stupakörper von zunächst luftgetrockneten, später gebrannten Ziegeln umgeben, die in noch späterer Zeit, kurz nach der Zeitenwende, Hausteinen weichen konnten. Der Zaun wurde mittlerweile völlig aus Stein, wenn auch noch nach dem Muster der Holzarchitektur mit Pfosten und Querstreben gefertigt. Mehr und mehr kam diesem Monument eine kosmologische Bedeutung mit vier Zaundurchlässen oder Toranas in den vier Himmelsrichtungen zu. Bekrönt wurde der zunächst im Aufriß stets halbrunde Stupa von einem Schirm, dem indischen Ehrenzeichen neben dem weißen Yakschweifwedel schlechthin. Aus einem Schirm wurde im Laufe der Zeit eine Reihe von Schirmen, die sich an einem einzigen Pfosten dann übereinandertürmten. Die Anlage eines Stupa verbildlicht in architektonischer Form einen Teil der indisch-buddhistischen Kosmologie, die hier nicht berücksichtigt werden kann.

Der den Stupa umgebende, mitunter überdimensionale Steinzaun bot dem Steinmetzen ab etwa 120 v. Chr. genügend Fläche zur Ausfüllung mit dekorativen, nicht primär buddhistischen Symbolen (Stupa Nr. 2 in Sanchi, M. P.). Wenig später wurde der den Umwandlungspfad gleichsam einfriedende Steinzaun, Vedika genannt, mit den zunächst noch beschrifteten erzählenden Reliefs versehen (Barhut). Die vier Zugänge zum Umwandlungspfad, Pradakshinapatha, wurden mit steinernen Toren (Toranas) markiert, deren horizontale, mitunter aufgewölbte Querbalken wieder viel Raum für Reliefs ließen.

Reste dieser Stupas sind auf dem gesamten Subkontinent unter Einschluß Nepals gefunden worden; nur vergleichsweise wenige sind erhalten. Viele gehen angeblich auf Stiftungen Ashokas zurück. Die reliefverzierten Querstreben und Pfeiler der Stupa-Umzäunungen (Vedikas) und Zugangstore (Toranas) zum Umwandlungspfad (Pradakshinapatha) gehören seit Beginn der im buddhistischen Auftrag arbeitenden Künstler sowohl im Norden als auch in weiter südlichen Teilen des Subkontinents zum größten indischen Beitrag zur Weltkunst überhaupt. Weniger gut erhalten als die buddhistischen sind die jinistischen Anlagen, die in bezug auf den Stupa und die dazugehörigen Vedika den buddhistischen nicht unähnlich gewesen sein sollen.

Eine weitere archtitektonische Errungenschaft der frühindischen Kunst ist die Chaitya-Halle (Chaitya-Griha), deren Anfänge in die Zeit Ashokas zurückreichen. Von den in Freibautechnik erbauten Chaitya-Hallen hat sich wegen der besonders im indischen Klima sehr vergänglichen Materialien (Holz, Bambus, Stroh) nichts Nennenswertes erhal-

Abb. 8: Auf einem kauernden Gnom kokett stehende Dame als Pfeilerrelief eines Steinzaunes aus Mathura, ca. 3. Jh. n. Chr., Sammlung Kanoria, Patna

ten. Um so besser aber lassen sich die einzigartigen, in den gewachsenen Fels getriebenen und damit monolithischen Chaitya-Hallen dokumentieren, die besonders in Zentralindien sehr zahlreich sind. Eine Chaitya-Halle ist in der schon zu vorchristlichen Zeiten entwickelten Form eine bis zu 80 m lange, dreischiffige Halle mit einer Apsis am Ende, in der ein ebenso monolithischer Stupa steht. Die beiden Seitenschiffe, durch Pfeilerreihen vom zentralen Hauptschiff getrennt, ermöglichen neben dem Raum, der zwischen Apsis und dem Stupa gelassen wurde, eine völlige innere (rituelle) Umwandlung der kultischen Anlage. Das tonnenförmige Dach wurde noch über Jahrhunderte mit statisch völlig unbedeutenden Holzspanten versehen, was auf ein direkt aus der Freibauarchitektur übernommenes Vorbild schließen läßt. Die äußere Chaitya-Fassade bot Platz für Reliefs, die in der Frühzeit das riesige, sich im Laufe der Zeit immer mehr zur Hufeisenform einschnürende Chaitya-Fenster – mithin die einzige natürliche Lichtquelle für das Innere – im verkleinerten Maßstab wiederholten. Zusammen mit Miniatur-Vedikas und Balkonen entstanden auf den frühen Chaitya-Fassaden ganze Stadtlandschaften, wo einzelne Personen oder Liebespaare aus den verklei-

Abb. 9: Chaitya-Halle (chaitya-griha) *von Bhaja, Anfang 1. Jh. v. Chr.*

nerten Chaitya-Fenstern blicken. Die frühesten Chaitya-Hallen dürften noch mit einer hölzernen Fassade verkleidet gewesen sein, worauf heute nur noch die seitlichen Vertiefungen für die Holzbalken hinweisen, und die eigentliche Fassade fehlt. Monolithische Chaitya-Hallen wurden bis zum Ende des 6. Jahrhunderts in Indien ausgemeißelt.

War die Chaitya-Halle der buddhistische Kultbau, so war der Vihara das buddhistische bzw. jinistische Kloster an sich, wo die Mönche sich zunächst vor allem während der Regenzeit aufhielten.

Ein Vihara, der indische Bundesstaat Bihar wurde nach dieser Bauwerkform benannt, ist in der Regel ein quadratischer Hof, um den herum einfache Mönchszellen gruppiert sind. Die Viharas der frühindischen Kunst konnten sich auch wieder nur über die monolithische Felsbauarchitektur erhalten. Aus gebrannten Ziegeln bestehende Fundamente sind erst aus späteren Jahrhunderten erhalten, wo dann der zentrale, wie z. B. in Nalanda (Bihar), der größten damaligen buddhistischen Universitätsstadt Asiens, und vergrößerte Hof durch Pfeilerreihen gestützt wird.

Obwohl sich brahmanistische oder dergleichen Tempel aus vorchristlicher Zeit praktisch nicht erhalten haben, ist vom inschriftlichen Befund her davon auszugehen, daß es wohl in Freibautechnik erbaute «Gotteshäuser» im wahrsten Sinne des Wortes gab. Vom Grundplan her dürften sie dem sogenannten «Apsidaltempel» von Sonkh, ein in Frei-

Abb. 10: Blick auf die Grundmauern der aus gebrannten Ziegeln errichteten buddhistischen Klöster (vihara) *«1B», «1A» und «1» in Nalanda (Bihar), mit klar erkennbaren, sich um einen zentralen Hof gruppierenden Mönchszellen, ca. 9. Jh.*

bautechnik errichteter und dem Naga-Kult geweihter Tempel mit Apsis und äußerer Vedika inklusive Torana, nicht unähnlich gewesen sein.

Selbst in einer sehr allgemein gehaltenen Übersicht wie dieser sollte auch auf die Existenz von Ausnahmen hingewiesen werden, die auch in der indischen Kunst die Regel sind. So gibt es z. B. einige Chaitya-Grihas von rein rechteckigem Grundriß, also ohne Apsis, und es gibt Viharas, die vom Grundriß her von einem gewöhnlichen Chaitya-Griha nicht zu unterscheiden sind.

5. Kunst und Architektur in den ersten beiden Jahrhunderten nach der Zeitenwende

Im benannten Zeitraum entwickeln sich die religionsspezifischen Gottheiten mit den ihnen eigenen Ikonographien. Zusammen mit dem Bild des Buddha entsteht das Bild des Tirthankara oder Jina. Die frühen, oft rundplastischen Buddhastatuen strahlen physische Kraft und weltliche Macht aus. Im Meditationssitz mit untergeschlagenen Beinen sind sie für den Laien auf den ersten Blick kaum von der Darstellung eines Tirthankara zu unterscheiden, obwohl letzterer stets textilfrei ist und der Buddha immer bekleidet. Aus dem in dieser Zeit noch als solchem dargestellten buddhistischen Haarknoten bzw. nach Asketenart in Kopfmitte zusammengebundenem Haar sollte sich in folgenden Jahrhunderten eine Art Schädelauswuchs (Ushnisha) entwickeln, der praktisch alle Buddhadarstellungen charakterisiert, die außerhalb des Subkontinents entstanden.

In dieser Zeit beginnt auch das brahmanistische Pantheon endgültig plastische Formen anzunehmen und entwickelt jene Gottheiten, die heute noch zu den wichtigsten sichtbaren göttlichen Manifestationen des Hinduismus gehören. Aus einem Heroenkult sind die schon in vorchristlicher Zeit auf im heutigen Afghanistan gefundenen Münzen nachweisbaren Götter Balarama und Vasudeva-Krishna entstanden. Der einen Pflug und eine Mörserkeule haltende Balarama hält in frühesten Zeiten einen Weinbecher vor einer mehrköpfigen Schlangenhaube. Der Löwenpflug – ein Löwe, dessen Schwanz in einer Pflugschar mündet – ist seine Standarte. Zur Standarte des Vasudeva-Krishna wird der Garuda erkoren, der vor dem Heiligtum wie der Löwenpflug einer Säule aufsaß. Von einer zentralindischen Inschrift (Besnagar, M. P.) einer solchen Standartensäule des 2. vorchristlichen Jahrhunderts ist bekannt, daß ein wohl griechischer Abgesandter zu seinen Verehrern gehörte. Auch ist inschriftlich festgelegt, daß ein «Grieche» – Ionier oder «Yavana» – einen buddhistischen Chaitya-Griha in der Nähe des heutigen Junnar (Maharashtra) stiftete.

Der Kult des Gottes Shiva, der in den ersten nachchristlichen Jahrhunderten an Bedeutung dem des Kubera gleichkommt bzw. ihn übertrifft, reicht ebenfalls in vorchristliche Jahrhunderte zurück. Nach archäologischem Befund wurde auch Shiva bereits in vorchristlicher Zeit verehrt, und zwar in seiner anikonischen Form als Linga oder Phallus. Das Kultbild stand, mitunter von einer Vedika umgeben, auf einem gemauerten Podest meist unter einem Baum, wie heute noch vielerorts zu sehen. Nebeneinanderher laufen dann die zunächst zeitlich frühere Form des naturalistisch gestalteten Kultbildes – Phallus mit angedeuteter Eichel – und die weitverbreiteten, sogenannten Ekamukha oder eingesichtigen Lingas. Darunter ist ein Phallus mit angesetztem Kopf auf Eichelhöhe zu verstehen. Wenig später werden Lingas mit vier Köpfen verehrt, wobei jeder Kopf in eine bestimmte Himmelsrichtung schaut und einen festgelegten Aspekt des Gottes Shiva verkörpert. Die rein menschliche Gestalt dieses Gottes ist in der frühen Entwicklungsphase in der Regel am aufgerichteten Glied, am langen Asketenhaar und am dritten, zunächst horizontalen und später vertikalen, Auge auf der Stirnmitte zu erkennen. Eine weitverbreitete Besonderheit stellt der «Halb-Frau-Mann», Ardhanarishvara, dar. In dieser Erscheinungsform tritt Shiva doppelgeschlechtlich auf, d. h., seine körpereigene rechte Hälfte ist männlich, die linke, an der Brust unschwer erkennbare Hälfte ist weiblich. Sein

Abb. 11: Der Buddha in der Geste des «Rad-der-Lehre-in-Bewegung-Setzens» (dharmachakra-pravartana-mudra), *Sarnath, archäologisches Museum, letztes Viertel des 5. Jh.s*

Abb. 12: Der 23. jinistische Furtbereiter (tirthankara) *Parshvanatha, ca. 7. Jh., Indian Museum, Kalkutta*

Abb. 13:
Eingesichtiges Linga (Phallus) des Gottes Shiva (ekamukha-linga) *mit erkennbarer Eichel, Kaschmir, Anfang des 7. Jh., vormals Sammlung Siudmak, London*

erigierter Penis neigt sich entsprechend nach, vom Betrachter aus gesehen, links. Seine weibliche Hälfte hält einen Spiegel (Darpana), seine männliche in der Regel einen dreizackigen Spieß (Trishula).

Freibauten, wie z. B. bürgerliche Wohnhäuser, werden jetzt durchgehend aus gebrannten und nicht mehr luftgetrockneten Ziegeln errichtet, eine Technik, die ebenfalls in die letzten vorchristlichen Jahrhunderte zurückreicht, sich nun aber endgültig durchgesetzt hat. Die Ziegelgröße nimmt dabei im Laufe der Zeit ab und ermöglicht eine Datierung.

Neben der Bronzekunst, der Steinplastik, der (Wand-)Malerei und der Terrakottakunst beginnt in diesem Zeitraum die alttradierte Elfenbeinkunst neben der Goldschmiedekunst mit ihrer Granuliertechnik wahre Triumphe zu feiern. Von der in dieser Zeit sicher unübertroffenen bildlichen Holzschnitzkunst konnten sich naturgemäß nur wenige Beispiele erhalten, die auch nur wegen starker Versinterung des Materials die Zeiten überdauern konnten, wohingegen inschriftlich gesicherte Teakholzbalken aus den Gewölben der Chaitya-Grihas unversintert als zeitgenössischer Beleg früher Schreinerarbeit überkommen sind.

6. Kunst und Architektur zwischen dem 3. und dem 5. Jahrhundert

In dieser Zeit gelangen nicht nur neue Götter ins visuelle Pantheon, es werden auch die Götter mit einem Vahana (s. o.!) ausgestattet. Anfänglich waren die Gottheiten auf einem oder zwei Löwen plaziert, da der Löwe für die königliche Macht steht und zwei frontal nebeneinander gezeigte Löwen schon in der anikonischen Phase den Thron Buddhas, d. h. den Buddha selbst, andeuteten. Durga (die «Schwerzugängliche»), die zur wichtigsten hinduistischen Göttin überhaupt aufsteigen sollte, war die vielleicht einzige Gottheit, die ihren Löwen als Vahana behielt, nachdem Shiva, Ganesha, ja selbst Lakshmi und Vishnu ihn gegen andere Vahanas – wohl aus Gründen der eindeutigeren ikonographischen Unterscheidbarkeit – eintauschen mußten. Dem Shiva wird als Vahana ein Stier, dem Vishnu der Garuda zugeordnet, obwohl er auch sehr häufig auf der Weltend-Schlange Shesha (wörtlich: der «Rest», der nach der periodischen Zerstörung der Welt übrigbleibt) zu sehen ist. Ganesha («Herr der Ganas», d. h. der den Shiva begleitenden Gnom-Horden) erhält endgültig die Ratte, der leibliche, später von Shiva und seiner Frau Parvati angenommene Sohn des Feuers (Agni), der an seinem Speer auszumachende Skanda, erhält einen Pfau, obwohl der an seinen leiblichen Vater erinnernde Hahn ihm wohl nicht weniger gut angestanden hätte. Auch die Hüter der zunächst vier, dann acht Himmelsrichtungen (Dikpalas), die Flußgöttinnen (v. a. Ganga und Yamuna) und selbst Planetengottheiten sollen im Laufe der Zeit Vahanas erhalten.

Skanda ist in dieser Zeit vor allem mit weiblichen Gottheiten verbunden, die später als eine Art weiblicher Emanationen ihrer männlichen Entsprechungen als «Muttergottheiten» (Matrikas) Berühmtheit erlangen sollen. Zu Beginn des angegebenen Zeitraums sind die zusammen mit Skanda auftretenden Matrikas noch tiergesichtig und einzeln nur schwer benennbar.

Spätestens mit dem 5. Jahrhundert beginnt ein ebenfalls für die indische Kunst typisches Merkmal: die Personifikation von Gegenständen,

Abb. 14: Der elefantenköpfige Gott Ganesha, Zentralindien, 7. Jh., Sammlung Kanoria, Patna

z. B. Waffen oder ähnlichen Attributen. Da die Keule (Gada) als Waffe auch im altindischen Sprachgebrauch von femininem Genus ist, wird sie als Frau personifiziert, deren Kopfputz an das dicke wulstige Ende jener Waffe erinnert. Sie heißt dann «Gada-Devi» (etwa: die Keulen-Göttin, eher: Keulenfrau). Die Wurfscheibe oder Speichendiskus (Chakra) erscheint als Mann mit einer Art Heiligenschein, der mit Speichen am Kopf in Position gehalten und dann «Chakra-Purusha» (etwa: Diskusmännchen) genannt wird. Der Dreizack Shivas heißt dann entsprechend «Trishula-Purusha» (etwa: Dreispießmännchen) und wird wie ein Mann dargestellt, dem die drei Zinken des Dreizacks aus dem Kopf zu wachsen scheinen. Der Donnerkeil des Bodhisattva Vajrapani (= «der, der den Donnerkeil in der Hand hält») wird z. B. zum «Vajra-Purusha» (etwa: Donnerkeilmännchen) und zeigt ebenfalls einen Mann, dem die drei gebogenen Zacken des Donnerkeils aus dem Haupt zu sprießen scheinen. Auf ähnliche Art und Weise wird die Schneckentrompete Vishnus als «Shanka-Purusha» dem Betrachter vorgeführt.

Der personifizierte Speichendiskus oder Wurfscheibe des Vishnu konnte in späterer Zeit unter der Bezeichnung «Sudarshana-Chakra» evtl. sogar einen eigenen Kult beanspruchen, wovon mehrere Bronzen und Steinskulpturen zeugen.

Gegen Ende des genannten Zeitraums tritt Buddha endgültig dem Gläubigen als geistig ruhender, meditierend «Erwachter» entgegen und wird in dieser Gestalt mit seinem Mönchsgewand von der gesamten buddhistischen Kunst kanonisch übernommen. Neben dem in Mathura (U. P.) und Gandhara fast gleichzeitig entworfenen Buddhabild aus der Zeit des weiter oben behandelten Abschnittes entwickeln sich in der Folge die Ikonographien der Bodhisattvas oder zur Erleuchtung gelangenden Wesen. Am verbreitetsten sind der an seiner Lotosblüte in der Hand erkennbare Bodhisattva Avalokiteshvara, was mit «gnädig herabblickender Herr» übersetzt werden kann, und der Bodhisattva Maitreya, der zukünftige Buddha, der an seiner charakteristischen Haarschlaufe und seinem Wasserfläschchen (Kamandalu) in seinen früheren Repräsentationen leicht zu identifizieren ist.

Aus den zunächst zwei als historisch vorstellbaren «Furtbereitern» (Tirthankaras) des Jinismus werden endgültig 24, wobei jeder der unverändert unbekleidet dargestellten Jinas zwar nicht an seinem Vahana, aber einem Symbol bzw. Symboltier zu erkennen ist, das «Lanchana» oder «Chihna» heißt. So kann der letzte Tirthankara Mahavira («Großer Held») an seinem Löwen, sein Vorgänger Parshvanatha vereinzelt schon ab dem 2. Jahrhundert an seiner mehrköpfigen Schlangenhaube erkannt werden. Ferner wird ein jinistisches Pantheon aufgebaut, das neben den 24 Tirthankaras mehr und mehr von Yakshas und Yakshis erfüllt wird.

Die ersten Erscheinungsformen des vierarmigen Gottes Vishnu – der Mannlöwe, Narasimha, und der Eber, Varaha, – tauchen auf und sind somit die ältesten Avataras oder «Herabkünfte», wie diese Formen des Gottes genannt werden. Vishnu selbst wird in seiner rein anthropomorphen Form vierarmig mit einer radartigen Wurfscheibe, dem Chakra, einer Schneckentrompete (Shankha) und einer Keule (Gada) in den Händen dargestellt.

Die Mehrarmigkeit der brahmanistischen Gottheiten – Durga ist die prominenteste, frühe mehrarmige weibliche Gottheit – kann erst ab dieser Zeit beobachtet werden und wird neben der wenig später einsetzenden Mehrköpfigkeit bestimmter Gottheiten sowie der selteneren, aber möglichen Ein- bzw. Dreibeinigkeit einiger gottgleicher Verkörperungen zu einem der unverkennbaren Merkmale der indischen bzw. zunächst nur in Indien entstandenen Ikonographie.

Der vor allem brahmanistische Kultbau besteht aus einem etwa würfelförmigen Sanktum (Garbha-Griha, «Schoßhaus») mit zentralem Kultbild, flachem Dach und einer Veranda, die flächenmäßig etwa halb so groß ist wie der quadratische Kultraum.

Stilistisch wird ab dem 4. Jahrhundert eine Kunstrichtung, der sog. Gupta-Stil, entwickelt, die sich über weite Teile Indiens verbreitet und eine verhältnismäßig gleichbleibende Homogenität über zwei Jahrhunderte behauptet, die in viele Teile Asiens exportiert werden sollte. Der Gupta-Stil wird als der «klassische» Kunststil Indiens bezeichnet, der die Figuren in weicher, doch überzeugender Modellierung und ausgewogenen Proportionen vorzustellen vermag.

7. Kunst und Architektur zwischen dem 6. und dem 12. Jahrhundert – die Explosion der Pantheons

Zu den bedeutenderen ikonographischen Innovationen der brahmanistischen Götterwelt gehört der die Weltschöpfung zwar nicht veranlassende, aber ausführende Gott Brahma. Vierköpfig tritt er zu Beginn seiner Darstellungsphase dem Betrachter zunächst als Jüngling, in folgenden Jahrhunderten als bärtiger älterer Mann entgegen, wobei er stets eine Gebetskette (Aksha-Mala), ein Wassergefäß (Kamandalu) und einen Opferlöffel (Sruva oder Sruk) in seinen vier Händen hält. Brahma wird zum Opferpriester der Götter. Sein Opferlöffel dient zum Gießen von flüssiger Butter ins Opferfeuer, wie es bei ähnlichen Ritualen heute noch zu beobachten ist. Sein langer Bart verlieh ihm u. a. den Namen «Großvater».

Unter den weiblichen Neueinführungen verdient die Göttin Sarasvati besondere Erwähnung. Als Trägerin eines Saiteninstrumentes und/oder eines Buches ist sie die Göttin der Gelehrsamkeit und tritt häufig zusammen mit Brahma auf, dem sie wechselnd als Frau oder Tochter zugeordnet werden soll. Vorformen dieser Göttin sind schon aus frühindischer Zeit bekannt.

Mittlerweile erhält jede männliche Gottheit des Hinduismus einen weiblichen Gegenpart (Shakti), auch die buddhistischen Bodhisattva und andere männliche Verehrungswesen blieben in dieser Hinsicht nicht unterversorgt. Es entstehen an der indischen Westküste der Kult und die ikonographische Darstellung des «elfköpfigen Avalokiteshvara», der vor allem außerhalb Indiens berühmt werden sollte.

Das jinistische Pantheon erfährt neben den vorher hinzugekommenen jinistisch geprägten Yakshas und Yakshis eine Erweiterung besonders durch weibliche Gottheiten.

Differenzen unter den Glaubensgemeinschaften werden ikonographisch visualiert. Ab dem 8. Jahrhundert trampelt die buddhistische Aparajita («Unbesiegbare») auf dem (hinduistischen) Ganesha. Sie wird abgelöst durch eine weitere buddhistische Gottheit, die Vighnantaka («die, die dem Vighna [Kurzform von Vighneshvara = Ganesha] ein Ende bereitet») heißt und ebenso Ganesha zertrampelt, um nur ein Beispiel zu nennen.

Das brahmanistische Pantheon hingegen integriert Buddha als die 9. «Herabkunft» (Avatara) Vishnus in der «Zehnerreihe». Andere nunmehr sich verbreitetende Avataras sind der Fisch (Matsya), die Schildkröte (Kurma), der Zwerg (Vamana), Rama mit der Axt (Parashu-Rama), Rama als Sohn des Dasharatha – das indische Nationalepos «Ramayana» ist nach ihm benannt –, der «kräftige» Rama (Bala-Rama, der ältere Halbbruder Krishnas) und Kalki, der künftige (und letzte) «Herabstieg» Vishnus mit dem Pferd. Für den Hirtengott Krishna, seit spätestens dem 5. Jahrhundert in Nordindien durch Skulpturen und Terrakotten nachgewiesen, sollte es in der gängigen «Zehnerreihe» der Avataras Vishnus vorläufig keinen Platz geben, obwohl er sich im Laufe der Zeit zur berühmtesten Erscheinung Vishnus schlechthin entwickeln sollte.

Zu Beginn dieses Zeitraums experimentieren die Architekten zunächst mit verschiedenförmigen Freibautempeln hinduistischer Prägung. Aus diesen Versuchen sollte sich ein Tempeltyp herausschälen, der in folgenden Jahrhunderten zwar sehr variantenreich, aber im wesentlichen auf einen Grundplan zurückzuführen ist. Der innerlich quadratischen Cella (Garbha-Griha) wird ein rechteckiger – später auch polygonaler – Versammlungsraum (Mandapa) vorgesetzt, der an Größe die Cella linear mindestens um das Doppelte übertrifft. Vor den Versammlungsraum wird eine offene Eingangshalle (Ardha-Mandapa) gesetzt. Über der Cella türmt sich, vor allem im Süden des Subkontinentes, ein terrassenförmig von unten nach oben pyramidal verjüngender Dachaufbau, der mit einer Art Zahnrad, Amalaka, bekrönt wird, dem als Spitze ein runder Topf (Kalasha) aufsitzt, der sich als oberster Abschluß bis zur islamischen Zeit erhalten sollte. Der Dachaufbau setzt sich dann äußerlich aus «Stockwerken» (Talas) von Miniaturtempelchen mit Tonnen- bzw. Faltdach zusammen. Vielfach steht der Tempel auf einer weiten Plinthe, dem im Laufe der Zeit besonders im Norden des Subkontinentes Nebentempel an den vier Ecken der quadratisch-rechteckigen Plattform zugefügt werden. Eine andere Art des Cella-Über-

Abb. 15: Ostansicht des Kandariya Mahadeva Tempels, Khajuraho, ca. 11. Jh.

baus (Shikhara) ist annähernd bienenkorbförmig und für viele nordindische Tempel charakteristisch. Der im wesentlichen beibehaltene Grundplan kann äußerlich durch eine Vielzahl von Risaliten verändert werden. Zwischen die Cella und die Versammlungshalle tritt recht bald eine räumliche Trennung, die Antarala (Zwischenraum) genannt wird.

Das 6. Jahrhundert sieht den inschriftlich gesicherten Beginn der hinduistisch geprägten, monolithischen Felsbauarchitektur, wohingegen die Buddhisten mit Beginn des 8. Jahrhunderts die Produktion der bis dahin grandios geförderten monolithischen Baukunst im eigentlichen Indien einstellen. Das Erliegen der nicht weniger beeindruckenden jinistischen Felsarchitektur sollte etwa ein Jahrhundert später folgen.

Die hinduistische Felsarchitektur blieb von den buddhistischen Fels-Viharas nicht unberührt, schuf aber auch architektonische Unikate, die zu den Weltwundern gerechnet zu werden verdienen, wie etwa die nach dem hinduistischen Götterwohnsitz im Himalya lokalisierte und «Kailasa» benannte, wohl größte monolithische Freibautempelanlage der Welt aus dem 8. Jahrhundert in Ellora, Maharashtra.

8. Skulptur und religiöse Architektur ab dem 13. Jahrhundert

Als Konsequenz der ab dem Beginn des 12. Jahrhunderts erfolgten islamischen Invasion des nördlichen Subkontinentes erlosch, nach einem letzten, kometenhaften Aufglühen im östlichen Indien, die niveauvolle buddhistische Kunst in ihrem Ursprungsland Indien für immer. Dieses historische Faktum ist für den Kunsthistoriker nicht uninteressant, da zahlreiche buddhistische Mönche in das damals vom Islam unbedrohte, sichere Tibet zogen und nur irgendwie transportable buddhistische Kunstwerke dorthin schafften, diese somit vor der sicheren Zerstörung bewahrten, wo sie zum Teil heute noch wohlerhalten zu sehen sind. Viele dieser Kunstschätze wie etwa die in Tibet «Thangkas» genannten, auf Baumwollstoff gemalten Bildrollen oder illustrierte Manuskripte auf Palmblatt wären wegen der periodeweisen feuchtheißen Jahreszeiten im Ursprungsland unweigerlich dem Klima zum Opfer gefallen, wovor das trockene, kühle Bergklima des Himalaya-Plateaus sie bewahrte. Die in Tibet erhaltenen Malereien belegen u. a. ein Bildthema, das sich in der Form und aus der Zeit aus Indien nicht erhalten hat und von dort in erster Linie nur über literarische Hinweise bekannt ist: das Porträt. Bekannt geworden sind hierbei vor allem in jüngster Zeit die zeitgenössischen Bildnisse hoher tibetischer Priester aus dem 12. und folgenden Jahrhunderten. Heute noch sind mehrere Räume des Potala, des buddhistischen Klosterbaus in der tibetischen Hauptstadt Lhasa, mit Hunderten indischer, sowohl buddhistischer als auch hinduistischer, Bronzen aus der Zeit vor der islamischen Eroberung des Subkontinents erhalten.

Im Gegensatz zum Buddhismus hat der Jinismus in Indien seit seinem Aufkommen nie zu existieren aufgehört. Da die meisten Jaina-Anhänger wohlhabende Kaufleute waren, gelang es ihnen größtenteils, sich vom islamischen Bildersturm quasi freizukaufen, und konnten somit auch im fraglichen Zeitraum die darstellenden Künste fördern. Die jinistischen Kunstförderer werden daher die «Fackelträger des dunklen Zeitalters» (gemeint ist der islamische Bildersturm) genannt.

Dem Hinduismus hingegen wurde in Nordindien ein Schlag versetzt, von dem er sich – kunsthistorisch gesehen – über Jahrhunderte nie richtig erholen sollte, waren es doch vor allem Hindus, die die drohende islamische Invasion über Jahrhunderte abzuwehren wußten, und das dürften die Eroberer nicht vergessen haben. Im Süden des Subkontinents konnte sich im 14. Jahrhundert ein Hindu-Reich aufbauen und bis zur Mitte des 16. Jahrhunderts erhalten, das die traditionelle Hindu-Kunst zu einem letzten Höhepunkt führte.

Die islamische Architektur Indiens beginnt nach einigen weniger bedeutenden Monumenten mit einem Paukenschlag: dem um 1300 vollendeten, schon zur Entstehungszeit über 70 m hohen Qutb Minar, dem Minarett der heute «Macht des Islam» genannten Moschee. Dem schließen sich zahlreiche Moscheen im Norden des Subkontinents an, die zum erheblichen Teil aus Spolien abgetragener hinduistischer bzw. jinistischer Tempel aufgebaut wurden.

Der Islam brachte daneben eine Grabarchitektur nach Indien, die es naturgemäß dort vorher nicht gab, da die Toten dort stets kremiert wurden. Jahrhundertelang basiert das Gros der auf dem Subkontinent errichteten Grabbauten auf einem Viereck, genauer einem Würfel, dem eine auf Rippenzwickelnetzen ruhende Kuppel aufgesetzt wird. Es gibt auch oktogonale Grabbauten, wobei ein Achteck im Prinzip nur ein Quadrat mit vier gleichmäßig abgeflachten Ecken ist. Grabmäler mit rundem Grundriß sind in Indien äußerst selten. Die Fassade der Grabmäler ist zunächst völlig geschlossen, lockert sich aber im Laufe der Jahrhunderte mit Mittelrisaliten, Scheinstockwerken, Fenstern und Pfeilern immer mehr auf, wobei frühere Grabmäler – wie auch Moscheen – rein äußerlich einer kleinen Festung gleichen. Ab etwa dem 15. Jahrhundert liegen die Grabmäler innerhalb einer Gartenanlage, ferner gesellt sich zum Grabmal schon vor diesem Zeitpunkt eine Grabmoschee. Das Grabmal in der Mitte einer solchen Anlage führte schließlich zum wahrscheinlich berühmtesten Monument Indiens, dem aus weißem Marmor und rotem Sandstein errichteten Taj Mahal in Agra (U. P.). Die Hauptanlage wurde 1648 vollendet und birgt die Gebeine der Lieblingsfrau Shah Jahans sowie der zu einem späteren Zeitpunkt beigesetzten sterblichen Hülle des Mogulkaisers selbst. Der eigentliche

Abb. 16: Ansicht des Taj Mahal, Agra, 1648

Abb. 17: Die von einer Frau Shah Jahans erbaute Fatehpuri-Moschee (Fatehpuri Masjid), westliches Ende der Straße «Chandni Chowk» in Delhi, 1650

Grabdom scheint als solcher nicht in der Mitte, sondern an der Stirnseite der Anlage zu liegen. Nach Vermessung der Gartenproportionen mit Hilfe einer alten Luftaufnahme der Gesamtanlage wird jedoch klar, daß die am Fundament des Grabdoms vorbeifließende Yamuna mit in das Gesamtkonzept der Anlage eingeplant war und somit zusammen mit heute verfallenen, auf der Luftaufnahme noch auszumachenden Gartenanlagen jenseits der Hauptanlage eine Planung ergibt, die den Grabdom tatsächlich in das Zentrum der alten Gesamtanlage plaziert. Der von einer hohen Mauer eingefriedete, einst üppig bepflanzte und von weiten Wasserläufen geometrisch durchzogene Garten symbolisiert dabei das islamische Paradies.

Dieser Grabdomanlage mit paradiesartigem Garten gingen naturgemäß mehrere Anlagen von vergleichbaren Dimensionen voran, wobei vor allem das Grab des im wahrsten Sinne des Wortes größten Mogulkaisers, Akbars (1556–1605), bei Sikandra in der Nähe Agras erwähnt werden muß. Nicht weniger grandios, aber weniger bekannt ist die bei Lahore in Pakistan gelegene Grabanlage des Mogulkaisers Jahangir (1605–1627), des Nachfolgers Akbars und Vorgängers Shah Jahans.

9. Die transportable Malerei ab dem 13. Jahrhundert

Im heutigen Indien konnten sich aufgrund der klimatischen Bedingungen nur wenige transportable Malereien erhalten, die vor 1200 datiert sind. Anders als die illustrierten Manuskripte der Jainas wurden ab dem 13. Jahrhundert infolge der verheerenden islamischen Invasionen einige der buddhistischen Manuskripte aus dem bedrohten Bihar und Bengalen z. T. in das damals sichere Tibet geschafft, bevor die damals größten asiatischen Universitäten, Nalanda und Vikramashila, mit ihren Bibliotheken gebrandschatzt wurden. Als Zufluchtsort für die schon vor 1200 entstandenen jinistischen Manuskripte erwiesen sich die in unzugänglichen Teilen der Wüste Rajasthans innerhalb reicher befestigter Kaufmannsstädte gelegenen «Bhandars». Vereinzelt überdauerten frühe buddhistische Malereien in nordindischen Stupas (Gilgit).

Die früheren erhaltenen transportablen Malereien illustrieren fast ausschließlich Texte religiösen Inhalts. Sie sind in der Regel buddhistisch bzw. jinistisch. Illustrierte hinduistische Manuskripte des 13. Jahrhunderts sind sehr vereinzelt nur aus Nepal erhalten.

Erst gegen Ende des 14. Jahrhunderts setzte sich Papier als Mal- bzw. Schriftgrund durch. Bis dahin bestanden die Handschriften fast ausschließlich aus Lagen von einzelnen, entsprechend präparierten Blättern der *Corypha*-Palme *(Corypha umbraculifera)*. Unter paralleler Verwendung von Papier wurden im östlichen Indien ab Beginn des 17. Jahrhunderts die Blätter der *Borasus*-Palme (*Borassus flabellifer* [Linné]) zur Manuskriptherstellung benutzt.

Die Größe der Handschriftenseiten richtete sich naturgemäß nach den Beschaffenheiten der Palmblätter. Entsprechend überwiegt bei einem Handschriftenblatt die Breite gegenüber der Höhe um etwa das Fünffache, u. U. sogar das Sechsfache oder mehr. Die Aufteilung des Schrift- bzw. Bildfeldes wurde durch zwei Schnurlöcher diktiert, die das Blatt in etwa drei gleichgroße Drittel teilten. Die oft nur streichholzschachtelgroßen Illustrationen waren zunächst fast quadratisch und gewannen nur langsam an Hochformat. Sie befanden sich in der Mitte des jeweiligen Blattdrittels bzw. Schriftfeldes, in der Regel aber in der Mitte der Seite. Den illustrierten Manuskripten waren besondere Illuminationen um die Schnurlöcher herum vorbehalten, die unillustrierte Handschriften der früheren Zeit in der Regel vermissen lassen. Die beiden Schnüre hielten die Handschriftenseiten in der richtigen Reihenfolge. Beim Umblättern scheuerten die Schnüre naturgemäß an den trockenen Folios, weshalb der schonende Umgang mit diesen Büchern Voraussetzung für die Handhabung bzw. das Lesen dieser religiösen Texte war und schon deshalb nur für einen relativ kleinen Leserkreis in Frage kam. Wurde für die frühen erhaltenen Malereien eine breite Farbpalette benutzt, so wurde diese im Laufe der Zeit immer mehr eingeschränkt. Im 15. Jahrhundert wurden praktisch nur noch zwei Farben, nämlich blau und rot, neben schwarz und gold verwendet. Das Gold verdrängte dabei das im 14. Jahrhundert noch vielfach verwendete Gelb, das Grün blieb praktisch zum Beginn des 15. Jahrhunderts auf der Strecke. Für kostbare Manuskripte wurde silberne oder gar goldene Tinte verwendet. Eine Eigentümlichkeit der jinistischen Malereien vom ausgehenden 14. bis fast zum Ende des 16. Jahrhunderts ist das über die Profillinie des Gesichtes hinaustretende, mitunter gleichsam im Raum schwebende Auge der dem Betrachter abgewandten Gesichtsseite. Diese anatomische Anomalie blieb für den angegebenen Zeitraum die Standardform bei der Darstellung von Personen indischer Herkunft, die nicht frontal abgebildet wurden.

Im Laufe der Zeit wurden die Handschriften nur noch von einer Schnur zusammengehalten, es gab also auch nur ein Schnurloch. Mit der allmählichen Einführung des Papiers als Bild- bzw. Schriftträger sollte die althergebrachte Aufteilung des Handschriftenblattes für Jahrhunderte keiner Änderung unterworfen sein. Vor allem die frühen illustrierten Papiermanuskripte unterscheiden sich praktisch überhaupt nicht von den Vorgängern: Die Folios sind um ein Zigfaches breiter als hoch, und das Schnurloch bestimmt immer noch die Aufteilung des Schriftspiegels. Als etwa ein Jahrhundert nach der Einführung des Papiers die Schnur als Ordnungshüter der Folios aufgegeben wurde, sollte sich an der Aufteilung der Folios immer noch nichts ändern: An die Stelle des Schnurloches setzte der Schreiber bzw. Illuminator über Jahrhunderte noch die althergebrachte Schnurlochillumination, der Seitenzusammenhalt blieb als sogenannte Schnurlochremineszenz formal erhalten und schriftspiegelkompositionsbestimmend. Als mit Ende des 15. Jahrhunderts auch Texte mehr weltlichen Inhalts illustriert wurden und zu Beginn des folgenden Jahrhunderts die Hindus als die großen Auftraggeber in Erscheinung traten, vollzog sich eine weitere entscheidende Wandlung: Bei gleichgroß bleibenden Folios, die immer noch sehr horizontal-länglich und entsprechend illustriert bzw. beschriftet worden waren, wurden die Illustrationen immer größer. Sie wurden so groß, daß sie schließlich die gesamte Fläche des Folios einnahmen und mit dem Beginn des 17. Jahrhunderts den Text vielfach endgültig auf die Bildrückseite verbannten. Wenn das Querformat auch bis in unser Jahrhundert für bestimmte Texte beibehalten wurde, so konnten die Seiten, und damit auch die Bilder, an Höhe gewinnen.

Die islamischen Eroberer förderten ebenfalls die Manuskriptmalerei, wobei erwartungsgemäß islamische Themen im Vordergrund standen. Die erhaltenen Handschriften bzw. Fragmente davon bestehen aus Papier und sind z. T. in Leder gebunden, das für den genuin indischen Buchhersteller als Material nie in Frage gekommen wäre. Das Folioformat der islamischen Herrscher war das (sogenannte Timuridische) Hochformat von Anfang an. Die Stile der Illustrationen unterscheiden sich kaum von den etwa gleichzeitigen Stilen in Shiraz, Herat oder anderen westlich von Indien gelegenen Zentren der islamischen Malerei. Einen eigenen, von den westlichen islamischen Malzentren unterscheidbaren Stil förderten die Mogulkaiser beginnend mit Humayun, der während seines 15jährigen Exils in Persien die von seinem Gastgeber, Shah Tahmasp, geförderte persische Malerei zu schätzen lernte und 1555 zwei der großen persischen Meister mit nach Indien nehmen konnte. Unter dem Nachfolger Humayuns, Akbar, wurde die Malerei zu höchster Blüte geführt. Im Gegensatz zu den Hindus ließen die Moguln von vornherein Texte in erster Linie säkularen Inhalts illustrieren, wie etwa die Autobiographien der Kaiser und dergl. Zur größten Reife gelangte die verstärkt ab etwa 1600 in Erscheinung tretende Porträtmalerei unter Jahangir (1605–27). Porträtiert wurden dabei neben Menschen unterschiedlichster Herkunft und sozialer Stellung auch Tiere. So stammt etwa die genaueste, nach dem Leben gemalte Studie der im 17. Jahrhundert ausgestorbenen, auf Mauritius beheimateten, flugunfähigen Dronte (*Raphus cucullatus* L.) von dem unter Jahangir arbeitenden Maler Ustad Mansur Naqqash.

Ab dem 16. Jahrhundert existierten zwei Hauptstile der Malerei: der von den vornehmlich islamischen Auftraggebern geförderte Mogul-Stil und der von hinduistischen Mäzenen geförderte sog. Rajput-Stil. Zeigen die Bilder des ersteren Stils einen Hang zur Kavaliersperspektive mit abgetönten, durch Binnenzeichnungen aufgelockerten Farbflächen bei vor allem punktsymmetrischen Kompositionen, so sind Bilder letzteren Stils an der Bedeutungsperspektive mit unabgetönten, also reinen, leuchtenden Grundfarben ohne Binnenzeichnung zu erkennen, wobei einer achsensymmetrischen Kompositionsweise der Vorzug gegeben wird. Die Bedeutung der Linie tritt in der rajputischen Malerei hinter die der Farben zurück, bei der mogulischen Malerei verhält es sich quasi umgekehrt.

Die rajputische Malerei läßt sich in verschiedene Stile gliedern, die mangels genügend bekannter Malerpersönlichkeiten nach geographischen, mitunter nur vermuteten Ursprungsorten benannt werden. Illustriert werden neben den religiösen Hauptthemen wie etwa dem Leben Krishnas oder dem Leben Ramas, dem Ramayana, auch literarisch-weltliche Themen wie z. B. die sogenannten musikinspirierten Bildersequenzen (Ragamala), das religiöse Liebesgedicht «Gitagovinda», das Verhältnis von Liebhaber zur Geliebten in bestimmten Lebenssituationen (Rasikapriya, Rasamanjari) oder sogar noch abstraktere Begriffe, wie etwa Zeitabschnitte, die dann z. B. einen Augenblick, die helle oder dunkle Monatshälfte oder die Zeit an sich zum Thema haben. Ebenso beliebt waren auch Jagdszenen und Portäts. Ab der zweiten Hälfte des 19. Jahrhunderts kam die transportable Malerei Indiens wegen des Aufkommens der Fotografie vielerorts zum Erliegen.

10. Die Wandmalerei ab dem 13. Jahrhundert

Sind die indischen Wandmalereien des 4.–11. Jahrhunderts einem verhältnismäßig großen Kreis von Interessenten zumindest von den Namen der ausgemalten Kultstätten her vertraut, so kann dies nicht von den spätmittelalterlichen Wandmalereien behauptet werden. Daß die Wände der buddhistischen Klöster mit Malereien der Äbte versehen waren, berichten uns aus den indischen Universitäten tibetische Mönche. Erhalten haben sich jedoch auf indischem Boden nur einige Fragmente in der Universität von Nalanda (Bihar). Zeitgenössische islamische Quellen berichten von der Zerstörung indischer, d. h. von Hindus geförderter Wandmalereien und belegen damit ihre einstige Existenz für die Zeit, aus der sich kaum Beispiele erhalten konnten. Erst ab dem 16. und verstärkt ab dem 17. Jahrhundert sind vor allem rajputische Wandmalereien nachweisbar, die in abgelegenen Palastresidenzen Rajasthans Wind, Wetter und Tourismus trotzen konnten. Diese ausgemalten Räumlichkeiten, in denen der Betrachter praktisch auf das Format von Tafelbildern vergrößerten Miniaturmalereien begegnet, belegen die Existenz der in den literarischen Texten erwähnten «Bildergalerien» (Chitrashalas).

Von den figürlichen höfisch-mogulischen Wandmalereien hingegen zeugen nur noch Reste in den Palastburgen von Lahore (Pakistan) und in einem Gartenpavillon in Agra (U. P.). Ihre Existenz wird vor allem durch transportable Malereien belegt, auf denen sie häufig zu sehen sind.

11. Die indische Moderne

Mit der englischen Kolonialherrschaft kamen die klassischen indischen Künste quasi zum Erliegen, nur die Volkskunst überdauerte fernab der sich entwickelnden indischen Großstädte. Die Engländer förderten, wie eingangs skizziert, v. a. die «industriellen» Künste, um sie in für sie profitabel-meßbare Bahnen zu lenken. Als Folge der Verachtung und unangemessenen Beurteilung der klassischen indischen Kunst starben die von den einheimisch-indischen Mäzenen geförderten Künste beinahe aus. Die Engländer stellten lediglich indische Maler in ihre Dienste, die, europäisch geschult, naturkundliche Studien erstellten oder Monumente im europäischen Zeitgeschmack malten. Erst seit dem Ende des 19. und verstärkt seit dem Beginn des 20. Jahrhunderts gelang der Versuch einer künstlerisch interessierten, indisch-intellektuellen Bürgerschicht, eine landeseigene bildende Kunst neu zu schaffen.

Die «Indische Moderne», die in Bengalen beginnend («Bengalische Schule») von zwei Neffen des Literaturnobelpreisträgers und später selber passionierten Malers, Rabindranath Tagore, begründet wurde, war über mehrere Jahrzehnte stilistisch v. a. den einheimisch-indischen Malschulen klassischer Prägung verpflichtet. Eckstein der Schule war Abanindranath Tagore, der in einer Buchwidmung der «Vater der modernen [indischen] Kunst» genannt wird. Samarendranath Gupta, der aus dieser Bengalischen Schule hervorging, war selber – wie Abanindranath Tagore – Sammler indischer Miniaturen, u. a. der Pahari Statuen, die er zusammen mit seinen eigenen Werken publizieren ließ. Er ging schließlich nach Lahore, wo er den ersten bedeutenden Katalog über indische Miniaturen für das damalige «Central Museum» 1922 erstellte. Vorher kopierte er mit anderen Mitgliedern der Bengalischen Schule, Nanda Lal Bose und Asit Kumar Haldar, Ajanta-Fresken für Lady Herringham, was sich stilistisch und kompositionell besonders auf das Werk des letzteren auswirkte. Ebenfalls eine herausragende Sammlung klassisch-indischer Miniaturen besaß der Maler Rahman Chughtai in Lahore, dessen von Pahari- und Jugendstilmalerei inspirierte Werke noch während der fünfziger Jahre in Indien hoch gelobt wurden. Sailendranath Dey, Schüler Abanindranaths, ging nach Rajasthan, wo er den 1905 geborenen, heute noch arbeitenden, mithin letzten Vertreter der frühen Bengalischen Schule, Ramgopal Vijayavargiya, unterwies.

Der mit allen Ehrungen der indischen Regierung bedachte Vijayavargiya lebt in Jaipur, Rajasthan, wo er jahrzehntelang die dortige Kunstschule leitete. Ramgopal Vijayavargiya besitzt, wie einst die anderen prominenten Vertreter der Bengalischen Schule, eine umfangreiche Sammlung alter indischer Miniaturmalereien.

Parallel zu den stark der altindischen Malerei verhafteten Werken schufen Künstler wie der ältere Bruder Abanindranaths, Gogonendranath Tagore, sozialkritische Skizzen und Bilder, wie sie vorher in der indischen Kunst kaum anzutreffen sind. Er sorgte somit für einen Impuls, der eine Entfernung von den traditionellen Motiven der indischen Malerei hervorrief. Gogonendranath experimentierte dabei nicht nur mit der Thematik seiner Bilder, er versuchte auch verschiedene moderne (westliche) Kunstrichtungen in seinen Werken zu verarbeiten.

Es gibt seitdem thematisch zwei Hauptgruppen innerhalb der indischen Gegenwartsmalerei: Die eine Gruppe malt indisch-untraditionell: abstrakte Malerei, Aktmalerei, sozialkritische Darstellungen, Stilleben, Landschafts- und Industriebilder.

Die andere Themengruppe vereint die mehr traditionellen Motive: Götterbilder, religiös-mythologische Szenen, bestimmte altindische Themen, die die Frau zum Gegenstand haben (Dame bei der Toilette, Dame am Fenster, Dornauszieherin usw.), ohne dabei eine bestimmte Frau zu porträtieren, Darstellungen der Flora und Fauna, Musik und Tanz, Porträts. Daneben sind auch Kombinationen aus der ersten und zweiten Gruppe möglich.

Etwas früher als die Bengalische Schule wurde in Bombay eine Kunstschule gegründet, die hier der Einfachheit halber «Bombayer Schule» genannt werden soll. Anders als die Bengalische Schule war die um 1857 gegründete Bombayer Schule stärker westlichen Einflüssen unterworfen. So unterrichtete z. B. der Vater des Literaturnobelpreisträgers Rudyard Kipling, John Lockwood Kipling, die Bildhauerklasse zwischen 1865–75. Weitere berühmte Lehrer waren John Griffiths und W. E. Gladstone Solomon, um nur einige zu erwähnen. Zunächst waren die Bilder der Bombayer Schule begehrt, weil «westlicher» im Sinne der Pariser Kunstschulen. Die Bilder der Bengalischen Schule, auf der indischen Maltradition fußend, waren hingegen außerhalb Indiens zunächst weniger gefragt.

Was ist an den Bildern der «Indischen Moderne» nun eigentlich indisch, wenn doch die indischen Maler durch so viele stilistische Einflüsse aus dem Ausland geprägt wurden? Zu denen der westlichen Kunst kamen ja auch noch die durch Okakura Kakuzo vermittelten Anregungen aus dem Bereich der japanischen Kunst hinzu. Die Frage nach dem spezifisch indischen Charakter dieser modernen indischen Kunst läßt sich daher schwer beantworten. Man kann allenfalls auf eine gewisse Neigung zur Betonung des Zweidimensionalen verweisen. Die

Vertreter der Bombayer Schule hatten dies als Argument gegen die Bengalische Schule ins Feld geführt. So wurde diese Neigung also schon von den Zeitgenossen bemerkt und nicht erst von späteren Kunsthistorikern. Ferner wäre die Hervorhebung reiner Farben in rhythmischen Kompositionen zu erwähnen, die die Werke von Narayan Shridhar Bendre auszeichnete. Andere Maler betonten mehr die Linie als die Farbe, trugen aber auf ihre Weise auch dazu bei, daß die Identität der Indischen Moderne klar hervortrat. Die Vielseitigkeit der heutigen indischen Künstler, die praktisch alle Stilrichtungen der Welt beherrschen, ist ein Phänomen, das den unvorbereiteten Betrachter zunächst verwirrt. Impressionismus, Expressionismus und Kubismus hatten die Malerei in Indien so stark beeinflußt, daß die Selbständigkeit der zeitgenössischen indischen Malerei von manchen Betrachtern angezweifelt worden ist.

Kurzlebigere westliche Kunstrichtungen wie Pop-Art, Op-Art, Minimal Art und dergl. fanden in Indien praktisch keinen nachhaltigen Niederschlag. Indien brachte bedeutende Malerpersönlichkeiten hervor, die einerseits zu den Begründern der Indischen Moderne gehören, andererseits aber einen so persönlich geprägten Stil hatten, der im engeren Sinne nicht schulbildend war. Zu den prominentesten Künstlern zählen hier Rabindranath Tagore (1861–1941), Jamini Roy (1886–1972) und Amrita Sher Gil (1913–1941).

Der indischen Unabhängigkeit folgte eine Explosion indischer Kunstschulen, die mehr oder weniger stark um den Identitätsnachweis indischer Kunst bemüht waren. Die Anzahl der bedeutenden Künstler ist dabei so groß, daß an dieser Stelle praktisch niemand genannt werden kann, ohne dem Unrecht zu tun, der hier nicht erwähnt wird. Mitnichten kann sogar schon von «Klassikern» der Indischen Moderne gesprochen werden, der vermehrt auch weibliche Namen zugehören. Heute ist die Situation so facettenreich, daß beinahe von einer Ausuferung der Anzahl persönlicher Künstlerstile und Einzelkünstler gesprochen werden könnte.

Obwohl weitaus weniger bedeutend als die zeitgenössische Malerei, darf die Moderne der Plastik nicht vergessen werden. Hier läßt sich eine dynamische, eigenständige Entwicklung praktisch erst nach Erlangung der Unabhängigkeit ablesen. Das klassische Kunstthema der Frau, die dem Betrachter als Gipsfigur, Betonguß, Holzschnitzerei oder Steinplastik entgegentreten kann, war auch hier zunächst vorherrschend. Daneben gibt es auch monumentale Arbeiten in Bronze, denen fallweise ein Einfluß von Auguste Rodin nicht abzusprechen ist.

Augenscheinlich kaum mehr gefördert als die Plastik wird eine den klimatischen Gegebenheiten angepaßte neuere Architekur, die «indisch» genannt zu werden verdient. Die Engländer führten während ihrer Herrschaft einen Mischstil aus Klassik, Gotik und Renaissance ein, der lediglich mit einigen indischen Bauelementen dekoriert wurde. Le Corbusier entwarf zwar mehrere Bauten für die indische Distrikthauptstadt Chandigarh, kann aber bei allen Überlegungen, die Le Corbusier in Indien zu verwirklichen suchte, nicht als indischer Architekt gelten. Eine eigenständige Architektur, die den klimatischen Erfordernissen entspricht sowie räumlichen Ideenreichtum entfaltet, hat Indien stets gehabt, weswegen es wahrscheinlich hier so schwer ist, neue Wege zu suchen und zu begehen.

XV.
Handwerk und Volkskunst

Jutta Jain-Neubauer

Einleitung

Kunst und Handwerk gehören im traditionellen Indien zum alltäglichen Leben. Wie alle Ausformungen der Kunst sind Literatur, Tanz, Theater, Musik, mündliche Überlieferung, Feste, Rituale, Architektur ein integraler Bestandteil der lebendigen Kultur eines jeden einzelnen, nie losgelöst voneinander zu sehen und zu verstehen. Einteilungen wie «klassisch», «volkstümlich», «städtisch», «ländlich», «religiös», «säkular», im letzten Jahrhundert von den westlichen Kunst- und Kulturhistorikern auf die ihnen vollkommen unfaßbaren Phänomene Indiens übertragen, sind im indischen Kontext unbrauchbar.

In Indien wurde – und dies trifft in groben Zügen auch auf die heutige Situation zu – kein einziges Objekt mit der Absicht hergestellt, nur an die Wand gehängt oder auf dem Kaffeetisch als häusliche Dekoration bewundert zu werden. Das Hauptkriterium eines ästhetisch ansprechenden Gegenstandes ist das Ausmaß, in dem er Schönheit mit Funktionstreue und mit ritueller Reinheit verbindet. Er muß in sich Mythologie, Ikonographie, Symbolhaftigkeit, regionale rituelle Vorstellungen und Elemente der traditionellen ästhetischen Empfindung vereinen. Die sichtbare materielle Form und die innere, «unfaßbare», sakrale Bedeutung sind untrennbare Teile eines Ganzen, das durch seine Vollkommenheit das «Göttliche» manifestiert.

Beide Ebenen sind im täglichen Leben präsent, und die Menschen sind sich dessen bewußt. Jedoch tritt eine davon, je nach Anlaß und Notwendigkeit, in den Vordergrund. So wird der Wohnraum, der normalerweise Aufenthaltsort *hukka*-rauchender Männer ist, bei rituellen Anlässen Erscheinungsort der göttlichen Macht, ein quasi «gefährlicher» Ort, der nur in der «richtigen» geistigen Verfassung und Andacht betreten darf.

Das tägliche Leben aller Gesellschaftsschichten ist seit altersher vom Zyklus der jährlichen und jahreszeitlichen Riten und familiären Feste, wie Empfängnis, Geburt, Initiation, erste feste Nahrung, Anfang der Lernphase, Pubertät, Verlobung, Entsagung des materiellen Lebens, Tod, bestimmt. Für alle diese rituellen und festlichen Gelegenheiten werden zahlreiche Objekte in Auftrag gegeben, wie z. B. Stoffe, Kleidung, Schmuck, Bronzen, Skulpturen, Gefäße, Koch- und Serviergeräte, Spielzeug, Wandmalereien, Wandbehänge, die dem religiösen

Abb. 1: Holzmodel, mit dem Muster auf Fladenbrote gedruckt werden

Brauchtum, den Erfordernissen der Festlichkeit und dem sozialen Stand des Auftraggebers gemäß in jahrtausendealter Erfahrung, individueller Sorgfalt und einem angeborenen Sinn für Ästhetik und Zweckmäßigkeit angefertigt werden.

Das Sanskritwort *shilpa* bedeutet in seiner grundlegenden Bedeutung «die Kunst, vielfältige Formen herzustellen», und umfaßt in diesem einzigen Begriff Skulptur, Architektur, Handwerk, Ornamentik und jegliches künstlerisches Schaffen in dem unendlichen Reichtum der geographischen Regionen, Sprachen, Klimata, Glaubensrichtungen, Volksgruppen und Herstellungsmethoden des indischen Subkontinents.

Zahlreiche Textstellen in den traditionellen Gesetzbüchern bestätigen, daß die Stellung des Handwerkers in der frühen indischen Gesellschaft angesehen war. In den ersten Jahrhunderten unserer Zeitrechnung waren die Berufs- und Kastengruppen, wie z. B. Zimmerleute, Holzschnitzer, Ölpresser, Betelrollenverkäufer, Weber, Elfenbeinschnitzer, Druckschablonenschnitzer, Färber, in gutorganisierten Gilden zusammengefaßt, die die Qualität der Arbeit und Produkte überwachten und Normen für die Arbeits- und Lebensverhältnisse setzten. Das allgemein übliche Wort für Gilde *shreni* erscheint schon im Rigveda im Zusammenhang mit «Zug der Wildgänse» oder «Reihe der Pferde». Daß *shreni* auch rechtsprechende Gewalt hatte, geht aus einem Text hervor, der besagt, daß ein Streit um die Grenzen eines Ackers von den Ältesten des Dorfes oder der Gilde beigelegt werden soll. Manche Gilden übten als Organisation karitative Tätigkeiten aus, wie Medikamentenausgabe an wandernde Bettelmönche, manche verfügten über großen Reichtum, wie eine Inschrift belegt, daß die Gilde der Seidenweber als Gruppe aus Lata (einer Region in Südgujarat) nach Dasapura (heute Dasor, in Malwa, Rajasthan) übersiedelte und dort einen Sonnentempel bauen ließ (im Jahre 437/38).

Obwohl nach dem klassischen Kastensystem die Handwerker zur Gruppe der *shudras*, d. h. zur vierten Kaste nach den Brahmanen, Landbesitzern und Händlern gehören, sieht die Praxis des eigentlichen Lebens oft anders aus. *shastra* (Lehrbuch) und *prayoga* (Anwendung, das tägliche Leben) weichen häufig voneinander ab. Die Normen der theoretischen Lehr- und Gesetzbücher und literarischen Texte reflektieren oft nicht die Praxis des täglichen Lebens. Häufig wird das, was in den alten Texten geschrieben steht, als einzige authentische Quelle zur Interpretation für kulturelle, soziale, religiöse Phänomene angesehen und die Möglichkeit übersehen, daß die heute noch sehr lebendige orale Tradition und die noch überall praktizierten Riten und religiösen Handlungen genauso bedeutsam sind wie die schriftliche Überlieferung.

Manche Handwerksgruppen versuchten im Laufe der Zeit, ihre gesellschaftlich niedrige Position durch eine erfundene Herkunftslegende vom «gefallenen Brahmanen» zu erhöhen, indem sie sich in ihrer Genealogie zur Gruppe der Brahmanen rechneten, die durch einen kleinen Verhaltensfehler in der sozialen Hierarchie herabgesunken sind.

Ein Geselle lernt schon sehr früh im Leben ein Handwerk bei einem Meister, meistens beim Vater oder einem Verwandten, nicht nur die Handgriffe, sondern auch die Ethik, die die Essenz des zukünftigen Berufes ausmachen wird. Theoretische und praktische Ausbildung sind ineinander verwoben und bedeuten, in die Geheimnisse der generationenalten Erfahrungen des Meisters eingeführt zu werden.

In einer dörflichen Gemeinschaft gibt es manchmal nur einen Handwerker seiner Art, der für alle Gruppen und Kasten arbeitet; es können aber auch zahlreiche Handwerker einer Art in einer Gemeinschaft leben, so daß ganze Straßenfluchten nach ihnen benannt werden, wie z. B. *rangrez ki galli* (Färberstraße). Auch kommt es vor, daß sich ein Dorf einem einzigen Handwerk widmet; so können die Mehrzahl der Einwohner Töpfer sein, die ihre Ware in einem größeren Umkreis auf Wochenmärkten anbieten. Andere Handwerker, wie z. B. Eisenschmiede oder Bild-Erzähler, haben eine halbnomadische Lebensweise und bleiben nur so lange in einem Dorf, bis alle Feldwerkzeuge repariert oder das Maß an Unterhaltung erfüllt ist. Diese Handwerker sind es, die in ihren Mußestunden oft wunderschöne Objekte modern anmutender Ästhetik herstellen, die den eisernen Skulpturen Alberto Giacomettis oder den Objekten Pablo Picassos in keiner Weise nachstehen.

1. Der Zyklus des Lebens

Die theoretische Einteilung der Lebensspanne eines Individuums in vier Stadien, die im alten Indien entwickelt wurde, bestimmt zum großen Teil immer noch, allerdings mit einigen Variationen und regionalspezifischen Manifestationen, das Leben von der Geburt bis zum Tode. Jedes Lebensstadium wird mit einem bestimmten Ritual begonnen und beendet, an dem normalerweise alle Familienmitglieder, oft der ausgedehnten Großfamilie oder Kaste, teilnehmen. Diese Rituale werden mit freudiger Erwartung vorbereitet und gefeiert. Und hier kommt die innige Beziehung zwischen Handwerker und Auftraggeber ins Spiel, denn die Art der Feier, die religiöse Konvention, die rituellen Bedürfnisse, die stilistischen und ästhetischen Vorschriften, der persönliche Geschmack des Auftraggebers und die künstlerischen Fähigkeiten lassen Gegenstände außerordentlicher Pracht entstehen, für die die indische Handwerkskunst seit der Antike gepriesen wird.

Zahlreiche Gefahren, vor allem Krankheit oder die negativen Auswirkungen des «bösen Blicks» von eifersüchtigen, kinderlosen Frauen drohen in den anfänglichen Lebensjahren dem Neugeborenen. Deshalb wird dem guten Aufwachsen eines Kindes besonders viel Aufmerksamkeit geschenkt: Kollyrium schützt die Augen vor Staub und trockener Hitze, ein auf Stirn oder Wange aufgetupfter schwarzer Fleck als absichtlich angebrachter Makel soll die Auswirkungen des «bösen Blicks» hemmen, wie auch mit Götterbildern versehene Amulette. Die Zeremonie der ersten festen Nahrung, zu einem Glück verheißenden Zeitpunkt von einem Priester angesetzt, bringt das Neugeborene in die «Lernphase» des Lebens, die nicht nur der Erweiterung des Wissens, sondern auch der Weitergabe der berufs- und kastenspezifischen Traditionen, religiösen Überlieferungen und rituellen Praktiken dient. Nach den Vorschriften der *grhyasutras*, den Texten zu den häuslichen Ritualen, vergrub ein Schüler am Ende seiner Studienzeit den Gürtel des Lernens unter einem *udambara*-Baum (Ficus glomarata). Mit seiner Hochzeit trat er in das Stadium des Familienvaters ein. In diesem Zusammenhang ist interessant, daß bei jeder Zeremonie, die eine Veränderung oder einen Wechsel im Status des Lebens bedeutet, unbedingt ein Zweig oder das Holz des *udambara*-Baumes dabei sein muß. *Udambara*-Holz besitzt, nach vielen Ritualtexten zu urteilen, magische Kräfte, die vor Gefahren beim Überschreiten von Grenzbereichen, in zeitlicher und räumlicher Dimension, schützen sollen, um ohne Schaden in die neue Phase eintreten zu können, wie z. B. zum Anfang des Lernens, bei der Hochzeit, d. h. Anfang des Berufs- und Familienlebens für den Mann und der Mutterschaft für die Frau *und* im religiösen Bereich beim Überschreiten der Schwelle (die im Sanskrit *udambara* genannt wird) des *Sanktum Sanktorum* eines klassischen Hindutempels, wenn ein Gläubiger die menschliche Sphäre verläßt und in die göttliche eintritt.

Der Kult der Muttergöttinnen ist innig mit Wasser und Wasserstellen, die als Quellen der Fruchtbarkeit und damit des Lebens an sich angesehen werden, verbunden. Die Assoziation von Muttergöttinverehrung mit Wasserstellen ist uralt und stellt sich in der Verbindung von den verschiedenen Aspekten der Muttergöttin mit Wassertieren, wie Krokodil oder Schildkröte als Reittier, dar. Einige Stellen im Rigveda erläutern diese Verbindung, indem die Gewässer als Gottheiten gepriesen werden.

Der Glaube an die reinigende und beschützende Wirkung von Wasser offenbart sich in häuslichen Ritualen: Eine glückverheißende Anzahl mit verschiedenen Wassern gefüllter Töpfe wird neben die gebärende Frau gestellt. Eine junge Braut wird zu einem Brunnen oder Stufenbrunnen geführt, um der dort wohnenden Wassergottheit ihre Ehre zu erweisen. Von ähnlicher Bedeutung ist der Ritus, den eine noch als unrein geltende Mutter nach der Geburt ihres Kindes unternimmt. Die junge Mutter wird zu einem Brunnen, einem Teich oder einer anderen Wasserstelle gebracht, wo die Bildnisse von *jaladeva* (Wassergottheit) und *saptamatrka* (die sieben Muttergöttinnen) mit Opfergaben wie Kokosnuß, Milch, Blumen verehrt werden. Auf diese Weise bittet sie um Erlaubnis, fortan wieder täglich Wasser holen zu dürfen.

Zum Ende des Lebens hin, nachdem beruflicher Aufstieg und Erfolg genossen wurden und Kinder und Kindeskinder ihren Lebensweg gefunden haben, sieht ein Hausvater nicht mehr so dringlich die Notwendigkeit, den Geschäften und der Familie vorzustehen. Als Ideal galt es, Haus und Familie zu verlassen, um als Wandermönch sich mit Gebeten, Meditationen, asketischen Übungen oder philosophischen Unterweisungen auf ein Höheres zu besinnen und alle Bindungen an das Materielle aufzugeben. Wandernde Asketen gibt es heute noch in einer Vielzahl von Ausformungen, religiösen Richtungen und Arten, und man erkennt sie an der einfachen, oft safranfarbenen Kleidung, den bronzenen tragbaren Wassergefäßen, deren ursprüngliche Form aus getrockneten Kürbissen entstand, dem T-förmigen Stab zum Anlehnen bei religiösen Unterweisungen, den typischen Sandalen, die oft als kunstvoll verzierte Miniaturform metaphorisch für den religiösen Lehrer oder die Gottheit im Hausschrein verehrt werden.

2. Haus und Herd

In zahlreichen kunsthistorischen Studien ist dargelegt, daß der brahmanische Tempel nicht nur ein Gotteshaus ist, sondern in sich die kosmologischen, mythologischen und philosophischen Ideen der alten kulturellen Tradition verkörpert. Dieses Konzept des brahmanischen Tempels ist sicher nicht in Isolation entwickelt worden, sondern das Ergebnis zahlreicher Strömungen, Glaubensformen, Riten, Gedanken, die während des Ablaufs von Jahrtausenden aufeinander wirkten und sich in den verschiedensten Ausformungen innerhalb der Kunst und Architektur Indiens manifestierten, von den volkstümlichen Bauten bis hin zu den sogenannten «klassischen» Tempeln.

Die auf den ersten Blick als reine Zweckbauten erscheinenden traditionellen Bauformen haben oft ein «inneres», mit dem Auge nicht wahrnehmbares «paralleles» Gebilde, das die religiöse und philosophische Gedankenwelt widerspiegelt und somit das gesamte Universum der Vorstellungskraft ihrer Bewohner verkörpert. So sind das Reich der Götter, der Lebensraum der Menschen und die Unterwelt, die von den verstorbenen Ahnen und anderen gut- und bösartigen Geistern bewohnt wird, in einem Haus vereint. Dieses gedankliche Gebilde ist von magischen, «unfaßbaren» Kräften geladen, die im normalen Leben keine Wirkung haben, weder sichtbar noch spürbar sind, die allerdings zu *ihrer* Zeit, d. h. zu religiösen Festen und Jahrestagen des Todes o.ä. in den Mittelpunkt des menschlichen Lebens rücken. Hier ist, räumlich und zeitlich gesehen, der Schnittpunkt der Welt der Götter und der Ahnen. Dieses kosmologische Gefüge, das hinter dem rein materiellen «lagert», macht das komplizierte, in sich innig verknüpfte Gewebe eines Wohnhauses vieler Stammesgruppen und Dorfkulturen aus.

Die Stammesgruppen der Rathvas und Bhilalas des östlichen Gujarat und westlichen Madhya Pradesh sichern sich die Präsenz ihrer Götter, Babo Ind und Pithoro, in ihrer Umwelt durch Wandmalereien, die ihre Schöpfungslegende und die Geschichte ihrer Gottheiten darstellen. Zu bestimmten Anlässen, d. h. Zeiten der Not, wie Mißernte, Krankheit, wenn man glaubt, daß die magischen Kräfte nicht mehr effektiv sind, läßt der betroffene Hausherr erneut die Legende der Götter an die Wand malen, die durch Tieropfer besänftigt und um ihre Gunst gebeten werden. Verschiedene Anzeichen und Details weisen darauf hin, daß dieses Ritual des Stammesgottes Babo Ind Überbleibsel der alten Fruchtbarkeitsrituale aus der vorvedischen Zeit zur Verehrung des Gottes Indra ist. Die Ikonographie mit der Reihe der auf Pferden reitenden Götter und anderen Elementen der Schöpfung, einschließlich Bauern beim Pflügen, schicksalaufschreibenden Frauen, Tieren und Aktivitäten des täglichen Lebens ist markant. Auch die Stammesgruppe der Saoras von Orissa sowie die Warlis aus Maharashtra haben Wandmalereien aus weißer Reispaste auf dem bräunlichen Grund der lehm- und kuhdungbeschmierten Hüttenwände, die eine rechteckige Umrahmung als «Haus der Götter» im Zentrum haben. In dieser «heiligen Umrahmung» sind Götter, Menschen bei ihren täglichen Arbeiten oder beim Tanzen, Tiere, Natur und Umwelt in ihren typischen, regionalspezifischen Abstraktionen, die das gesamte Universum der Vorstellungswelt der Stammesangehörigen beinhalten, dargestellt.

Bei vielen Volksgruppen verehrt die Braut als erste Handlung, wenn sie das Haus des Bräutigams zum ersten Mal betritt, den «heiligen Herd». Von nun an wird die junge Braut den Platz am Herd von der älteren Hausmutter übernehmen, denn von den an dieser Herdstelle gekochten Speisen hängt das Wohl und Gedeihen der Familie ab. Vielleicht ist dies ein Grund, warum die Küche oder der Raum, in dem sich die Herdstelle befindet, als so heilig und verehrungswürdig angese-

Abb. 2a/2b: Die Götter zu Pferde. Wandbemalung an den Hütten der Rathwas von Gujarat

Abb. 3: Wandbemalung einer Hütte in Orissa. Reispaste auf Lehm

hen wird, daß ein Fremder, der durch seine andersartigen Eß- und Hygienegewohnheiten als unrein gilt, diesen nicht betreten darf.

Die Verzierung von Körper, Haut und Kleidung sowie die Gestaltung und Ausschmückung des Wohnraums gewinnen vor dem kulturellen Hintergrund der nomadischen, halbnomadischen und seßhaften Volksgruppen eine tiefere Bedeutung. Es ist ganz natürlich, daß nomadische, d. h. schaf-, vieh- oder kamelzüchtende Gruppen, die mit ihren Tieren ständig auf Wanderschaft sind und keinen festen Wohnsitz haben, mehr Wert auf die Verzierung des Körpers und der Kleidung legen, wogegen seßhafte, d. h. in der Landwirtschaft beschäftigte Gruppen, reich und wertvoll ausgeschmückte, mit Wandmalereien, textilen Wandbehängen, Holzschnitzereien usw. versehene Wohnhäuser haben. Interessant sind die Vermischungen der Traditionen bei jenen Gruppen, die sich im Wandel und in der Übergangsphase von der wandernden zur seßhaften Lebensweise befinden und damit auch ihre beruflichen Richtungen ändern. Nie haben einzelne Volksgruppen in Isolation gelebt, und so ist es ganz natürlich, daß sie sich gegenseitig in ihren beruflichen und kulturellen Eigenheiten beeinflussen.

In der Wüstenarchitektur des westlichen Indiens, Gujarats und Rajasthans, ist bei allen Volksgruppen eine Wohneinheit nach dem Prinzip des *haveli* (abgeleitet von dem persischen Wort *hawili*, «das Wohnhaus, die Residenz») gestaltet. Das Typische an einem *haveli* ist der offene, zentrale Innenhof, um den sich die Aufenhaltsräume gruppieren. Von den einfachen Behausungen der nomadischen und halbnomadischen Vieh-, Kamel- und Schafzüchter des Thar-Wüstengebiets, deren Grund mauern aus sonnengetrockneten Lehmziegeln bestehen, die mit Zeltplanen bedeckt und von einem Zaun aus dornigen Ästen umgeben sind, bis hin zu den aristokratischen Residenzen der wohlhabenden Händler und Landbesitzer, die oft mit Veranden, Säulengängen, vorspringenden Fensternischen, Wandmalereien und üppigen Holzschnitzereien verziert sind, findet man das Prinzip des *haveli* in unterschiedlichen Stadien der Verfeinerung.

Im nördlichen und westlichen Rajasthan sind die meisten architektonischen Teile aus gelblichem oder rötlichem Sandstein, während im südlichen Rajasthan und in Gujarat sehr viel mehr mit Holz gebaut wird. Ganz typisch sind die zahlreichen Terrassen, vorspringenden Balkone, Säulengänge, die mit durchbrochenen Stein- und Holzblenden eingefaßt sind. Die Bauelemente sind den klimatischen Bedingungen auf ideale Weise angepaßt, weil sie die brennenden Sonnenstrahlen abhalten, die ewig blasenden Winde jedoch hindurchlassen, die im ganzen Gebäude eine angenehme Kühle verbreiten, verstärkt durch feuchte Gehänge aus wohlduftenden *khas*-Wurzeln. Besonders berühmt wegen ihrer Ausschmückung mit eigenwilligen Wandmalereien, die oft einen sozialkritischen Inhalt haben, sind die *havelis* der Marwari-Händ-

Abb. 4: Magische Diagramme als Wandbemalung

lergruppe in Shekhawati, einer kulturell in sich geschlossenen Region im nordwestlichen Rajasthan.

Obwohl sich die volkstümlichen Behausungen im nördlichen Streifen Indiens im Grunde sehr ähneln, gibt es einige typische, regionalspezifische Ausformungen und Details. Orissa ist die Gegend im östlichen Indien, die ganz besondere Arten von Bemalungen der Lehmwände der Hütten hat, die in weißer Reispaste sich von dem dunkel-rötlichbraunen Lehmgrund abheben und symbolhafte Diagramme, abstrahierte vegetative Muster als glücksverheißende Symbole u. a. darstellen. Besonders markant für diese Region ist das *tulsichaura*, ein kunstvoll verziertes Podest aus Terrakotta oder Ziegeln, in dem die von den Vaishnavas geheiligte *tulsi*-Pflanze (Ocinum Sanctum Linn., Basilikum) wächst und von den Frauen täglich verehrt wird.

Ein typisches Beispiel der einheimischen Architektur Südindiens sind die palastartigen Wohnhäuser der wohlhabenden Chettiars, die die Landschaft Chettinad (ca. 60 km östlich bis nordöstlich der Stadt Madurai) im heutigen Bundesstaat Tamilnadu bewohnen. Die Chettiars erlangten durch den Handel (mit Salz, Getreidearten, Baumwolle u. ä.) mit den Ländern Südostasiens und dem heutigen Sri Lanka unermeßlichen Reichtum. Eine typische Chettiar-Residenz ist ein Konglomerat aus einem oder mehreren Innenhöfen, um den oder die sich die Wohn-, Arbeits- und Lagerräume in Zimmerfluchten gruppieren, von Kolonnaden aus soliden, geschnitzten Teaksäulen und Veranden mit wunderbar verzierten Holzfassaden umgeben. Verschiedene Fußbodenebenen, vor allem in den inneren Quartieren, deuten eine Differenzierung des Verwendungszweckes an, brechen die Monotonie auf und erschweren die Zugänglichkeit für die Öffentlichkeit und Besucher. Traditionelle Wandmalereien erhöhen die Atmosphäre des kultivierten Lebensstils und betonen das Verwurzeltsein in Religion und Tradition. Das während des 18. und 19. Jahrhunderts noch homogene architektonische Gefüge und die Inneneinrichtung machten während des 20. Jahrhunderts, nachdem der Einfluß der Kolonialzeit seinen prägenden Stempel hinterlassen hat, einer Mischung von oft wahllos importierten dekorativen Elementen wie Kacheln, Kristalleuchtern, Marmor, Porzellanfigürchen usw. Platz (ein in Indien erkennbares Phänomen der Veränderung einheimischer ästhetischer Traditionen durch Imitation und zu schnelle und unüberlegte, oft triviale Übernahme westlicher Stilelemente).

3. Kleidung und Textilien

Die Kleidung der Männer und Frauen im traditionellen Indien bestand ursprünglich aus einer langen Stoffbahn, die um den Unter- und Oberkörper gewickelt wurde. Wie die genähten Kleider haben auch diese ungenähten, gewickelten Kleider ihre Ordnung und sind genau definiert, dem Klima und den gesellschaftlichen Verhältnissen auf ideale Weise angepaßt. Länge und Breite, Art der textilen Musterung, Methode des Wickelns usw. sind von Tradition, sozialer Norm, rituellen Konventionen, religiösen Verpflichtungen und regionalen ästhetischen Besonderheiten genau vorgeschrieben. So z. B. dient ein Sari primär der Körperbedeckung, doch wie man ihn trägt, kann viele Bedeutungen haben, so etwa die der Ehrerbietung (um den Kopf oder das Gesicht beim Gebet vor der Gottheit, beim Empfang der Gäste oder vor den Älteren zu bedecken). Auch kann man in das Ende der Sari-Stoffbahn ganz bequem Kleinigkeiten einknoten. Die Kleidung der Frau verrät ihren Status, ihre Kaste, Gruppenzugehörigkeit, ihren Herkunftsort, manchmal auch die speziellen Umstände, wie z. B., ob sie noch ein junges Mädchen im väterlichen Dorf oder schon verheiratet im Dorf ihres Ehemannes ist. Ein Sari wird jeden Tag neu, je nach Umgebung, Gelegenheit, Anlaß, d. h. der gegebenen Situation angepaßt, denn es gibt zahlreiche Wickeltechniken, z. B. das eine Ende in die Taille einzustecken und das andere durch die Beine hindurchzuziehen, was das Arbeiten in Haus und Feld erleichtert. Abends zum Ausgehen werden Falten an Taille und Schulter elegant zusammengelegt und der Sari verführerisch tief getragen.

Die indischen Weber haben sich über die Jahrtausende eine komplexe und ausgeklügelte Technik des Webens mit Naturfasern angeeignet. Es gibt eine reiche Auswahl an fein strukturierten ungefärbten Stoffen, die die Weber durch einfache oder kombinierte Webverfahren, durch die Anzahl und Stärke der verwobenen Fäden und durch die Art des Spinnens herzustellen vermögen. Jute, Baumwolle, Wolle aus Schafs-, Ziegen- oder Kamelhaaren, zu einem geringen Teil auch Leinen, Flachs und andere Naturfasern waren – und sind heute noch – die häufigsten Rohmaterialien für Gewebe. Da Weben ein sehr wichtiger und lebensnotwendiger Bestandteil des täglichen Lebens war, ist es verständlich, daß bestimmte Ausdrücke, die später in der Sprache der Dichter und Denker eine Rolle spielten, der Textilterminologie entstammen, wie z. B. *tantra*, uspr. «Webstuhl, Kettfaden», dann «Lehrsystem, Theorie», oder *sutra*, urspr. «Faden», dann «Leitfaden, Anleitung».

Die Chintzstoffe, wohl die berühmtesten Stoffe, die in Europa bekannt wurden, die die Residenzen der Aristokratie verschönerten und die Mode der wohlhabenden Damen zahlreicher königlicher Familien im Europa des 18. und 19. Jahrhunderts bestimmten, stammten aus zahlreichen Orten der Koromandelküste von Andhra Pradesh, der berühmteste ist Machilipatnam. Die hochstilisierten, vom chinesischen und persischen Stile stark beeinflußten Motive von blühenden Bäumen, Ranken, Felsenlandschaften, in denen sich Vögel und Tiere tummeln, wurden direkt in pflanzlichen Farben mit einem feinen Stift *(kalam)* auf

Abb. 5: Islamischer Viehhirt aus Gujarat in traditioneller Tracht

den Stoff gemalt und zum Teil Reservemusterungen mit einer Holzschablone aufgedruckt. In Südindien hat sich diese lebendige Tradition der *kalamkari*-Wandbehänge bis heute erhalten. Besonders hervorzuheben sind die Tempeltücher, die meistens ein Bildnis einer Gottheit, wie z. B. Vishnu auf seiner Wellenschlange Sesa ruhend oder den flötenspielenden Krishna, im Zentrum haben. Eine interessante Art der Reservemusterung ist das Aussparen von Kett- oder Schußfäden (oder von beiden) mit Abbindefäden vor dem Weben. Dort, wo das Garn abgebunden ist, nimmt es die Färbung nicht an. In dieser *ikat* genannten Technik werden Kett- und Schußfäden in verschiedenen Abbinde- und Färbungsprozessen so behandelt, daß beim anschließenden Weben das vorgesehene Muster entsteht. Die Stadt Patan in Nord-Gujarat ist berühmt für ihre einzigartigen *patola-saris*, die aus feiner, handgesponnener Seide in Doppel-*ikat*-Technik (d. h. Kett- und Schußfäden vorher abgebunden) gewoben werden. Die komplizierten Motive von Elefanten, tanzenden Mädchen, Papageien in dominierendem Weinrot, Dunkelblau, Elfenbeinweiß machen die *patola-saris* zu Wertgegenständen, die jede Frau zu schätzen weiß. Das Charmante dieser Art Muste-

Abb. 6: Frau der Rathwa-Stammesgruppe. Nord-Gujarat

rung sind die millimeterfeinen Verschiebungen der Fäden, die den Mustern eine leicht verschwommene Kontur geben, d. h. die Umrißlinien sind nicht gestochen scharf wie beim Drucken.

Bandhej oder *bandhani* heißen die Muster, die beim Abbinden eines Stoffes nach dem Weben entstehen. Hier wird der Stoff (aus Baumwolle, Seide oder Wolle) mit einem spitz zulaufenden Fingernagel pünktchenweise angehoben und mit einem festen Baumwollfaden abgebunden und dann gefärbt. Für jede Farbgebung von gelb über rot und blau bis hin ins Tiefschwarz ist ein erneuter Abbindevorgang erforderlich, wobei immer die abgebundenen Teile die Grundfarbe beibehalten und beim nächsten Färbungsvorgang die Farbe nicht annehmen. Je feiner die Abbindearbeit, desto wertvoller der Stoff. Durch das Abbinden werden lange Hemdkleider, Saris oder Schultertücher sehr elastisch. Sie werden besonders in Gujarat und Rajasthan geschätzt, da sie durch ihre Schmiegsamkeit die Körperform betonen.

Brokatstoffe sind Gewebe, deren Muster durch Einfügen eines zusätzlichen Fadens beim Weben entstehen. Für Brokatmuster in Gold, Silber, Seide oder Baumwolle werden spezielle Fäden eingewoben. Mit

Hilfe von an den Fäden befestigten Schäften kann dieser Vorgang in einigem Abstand wiederholt werden. Der *jamdani* oder «gemusterte Musselin» wird traditionell in Bengalen und in nordindischen Gebieten hergestellt und gilt als eines der wertvollsten Produkte, die in Indien gewoben werden. Hierbei wird Baumwollgewebe mit Baumwollfäden, selten ein vergoldeter Faden, brokatiert. Das Dorf Paithan in Maharashtra ist für eine spezielle Art von Seidensaris mit Goldrändern und einer mit Seidenbrokat verzierten Mitte berühmt. Bei den *zari-* (oder Gold-) Brokatstoffen aus Varanasi (Benaras) und Gujarat wird der Seidengrund mit Gold- und Silbermotiven brokatiert. Stickerei oder die Kunst, Reliefmuster oder Verzierungen mit Seiden-, Baumwoll-, Gold- oder Silberfaden mit einer Nadel auf ein Gewebe zu applizieren, ist in Indien schon früh bekannt gewesen. Die Stadt Lucknow in Uttar Pradesh ist für ihre *chikan*-Stickereien bekannt, bei denen mit einem ganz feinen weißen Baumwollfaden auf weißem Musselinstoff zarte Blumen- oder Rankenmuster in einfachem oder umgekehrtem Satinstich, Knopflochstich, Fadenstich, Knotenstich gestickt werden. Bei der *kantha*-Stickerei aus Bengalen wird die gesteppte Oberfläche mit indigo- oder krapproten Fäden aus alten Saris mit lebhaften Motiven wie Vögel, Tiere, Eisenbahnen, Flugzeuge, Tempel oder Legenden bestickt. Bei den berühmten *phulkari*-Decken aus dem Panjab wird die gesamte Oberfläche mit Stickereien in weicher Seidenwolle in regelmäßigen, geometrischen Mustern bedeckt. Die schon sprichwörtlich gewordenen *rumals* aus Chamba in Himachal Pradesh stellen mythologische Szenen dar. Die Stickerinnen der *rumals* achten besonders sorgfältig darauf, daß die bestickten Szenen auf der Vorder- und Rückseite in derselben Reinheit erscheinen. Die Bewohner von Kutch und Saurashtra in Gujarat und Badmer und Jaisalmer in Rajasthan sind die emsigsten Sticker, die neben Kleidungsstücken auch allerlei Arten von Haushaltsstücken wie Dekken, Wandbehänge, Türumrahmungen, Taschen usw. mit Stickereien, oft unter Einarbeitung von kleinen Muscheln und Perlen, verzieren.

4. Religiöse Malereien und Gedenksteine

Für die meisten Gläubigen fast jeder Religionsrichtung in Indien war und ist es eine religiöse Pflicht, zumindest einmal im Leben, manchmal jedes Jahr, einen Wallfahrtsort zu besuchen. Für diejenigen, denen es aus körperlichen oder finanziellen Gründen nicht möglich ist, gibt es bildliche Darstellungen der Wallfahrtsorte, die man zu den vorgesehenen Festtagen verehren kann, um dabei dasselbe religiöse Verdienst zu erwerben wie bei einer Wallfahrt.

Der Tempel der Göttin Kali in Kalighat, am Rande der heutigen Stadt Kalkutta am Hooghly-Fluß erlangte Ende des 18. Jahrhunderts überregionale Popularität als Pilgerzentrum der Kali-Verehrung. Als Memento der langen Reise brachten Pilger billige, in großen Massen gefertigte Malereien in Wasserfarben, auf maschinell und deshalb preiswert hergestelltem Papier gemalt mit nach Hause. Zahlreiche Faktoren spielten bei der Entwicklung der Kalighat-Schule zu einer heute hochgepriesenen Malschule eine Rolle. Ihre einzigartige, an die «Moderne» grenzende Ausdrucksform wird durch die Schnelligkeit der Ausführung bedingt. Sie ist durch ihre lineare Kraft gekennzeichnet, die sich durch die Beschränkung auf das Notwendige ergibt. Die Kalighat-Bilder zeigen auch erstmalig in der Geschichte der indischen Malerei eine sozialkritische, manchmal sogar sarkastische Thematik als Reflexion des Malers auf seine durch die britische Herrschaft stark beeinflußte Umwelt Kalkuttas. Die Kalighat-Maler bauten auf eine jahrhundertealte Tradition der Malereien der wandernden Bild-Erzähler auf und inkorporierten durch die Kolonialzeit eingeführte technische Neuerungen (wie Wasser- statt Pigmentfarben). Neue Einflüsse gab es auch in der Thematik (wie erste Anfänge einer Sozialkritik zusätzlich zu den Darstellungen aus Mythologie, Epen, lokalen Legenden) und im Stil (keine Überfüllung der Fläche, sondern bewußter Effekt unbemalter Flächen, tonale Abstufungen als Andeutungen von Volumen und Dreidimensionaliät).

Das zweite wichtige Zentrum der Muttergöttinnenverehrung in den verschiedenen Aspekten der «Großen Göttin» ist Gujarat. Die untersten Gruppen der Bevölkerung sind Verehrer der Göttin in ihren zahlreichen Aspekten, wie Hadkai, Shikotar, Bahuchara, Momai, Varuchi Ma. Die Vaghris bauen aus gemalten und bedruckten Baumwolltüchern eine «heilige Umrahmung», die temporär zum geheiligten Ort der Göttinverehrung wird. Diese Tücher werden um eine erhöhte Plattform drapiert, auf der der kleine Schrein steht, in dem die Besessenheitszeremonie stattfindet. Das Interessante an den frühen Tüchern dieser Art ist, daß ihre ikonographischen und stilitischen Merkmale dem Stil der illustrierten Manuskripte aus Gujarat aus dem 14. und 15. Jahrhundert nahe verwandt sind, mit den typischen spitzzulaufenden Körperformen, den länglichen, außerhalb des Gesichtsrahmens gemalten Augen, symbolhaft angedeuteter Landschaft usw. Solche alten Textilien wurden unter anderem in der Ausgrabungsstätte von Fostat in Ägypten gefunden.

Als Andenken an verstorbene Helden oder an *Satis* (Witwen, die sich auf dem Scheiterhaufen des verstorbenen Mannes mitverbrennen lassen und somit *sat*, «das wahre Dasein», erlangen) setzen die Überlebenden oft einen Gedenkstein aus Stein oder Holz am Ort des Todes oder einer anderen geheiligten Stätte, wie unter einem bestimmten Baum, an einer Wasserstelle oder einer schon vorhandenen Gedenkstätte. Die in Flachrelief verzierten, oft mit einer Inschrift versehenen, senkrecht aufgestellten Steinstelen zeigen oft die Art des Todes, die wiederum die

Abb. 7: Heldengedenkstein. Gujarat, 19. Jh.

Herkunft des verstorbenen Helden andeutet; so wird ein im Kampf gefallener Krieger oder Rajput auf einem Pferd reitend dargestellt; einen verstorbenen Helden der Rabari-Volksgruppe, traditionell Züchter von Kamelen, sieht man auf einem Kamel sitzen; auf See umgekommene Seefahrer haben ein Schiff auf ihrem Gedenkstein; getötete Händler, Karawanenbesitzer oder Begleiter der Braut auf ihrem Wege ins Dorf des Bräutigams, die sich tapfer aber erfolglos gegen Räuber gewehrt haben, haben die Darstellung eines Ochsenkarrens. *Sati*-Gedenksteine erkennt man an der Darstellung einer Frau oder nur einem mit Schmuck bedeckten, angewinkelten Arm oder einer Hand mit fünf gespreizten beringten Fingern.

Der allgemeine Glaube, daß plötzlich aus dem Leben gerissene junge Leute noch zahlreiche unerfüllte Wünsche haben und daß deshalb ihre Seele im Tode keine Ruhe findet, steht wohl im Hintergrund des Brauchtums, den Helden und *Satis* Gedenksteine zu setzen, um der herumirrenden Seele eine Ruhestätte, die regelmäßig mit Opfergaben versehen wird, zu gewähren. Auch holzgeschnitzte Skulpturen von Ahnen oder Votivgaben aus Terrakotta in Form von Pferden, Elefanten

Abb. 8: Sati-Stein zur Erinnerung an eine Witwe, die sich mit ihrem Mann verbrennen ließ. Gujarat, ca. 17. Jh.

oder Kuppeln, die an einem Baumschrein dargebracht werden, gehören in diesen großen Rahmen der Ahnenverehrung.

Gedenkstelen mancher wichtiger Persönlichkeiten wurden auf eine erhöhte Plattform gestellt und mit einem mit Kuppeldom überdachten Pavillon versehen. Das Lakhpat Chatri, das Grabmal des Königs Lakhpat von Kutch (1706–1760), ist ein außergewöhnliches Monument, das mit seinem vieleckigen Grundriß, mit Kuppeldach und Säulengang die islamische Grabbauarchitektur mit der klassischen Ausschmückung hinduistischer Tempelbauten verbindet. Im Innenraum, der von durchbrochenen Steinblenden eingefaßt ist, steht – ganz in der Tradition der Gedenksteine – eine lebensgroße Stele des Königs, flankiert von den 15 *sati*-Steinen seiner Frauen.

5. Magische Diagramme

Das Wort *aripana*, das normalerweise im nördlichen Indien die einfachen diagrammartigen Zeichnungen und Malereien an Türschwelle, Wand und Fußboden bezeichnet, stammt aller Wahrscheinlichkeit nach vom Sanskrit-Wort *alepana* ab, was soviel wie «Schmieren des Fußbodens mit Kuhdung zu glücksverheißenden Anlässen» bedeutet. Diese magischen Diagramme, die in ganz Indien von Frauen zu verschiedenen Anlässen und Festlichkeiten wie Geburt, Tonsur, Pubertät, Verlobung, Hochzeit, wichtigen solaren und lunaren Festen gemalt werden, sind in zahlreichen Regionen Indiens unter den verschiedenen lokalen Bezeichnungen bekannt, wie *aripana* im nördlichen Indien, *mandana* in Rajasthan, *kolam* im südlichen Indien. Diese Diagramme werden normalerweise mit den Fingern, die in eine Paste aus ganz fein geriebenem Reispuder getaucht werden, auf Lehm und kuhdungbeschmierten Fußböden und Wänden gemalt. Diese Paste aus ungebrochenen Reiskörnern, die symbolhaft für «Ganzheit, Ungebrochenheit, Üppigkeit» stehen, ist für diese Art von magischen und glücksverheißenden Diagrammen ideal.

6. Holzschnitzkunst

Wahre Meisterschaft entwickelten die Handwerker im Bereich der Holzschnitzkunst. In Gujarat findet man Schnitzereien an Häuserfassaden, Säulen, Zimmerdecken und anderen architektonischen Elementen sowie Truhen, Wiegen, Schaukeln, Mörsern, Maßen für Öl und *ghi* (geschmolzene Butter), Hockern, Tischen und anderen Möbelstücken und Gebrauchsgegenständen. Kaschmir ist für seine minutiösen Schnitzereien in Walnußholz berühmt. Der Süden Indiens hat eine vielfältige Tradition von Schnitzereien in schwerem Teakholz, aus dem neben architektonischen Elementen auch Hausschreine, überlebensgroße Wächterfiguren an Tempeleingängen, Götterbilder, Tempelwagen wie auch Gebrauchsgegenstände des täglichen Lebens hergestellt werden. Besonders hervorzuheben sind die überlebensgroßen *bhuta*-Skulpturen von der Küste Karnatakas, die dem Ahnenkult angehören. Diese, aus einem einzigen Holzblock des «Jackfruit»-Baumes (Artocarpus integrifolia) geschnitzt, stellen *bhutas* (Geister) oder Bildnisse von vergöttlichten Helden, gut- oder bösartigen Geistern, von Gottheiten aus dem Hindu-Pantheon, von Muttergöttinnen oder verehrten Tieren wie Schlangen dar. Die Holzschnitzer haben es in einmaliger Weise geschafft, die göttliche Magie der verehrten Helden, die Stärke und Kraft und gelassene Geruhsamkeit der Büffel oder die weibliche Anmut der Göttinnen in Holz einzufangen wie wohl keine andere Tradition der Holzschnitzkunst Indiens. Stammesleute des nordöstlichen Indien, wie die Nagas, haben eine weitverbreitete Tradition, Holzstelen ihrer verstorbenen Ahnen aufzustellen und zu verehren, die in ihrer gedrungenen Form und Abstraktion einmalig sind. Auch die Stammesgruppen des zentralen und östlichen Indien verehren Holzskulpturen ihrer Ahnen.

7. Volksbronzen und Schmiedekunst

Das Modellieren der Bronzefigur in Wachs oder einem wachsähnlichen Harz und das anschließende Gießen in der Methode der ‹verlorenen Form› bewirkt, daß jedes einzelne Stück eine eigene, einzigartige Kreation ist, da bei jeder Bronze ein neues Modell aus Wachs geformt werden muß – und deshalb gleicht kein Stück dem anderen. Das Element des Unbekannten beim Gießen des heißen Metalls und Aufschlagen der Lehmhülle nach dem Erkalten trägt zum individuellen Charme und der mystischen, zeitlosen Schönheit dieser Bronzen bei. Indien hat eine uralte Tradition der Metallverarbeitung, die vermutlich bis ins dritte vorchristliche Jahrtausend zurückreicht. Während der Zeit der Industalkultur (ca. 2500 bis 1700 v. Chr.) kannte man das Schmelzen und die Verarbeitung von Metallen, am häufigsten Kupfer und Bronze (normalerweise mit wenig Anteil an Zinn), wie zahlreiche Funde von Speerspitzen, Messern, kurzen Schwertern, Pfeilspitzen und Äxten zeigen. Das schönste Zeugnis der hochentwickelten Bronzekunst dieser frühen Zeit ist zweifelsohne die Statuette der sogenannten «kleinen Tänzerin». Die anmutige, selbstbewußte Pose, den einen Arm angewinkelt, den andern bis zur Achselhöhle mit schweren Armreifen verziert, der zarte, schlanke Körper, mit stolzen Lippen, ist ein Meisterstück gefühlvoller Darstellung einer Frauengestalt.

Der Ausdruck *ayas* im älteren Rigveda bezeichnete wahrscheinlich das allgemein bekannte und bearbeitete Metall, nämlich Kupfer oder Bronze, während die jüngeren Teile des Rigveda bereits die Verwendung von Eisen bezeugen. Da der früheste Fund eines eisernen Gegenstandes auf indischem Boden mit der Einwanderung und Ausbreitung der vedischen Aryas im Yamuna-Ganges-Zweistromland in Verbindung gebracht wurde, liegt die Vermutung nahe, daß das Eisen und damit die Kenntnis der Eisengewinnung und -verarbeitung mit den Aryas nach Indien kam. Heutzutage gibt es in ganz Indien eine vielfältige Tradition der Bronze-, Kupfer- und Eisenverarbeitung. Dosen für Betelblätter und andere Zutaten der Betelrolle, Schneidegeräte in Form von fliegenden Vögeln, galoppierenden Pferden, Liebespaaren, Pfauen usw. für die harte Areka-Nuß, Fußschaber, Döschen für Kosmetika, Lämpchen, Schlösser, Gewichte, Waagen, Eßteller, Serviergefäße, Mörser und Stößel, Kinderspielzeug wie Elefanten, Pferdereiter, Löwen auf Rädern,

Kochtöpfe, Schöpflöffel, Weihrauchständer, Spachteln, Götterbildnisse, Schmuck, Glocken und viele andere Gegenstände werden in den verschiedenen Regionen Indiens je nach stilistischen Konventionen, den jeweils üblichen Techniken der Herstellung und spezifischen Traditionen von Religion und Ritual hergestellt. Auf dem Dekkan-Hochland und an der Malabarküste des südlichen Indien werden zahlreiche Gefäße für Haushalt und Ritual aus Kupfer und Bronze angefertigt, die nicht nur eine hochentwickelte Kunstfertigkeit erfordern, sondern auch gute Beobachtungsgabe und genaue Beachtung der Umweltbedingungen, denn die Temperatur oder der Feuchtigkeitsgehalt der Luft, die Zusammensetzung und Reinheit der Ausgangsmetalle oder die Temperatur und Dauer der Erhitzung können zum Beispiel eine negative Auswirkung auf das Endprodukt haben.

Das interessanteste Objekt ist eine riesige, fein verzierte Kochschale, *urli* oder *charakku* genannt, die in einer Form gegossen einen Durchmesser von 3 oder 3,5 m haben kann. Diese dient der Zubereitung und dem Servieren einer rituellen Süßspeise *(payasam)* für die ganze Dorfgemeinschaft. Die Musari-Gruppe der traditionellen Metallarbeiter aus der Kamelan-Kaste in Kerala sind einzigartige Künstler in der Herstellung dieser übergroßen Gefäße in der Methode der «verlorenen Form». Während der Süden Indiens mehr für seine ganz in Bronze gegossenen Götterbilder bekannt ist (zum Beispiel in Städten wie Tanjavur, Tiruchirapalli, Madurai, Chingalput, Salem in Tamilnadu, Bangalore oder Mysore in Karnataka, Palghat in Kerala oder Tirupati in Andhra Pradesh), findet man hohlgegossene Objekte hauptsächlich im zentralen und östlichen Indien. Bei der Methode der «verlorenen Form» muß man ein Modell der zu gießenden Form in Wachs oder einem wachsähnlichen Harz herstellen (bei dem Hohlguß ist der innerste Kern aus Lehm), das mit einer Hülle aus Lehm überzogen wird. Füllt man heißes, geschmolzenes Metall in die Hülle, rinnt das nun flüssig gewordene Wachs aus, und das Metall nimmt nach dem Erkalten die ursprüngliche Form des Wachsmodells an. Die Hohlguß-Methode wird in dem Gebiet der Stammesbevölkerung des zentralen und östlichen Indien angewendet und ist vermutlich, vom Anschein der archaischen Form zu urteilen, viel ursprünglicher und altertümlicher, da sie nicht so sehr den kanonischen Schriften und Vorschriften zu Proportion und Ikonographie unterworfen ist. Die Kuttia Kondhs von den Ganjam- und Koraput-Distrikten in Orissa sind für ihre Bronzefiguren bekannt, die Pfauen, Chamäleons, Schlangen, Krabben, Pferde, Rehe, Tiger, Hähne, Elefanten, Menschen in den verschiedenen alltäglichen Tätigkeiten darstellen und oft als Ritualgaben zur Besänftigung der lokalen Gottheiten dargebracht werden. Die Gadhvas von Jagdalpur, Kondagaon in der Bastar-Gegend von Madhya Pradesh stellen Votivfiguren in Form von Tiger, Pferd, Wildschwein, Elefant, Ochse und zahlreiche ihrer Götterfiguren wie Khanda

Kankalini, Pillobai Mata, Hanuman oder Bhairon her. Maharashtra hat zahlreiche Bronzen von Reiterfiguren hervorgebracht, die entweder Darstellungen von prominenten Helden oder regionalen Gottheiten wie Khandoba sind. Auch im südlichen Andhra Pradesh und Tamilnadu findet man die Idee der vergöttlichten Helden in den Bronzen, die zum Aiyyanar-Kult gehören.

Die wohl feinste Art der Oberflächenverzierung, in der die indischen Metallarbeiter Meisterschaft erreicht haben, ist die Einlegearbeit von Gold- oder Silberdraht in Eisen und Stahl, als Damaszener-Arbeit bekannt, mit der Schwerter, Klingen, Dolche, Schilde verziert werden. Dagegen wird bei der *bidri*-Arbeit (nach der Stadt Bidar in Karnataka benannt) Gold- oder Silberdraht in eine geschwärzte Legierung von Zink und Kupfer eingelegt, womit Krüge, Schalen, *hukka*-Ständer, Spucknäpfe, Schüsseln, Karaffen usw. verziert werden. Die meisten der Metallarbeitergruppen, wie die Gadulia Lohar (Eisenschmiede) von Rajasthan und Haryana, die Thethari Rana, Thethari Naiks oder Sithrias von Orissa und die Kaser, Ghadwa oder Jhara von Madhya Pradesh oder Dhokras von Westbengalen oder Malars von Bihar, führen eine nomadische oder halbnomadische Lebensweise, ziehen von Dorf zu Dorf, um Haushalts- und Ackergeräte zu reparieren und neu herzustellen. Neben Objekten des täglichen Lebens wie Maße für Reis und Getreide, Mörser, Gemüseschneider, Öllampen, Spielzeug entstehen manchmal, quasi rein zufällig, Objekte absolut künstlerischer Schönheit, die einem Giacometti oder einem Brancusi in keiner Weise nachstehen.

8. Bildergeschichten und Schattenspiele

Unterhaltung und religiöse Unterweisung, Spielzeug und rituelle Objekte sind im traditionellen Leben Indiens kaum voneinander zu trennen. Ein Kind wird als kleiner Erwachsener angesehen und erlebt spielerisch die Welt der Erwachsenen mit bemalten Steinfiguren aus Holz oder Terrakotta oder Bronzefiguren aus den Epen, der Mythologie oder Legenden und Volkserzählungen.

Aufführungen von Schattenspielen, wie heute noch in Andhra Pradesh und Karnataka üblich, das Erzählen von Bildergeschichten an Hand von Papierrollen oder bemalten Stoffbehängen wie noch in Rajasthan, Gujarat, Bengalen, Andhra Pradesh und Maharashtra, die Aufführungen von Volkstheater und dramatischen Gesängen wie *bavai* in Gujarat, *jatra* und *sawng* in Bengalen beinhalten neben dem Aspekt der Unterhaltung mit spontan improvisierten Texten, ganz im Sinn des lebendigen Wachsens der oralen Tradition, mit zahlreichen Witzen und humorvollen Anspielungen auf die Zuhörerschaft unterlegt, einen Leitfaden der religiösen und ethischen Unterweisung.

In dem Mahabhasya, Patanjalis Kommentar der Varttikas des Katyayana zu Paninis Grammatik (ca. 140 v. Chr.) findet man wohl die früheste uns überlieferte Textstelle, die das Erzählen von Bilderrollen zur öffentlichen Unterhaltung und religiösen Belehrung erwähnt. Das in zahlreichen Jaina-Prakrit-Erzählungen erscheinende Wort *mankha* wird als «eine Art von Bettelmönch, der mit Zeigen von Götterbildern, die er mit sich herumträgt, Almosen erbettelt» erklärt, manchmal wird «mit einer Bildrolle in der Hand» hinzugefügt. In späterer Literatur heißen die Bildererzähler *Yamapattika*, denn die Bildrollen, die sie vorzeigen und erzählen, stellen oft die Verdienste oder Strafen von guten oder bösen Taten dar, die ein Mensch nach seinem Tod im Reich des Todesgottes *Yama* erlebt.

Diese Tradition der wandernden Bild-Erzähler, die seit Jahrhunderten in ganz Indien weit verbreitet war, ist auch heute noch in einigen Gegenden lebendig. Während die Bildrolle der Garoda-Bild-Erzähler aus Gujarat (vertikal, aus Papier, ca. 30 cm × 5–7 m lang) 17 verschiedene Illustrationen aus den klassischen Epen, den lokalregionalen Legenden und Darstellungen der Qualen der Hölle hat, ist die Tradition der Pabuji oder Dev Narayan Padh aus Rajasthan (horizontal, auf Baumwollstoff mit Pigmentfarben, ca. 1,5 m hoch × 5–6 m breit) eine audiovisuelle Aufführung als nächtliches Ritual der Heldenverehrung, wobei die mit Begleitung von Musik und Tanz im Gesang erzählte Geschichte des regional vergötterten Helden Pabuji oder der regional verehrten Inkarnation des Gottes Krishna aufgeführt wird. Die Chitrakathi-Bild-Erzähler aus Maharashtra verwendeten keine Bildrolle, sondern einen Stapel loser Blätter, die eine bestimmte Legende oder Erzählung, oft eine lokale Version der klassischen Epen, wie Lankadahana, Lavankusa Katha, Pandava Pratapa, illustrierten. Sie sind unter dem Namen «Paithani Malereien» bekannt geworden. Im heutigen Westbengalen sind noch zwei Traditionen lebendig, einmal die der *Chitrakaras* von den Distrikten Burdwan, Musrhidabad, Midnapore, Mymensingh, die hinduistische und islamische Themen aus der Götterwelt der Mythologie, wie Manasa Pata, oder der lokalen Heldenlegenden, wie z. B. Gazi-Pata, illustrierten. Sehr interessant in diesem Zusammenhang sind die Bildrollen, die zeitgenössische Ereignisse aufnehmen und in die Tradition der Heldenlegenden inkorporieren, wie z. B. die Bildrollen, die den Mord an der früheren Ministerpräsidentin Indira Gandhi illustrieren und erzählen, die inzwischen sehr populär geworden sind. Die andere Tradition ist die der *jadu patua* der *Santal*-Stammesleute von Bihar und Westbengalen, die man an den typischen Erdfarben und Pflanzenfarben erkennt. Die schmalen Bildrollen (vertikal, aus Papier, ca. 10 cm × 5–6 m lang) stellen die eigene sehr interessante Schöpfungslegende dar oder enthalten Erzählungen, die ihr Leben im abgelegenen Wald, oft auch ihre Auffassung der Kolonialherren zum Hauptthema

Abb. 9: Bild-Erzähler aus Rajasthan, beim Vorsingen der abgebildeten Legende

Abb. 10: Bedrucktes Textil zur Verehrung der Muttergöttinnen, Gujarat

haben. Auch der Süden Indiens, z. B. Andhra Pradesh und Karnataka, haben noch lebendige Traditionen der Bild-Erzählung (vertikal, auf Stoff mit leuchtenden Pigmentfarben gemalt, 1,20 m breit × 5–8 m lang), die nicht nur Themen aus den bekannten hinduistischen Epen widerspiegeln, sondern oft auch Genealogien der regionalen Berufs- und Volksgruppen erzählen.

XVI.
Geschichte und Konzepte der indischen Musik

Josef Kuckertz

Vielschichtig wie die Kultur erscheint auch die Musik in Indien: Eine große Zahl theoretischer Schriften suggeriert einen Strom, der die schöpferische Kraft der Musiker seit den frühesten Zeiten in sich vereinigt, vor etwa 2000 Jahren eine bedeutende Theatermusik hervorbrachte und sich unter dem Einfluß des Islam im 12.–14. Jh. in einen nord- und einen südindischen Arm teilte. Manche Regionen haben eigene Ausformungen hervorgebracht und sie bis heute bewahrt, andere gaben dem Hauptstrom neue Impulse. Außerhalb liegen einerseits die Sonderprägungen für Feste und Zeremonien der einzelnen Religionsgemeinschaften, andererseits die zahlreichen Gesänge und Instrumentalstücke örtlich begrenzter Volksmusik bis hin zur Stammesmusik mit je eigener Überlieferung.

Der Hauptstrom, die künstlerische Musik, hebt sich deutlich gegen die Musik der Nachbarländer ab. Mit dem arabisch-persischen Bereich besteht Gemeinsamkeit insofern, als einstimmiger, genauer: monomelodischer, von wenigen Instrumenten begleiteter Gesang auch dort den höchsten Rang einnimmt. Während aber im Vorderen Orient eng begrenzte Melodielinien vorherrschen, gestaltet man in Indien ausgreifende Melodiebögen und gliedert sie in trommelbegleiteten Stücken nach speziellen metrischen Mustern. In Südostasien ragen dagegen die großen Orchester von Xylophonen, Metallophonen, Gongs und Gongspielen hervor. Sie schaffen aus parallel verlaufenden Stimmen ein farbenreiches Klanggewebe, das in seiner metrischen Struktur auf die im 1. Jahrtausend n. Chr. bestimmende indische Klangwelt zurückweist. Noch heute erstreckt sich indischer Einfluß im Nordwesten bis nach Afghanistan, im Norden bis Nepal. In Tibet bieten aber die von Trompeten und Oboen getragenen Tempelorchester sowie die Ensembles aus Becken, Trommeln und Langtrompeten zur Begleitung von Maskenspielen ein Klanggeschehen besonderer Art.

Spricht man außerhalb Indiens von indischer Musik, so tritt meist nicht die ganze Fülle der Erscheinungen, sondern allein die künstlerische Musik ins Blickfeld. Zuweilen wird sie auf die Ritualmusik der vedischen Zeit zurückgeführt, doch nicht auf die Rezitation des Rigveda mit den drei Tönen *udatta* – ‹erhoben›, *anudatta* – ‹nicht erhoben› und *svarita* – ‹klingend›. Vielmehr nimmt man den Ansatz im Samaveda an, der Melodien mit 7 Stufen umfaßt und damit die spätere 7stufige Tonleiter begründet haben soll. Wie dem auch sei, es besteht eine Grenze zwi-

1 *Tamburā*
2 *Vīṇā – Stabzither*
3 *Vīṇā – Laute*
4 *Sitār und Tablā*
5 *Sāraṅgī*
6 *Sarod*

1

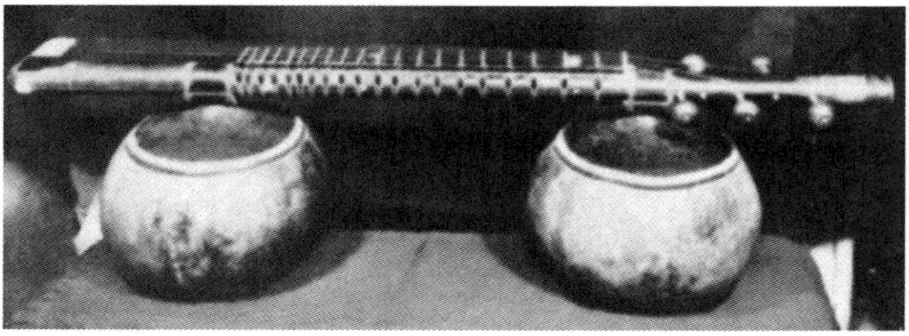

2

3

4

5

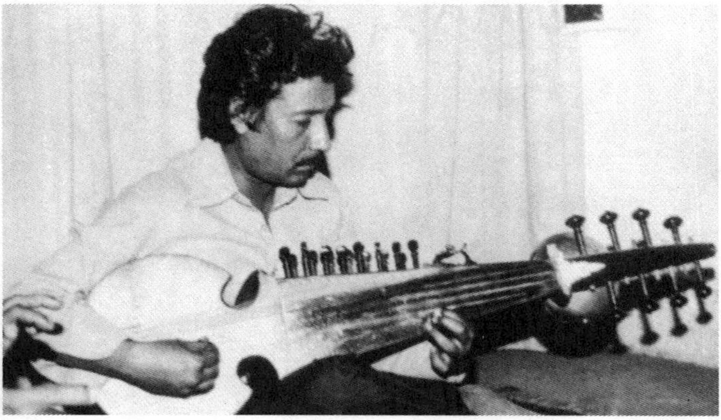

6

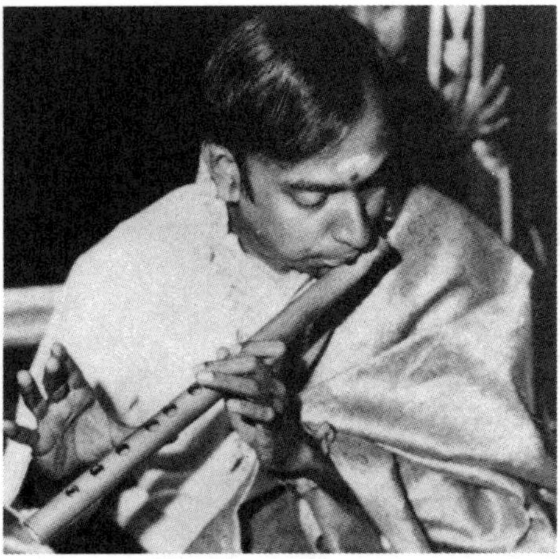

7

8

9

10

7 *Bānsurī – Querflöte*
8 *Nāgasvaram – Oboe*
9 *Śahnāī – Oboe*
10 *Tavil*
11 *Mṛdaṅga*
12 *Pakhāvaj*

11

12

schen dem liturgischen Gesang und der weltlichen Theatermusik, und mit letzterer beginnen im allgemeinen die Überlegungen zur Musikgeschichte Indiens.

1. Musik der älteren Zeit

Zwei Bezeichnungen benutzt man in Indien für ‹Musik›, *gandharva* und *sangita*, doch beide stimmen nur partiell mit dem europäischen Begriff überein. Der ältere, *gandharva*, verweist auf das Wirken der Gandharven, der himmlischen Musiker an Indras Hof. Sie sind die Kenner und Verkünder der göttlichen Geheimnisse, für die Menschen deshalb Mittler zwischen Himmel und Erde. Namentlich erwähnt wird der weise Narada, der als Erfinder der *vina*-Saiteninstrumente gilt, und der Ur-Sänger Tumburu, der die Menschen singen lehrte. Ihre Kunst hat man schon früh durchdacht, und sicher wirft die Legende ihre Strahlen bis heute, da Gesang, der verständliche Worte vermittelt, immer noch höher geschätzt wird als alle Instrumentalmusik. Dagegen erscheint das spätere Wort *sangita* als reiner Sachbegriff. Dieser schließt alles ein, was zusammen *(sam-)* mit dem Gesang *(gita)* geboten wird, und das ist begleitendes Instrumentalspiel sowie der Tanz bis hin zum Schauspiel. Gewiß hat *sangita* seinen Ursprung in der alten Theaterpraxis, von welcher mit dem Natyasastra des Bharata ein umfassendes Dokument aus den Jahrhunderten um Christi Geburt auf uns gekommen ist.

Das Natyasastra stellt zunächst in 27 Kapiteln das Bühnenhaus und die Vorbereitungen zu einer Aufführung, die Gesten, die Sprache und die Kostümierung beim Schauspiel dar. Die Theatermusik ist Gegenstand der Kapitel 28–33. Behandelt sind dort die Intervalle und Skalen, die *jati*-Melodietypen und die Bestandteile der Melodie, das Spiel der *vina*-Harfe und der Flöte, die *tala*-Metren und die Anwendung der metrischen Perioden in Gesangsstücken, die festgefügten *dhruva*-Gesänge und ihre Stellung im Schauspiel, die zu einer guten Aufführung erforderlichen Eigenschaften des Sängers oder der Sängerin und die Fähigkeiten des *vina*-Spielers und des Flötisten, schließlich Art und Spielweise der begleitenden Felltrommeln. Eine Klangvorstellung aus diesen Angaben zu gewinnen ist schwierig, doch es wird deutlich, daß die Musikinstrumente im früheren Theater ähnlich eingesetzt wurden wie heute in den Konzertensembles: Saiten- und Blasinstrumente *(tata* bzw. *sushira)* umspielten die Gesangsmelodie, Instrumente mit festem Körper *(ghana)* markierten das Metrum, und Felltrommeln *(avanaddha)* fügten belebende Rhythmen hinzu. Die *ghana*-Instrumente werden auch *tala* genannt (NS 31, 1), also mit einem Wort bezeichnet, das letztlich ‹Handklatschen› meint und auf kleine Becken oder Klappern übertragen werden kann. Dieser Hinweis und die Struktur der Perioden lassen vermuten, daß die metrische Gliederung damals ähnlich erfolgte wie noch in unserer Zeit: nicht als ein Taktieren, das jeden Melodieton auf einen Tala-Schlag festlegte, sondern durch Vorgabe metrischer Richtwerte innerhalb von fest umrissenen Perioden, die der Melodie ein recht freies, an den Worten orientiertes Spiel ermöglichte. Dagegen galt für die Melodien ein anderer Maßstab als heute. Man klassifizierte sie nach 18 *jati*-Typen, von welchen 7 als ‹rein› und 11 als ‹gemischt› beschrieben wurden. Als Kriterien zur Skizzierung der einzelnen *jati* galten ihre Haupttöne *(amsa)*, Schluß- und Nebenschlußtöne *(nyasa* und *apanyasa)*, Spitzen- und Tieftöne, häufige und selten gebrauchte Töne, schließlich ihre Tonleitern als 7-, 6- oder 5stufige Gebilde (NS 28, 102–149). Von Ausdrucksgehalten ist dort nicht die Rede, nur wird hinsichtlich der Gesänge in den verschiedenen Szenen einer Dramenaufführung gesagt, sie sollen mit passendem Gefühlsausdruck vorgetragen werden (NS 32, 486).

Bei der Textrezitation konnten die Empfindungen durch vier Akzente zum Vorschein gebracht werden: scharf *(udatta)*, gesetzt *(anudatta)*, klingend *(svarita)* und zitternd *(kampita)* (NS 19, 43). Diese *rasa*-Stimmungen ließen sich auch durch je einen oder zwei Töne wiedergeben (19, 38–40), also:

Erotik *(sringara)*,		
Komik *(hasya)* und die		
heroische Haltung *(vira)*	durch die Töne ma und pa	(damals g und a)
Wildheit *(raudra)* und		
Wunderbares *(adbhuta)*	durch die Töne sa und ri	(damals d und e)
Klage *(karuna)*	durch die Töne ga und ni	(damals f und c)
Schrecken *(bhayanaka)*		
und Abscheu *(bibhatsa)*	durch den Ton dha	(damals h)

Ein *jati*-Melodietyp drückte in seiner ganzen Erscheinung diejenige Stimmung aus, die in seinen Zentraltönen gespiegelt ist (29, 1–11), und diese Stimmung wird einmal im Natyasastra (28, 76–78) als *raga* – ‹Reiz, Lieblichkeit› bezeichnet. Die Vermittlung von Empfindungen nahm demnach ihren Weg vom Wort über die Zentraltöne zu der auch von anderen bevorzugten Tönen gelenkten Melodie. Noch lange dürften die Musiker dieser Vorstellung angehangen haben; denn erst, als neben den althergebrachten *(marga)* auch zeitgenössische, landesübliche *(desi)* Melodieentwürfe beschrieben wurden, betrachtete man die ganzen Konturen als Stimmungsträger und stellte sie, wie Matanga in seiner Brihaddesi (8. Jh.), mit ihren Namen vor.

Andere Werke seit der Zeit des Natyasastra oder in seinem Gefolge bemühen sich immer wieder, teils ausschnittweise, um das gleiche Musikwissen (te Nijenhuis 1977, 8–12). Eine Summa all dieser Kenntnisse, noch lange nachher als richtungsweisende Quelle benutzt, ist der Sangitaratnakara des Sarngadeva, eines Brahmanen aus Kaschmir im

Dienst des Königs Singhana (1210–1247), des Yadava-Herrschers in Devagiri (später Daulatabad). Der Sangitaratnakara rückt die klingende Kunst in den Vordergrund und behandelt in seinem letzten, dem 7. Kapitel nur den Tanz in der Tradition des Natyasastra. Im einzelnen beschreiben die Kapitel 1. Intervalle und Skalen, Melodiebildung und *jati*-Modi, 2. *raga*-Melodietypen, 3. Verschiedenes *(prakirna)* zur Aufführungspraxis, 4. die Struktur der einzelnen *prabandha*-Kompositionen, 5. die alten und landeseigenen Metren *(margatala* und *desitala)*, 6. Bau und Spielweise der Musikinstrumente, klassifiziert wie im Natyasastra. Bezeichnend ist, daß die *jati* den Charakter von Modi erhalten und die *raga* nun ihre Stelle als Melodietypen einnehmen. Dort sind sie geblieben, und damit gelten sie bis heute als Konzepte aller künstlerischen Melodiebildung.

In einer Zeit, da der Islam in Nordindien fest etabliert war und immer weiter nach Süden drängte, hatte Sarngadeva die Musikkenntnisse aus dem ganzen Land auf einmalige Weise zusammengefaßt. Nur 65 Jahre nach König Singhanas Tod (1312) annektierte der Sultan von Delhi das Yadava-Reich, doch im Jahre 1346 gründeten die Brüder Harihara und Bukka weiter südlich die Stadt Vijayanagara, die bald zum politischen und kulturellen Zentrum einer mächtigen Hindu-Konföderation werden sollte. Die politische Trennung hatte zur Folge, daß sich nun die südindische, ganz dem Hindu-Glauben zugewandte Musik stärker von der nordindischen, den islamischen Fürstenhöfen verpflichteten Kunst absetzte. Erstere nannte man *karnataka-sangita*, letztere *hindusthani-sangita*. Die Geschichte der beiden Teilbereiche sei zunächst verfolgt.

2. Hindusthani-Musik

Da das Augenmerk der Gelehrten stets auf die Elemente der Musik gerichtet ist, werden Namen von Musikern nur selten erwähnt. So erscheint die Bemerkung kaum verwunderlich, der erste Musiker, den wir nach Zeit und Ort genau bestimmen können, sei Jayadeva, der Autor des Gita-govinda, eines zwölfteiligen lyrischen Gedichtes, das die inbrünstige Liebe Radhas und Krishnas besingt. Jayadeva, in Kindavila (Kenduli) am Ajay-Fluß in Bengalen geboren und dort bis heute verehrt, lebte im 12. Jh. In seinem Gita-govinda läßt er beschreibenden Strophen stimmungsvolle Lieder folgen. Die meisten der 24 Lieder bestehen aus acht Versen (daher *ashtapadi*) und einem Refrain. Obwohl ihre Melodien verloren sind, muß man doch annehmen, daß der Dichter selbst oder andere in seiner Umgebung sie gesungen haben; denn jedem Lied ist der Name eines Raga vorangestellt, und bis heute führen Sänger im ganzen Land die Stücke gerne auf. Auch in Tänzen werden sie wiedergegeben.

Wie Jayadeva, so gehört auch Chaitanya (1485–1533) in die Reihe der großen Vishnu-Verehrer. Eine Welle der *bhakti*-Gottesliebe durchzog Bengalen zu seiner Zeit, und die Kraft der Erneuerung, die von seiner Mystik ausging, schlug sich in populären Musikvorträgen nieder, die man als *sankirtana* bezeichnete. Dabei wurden Radha-Krishna-Hymnen von Vorsänger und Chor mit Begleitung von Trommeln und Becken in enthuasiastischer Weise gesungen. Fanden die Vorträge in den Straßen statt, dann nannte man sie *nagarakirtana*.

Den Bestrebungen der Hindu-Gläubigen standen schon früh die Ansprüche des Islam gegenüber. Im Jahr der Eroberung Delhis (1192) gelangte der Sufi-Missionar Mu'in ud-Din Chishti (1142–1236) nach Indien, gründete dort eine Kongregation zur Krankenpflege, predigte eine asketische Geistigkeit und gewann durch eine freundschaftliche Haltung viele Hindus für den Islam. In diesem Orden ist die bis heute gefeierte *qawwali*-Zeremonie mit ihrer zur Ekstase treibenden Musik entstanden. Zu den Mitgliedern der Kongregation zählte der Dichter-Musiker Amir Khusrau (1253–1325), der aus persischem oder türkischem Geschlecht im Panjab geboren wurde, bei dem Sufi-Heiligen Nizam ud-Din Auliya Unterricht nahm und mehreren Königen in Delhi als Hofdichter diente. Man schreibt ihm große musikalische Fähigkeiten und die Einführung mehrerer Musikinstrumente zu. Vor allem soll er den *dhrupad*, ja schon den viel späteren *khyal*-Gesangsstil angeregt haben, doch fehlen Belege für diese Legenden.

Das Stichwort *dhrupad* führt nun ins Zentrum der Hindusthani-Musik und zu den vornehmsten Stätten ihrer Pflege. Entstanden ist der Dhrupad am musikliebenden Hof von Gwalior, im Land der Brija-Sprache und der Abhira-Kultur mit ihrer tiefen Krishna-Verehrung. In Gwalior regierte 1486–1516 Raja Mana Singh Tomar; er gilt als der großzügigste Förderer, nach anderen Berichten sogar als der Schöpfer des neuen Stils. Vortreffliche Musiker wirkten an seinem Hof, so Bakshu, Bhannu und Baiju. Letzterer war Schüler des berühmten Sängers Svami Haridasa (1480–1575), der zurückgezogen im nahen Vrindavana, dem bedeutendsten Ort des Krishna-Dienstes lebte und viele Dhrupada zum Lob dieser Gottheit schuf (I. Srivastava 1980, 124–127 und 130–132).

Die überragende Persönlichkeit des Dhrupad-Gesangs ist Miyan Tansen (= Tanasena), der aus Gwalior stammte und wie Baiju einer der 8 Schüler des Svami Haridasa gewesen sein soll. Sein Schutzherr war Raja Rama Candra von Bhattah, und dieser gab den Sänger höchst ungern her, als der Herrscher Akbar (regierte 1556–1605) ihn 1563 für seinen Hof in Agra verlangte. Doch die Bitte ließ sich nicht abschlagen, und an Akbars Hof pries man Tansen mit dem Satz, ein Sänger wie er sei in Indien seit tausend Jahren nicht geboren. Das bedeutete viel im großen Kreis der Hofmusiker, von welchen im A'in-i Akbari (I, 681–82) 36 namentlich erwähnt sind, 16 von ihnen indische Sänger, meist aus

Gwalior, die anderen Sänger und Instrumentalisten aus Afghanistan und Persien. Ferner setzte der musikbegeisterte Akbar gerne Wettstreite mit auswärtigen Sängern an, und danach mochte das Urteil über Tansen manchmal ungünstig ausfallen (I. Srivastava 1980, 135). Doch der Ruhm hat seinen Tod (1586) weit überdauert. Mit Vorliebe führten spätere Musiker ihre Tradition auf ihn zurück, und bis heute erklingen oft Stücke in den von ihm geschaffenen Raga.

Allgemein gilt Dhrupad als der schwere, höfische Stil mit festen Regeln für die Gestaltung und Aufführung von Musikstücken (zur Form des Dhrupad s. Abschnitt 6). In ihren Texten besingen die meisten Dhrupads den flötespielenden Krishna, einige preisen andere Gottheiten. Manche Gedichte erzählen von Königen, Heroen und Schirmherren der Musik, von Erotik und illegitimer Liebe, auch tiefe Gedanken kommen zur Sprache. Vermutlich führten die in den Texten eingefangenen Empfindungen zu recht unterschiedlichem musikalischem Ausdruck, und darüber hinaus konnten die Dhrupads in verschiedenen stilistischen Abstufungen (*bani*, Skt. *vani* – ‹Ton, Stimme›) gesungen werden. Je nach dem Reichtum des Ornaments, dem Ausdruck und dem Tempo unterschied man 4 oder 5 *bani*, doch die Bezeichnungen sind nicht einheitlich (vgl. te Nijenhuis 1974, 85 und I. Srivastava 1980, 49ff.). Die *bani* hatten nur eine kurze Lebensdauer. Im Laufe der Zeit vermischten sie sich miteinander, und daher ist es heute schwer zu sagen, welcher Stilrichtung ein Dhrupad-Sänger folgt.

Offenbar hat der Dhrupad-Stil die Musiker auf Dauer nicht befriedigt. Sie mochten die Regeln für seine Darbietung als zu rigid empfinden, die Texte für pedantisch halten. Frei wollten sie mit den Melodien umgehen und ihre Eingebung ohne Fesseln ausspielen, wie das Wort für die neue Richtung, *khyal* – ‹Phantasie› – andeutet. Steht der Ursprung des Khyal in Frage, so verweisen die Gelehrten zuweilen auf Amir Khusrau, wie oben erwähnt, oder auf den Hof von Jaunpur, wo die Musiker in der 2. Hälfte des 15. Jh.s, die nicht in Hindu-Tempeln spielten, ihren islamischen Schirmherren eine attraktive Unterhaltung boten. Belegt ist nur, daß zwei Musiker des Moghul-Herrschers Shah Jahan (Delhi, 1627–58) als *khyaliyas* bezeichnet wurden. Von dort gibt es einen Sprung zu Mohammad Shah (Delhi, Mitte des 18. Jh.s), und erst seit dieser Zeit entwickelte sich der Khyal zu seiner vollen Blüte (Wade 1984, 1–2).

Im 19. und frühen 20. Jh. etablierte sich der Khyal-Gesang in *gharana* – ‹Familientraditionen›, zumeist benannt nach den Wohn- und Wirkungsorten ihrer Gründer. M. R. Gautam (1980, 91–124) unterscheidet 12 Gharana; die erste, Qawwal-Bache-Gharana, auf das 13. Jh. zurückweisend und als Vorläufer der Gwalior-Gharana aufgefaßt, die anderen, mit ihren Charakteristika angeführt, in den Orten Atrauli, Gwalior, Sahasvan, Rampur, Agra, Saharanpur, Delhi, Fatehpur-Sikri, Jaipur,

Patiala und Kirana beheimatet. Heute ist kaum mehr ein Musiker auf einen Gharana begrenzt, sondern lernt, wo immer es möglich ist. Jeder Musiker achtet aber darauf, daß seine Grundlagen aus *einem* Gharana stammen, und erst wenn diese ‹sitzen›, geht er anderen Arten der Darbietung nach.

3. Karnatische Musik

Die südindische Musik ist nur recht zu würdigen, wenn man über das 16. Jh. hinaus auf die alte Tamil-Musik zurückblickt. Bekundet ist sie erstmals im *Tolkappiyam*, einer Grammatik aus dem 3.–2. Jh. v. Chr. Im 3. Teil des Werks sind alle jene Gegenstände beschrieben, die in Dichtungen behandelt werden können. Darunter befinden sich 5 Landschaftstypen, die mit menschlichen Empfindungen korrespondieren: das Weideland, der dunkle Hügelwald, das bewässerte Ackerland, das Meer mit dem Sandstrand und die Wüste. Jeder Gegend ist unter anderem eine Gottheit zugeordnet. Die Gottheiten tragen Namen aus dem Sanskrit: Vishnu, Skanda, Indra, Varuna und Durga. Aus diesem Tatbestand haben moderne Forscher auf einen weit zurückreichenden Kontakt der alten Dravida mit den Indo-Ariern geschlossen. Von Musik bei Kriegszügen, von höfischem Gesang, von Tanz und Schauspiel ist im Tolkappiyam die Rede, und an einer Stelle werden die aus dem Natyasastra bekannten *rasa*-Stimmungen erwähnt. Ganz in den Bahnen des Tolkappiyam befand sich die Poesie der *sangham*-Dichterakademie in Madurai (1.–3. Jh. n. Chr.). Weiter führte das *Cilappatikaram*, die dramatische Erzählung von dem reichen Kaufmann Kovalan und der hübschen Tänzerin Matavi (5.–6. Jh. n. Chr.). Dort wird im 17. Abschnitt ein Dorftanz von Kuhhirtinnen geschildert, der 7 Mädchen in einem Kreis vereint. Die Tänzerinnen stehen für die 7 Stufen der alten Tonleiter, und daraus wird der Grundton mit Vishnu oder Krishna, die Quinte mit Krishnas Bruder Baladeva, und die Quinte der Quinte, also die 2. Stufe, mit Lakshmi oder Radha gleichgesetzt. Der älteste Kommentator bemerkt dazu, die Tonleiter könne in die 12 Häuser des Zodiakus eingelegt werden, wobei 2 Töne je 1 Haus und 5 Töne je 2 Häuser erhalten. So entsteht in der Tonleiter d e f g a h c ein Maß für die Tondistanzen nach Ganz- und Halbtonschritten und zugleich ein großartiger Spiegel des Kosmos und der Mythologie. Doch nur die Tonalität, nicht die Weltdeutung haben die Gelehrten weiter verfolgt.

Im 7.–8. Jh. wurde Tamilnadu von einer Welle der *bhakti*-Gottesliebe erfaßt. Drei der 63 kanonisierten Siva-Heiligen, Appar (um 650), Sambandar (gest. 660) und Sundarar (um 820), schufen in diesem Umkreis zahlreiche *tevaram*-Gottesgesänge, die bis heute in Tempeln, auf Konzertbühnen und im Volksmund erklingen. Ihre Worte wurden in eindrucksvolle Melodien gekleidet, und diese orientierten sich an *pan* genannten, später mit *raga* gleichgesetzten Vorlagen. Gegliedert sind die Melodien von *tala*-Metren, und in Konzerten werden sie von kunstgemäßem Trommelspiel begleitet.

Die Tevaram-Gesänge waren in Südindien gewiß weit verbreitet, als sich in der Mitte des 14. Jh.s das Reich von Vijayanagara etablierte. Es galt als *karnatadesa* – ‹Karnata-Land› – und umfaßte nicht nur das alte, etwa mit dem heutigen Karnataka gleichzusetzende Gebiet im Westen Südindiens, sondern das ganze Land zwischen den Ozeanen von der Kaveri im Süden bis zum Krishna-Fluß im Norden. Nur die Südspitze der Halbinsel, ehemals von den Cera, Cola und Pandya beherrscht, gehörte nicht dazu.

In der Hauptstadt Vijayanagara entfaltete sich während der beiden folgenden Jahrhunderte eine kulturelle Hochblüte. Zur Zeit des Königs Devaraya II (1422–1446) kommentierte der Musiker Kallinatha als erster den Sangitaratnakara des Sarngadeva und warf zu Beginn einen Blick auf das vielfältige Musikleben bei Hofe. Musik ertönte bei Umzügen und in den Tempeln; religiöse Bettler sangen auf den Straßen. Dorthin begab sich zur Zeit des größten Herrschers, Krishnadevaraya (1503–1529), ein ehemals wohlhabender Juwelier, der all sein Vermögen verschenkt und sich in die *dvaita*-Lehre des kanaresischen Philosophen Madhva (1197–1280) hatte einweisen lassen. Als Bettler sang er mit seinen Söhnen täglich Gottes Lob, und zu seinen Hörern hat wohl auch der König gehört. Bei seiner Initiation erhielt er den Namen Purandaradasa – ‹Diener des Siva›, doch in den Gesängen bringt er mit der Signatur ‹Purandaravitthala› seine Verehrung Vishnus und Krishnas zum Ausdruck. Purandaradasa hat der Musik seiner Zeit einen neuen Impuls gegeben und eine Reihe einfacher Gesänge hinterlassen, die junge Musiker noch heute bei ihrem Studium erlernen. Dafür ehrt man ihn mit dem Titel ‹Vater der karnatischen Musik›.

Thronstreitigkeiten nach Krishnadevarayas Tod wirkten sich negativ auf das Kulturleben aus. Viele Musiker verließen die Stadt, unter ihnen Purandaradasa, der nun singend im Lande umherwanderte. Er starb 80jährig 1564, nur ein Jahr vor der Zerstörung Vijayanagaras durch moslemische Truppen. Danach fand die karnatische Musik am Hofe von Tanjore (= Tanjavur) eine neue Heimat.

Einen ersten Höhepunkt erreichte die Musik in Tanjore zur Zeit des Raghunatha Nayaka (1600–1634). Im Kreis der Gelehrten, Dichter und Musiker befand sich damals Govinda Dikshita, der in seinem Lehrwerk Sangitasudha das Vina-Spiel des Fürsten pries. Sein Sohn Venkatamakhin entwickelte in seinem Traktat Caturdandipakasika von 1620 anhand der Vina, die nun 24 Bünde im Halbtonabstand besaß, das moderne Skalensystem (s. Abschnitt 4). Andere Berichte heben hervor, daß man im Palast neben der Vina-Laute auch die Flöte und das

Streichinstrument Rabab spielte, während bei fürstlichen Umzügen Oboen, Hörner und Trommeln ertönten.

Der Nayaka-Dynastie folgten 1676 bis 1855 die Marathen-Herrscher, gleichfalls große Schirmherren der Musik. Von ihnen ragt Tukkoji alias Tulaja I (1728–36) als Autor des Theoriewerks Sangita-saramrita hervor, und unter Sarabhoji II (1798–1832) machte sich europäischer Einfluß in Tanjore bemerkbar. Insgesamt führten die Musikereignisse während des 18. Jh.s in gerader Linie zur musikalischen Klassik Südindiens, so wie sie in den Werken Tyagarajas (1767–1847), Muttusvami Dikshitars (1775–1835) und Syama Sastris (1763–1827) ihren Ausdruck gefunden hat. Giriraja Kavi, Tyagarajas Großvater väterlicherseits, wirkte ebenso in Tanjore wie sein Großvater mütterlicherseits, Vina Kalahasti Ayya, und der Vater seines Lehrers, Sonti Venkatasubbayya, während Ramasvami Dikshitar (1735–1817) nur kurze Zeit am Hofe von Tanjore verbrachte und sich später in Tiruvarur niederließ, wo Muttusvami 1775 geboren wurde. Besonderen Ruhm erlangte der Vina-Virtuose Pachchimiriyam Adiyappayya (geb. 1730) als Erfinder neuer musikalischer Formen.

Unter den Klassikern steht Tyagaraja in höchstem Ansehen. Zeitlebens hat er nur für Gottheiten gesungen und wird heute als Hindu-Heiliger verehrt. Er hat zahlreiche *kriti*-Kompositionen geschaffen, viele aus dem Stegreif vor Gottesidolen, und deren Form (vgl. Abschnitt 7) ist verbindlich für die Mehrzahl der Stücke im gegenwärtigen Konzertrepertoire Südindiens. Muttusvami Dikshitar komponierte die meisten Kriti mit Sanskrit-Texten und verfeinerte ihre Melodien mit der Vina in der Hand. Unter anderem organisierte er im Tempel der Gottheit Tyagaraja seines Heimatortes Tiruvarur einen ständigen Musikdienst. Syama Sastri schließlich, mit Tyagaraja befreundet, wirkte am Hof von Tanjore und sang dort seine auch von scharfen Kritikern gelobten Kriti-Kompositionen.

Das klassische Repertoire ist durch die Schüler der Meister mündlich weitergegeben worden. Bei seinen wenigen Schülern blieb Syama Sastris Nachwirkung gering, doch Muttusvami Dikshitar, in eine verzweigte Familientradition eingebunden, hat auf viele Komponisten und Sänger, Instrumentalisten und Tänzer befruchtend gewirkt. Tyagaraja vermittelte seine Werke einer großen Schar von Schülern, und einige von ihnen haben nach des Meisters Tod Schultraditionen gebildet, die das Musikleben in Südindien bis heute bestimmen.

4. Raga und Skala seit dem 16. Jahrhundert

Seit Matanga (8. Jh.) gelten nicht mehr die Zentraltöne einer Melodie, sondern die ganzen Melodiekonturen als Stimmungsträger, und seit Sarngadeva pflegt man die namentlich benannten *raga*-Melodietypen in

Systemen zusammenzustellen (vgl. Abschitt 1). Wie viele Raga im Laufe der Zeit entstanden sind, ist kaum festzustellen. Eine moderne Liste südindischer Raga umfaßt 2116 Namen und Skalen (Rangaramanuja Ayyangar 1972, Appendix IV). Erfahrungsgemäß dürfte aber ein Musiker mit vortrefflichem Gedächtnis höchstens 200–250 Raga beherrschen, während 70–80 allgemein geläufig sind. Die Zahl von 250 erscheint schon als sehr hoch, wenn man bedenkt, daß alle Unterschiede im Raum einer Oktav zum Vorschein gebracht werden müssen. Damit Abgrenzungen und Zusammenhänge deutlich werden, haben nordindische Theoretiker im 15.–16. Jh. versucht, Raga-‹Familien› zu etablieren. Den sechs Jahreszeiten – kühle Zeit, Frühling, Sommer, Herbst, Regenzeit, Winter – entsprechend setzte man 6 männliche Raga an den Anfang, stellte jedem von ihnen 4–6 Ragini – ‹Raga-Damen› – an die Seite und führte das System mit Raga-Söhnen und -Töchtern weiter. Offenbar haben die melodischen Zuordnungen große Schwierigkeiten verursacht. Einigkeit gab es nicht einmal, welche Raga als Gruppenbildner dienen sollten, wie den drei im Sangitadarpana des Damodara vorgelegten Listen zu entnehmen ist. Das System blieb folgenlos.

Einen anderen Weg beschritt man in Südindien. Dort beschrieb der Theoretiker Ramamatya 1550 in seinem Svaramelakalanidhi erstmals ein System, das die Raga-Tonleitern zum leitenden Kriterium erhob. Als Gruppenbildner wählte er 20 Raga aus, die im Aufstieg und Abstieg zusammen alle 7 Töne der Oktav umfaßten. Diese nannte er *janaka-raga* – ‹hervorbringende Raga› – und schloß ihnen alle anderen als *janya-raga* – ‹abgeleitete Raga› an. Von den *janaka*-raga ausgehend gelangte Venkatamakhin in seiner Caturdandiprakasika 1620 zum System der 72 Melakarta, das sind Skalen ohne jede Differenzierung nach Haupt- und Nebentönen, die nur zur Einordnung der Raga-Tonleitern dienen. Auch dieses System geht von einer 7stufigen Reihe aus und beginnt mit den tiefsten Varietäten ihrer Töne. Die Skala sa ri ga ma pa dha ni (sa) wird nun in 2 Quarten – von sa bis ma und von pa bis (sa) – zerlegt, und dann erhöht man in der oberen Quarte einen Ton nach dem anderen. Daraus ergeben sich die ersten 6 Skalen:

1. Kanakangi	c	des	eses	f	g	as	heses	(c)
2. Ratnangi	c	des	eses	f	g	as	b	(c)
3. Ganamurti	c	des	eses	f	g	as	h	(c)
4. Vanaspati	c	des	eses	f	g	a	b	(c)
5. Manavati	c	des	eses	f	g	a	h	(c)
6. Tanarupi	c	des	eses	f	g	ais	h	(c)

Darauf erhöht man im unteren Tetrachord einen Ton und spielt die Veränderungen in der oberen Quarte durch wie vorher, also:

7. Senapati	c	des	es	f	g	as	heses	(c)

usw. Der erste Durchgang endet mit

36. Calanata	c	dis	e	f	g	ais	h	(c)

Nun wird die ganze Anordnung wiederholt, doch mit fis anstelle des Tons f, und damit ist das Melakarta-System vollständig. Bis heute sind die Skalen als Gruppenbildner geläufig, doch greifen sie nicht in die Raga-Gestaltung ein.

In Nordindien hat man erst zu Beginn des 20. Jh.s an einem verbindlichen Skalensystem gearbeitet, und seine derzeitige Fassung ist dem großen Musiksammler und -förderer Vishnunarayana Bhatkhande zu verdanken. Die Skalen von 10 Raga erschienen ihm hinreichend, alle nordindischen Melodietypen einzuordnen. Folgende Liste der *That*-Gruppenbildner ergibt sich aus dem 1. Band seiner Anthologie ‹Kramika Pustaka-malika›:

1. Kalyana	c	d	e	fis	g	a	h	c
2. Bilavala	c	d	e	f	g	a	h	c
3. Khamaja	c	d	e	f	g	a	b	c
4. Bhairava	c	des	e	f	g	as	h	c
5. Purvi = Sri	c	des	e	fis	g	as	h	c
6. Marava	c	des	e	fis	g	a	h	c
7. Kaphi	c	d	es	f	g	a	b	c
8. Asaveri =Yaunpuri	c	d	es	f	g	a	b	c
9. Bhairavi	c	des	es	f	g	as	b	c
10. Todi	c	des	es	fis	g	as	h	c

Hier findet man in der 1. Skala die höchsten, in der 9. und 10. Skala die tiefsten Tonvarietäten. Später empfand man das System als unzureichend und hat die Zahl der ‹Grundskalen› auf mehr als 30 erhöht (Jaı̣airazbhoy 1970). Auch hier gilt, wie in Südindien, daß in der klingenden Musik nicht die Skalen, sondern stets die Raga-Konturen mit ihren Tonabstufungen und Ornamenten befolgt werden.

5. Tala-Systeme und -Darbietungsweisen

Sarngadeva hatte die *marga-tala* der alten Theatermusik besprochen und 120 landesübliche *desi-tala* wohl nach internen Zusammenhängen in ein System gebracht. In Nordindien reiht man die Tala-Perioden heute nach der Anzahl ihrer matra-Zählzeiten, beginnend mit 6 *matra* bei Dadara und Pati, weiter mit 7 bei Tivra und Rupaka, mit 8 bei Tritala, mit 10 bei Jhapatala, mit 12 bei Cautala und Eka, mit 14 bei Dhamar, um nur einige zu nennen (Danielou 1968, 67–74). In Südindien kennt man dagegen das System der 35 *culati-* oder *jati-tala*, das mit Hilfe eines variablen Zeitabschnitts aus 7 Grund-Tala entsteht. Es umfaßt:

Grund-Tala		*daraus die Ableitungen*			
Dhruva	3233	4244	5255	7277	9299
Matsya	323	424	525	727	929
Rupaka	32	42	52	72	92
Jhampa	312	412	512	712	912
Triputa	322	422	522	722	922
Ata	3322	4422	5522	7722	9922
Eka	3	4	5	7	9

Jede Tala-Periode hat einen Eigennamen, so 422 *adi-tala*. Sie ist die am häufigsten benutzte metrische Periode in Südindien. Die in den Zahlen vorgestellte Gliederung wird bei Konzerten vermittelt, indem jede erste Zählzeit eines Tala-Glieds ein Handklatschen oder den Anschlag eines Paars kleiner Becken erhält. Neben den systemeigenen Tala-Perioden sind einige mit ungleichen Gliedern beliebt. Man nennt sie *capu* – ‹schräg, abschüssig› – und zählt 4 Arten auf: *tisra-capu* mit 1+2, *khanda* mit 2+3, *misra* mit 3+4 und *sankirna* mit 4+5 Zählzeiten. Die Dauern der Zählzeiten sind kurz, so daß meist 4 solcher Perioden zur Einfassung einer Melodieperiode gereiht werden. Dagegen reicht von den Perioden mit langen Zählzeiten, wie *adi-tala*, eine einzelne als Maß für eine Melodieperiode. In Südindien wird der Tala immer vom Sänger oder einem anderen Musiker des Ensembles geschlagen, und der Trommler läßt sich vom Tala leiten. Dagegen markiert der nordindische Trommler den Tala mit seiner linken Hand, auch dann noch, wenn er in höchst virtuoser Weise begleitet oder solo spielt.

6. Die Formbildung in der nordindischen Musik

Das nordindische Formarrangement geht letztlich auf den im Sangitaratnakara (4, 7–10) beschriebene *prabandha* zurück. Dieser Gesang bestand aus 4 *dhatu*-Abschnitten: 1. *udgraha* - ‹Anheben›, 2. *melapaka* – ‹Verbindung› zu 3. *dhruva*, dem ‹festen› Teil; als Abschluß folgte 4. *abhoga* – ‹Abrundung, Fülle›. Kallinatha kommentiert, in dreiteiligen Stücken falle der *melapaka*, in zweiteiligen zudem der *abhoga* weg, und Simhabhupala, der zweite Kommentator, fügt hinzu, zwischen *dhruva* und *abhoga* schiebe man in bestimmten Gesängen des Dramas einen *antara* – ‹Zwischenteil›. Das Formgebilde erfreute sich bis zum 13. Jh. großer Popularität und wurde seit dem 14. Jh. allmählich vom *dhruvapada* verdrängt.

Dieser Dhruvapada verband zunächst *udgraha* und *dhruva* zu einem Teil, der nun *sthayi* genannt wurde und wie der *dhruva* die ersten Worte viele Male wiederholte. Gleichzeitig stellte *sthayi* den Raga in einfachster, auf das untere Tetrachord begrenzter Fassung vor. An die Stelle des früheren *melapaka* rückte der *antara* – ‹Zwischenteil› –, der den poetischen Gehalt des *sthayi* weiterentwickelte und die Melodie bis zur Oktav oder darüber hinaus steigen ließ. Neu ist der *sancari*, abermals eine Weiterführung der poetischen Gedanken und der Melodie. Den Abschluß bildet nach wie vor der *abhoga*, eine schwungvolle Zusammenfassung allen Auf- und Absteigens in den drei Teilen vorher (Jaiyadeva Singh 1976, 7–10).

Die aus *sthayi, antara, sancari* und *abhog* bestehende Form ist durchgehend metrisiert. Sie blieb bestimmend für den späteren Khyal, der die Phantasie der Musiker, ihr schöpferisches Improvisieren zur Wirkung brachte. Dem metrisierten Stück ging eine nichtmetrisierte, *alapti* oder *alapa* genannte Einleitung voraus, die den Raga, gestützt auf seine Haupttöne (*vadi* und *samvadi*), in all seinen Tonkombinationen vorstellte. Für den Melodieaufbau im alapa konnte das Schema des festen Teils zur Richtschnur werden. Noch heute beherrscht der Khyal-Stil die nordindische Konzertmusik, und hiervon ausgehend entwickelten große Virtuosen im 20. Jh. eine selbständige Instrumentalmusik. Darin folgt dem *alap* ein Gat, dessen Gliederung dem oben erläuterten Formschema entspricht.

Sogar die kleinen Gesangsformen, Thumri und Tappa, nehmen die im Dhrupad gegebene Form an. Der kurze Thumri entstand Ende des 18. Jh.s und spiegelt allein die Stimmung der Erotik in all ihren Schattierungen wider. Dagegen ist Tappa ein Gebilde, das jeden Ton einer strengen Dhrupad-Melodie mit kleinen Verzierungen umgibt, die in die Volksmusik weisen.

7. Musikalische Formen in Südindien

Purandaradasa, der große Sänger in Vijayanagara und Vater der karnatischen Musik (vgl. Abschnitt 3), hatte für den Unterricht junger Musiker kleine, einfache *gita*-Gesänge geschaffen. Die meisten seiner Stücke werden nach ihrer Form als *pada*, wörtlich ‹Fuß, Vers, Reihe› bezeichnet, d. h. als Gesang mit Refrain und Versen, aufzuführen im Wechsel von Solo und Chor. Diese Form hat er wohl den Tallapaka-Komponisten bei seinen Besuchen im Tempel von Tirupathi abgelauscht, und Kshetrajna (um 1700), der fruchtbarste Pada-Sänger, dürfte sie in Südindien weit verbreitet haben. Den Refrain des Pada nannte man *pallavi*, die Verse *carana*. Ein *anupallavi*-Zwischenteil, der, ähnlich dem *antara* in Nordindien, die Melodie des vorherigen Abschnitts zur Oktave aufsteigen läßt, mag in der Zeit Kshetrajnas entstanden und in Tanjore entwickelt worden sein. Jedenfalls besteht das Formschema der Klassiker aus dem Pallavi mit einer auf dem Grundton ruhenden Melodie, dem Anupallavi mit auf die Oktav gerichteten Melodiebögen und dem Carana, dessen Melodie in der Mitte beginnt und sich dann zur Tiefe und zur Höhe entfaltet. Ferner hat Tyagaraja im Pallavi und Anupallavi die *sangati*-‹Varianten› eingeführt. Diese bewirken den kontinuierlichen Anstieg der Melodie um 1 Ton bei jeder Wiederholung. Das ganze Formgebilde wird als Kriti-‹Komposition› bezeichnet, und jeder ihrer Teile schließt mit einer Rückkehr zum Anfang des Pallavi. Eine große Zahl von Kriti ist seither komponiert worden, und vor allem diese Stücke beherrschen gegenwärtig die Konzertprogramme. Im Hinblick auf ihre religiösen Texte nennt man sie auch *kirtana* – ‹Gesänge der Verehrung›.

Pachchimiriyam Adiyappayya am Tanjore-Hofe schuf zwei weitere Formen, die bis heute hoch geachtet sind. Die eine ist der Varna, der die ganze Stimmungs-‹Farbe› eines Raga in auskomponierter Fassung wiedergibt. Gelehrigkeit war bei der Konzeption des Varna im Spiel, und als Übung in dem betreffenden Raga, auch zur Überwindung seiner Schwierigkeiten soll er dienen. Gerne beginnen die Musiker ihre Konzerte mit einem Varna.

Das andere bedeutende Formgebilde des Pachchimiriyam ist die Folge Raga-Tana-Pallavi, wobei ‹Raga› für *Alapana* steht, also für die nichtmetrisierte Einleitung zur ‹Diskussion› des Raga, wie der *Alap* in Nordindien. Tana ist ein Nachsatz zum *Alapana*, dessen Melodietöne, in Gruppen von 2 und 3 zusammengefaßt, gleichmäßig pulsieren. Der Abschnitt, ohne Tala, wird daher als halbmetrisiert empfunden. Pallavi schließlich ist die Entfaltung eines metrisierten, trommelbegleiteten Musikstücks aufgrund eines vorgegebenen ‹Themas› nach dem Einfallsreichtum des Interpreten. Raga-Tana-Pallavi, dem Spiel der Vina-Laute entsprungen, bildet heute den Höhepunkt eines Konzerts.

8. Musikinstrumente und Ensembles

In den Musikensembles steht die Gesangsstimme nach wie vor an erster Stelle, da sie Lobpreis und Gebet, Besinnung und Lehre im Schmuck der Melodie vortragen kann. Damit der Sänger rein intoniert, stützt man seine Stimme mit einem unveränderlichen Grundklang aus dem Grundton, seiner Quinte und seiner Oktave. Diese Töne läßt man den 4 freischwingenden Saiten der *tambura*, eines Lauteninstruments mit langem Hals ohne Bünde entströmen (Abb. 1). In Konzertsälen verstärkt oder ersetzt man heute die Tambura durch die kleine, elektrisch betriebene *sruti-box*.

Zur Begleitung der Singstimme wurden im Natyasastra als erste die Saiteninstrumente genannt. Unter der Gattungsbezeichnung *tata* – ‹gespannte (Saite)› zusammengefaßt, sind dort (NS 33, 15) u. a. *vipanci, citra* und *kacchapi* erwähnt. Die beiden ersten waren vermutlich Harfen, *(d)vipanci* mit 9 Saiten, *citra* – ‹die Helle› – mit 7 Saiten bezogen. Die *kacchapi* – ‹Schildkröte› – kann man sich als Stab mit einer Saite und halbkugelförmigem Resonator vorstellen, ähnlich der Abbildung auf dem Relief «Arjunas Buße» oder «Die Herabkunft der Ganga» aus dem 7. Jh. n. Chr. in Mamallapuram. Vielleicht im Blick auf den Spieler, einen Menschen mit Vogelfüßen, nennt man diese Stabzither aber *kinnari*. Nach zahlreichen Zwischenstufen besaß schließlich das ausgereifte Künstlerinstrument des 15.–16. Jh.s 4–5 Melodiesaiten, 2 Bordunsaiten, zahlreiche Bünde und 2 große Kürbisresonatoren (Abb. 2). Diese *rudravina* oder *mahativina* genannte Stabzither klingt recht leise, manchmal scharf und schnarrend; sie ist mit dem Dhrupad-Stil außer Mode gekommen. Daneben entstand während des 16. Jh.s in Südindien die *sarasvativina*, eine große Laute mit gleichem Saitenbezug wie die Rudravina und 24 feststehenden Bünden auf dem langen Hals (Abb. 3). Das Lauteninstrument ist stärker im Klang als die Stabzither, gut geeignet für Musik im kleinen Raum. In großen Sälen spielt man sie heute mit Mikrophonverstärkung. Rhythmisch begleitet wird sie vom Mridanga (Abb. 11), dem sich ein *ghatam*-Trommeltopf, eine *kanjira*-Rahmentrommel und eine *morsing*-Maultrommel zugesellen können.

Im 18.–19. Jh. entwickelte sich in Nordindien ein Lauteninstrument ähnlich der Sarasvativina Südindiens. Mit seinem Namen *sitar* verweist es aber auf einen persischen Vorfahr, den *setar* – ‹Dreisaiter› –, eine mittelgroße Laute mit ovalem Korpus und langem, dünnem Hals. Dagegen hat der viel größere indische Sitar einen breiten Hals, 4–5 Melodiesaiten, 2 Bordunsaiten und 17 gewölbte, verschiebbare Messingbünde. Auf der etwas tiefer liegenden Halsdecke sind 11 mitschwingende Saiten angebracht, die der Musiker stets auf die Töne des vorgesehenen Raga einstimmt. Sie verleihen dem Gesamtklang einen silbrigen Glanz, besonders wenn die Melodiesaiten mit Drahtplektren angeschlagen werden. Der Sitar ist führend in der virtuosen Instrumentalmusik des 20. Jh.s, und das *tabla*-Paukenpaar wirkt als sein ständiger Begleiter (Abb. 4). Sucht man Klangabwechslung, dann benutzt man für die Alapa-Einleitungen den größeren, 1 Quarte tiefer gestimmten *surbahar*, der wohl im späten 19. Jh. seine heute bekannte Gestalt erhielt.

Lange Zeit haben die Vina-Instrumente den höchsten Rang eingenommen, weil man ihren Klang in die Nähe der menschlichen Stimme rückte. Ob sie jemals als typische Begleitinstrumente dienten, ist eine offene Frage. Sicher ist indessen, daß man in Südindien während des 18. Jh.s die europäische Violine einführte und sie mit Vorliebe zur Begleitung der Singstimme einsetzte. Man stimmte sie aber wie die

Vina-Laute, also z. B. auf f-c′-g′-c″ und spielte sie mit sehr viel Gleitbewegungen, wie es die indische Ornamentierungstechnik verlangt. In Nordindien entdeckte man im 20. Jh., daß die *sarangi* (Abb. 5), vorher Begleitinstrument der Tanzmädchen, mit der menschlichen Stimme trefflich verschmelze. Seither ist das recht klobige Gerät mit den drei dicken Melodiesaiten und 35–40 mitschwingenden Saiten aus der Nähe der Sänger nicht mehr wegzudenken. Dabei mögen die Darmsaiten, von unten mit den Fingernägeln abgegriffen, recht spitze Klänge hergeben. Geschickte Spieler, besonders die modernen Solisten, wissen den Nachteil zu vermeiden. Anstelle der Sarangi wird manchmal das kleine, nur mit der rechten Hand gespielte Harmonium eingesetzt, das jedoch feinere Tonabstufungen und Gleitornamente nicht hervorbringen kann.

Neben dem Sitar ist im 20. Jh. der *sarod* (Abb. 6) als Soloinstrument hervorgetreten, und manchmal spielen beide zusammen. Besonders in solchen Duetten erkennt man die baßartige Klangfarbe des Sarod, die er, wohl auf die gleichfalls mit Plektrum gezupfte afghanische Rabab zurückgehend, seinem breiteren Korpus und der Kupferplatte als Griffbrett auf dem kurzen Hals verdankt.

Wachsender Beliebtheit erfreut sich derzeit in Nordwest-Indien die Trapezzither, deren Name *santur* auf das persische *santur* oder *santir* und weiter auf griechisch *psalterion*, lateinisch *psalterium* verweist. Im mittelalterlichen Europa zupfte man die Saiten mit den Fingern, wie heute beim vorderorientalischen *qanun*, doch in Persien und Indien schlägt man die Saiten mit leicht beweglichen Hämmerchen an. Dafür sind je 3 der 72–100 Saiten des ‹Hackbretts› auf einen Ton gestimmt und diese Saitenchöre abwechselnd hochgespannt. Nur reine Einzeltöne gibt der Santur her. Die erwünschten Ornamente entstehen, wenn der Spieler den Hammer über die Saiten gleiten läßt.

Gewiß schon sehr lange ist in Indien die Querflöte *bansuri* oder *murali* in Gebrauch (Abb. 7). Sie ist Krishnas Attribut, und sie wurde vor 2000 Jahren im Theater zur Melodiebegleitung benutzt. Oft führen die Flötisten Instrumente verschiedener Länge mit sich, damit sie im Ensemble jede gewünschte Tonhöhe hervorbringen können und beim Solospiel einen weiten Tonraum mit verschiedenen Klangfarben zur Verfügung haben.

Musikinstrumente für Darbietungen im Freien sind die Oboen, in Indien überall verbreitet. Die nordindische *sahnai* (Abb. 8) mit ihrem kurzen, konischen Rohr und der Messingstürze stammt aus dem Vorderen Orient. Dort nennt man sie *zurna*, und unter diesem Namen, nachgebildet als *so-na*, ist sie bis nach China getragen worden. Mit dem Naubat-Militärensemble gelangte sie nach Nord-Indien, und dort hat man sie an den Fürstenhöfen bis ins frühe 20. Jh. geblasen. Danach haben fähige Spieler auf dem Instrument nordindische Raga-Musik gespielt, und zur Begleitung wählten sie die Paukenpaare *khurdak* oder *duggi* neben der *tabla*. Der feine, hohe, auch in Innenräumen angenehme Klang hat bewirkt, daß man die Sahnai heute gerne mit Sitar oder Sarod im *jugalbandi*-Duett erklingen läßt. Gegenüber der nordindischen Sahnai ist die südindische *nagasvara*-Oboe (Abb. 9) fast doppelt so lang. Ihre Röhre ist ganz aus Holz gefertigt, zylindrisch gebohrt und mit kleiner Stürze versehen. Mit ihrem satten, weit tragenden Klang ist der Nagasvara (oder: das Nagasvaram) für Umzüge, das offene Tempelareal und Feste unter freiem Himmel vortrefflich geeignet. Auch in der Volksmusik benutzt man die Oboe mit Interesse, und es ist nicht sicher, ob die heute so hohe Stellung in der künstlerischen Musik weit in die Vergangenheit zurückreicht. In der Tat sagt man derzeit oft, niemand trage Raga-Musik so stilrein vor wie die Nagasvaram-Spieler, wenn sie am frühen Morgen im Rundfunk zu hören sind oder zum Tempelgang einladen. Dann spricht man vom *nayandi-melam*, dem ‹großen Orchester›, das aus 3–4 Oboen, 2 *tavil*-Walzentrommeln (Abb. 10), Röhrentrommeln und kleinen Pauken sowie den kleinen Becken zur Markierung des Tala–Metrums besteht.

Das Trommelspiel im Nagasvaram-Ensemble hat zwar manche Eigenheit, ist aber generell an dieselben Regeln gebunden, die vollendet auf dem *mridanga* befolgt werden. Dies ist wohl eine der ältesten Trommeln Indiens, dem Namen nach ursprünglich mit einem Korpus aus Tonerde, heute aber mit einem Holzkorpus ausgestattet (Abb. 11). Die Röhre ist ein Doppelkonus, dessen beide Enden man mit verschieden großen Fellen bespannt. Der Rand jedes Fells und seine Mitte – das «Auge» – ergeben beim Anschlag unterschiedliche Klangfarben. Die Kombinationen der Anschläge, mit Sprechsilben (wie ta-ti-tom-nam) zu imitieren, ergeben höchst variantenreiche ‹Trommelwörter›, die zur Begleitung von Melodien oder beim Solospiel kunstvoll gereiht werden können. So entsteht eine Trommelmusik, die auf der Erde ihresgleichen sucht. Mit dem südindischen Mridanga ist der nordindische *pakhavaj* nahe verwandt (Abb. 12), und früher hatte er denselben Namen. Ein Unterschied besteht nur in den runden Klötzchen, die einige Spannschnüre vom Korpus abheben. Nach wie vor gilt der Pakhavaj als das Begleitinstrument der Vina-Stabzither im Dhrupad-Stil.

XVII.
Tanz und Theater

Kapila Vatsyayan

Seit unvordenklichen Zeiten ist Indien mit seiner großen Zahl ethnischer Gemeinschaften, Rassen und kultureller Gruppen eine wahre Schatzkammer des Tanzes, der Musik und des Theaters gewesen. Die zeitgenössischen Arten des klassischen indischen Tanzes mit ihren kunstvoll stilisierten Formen reiner Bewegung und eindrucksvoller Pantomime haben ihre Vorläufer in den Volkstänzen. Diese vielfältigen Tanzformen sind nicht nur Spuren der Vergangenheit, sie haben immer noch die innere Lebenskraft, die die kunstvolleren, ihrer selbst bewußten Tänze beeinflußt. Volkstanz und Kunsttanz sind daher nicht voneinander zu trennen, sie befinden sich in einem ständigen Dialog. Die klassischen Formen geben dem Volkstanz mitunter Inhaltsreichtum und Ausdrucksstärke, der Volkstanz gibt dem zeitgenössischen Tanz etwas von seiner Frische und Lebensfreude.

1. Die Stammes- und Volkstänze

Es gibt keine Gegend in Indien, keinen Berg, kein Tal, keine Küste oder Ebene, die nicht ihre charakteristischen Volkstänze und -lieder hat. Von Kaschmir im Norden bis Kanyakumari im Süden, von Saurashtra und Maharashtra im Westen bis Manipur und Assam im Osten findet man diese vielfältigen Formen von Tanz und Musik. Man kann die Tänze je nach dem Stadium der sozialen und kulturellen Entwicklung in drei Gruppen einteilen: Stammestänze, Dorfvolkstänze und traditionelle Ritualtänze.

Die Themen der Tänze sind einfach, aber nicht naiv, manchmal drehen sie sich um die alltäglichen Aufgaben des Säens und Erntens, des Reisstampfens, des Webens, des Fangens von Vögeln und Insekten, andere feiern den Sieg im Kampf oder den Erfolg bei der Jagd, oder sie stellen Aspekte des Gottesdienstes dar, manche haben sogar eine magische Bedeutung. Schließlich gibt es die Gemeinschaftstänze der Jahreszeiten und Feste, wenn Männer und Frauen aus reiner Freude tanzen, um den Frühling zu feiern, die Regenzeit, den Herbst und den Winter. Männer, Frauen und Kinder tanzen alle zusammen, es gibt keinen Unterschied zwischen Darstellern und Publikum, jeder nimmt teil, ist schöpferisch, unterhält sich und die anderen.

Die Natur hat still und unauffällig die Tanzbewegungen beeinflußt, so wie sie das Leben der Menschen prägt, die im Einklang mit ihr leben.

Der Gebirgszug des Himalaya erstreckt sich über eine weite Entfernung, alle Tänze seiner Bergvölker haben etwas Gemeinsames. Das Beugen der Knie, die langsam sich wiegenden Bewegungen, die verschränkten Arme – sie sind ein Ebenbild der Wellenform des Gebirges. Die erregten Bewegungen und plötzlichen Stellungswechsel in den sonst so lyrisch dahinfließenden Tänzen des Ostens, vor allem in Assam und Manipur, sprechen von aufbrausenden Stürmen, die die Bäume entwurzeln. Die gespannte Aufmerksamkeit der sorgfältig gestalteten Tänze der Nagas aus Nagaland, aus Meghalaya und anderen Waldgebieten des Ostens weisen auf die unbekannten Gefahren hin, denen man im Urwald begegnen kann. Die Tänze der Fischer von Saurashtra sind ein Echo der Brandungswellen, die Volkstänze der Ebenen des Inlandes stehen im Kontrast dazu.

Volkstänze haben sowohl eine gewisse regionale Autonomie als auch Gemeinsamkeiten, die sie miteinander verbinden. Während die Umwelt ihnen ihren jeweils eigenen Charakter gibt, sorgen Legenden, Mythen und Literatur für gemeinsame Themen, die fast überall bekannt sind. Diese Tänze haben viele Jahrhunderte überdauert und haben der indischen Tradition eine Kontinuität verliehen, die keinesfalls statisch ist, sondern sich immer wieder neuen Bedingungen anpaßt und andere Einflüsse aufnimmt. Schmiegsamkeit und Flexibilität sind Vorbedingungen für Ausdruck und Gestaltung des eigenen Wesens; Improvisation ist das Geheimnis des Überlebens.

Wie zuvor erwähnt, kann man die Vielfalt der Erscheinungsformen dieser Tänze in die drei Kategorien Stammes-, Volks- und Ritualtänze einordnen. Da sind zunächst einmal die Stammestänze, die die Lebensweise der noch nicht durch den Ackerbau geprägten Menschen widerspiegeln. Obwohl die meisten Stammesangehörigen heute auch Ackerbau treiben, zeigen ihre Tänze doch noch die alten Formen der Jagd, des Fischfangs, des Sammelns von Früchten und des Umgangs mit den Weidetieren. Stämme leben in den verschiedensten Gegenden Indiens von den Bergen zu den Ebenen und Küsten. Sie gehören den verschiedensten Rassen an, arischen, mongolischen, dravidischen und vielen anderen mehr. Einige Stammestänze sind denen in Thailand, Myanmar, ja sogar denen der Philippinen und anderer Teile Asiens ähnlich. Einen davon könnte man geradezu als panasiatischen Tanz bezeichnen, in Indien wird er von den Mizos getanzt und Bambustanz genannt. Vielleicht wurde er ursprünglich bei Totenfeiern getanzt, jetzt hat er aber nur noch eine rein weltliche Bedeutung. Bei diesem Tanz werden vier lange Bambusstangen, je zwei und zwei, über Kreuz gehalten. Sie bilden in der Mitte ein kleines Viereck, das zum Rhythmus der Trommeln von Männern, die die Enden der Stangen halten, geöffnet und geschlossen wird. Der Tänzer hüpft mit einem Fuß in das Viereck hinein, der Tanz wird immer schwieriger, wenn der Rhythmus schneller wird und sich mehrere Tänzer daran beteiligen. Er verlangt Geschicklichkeit und Übung. Heute ist dieser Tanz in der ganzen Region sehr populär und wird sogar in den Schulen gelehrt.

In starkem Kontrast zu diesen Tänzen, die von Männern und Frauen in aufrechter Haltung und nur zum Klang der Trommeln oder des Gesangs getanzt werden, stehen die Tänze der Stämme der großen Ebenen. Die schönsten und eindrucksvollsten sind die der Ho und Oraon in Bihar, der Maria von Bastar in Madhya Pradesh und der Santhal von Bengalen. Die Abhujmaria haben einen festlichen Erntetanz, der *Kaksar* heißt. Zuerst wird die Göttin verehrt, dann kann der Tanz beginnen. Die Männer tragen Gürtel mit Glöckchen, die Frauen tragen kurze Saris und ebenfalls Glöckchen um die Hüften und sind reich geschmückt. Der Tanz bietet die Gelegenheit, einen Partner fürs Leben zu finden. Hochzeiten, die nach einem solchen Tanz stattfinden, werden begeistert gefeiert. Die Rhythmen des Tanzes sind sehr komplex, so auch die Tanzschritte. Die Instrumente, mit denen zum Tanz aufgespielt wird, sind die zylindrische Trommel *(dhol)*, ein kleines, schalenförmiges Schlaginstrument *(timiki)* und die Bambusflöte *(bansuri)*.

Die Tänze der Ho und Oraon von Bihar, die wegen ihrer Kraft und Lebhaftigkeit berühmt sind, unterscheiden sich von denen des benachbarten Madhya Pradesh. Männer und Frauen tanzen hier um die Wette und versuchen sich in der Komplexität ihrer Tanzfiguren zu überbieten. Die *Jadur*- und *Karma*-Tänzer der Oraon feiern eine Reihe von Festen, die im März beginnt und im Juni endet. Alle diese Tänze sind im Grunde Erntetänze oder Tänze, mit denen um eine gute Ernte gebeten wird. Sie ahmen in abstrakter Form alltägliche Arbeitsvorgänge in der Landwirtschaft nach. Die Tanzmelodie besteht aus wenigen Noten, die zunächst in langsamem Rhythmus gesungen werden. Männer und Frauen tanzen in separaten Reihen, das Ineinander von Armen und Beinen bildet komplexe Muster, das Tempo steigert sich, bis es zu einem wilden Höhepunkt kommt. Die Hauptinstrumente sind eine große, schalenförmige Trommel *(nagara)* und verschiedene Arten von Rasseln und Klappern *(kartal, ketchka)*. Der Anführer des Tanzens hält einen mit Pfauenfedern geschmückten Stab in der Hand, die Trommler reihen sich ab und zu in die Reihen der Tänzer ein.

Wanderungsbewegungen von einem Teil Indiens in einen anderen hat es schon immer gegeben. Eine solche Wanderung hat wohl vor etlichen Jahrhunderten eine Volksgruppe von Nordindien nach Andhra Pradesh im Sünden geführt. Die Mathuri behaupten, daß sie in gerader Linie von dem Rajputenfürsten Raja Prithvisingh Chauhan abstammen, heute siedeln sie im Bezirk Adilabad auf dem südlichen Hochland. Sie feiern das Frühlingsfest *(Holi)* im Tanz. Der Gott Krishna steht im Mittelpunkt ihrer Tänze, von denen zwei besonders berühmt sind: *Lengi ka*

Abb. 1: Tanzende Maria-Mädchen. Stammesangehörige aus Bastar, Madhya Pradesh

Abb. 2: Maria-Cheliks mit ihren Pitorka-Trommeln. Stammesangehörige aus Bastar, Madhya Pradesh

Natch und *Lingi*. Ihre Musikinstrumente bestehen aus Trommeln und Messingplatten *(jhanj)*, die aufeinandergeschlagen werden.

In der Himalayaregion im Norden gibt es viele Tänze der Dorfgemeinschaften, die einen besonderen Reiz haben. Aus Jaunsar Bavar in Uttar Pradesh kommen zwei sehr volkstümliche Tänze, der eine wird zur Zeit des Lichterfests *(Diwali)* am Ende des Herbstes getanzt. In einer dunklen Nacht werden Lichter angezündet und Geschenke ausgetauscht. Es ist dies auch die Zeit, in der verheiratete Frauen ihr Elternhaus besuchen. Der Tanz beginnt im Halbkreis, dann trennen sich Männer und Frauen in einzelnen Reihen. Der Gesang, der den Tanz begleitet, besteht aus Fragen und Antworten. Mit gleitenden Bewegungen und eleganten Knicksen schreitet der Tanz fort, bis ein oder zwei Frauen sich in die Mitte der Gruppe begeben und Scheiben auf ihren Fingerspitzen rotieren lassen, manchmal drehen sie auch mit Wasser gefüllte Krüge auf dem Kopf und balancieren sie so perfekt, daß kein Tropfen Wasser zu Boden fällt. Die Musikinstrumente, die zum Tanz aufspielen, sind hier wie in Himachal Pradesh eine große lurenartige Trompete *(narsingha)*, Messingglocken, faßartige Schlaginstrumente und schalenförmige Trommeln.

Im Panjab gibt es einen sehr männlichen Bauerntanz *(Bhangra)*, der meist nach der Weizenaussaat getanzt wird. Die jungen Männer versammeln sich nachts beim Trommelschlag auf einem Feld, bewegen sich im Kreis herum, der immer größer wird, je mehr Tänzer sich anschließen. Der Trommler steht in der Mitte und schlägt die Trommel *(dholak)* mit Stöcken. Der Rhythmus des Tanzes ist zuerst langsam, die Tänzer zucken ruckartig mit den Schultern und machen Hüpfschritte, dann tanzen sie schneller und kräftiger und heben die Hände bis zu den Schultern oder über den Kopf. Zwei Tänzer treten in die Mitte und tanzen eine Art Duett, darauf begeben sich mehr und mehr Tanzpaare in den Kreis und reihen sich später wieder in ihn ein. Jeder zeigt, was er kann. Geübte Bhangratänzer führen allerlei akrobatische Kunststücke vor, manche tanzen gar mit gebeugten Knien, während ein anderer auf ihren Schultern steht. Es gibt keine bestimmten Regeln für diesen Tanz, er ist spontan und ausdrucksstark und typisch für die Männlichkeit des Panjab, er ist in seiner Art einmalig und unverwechselbar.

Weiter im Norden, in Kaschmir, gibt es auch viele Anlässe zum Tanzen, besonders nachdem hier inmitten der schneebedeckten Berge der Winter vergangen ist und der Frühling neues Leben bringt. *Rouf* ist ein typischer Tanz der Kaschmirifrauen, die in zwei Reihen tanzen und dazu Lieder singen, die an das Spiel von Frage und Antwort gemahnen. Die Schritte sind leicht, die Frauen bewegen sich wiegend und schwingend vorwärts und rückwärts. Spontan und einfach zugleich, bezaubert dieser Tanz den Zuschauer.

Das ist nur eine kleine Probe aus dem unermeßlichen Schatz der Stammes- und Volkstänze Indiens. Aus ihnen sind die verschiedenen klassischen Traditionen des Tanzes und der Musik Indiens hervorgegangen.

2. Die klassischen Tänze

Es gibt fünf klassische Tanzstile, die sich durch ihre hohe Kunst und Ausformung vom Volkstanz abheben und als «klassisch» bezeichnet werden: *Bharatanatyam, Odissi, Manipuri, Kathak* und *Kathakali*. Die Geschichte dieser Tanzstile kann höchstens zweihundert bis dreihundert Jahre zurückverfolgt werden. Doch sie sind alle mit dem sehr alten Erbe der indischen Literatur, Skulptur und Musik verbunden. Sie alle folgen den von Bharata aufgestellten Grundregeln. Bharata hat den Tanz unterteilt in reine oder abstrakte Bewegungsformen *(nrtta)* und pantomimische Formen *(nrtya)*. Ferner betont er den Unterschied von männlicher, kraftvoller Tanzform *(tandava)* und der femininen, lyrischen Form *(sukumara)*. Dazu kennt er noch zwei Arten der Präsentation, die stilisierte Bewegungsform *(natyadharmi)* und die mehr volkstümliche *(lokadharmi)*. Doch sind die besonderen Formen der fünf Tanzstile unverkennbar.

Die musikalische Begleitung zum klassischen Tanz besteht immer aus einem Sänger, einem Trommler, der entweder die Doppeltrommel *(mridanga, maddalam, pakhavaj)* schlägt oder aber zwei separate Trommeln *(tabla)*. Hinzu kommt ein Zymbalist, der die Taktsilben rezitiert. Ferner gibt es meist noch einen weiteren Streich- oder Zupfinstrumentspieler in diesem Ensemble.

Der *Bharatanatyam* genannte klassische Tanzstil hat sich in Südindien vor etwa zweihundert Jahren entwickelt. Seine Tanzstellungen erinnern an Skulpturen des 10. Jahrhunderts, aber Themen und musikalische Gestaltung dieses Tanzes verdanken wir den Hofmusikern von Tanjore des 18. und 19. Jahrhunderts. Es ist ein Solotanz und hat enge Verbindungen zu dem *Bhagavata Mela* genannten Tanzdrama, das nur von Männern getanzt wurde, und zu den *Kuravanji* genannten Volksstücken, die nur von Frauen dargeboten wurden. Seine besondere Stilisierung hat den *Bharatanatyam* aber zu einem kunstvollen Tanz gemacht. In der Grundhaltung steht die Tänzerin mit nach auswärts gekehrten Füßen, die Fersen nahe beieinander, die Knie gebeugt, die Innenseite der Schenkel nach außen gekehrt. Bei der Beinarbeit wechseln verschiedene Positionen des Fußes einander in rascher Folge ab, während die Grundhaltung beibehalten wird. Nur ausnahmsweise wird auch eine völlig aufrechte Haltung eingenommen. Der Rumpf bleibt beim Tanz gerade, die Wirbelsäule wird nicht gebeugt. Gerade Linien, Diagonalen und Dreiecke

Abb. 3: Bharatanatyam, Indrani Rahman

Abb. 4: Bharatanatyam, Bala Saraswati (1963)

sind die Grundmuster für die Choreographie der Tanzschritte. Elementare Bewegungsmuster *(adavus)* werden zu einer Bewegungsfolge aneinandergereiht.

Kompositionen der karnatischen Musik bilden das Repertoire der Begleitmusik. Die Tanzvorstellung beginnt mit reinen Bewegungen zu einem abstrakten rhythmischen Zyklus *(alarippu)*. Es folgt eine weitere Sequenz reiner Bewegungen zu einer Komposition, die *jatisvaram* heißt. Hierbei interpretiert die Tänzerin die Noten einer Melodie in einem bestimmten rhythmischen Zyklus *(tala)*. Der nächste Teil des Tanzes, *shabdam* genannt, führt das Mienenspiel ein. Der Zuschauer bekommt so einen ersten Eindruck von der Gestaltungskraft der Tänzerin auf diesem Gebiet. Es folgt *varnam*, ohne Zweifel der schwierigste Teil des Tanzes. Die Tänzerin muß hier den drei Phasen *pallavi, anupallavi* und *charanam* der musikalischen Komposition folgen. Jede Zeile wird mimetisch ausgedrückt, gefolgt von Passagen reiner Tanzbewegungen, bei denen die rezitierten Silben und die Melodie des Gesangs die Grundlage bilden. Die dritte Phase, *charanam*, steigert sich zu einem Crescendo, wobei der Sänger die Melodie zunächst nach den Noten der Tonleiter und dann mit den Worten des lyrischen Textes singt und die Tänzerin beides interpretiert. Die Vorstellung endet mit *tillana*, einer reinen, meist sehr schnellen Bewegungsfolge. In diese obligatorische Sequenz werden lyrische Kompositionen *(padam)* eingefügt, die von der Tänzerin mimetisch dargestellt werden *(nrtya)*.

Kuchipudi ist ein dem *Bharatanatyam* verwandter Tanzstil, der nach einem Dorf in Andhra Pradesh benannt ist. Er hat sich zu einer Solotanzform aus dem Tanz *Bhamakalapam* entwickelt. *Kuchipudi* wurde bis vor kurzem nur von Männern getanzt. Auch hier entwickelt sich die Bewegungsform aus elementaren Bestandteilen. Das Repertoire beginnt mit einem Stück, das «Blumenopfergabe» *(pushpanjali)* genannt wird. Es folgen weitere Stücke, die entweder eine Melodie oder ein Gedicht zur Grundlage haben. Die Darstellung der zehn Inkarnationen *(avatars)* Vishnus, genannt *Dashavatara*, ist bei den *Kuchipudi*-Tänzern besonders beliebt. Eine andere Darstellung, die für den *Kuchipudi* besonders charakteristisch ist, ist die Geschichte von Satyabhama, der zweiten Frau Krishnas. Sie bittet Krishna, ihr die himmlische Blume *Parijata* zu bringen. Die Vorstellung endet mit einem virtuosen Tanz, bei dem die Tänzerin oder der Tänzer auf dem Rand eines Messingtellers tanzt und dabei einen Wasserkrug auf dem Kopf trägt.

Odissi ist dem *Bharatanatyam* ebenfalls sehr ähnlich. Er entwickelte sich aus Musikspielen *(sangita-nataka)* und aus den Tänzen gymnastischer Schulen *(akhara)*. Bereits Skulpturen aus dem 2. Jh. v. Chr. zeigen Figuren dieses Tanzstils. Vom 12. Jahrhundert an sind Inschriften und Manuskripte erhalten, die über diesen Tanzstil und seine Bedeutung beim Tempelritual berichten. *Gita Govinda*, ein Gedicht des 12. Jahrhunderts, hat den poetischen und musikalischen Inhalt dieses Tanzstils geprägt. Er wurde von Frauen, *mahari* genannt, im Tempel des Jagannath von Puri aufgeführt, später haben auch Männer, genannt *gotipua*, diesen Tanz in Frauenkleidern im Hof des Tempels aufgeführt. Der gegenwärtige *Odissi* ist ein Solotanz, der aus allen diesen Elementen hervorgegangen ist, er ist in den letzten beiden Jahrzehnten wiederbelebt worden. Die Grundhaltung ist hier die dreifach gebeugte Position *(tribhanga)*, so wie sie auch die indische Skulptur zeigt. Die Beine sind angewinkelt, Brust und Hüften sind gegeneinander verdreht.

Das Repertoire des *Odissi* umschließt reine Tanzbewegungen *(nrtta)*, die an die Stellungen der Skulpturen in den Tempeln Orissas erinnern. Diese Stellungen werden in verschiedenen rhythmischen Zyklen *(tala)* aneinandergereiht, oder aber es werden Gedichte tänzerisch dargestellt, von den Hymnen an Ganesha bis zu den Strophen der *Gita Govinda* oder den Gedichten der Oriya-Poesie. Die Bewegungseinheit des Odissi ist *arasa* anstelle des *adavu* beim *Bharatanatyam*. Die Tänzerin hat viel Improvisationsfreiheit innerhalb des rhythmischen Zyklus und der Melodieführung, sowohl bei den reinen Bewegungssequenzen als auch bei der Interpretation der Gedichtzeilen. Sie kann auf diese Weise eine einheitliche Stimmung darstellen.

Manipuri ist eine lyrische Tanzform aus dem Osten Indiens. Obwohl in Manipur schon vor dem Aufkommen des Vaishnava-Kults im 18. Jahrhundert vielerlei magische und rituelle Tänze bekannt waren, haben sich die *Rasa*-Tänze dort erst infolge der Interaktion dieses früheren Erbes mit dem neuen Kult entwickelt. Der Ursprung des *Rasa*-Tanzes wird auf den Traum eines Königs zurückgeführt. Wie immer dem auch sei, der *Manipuri*-Tanz besteht aus fünf Ballettstücken, deren Mittelpunkt der pas de deux von Radha und Krishna ist, meist begleitet vom Ballett der Hirtenmädchen *(gopis)*. Die zweite Gruppe klassischer *Manipuri*-Tänze ist als *Sankirtana* bekannt, der von Männern mit den typischen *Manipuri*-Trommeln *(pung)* oder mit dem Zymbal *(kartal)* getanzt wird. Viele komplizierte Rhythmen werden auf diesen Trommeln gespielt. Der *Nata-sankirtana* wird oft als Vorspiel zum *Rasa*-Tanz aufgeführt.

Die Technik des *Manipuri*-Tanzes ist eine ganze andere als die des *Bharatanatyam* oder *Odissi*. Die Füße sind nach vorn gerichtet, nicht nach außen gestellt, die Knie sind locker, leicht nach vorn geneigt, aber nicht seitwärts gestreckt, die Innenseiten der Schenkel werden nicht nach außen gedreht, der Rumpf ist entspannt, Brust und Hüften gegeneinander verdreht. Die Körperhaltung entspricht der Form des Buchstaben «S». Die Arme bewegen sich ohne die scharfe Winkelhaltung des Ellbogens oder die gerade Streckung des Armes wie beim *Bharatanatyam*. Die Finger bewegen sich in Kreisen oder Halbkreisen und Kurven, öffnen und schließen sich langsam. Die Grundhaltung wird *Chali*

Abb. 5: Sankirtana. Manipuri-Tanz

Abb. 6: Manipuri Rasa

oder *Parenga* genannt. *Sankirtana* ist durch eine männliche Grundhaltung bestimmt, mit Sprüngen und Streckungen, aber ohne besondere Beinarbeit.

Die Ritualtänze Manipurs sind von besonderer Art, die wichtigsten sind die *Maiba-* und *Maibee-*Tänze der Priester und Priesterinnen vor den Dorfgottheiten. Sie enden oft in einem Zustand der Trance. *Lai Haroba* ist ein besonders zeitaufwendiger Ritus, der sich über mehrere Tage erstreckt. Die rituelle Form wird streng eingehalten, die Beinarbeit erfordert viel Geschicklichkeit, die Bewegungen folgen einer sich wiederholenden Melodie, die von einem Streichinstrument *(pana)* gespielt wird. Khamba Thoibi, mit Shiva und Parvati identifiziert, sind die Gestalten eines der wichtigsten dieser Tänze. So wie *Bharatanatyam* und *Odissi* läßt sich *Manipuri* auch in reine Bewegungsformen und mimetische Passagen aufteilen. Die Pantomime ist jedoch sehr lyrisch und zurückhaltend, und es gibt keine dramatisch extrovertierten Szenen. Der gleichmütige Gesichtsausdruck und die Bewegungen der Hände erinnern eher an südostasiatische Tänze, besonders die Tänze Thailands und Balis.

Der nordindische *Kathak*-Tanz ist ein urbaner, virtuoser Tanz von exquisiter Technik. Er wird der höfischen Kultur der Nawabs von Oudh zugeschrieben, ist aber eine Synthese verschiedener Kunstformen, darunter die traditionellen Tanzdramen, die in den Tempeln von Mathura und Brindavan aufgeführt wurden und das Spiel *(lila)* von Radha und Krishna zum Gegenstand hatten. Diese Tradition verschmolz mit der höfischen Tanzkunst der Nawabs. Die Ursprünge dieses Tanzstils sind alt, seine gegenwärtige Form aber verdankt er dem Genie des Nawabs Wajid Ali Shah und seines Hoftänzers Pandit Thakar Prasadji. Das gegenwärtige Repertoire des *Kathak*-Tanzes wurde von wenigen Familien traditioneller Tänzer im Lauf der letzten hundert Jahre entwickelt.

Technisch gesehen ist der Kathak-Tanz zweidimensional. Er folgt stets einer vertikalen Linie ohne Bruch und Beugung. Die Beinarbeit ist das wichtigste Element, sie erfordert lange Übung. Die Tänzerin oder der Tänzer muß lernen, mit den 100 Glöckchen am Fußknöchel die verschiedensten Klänge und Rhythmen zu produzieren. Geradlinige Schritte, gleitende Bewegungen, rasche Pirouetten, wechselndes Tempo und rhythmische Muster machen die Schönheit und Virtuosität dieses Tanzes aus. Wie bei den anderen Tanzstilen auch, beginnt der Tänzer mit einer Invokation, die entweder an einen Gott oder an den Gastgeber des Abends gerichtet ist. Die Invokation oder Begrüßung *(amad* und *salaam)* wird gefolgt von einer Sequenz zurückhaltender Bewegungen, bei denen das Spiel der Augenbrauen, der Augen, des Halses und der Schultern von Bedeutung ist. Dem schließt sich eine Vorstellung rhythmischer Muster *(tukra, tora)* an. Rhythmische Zyklen können hinzugefügt werden, um die Vorstellung zu bereichern. Pirouetten von Tänzergruppen zu je drei, sechs, neun oder zwölf Tänzern bilden meist das Finale. Die reinen Bewegungsformen *(nrtta)* werden von kurzen interpretativen Stücken gefolgt, die von einer sich wiederholenden Melodie begleitet werden. Die Tanzpantomime *(abhinaya)* illustriert Gedichte der Hindi- und Brajbhasa-Poesie, die den Städtern und den Leuten vom Lande gleichermaßen bekannt sind. Der Tänzer improvisiert bei den reinen Bewegungsformen, wobei er sozusagen mit den Schlaginstrumenten in Wettbewerb tritt, aber auch bei der Pantomime darf er improvisieren, und seine Meisterschaft zeigt sich erst darin. Das begleitende Musikensemble besteht aus einem Sänger, einem Trommler, der entweder die Doppeltrommel *(pakhavaj)* oder das Trommelpaar *(tabla)* schlägt, und einem weiteren Instrumentalisten, der die sich wiederholende Melodie *(nagma)* spielt, zusätzliche Instrumente können zur Bereicherung hinzukommen.

Kerala ist die Heimat einiger der ältesten Tanz- und Dramaformen. Ihr Ursprung kann viele Jahrhunderte zurückverfolgt werden. Einer davon ist *Kutiyattam,* der dem klassischen Sanskritdrama noch am ehesten entspricht und ein großes Repertoire von rituellen Tanzdramen umfaßt, so etwa *Teyyam, Theriyattam, Bhutam* usw. Beim rituellen Tanz verwandelt sich der Tänzer sozusagen in eine Gottheit. Das Wort *Theyyam* ist von dem Wort *Daivam* abgeleitet. Das kunstvoll geschminkte Gesicht, die imposante Krone, die übernatürlich wirkende Kostümierung transformieren den Darsteller, der so verwandelt im Wald von Kerala im schwachen Licht der Öllampen erscheint. Er ist in diesem Moment ein Orakel, er kann Kali oder Chamunda, Bhairava oder irgendeine andere Gottheit personifizieren. Auch in anderen Teilen Indiens, besonders aber in Karnataka und Tamilnadu, sind solche rituellen Tanzformen bekannt. Eng verwandt mit diesen rituellen Tänzen ist die Lebensgeschichte Krishnas, *Shreemad Bhagavata,* die im Tempelkomplex von Guruvayoor in Kerala Nacht für Nacht als rituelle Opferzeremonie aufgeführt wird.

Kathakali aus Kerala ist ein klassisches Tanzdrama, das von den anderen vier klassischen Tanzformen sehr verschieden ist und aus einer Synthese von klassischem Tanz und Ritualtanz hervorgegangen ist. Es ist eher dramatisch als erzählend in seiner Darstellungsform. Die Rollen werden von verschiedenen Tänzern gespielt. *Kathakali* wurde, zumindest bis vor kurzem, ausschließlich von Männern aufgeführt. Die Themen entstammen den Epen und Mythen, die Darstellungsweise suggeriert übernatürliche Erscheinungen. Die Kostüme und das maskenartige Schminken der Gesichter vergrößern die menschlichen Proportionen. Die Farben, mit denen die verschiedenen Akteure geschminkt sind, stellen ihre Charaktereigenschaften dar. So haben Helden und Antihelden, Schurken, Dämonen, weise Männer und Könige alle ihre ganz

Abb. 7: Mohiniyattam. Shanta Rao (1963)

Abb. 8: Kathakali. Shekar Pannikar

besonderen Kostüme und Gesichtsfarben, wobei grün einen guten Charakter andeutet, rot auf Tapferkeit und Zorn hinweist, schwarz mit dem Bösen oder Primitiven verbunden ist und weiß die Reinheit anzeigt. Farbkombinationen reflektieren den jeweils besonderen Typ des Darstellers oder auch die Stimmung des Stücks.

Kathakali ist ein Tanzdrama und kein Theaterstück, denn die Darsteller sprechen nicht, sondern sie erzählen die Geschichte mit Hilfe komplizierter Körperhaltungen, mit den Gesten der Hände und den Bewegungen der Augen. Der Sänger singt und rezitiert den Text, den die Darsteller durch ihre komplizierte Zeichensprache wiedergeben. Dabei haben die Tänzer wie bei jedem anderen Tanz viel Improvisationsfreiheit. Ferner wird auch hier die Pantomime *(abhinaya)* durch reine Bewegungssequenzen *(nrtta)* unterbrochen.

Im Laufe der letzten hundert Jahre haben viele Dichter *Kathakali*-Stücke geschrieben, denn *Kathakali* ist nicht nur ein Schauspiel, sondern auch eine Literaturgattung. Die Tanztechnik hat beim *Kathakali* auch einige Besonderheiten. Die Grundstellung ist die mit gebeugten Knien, bei der jedoch das Gewicht des Körpers nicht auf der Fußsohle, sondern auf der äußeren Fußkante lastet. Die Fußbewegungen folgen einem rechteckigen Muster. Die reinen Tanzbewegungen bestehen aus Einheiten, die *kalasama* genannt werden, sie entsprechen dem *adavu* beim *Bharatanatyam*, dem *arasa* beim *Odissi*, dem *tukra* des *Kathak* und den *chali* und *parenga* des *Manipuri*-Tanzes. Bei der Pantomime stützt sich *Kathakali* mehr als jede andere klassische Tanzform auf die komplizierte Sprache der Handgesten *(mudra)*, die hier zur höchsten Ausdrucksfähigkeit entwickelt worden sind. Zwar ist *Kathakali* die hochentwickeltste Form des Tanzdramas in Indien, es gibt aber auch noch andere, so das *Yaksagana* von Mysore und andere mehr. Das zuvor erwähnte *Bhamakalapam* ist ebenfalls entfernt mit dem *Kathakali* verwandt.

Die Begegnung dieser dramatischen Tanzstile wie *Manipuri* und *Kathakali* und einiger Formen des Volkstanzes mit dem Einfluß westlicher Tanzkunst hat im 20. Jahrhundert neue indische Tanzstile ins Leben gerufen, die man ganz allgemein den modernen Tanzstil nennt. Der Begründer diesen neuen Stils war Uday Shankar, der als Tanzpartner von Ana Pavlova aufgetreten war, ehe er sich mit der indischen Tanztradition beschäftigt hatte. Nach seiner Rückkehr nach Indien versuchte er, den traditionellen indischen Tanz umzugestalten und ihn von den alten Regeln zu befreien. Er machte Anleihen, wo immer er nur konnte, richtete sich nicht nach dem alten Takt oder der traditionellen Beziehung von Wort und mimetischem Ausdruck, er nahm zeitgenössische Themen auf, wie etwa die Arbeit, die Maschine, den Tageslauf des Alltags, wandte sich aber auch den Mythen und Legenden zu. Im Gegensatz zur traditionellen Tanzkunst wurde hier die Choreographie zuerst entworfen und die Begleitmusik dazu komponiert. Die Musik beherrschte den

Tanz nicht. Nach und nach entstand so eine eigene Schule, die Uday-Shankar-Schule des Tanzes. Die meisten modernen Choreographen sind aus dieser Schule hervorgegangen, einer der talentiertesten war Shanti Bardhan (gest. 1952), der zwei bemerkenswerte Ballettstücke, *Ramayana* und *Panchatantra*, geschaffen hat. In diesen beiden Stücken sind zwar die Themen alt, die Gestaltung aber von ganz neuer Art. Im ersten Stück ahmen die Tänzer ein Puppenspiel nach, im zweiten spielen die Bewegungen der Vögel und Tiere eine prägende Rolle.

Diese Entwicklungen haben die traditionellen Tänze nicht unberührt gelassen. Es sind neue Ballettstücke entstanden, die den Normen der klassischen Tanzstile folgen; so haben *Bharatanatyam, Manipuri, Kathak, Kuchipudi* und *Odissi* neue Formen angenommen. Die Themen sind meist traditionell, aber es gibt auch erfrischende Neuerungen und Abweichungen von Form und Inhalt des klassischen Tanzes.

3. Das traditionelle indische Theater

Das indische Theater ist genau wie indischer Tanz und Musik im indischen Leben verwurzelt und blickt auf eine lange Geschichte zurück. So wie die Formen des klassischen und des Volkstanzes zeichnet sich das indische Theater durch eine große Vielfalt aus und hat doch eine Einheit, die jeder Ausdrucksform zugleich eine gesamtindische Gestalt und einen Aspekt regionaler Besonderheit verleiht.

Die Geschichte des indischen Theaters kann bis in die prähistorische Zeit zurückverfolgt werden. Bereits in den Veden gibt es Hinweise auf das Theater und noch deutlichere in den Epen. Große Dialoge wie die zwischen dem König Pururavas und seiner Frau Urvashi oder zwischen Yama und Yami in den Veden können als Vorläufer des indischen Dramas bezeichnet werden.

In den beiden Epen *Ramayana* und *Mahabharata* und auch in den buddhistischen *Jatakas* und vielen jainistischen Texten gibt es Hinweise auf die Tradition der Festzüge, des Tanzes, des Dramas. Ferner werden Theatersäle erwähnt und auch das, was wir heute das Volkstheater in den Dörfern nennen würden. Kautilya nennt in seinem *Arthashastra* sogar professionelle Theatergesellschaften und verpflichtet die Bürger dazu, Steuern für Theatervorstellungen zu bezahlen. Zwischen dem 2. Jh. v. Chr. und dem 2. Jh. n. Chr. wurde das *Natyashastra* verfaßt, ein wichtiger und umfassender Text, der alle Aspekte des Theaters sowie des Tanzes und der Musik behandelt, von denen bereits die Rede war. Der Text betont mehrfach, daß im Theater alle Aspekte des Lebens und alle Zeiten behandelt werden können. Das Theater war auch im Gegensatz zur Kenntnis der Veden allen Kasten und Klassen der Gesellschaft zugänglich. Bharata, der Verfasser des *Natyashastra*, hebt diesen offenen, alle einschließenden Charakter des Theaters, so, wie es in allen Teilen Indiens praktiziert wurde, hervor. Das ist ein überzeugender Beweis dafür, daß das traditionelle indische Theater dazu in der Lage war, zwischen dem Göttlichen und dem Menschlichen, König und Volk, Reich und Arm, Alt und Jung eine kommunikative Verbindung herzustellen.

Das Sanskritdrama entwickelte sich kontinuierlich von Asvaghosh (ca. 1. Jh. n. Chr.) bis Rajashekhara (9. Jh.). Die größten Theaterstücke in Sanskrit wurden zwischen dem 4. und 8. Jh. von Autoren wie Bhasa, Kalidasa, Sudraka und Harsha geschrieben. Kalidasas *Shakuntala* wurde bereits im 18. Jh. ins Deutsche übersetzt. Goethe pries es als eines der größten Stücke des lyrischen Theaters. Diese Tradition des Sanskritdramas blieb bis ins 10.–12. Jh. erhalten und wurde dann von einer ebenso reichhaltigen Produktion von Theaterstücken in den indischen Regionalsprachen abgelöst.

Kutiyattam war die erste regionale Theaterform, die sowohl die Sanskrittradition weiterführte als auch bereits die Regionalsprache Malayalam verwendete. Der erste Autor, der Theaterstücke dieser Art schrieb, soll der König von Kerala Kulashekhara (8.–9. Jh.) gewesen sein. Er schrieb zwei Stücke, und das Repertoire wurde später auf sechs, dann auf zwölf Stücke erweitert. *Kutiyattam* wird in Kerala noch immer aufgeführt und stellt damit eine ungebrochene Verbindung mit der Tradition des Sanskrittheaters und der Entwicklung des traditionellen indischen Theaters in den Regionalsprachen dar. Eine besondere Volksgruppe, die Chaktyars, haben diese Tradition von Generation zu Generation weitergetragen. Die Schauspieler treten in einem besonderen Theatersaal, genannt *Kuttambalam*, auf. Sie haben vielfältige Interpretationsmöglichkeiten durch Gesten der Hände und Augenbewegungen. Improvisationen zu einer einzigen Textzeile können Stunden, ja Tage dauern. Das Theater ist eine Mischung von Sprache, Körperbewegungen und Musik; der Rhythmus und ein ausgeklügeltes System des Schminkens des Gesichts und der Kostümierung spielen dabei auch eine Rolle.

Mit dem *Kutiyattam* eng verwandt, aber doch von anderer Art ist *Yaksagana,* die ebenfalls bereits zuvor erwähnte Form des Tanzdramas von Karnataka. Diese Form entwickelte sich aus der Interaktion der Sanskrittradition mit der regionalen Sprache Kannada. Unter den drei südlichen Literatursprachen Telugu (Andhra Pradesh), Tamil (Tamil Nadu) und Kannada (Karnataka) hat Kannada die älteste Tradition. Die Sprache ist reich an narrativer und dramatischer Dichtkunst, das zeigt sich im *Yaksagana*, ein Name, der sowohl eine Tanzform als auch eine Form des Theaters bezeichnet. Diese Theaterform war vom 17. bis 19. Jh. in Karnataka, Andhra Pradesh und Tamil Nadu verbreitet, heute gilt sie nur als traditionelle Form des Tanzdramas und Theaters von

Karnataka. Die Aufführungen finden meist unter freiem Himmel statt, wo oft mehr als drei Theatergesellschaften auf verschiedenen Bühnen ihre Stücke aufführen. Wie beim *Kutiyattam* sind auch hier Tanz, Musik, Schminken des Gesichts und Kostümierung von Bedeutung. Eine wichtige Rolle spielt bei allen diesen Theaterstücken der *Vidusaka,* ein Erzähler, der die verschiedenen Szenen mit seinen Bemerkungen verbindet und manchmal wie der Narr im Theater Shakespeares wirkt. Er schlägt die Brücke von der Vergangenheit zur Gegenwart, er kann satirische Bemerkungen machen, kann sich die Freiheit nehmen, die Fehler von Göttern und Menschen zu kritisieren. Er vertritt sozusagen den gesunden Menschenverstand. Es gibt gewisse Gemeinsamkeiten von *Yaksagana* und *Kathakali,* auf die bereits zuvor bei der Behandlung der Tanzdramen hingewiesen worden ist. Die Themen entstammen bei allen diesen Dramen dem großen Repertoire der indischen Mythologie.

Bhagavatmela ist ebenfalls eng mit *Yaksagana* verwandt. Heute wird diese Art des Theaters hauptsächlich in Tamil Nadu, in den Dörfern Sulamangalam und Mellatur in der Nähe von Tanjore aufgeführt. Auch diese Theaterform hat eine lange Geschichte, die mehrere Jahrhunderte zurückreicht. Im heutigen Indien bleibt sie auf einige Dorfgemeinschaften beschränkt, die größere Dramen zu bestimmten festlichen Anlässen aufführen. Die Themen kreisen um die Legende von Prahlada und dem Mannlöwen Narasimha, einer Inkarnation des Gottes Vishnu. Der mit der Löwenmaske auftretende Narasimha ist die Hauptperson, er tritt aus einer Säule hervor, um dem bösen König Hiranyakashipu zu beweisen, daß es Gott auf Erden gibt. Im Gegensatz zu *Kutiyattam* und *Yaksagana* gibt es hier außer der Maske des Mannlöwen keine aufwendige Ausstattung.

Im Osten Indiens gibt es viele Theaterformen. Die höchstentwickelte Form ist der *Bhaona* von Assam, sie verdankt ihre Entstehung der religiösen Bewegung der *Vaishnavas,* die Rama und Krishna verehren. Sie errichteten Klöster, die *Sattra* genannt wurden, deren Mönche Geschichten aus dem Leben Ramas und Krishnas aufführten, um die Botschaft von Liebe und Pflichterfüllung zu verbreiten. Diese einfachen Theateraufführungen wurden entscheidend verbessert, als zwei große Autoren des 15. und 16. Jh.s, Shankaradeva und Madhava Kandali, Stücke für dieses Theater schrieben, die sowohl künstlerischen Wert als auch didaktische Wirkung hatten. Die Tradition wird noch in mehreren Klöstern Assams fortgeführt. Die Sprache, in der die Stücke geschrieben sind, ist das Assamesische. Die Aufführungen sind wie beim *Kutiyattam* und *Yaksagana* eine Mischung aus Theater, Tanz und Musik. Es werden dabei auch häufig Requisiten, überlebensgroße Puppen und Feuerwerk verwendet.

Es gibt viele Theaterformen, die mit den Epen *Ramayana* und *Mahabharata* verbunden sind und sich mit dem Leben von Rama und

Krishna beschäftigen. Unzählige Aufführungen werden in ganz Indien veranstaltet, vor allem wenn es gilt, den Sieg Ramas über den Dämonenkönig Ravana zu feiern. Jedes Dorf, jede Stadt hat ein *Ramlila*. Das kann eine höchst ausgefeilte Vorstellung sein, die sich über acht bis zehn Tage erstreckt, oder auch eine ganz einfache Aufführung. Sie kann von einem einzelnen professionellen Sänger oder Erzähler gestaltet werden oder auch von einem großen Ensemble. Dabei können sowohl lokale Laienspieler als auch professionelle Schauspieler mitwirken. *Ramlila* ist in Nordindien, besonders in Ramnagar in der Stadt Banaras besonders eindrucksvoll. Die ganze Stadt verwandelt sich in die verschiedenen Orte der Handlung des *Ramayana*. Die Schauspieler führen die Szenen des Epos in verschiedenen Teilen der Stadt auf. Die Schauspieler, die Rama und seine Brüder darstellen, müssen Knaben vor der Pubertät sein, sie werden als heilig angesehen. Es gibt in Indien mindestens zwölf verschiedene Theaterformen, die dem Thema vom Leben Ramas gewidmet sind.

Ebenso wichtig und allgegenwärtig sind die Theateraufführungen, die dem Lebens Krishnas gewidmet sind und *Raslila* oder *Krishnalila* genannt werden. Diese Tradition geht auf das *Bhagavat Purana* des 10. Jh.s zurück. Solche kleinen Theaterstücke werden *lilas* genannt. Die Schaupieler gehören zu einer besonderen Gruppe, den *mandalis*. Sie werden von einem Meister, dem Swami oder Gosain angeführt, der für die Regie verantwortlich ist. Jeden Tag werden andere Szenen aus dem Leben Krishnas aufgeführt. Der Höhepunkt ist ein Gruppentanz, genannt *Rasa*. Dieser *Rasa* ist mit dem *Kathak* verwandt, der bereits zuvor beschrieben wurde. In Manipur, im äußersten Osten Indiens, gibt es auch eine lebendige Tradition der Aufführung von *Krishnalila* und *Raslila*.

Mit dem *Rasa* eng verwandt, aber mehr weltlich in seinem Charakter ist *Bhavai* in Gujarat. Es handelt sich um eine volkstümliche Theaterform, die die Verbindung zur religiösen Form des *Krishnalila* nicht verloren hat, aber gleichermaßen mythische, heroische und soziale Themen aufgreifen kann. Es gibt aber noch volkstümlichere, man könnte auch sagen drastischere Theaterformen – so etwa *Yatra* in Bengalen, *Svang*, *Khyala* und *Nautanki* in Uttar Pradesh, *Mauch* und *Nauch* in Madhya Pradesh und *Tamasa* in Maharashtra. Jede dieser Formen hat ihren eigenen Charakter. Die Themen können mythologisch oder historisch sein, aber sie enthalten oft auch Anspielungen auf aktuelle soziale Fragen. Die Art der Gesten, der Sprechweise und der begleitenden Musik ist verschieden, aber bei alledem gibt es doch auch viele Gemeinsamkeiten. Diese Theaterformen sind eng mit der Entwicklung der Regionalsprachen wie Bengali, Avadhi, Rajasthani, Gujarati und Marathi etc. verbunden.

Alle diese Theaterformen haben schon über fünfhundert oder gar tausend Jahre existiert. Sie haben zum Teil die Bühne erobert, anderer-

Abb. 9: Aufführung des Stücks «Der kaukasische Kreidekreis» von B. Brecht

seits aber auch die Flexibilität und Improvisationskunst des Straßentheaters behalten. Die Verbindung von Wort und Bewegung, Musik und offener Struktur mit der Fähigkeit, Raum und Zeit zu überwinden, war bereits für das Sanskrittheater charakteristisch und ist es auch für die anderen, so vielfältigen Formen des traditionellen indischen Theaters geblieben.

4. Das moderne indische Theater

Das moderne indische Theater wird von vielen Quellen gespeist. Die Anwesenheit der Briten und anderer Europäer in Indien hat das indische Theater geprägt, aber auch die nostalgische Rekonstruktion des traditionellen indischen Theaters, das als solches in seiner hochkultivierten, alten Form nicht mehr lebendig war. Das moderne indische Theater ließ sich zunächst vom altgriechischen und elisabethanischen Theater inspirieren, von Shakespeare und später von Ibsen, O'Neill, Tschechow und anderen mehr. Dann aber wandte es sich auch wieder dem enormen Repertoire von Darstellungsformen und Inhalten des traditionellen indischen Theaters zu. Das geschah auch deshalb, weil die kreativsten europäischen Dramatiker, vor allem Brecht, sich vom realistischen Theater mit seiner Einheit von Zeit und Raum abgewandt hatten und andere Wege gingen. Sie ließen sich von Asien inspirieren, und Brecht und seine Zeitgenossen hatten wiederum einen bedeutsamen Einfluß auf das moderne indische Theater.

Zur Zeit ist das indische Theater vom Eklektizismus geprägt. Deutsche, französische, britische, amerikanische, chinesische und japanische Anregungen werden gleichermaßen aufgenommen und mit Themen der indischen Mythologie oder den rituellen Darstellungsformen Manipurs oder Karnatakas verbunden. Das ist typisch für Indien, wo allerlei Verbindungen und Übernahmen möglich sind, ohne daß dabei die indische Identität verlorengeht. Es gibt ein blühendes städtisches Theater in Indien, wo Themen aus der ganzen Welt aufgegriffen und zum Gegenstand von Theateraufführungen gemacht werden. Die indischen Darstellungsformen werden im Auge behalten, die Struktur ist modern, die Stimmung spiegelt den Zeitgeist wider. Dieses Theater ist nicht indisch in einem statischen Sinne, denn die indische Identität hat schon immer eine multidimensionale Lebenserfahrung der Koexistenz beinhaltet, eben eine indische Atmosphäre. Die gegenwärtige Situation des Theaterlebens in den verschiedenen Teilen Indiens reflektiert den Zeitgeist Indiens, den ständigen Dialog von Vergangenheit und Gegenwart. Hier und jetzt befindet man sich in einer spezifischen Region, doch das, was man tut und denkt, ist mit anderen Teilen Indiens und darüber hinaus mit der Welt verbunden, und man stellt Fragen, die eine ewige und universale Bedeutung haben.

Fünfter Teil

Bildung, Gesundheitswesen, Forschung und Technologie

XVIII.
Das Bildungswesen

Dietmar Rothermund

1. Die elitäre Bildungstradition

Indien hat eine ehrwürdige Bildungstradition, die aber niemals die große Masse der Bevölkerung einschloß. Die Bildung blieb immer nur einer kleinen Elite vorbehalten. In alter Zeit waren dies die Brahmanen, die einen umfangreichen Kanon heiliger «Schriften» auswendig lernten und mündlich an die nächste Generation überlieferten. Das geschah in der *Gurukul* (wörtl. Familie des Lehrers). Dort lebte eine kleine Schar auserlesener Schüler meist über ein Jahrzehnt mit ihrem *Guru* und lernte alles, was er dereinst von seinem Lehrer erfahren hatte. Das Bildungsgut war nicht der großen Masse zugänglich, denn es wurde in der Hochsprache Sanskrit vermittelt. Die Furcht, durch falsches Aussprechen der heiligen Worte Schaden anzurichten, sorgte für eine getreue Überlieferung, schloß aber alle jene, denen man eine einwandfreie Aussprache nicht zutraute, von dieser Art der Bildung aus. Auch den Frauen traute man nicht zu, daß sie das Sanskrit fehlerfrei erlernen konnten, und hielt sie weitgehend von der Bildung fern. Das Ziel einer weiten Verbreitung religiöser Bildung kannten nur die Offenbarungsreligionen. Deshalb hatten erst die Klosterschulen der Buddhisten eine gewisse Breitenwirkung. Später waren es die islamischen Koranschulen, die versuchten, ihre Art der religiösen Bildung zu verbreiten. Doch auch sie sprachen nicht die Masse der Bevölkerung an, denn sie blieb natürlich auf die Muslims beschränkt. Ferner blieb in Indien das Arabisch des Koran ebensosehr eine elitäre Hochsprache wie das Sanskrit der Brahmanen.

Kenntnisse der Mathematik, der Medizin und der Naturwissenschaften, die wir der weltlichen Bildung zurechnen würden, wurden ebenfalls von Brahmanen und islamischen Schriftgelehrten in ihren elitären Kultursprachen tradiert und blieben der Mehrheit der Bevölkerung ein Buch mit sieben Siegeln. Die Sprache der britischen Kolonialherren fügte sich in diese Sequenz elitärer Hochsprachen ein. Auch sie wurde nie zum Medium der Volksbildung, sondern blieb denen vorbehalten, die sich eine höhere Bildung leisten konnten und dann die Posten errangen, zu denen ihnen diese Art der Bildung Zugang verschaffte. Lord Macaulay, der 1835 in seinem berühmt-berüchtigten Memorandum die englische Sprache als einzige Unterrichtssprache für die höhere Bildung in Indien empfohlen hatte, glaubte zwar, daß diese Art der

Bildung von oben nach unten durchsickern *(trickle down)* werde, aber diese Wirkung trat zunächst nicht ein. Die Vorbereitung für den Besuch der höheren Bildungseinrichtungen erfolgte meist durch Hauslehrer und nicht durch die Verbreitung eines Schulwesens, das weitere Kreise der Bevölkerung angesprochen hätte. Paradoxerweise haben mehr Inder nach der Erlangung der Unabhängigkeit Englisch gelernt als in dem Jahrhundert nach 1835.

Mahatma Gandhi kämpfte vergeblich gegen die englische Elitebildung und entwarf ein Programm praxisnaher Dorfschulerziehung. Die von ihm gegründeten Bildungsinstitutionen konnten sich aber nicht durchsetzen, weil sie keine staatlich anerkannten Zeugnisse ausstellen durften. Daran änderte sich auch nach der Erlangung der Unabhängigkeit nichts. Der Bildungssektor blieb so, wie er von den britischen Kolonialherren gestaltet worden war, es kam lediglich zu einer quantitativen Ausweitung, die zu einer Minderung der Qualität führte. Die Qualität der britischen Bildungseinrichtungen in Indien war ohnehin nicht die beste. Cambridge und Oxford wurden in Indien nicht reproduziert, statt dessen machte das Modell der Universität London Schule. Diese Universität fungierte als oberste Prüfungsbehörde unzähliger Colleges und sorgte durch standardisierte Lehrpläne und Prüfungsordnungen für ein gleichbleibendes Mittelmaß ihrer Absolventen. Die 1858 gegründeten Universitäten von Bombay, Madras und Kalkutta folgten diesem Muster.

Technische und naturwissenschaftliche Bildungseinrichtungen wurden von den Briten nicht gefördert, weil ihnen die indischen Universitätsabsolventen in der Hauptsache als mittlere Verwaltungsbeamte dienten. Nur die Universität Kalkutta machte zu Beginn des 20. Jahrhunderts unter ihrem großen Vice-Chancellor Sir Ashutosh Mukherjee eine Ausnahme. Dort wurden Institute und Abteilungen errichtet, die sich der Forschung, insbesondere auch der naturwissenschaftlichen Forschung widmeten. Doch diese Initiative wurde von den Briten nur geduldet, nicht jedoch tatkräftig gefördert. Freilich gab es auch immer wieder einzelne britische Gelehrte und hervorragende akademische Lehrer, die ihren indischen Studenten ein echtes Vorbild waren. Aber sie waren in den Bildungsinstitutionen in Indien recht selten. Nur die wenigen indischen Studenten, die es sich leisten konnten, in England zu studieren – und dort gar in Cambridge und Oxford –, kamen mit den besten britischen Professoren zusammen. Doch diese Art der Auslese verstärkte nur noch den Elitecharakter der kolonialen Bildung.

2. Analphabetismus und Humankapital

Unter den genannten Bedingungen verharrte die große Masse der Bevölkerung im Zustand des Analphabetismus. Dieser Zustand ist nun keineswegs mit Dummheit und mangelndem Urteilsvermögen zu verwechseln. Deshalb ist es auch falsch, zu meinen, daß die Praxis der Demokratie mit dem Analphabetismus unvereinbar sei. Mündlich übermittelte Informationen erreichen in Indien sehr rasch auch das letzte Dorf, und der politische Informationsstand ist oft erstaunlich hoch. Doch während die politische Willensbildung nicht unbedingt auf die Kenntnis des Schreibens und Lesens angewiesen ist, kann eine moderne arbeitsteilige Industriegesellschaft nicht ohne solche Kenntnisse auskommen. Diese Einsicht hat sich in dem von Elitebildung geprägten Indien nur sehr langsam durchgesetzt. Bei aller Vorliebe für die Planwirtschaft vertraute man in dieser Hinsicht wohl auf die Kräfte des Marktes: Beim steigenden Angebot entsprechender Arbeitsplätze würden sich die dafür erforderlichen Qualifikationen schon von selbst einstellen, weil es ja im Eigeninteresse der Arbeitskräfte lag, solche Qualifikationen zu erwerben. Dies wurde zwar niemals so gesagt. Im Gegenteil, die Lippenbekenntnisse zur Förderung des Bildungswesens herrschten vor. Aber wenn es um die Allokation knapper Ressourcen ging, hatte die Volksbildung keine hohe Priorität. Erst in jüngster Zeit hat man dem Bildungswesen in Indien erhöhte Aufmerksamkeit geschenkt, nachdem die Entwicklungspläne, die hauptsächlich auf Kapitalinvestitionen abzielten, nicht den raschen Erfolg brachten, den man sich von ihnen erhofft hatte. So wurde das Bundeserziehungsministerium 1985 in *Ministry of Human Resources Development* umbenannt. Damit sollte betont werden, daß das «Humankapital» gefördert werden muß, um die Voraussetzungen für die weitere Entwicklung des Landes zu schaffen. Leider bedeuten solche programmatischen Entscheidungen noch nicht, daß in kurzer Zeit ein Durchbruch auf diesem Gebiet erreicht wird.

Bei der Einschätzung des Fortschritts auf diesem Gebiet gibt man sich oft mit statistischen Angaben zufrieden, die wenig über die Qualität der Bildung aussagen. So hat die Zahl der Grundschüler zwar ständig zugenommen, wie Tabelle 1 zeigt, aber die Intensität der Betreuung der 99 Mio., die für 1991 aufgeführt sind, läßt zu wünschen übrig, weil die Zahl der Lehrer, die zudem auch noch sehr schlecht bezahlt werden, nicht entsprechend zugenommen hat. Im Durchschnitt mußte 1991 ein Lehrer 62 Schüler unterrichten. In der Oberschule war das Verhältnis viel günstiger (16 Schüler pro Lehrer), aber dafür war der Anteil der Oberschüler an der entsprechenden Altersstufe auch sehr viel geringer. Ferner muß man bei diesen Angaben berücksichtigen, daß sie für die Lehrer einigermaßen korrekt sein dürften, weil sie Stellen innehaben, während die Zahl der Schüler, die wirklich regelmäßig zur Schule gehen, weit hinter den offiziellen Angaben zurückbleiben dürfte. Das trifft besonders für die Grundschulen in ländlichen Gebieten zu, wo die Kinder als Arbeitskräfte wichtig sind und der Gang zur Schule eher eine Freizeitbeschäftigung ist.

Das Grundschulwesen ist in Indien – auch im Vergleich mit anderen Ländern Asiens – sehr rückständig. Während in Asien allgemein immerhin 61 Prozent der Schüler, die die Grundschule besuchen, diese auch abschließen, sind es in Indien nur 37 Prozent. Die Abschlußraten im höheren Schulwesen sind wesentlich besser. Etwa drei Viertel der Schüler, die eine höhere Schule besuchen, absolvieren sie erfolgreich.

Tab. 1: Zahl der Schüler und Lehrer in Grund- und Oberschulen 1961-91

	1961	1971	1981	1991
Grundschüler (Mio.)	34	57	74	100
davon Jungen	23	36	45	59
davon Mädchen	11	21	29	41
Grundschullehrer (Mio.)	0,7	1	1,3	1,6
Oberschüler (Mio.)	3,4	7,6	12	21
davon Jungen	2,7	5,7	8,5	14
davon Mädchen	0,7	1,9	3,5	7
Oberschullehrer (Mio.)	0,3	0,6	0,9	1,3

Der indische Analphabetismus ist ein Phänomen, das große regionale Unterschiede zeigt, wie aus den Angaben für die Bundesländer hervorgeht (Tab. 2). Das gilt auch für den Anteil der Bevölkerung unter der Armutsgrenze. Man möchte annehmen, daß zwischen Armut und Analphabetismus eine sehr enge Beziehung besteht. Das Beispiel des Bundeslandes Bihar scheint dies zu bestätigen: Es hat den höchsten Anteil von Analphabeten und ist ein sehr armes Land, aber Rajasthan mit einem ebensogroßen Anteil an Analphabeten hat eine vergleichsweise geringe Zahl von Menschen unter der Armutsgrenze. Der reiche Panjab, in dem die Armut nur eine marginale Rolle spielt, hat eine höhere Analphabetenrate als eine ganze Reihe wesentlich ärmerer Bundesländer.

Die absolute Spitzenstellung bei allen in Tabelle 2 aufgelisteten Indikatoren nimmt Kerala ein. Es hat erstaunlich geringe Geburten- und Sterberaten, eine ganz niedrige Säuglingssterblichkeit, einen minimalen Analphabetismus und könnte nach den Angaben zur Armutsgrenze als das drittreichste Bundesland gelten. Das ist es aber keineswegs, denn nach dem Pro-Kopf-Einkommen ist Kerala das viertärmste Bundesland. Das riesige Bundesland Uttar Pradesh erweist sich als sehr rückständig, wenn man eine hohe Geburtenrate und eine hohe Analphabetenrate als Indikatoren für Rückständigkeit nimmt, doch es hat bei weitem nicht so viele Menschen unter der Armutsgrenze, wie man nach diesem Befund erwarten würde. In letzterer Hinsicht steht es etwa auf gleicher Stufe mit Tamil Nadu, das aber in bezug auf Geburtenrate und Analphabetismus sehr viel besser gestellt ist. So zeigen sich bei genauerem Hinsehen sehr verschiedene soziale Profile der Bundesländer. Es ist hier nicht möglich, näher auf diese Profile einzugehen. Es sollte hier nur noch einmal – wie bereits im Beitrag über die regionalen Diskrepanzen – auf die große Vielfalt Indiens hingewiesen werden, die keine Pauschalurteile erlaubt.

Tab. 2: Analphabetismus und Armut in 15 Bundesländern 1991

Land	Geb./Sterberate pro Tsd.	Säugl. Sterbl. pro Tsd.	Analphab. %	Unter der Armutsgrenze %
Andhra Pradesh	26/10	73	56	32
Assam	31/12	81	47	23
Bihar	31/10	69	61	41
Gujarat	28/9	69	39	18
Haryana	33/8	68	44	12
Karnataka	27/9	77	44	32
Kerala	18/6	17	10	17
Madhya Pradesh	36/14	122	56	37
Maharashtra	26/8	60	35	29
Orissa	29/13	126	51	45
Panjab	29/8	53	41	7
Rajasthan	34/10	77	61	22
Tamil Nadu	21/9	57	37	33
Uttar Pradesh	35/11	93	59	35
West-Bengalen	27/8	70	43	28
Indien (Gesamt)	29/10	80	48	30

3. Der tertiäre Bildungssektor

Während es an der Basis der Volksbildung noch viel nachzubessern gibt, hat Indien auf dem Gebiet der Universitätsbildung in dem oben bereits angedeuteten Sinne große Fortschritte gemacht. Mit 148 Universitäten und weiteren 28 Institutionen mit Universitätsstatus (1992) kann sich Indien durchaus sehen lassen. Im Rahmen dieser Expansion des tertiären Bildungssektors hat auch die Zahl der Studenten zugenommen, die technische und medizinische Fächer und Jura studieren. Der große Aufschwung der Industrieproduktion unter Nehru hatte mit einiger zeitlicher Verzögerung die Ingenieurwissenschaften zum Lieblingsfach der besten Studenten gemacht. Gab es 1960 nur 47000 Studenten dieser Fachrichtung, so waren es fünf Jahre später schon 230000. Doch dann kam die industrielle Rezession, und die Zahl der Studenten ging auf diesem Gebiet sogar wieder etwas zurück (1970 = 225 000), schnellte dann aber wieder empor (1980 = 462 000). Die regionale Verteilung dieser Studenten war sehr ungleich. Die Bundesländer mit dem größten industriellen Potential, Maharashtra und West-Bengalen, standen hier an erster Stelle.

Die Zahl der Mediziner und Veterinäre wuchs nicht so schnell wie die der Ingenieure. Die Ausgangszahl (1960 = 46 000) war sehr ähnlich wie bei den Ingenieuren, doch hier gab es keine Euphorie gefolgt von einem Rückschlag, sondern ein stetiges Wachstum bis 1975 (= 141 000), das jedoch dann etwas abflaute (1980 = 156 000). Dabei muß man berücksichtigen, daß für einen Arzt auch in Indien die Niederlassung mit beträchtlichen Investitionen verbunden ist. Er wird daher vorzugsweise in der Stadt bleiben, wo es Betriebskassenpatienten und dazu wohlhabende Privatpatienten gibt. Erst in jüngster Zeit haben die Niederlassungen auf dem Lande zugenommen, weil die Konkurrenz in der Stadt zu groß ist. Die Zahl der niedergelassenen Ärzte ist in Indien von 1980 (268 000) bis 1990 (394 000) um 47 Prozent angestiegen. Auch auf dem Gebiet des Medizinstudiums sind wieder Maharashtra und West-Bengalen führend.

Der Beruf des Rechtsanwalts war schon unter britischer Herrschaft bei gebildeten Indern sehr beliebt, damals gab es ja auch noch kaum irgendwelche Alternativen. Nach der Unabhängigkeit holten die Ingenieure und Mediziner auf, und die Juristen blieben hinter ihnen zurück. Das zeigte sich schon an der Zahl der Jurastudenten im Jahre 1960 (27 000). Das Wachstum blieb bis 1970 (75 000) mäßig, dann kam innerhalb von fünf Jahren ein Sprung (1975 = 143 000) gefolgt von einem Rückschlag (1980 = 141 000). Übrigens lag auch bei den Juristen Maharashtra ganz weit vorn. Wenn man das Potential eines Landes an der Zahl der dort ausgebildeten und auch dort tätigen Ingenieure, Ärzte und Juristen mißt, so nimmt Maharashtra in Indien eine Spitzenstellung ein.

Die Summe aller Studenten, die in den Jahren von 1970 bis 1980 die hier behandelten drei Fachrichtungen studierten, blieb übrigens immer bei 13 Prozent der Gesamtstudentenschaft, es ist daher anzunehmen, daß die Entwicklung in einem Fachbereich unmittelbar die in den anderen beeinflußte. Das gilt besonders für den erneuten starken Aufschwung der Ingenieurwissenschaften nach 1975 und die entsprechende Stagnation bei Medizinern und Juristen. Man mag sich nun fragen, was die übrigen 87 Prozent der Studentenschaft studierten, und damit legt man den Finger auf eine Wunde des indischen Erziehungssystems. Die große Mehrheit studierte nach altem britischen Vorbild «Liberal Arts», also Geisteswissenschaften in verschiedenen Fächerkombinationen. Selbstverständlich braucht Indien auch eine große Zahl von Lehrern, Beamten, Verwaltungsangestellten usw., aber die Universitätsabsolventen, die im Überfluß vorhanden sind, können nicht alle eine angemessene Arbeit finden. Viele von ihnen suchen im Ausland ihr Glück. Man nennt das «brain drain», aber für Indien ist dies geradezu ein Sicherheitsventil, denn frustrierte Gebildete können politisch gefährlich werden.

4. Die Begabtenförderung

Wenn zuvor von der Fortdauer der elitären Bildungstradition die Rede war, so mag es paradox erscheinen, wenn nun konstatiert wird, daß es mit der Begabtenförderung in Indien nicht gut steht. Eine Elite besteht jedoch nicht unbedingt aus Begabten, und sie ist oft nicht in der Lage, die Begabten aus anderen Schichten der Bevölkerung auszulesen und zu kooptieren. Wie bereits erwähnt, hat das koloniale Bildungssystem eher zur Standardisierung eines Mittelmaßes geführt. Ein ausgeklügeltes Prüfungssystem, bei dem Lehrer und Prüfer stets verschiedene Personen sein mußten und auch die Prüfer noch in solche unterteilt wurden, die die Aufgaben stellten, und solche, die sie nachher bewerteten, sollte jede Möglichkeit der Korruption ausschließen, behinderte gleichzeitig aber Kreativität und geistige Freiheit. Der Begabtenförderung wurde in diesem System kein Raum gegeben.

Im unabhängigen Indien hat die zentrale *University Grants Commission* (UGC) versucht, dieser Tendenz entgegenzuwirken, indem sie an verschiedenen Universitäten *Centres of Advanced Studies* anerkannte und langfristig finanzierte. Dabei wurden an einer Universität jeweils nur einige wenige Fächer, manchmal auch nur ein einziges auf diese Weise gefördert. Hier sollten insbesondere Forschungsstudenten ausgebildet werden. Die in den 1970er Jahren aufgebaute *Jawaharlal Nehru University* in New Delhi war schließlich von vornherein als Doktorandenuniversität konzipiert. Voraussetzung für die Aufnahme war ein an einer anderen Universität mit dem Magistergrad abgeschlossenes Hochschulstudium. Es wurden Stipendien vergeben, um auch ärmeren Studenten aus allen Teilen Indiens das Studium an dieser zentralen Universität zu ermöglichen. Das Resultat ist zum Teil hinter den hochgespannten Erwartungen zurückgeblieben, aber immerhin wurde hier gezielt Begabtenförderung betrieben.

Demselben Zweck dienen die *Indian Institutes of Technology* (IIT), das sind hochkarätige technische Hochschulen, die mit ausländischer Hilfe aufgebaut worden sind, und zwar in Nordindien (Delhi, Kanpur, Kharagpur) mit britischer und amerikanischer, in Madras mit deutscher und in Bombay mit russischer Hilfe. Die Absolventen sind von hoher Qualität, und zwar nicht nur in den Ingenieurwissenschaften, sondern auch in den Wirtschafts- und Sozialwissenschaften, die an diesen IITs ebenfalls vertreten sind und deren Studenten nach den gleichen harten

Aufnahmebedingungen ausgewählt werden wie die der Ingenieurwissenschaften. Die Kritik an den IITs richtet sich nur dagegen, daß sie sozusagen am Markt vorbeiproduzieren. Ihre forschungsorientierten Absolventen werden von der indischen Industrie selten angestellt. Sie versuchen statt dessen Positionen im Management zu erringen, für die ihre Ausbildung in der technischen Forschung gar nicht erforderlich ist. Etwa die Hälfte der Absolventen geht ins Ausland, insbesondere nach Amerika, wo sie sehr gefragt sind.

Neben der Begabtenförderung auf der tertiären Bildungsebene hat die indische Regierung seit 1985 auch ein Netz von *Model Schools* errichtet. In jeder Distrikthauptstadt sollte eine solche Schule errichtet werden, die in erster Linie den begabten Kindern vom Lande dienen sollte. Außer den Stipendien für den Schulbesuch wurden den Schülern auch Reisekosten für die regelmäßige Heimreise bzw. für Besuche der Eltern am Schulort erstattet, um auf diese Weise eine Entwurzelung der Kinder zu vermeiden. Der Aufbau dieses Netzwerks hat beachtliche Fortschritte gemacht, ein Problem ergab sich nur bei der Rekrutierung geeigneter Lehrkräfte. Es waren nicht immer die besten Lehrer, die bereit waren, ihre alten Stellen aufzugeben und sich für einen Posten an einer *Model School* zu bewerben. Ausbildung und Bezahlung der Lehrer bleiben auch weiterhin ein Schwachpunkt des indischen Bildungssystems.

Ein Ausbildungsdefizit ist übrigens auch bei den Hochschullehrern festzustellen, deren Bezahlung nicht schlecht ist. Nach britischem Vorbild war früher eine Promotion für die Universitätslaufbahn nicht unbedingt erforderlich. Nun hat die UGC aber durchgesetzt, daß die Promotion für die Beförderung auf permanente Hochschullehrerstellen unerläßlich ist. Das hat leider die Qualität der Dissertationen gemindert. Bei manchen indischen Dissertationen hat man den Eindruck, daß sie nicht aus Interesse an dem Forschungsgegenstand geschrieben worden sind, sondern eher als lästige Pflichtübung betrachtet wurden. Es gibt natürlich auch immer wieder eindrucksvolle Ausnahmen von dieser Regel. Die Beratung durch einen guten Doktorvater macht sich dabei bemerkbar. Doch wer selbst seine Promotion nur als Pflichtübung empfunden hat, wird sich auch als Doktorvater kaum bewähren. Es kommt hinzu, daß die Vorbereitung für die Arbeit an einer Dissertation an indischen Universitäten unzureichend ist. Der Magistergrad wird nur durch das Schreiben von Klausuren erworben, eine Magisterarbeit gibt es nicht. Erst in neuerer Zeit haben eine Reihe von Universitäten den über den M. A. hinausführenden M.Phil.-Grad eingeführt, für den die Vorlage einer Magisterarbeit erforderlich ist. Wer diesen Grad und eine entsprechende Arbeit vorzuweisen hat, wird auch von ausländischen Universitäten gern als Doktorand aufgenommen werden.

5. Das Problem der internationalen Äquivalenz akademischer Grade

Die Anerkennung eines indischen akademischen Grades stößt freilich in vielen Ländern noch immer auf Hindernisse. Das gilt umgekehrt freilich auch für die Anerkennung von Graden in Indien, die nicht an Universitäten des angelsächsischen Bildungswesens erworben worden sind. Der deutsche Diplomingenieur zum Beispiel, der einem indischen M. E. (Master of Engineering) gleichwertig ist, wurde in Indien lange Zeit nicht anerkannt. Das Wort *Diploma* hat in Indien keinen guten Klang. Alle möglichen Institutionen stellen für oft recht kurze Kurse irgendein *Diploma* aus. Kein Wunder, daß man daher einen Diplomingenieur nicht für voll nahm. Erst in jüngster Zeit ist dieser Grad in Indien amtlich anerkannt worden.

Wenn ein indischer Student sein Studium an einer deutschen Universität aufnehmen will, muß er zumindest einen B. A. haben, denn dieser Grad wird dem Abitur gleichgesetzt. Das ist eigentlich etwas unfair, denn im Regelfall hat ein indischer B. A. vom Eintritt in die Grundschule an gerechnet 15 Schuljahre hinter sich. Da man in Indien mit 5 Jahren eingeschult wird, erlangt man den B. A. im Normalfall mit 20 Jahren. Der Bildungsgang setzt sich aus vier Jahren Grundschule, sechs Jahren Oberschule, zwei Jahren *Junior College* und drei Jahren *College* zusammen. Der M. A. wird nach weiteren zwei Jahren Hochschulstudium erworben. Da – wie bereits erwähnt – der Magistergrad ohne Magisterarbeit erworben wird und auch während des Studiums keine Seminarreferate angefertigt, sondern nur Klausuren geschrieben werden, ist eine Gleichstellung eines indischen M. A. mit einem deutschen Magistergrad problematisch.

Noch komplizierter ist die Bewertung der Grade in Medizin und Jura. Der angehende Mediziner beginnt in Indien nach dem *Junior College* Medizin zu studieren und schließt dieses Studium dann nach vier bis fünf Jahren mit dem M. B. B. S.-Grad ab, er ist damit *Bachelor of Medicine and Bachelor of Surgery*, während er in anderen Fächern zu dieser Zeit bereits einen M. A. oder M.Sc. *(Master of Science)* erworben hätte. Ähnliches gilt für den Juristen, der sein Studium mit dem LL. B. *(Bachelor of Law)* abschließt. Die medizinische Grundausbildung ist in Indien jedoch bereits in einem frühen Stadium praxisnah. Wer ein gutes *Medical College* als M. B. B. S. verläßt, hat daher weit mehr klinische Erfahrung als ein junger deutscher Arzt, der gerade sein Staatsexamen bestanden hat. Der medizinische Doktorgrad (M. D.) wird in Indien erst nach Abschluß der Ausbildung zum Facharzt erworben. Er ist daher höher zu bewerten als der deutsche Dr.med. Die wechselseitige Anerkennung solcher Grade ist aber immer noch nicht befriedigend geregelt und erfordert im Einzelfall oft ein umständliches Verfahren.

Die Zukunft des indischen Bildungswesens hängt in erster Linie von der Motivation der Lehrer und Hochschullehrer ab, um die es in einer Zeit raschen sozialen Wandels, in der der materielle Wohlstand eine immer größere Rolle spielt, nicht unbedingt gut bestellt ist. Das gilt sicher auch für viele andere Länder, doch dort werden die Lehrenden zumindest dadurch motiviert, daß sie ihre geistige Freiheit genießen. Das indische Bildungswesen bietet jedoch in seiner vom kolonialen Erbe geprägten Form kaum Freiräume und wird von einer Routine beherrscht, die der Initiative des einzelnen enge Grenzen setzt. Da es jedoch in diesem großen Land viele Begabte gibt, die die Hürden dieses Bildungssystems nehmen und sich dabei Mut und Einfallsreichtum bewahren, darf man auf eine positive Entwicklung hoffen.

XIX.
Das Gesundheitswesen

Hans Jochen Diesfeld

1. Die Entwicklung des Gesundheitswesens

Gesundheitspolitik, Gesundheitswesen und das System medizinischer Versorgung sind wie das Wissen um Gesundheit und Krankheit von jeher Spiegelbild einer Kultur in der Zeit. Das Gesundheitswesen eines Landes kann nicht ohne Berücksichtigung auch der historischen Prozesse einer Gesellschaft betrachtet werden, nicht ohne die politische, soziale, ökonomische und technische Entwicklung, nicht ohne die Entwicklung der Medizin als Wissenschaft. Auch ihre Abhängigkeit im internationalen Kontext spielt eine Rolle. Dies gilt besonders für Länder, die Kolonien europäischer Mächte waren und sich heute noch in unleugbarer wirtschaftlicher, politischer, aber auch wissenschaftlicher und intellektueller Abhängigkeit befinden. Dies wirkte sich nicht nur ökonomisch, sondern vor allem auch im verwaltungstechnischen, bildungs- und gesundheitspolitischen Bereich aus. Was heute vielleicht nicht mehr so sehr von einer einzelnen Industrienation ausgeht, geht dafür vermehrt von Handel, Industrie, aber auch von internationalen Organisationen im Verbund mit mächtigen Geberorganisationen aus. In dem Maße, wie diese Kräfte die autochthonen Strukturen, Lebensbedingungen, Kulturen und Traditionen beeinflussen, verändern sie auch die sozialen Mechanismen, mit denen eine Gesellschaft Gesundheit und Krankheit verarbeitet, ohne daß sie wirksame und tragfähige Alternativen anbieten.

In Indien läßt sich dies seit dem Wirksamwerden der britischen Kolonialverwaltung im 19. Jahrhundert beobachten, da es seither hierüber Daten gibt. Inwieweit frühere Kulturepochen in Indien so etwas wie ein Gesundheitswesen besaßen, kann hier nicht erörtert werden. Wir wissen aber, daß bereits die Stadtkultur von Mohenjo Daro im Industal vor 5000 Jahren über stadt- und siedlungshygienische Techniken und Bauten verfügte, die auf eine systematische Gesundheitsförderung hinweisen. Das uralte südindische Medizinsystem der *Siddha*, ebenso wie die mit den arischen Einwanderen im 2. Jahrtausend v. Chr. auftretende *vedische* Medizin enthalten neben magisch religiösen Komponenten Diät- und Gesundheitsregeln und rationale therapeutische Konzepte, die in der *buddhistischen* Periode Indiens um sozialmedizinische Komponenten erweitert wurden. Die unter der Moghulherrschaft eingeführte griechisch-arabische Medizin *(Unani)* brachte Krankheits- und Gesundheitslehre auf dem wissenschaftlichen Niveau dieser Periode

(Jaggi, 1973). Diese Medizinsysteme sind uns heute nicht nur durch die Literatur überliefert, sondern auch in der Praxis und in Medizinschulen und Universitäten lebendig. Im Zuge der nationalen Bewegung und der kulturellen Wiederbesinnung Indiens in den 20er Jahren kam es zu einer Belebung der durch die koloniale Dominanz der Briten diskreditierten autochthonen Medizinsysteme. Die Gleichstellung der traditionellen indischen Heilsysteme in Praxis, Lehre und Forschung mit der immer stärker dominierenden westlichen Medizin im Zuge der Unabhängigkeit Indiens 1947 war eine gesundheitspolitische Entscheidung von weitreichender und exemplarischer Bedeutung. Die Forderung der Weltgesundheitsorganisation im Rahmen der weltgesundheitspolitischen Deklaration von Alma Ata 1978 nach besserer primärer Gesundheitspflege unter Berücksichtigung traditioneller Medizin 30 Jahre später, läßt diese Vorläuferrolle Indiens vergessen.

2. Gesundheitspolitik zur Zeit der britischen Kolonialherrschaft

Während der frühen Kolonialepoche konnte das vergleichsweise gering entwickelte vorwissenschaftliche System westlicher Medizin in Indien nicht beeindrucken. Im Gegenteil, als die ersten europäischen Ärzte eintrafen, mußten sie feststellen, daß sie keinesfalls ein medizinisches Vakuum vorfanden. Noch im 18. Jahrhundert waren die britischen Ärzte der East India Company nicht verlegen und ließen sich von einheimischen Ärzten unterweisen (Basham, 1954). Die wenigen britischen Ärzte kümmerten sich nur um ihre Landsleute, wenn diese es nicht vorzogen, sich von indischen Ärzten behandeln zu lassen. Als der Mangel und auch die geringe Qualität westlicher Ärzte immer bedrückender empfunden wurden, gründete die East India Company 1822 in Kalkutta eine Medical School und 1835 das erste Medical College. Ende des 19. Jahrhunderts waren in Indien bereits vier Medical Colleges westlichen Musters errichtet, und die Zahl der dort ausgebildeten indischen Ärzte nahm laufend zu. Am Ende der Kolonialepoche waren es 25 Medical Colleges, auf denen Inder westliche Medizin studieren konnten. Im akademischen Jahr 1947/48 studierten fast 2000 Medizinstudenten und 959 wurden graduiert. Die einheimischen Medizinsysteme wurden hingegen zunehmend diskreditiert (Banerji, 1985). Im Unterschied zur einheimischen Medizin konzentrierte sich die europäische Medizin im 19. Jahrhundert in Indien mehr auf die Seuchenbekämpfung, denn die kleine europäische Kolonie in Indien war ständig von den im 19. Jahrhundert in Indien grassierenden Seuchen wie Pocken, Cholera, Malaria oder Pest bedroht.

Infolge des strikten kolonialen Kontrollsystems und der britischen Vorliebe für Medizinalstatistik kennen wir die Größenordnung dieser

Seuchen. Sie waren im Vergleich zu Europa alleine schon wegen der hohen Bevölkerungszahlen des indischen Subkontinents von gigantischen Ausmaßen. In den Jahren 1866–1869 starben alleine in der Präsidentschaft Bombay und Kalkutta unter ca. 40 Millionen Einwohnern 140000 an Pocken. Dies entsprach einer Sterberate alleine an Pocken von 1 Promille pro Jahr. 1875/76 wurden jährlich bis zu einer halben Million Todesfälle an Pocken gemeldet. Noch zwischen 1959 und 1965 wurden in Indien zwischen 30 und 60000 Pockenfälle gemeldet. Dies waren 80% aller aus Asien an die WHO gemeldeten Fälle (Herrlich, 1967). In den letzten Epidemiejahren 1951, 1958, 1963, 1967, 1974 lagen die registrierten Fallzahlen in Größenordnungen um 250000. Die tatsächlichen Fallzahlen werden sogar von offizieller Seite auf das 50- bis 100fache geschätzt (Basu, 1979). Vorwiegend betroffen waren die nördlichen Unionsstaaten. Für die vom Golf von Bengalen ausgehenden vier Cholera-Pandemien des 19. Jahrhunderts finden wir über Indien keine Zahlen. Ab 1875 bis zur Jahrhundertwende werden dann für die Präsidentschaft Bengalen allein jährlich zwischen 100 und 400000 Todesfälle an Cholera gezählt. Zwischen 1920 und 1945 liegen die gemeldeten Todesfälle für ganz Indien, was immer das heißen mag, in etwa der gleichen Größenordnung. Die Malaria wird in den Jahren 1847–1875 von der britischen Armee in Indien mit einer Erkrankungsrate der Truppen von über 40% pro Jahr angegeben (Hirsch, 1881). Indische Quellen gehen für die Zeit vor Beginn der Malariabekämpfung von geschätzten 100 Millionen Erkrankungsfällen und einer Million Sterbefällen an Malaria pro Jahr aus. Dies bedeutet eine Letalität von 1 Prozent. In Kalkutta und Bombay wurden Anfang des 20. Jahrhunderts durch britische und indische Wissenschaftler wesentliche Beiträge zur tropenmedizinischen, insbesondere zur Malaria- und Choleraforschung geleistet. Präventivmedizin fand vor allem auf die Arbeitskräfte der kolonialen Ausbeuter Anwendung. Als z. B. während des Ersten Weltkriegs die Produktivität der indischen Provinz Bihar infolge von Cholera-Epidemien zusammenzubrechen drohte und damit die Kohleversorgung der britischen Indienflotte in Frage gestellt war, wurde diese Bevölkerung mit Leitungswasser versorgt. Aus gleichem Grund begann dort die Malariabekämpfungsaktion der britischen Kolonialverwaltung während des Zweiten Weltkrieges. Im indischen Kohlebergbau wurde in den 20er Jahren gleichzeitig mit Großbritannien die Arbeits-Hygiene und Sozialgesetzgebung für den indischen Bergbau eingeführt (Diesfeld, 1982). In den wenigen Großstädten wurden zentrale Wasserversorgung und Abwasserbeseitigung systematisch eingeführt.

Über das Ausmaß der übrigen Gesundheitsprobleme in Indien vor der Unabhängigkeit und die hieraus gezogenen gesundheitspolitischen Konsequenzen ist wenig bekannt. Die Müttersterblichkeit lag bei 4%. Ein Viertel aller Kinder starb vor Erreichen des 1. Lebensjahres, nur die

Hälfte erreichte das 5. Lebensjahr. Die überhöhte Sterblichkeit weiblicher Säuglinge und Kleinkinder gegenüber derjenigen der männlichen läßt sich in den Sterberegistern bereits seit 1870 nachweisen. In den Jahrzehnten mit exzessiven Hungersnöten, wie etwa zwischen 1876 und 78 oder zwischen 1896 und 1901, lag das Bevölkerungswachstum des entsprechenden Jahrzehnts jeweils um 1/10 niedriger als in «normalen» Jahrzehnten (Myrdal, 1968). Erst mit genereller Verbesserung der Verwaltung, der Transportwege, der Möglichkeiten, intern Nahrungshilfe bei Mißernten zu leisten, und mit «law and order» nahm auch ohne spezifische medizinische Maßnahmen die exzessive Frühsterblichkeit ab und die Bevölkerung derart zu, daß man schon vor der Unabhängigkeit über eine Familienplanungspolitik nachzudenken begann.

3. Die Beziehungen zwischen westlicher und indigener Medizin in Indien

Die Geschichte des Gesundheitswesens Indiens zeigt die unterschiedliche Gewichtung, die die verschiedenen Medizinsysteme im Laufe der letzten 100 Jahre erfuhren. Marriot (1955) stellte in einer Untersuchung in Nordindien fest, daß zu seiner Zeit etwa 150-200000 *vaids* und *hakims* praktizierten oder 1 traditioneller Arzt auf 2500 Einwohner kam, neben ungezählten anderen Heilern. Schätzungen über die Dichte traditioneller Ärzte auf dem Lande laufen auf 1:1000 hinaus, während dort so gut wie keine westlich ausgebildeten Ärzte praktizierten. Die Wiederbelebung traditioneller Medizin vorhinduistischen, hinduistischen und islamischen Ursprungs als Ausdruck nationaler Selbstbestimmung nach langer Phase der Unterdrückung durch die britische Kolonialpolitik fand einen Rückschlag, als westliche Medizin Gegenstand der neuen Gesundheitspolitik Indiens wurde. Daran änderte auch die politische Anerkennung und staatliche Förderung von Ayurveda, Unani und Siddha nichts. Dies förderte zwar die Professionalisierung durch Einrichtung staatlich anerkannter Ausbildungsstätten und das Aufkommen einer starken Industrie für traditionalle Heilmittel neben moderner pharmazeutischer Industrie. Doch insgesamt läuft die Einschätzung auf einen allgemeinen Niedergang der Qualität der traditionellen wie auch der modernen Medizin insbesondere auf dem Land und für die arme Hälfte der indischen Bevölkerung hinaus.

Eine Sonderrolle stellt die vor 150 Jahren durch einen österreichischen Arzt eingeführte Homöopathie dar, die als *«German medicine»* eine zweifach willkommene Alternative zur naturwissenschaftlichen *«British medicine»* wurde (Schumann, 1993). Homöopathie hat einen ganzheitlichen, kosmologischen und volksmedizinischen Ansatz, der vor allem für das indische Bildungsbürgertum von Anfang an attraktiv war. Diese

Alternativen zur offiziellen westlichen Schulmedizin werden in den statistischen Jahrbüchern des indischen Gesundheitsministeriums regelmäßig nach Ausbildungsstätten und praktizierenden Einrichtungen aufgelistet (GO I, 1990, p. 208 ff.).

So gibt es mit erheblichen regionalen Unterschieden in Indien insgesamt:

98 colleges of Ayurveda mit einer Aufnahmekapazität von	3857
17 colleges of Unani mit einer Aufnahmekapazität von	556
2 colleges of Siddha mit einer Aufnahmekapazität von	150
96 colleges of Homoeopathy mit einer Aufnahmekapazität von	5204

Studenten. Die Zahl der registrierten Ärzte und Einrichtungen für die verschiedenen Heilsysteme ist beeindruckend (Tabelle 1).

Tab. 1: Ärzte, Krankenhäuser und Dispensarien der verschiedenen medizinischen Systeme (GOI, 1990)

Heilsysteme	Ärzte*	Khs.	Dispens.
Ayurvedische Medizin	306740	1484	12512
Unani	29701	101	954
Siddha	11644	105	304
Homöopathie	143380	163	5201
insgesamt	491146	1853	18971

*Doppelregistrierung mit westlicher Medizin nicht ausgeschlossen

Für westliche Medizin sind im Vergleich 4526 Regierungskrankenhäuser mit 425 407 Betten und 12 639 Dispensarien sowie 5646 private und freigemeinnützige Krankenhäuser mit 177 083 Betten und 15 665 Dispensarien, d. h. insgesamt 10 172 Krankenhäuser mit 602 490 Betten, 28 304 Dispensarien und 331 630 Ärzte registriert (Doppelregistrierung mit anderen Medizinsystemen nicht ausgeschlossen, die Ziffer sagt nichts über praktizierende/nicht-praktizierende Ärzte aus.) Diesen stehen im staatlichen Jahrbuch 245 415 Krankenschwestern, Pfleger und Hebammen, 132 923 Hilfsschwestern und 15 817 Mitarbeiter anderer Gesundheitshilfsberufe gegenüber.

Selbst wenn diese statistischen Angaben des Jahres 1990 mit Zurückhaltung zu bewerten sind, geht daraus dennoch hervor, daß die Relation der in westlicher Medizin registrierten Ärzte zu den in nicht-westlicher Medizin registrierten etwa 3:5 beträgt, die der Krankenhäuser staatlicher, nichtstaatlicher, traditioneller 4,5:5,6:1,8 und der entsprechenden Dispensarien 12:15:18.

4. Das gesundheitspolitische Mandat der Nationalbewegung bis zur Unabhängigkeit

Mahatma Gandhi hat schon in den 20er Jahren die armseligen Lebensbedingungen als Ursache für den beklagenswerten Gesundheitszustand der Bevölkerung angeprangert. Auf der All India Medical Conference 1929 in Lahore wurden von indischen Ärzten, die ihre Ausbildung in Großbritannien absolviert hatten, gesundheitspolitische Forderungen aufgestellt, wie sie in dieser Zeit auch in Europa erhoben wurden. Auch die Wiederbelebung der traditionellen Medizin und die Rehabilitation der traditionellen Ärzte wurde, gegen den Widerstand der Briten, gefordert. Selbstvertrauen und Selbstverantwortung waren allgemeine und auch gesundheitspolitisch wichtige Forderungen. Gesundheit wurde zu einem wichtigen Ziel der Befreiung. Schon 1938 richtete das National Planning Committee ein «Subcommittee on Health» ein, um die gesundheitliche Lage des Landes zu untersuchen und Empfehlungen und Maßnahmen zur Verbesserung auszuarbeiten. Sein Chairman, Colonel Santok Singh Sokhey legte 1940 einen Zwischenbericht vor. 1943 wurde in Fortsetzung dieser Arbeit mit Zustimmung der britischen Regierung das berühmte Bhore-Committee eingesetzt, das wesentlich von den Ideen des National Movement beeinflußt war. Während des Zweiten Weltkriegs und unmittelbar danach verschlechterte sich die Gesundheits- und Ernährungssituation wesentlich. Hungersnöte, gekoppelt mit verheerenden Epidemien, kennzeichneten die Kriegsjahre, obwohl in Indien keine Kriegshandlungen stattfanden. Der Bericht, den die Bhore Commission 1946 (Government of India, 1946) dann vorlegte, spiegelte all dies wider (Banerji, 1985, p. 13ff.). Er gab auch einen Überblick über die Gesundheitseinrichtungen, ihre personelle Ausstattung und ihre räumliche Verteilung in bezug auf die Bevölkerung. Ein Arzt kam damals auf 6000 Einwohner, 1 Krankenschwester auf 43000, 1 Hebamme auf 60000 Einwohner. Ein qualifizierter Apotheker auf 4000000 Einwohner und 1 Krankenhausbett auf 4000 Einwohner und all dies mit einem extremen Stadt-Land-Gefälle. Man ging davon aus, daß 90% der Bevölkerung hochgradig unterversorgt bis unversorgt waren. Traditionelle Medizin war dagegen weitgehend verfügbar.

5. Die indische Gesundheitspolitik zum Zeitpunkt der Unabhängigkeit

Der Bhore-Commissionsbericht ist bis heute autoritativ. Er analysierte nicht nur die Gesundheitssituation Indiens gegen Ende der Kolonialperiode, sondern erarbeitete klare gesundheitspolitische Empfehlungen für die Zeit nach Erreichung der Unabhängigkeit. Die 1946 formulierten 7 Empfehlungen sind für Indien und weltweit heute so aktuell wie damals. Dort finden sich bereits die, eine Generation später, von der WHO in der berühmten Deklaration von Alma Ata 1978 ausgesprochenen weltgesundheitspolitischen Forderungen:

1. Keinem Individuum soll angemessene medizinische Versorgung verweigert werden, nur weil es nicht bezahlen kann.
2. Die Gesundheitsdienste sollen, wenn sie einmal voll entwickelt sind, über alle ärztlichen Dienstleistungen, Labor- und institutionelle Einrichtungen verfügen, die für Diagnose und Therapie notwendig sind.
3. Gesundheitsdienste müssen von Anfang an besonderes Gewicht auf präventive Dienste legen.
4. Medizinische Versorgung und präventivmedizinische Leistungen müssen vordringlich und so rasch wie möglich für die riesige ländliche Bevölkerung des Landes zur Verfügung gestellt werden.
5. Gesundheitsdienste sollen so dicht wie möglich an die Bevölkerung herangeführt werden.
6. Bei der Entwicklung der Gesundheitsprogramme muß die aktive Beteiligung der Bevölkerung sichergestellt werden. Es muß letztlich darauf hingewirkt werden, daß die Bevölkerung Gesundheit als ihre eigene Verantwortlichkeit erkennt.
7. Die Entwicklung von Gesundheit muß entsprechenden Gesundheitsarbeitern übertragen werden, die das Vertrauen der Bevölkerung genießen.

Wie weit ist Indien, wie weit ist die Welt heute noch von der Verwirklichung dieser Forderungen entfernt!?

Die Bhore-Kommission betonte ganz besonders die soziale Verantwortung des Arztes sowie die aktive Beteiligung und die Verantwortung der Bevölkerung für Gesundheit. Um die aktive Beteiligung der Bevölkerung zu ermöglichen, sollten Dorfgesundheitskomitees und freiwillige Dorfgesundheitsarbeiter gewählt und ausgebildet werden. Sie ging am Vorabend der Unabhängigkeit Indiens in ihren Empfehlungen bis ins kleinste Detail, so daß die unabhängige indische Regierung sofort in die Planungs- und Implementierungsphase hätte gehen können, wären da nicht die bekannten politischen Probleme gewesen, die zu Bürgerkrieg und zur Teilung Britisch-Indiens führten. Wieder ein Beispiel, wie gesundheitspolitisch Sinnvolles von der gesamtpolitischen Situation überrollt wird. Banerji (1991), der profilierteste Sozialmediziner Indiens, kritisiert diese Entwicklung auch noch in anderer Hinsicht:

Das National Movement hatte in seinen Konzepten sozialpolitische, das Klassen- und Kastensystem in Frage stellende Tendenzen. Dies wurde auch durch die in dem Subcommittee for Health arbeitenden sozialpolitisch engagierten Ärzte vertreten. Eine die Bevölkerung miteinbeziehende Gesundheitspolitik wurde jedoch von der Ärzteschaft insgesamt nicht mitgetragen. Der Klassenunterschied zwischen den großteils aus privilegierten Schichten stammenden Ärzten und der Masse der Bevölkerung und ihrer Probleme war zu groß.

Die indische Ärzteschaft war am britischen Ausbildungssystem und seinen Werten orientiert. Das Medical Council of India akzeptierte dessen Normen, um zu erreichen, daß die indischen akademischen Grade auch vom General Medical Council of Great Britain akzeptiert werden konnten. Dies ermöglichte einer geringen Anzahl von indischen Ärzten, ihre weitere Qualifikation in Großbritannien zu bekommen. Es führte später dazu, daß Tausende von indischen Ärzten nach Einführung des National Health Service in Großbritannien dessen Ärztemangel über Jahrzehnte ausglichen. Dieser Braindrain nach Großbritannien war für Indien ein enormer intellektueller und ökonomischer Verlust.

6. Die nationalen Gesundheitsprogramme

In Anbetracht der riesigen gesundheitlichen Probleme der Bevölkerung und der damals dürftigen Infrastruktur des Gesundheitswesens sah sich Indien vor schier unüberwindlichen Schwierigkeiten. Die National Planning Commission und ihr Subcommittee of National Health mußten, der ersten dringlichen Not gehorchend, deutlich andere Prioritäten setzen, als die Bhore-Kommission sie im Sinn gehabt hat: Sicherung der Ernährung der Bevölkerung, Entwicklung der Landwirtschaft, das Bewässerungswesen, die Industrie, Energie, Transport und Kommunikation sowie einzelne Krankheitsbekämpfungsprogramme bekamen im Rahmen von 5-Jahresplänen Priorität vor der flächendeckenden Verbesserung der Gesundheitsinfrastruktur. Massenerkrankungen und Seuchengefahr standen im Vordergrund. Daher wurden spezifische nationale Bekämpfungsprogramme gegen einzelne Krankheiten wie Malaria, Tuberkulose, Lepra, Pocken, Filariasis, Erblindung und Cholera organisiert. Jedes Programm hatte seine eigene Konzeption, Struktur und Bürokratie und wurde der Bevölkerung übergestülpt. Die Programme litten unter der mangelhaften Infrastruktur des Gesundheitswesens und unter der mangelnden Bereitschaft, die Bevölkerung aktiv miteinzubeziehen, beides unerfüllte politische Forderungen aus der Zeit des National Movement.

Malaria: Zum Zeitpunkt der Unabhängigkeit wurde Malaria als das größte einzelne Gesundheitsproblem angesehen, mit etwa 1 Mio. Toter pro Jahr. Da zu dieser Zeit sowohl Chloroquin zur Behandlung der Malaria wie auch DDT zur Bekämpfung der Überträgermücken verfügbar waren, wurde mit hoher Priorität ab 1953 das National Malaria Eradication Program (NMEP) in den Malariagebieten Indiens mit seinerzeit etwa 200 Mio. Menschen ins Leben gerufen. Das Programm war ein unerhörter Erfolg. Innerhalb von 12 Jahren, bis 1965, war Malaria derart in den Hintergrund gedrängt, daß man schon glaubte, Malaria sei ausgerottet. Von 100 Mio. Fällen im Jahr war bis 1965 die Zahl der Fälle auf unter 100000 gesunken, von 1 Mio. Toter im Jahr auf Null. Die immensen Kosten wurden ausschließlich von der indischen Zentralregierung und den Landesregierungen der betroffenen Staaten getragen. Doch es kam, wie es kommen mußte. Das Programm ruhte praktisch ausschließlich auf der Bekämpfung der Überträgermücke Anopheles. Resistenz gegen DDT begann sich auszubreiten, neue Insektizide, die viel teurer waren, mußten eingesetzt werden, und finanzielle, technische und logistische Probleme traten auf. Ab 1965 kam es zu erneuter Ausbreitung der Malaria, bis sich die Fallzahlen bis 1976 wieder auf 6 Millionen pro Jahr aufbauten, allerdings mit sehr wenigen Todesfällen. Seit den 80er Jahren pendelte sich die Fallzahl bei etwa 2 Millionen pro Jahr ein.

Filariasis: Filariasis ist aufgrund der auffallenden Symptome, ödematöse Schwellung der Extremitäten oder des Skrotums (Elephantiasis), seit altersher bekannt, auch wenn die Ursache, durch Steckmücken übertragene, in den Lymphbahnen und im Blut parasitierende Fadenwürmer und ihre Larven, erst Ende des 19. Jahrhunderts aufgeklärt und die verschiedenartigen Symptome zu einem einheitlichen Krankheitsbild zusammengefaßt wurden. Je länger und systematischer seit den 40er Jahren danach gesucht wurde, um so weiter verbreitet fand sich diese Parasitose. Nahm man in den 50er Jahren die Krankheit meist nur in den Küstenregionen Süd- und Ostindiens als bedeutsam an, wurde 25 Jahre später nahezu ganz Indien als befallen befunden. 1989 schätzte man 374 Mio. Infektionsgefährdete, 25 Mio. Infizierte und 19 Mio. Erkrankte. Zwar ist die Sterblichkeit gering, doch durch die permanente Superinfektion durch zahllose Stiche der die Infektionslarven übertragenden Mücken von Kindesbeinen an kommt es ab dem jugendlichen Alter zu unregelmäßig auftretenden fieberhaften Lymphbahninfektionen und später zur Elephantiasis und vielen anderen Komplikationen. Hierdurch sind vor allem die Lebensqualität und Arbeitsfähigkeit erheblich vermindert, und die psychische und soziale Belastung im fortgeschrittenen Stadium ist hoch. Filariasis wird daher seit den 60er Jahren durch ein nationales Programm bekämpft. Dieses stützt sich auf Bekämpfung der Mücken, Culex- und Mansonia-Arten und ihrer Brutplätze und der Larvenstadien der Parasiten im Blut der Infizierten durch regelmäßige Gabe von Diäthylcarbamazin (DEC). Nur knapp 12% der exponierten Bevölkerung wurden 1989 als derart geschützt bezeichnet. Indien hat an der Erforschung dieser in den Tropen weitverbreiteten Erkrankung großen Anteil, doch wird der Effekt dieses Programms sehr kritisch beurteilt. Obwohl die Übertragung und Verbreitung der Parasitose im Zuge der Verstädterung und der Verschlechterung der umwelthygienischen Bedingungen eher zu- als abnimmt, sind die klinischen Auswirkungen der Infektion, die Elephantiasis in der Bevölkerung eher rückläufig. Dies hat wahrscheinlich sehr komplexe Ursachen.

Tuberkulose: Dem Problem der Tuberkulose gegenüber waren die Gesundheitsdienste zunächst hilflos. Fast 2 % der Bevölkerung litten an aktiver Tuberkulose. 1983 schätzte man etwa 10 Millionen Fälle. Ein systematisches Behandlungs- und BCG-Impfprogramm kam nur sehr schleppend in Gang. Malaria und Familienplanung hatten Vorrang, und die Basisgesundheitsdienste waren nicht ausreichend ausgestattet. Es wurden spezialisierte Dienste und Tuberkuloseforschungszentren gegründet, die sich in den 80er Jahren durch ihre zielgruppenorientierte und bevölkerungsbezogene epidemiologische und therapeutische Forschung internationalen Rang erwarben. Es kann aber bis heute nicht davon die Rede sein, daß Tuberkulose unter Kontrolle sei.

Lepra: Zu Lepra gibt es kaum zuverlässige Zahlen. Schätzungen rechneten 1971 in Lepra-Endemiegebieten in einer Bevölkerung von 372 Mio. Einwohnern mit über 3 Mio. Fällen. Lepra genießt bei Politikern eine höhere Priorität als bei den Gesundheitsbehörden und Ärzten. Lepra-Arbeit wird am effektivsten von den wenigen kirchlichen Lepraeinrichtungen geleistet, während die staatlichen Einrichtungen zwar administrativ klar gegliedert sind, ihre Effektitivät aber zu wünschen übrig läßt. 1981 wurde der Lepra offiziell erneut der Kampf angesagt und das Ziel Leprakontrolle bis zum Jahr 2000 anvisiert sowie ein neues Bekämpfungsprogramm entworfen. Der Einsatz moderner Leprabehandlung, die im Frühstadium zur Heilung führt, scheiterte bisher jedoch an infrastrukturellen, logistischen und finanziellen Barrieren.

Cholera: Cholera ist eine Erkrankung der in unhygienischen Verhältnissen lebenden, vor allem auch urbanen Massen der Bevölkerung. Obwohl diese sich in den Jahren seit der Unabhängigkeit mehr als verdoppelt hat, hat Cholera heute im Vergleich zu den 40er Jahren erheblich an Bedeutung verloren. Die typischen seuchenhaften Ausbrüche mit Hunderttausenden von Fällen und Toten blieben aus. Durchfallserkrankungen, vor allem im Kindesalter, hingegen sind heute, da die Malaria als Killer Nummer eins weggefallen ist, an ihre Stelle getreten. Verbesserung der Wasserversorgung und Abwasserbeseitigung in weiten Teilen des Landes sind zusammen mit Wohn- und Siedlungshygiene die einzigen Waffen gegen Cholera, und hier ist in den vergangenen Jahrzehnten für Teile der Bevölkerung sicher viel getan worden. Die jahrelang durchgeführten Cholera-Massenimpfungen waren nutzlos. Sicher gehören die großen Choleraepidemien der Vergangenheit an, aber es gibt keinen Grund zu Annahme, daß diese nicht jederzeit wieder auftreten können.

Pocken: Auch die systematische Pockenbekämpfung durch Massenimpfungen war anfangs nicht sehr erfolgreich, was eine Reihe von Gründen hatte, nicht zuletzt die begrenzte Haltbarkeit des seinerzeitigen Impfstoffes. Ein letzter Versuch Anfang der 70er Jahre, stimuliert durch das weltweite Pockenausrottungsprogramm der WHO mit neuem gefriergetrocknetem Impfstoff und nahezu militärischem Aktionismus, war dann letztlich erfolgreich, so daß ab 1973 die Pocken auch in Indien als ausgerottet gemeldet werden konnten. Banerji findet es dennoch bemerkenswert, daß Indien mit einer so hoch entwickelten Infrastruktur und einer so langen Bekämpfungstradition zu den letzten Ländern gehörte, das der Weltöffentlichkeit die Pockenausrottung melden konnte.

Pest: 1896 brach in Bombay eine Pestepidemie aus, die sich in wenigen Jahren über ganz Indien ausbreitete. Bis 1914 forderte sie über sieben Millionen Tote, im Gipfeljahr 1905 alleine wurden eine Million Pesttote registriert. Dies war Teil der vierten Pest-Pandemie, die 1860 von der Provinz Yunnan in China ausgehend 1894 Hongkong erreichte und von dort auf dem Seeweg nach Bombay und über die ganze Welt verbreitet wurde. Spätestens damals entstanden in vielen Regionen Pestherde, die zum Teil heute noch virulent sind. Noch zwischen 1939 und 1948 starben in Indien 217 970 Menschen an der Pest. 1953 stammten noch 78 % aller weltweit gemeldet Pestfälle aus Indien, seit 1967 werden aus Indien keine Pestfälle mehr gemeldet.

Pest ist eine bakterielle Infektionskrankheit. Der Erreger *Yersinia pestis* wurde 1894 von Yersin und Kitasato während der Epidemie in Hongkong entdeckt. Die Übertragung der Erreger durch den Stich des Rattenflohs, die zu Lymphknotenvereiterungen, der *Beulenpest*, führt, wurde 1897 von Simond anläßlich der Epidemie in Bombay nachgewiesen. Die direkte Übertragung der Erreger von Mensch zu Mensch durch Atemluft und Tröpfcheninfektion, die zur *Lungenpest* führt, war schon länger vermutet und bestätigt worden. 1896 bis 1905 arbeitete Haffkine in Bombay in einem eigens für ihn eingerichteten Pest-Forschungsinstitut, dem heutigen Haffkine-Institut, an der Entwicklung eines Impfstoffs gegen Pest, der aber nie ganz überzeugt hat. Heute in der Zeit der Sulfonamide und Antibiotika ist er überholt. Man muß sich vergegenwärtigen, daß bis zur Entdeckung dieser Wirkstoffe Ende der 40er Jahre Beulenpest zu 40 bis 60 % und die Lungenpest praktisch zu 100 % tödlich verliefen.

Pest ist zunächst eine Nagetierseuche Zentralasiens, die in den Nagetierbauten durch Flöhe übertragen wird. Viele Wildnager entwickeln Resistenz oder Immunität, so daß sich ein Gleichgewicht zwischen Wirt und Erreger einstellt. Wenn sich die Lebensbedingungen dieser Nager, z. B. durch Überschwemmungen oder Erdbeben, verändern, verlassen sie ihre gewohnten Lebensräume und dringen auf weiten Wanderungen in die Lebensräume anderer, etwa nicht-immuner Nager ein. Diese gehen dann in Massen zugrunde, die Flöhe verlassen die Nager, und wenn sich diese in Gemeinschaft mit Hausratten und Menschen befinden, dann springt die Pest von den Wild- über die Hausnager auf den Menschen über. Der Menschenfloh spielt hier im Vergleich zu den Rattenflöhen als Überträger eine geringe Rolle. Die Ausbreitung der Pest durch den Menschen, durch Schiffe und ihre Ratten, entlang der Verkehrswege ist für die weltweite Verbreitung gerade während der 4. Pandemie im 19. und 20. Jahrhundert von größter Bedeutung gewesen.

Das plötzliche Auftreten der Pest in Maharashtra und Gujarat im August und September 1994 kam zwar für alle überraschend, war aber im Prinzip jederzeit denkbar. Ob der Ursprung dieser Epidemie in den ökologischen Veränderungen nach dem Erdbeben des Jahres 1993 zu suchen ist, die zur Wanderung von Nagern aus alten Pestherden in die mit Ratten verseuchten Slums von Surat und anderen Orten führten, wird noch zu klären sein.

Daß die Slums, Müllberge und unhygienischen Abwasserverhältnisse von einer Rattenplage begleitet sind, ist seit dem Ausbruch der 4. Pandemie ebenso bekannt wie das Risiko der rapiden Ausbreitung der Pest, sollte diese dorthin eingeschleppt werden. Auch die hieraus resultierende Massenflucht der Menschen und die damit verbundene Verschleppung der Pest, wie dies in begrenztem Umfang jetzt auch in Indien beobachtet wurde, sind seit dem Mittelalter bekannt.

Heute kann mit einer Prophylaxe mit Antibiotika wie dem Tetrazyklin oder einem Sulfonamid-Pyrimethamin-Präparat die Erkrankung und damit auch die Übertragung von Mensch zu Mensch verhütet werden. Eine rechtzeitige Therapie mit Antibiotika kann die Sterblichkeit auf unter 10% senken. Als sicherste und billigste Mittel gelten derzeit Tetrazyklin und Streptomycin. Wichtigste Langzeitmaßnahme ist natürlich die Floh- und Rattenbekämpfung und Städtesanierung. Die Bekämpfung und damit die Ausrottung der Pest aus den Naturherden ist dagegen sicher nicht möglich.

7. Familienplanung und Bevölkerungspolitik

Bevölkerungspolitik wird in Indien seit 100 Jahren kontrovers diskutiert. Volkszählungen, 1871 durch die Briten eingeführt und alle 10 Jahre wiederholt, ließen schon 1891 erkennen, daß hier ein Problem entstehen könnte. Mehrere indische Wissenschaftler betrachteten dies als die Ursache der Rückständigkeit, andere sahen den Verursachungszusammenhang umgekehrt. Schon in den 30er Jahren wurde nach Maßnahmen zur Geburtenkontrolle gerufen. So war es nur folgerichtig, daß mit der Unabhängigkeit Indiens Familienplanung ein wichtiges Thema wurde, wobei diejenigen die Oberhand behielten, die in der Bevölkerungszunahme die Ursache und nicht die Folge der Unterentwicklung sahen. Indien wurde das erste Land, das eine systematische antinatalistische

Bevölkerungspolitik, und zwar ab 1952, betrieb. Es gab Zeiten, zu denen über 10% des Budgets des öffentlichen Gesundheitswesens in Familienplanung, d. h. Geburtenkontrolle um jeden Preis, gingen. Die gewaltsamen Sterilisierungskampagnen der 60er und 70er Jahre haben die dringend notwendige Familienplanung bis in die folgende Generation hinein in Mißkredit gebracht. Hier wurde in vielfältiger repressiver Weise gegen die Menschenwürde von Millionen von Bürgern verstoßen. Die Kosten dieses Programms stiegen von 1 Mio. Rs im ersten 5-Jahresplan auf 22 Mio. im zweiten, 249 Mio. im dritten, 3,8 Mrd. im vierten und nahezu 5 Mrd. im fünften 5-Jahresplan. Dieses Einzelprogramm bewegt sich damit in Größenordnungen etwa in der gleichen Höhe wie alle unmittelbaren Gesundheitsprogramme zusammengenommen (Banerji, 1985, S. 41, Tab. 4.1 und 4.2). Für die 6. Planphase (1980–85) war eine Verdoppelung dieses Betrages vorgesehen. Trotz dieser riesigen Steigerungsraten mußte die Regierung 1981 feststellen, daß die Planziele bei weitem nicht erreicht worden waren.

Trotz Absinken der Geburtenrate zwischen 1961 und 1988 von 41,2 auf 31,8/1000 Lebendgeborenen hat sich wegen des gleichzeitigen Abfalls der Sterberate von 19 auf 10/1000 Einwohner pro Jahr das Bevölkerungswachstum nur von 2,2 auf 2,0 Prozent pro Jahr vermindert (GO I, 1990, S. 29). Die Statistiken über durchgeführte Vasektomien und Tubenligaturen sind beeindruckend und erschütternd zugleich. Die Ziffern über Annahme von reversiblen Familienplanungsangeboten bzw. der vor Schwangerschaft geschützten Paare liegen 1988/89 zwischen 23% im Staat Bihar und um 56% in Haryana und 46% in Kerala, wobei Kerala bei weitem die günstigsten Sozialindikatoren aufweist (Sinha, 1992, p. 220, table 16). Die Annahme von Angeboten zur Geburtenregelung setzt die Bereitschaft zur Begrenzung der Familiengröße voraus. Und hierbei spielen eine Vielzahl von Faktoren eine Rolle, die ihrerseits auf die Zahl der Kinder von Einfluß sind. Sie hängen z. B. von den ökonomischen und kulturellen Rahmenbedingungen, dem Heiratsalter der Mädchen und ihrem Grad der Alphabetisierung, der Rolle der Frau in der Gesellschaft und dem Zugang zu Gesundheitsdiensten ab. Hier sind die verschiedenen Entwicklungsprogramme Indiens zu wenig aufeinander abgestimmt (Sinha, 1992). Tabelle 2 im Beitrag «Bildungswesen» zeigt deutlich den Zusammenhang zwischen Geburtenrate einerseits und Armut, Alphabetisierung und Sterberate andererseits. Hier ist vor allem der Alphabetisierungsgrad der Frauen ein bemerkenswerter Indikator für die Rolle der Frau in der indischen Gesellschaft.

Seit der sechsten Planperiode (1980–85) haben sich die verschiedenen Komponenten des Family Welfare Programmes langsam, aber stetig verbessert. Die Geburtenrate blieb jedoch während der 6. und 7. Planperiode weitgehend konstant. Als eine der Ursachen hierfür wird angeführt, daß fast ausschließlich irreversible Geburten-Kontrollmethoden angeboten werden (operative Eileiter- und Samenleiterunterbindungen). Diese werden natürlich nur von älteren Paaren angenommen, die ihre gewünschte Kinderzahl bereits haben, und diese liegt, je nachdem, ob Söhne geboren wurden, bei drei. Interessant ist die Beobachtung, daß mit abnehmendem Druck auf die Paare der Anteil der Vasektomien von 75% in den 70er Jahren auf knapp 10% in den späten 80er Jahren zurückging. Programme zur Verhütung von Frühschwangerschaften oder zur Vergrößerung der Geburtenabstände jüngerer Paare spielen eine vergleichsweise geringe Rolle. In der 7. Planperiode war nach Anpassung der Strategien in dieser Richtung die Akzeptanz dieser Methoden besser.

8. Die medizinische Basisversorgung

Das Konzept des «Primary Health Centre» zur medizinischen Basisversorgung der Bevölkerung wurde parallel zu den vertikalen Krankheitsbekämpfungsprogrammen, allerdings sehr schleppend, ab 1952 in Angriff genommen. Es wurde mit dem Community Development Plan (CDP) zusammengefaßt, der intersektoral die Entwicklung des ländlichen Raumes zum Ziel hatte. Hier wurden die Empfehlungen der Bhore-Kommission umgesetzt, und es wurden Elemente und Prinzipien definiert, die durch die Weltgesundheitsorganisation 1978 als neues gesundheitspolitisches Konzept von Primary Health Care propagiert wurden.

Auf der Grundlage des Community Development Programms und seinen drei Pfeilern: Verbreitung der Erziehung, Gemeindeselbsthilfe und Regierungsunterstützung wurden auch Ernährungssicherung, Wasserversorgung und sanitäre Maßnahmen aufgegriffen. In die medizinische Basisversorgung wurden Bereiche wie Bekämpfung übertragbarer Krankheiten, Mutter-und-Kind-Dienste und medizinische Statistik aufgenommen. Dieses Grundgerüst, wie immer schwierig im Detail zur Wirksamkeit zu bringen, ist heute noch das Rückgrat der Gesundheitsdienste Indiens. Die kleinste, periphere medizinische Einheit sollte die Primary Health Unit sein, eine für etwa 10 bis 20000 Einwohner, 50 bis 20 solcher Einheiten sollten von einer Gesundheitseinheit zweiten Grades geleitet werden und 3–5 derartige sollten unter einem Distriktgesundheitsbüro stehen. Die ersten 10 Jahre waren jedoch von großen Problemen der Umsetzung dieses Konzeptes gekennzeichnet. Das Health Survey and Planning Committee (Mudalia Committee) legte 1962 einen Zwischenbericht vor, der zu dem Schluß kam, daß von dem ursprünglichen und immer noch validen Konzept kaum etwas verwirklicht worden war. Im Zuge der verschiedenen Krankheitsbekämpfungsprogramme und der Intensivierung der Familienplanung erhielt auch die dezentrale ländliche Gesundheitsversorgung neue Impulse und personelle und materielle Aufstockung. Durch die Vielzahl von Zuständigkeiten und jeweils speziellen Gesundheitsarbeitern für jedes einzelne Programm führte dies zu einer personellen Überbesetzung auf allen Ebenen und zu einer Kostenaufblähung ohne große Effektivität. Zahlreiche Committees befaßten sich mit diesen strukturellen Problemen.

1973 empfahl ein weiteres Committee die Zusammenlegung dieser vielen Einzelfunktionen. Seither werden Multipurpose Health Workers ausgebildet, und die Zahl der Ärzte wurde auf Distriktebene erhöht. 1983 waren die Zielgrößen weit überschritten, allerdings ließen die Ausstattung und Qualität nach wie vor sehr zu wünschen übrig (Government of India, 1983, p. 58).

Die kurativen Gesundheitsdienste in Indien werden im wesentlichen durch drei Sektoren geleistet, den staatlichen, den privaten und den freigemeinnützigen (Voluntary) Gesundheitsdienst. Obwohl der staatliche Gesundheitsdienst nach der Unabhängigkeit ein enormes Wachstum zu verzeichnen hat, treibt seine zunehmende Ineffektivität die Bevölkerung mehr und mehr in den privaten Sektor, was sie zwingt, hohe Summen auszugeben, während der kostenlose staatliche Dienst zunehmend ungenutzt bleibt. Der freigemeinnützige Sektor ist ohne Zweifel das effektivste dieser drei Systeme, ist aber viel zu klein, um einen wesentlichen Beitrag zur gesundheitlichen Versorgung der gesamten Bevölkerung zu leisten. Zahlreiche Studien belegen dies (Mukhopadhyay, 1992, p. 63). Nur 15% aller Primary Health Centres im Land hatten die vorgesehene Einzugsbevölkerung von 30000 Einwohnern. In Uttar Pradesh z. B. hatten die PHC's im Schnitt 120000 Einwohner zu versorgen. Nur 15% der PHC's verfügen über das vorgesehene Personal. Immer noch finden 85% der Geburten auf dem Land ohne qualifizierte Geburtshilfe statt. Die PHC's sind in der Mehrzahl nicht in der Lage, eine ordungsgemäße Schwangerenbetreuung duchzuführen oder geburtshilfliche Notfälle angemessen zu versorgen. Obwohl 90% der Bevölkerung die PHC's und Sub-centers als erste Versorgungsebene kennen, werden diese nur von 31% genutzt. Von diesen nutzen 40% darüber hinaus die traditionellen Behandlungsangebote zusätzlich. Nutzerbefragungen ergaben bei 65% der Befragten Klagen über mangelhafte Qualität der Dienste, Nichtverfügbarkeit der Ärzte, des medizinischen Personals und von Medikamenten, lange Wartezeiten und unfreundliches Verhalten des Personals. Auch die vorgesehenen Dorf- oder Familienbesuche werden nur sehr unregelmäßig durchgeführt.

Im städtischen Bereich ist der Gesundheitszustand der Bevölkerung zwar insgesamt besser als auf dem Land, doch trifft dies nicht für die Slums und Squattersiedlungen der Großstädte zu. Nach dem Zensus von 1991 leben 26% der indischen Bevölkerung in Städten, 20% hiervon in den Slums der großen Städte. Dort ist die Säuglingssterblichkeit so hoch wie auf dem Land oder fast doppelt so hoch wie im städtischen Mittel. Während die Mittel- und Oberschicht der städtischen Bevölkerung Zugang zu den besten Gesundheitseinrichtungen sowohl des staatlichen wie auch des privaten oder freigemeinnützigen Sektors hat, lebt die andere Hälfte der Bevölkerung nicht nur in höchst ungesunden Umständen, sondern hat auch kaum Zugang zu angemessener medizinischer Versorgung.

78 % aller Ärzte Indiens arbeiten im privaten Sektor. Dieser Sektor ist von außerordentlicher Vielfalt, und er hat die Kaufkraft einer vom staatlichen Sektor enttäuschten Bevölkerung wahrgenommen. Dieser Sektor operiert nach marktwirtschaftlichen Gesetzen und unterliegt nahezu keiner Kontrolle. Dies wirkt sich insbesondere im Bereich der Arzneimittelverordnung und -applikation aus. Fragwürdige Arzneimittelproduktion und -werbung nimmt skandalöse Formen an, ohne daß die Gesetzgebung in der Lage wäre, dem Einhalt zu gebieten (Kabra/Saraf, 1992). Die Untersuchungen mehren sich, die die geringe Qualität eines Großteils des privaten medizinischen Sektors belegen. Die Anzahl der medizinischen Praxen ohne formale Mindestqualifikation der Betreiber nimmt ständig zu. Qualitätskontrolle ist so gut wie unbekannt. Die Gesundheitsdienste und der Ärztestand in Indien werden als in einer tiefen professionellen und ethischen Krise befindlich beschrieben (Duggal/Jessani, 1992).

Die freigemeinnützigen Organisationen, die sich zunächst auf qualitativ hochwertige kurative Medizin konzentrierten, bemühen sich in zahlreichen Initiativen, Modelle der einfachen, angepaßten, dem Wohl der Patienten verpflichteten, medizinischen Versorgung zu initiieren. Mehr als 7000 derartiger Initiativen werden gezählt. Die Voluntary Health Association of India fordert und praktiziert hier seit vielen Jahren Reformen (Mukhopadhyay, 1992, p. 80–85). Sie ist hier die einzige treibende Kraft neben einem ansonsten an den Bedürfnissen und Problemen der Bevölkerung weitgehend vorbeioperierenden, bürokratischen und überteuerten staatlichen und einem auf Gewinnmaximierung zielenden privaten medizinischen Sektor.

Ein wichtiger medizinischer Sektor sind auch die vergleichsweise effektiven Gesundheitsdienste der staatlichen und privaten Großindustrie und Dienstleistungssektoren, wie z. B. Coal Mines Labour Welfare Organisation, Indian Railways, Comprehensive Farm Labour Welfare Scheme oder die medizinischen Dienste der Armee und Polizei.

9. Gesundheitsprobleme einer Übergangsgesellschaft

Die indische Gesellschaft ist demographisch, ökonomisch und damit auch epidemiologisch eine Übergangsgesellschaft, auf dem Weg von einem Entwicklungsland zu einem Schwellen- und Industrieland. Dies bedeutet für die gesundheitliche Situation, daß einerseits die klassischen infektiösen Massenerkrankungen infolge Armut und niedrigen Lebens- und Hygienestandards noch nicht überwunden sind und daß andererseits die Krankheiten im Gefolge einer rapiden Urbanisierung, Industrialisierung, Umweltzerstörung und Bevölkerungsverdichtung in ungeheurem Umfang zunehmen: neue Formen der Mangel- und Fehlernährung, Nahrungs- und Genußmittelintoxikation durch Verunreinigung, Verfälschung und unhygienische Produktion, Lagerung und Vertrieb von Nahrungsmitteln, Alkohol- und Drogenkonsum, Arznei- und Heilmittelverfälschung, unlautere und kriminelle Produktion und Vertrieb von Arzneimitteln bei völlig unzureichender Kontrolle, unzureichende Standards der Industrie- und Gewerbehygiene und des Arbeitsschutzes, vor allem auch Frauen- und Kinderarbeit unter unkontrollierten Bedingungen, Überlastung der Wasserversorgung, der Abwasser- und Abfallbeseitigung vor allem in den urbanen Wohngebieten und Slums, psychosoziale Streßfolgen der «Slumification».

Skandalöse Mikro- und Makrokatastrophen, die diese Entwicklung widerspiegeln, sind Ausbrüche von Vergiftung und Erblindung durch verfälschten Alkohol auf Hochzeitsfesten bis hin zur berühmt-berüchtigten Bhopal-Katastrophe. Ein zunehmend bewußter werdendes Problem ist die mangelnde medizinische Versorgung von Unfallopfern und von körperlich und geistig Behinderten, trotz zahlreicher helfender Freiwilligenorganisationen.

Diese gesamtgesellschaftliche Problematik gibt der gesundheitlichen Situation Indiens eine völlig neue Dimension. Sie spiegelt sich auch in der Hilflosigkeit der indischen Gesundheitspolitik wider.

10. Die Widersprüche in der indischen Gesundheitspolitik

Die Gesundheitspolitik Indiens ist durchgängig charakterisiert durch einen Widerspruch zwischen Theorie und Praxis. Zum Zeitpunkt der Unabhängigkeit war der Gesundheitszustand der Bevölkerung katastrophal (Government of India, 1946, p. 7–10). Damit 1000 Kinder das 10. Lebensjahr erreichen konnten, mußten 40 Mütter und 1000 Kinder sterben. In den vergangenen 40 Jahren kam es zu einer erheblichen Verbesserung der Lebensbedingungen und damit der Überlebenschancen. Die Werte dieser Gesundheitsindikatoren betragen noch ein Viertel der damaligen Werte. Der Anteil, den das Gesundheitswesen selbst hieran tat, ist schwer einzuschätzen.

Das Indian Council of Social Science Research und das Indian Council of Medical Research stellen in einem gemeinsamen Bericht (ICSSR/ICMR, 1981) fest, daß die gesamte Frage der Gesundheit eng verknüpft ist mit der sehr viel weiterreichenden Frage nach sozialer, ökonomischer, politischer und kultureller Entwicklung der indischen Gesellschaft und daß diese den Gesundheitssektor im engeren Sinn unterstützen müsse. Das gleiche gilt für Familienplanung, Ernährungssicherung, Beschäftigung, soziale Gerechtigkeit, Demokratisierung und deren Einfluß auf die Kaufkraft der Gesellschaft. Nur die sich hieraus logisch ergebenden Schlußfolgerungen werden von den Berichterstattern nicht gezogen, sondern es werden sogar widersprüchliche Empfehlungen gegeben (Banerji, 1990, p. 140). Das Government of India's Statement on National Health Policy (1982) bestätigt und wiederholt die gesundheitspolitischen Versprechungen aus der Zeit der Unabhängigkeitsbewegung der 30er Jahre. Gleichzeitig zeichnet der Bericht ein gleichermaßen düsteres Bild des Gesundheitszustandes der Massen und der vergeblichen Bemühungen, diesen zu verbessern.

Die einst progressiven gesundheitspolitischen Forderungen des National Movement stehen im Gegensatz zur Wirklichkeit. Zahllose Ideen und Modelle blieben stecken. Die medizinische Wissenschaft in Indien ist weltweit hoch angesehen. Die Realität für die Masse der Bevölkerung, mit Ausnahme des etwa 30 %igen Bevölkerungsanteils im modernen Sektor der indischen Entwicklung, ist nach wie vor erschreckend weit von diesem Niveau entfernt.

Es werden immer wieder gegen einzelne Krankheiten Maßnahmen gestartet, deren Wirksamkeit und Nachhaltigkeit in keinem Verhältnis zum hohen administrativen Aufwand stehen (Banerji, 1990).

Das Problem der indischen Gesundheitspolitik ist, daß die vielen, größtenteils armutsbedingten Gesundheitsprobleme in einzelne Krankheitsprobleme unterteilt und in jeweils isolierten, stark verbürokratisierten, in Konkurrenz zueinander stehenden und rasch erstarrenden vertikalen, nationalen Bekämpfungsprogrammen angegangen werden. Die Tatsache, daß all diese Krankheiten größtenteils eine gemeinsame Wurzel, Armut, schlechte Lebensbedingungen, ungenügend breite Entwicklung von unten, haben, wird hierdurch immer wieder aus den Augen verloren. Hierin wird der Widerspruch zu den mehr ganzheitlichen Empfehlungen der Bhore-Kommission sehr deutlich.

Hinzu kam, daß die verschiedenen nationalen Bekämpfungsprogramme je nach politischer Priorität auch unterschiedlich ausgestattet und über die Zeit durchgehalten wurden. Es ist sicher richtig gewesen, daß dem Bevölkerungswachtum in Indien schon frühzeitig besondere Aufmerksamkeit geschenkt wurde; da aber auch hier der Ansatz vorherrschte, Bevölkerungswachstum sei die Ursache der Armut, wurde auch dieses Phänomen wieder mehr als nationale Einzel-Krankheit behandelt und nicht als Symptom der Armut. Da dieses Problem aber immer bedrückender wurde und Planungsprogramme keine unmittelbaren demographischen Effekte zeigten, wurde, wie in allen anderen Programmen, jedoch nur mit noch größerem Nachdruck «mehr und immer mehr vom Selben» gefordert, anstatt die Verursachungskette verstärkt im Bereich der Armutsbekämpfung zu durchschlagen und nicht nur an den Symptomen herumzukurieren. Die Programme haben es nicht geschafft, die Familie und den einzelnen einzubeziehen und eine kommunale Selbstverantwortung zu schaffen, wie es von jeher gefordert wird.

Von Banerji wurde sehr nachdrücklich darauf hingewiesen, daß ja auch in den westlichen Industrienationen die entscheidenden Gesundheitsfortschritte gegenüber Infektionskrankheiten weniger durch vertikale Einzelmaßnahmen, sondern vielmehr durch allgemeine Entwicklung der Lebensbedingungen erzielt worden sind (Banerji, 1985, S. 136).

In seiner jüngsten Analyse der indischen Gesundheitspolitik kommt Banerji (1990, S. 143 ff.) zu dem Ergebnis, daß sich nicht nur die Gesundheitpolitik, sondern die Ärzteschaft Indiens in einer tiefen Krise befinden. Diese wurde jahrzehntelang durch Unterdrückung und Verfälschung durchaus vorhandener Informationen verdeckt. Die Erfolgsmeldungen der einzelnen Programme entbehrten weitgehend einer realen Basis. Neben dieser politisch-administrativen Verschleierung der Tatsachen kommt es nach Banerji zu einem Verfall ärztlicher Ethik und der Qualität medizinischer Dienste. Für diesen Verfall des in der indischen Verfassung hoch angesiedelten öffentlichen Gesundheitsdienstes bringt er zahlreiche Belege.

Etwa das Wiederaufflammen der Malaria, Cholera und zahlreicher anderer seuchenhafter Infektionskrankheiten, die Nahrungsmittelvergiftungsepidemien, den verheerenden Zustand der Arbeitshygiene im Zuge der überstürzten Industrialisierung, wo die Bhopal-Tragödie nur eine nicht mehr unterdrückbare Spitze des Eisberges war. Die politisch aktive Unterdrückung der bereits in vollem Gang befindlichen AIDS-Epidemie ist das jüngste Beispiel der Hilflosigkeit indischer Gesundheitspolitik.

Auf vier Ebenen sieht Banerji dringend notwendige Reformen:

1. Stärkung der Kompetenz der Führungskräfte des öffentlichen Gesundheitsdienstes.
2. Entwicklung umfassender Gesundheitsprogramme im Gegensatz zu den stets krankheitsorientierten Programmen.
3. Drastische Umstrukturierung der Familienplanungspolitik.
4. Unterbindung der Einmischung der öffentlichen Verwaltung in technische Aspekte der Gesundheitsdienste, d. h. Entbürokratisierung.

XX.
Naturwissenschaftliche und technologische Forschung

Gisbert Freiherr zu Putlitz und *Thomas Schmitt*

Einleitung

Naturwissenschaften und Technologie wird – sowohl im Selbstverständnis der indischen Wissenschaftler als auch der offiziellen Politik Indiens – seit der Unabhängigkeit eine wesentliche Rolle dabei zugeschrieben, die Entwicklung des jungen Staates zu einer modernen Großmacht entscheidend mitzugestalten. Kaum eine Darstellung des Aufbaus der Wissenschaftslandschaft seit der Unabhängigkeit versäumt es, Jawaharlal Nehru als den treibenden Motor zu schildern, der die Wissenschaftler aus ihrem Elfenbeinturm befreien und ihnen eine gesellschaftliche Aufgabe geben wollte. Diese Haltung bestimmt – zumindest rhetorisch – bis heute das Ansehen, das indische Wissenschaften im Land genießen, auch wenn deren Akteure sich in der Grundlagenforschung mit Fragen beschäftigen, die meilenweit von den sozialen und wirtschaftlichen Nöten der Gesellschaft entfernt sind.

So nachdrücklich die offizielle Förderung seit Beginn des Staates auch prononciert wird, so regelmäßig mischt sich in diese Betonung das Bedauern darüber, daß den offiziellen Verlautbarungen besonders der finanzielle Nachdruck bei der schwierigen Umsetzung fehlte. Dann heißt es auch mal, daß Jawaharlal Nehru von zu vielen Aufgaben in Anspruch genommen wurde, die ihn von der nötigen Aufmerksamkeit für die Förderung wissenschaftlicher und technologischer Forschung und Entwicklung (F & E) ablenkten. In den Stolz über die erreichten Leistungen beim Aufbau eines breitangelegten Systems der naturwissenschaftlichen und technischen Ausbildung an Universitäten und Colleges, eines ansehnlichen Netzes von Forschungseinrichtungen und der international anerkannten Erfolge auf mehreren Gebieten mischt sich das – häufig öffentlich nicht anerkannte – Selbstbewußtsein derjenigen, die dies alles ohne den angekündigten Rückenwind erreichten.

Die Leistungen können sich in vielerlei Hinsicht sehen lassen und finden internationale Anerkennung. An erster Stelle wird das Potential von über 4 Millionen akademisch und technisch qualifizierten Menschen genannt – bis zur Auflösung der Sowjetunion, die nach den USA die zweite Position einnahm, die weltweit drittgrößte Gruppe von wissenschaftlich qualifizierten Personen in einem Staat. Die zahlenmäßig größten Erfolge des höheren Bildungswesens wurden in den 80ern erzielt, in denen sich die Zahl der Wissenschaftler und Ingenieure von 1,7 Millionen (1980) auf 3,8 Millionen (1990) mehr als verdoppelte. Seit der zweiten Hälfte des letzten Jahrzehnts kommen jährlich etwa 200000 Hochschulabgänger hinzu.

Zu den für die indische Gesellschaft bedeutsamsten Leistungen zählen die Beiträge der Agrarwissenschaftler zur «Grünen Revolution», die dazu geführt haben, daß Indien sich durch Verbesserungen des Saatguts, des Düngers und der Bewässerung aus eigenen Kräften ernähren kann. Die Erfolge in der Luft- und Weltraumforschung sind so weit gediehen, daß satellitenvermittelte Telekommunikation, Datennetze und Fernsehsendungen in weiten Bereichen selbstverständlicher Teil des indischen Alltags sind. Die über Aufklärungssatelliten gewonnenen Daten sind unverzichtbarer Bestandteil der indischen Planungspolitik, sowohl in der Land-, Forst- und Fischwirtschaft als auch in der Städteplanung.

Zu den wissenschaftlichen und technologischen Leistungen Indiens zählen allerdings auch die Fortschritte in der Nuklearforschung, die dazu geführt haben, daß das Land zu der Gruppe von 11 Staaten gezählt wird, die über Atomwaffen verfügen, ohne daß dies bisher von der indischen Regierung offiziell bestätigt wurde. International stößt diese Entwicklung auf größte Bedenken, zumal Indien sich bisher geweigert hat, dem Atomsperrvertrag beizutreten, und mit den beiden benachbarten Atommächten Pakistan und China bereits mehrere Kriege geführt hat. Bei der Nutzung der Kernspaltung für die Energiegewinnung plant die indische Regierung große Zuwachsraten. In der Praxis wird die Realisierung dieser Pläne jedoch durch finanzielle Engpässe und technische Probleme begrenzt.

International anerkannt sind besonders die indischen Exportkapazitäten bei der Entwicklung von Software. Zahlreiche indische Entwicklungslabors sind über Datennetze mit den wichtigsten internationalen Software-Unternehmen verbunden. Die Steigerungsrate des Exports beträgt seit 1986 im Durchschnitt 34 % pro Jahr; mittlerweile hält Indien 12 % des Software-Weltmarktes und hat eine Führungsrolle bei «outsourced software» (Software, die außerhalb eines Unternehmens entwickelt wird) übernommen. Die Erfolge der Computer-Hardware-Industrie lassen sich an den in ganz Indien benutzten einheimischen Computern messen.

Indisches Know-how ist auch bei der Emigration von Wissenschaftlern und Ingenieuren besonders in die USA zu einem Export-«Schlager» geworden, der mit der Charakterisierung als «brain drain» im Land eher mit gemischten Gefühlen gesehen wird, zumal die verantwortlichen Stellen davon ausgehen, daß es gerade die besten sind, die meist unmittelbar nach ihrem Hochschulabschluß auswandern. Der Drang zur Auswanderung wird allerdings auch durch einen Mangel an interessanten Aufgaben für indische Wissenschaftler vor allem in der Industrieforschung hervorgerufen, die in Indien noch sehr schwach entwickelt ist.

1. Die indische Forschungspolitik

Indien hat besonders in den letzten 10 Jahren Anstrengungen unternommen, eine eigenständige Technologie zu entwickeln, die nicht nur den einheimischen Markt befriedigen, sondern auch auf dem Weltmarkt bestehen kann. Als wichtige Voraussetzungen hierfür werden eine große Anzahl wissenschaftlich und technisch gut qualifizierter Personen angesehen; eine starke wissenschaftliche Infrastruktur besonders in der Forschung, die maximale Ausschöpfung der inländischen Ressourcen und eine daraus hervorgehende nationale Kapazität zur eigenständigen Entwicklung von Techniken gelten seit langem als die herausgehobenen Ziele der indischen Forschungspolitik.

Die maßgeblichen Instanzen in diesem Konzept sind die Zentralregierung, die Regierungen der Unionsstaaten und die Industrie, in der die Schlüsselsektoren (wie Energiegewinnung, Elektronik und Maschinenbau) weitgehend in staatlicher Hand sind. Ein Vergleich der Aktivitäten der genannten Instanzen zeigt, daß die Zentralregierung knapp 65 % aller Forschungs- und Entwicklungsausgaben trägt und somit die Richtung der indischen F & E wesentlich prägt. Die Unionsstaaten tragen mit 9 %, die staatliche Industrie mit 11 % und die private Industrie mit 15 % zu den Ausgaben bei (Zahlen für 1992–93). Zählt man die Ausgaben der Zentralregierung und die der staatlichen Industrie zusammen, so ergibt dies einen gemeinsamen Anteil von ca. 76 % der Forschungsausgaben, die von der Zentralregierung kontrolliert werden. Die Universitäten haben nur einen geringen Anteil an der nationalen Forschung; 1990 waren in den Natur- und Technikwissenschaften 571 und 1991 lediglich 170 größere Forschungsprojekte an den fast 190 Universitäten registriert.

Ein Schlüssel zum Verständnis der indischen Forschungslandschaft ist die Kenntnis der wissenschaftspolitischen Entscheidungszentren und der administrativen Strukturen der Zentralregierung. Sie bestimmen die wesentlichen Entscheidungen über den Aufbau neuer Institute, lenken die Geldflüsse und beeinflussen die Arbeiten der Forschungseinrichtungen bis auf unterste Ebenen. Erst in jüngster Zeit wurde über eine Dezentralisierung der Entscheidungsprozesse den Direktoren der Forschungsinstitute größere Autonomie eingeräumt.

Das Erbe der Kolonialzeit tritt nicht so sehr in der Form der materiellen Hinterlassenschaften an Universitäten, Colleges und Instituten in Erscheinung als vielmehr in Aufbau und Struktur der Forschungsbürokratie. Die Aufrechterhaltung von Organisationsformen aus der Zeit des «Raj» bis hin zur Namensidentität mit britischen Einrichtungen (die im Herkunftsland häufig als überkommen betrachtet und daher aufgelöst oder privatisiert wurden) spiegelt den Selbstbehauptungswillen einer konservativen Bürokratie wider, deren Einfluß auch bei untergeordneten Entscheidungen spürbar wird.

Die forschungspolitischen Entscheidungszentren der Zentralregierung sind beim Premierminister, mehreren Ministerien und auch beim Forschungsministerium plaziert. Neben letzterem betreiben z. B. das Verteidigungsministerium, das Ministerium für Landwirtschaft, das Ministerium für Kommunikation und Telekommunikation und das Ministerium für Gesundheit und Familie eigene Forschungseinrichtungen. Den Ministerien zugeordnete Departments bilden die Kanäle, über die die politischen Entscheidungen und die Gelder weitergeleitet werden. Ihr Einfluß reicht so weit, daß den Chefs der Departments gelegentlich absolute Macht auf ihren Gebieten zugesprochen wird.

In den Verantwortungsbereich des Premierministers fallen traditionell das *Department of Atomic Energy (DAE)* und das *Department of Space (DOS)*. Dem *Ministry for Science & Technology* (Forschungsministerium) gehören drei Departments an: das *Department of Science & Technology (DST)*, das *Department of Scientific & Industrial Research (DSIR)* und das 1984 gegründete *Department of Biotechnology (DBT)*. Einzig das DST hat eine allgemeiner formulierte Verantwortung für die generelle Umsetzung der Forschungs- und Technologiepolitik. Hierzu zählen auch die Unterstützung der wissenschaftlichen Gesellschaften (wie der Akademien) und von Forschungsinstituten mit nationaler Bedeutung sowie die Durchführung einzelner Forschungsprojekte auf sehr unterschiedlichen Gebieten. Eine weitere Aufgabe ist die Untersuchung und statistische Erhebung der einheimischen Forschung; die Ergebnisse werden jährlich in einem umfangreichen Report veröffentlicht, dem die wichtigsten Zahlen für diesen Beitrag entnommen sind. (Die Berichtsjahre des DST reichen vom April des ersten bis zum März des nächsten Jahres. Daher werden als Zeiträume in der Regel zwei Jahreszahlen genannt, z. B. 1992–93.)

Den Departments sind die *Councils* und andere Beratungsgremien angegliedert, in denen vor allem die Direktoren der dem jeweiligen Fachgebiet zugehörigen Forschungseinrichtungen versammelt sind. Als einer der einflußreichsten Councils gilt der *Council of Scientific & Industrial Research (CSIR)*, der dem DSIR zugeordnet ist. Vorsitzender des CSIR ist der Premierminister. Zu den bedeutendsten Gremien zählt auch der *Indian Council of Medical Research (ICMR)*. 1988 wurde als selbständige Einrichtung des DST der *Technology Information Forecasting and Assessment Council (TIFAC)* in New Delhi gegründet, dem u. a. die Technikfolgenabschätzung in Schlüsselbereichen der nationalen Ökonomie und die Beobachtung globaler Entwicklungen in der Technologie obliegen.

Das Diagramm stellt den Versuch dar, dieses machtpolitische Netzwerk zu veranschaulichen. Auf der obersten Ebene des Premierministers wird deutlich, daß dieser zugleich mehrere Ministerien führt. Seit dem Ende der Rajiv-Gandhi-Regierung wurde von seinen Nachfolgern

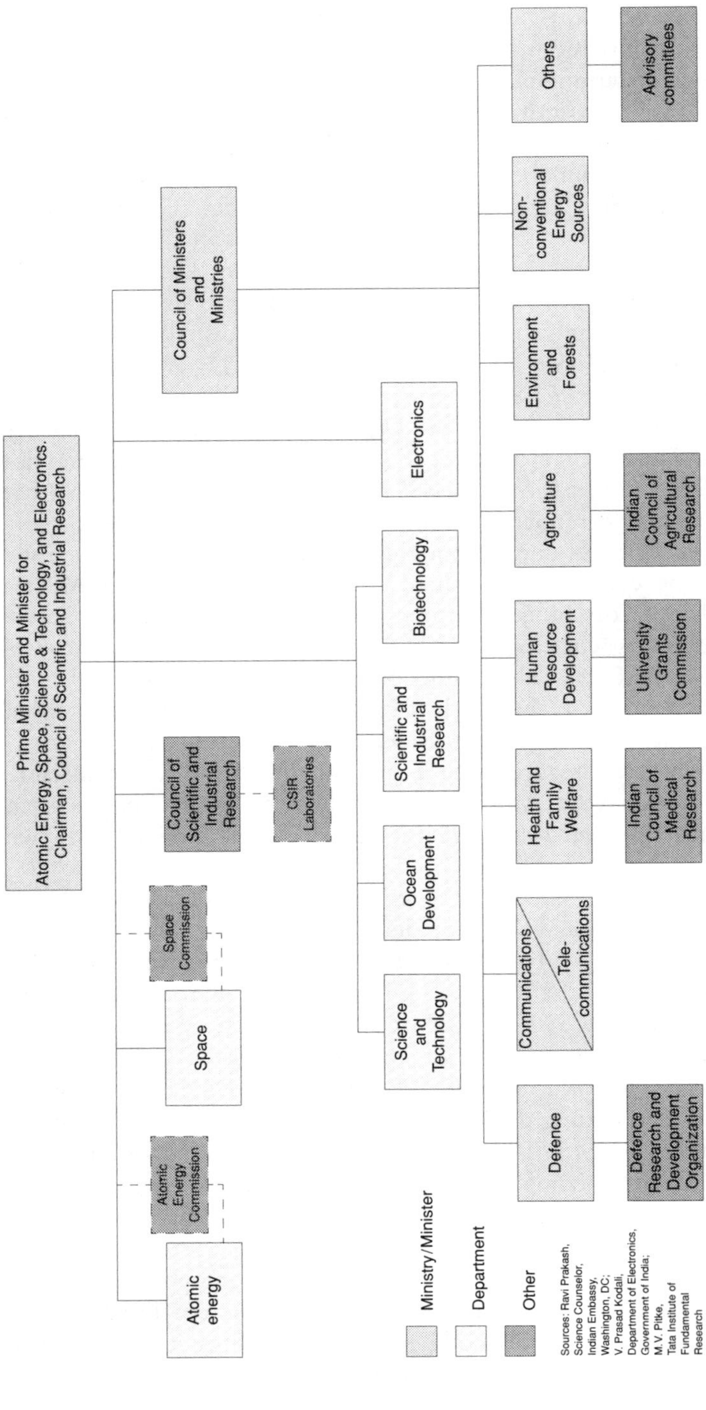

Abbildung nach: Zorpette, "Technology in India." In: IEEE Spectrum March 1994: 27.

über mehrere Jahre hinweg auch das Forschungsministerium kommissarisch geführt.

Auf diesen drei Ebenen – Zentralregierung, Departments und Councils – sind die 12 wichtigsten forschungspolitischen Einrichtungen angesiedelt, die im DST-Bericht als «Major Scientific Agencies under the Central Government» geführt werden. Die formale Hierarchie gibt nicht die tatsächliche Verteilung der forschungspolitischen Machtzentren wieder; das DST listet hier vor allem die Departments, einige Ministerien und den CSIR auf. Die Tabelle (Seite 374) nennt die wichtigsten Einrichtungen und gibt die Ausgabenentwicklung für die letzten drei Dekaden sowie deren aktuellsten Stand wieder. Aus der Aufstellung wird deutlich, daß die Verteidigungsforschung mit fast 30 % den größten Anteil der Forschungsausgaben der Zentralregierung bestreitet. Ihr folgen mit 18 % die Luft- und Weltraumforschung, die z. T. auch auf die Verteidigung ausgerichtet ist, die Agrarforschung (12 %), die Atomforschung (11 %) und die angewandte Forschung bzw. Entwicklung der CSIR-Institute (fast 11 %).

Über 400 Forschungseinrichtungen legen das organisatorische und intellektuelle Fundament der nationalen F&E der Zentralregierung. Die wichtigsten Einrichtungen sind hierbei die *Defence Research and Development Organisation (DRDO)* mit 48 Laboren, der *CSIR* mit 42 Instituten und das *Department of Atomic Energy (DAE)*, das *Department of Space (DOS)*, das *Department of Science & Technology (DST)*, das *Department of Electronics (DOE)* und das *Department of Biotechnology (DBT)*, die jede mehrere Forschungszentren aufgebaut haben. Das *Department of Environment (DOEn)* hat in den letzten Jahren an Bedeutung gewonnen.

In der gegenwärtigen Diskussion in Indien stehen die CSIR-Institute besonders unter Druck, da sie in der Vergangenheit die eigentlichen Ziele aus den Augen verloren haben sollen. Ihren Aufgaben zufolge sollen sie durch angewandte Forschung und Produktentwicklungen die industrielle Entwicklung forcieren. Tatsächlich wird in zahlreichen CSIR-Instituten weitgehend Grundlagenforschung betrieben. Dieser Zustand ist auf die schwachen Beziehungen zwischen CSIR-Instituten und Unternehmen, die geringe Akzeptanz von CSIR-Produkten seitens der Industrie und die größere akademische Attraktivität der Grundlagenforschung für die CSIR-Wissenschaftler zurückzuführen. Wie zahlreiche andere indische Forschungsinstitute auch sollen die CSIR-Institute ab 1996 50 % ihrer Ausgaben durch den Verkauf von eigenen Entwicklungen an die Industrie selbst finanzieren. Die Voraussetzungen hierfür scheinen bisher noch nicht gegeben. Durch den sehr stark staatlich bestimmten innerindischen Markt, der quasi Absatzgarantien beinhaltet, bestand bisher auch kein Innovationsdruck auf die Industrie.

Der Anteil der Bundesstaaten an den nationalen Aufwendungen für F & E mit etwas über 9 % stellt die unterste Marge bei den investieren-

Tab.: Ausgaben der wichtigsten wissenschaftspolitischen Einrichtungen der indischen Zentralregierung (1958–59 bis 1992–93)[a]

Einrichtungen	1958–59[b]	%-Anteil[c]	1970–71[b]	%-Anteil[c]	1980–81[b]	%-Anteil[c]	1990–91[b]	%-Anteil[c]	1992–93[b]	%-Anteil[c]
Council of Scientific & Industrial Research	509.94	27.11	2155.73	24.16	6900.00	15.74	24918.80	10.77	29629.01	10.63
Defence Research & Development Organisation	150.00	7.98	1755.35	19.68	7970.00	18.18	68100.00	29.44	79300.00	28.44
Department of Atomic Energy	755.88	40.19	2871.56	32.19	7347.81	16.76	27554.00	11.91	31660.01	11.36
Department of Biotechnology	–	–	–	–	–	–	4136.70	1.79	5889.50	2.11
Department of Electronics	–	–	–	–	540.55	1.23	3303.04	1.43	1809.20	0.65
Department of Non-Conventional Sources of Energy[d]	–	–	–	–	400.44	0.91	1602.00	0.69	1389.00	0.50
Department of Ocean Development	–	–	–	–	–	–	2780.35	1.20	4094.45	1.47
Department of Science & Technology	22.13	1.18	84.18	0.94	4063.69	9.27	11982.46	5.18	16061.90	5.76
Department of Space	–	–	–	–	5601.56	12.78	38622.18	16.70	49092.04	17.61
Indian Council of Agricultural Research	372.29	19.79	1837.00	20.59	9744.67	22.23	27625.05	11.94	33805.00	12.13
Indian Council of Medical Research	50.50	2.69	217.63	2.44	900.11	2.05	4454.01	1.93	4283.99	1.54
Ministry of Environment & Forests	–	–	–	–	373.99	0.85	16209.27	7.01	21788.43	7.82
Total	1880.74	100	8921.45	100	43842.82	100	231287.80	100	278802.50	100

a. Quelle: DST 1994: 66 (Table 4).
b. Beträge: Rs. Lakhs (1 lakh = 100000).
c. Prozentangaben auf Grundlage von DST 1994 errechnet.
d. Mittlerweile in Ministery of Non-Conventional Sources of Energy umgewandelt.

den Instanzen dar. Diskussionen in den früheren 80er Jahren behandelten die Möglichkeit regionaler F & E-Strategien, die besonders die industrielle Entwicklung fördern sollten. Die aktuelle Situation zeigt jedoch eine deutliche Konzentration der bundesstaatlichen Forschungen auf die Entwicklung der Land-, Forst- und Fischwirtschaft, die 90% der Mittel binden. Die übrigen Mittel verteilen sich auf Umweltforschung, Energietechniken und zu einem überraschend kleinen Anteil von 0,7% auf das Gesundheitswesen. Ein Vergleich zwischen den Bundesstaaten ergibt eine deutliche Konzentration auf die Staaten Maharashtra, Uttar Pradesh und Andhra Pradesh, die zusammen 38% der Forschungsausgaben von 18 Bundesstaaten bestreiten. Maharashtra mit 14% und Meghalaya mit 0% bilden die Extreme des Spektrums.

Die Förderung der industriellen F & E war seit der Staatsgründung ein vorrangiges Ziel der Wissenschafts- und Forschungspolitik, dessen Erfüllung eine weitgehende Autarkie bzw. Unabhängigkeit vom Weltmarkt ermöglichen sollte. Mit dem Stichwort der «indigenous technology» drückte sich die Hoffnung aus, möglichst bald eine starke einheimische Industrie zu erreichen. Dieses Ziel wird in den Anteilen der staatlichen und privaten Industrie an der nationalen F & E, die zusammen 26% der Ausgaben bestreiten, nicht deutlich. In der Bundesrepublik Deutschland (als extremem Gegensatz) tätigt die Industrie ca. 70% aller nationalen F & E-Ausgaben.

Zusätzlich zu den industriellen F&E-Abteilungen entstanden in den letzten Jahren mehrere *Scientific Industrial Research Organisations (SIRO)*, die von der Industrie ins Leben gerufen wurden. Sie übernehmen vor allem Auftragsforschung für Unternehmen in der Region und sind – anders als z. B. zahlreiche CSIR-Institute – zumeist in Industriegebieten angesiedelt.

Von den in den Jahren 1992–93 durch das DST registrierten 1377 industriellen F&E-Einheiten wurden 1052 Einheiten von der Privatindustrie, 148 von SIROs und 155 von der staatlichen Industrie getragen. Die Unterschiede zwischen privater und staatlicher Industrieforschung sind beträchtlich, da letztere pro Forschungseinheit wesentlich höhere Kosten aufwendet. 1992–93 gab die staatliche Industrie pro Forschungseinheit etwa 33 Millionen Rs. aus, die Privatindustrie etwa 6,6 Millionen Rs. Die Differenz erklärt sich aus branchenspezifischen Unterschieden: Die staatliche Industrie übernimmt z. B. fast die gesamte industrielle Entwicklung der Verteidigungsprodukte sowie die größten Anteile in «strategischen» Branchen wie Metallverarbeitung, Energierohstoffe und Telekommunikation. Lediglich in der Elektro-/Elektronik-Industrie teilen sich private und staatliche Unternehmen die Entwicklungskosten gleichermaßen. Private Unternehmen dominieren, wiederum an den Entwicklungsausgaben gemessen, in der Chemiebranche, dem Transportwesen, Pharmazeutika und im Maschinen-/Werkzeug-Bau.

Die nationalen Forschungsausgaben Indiens sind im internationalen Vergleich eher gering und haben in den letzten Jahren, entsprechend ihrem Anteil am Bruttosozialprodukt, nachgelassen bzw. stagnierten. 1958–59 betrug der Anteil der F&E-Ausgaben am Bruttosozialprodukt mit 2,3 Millionen Rs. nur 0,17%; bis 1992–93 steigerte sich der Anteil mit 514,2 Millionen Rs. auf 0,83%. Den bisher größten Anteil weist das Berichtsjahr 1988–89 mit 0,96% auf; seitdem ist der Anteil konstant rückläufig. Der Rückgang der Forschungsausgaben wird mit den Auflagen der Weltbank zur Senkung der Staatsausgaben wie auch mit den Auswirkungen der weltweiten Rezession seit 1991 erklärt.

In der Gesamtübersicht verteilen sich die nationalen Forschungsausgaben für das Jahr 1992–93 zu 39% auf angewandte Forschung, zu 29% auf experimentelle Entwicklung und zu 21% auf die Grundlagenforschung. Die restlichen 11% decken sonstige Ausgaben.

Am Kriterium des Anteils der Forschungsausgaben am Bruttosozialprodukt gemessen hält sich Indien im internationalen Vergleich in der Gruppe der Entwicklungsländer auf. In den meisten entwickelten Ländern (z. B. USA, BRD, Schweden) werden durchschnittlich 2–3% des Bruttosozialprodukts für F&E aufgewendet. Die Zulässigkeit des internationalen Vergleichs wird gelegentlich mit dem Hinweis in Frage gestellt, daß die niedrigen Personalkosten in Indien im Verhältnis zu den Ausgaben eine vergleichsweise größere Ausnutzung der finanziellen Ressourcen als in den entwickelten Ländern zulassen. Jedoch auch im per capita-Vergleich der Anzahl von Wissenschaftlern und Ingenieuren je 1000 Bewohner eines Landes ist zu sehen, daß Indien mit 3,76 Wissenschaftlern und Ingenieuren je 1000 Bewohner (1990) bzw. mit 0,22 tatsächlich in F&E tätigen Wissenschaftlern und Ingenieuren je 1000 Bewohner (1992) weit hinter den entwickelten Ländern zurückliegt (vgl. z. B. die alte BRD [1987] mit den entsprechenden Zahlen von 77,41 bzw. 4,68).

2. Das wissenschaftlich-technische Potential: manpower

Mit einer Bevölkerungsgruppe von über 4 Millionen wissenschaftlich und technisch qualifizierten Personen verfügt Indien über die nötigen Ressourcen, um die vorhandene Forschungsinfrastruktur mit qualifizierten Arbeitskräften zu versehen. Die Zahl der qualifizierten Akademiker und Techniker geht über den tatsächlichen Bedarf in den Universitäten, Forschungseinrichtungen, Industrie und Verwaltung hinaus, da nur ca. 80% dieser Gruppe in ihren Berufen eine Anstellung finden (1990).

Im Jahr 1981 besaßen insgesamt 1,4 Millionen Inder Qualifikationen in den für die nationale F&E relevanten Disziplinen. Der Anteil der

Frauen in diesen Disziplinen hat besonders bei den Naturwissenschaften in den letzten Jahrzehnten zugenommen. Unter den Naturwissenschaftlern stellten die Physiker mit einem Anteil von 13 % die größte Gruppe. Insgesamt dominierten mit 35% die Lebenswissenschaftler (ohne Agrarwissenschaftler und Mediziner). Bei den Ingenieuren werden als wichtigste Richtungen mit je 9 % Anteil an der Gesamtgruppe Maschinenbau und Hoch- und Tiefbau sowie mit 7 % Elektrik/Elektronik und mit 3 % Chemie aufgeführt. Die kleinste Gruppe stellten Ingenieure der Luft- und Weltraumtechnik mit 0,13 %.

Obwohl sich die absoluten Zahlen seit 1981 rapide weiterentwickelt haben, ist zu vermuten, daß die relativen Anteile konstant geblieben sind. Ein Indikator hierfür ist die seit Jahren gleichbleibende Verteilung der an den Universitäten und Colleges immatrikulierten Studenten. Zwischen 1985–86 und 1991–92 waren z. B. 19,6% aller Studenten regelmäßig in den Naturwissenschaften und 4,9% in den Technikwissenschaften (Engineering/Technologie) immatrikuliert. Diese Konstanz läßt sich auch in anderen Disziplinen beobachten.

Ein Vergleich der Graduierungen der Natur- bzw. Technikwissenschaftler zeigt für das Jahr 1989 in beiden Gruppen einen kleinen Anteil an Promovierten (1,9% bzw. 1,6%); die größten Gruppen stellen die «Graduates», also College-Absolventen – bei den Naturwissenschaftlern mit 83%, bei den Ingenieuren mit 85%. Eine Übersicht über die Universitätsabschlüsse im Jahr 1990–91 zeigt für die Naturwissenschaftler, Ingenieure, Mediziner und Agrarwissenschaftler/Veterinäre eine verhältnismäßig größere Anzahl an Promotionsabschlüssen als bei den Geisteswissenschaftlern (im weiteren Sinne). Aus der erstgenannten Gruppe kamen 55% aller Ph.D., aus der letzteren nur 45%. Diese statistischen Ergebnisse lassen vermuten, daß die für die F&E relevanten Arbeitskräfte über bessere Qualifikationen verfügen.

Im Jahr 1993 arbeiteten mehr als eine Million Wissenschaftler und Ingenieure in ihren Berufen. Diese Zahl wird als zu gering eingeschätzt, um der politischen Aufgabe von Wissenschaft und Technik – entscheidend zur Vermehrung des nationalen Wohlstandes beizutragen – gerecht zu werden. Etwa 300000 Wissenschaftler und Ingenieure waren in F&E-Einrichtungen der Regierungen (des sogenannten «institutionellen Sektors») und der Industrie beschäftigt, von denen drei Viertel im institutionellen Sektor angestellt sind. Dieses ungleiche Verhältnis sagt allerdings nur wenig über die tatsächlichen Beschäftigungssituationen aus, denn nicht alle Beschäftigten mit Hochschulabschlüssen werden ihren Qualifikationen entsprechend eingestellt: In den institutionellen Einrichtungen arbeitet nur ein Viertel des qualifizierten Personals in der unmittelbaren F&E, in der Industrie hingegen mehr als die Hälfte. Der Mangel an handwerklich-technisch qualifizierten Arbeitskräften in Indien erfordert für die Hilfsarbeiten in den Forschungseinrichtungen auch die Einstellung von Hochschulabsolventen. Im institutionellen Sektor sind obendrein die meisten Hochschulabsolventen in der Verwaltung beschäftigt. In den Industrieeinrichtungen sind hier günstigere Verhältnisse für die Gruppe der unmittelbaren Forscher anzutreffen. Es kann allerdings angenommen werden, daß zahlreiche Verwaltungsarbeiten für ein Industrielabor von anderen Unternehmensabteilungen wahrgenommen werden (z. B. Personalverwaltung). Trotzdem ist für die institutionellen Einrichtungen ein extrem hoher Anteil an Verwaltungskräften festzustellen.

Im Gegensatz zu früheren Jahren haben sich die Gehälter in beiden Sektoren in etwa angeglichen. Die meisten in der F&E Beschäftigten verdienen zwischen 50000 und 100000 Rs. im Jahr. In der Privatindustrie sind die Beschäftigten über das gesamte Spektrum der Gehaltsstufen verteilt, während in der Staatsindustrie und den sonstigen Forschungseinrichtungen eine größere Nivellierung bei den mittleren Gehaltsgruppen anzutreffen ist. Die häufig festgestellte größere Attraktivität der Privatindustrie ist vor allem auf bessere Karrieremöglichkeiten zurückzuführen.

Generell gilt eine Anstellung in den Forschungseinrichtungen als wesentlich attraktiver als ein Posten in einer Universität. Diese Situation wurde bereits in den 70er Jahren kritisiert und schon damals auf die fehlenden Forschungsmöglichkeiten an den Universitäten zurückgeführt. Angesichts der aktuellen finanziellen Probleme der Universitäten hat die Abwanderung von Universitätswissenschaftlern zu den Forschungsinstituten, von denen zahlreiche über ausgezeichnete technische Einrichtungen verfügen, in den letzten Jahren noch zugenommen.

Ein relativ großer Anteil der indischen Hochschulabsolventen, zu denen hier auch Absolventen der als Technische Hochschulen und zugleich als Forschungseinrichtungen konzipierten *Indian Institutes of Technology (IIT)* gezählt werden, hatte bereits während des Studiums die Emigration geplant. Beliebtestes Zielland sind hierbei die USA, in den letzten Jahren sind Australien und Singapur hinzugekommen. Es sind vor allem Computerfachleute und Mediziner, die auswandern. So sind seit 1970 45% der Graduierten des *All-India Institute of Medical Science (AIIMS)* emigriert.

Der «brain drain» hat schon deswegen nicht zu einer personellen Austrocknung der Forschungseinrichtungen geführt, da etwa 20% aller Hochschulabsolventen keine Anstellungen in ihren Berufen finden. Insofern entlastet die Emigration sogar den einheimischen Arbeitsmarkt. Als störend werden vielmehr die verlorenen Ausbildungskosten empfunden wie auch die Befürchtung, daß es gerade die besten Absolventen sind, die ins Ausland gehen. Mit Hilfe verschiedener Regierungsprogramme wurden Versuche zur «Repatriierung» ausgewanderter Wissenschaftler unternommen, die fehlgeschlagen sind. Als ein positiver Aspekt des «brain drain» gilt jedoch, daß die Emigranten sich bei internationalen Kooperationen oder der Unterstützung von Auslandsaufenthalten indischer Wissenschaftler häufig als sehr hilfreich erweisen.

3. Die Forschungseinrichtungen der Zentralregierung

Die Kategorien «entwickelt» bzw. «unter-/weniger entwickelt» haben in den Natur- und Ingenieurwissenschaften keine Geltung; denn diese urteilen nach übernationalen, nichtideologischen Kriterien. Die wissenschaftliche Gültigkeit einer Theorie oder eines Forschungsergebnisses kann nur unabhängig von ihrer bzw. seiner kulturellen oder nationalen Herkunft nach international akzeptierten Normen bewertet werden. Eine Darstellung der indischen Forschungslandschaft muß ebenfalls von wissenschaftlichen Normen ausgehen und kann allenfalls das Phänomen der «Exterritorialität» indischer Institute konstatieren.

Diese scheinen viele ausländische Besucher zu empfinden, wenn sie sich nach einer möglichen Anreise durch Slums und dem Erlebnis zahlreicher Unzulänglichkeiten des Alltags in den klimatisierten Räumen von technisch hervorragend ausgestatteten Labors wiederfinden. Das Gefühl einer gespaltenen Gesellschaft, in der die überwiegende Mehrheit der Bevölkerung wichtige technische Errungenschaften dieses Jahrhunderts entbehrt, während eine Minderheit den Sprung in das nächste Jahrtausend plant, bleibt vielen Besuchern in ständiger Erinnerung.

Die Forschungsinstitute sind von den Problemen der indischen Gesellschaft selbstverständlich nicht vollkommen unberührt. Sie haben z. B. auch unter den häufigen Stromausfällen zu leiden. Zahlreiche Einrichtungen sind von den Kürzungen der Staatsausgaben ebenso betroffen wie andere staatliche Bereiche auch und sind daher gezwungen, Investitionen in ihre technische Ausrüstung zu verschieben. Die Unterschiede in der Ausstattung sind zwischen den Instituten bisweilen beträchtlich und geben einen eindrücklichen Indikator für den forschungspolitischen Stellenwert einer Einrichtung oder auch das Talent eines Institutsdirektors, Drittmittel einzuwerben. Auch innerhalb eines Instituts können erhebliche Unterschiede zwischen den Abteilungen festgestellt werden.

Neben den bereits genannten 400 Forschungseinrichtungen der Zentralregierung zählen zu den bedeutendsten indischen Forschungseinrichtungen, die in die Gruppe der Institute von nationaler Bedeutung eingeordnet werden, die fünf *Indian Institutes of Technology (IIT)* in Delhi, Kanpur, Kharagpur, Madras und Bombay, die mit ausländischer Hilfe errichtet wurden. Das IIT Madras wurde 1959 mit deutscher Hilfe gegründet. Im Unterschied zu der Mehrzahl der indischen Forschungsinstitute werden die IITs als technische Elitehochschulen betrieben, die in begrenztem Ausmaß Studienplätze und Ph.D.-Programme anbieten. Der hohe Standard der Ausbildung bietet zahlreichen Absolventen hervorragende Karriereaussichten auch im Ausland.

Eine besondere Rolle nehmen verschiedene autonome Forschungszentren ein, von denen das *TATA Energy Research Institute (TERI)* in Delhi, das *TATA Institute for Fundamental Research (TIFR)* in Bombay und das bereits nach der Jahrhundertwende gegründete *Indian Institute of Science* in Bangalore internationale Bedeutung erlangten.

Ein Beispiel für die erfolgreiche Arbeit eines indischen Forschungsinstitutes ist das IIT Madras. Es verfügt über 18 akademische Abteilungen und Forschungszentren, in denen von der Grundlagenforschung in der Physik, Mathematik, Chemie und den Bio-Wissenschaften und der angewandten Forschung in den Technikwissenschaften (Luftfahrt, Computertechnik, Bauwesen, Elektrik, Meerestechnik u. a.) ein breites Spektrum an Themen bearbeitet wird. Das IIT Madras hatte schon sehr früh, erstmals in einer indischen Forschungseinrichtung, ein *Industrial Consultancy Centre (ICC)* eingerichtet, um die Verbindungen zur Industrie zu verstärken. 1989 hatte das IIT Madras 2500 Studenten (undergraduates und graduates) bei 380 Fakultätsmitgliedern. Die geringe Zahl der Studenten ist durch strenge Aufnahmekriterien bedingt.

Zu den wichtigsten Ausstattungen gehören z. B. in der Physik u. a. ein Tieftemperaturlabor, ein Mikrowellenlabor, ein Festkörperlabor und ein Röntgenstrahllabor. Auftraggeber und Sponsoren für Projekte sind in der Regel Einrichtungen der Zentralregierung wie die DRDO, das DST, die *Indian Space Research Organisation (ISRO)* oder das *Ministry of Human Resources Development (HRD)*. Die Einwerbung von Drittmitteln aus den verschiedenen Einrichtungen ist – wie bei vergleichbaren Einrichtungen in Deutschland auch – die Existenzgrundlage der Mehrzahl der indischen Forschungsinstitute. Die Einnahmen dienen beim IIT Madras besonders der Finanzierung der Studenten und Doktoranden.

Das IIT Madras wurde mit deutscher Hilfe gegründet und in den weiteren Jahrzehnten in zahlreiche deutsch-indische Kooperationen einbezogen. In den späten 70er und früheren 80er Jahren ließ diese Kooperation nach, wurde aber in den letzten Jahren wieder verstärkt. Hier wirkt sich vor allem nachteilig aus, daß keine ausreichenden Mittel für den Austausch von Wissenschaftlern vorhanden sind. Dies gilt besonders für Mittel, um jungen Wissenschaftlern längere Aufenthalte in Deutschland zu ermöglichen.

4. Industrielle Entwicklungen

In den 60er und 70er Jahren verfolgte die indische Zentralregierung eine Politik der Importbeschränkungen besonders bei Technologien, die die Unternehmen dazu zwingen sollten, eigene Technologien zu entwikkeln. Der *Monopolies and Restrictive Trade Practices Act (MRTP)* von 1969 bereitete die Grundlage für ein bürokratisches System von Handelsbarrieren. Der Import ausländischer Techniken war von einer behördlichen Genehmigung abhängig, zu deren Voraussetzungen ein Gutachten des CSIR über die Nichtsubstituierbarkeit der beantragten Lizenzen durch einheimische Produkte bzw. Verfahren gehörte. Damit wachte gerade die Einrichtung über Technikimporte, deren Aufgabe es ist, die benötigten Verfahren zu entwickeln. Jede positive Expertise des CSIR war von vornherein ein schlechtes Zeugnis für den Gutachter selbst. Entsprechend schleppend und häufig erfolglos verliefen die meisten Prozeduren. Der hohe bürokratische Aufwand ist heute noch – trotz der Liberalisierungspolitik – ein schweres Handicap bei bilateralen kommerziellen Kooperationen. Von wenigen Ausnahmen abgesehen wurde das Ziel der Entwicklung von «indigenous technologies» nicht erreicht – auch, weil der staatliche Druck nicht durch entsprechende Förderungen abgepolstert wurde.

Mit der Errichtung staatlicher Forschungseinrichtungen, die vor allem im CSIR versammelt sind, wurden zwar durch eine kostenlose Vergabe von dort entwickelten Lizenzen Versuche zu eigenen Entwicklungen unternommen; die Marktferne der Institute und die fehlende Produktionserfahrung verursachten jedoch enorme Transferprobleme. Nur ein geringer Teil der dort entwickelten Produkte wurde auf den einheimischen Markt gebracht. Die größten Probleme bestanden darin, daß die CSIR-Produkte für die Großunternehmen, die in längerfristigen Strategien planen, nicht profitabel genug waren, während kleinere und mittlere Unternehmen nicht genügend Kapazitäten hatten, die Lizenzen zur Produktionsreife weiterzuentwickeln. Ein weiterer Kritikpunkt an der CSIR-Politik war, daß die kostenlose Vergabe von Lizenzen es den Unternehmen ersparte, eigene F&E-Abteilungen aufzubauen.

Durch praxisnahe Forschung, die der Industrie unmittelbar zugute kommt, zeichnet sich das *National Chemical Laboratory (NCL)* in Pune aus. Das liegt in der Natur der Sache, denn die chemische Verfahrenstechnik hat eine enge Beziehung zur industriellen Produktion. Die Hauptarbeitsgebiete des NCL sind Katalyse, Polymere, Verfahrenstechnik in der organischen Chemie und Biotechnologie. Das NCL hat seit 1989 in wachsendem Maße Forschungsaufträge großer internationaler Firmen bekommen (z. B. Dupont, General Electrics, Unilever, Ciba-Geigy u. a.). Die 500 Wissenschaftler des NCL können sich auf diese Weise an der vordersten Front der Forschung bewähren. Zugleich steht die auf diese Weise gewonnene Erfahrung der indischen Industrie zur Verfügung.

Industrielle F&E in Indien beschränkte sich lange Zeit darauf, ausländische Lizenzen an die Bedürfnisse des einheimischen Marktes anzupassen bzw. als betriebsinterner technischer Notdienst zu fungieren. Die Adaptionen ausländischer Technologien hatten nicht nur die Anpassung besonders der elektronischen Produkte an die besonderen klimatischen Bedingungen Indiens zum Ziel; häufig ging es eher darum, nicht verfügbare Rohstoffe durch inländische Ressourcen zu ersetzen und das Produktionsverfahren für die weitgehend manuelle Produktion in den oft kapitalschwachen Betrieben umzuwandeln. Die niedrigen Personalkosten und der sich daraus ergebende hohe Anteil manueller Herstellungen wurden häufig als ein Standortvorteil der indischen Industrie angesehen, den es durch die Entwicklung entsprechender Produktionsverfahren auszunutzen gelte. Die Erfahrungen – wiederum besonders der Elektroindustrie – haben gezeigt, daß hohe Mängelproduktionen und starke Schwankungen bei den erreichten Qualitäten die vermeintlichen Vorteile aufheben.

Die Anpassung ausländischer Technologien an die inländischen Bedürfnisse trug allerdings auch zur Qualifizierung der Industriewissenschaftler und -ingenieure bei. Die extremen klimatischen Bedingungen Indiens wie auch eine im Umgang mit moderner Technik ungeübte Landbevölkerung stellen hohe Ansprüche an die Robustheit besonders der elektronischen Produkte. Die in der Weiterentwicklung ausländischer Produkte erlernten Fähigkeiten eröffnen manchen indischen Unternehmen – z. B. in der Telekommunikation – Exportchancen in Länder mit ähnlichen Bedingungen, vor allem Entwicklungsländer. Nicht wenige indische Unternehmen, die heute in Länder der Dritten Welt exportieren, haben als Lizenznehmer ausländischer Unternehmen begonnen. Der Preis einer jahrzehntelangen internationalen Isolation erscheint heutzutage jedoch als zu hoch.

Die Liberalisierung der Wirtschaftspolitik, die Anfang der 80er Jahre eingeleitet und zum Ende des Jahrzehnts forciert wurde, hat zunächst zu einem Zuwachs der Einkäufe ausländischer Lizenzen geführt, der sich aus einem enormen Nachholbedarf indischer Unternehmen erklären läßt. Die gleichfalls wachsende Anzahl an Joint Ventures mit ausländischen Unternehmen, denen jetzt auch Mehrheitsbeteiligungen erlaubt sind, eröffnet der Industrie die Möglichkeit zur Entwicklung eigener F&E-Kapazitäten.

Für eine vollständige Liberalisierung scheint die indische Wirtschaft noch nicht reif. Die Erfolgsgeschichte des 1984 gegründeten *Centre for the Development of Telematics (C-DOT)* in New Delhi gibt ein Beispiel für positive staatliche Initiativen in der Wirtschaft. C-DOT wurde in Konkurrenz zur staatlichen *Indian Telephone Industries (ITI)* als Non-

Profit-Unternehmen errichtet, um die schwache Versorgung Indiens mit Telefonen zu beheben. Noch heute kommen in Indien nur acht Telefone auf 1000 Bewohner; in den meisten unterentwickelten Ländern im Durchschnitt schon 100 Telefone, in den entwickelten Ländern 600 Telefone auf 1000 Einwohner. Aufgabe von C-DOT ist es, die Digitalisierung des indischen Telefonnetzes zu beschleunigen. Das Rural Automatic Exchange-System ist die originale Entwicklung eines digitalen Vermittlungssystems, das den indischen Bedingungen besonders auf dem Land gerecht wird. Die erste Anlage wurde 1986 angeschlossen. Mittlerweile sind zwei Versionen des Main Automatic Exchange (MAX) hinzugekommen, die erfolgreich kommerzialisiert wurden. Das Zentrum, das in der Gründungsphase besonders mit Siemens kooperierte, war von vornherein an der Kommerzialisierung seiner Entwicklungen orientiert. Erreicht wurde dies durch einen freizügigen Umgang mit den Lizenzen, die bisher an mehr als 50 Unternehmen gegen eine Gebühr und Anteile am Umsatz verkauft wurden.

Durch die Berücksichtigung der indischen manuell orientierten Produktionsweise bereits in der Entwicklung ermöglichte C-DOT auch Neulingen einen Einstieg in diesen Markt und gilt daher als Gegenbeispiel zu den oben geschilderten Nachteilen des hohen Einsatzes von Arbeitskräften. Der starke Nachholbedarf Indiens in der Telekommunikation kann mit den vorhandenen einheimischen Kapazitäten nicht befriedigt werden. In den Verhandlungen mit führenden internationalen Unternehmen über weitere Importe haben die Erfolge von C-DOT die Position der indischen Regierung gestärkt. Mit dem Export des Rural Automatic Exchange-Systems nach Vietnam, Rußland, Jemen, Nigeria und Nepal konnte das Zentrum seine Erfolgsliste komplettieren. Mittlerweile wurde nach seinem Vorbild ein *Centre for Development of Advanced Computing* gegründet.

5. Internationale Kooperationen

Bereits seit den 50er Jahren hat Indien ein dichtes Netz in der internationalen Wissenschaftskooperation geknüpft. Die wichtigsten Partnerländer sind die Industrieländer wie USA, Deutschland, Großbritannien, Frankreich und Japan. Die jahrzehntelange enge Zusammenarbeit mit der Sowjetunion und den Ostblockstaaten setzt sich in Kontakten zu deren Nachfolgestaaten fort. Allerdings haben die in diesen Ländern eingetretenen wirtschaftlichen Schwierigkeiten auch zu einer Reduzierung der wissenschaftlich-technischen Zusammenarbeit geführt. In den letzten Jahren sind weitere Kontakte zu Ländern der Dritten Welt und Israel hinzugekommen. Zusätzlich ist Indien in zahlreichen Programmen der UNDP, UNESCO, einschließlich IOC, UNEP und

UNCTAD sowie UNIDO vertreten und beteiligt sich mit einem eigenen Standort an dem *International Centre for Genetic Engineering and Biotechnology (ICGEB)* der UNIDO.

Die internationale Isolation, in die sich Indien durch die Weigerung, dem Atomwaffensperrvertrag beizutreten oder das Missile Technology Control Regime zu akzeptieren, begeben hat, hat zu einer Beschränkung der wissenschaftlichen Zusammenarbeit besonders mit den USA und Deutschland auf die Grundlagenforschung geführt. Von deutscher Seite her wurde erst seit Ende der 80er Jahre eine Ausdehnung der anwendungsorientierten Kooperationen angestrebt.

In der internationalen kommerziellen Kooperation haben die geschilderten Probleme im Technologie-Transfer, Beschränkungen der ausländischen Partner bei Joint Ventures und das umstrittene indische Patentrecht erhebliche Probleme aufgeworfen. Durch die Liberalisierungspolitik wurden zwar einige Hemmnisse so erfolgreich beseitigt, daß eine rasche Zunahme von ausländischen Investitionen zu verzeichnen ist, die Probleme mit dem indischen Patentrecht sind allerdings geblieben, auch wenn sich nach dem indischen GATT-Beitritt neuerdings Veränderungen abzeichnen. Indische Patente werden nicht für Produkte, sondern für Herstellungsverfahren erteilt. Damit genügt bereits eine geringfügige Abwandlung des Verfahrens, um ein neues Patent zu erreichen. Hinzu kommt der laxe Umgang zahlreicher indischer Firmen mit ausländischen Patenten, die ohne die Entrichtung von Lizenzgebühren kopiert werden. Ein aktuelles Beispiel ist die weitverbreitete Software-Piraterie, deren Eindämmung mittlerweile auch Ziel der Zentralregierung ist. Von seiten ausländischer Beobachter besteht die Hoffnung, daß verstärkte eigene Anstrengungen in der Industrieforschung ein verschärftes Patentrecht zur Folge haben werde.

Die wissenschaftliche Zusammenarbeit mit der Bundesrepublik Deutschland wurde seit 1971 mit zwei Abkommen beider Regierungen formell vereinbart:

- Governmental Agreement on Cooperation in the Areas of Peaceful Uses of Nuclear Energy and Space Research (1971),
- Governmental Agreement on Cooperation in the Field of Scientific Research and Technological Development (1974).

Auf diesen Vereinbarungen bauen verschiedene «Special Arrangements» auf, die zwischen deutschen und indischen Einrichtungen geschlossen wurden. Auf der deutschen Seite sind besonders das Forschungszentrum Jülich (KFA), die Deutsche Forschungsanstalt für Luft- und Raumfahrt (DLR) und das Forschungszentrum für Umwelt und Gesundheit (GSF) aktiv. Zur Betreuung der Zusammenarbeit werden in den Botschaften beider Länder in New Delhi und Bonn Wissenschaftsreferenten eingesetzt.

Während DLR und GSF mit ihren indischen Partnern ausschließlich in der Welt- und Luftraumforschung bzw. der medizinischen und biologischen Forschung zusammenarbeiten, betreut die KFA ein weites Spektrum auf den übrigen Gebieten der Grundlagenforschung. Schwerpunkte der Zusammenarbeit sind bei der KFA die Materialforschung, Biotechnologie und Pharmakologie, Rationelle Energieverwendung, Reaktorsicherheit, Mikroelektronik, Meeresforschung, Geologie, Physik, Chemie und Umweltforschung.

Die Zusammenarbeit hat sich in einem Rahmen von jährlich ca. 120 laufenden Projekten stabilisiert. Durch die genannten Probleme bei der Zusammenarbeit in der Nuklearforschung wurden «sensitive» Themen wie Wiederaufbereitung und Anreicherung, Schwerwasser- und Plutoniumproduktion von vornherein aus der Zusammenarbeit ausgeschlossen; in neuerer Zeit auch alle anderen kerntechnischen Themen außer der Reaktorsicherheit.

Auch mit der DDR hatte Indien wissenschaftlich-technische Kooperationen vereinbart, die zum Zeitpunkt der Auflösung der DDR häufig noch nicht umgesetzt waren. Eine kleine Zahl ursprünglich vereinbarter Projekte wurde nach der Vereinigung von den ostdeutschen Partner-Instituten, die weiterbestehen, fortgeführt. Andere ehemalige DDR-Institute waren durch unsichere Zukunftsperspektiven angesichts des Umbaus der ostdeutschen Wissenschaftslandschaft nicht in der Lage, sich in der bilateralen Zusammenarbeit zu engagieren. Aus den neuen Bundesländern sind mittlerweile mehrere Institute in die Zusammenarbeit einbezogen: vor allem in der Geologie, Umweltforschung und den Agrarwissenschaften.

1988 wurde auf Initiative des damaligen Premier Rajiv Gandhi und Bundeskanzler Helmut Kohl von den Forschungsministerien der beiden Länder ein bilaterales, hochrangig besetztes Komitee zur Bewertung der wissenschaftlich-technologischen Zusammenarbeit beider Länder gegründet. Aufgabe des Komitees war es vor allem, durch die Betonung anwendungsorientierter und kommerzialisierbarer bilateraler Projekte der Zusammenarbeit neue Impulse zu geben. Das Komitee legte im Herbst 1990 einen zweibändigen Bericht an die beiden Forschungsminister vor, dem intensive Vorarbeiten in 20 bilateralen Expertengruppen vorausgegangen waren. Der Bericht schlug an dem Auftrag orientierte neue Initiativen vor und regte Änderungen bei den Rahmenbedingungen der Zusammenarbeit an. Mittlerweile wurden viele der vorgeschlagenen wissenschaftlichen Projekte begonnen, der erhoffte neue Impuls blieb jedoch aus. Ursachen hierfür sind in beiden Ländern zu finden: in Deutschland infolge der Vereinigung und daraus resultierenden Stagnierungen im Budget der internationalen Zusammenarbeit, in Indien aufgrund der schwierigen politischen und wirtschaftlichen Entwicklungen seit der Ablösung der Regierung Rajiv Gandhi.

Der vorläufige Erfolg der Evaluierungsberichts ist vor allem ein ideeller: Seine Kernaussagen gelten mittlerweile als neue «philosophische» Orientierung der Zusammenarbeit, die in der indischen Liberalisierungspolitik und dem gestiegenen Interesse deutscher Unternehmen an der gemeinsamen Entwicklung von kommerzialisierbaren Techniken gute Chancen zu einer längerfristigen Umsetzung hat.

Wir danken an dieser Stelle dem Wissenschaftsreferenten der indischen Botschaft in Bonn, Herrn Dr. Ved Mitra, für die bereitwillige Hilfe bei der Vorbereitung dieses Beitrages. Unser Dank gilt ebenso Herrn Dr. Peter Engelmann, Koordinator des BMFT für die Zusammenarbeit mit Indien, Herrn Prof. Dr. Eberhard Gmelin, Max-Planck-Institut für Festkörperforschung in Stuttgart, und Herrn Dr. Christian Manthey, Internationales Büro des Forschungszentrums Jülich, die uns mit wertvollen Hinweisen unterstützten.

Sechster Teil

Der Staat

XXI.
Parlamentarische Demokratie und Föderalismus

Dietmar Rothermund

1. Verfassungsstruktur und Verfassungswirklichkeit

Das politische System Indiens ist von dem eigentümlichen Gegensatz zwischen einer zentralistischen parlamentarischen Demokratie britischer Art und einem ebenso dem kolonialen Erbe entstammenden «Föderalismus von oben» geprägt. Die Verfassung der Republik Indien von 1950, die aus dem *Government of India Act* von 1935 hervorgegangen ist, enthält sowohl die Bundesverfassung als auch eine Standardverfassung für die Bundesländer. Auf die verfassungrechtlichen Einzelheiten wird im folgenden Kapitel eingegangen werden. Hier sollen nur die politisch relevanten Grundzüge erläutert werden, die für das Verständnis des Zusammenwirkens von Parlamentarismus und Föderalismus von Bedeutung sind.

Aufgrund ihrer Herkunft ist die indische Verfassung einerseits sehr umfangreich und regelt zum Teil kleinste Einzelheiten, andererseits ist sie in wesentlichen Aussagen geradezu lapidar. Da das Gesetz von 1935 sozusagen dem Vizekönig auf den Leib geschrieben war und in wesentlichen Zügen in die Verfassung von 1950 Eingang fand, wirkt diese auf den ersten Blick wie eine Präsidialverfassung gaullistischer Art. Die kurze Erwähnung des Premierministers und die Bestimmung, daß der Rat, den er dem Präsidenten gibt, nicht zum Gegenstand eines Gerichtsverfahrens gemacht werden kann, schließt im Prinzip nicht aus, daß es sich dabei um einen Premierminister französischer Art handeln könnte. Nur die aus der ungeschriebenen britischen Verfassung übernommenen Konventionen der parlamentarischen Demokratie sichern die Existenz dieser Regierungsform. Einige Verfassungsartikel lassen sich jedoch so auslegen, daß der Präsident an die parlamentarischen Konventionen gebunden ist. So wird die kollektive Verantwortlichkeit des Ministerrats erwähnt, und es gibt die Möglichkeit des «impeachment» des Präsidenten. Die Rechtsprechung hat durch entsprechende Urteile dafür gesorgt, daß Eigenmächtigkeiten des Präsidenten nicht statthaft sind. Verfassungsänderungen haben ein übriges getan, um dem Kabinett (Ministerrat) gegenüber dem Präsidenten mehr Gewicht zu verleihen. So besagt das 42. Amendment (1976), daß der Präsident dem Ratschlag des Ministerrats zu folgen hat, und das 44. Amendment (1978) sieht vor, daß der Präsident den Notstand nur dann ausrufen kann, wenn dazu ein schriftlicher Beschluß des Ministerrats vorliegt. Diese Änderungen wurden jeweils aus gegebenem Anlaß eingeführt und zeigen, daß es notwendig war, nicht allein auf Konventionen zu vertrauen. Doch bleiben weite Bereiche noch immer durch Konventionen abgesichert, und ein «unkonventioneller» Präsident könnte in Krisenzeiten Initiativen ergreifen, die noch durch die Verfassung gedeckt sind.

Der Präsident hat eine eigene demokratische Legitimation. Er wird nicht direkt gewählt, sondern ähnlich wie in Deutschland von einem Gremium der Abgeordneten des Bundes und der Länder. Es ist durchaus möglich, daß er einer anderen Partei angehört als der Premierminister. Solange die Kongreßpartei, von der später die Rede sein wird, in Bund und Ländern Mehrheiten hatte, war das nicht zu erwarten. In jüngster Zeit hat es jedoch solche Konstellationen durchaus gegeben, doch selbst dann hat sich der Präsident stets an die parlamentarischen Konventionen gehalten.

Die Koexistenz einer präsidialen Verfassung mit den Konventionen der britischen parlamentarischen Demokratie bedeutet nun eine doppelte Betonung zentralistischer Tendenzen. Hinter dem indischen Präsidenten steht der Schatten des britischen Vizekönigs, während der indische Premierminister alle Rechte hat, die seinem britischen Kollegen zustehen. Er kann das Parlament nach seinem Gutdünken auflösen. Er bestimmt die Minister, die der Präsident dann ernennt. An sich wäre auf diese Weise ein Konflikt zwischen Präsident und Premierminister geradezu vorprogrammiert. In der Tat hat es gelegentlich Spannungen gegeben, und indische Präsidenten haben laut darüber nachgedacht, welche Position ihnen die Verfassung gegenüber dem Premierminister einräumt. Aber bisher ist es nie zu einem Bruch der Konventionen der parlamentarischen Demokratie gekommen. Ganz im Gegenteil – der Premierminister hat immer wieder von den umfassenden Notstandsbefugnissen des Präsidenten Gebrauch machen dürfen, indem er dem Präsidenten einen entsprechenden Rat erteilte. Fälle, in denen der Präsident sich geweigert hat, einem solchen Rat zu folgen, sind nicht bekannt geworden.

Das drastische Mittel der *President's Rule* ist auf diese Weise häufig benutzt worden, um Regierungen von Bundesländern, die dem Premierminister zuwider waren, ihres Amtes zu entheben. Jedes Bundesland hat einen Gouverneur, der nicht gewählt, sondern vom Präsidenten ernannt wird. Wenn der Gouverneur berichtet, daß sein Bundesland «unregierbar» geworden ist, enthebt der Präsident den Ministerpräsidenten des betreffenden Landes seines Amtes, löst den Landtag auf und beauftragt den Gouverneur damit, das Land mit Hilfe der Regierungsbeamten zu regieren. Es müssen dann innerhalb von sechs Monaten Neuwahlen abgehalten werden, aber wenn dann keine Regierung gebildet werden kann und das Land weiterhin «unregierbar» bleibt, regiert der Gouverneur bis zu den nächsten Wahlen weiter.

Auf der Bundesebene sind die Notstandsbefugnisse des Präsidenten auf die Ausrufung des nationalen Notstands beschränkt. Dabei ist in erster Linie an Kriegssituationen zu denken. So wurde denn auch 1962 und 1971 der nationale Notstand ausgerufen. Der bisher einzige Fall der Ausrufung des Notstandes aus innenpolitischen Gründen (1975) war sehr umstritten und führte später zu dem bereits erwähnten 44. Amendment der Verfassung. Indira Gandhi hätte aufgrund einer Anfechtung ihrer Wahl ihren Posten als Premierminister verloren und kam dem zuvor, indem sie den Präsidenten den Notstand ausrufen und sich mit diktatorischen Vollmachten ausstatten ließ. Der indische Premierminister hat bisher eine Stellung inne, die so stark ist, daß seine Kollegen in anderen Ländern davon nur träumen können.

Jawaharlal Nehru hatte als erster indischer Premierminister, der dieses Amt 18 Jahre innehatte, wenn man seine Amtszeit als Premierminister der Interimsregierung mitrechnet, die parlamentarische Praxis durch sein Vorbild gestärkt. Schon seine Entscheidung, nach der Erlangung der Unabhängigkeit nicht das Amt des Generalgouverneurs und damit das Erbe des Vizekönigs anzutreten, wie es Jinnah in Pakistan tat, bedeutete die Weichenstellung zugunsten der parlamentarischen Demokratie. Noch wichtiger aber war es, daß er die ungeschriebenen parlamentarischen Konventionen mit Leben erfüllte und sich stets der Kritik im Parlament stellte. Er hat damit einen Maßstab gesetzt, an dem jeder seiner Nachfolger gemessen wurde. Auch in bezug auf die Praxis des indischen Föderalismus gab er zumeist ein gutes Beispiel. Insbesondere förderte er starke Landesministerpräsidenten, mit denen er ständig Kontakt hielt. Das Mittel der *President's Rule* brachte er nur sechsmal zum Einsatz. Der spektakulärste Fall war der der Amtsenthebung der kommunistischen Landesregierung in Kerala (1957), darüber soll beim Überblick über das Spektrum der politischen Parteien mehr berichtet werden.

Zu Nehrus Zeiten blieb die Vorherrschaft der Kongreßpartei in Bund und Ländern fast unangetastet. Der Föderalismus blieb damit eine innerparteiliche Angelegenheit. Erst als diese Vorherrschaft unter Nehrus Nachfolgern ins Wanken geriet, wurde von dem Mittel der *President's Rule* immer öfter Gebrauch gemacht, und es zeigte sich nun, daß es sich hier nicht nur um einen «Föderalismus von oben», sondern auch um einen «Föderalismus auf Widerruf» handelte.

2. Die Entwicklung des Föderalismus in Indien

Der indische «Föderalismus von oben» ist eine durch Delegation von Machtbefugnissen der Zentralregierung geschaffene und davon bis heute geprägte Institution. Die Notwendigkeit zu dieser Delegation ergab sich aus dem Prozeß der Dekolonisierung. Es ging darum, die wesentlichen Befugnisse der Zentralmacht zu erhalten und beschränkte Zuständigkeiten im Rahmen einer *provincial autonomy*, die im Notfall suspendiert werden konnte, in indische Hände zu übertragen, die auf diese Weise zugleich gebunden wurden, weil die Vielfalt der politischen Kräfte und Interessen auf der provinziellen Ebene vom Angriff auf die Vorrechte der Zentrale ablenkte. Dieser «Föderalismus von oben» hat einen verfassungsrechtlichen und einen finanziellen Aspekt, die zwar eng miteinander verbunden sind, aber hier getrennt behandelt werden sollen, um die Darstellung übersichtlicher zu gestalten.

Bis zur sogenannten Morley-Minto-Reform von 1909 war die britisch-indische Verfassung weder auf einen Parlamentarismus noch auf einen Föderalismus ausgerichtet. Es ging den britischen Kolonialherren damals um eine moderne Reproduktion des Mogulreiches mit einer unabsetzbaren Exekutive und einer «Volksvertretung» mit beschränkten Rechten. Die Tendenz dieser Verfassungsreform entsprach so sehr dem Wesen der alten deutschen Reichsverfassung vor 1917, daß der führende indische Nationalist G. K. Gokhale 1915 diese Reichsverfassung als bestes Vorbild für die nächste in Indien anstehende Verfassungsreform bezeichnete. Doch 1917 verkündete die britische Regierung, daß *responsible government* das Ziel weiterer Verfassungsreformen sein solle. Die verfassungsrechtliche Bedeutung dieser Formel konnte aber nur sein, daß die Exekutive der Legislative gegenüber *responsible* und daher nicht *irremovable* sein könne.

Die Briten konnten sich aber nicht auf eine Verfassungsentwicklung einlassen, bei der es letztlich möglich sein mußte, den Vizekönig zu stürzen. Daher waren sie dazu gezwungen, eine föderalistische Lösung zu finden, bei der *responsible government* in den Provinzen betrieben wurde, die unabsetzbare Exekutive aber in der Zentrale erhalten blieb. Die Verfassungsreform von 1920 machte einen halbherzigen Schritt in diese Richtung: Einige Funktionen – zu denen auch die Finanzen gehörten – blieben in den Händen unabsetzbarer britischer Beamter, andere wurden indischen Ministern übertragen. Erst mit der Verfassungsreform *(Government of India Act)* von 1935 wurden die Landesregierungen voll und ganz den Indern übertragen. Die Gouverneure konnten aber mit Hilfe ihrer Notstandsbefugnisse, den Vorläufern der *President's Rule*, die Landesregierung suspendieren und die Provinz wieder mit ihren Beamten allein verwalten wie zuvor.

Die im *Government of India Act* von 1935 enthaltene Bundesverfassung wurde nie praktiziert, weil sie vom Mitwirken der indischen Fürsten abhängig gemacht worden war, die der Föderation dann nicht beitraten. Damit wuchsen dem Vizekönig als «unabsetzbarer Exekutive» in der Zeit nach 1935 noch weitere Machtvollkommenheiten zu, und das Gewicht der Zentrale gegenüber den «autonomen Provinzen» wurde vermehrt. Die Erlangung der Unabhängigkeit 1947 brachte nicht nur die Ablösung der «unabsetzbaren Exekutive», sondern auch die Eliminierung der staatsrechtlichen Position der indischen Fürsten, so daß dann eine eindeutig republikanische Verfassung verwirklicht werden konnte.

Nun hätte man eigentlich den bisher nicht praktizierten, sondern in der Verfassung von 1935 nur angelegten Föderalismus ernst nehmen können. Dazu hätte man in der republikanischen Verfassung von 1950 das Oberhaus *(Rajya Sabha)* in eine Vertretung der Bundesländer umwandeln und die antiföderalistischen Notstandsbefugnisse eliminieren müssen. Aber das nationale Parlament galt geradezu als Garant der nationalen Einheit, während der Föderalismus unter dem Verdacht stand, zentrifugalen Tendenzen Vorschub zu leisten. Durch die Vorherrschaft der Kongreßpartei in Bund und Ländern stellte sich das Problem der Verwirklichung eines echten Föderalismus zunächst auch gar nicht.

Die Tatsache, daß bis zu den Wahlen von 1967 Bundes- und Landtagswahlen immer gleichzeitig abgehalten wurden, trug zur Harmonisierung der Politik auf den beiden Ebenen bei. Erst in der Regierungszeit von Indira Gandhi errangen in vielen Bundesländern oppositionelle Koalitionen die Macht. Sie reagierte darauf nicht nur mit dem häufigen Rückgriff auf das Machtmittel der *President's Rule*, sondern auch mit der Abkoppelung der Bundestagswahlen von den Landtagswahlen. Die Bundestagswahlen wurden in ihrer Zeit zum nationalen Plebiszit. Die Erringung der Mehrheit in solchen Wahlen wurde dann als Argument zum Sturz oppositioneller Landesregierungen verwendet. Man könnte sagen, daß von Indira Gandhi die alte Regel «Bundesrecht bricht Landesrecht» durch die Regel «Bundesmandat bricht Landesmandat» ergänzt wurde. Ihre Nachfolger haben sich in dieser Hinsicht als toleranter erwiesen, aber ob sie dies aus föderaler Prinzipientreue oder nur aus politischer Klugheit taten, ist nicht leicht zu ergründen.

Von verfassungsrechtlichen Zugeständnissen an den Föderalismus, wie wir ihn verstehen, kann in Indien zur Zeit noch keine Rede sein. Immer wieder gibt es politische Notlagen, die es gerechtfertigt erscheinen lassen, keine Experimente zu machen und an der gegebenen Struktur festzuhalten. Zugeständnisse sind lediglich auf finanziellem Gebiet gemacht worden, indem das Übergewicht des zentralen Staatshaushaltes jeweils zugunsten der Länder korrigiert worden ist. Das ging jedoch nur deshalb ohne größere Konflikte ab, weil sich die Staatsquote in Indien in den letzten zwei Jahrzehnten drastisch erhöht hat, d. h., der Kuchen, den es zu verteilen galt, wurde immer größer und die föderalen Verteilungskämpfe damit entschärft. Wie wir sehen werden, blieben die Proportionen dabei jedoch letztlich gleich: von 1936 bis heute beträgt der zentrale Staatshaushalt in Indien etwa das 1,6fache der Summe der Länderhaushalte.

3. Die Probleme des föderalen Finanzausgleichs

Unter der britischen Kolonialherrschaft im 19. Jahrhundert waren die Staatsfinanzen fest in der Hand der Zentrale, und die Provinzen bekamen Zuteilungen von oben, mit denen sie zufrieden sein mußten. Die Staatsquote war zu jener Zeit noch vergleichsweise gering, und die Staatseinnahmen waren eher eine Art Renten als Steuern. Grundsteuer, Opium- und Salzmonopol waren die Säulen der Staatsfinanz. Militärhaushalt, Beamtengehälter und die berühmten «Home Charges», d. h. die Gelder, die nach Großbritannien abflossen, waren die wichtigsten Ausgaben. Mit dem Wachsen des Außenhandels wurden im 20. Jahrhundert die Zölle, sowohl für den Import als auch für bestimmte Exporte, für die Zentrale immer wichtiger, und die Grundsteuer konnte im Laufe der Verfassungsreformen ganz den Provinzen zugeordnet werden. Unter dem Einfluß der Weltwirtschaftskrise gingen die Zolleinnahmen zurück, und die Grundsteuer wurde in dem Maße, in dem die Bauern das Wahlrecht bekamen, zum Problem. Sie ist nach den Jahren der Weltwirtschaftskrise kaum mehr erhöht worden und spielt heute nur noch eine symbolische Rolle. Die Einkommensteuer blieb der Zentrale vorbehalten. Obwohl sie nur von einem kleinen Prozentsatz der Bevölkerung gezahlt wurde, nahm sie doch an Bedeutung zu. Indirekte Steuern (Umsatz und Verbrauch) wurden ebenfalls immer wichtiger. Die wichtigste Neuerung auf diesem Gebiet war unlängst die MODVAT (*Modified Value Added Tax* = modifizierte Mehrwertsteuer).

Bereits mit der Einführung der *provincial autonomy* (1935) wurde das Problem eines föderalen Verteilungsschlüssels akut. Sir Otto Niemeyer von der Bank of England wurde gebeten, mit einem Schiedsspruch (*Niemeyer Award* 1936) dieses Problem zu lösen. Die Provinzregierungen lagen ihm in den Ohren und machten mit allerlei widersprüchlichen Argumenten ihre Ansprüche geltend. Er ließ sich nicht beirren, und sein Schiedsspruch wurde akzeptiert. Es ging dabei hauptsächlich um die Aufteilung der bis dahin allein von der Zentrale eingezogenen Einkommensteuer, die Hälfte davon sollte nun an die Provinzen gehen, und zwar nach einem Schlüssel, den Niemeyer so festlegte, daß die größeren wie Bombay und Bengalen von dieser Hälfte je 20 Prozent und die kleineren entsprechend weniger erhielten. Es ergab sich danach das Verhältnis der Summe der Provinzhaushalte zum Zentralhaushalt von 1:1,6. Der Kuchen wurde aber nicht sofort aufgeteilt, sondern schrittweise über einen Zeitraum von fünf Jahren mit dem Vorbehalt, daß der Zentralhaushalt nicht ins Defizit geraten dürfe und nur verteilt werden könne, was übrig sei.

Dieser *Niemeyer Award* war der Vorläufer der späteren *Finance Commission*, die in der Verfassung von 1950 verankert wurde und die Aufgabe hat, jeweils im Abstand von fünf Jahren eine Empfehlung zur

Aufteilung der Staatseinnahmen unter Bund und Ländern auszuarbeiten. Die Kommission besteht aus von der Regierung berufenen Experten. Ihre Empfehlungen haben nicht den zwingenden Charakter eines *Award*, sie werden von der Zentralregierung nach Maßgabe ihrer finanziellen Möglichkeiten realisiert. Die alte Regel, die schon Niemeyer befolgte, daß nämlich die Interessen der Länder nur dann berücksichtigt werden können, wenn der zentrale Staatshaushalt gesichert ist, war zunächst weiterhin maßgebend. Daher werden die Empfehlungen der *Finance Commission* meist mit einiger Verzögerung implementiert und von der Zentralregierung oft als lästig empfunden.

Im letzten Jahrzehnt haben die 7. und 8. *Finance Commission* beträchtliche Übertragungen von Steuereinnahmen vom Bund an die Länder empfohlen. Die Empfehlungen wurden befolgt, es ist auf diese Weise aber nur gelungen, jeweils die alten Proportionen wiederherzustellen. Im Haushaltsjahr 1986/87 betrugen zum Beispiel die Staatsausgaben von Bund und Ländern 932 Milliarden Rupien, und die Länder hatten daran einen Anteil von 352 Milliarden, das entsprach wiederum der Proportion 1:1,6 (Summe der Länderhaushalte zum Bundeshaushalt). Das Übergewicht des Bundeshaushaltes ist auch dadurch bedingt, daß der in Indien sehr bedeutsame öffentliche Sektor zum größten Teil in die Zuständigkeit des Bundes fällt. Ferner weist der Bundeshaushalt stets ein beträchtliches Defizit auf, das dadurch gedeckt wird, daß die Bundesregierung die Notenpresse ankurbelt. Dieses Vorrecht haben die Bundesländer natürlich nicht.

Wenn man den «*Economic Survey*» liest, den das indische Finanzministerium jedes Jahr zur Zeit der Vorlage des Staatshaushalts veröffentlicht, wird man dort Hinweise darauf finden, daß der Transfer von Ressourcen an die Länder dazu beiträgt, daß die Bundesregierung ins Defizit gerät. Zu Niemeyers Zeiten hätte das genügt, um solche Transfers zu verweigern, weil der ausgeglichene Haushalt der Zentrale sakrosankt war. Doch nachdem *deficit spending* durch die Lehren von Lord Keynes gerechtfertigt worden ist, gilt dieses Argument nicht mehr und würde daher auch die Landesregierungen nicht überzeugen.

Das Ungleichgewicht von Bund und Ländern, das hier aufgezeigt worden ist, erweist sich als noch viel problematischer, wenn man bedenkt, daß die Gemeinden, die bei uns einen beträchtlichen Anteil an den öffentlichen Finanzen haben, in Indien eine sehr bescheidene Rolle spielen. Die eigenen Einnahmen sind auf dieser Ebene ganz gering. Zur Deckung ihrer Ausgaben sind die Gemeinden weitgehend auf Zuwendungen der betreffenden Landesregierung angewiesen. Der Bund ist nur für die sogenannten *Union Territories* verantwortlich, zu denen auch die Bundeshauptstadt New Delhi gehört, die deshalb wesentlich besser gestellt ist als andere indische Metropolen wie die Landeshauptstädte Bombay, Kalkutta und Madras. Die Eigeneinnahmen dieser Weltstädte bestehen zum überwiegenden Teil aus *Octroi*, jener vorsintflutlichen Abgabe, die für alle Waren erhoben wird, die in die Stadt gebracht werden. Solange man den Gemeinden aber keine anderen Einnahmequellen zuordnet, werden sie auf diese Wegelagerei nicht verzichten können.

Zu einer Zeit, als die Aktivitäten des Staates sich im wesentlichen auf die Verteidigung nach außen und die Aufrechterhaltung von Ruhe und Ordnung im Inneren beschränkten, gab es über das Finanzgleichgewicht nicht viel zu streiten. Die Staatsquote war dementsprechend gering. Heute aber ist sie auch in Indien beträchtlich, wie im Kapitel «Stadien der Wirtschaftsentwicklung» gezeigt wird. Wäre man aufgerufen, Empfehlungen für eine bessere Verteilung der Staatsquote in Indien zu machen, so könnte man für einen weitergehenden Transfer von Ressourcen an die Länder plädieren, wobei diesen zur Auflage gemacht werden sollte, ihrerseits mehr Ressourcen den Gemeinden zugänglich zu machen. Diese Ressourcen sollten dabei von den Gemeinden eigenverantwortlich verwaltet und nicht nur als Zuwendungen «von oben» vereinnahmt werden. Man mag fragen, inwieweit dieses Plädoyer für die Gemeinden noch zum Thema «Föderalismus» gehört, bei dem es doch nur um das Verhältnis Bund-Länder geht. Darauf läßt sich entgegnen, daß ein echter «Föderalismus von unten» sein Fundament in den Gemeinden haben muß. Viele Aufgaben der öffentlichen Hand, die den Bürger unmittelbar angehen, konzentrieren sich auf dieser unteren Ebene und sind dort überschaubar und kontrollierbar. Wenn diese Ebene verkümmert ist, sind auch die höheren Ebenen gefährdet. Es ist kein Zufall, daß der indische Föderalismus, der hier als ein «Föderalismus von oben» und als ein «Föderalismus auf Widerruf» gekennzeichnet wurde, nicht bis zu dieser unteren Ebene vorgedrungen ist und daher auch noch kein gesichertes Fundament hat.

4. Der Werdegang der Bundesländer

Bisher war hier nur allgemein vom Föderalismus die Rede, es fehlte dabei jedoch die Bezugnahme auf die konkrete Vielfalt der Bundesländer, ihre Entstehung und Konsolidierung und ihre gegenwärtige Struktur. Die Kapitel des ersten Teils haben bereits einzelne Informationen über die Bundesländer gegeben. Hier sollen diese Informationen ergänzt und in einen größeren Zusammenhang gestellt werden.

Als die Briten Indien unterwarfen, teilten sie das ganze Land in drei riesige Provinzen auf, die sie *Presidencies* nannten: Die Bengal Presidency mit der Hauptstadt Kalkutta und die nach ihren Hauptstädten genannten Bombay und Madras Presidencies. Die Bengal Presidency, die ganz Nordindien einschloß, wurde bereits im 19. Jahrhundert aufgeteilt.

Neben Bengalen entstanden die drei neuen Provinzen Bihar, United Provinces of Agra and Oudh (heute Uttar Pradesh) und Panjab. Daneben gab es einige kleinere Provinzen, die nicht von Gouverneuren, sondern von Chief Commissioners regiert wurden (Assam, Central Provinces). Die Bombay und Madras Presidencies wurden jedoch nicht untergliedert und blieben bis zur Erlangung der Unabhängigkeit und zunächst auch noch danach fast so, wie sie im 18. Jahrhundert entstanden waren.

Bereits unter britischer Herrschaft wurden Bestrebungen wach, die zum Ziel hatten, eigene Provinzen für bestimmte Sprachgebiete zu errichten. Am dramatischsten äußerten sich diese Bestrebungen in Orissa, dessen Oriya-sprechende Bevölkerung in drei verschiedenen Provinzen (Bengalen, Madras, Central Provinces) lebte. Erst 1936, zur gleichen Zeit, als Birma von Britisch-Indien abgetrennt wurde, wurde die neue Provinz Orissa errichtet. Ferner wurde Sindh (heute zu Pakistan gehörig) von der Bombay Presidency abgetrennt. Doch das waren die einzigen Zugeständnisse, die die Briten in dieser Hinsicht machten. Die Bewegung der Telugu-Sprecher, die eine eigene Provinz Andhra haben wollten, wurde von den Briten nicht erhört. Auch Nehru stellte sich als Premierminister zuerst taub, weil er in derlei Aufteilungen eine Gefahr für die nationale Einheit sah. Als Nordinder hatte er zudem wenig Verständnis für die Eigenständigkeit der verschiedenen südindischen Sprachen.

Als sich 1953 ein Protagonist der Telugu-Bewegung zu Tode fastete, mußte Nehru schließlich nachgeben. Es entstand nun Andhra Pradesh, dem auch die Telugu-Bezirke des ehemaligen Fürstenstaats Haiderabad zugeschlagen wurden. Haiderabad wurde dann die Hauptstadt des neuen Bundeslandes. Doch was den Telugu-Sprechern recht war, war den anderen Sprachbewegungen billig. So mußte Nehru eine Kommission einsetzen *(States Reorganisation Commission)*, die 1955 einen Bericht vorlegte, den die Regierung zum größten Teil akzeptierte. Es ergab sich dabei auch gleich die Möglichkeit, die mediatisierten Fürstenstaaten, von denen die größeren zunächst als eigene Bundesländer fortexistiert hatten, in den neuen Bundesländern aufgehen zu lassen. So wurde Karnataka aus dem Fürstenstaat Mysore und den kanaresisch sprechenden südlichen Distrikten der Bombay Presidency gebildet. Aus den Fürstenstaaten Travancore und Cochin und dem zuvor der Madras Presidency zugehörigen Malabar-Distrikt wurde das neue Bundesland Kerala, dessen Sprache Malayalam ist.

Ein Problemfall blieb freilich der Rest der Bombay Presidency, in der zwei bedeutende Sprachen, Gujarati und Marathi, gesprochen wurden. In der Hauptstadt Bombay, die im Marathi-Sprachgebiet liegt und heute denn auch die Hauptstadt Maharashtras ist, waren jedoch die Marathi-Sprecher in der Minderzahl, und die dort dominierenden Guja-

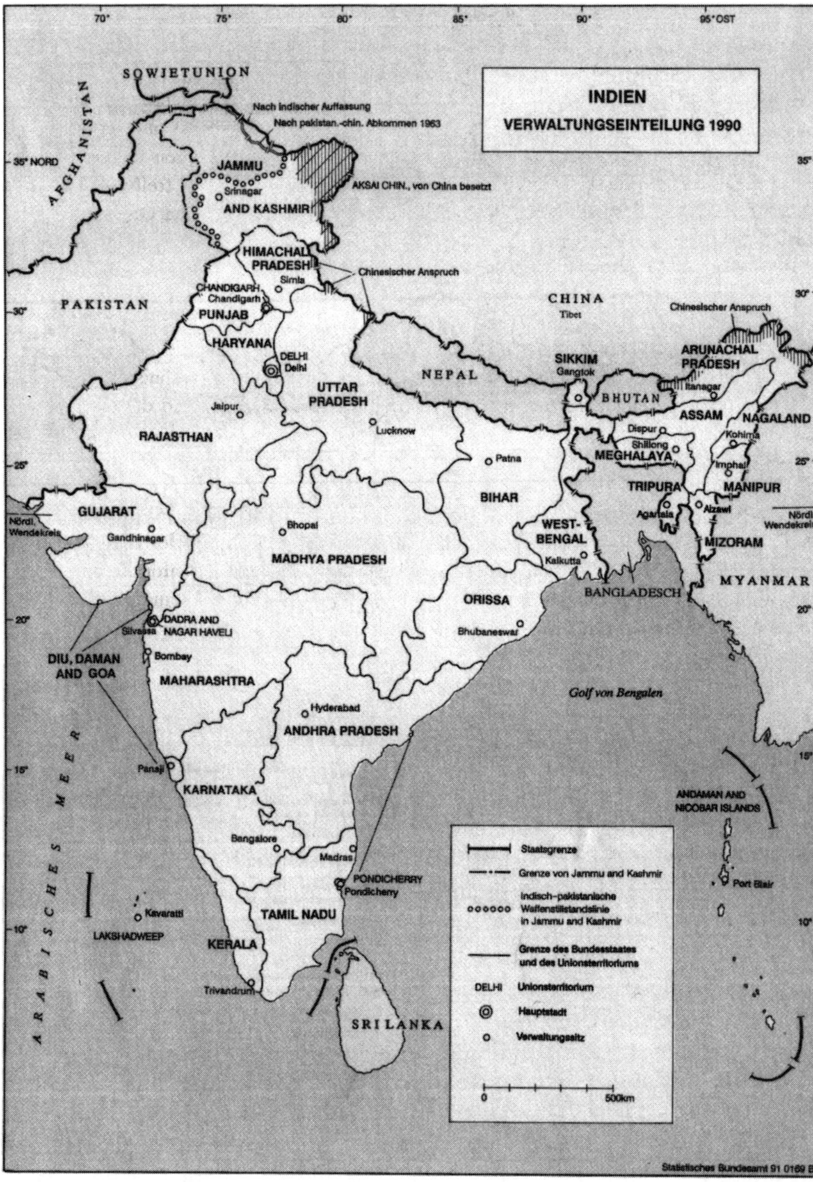
INDIEN
VERWALTUNGSEINTEILUNG 1990
70°
75°
80°
85°
90°
95° OST
35° NORD
30°
25°
20°
15°
10°
SOWJETUNION
AFGHANISTAN
PAKISTAN
CHINA
Tibet
NEPAL
BHUTAN
BANGLADESCH
MYANMAR
SRI LANKA
ARABISCHES MEER
Golf von Bengalen
Nach indischer Auffassung
Nach pakistan.-chin. Abkommen 1963
AKSAI CHIN., von China besetzt
Chinesischer Anspruch
Chinesischer Anspruch
Nördl. Wendekreis
Nördl. Wendekreis
JAMMU AND KASHMIR
Srinagar
HIMACHAL PRADESH
Simla
CHANDIGARH
Chandigarh
PUNJAB
HARYANA
DELHI
Delhi
UTTAR PRADESH
Lucknow
RAJASTHAN
Jaipur
GUJARAT
Gandhinagar
MADHYA PRADESH
Bhopal
BIHAR
Patna
WEST-BENGAL
Kalkutta
ORISSA
Bhubaneswar
SIKKIM
Gangtok
ARUNACHAL PRADESH
Itanagar
ASSAM
Dispur
NAGALAND
Kohima
MEGHALAYA
Shillong
MANIPUR
Imphal
TRIPURA
Agartala
MIZORAM
Aizawl
DADRA AND NAGAR HAVELI
Silvassa
DIU, DAMAN AND GOA
Bombay
MAHARASHTRA
Hyderabad
ANDHRA PRADESH
Panaji
KARNATAKA
Bangalore
Madras
PONDICHERRY
Pondicherry
TAMIL NADU
KERALA
Trivandrum
Kavaratti
LAKSHADWEEP
ANDAMAN AND NICOBAR ISLANDS
Port Blair
Staatsgrenze
Grenze von Jammu and Kashmir
Indisch-pakistanische Waffenstillstandslinie in Jammu and Kashmir
Grenze des Bundesstaates und des Unionsterritoriums
DELHI Unionsterritorium
Hauptstadt
Verwaltungssitz
0
500km
Statistisches Bundesamt 91 0169 B

Karte 1

rati-Sprecher behaupteten ihre Position. Die eleganteste Lösung wäre wohl gewesen, Bombay zu einem eigenen Stadtstaat zu machen (wie Hamburg). Es hätte durchaus eine geeignete Konstruktion zur Verfügung gestanden, nämlich die Einrichtung eines *Union Territory*, d. h. einer der Bundesregierung direkt unterstellten Gebietskörperschaft. Die Bundeshauptstadt New Delhi samt Alt-Delhi ist ein solches *Union Territory*, auch die Stadt Chandigarh, die den beiden Bundesländern Panjab und Haryana als Hauptstadt dient, und bis vor wenigen Jahren auch das früher portugiesische Goa (seit 1987 Bundesland) und das ehemals französische Pondicheri, daneben noch einige Inselgruppen und andere kleine Territorien. Doch das künftige Maharashtra beharrte darauf, Bombay als Hauptstadt zu behalten. Erbitterte Straßenkämpfe wurden darum ausgetragen. Schließlich lenkte Nehru ein, und 1960 wurde der Rest der alten Bombay Presidency in Maharashtra und Gujarat aufgeteilt. Maharashtra erhielt zusätzlich die Marathi-sprechenden Distrikte der früheren Central Provinces. Die Hindi-sprechenden Distrikte der Central Provinces und einige Fürstenstaaten wurden zum Bundesland Madhya Pradesh zusammengeschlossen. So war also noch zu Nehrus Lebzeiten – und gegen seinen Widerstand – die Neuordnung der Bundesländer nahezu abgeschlossen worden.

Nur der Panjab blieb nach wie vor ein ungeteiltes Bundesland, obwohl die Sikh-Bevölkerung dort ebenfalls die Errichtung eines eigenen Bundeslandes anstrebte. Doch die Sikhs sprachen das gleiche Panjabi wie ihre Hindu-Landsleute, und die Errichtung eines Bundeslandes auf religionsgemeinschaftlicher Basis war mit den Prinzipien des säkularen Staates nicht zu vereinbaren. Deshalb konnten die Sikhs auch keinen Sikhstaat, sondern nur ein Bundesland der Panjabi-Sprecher fordern und mußten dabei in Kauf nehmen, daß sie dieses Land mit einer großen Zahl von Hindus gemeinsam bewohnen mußten. Im Panjab gab es viele Hindufamilien, die aufgrund eines Gelübdes ihren ersten Sohn als Sikh aufwachsen ließen. Die Übergänge zwischen den Religionsgemeinschaften waren also fließend. Doch im Laufe der politischen Entwicklung hatten die Sikhs mehr und mehr ihre besondere Identität betont, und daher kam es zu Spannungen.

Indira Gandhi willigte in ihrem ersten Regierungsjahr (1966), als sie noch als schwache Kompromißkandidatin galt und dringend politische Unterstützung brauchte, in die Abtrennung des Panjab von den Hindisprechenden Distrikten ein, die zu dem neuen Bundesland Haryana zusammengefügt wurden. Doch diese Teilung löste die Probleme nicht. Die Sikhs blieben unbefriedigt. Ihre Partei, der *Akali Dal*, litt unter der eigentümlichen politischen Struktur des neuen Bundeslandes. Der *Akali Dal* konnte einerseits die Hindus nicht für sich gewinnen, andererseits waren auch nicht alle Sikhs bereit, für diese Partei zu stimmen. Deshalb radikalisierte sich der *Akali Dal*, um die Sikhs auf Vordermann zu bringen. Doch auch das gelang kaum. Die schweigende Mehrheit der arbeitsamen und wirtschaftlich sehr erfolgreichen Sikhs hatte unter den politischen Spannungen zu leiden.

Während die Teilung des Panjab keine probate Lösung für die regionalen politischen Probleme war, bewährte sich das Instrument der Neugründung von Bundesländern anderenorts als Sicherheitsventil. So entstanden in der Bergregion nördlich und östlich von Assam eine Reihe sehr kleiner Bundesländer: Arunachal Pradesh, Meghalaya, Nagaland. Zum größten Teil haben diese Neugründungen ihren politischen Zweck erfüllt. Man kann sich freilich darüber streiten, ob es sinnvoll ist, solche Mini-Bundesländer zu errichten, während man das Mammut-Bundesland Uttar Pradesh mit einer Bevölkerung von etwa 140 Millionen ungeteilt läßt. Bei der Erhaltung dieses Bundeslandes spielte freilich eine Rolle, daß es Hausmacht der meisten Premierminister Indiens war und mit dem großen Block seiner Abgeordneten im Bundesparlament für Stabilität sorgte. Doch seit Uttar Pradesh nicht mehr in den Händen der Kongreßpartei ist, entfällt dieser Gesichtspunkt.

Parteipolitische Fragen haben selbstverständlich beim Werdegang der Bundesländer immer eine Rolle gespielt. Dort, wo die Kongreßpartei schon zur Zeit des Freiheitskampfes eine führende Rolle gespielt hatte, waren auch später ihre Hochburgen. In den Fürstenstaaten war sie während des Freiheitskampfes kaum vertreten. Mahatma Gandhi wollte einen Kampf an zwei Fronten – gegen die Briten und gegen die indischen Fürsten – vermeiden. Er setzte sich daher für eine Nichteinmischung in die interne Politik der Fürstenstaaten ein. Dementsprechend waren jene unter den Bundesländern, die nach der Unabhängigkeit große Gebiete ehemaliger Fürstenstaaten in ihr politisches Leben eingliedern mußten, meist in einer schwierigeren Lage als die alten Kongreß-Hochburgen. Dennoch haben sich in Indien mit wenigen Ausnahmen keine Parteien etabliert, die ausdrücklich nur die Wählerschaft eines Bundeslandes ansprachen und keine nationalen Ambitionen hatten. Von den Ausnahmen wird bei der Betrachtung des Spektrums der Parteien noch die Rede sein. Hier sollte nur betont werden, daß die bei dem geschilderten Werdegang der Bundesländer durchaus zu erwartende Vielfalt regional begrenzter Parteien nicht existiert. Das schließt nicht aus, daß überregionale Parteien gelegentlich nur in ein oder zwei Bundesländern Hochburgen haben. Doch diese Begrenzung entspricht nicht ihrer Absicht, sondern hat andere Ursachen. Wenn sie könnten, würden sie gern auch weitere Bundesländer erobern. Diese Orientierung an einem nationalen Horizont ist sowohl für die parlamentarische Demokratie als auch für den Föderalismus Indiens lebenswichtig.

5. Das Spektrum der Parteien

Die indische Parteienlandschaft wurde dadurch geprägt, daß man nach britischem Vorbild das Mehrheitswahlrecht übernommen hat. In der indischen Verfassung ist weder von den Parteien noch vom Wahlrecht die Rede. Die Regelung, daß von 1952 bis 1967 Bundes- und Landtagswahlen gleichzeitig stattfanden, beruhte sogar nicht einmal auf einem Gesetz, sondern war nur der Tatsache zu verdanken, daß nach Inkrafttreten der Verfassung von 1950 zum ersten Mal im Jahre 1952 allgemeine Wahlen abgehalten wurden und man dabei eben für Bund und Länder einen gemeinsamen Termin ansetzte.

Sowohl das Mehrheitswahlrecht als auch die Gleichzeitigkeit der Wahlen kam der Kongreßpartei zugute. Sie war 1885 als *All-India National Congress* gegründet worden, blieb lange Zeit eine Honoratiorenpartei und wurde erst unter der Führung Mahatma Gandhis eine Vereinigung, die sich dem aktiven Freiheitskampf widmete und daher straff organisiert werden mußte. Bis 1906 blieb es dem Zufall überlassen, wer zur jährlichen Kongreßsitzung kam und sich dort an Abstimmungen beteiligte. Im Zuge von Flügelkämpfen zwischen Radikalnationalen *(Extremists)* und Nationalliberalen *(Moderates)* kam es 1907 zu einer Spaltung des Kongresses. Die Nationalliberalen führten daraufhin eine Delegiertenkonferenz (*All-India Congress Committee* = AICC) ein, um den Einfluß der Radikalnationalen einzudämmen. Dieses AICC wurde das eigentliche Entscheidungsgremium. Es konnte sich, falls erforderlich, auch öfter treffen als nur einmal im Jahr.

Als Gandhi 1920 das Parteistatut umgestaltete, führte er einige wesentliche Neuerungen ein. Die Landesverbände wurden nach Sprachregionen neu aufgeteilt, um dafür zu sorgen, daß die Massen angesprochen wurden und nicht nur die Eliten, die Englisch sprachen. In diesem Sinne wurde auch festgelegt, daß ein bestimmter Prozentsatz der Delegierten aus den ländlichen Gebieten kommen mußte, damit das Übergewicht der Städte korrigiert wurde. Ferner wurde ein kleiner Arbeitsausschuß gebildet *(Working Committee)*, den der Kongreßpräsident ernannte. Dieses Kabinett des Kongreßpräsidenten bestand meist aus Gefolgsleuten Gandhis. Er bestimmte letztlich auch, wer jedes Jahr zum Präsidenten gewählt wurde. Er selbst bekleidete dieses Amt nur einmal im Jahre 1924.

Es gelang Gandhi, mehrere Jahrzehnte lang alle wesentlichen politischen Kräfte Indiens im Nationalkongreß zusammenzuhalten. Auch als 1934 eine *Congress Socialist Party* gegründet wurde, verblieb diese – wie schon ihr Name besagte – im Nationalkongreß. Erst 1948, nach Gandhis Tod, wurden diese Kongreßsozialisten von seinem alten Gefolgsmann Vallabhbhai Patel, der nun Bundesinnenminister war, aus dem Kongreß vertrieben und bildeten eine separate sozialistische Partei.

Die Kommunisten waren von vornherein ihren eigenen Weg gegangen. Bereits 1920 gründeten sie ihm Exil in Taschkent eine Kommunistische Partei Indiens, die aber ineffektiv blieb. Ende der 1920er Jahre wurde der kommunistische Einfluß in der indischen Gewerkschaftsbewegung stark. Dann verfolgten die Briten die Kommunisten und veranstalteten einen großen Schauprozeß. In den 1930er Jahren arbeiteten die Kommunisten im Zeichen der «linken Einheit» mit den Kongreßsozialisten zusammen. Der Zweite Weltkrieg stellte sie auf eine harte Probe. Nach dem Hitler-Stalin-Pakt wandten sie sich zunächst gegen die Briten und den «imperialistischen Krieg», doch nachdem Hitler die Sowjetunion überfiel, mußten sie ihre Einstellung plötzlich ändern. Sie wurden nun zu Bundesgenossen der britischen Kolonialherren, während die Kongreßsozialisten zumeist in den Untergrund gingen und gegen die Briten kämpften. So enstand eine erbitterte Feindschaft zwischen den Sozialisten und den Kommunisten, die nach dem Krieg geraume Zeit brauchten, um das Stigma des Verrats an der Nation zu überwinden.

Das Parteienspektrum sah also in den Jahren unmittelbar nach der Erlangung der Unabhängigkeit so aus, daß der Nationalkongreß als staatstragende und staatsgetragene Partei den breiten «Hauptstrom» *(mainstream)* der indischen Politik darstellte, an dessem Rande sich eine bescheidene linke Opposition von miteinander verfeindeten Sozialisten und Kommunisten ansiedelte. Da diese verfeindet waren, konnten sie nie eine Wahlallianz bilden, geschweige denn eine gemeinsame Partei, obwohl das Mehrheitswahlrecht eigentlich ein Zweiparteiensystem erforderte. Solange sie sich gegenseitig Konkurrenz machten, mußte dies immer der Kongreßpartei zugute kommen.

Eine rechte Opposition von einigem Gewicht war zunächst nicht vorhanden. Shyamaprasad Mukherjee, der anfangs sogar in Nehrus Kabinett gewesen war, gründete 1951 den *Bharatiya Jan Sangh* (Indischer Volksbund), der primär die Interessen der Hindus vertreten wollte. Diese Partei blieb lange Zeit marginal. Sie war der parlamentarische Flügel des *Rashtriya Swayamsevak Sangh* (RSS = Nationaler Selbsthilfebund), der sich als Kulturorganisation definierte und lange Zeit mit dem Stigma leben mußte, daß der Mörder Gandhis, Nathuram Godse, aus seinen Reihen hervorgegangen war. Die meisten Funktionäre der Partei stammten ebenfalls aus den Reihen des RSS.

Bedeutsamer als «rechte» Oppositionspartei war die 1956 gegründete *Swatantra Party* (Freiheitspartei), die der langjährige Mitarbeiter Gandhis und erste indische Generalgouverneur Chakravarti Rajagopalachari ins Leben rief, um der unter Nehru nach links driftenden Kongreßpartei entgegenzutreten. Dieser Linksdrall hatte 1955 auf der Kongreßparteiversammlung in Avadi seinen Höhepunkt gefunden, als ein Beschluß gefaßt wurde, der die kollektive Landbewirtschaftung zum Gegenstand hatte. Die *Swatantra Party* fand daher Unterstützung bei den Bauern, die von Kollektivierung nichts hören wollten. Diese Partei stand übrigens nicht sehr weit «rechts», sie betonte, daß ihr Parteiprogramm auf dem Godesberger Programm der SPD beruhe. Als Nehru sah, daß diese Partei bei den Bauern Erfolg hatte, lenkte er ein und korrigierte den Linksdrall der Kongreßpartei. So wurde die *Swatantra Party* nach einigen Jahren überflüssig und verschwand schließlich von der politischen Bühne.

Die wirtschaftliche und politische Turbulenz nach der großen Dürre (1965/66), Indira Gandhis Amtsantritt (Januar 1966) und den bereits im folgenden Jahr abgehaltenen Wahlen, die der Kongreßpartei einen Rückschlag brachten, führte zu einem Wandel der Parteienlandschaft. In mehreren nordindischen Bundesländern bildeten labile Koalitionen der Oppositionsparteien Landesregierungen. Indira Gandhi trat die Flucht nach vorn an und spaltete 1969 die Kongreßpartei. Sie entledigte sich der konservativen alten Garde und verfolgte mit ihrem Teil der Kongreßpartei einen linken Kurs, obwohl sie selbst nicht ideologisch festgelegt war. Die Rest-Kongreßpartei der alten Garde wurde bald bedeutungslos. In den vorgezogenen Wahlen von 1971 errang Indira Gandhi einen enormen Erfolg. Durch diese Vorverlegung der Wahlen um ein Jahr koppelte sie ein für allemal die Bundestags- von den Landtagswahlen ab. Von nun an wurden die Bundestagswahlen zum nationalen Plebiszit. Die Landtagswahlen, die durch die vielfältige Verwendung des Mittels der *President's Rule* aus dem Gleichschritt geraten waren, verloren nun an Bedeutung für die nationale Politik. Damit war die Gefahr gegeben, daß Regionalparteien heranwuchsen, die sich jeweils auf ein Bundesland beschränkten.

Vom Gipfel der Macht im Jahre 1971 geriet Indira Gandhi rasch in die Niederungen einer problematischen Tagespolitik. Sie traf einige falsche Entscheidungen, darunter auch die Verhängung des nationalen Notstandes (*Emergency*, 1975) und die Verschiebung der Wahlen, die 1976 fällig gewesen wären. Sämtliche Parteiführer der Opposition landeten im Gefängnis, wo sie ihre künftige Strategie überdenken konnten. Als Indira Gandhi Anfang 1977 plötzlich Wahlen anberaumte und die Oppositionsführer nur kurz zuvor aus dem Gefängnis entließ, glaubte sie an einen glatten Wahlsieg. Doch die Oppositionsparteien bildeten eine Wahlallianz und stellten in jedem Wahlkreis nur einen Kandidaten gegen die Kongreßpartei auf. Indira Gandhi verlor die Macht, und Morarji Desai, ein Mann der alten Garde, der 1969 noch stellvertretender Premierminister in ihrem Kabinett gewesen war, wurde nun Premierminister einer Koalition, die sich bald zu einer neuen Partei, der *Janata Party* (Volkspartei), zusammenfand.

Der *Bharatiya Jan Sangh* (BJS), der bisher nur eine marginale Rolle im Parteienspektrum gespielt hatte, trat dieser *Janata Party* bei. Die Führer des BJS sahen darin die Chance, in den «Hauptstrom» der indischen Politik einzusteigen, und gaben sich staatsmännisch und gemäßigt. Doch die anderen Elemente der *Janata Party* hatten Angst davor, daß bei Wahlen zu den Parteigremien die disziplinierten Kader des ehemaligen BJS einen Sieg davontragen würden. Deshalb fanden diese Wahlen nie statt. Als der BJS später wieder aus der *Janata Party* ausstieg und sich nun *Bharatiya Janata Party* (BJP) nannte, hatte sich das Experiment gelohnt. Der Einstieg in den «Hauptstrom» war gelungen und das sollte sich bald auszahlen.

Die BJP widmet sich einem militanten Hindu-Nationalismus, der mit dem in der indischen Verfassung verankerten Prinzip des Säkularismus nicht vereinbar ist. Sie beruft sich auf das von V. D. Savarkar in den 1920er Jahren geprägte Schlagwort *Hindutva* (Hindutum), das beinhaltet, daß jeder, der Indien als sein heiliges Land betrachtet, ohne Rücksicht auf jegliche Kastenzugehörigkeit ein Hindu ist. Die von Savarkar beabsichtigte Abschaffung des Kastensystems war für die meisten Hindus zu radikal. Außerdem grenzte seine Formel ausdrücklich alle «Andersgläubigen» aus und machte damit eine nationale Integration unmöglich. Die Vorgängerpartei der BJP, die BJS, hatte sich darüber hinaus noch dadurch in vielen Teilen Indiens unbeliebt gemacht, daß sie Hindi als Nationalsprache durchsetzen und den Föderalismus zugunsten eines Zentralstaates abschaffen wollte. Die BJP stellte diese Forderungen zurück, um auch im Süden Indiens Anklang zu finden. Ihre Regierungsbeteiligung in den Jahren 1977 bis 1979 verschaffte ihr politisches Ansehen, aber auf größere Wahlerfolge mußte sie noch warten.

Der Kongreßpartei gelang mit Indira Gandhis überraschendem Wahlsieg Anfang 1980 ein *comeback*. Doch wieder erging es ihr wie in den Jahren nach 1971, der Abstieg in die Niederungen der Tagespolitik war unaufhaltsam. Die Probleme des Panjab waren nicht zu bewältigen, Kaschmir geriet nach dem Tod des langjährigen Regierungschefs Sheikh Abdullah (1982) aus dem Gleichgewicht, und in Andhra Pradesh, einst einer Hochburg der Kongreßpartei, führten Landtagswahlen (1983) zum überraschenden Sieg einer auf dieses Bundesland beschränkten Partei, die sich *Telugu Desam* (Teluguland) nannte. Diese Partei wurde von dem populären Filmschauspieler N. T. Rama Rao geführt, der es verstand, die Protestwähler zu mobilisieren. Wenige Jahre später gewann die Kongreßpartei Andhra Pradesh zurück, doch 1995 errang Rama Rao erneut einen enormen Wahlsieg.

Der Vorläufer dieses Trends war die dravidische Bewegung gewesen, die in ihrer Frühzeit separatistische Tendenzen hatte und vorgab, alle dravidischen Sprach-Bundesländer (Andhra Pradesh, Karnataka, Kerala, Tamil Nadu) zu vertreten, aber letztlich nur auf Tamil Nadu beschränkt blieb. Als politische Partei trat die aus dieser Bewegung hervorgegangene *Dravida Munnetra Kazhagam* (DMK = Dravidische Fortschrittspartei) unter ihrem Führer C. N. Annadurai zuerst bei den Wahlen von 1957 an, gewann aber nur wenige Sitze. Die Kriege mit China (1962) und Pakistan (1965), die dem indischen Patriotismus Auftrieb gaben, veranlaßten die DMK dazu, ihren separatistischen Tendenzen abzuschwören. Sie hätte sonst befürchten müssen, verboten und ins Abseits gedrängt zu werden. Die Mäßigung zahlte sich aus: Annadurai wurde 1967 Ministerpräsident von Tamil Nadu, das damals noch den alten Namen Madras trug, aber bald auf Betreiben der DMK umbenannt wurde (1969). Annadurai starb im März 1969. Seine Partei blieb auch bei späteren Wahlkämpfen erfolgreich, spaltete sich aber 1973.

Unter Führung des populären Filmschauspielers M. G. Ramachandran gründeten die Dissidenten die *All-India Anna Dravida Munnetra Kazhagam* (AIADMK). Der Zusatz «Anna» (= älterer Bruder, zugleich Kurzform des Namens Annadurai) bedeutete, daß man Anspruch auf das politische Erbe Annadurais erhob. Zwischen der Kongreßpartei und der AIADMK ergab sich in der Folgezeit eine für beide Seiten vorteilhafte Symbiose. Die AIADMK unterstützte die Kongreßpartei auf der Bundesebene, dafür erhielt sie in der Landespolitik weitgehend freie Hand. Im Einzelfall mag sich ein solches Kooperationsmodell als praktikabel erweisen, aber als Vorbild für alle anderen Bundesländer wäre es wohl nicht zu empfehlen. So ist denn auch die Kongreßpartei mit keiner anderen Regionalpartei eine ähnliche Symbiose eingegangen, wenn man von den nicht recht vergleichbaren Verhältnissen in Kaschmir einmal absieht, wo die *National Conference* lange Zeit eine ähnliche Rolle spielte.

Zur Regionalpartei wider Willen wurde die Kommunistische Partei Indiens, die in den beiden Bundesländern Kerala und West-Bengalen Hochburgen hat und in anderen Bundesländern nicht zum Zuge gekomen ist. Nach dem für die indischen Kommunisten besonders traumatischen Erlebnis des China-Krieges (1962) und des Konflikts zwischen China und der Sowjetunion spaltete sich die Partei 1964 in die CPI *(Communist Party of India)* und die CPM *(Communist Party of India – Marxist)*, wobei die letztere ihre Hausmacht in den erwähnten Hochburgen hatte, während die CPI nach wie vor eine wesentliche Rolle in den Industriegewerkschaften spielte und damit auf nationaler Ebene von Bedeutung blieb, aber nirgends eine regionale Hausmacht hatte. Die CPI galt als «moskauhörig», während die CPM eher nach China blickte. Sie war jedoch eher «nationalkommunistisch» als außenorientiert. Die Spaltung bedeutete übrigens keine Stimmenverluste für die Kommunisten. Die beiden neuen Parteien erreichten sogar jeweils dieselbe Stärke wie die alte Partei. So hatten sich die Kommunisten praktisch verdoppelt, waren aber dennoch letztlich marginal geblieben.

Ähnlich marginal blieben auch die Sozialisten, die sich ebenfalls in zwei Parteien aufgespalten hatten, wenngleich aus ganz anderen Gründen. Sie erhielten immer beträchtliche Stimmenanteile, aber das Mehrheitswahlrecht wurde ihnen zum Verhängnis. Sie errangen nie eine ihrem Stimmenanteil auch nur annähernd angemessene Zahl von Mandaten und konnten auch keine regionalen Hochburgen errichten. Sie gingen schließlich in der *Janata Party* auf und verblieben in ihr, während die BJP, wie bereits erwähnt, bald wieder ihren eigenen Weg ging.

Die BJP hat nun in jüngster Zeit auf ganz erstaunliche Weise Karriere gemacht. Ihr Aufstieg begann mit dem Abstieg der Kongreßpartei, der in dem Wahlverlust vom November 1989 seinen Ausdruck fand. Zwar hatte Rajiv Gandhi, der unmittelbar nach der Ermordung seiner Mutter durch ihre Sikh-Leibwache (31. 10. 1984) vom Präsidenten zum Premierminister ernannt worden war, im Dezember 1984 seine Legitimation durch einen großen Wahlsieg errungen, und die Kongreßpartei schien wieder einmal wie zu den Zeiten Nehrus eine geradezu unerschütterliche Stellung einzunehmen, doch der Sympathiebonus von 1984 war rasch verspielt. Die Kongreßpartei blieb zwar auch 1989 noch die stärkste Partei, überließ aber einer Minderheitsregierung unter Premierminister Vishwanath Pratap Singh das Feld und ging in die Opposition. Singh, der zuvor Minister in Rajiv Gandhis Kabinett gewesen war und, nachdem er von diesem entlassen worden war, in der *Janata Party* einen neue politische Heimat gefunden hatte, hing von der «Duldung» durch die BJP einerseits und die Kommunisten andererseits ab. Das konnte nicht lange gutgehen.

Warum hatte aber die Kongreßpartei keine Koalitionsregierung gebildet? Das lag daran, daß alle anderen Parteien sich verschworen hatten, Rajiv Gandhi zu stürzen, und daher nun nicht dazu beitragen wollten, ihn an der Macht zu halten. Die Kongreßpartei war ihrerseits nicht an einer Koalition interessiert, weil sie sich dadurch kompromittiert und den Anspruch auf ihre Rolle als «Zentrumspartei» aufgegeben hätte. Es war eine Ironie des Schicksals, daß V. P. Singh zum Aufstieg der BJP beigetragen hatte, indem er ihr im Rahmen einer Wahlabsprache viele Sitze zuschanzte, nun aber auf die Duldung dieser Partei angewiesen war, die sich auf gefährliche Weise zu profilieren versuchte. Der Anspruch auf eine Moschee, die der erste Großmogul in Ayodhya an der Stelle errichtet hatte, wo angeblich zuvor ein Tempel des Gottkönigs Rama gestanden hatte, gab der Kampagne der BJP ein populäres Ziel. Als sich der BJP-Präsident L. K. Advani an die Spitze einer Prozession setzte, die quer durch Nordindien nach Ayodhya zog, mußte Singh ihn im Oktober 1990 kurz vor dem Ziel verhaften lassen und setzte damit der Duldung seiner Regierung durch die BJP ein Ende. Es folgte eine noch mindere Minderheitsregierung unter Premierminister

Chandrashekhar, der sich nun auf die Duldung durch die Kongreßpartei verlassen mußte. Die wurde ihm im Frühjahr 1991 entzogen, und Rajiv Gandhi stürzte sich in einen intensiven Wahlkampf, in dessen Verlauf er im Mai 1991, vermutlich von den *Liberation Tigers of Tamil Eelam,* ermordet wurde.

Die Kongreßpartei erzielte ein gutes Wahlergebnis, erreichte aber nicht die absolute Mehrheit und mußte nun ihrerseits eine geduldete Minderheitsregierung unter Premierminister P. V. Narasimha Rao bilden. Zur gleichen Zeit hatten Wahlen in mehreren Bundesländern stattgefunden, die ergaben, daß die BJP in Himachal Pradesh, Madhya Pradesh, Rajasthan und Uttar Pradesh Landesregierungen bilden konnte. Als die BJP ihre Ayodhya-Kampagne erneut aufnahm und nun eine BJP-Landesregierung für das in Uttar Pradesh liegende Ayodhya zuständig war, kam es zur Katastrophe. Die Moschee wurde von einer rasenden Menge am 6. Dezember 1992 dem Erdboden gleichgemacht. Das hatte die BJP-Führung wohl nicht gewollt, sie übernahm aber die Verantwortung für diese Tat. Die hauptsächlich aus der Mittelklasse stammende BJP-Wählerschaft mochte zwar das Verschwinden der Moschee begrüßen, doch sie war auch gegen Gesetzlosigkeit und Gewalt, weil sie etwas zu verlieren hatte und daher an der Aufrechterhaltung von Ruhe und Ordnung interessiert war.

Die Zerstörung der Moschee war ein Pyrrhus-Sieg für die BJP. Premierminister Narasimha Rao hat dies offenbar gleich ganz richtig eingeschätzt. Unmittelbar nach der Zerstörung der Moschee ließ er alle vier von der BJP gebildeten Landesregierungen ihres Amtes entheben. Das erschien auf der ersten Blick als eine Überreaktion, weil ja nur die BJP-Regierung in Uttar Pradesh unmittelbar für die Zerstörung verantwortlich gemacht werden konnte. Es sah so aus, als ob diese Amtsenthebung, die den Prinzipien des Föderalismus widersprach, der BJP ein gutes Argument für den Wahlkampf an die Hand gab. Doch die Wahlen im November 1993 brachten der BJP in allen vier Bundesländern empfindliche Verluste ein. Nur in einem konnte sie mit knapper Not noch eine prekäre Koalitionsregierung bilden. Der Rundumschlag der Bundesregierung hatte sich zunächst einmal politisch ausgezahlt. Offenbar hatte ein großer Teil der Mittelklasse der BJP ihr Vertrauen entzogen. Der Triumph sollte aber nicht von langer Dauer sein, auch kam er der Kongreßpartei nur teilweise zugute. Zwar konnte sie in Himachal Pradesh und Madhya Pradesh Regierungen bilden, aber in dem großen Uttar Pradesh, auf das es bei diesen Wahlen eigentlich ankam, war der Sieger die neugegründete *Samajwadi Party* (Sozialistische Partei), die aus Dissidenten der *Janata Party* hervorgegangen ist, die in Mulayam Singh Yadav einen neuen Führer gefunden haben. Zwar verdankt Yadav seinen Sieg einer besonderen Konstellation in der Politik seines Bundeslandes, aber er dürfte durchaus nationale Ambitionen haben. Der Name seiner Partei ist nicht neu, er bezeichnete eine der früheren sozialistischen Parteien, die in der *Janata Party* aufgegangen waren.

Das Spektrum der Parteien zeigt daher trotz eines aufsehenerregenden Wandels in letzter Zeit auch altbekannte Erscheinungsformen. Sowohl die parlamentarische Demokratie als auch die indische Variante des Föderalismus haben sich bewährt und dürften den Herausforderungen der Zukunft gewachsen sein.

XXII.
Rechtssystem und Verfassung*

Dieter Conrad

1. Allgemeine Charakteristik

Von einem indischen Rechtssystem als einer Einheit zu sprechen, ist nicht selbstverständlich. Noch heute gelten in Indien Rechte der unterschiedlichsten Art und Herkunft in Teilbereichen faktisch nebeneinander. Zur Einheit verbunden wird diese Pluralität durch eine staatlich organisierte Hierarchie von Rechtsanwendungs- und Rechtssetzungsorganen und durch das von diesen hervorgebrachte Juristenrecht englischen Stils als Rahmen und letztgültigen Maßstab. Ein derartiges, am okzidentalen Begriff staatlicher Legalität orientiertes System wurde zuerst von den Briten mit ihrem Kolonialstaat der einheimischen Kultur oktroyiert. Es hat in der Folge die indigenen Normtraditionen weitgehend verdrängt, teilweise aber auch adaptiert und in sich aufgenommen. Nach einer über 200jährigen Rezeptionsgeschichte ist dieses westlich geprägte System, von einem zahlreichen und selbstbewußten Juristenstand getragen, zu einem eigenen Bestandteil der indischen Kultur geworden und steht als Ganzes heute nicht mehr zur Diskussion, unbeschadet aller Kritik im einzelnen und verschiedenartigen Bestrebungen, Traditionselemente in Teilbereichen wiederzubeleben. Ihren krönenden Abschluß hat die Entwicklung in der Schaffung einer dem Legalitätsprinzip verpflichteten, rechtsstaatlichen Verfassung durch die juristisch gebildete Führungsschicht des unabhängigen Indien gefunden, welche die Repräsentation der verfassunggebenden Gewalt des indischen Volkes für sich in Anspruch nahm. Die Verfassung schafft einen formellen Einheitsgrund des Rechtssystems, indem sie in Art. 372 die Fortgeltung allen bei Verfassungsbeginn am 26. 1. 1950 auf dem Territorium der Republik in Kraft stehenden Rechtes als Recht des neuen Staates anordnet und es zugleich der Verfassung sowie der Abänderungskompetenz der nunmehr legitimierten Gesetzgebungs- und Rechtsprechungsorgane unterwirft. Die Geltung allen Rechts wird damit auf die Verfassung als zentrale Ursprungsnorm zurückgeführt. Die dergestalt formalisierte Rechtseinheit umschließt inhaltlich aber noch immer ein buntes Gemenge der verschiedenartigsten Normkomplexe: traditionelle Rechte der Hindus und Moslems in den Ausprägungen unterschiedlicher Rechtsschulen, Stammesrechte und regionales Gewohnheitsrecht, rezipiertes englisches Recht

* Die Angabe «Art.» bezieht sich auf die Artikel der indischen Verfassung.

sowie die umfangreiche Gesetzgebung der britisch-indischen Kolonialregierung, entsprechend in den ehemals französischen oder portugiesischen Gebietsteilen Rechtsnormen jener ehemaligen Kolonialmächte, Recht der ehemaligen Fürstenstaaten einschließlich fürstlicher Dekrete (*firmans* u. ä.), soweit sie Gesetzgebungscharakter haben, schließlich Gesetzgebung des unabhängigen Indien seit 1947.

2. Gerichtsverfassung

Der Aufbau des modernen Rechtswesens begann unter der britischen *East India Company* mit der Schaffung sachlich unabhängiger Gerichte, die auf eine dem traditionellen Normverständnis neuartige Weise Regelmäßigkeit des Verfahrens und der Entscheidungsfindung mit straffer Durchsetzung verbanden und deren Entscheidungsgrundsätze sich zu einem Präjudizienrecht, unter Sammlung und Veröffentlichung der obergerichtlichen Judikate, verfestigten. Diese Einrichtung bedeutete eine rechtliche Revolution. Sie war in einem geradezu verheerenden Sinne erfolgreich, indem der Zulauf der Rechtssuchenden wegen der Popularität der neuen Gerichte alsbald deren Kapazität bei weitem überstieg und zu ihrer völligen Überlastung führte – ein Zustand, der als eine Art Dauerkatastrophe trotz mancher Reformbemühungen dem indischen Justizwesen bis heute eigentümlich und die Kehrseite seiner kulturprägenden Bewährung geblieben ist. Die Grundzüge der in britischer Zeit entwickelten Gerichtsorganisation sind bis heute erhalten: so vor allem der ausgeprägte Strukturunterschied zwischen den sog. untergeordneten Gerichten *(subordinate courts)* und den Obergerichten *(superior courts)*, der auf den anfänglichen Dualismus von Gerichten der Ostindiengesellschaft in der Provinz und Krongerichten in den *Presidency*-Hauptstädten (Bombay, Kalkutta und Madras) zurückgeht.

Die Untergerichte, durchweg Einzelrichter, waren ursprünglich die von der Ostindiengesellschaft in den Distrikten eingerichteten und mit ihren Verwaltungsbeamten besetzten Gerichte. Sie sind heute Gerichte der Bundesstaaten, deren Justizbeamtendienst die hier tätigen Richter angehören und deren Organisationskompetenz die nähere Ausgestaltung überlassen ist. Doch sind sie in den einzelnen Staaten weitgehend ähnlich organisiert und bilden mit den in der Unionsverfassung unmittelbar geregelten Obergerichten einen einheitlichen Instanzenzug. Die Untergerichte tragen die Hauptlast – weit über 90% – der ordentlichen Zivil- und Strafgerichtsbarkeit. Zentralfigur ist der *District Judge,* oberster Zivilrichter und regelmäßig in Personalunion als *Sessions Judge* zugleich oberster Strafrichter des Distrikts sowie Vorgesetzter aller dortigen richterlichen Beamten. Unterhalb dieser Verbindung sind die Gerichtszweige getrennt zweistufig ausgebaut: in der Zivilgerichtsbarkeit regelmäßig *Subordinate Judge* und *Munsif*, in der Kriminalgerichtsbarkeit *Judicial Magistrates* 1. und 2. Klasse mit entsprechend abgestufter Strafkompetenz unter einem als *Chief Judicial Magistrate* herausgehobenen *Magistrate* 1. Klasse (in Großstädten *Metropolitan Magistrates* unter einem *Chief Metropolitan Magistrate*). Die für die britische Zeit typische Verbindung strafrichterlicher mit ordnungspolizeilichen Funktionen bei den *Magistrates* ist, einer Verfassungsdirektive entsprechend, durch eine Ämtertrennung von *Executive* und *Judicial Magistrates* beseitigt.

Subordinate Civil and Criminal Courts

Civil Courts	*Criminal Courts*
District Judge	Sessions Judge
in Personalunion	
District Judge	Sessions Judge
Subordinate Judge	1st class Judicial Magistrate
Munsif	2nd Class Judicial Magistrate

Die Obergerichte *(High Courts* und *Supreme Court)* sind von grundsätzlich anderer, dem Vorbild englischer Obergerichte angenäherter Struktur: Kollegialgerichte, deren Richter großenteils aus der Anwaltschaft rekrutiert sind und besondere Verfassungsgarantien richterlicher Unabhängigkeit genießen. Die *High Courts* haben eine bedeutende, in die Kolonialzeit zurückreichende Tradition. Die ältesten unter ihnen entstanden 1861, als im Zuge der direkten Regierungsübernahme durch die britische Krone die in den *Presidency*-Hauptstädten zuständigen Krongerichte mit den Appellationsgerichten der ehemaligen Ostindiengesellschaft verschmolzen wurden. Heute besteht regelmäßig in jedem Staat ein *High Court* (Art. 214), der nicht nur als Appellationsgericht in Zivil- und Strafsachen fungiert, sondern auch die Dienst- und Personalaufsicht über die Untergerichte des Staates führt (Art. 227, 235); damit soll deren Richterschaft gegen Einflüsse der Exekutive abgeschirmt werden. Der *Supreme Court* hingegen als Spitze der integrierten Gerichtsorganisation von Union und Staaten ist eine Neuschöpfung der

Verfassung. Auf ihn sind die verfassungsgerichtlichen Kompetenzen des *Federal Court* nach dem *Government of India Act, 1935* übergegangen, ebenso aber die bis 1949 beim *Privy Council* in London liegenden Zuständigkeiten als oberstes Revisionsgericht. Unter ihnen sichert insbesondere die Befugnis der Zulassung einer außerordentlichen Berufung (*special leave to appeal*, Art. 136) gegen jede Art gerichtsförmiger Entscheidung dem Gericht die Möglichkeit autoritativer Feststellung und Fortbildung des Rechts in allen Bereichen. Daneben werden auch die Entscheidungen der anderen Obergerichte regelmäßig publiziert und entfalten Präjudizienwirkung, die die Rechtsauslegung der Untergerichte formell bindet. Alle Obergerichte haben nach englischer Tradition Universalzuständigkeit für sämtliche Rechtsgebiete. Die Funktionen der Verfassungs- und Verwaltungskontrolle sind nicht, wie in Kontinentaleuropa, besonderen Gerichten oder Gerichtszweigen anvertraut. Vielmehr sind die Obergerichte sowohl Revisionsgerichte in der ordentlichen Gerichtsbarkeit als zugleich auch Verfassungs- und Verwaltungsgerichte. Die Überprüfung von Gesetzen auf Verfassungsmäßigkeit sowie die Befugnis, rechtswidrige Verwaltungsentscheidungen aufzuheben, stehen ihnen ausschließlich zu. Sie nehmen diese Funktionen vornehmlich als sog. *judicial review* mittels einer Reihe besonderer, den altertümlichen englischen *prerogative writs* (*Habeas Corpus, Certiorari, Mandamus* etc.) nachgebildeter Überprüfungsverfahren wahr, bei denen das Gewicht auf der Rechtskontrolle neben einer bloß summarischen Tatsachenprüfung liegt (Art. 32, 226). Dies bedingt eine Schnelligkeit und auch Billigkeit des Verfahrens im Vergleich zu normalen Prozessen, welche diese außerordentlichen Rechtsbehelfe sehr beliebt gemacht hat. Die Verfassung, die erstmals allen *High Courts* solche Befugnisse verlieh, hat damit eine in ihrem Ausmaß nicht erwartete Welle von Verfassungs- und Verwaltungsbeschwerden ausgelöst, welche seither die Verfassungswirklichkeit maßgeblich beeinflußt, zugleich aber die Gewichte in der Rechtsprechung völlig verschoben hat. Eine weitere Ausweitung haben die Gerichte durch die Zulassung sog. *public interest*-Klagen in diesen Verfahren bewirkt (darüber unten Nr. 4). Schließlich dienen die *writ*-Verfahren und ebenso der *special leave to appeal* des *Supreme Court* der Kontrolle und Vereinheitlichung der Rechtsprechung sogenannter *Tribunals*, d. h. administrativer Spruchgremien auf der Grenze zwischen Verwaltungsbehörde und Gericht, welche auf zahlreichen Spezialgebieten primäre Rechtsprechungsfunktionen ausüben. Als wichtige Fälle dieser sehr vielgestaltigen und verbreiteten *Tribunals* seien genannt die *Income Tax Tribunals, Labour Courts* und *Industrial Tribunals, Monopolies and Restrictive Trade Practices Commission* und, von traditionell herausragender Bedeutung, die sog. *Revenue Courts*, d. h. die Rechtsprechung der zur Landsteuererhebung zuständigen Verwaltungsbeamten in Landpacht- und anderen agrarrechtlichen Streitigkeiten.

Die unter der Verfassung wesentlich erweiterten Befugnisse drohen mittlerweile die Obergerichte quantitativ zu überfordern. Abermals wie schon bei Einführung der englischen Gerichte hat gerade der Erfolg der neuen Rechtsbehelfe sich zu einer Belastungsprobe des Justizsystems entwickelt, das mit den sprunghaft gestiegenen Anforderungen nicht mehr Schritt halten kann, von den politischen Gewalten aber aus durchsichtigen Gründen nur zögernd ausgebaut wird.

3. Recht und Gesetzgebung

Die Entwicklung des anzuwendenden Rechtes folgte dem Aufbau des Gerichtswesens mit einiger Verzögerung. Früh allerdings, schon 1772, wurde eine äußerst folgenreiche, bis heute wirksame Entscheidung getroffen: In Fragen des Ehe-, Familien- und Erbrechtes sowie religiöser Einrichtungen und Gebräuche (Kastenstatus, religiöse Stiftungen und Schenkungen) sollten die neuen Gerichte die traditionellen Rechte der Hindus und Moslems anwenden. Dieses aus einer Mischung von Toleranz und Praktikabilitätserwägungen eingeführte Prinzip wurde später auf andere Religionsgruppen und Untergruppen ausgedehnt. Es hat zur Ausbildung der sog. *personal laws* geführt, d. h. der Anknüpfung des Rechtsstatus an die Religionszugehörigkeit der Person. Die traditionale Verbindung von Religion und Familienstruktur wurde damit rechtlich sanktioniert und durch soziale Verfestigung der religiösen Gruppenzugehörigkeit eine der Nationsbildung gefährliche Segmentierung gefördert. Unter dem traumatischen Eindruck der Teilung Indiens hat man in der Verfassung gegenzusteuern versucht durch Aufnahme einer Direktive zur Schaffung eines einheitlichen Zivilgesetzbuches und damit der Ablösung der *personal laws* (Art. 44). Die Ausführung ist bisher jedoch am Widerstand orthodox-religiöser Kreise vor allem auf moslemischer Seite gescheitert. Die Frage ist heute zum Politikum ersten Ranges geworden.

In den übrigen Rechtsgebieten blieben die Grundlagen lange schwankend. Von der direkten Einführung englischen Rechts hatte man abgesehen. Im Strafrecht war man zunächst politisch zur formellen Beibehaltung des im Mogulreich verbindlichen islamischen Rechts verpflichtet, das jedoch mit eingreifenden Reformen den zeitgenössischen europäischen Vorstellungen angenähert wurde. In Zivilsachen sollten die Richter mangels anderer Maßstäbe nach «justice, equity and good conscience» entscheiden – eine Formel, die praktisch doch auf die Übernahme englischen Rechts hinauslief, soweit es für Indien anwendbar erschien. Früh machte sich unter den Umständen der Gedanke systematischer Gesetzgebung und Kodifikation geltend. Dies war nicht weniger als die systematisierte Rechtsprechung eine umwälzende Neuerung aus europäisch-rationalistischem Geist, da den einheimischen Rechtstraditionen der Begriff einer vom Herrscherbefehl unterschiedenen Gesetzgebung als Mittel planmäßiger Rechtsänderung und Positivierung fremd war; die entsprechende Unterscheidung wurde etwa in den Begriff des *firman* (vgl. Nr. 1) erst neuerdings durch die Rechtsprechung hineingelesen. Zur erleichterten Anwendung der religiösen Rechte wurden gesetzbuchartige Kompilationen oder Übersetzungen klassischer Texte hergestellt (Halheds *Code of Gentoo Laws*, 1775; Hamiltons Übersetzung der *Hedaya*, 1791), die mannigfaltigen Verordnungen der Ostindiengesellschaft wurden in «Regular Codes» zusammengefaßt (zuerst *Bengal Regulation 41/1793*). Im 19. Jahrhundert begann dann eine systematische Gesetzgebungstätigkeit, die in zahlreichen Teilkodifikationen auf vielen Gebieten gemeinsames, für jedermann geltendes Recht schuf. Am Anfang steht Macauleys Entwurf eines Strafgesetzbuches von 1837, der 1860 als *Indian Penal Code* Gesetz wurde und über Indien hinaus Verbreitung gefunden hat. Es folgten wichtige Stücke eines allgemeinen Zivilgesetzbuchs: *Indian Succession Act, 1865* (allgemeines Erbrecht), *Contract Act, 1872* (Schuldrecht), *Transfer of Property Act, 1882* (Sachenrecht), *Easements Act, 1882* (Grunddienstbarkeiten), *Trusts Act, 1882, Negotiable Instruments Act, 1881* (Wertpapierrecht), schließlich Verfahrensgesetze: *Evidence Act, 1872; Specific Relief Act, 1877; Code of Criminal Procedure, 1898; Civil Procedure Code, 1908* (nach mehreren Vorläufern seit 1859). Diese Gesetze beruhten naturgemäß auf dem Vorbild des englischen Rechts, waren diesem jedoch häufig an Klarheit und systematischer Durchbildung voraus. Sie sind großenteils noch heute in Kraft, teilweise in novellierter Form (so der *Indian Succession Act* in der Neufassung 1925; bestimmte Abschnitte des *Contract Act* als *Sale of Goods Act, 1930* und *Partnership Act, 1932; Specific Relief Act* neugefaßt 1963; *Code of Criminal Procedure* neugefaßt 1973), und bilden einen Grundstock gemeinsamen Rechts auch der Nachbarländer Bangladesch und Pakistan, der die gegenseitige Beachtung der Gerichtsentscheidungen ermöglicht.

Bei Erlangung der Unabhängigkeit war der überwiegende Teil des Rechts vor allem des modernen Geschäftsverkehrs kodifiziert. Die Republik hat diese Entwicklung kräftig vorangetrieben. Neu auf der Tagesordnung stand hier zunächst die umfangreiche Wirtschaftsgesetzgebung der Nehru-Ära. Zwei Gesetze mit umfassenden Verwaltungsvollmachten bestimmten grundlegend die Wirtschaftsverfassung: der *Industries (Development and Regulation) Act, 1951*, der die Organisation der *mixed economy* durch Bereichsabgrenzung zwischen öffentlichem und privatem Sektor sowie den berüchtigten *license raj*, d. h. die Lenkung von Produktion und Investition durch behördliche Genehmigungen regelte; sodann der aus der Kriegswirtschaft hervorgegangene *Essential Commodities Act, 1955*, der eine zentrale Lenkung der Warenströme und u. a. die fragwürdige Einrichtung sog. *Food Zones* ermöglichte. Das durch diese beiden Gesetze begründete, von der Planungsideologie getragene Regime wird in der gegenwärtigen Liberalisierungsphase vorsichtig abgebaut. Auch die Neukodifikation des Rechts der Kapitalgesellschaften *(Companies Act, 1956)* war bestimmt von der Politik verstärkter Regierungskontrolle im öffentlichen Interesse, der Ersetzung der Aufsicht des *High Court* durch ein regierungsabhängiges *Company Law Board* als *administrative tribunal*, das erst seit dem Änderungsgesetz von 1988 weisungsfrei entscheidet. Das in britischer Zeit grassierende System der *Managing Agencies* ist seit 1969 wegen seiner Tendenz zur Monopolbildung abgeschafft. Im gleichen Jahr führte der *Monopolies and Restrictive Trade Practices Act, 1969* die Kontrolle von Wettbewerbsbeschränkungen durch eine unabhängige Kommission als *Tribunal* ein. 1970 erging nach langer Vorbereitung ein Patentgesetz, das wiederum im sozialen Interesse aus der Entwicklungsländerperspektive die Rechte des Patentinhabers sehr stark begrenzt und möglicherweise bei zunehmender Erfindertätigkeit in Indien sich als überholungsbedürftig erweisen wird. Die sozialstaatliche Orientierung des unabhängigen Indien hat umfangreiche Reformen im Arbeitsrecht veranlaßt. Arbeitsbedingungen in wichtigen Betrieben wurden durch einen neuen *Factories Act, 1948, Plantation Labour Act, 1951* und *Mines Act, 1952* sowie eine Novellierung *des Industrial Employment (Standing Orders) Act* im Jahre 1956 unter besseren Schutz gestellt, gesetzliche Mindestlöhne (*Minimum Wages Act, 1948)*, Mutterschutz *(Maternity Benefit Act, 1961)*, soziale Krankenversicherung *(Employees State Insurance Act, 1948)* eingeführt und die verbreitete Umgehung der Arbeiterschutzgesetze durch Beschäftigung von Mietarbeitern *(contract labour)* im Zusammenwirken von Rechtsprechung und Gesetzgebung eingeschränkt. Interventionistische Tendenzen machten sich auch hier geltend. Im Arbeitskampfrecht wurde ein abgestuftes Schlichtungs- und Schiedssystem bis hin zur Zwangsschlichtung auf Regierungsintervention eingeführt *(Industrial Disputes Act, 1947)*, bei dem sowohl Grundsätze der von Gandhi inaugurierten Gewerkschaftsbewegung Pate gestanden haben (vgl. Kap. XIX) als auch Erfahrungen mit Streikverbot und Zwangsschlichtung während der Kriegswirtschaft. Dieses trotz mannigfacher Kritik bis heute beibehaltene System hat dazu geführt, daß die Entwicklung des Arbeitsvertragsrechtes wesentlich von den Schiedssprüchen *(awards)* der *Industrial Tribunals* geprägt worden ist. Seit 1976 sind durch Änderung des *Industrial Disputes Act* bei größeren Unternehmen Betriebsstillegungen, Kurzarbeit und Massen-Entlassungen von behördlicher Genehmigung abhängig gemacht.

Die umfangreichste und politisch zunächst ganz im Vordergrund stehende Gesetzgebungstätigkeit galt den Agrarreformen, allen voran der Abschaffung der Grundherrschaft von *Zamindars* und ähnlichen Großgrundbesitzern, aber auch dem Ausbau der schon aus britischer Zeit stammenden Pächterschutzgesetzgebung, der Festlegung von Höchstbesitzgrenzen usw. Obwohl diese Gesetzgebung in die Kompetenz der Einzelstaaten fällt, ist durch Vorgaben der zentralen Planungskommission ein gewisses Maß an Uniformität erreicht worden. Im Ergebnis ist das Recht der agrarischen Bodenbesitzverhältnisse, das früher stark von der administrativen Veranlagungspraxis der Landsteuer, den *land systems of India,* bestimmt war, jetzt weitgehend kodifiziert, allerdings noch immer nicht gerade übersichtlich: Die Zahl der seit der Unabhängigkeit ergangenen Reformgesetze, die durch Auflistung im 9. Verfassungsanhang gegen Grundrechtsbeschwerden besonders geschützt sind (vgl. zu dieser Liste und dem Verfassungsstreit um die Eigentumsgarantie unter Nr. 4), beträgt über 220. Als schwerwiegendes administratives Vollzugshindernis erwies sich der oft unbefriedigende Zustand der Land-Register. Für die weitere Entwicklung des Bodenrechtes und insbesondere Bodenkredits nachteilig auswirken dürfte sich das Fehlen eines echten Grundbuchsystems, bei dem einem gutgläubigen Erwerber oder Pfandgläubiger ein sicherer Titel garantiert wäre. Bestrebungen zu seiner Einführung stoßen auf Widerstände wegen der befürchteten Prozeßlawine bei einer Festschreibung des Ausgangsbestandes.

Ein weiteres Gesetzeswerk von nationaler Bedeutung, das an tiefverwurzelte religiös-kulturelle Einstellungen rührte, war die Kodifikation und Reform des Hindu-Familienrechtes. Sie gelang erst im zweiten Anlauf, indem man die ursprüngliche Idee eines echten *Hindu Code* aufgab und statt dessen vier aufeinander abgestimmte Einzelgesetze verabschiedete: *Hindu Marriage Act, 1955; H. Succession Act, 1956; H. Minority and Guardianship Act, 1956* und *H. Adoptions and Maintenance Act, 1956.* Die gleichfalls geplante Abschaffung der ungeteilten Familiengemeinschaft in ihrer verbreitetsten Form *(Mitakshara joint family)* mußte dabei angesichts konservativer Widerstände aufgegeben werden. Dieses Kernstück der agrarisch-traditionellen Hindugesellschaft, mit der Beschränkung der Miteigentümerstellung auf die männlichen Abkömmlinge, blieb erhalten und mit ihm der institutionelle Hintergrund des Mitgift-Unwesens, dessen man mit gesetzlichen Verboten *(Dowry Prohibition Act, 1961)* und neuerdings drakonischen Strafbestimmungen gegen die zunehmenden Mitgiftmorde bisher nicht hat Herr werden können. Davon abgesehen brachte die Familienrechtsreform einschneidende Änderungen, so vor allem das gleiche Frauenerbrecht bei Erbteilung, die Beseitigung aller Kastenschranken für die Eheschließung, die Einführung der Monogamie als für alle Kasten gleich verbindlich und andrerseits die Möglichkeit der gerichtlichen Scheidung. Eine späteres Änderungsgesetz (66/1976) hat zudem das Verschuldensprinzip bei der Scheidung durch das Zerrüttungsprinzip ergänzt. Die Reform des Hindurechts bewegte sich auf der Grenze des für den Säkularstaat Möglichen und Zulässigen. Man hat sie als ersten Schritt zu dem von der Verfassung geforderten allgemeinen Zivilgesetzbuch rechtfertigen wollen. Sie ist jedoch historisch das Ergebnis einer längst vor der Verfassung angelaufenen Reformbewegung, die wohl eher auf die Konsolidierung der Hindu-Gesellschaft abzielte. Jedenfalls ist der implizierte zweite Schritt bisher ausgeblieben, und da auf der Muslim-Seite eine ähnliche Konsolidierung und Rechtsvereinheitlichung mit dem *Muslim Personal Law (Shariat) Application Act, 1937* betrieben worden war, bleibt das Ergebnis eine bedenkliche, beiderseitige Verfestigung der religiösen Blockbildung. Immerhin ist ein echt säkularstaatliches Reformgesetz zugleich mit dem *Hindu Code* geschaffen worden: der *Special Marriage Act, 1954*, der – in Ablösung des sehr engen, auf Religionslose beschränkten *Special Marriage Act, 1872* – für alle Staatsbürger die fakultative Zivilehe mit entsprechendem Ehe- und Erbstatut einführte und Ansatzpunkt für ein als Option eröffnetes allgemeines Familienrecht werden könnte. Um nichts anderes als die Schaffung eines gemeinsamen Familienrechtes geht es aber bei der Forderung nach dem allgemeinen Zivilgesetzbuch, wie angesichts einer oft zu pauschal und ideologisch geführten Diskussion hervorzuheben ist. Denn auf allen anderen Gebieten des Zivilrechts besteht längst, wie dargestellt, eine gemeinsame, von der Religionszugehörigkeit völlig absehende Gesetzgebung – nicht in der Form, wohl aber in der Funktion ein «Uniform Civil Code», der von jedermann als Selbstverständlichkeit hingenommen wird.

4. Verfassung

Die Verfassung des unabhängigen Indien ist aus dem Boden der anglisierten Juristentradition erwachsen und deshalb nicht so sehr politisches Manifest – abgesehen von einigen feierlichen Grundsatzerklärungen in der Präambel – als ein nüchternes, detailliertes und auch im Sinne gerichtlicher Anwendbarkeit sorgfältig redigiertes Gesetz. Man konnte damit an eine schon vorhandene Linie britischer Kolonialverfassungsgesetze anknüpfen und diese durch bestmögliche Angleichung an das Vorbild des britischen Westminstersystems, vor allem an die souveräne Stellung des britischen Parlaments vervollkommnen. Mit dieser – unter Berufsjuristen verbreiteten – «Musterschülerhaltung» verknüpfte sich aber in der aufständischen Nationalbewegung die Berufung auf revolutionäre amerikanische und französische Traditionen der verfassunggebenden Gewalt und Volkssouveränität. Frühzeitig wurde die Forderung nach Selbstbestimmung durch eine verfassunggebende Versammlung – anstelle des üblichen Oktroi eines in Round-Table-Konferenzen ausgehandelten Verfassungskompromisses durch britisches Parlamentsgesetz – sowie nach Verfassungsgarantien elementarer Freiheitsrechte erhoben und beides gegen den Widerstand der Kolonialmacht schließlich durchgesetzt. Ergebnis dieser Kombination von Traditionen der Parlaments-

und der Verfassungssouveränität – deren Gegensätzlichkeit man wohl nicht voll wahrgenommen hatte –, waren Spannungen im Verfassungsverständnis, die in den ersten Jahrzehnten der Republik als Verfassungsstreit zwischen Parlament und Gerichten ausgetragen wurden. Vornehmlich die Kongreßführung versuchte, als die verfassungsrechtlichen Schranken politischen Handelns bemerkbar wurden, die uneingeschränkte Parlamentssouveränität als wahre Volksherrschaft auszugeben und mittels der außerordentlichen Gewalten der Verfassungsänderung und des Notstandes durchzusetzen. Dieser Versuch scheiterte an dem Widerstand sowohl der Gerichte als auch des Wählervolks, und das Prinzip der Verfassungssuprematie gegenüber der Parlamentssouveränität britischen Stils dürfte heute dauerhaft etabliert sein.

Formell das Werk einer völlig freien und, nach dem Scheitern des Verfassungsplanes der britischen Kabinettsmission für ein ungeteiltes Indien, an keinerlei Festlegungen mehr gebundenen Konstituante, ist die indische Verfassung von 1950 doch inhaltlich in auffallender Weise dem Muster des britischen *Government of India Act, 1935* nachgebildet. Sie folgt ihm im Aufbau, im Konzept eines einheitlich geregelten, zentral kontrollierten Föderalismus (vgl. Kap. XXI) und in vielen Einzelinstitutionen bis in den Wortlaut hinein, nicht zuletzt in ihrer außergewöhnlichen Länge (ursprünglich 395 Artikel und 8 Anhänge). Diese Anlehnung war auch dadurch nahegelegt, daß die Gewährung der Unabhängigkeit entgegen den ursprünglichen Planungen der Ausarbeitung der Verfassung vorausging und das Land deshalb 3 Jahre lang nach einer provisorischen Verfassung regiert werden mußte, die nichts anderes war als eine den neuen Bedingungen angepaßte Version des Gesetzes von 1935. Darin waren die vielen vorbehaltenen Sonderkompetenzen der früheren kolonialen Exekutive beseitigt und das Prinzip der parlamentarischen Regierungsverantwortlichkeit (*responsible government*, wie es seit der britischen Regierungserklärung von 1917 verheißen war) auf Bundes- wie Provinzebene vollständig durchgeführt. Dieses System brauchte in die neue Verfassung nur übernommen zu werden. Als Hauptaufgabe blieb die Erstreckung auf die neu hinzugekommenen Gebiete der Fürstenstaaten und ihre Reorganisation nach dem Schema der bisherigen Provinzen, jetzt als Staaten bezeichnet. Die Durchführung verlief in Etappen und war bei Inkrafttreten der Verfassung noch nicht am Ziel: Die Verfassung kannte noch 3 verschiedene Klassen von Staaten, enthielt aber zugleich eine umfassende Neugliederungskompetenz durch einfaches Unionsgesetz (Art. 3). Aufgrund dieser Kompetenz wurde dann 1956 das Unionsgebiet nach linguistischen Prinzipien reorganisiert und die Grundlage der heutigen Gebietsorganisation gelegt: einerseits Staaten nurmehr eines einzigen, einheitlich strukturierten Typs (heute 25) und andererseits Unionsterritorien (heute 7) unter Zentralverwaltung mit eingeschränkter Selbstregierung. Einen Sonderstatus genießt wegen der internationalen Streitfragen der ehemalige Fürstenstaat Jammu & Kaschmir, dem die Verfassung eine Gebietsgarantie, erweiterte Gesetzgebungsrechte und das Recht auf eine selbstgegebene Verfassung innerhalb der indischen Union zugesteht (Art. 370, vgl. *Constitution of Jammu & Kashmir* von 1957, inhaltlich dem allgemeinen Staatenschema weitgehend angeglichen).

In alledem folgt die Verfassung dem Programm konsequenter Durchbildung des im *Government of India Act* angelegten Regierungssystems: Beibehaltung der quasiföderalen Struktur sogar mit Erweiterung der zentralen Herrschaftsmittel um die Verfügung über den Gebietsbestand der Staaten (Provinzen), zugleich Vollparlamentarisierung der Regierung in größtmöglicher Anlehnung an das britische Vorbild. Diese geht bis in zuweilen kuriose Details wie der ausdrücklichen Inkorporierung der Privilegien des *House of Commons* mit allen historischen Zufälligkeiten, einschließlich des altertümlichen Rechts der Verhängung summarischer Haftstrafen wegen *contempt of Parliament*. Die dergestalt perfektionierte Kolonialverfassung wird jedoch auf ein radikal verändertes, demokratisches Fundament gestellt mit der Einführung des allgemeinen Wahlrechts (anstelle des auf höchstens 10% der Bevölkerung beschränkten Zensuswahlrechts der britischen Zeit) und der Festigung des staatsbürgerlichen Aktivstatus durch Individualgrundrechte und großzügige Rechtsweggarantien, einschließlich der als eigenes Grundrecht gewährleisteten direkten Grundrechtsbeschwerde zum *Supreme Court* (Art. 32).

Das allgemeine Wahlrecht für Männer und Frauen (Art. 326), das 1950 angesichts der illiteraten Massen vielen als ein utopischer Vorgriff erschien, ist in der Bewährung regelmäßiger Parlamentswahlen und der dabei gewachsenen politischen Reife des Wählervolks inzwischen zum selbstverständlichen und stabilisierenden Verfassungsfaktor geworden; der Staatsstreich Indira Gandhis zwischen 1975 und 1977 wurde nicht durch die verfassungsmäßigen Kontrollinstanzen oder die politisch führende Klasse, sondern durch Wählerentscheidung beendet. 1950 bedeutete das allgemeine Wahlrecht zu zentralen Repräsentativkörperschaften die Entscheidung gegen Modelle indirekter, von der Dorfgemeinschaft her aufgebauter Rätedemokratie im Sinne der Vorstellungen Gandhis, zugleich die Abschaffung getrennter Wählerschaften (Art. 325), die Entscheidung für die Bildung einer einheitlichen Staatsnation. Sonderrechte sind vorläufig noch in Form von reservierten Parlamentsmandaten für Angehörige der «Unberührbaren»-Kasten und der Stammesvölker (als *Scheduled Castes and Scheduled Tribes* bezeichnet wegen ihrer enumerativen Bestimmung in amtlichen Listen) vorgesehen (Art. 330, 332), deren Wahl jedoch durch die allgemeine Wählerschaft erfolgt. Das zunächst auf 10 Jahre befristete Provisorium hat sich durch periodische Verlängerung (zuletzt bis zum Jahre 2000) zur Dauereinrichtung verfestigt. Die Durchführung der Wahlen auf Unions- wie Staatenebene ist in die Hände einer unabhängigen Wahlkommission gelegt (Art. 324). Gleichwohl sind Indien die typischen Dritte-Welt-Probleme mit massiven Wahlmißbräuchen nicht erspart geblieben. Sie standen im Hintergrund der Verfassungskrise 1975–77. Gegenwärtig ist der oberste Wahlkommissar in eine erbitterte Auseinandersetzung mit der Regierung um die Erhaltung der Effektivität und Unabhängigkeit der Wahlkommission verstrickt. Die Bedeutung dieser Frage beleuchtet ein Vergleich mit den Nachbarländern Bangladesch und Pakistan, in denen es jeweils nur unter neutralen Interimsregierungen möglich war, faire Wahlen abzuhalten.

Der Grundrechtsteil beginnt, nicht minder programmatisch und angesichts der traditionell hierarchisch strukturierten Gesellschaft revolutionär, mit der allgemeinen Rechtsgleichheit der Person (Art. 14). Sie wird ergänzt durch ausdrückliche Diskriminierungsverbote u. a. wegen Religion, Geschlecht und Kaste (Art. 15, 16). Während das Kastensystem damit nicht aufgehoben, sondern nur für rechtlich irrelevant erklärt ist, wird die Praxis der «Unberührbarkeit» feierlich geächtet und unter Strafdrohung gestellt (Art. 17); die zur Ausführung ergangenen Strafbestimmungen sind seither mehrfach verschärft worden, allerdings weitgehend ineffektiv geblieben. Abweichend vom formellen Gleichheitsprinzip läßt die Verfassung «positive Diskriminierung», insbesondere Quotenreservierung im öffentlichen Dienst und Bildungswesen, zugunsten der *Scheduled Castes and Tribes*, aber auch sog. *other backward classes* zu. Um die Einbeziehung und Definition der letztgenannten Gruppen sind erbitterte Auseinandersetzungen entbrannt. Immer weitere und zunehmend sozial mächtige Gruppen drängen unter Ausnutzung ihres politischen Stimmgewichtes an die Krippen staatlicher Subventionen; das Regel-Ausnahme-Verhältnis zwischen Gleichheit und positiver Diskriminierung droht sich dadurch umzukehren und auch die Vorzugs-Förderung der Bedürftigsten in Frage zu stellen. In einem Fall konnte nur gerichtliche Intervention verhindern, daß die gesamte Bevölkerung eines Staates, mit Ausnahme der dünnen Brahmanenoberschicht, zu förderungswürdigen «backward classes» erklärt wurde. Der *Supreme Court* hat in seiner im einzelnen wechselvollen Rechtsprechung die Grundposition durchgehalten, daß Quotenreservierungen für alle drei Gruppen zusammen 50% nicht wesentlich überschreiten dürfen, daß zur Bestimmung einer *backward class* Kastenzugehörigkeit ein Kriterium unter anderen und daß die ökonomische Lage nicht das ausschließliche Kriterium sein dürfe. Das ganze Förderungssystem zeigt die gefährliche Tendenz, gedachte Übergangshilfen zu Dauerprivilegien zu verfestigen.

Auf die Gleichheitsartikel folgen die herkömmlichen liberalen Grundrechte Meinungs-, Versammlungs- und Vereinigungsfreiheit sowie Freizügigkeit, Berufsfreiheit und ursprünglich auch Recht auf Eigentum (Art. 19). Vielfältige und detailliert aufgezählte Einschränkungsmöglichkeiten bei diesen Rechten stehen unter dem gemeinsamen Vorbehalt der

«Vernünftigkeit» solcher gesetzlichen Einschränkungen: ein objektiver Prüfungsmaßstab, der den Gerichten weitgehende Kontrollmöglichkeiten eröffnet. Dagegen ist auffallenderweise die Einfügung eines entsprechenden *reasonableness*-Kriteriums bei den Kerngrundrechten auf Leben und persönliche Freiheit unterblieben; sie sind folglich durch Gesetze beliebig einschränkbar (Art. 21). Hier klafft außerdem noch eine empfindliche Lücke des Rechtsstaates insofern, als die Verfassung ausdrücklich sog. Präventivhaftgesetze zuläßt und sich damit begnügt, eine Reihe von Mindestanforderungen für solche Gesetze vorzuschreiben (Art. 22). Die administrative Präventivhaft bei Befürchtung einer Gefährdung der öffentlichen Ordnung, typisches und verhaßtes Instrument der Kolonialherrschaft, wurde im unabhängigen Indien beibehalten; einen Monat nach Inkrafttreten der Verfassung erging das erste, zunächst befristete derartige Parlamentsgesetz (*Preventive Detention Act, 1950* v. 26. 2. 1950). Obwohl dem Wesen nach eine Ausnahme- und Notstandskompetenz, hat sich diese Einrichtung inzwischen in Dauergesetzen verfestigt (zuletzt: *National Security Act, 1980*), von denen immer rücksichtsloser Gebrauch gemacht wird. Der Grundtatbestand enthält eine Reihe weitgefaßter Verdachtsgründe, die der britischen Kriegsgesetzgebung entlehnt sind, und wird, ebenfalls unter dem Einfluß britischer Rechtsprechung aus der Kriegszeit, im Sinne eines subjektiven, unüberprüfbaren Ermessens der Verwaltungsbehörde ausgelegt. Zu einer weitergehenden Kontrolle der Ermessensgründe, wie sie in Pakistan und Bangladesch gehandhabt wird, haben die indischen Gerichte sich nicht entschließen können und lediglich eine scharfe und findige Formalienkontrolle entwickelt, mit der es gelungen ist, eine beträchtliche Zahl von Haftbefehlen aufzuheben. Als wirkungsvoller könnte sich eine neuere Rechtsprechung erweisen, wenigstens in krassen Fällen illegaler Haft, insbesondere bei Todesfällen in der Haft, auch ohne gesetzliche Grundlage den Staat zu Geldentschädigung wegen Grundrechtsverletzung zu verurteilen.

Die Hauptauseinandersetzung in Grundrechtsfragen wurde aber zwischen Gerichten und politischer Führung zunächst auf dem Gebiet der Eigentumsgarantie ausgetragen. Hier war man schon in der Verfassunggebenden Versammlung nur zu einem Formelkompromiß gelangt, der das Ausmaß gerichtlicher Überprüfbarkeit von Enteignungsentschädigungen im unklaren beließ. Im Zusammenhang der Bodenreformen kam es zu zahlreichen Grundbesitzerklagen gegen Enteignungen, die schon wegen der Verzögerungswirkung der Gerichtsverfahren die Reformpolitik gefährden konnten. Das Parlament, in dem die Kongreßpartei stetig über die verfassungsändernde Zweidrittelmehrheit verfügte, versuchte deshalb, über Verfassungsänderungen einen immer größeren Bereich solcher Streitigkeiten der Grundrechtsjurisdiktion der Gerichte zu entziehen und der Gesetzgebung die abschließende Bestimmung der Entschädigungshöhe vorzubehalten. Das drastischste hierbei angewandte Mittel war die Schaffung eines Katalogs einzeln aufgeführter Unions- und Staatengesetze, die der Überprüfung auf Vereinbarkeit mit den Grundrechten entzogen sind (Art. 31 B). Dieser im *9th Schedule* der Verfassung angefügte Katalog ist inzwischen auf 257 Einträge angewachsen, wobei die ursprüngliche Beschränkung auf Agrarreformgesetze später nicht mehr eingehalten wurde. Die Gerichte setzten dem Entzug ihrer Prüfungsbefugnis hinhaltenden Widerstand entgegen, und machten die bezweckte Wirkung mancher Verfassungsänderung durch spitzfindige Auslegungen zunichte. Ihre Haltung versteifte sich in dem Maße, wie Enteignungen großen Stils über den Bereich der Landreform hinausgriffen, Industrieunternehmen und Banken verstaatlicht wurden und schließlich die Gefahr sich abzeichnete, daß die Praxis der leichten Verfassungsänderung auch zur Verkürzung anderer Grundrechte und einer immer weiter gehenden Freistellung des Parlaments von verfassungsgerichtlicher Kontrolle gebraucht werden könnte. Das Parlament versuchte schließlich, die Grundrechtskontrolle allgemein durch Berufung auf die sog. *Directive Principles of State Policy* zu unterlaufen, eine ziemlich bunte Zusammenstellung von Programmsätzen meist sozialstaatlichen Inhalts, die in einem eigenen Verfassungsabschnitt dem Grundrechtsabschnitt parallel geordnet, aber nicht gerichtlich durchsetzbar sind (Art. 36ff.). Jedes als Ausführung einer solchen Direktive bezeichnete Gesetz sollte von der Prüfung auf Vereinbarkeit mit dem Gleichheitssatz und den liberalen Grundrechten freigestellt sein (Art. 31 C): angesichts des so umfassenden wie vagen Inhalts der *Directive Principles* praktisch eine Blankoermächtigung für beliebige Gesetzgebung. Diesem Versuch, durch Verfassungsänderung die grundlegende Balance zwischen Grundrechten und sozialstaatlichem Programm, Parlament und Gerichtskontrolle zu verschieben, trat der *Supreme Court* mit einer Doktrin immanenter Schranken der Verfassungsänderung entgegen, die er zuerst 1973 in Anlehnung auch an die deutsche Staatsrechtslehre als sog. *basic structure doctrine* entwickelte: Seither ist eine ganze Reihe von Verfassungsänderungen wegen Verstoßes gegen die Grundstruktur der Verfassung für unwirksam erklärt worden. Diese Rechtsprechung kann, nach Bestehen einer Art Feuertaufe in dem sogleich zu erörternden Notstandsregime Indira Gandhis, heute als gesichert gelten. In einem stillschweigenden Kompromiß ist als Ausgleich der Eigentumsartikel aus dem Grundrechtsteil gestrichen worden (*44th Amendment, 1978*); Eigentum ist heute nur noch nach Maßgabe der Gesetze geschützt (Art. 300 A) – und damit ein ideologischer Zankapfel aus dem Streit um Parlamentsrechte und Verfassungsgerichtsbarkeit entfernt. Als unabänderliche Strukturgrundsätze sind im einzelnen bisher bezeichnet worden das Prinzip der richterlichen Normenkontrolle selbst, einschließlich der Kontrolle von Verfassungsänderungen, die *rule of law* (Rechtsstaat) und richterliche Unabhängigkeit, die Anerkennung von Grundrechten (nicht notwendig bestimmte Rechte und insbesondere nicht das Eigentum), Demokratie und das Säkularstaatsprinzip. Mit letzterem ist kürzlich die Verhängung der *President's Rule* (vgl. Kap. XXI) in 3 von der BJP regierten Staaten gerechtfertigt worden.

Die letzte Phase der Auseinandersetzung war nicht nur vom Problem der Verfassungsänderung, sondern zugleich von der Entwicklung der Notstandsgewalt bestimmt. Die Notstandsverfassung zeigt, besonders in ihrer ursprünglichen Form, deutliche Züge des früheren Kolonialregimes. Der Notstand konnte bei Besorgnis einer unmittelbaren Gefährdung durch äußeren Angriff oder innere Unruhen vom Präsidenten (d. h. praktisch der Unionsregierung) proklamiert werden (Art. 352). Die Proklamation erlangte sofort Wirksamkeit für einen Monat und blieb, falls sie während dieser Frist vom Parlament gebilligt wurde, für unbestimmte Zeit in Kraft. Das Parlament konnte nach einmal erteilter Zustimmung die Aufhebung der Proklamation nicht mehr direkt, sondern allenfalls über den Sturz der verantwortlichen Regierung erreichen. Während des Notstandes hatte die Union umfassende Gesetzgebungszuständigkeiten auch auf den sonst den Staaten vorbehaltenen Gebieten und entsprechend erweiterte Weisungsrechte gegenüber den Verwaltungen der Staaten (Art. 353), m. a. W. der Bundesstaat konnte als unitarischer Staat regiert werden. Ein Teil der Grundrechte war automatisch suspendiert, für die anderen konnte die gerichtliche Geltendmachung durch ein Dekret des Präsidenten (d. h. wiederum der Unionsregierung) suspendiert werden (Art. 358, 359). Beides, der Fortfall bundesstaatlicher Hemmnisse und die Suspendierung der Grundrechte, vor allem aber der wenigen Verfassungsgarantien gegen vorbeugende Verhaftung, machten den Notstand für den Regierungsapparat bequem und führten zusammen mit der Machtlosigkeit des Parlaments zweimal zu seiner unangemessenen Aufrechterhaltung weit über den ursprünglichen Anlaß hinaus. So wurde der 1962 bei Ausbruch des Grenzkonflikts mit China verhängte nationale Notstand erst 1968, der bei Ausbruch des Bangladesch-Krieges 1971 proklamierte Notstand erst 1977 aufgehoben. Inzwischen war aber eine dramatische Steigerung dadurch eingetreten, daß die Premierministerin Indira Gandhi 1975 zu dem bestehenden äußeren Notstand unter Umgehung des Kabinetts noch eine zweite Notstandsproklamation veranlaßte, vorgeblich wegen drohender innerer Unruhen, in Wahrheit aber zur Unterdrückung der öffentlichen Forderungen nach ihrem Rücktritt, nachdem ihr das Parlamentsmandat durch Gerichtsurteil wegen unlauterer Wahlpraktiken entzogen worden war. In Ausnutzung der sofort wirksamen Notstandsvollmachten ließ sie eine beträchtliche Zahl von Abgeordneten in Präventivhaft nehmen – ein Verfahren, gegen das die oben erwähnten englischen Parlamentsprivilegien keinen Schutz gewähren – und erlangte von dem also eingeschüchterten Parlament die nachträgliche Billigung der Notstandsproklamation. Oppositionelle

Staatenregierungen wurden mittels *President's Rule* gleichgeschaltet. Die anschließend durch Unterdrückung der Meinungs- und Pressfreiheit sowie eine rücksichtslose Verhaftungspraxis erzeugte Angstatmosphäre suchte sie zu einer weitreichenden Umgestaltung der Verfassung in autoritärem Sinn zu nutzen. Der *Supreme Court* bekräftigte in dieser Situation zwar seine Vetoposition gegenüber Veränderungen an der Grundstruktur der Verfassung, indem er eine die Gerichtsentscheidung zum Mandatsverlust direkt annullierende Verfassungsänderung als Verstoß gegen die *rule of law* aufhob; möglicherweise war damit allzu drastischen Änderungsplänen ein Riegel vorgeschoben. Andererseits gab das Gericht die Kontrolle der Verhaftungspraxis durch ein berüchtigtes Urteil zur Suspension des *Habeas-Corpus*-Rechtes völlig aus der Hand. Das Ende des Notstandsregimes wurde, als die Demokratie schon verloren schien, überraschend dadurch herbeigeführt, daß die Premierministerin aus nicht geklärten Gründen vorzeitige Neuwahlen ausschrieb, bei denen sie eine vernichtende Niederlage erlitt.

Die Erfahrung hat traumatisch gewirkt und zu einer Reihe von Änderungen in der Notstandsverfassung geführt, die einer Wiederholung vorbeugen sollen. So wird für den Vorschlag auf Erlaß einer Notstandsproklamation durch den Präsidenten nunmehr ein schriftlicher Kabinettsbeschluß verlangt, die Proklamation nach parlamentarischer Zustimmung auf jeweils 6 Monate befristet und dem Parlament überdies die Befugnis gegeben, die Aufhebung durch Beschluß direkt zu erzwingen. Die *Habeas-Corpus*-Beschwerde kann im Notstand nicht mehr suspendiert werden. Im Gegensatz zu den ersten Jahrzehnten der Republik ist nunmehr seit 17 Jahren keine Notstandsproklamation mehr ergangen. Auch die Verfassungsänderungen der Notstandszeit wurden großenteils rückgängig gemacht und in diesem Zusammenhang der erwähnte Kompromiß über die Anerkennung der *basic structure*-Doktrin und die Streichung des Eigentumsartikels erzielt. Der *Supreme Court* suchte sein angeschlagenes Ansehen wiederherzustellen, indem er neues Gewicht auf eine sehr bürgerfreundliche Rechtsprechung zu den Grundrechten auf Leben und persönliche Freiheit legte. Zunächst in diesem Zusammenhang ließ er Grundrechtsbeschwerden auch von nicht persönlich Betroffenen im öffentlichen Interesse zu, vor allem im Interesse sozial Benachteiligter, die aus faktischen Gründen zur Wahrnehmung ihrer Rechte nicht in der Lage sind. Die ersten spektakulären Fälle betrafen die Freilassung von Tausenden zu Unrecht gefangengehaltener Untersuchungshäftlinge auf die selbständige *Habeas-Corpus*-Beschwerde einer Anwältin hin. Hieraus hat sich eine umfangreiche Praxis der sog. *public interest litigation* entwickelt, die sich über den engeren Grundrechtsbereich auch auf Fragen des Umweltschutzes und der Justizorganisation ausgedehnt hat. Die damit bewirkte Gewichtsverlagerung der Rechtsprechung auf Fragen des allgemeinen sozialen Interesses sucht man gleichzeitig durch Organisation von Anwaltsunterstützung für Mittellose (*legal aid*) neben der traditionellen Gerichtskostenbefreiung im Armenrecht zu fördern. In den gleichen Zusammenhang der Bestrebungen, weiteren, vor allem den unterprivilegierten Schichten Zugang zum Rechtssystem zu verschaffen, gehören Versuche, durch staatlich vermittelte, formlose, aber öffentliche Schlichtungsverfahren vor sog. *lok adalats* (Volksgerichten) Streitigkeiten auf traditionelle Art im Kompromißwege beizulegen und damit auch die hoffnungslos überbeanspruchten staatlichen Gerichte zu entlasten *(Legal Services Authorities Act, 1987)*.

Die mißbräuchliche Ausnutzung von Notstandsvollmachten hat dazu geführt, daß die Gerichte inzwischen den Anspruch auf Kontrolle jedenfalls der Einhaltung äußerster Ermessensgrenzen angemeldet haben. Praktisch geworden ist dies bei Proklamierung der *President's Rule*: In diesem Jahr hat der *Supreme Court* erstmals die Aufhebung solcher Proklamationen durch *High Courts* mit der Begründung des Rechtsmißbrauchs in drei Fällen bestätigt. Ob damit der Ausuferung dieses fragwürdigen Rechtsinstituts dauerhaft Einhalt geboten werden kann, bleibt abzuwarten. Es besteht die Gefahr, daß die Gerichte in solchen Fragen sich politisch überfordern, was im Gegenzug zunehmende Manipulationen der Exekutive bei Richterernennung und -versetzung auslöst. Den erweiterten richterlichen Kontrollrechten entspricht nicht immer die Durchsetzungsfähigkeit. So hat z. B. der *Supreme Court* nach Ende des Notstandes das Grundrecht auf Leben und persönliche Freiheit durch eine erweiternde Auslegung zu festigen gesucht, die für einschränkende Gesetze erstmals Mindesterfordernisse prozeduraler Fairneß vorschrieb. Er hat dieses erweiterte Prüfungsrecht aber nicht zu nutzen gewagt, um die offen rechtsstaatswidrigen Züge des Präventivhaftgesetzes und, vor allem, des vielfach mißbrauchten Terrorismusgesetzes (TADA = *Disruptive and Terrorist Activities Prevention Act, 1987*) zu beseitigen.

Die Überforderung der Gerichte hängt nicht zuletzt mit der Schwäche der Parlamente gegenüber der Exekutive zusammen, die auffällig mit dem jahrelang verfochtenen Anspruch auf Parlamentssouveränität kontrastiert. So hat z. B. das Unionsparlament noch in keinem Falle der Verhängung der *President's Rule* die Gefolgschaft verweigert oder auch nur, wie jetzt die Gerichte, die Vorlage des zugrundeliegenden Gouverneursberichtes erzwingen können. Symptomatisch ist, daß viele Gesetze nicht auf dem normalen Weg der Einbringung einer Vorlage *(Bill)* im Parlament zustande kommen, sondern daß die Exekutive mit dem Erlaß einer *Ordinance* vorprescht (und auch schon Fakten schafft): Solche Verordnungen können bei Eilbedürftigkeit außerhalb der Sitzungsperiode mit vorläufiger Gesetzeskraft erlassen werden; das Parlament, das spätestens binnen Halbjahresfrist wieder einberufen werden muß, kann sie dann in Dauergesetze umwandeln, andernfalls treten sie nach längstens 6 Wochen (ab Zusammentreten) außer Kraft (Art. 123, 213).

Dieses Präventivrecht der Exekutive hat vor allem in einigen Staaten eine Praxis zur Folge gehabt, solche Verordnungen gar nicht den Landtagen zur Bestätigung vorzulegen, sondern diese im Gegenteil rechtzeitig zu vertagen, um sodann nach Auslaufen der alten eine neue inhaltsgleiche Verordnung zu erlassen. Mit diesem Verfahren der *repromulgation of Ordinances* wurde in manchen Fällen Gesetzgebung an den Parlamenten vorbei über viele Jahre aufrechterhalten. Da die Parlamente zur Wahrung ihrer Zuständigkeit nicht einschritten, hat schließlich der *Supreme Court* auf *public interest*-Klage eines Gelehrten hin die Praxis für verfassungswidrig erklärt. Flucht der Parlamente aus der politischen Verantwortung ist ein auch aus anderen Ländern bekanntes Phänomen. In Indien bestehen aber besondere institutionelle Schwächen. Der mangelnde Schutz der Abgeordneten gegen Präventivhaft wurde schon erwähnt: Er hat erst die gefährliche Kombination von Notstands- und Verfassungsänderungsbefugnissen unter Indira Gandhi ermöglicht und damit umgekehrt die gerichtliche Inhaltskontrolle von Verfassungsänderungen als notwendig legitimiert. Das Parlament hat auch kein *Enquête*-Recht. Für Skandaluntersuchungen werden unabhängige Richterkommissionen durch die Regierung ernannt, die damit eine Patronagemöglichkeit für – in ihren Augen – verdiente Richter erhält. Schließlich hat eine wohlgemeinte neuere Verfassungsänderung, die den verbreiteten Mandatskauf durch die Sanktion des Mandatsverlustes bei Parteiwechsel oder parteiwidrigem Stimmverhalten von Abgeordneten zu unterbinden sucht (Art. 102, 191 und *10th Schedule*), die Stellung der Abgeordneten gegenüber den Parteiführungen weiter geschwächt – damit letztlich aber auch die unabhängige Stellung des Parlaments.

Wenn in diesem Überblick in verschiedenen Punkten Systemschwächen und Reformbedarf vermerkt worden sind, so ist andererseits abschließend hervorzuheben, daß die Verfassung sich im ganzen über lange ereignisreiche Jahre als genügend flexibel erwiesen hat, das Gemeinwesen vor Umsturz oder Auseinanderbrechen zu bewahren, Krisen immer wieder abzufangen und Korrekturkräften Raum zu geben. Gegenwärtig ist man dabei, eine der eklatanten Schwächen des föderalistischen Systems, das Fehlen einer kräftigen und effektiven Gemeindeselbstverwaltung, zu korrigieren. Durch die 73. Verfassungsänderung von 1992 sind einige Rahmenbestimmungen zur Einrichtung örtlicher Selbstverwaltungskörperschaften in die Verfassung eingefügt worden, die hauptsächlich auf die Stärkung der Finanzkraft und die Sicherung der periodischen Abhaltung von Wahlen zielen. Diese Vorschriften stehen vorläufig noch auf dem Papier, aber sie können doch, wie ein indischer Kommentator die daran geknüpften Hoffnungen vorsichtig formuliert, «nicht über eine gewisse Grenze hinaus ignoriert werden».

XXIII. Die Verteidigung

Dipankar Banerjee

Die indische Bundeswehr hat eine Tradition der Enthaltung von jeglicher Einmischung in die Politik bewahrt, die in Entwicklungsländern sehr selten ist. Die Geschichte dieser Bundeswehr, in der sie sich stets um militärische Kompetenz und Professionalität bemüht hat, umschließt mehrere Jahrhunderte. Sie blickt auf eine lange Erfahrung im Kriegseinsatz und bei friedenserhaltenden Maßnahmen in allen Teilen der Welt zurück. Im Laufe der letzten drei Jahrzehnte hat sie eine eigene moderne Rüstungsindustrie mit Forschungs- und Entwicklungskapazitäten aufgebaut, so daß sie sich weitgehend selbst mit Waffen und Gerät versorgen kann.

Das Ende des Kalten Krieges bedeutete für Indien eine bemerkenswerte Verbesserung seiner Sicherheit. Die Beziehungen zu den USA und zu den Nachbarländern von West- bis Ostasien sind gut. Die Verhandlungen über die gemeinsame Grenze mit China machen Fortschritte. Die Einigung über die Demarkierung einer nach dem Gesichtspunkt der tatsächlichen Kontrolle definierten Grenze zeichnet sich ab. Auf diese Weise wird auch hier Ruhe und Friede einkehren.

In diesem Kapitel sollen die verschiedensten Aspekte der Verteidigung Indiens dargestellt werden. Es beginnt mit einem kurzen historischen Überblick, wendet sich dann einer Schilderung der Struktur und Organisation der militärischen und paramilitärischen Einheiten zu, geht auf die Kriege ein, in denen die indische Bundeswehr kämpfen mußte, und analysiert die gegenwärtige Lage sowie den Militärhaushalt, die Ausgaben für Rüstungsfabriken und andere militärische Probleme.

1. Historischer Überblick

Die indische Verteidigungspolitik hat sich unter zweieinhalb Jahrhunderten britischer Herrschaft entwickelt. Die historische Kontinuität spielt dabei eine große Rolle. Viele Regimenter des indischen Heeres können ihre Tradition bis weit in diese frühe Zeit zurückverfolgen. Bis zur Mitte des 19. Jahrhunderts war das britisch-indische Heer nach den drei «Presidencies» (Bombay, Bengalen, Madras) aufgeteilt. Diese drei Kommandos waren weitgehend autonom. Eine umfassende Reorganisation setzte nach dem Aufstand von 1857 ein, der als erster indischer Unabhängigkeitskrieg bezeichnet wird. Die Verwaltungsreform von

1895 schaffte die drei Heere der «Presidencies» ab und begründete ein zentralisiertes Heereskommando in Delhi.

Im Ersten Weltkrieg leistete die indische Armee einen wesentlichen Beitrag zum Erfolg der Alliierten. Mehr als eine Million indischer Soldaten kämpften auf allen Kriegsschauplätzen, etwa 100000 fielen oder wurden verwundet. Während des Zweiten Weltkriegs wurde die indische Armee von einer Friedensstärke von nur 189000 Mann auf 2644323 im Jahre 1945 vermehrt. Das indische Offizierskorps wuchs in derselben Zeit von 600 auf 14000 an. Es gab keine Wehrpflichtigen, sondern nur Freiwillige in dieser Armee. Während dieses Krieges wurde die indische Armee in Afrika, Italien, West- und Südostasien, vor allem aber in Birma eingesetzt. Von der eine Million Mann umfassenden 14. britischen Armee in Birma waren etwa 700000 Inder. Die indischen Streitkräfte schlugen viele Schlachten auf verschiedenen Kriegsschauplätzen, sie wurden mit vielen Auszeichnungen bedacht. Nach der Demobilisierung wurde der Kern dieser Streitkräfte zur Bundeswehr des unabhängigen Indiens.

Nach Erlangung der Unabhängigkeit wurden die Armee und ihre Einrichtungen etwa im Verhältnis 2:1 zwischen Indien und Pakistan aufgeteilt. Die meisten Muslimoffiziere und -soldaten gingen nach Pakistan, einige blieben aber auch in Indien. Die meisten Rüstungsfabriken verblieben in Indien, Pakistan wurde dafür finanziell entschädigt.

2. Struktur und Organisation der Streitkräfte

Der Staatspräsident Indiens ist der Oberbefehlshaber der Streitkräfte. Das Kabinett ist für die Verteidigungsplanung verantwortlich. Die oberste Instanz ist dort der politische Ausschuß unter Vorsitz des Premierministers. Der Verteidungsminister, der Außenminister, der Innenminister und der Finanzminister sind ständige Mitglieder dieses Ausschusses. Andere Minister oder Beamte, insbesondere auch die Chefs der Streitkräfte, können nach Bedarf hinzugezogen werden.

Der Verteidigungsminister ist für die Durchführung der Kabinettsbeschlüsse verantwortlich, es stehen ihm ein Staatsminister und ein stellvertretender Minister zur Seite. Der Staatssekretär für Verteidigung ist als oberster Beamter des Ministeriums auch für die beiden Abteilungen für Rüstungsproduktion und Materialbeschaffung und für Forschung und Entwicklung zuständig. Es kommt ihm so eine Schlüsselfunktion im gesamten Verteidigungsbereich zu. Ein wichtiges Merkmal der indischen Verteidigungsorganisation ist es, daß sie nur von Politikern bzw. Karrierebeamten geführt wird. Kein Offizier hat je den Posten eines Verteidigungsministers oder eines Staatssekretärs für Verteidigung innegehabt. Auf diese Weise ist die zivile Kontrolle über alle militärischen Angelegenheiten gewahrt worden, was für ein Entwicklungsland durchaus ungewöhnlich ist. Ein gewisser Nachteil besteht freilich darin, daß die Formulierung der nationalen Verteidigungspolitik oft nur ungenügend von professionellem militärischen Rat begeleitet wird.

Die Abteilung für Verteidigungsforschung und -entwicklung wird von einem Staatssekretär geleitet, der zugleich Berater des Verteidigungsministers in allen wissenschaftlichen Fragen ist. Dieser Posten ist immer von einem führenden Naturwissenschaftler bekleidet worden. Der Finanzberater des Verteidigungsministers kontrolliert die Verteidigungsausgaben. Er ist auch für die interne Rechnungsprüfung zuständig. Seine Dienststelle arbeitet eng mit den Abteilungen des Verteidigungsministeriums und den Kommandos der Teilstreitkräfte zusammen. Diese Stäbe fungieren als untergeordnete Abteilungen außerhalb des Verteidigungsministeriums. Die Chefs des Heeres, der Luftwaffe und der Kriegsmarine beraten die Regierung und sind zugleich Oberkommandierende ihrer Teilstreitkräfte. Diese doppelte Funktion sichert diesen Chefs großen Einfluß in bezug auf ihre Teilstreitkräfte und in Fragen des militärischen Einsatzes. Auf die nationale Verteidigungspolitik haben sie dagegen keinen bedeutenden Einfluß. Neben der Kriegsmarine gibt es noch die Küstenschutzflotte *(Coast Guard)*, die eng mit der Marine zusammenarbeitet.

Die Verteidigungspolitik wird in einer Reihe von Ausschüssen beraten, die jeweils ihre eigenen Zuständigkeitsbereiche haben. Der Verteidigungsminister hält wöchentlich eine Sitzung ab, an der folgende Politiker und Beamte teilnehmen: der Staatsminister bzw. der stellvertretende Minister, der Staatssekretär für Verteidigung, der Staatssekretär des Kabinetts, der Finanzberater, der Staatssekretär für Verteidigungsforschung und -entwicklung, der Staatssekretär im Amt des Premierministers, der oberste Staatssekretär des Auswärtigen Amtes und die drei Chefs der Teilstreitkräfte. Dieser Ausschuß diskutiert alle wichtigen Fragen der nationalen Sicherheit und gibt entscheidende politische Richtlinien. Der Staatsminister im Amt des Verteidigungsministers hält weitere Sitzungen zu speziellen Fragen ab.

Der Ausschuß der Chefs der drei Teilstreitkräfte (*Chiefs of Staff Committee* = COSC) ist ein weiteres wichtiges Forum. Der dienstälteste Chef führt den Vorsitz. Dieser Ausschuß hat mehrere Unterausschüsse und beschäftigt sich mit strategischer Planung, Ausbildungsprogrammen, die alle Teilstreitkräfte betreffen, etc. Er berät die Regierung in bezug auf alle langfristigen strategischen Fragen. COSC hat jedoch keinen eigenen Beamtenstab. Seit jüngster Zeit gibt es zwei weitere Organisationen, die sich an der Verteidigungsplanung beteiligen. Der Ausschuß für Verteidigungskoordinierung und -durchführung (*Defence Coordination and Implementation Committee* = DCIC) trifft sich jeweils ad hoc unter dem Vorsitz des Staatssekretärs für Verteidigung. Es gehören ihm die Chefs der drei Teilstreitkräfte an sowie der Staatssekretär für Rüstungsproduktion und Vertreter ziviler und militärischer Geheimdienste. Ferner gibt es den Verteidigungsplanungstab (*Defence Planning Staff* = DPS). Dies ist eine permanente Einrichtung, die 1986 geschaffen wurde. Seine Mitglieder gehören den drei Teilstreitkräften an, auch zivile Experten werden hinzugezogen. Dieser Planungsstab ist für die langfristige Strategie der nationalen Sicherheit zuständig und dem COSC unterstellt.

Das indische Parlament prüft die Verteidigungsbereitschaft des Landes sorgfältig. Dies geschieht in erster Linie bei der Verabschiedung des Verteidigungshaushalts. Ein parlamentarischer Ausschuß diskutiert die Haushaltsanforderungen und hat das Recht, Experten aller Art vorzuladen. Der parlamentarische Ausschuß für Rechnungsprüfung *(Public Accounts Committee)*, in dem traditionell ein Abgeordneter der Opposition den Vorsitz führt, prüft die Verteidigungsausgaben im nachhinein und legt seinen Prüfungsbericht dem Parlament vor.

Die Beziehungen zwischen Militär und Staat

Die Beziehungen zwischen Militär und Staat haben sich so weiterentwickelt, wie sie zur Zeit der britischen Herrschaft angelegt worden waren. Die Autorität von ziviler Regierung und Verwaltung ist nie angetastet worden, das Militär hat sich auf seine professionellen Aufgaben beschränkt. Nur als Krishna Menon in den späten 1950er Jahren Verteidigungsminister war, gab es einige Spannungen. Menon war autokratisch und unberechenbar und versuchte, die höheren Offiziere gegeneinander auszuspielen, indem er einige mehr begünstigte als andere. Der damalige Chef des Heeres, General K. S. Thimayya, reichte deswegen sein Rücktrittsgesuch ein, zog es aber auf die Bitte von Premierminister Nehru zurück. Schließlich mußte Menon selbst 1962 nach dem chinesischen Angriff zurücktreten, weil man ihn für die mangelnde Verteidigungsbereitschaft Indiens verantwortlich machte. Nur 1983 kam es noch einmal zu Spannungen, als der beliebte und hochqualifizierte Vize-Chef des Heeres, Generalleutnant S. K. Sinha, bei der Beförderung zum Chef des Heeres übergangen wurde. Dies wurde für eine Maßnahme gehalten, die sich aus militärisch-professionellen Gründen nicht rechtfertigen ließ. Generalleutnant Sinha bat daraufhin um vorzeitige Versetzung in den Ruhestand.

Außer in diesen beiden Fällen ist es nie zu Spannungen zwischen dem Militär und der politischen Führung gekommen. Die Beziehungen der beiden Seiten zueinander waren immer harmonisch und korrekt. Die Politiker erweisen dem Militär Respekt, und das Militär hat sich nie angemaßt, eine politische Rolle zu spielen. Selbst in den Jahren von Indira Gandhis Notstandsregime Mitte der 1970er Jahre wahrte das

Militär seine politische Neutralität. Ein Militärputsch ist angesichts der Größe und Vielfalt Indiens kaum zu erwarten. Das Militär ist sich auch bewußt, daß ein Eingreifen in den politischen Prozeß weder für die Nation noch für die Streitkräfte gut sein würde.

3. Die indischen Streitkräfte

Die indischen Streitkräfte haben eine Gesamtstärke von 1 265 000 Männern und Frauen. Weitere 525 000 Reservisten stehen zur Verfügung. Die Gesamtzahl der Streitkräfte sowie der paramilitärischen Einheiten und Polizeitruppen ist aus Tabelle 1 ersichtlich.

Tab. 1: Die Stärke der indischen Streitkräfte, paramilitärischen Einheiten und Polizeitruppen (Stand: 1993)

Streitkräfte insgesamt	1265000
Heer	1100000
Kriegsmarine	55000
Luftwaffe	110000
Reservisten insgesamt	525000
Heer	300000
Territorialheer[a]	160000
Kriegsmarine	25000
Luftwaffe	40000
Paramilitärische Einheiten insgesamt	57800
Nationale Sicherheitswache[b]	7500
Rashtriya Rifles[c]	10000
Küstenwache *(Coast Guard)*	5300
Assam Rifles (31 Bataillone)	35000
Bewaffnete Bundespolizei insgesamt	440000
Bundesreservepolizei (123 Bataillone)[d]	125000
Bundesgrenzschutz (149 Bataillone)	171000
Indo-Tibetische Grenzpolizei (27 Bataillone)	29000
Bundesindustrieschutz[e]	84000
Verteidigungssicherheitskorps[f]	31000
Polizei der Bundesländer und unbewaffnete Polizei	1200000
Landespolizei (teilweise bewaffnet)	600000
«Home Guard» (unbewaffnet)[g]	400000
Bewaffnete Landespolizeitruppen	200000

Erläuterungen: [a] Freiwillige, die 2 Monate pro Jahr an Militärübungen teilnehmen und sonst ihrem zivilen Beruf nachgehen, [b] Aus Angehörigen des Heeres und der Polizei zusammengestellte Spezialtruppe für den Personenschutz (Spitzname: Black Cats), [c] Spezialtruppe zum Einsatz im Inland (counter-insurgency), [d] Militärisch ausgerüstete Polizeitruppe (Central Reserve Police) für Sondereinsätze, [e] Leichtbewaffnete Polizei für den Werkschutz der Staatsbetriebe, [f] Meist Soldaten außer Dienst, die militärische Einrichtungen bewachen, [g] Freiwillige Hilfspolizeitruppe (Teilzeitarbeit)

Das Heer

Das Heer ist die größte Teilstreitkraft mit insgesamt 1 100 000 Männern und Frauen. Es ist das drittgrößte Heer der Welt nach dem chinesischen und dem russischen Heer. Das Heer kann zusätzlich auf 300 000 Reservisten zurückgreifen, die den aktiven Dienst im Laufe der letzten fünf Jahre verlassen haben. Eine besondere Reservistenausbildung gibt es nicht. Das Offizierskorps besteht aus zwei verschiedenen Kategorien von Offizieren. Die erste Kategorie (35 000) besteht aus solchen Offizieren, die unmittelbar nach dem Hochschulabschluß in das Heer eintreten *(Commissioned Officers)*. Sie befehligen alle Einheiten von der Kompanie aufwärts. Die zweite Kategorie (50 000) besteht aus Offizieren, die auf dem Wege des selektiven Bewährungsaufstiegs aus den Rängen der Soldaten hervorgegangen sind *(Junior Commissioned Officers)*. Bei diesen JCOs gibt es drei Rangstufen: *Naib Subedar*, *Subedar* und *Subedar Major*. Der *Subedar* wird zumeist als Zugführer eingesetzt. Der *Subedar Major* berät den Kompanieführer bzw. andere kommandierende Offiziere in allen Angelegenheiten, die die Truppe betreffen. Er ist sozusagen dessen «rechte Hand». Die langjährige Diensterfahrung des *Subedar Major* ist dabei von großem Wert.

Der Chef des Heeresstabes (*Chief of Staff* = COAS) hat als einziger Heeresoffizier den Rang eines Generals. Darüber hinaus gibt es nur den Rang eines Feldmarschalls, der aber bisher nur zwei Offizieren verliehen wurde: S. H. F. J. Maneckshaw, der das Heer zur Zeit der Befreiung Bangladeschs führte, und K. M. Cariappa, der der erste COAS des unabhängigen Indiens war.

Das Heer ist in fünf Kommandos oder Feldarmeen unterteilt mit ihren Führungsstäben in Udhampur (Nord), Kalkutta (Ost), Chandimandir (West), Pune (Süd) und Lucknow (Mitte). Ferner gibt es ein Ausbildungskommando in Simla. Die fünf Feldarmeen bestehen aus insgesamt 10 Armeekorps bzw. 35 Divisionen, darunter eine Panzerdivision, eine motorisierte Division, 22 Infanteriedivisionen und 10 Gebirgsjägerdivisionen. Ferner gibt es spezielle Panzer-, motorisierte, Infanterie-, Artillerie- und Pionierbrigaden.

Die Ausrüstung des Heeres besteht unter anderem aus 3400 Panzern, davon 1700 in Indien hergestellte Vijayanta-Panzer, die restlichen sind hauptsächlich Sowjet-Panzer der Serien T-55 und T-72/M1. Ein moderner indischer Kampfpanzer, Arjun, wird zur Zeit im Feld getestet und dürfte in den nächsten Jahren voll einsatzbereit sein. Ferner gibt es 3300 Kanonen vom Kaliber 75 bis 155 mm, dazu noch solche auf Selbstfahrlafette, die aber dem alten britischen Typ Abbot angehören und bald aus dem Verkehr gezogen werden. Weiterhin sind Raketen und Luftabwehrgeschütze zu nennen sowie 220 leichte Aufklärungshubschrauber.

Die Kriegsmarine

Die indische Seefahrt kann auf eine lange Tradition zurückblicken. Indische Schiffe haben bereits vor über zweitausend Jahren den Indischen Ozean befahren. Die Ursprünge der gegenwärtigen indischen Kriegsmarine lassen sich bis ins 17. Jahrhundert zurückverfolgen, sie wurde aber erst 1934 wiederaufgebaut. Mit einer Küstenlänge von 7600 km, über tausend Inseln und ca. 2 Mill. qkm Seewirtschaftszone und einem Außenhandel, der zu 97 Prozent auf den Seeweg angewiesen ist, braucht Indien ohne Zweifel eine gute Kriegsmarine.

An der Spitze der Kriegsmarine steht ein Admiral, ferner gibt es fünf weitere Hauptabteilungsleiter im Führungsstab der Marine in Delhi. Die Gesamtstärke der Kriegsmarine beträgt 55000 Mann, darunter 5000 Marineflieger. Es gibt drei regionale Marinekommandos: West (Bombay), Süd (Cochin) und Ost (Vishakhapatnam). Ferner gibt es zwei Spezialkommandos, das U-Boot-Kommando und das Marineflieger-Kommando. Es gibt einen besonderen gemeinsamen Führungsstab, den einzigen seiner Art in Indien, auf den Andamanen, genannt «Festung Andamanen» *(Fortress Andamans)*, der einem Vize-Admiral unterstellt ist.

Drei Kriegsflotten sind den oben genannten regionalen Kommandos zugeordnet. Diese haben insgesamt 24 Großkampfschiffe, darunter zwei kleine Flugzeugträger. Hinzu kommen fünf Zerstörer und 19 Fregatten, von denen neun in Indien hergestellt worden sind. Ferner besitzt die Kriegsmarine 15 U-Boote und 40 Schnellboote. Die Marineflieger haben 64 Kampfflugzeuge und 75 bewaffente Hubschrauber. Die Hauptkampfflugzeugtypen sind Sea Harrier (24), Dornier (10) und TU-124 (Bär) Marineaufklärungsflugzeuge (10).

In der Vergangenheit wurden oft gewisse Befürchtungen über die Rolle der indischen Kriegsmarine und ihre expansionistischen Ambitionen in der Region geäußert. Das geschah im Rahmen des Kalten Krieges und spielt heute keine Rolle mehr. Die indische Kriegsmarine hat in jüngster Zeit viele gemeinsame Marinemanöver mit befreundeten Nationen durchgeführt, darunter den USA, Großbritannien, Rußland, Neuseeland, Australien, Singapur, Malaysia, Frankreich und Oman. Viele ausländische Kriegsschiffe haben indische Häfen besucht. Ein chinesisches Schiff besuchte Bombay im Jahre 1993. Alle diese Nationen akzeptieren Indiens legitime Rolle im Indischen Ozean, sowohl in bezug auf Indiens eigene Interessen als auch im Sinne des Schutzes der internationalen Handelsschiffahrt.

Die Luftwaffe

Die indische Luftwaffe wurde 1932 gegründet. Im Zweiten Weltkrieg spielte diese Luftwaffe noch eine sehr bescheidene Rolle, nach der

Erlangung der Unabhängigkeit wurde sie aber stetig ausgebaut. Die Gesamtstärke der Luftwaffe ist zur Zeit 110000 Mann, sie hat rund 700 Kampfflugzeuge. An der Spitze der Luftwaffe steht ein Luftmarschall *(Air Chief Marshal)*, dem sechs Hauptabteilungsleiter zur Seite stehen. Es gibt fünf Luftkommandos: West (Neu Delhi), Südwest (Jodhpur), Mitte (Allahabad), Süd (Trivandrum) und Ost (Shillong). Die Luftwaffe besteht aus 40 Kampfgeschwadern und 11 Transportgeschwadern. Zu den Kampfgeschwadern gehören 23 Jagdbombergeschwader, die für den Angriff auf Ziele am Boden eingesetzt werden, von diesen sind fünf mit insgesamt 80 Jaguars ausgerüstet, neun mit 144 MiG-21, drei mit 59 MiG-29 und zwei mit 36 Mirage 2000 H. Ein Hauptproblem ergibt sich aus der Notwendigkeit, die überalterten MiG-21 zu ersetzen. Aufgrund der Mittelknappheit wird man sie wohl überholen lassen und weiter im Einsatz behalten. Zum weiteren Fluggerät gehören Mi-25 und Mi-35 Kampfhubschrauber, Transportflugzeuge vom Typ AN 32 und IL 76 und Mi-8 und Mi-17 mittlere Hubschrauber. Die Luftwaffe besitzt auch eine Reihe von Luft-Luft-, Luft-Boden- und Boden-Luft-Raketen, von denen etliche aus indischer Produktion stammen.

Ein fühlbarer Mangel besteht darin, daß die Luftwaffe kein modernes Düsenflugzeug für die Pilotenausbildung besitzt. Dieses wird man nur im Ausland erhalten können. Ein leichtes Mehrzweck-Kampfflugzeug (LCA) wird seit den 1980er Jahren in Indien entwickelt, es soll die MiG-21 zu Beginn des nächsten Jahrhunderts ersetzen. Entwurf und Herstellung des LCA erfolgen im Inland, aber einige wesentliche Bestandteile müssen importiert werden. Das Radargerät soll das schwedische *Gripen* sein, das Flugkontrollsystem von Lear Astronics und weitere Teile von Northrop stammen und die Nachrichtenelektronik von Allied Signal. Die Motoren werden zunächst amerikanische GE-404-Motoren sein, sie sollen später durch die indischen GTX-35-Motoren ersetzt werden.

Die Küstenwache (Coast Guard)

Die Küstenwache ist eine paramilitärische Organisation, die dem Verteidigungsministerium untersteht. Sie wurde 1977 gegründet und soll die Seewirtschaftszone kontrollieren. Sie wird gegen Schmuggler eingesetzt und dient auch dem Umweltschutz, z. B. beim Aufspüren von ausgelaufenem Öl. Die Küstenwache hat 9 Küstenfahrzeuge, 23 Schnellboote, 12 Schnellboote zum Abfangen von Schiffen, 11 Dornier 22-Flugzeuge und neun leichte Hubschrauber. Das Personal besteht aus insgesamt 5300 Mann.

Paramilitärische Einheiten und bewaffnete Polizeitruppen

Außer den regulären Truppen, die dem Verteidigungsministerium unterstehen, gibt es eine Reihe von paramilitärischen Verbänden, die dem Bundesinnenministerium bzw. den Regierungen der Bundesländer unterstehen. Es sind dies (a) die paramilitärischen Verbände, die direkt vom Innenministerium eingesetzt, bei Bedarf aber auch dem Militär unterstellt werden können, (b) die bewaffnete Bundespolizei *(Central Armed Police)*, die oft mit anderen paramilitärischen Verbänden verwechselt wird, aber nur Polizeiaufgaben hat, (c) bewaffnete und unbewaffnete Einheiten der Bundesländer. Einzelheiten über alle diese Verbände sind in Tabelle 1 aufgeführt. Im folgenden sollen nur einige Angaben über die wichtigsten Verbände gemacht werden.

Die *Assam Rifles* sind die älteste paramilitärische Organisation, sie wurde im 19. Jahrhundert gegründet, um die Nordostgrenzregion Britisch-Indiens zu bewachen. Nach Erlangung der Unabhängigkeit wurde sie ausgebaut und umfaßt jetzt 31 Bataillone mit insgesamt 35 000 Soldaten. Ihr Einsatzgebiet ist weiterhin hauptsächlich der Nordosten Indiens.

Die *Rashtriya Rifles* wurden erst 1990 als nationale paramilitärische Organisation ins Leben gerufen. Sie soll das Heer unterstützen, wenn es darum geht, bei inneren Unruhen die Verkehrs- und Nachrichtenverbindungen zu schützen etc. Zunächst bestand sie nur aus 10000 Mann, es ist geplant, sie auf 30 Bataillone mit insgesamt 30000 Mann auszubauen.

Die *Central Reserve Police Force* (CRPF) ist die zweitältete paramilitärische Organisation. Sie wurde bereits 1939 gegründet und hat einen gegenwärtigen Personalbestand von 125000, aufgeteilt in 123 Bataillone, darunter zwei Frauenbataillone. Die Hauptaufgabe dieser Bundespolizeitruppe ist es, für innere Ordnung zu sorgen und den Sicherheitsorganen der Bundesländer zu helfen, wenn diese in ihrem Bereich überfordert sind.

Die *Border Security Force* (BSF), der Bundesgrenzschutz, ist die größte und bestausgestattete Polizeiorganisation Indiens. Sie wurde im Dezember 1965 gegründet und schloß frühere Einheiten der Bundesländer ein. Sie hat zur Zeit eine Stärke von 149 Bataillonen mit insgesamt 171 000 Mann. Ihre Hauptaufgabe ist der Schutz der Grenzen zwischen Indien und Pakistan, Bangladesch und Myanmar. Sie ist in letzter Zeit aber auch häufig zur Aufrechterhaltung der inneren Ordnung in anderen Landesteilen Indiens eingesetzt worden, insbesondere auch gegen bewaffnete Rebellen *(counter-insurgency)*.

Die *Indo-Tibetan Border Police* (ITBP) ist eine Grenzschutztruppe, die im Oktober 1962 gegründet wurde, um die Nordgrenze zu bewachen. Sie hat eine Stärke von 27 Bataillonen mit insgesamt 29000 Mann. Die

Mitglieder dieser Polizeitruppe werden für Einsätze in Höhen von 3000 bis 6000 m im Himalaya ausgebildet.

Viele Experten sind der Meinung, daß die Vielfalt paramilitärischer Organisationen, deren Aufgabengebiete sich zum Teil überschneiden, eine Rationalisierung dringend erforderlich macht. Wenn man jedoch die Größe Indiens und die Vielfalt der Aufgaben bedenkt, muß man den Status quo wohl akzeptieren.

4. Personalpolitik und Ausbildung

Der Dienst in den indischen Streitkräften beruhte immer auf Freiwilligkeit. Die Streitkräfte symbolisieren nationale Einheit und Integration, dementsprechend werden die Soldaten proportional aus allen Landesteilen rekrutiert. Es wird zunächst berechnet, welchen Umfang die rekrutierbare männliche Bevölkerung in jedem Bundesland hat, und dann jedem Land von der Bundesregierung eine jährliche Rekrutierungsquote zugeteilt. Der Andrang ist stets groß, denn der Dienst in den Streitkräften gilt als ehrenvoll und und wird auch angemessen bezahlt. Die Mindestanforderung bei der Rekrutierung von Soldaten ist der Abschluß der Oberschule (10 Jahre), für Soldaten spezieller Kategorien, wie z. B. Gurkhas oder Angehörige anderer Bergstämme, genügt der Nachweis von acht Jahren Schulbesuch. Ein Soldat muß mindestens 15 Jahre dienen, um den Anspruch auf eine Rente zu erwerben. Diese Rente reicht zwar nicht für den ganzen Lebensunterhalt aus, aber als zusätzliches Einkommen zum Einkommen aus der Landwirtschaft etc. ist sie nicht zu verachten. Das Höchstdienstalter, das nur von wenigen besonders qualifizierten JCOs erreicht wird, beträgt 32 Jahre.

Die Offiziere haben die Wahl zwischen einem zehnjährigen Dienstvertrag oder einem längerfristigen, bei dem sie nach 20 Jahren einen Pensionsanspruch erwerben. Je nach dem Dienstgrad, den sie erreicht haben, werden sie zwischen 50 und 60 Jahren Lebensalter in den Ruhestand versetzt. Oft haben mehrere Generationen einer Familie bereits im selben Regiment gedient. Der Korpsgeist ist sehr stark, er wird durch gemeinsame Feiern von Siegen unterstrichen, die das betreffende Regiment vielleicht bereits vor Jahrhunderten errungen hat. Die Offizierspensionen sind angemessen und werden durch zusätzliche Vergünstigungen bei der Gesundheitsfürsorge, der Versicherung und der Unterbringung ergänzt.

Der Dienst in den Streitkräften ist in jüngster Zeit auch den Frauen ermöglicht worden. Zunächst war ihr Einsatz auf Gesundheitsfürsorge und Sanitätsdienst beschränkt, sie dürfen jetzt aber auch Positionen jeglicher Art in allen Teilen der Streitkräfte einnehmen. Selbst Piloten der Luftwaffe dürfen sie werden, vermutlich aber zunächst nicht beim Einsatz in Kampfflugzeugen.

Die Ausbildung der Soldaten ist sehr intensiv. Alle Soldaten absolvieren zunächst einen 44wöchigen Lehrgang im Ausbildungszentrum ihres Regiments. Darüber hinaus gibt es ein reichhaltiges Angebot an Speziallehrgängen, insbesondere für Unteroffiziere, die dann ihre Kenntnisse an die Soldaten weitervermitteln. Diese Lehrgänge verlangen viel von ihren Teilnehmern. Sie werden über das ganze Jahr hinweg angeboten, ferner gibt es noch spezielle Kurse für jeweils drei Monate, oft in Verbindung mit anderen Waffengattungen und der Luftwaffe.

Die Offiziersausbildung ist umfassend und erstreckt sich über alle Dienstjahre. Es gibt vier Arten der Ausbildung: vor Antritt des eigentlichen Dienstvertrages, Ausbildung innerhalb des Regiments, technische Fortbildung und höhere Ausbildung für ausgewählte Offiziere. Die Ausbildung vor Antritt des Dienstvertrages erfolgt in der *National Defence Academy* und führt zum Hochschulabschluß. Ein weiteres Ausbildungsjahr wird dann auf den Akademien der einzelnen Teilstreitkräfte absolviert. Die Anwärter für den zehnjährigen Berufsoffiziersvertrag werden aus Bewerbern mit bereits abgeschlossenem Hochschulstudium ausgewählt, sie absolvieren dann nur einen neun Monate dauernden Lehrgang. Beim Eintritt in die Offizierslaufbahn mit dem Rang eines *Second Lieutenant* haben alle Offiziere einen Hochschulabschluß erreicht.

Die weitere Ausbildung innerhalb des Regiments dient dem Erwerb spezieller Fähigkeiten, etwa im Infanterieeinsatz, dem Einsatz in großen Höhen im Gebirge, *counter-insurgency* und Dschungelkriegführung, Panzereinsatz, Artillerie, Pioniere etc. Kriegsmarine und Luftwaffe haben entsprechende Lehrgänge.

Die technische Ausbildung wird von allen drei Teilstreitkräften besonders betont. Offiziere der Einheiten mit besonderer Waffentechnik sind meist Hochschulabsolventen in den Ingenieurwissenschaften. Es gibt auch eigene technische Hochschulen in allen drei Teilstreitkräften. Ausgewählte Offiziere werden auch zur weiteren Fortbildung an die zivilen Universitäten und Technischen Hochschulen entsandt. Bereits 1953 wurde ein Institut für Rüstungstechnologie errichtet, das Speziallehrgänge anbietet. Einige der dort abgehaltenen Postgraduiertenkurse betreffen u. a. die Technologie ferngesteuerter Raketen und anderer besonderer Waffensysteme.

Die höhere Offiziersausbildung findet im *Defence Services Staff College* statt, sie ist für alle Teilstreitkräfte gemeinsam und dauert ein Jahr. Es gibt in Indien keine Generalstabsoffiziere als solche, doch dieser Kurs dient der Heranbildung von Offizieren, die auch zum Einsatz im Generalstab befähigt sind. Der jeweilige Jahrgang besteht aus 400 Offizieren, von denen 30 Gäste aus befreundeten Ländern sind. Daneben gibt es in den einzelnen Teilstreitkräften Spezialkurse, die ebenfalls ein Jahr dauern und für Offiziere im Rang eines Obersten oder vergleichbarer Rangstufe zugänglich sind. Für das Management-Training gibt es das *College of Defence Management*, und für Offiziere vom Rang des Brigadegenerals und höher gibt es das *National Defence College*.

Eine Besonderheit der indischen Militärausbildung ist es, daß sie von der Ausbildung vor Antritt des Dienstvertrages bis zur höchsten Ebene fast immer für alle Teilstreitkräfte gemeinsam stattfindet, das erleichert die Zusammenarbeit, insbesondere beim Kampfeinsatz. Die Aufnahme von Gästen aus den Streitkräften befreundeter Nationen ist für alle militärischen Ausbildungsstätten Indiens von großer Bedeutung, dabei handelt es sich nicht nur um Gäste aus anderen Entwicklungsländern, sondern auch aus den Industrienationen, darunter USA, Kanada, Großbritannien und Australien.

Die sprachliche Kommunikation innerhalb der Streitkräfte ist in einem vielsprachigen Land wie Indien durchaus eine Herausforderung. Hindi ist die Nationalsprache, Englisch wird insbesondere von der Elite gesprochen. Alle Soldaten lernen Hindi und beherrschen es bis zu einem gewissen Grade. Mit den Soldaten wird immer Hindi gesprochen, auch im Rahmen ihrer Ausbildung. Offiziere, die speziellen Regimentern angehören, sind dazu verpflichtet, auch die Sprache ihrer Soldaten zu lernen, z. B. Nepali in einem Gurkha-Regiment oder Tamil in einem Tamil-Regiment usw. Militärische Hinweisschilder sind oft dreisprachig beschrieben, und zwar in Hindi in Devanagarischrift, Hindi in lateinischer Umschrift und in Englisch. Die Amtssprache der Streitkräfte ist Englisch, es ist auch die Unterrichtssprache in allen Ausbildungsstätten für Offiziere. Die amtliche Korrespondenz erfolgt in englischer Sprache. Das hat einen großen Vorteil für die globale Interaktion und ermöglicht es vielen fremden Gästen, an der indischen Offiziersausbildung teilzunehmen.

5. Die Kriegseinsätze seit Erlangung der Unabhängigkeit

Der indische Freiheitskampf gegen die britische Kolonialherrschaft wurde hauptsächlich durch Gandhis gewaltfreie Bewegung gewonnen. Doch unmittelbar nach Erlangung der Unabhängigkeit fand sich Indien bereits in einen kriegerischen Konflikt verwickelt.

Der Kaschmirkrieg 1947–49

Indien wurde geteilt in die Unabhängigkeit entlassen. Den ca. 600 Fürstenstaaten stellten die scheidenden Briten anheim, sich entweder Indien oder Pakistan anzuschließen. Die meisten taten das umgehend, aber einige, die wegen ihrer Größe oder geographischen Lage andere Optionen zu haben glaubten, zögerten mit dem Anschluß, inbesondere der Maharaja von Jammu & Kaschmir, der sich der Illusion hingab, ein unabhängiges Königreich begründen zu können. Pakistanische Freischärler, darunter vermutlich auch pakistanische Soldaten, fielen am 22. Oktober 1947 in seinen Staat ein, um ihm die Bedenkzeit abzukürzen. Sie drangen bis kurz vor Srinagar vor, raubten und vergewaltigten. Unter ihren Opfern waren auch die christlichen Nonnen und Krankenschwestern des Krankenhauses von Baramulla. Der Maharaja sah sich gezwungen, Indien um Hilfe zu bitten. Premierminister Nehru bestand darauf, daß die Hilfe nur gewährt werden könne, wenn der Maharaja den Anschluß seines Staates an Indien erklärte. Er konsultierte auch Sheikh Abdullah, den Führer der National Conference von Kaschmir, der ebenfalls dem Anschluß zustimmte, und sandte dann indisches Militär nach Kaschmir, um die Eindringlinge zurückzudrängen.

Die erste indische Brigade wurde von leichten Transportflugzeugen auf einem behelfsmäßigen Landeplatz abgesetzt. Sie besetzte Srinagar und drängte die Invasoren nach und nach zurück. Doch gegen Ende 1947 schalteten sich reguläre pakistanische Truppen in die Kämpfe ein. Die indischen Truppen wurden inzwischen bis zur Stärke von zwei Divisionen vermehrt. Es kam zu vielen heftigen Kämpfen, insbesondere bei Poonch in Süd-Kaschmir sowie in Uri, Tithwal und am Bergpaß Zoji La.

Die indische Armee kämpfte dort unter vielen Schwierigkeiten. Ihre Reorganisation nach Erlangung der Unabhängigkeit war noch nicht abgeschlossen. Britische Offiziere hatten noch die höchsten Stellungen inne und wollten nicht in den Kaschmirkonflikt hineingezogen werden. Es gab viele logistische Probleme. Die wenigen Straßen waren in schlechtem Zustand, die indischen Truppen kämpften in großen Höhen im kalten Winter ohne entsprechende Ausrüstung und Kleidung. Nur durch geistesgegenwärtige Improvisation konnten die Schwierigkeiten überwunden werden. Zwei Episoden verdienen besondere Erwähnung, die eine war der Einsatz leichter Panzer am Berpaß Zoji La in einer Höhe von 3636 m, die größte Höhe, in der Panzer bisher eingesetzt worden waren, die zweite war der lange Marsch eines Gurkha-Bataillons, das von der Ebene des Nord-Panjab über mehrere bis zu 5500 m hohe Pässe die Stadt Leh im buddhistischen Ladakh erreichte. Die Invasoren dort waren durch das plötzliche Auftauchen der Gurkhas so überrascht, daß sie die Stadt fluchtartig verließen.

Die indische Regierung wandte sich an die Vereinten Nationen und hoffte, daß diese mit einer Resolution Pakistan auffordern würden, seine Truppen aus Kaschmir zurückzuziehen. Dazu kam es nicht. Erst nach Jahresfrist, nachdem die indischen Truppen nahe daran waren, den ganzen Staat von den Invasoren zu befreien, wurde mit Hilfe der

Vereinten Nationen ein Waffenstillstand erzielt. Danach blieb Pakistan im Besitz des gebirgigen Terrains im Norden des Staates und des Gebietes im Westen, das an Pakistan angrenzt.

Die chinesische Aggression 1962

Die indische Entwicklungsplanung, die 1950 begann, räumte der Verteidigung keine hohe Priorität ein, so gab es auch keine Mittel zum Ersatz der alten, aus dem Zweiten Weltkrieg stammenden Waffen. Indien versuchte mit seinen Nachbarn in Frieden zu leben, es war das zweite Land, das die Volksrepublik China anerkannte, und es bemühte sich darum, das kommunistische China in die Weltgemeinschaft einzuführen. Trotz wiederholter Bemühungen gelang es Indien nicht, die Grenzstreitigkeiten mit China zu überwinden. Der Konflikt verschärfte sich in den späten 1950er Jahren. Bereits 1961 kam es zu Zwischenfällen an der Grenze, die Spannung stieg im Sommer 1962.

Am 20. Oktober 1962 setzte die chinesische Volksarmee an allen Grenzabschnitten von Ladakh im Westen bis Arunachal Pradesh im Osten zum Angriff an. Die indischen Streitkräfte waren ungenügend vorbereitet, sie waren nur in geringfügiger Truppenstärke an der Grenze vertreten, und es fehlten ihnen nicht nur entsprechende Waffen, sondern auch Winterkleidung. Dennoch leisteten die indischen Truppen tapferen Widerstand, wurden aber an den meisten Frontabschnitten zurückgedrängt und erlitten insbesondere im Gebiet östlich von Bhutan schwere Verluste. Ende November 1962 zogen sich die chinesischen Truppen hinter den Kamm des Himalaya zurück, hielten aber im Westen (Ladakh) etwa 36000 qkm indischen Territoriums weiterhin besetzt. Nur etwa 10 Prozent der indischen Streitkräfte waren in diesen Grenzkrieg verwickelt. Doch dieser Krieg machte die großen Mängel der indischen Verteidigungsbereitschaft deutlich, und es wurden umgehend eine Erhöhung der Truppenstärke und eine Modernisierung der Ausrüstung in Angriff genommen.

Der Kaschmirkrieg 1965

Die pakistanische Armee konnte die Niederlage von 1947–49 nicht verwinden und plante eine neue Offensive in Jammu & Kaschmir, ehe die Modernisierung der indischen Streitkräfte ihre volle Wirksamkeit erreicht hatte. Zu diesem Zweck wurden Tausende von irregulären Freiheitskämpfern *(Mujahideen)* ausgebildet, und diese infiltrierten Kaschmir im Juli 1965. Dieser Einsatz lief unter dem Code *«Gibraltar»*, er schlug völlig fehl, weil die Bevölkerung in Kaschmir die Eindringlinge nicht unterstützte, sondern die indischen Truppen informierte, denen es gelang, sie zurückzudrängen. Dabei eroberten die indischen Truppen den Haji-Pir-Paß, die wichtigste Verbindung zwischen Nord- und Süd-

Kaschmir. Im Gegenzug begann die pakistanische Armee am 1. September 1965 eine Offensive unter dem Code-Namen *«Grand Slam»*, bei der eine ganze Panzerdivision eingesetzt wurde. Das zwang Indien dazu, den Krieg weiter nach Süden auszudehnen. Kurze, aber intensive Panzerschlachten tobten in den Ebenen des Panjab etwa drei Wochen lang, beide Seiten setzten auch die Luftwaffe ein. Dennoch blieb der Schaden begrenzt. Zivile Gebäude und Städte wurden nicht angegriffen. Die Zahl der Gefallenen war gering. Ein vom Sicherheitsrat der Vereinten Nationen verordneter Waffenstillstand wurde am 21. September von Indien und am Tag darauf auch von Pakistan akzeptiert. Beide Seiten gaben die von ihnen während der Kriegshandlungen besetzten Territorien zurück, Indien verließ auch den strategisch wichtigen Haji-Pir-Paß.

Die Befreiung Bangladeschs 1971

Pakistan weigerte sich, die legitimen Autonomieforderungen Ostpakistans anzuerkennen, und bereitete damit die Sezession dieses Landesteils vor. Die ersten freien allgemeinen Wahlen in Pakistan führten zum Sieg der *Awami Liga* in Ostpakistan und damit zugleich zu einer Mehrheit dieser Partei im pakistanischen Bundesparlament. Statt diesen Wahlsieg zu akzeptieren, entfachte die Panjabi-Armee Westpakistans im März 1971 einen brutalen Militärterror in Ostpakistan. Morde, Vergewaltigungen und andere Ausschreitungen führten zu einem Flüchtlingsstrom von über zehn Millionen Menschen, der den ganzen Nordosten Indiens zu destabilisieren drohte. Die Ostpakistaner gründeten die *Mukti Bahini* (Befreiungsarmee) und führten einen intensiven Guerillakrieg gegen die westpakistanische Armee. Die indische Regierung appellierte mehrfach vergeblich an die Weltgemeinschaft und unterzeichnete schließlich im August 1971 einen Freundschaftsvertrag mit der Sowjetunion. Eine Klausel dieses Vertrags verpflichtete die Vertragspartner, sich im Fall einer Bedrohung Hilfe zu leisten. Das wurde als eine Geste gesehen, die China daran hindern sollte, in den Konflikt einzugreifen, falls Indien sich genötigt sah, militärisch in Ostpakistan zu intervenieren.

Da Pakistan nicht in der Lage war, die *Mukti Bahini* in Schach zu halten, die nun von Indien unterstützt wurde, führte es am 3. Dezember 1971 einen Luftangriff als Präventivschlag gegen indische Militärbasen im Westen. Damit begann ein «Blitzkrieg», der am 17. Dezember mit der Kapitulation der pakistanischen Armee endete. Die indischen Truppen hatten Bangladesch ohne größeren Einsatz von Panzern und Luftwaffe befreit. Einige kleinere Kampfhandlungen im Westen führten auf beiden Seiten nur zu geringen Erfolgen. In Bangladesch gerieten 93 000 pakistanische Soldaten als Kriegsgefangene in die Hände der indischen Armee, für die es keine leichte Aufgabe war, diese Gefangenen vor der Rache der bangladeschischen Bevölkerung zu schützen, die so sehr unter dem pakistanischen Militärterror gelitten hatte. Dennoch gelang es der indischen Armee, sich inerhalb von drei Wochen mitsamt den Kriegsgefangenen aus Bangladesch zurückzuziehen und eine dankbare Nation zurückzulassen. Mit dem Ende dieses Konflikts begann eine neue Ära des Friedens in Südasien. Ein Gipfeltreffen in Simla Mitte 1972 zwischen Indira Gandhi und Zulfiqar Ali Bhutto führte zu einem Vertrag, in dem beide Seiten sich dazu verpflichteten, alle beide Länder betreffenden Probleme ausschließlich in bilateralen Verhandlungen zu lösen. Die pakistanischen Kriegsgefangen wurden repatriiert.

Der Einsatz indischer Truppen in anderen Konfliktfällen

Außer in diesen vier Kriegen wurden die indischen Streitkräfte auch in einer Reihe weniger bedeutsamer Konfliktfälle eingesetzt. Der erste war die Polizeiaktion in Haiderabad im September 1948. Die Unnachgiebigkeit des Nizams von Haiderabad und die Greueltaten der von ihm tolerierten *Razakars* (irreguläre Truppen) zwangen die indische Armee, diesen Fürstenstaat in einem Einsatz, der nur 100 Stunden dauerte, zu befreien. Der zweite Fall war die Befreiung Goas von portugiesischer Kolonialherrschaft im Dezember 1961. Die portugiesische Regierung hielt an ihrer anachronistischen Kolonialherrschaft fest und war nicht zu Verhandlungen bereit. In einer gemeinamen Aktion der indischen Streitkräfte, die den Gegner überraschte, gelang der Befreiungsschlag. Es kam nur zu wenigen kleinen Gefechten, nach denen die Portugiesen unverzüglich kapitulierten.

Der nächste Fall war der Einsatz der indischen Friedenstruppe (*Indian Peace Keeping Force* = IPKF) in Sri Lanka von Juli 1987 bis zum Oktober 1989. Es ging dort um einen internen Konflikt zwischen der Tamilminderheit und der singhalesischen Mehrheit. Zur gleichen Zeit mußte die Regierung Sri Lankas sich mit einer linksgerichteten Rebellion im singhalesischen Süden auseinandersetzen. Durch beide Auseinandersetzungen überfordert, bat Präsident Jayewardene Indien um Hilfe. Ein bilaterales Abkommen wurde unterzeichnet. Das Ziel dieses Abkommens war es, die Tamil-Guerillas zu entwaffnen und den Tamilen eine politische Autonomie in ihren Siedlungsgebieten im Norden zu sichern, die von der Regierung Sri Lankas gewährt werden sollte. Der Plan ging von Anfang an schief. Die Tamilen ließen sich nicht entwaffnen und verwickelten die IPKF in einen Guerillakrieg auf einem Terrain, das ihnen bestens bekannt war. Zwei Jahre intensiven Einsatzes gegen die Guerillas führten zu sehr begrenzten Ergebnissen. Zeitweilig waren bis zu 50000 indische Soldaten im Einsatz. Drei Wahlen wurden unter Kontrolle der IPKF im Norden Sri Lankas erfolgreich abgehalten, aber die Regierung Sri Lankas war nicht bereit, Konzessionen an die Autonomieforderungen der Tamilen zu machen, und konnte daher keine politische Lösung erzielen. Die IPKF zog sich nach zwei Jahren zurück, aber die Lage blieb diesselbe wie vor ihrer Ankunft.

Ein weiterer kurzer Eingriff erfolgte 1988 auf den Malediven. Eine Gruppe von Terroristen drohte die Regierung dieser kleinen Inselrepublik zu stürzen. Ihr Hilferuf wurde binnen Stunden beantwortet. Zwei Kompanien indischer Fallschirmjäger landeten auf der Insel, sie waren von Langstreckentransportflugzeugen dorthin gebracht worden. Die indische Kriegsmarine fing dann die Terroristen ein, die zur See fliehen wollten. Dieser Einsatz demonstrierte die Fähigkeit der indischen Streitkräfte, rasch und im friedensstiftenden Sinne in einem Nachbarland zu intervenieren.

Der Einsatz indischer Truppen im Dienst der Vereinten Nationen

Indische Truppen haben bereits eine lange Tradition der Unterstützung der Vereinten Nationen in friedenserhaltenden Einsätzen. Einige davon sollen im folgenden aufgezählt werden:

(a) Korea. Indien entsandte ein Feldlazarett dorthin und beteiligte sich vom August 1953 bis Februar 1954 an der Repatriierung der Kriegsgefangenen im Rahmen der *Neutral Nations Repatriation Commission*, deren Vorsitz Indien führte.

(b) Indochina. Von 1954 bis 1970 führte Indien den Vorsitz der *International Commmission for Supervision and Control* in Indochina und entsandte eine größere Zahl von Offizieren und Mannschaften in alle drei betroffenen Länder. Nach 1964 ging dieser Einsatz rasch zurück, weil die Feindseligkeiten zunahmen.

(c) Ägypten. Von Ende 1956 bis Mai 1967 stellte Indien der *United Nations Emergency Force* ein Bataillon zur Verfügung und entsandte mehrere höhere Offiziere in deren Hauptquartier.

(d) Kongo. Mehr als eine Brigade wurde von 1960 bis 1963 der dort eingesetzten UN-Truppe zur Verfügung gestellt. Der Einsatz erforderte die Teilnahme an Kampfhandlungen, bei der sich die indischen Soldaten auszeichneten, aber auch Verluste erlitten.

(e) Libanon. Von Juni bis Dezember 1958 wurden mehrere indische Offiziere dorthin entsandt.

(f) In jüngster Zeit hat Indien an einer Fülle von Einsätzen im Rahmen der Vereinten Nationen teilgenommen. In einigen Fällen handelte es sich dabei nur um die Entsendung von Offizieren als Militärberater oder Beobachter: Iran/Irak (1988–90), Namibia (1989–90), Irak/Kuwait (1991), Zentralamerika (1990–92), El Salvador (1991), Angola (1991), Liberia (1994). Eine Reihe von Einsätzen erforderten aber die Entsendung von Offizieren und Truppen: Jugoslawien (1992), Kambodscha (1992–93), Mozambique (1993). Allein in Somalia wurden rund 5000 Soldaten ab 1993 eingesetzt.

6. Das gegenwärtige Umfeld des Einsatzes indischer Streitkräfte

Die indischen Streitkräfte müssen allzeit in höchster Einsatzbereitschaft sein. Indien hat eine lange und umstrittene Grenze mit China. In Kaschmir trennt eine ca. 700 km lange Waffenstillstandslinie die indischen von den pakistanischen Truppen. Solche Grenzen können nur von den Streitkräften geschützt werden, während der Schutz von Friedensgrenzen der Polizei überlassen bleibt. Es kommt hinzu, daß in jüngster Zeit innere Unruhen oft den Einsatz der Armee erfordert haben. Dies hat sowohl der Armee als auch den zivilen Behörden viel Kopfzerbrechen gemacht.

Aufgrund der vielfältigen Einsätze haben die indischen Streitkräfte große Erfahrungen unter schwierigsten Bedingungen erworben. Viele Truppen waren auf Gletschern in 6060 m Höhe im Einsatz. Die Waffenstillstandslinie in Kaschmir zieht sich durch Bergwälder in Höhen von 1000 bis 6000 m hindurch. Andere Einsatzgebiete waren die Ebenen des Panjab und die indische Wüste im Westen und der Dschungel im Grenzgebiet zwischen Indien und Myanmar im Osten. Ausrüstung und strategische Planung müssen diesen vielfältigen Anforderungen gewachsen sein.

Die Truppeneinheiten werden im Turnus in die Einsatzgebiete entsandt und verbringen dann wieder einige Zeit in den Militärbasen im Inneren des Landes. Wer auf vorgeschobenem Posten steht, muß oft zwei bis drei Jahre unter schwierigsten Bedingungen und ohne seine Familie leben, dann wird er wieder für zwei bis drei Jahre in ein *Cantonment* versetzt, das sind die noch von den Briten aufgebauten Militärsiedlungen in der Nähe von Städten, aber doch in einigem Abstand von ihnen. Sie sind sauber und weiträumig und unterscheiden sich wohltuend von den Städten.

Das Militär und die Menschenrechte

Das indische Militär hat sich seit 1956 an verschiedenen Einsätzen gegen Rebellen *(counter-insurgency)* beteiligen müssen, zumeist auf Anforderung der zivilen Behörden. Die Grundlage für solche Einsätze bieten Gesetze, von denen zwei hier besonders erwähnt werden sollen: (a) das Antiterroristengesetz *(Terrorist and Disruptive Activities Act)*, (b) das Gesetz über militärische Sondereinsätze *(Armed Forces Special Powers Act)*. Diese Gesetze verlangen ein energisches Eingreifen der Sicherheitskräfte in abnormalen Situationen. Dazu gehören auch vorbeugende Gefangennahme *(Preventive Detention)*, Durchsuchungsaktionen und Gewaltanwendung in extremen Fällen. Die Gesetze schützen die Sicherheitskräfte auch vor strafrechtlicher Verfolgung für Aktionen, die sie im Rahmen dieser Gesetze ausgeführt haben. Ohne Zweifel sind bei solchen Einsätzen auch Verletzungen der Menschenrechte vorgekommen. Doch sollte dabei nicht vergessen werden, daß auch die Terroristen Mord und Totschlag begangen haben, daß sie gut bewaffnet sind und zum Teil von auswärtigen Mächten unterstützt wurden.

Die indische Regierung ist sich ihrer Verantwortung in bezug auf die Wahrung der Menschenrechte voll bewußt und hat Schritte unternommen, um diese Rechte zu schützen. Eine unabhängige Menschenrechtskommission ist eingerichtet worden, die in ihren Berichten sowohl die Sicherheitskräfte als auch die Terroristen kritisiert hat. Die Polizei wird zur Zeit vom Internationalen Roten Kreuz im Sinne der Wahrung der Menschenrechte ausgebildet. Das Heer hat eine spezielle Ausbildungsvorschrift zum Thema Menschenrechte erstellt. Der Chef des Heeres hat eine Karte mit «zehn Geboten» ausgegeben, die jeder Soldat stets mit sich führen muß.

7. Verteidigungshaushalt und Rüstungsproduktion

Bis 1962 wurde der Verteidigungshaushalt absichtlich sehr niedrig gehalten und betrug nur etwa zwei Prozent des Bruttosozialprodukts (BSP). Er wurde 1962 rasch auf 4,5 Prozent des BSP erhöht, um die Mängel zu beheben, die der Grenzkrieg mit China offenbart hatte. Danach wurde der Verteidigungshaushalt wieder allmählich reduziert, bis er in den späten 1970er Jahren nur 3,7 Prozent des BSP betrug. Detaillierte Angaben für die Jahre nach 1980 sind in Tabelle 3 zu finden. In absoluten Zahlen hat sich der Verteidigungshaushalt in jüngster Zeit zwischen sechs und acht Milliarden US-Dollar gehalten. Der Verteidigungshaushalt für das Jahr 1994/95 betrug 7,5 Milliarden US-Dollar.

Der Löwenanteil der Verteidigungsausgaben entfällt auf das Heer, es beansprucht etwa die Hälfte der Gesamtausgaben. Es schlagen aber einige Ausgaben, die allen Streitkräften zugute kommen, beim Heer zu

Tab. 2: Anteile der Verteidigungsangaben am BSP, an den Ausgaben der Bundesregierung und an den Gesamtausgaben von Bund und Ländern (Angaben nur für jedes zweite Haushaltsjahr)

Jahr	Anteil BSP	Anteil Bund	Anteil Bund u. Länder
1980/81	3,34	18,19	–
1982/83	3,4	17,74	–
1984/85	3,19	15,18	–
1986/87	4,04	16,37	–
1988/89	3,37	16,39	10,25
1990/91	2,97	14,59	8,94
1992/93	2,5	14,69	8,17
1993/94	2,44	–	8,17

Tab. 3: Anteile an den Verteidigungsausgaben (Angaben nur für jedes zweite Haushaltsjahr)

Jahr	Heer	Marine	Luftwaffe	Rüstung	Forschung u. Entw.
1984/85	48,3	12,2	22,7	13,7	3,2
1986/87	49,5	12,5	21,4	12,5	4,1
1988/89	56,3	13,5	22,5	3,4*	4,3
1990/91	56,3	12,7	24,1	2,6	4,3
1992/93	54,7	12,8	25,8	2,6	4,1

* Seit 1988 sind dies nur die Personal- und Verwaltungskosten, die reinen Produktionskosten werden den Teilstreitkräften zugerechnet.

Buche, so daß der Anteil des Heeres höher erscheint, als er ist. Die Luftwaffe beansprucht ein Viertel der Verteidigungsausgaben, die Kriegsmarine dagegen nur etwa ein Achtel, weshalb denn auch in jüngster Zeit die Mittel für die Anschaffung neuer Kriegsschiffe fehlen. Die indische Rüstungsproduktion beansprucht rund 13 Prozent der Verteidigungsausgaben, seit 1987/88 werden jedoch die eigentlichen Produktionskosten bei den Ausgaben für die Teilstreitkräfte verbucht, so daß unter dem betreffenden Haushaltstitel nur noch die Personal- und Verwaltungskosten der Rüstungsbetriebe erscheinen.

Rüstungsproduktion und Materialbeschaffung

Die zuvor getrennten Abteilungen für Rüstungsproduktion und für Materialbeschaffung wurden 1988 vereinigt. Die neue Abteilung ist für alle Fragen der indischen Rüstungsproduktion und der Materialbeschaffung für die Streitkräfte zuständig. Es gibt zwei verschiedene Arten von Rüstungsbetrieben: die dem Verteidigungsministerium direkt unterstehenden Rüstungsfabriken *(Ordnance Factories)* und die Rüstungsfabriken im öffentlichen Sektor.

Die «Ordnance Factories»

Es gibt insgesamt 39 *Ordnance Factories*, die zusammen 170000 Arbeitnehmer beschäftigen. Sie versorgen die Streitkräfte mit Waffen, Munition und militärischen Ausrüstungsgegenständen. Die Palette der Produkte umfaßt Feldartillerie, Mörser, Flugabwehrgeschütze, Panzer, Infanteriefahrzeuge, Lastwagen, Ausrüstung für den Kampf in großen Höhen etc. Diese Betriebe unterstehen einer gemeinsamen Direktion in Kalkutta *(Ordnance Factories Board)*, mit einem Generaldirektor und sieben Direktoren, die für die verschiedenen Bereiche zuständig sind. Der Wert der Produktion dieser Betriebe ist in jüngster Zeit ständig gestiegen. Er betrug im Haushaltsjahr 1991/92 15770 Mio. Rupien, 1992/93 17710 Mio. und 1993/94 19500 Mio.

Rüstungsbetriebe im öffentlichen Sektor

Zur Erweiterung der Rüstungsproduktion gründete die indische Regierung acht Firmen im öffentlichen Sektor, die neben der Rüstungsproduktion zu einem Anteil von etwa 40 Prozent auch für die zivile Wirtschaft arbeiten. Es handelt sich um die folgenden Firmen:

(a) *Hindustan Aeronautics Limited* (HAL). Diese Firma stellt verschiedene Arten von Flugzeugen und Hubschraubern her und hat eine eigene Abteilung für den Entwurf neuer Flugzeuge. Kürzlich wurde der Prototyp eines leichten Kampfhubschraubers *(Advanced Light Helicopter)* hergestellt. Die Firma hat 12 Abteilungen und repariert auch die MiGs und Mirage 2000.

(b) *Bharat Electronics Limited* (BEL). Diese Firma stellt elektronische Geräte aller Art für die Streitkräfte und die zivile Wirtschaft her.

(c) *Bharat Earth Movers Limited* (BEML). Diese Firma stellt schweres Gerät zur Erdbewegung her, z. B. Bagger, Raupenschlepper, hydraulisches Gerät, aber auch Eisenbahnwagen und verschiedene Arten von Dieselmotoren.

(d) *Mazgaon Dock Limited* (MDL). Dieses ist die größte Werft Indiens (Bombay), sie kann Kriegsschiffe bis zu 6000 Tonnen und Handelsschiffe bis zu 27000 Tonnen herstellen. Sie repariert auch Kriegsschiffe aller Art.

(e) *Garden Reach Shipbuilders and Engineers Limited* (GRSE). Dies ist eine kleinere Werft, die Korvetten, Fregatten und Tanker herstellt und die Kriegsmarine auch mit anderem Gerät versorgt.

(f) *Goa Shipyards Limited* (GSL). Eine weitere kleine Werft, die für die Marine kleine Schiffe und Boote herstellt.

(g) *Bharat Dynamics Limited* (BDL). Diese Firma wurde errichtet, um ferngesteuerte Raketen zu produzieren. Es entstehen dort die vier völlig in Indien konzipierten Raketenwaffensysteme: *Prithvi, Trishul, Akash* und die bereits in der dritten Generation produzierte Panzerabwehrrakete *Nag*.

(h) *Mishra Dhatu Nigam* (MIDHANI). Dieser Betrieb stellt Spezialstähle und besondere Legierungen für die Verteidigungtechnik her, die im zivilen Bereich nicht produziert werden.

Der Wert der Produktion dieser Betriebe in den letzten drei Jahren ist in Tabelle 4 (S. 448) aufgelistet. Die Aufträge des Verteidigungssektors für diese Firmen haben in den letzten Jahren aufgrund der Mittelkürzungen nachgelassen. Deshalb haben sowohl die *Ordnance Factories* (OF) als auch die genannten acht Betriebe ihre Produktion diversifiziert, um zusätzlich im zivilen Sektor einen Absatzmarkt zu finden. Im Jahre 1991/92 verkauften die OF Produkte im Wert von 1700 Mio. Rupien an den zivilen Sektor, die anderen acht Betriebe erzielten 12604 Mio. Die Zahlen für die nächsten beiden Jahre lauten wie folgt:

Tab. 4: Wert der Produktion der acht Rüstungsbetriebe im öffentlichen Sektor (Mio. Rupien)

	1991/92	1992/93	1993/94
HAL	9706	10510	9561
BEL	7069	8178	874
BEML	8295	9489	10414
MDL	2855	4980	5516
GRSE	1962	2283	2544
GSL	858	1062	1200
BDL	1370	1113	2210
MIDHANI	605	619	720
Summe	32720	38235	30829

OF 2620 und 3750, die acht anderen Betriebe 15660 und 17622 Mio. Rupien.

Die Materialbeschaffungsabteilung

Diese Abteilung beschafft Geräte und Ausrüstungsgegenstände für die Streitkräfte aus dem privaten und dem öffentlichen Sektor. Dazu muß sie geeignete Hersteller identifizieren, Ausschreibungen und Materialprüfungen vornehmen etc. Der Ausfall der Ersatzteillieferungen aus der früheren Sowjetunion brachte diese Abteilung in ganz besondere Schwierigkeiten. Der Wert der von ihr beschafften Güter betrug 1991/92 1942, 1992/93 2060 und 1993/94 2100 Mio. Rupien.

8. Die indischen Weltraum- und Atomprogramme

Diese Programme fallen nicht in die Zuständigkeit des Verteidigungsministeriums, sondern werden von anderen Ministerien betreut. Die entsprechenden Organisationen sind die Raumfahrtforschungsorganisation (*Indian Space Research Organisation* = ISRO) und die Atomenergiekommission (*Atomic Energy Commission* = AEC). Im Mai 1974 haben indische Wissenschaftler einen Plutoniumsprengsatz von ca. 12 Kilotonnen Wirkung unterirdisch getestet, doch geschah dies nur im Sinne der friedlichen Nutzung der Kernkraft. Ein Atomwaffenprogramm ist nicht verfolgt worden, doch kann angenommen werden, daß Indien bei Bedarf kurzfristig zur Atommacht werden könnte.

Indien hat den Atomsperrvertrag von 1968 nicht unterzeichnet, weil es der Ansicht ist, daß dieser Vertrag diskriminierend ist, denn er ermöglicht einer Gruppe von Nationen, Atomwaffen zu besitzen und zu vermehren, verwehrt aber anderen Nationen die Möglichkeit, die Abschreckung durch Atomwaffen zum Schutz der eigenen Sicherheit zu nutzen. Indien strebt eine nicht-diskriminierende Regelung an, die zur globalen Atomabrüstung führt. Indien setzt sich nicht für eine Atombewaffnung ein, aber angesichts der gegenwärtigen Lage in seiner Nachbarschaft, besonders im Hinblick auf die atomaren Kapazitäten Chinas und Pakistans, mit denen es bisher noch ungelöste Grenzprobleme gibt, kann es die Option für Atomwaffen nicht völlig aufgeben.

Das Raumfahrtforschungsprogramm der ISRO schließt auch die Entwicklung von Raketen für Verteidigungszwecke ein. Das betreffende integrierte Programm zur Entwicklung ferngesteuerter Raketen (*Integrated Guided Missile Development Programme* = IGMDP) hat bisher zur Erstellung von fünf Raketensystemen geführt, von denen vier mehr oder weniger einsatzfähig sind. Das erste ist *Prithvi*, eine Boden-Boden-Rakete mit einer Reichweite von 150–250 km, die einen Sprengkopf von maximal 1000 kg tragen kann, das zweite ist *Trishul*, eine Rakete mit kurzer Reichweite, die in geringer Höhe über die Meeresoberfläche fliegt. Ferner gibt es bereits in der dritten Generation die Panzerabwehrrakete *Nag*. Das vierte Raktensystem trägt den Namen *Akash*, es handelt sich um eine Boden-Luft-Rakete mittlerer Reichweite. Bei ihrem jüngsten Testeinsatz am 3. Februar 1994, bei dem alle Systemteile gut funktionierten, wurde diese Rakete erfolgreich mit einem Sprengkopf bestückt. Das fünfte Raketensystem heißt *Agni*, es handelt sich um eine Boden-Boden-Rakete mit einer maximalen Reichweite von rund 2500 km. Drei Testflüge dieser Rakete haben in den letzten fünf Jahren stattgefunden. Der erste und dritte waren erfolgreich, der zweite aber nur teilweise. Diese Rakete ist noch nicht zur Produktion bestimmt, sondern sollte zunächst nur der Demonstration des erreichten technologischen Niveaus dienen.

9. Schlußbemerkung

Am Ende des 20. Jahrhunderts ist die indische Verteidigung wirksam und kann sich aus eigener Kraft erhalten, sie bleibt unbeeinflußt von internen politischen Konflikten. Im Einklang mit der gegenwärtigen globalen Entwicklung betont Indien ausschließlich die Verteidigung und hat keinerlei offensive Absichten. Zur Wahrung dieser Position ist die Zusammenarbeit mit anderen Nationen erforderlich, und zwar außerhalb der durch den Kalten Krieg geprägten Bündnisse. Die indischen Streitkräfte werden weiterhin wie bisher eine führende Rolle bei den friedenserhaltenden Einsätzen der Vereinten Nationen spielen. Im Inneren werden sie ein Bollwerk zur Verteidigung der Demokratie gegen alle Tendenzen sein, die diese bedrohen könnten.

XXIV.
Die Außenpolitik

Citha D. Maaß

Der Zusammenbruch der Sowjetunion, das Ende des Kalten Kriegs, die Ermordung Rajiv Gandhis, die Abkehr von dem jahrzehntelang gültigen Wirtschaftskonzept des sog. Nehru-Sozialismus und die Einleitung einer tiefgreifenden Reform der Binnen- und Außenwirtschaft Indiens: diesen sehr unterschiedlichen Ereignissen ist gemeinsam, daß sie alle im Jahr 1991 geschahen. Da sie sich auf jeweils eigene Art auf die konzeptionelle Ausgestaltung der indischen Außenpolitik auswirkten, zeigte sich bald, daß 1991 als entscheidende Zäsur in der Geschichte des unabhängigen Indien gewertet werden muß.

Die Zäsur markiert den Endpunkt von Entwicklungen, die sich teils auf der internationalen Ebene oder im regionalen Umfeld (z. B. Afghanistan) und teils im politischen, gesellschaftlichen System Indiens oder in anderen Bereichen seit Mitte der 80er Jahre angebahnt hatten. Die mangelnde Flexibilität, die die indische Außenpolitik in dieser Übergangsphase bis zu der 1991er Zäsur erkennen ließ, stand in starkem Kontrast zu dem herausragenden diplomatischen Können, mit dem sich Indien während des Kalten Kriegs internationale Achtung erworben hatte. Offenbar war durch die jahrzehntelange Kontinuität von internen und externen Determinanten, die den Rahmen für außenpolitische Entscheidungen abgesteckt hatten, zeitweilig die Fähigkeit verlorengegangen, innovativ auf grundsätzliche außen- und innenpolitische Umwälzungen zu reagieren.

Das methodische Vorgehen bedarf eines klärenden Wortes. Im Rahmen eines knappen Übersichtsartikels kann keine vollständige Darstellung der indischen Außenpolitik in all ihren Differenzierungen über einen Zeitraum von 45 Jahren geleistet werden. Ein so herausragender internationaler Akteur wie Indien entwickelte ein breitgefächertes Instrumentarium bi- und multilateraler Beziehungen. Es verschaffte sich nicht nur eine dominierende Machtposition im engen südasiatischen Umfeld, sondern sicherte sich auch Einfluß und Ansehen in Asien. So zeichnete es sich im Korea-Konflikt durch eine aktive Rolle (Entsendung einer Sanitätseinheit im Rahmen einer UNO-Blauhelmaktion) und ein auffallend unabhängiges Abstimmungsverhalten bei UN-Resolutionen 1950/51 aus. Jawaharlal Nehrus Freundschaft mit dem nordvietnamesischen Präsidenten Ho Chi Minh begründete nicht nur ein dauerhaftes, freundschaftliches Verhältnis zwischen beiden Staaten und eine herausgehobene Position Indiens im indochinesischen Machtkampf (später ausgedehnt auf den Konflikt in Kambodscha / Kampuchea), sondern machte Indien auch zu einem scharfen Kritiker der amerikanischen Vietnam-Politik und Kriegsführung.

Auch in anderen Weltregionen engagierte sich Indien, was für einen so jungen Staat bemerkenswert war. So gehörte Indien zu den führenden Gegnern der Apartheid-Politik in Südafrika. Damit knüpfte es direkt an Mahatma Gandhis politische Widerstandsarbeit in Südafrika an, die dieser während seines 21jährigen gewaltlosen Ringens gegen Rassendiskriminierung zugunsten der dortigen indischen Minderheit geleistet hatte.

In einem weiteren Brennpunkt der internationalen Politik, nämlich im Nahost-Konflikt, bezog Indien ebenfalls engagiert Stellung. Den Selbstbestimmungskampf der Palästinenser, insbesondere die von Yassir Arafat geführte Befreiungsorganisation PLO, unterstützte es nachdrücklich. Daneben bemühte es sich in einem schwierigen, von der jeweils aktuellen Konfliktlage geprägten diplomatischen Balanceakt um tragfähige, wenn nicht sogar gute Beziehungen zu so unterschiedlichen Konfliktparteien wie Israel, Irak und Iran, um nur die problematischsten Länder zu nennen. Mit Ägypten verbanden es ohnehin seit der Gründungszeit der Blockfreienbewegung enge freundschaftliche Beziehungen (verwiesen sei auf die Gründerväter-Troika Nehru / Gamal Abd-al Nasser / Josip Broz Tito).

Erst die vielfältigen diplomatischen Aktivitäten Indiens auf all diesen Tätigkeitsfeldern reflektierten das breite Spektrum seiner Außenpolitik. So wünschenswert es wäre, die indischen Initiativen in den verschiedenen Bereichen im einzelnen darzustellen, so mußten dennoch analytische Schwerpunkte gesetzt werden. Folgende methodische Kriterien wurden dabei zugrunde gelegt. Da außenpolitische Entscheidungen nicht losgelöst von innenpolitischen Erwägungen getroffen wurden, wurde die Verzahnung von innen- und außenpolitischen Entwicklungen, Erwartungshaltungen und Auswirkungen herausgearbeitet. Die Konzentration der außenpolitischen Entscheidungsbefugnis in den Händen der Nehru-Gandhi-Dynastie drückte der Außenpolitik einen besonderen Stempel auf. Im außenpolitischen Stil spiegelte sich die Persönlichkeit des Regierungschefs bzw. der Chefin wider.

Damit wurde bereits das zweite Auswahlkriterium genannt. Welche Grunddeterminanten bestimmten die Außenpolitik bis zu der Zäsur von 1991? Neben der bereits genannten dynastischen Kontinuität (Punkt 1) waren es das ausgeprägte Statusdenken (Punkt 2) und die Politik der Blockfreiheit, die ihrerseits einen zentralen Grundzug des politischen Selbstverständnisses reflektierte, nämlich intern und extern selbständig (self-reliant) zu sein (Punkt 3).

Aus methodischen Gründen wurde der Einbindung des indisch-pakistanischen Konfliktes in die globale Rivalität zwischen den ehemaligen Supermächten und der endgültigen Entflechtung ein eigener Abschnitt (Punkt 4) gewidmet. So wie die Außenpolitik ständig von innen mitbestimmt wurde, so wurde ihr auch von außen, d. h. von den globalen Machtverhältnissen, ein Rahmen vorgegeben. Dieser Rahmen gewann im indischen Fall eine überragende Funktion, weil Indien wie kaum ein anderer Staat größtmöglichen Nutzen aus der ideologischen Konfrontation während des Kalten Kriegs zog.

In dem Abschnitt wird in einem großen Bogen die Einbindung Mitte der 1950er Jahre mit der Entflechtung in den ausgehenden 1980er Jahren kontrastiert. Nicht eine phasenweise Darstellung, sondern die *strategische* Wechselwirkung zwischen den vier Machtpolen Washington / Pakistan und Moskau / New Delhi wird hier aufgezeigt. Außerdem wird auf die zentrale Bedeutung des komplexen Kaschmir-Konfliktes hingewiesen. Er war das auslösende Moment für die Einbindung des regionalen Konfliktes in die globale Konfrontation. Anders als die sog. Stellvertreterkriege in der Dritten Welt, die mit der Überwindung des Ost-West-Konflikts ebenfalls beendet wurden, erwies sich der Kaschmir-Konflikt als ein «autonomer» Regionalkonflikt. Damit wird ein internationales Krisenmanagement in Zukunft eher schwieriger als leichter zu bewerkstelligen sein. Schließlich wird die sicherheitspolitische Rolle Chinas (der «China-Faktor») für das «strategische Viereck» herausgearbeitet.

Danach wird wieder eine periodische Darstellung aufgenommen. Die Ära Indira Gandhi bildete das Mittelstück zwischen der Entstehung und Auflösung der strategischen Viererbeziehung. Die Veränderungen der regionalen und internationalen Rolle Indiens und die widersprüchlichen Entwicklungen in dieser Phase werden untersucht (Punkt 5).

Innenpolitische Aufbruchstimmung unter Rajiv Gandhi und globale Entspannungspolitik, ausgelöst durch Mikhail Gorbatschows Reforminitiativen: Warum war Indien nicht in der Lage, beide Reformebenen in Einklang zu bringen und sich damit erneut eine führende internationale Rolle zu verschaffen? Das wird durch die methodische Verbindung von innenpolitischen und internationalen Entwicklungen analysiert (Punkt 6).

Schließlich wird ein kurzer Ausblick auf die verspätete, aber um so konsequenter eingeleitete Reformpolitik Indiens nach der Zäsur 1991 gegeben (Punkt 7). Dieser qualitativ neue Abschnitt in der Außenpolitik berechtigt zu der Hoffnung, daß Indien in absehbarer Zukunft die Veränderungen des internationalen Systems in einer zentralen Rolle mitbestimmen kann.

1. Außenpolitik als persönliche Prärogative der Regierungschefs

Die Gestaltung der Außenpolitik wurde von den Regierungschefs für so wichtig gehalten, daß sie sie zur «Chefsache» erklärten. Deshalb blieb ehrgeizigen Politikern eine der prestigeträchtigsten Machtpositionen im indischen Staat vorenthalten: der Posten des Außenministers. Charakteristisch für den außenpolitischen Entscheidungsprozeß war, daß er als persönliche Prärogative der Nehru-Gandhi-Dynastie von der Unabhängigkeit 1947 bis Ende 1989 betrachtet wurde. Abgesehen von gut vier dieser insgesamt 42 Jahre prägte immer ein Familienmitglied die Außenpolitik. Jawaharlal Nehru hatte während seiner gesamten Regierungszeit das Amt des Außenministers inne und wurde als der eigentliche «Architekt» der Außenpolitik Indiens gerühmt. Indira Gandhi bediente sich persönlicher Berater in wichtigen Vermittlungsaktionen, um unter Nichtbeachtung oder Umgehung des Außenministeriums ihre Verhandlungsziele durchzusetzen. Auch Rajiv Gandhi nahm die Repräsentanz Indiens in bilateralen Verhandlungen und auf internationalen Foren persönlich wahr und genoß dank seines außenpolitischen Engagements mitunter mehr Popularität im Ausland als unter seinen Landsleuten.

Lediglich unter den kurzlebigen Nicht-Kongreßregierungen, die von koalitionsähnlichen Parteiengruppierungen gestellt wurden, gehörte das Außenministerium zu den begehrten Kabinettsposten. Deren Besetzung handelten die einflußreichsten Politiker der verschiedenen Gliedparteien untereinander aus, doch nahmen sie die Chance, sich als Außenminister zu profilieren, nicht immer wahr.

Der seit Juni 1991 amtierende Premierminister und Kongreßpolitiker Narasimha Rao fügte der Nehru-Gandhi-Tradition eine neue Variante hinzu. Auch er betrachtet die Außenpolitik als seine persönliche Prärogative, hat aber eine geschickte Arbeitsteilung mit seinem Finanzminister Manmohan Singh, einem erfahrenden Weltbanktechnokraten, eingeführt. Manmohan Singhs Rolle als «heimlicher Außenminister» macht deutlich, daß seit 1991 die Außenpolitik ganz im Zeichen der neuen Wirtschaftsliberalisierung steht.

2. Statusorientierter Grundzug des außenpolitischen Selbstverständnisses

Wenn Indien Mitte der 90er Jahre nachdrücklich seine Anwartschaft auf einen ständigen Sitz im Sicherheitsrat der Vereinten Nationen anmeldet, so drückt sich darin ein Selbstbewußtsein aus, das auf Nehrus hohes Ansehen in der internationalen Staatengemeinschaft während der Frühphase des Kalten Kriegs zurückgeht. Indiens glanzvolle Rolle in dem ideologischen und machtpolitischen Konkurrenzkampf zwischen den ehemaligen Supermächten USA und Sowjetunion und seine führende Position in der Blockfreienbewegung in den 50er Jahren wurden nach Nehrus Tod 1964 regelmäßig heraufbeschworen.

Die Erinnerung an diese Glanzzeit, der verklärende Rückblick und eine tiefverwurzelte Überzeugung von der eigenen internationalen Bedeutung verliehen außenpolitischen Forderungen einen Unterton, der durch eine schmerzlich empfundene Diskrepanz zwischen dem beanspruchten Status einer internationalen Großmacht (vergleichbar demjenigen Chinas) und der realen Position einer «nur» auf Südasien beschränkten regionalen Führungsrolle charakterisiert war. Auch Indiens rigorose Weigerung, dem Atomwaffensperrvertrag beizutreten, ließ sich nicht nur mit Sicherheitsgründen, sondern großenteils auch mit Statuserwägungen erklären. Dabei geriet Indien mittlerweile in eine schwierige Position. Nachdem China und Frankreich, beide mit dem Status von Atomwaffenstaaten, inzwischen dem Sperrvertrag beitraten, Südafrika auf den Bau von Atomwaffen verzichtete und Brasilien und Argentinien ihre geheime Nuklearkonkurrenz durch gegenseitige Transparenz beendeten, sind nur noch Israel, Indien und Pakistan als strikte Gegner eines globalen nuklearen Kontrollregimes übriggeblieben. Sollten Japan und Deutschland, beide mit dem Status von *Nicht*atomwaffenstaaten, als ständige Mitglieder in den Sicherheitsrat aufgenommen werden, müßte Indien überdenken, ob Atomwaffen immer noch als Prestigeobjekte und Mittel zur Statusaufwertung zu betrachten sind.

Dieser *statusorientierte* Grundzug leitete sich aus einer als selbstverständlich erachteten Übernahme von sicherheits- und außenpolitischen Konzepten der früheren britisch-indischen Kolonialmacht ab. Dazu legitimiert sah sich Indien deshalb, weil es sich in einem jahrzehntelangen Freiheitskampf als würdiger Erbe erwiesen und sich als Vorreiter des Anti-Kolonialismus eine internationale Führungsrolle im gerade begonnenen Dekolonisationsprozeß errungen hatte. Aus der von Gewaltausbrüchen überschatteten Aufteilung Britisch-Indiens 1947 ging Indien als völkerrechtlich anerkannter Rechtsnachfolger hervor, während Pakistan als neues Mitglied in die Staatengemeinschaft aufgenommen wurde. Die Verträge, die die britische Kolonialmacht mit den Himalaya-Staaten Nepal und Bhutan abgeschlossen hatte, wurden vom unabhängigen Indien mit dem gleichen Wortlaut erneuert. Die eigenstaatliche Existenz Pakistans wurde nur mit Mühe akzeptiert. Der verletzte nationale Stolz drückte sich in dem unterschwelligen Vorwurf aus, 1947 sei keine «Teilung», sondern eine «Abspaltung» des neuen West- und Ostpakistan erfolgt. Sri Lanka, dessen Unabhängigkeitsbewegung stark durch das indische Vorbild geprägt wurde, wurde als Bestandteil der indischen Sicherheitssphäre betrachtet. Diese erstreckte sich, in ungebrochener kolonialer Tradition, vom Himalaya bis in die küstennahen Zonen des Indischen Ozeans.

Offiziell formuliert wurde dieses Sicherheitskonzept erst 1983 in der sog. «Südasien-Doktrin», um Indiens Eingreifen im srilankischen Tamilenkonflikt zu rechtfertigen. Nach dieser Doktrin beanspruchte Indien die Rolle einer regionalen Ordnungsmacht, d. h., die kleineren südasiatischen Nachbarstaaten sollten in innenpolitischen Konflikten die indische Vermittlung anfordern. Damit wollte Indien den Einfluß von nicht-regionalen Mächten wie den USA, Sowjetunion und China in der südasiatischen Region möglichst gering halten. Erwartungsgemäß stieß diese Doktrin auf den erbitterten Widerstand Pakistans. Aber auch Nepal und Sri Lanka versuchten sich gegen die indische Übermacht durch ein «Borgen von Macht» bei außerregionalen Mächten wie z. B. China zu erwehren.

Als weitere Komponente des außenpolitischen Selbstverständnisses kam das Bewußtsein hinzu, wie auch China auf eine uralte hochstehende Zivilisation zurückzublicken, die außerdem Ursprungsland wichtiger asiatischer Religionen war. Damit ist zugleich die empfindlichste Stelle in Indiens Selbstbewußtsein berührt. Auf dem Blockfreiengipfel in Bandung 1955, der den Zenit von Nehrus internationalem Ansehen und Indiens Führungsrolle unter den jungen entkolonisierten Staaten bildete, führte Nehru als wohlwollender Mentor den chinesischen Premierminister Zhou Enlai in diesen Staatenkreis ein. Um so größer war der Schock, von dem «chinesischen Bruder» im Krieg von 1962 besiegt zu werden. Diesen Schock verwand Nehru bis zu seinem Tod nicht mehr.

Ebensowenig konnte sich Indien, das sich als der «Welt größte Demokratie» rühmt, damit abfinden, von China statusmäßig überrundet worden zu sein, als die chinesische Volksrepublik 1971 Formosas Sitz im Sicherheitsrat übernahm. Seitdem strebt Indien danach, einen China vergleichbaren Status zu erringen. Doch Indiens statusorientiertes Selbstverständnis reichte darüber hinaus bis 1947 zurück, als es die Rechtsnachfolge Britisch-Indiens antrat. Beides hat sich zu einer grundlegenden außenpolitischen Konstante verbunden.

3. Blockfreiheit: Eine realpolitische Antwort auf den Ost-West-Konflikt

Mahatma Gandhis Drängen auf eine moralisch fundierte Politik spiegelte sich in Jawaharlal Nehrus politischem Handeln wider, in dem sich pragmatische mit idealistischen Vorstellungen vereinten. Diese Verbindung wurde lange Zeit mißverstanden. Man übersah, daß Nehru in meisterhafter Weise eine realpolitische Außenpolitik verfolgte, indem er internationale Machtkonstellationen für die Durchsetzung nationaler Interessen Indiens ausnutzte. Statt die von ihm konzipierte Politik der

Blockfreiheit als pragmatische Antwort auf die Kalte-Kriegs-Konfrontation zu verstehen, verfestigte sich bei außenpolitischen Beobachtern der Eindruck, daß Indien eine an moralischen Werten orientierte Außenpolitik betrieb. Allerdings bemühten sich weder Nehru noch andere führende Politiker darum, das Mißverständnis zu klären. Vielmehr wurde dieser Eindruck als nützlich für Indiens internationales Ansehen betrachtet, da er der indischen Stimme mehr Gewicht verlieh.

Welche Faktoren führten dazu, daß Nehru die Politik der Blockfreiheit als pragmatisches außenpolitisches Konzept entwickelte? Unterschwellig spielten dabei auch psychologische Gründe eine Rolle. Seit seinem ersten Besuch in der Sowjetunion 1927 hegte Nehru eine gewisse Bewunderung für die dortigen Errungenschaften. Diese Einschätzung wurde auch von anderen indischen Intellektuellen geteilt. Deshalb reagierte die indische Führungsschicht positiv, als nach Stalins Tod die neue Kremlführung seit Mitte der 50er Jahre um Indien warb. Die prosowjetische Grundhaltung der indischen Intelligenz bildete eine wichtige Voraussetzung für das bis zum Zusammenbruch der Sowjetunion 1991 währende «besondere Freundschaftsverhältnis».

Dagegen standen Nehrus persönliche Erfahrungen in den USA, die er während seiner drei Besuche 1949, 1956 und 1961 sammelte, von Beginn an unter ungünstigen Vorzeichen. Was damals als intellektuelle Unverträglichkeit zwischen den Führern der beiden größten Demokratien heruntergespielt wurde, entwickelte sich in der Folgezeit zu einer prinzipiellen, moralisch eingefärbten Rivalität zwischen den USA und Indien. Im außenpolitischen Stil beider Staaten traten ein missionarisches Sendungsbewußtsein und eine den jeweils anderen Staat mitunter irritierende Selbstgerechtigkeit zutage. Charakteristisch dafür war die jeweilige Beurteilung der eigenen Außenpolitik. Der damalige Außenminister John Foster Dulles sah die amerikanische Mission darin, durch eine globale Paktpolitik das Vordringen des Kommunismus zu stoppen, und hielt deshalb die indische Blockfreiheit für «unmoralisch». Nehru wiederum betrachtete es als Indiens Aufgabe, die Blockfreienbewegung zu einem Fürsprecher der um ihre Unabhängigkeit ringenden kolonialen Völker zu machen und durch Distanz zu den neuen Blöcken die staatliche Souveränität der jungen Staaten zu schützen.

Als Reaktion auf diese missionarische Rivalität breitete sich in der indischen Öffentlichkeit eine ambivalente Haltung gegenüber den USA aus, die sich am besten als eine Art Haßliebe bezeichnen ließ. Wie tiefverwurzelt und konstant diese ambivalente Haltung in Indien war und offensichtlich noch immer ist, läßt sich daran ablesen, daß sie das Ende des Ost-West-Konflikts überdauerte und auch kaum durch die wirtschaftliche Öffnungspolitik seit 1991 abgemildert wurde. Anders ließ sich die scharfe anti-amerikanische und nationalistische Debatte im indischen Parlament und den Zeitungen nicht erklären, die der

USA-Besuch von Premierminister Narasimha Rao Mitte Mai 1994 auslöste.

Distanz zu Washington, Sympathien für Moskau, der Glaube an die eigene zivilisatorische Größe und ein fundamentales Streben nach nationaler Selbständigkeit (self-reliance) – damit sind die Motive gekennzeichnet, die Indien veranlaßten, sich weder dem «kapitalistischen» westlichen Block noch dem «kommunistischen» östlichen Block anzuschließen. Statt dessen schlug Nehru einen eigenständigen, genuin indischen Weg ein. Zu betonen ist, daß die Suche nach einem eigenen, «dritten» Weg ebenfalls ein Grundzug des indischen Selbstverständnisses bildete (und auch in Zukunft Indiens internationale Rolle bestimmen wird).

Auf dieser Suche griff Nehru innenpolitisch Elemente aus beiden rivalisierenden Ideologien heraus und formte daraus eine Wirtschaftsphilosophie und eine Entwicklungsstrategie, die den besonderen Bedürfnissen Indiens gerecht werden sollten. Für diesen «dritten» Entwicklungsweg bürgerte sich der Begriff *Nehru-Sozialismus* ein. Trotz einer allmählichen Lockerung unter Rajiv Gandhi blieb das Entwicklungskonzept offiziell bis zu der Zäsur 1991 gültig. Seine ideologische Bindekraft zeigte sich daran, daß der im Juni 1991 gewählte Premierminister Narasimha Rao seine einschneidenden Wirtschaftsreformen in der Rhetorik des Nehru-Sozialismus legitimieren mußte, obwohl er sich gerade von diesem überholten Konzept abkehren wollte.

Als außenpolitisches Gegenstück propagierte Nehru die Blockfreiheit, die Indien einen eigenständigen Weg auf internationaler Ebene ermöglichen sollte. Er verstand darunter nicht die Bildung eines dritten Blocks, zu dem sich die jungen, gerade dekolonisierten afro-asiatischen Staaten zusammenschließen sollten (Nehru: «the non-aligned nations should remain non-aligned among themselves»). Vielmehr, und das wurde besonders in Washington mißverstanden, wollte sich Nehru durch die bewußte Vermeidung einer Blockeinbindung (daher der Begriff *non*-alignment) einen dritten Weg erschließen, der Indien bei Bedarf alle Optionen offenhielt.

Hier zeigte sich der höchst pragmatische Charakter der Blockfreiheit. Erklärtes Ziel war, daß Indien im konkreten Konfliktfall ungebunden genug war, um diejenige Entscheidung zu treffen, die seinen eigenen Interessen am meisten nützte. In der Praxis wirkte sich das so aus, daß Indien bei internationalen Krisen öfter der sowjetischen Position zuneigte. Doch war das eher auf eine realpolitisch bestehende Interessenparallelität als auf eine ideologische Bevormundung oder gar Abhängigkeit zurückzuführen.

4. Einbindung des indisch-pakistanischen Konflikts in die globale Rivalität: Das «strategische Viereck» als eine 35 Jahre gültige Grunddeterminante

Obwohl es die erklärte Absicht Indiens war, die ehemaligen Supermächte aus der südasiatischen Region herauszuhalten, konnte es nicht verhindern, daß Pakistan binnen weniger Jahre das indische Sicherheitskonzept durchkreuzte. Um sich gegen den indischen Gegner behaupten zu können, suchte Pakistan amerikanische Rückenstärkung und trat Mitte der 50er Jahre dem anti-kommunistischen Bündnissystem Washingtons bei. *Ursache* dafür war der *Kaschmir-Konflikt.*

Im Zuge der Millionen Menschenleben fordernden Trennung des indischen und pakistanischen Staatsterritoriums entbrannte auch ein Streit um das Fürstentum Jammu und Kaschmir. Dessen moslemische Bevölkerungsmehrheit wurde von einem autoritären Hindu-Fürsten regiert. Die Streitfrage, ob sich Kaschmir an Indien oder Pakistan anschließen oder gar die Unabhängigkeit anstreben sollte, mußte zwangsläufig Unruhen in der Bevölkerung und einen Machtkampf zwischen der indischen und pakistanischen Regierung hervorrufen. Wie zu befürchten war, löste der ungeklärte völkerrechtliche Status des Fürstentums im Oktober 1947 den 1. Kaschmir-Krieg aus, der erst zum 1. Januar 1949 mit einem Waffenstillstand und der Teilung des Fürstentums in ein größeres von Indien kontrolliertes und ein kleineres von Pakistan kontrolliertes Territorium endete.

Erst wenn man Ursachen und Verlauf des Kaschmir-Konflikts kennt, kann man die nun schon seit fast 50 Jahren bestehende «Erzfeindschaft» zwischen Indien und Pakistan verstehen und deren Einbindung in die globale Rivalität zwischen den ehemaligen Supermächten während des Kalten Kriegs nachvollziehen. Dieser bis heute ungelöste und seit Ende 1989 wieder akut gewordene Konflikt bildete den Dreh- und Angelpunkt der strategischen Konzepte beider Staaten. Daraus entstand das unten erläuterte «strategische Viereck», in dem außerdem China seit Ende der 50er Jahre eine entscheidende Rolle spielte.

Obwohl dem Kaschmir-Konflikt eine strategische Schlüsselfunktion zukommt, ist es symptomatisch für die höchst komplizierte Konfliktstruktur, daß selbst die kriegsauslösenden Ereignisse im September / Oktober 1947 immer noch umstritten sind. Auch die späteren Entwicklungen, ganz zu schweigen von den vermuteten Motivationen, sind bislang nicht zweifelsfrei geklärt. Vergleicht man indische, pakistanische und britische Konfliktbeschreibungen, wird deutlich, wie diametral entgegengesetzt wichtige Wendepunkte des Konflikts immer noch interpretiert werden. Eine um Aufklärung bemühte Geschichtsforschung wird überdies dadurch erschwert, daß neue Interpretationen, die sich auf mittlerweile freigegebene Dokumente stützen, mitunter vorschnell als «parteiisch» (und damit «unwissenschaftlich», weil politisch inspiriert) von der indischen bzw. pakistanischen Seite eingestuft werden.

Eine derartige Kontroverse haben zwei neue Publikationen des britischen Historikers Alastair Lamb ausgelöst: «Kashmir: A Disputed Legacy 1846–1990» (erschienen 1991) und »Birth of a Tragedy. Kashmir 1947» (erschienen 1994). Da seine Ergebnisse weder das offizielle Bild des letzten britischen Vizekonsuls und ersten indischen General-Gouverneurs, Lord Mountbatten, als eines «unparteiischen Schiedsrichters» bestätigen, noch die indische Version der Geschehnisse stützen, die den Fürsten von Jammu und Kaschmir zum Anschluß an die Indische Union bewogen, wurden seine Publikationen als pro-pakistanisch verurteilt. Die wissenschaftliche Sorgfalt, mit der der Autor verschiedene, teilweise erst kürzlich erschlossene Quellen ausgewertet hat, rechtfertigt es, das Kernstück seiner Forschungen hier zu referieren.

Unter den verschiedenen konflikt- und dann auch kriegsauslösenden Faktoren kommt einem Streitpunkt zentrale Bedeutung zu: Wann und unter welchen Umständen unterschrieb Maharaja Hari Singh die Anschlußurkunde? Die bisherige offizielle Version, verbürgt von Mountbatten und Nehru, besagte in Kurzform folgendes. Vapal Pangunni Menon (ein Hindu), juristischer Berater Mountbattens und der Nehru-Regierung in Fragen der Landesteilung, sei von Nehru beauftragt worden, am 26. Oktober 1947 von Delhi nach Jammu zu fliegen. Dorthin war der Maharaja vor aufständischen Untertanen und von pakistanischem Territorium aus eingefallenen «tribals» (pathanische Stammeskrieger) geflüchtet (die Einzelheiten sind ebenfalls umstritten). V. P. Menon habe ein vorgefertigtes Formular für den Anschluß mitgebracht, das vom Maharaja am 26.10. unterschrieben und noch am selben Abend per Flugzeug von Menon persönlich wieder nach Delhi zurückgebracht worden sei. Daraufhin landeten am 27.10. morgens um 9 Uhr die ersten indischen Soldaten auf dem Flughafen in Srinagar, die der flüchtende Maharaja von der indischen Regierung angefordert hatte. Laut Nehru und Mountbatten war die Entsendung der indischen Truppen durch die am Vortag unterzeichnete Anschlußurkunde legitimiert. Es handele sich also *nicht* um eine «Invasion» Indiens und sei deshalb nicht vergleichbar mit der der «pakistanischen tribals». Deren «Invasion» versuchte Indien kurz danach in den Vereinten Nationen als «pakistanische Aggression» verurteilen zu lassen.

Wie Lamb detailliert in «Birth of a Tragedy» (S. 96ff.) belegt, fuhr V. P. Menon zwar am 26.10. nachmittags zum Flughafen in Delhi. Doch wegen der schlechten Sichtverhältnisse und des hereinbrechenden Abends (Srinagar konnte nur bei Tageslicht angeflogen werden) kehrte er wieder um und traf abends in seiner Privatresidenz einen Angehörigen der britischen High Commission. Somit war die Urkunde *nicht vor* der Entsendung der indischen Truppen am nächsten Morgen unterzeichnet. Außerdem weist Lamb darauf hin, daß bis heute nicht das Original der Urkunde einer interessierten Öffentlichkeit gezeigt wurde. Damit entstehen Zweifel über die völkerrechtliche Legitimität des Anschlusses. Wie politisch brisant diese Forschungsergebnisse für die völkerrechtliche und politische Argumentation der indischen bzw. pakistanischen Konfliktpartei sind, liegt auf der Hand.

Natürlich bildete der umstrittene Anschluß nur einen der vielen Bausteine in der komplizierten Geschichte des Konflikts, die hier nicht weiter dargestellt werden kann. Außerordentlich folgenschwer waren aber die *politischen Auswirkungen*, die der Konflikt hervorrief. Er gab den Anstoß für eine Feindschaft, die sich in den folgenden Jahrzehnten zu einem grundsätzlichen Antagonismus zwischen den beiden Nachbarstaaten ausweitete. Besonders verhängnisvoll waren dabei die Konsequenzen für die Rüstungspolitik der verfeindeten Nachbarn. Beide rüsteten systematisch ihre konventionellen Streitkräfte auf, entwickelten Kernwaffen und erforschten den Bau von Raketen, um über Trägersysteme für Atomsprengköpfe zu verfügen. In diesem Rüstungswettlauf war Indien aufgrund seiner umfangreicheren Ressourcen Pakistan überlegen, rechtfertigte allerdings sein größeres Rüstungspotential mit der Bedrohung, die seit Anfang der 60er Jahre von China ausging.

Darüber hinaus bot der Kaschmir-Konflikt den Anlaß, den indisch-pakistanischen Antagonismus mit der *globalen Rivalität* zwischen den USA und der Sowjetunion zu *verflechten*. Das sollte sich als die entscheidendste Konstante für Indiens Außenpolitik erweisen, denn damit waren die internationalen Rahmenbedingungen vorgegeben, in denen New Delhi seine außenpolitische Rolle konzipieren mußte. Seiner geschickten Diplomatie war es zu verdanken, daß Indien wie kaum ein anderer Staat unter den Blockfreien größtmöglichen Nutzen aus der globalen Konfrontation während des Kalten Kriegs zog.

Die Verflechtung setzte Mitte der 50er Jahre ein, als sich Pakistan dem amerikanischen Bündnissystem anschloß und Indien bereitwillig auf das Werben der sowjetischen Machthaber einging. Erst 30 Jahre später, Mitte der 80er Jahre, begann sie sich aufzulösen. Als Mikhail Gorbatschow seine außenpolitischen Initiativen eröffnete, wie beispielsweise die sowjetischen Truppen aus Afghanistan abzuziehen, ein Ende des «kommunistischen Bruderzwists» mit China zu suchen und an globalen Abrüstungsverhandlungen konstruktiv teilzunehmen, büßte Indien seine diplomatischen Verhandlungstrümpfe im Machtpoker des Kalten Kriegs ein.

Als Ende 1991 die Sowjetunion endgültig auseinanderbrach, ging auch das sich über 35 Jahre herausgebildete Freundschaftsverhältnis mit Moskau zu Ende. Indien verlor seinen wichtigsten internationalen Partner, mit dem es intensive außen-, sicherheits-, rüstungs-, wirtschafts- und entwicklungspolitische Beziehungen unterhalten hatte. Die Achse

Moskau / New Delhi wurde hinfällig. Seit Gorbatschows Wende in der Afghanistan-Politik und den Genfer Afghanistan-Verhandlungen im Frühjahr 1988 hatte auch Pakistan seinen Nutzen als «anti-kommunistischer Frontstaat» für die globale Sicherheitsstrategie der USA verloren, so daß sich die Achse Washington / Islamabad ebenfalls auflöste.

Die Wechselwirkung zwischen der Außenpolitik Indiens bzw. Pakistans und der USA bzw. Sowjetunion ließ sich als «strategisches Viereck» beschreiben, das durch die beiden zuvor beschriebenen Achsen gebildet wurde. Außen- und sicherheitspolitischen Nutzen, wenn auch in unterschiedlichem Ausmaß, zogen sowohl die beiden südasiatischen Feinde Indien und Pakistan als auch die globalen Rivalen Sowjetunion und USA aus der strategischen Viererbeziehung. Eine besondere Rolle spielte in dieser sicherheitsstrategischen Konstellation China. Dank Pakistans Vermittlung näherten sich China und die USA ab 1971 an, doch gelang es Pakistan nicht, eine Dreimächteachse Beijing / Islamabad / Washington als Schutz vor dem indischen Übergewicht aufzubauen. Die indisch-sowjetische Achse wurde wiederum durch die gemeinsame Sorge vor einer chinesischen Bedrohung gefestigt.

Zu Beginn der 90er Jahre zeigte sich nun, daß mit der Auflösung der Viererbeziehung der ursprüngliche regionale Konflikt in aller Vehemenz wieder auflebte. Als Ende 1989 die über Jahrzehnte aufgestaute Frustration der moslemischen Bevölkerung im indischen Kaschmir-Tal in einem militanten Separationskampf kulminierte, spitzte sich die Lage im geteilten Kaschmir so zu, daß im Mai 1990 ein neuerlicher umfassender Krieg zwischen Indien und Pakistan drohte. Er konnte durch eine diplomatische Initiative Washingtons, die mit Moskau abgestimmt war, gerade noch verhindert werden. Doch ließ sich daran ablesen, daß der Kaschmir-Konflikt alle zwischenzeitlichen bilateralen, südasiatischen und globalen Veränderungen überdauert und Anfang der 90er Jahre nichts von seiner ursprünglichen kriegsauslösenden Brisanz verloren hatte.

Die strukturelle Bedeutung des «strategischen Vierecks» für Indien läßt sich nur dann vollständig ermessen, wenn der *«China-Faktor»* einbezogen wird. Nehrus feste Überzeugung, daß sich zwischen den beiden großen asiatischen Staaten Indien und China eine Freundschaft entwickeln würde, ließ ihn die seit Ende der 50er Jahre zunehmenden Spannungen im bilateralen Verhältnis übersehen. Beijings blutige Niederschlagung des tibetischen Aufstands, die Flucht des Dalai Lama nach Indien und Zwischenfälle an der chinesisch-indischen Grenze verschlechterten die Beziehungen so sehr, daß es 1962 zu einem offenen Krieg kam, in dem Indien eine als demütigend empfundene Niederlage erlitt. Der vermeintliche Freund entpuppte sich als ein überlegener Feind und außenpolitischer Rivale.

Der Krieg mit China markierte einen Wendepunkt in der Außen- und Sicherheitspolitik New Delhis. Seitdem mußte Indien den chinesischen

Einfluß in Südasien in seine Sicherheitskonzeption einbeziehen. Während die Demarkierung der Grenze zwischen Indien und China bis heute eine ungeklärte Streitfrage geblieben ist, regelte China mit Pakistan bereits 1963 vertraglich die Grenzziehung im Norden des geteilten Kaschmir. Daraus entstand eine Grunddeterminante der indischen Sicherheitspolitik. Bislang war das Rüstungspotential angesichts der begrenzten pakistanischen Bedrohung gering gehalten worden. Nun wurde die systematische Aufrüstung damit begründet, daß Indien so stark sein müsse, um notfalls einen *gemeinsamen* Angriff der beiden befreundeten Staaten Pakistan und China abwehren zu können. Akut wurde diese Furcht in den Kriegen gegen Pakistan 1965 und 1971. Doch beschränkte sich China beide Male auf diplomatische Rückenstärkung für Pakistan und unterließ es zu dessen Enttäuschung, durch eine zusätzliche Front im Osten Indiens die pakistanische Kriegsführung zu entlasten.

5. Die Ära Indira Gandhi: Modifizierte Blockfreiheit, regionale Führungsrolle und Ansätze für eine regionale Kooperation

Ohne diese vorausgegangenen Veränderungen ließ sich der Abschluß des sowjetisch-indischen Vertrags über Frieden, Freundschaft und Zusammenarbeit am 9. August 1971 nicht verstehen. Seine Unterzeichnung nötigte Indira Gandhi zu einer modifizierten Interpretation der Blockfreiheit. Der auf 20 Jahre abgeschlossene Vertrag enthielt im entscheidenden Artikel 9 eine Sicherheitsklausel, die sofortige Konsultationen, aber keine zwingende militärische Beistandsverpflichtung im Falle eines Angriffs durch Dritte vorsah. Damit näherte sich die Regierung Indira Gandhi so weit einem Sicherheitsbündnis an, wie es eine großzügige Interpretation von Blockfreiheit gerade noch erlaubte. Mit dem Freundschaftsvertrag verdichteten sich die engen und vielfältigen Beziehungen zwischen Indien und der Sowjetunion nicht nur quantitativ, sondern nahmen auch einen neuen Charakter an. Er zeigte sich daran, daß die Beziehungen fortan als «ein in schwierigen Zeiten bewährtes besonderes Freundschaftsverhältnis» gepriesen wurden, eine Floskel, die auch noch in den späten 80er Jahren von Gorbatschow und Rajiv Gandhi verwendet wurde.

Um die «Sonderbeziehung» (special relationship) und ihre Auswirkungen auf das neu interpretierte Verständnis von Blockfreiheit einordnen zu können, müssen die Hintergründe des Vertragsabschlusses erläutert werden. Neues Licht auf die sowjetischen Interessen an dem Abschluß warf die Entstehungsgeschichte des Vertragstextes. Wahrscheinlich wurde der Text des Vertrags schon im September 1969 entworfen. Zum damaligen Zeitpunkt hatte sich das Verhältnis zwischen den beiden «kommunistischen Bruderstaaten» Sowjetunion und China so verschlechtert, daß Moskau ein anti-chinesisches *kollektives* Sicherheitssystem in Asien errichten wollte und dabei auch um Indiens Beitritt warb. Doch New Delhi wollte seine Blockfreiheit nicht kompromittieren und lehnte ab. Statt dessen willigte es offenbar in eine vertraglich geregelte *bilaterale* Sicherheitsbeziehung ein, scheute aber vor dem endgültigen Vertragsabschluß zurück. Die ursprüngliche Initiative ging also von Moskau aus, während sich New Delhi in der günstigen Position des Umworbenen sah.

1971 hatte sich dagegen die Sicherheitskonstellation verändert. Verursacht durch die wachsenden Spannungen zwischen Pakistans beiden Landesteilen und die ständig anschwellenden Flüchtlingsströme von Ostpakistan nach Indien befand sich New Delhi in einer kritischen Lage, in der es dringend eine externe Rückversicherung benötigte. Im März 1971 war der innerpakistanische Konflikt ausgebrochen und schlug bald in einen offenen Separationskrieg des Ostteils gegen die westpakistanischen Machthaber um. Im Verlauf des Sommers war abzusehen, daß sich die interne Auseinandersetzung zu einem bilateralen Krieg zwischen Indien und Pakistan ausweiten würde. Die Armeen beider Staaten rüsteten sich bereits dafür. Dabei mußte Indien darauf bedacht sein, nicht als Aggressor dazustehen, wenn es durch seine militärische Unterstützung dem Sezessionskampf der Bengalen in Ostpakistan zum Erfolg verhelfen wollte.

In dieser ohnehin angespannten Lage gab der amerikanische Präsident Richard Nixon Mitte Juli die sensationelle Nachricht bekannt, daß geheime pakistanische Vermittlungen eine Annäherung zwischen Beijing und Washington ermöglicht hatten. Zugleich kündigte er seinen offiziellen Besuch in China für 1972 an.

Die Furcht vor einer amerikanisch-pakistanisch-chinesischen Achse führte Moskau und New Delhi noch enger zusammen. Da sich die Regierung Indira Gandhi überdies in der kritischen Kriegsphase des bevorstehenden militärischen Eingreifens in Ostpakistan vor Sanktionen im Sicherheitsrat der Vereinten Nationen schützen wollte, war es nun New Delhi, das auf einen schnellen Abschluß des Freundschaftsvertrags drängte. In weniger als einem Monat nach Nixons aufsehenerregender Presseerklärung wurde der Vertrag in New Delhi unterzeichnet. Dazu flog der damalige sowjetische Außenminister, Andrej Gromyko, in einem Blitzbesuch ein, der erst zwei Tage zuvor arrangiert worden war. Der Vertrag bot die Gewähr, daß die Sowjetunion mit ihrem Veto im Sicherheitsrat Indien diplomatisch den Rücken im ostpakistanischen Krieg freihielt.

Nach dem militärischen Sieg Indiens über die im Ostteil kämpfende westpakistanische Armee am 16. Dezember 1971 und der Ausrufung des neuen Staates Bangladesch sah Indien den Freundschaftsvertrag bald wieder mit anderen Augen an. In den entscheidenden Kriegsmonaten hatte er seinen Nutzen bewiesen. Mit der erfolgreichen Aufspaltung und Schwächung des pakistanischen «Erzfeindes» war Indiens regionale Position jedoch so gefestigt, daß zu enge Beziehungen mit Moskau für Indiens internationales Agieren eher hinderlich waren.

Deshalb verfolgte Indira Gandhi ab 1972 ein geschicktes Taktieren gegenüber den Machthabern im Kreml. Einerseits wurden die «besondere Freundschaft» bei allen gebotenen Anlässen rhetorisch hoch gelobt und die umfangreichen Rüstungs-, Handels- und Wirtschaftskontakte vertieft. Andererseits wurde Indiens unabhängige Haltung bei bilateralen Fragen und internationalen Konflikten bewußt betont, so daß sich die Regierung Indira Gandhi eine gewisse Distanz zu Moskau verschaffte. Hier zeigte sich wieder das altbekannte Streben nach nationaler und außenpolitischer Selbständigkeit. Wichtig für das Verständnis der «Sonderbeziehung» war daher, daß Indira Gandhi eine «pro-sowjetische Blockfreiheit» erfolgreich durchsetzte. Die gleichzeitige Nähe und Distanz machten den besonderen Charakter des sowjetisch-indischen Verhältnisses aus. Indien zog pragmatisch größtmöglichen Nutzen aus der Sonderbeziehung, bewahrte sich aber ein eigenständiges außenpolitisches Profil. Bezeichnenderweise wurde öfter gefragt, wer denn nun eigentlich mehr davon profitierte, Moskau oder vielleicht doch New Delhi.

Zweifel an der Glaubwürdigkeit von Indira Gandhis Blockfreiheit stellten sich erst eine Dekade später ein, als Ende Dezember 1979 die sowjetischen Truppen in Afghanistan, einem Mitglied der blockfreien Staatengemeinschaft, einmarschierten. Innenpolitisch befand sich Frau Gandhi in einer schwierigen Übergangssituation. Nach dem Auseinanderbrechen der Janata-Regierung stand Indien zum Zeitpunkt der sowjetischen Intervention in Afghanistan wenige Tage vor vorgezogenen Neuwahlen zum nationalen Parlament. Frau Gandhi ging als überwältigende Siegerin aus den Wahlen hervor, war aber noch nicht als Premierministerin vereidigt worden, als man eine Stellungnahme von ihr erwartete. Nach Beratungen im engsten Kreis ihrer Vertrauten entschied sie sich dafür, eine klare Stellungnahme und letztlich eine Verurteilung des sowjetischen Eingreifens zu vermeiden. Das Eindringen der sowjetischen Truppen wurde bedauert, aber nicht verurteilt. Bei der entscheidenden Abstimmung in den Vereinten Nationen, die auf eine Verurteilung des sowjetischen Einmarsches zielte, enthielt sich Indien, zur Enttäuschung der westlichen und blockfreien Staaten, der Stimme.

Zunächst betrieb Frau Gandhi eine aktive Diplomatie, um Moskau zu einem baldigen Abzug der Truppen zu veranlassen. Als sie die Aussichtslosigkeit ihrer Bemühungen erkannte, ließ sie sich fortan von strategischen Prioritäten leiten. Mit einem kommunistischen Satellitenregime in Afghanistan konnte Indien leben, zumal dadurch Pakistan in eine strategische Umklammerung geriet. Wichtiger für Indiens Sicherheit war dagegen, einer zu engen, durch Waffenlieferungen untermauerten Einbeziehung Pakistans in die amerikanische Geopolitik entgegenzusteuern. Deshalb hielt Frau Gandhi einerseits vorsichtige Distanz zu Moskau, ließ aber Verständnis für das sowjetische Vorgehen durchklingen. Andererseits eröffnete sie nach einer angemessenen Frist eine diplomatische Initiative gegenüber den USA, um Indiens Position im «strategischen Viereck» wieder mehr Gewicht zu verleihen. Trotzdem konnte sie nicht verhindern, daß in der frühen Phase des afghanischen Kriegs die beiden gegnerischen Achsen New Delhi / Moskau und Islamabad / Washington stärker als je zuvor wiederbelebt wurden.

Nur war es diesmal der pakistanische Militärdiktator Zia ul Haq, der den größten Vorteil aus dem «strategischen Viereck» zog. Seinem geschickten Verhandeln mit Washington verdankte Pakistan außenpolitische Aufwertung sowie umfassende Militärhilfe und Rüstungslieferungen aus den USA. Damit setzte ein neuer Rüstungswettlauf ein, in dem Indien bald nachzog, um seinen Vorsprung vor Pakistan zu halten. Mitte der 80er Jahre erfolgte dann ein qualitativer Sprung in der militärisch orientierten Nuklearentwicklung. Beide Staaten ließen anklingen, daß sie Kernwaffen bauen konnten, also de facto Atommächte waren.

Will man eine Bilanz der Ära Indira Gandhi ziehen, muß man sich nochmals Indiens regionale Rolle auf dem Höhepunkt der Machtentfaltung 1971/72 vergegenwärtigen. Die Kapitulation der westpakistanischen Armee im Dezember 1971, die Zerschlagung des verfeindeten Nachbarn und die Errichtung des Indien zunächst engverbundenen neuen Staates Bangladesch markierten den größten Triumph Indira Gandhis. Sie wurde von ihren Landsleuten als Reinkarnation der mächtigen Göttin Durga gefeiert. Nun fühlte sich Indien als unangefochtene regionale Vormacht in Südasien und verpflichtete das entscheidend geschwächte Pakistan zu einer rein bilateralen Regelung noch ungelöster Streitfälle (wie z. B. Kaschmir) im Simla-Abkommen vom 3. Juli 1972. Zwar wurde die «Südasien-Doktrin», ursprünglich übrigens «Indira-Doktrin» genannt, offiziell erst während Frau Gandhis zweiter Amtsperiode formuliert, doch waren mit Indiens Sieg im Bangladesch-Krieg die machtpolitischen Voraussetzungen dafür geschaffen worden.

Das paradoxe Element in Indira Gandhis Außenpolitik läßt sich leichter verstehen, wenn man ihren Regierungsstil und ihr außenpolitisches Selbstverständnis mit Nehrus Haltung kontrastiert. Vater wie Tochter prägten durch ihre Persönlichkeit und ihr politisches Gespür das außenpolitische Bild ihres Landes und verfolgten eine pragmatische, an Indiens Interessen orientierte Außenpolitik. Nehru betonte, wie bereits erläutert, das *moralische* Element und verschaffte Indien eine *informelle* Führungsposition in der globalen Politik. Indira Gandhi dagegen war stärker *machtpolitisch* orientiert, wollte Indiens Status als regionale Ordnungsmacht *offiziell* anerkannt wissen und war wiederholt bereit, seine Ordnungsrolle in Südasien gegebenenfalls auch mit massivem Druck auf die Nachbarstaaten *sichtbar* zu demonstrieren.

Obwohl die tatsächlichen Machtverhältnisse in der Region ab 1972 Indiens Führungsanspruch voll bestätigten, verhinderte Indiens machtpolitisches Auftreten, daß New Delhi in der Region eine «Pax Indica» errichten und international als unangefochtener Sprecher der südasiatischen Staaten auftreten konnte. Das Wort von «Indiens regionaler Selbstfesselung» drückte das paradoxe Element am treffendsten aus. Die kleineren Nachbarstaaten warfen Indien vor, als «großer Bruder» bevormundend aufzutreten oder sich gar als «regional bully» (regionaler Tyrann) zu gebärden.

Je stärker New Delhi die Vormachtrolle herauskehrte, desto hartnäkkiger widersetzten sich die kleinen Nachbarn diesem Anspruch. Statt nach 1972 auf eine regionale Entspannung hinzuarbeiten und dadurch Energien für internationale Ambitionen freizusetzen, blieben Indiens Kräfte durch konfliktträchtige Auseinandersetzungen mit den Nachbarn in der Region gebunden. Berücksichtigt man überdies das amerikanische und westliche Mißtrauen gegen Indiens enge Beziehungen zu der Sowjetunion, so wird verständlich, warum Indien international nicht der Status einer regionalen Ordnungsmacht formal zuerkannt wurde, für den es militärisch (aber eben nicht diplomatisch) die Voraussetzungen geschaffen hatte.

Angesichts der ambivalenten und konfliktträchtigen Machtstrukturen in Südasien konnte es nicht überraschen, daß eine regionale Kooperationsgemeinschaft erst spät gebildet wurde und sich auch noch in den 90er Jahren in einem rudimentären Stadium befindet. Nach mühseliger Vorarbeit seit Anfang der 80er Jahre und einer informellen Vorstufe ab August 1983 konstitutierte sich am 8. Dezember 1985 in Dhaka / Bangladesch die «South Asian Association for Regional Cooperation» (SAARC). Doch Indiens politische und wirtschaftliche Übermacht, der ungelöste Konflikt mit Pakistan und das latente Mißtrauen der übrigen kleinen Staaten gegen Indiens Einflußnahme behinderten von Anfang an eine Ausdehnung und Vertiefung der regionalen Kooperationsvorhaben.

6. In der Zerfallsphase des «strategischen Vierecks»: Festhalten an einem «alten Denken»

Der Schock über Indira Gandhis Ermordung am 31. Oktober 1984 löste eine nationale Sympathiewelle für ihren Sohn Rajiv aus, die ihn in den Ende Dezember folgenden Nationalwahlen mit überwältigender Mehrheit in das Parlament einziehen ließ. Als jüngster Sproß der Nehru-Gandhi-Dynastie und zugleich als Repräsentant der ersten Generation, die im unabhängigen Indien geboren war, wurde Rajiv Gandhi zum «Hoffnungsträger der Nation» hochstilisiert. Sein damaliger Wahlkampfslogan «Kontinuität und Wandel» symbolisierte die nationale Aufbruchstimmung, die jedoch bewußt an die bewährten Traditionen anknüpfen wollte. Rajiv Gandhis Tragik mag darin gesehen werden, daß er zu viele und zu hochgesteckte Erwartungen weckte. Die Visionen, die er von einem modernen Indien malte, konnte er in seiner täglichen Politik nicht einlösen, so daß Anspruch und Wirklichkeit zusehends mehr auseinanderklafften.

In der regionalen Politik überwog «Kontinuität» in dem Sinn, daß ihn sein dynastisches Herrschaftsverständnis offenbar dazu veranlaßte, im Stil seiner Mutter Indiens Vormacht zu demonstrieren. Als Beispiel sei die fehlgeschlagene Mission der indischen «Friedenstruppe» in Sri Lanka genannt.

Wie bei anderen Konflikten zwischen Indien und seinen Nachbarn reichte auch die Vorgeschichte des Tamilen-Konfliktes bis in die Kolonialzeit zurück. Der Konflikt wurde auf drei Ebenen ausgetragen: auf der zwischenstaatlichen Ebene zwischen den nationalen Regierungen in New Delhi und Colombo; auf der zwischengesellschaftlichen (intraethnischen) Ebene zwischen der tamilischen Minderheit im Norden Sri Lankas (Jaffna-Halbinsel) und der ca. 70 Millionen starken tamilischen Bevölkerung im südindischen Bundesstaat Tamil Nadu mit der Landeshauptstadt Madras; auf der innenpolitischen Ebene in beiden Staaten (d. h. in Indien zwischen New Delhi und Madras und in Sri Lanka zwischen Colombo, der tamilischen Minderheit und der singhalesischen Mehrheit).

Im Verlauf des jahrzehntelangen Konflikts, der seit 1983 zu einem blutigen Separationskampf der Tamilen im Norden Sri Lankas eskaliert war, änderten sich die Konstellationen zwischen den Interessen der verschiedenen Konfliktakteure mehrfach. Zwei Grundprämissen bestimmten dabei New Delhis Sri Lanka-Politk. Zum einen suchte es aus übergeordnetem strategischen Interesse Colombo daran zu hindern, außerregionale Mächte in den ethnischen Konflikt hineinzuziehen. Zum anderen lag es *nicht* im indischen Sicherheitsinteresse, den Separationskampf der wichtigsten Tamilengruppe, «Tamil Tigers» (LTTE), bis hin zu einer offiziellen Unabhängigkeit des nördlichen Landesteils («Tamil Eelam») zu unterstützen. Das schloß allerdings nicht aus, daß New Delhi zeitweise Ausbildungslager für die Tamil Tigers auf eigenem Boden in Tamil Nadu duldete und phasenweise sogar förderte.

In der ersten Jahreshälfte 1987 hatte sich die militärische Konfrontation zwischen der singhalesischen Armee und den Tamil Tigers bedenklich zugespitzt. Dadurch wuchs der Druck der Landesregierung in

Tamil Nadu auf Rajiv Gandhi, zugunsten der tamilischen Zivilbevölkerung auf der Jaffna-Halbinsel in Sri Lanka einzugreifen. Auf Drängen des damaligen indischen High Commissioner in Colombo, J. N. Dixit, entschlossen sich der srilankische Präsident, Junius Jayewardene, und Rajiv Gandhi zu Geheimverhandlungen. Diese führten am 29. 7. 1987 zur Unterzeichnung des Indo-Sri Lanka Accord.

Neben anderen kontroversen Bestimmungen sah der Vertrag als wichtigste Vereinbarung vor, daß die singhalesische Armee ihre Offensive gegen die Tamil Tigers einstellte (und dadurch konzentriert gegen eine singhalesische Untergrundbewegung im Süden des Landes vorgehen konnte). Statt dessen übernahm Indien die Rolle einer Garantiemacht im Tamilen-Konflikt und verpflichtete sich, in einem bestimmten Zeitraum die Tamil Tigers (und andere Gruppen) zu entwaffnen und einen politischen Prozeß durch die Abhaltung von Wahlen und eines Plebiszits über die zukünftige Provinzordnung einzuleiten.

Der Vertrag löste sofort heftigen Widerstand in der singhalesischen Bevölkerungsmehrheit aus und brachte Jayewardene in innnenpolitische Bedrängnis. Aber auch Rajiv Gandhi geriet bald in die Kritik der indischen Öffentlichkeit, da die indischen Truppen (zeitweise bis auf 70000 reguläre Soldaten erhöht) die Entmachtung der Tamil Tigers nicht erfüllen konnten. Zwar konnte eine Wiederbelebung des politischen Prozesses eingeleitet werden, doch erwies sich die innenpolitische Lage in Sri Lanka als äußerst labil.

Wie sich nachträglich herausstellte, hatte sich New Delhi in ein schlecht konzipiertes und durch politische Rücksichtnahme behindertes militärisches Abenteuer gestürzt. Der Regierungswechsel in Indien Ende 1989 erleichtete es Rajiv Gandhis Nachfolger V. P. Singh, ohne allzu großen Gesichtsverlust die indischen Truppen schnellstmöglich bis Ende März 1990 aus Sri Lanka wieder abzuziehen. Hier wurde Indien mit den Grenzen seiner regionalen Ordnungsfunktion konfrontiert und mußte eine bittere Lektion lernen: Falls überhaupt eine «Pax Indica» realisierbar sein sollte, dann müßte sich New Delhi nicht von einer machtpolitischen Strategie, sondern einem regionalen Entspannungskonzept leiten lassen.

Auch im indisch-pakistanischen Konflikt gelang es Rajiv Gandhi nicht, die hochgespielten Erwartungen anläßlich seines ersten Gipfeltreffens mit der fast gleichaltrigen pakistanischen Premierministerin Benazir Bhutto Ende Dezember 1988 einzulösen. Schien sich Anfang 1989 erstmals ein Tauwetter in dem über 40jährigen Konflikt anzubahnen, so wurde es durch das Beharrungsvermögen der etablierten Interessengruppen und Machtstrukturen in beiden Staaten binnen kurzem wieder zunichte gemacht. Eine zweite Chance für eine bilaterale Entspannung ergab sich nicht, denn Rajiv Gandhi verlor im November 1989 die Wahlen und Benazir Bhutto wurde im August 1990 vom pakistanischen Militär entmachtet. Statt Annäherung standen die Zeichen im Mai 1990 bald wieder auf Krieg, der aber glücklicherweise abgewendet werden konnte.

Das folgenschwerste Versäumnis war die falsche Weichenstellung, mit der Indien auf Gorbatschows Perestroika reagierte. Rajiv Gandhi und Gorbatschow übernahmen fast gleichzeitig Anfang 1985 die Macht. Beide Regierungschefs wollten verkrustete Strukturen aufbrechen und weitreichende Veränderungen einleiten, so daß ein gemeinsamer Reformaufbruch zu erwarten gewesen wäre. Der Interessenkonflikt entzündete sich jedoch daran, daß Gorbatschows «Neues Denken» die zentralen Eckpfeiler der bisherigen Außenpolitik Indiens untergrub.

Moskaus Détente mit Washington minderte New Delhis Chancen, erfolgreich *zwischen* den Blöcken zu agieren, da sich diese Blöcke auflösten. Zwangsläufig büßte auch die Blockfreienbewegung ihre Bedeutung ein, so daß Indien eines seiner wichtigsten internationalen Foren verlor. Die Abrüstungserfolge im konventionellen und nuklearen Bereich zwischen den USA und der Sowjetunion standen im Gegensatz zu Indiens gerade in den späten 80er Jahren forcierter Rüstungsmodernisierung und seiner strikten Weigerung, dem Atomwaffensperrvertrag beizutreten oder zumindest eine atomwaffenfreie Zone in Südasien zu befürworten. Gorbatschows grundsätzliche Kurskorrektur im Afghanistan-Konflikt beendete die sicherheitspolitische Interessengemeinschaft zwischen Moskau, Kabul und New Delhi. Indiens bisherige Unterstützung des sowjetischen Marionettenregimes unter Najibullah brachte ihm nun keinen politischen Vorteil mehr in Moskau ein. Darüber hinaus wurden Indiens Sicherheitsinteressen auch direkt betroffen, denn die strategische Umklammerung Pakistans löste sich nun auf.

Schließlich, und das war wohl aus indischer Sicht die gravierendste Kehrtwendung in der neuen sowjetischen Außenpolitik, gab Gorbatschow seine «asienpolitische Initiative» bekannt. Deren zentrale Elemente bestanden in einer Beendigung des «kommunistischen Bruderstreits» mit China und einer Umorientierung der strategischen und wirtschaftlichen Interessen Moskaus auf den asiatisch-pazifischen Raum hin. Damit wurde nicht nur Indiens bisheriger Stellenwert in der geopolitischen Strategie Moskaus empfindlich gemindert, sondern darüber hinaus eine treibende Kraft der Sonderbeziehung zwischen Moskau und New Delhi wirkungslos.

Wie zentral die gemeinsame Abwehr der chinesischen Gefahr für die strategische Freundschaft gewesen war, ließ sich daran ablesen, daß allein in diesem Bereich Bewegung in die indische Außenpolitik kam. Fehlte ansonsten der Schwung, Indien zu einem aktiven Mitspieler in der durch Moskaus «Neues Denken» eröffneten internationalen Neugestaltung zu machen, so stellte die indische China-Politik eine bemerkenswerte Ausnahme dar.

Angesichts des hartnäckigen Widerstands in der indischen Öffentlichkeit bildete Rajiv Gandhis Besuch in China im Dezember 1988 eine mutige Initiative. Frühere diplomatische Vorstöße, wie beispielsweise im Februar 1979 der China-Besuch des damaligen Außenministers der Janata-Regierung, Atal Behari Vajpayee, erwiesen sich als verfrüht, da internationale wie innenpolitische Machtkonstellationen ein Tauwetter noch nicht zuließen. Seit 1981 wurden zwar alljährlich bilaterale Gespräche über die ungeklärte gemeinsame Grenzziehung geführt, doch fuhren sie sich in einem Austausch bekannter Positionen fest.

Was fehlte, war ein diplomatisches Signal von höchster Regierungsstelle, daß der politische Wille zu konstruktiven Gesprächen vorhanden war. Als solches wollte Rajiv Gandhi seinen Besuch in China verstanden wissen und erzielte damit einen bemerkenswerten diplomatischen Erfolg. Dieser stellte sich nicht in Gestalt eines sensationellen Durchbruchs ein, sondern ließ sich daran ablesen, daß die seit 1962 unterkühlten Beziehungen in kleinen, geduldigen Schritten wiederbelebt wurden. Sein Besuch eröffnete eine Besuchsdiplomatie auf höchster Ebene, die in der Folgezeit von der Regierung Narasimha Rao zielstrebig und engagiert vorangetrieben wurde.

Hier ließ sich ein erstes Anzeichen erkennen, daß sich auch Indien dem «Neuen Denken» im internationalen System öffnete. Doch mußte Indien zunächst noch tiefer in eine umfassende Krise geraten, bevor sich breite Kreise der indischen Gesellschaft zu einem gemeinsamen Reformaufbruch zusammenschlossen. Den außenpolitischen Tiefpunkt erreichte Indien während des Golf-Kriegs zur Jahreswende 1990/91. Der kleinliche, machtpolitisch motivierte Streit zwischen Politikern sämtlicher Parteien (einschließlich der Kongress-Opposition unter Rajiv Gandhi) lähmte die Regierung vollständig. Beharren in alten, inzwischen überlebten Denkstrukturen drohte Indien in eine internationale Isolation zu führen.

7. Außenpolitischer Aufbruch im Zeichen einer wirtschaftlichen Öffnungspolitik

Vergegenwärtigt man sich die eingangs genannten Faktoren, die 1991 zu der entscheidenden Zäsur führten, so wird deutlich, mit welchem reformatorischen Mut die neugewählte Regierung Narasimha Rao unmittelbar nach ihrem Amtsantritt die Wirtschaftsliberalisierung bekanntgab. Das Tandem Narasimha Rao und Manmohan Singh besann sich auf einen alten außenpolitischen Grundsatz, nämlich pragmatisch internationale Veränderungen zu Indiens Gunsten zu nutzen. Das internationale System wird sich noch auf lange Sicht in einem ständigen Umbruch befinden. Damit Indien an diesem Prozeß mitwirken und seine eigenen Interessen durchsetzen kann, hat es begonnen, seinen Binnenmarkt für internationales Kapital zu öffnen, Anschluß an den Weltmarkt zu suchen und sich als gewichtiger Partner den westlichen Industrienationen und Japan zu empfehlen.

Damit ist ein grundsätzlich neues Kapitel in der indischen Außenpolitik eröffnet. Noch zeichnen sich nur Konturen ab. Ihre konkrete Ausgestaltung hängt von vielen, vorläufig nur schwer vorhersehbaren Variablen im innenpolitischen Bereich und im globalen System ab. Entscheidend ist jedoch, daß der wirtschaftliche Reformprozeß weiter vorangetrieben wird und sich Indien wieder als flexibler Spieler auf der internationalen Bühne präsentiert. Eine Grunddeterminante läßt sich bereits als alte / neue treibende Kraft erkennen: Indien wird mit aller Kraft darauf hinarbeiten, daß sein internationaler Status aufgewertet wird.

XXV.
Die deutsch-indischen Beziehungen

Dietmar Rothermund

1. Diplomatie und Politik vor Indiens Unabhängigkeit

Deutschland knüpfte schon zur Zeit der britischen Kolonialherrschaft diplomatische Beziehungen zu Indien an. Die Vorreiter waren die Hansestädte Bremen und Hamburg, die 1844 in Bombay und Kalkutta Konsulate errichteten. Später war das Deutsche Reich in Indien vertreten. Der Erste Weltkrieg unterbrach die diplomatischen Beziehungen, statt dessen versuchte Kaiser Wilhelm II. durch die Unterstützung einer indischen Exilregierung unter Raja Mahendra Pratap die Stellung der Briten in Indien zu erschüttern. Diese Regierung erreichte mit einer deutschen Militäreskorte Afghanistan und mußte den Krieg dort mehr oder weniger untätig verbringen. Der schlaue Amir von Afghanistan nutzte die Präsenz dieser Exilregierung nur dazu, um den Briten mehr Subsidien zu entlocken, und hielt Mahendra Pratap dafür praktisch unter Hausarrest. Daneben förderte die deutsche Regierung antibritische Gruppen unter den Indern in Amerika und organisierte den Waffenschmuggel, um indischen Nationalrevolutionären zu helfen, sich für Terroranschläge gegen die Kolonialherren zu rüsten. In Berlin wurde eine Gruppe indischer Exilrevolutionäre unterhalten, die Propaganda für den indischen Freiheitskampf machte. Alle diese Aktivitäten erwiesen sich als nutzlos und waren nach dem Krieg bald wieder vergessen.

Als Deutschland 1924 durch den Dawes-Plan wieder Anschluß an die Weltwirtschaft fand, wurden auch die deutschen Generalkonsulate in Bombay und Kalkutta erneut eröffnet. Sie dienten hauptsächlich den deutschen Handelsinteressen in Indien. Der Zweite Weltkrieg bedeutete wiederum einen Rückschlag für die diplomatischen Beziehungen. Viele in Indien tätige Deutsche wurden für die Dauer des Krieges interniert. Auch diesmal versuchte die deutsche Regierung wieder, antibritische Aktivitäten indischer Freiheitskämpfer zu unterstützen, doch nur das Auswärtige Amt setzte sich wirklich für eine solche Unterstützung ein. Hitler dagegen war ein Bewunderer der britischen Kolonialherrschaft in Indien und wollte nichts tun, um sie zu erschüttern. Das bekam auch Subhas Chandra Bose zu spüren, als er nach seiner abenteuerlichen Flucht nach Deutschland dort um eine Unterstützung für den indischen Freiheitskampf warb. Er glaubte an den alten Grundsatz, daß der Feind des Feindes ein Freund sei, stieß aber bei Hitler auf Ablehnung. Sein einziges Gespräch mit ihm war ein Fiasko, letztlich erreichte er nur, daß

Hitler ihm die Möglichkeit gab, auf dem Seeweg nach Japan zu kommen.

Die Japaner waren sehr an einer gemeinsamen Indienerklärung der Achsenmächte interessiert. Nach dem japanischen Sieg in Singapur im Februar und der Ablehnung des «Cripps-Angebotes» durch den indischen Nationalkongreß im April 1942 und der «Quit India»-Resolution, die dann zur «August-Revolution» führte, schien die Gelegenheit für eine solche Indienerklärung günstig zu sein, doch Hitler war nicht dafür zu haben. Er rechnete damals noch mit der Möglichkeit eines Separatfriedens mit den Briten und wollte sie nicht vor den Kopf stoßen. Die Japaner wiederum fürchteten einen solchen Separatfrieden und waren daher um so mehr daran interessiert, Hitler auf einen antibritischen Kurs zu verpflichten. In weiten Kreisen Indiens ist diese Haltung Hitlers bis heute unbekannt geblieben, und der deutsche Besucher wird nicht selten von begeisterten indischen Äußerungen über Hitler in Verlegenheit gebracht.

Nach dem Krieg konnten die diplomatischen Beziehungen nicht sehr bald wieder angeknüpft werden, zumal die staatliche Souveränität Deutschlands zunächst noch beschränkt war. Doch 1953 gehörte Indien zu den ersten Ländern, die die Bundesrepublik Deutschland anerkannten und volle diplomatische Beziehungen zu ihr herstellten.

2. Indien im Schatten der Hallstein-Doktrin und der atlantischen Orientierung Deutschlands

Nehru hatte bereits 1946 als Premierminister der Interimsregierung seine Schwester Vijayalakshmi Pandit als Botschafterin nach Moskau entsandt, und so wäre auch eine Anerkennung der Deutschen Demokratischen Republik nach der Anerkennung der Bundesrepublik ganz in seinem Sinne gewesen. Die Hallstein-Doktrin wurde zwar erst Ende 1955 verkündet, doch machten die deutschen diplomatischen Vertretungen ihren ausländischen Partnern schon vorher deutlich, daß die Anerkennung der DDR als ein unfreundlicher Akt angesehen würde, weil sie einer möglichen deutschen Wiedervereinigung im Wege stehen könnte. Für viele Regierungen der Welt war es unproblematisch, die Hallstein-Doktrin zu akzeptieren, vor allem wenn sie von deutscher Entwicklungshilfe profitieren konnten. Indien war ab 1957 auf solche Hilfeleistungen angewiesen. Die Dankbarkeit für die Hilfe mischte sich aber zunehmend mit einem Gefühl der Bitterkeit in bezug auf das starre Festhalten Deutschlands an der Hallstein-Doktrin. Die neue deutsche Ostpolitik nach 1971 bedeutete daher für Indien, das nun die DDR anerkennen durfte, eine Entlastung. Die deutsch-indischen Beziehungen hätten sich nun in einem ungezwungeneren Klima gegenseitiger Achtung entfalten können. Freilich machte sich in Indien nach der Anerkennung der DDR eine gewisse Tendenz der Bevorzugung dieses anderen deutschen Staates bemerkbar. Indira Gandhis Notstandsregime der Jahre 1975–76 trug hierzu bei, denn es wurde natürlich in der Bundesrepublik mit Bedauern zur Kenntnis genommen, während es die DDR im Gefolge der Sowjetunion ausdrücklich billigte.

Die überwiegend atlantische Orientierung der deutschen Außenpolitik bewirkte jedoch ohnehin, daß das Interesse an Indien in jener Zeit nicht sehr groß war und allenfalls von einer Atmosphäre wohlwollender Vernachlässigung die Rede sein konnte. Zwischen dem Besuch Kurt Georg Kiesingers im Jahre 1967 und dem offiziellen Staatsbesuch Helmut Kohls im April 1986 fand kein Bundeskanzler den Weg nach Indien, und da das diplomatische Protokoll Reziprozität vorschreibt, gab es denn auch keine indischen Gegenbesuche, bis Rajiv Gandhi Deutschland im Sommer 1988 besuchte. Ministerbesuche und Besuche der Bundespräsidenten fanden zwar in der Zwischenzeit statt, doch haben nun einmal die Besuche der Regierungschefs ein ungleich höheres Gewicht, und wenn diese fehlen, machen die Besuche anderer Würdenträger nur noch deutlicher, daß es an dem entscheidenden Element der Besuchsdiplomatie fehlt.

3. Die Intensivierung der politischen Beziehungen seit 1988

Die Besuche des indischen Staatspräsidenten Venkatraman und des Premierministers Gandhi, die in kurzem Abstand im Jahre 1988 erfolgten, signalisierten eine neue Epoche intensiverer Beziehungen. Der Fall der Berliner Mauer und die Wahlniederlage Gandhis im November 1989 bedeuteten dann wieder einen gewissen Einschnitt dieser gerade begonnenen Phase. Indien begrüßte zwar die deutsche Wiedervereinigung, befürchtete aber auch, daß die Hinwendung zum Osten die ganze Aufmerksamkeit Deutschlands beanspruchen werde und Indien daher wieder ins Hintertreffen geraten dürfte. Der Golfkrieg und der Zusammenbruch der Sowjetunion isolierten Indien und zerstörten sein bisheriges außenpolitisches Bezugssystem. In diesem Zusammenhang war es von großer Bedeutung, daß der neugewählte indische Premierminister P. V. Narasimha Rao seinen ersten Staatsbesuch im September 1991 Deutschland abstattete und nach einem Gegenbesuch Bundeskanzler Kohls schon im Februar 1994 wiederum Deutschland besuchte. Die stürmische Liberalisierung der indischen Wirtschaft, über die in einem anderen Kapitel berichtet werden soll, spielte bei dieser Intensivierung der Beziehungen natürlich auch eine wichtige Rolle, aber die weltpolitische Dimension der auf so bemerkenswerte Weise dokumentierten Annäherung der beiden Staaten sollte dabei nicht vergessen werden.

Beide Staaten suchen eine neue Orientierung in einem sich rasch verändernden Weltsystem, in dem die alten Koordinaten des Ost-West-Konflikts nicht mehr gelten, die es ihnen erlaubten, ihren jeweiligen Platz zu definieren. Als zwei Wanderer in einem noch nicht durch neue Orientierungsmarken bezeichneten Gebiet entdecken sie nun gemeinsame Interessen. Dazu gehört unter anderem die Reorganisation der Vereinten Nationen, die beiden Staaten einen Platz im Sicherheitsrat gewähren sollte. Ferner sind beide Staaten an guten Beziehungen zu den Nachfolgestaaten der Sowjetunion interessiert. Das vereinte Deutschland ist bereits für alle Staaten Osteuropas ein wichtiger Partner. Diese Beziehungen werden in Zukunft noch mehr an Bedeutung gewinnen. Indien ist vor allem an guten Beziehungen zu Rußland interessiert und muß die Entwicklungen in den südlichen Republiken von Turkmenistan bis Kasachstan aufmerksam verfolgen.

Ein bemerkenswerter Aspekt der intensiveren Beziehungen ist die wachsende Beteiligung gesellschaftlicher Kräfte außerhalb der Regierungskreise an dem Prozeß der politischen Willensbildung. Während früher nur Diplomaten und Ministerialbürokraten an diesem Prozeß mitwirkten, sind jetzt auch Vertreter von Wirtschaft und Wissenschaft beider Länder daran beteiligt. Das gilt für die Delegationen, die die Regierungschefs und die Fachminister bei den Staatsbesuchen begleiten, insbesondere aber für eine neue «Indo-German Consultative Group», die auf Wunsch beider Regierungschefs ins Leben gerufen wurde und sich 1992 zum ersten Mal in Bonn traf, 1993 dann in New Delhi und diese Treffen im jährlichen Turnus fortsetzen wird. Sie besteht aus Vertretern von Wirtschaft und Wissenschaft beider Länder. Ihre Empfehlungen werden direkt den beiden Regierungschefs zugeleitet.

4. Entwicklungshilfe und Wirtschaftsbeziehungen

Die deutsch-indischen Handels- und Wirtschaftsbeziehungen wurden schon wenige Jahre nach der Herstellung der diplomatischen Beziehungen im Jahre 1953 durch das neue Instrument der Entwicklungshilfe entscheidend gefördert und geprägt. Der Bau des Stahlwerks Rourkela zeigte das auf exemplarische Weise. Die indische Regierung hatte nach dem Krieg beträchtliche Devisenreserven und konnte als potenter Auftraggeber für den Bau von Industrieanlagen auftreten. So bestellte sie denn auch bei einem Konsortium deutscher Firmen ein Stahlwerk, das mit modernsten Methoden Walzstahl herstellen sollte. Die betreffenden Firmen waren über die Aufträge begeistert, hatten dann aber einige Schwierigkeiten mit dem Bau eines hochmodernen Stahlwerks auf der sprichwörtlichen «grünen Wiese», die sich dazu noch in einem sehr entlegenen Gebiet befand. Bald nach dem Baubeginn gingen der indischen Regierung dann die Devisenreserven aus, und es mußte über Kredite von einer Größenordnung verhandelt werden, die über den Rahmen normaler kommerzieller Kredite hinausgingen. Das war die Geburtsstunde der zunächst als Kapitalhilfe konzipierten Entwicklungshilfe, die man auch als Exportförderung auf Kosten des Steuerzahlers bezeichnen kann. Der VDMA (Verein deutscher Maschinenbau-Anstalten) konnte sich mit Recht als Pionier der deutschen Entwicklungshilfe bezeichnen, aber er zahlte sie nicht, sondern forderte sie und wurde dann durch sie gefördert. Der deutsche Bankier Hermann Abs spielte eine führende Rolle bei der Gründung des internationalen Aid India Consortiums, das ab 1957 die Finanzierung des ehrgeizigen 2. Fünfjahresplans durch Entwicklungshilfe unterstützte.

Indien war ein guter Kunde der deutschen Industrie, war aber zunächst nicht in der Lage, genügend nach Deutschland zu exportieren, um die bilaterale Handelsbilanz auszugleichen. Die deutsche Finanzhilfe an Indien glich das Handelsbilanzdefizit nur in bescheidenem Maße aus. Eine Analyse der Entwicklung in den Jahren von 1980 bis 1985 soll dies zeigen. Als Indien nach 1980 seine industrielle Rezession überwunden hatte, importierte es in steigendem Maße Investitionsgüter aus Deutschland. Der Wert der indischen Einfuhren aus Deutschland betrug 1980 rund 1,7 Mrd. DM und stieg 1985 auf 3,4 Mrd. DM. In derselben Zeit wuchsen aber die indischen Exporte nach Deutschland nur von rund 0,9 auf 1,1 Mrd. DM an. Die Summe des Handelsbilanzdefizits für diese sechs Jahre betrug ca. 9,3 Mrd. DM, dem stand eine Summe deutscher Finanzhilfe von nur rund 2 Mrd. DM gegenüber. Dabei handelte es sich fast ausnahmslos um Kredite zu günstigen Bedingungen und nicht um verlorene Zuschüsse. In der ganzen Periode hatte Deutschland jeweils einen Anteil von rund 7 Prozent an den indischen Einfuhren und rund 4 Prozent an den indischen Ausfuhren. Während Deutschland somit einen durchaus nennenswerten Anteil an dem insgesamt eher bescheidenen indischen Außenhandel hatte, war der Anteil Indiens am deutschen Außenhandel sehr gering. Die deutschen Exporte nach Indien entsprachen selbst in einem so guten Jahr wie 1985 nur 0,6 Prozent der deutschen Gesamtexporte, und die Einfuhren aus Indien hatten einen Anteil von 0,3 Prozent am deutschen Gesamtimport.

In jüngster Zeit hat sich die Handelsbilanz zugunsten Indiens geändert. Deutschland hat noch immer einen Anteil von rund 7 Prozent an den indischen Einfuhren, aber nun auch einen gleich hohen Anteil an den indischen Ausfuhren. In den Jahren 1990 bis 1992 wurden jährlich deutsche Erzeugnisse im Wert von rund 2,7 Mrd. DM von Indien eingeführt und Deutschland erwarb indische Produkte von nahezu gleichem Wert. Das krasse Handelsbilanzdefizit schien nun endgültig überwunden zu sein. Doch wurde auch weiterhin deutsche Finanzhilfe geleistet, die insbesondere zur Zeit der indischen Zahlungsbilanzkrise von 1991 sehr willkommen war. Nähere Einzelheiten sind der entsprechenden Tabelle im Anhang dieses Bandes zu entnehmen.

Neben der staatlichen Finanzhilfe spielten die privaten Direktinvestitionen deutscher Firmen in Indien zunächst eine sehr marginale Rolle. Solche Direktinvestitionen erfolgten hauptsächlich im Rahmen von *joint ventures.* Die Tatsache, daß Mehrheitsbeteiligungen ausländischer Kapitaleigner an indischen Firmen zunächst nicht gestattet waren, wirkte sich dabei hemmend aus. Indische Unternehmer begnügen sich oft gern mit Sperrminoritäten, die es ihnen erlauben, eine Firma zu kontrollieren, ohne viel zu investieren. Deutsche Unternehmer ziehen Mehrheitsbeteiligungen vor, die ihnen die volle Verantwortung für die betreffende Firma sichern. Diese Chance wird ihnen nun im Rahmen der Liberalisierung der indischen Wirtschaft gegeben. Damit haben sich auch die Motive für die Anbahnung von deutsch-indischen *joint ventures* geändert. In früheren Jahren waren diese vor allem deshalb attraktiv, weil die deutsche Seite Kapital und Technologie einbrachte, die indische die Lizenzen und die Beziehungen zur Bürokratie, ohne die zu jener Zeit nichts lief. Mit der Liberalisierung können sich nun *joint ventures* auf einer ganz anderen Grundlage entwickeln, die beiden Seiten mehr Freiheit und Gestaltungsmöglichkeiten gewährt. Die deutsch-indischen *joint ventures* sind übrigens fast ausnahmslos erfolgreich. Sie haben manchmal sogar zu ganz außergewöhnlichen Formen der Zusammenarbeit geführt. So hat in einem Fall eine deutsche Firma, die durch Personalprobleme in der Heimat in Not geriet, kurzerhand den indischen Partner gebeten, auch die Leitung der Firma in Deutschland zu übernehmen. Der Geist echter Partnerschaft, der darin zum Ausdruck kam, kennzeichnet die meisten deutsch-indischen *joint ventures.*

5. Die Forschungszusammenarbeit in Naturwissenschaft und Technik

Seit über zwanzig Jahren arbeiten Deutschland und Indien auf den Gebieten der naturwissenschaftlichen und technologischen Forschung eng zusammen. Über den institutionellen Rahmen dieser Zusammenarbeit ist im Kapitel über «Naturwissenschaftliche und technologische Forschung» berichtet worden. Hier sollen nur einige interessante Projekte erwähnt werden, um die Vielfalt der gemeinsamen Forschungsinteressen zu verdeutlichen.

Um die Meeresforschung in den tiefen Gewässern des Indischen Ozeans zu unterstützen, finanzierte das Bundesministerium für wirtschaftliche Zusammenarbeit den Bau des großen indischen Forschungsschiffs *Sagar Kanya* (Meerjungfrau), das vom National Institute of Oceonography (NIO) in Goa genutzt wird. In Zusammenarbeit mit Instituten der Universität Hamburg hat NIO die Zusammenhänge des

Klimas an der Meeresoberfläche mit der Sedimentation auf dem Meeresboden erforscht. Hieraus lassen sich Rückschlüsse über Langzeitveränderungen des Klimas (Monsun) ziehen. In den Geowissenschaften hat das National Geophysical Research Institute (NGRI) in Haiderabad mit dem Institut für Geophysik der Ruhr-Universität Bochum unter anderem die Tektonik Südindiens erforscht und dabei die Anfälligkeit dieser Region für Erdbeben festgestellt. Auf pharmakologischem Gebiet wurde die Wirkung der indischen Heilpflanze *Boswellia Serata* bei der Behandlung von rheumatischen Erkrankungen vom Pharmazeutischen Institut der Universität Tübingen und dem Department of Pharmacology, Regional Research Laboratory in Jammu untersucht. Das National Physical Laboratory (NPL) in New Delhi arbeitet mit dem Max-Planck-Institut für Festkörperforschung auf dem Gebiet des Magnetismus in Hochtemperatur-Supraleitern zusammen. Das Deutsche Krebsforschungszentrum (DKFZ) in Heidelberg hat mehrere indische Partner, mit denen sehr spezielle Projekte durchgeführt werden. Ein breites Spektrum haben ebenfalls die verschiedenen Formen der Zusammenarbeit bei der Weltraumforschung und der Luftfahrttechnik. Neben Universitäten und staatlichen Forschungsinstituten sind auch andere Forschungsorganisationen auf diesem Gebiet aktiv, so etwa in Deutschland die Frauenhofer-Gesellschaft. Diese Übersicht über Projekte und Partnerschaften ist keinesfalls repräsentativ. Wer sich hier nicht erwähnt findet, sei um Verzeihung gebeten.

Forschungspartnerschaften werden von dem engen Kontakt der Beteiligten getragen, und das bedeutet vor allem auch längere Aufenthalte in den Instituten des anderen Landes. Dabei zeigt sich leider ein Ungleichgewicht. Indische Wissenschaftler verbringen weit mehr Zeit bei ihren Partnern in Deutschland als deutsche Wissenschaftler in Indien. Im Jahr 1992 waren im Rahmen des bilateralen Programms, von dem hier die Rede ist, 111 indische Wissenschaftler in Deutschland und 65 deutsche in Indien. Bei der Verweildauer gerechnet in Mannmonaten sieht die Bilanz jedoch anders aus: die Inder verbrachten 380 Mannmonate in Deutschland, die Deutschen dagen nur 49 in Indien. Im Durchschnitt dauerte also der Besuch eines indischen Wissenschaftlers in Deutschland ca. 3 Monate und eine Woche, der eines deutschen in Indien aber nur drei Wochen. Immerhin sieht diese Bilanz noch besser aus als die der anderen Austauschprogramme (DAAD, A.-v.-Humboldt-Stiftung, DFG) an denen 1992 insgesamt 315 Inder, aber nur 39 Deutsche teilnahmen. Die Verweildauer war dabei etwas länger als bei dem zuvor genannten Programm: Die Inder verbrachten im Durchschnitt viereinhalb Monate in Deutschland und die Deutschen drei Monate in Indien. Aus diesen Zahlenangaben geht hervor, daß sich die Deutschen intensiver an den Austauschprogrammen beteiligen und auch eine längere Verweildauer anstreben sollten.

6. Die Kulturbeziehungen

Die deutsch-indischen Kulturbeziehungen sind ohne Zweifel das älteste und ehrwürdigste Element der Beziehungen zwischen den beiden Ländern, sie werden denn auch in allen Festreden auf beiden Seiten beschworen. Selbst in den oben erwähnten Jahren wohlwollender Vernachlässigung der politischen Beziehungen florierten sie und konnten zitiert werden, wenn es sonst nicht viel zu melden gab. Sie gehen zurück auf das bemerkenswerte deutsche Interesse an der Sprache und Kultur des alten Indien, das in Friedrich Schlegels Buch «Die Sprache und Weisheit der Indier» (1808) seinen Ausdruck fand. Schlegel hatte nicht nur aus philologischem Interesse Sanskrit studiert, sondern glaubte, daß diese Sprache die älteste der Welt sei, in der Gott am unmittelbarsten zu den Menschen gesprochen habe. Da diese Sprache nicht primitiv, sondern sogar äußerst kompliziert ist, konnte er argumentieren, daß die Menschheitsgeschichte eher eine Geschichte des Verfalls und des Verlustes ursprünglicher Größe war als eine des stetigen Fortschritts von einfachen Anfängen zu den Segnungen der Gegenwart, die den Höhepunkt menschlicher Errungenschaften bedeuten mußte. Schlegel rief sozusagen das alte Indien zum Zeugen gegen Hegel auf, dessen Philosophie er für falsch hielt. Die Geburt der deutschen Indologie wurde von solchen philosophischen Auseinandersetzungen geprägt. Spätere Generationen vergaßen diesen Hintergrund bald, und die Indologie wurde eine philologische Wissenschaft wie jede andere, doch blieb sie auch dann von besonderer Bedeutung, weil sie zur Leitdisziplin der historisch-komparativen Philologie wurde, in der deutsche Gelehrte eine führende Stellung hatten.

Durch dieses Erbe geprägt blieb die deutsche Indologie zutiefst mit dem alten Indien verbunden. In dieser Hinsicht gab es Berührungspunkte mit dem frühen indischen Nationalismus, der mit der Betonung eines Goldenen Zeitalters der alten indischen Kultur gegen die britischen Kolonialherren antrat, die vor allem im 19. Jahrhundert mit großer Arroganz auf die indische Kultur herabsahen. Der deutsche Indologe Max Müller, der in Oxford lehrte, war ein Bundesgenosse der indischen Nationalisten, auf den sie sich berufen konnten. Daher ist sein Name auch heute noch in Indien bekannt, während andere große deutsche Indologen, deren Werke allein in deutscher Sprache veröffentlicht wurden, nur einer kleinen Schar von Spezialisten etwas bedeuten. Doch wurde die indische Indologie sehr stark von den Leistungen der deutschen Indologie geprägt. Die Tatsache, daß es noch heute 18 Lehrstühle für Indologie an deutschen Universitäten gibt, ist für die deutsch-indischen Kulturbeziehungen selbstverständlich von großer Bedeutung.

Die Konzentration auf das alte Indien hat die Beschäftigung mit anderen Aspekten der indischen Wirklichkeit in Deutschland zunächst einmal zurückgedrängt. Erst in den letzten Jahrzehnten sind die Erforschung der mittelalterlichen und neueren Geschichte Indiens und die Feldforschung auf dem Gebiet der lebendigen Tradition Indiens an einigen deutschen Universitäten zum Zuge gekommen. Auch die Beschäftigung mit der indischen Kunst und mit der modernen indischen Literatur blieb bisher auf wenige Pioniere beschränkt. Hier gibt es noch viel nachzuholen. Begrüßenswert ist dabei das wachsende Interesse an der lebendigen indischen Kultur im außeruniversitären Bereich, das insbesondere von den 27 über ganz Deutschland verteilten Zweiggesellschaften der Deutsch-Indischen Gesellschaft gefördert wird. Diese Gesellschaft ist die größte binationale Gesellschaft dieser Art in Deutschland. In Indien gibt es ebenfalls eine große Zahl von *Indo-German Societies*, die in einem nationalen Dachverband zusammengeschlossen sind.

Die deutschen Kulturinstitute, die dem Goethe-Institut zugehören, aber in Indien den Namen *Max Mueller Bhavan* (Bhavan = Haus) tragen, sind für die deutsch-indischen Kulturbeziehungen von großer Wichtigkeit. Ihr Aufbau begann in sehr bescheidener Weise in den späten 1950er Jahren. Zuerst entstand ein kleines Kulturinstitut in Neu Delhi, bald folgten weitere in Kalkutta, Bombay, Pune, Madras, Bangalore, Haiderabad und Rourkela. Letzteres wurde nach einigen Jahren wieder geschlossen, alle anderen wurden ausgebaut und entwickelten ein breitgefächertes Programm, das sich nicht nur auf die Institute selbst beschränkte, sondern in die Universitäten und kulturellen Vereinigungen hineinging, um das interessierte Publikum jeweils vor Ort anzusprechen. In der Anfangszeit stand der Deutschunterricht im Mittelpunkt der Tätigkeit dieser Kulturinstitute. Bald kamen Vortragsveranstaltungen in englischer Sprache hinzu, um auch jene anzusprechen, die entweder über den Deutschunterricht hinaus weiteres Hintergrundwissen erwerben wollten oder aber nicht am Deutschunterricht teilnahmen und doch Interesse an Deutschland hatten. Ein nächster Schritt waren gemeinsame Veranstaltungen mit indischen Partnern, die nicht das Ziel hatten, nur Wissen über Deutschland zu vermitteln, sondern einen Dialog über Fragen einzuleiten, die für beide Seiten relevant waren. Die Ideen und Talente der deutschen Leiter oder Programmchefs der Kulturinstitute und ihrer indischen Freunde gaben solchen Veranstaltungen jeweils ein ganz spezifisches Profil.

Von deutscher Seite wurde lange Zeit der Wunsch geäußert, daß auch in Deutschland ein indisches Kulturinstitut eröffnet werden solle, das ähnliche Funktionen wahrnehmen könne. Nach einem zunächst vielversprechenden Versuch in Bonn, der aber nach einigen Jahren aus Kostengründen wieder aufgegeben wurde, besteht nun ein indisches Kulturinstitut in Berlin, das vom *Indian Council for Cultural Relations* (ICCR) getragen wird, schon jetzt einen guten Ruf hat und zu weiteren Hoffnungen berechtigt.

Zum Kernbereich der deutsch-indischen Kulturbeziehungen gehört auch der Austausch von Wissenschaftlern, der vom Deutschen Akademischen Austauschdienst (DAAD) und der Alexander-von-Humboldt-Stiftung gefördert wird. Der DAAD stellt der indischen Seite jedes Jahr eine Reihe von Stipendien zur Verfügung, die dann von den betreffenden indischen Stellen ausgeschrieben werden. Für die Ausschreibung und die Auswahl ist die indische Seite zuständig, oft werden Vertreter der deutschen Seite zu den Auswahlgesprächen hinzugezogen. Die Prioritäten bei der Verwendung dieser Stipendien werden von indischer Seite gesetzt, und da man von Deutschland in erster Linie Hilfe im Bereich von Naturwissenschaften und Technik erwartet, sind die Geistes- und Sozialwissenschaften in diesem Programm nur sehr am Rande berücksichtigt worden. Gleiches gilt übrigens auch für die Stipendien der Alexander-von-Humboldt-Stiftung, obwohl hier von indischer Seite keine Prioritäten gesetzt werden können, weil das Programm dieser Stiftung keine nationalen Quoten und auch keine bevorzugten Fächer kennt. Jeder Wissenschaftler, der von einem deutschen Professor eingeladen wird, genügend eigene Leistungen vorzuweisen hat und die Altersgrenze von 40 Jahren noch nicht überschritten hat, kann sich für ein solches Stipendium bewerben. Hier spielt natürlich die Kommunikation zwischen den ausländischen Bewerbern und den deutschen Professoren eine entscheidende Rolle, und diese Kommunikation läuft in den Naturwissenschaften durch die rasche internationale Zirkulation von Forschungsberichten wesentlich schneller als in den Geistes- und Sozialwissenschaften, wo meist erst das Erscheinen einer umfangreichen Monographie auf den Bewerber aufmerksam macht, und wenn er Pech hat, erscheint die nicht, bevor er das 40. Lebensjahr erreicht. Es kommt hinzu, daß die Humboldt-Stiftung bei der großen Anzahl von Bewerbungen aus aller Welt keine Auswahlgespräche veranstalten kann, sondern bei der Auswahl allein auf die «Papierlage» (Forschungsplan, Empfehlungsschreiben, Publikationen) angewiesen ist. Die Erfolgsrate indischer Bewerber ist beachtlich. In den 40 Jahren des Bestehens der Stiftung (1953–93) haben 973 Inder Humboldt-Stipendien erhalten. Damit liegt Indien auf dem dritten Platz hinter Japan (1684) und den USA (1490). Im Jahr 1993 weilten 80 indische Humboldt-Stipendiaten in Deutschland, davon 3 Geistes- und Sozialwissenschaftler, 63 Naturwissenschaftler und 14 Ingenieure. Die Humboldt-Stiftung spendet den zurückkehrenden Stipendiaten auch Geräte zum Ausbau der Labors etc. ihrer Heimatuniversitäten. Indische Stipendiaten erhielten 1993 für diesen Zweck Mittel in Höhe von DM 433000, die aus dem Haushalt des Auswärtigen Amtes und des Bundesministeriums für wirtschaftliche Zusammenarbeit stammten.

Eine besondere Koordinationsfunktion für die deutsch-indischen Kulturbeziehungen haben die alle zwei Jahre wechselweise in Deutschland und Indien abgehaltenen Sitzungen des Ständigen Ausschusses für das Deutsch-Indische Kulturabkommen, das 1969 als Rahmenvereinbarung abgeschlossen wurde und immer wieder mit konkreten Inhalten gefüllt werden muß. Selbstverständlich können hier nur die von staatlicher Seite geförderten Programme Erwähnung finden. Viele Aktivitäten, die sozusagen privater Art sind, werden in diesem Rahmen nicht einmal zur Kenntnis genommen. Dazu gehören auch die Programme der Stiftungen der deutschen politischen Parteien, die ebenfalls Stipendien vergeben, Austausch betreiben, Zweigstellen in Indien unterhalten und enge Kontakte zu indischen Organisationen pflegen. Ferner gibt es ein Netzwerk deutscher NGOs (Non-Governmental Organisations), die meist im karitativen Bereich arbeiten, aber auch indische Selbsthilfeprogramme unterstützen.

Ein besonderer Höhepunkt der deutsch-indischen Kulturbeziehungen soll hier abschließend erwähnt werden: Das *Festival of India 1991*. Indien hatte diese Form der spektakulären kulturellen Selbstdarstellung schon in anderen Ländern glanzvoll erprobt. Die Veranstaltung in Deutschland war aus verschiedenen Gründen mehrfach verschoben worden, doch dann war es endlich soweit, und eine Fülle großer Tanz- und Musikveranstaltungen in Bonn, Berlin, Darmstadt und einer Reihe von anderen Orten beglückte das deutsche Publikum. Ausstellungen, Symposien und Dichterlesungen umrahmten das Hauptprogramm. Es war dies wohl auch zunächst einmal das letzte dieser großen *Festivals of India*, denn inzwischen hatte sich in Indien eine gewisse Skepsis eingestellt, und man fragte sich, welchen Nutzen diese sehr aufwendigen Veranstaltungen letztlich haben. Da das *Festival of India* in Deutschland aber schon lange im Gespräch gewesen war, hätte eine Absage gerade hier nicht gut ausgesehen. Nun erfordert das *Festival of India* ein darauffolgendes *Festival of Germany* in Indien. Doch damit tat man sich auf deutscher Seite schwer. Deutschland ist an diese Form der spektakulären Selbstdarstellung im Ausland nicht gewöhnt, auch ist Kultur Ländersache, ein solches *Festival of Germany* könnte aber nur vom Bund angemessen getragen werden, und der Bundeshaushalt hat in letzter Zeit keine Reserven für solche Anforderungen. So wurde das *Festival of Germany* stillschweigend vertagt. Vielleicht ist das auch besser so, denn sonst könnte es gar auf Kosten des langfristigen Programms gehen, das zuvor geschildert worden ist.

Wie dieser Überblick gezeigt hat, sind die wirtschaftlichen und kulturellen Beziehungen zwischen den beiden Ländern oft intensiver ausgestaltet und nachhaltiger gepflegt worden, als die rein politischen Beziehungen. Sie bilden denn auch das solide Fundament, auf dem die politischen Beziehungen ruhen können.

Siebter Teil

Die Wirtschaft

XXVI.
Die Stadien der wirtschaftlichen Entwicklung

Dietmar Rothermund

1. Die Prägung durch die britische Kolonialherrschaft

Nahezu zweihundert Jahre britischer Kolonialherrschaft haben die indische Wirtschaft zutiefst geprägt. Das gilt sowohl für den institutionellen Rahmen als auch für die Strukturbedingungen des industriellen und landwirtschaftlichen Wachstums. Das britische Erbe bleibt bis heute von großer Bedeutung. Die Anbindung Indiens an den Weltmarkt unter britischer Herrschaft war die entscheidende Weichenstellung, die dem weiteren Verlauf der Wirtschaftsentwicklung die Richtung gab. Eigentlich hätte die Kolonisierung Indiens durch die führende Handelsnation Europas eine rasche Weltmarktintegration und ein entsprechendes Wirtschaftswachstum bedeuten können, statt dessen entwickelte sich eine parasitäre Symbiose. Der britische David streckte den indischen Goliath nieder und nutzte die Ressourcen des betäubten Riesen.

Als die britische Kolonialherrschaft im 18. Jahrhundert begründet wurde, hatte Großbritannien eine Einwohnerzahl von etwa 5 Millionen, der indische Subkontinent dagegen weit über 150 Millionen. Die Tatsache, daß eine so kleine Nation sich diesen Subkontinent unterwarf und ihre Herrschaft nahezu zwei Jahrhunderte andauerte, läßt sich nur dadurch erklären, daß Großbritannien von Beginn des 18. bis Ende des 19. Jahrhunderts rasch von einer politischen und wirtschaftlichen Innovation zur nächsten fortschritt und damit alle anderen Nationen zu einem Wettlauf auf einer Leiter zwang, auf der die Briten immer einige Sprossen Vorsprung hatten. Das unterworfene Indien blieb am untersten Ende der Leiter und wurde nicht etwa von seinen Kolonialherren mitgezogen.

Die Briten waren als Händler gekommen. Sie brachten viel Silber nach Indien und kauften dafür Textilien, die sie in Europa und anderswo mit großem Gewinn absetzten. Als in der Nähe von London im frühen 18. Jahrhundert Textildruckereien entstanden, die zu den Pionieren der industriellen Revolution wurden, konzentrierten sich die Briten auf die Einfuhr weißer Baumwollstoffe, die in Indien sozusagen als Halbfertigfabrikate für die Weiterverarbeitung in London hergestellt wurden. Bezugsquelle für solche Stoffe war in erster Linie Bengalen. Dort drangen die Angestellten der Ostindiengesellschaft tief ins Innere des Landes vor und bekamen dabei auch mit, wieviel Grundsteuer die indischen Herrscher einsammelten. Als der machtlose Großmogul schließlich die Ostindiengesellschaft mit der Steuerverwaltung der reichen Provinz Bengalen betraute, strömte ein großer Teil des Silbers, das die Briten zum Ankauf von Textilien ins Land gebracht hatten, wieder hinaus und wurde in China für den Einkauf von Tee eingesetzt. Der britische Teehandel stellte dann bald den Textilhandel in den Schatten. Im Zuge der industriellen Revolution wurden die Briten selbst zu Baumwolltextilproduzenten und exportierten ihre Produkte nach Indien. Indische Weber, die primär für den Export gearbeitet hatten, gingen vor die Hunde oder mußten in der Landwirtschaft Zuflucht suchen. Nur dort, wo sie grobe Tuche für den Binnenmarkt herstellten, konnten sie überleben, solange Rohbaumwolle und Nahrungsmittel billig waren.

Im 19. Jahrhundert wurde Indien ein abhängiges Agrarland, das Indigo, Opium, Rohbaumwolle, Jute, Reis und Weizen exportierte – und zwar zu billigsten Preisen. Die Handelsgewinne flossen meist in die Kassen der britischen Handelshäuser. Britisches Kapital wurde nur in sehr geringem Maße in Indien investiert. Die einzige Ausnahme war die indische Eisenbahn, deren Streckennetz in der zweiten Hälfte des 19. Jahrhunderts so rasch ausgebaut wurde, daß das Frachtaufkommen damit gar nicht Schritt halten konnte. Wirtschaftlichkeit war dabei auch gar nicht erforderlich, solange die Regierung den Investoren auf Kosten des indischen Steuerzahlers eine Rendite garantierte. Nun hätte der Eisenbahnbau ein Ansporn zur Industrialisierung Indiens sein können, wenn Schienen und Lokomotiven und vieles andere mehr vor Ort hergestellt worden wären. Aber die Eröffnung des Suezkanals und der Aufstieg der Dampfschiffahrt reduzierten die Frachtraten dermaßen, daß alles, was die indischen Eisenbahnen brauchten, aus England importiert werden konnte. Das erste indische Stahlwerk, das 1907 mit hohem indischem Kapitaleinsatz gegründet wurde, hätte sicher auch bald Pleite gemacht, wenn es nicht durch den Ersten Weltkrieg gerettet worden wäre, der die Handelswege unterbrach und der minimalen indischen Industrie damit die Protektion gewährte, die ihr die Kolonialherren bisher vorenthalten hatten.

Neben dem einzigen Stahlwerk, von dem hier die Rede war, bestand die indische Industrie im ersten Jahrzehnt des 20. Jahrhunderts nur aus einer mit indischem Kapital errichteten Baumwolltextilindustrie in Bombay, die außer Garn, das in andere Länder Asiens exportiert wurde, meist grobe Tuche für den indischen Binnenmarkt produzierte, die den Preiswettbewerb mit importierten britischen Waren bestehen konnten. Ferner gab es eine mit britischem Kapital errichtete Jutetextilindustrie in Kalkutta, die für den Exportmarkt produzierte – und zwar meist Säcke für den Transport von Agrarprodukten. Da viele dieser Agrarprodukte in Indien und anderen asiatischen Ländern ihren Ursprung hatten, waren die schottischen Jutemagnaten darauf gekommen, den Standortvorteil Kalkuttas zu nutzen. Insgesamt war dieser ganze industrielle Sektor jedoch marginal, und es fanden sich denn auch nicht viele indische Investoren, die bereit waren, ihr Geld in die Industrie zu stecken.

Wer in Indien Geld übrig hatte, verwendete es statt dessen dazu, Land zu kaufen. Das war immer eine gute Anlage, denn bei steigendem Bevölkerungswachstum wurde das Land knapp und gewann an Wert. Von 1860 bis 1913 stieg der Preis von Agrarland um 4 Prozent pro Jahr, während der Preisanstieg aller anderen Güter nur ca. 1,5 Prozent pro Jahr betrug. Durch diese Aufwertung des Agrarlandes machte es 1913 mit rund 40 Mrd. Rupien etwa die Hälfte des Nationalvermögens aus. Dementsprechend konnte das Land auch mit Hypotheken belastet werden. Der Gesamtumfang der Verschuldung der indischen Bauern wurde 1913 auf 5 Mrd. Rupien geschätzt. Der Anstieg der Bodenpreise ging jedoch keineswegs mit einer Erhöhung der Produktivität einher. Die Bearbeitung des Bodens blieb nach wie vor in der Hand kleinbäuerlicher Familien, die durch die doppelte Belastung durch Schuldendienst und Grundsteuer einem Vermarktungsdruck ausgesetzt waren, der sie zwang, Agrarprodukte billig anzubieten. Wer Land kaufte, tat es nicht, um eine kapitalistische Landwirtschaft zu betreiben, sondern um die Arbeitskraft der Kleinbauern auszubeuten. Die Bodenpreise stiegen auch nach dem Krieg weiter an. Selbst der steile Fall der Agrarpreise in der Weltwirtschaftskrise berührte die Bodenpreise nicht. Sie stagnierten nur in den Krisenjahren, gingen aber nicht zurück.

Die Anbindung Indiens an den Weltmarkt unter britischer Herrschaft hatte keine positive Marktintegration bewirkt, sondern eben eine «Anbindung», die die ungünstigsten Eigenschaften der indischen Agrargesellschaft akzentuierte und den Weg zum industriellen Wachstum versperrte. Dementsprechend war auch keine positive Entwicklung des Pro-Kopf-Einkommens der indischen Bevölkerung zu erwarten.

Die Berechnung dieses Pro-Kopf-Einkommens ist natürlich heftig umstritten. Britische Apologeten der Kolonialherrschaft und indische Nationalökonomen haben sich auf diesem Felde harte Schlachten geliefert. Es hat sich aber in jüngster Zeit ein gewisser Konsensus ergeben, der besagt, daß das Pro-Kopf-Einkommen von 1860 bis 1900 um etwa 20 Prozent gestiegen ist. Von 1900 bis 1920 war ein weiterer Anstieg von 14 Prozent zu verzeichnen. Dabei muß aber berücksichtigt werden, daß in diesen zwei Jahrzehnten das Bevölkerungswachstum stagnierte und das Ansteigen des Pro-Kopf-Einkommens daher kein positives Zeichen war. Wenn man dies in Rechnung stellt, dann waren vermutlich nur die Jahre von 1860 bis 1885 einigermaßen gute Jahre für Indien. Danach reduzierten der Vermarktungsdruck und die Ausbreitung des Eisenbahnnetzes die Vorratshaltung der Bauern, und es kam gegen Ende des Jahrhunderts zu den Hungersnöten, die das Bevölkerungswachstum bremsten. In den ersten zwei Jahrzehnten des 20. Jahrhunderts wurde Indien von Epidemien heimgesucht, die Millionen dahinrafften. Daher war von 1891 bis 1921 nur ein Bevölkerungswachstum von insgesamt 9 Prozent über drei Jahrzehnte zu verzeichnen. Sobald das Bevölkerungswachstum nach 1921 anstieg, stagnierte dann das Pro-Kopf-Einkommen bis zum Ende der britischen Herrschaft auf niedrigem Niveau.

Viele indische Nationalisten, die in dieser Zeit lebten und gegen die Fremdherrschaft kämpften, wandten sich dem Sozialismus zu, weil sie sich nur von ihm einen Ausweg aus der bedrückenden Wirtschaftssituation erhofften, in der sich Indien befand. Daß sie keine Hoffnungen auf die freie Marktwirtschaft setzten, ist verständlich, denn die herrschte ja angeblich in Britisch-Indien, wie die Regierung stets betonte. Als Führer der jüngeren Generation im indischen Nationalkongreß bekannte Jawaharlal Nehru sich zum Sozialismus und prägte die Zukunftsvorstellungen seiner Zeitgenossen.

2. Das Erbe der bürokratischen Zwangswirtschaft des Zweiten Weltkriegs

Die sozialistischen Neigungen der indischen Nationalisten erhielten im Zweiten Weltkrieg unerwartete und von dieser unbeabsichtigte Unterstützung durch die Kolonialregierung. Indien stellte mehr als zwei Millionen Soldaten, die an allen Fronten für die Briten kämpften. Es lieferte in großem Maße Heeresbedarf. Zugleich mußte die Versorgung der indischen Bevölkerung gesichert werden. Das erforderte den raschen Aufbau eines bürokratischen Interventionsinstrumentariums. Ohne dieses Instrumentarium wäre es Jawaharlal Nehru gar nicht möglich gewesen, der Wirtschaft nach der Erlangung der Unabhängigkeit eine sozialistisch-planwirtschaftliche Richtung zu geben. Auf diese Weise wurde die Zuständigkeit der Bürokratie erweitert, bis sie das Wirtschaftsleben in allen Einzelheiten beherrschte.

Der institutionelle Ahnherr des heutigen indischen Elitebeamten ist der *covenanted servant* der Ostindiengesellschaft, der im 19. Jahrhundert zum Mitglied des *Indian Civil Service* wurde und stolz I. C. S. (heute I. A. S. = *Indian Administrative Service*) hinter seinen Namen schrieb. Der I. C. S. war ein Elitebeamtenkorps, das selbst im zeitgenössischen Europa nicht seinesgleichen hatte. Die Hauptaufgaben dieser Bürokraten bestanden in der Aufrechterhaltung von Ruhe und Ordnung, der Einziehung der Grundsteuer, der Aufsicht über staatliche Monopole (Opiummonopol, Salzmonopol) und der Zollverwaltung, die im 20. Jahrhundert an Bedeutung zunahm. Die britische Kolonialregierung war auf eine orthodoxliberale Wirtschaftspolitik eingeschworen, weil der Freihandel den Briten nützte und die wirtschaftsliberalen

Grundsätze für die Regierung auch ein gutes Alibi waren, wenn von ihr Maßnahmen zur Förderung der indischen Wirtschaft gefordert wurden. Die einzige handfeste Intervention, die sich die Briten erlaubten, war die Manipulation der indischen Währungspolitik, nachdem sie 1893 dem freien Ausmünzen von Silber in den indischen Münzanstalten ein Ende gesetzt hatten.

Die Weltwirtschaftskrise, die den Freihandel ruinierte und einem Neo-Merkantilismus Auftrieb gab, stellte auch das bürokratische Regime in Indien vor neue Aufgaben. Der Agrarpreisverfall erschwerte das Einziehen der Grundsteuer, der Rückgang des Außenhandels reduzierte die Zolleinnahmen. Es wurden Schutzzölle eingeführt, die mit Vorzugszöllen für britische Waren verbunden waren *(imperial preference)*. Auf dem Gebiet des Außenhandels wurde also ab 1930 zielstrebig interveniert. Den Strom des Goldes, der sich aus Indien ergoß, weil die Bauern ihre in Gold angelegten Ersparnisse auflösten, um Steuern und Schulden zu bezahlen, hielt man freilich nicht durch ein Exportembargo auf, denn er kam den Briten zugute. Positive Maßnahmen zur Bewältigung der Krise wurden unterlassen, hier besann man sich auf die alte Alibifunktion der liberalen Doktrin. Als der Vizekönig 1933 eine Wirtschaftskonferenz einberief, um über Maßnahmen zu beraten, mit denen er Gandhi und dem indischen Nationalkongreß den Wind aus den Segeln nehmen wollte, sorgten seine Bürokraten dafür, daß die Konferenz ergebnislos blieb. Sie hatten zu dieser Zeit noch keine Ahnung davon, daß staatliche Intervention ihre Macht vergrößern würde, sondern hielten sich an die ihnen bisher gesetzten Grenzen. In diesem Rahmen kannten sie sich aus. Sie wollten sich auf keine Experimente mit ungewissem Ausgang einlassen.

Die Indifferenz der Kolonialbürokratie auf diesem Gebiet forderte den Nationalkongreß dazu heraus, seinerseits die Initiative zu ergreifen. Als nach der Verfassungsreform von 1935 in vielen britisch-indischen Provinzen vom Nationalkongreß Landesregierungen gebildet wurden, wurde 1938 eine nationale Planungskommission unter Vorsitz von Jawaharlal Nehru gebildet. Die zuständigen Minister dieser Landesregierungen, aber auch von Nehru hinzugezogene Experten, die nicht dem Nationalkongreß angehörten, beteiligten sich an den Beratungen. Der Bericht konnte erst 1940 vorgelegt werden. Es ging dabei noch nicht um quantitative Planung, sondern um eine Wunschliste von Industriezweigen, an denen es bisher fehlte. An diese Initiative konnte Nehru später anknüpfen, als er 1950 durch Kabinettsbeschluß eine nationale Planungskommission ins Leben rief, deren Vorsitz er als Premierminister von Amts wegen übernahm.

Zwischen der Wunschliste von 1940 und dem Beschluß von 1950 lag ein ereignisreiches Jahrzehnt. Die britisch-indische Regierung wurde im Krieg vor völlig neue Aufgaben gestellt, für die sie zunächst schlecht gerüstet war, die sie dann aber in den Griff bekam. In aller Eile wurden eine ganze Reihe neuer Behörden gegründet, die Getreide ankauften und lagerten, Lebensmittelkarten und Bezugscheine ausstellten etc. Für die Versorgung der Armee mit Kriegsbedarf mußte ein Apparat aufgebaut werden, der indische Industrieprodukte (Textilien für Uniformen, Eisen, Stahl, Jutefabrikate für Sandsäcke) requirierte. Früher war von indischer Seite immer wieder Klage darüber geführt worden, daß die Regierung nicht genug in Indien einkaufte, sondern britische Produkte einführte (Heeresbedarf, Eisenbahnschienen etc.). Im Krieg änderte sich das schlagartig. Da die meisten indischen Industriezweige in den Jahren der Wirtschaftskrise nicht viel investiert hatten, gab es Engpässe bei der Befriedigung des enormen britischen Bedarfs. Um Preistreibereien zu verhindern, wurde der Industrie ein Regime aufgezwungen, bei dem die Bürokraten die Produktionskosten errechneten und dem Unternehmer einen begrenzten Aufschlag *(cost plus)* genehmigten. Zur Zahlung wurde die Notenpresse angekurbelt und dafür Reserven in Pfund Sterling in der Bank von England angelegt. Viele der Güter, die die Briten requirierten, wurden dem privaten Konsum entzogen. Damit stieg die durch die rotierende Notenpresse angeheizte Inflation nur noch mehr an.

Am Ende des Krieges hatte Indien nicht nur keine Schulden mehr bei den Briten, sondern war nun ein Gläubiger der Kolonialherren, den man leicht in die Unabhängigkeit entlassen konnte, zumal man seine Reserven in London verwaltete. Dafür hatte Indien aber eine völlig gegängelte Industrie mit einem überalterten Maschinenpark. Ferner lagen die indischen Preise bedingt durch die Kriegsinflation über den Weltmarktpreisen. Eine rasche Nachkriegsliberalisierung hätte dieses Mißverhältnis durch ungehinderte Importe korrigieren können, aber dabei wäre auch die gesamte indische Industrie auf der Strecke geblieben. Es war daher kein Wunder, daß die indischen Industriellen nichts von Liberalisierung hielten und einer «gemischten Wirtschaft» das Wort redeten, bei der dem Staat eine tragende Rolle bei der Investition in die Grundstoff- und Schwerindustrie zugebilligt wurde. Das war das Ziel des bereits 1944 veröffentlichten «Bombay Plan», der von den führenden indischen Konzernchefs (Birla, Tata et al.) konzipiert worden war. Linke Kritiker nannten diesen Plan «faschistisch». Er entsprach dem Denken von Unternehmern, die im Korsett der Kriegszwangswirtschaft steckten und befürchteten, daß sie beim bevorstehenden Verschwinden dieses Korsetts keinen Halt mehr finden würden und sich daher ein neues anfertigen lassen wollten. Auf diese Weise ergab sich eine Konvergenz ihres Denkens mit dem Nehrus, der aus ganz anderen Gründen eine Planwirtschaft befürwortete.

Es ist interessant, daß Mahatma Gandhi hier ganz anders dachte und in seinem letzten Lebensjahr geradezu ein Wirtschaftsliberaler nach dem

Muster Ludwig Erhards wurde. In früheren Jahren hatte er einmal gesagt, das Gesetz von Angebot und Nachfrage sei ein Gesetz des Teufels, aber als es 1947 darum ging, ob die Regierung des unabhängigen Indien an den Kontrollmechanismen festhalten solle, die die Briten eingeführt hatten, zwang er den zuständigen Minister Rajendra Prasad, den späteren Staatspräsidenten Indiens, durch moralischen Druck dazu, die Bewirtschaftung von Lebensmitteln aufzugeben. Als man ihm entgegenhielt, daß dann die Preise steigen würden, schenkte er diesem Argument keinen Glauben. Tatsächlich sanken die Preise, nachdem Prasad die Bewirtschaftung aufgehoben hatte, und Gandhi veröffentlichte die entsprechenden Preisstatistiken triumphierend in seiner Zeitschrift. Wenige Monate später wurde er ermordet. Ob es ihm gelungen wäre, die indische Regierung für weitere Liberalisierungsschritte zu gewinnen, bleibt dahingestellt. Wie bereits gesagt, waren die Umstände für eine umfassende Liberalisierung zu jener Zeit nicht günstig. Auch die Versorgungslage Indiens ließ zu wünschen übrig.

Es waren die situationsbedingten Liberalisierungshemmnisse einerseits und das Vorhandensein des Interventionsinstrumentariums andererseits, die es Nehru ermöglichten, 1951 mit dem ersten Fünfjahresplan die Weichen in Richtung Planwirtschaft zu stellen. Der große Wahlerfolg 1952 stärkte seine Position. Der gute Abschluß des noch recht bescheidenen ersten Plans ermutigte ihn dazu, einen zweiten, wesentlich ambitiöseren in Angriff zu nehmen. Dabei hätte gerade zu diesem Zeitpunkt die Möglichkeit bestanden, eine Liberalisierungspolitik zu wagen. Doch es gab damals weder in Indien noch im Ausland Kräfte, die eine solche Politik forderten. Das *Aid India Consortium* westlicher Entwicklungshilfegeber war daran interessiert, Investitionsgüter zu verkaufen, und daher gern bereit, Kredite für Nehrus ehrgeiziges Industrialisierungsprogramm bereitzustellen, die in erster Linie dem öffentlichen Sektor zugute kamen. Rein quantitativ gesehen konnte Indien denn auch bis zu Nehrus Tod im Mai 1964 einen beachtlichen industriellen Fortschritt verbuchen. Die Rückschläge, die bald darauf folgten, erlebte er nicht mehr.

3. «Grüne Revolution» und industrielle Rezession

Die Achillesferse von Nehrus Planwirtschaft war die indische Landwirtschaft. Diese Landwirtschaft war in privater Hand und wurde von unzähligen Kleinbauern betrieben. Der unsichere Monsun hatte in Indien seit eh und je die Verteilung des Risikos auf viele Schultern zur Regel gemacht. Im Durchschnitt gab es alle sieben Jahre eine Dürrezeit, nur eine großangelegte Bewässerung der Anbaufläche konnte zur Emanzipation vom Monsun führen. Diesem Ziel hat man sich in jüngster Zeit genähert, aber Nehru konnte auf diesem Gebiet noch keinen Ansatzpunkt für seine Pläne finden und hoffte statt dessen, daß ein Durchbruch auf dem Industriesektor irgendwie die Landwirtschaft mitreißen würde. Doch um die Industrie zu fördern, hielt er die Agrarpreise niedrig, damit die Löhne nicht stiegen. Damit hatten die Bauern wenig Anreiz zur Produktivitätssteigerung. Der zu Nehrus Zeiten zu verzeichnende Anstieg der Agrarproduktion beruhte allein auf einer Ausdehnung der Anbaufläche, und diese wiederum wurde zum großen Teil durch das Bevölkerungswachstum verursacht. Auf diese Weise wurden mehr und mehr marginale Böden unter den Pflug genommen, die bei einem Ausfall des Monsuns keine Erträge erbringen konnten. Zwei Dürrejahre hintereinander (1965–66) führten zu einem heftigen Rückschlag der Agrarproduktion. Die Agrarpreispolitik brach zusammen, und der Planwirtschaft war vorübergehend die Grundlage entzogen. Rasch ansteigende Agrarpreise führten dann zur «Grünen Revolution», die freilich auch zur Voraussetzung hatte, daß produktionstechnische Neuerungen bereitstanden und akzeptiert wurden.

Die indischen Bauern waren durchaus bereit, auf Marktsignale zu reagieren und auf die Bedingungen der «Grünen Revolution» einzugehen. Dazu gehörten der Anbau ertragreicher Neuzüchtungen *(hybrid varieties)* und der Einsatz von Kunstdünger. Beides erforderte eine Bewässerung, die über den saisonalen Regenfall hinausging. Dazu wurden Brunnen gebohrt und das Kanalsystem ausgeweitet. Der Staat war in allen diesen Bereichen gefordert. Er subventionierte Saatgut und Kunstdünger, errichtete Düngemittelfabriken und trieb den Bau von Staudämmen voran. Es gelang im Laufe der folgenden Jahrzehnte auf diese Weise, die Selbstversorgung der wachsenden indischen Bevölkerung zu sichern und die Landwirtschaft in weiten Bereichen vom Regime des wetterwendischen Monsun, der einmal zuviel und ein andermal zu wenig Regen bringt, zu emanzipieren.

Die folgende Übersicht (Tab. 1) zeigt die Entwicklung der Agrarproduktion in Indien. Neben Reis und Weizen wurden dabei auch die bescheidenen Hirsearten (Jowar und Bajra) aufgeführt, die für weite Bereiche des kargen Hochlands lebenswichtig sind und einen verhältnismäßig großen Teil der Gesamtanbaufläche in Anspruch nehmen. Ferner wurden die Hülsenfrüchte berücksichtigt, die als Eiweißquelle für die weitgehend vegetarisch lebende Bevölkerung wichtig sind. Sie sind sehr schädlingsanfällig, ihre Flächenerträge haben sich daher kaum gebessert. Die Gesamtanbaufläche der hier genannten Getreidearten etc. ist in 30 Jahren nur um rund 16 Prozent angewachsen. Die Produktionssteigerung ist hauptsächlich der Steigerung der Flächenerträge, insbesondere beim Weizen, zu verdanken.

Die Steigerung der Flächenerträge war in erster Linie der Ausdehnung der bewässerten Anbaufläche zu verdanken. Diese war besonders

Tab. 1: Agrarproduktion, Anbaufläche und Flächenerträge

	Reis	Weizen	Hirsearten	Hülsenfrüchte
Anbaufläche (Mio.ha)				
1960	34	13	29	23
1980	40	22	26	23
1990	43	24	25	24
Produktion (Mio.t)				
1960	35	11	13	13
1980	53	36	15	11
1990	75	54	19	14
Flächenerträge (kg/ha)				
1960	1013	851	533/286*	539
1980	1388	1648	673/673*	493
1990	1751	2274	819/661*	576

* Die erste Zahl bezieht sich jeweils auf die Erträge von Jowar, die zweite auf die von Bajra. Die Anbauflächen von Bajra und Jowar stehen im Verhältnis von ca. 1:1,5. Quelle der Daten: Economic Survey, verschiedene Jahrgänge.

bemerkenswert beim Weizen. Während 1970 nur 54 Prozent der Weizenanbaufläche bewässert waren, stieg dieser Anteil bis 1990 auf 78 Prozent, beim Reis waren die entsprechenden Zahlen 38 und 45 Prozent. Die Hülsenfrüchte mußten sich stets nur mit ca. 10 Prozent bewässerter Anbaufläche begnügen. Die Ausdehnung der Bewässerung ermöglichte einen vermehrten Kunstdüngereinsatz. Wurden 1970 nur insgesamt 2,2 Mio. t verwendet, so waren es 1990 bereits 12,5 Mio. t. In dieser Zeit stieg auch der Grad der Selbstversorgung Indiens mit Kunstdünger. Während 1970 27 Prozent des eingesetzten Düngers importiert werden mußten, so waren es 1990 nur noch 22 Prozent der sehr viel größeren Menge.

Die Investitionen in die Schwerindustrie des öffentlichen Sektors wurden bei dem zögerlichen Neubeginn der Fünfjahrespläne Ende der 1960er Jahre zurückgenommen, und es setzte eine über ein Jahrzehnt andauernde industrielle Rezession ein, die erst in den 1980er Jahren überwunden wurde. Das Wachstum der indischen Industrieproduktion läßt sich nicht so einfach darstellen wie das der Agrarproduktion. Die Vielfalt der Industrieprodukte ist groß. Es sollen daher hier (Tab. 2) nur einige Angaben zusammengestellt werden, die einen Eindruck von dem insbesondere im letzten Jahrzehnt zu verzeichnenden Fortschritt auf diesem Gebiet vermitteln. Ein Vergleich der Zahlen von 1990 und 1992 zeigt freilich, daß der positive Trend sich nicht ungebrochen fortsetzte. Außer bei der Kohleförderung und der Energieerzeugung der Thermalkraftwerke waren Stagnation und zum Teil sogar Rückschritte zu verzeichnen. Das ist darauf zurückzuführen, daß die Krise des Jahres 1991 Indien stark betroffen hatte. Die Erholung nahm einige Zeit in Anspruch, erst in jüngster Zeit hat ein erneuter Aufschwung begonnen.

Tab. 2: Industrieproduktion und Energieerzeugung

	1960	1970	1980	1990	1992
Rohstahl (Mio. t)	3	6	10	14	13
Zement (Mio. t)	8	14	19	49	50
Rohöl (Mio. t)	0,4	7	10	33	27
Kohle (Mio.t)	56	76	119	225	253
Fahrräder (Mio.)	1	2	4	7	7
Autos etc.(Tausend)	50	90	120	366	331
Baumwoll-Text. (Mrd. qm)	6,6	7,5	8,4	13	13
Energie (Mrd. kWh)	20	61	119	289	331
davon:					
– Wasserkraftw.	8	25	46	72	70
– Thermalkraftw.	9	28	61	187	224
– Kernkraftw.	–	2,4	3	6	7

Allgemein läßt sich jedoch feststellen, daß die Industrie der Landwirtschaft den Rang abgelaufen hat. Der Anteil der Landwirtschaft am Bruttoinlandsprodukt fiel von 52 Prozent (1960) auf 34 Prozent (1990), während im gleichen Zeitraum der Anteil von Industrie und Gewerbe von 19 auf 28 Prozent anstieg. Schreibt man die Differenz jeweils dem Dienstleistungssektor zu, so hat dieser seinen Anteil von 29 auf 38 Prozent vergrößert.

Der Rückgang des Anteils der Landwirtschaft am Bruttosozialprodukt erfolgte im Verlauf der Entwicklung aller Industrieländer. Auf den ersten Blick könnte man aus den genannten Zahlen den Schluß ziehen, daß Indien dem gleichen Entwicklungspfad folgt. Nur war diese Entwicklung in den Industrieländern mit einem raschen Rückgang der Arbeitskräfte in der Landwirtschaft und einer gleichzeitigen Produktivitätssteigerung verbunden. Davon ist in Indien noch nicht viel zu spüren, wo immer noch rund zwei Drittel der Arbeitskräfte in der Landwirtschaft stecken und nur ein Drittel des Sozialprodukts erbringen.

4. Der industrielle Aufschwung und der Anstieg der Staatsquote

Das Bild, das Indien in den 1980er Jahren bot, war das eines Landes mit einer aufstrebenden Industrie und einer trotz der «Grünen Revolution», die sich regional sehr unterschiedlich ausgewirkt hatte, weiterhin zurückgebliebenen Landwirtschaft. Weil ein großer Teil der Industrie dem öffentlichen Sektor angehörte, ging die Entwicklung dieser Industrie mit einem starken Anstieg der Staatsquote einher.

Die Staatsquote, also der Anteil der Ausgaben der öffentlichen Hand am Bruttosozialprodukt, soll hier anhand der Angaben über die Summe der Ausgaben des Bundes und der Länder berechnet werden. Die Gemeinden haben in Indien ein so geringfügiges eigenes Finanzaufkommen, daß es kaum ins Gewicht fällt. Sie hängen zum größten Teil von Zuwendungen aus dem betreffenden Landeshaushalt ab. Die bedeutendste autonome Einnahmequelle der indischen Stadtverwaltungen ist nach wie vor die altertümliche Besteuerung aller Waren, die in die Stadt eingeführt werden *(octroi)*. Das Eintreiben dieser Steuer bleibt einem Heer von unterbezahlten kleinen Beamten überlassen, die ihren Ermessensspielraum zur Aufbesserung ihrer Bezüge nutzen. Grob geschätzt dürften die Octroi-Einnahmen aller indischen Städte zusammen nur wenige Mrd. Rupien betragen. Bei den folgenden Angaben der Staatsquote würde das weniger als 1 Prozent ausmachen und darf daher hier vernachlässigt werden.

Im Jahrfünft 1971–75 betrug die Staatsquote rund 26 Prozent, im Jahrfünft 1987–91 dagegen 38 Prozent. Verglichen mit der Staatsquote westlicher Industrieländer sieht die indische noch recht bescheiden aus. In der Bundesrepublik Deutschland beträgt sie in jüngster Zeit über 50 Prozent. Bei einem solchen Vergleich muß man bedenken, daß Indien bei allem industriellen Fortschritt noch immer ein recht armes Agrarland ist. Um so erstaunlicher ist der beträchtliche Anstieg der Staatsquote in einer verhältnismäßig kurzen Zeit. Dieser Anstieg vollzog sich im Jahrfünft 1976–80 noch recht langsam von 30 auf 32 Prozent. Dann kam ein 1981 ein Ausreißer: die Staatsquote stieg auf 42 Prozent. Das hing damit zusammen, daß das Bruttosozialprodukt in diesem Jahr gegenüber dem des Vorjahrs abfiel, was nie zuvor geschehen war, und die Ausgaben der öffentlichen Hand dem nicht kurzfristig angepaßt werden konnten. Im folgenden Jahr kam es zu einer Korrektur (36 Prozent), doch nicht zu einer Rückkehr zum Niveau der vorangegangenen Jahre. Statt dessen war ein allmählicher Anstieg zu den oben für das letzte Jahrfünft genannten Quoten zu verzeichnen. Es muß betont werden, daß sich diese Berechnungen auf das Bruttosozialprodukt beziehen, geht man vom Nettoinlandsprodukt aus, dann ist die Staatsquote jeweils um etwa vier Prozent höher anzusetzen.

Die steigenden Planausgaben waren nur im Rahmen einer wachsenden Staatsquote möglich. In der folgenden Tabelle wird die Staatsquote nicht erwähnt. Es werden auch keine Angaben über die Ausgaben für Verwaltung, Militär etc. gemacht, sondern lediglich über die in den Fünfjahresplänen vorgesehenen Investitionen. Dementsprechend beziehen sich auch die in der Spalte «Anteil BSP» genannten Prozentsätze nur auf diese Investitionen. Wenn man diese Angaben mit den bereits erwähnten Prozentsätzen der Staatsquote in Beziehung setzt, dann ergibt sich, daß die Planausgaben seit Mitte der 1970er Jahre jeweils etwa zwei Drittel der Staatsquote in Anspruch nahmen.

Tab. 3: Verteilung der Planausgaben, 1951–89 (Prozent)

Periode	Anteil BSP*	Landwirt./ Bewäss..	Energie	Industrie/ Bergbau	Transport/ Kommunik.	Erziehung / Medizin etc.
1. 1951–55	7	37	8	3	26	12
2. 1956–60	12	21	10	20	27	10
3. 1961–65	15	20	15	20	25	11
4. 1969–73	15	24	18	19	18	9
5. 1974–78	17	21	18	25	18	7
6. 1980–84	19	24	27	14	16	6
7. 1985–89	24	22	28	13	17	7

* Dieser Anteil wurde vom Autor aufgrund der BSP-Summen für das jeweilige Jahrfünft errechnet. Quelle der Daten: Economic Survey 1992–93, New Delhi 1993. Die Rubrik «Sonstiges» wurde nicht aufgeführt.

Die Übersicht zeigt außer dem Wachstum der Planausgaben auch interessante Verschiebungen der Prioritäten. Im ersten Plan stand noch die Landwirtschaft im Vordergrund, wurde dann aber zugunsten der Industrie zurückgedrängt. Nach der durch die Dürreperiode erzwungenen Unterbrechung der Fünfjahrespläne wurden im 4. Plan die Landwirtschaft wieder stärker gefördert und die Ausgaben für Transport etc. zurückgenommen. In den jüngsten Planperioden wurde die Energieerzeugung in den Vordergrund gestellt, weil sich auf diesem Gebiet ein bedrohlicher Engpaß gezeigt hatte. Deshalb wurden sogar die Ausgaben für die Industrie reduziert. Bemerkenswert ist die geringe Berücksichtigung von Erziehung, Gesundheitsfürsorge etc.

Um diese Ausgaben zu finanzieren, nahm der Staat mehr Steuern und Zölle ein, kurbelte aber auch die Notenpresse an. Tabelle 4 zeigt die Haupteinnahmequellen der Bundesregierung. Der Bundeshaushalt beträgt in Indien immer etwa das 1,6fache der Summe aller Länderhaushalte. Zum Leidwesen der Länder behält sich der Bund die Steuern mit dem dynamischsten Wachstumspotential vor und überläßt den Ländern die weniger attraktiven Steuern, darunter die Grundsteuer, die aus politischen Gründen so niedrig ist, daß die Kosten ihrer Eintreibung meist höher sind als das Steueraufkommen. Insbesondere bleiben die Zolleinnahmen dem Bund vorbehalten, und diese sind im Zuge der Außenhandelsliberalisierung sprunghaft gewachsen. Schutzzölle erbringen bekanntlich, wenn sie die einheimische Produktion wirksam schützen sollen, nur geringe Einnahmen. In dem Maße, in dem Schutzzölle abgebaut wurden, stiegen die Importe und mit ihnen die Zolleinnahmen. Diese wiederum führten zur Erhöhung der Staatsquote und ermöglichten die Steigerung der Planausgaben.

Neben den Steuereinnahmen trug die Notenpresse nicht unerheblich zur Finanzierung der Staatsausgaben bei. Solches *deficit spending* ist nach den Lehren von John Maynard Keynes erst dann inflationär, wenn die

Tab. 4: Steuer- und Zolleinnahmen des Bundes (Mrd. Rupien)

	1977	1980	1983	1986	1989	1992
Einkomm. St.	22	28	42	60	98	155
Excise*	44	65	102	145	224	311
Zölle	18	34	56	114	180	252

* Union Excise = Verbrauchssteuern, die dem Bund zustehen. Quelle der Daten: Economic Survey, 1992–93, New Delhi 1993.

Vollbeschäftigung erreicht wird. Da diese in Indien noch lange nicht in Sicht ist, besteht dort theoretisch keine Inflationsgefahr. Dennoch hat die Ausweitung der Geldmenge in Indien eine Inflation bewirkt, die sich überdies in plötzlichen Schüben manifestierte, statt langsam und stetig voranzuschreiten.

Die Geldmenge M1 ist in Indien von 1960 bis 1985 von 27 auf 410 Mrd. Rupien, also um das 15fache, angewachsen. In der gleichen Zeit stieg der Verbraucherpreisindex für Industriearbeiter um das Sechsfache an. Man kann daher sagen, daß sich nur etwa die Hälfte des Geldmengenwachstums inflationär auswirkte, während die andere Hälfte durch das Wirtschaftswachstum gerechtfertigt war. Von 1985 bis Ende 1992 wuchs die Geldmenge M1 auf etwa das Dreifache (1196 Mrd. Rupien) an, während sich die Verbraucherpreise in dieser Zeit verdoppelten. Das ist eine weit höhere Inflationsgeschwindigkeit als die der zuvor genannten 25 Jahre. Die gegenwärtige Regierung hat sich erfolgreich darum bemüht, die Inflationsrate durch eine Reduktion des Haushalts und der Staatsverschuldung zu senken. Doch das Erbe der Vergangenheit ist nicht leicht zu bewältigen, und dazu gehört insbesondere die große Schar der Arbeitnehmer, die ihre Löhne vom Staat beziehen. Hier kann man nicht so rasch Abstriche machen und muß sogar noch für Inflationsausgleich bei den Löhnen sorgen.

Die Steigerung der Staatsquote und der Planausgaben ging Hand in Hand mit einem Wachstum der Zahl der Beschäftigten im öffentlichen Dienst, dazu gehören auch die Arbeiter der Staatsbetriebe. Man könnte hier von einer gigantischen Arbeitsbeschaffungsmaßnahme sprechen. Von 1961 bis 1971 war die Zahl der Arbeitnehmer im öffentlichen Sektor von 7 auf 10,7 Mio. gestiegen. Dann folgte ein großer Wachstumssprung. Von 1971 bis 1980 wurden weitere 4,5 Mio. Arbeitsplätze im öffentlichen Sektor geschaffen, der nun doppelt so viele Arbeitnehmer beschäftigte wie die private Wirtschaft. Im Jahr 1991 betrug die Zahl der Arbeitsplätze im öffentlichen Sektor 19 Mio. Das Wachstum der Zahl der Arbeitnehmer der privaten Wirtschaft war demgegenüber bescheiden: 1961 waren es 5 Mio. gewesen, 1971 6,7, 1981 7,4, 1991 7,6. Industrie, Baugewerbe und Energieerzeugung, Wirtschaftszweige, in denen 1971 noch zwei Drittel der Arbeitnehmer dem privaten Sektor angehörten, hatten 1980 nur noch 58 Prozent und 1989 53 Prozent zu verzeichnen. Allein im Bereich der Industrie im engeren Sinne *(manufacturing)* hat der private Sektor mit 4,5 Mio. Arbeitsplätzen den Vorrang vor dem öffentlichen Sektor mit 1,9 Mio. (1991) behalten. Das so rasch angewachsene Heer der Arbeitskräfte im öffentlichen Sektor zeichnet sich freilich nicht durch besondere Effizienz und Produktivität aus. Auch wer sich als unfähig oder unwillig erweist, kann meist nicht entlassen werden. Man bemerkt dazu ironisch, daß man unfähige Arbeitskräfte im öffentlichen Dienst nur loswerden kann, indem man sie befördert.

Zu den Giganten des öffentlichen Sektors gehört auch die indische Eisenbahn, die rund 1,8 Mio. Arbeitnehmer beschäftigt. Über sie wird im Infrastrukturkapitel ausführlicher berichtet werden. Sie hat ein Streckennetz von ca. 62000 km, befördert pro Tag rund 10 Mio. Passagiere, deren mittlere Reisestrecke 70 km beträgt. Auf dem Gebiet des Güterverkehrs erreichte sie 1985 rund 200 Mrd. Tariftonnenkilometer pro Jahr. (Zum Vergleich: Die Deutsche Bundesbahn hatte 1985 ein Streckennetz von 28000 km, beschäftigte rund 300000 Arbeitnehmer, beförderte pro Tag 2,7 Mio. Passagiere und erreichte pro Jahr 64 Mrd. Tariftonnenkilometer.)

Ein weiteres bemerkenswertes Element des öffentlichen Sektors sind die verstaatlichten Banken, die mit ihrem bürokratischen Management und ihren vielen gewerkschaftlich organisierten Angestellten der Modernisierung des indischen Finanzwesens im Wege stehen. Das indische Bankwesen war zunächst ausschließlich auf die kurzfristige Finanzierung des Handels ausgerichtet. Es gab weder Investitionsbanken noch solche, die sich um die Ersparnisse der großen Masse der Bevölkerung und um die ländlichen Gebiete kümmerten. Nach der Erlangung der Unabhängigkeit weiteten einige indische Banken ihre Aktivitäten aus, wurden dabei aber meist zu Hausbanken großer Konzerne. Ende Juni 1969 verstaatlichte Indira Gandhi die Banken. Danach gelang es, das Netz der Bankfilialen auch auf dem Lande auszudehnen und den Umfang der Spareinlagen zu vergrößern. Um 1950 gab es in ganz Indien nur rund 4000 Bankfilialen, 1969 waren es ca. 8000, doch 1985 schon ca. 50000, von denen sich mehr als die Hälfte in den ländlichen Gebieten befanden. Der Anteil der Sichteinlagen an der Geldmenge M1 stieg dementsprechend von 1950 bis 1990 von rund 35 auf 45 Prozent. Zugleich wuchs aber auch das Heer der Bankangestellten, die keinen freien Wettbewerb mehr kannten und ihre antiquierten Arbeitsmethoden mit Hilfe ihrer Gewerkschaften als Besitzstand verteidigten. Im Jahr 1985 hatte der öffentliche Sektor in der Sparte «Finanz, Versicherungen etc.», zu der die Angestellten der verstaatlichten Banken zählen, rund eine Million Arbeitnehmer, ein Jahrzehnt zuvor waren es etwa 460000 gewesen. Im privaten Sektor waren in der gleichen Sparte 1975 ca. 180000 und 1985 220000 Arbeitnehmer beschäftigt.

Der Interventionsstaat, der die Staatsquote drastisch erhöht und den öffentlichen Dienst aufgebläht hat, konnte nur vergleichsweise bescheidene Erfolge bei der Steigerung des Lebensstandards der indischen Bevölkerung verbuchen. Freilich bleibt es eine offene Frage, wie man den Lebensstandard in einem Land wie Indien bemessen soll. Immerhin ist in der Republik Indien seit ihrem Bestehen das Prokopfeinkommen bei großem Bevölkerungswachstum um mehr als 60 Prozent gesteigert worden, und die Lebenserwartung hat sich von 31 Jahren (1951) bis auf 60 Jahre (1991) erhöht. Der Prozentsatz von Analphabeten ist in derselben Zeit von 82 auf 48 zurückgegangen. Die Versorgungslage der Bevölkerung hat sich verbessert, wenn auch nicht sehr bedeutsam, was in Anbetracht des Bevölkerungswachstums verständlich ist. Der 1979 erreichte Höchststand der Verfügbarkeit von Getreide (in Gramm pro Kopf und pro Tag) von 432 g wurde bald wieder unterschritten und erst 1984 und 1986 wieder geringfügig übertroffen. Im Jahr 1991 stieg diese Zahl auf 468 g, fiel aber 1993 schon wieder auf 429 g zurück. Für einen Europäer oder Amerikaner mag diese Menge sogar recht groß erscheinen, doch die Mehrheit der Inder ernährt sich zum größten Teil von Getreide und Hülsenfrüchten. Die pro Kopf und pro Tag verfügbare Menge von Hülsenfrüchten ist jedoch zurückgegangen. Der Höchststand von 50 g im Jahr 1976 ist lange nicht mehr erreicht worden. In den meisten Jahren lag die verfügbare Menge seither unter 40 g (1993: 36 g).

Eine andere Methode der Schätzung der Verbesserung des Lebensstandards ist es, einerseits den Anteil der Bevölkerung unterhalb der Armutsgrenze zu berechnen, und andererseits die Größe der Mittelklasse zu betrachten, die heute in Indien wirtschaftlich und politisch eine bedeutende Rolle spielt. Nach indischen Berechnungen leben heute nur noch ca. 25 Prozent der Bevölkerung unterhalb der Armutsgrenze. Daneben gibt es eine umfangreiche Mittelklasse, die aus reichen Bauern einerseits und den städtischen Geschäftsleuten und Gehaltsempfängern andererseits besteht. Die Zahl der Angehörigen dieser Mittelklasse wird unterschiedlich auf 100 bis 150 Mio. geschätzt, also auf 12 bis 18 Prozent der Gesamtbevölkerung. Rechnet man die Industriearbeiter mit vertraglich gesicherten Arbeitsplätzen und Löhnen hinzu, die in Indien zumindest der unteren Mittelschicht angehören, so dürfte sich die Gesamtzahl ganz sicher an der oberen Grenze (150 Mio.) befinden. Dieser Mittelklasse ist auch die hohe Sparquote Indiens zu verdanken, die seit 1975 stets ca. 20 Prozent beträgt. Drei Viertel davon entfallen auf die privaten Haushalte, während die Firmen der Privatwirtschaft jeweils höchstens ein Zwölftel und der öffentliche Sektor noch weniger zu dieser Sparquote beitragen. Die jüngsten Zahlenangaben für das Haushaltsjahr 1992/93 zeigen eine Gesamtsparquote von 22 Prozent, 17 Prozent sind den privaten Haushalten zu verdanken, rund 3 Prozent den privaten Firmen und nur 2 Prozent dem öffentlichen Sektor.

Im internationalen Vergleich scheint diese Sparquote ungewöhnlich hoch zu sein, insbesondere der Anteil der privaten Haushalte. Dabei ist zu bedenken, daß Indien weder eine Rentenversicherung noch sonst irgendein soziales Netz kennt. Wer also seinen Lebensstandard im Alter oder bei Invalidität wahren will, muß mit Sparguthaben oder Lebensversicherung Vorsorge treffen. Anstelle der Rentenversicherung gibt es in Indien den *Provident Fund*, zu dem auch der Arbeitgeber beiträgt. Der auf diese Weise angesparte Betrag wird ähnlich wie bei der Lebensversicherung bei Erreichen der Altersgrenze ausgezahlt und dann wieder angelegt – meist auf einem Sparkonto. Die privaten Haushalte der indischen Mittelklasse sind daher fast ausnahmslos sparbewußt.

Die Betriebe des öffentlichen Sektors haben ständig vom Transfer eines großen Anteils der Ersparnisse der privaten Haushalte profitiert. Die Investitionen in diese Betriebe haben im Durchschnitt immer rund 10 Prozent des Bruttoinlandsprodukts beansprucht. Da der eigene Beitrag dieses Sektors zur Sparquote so bescheiden war, mußte der Großteil der Investitionen aus den Ersparnissen der Haushalte finanziert werden. Zur Erhöhung des Lebensstandards haben diese Investitionen hauptsächlich als Arbeitsbeschaffungsmaßnahme beigetragen. Diese ist aber nur einem ganz geringen Teil der Bevölkerung zugute gekommen, der damit den Aufstieg in die untere Mittelschicht geschafft hat.

Zwischen den Armen und der Mittelklasse bleibt eine Grauzone von rund 40 Prozent. In der Tat ist es nicht ganz richtig, in diesem Zusammenhang von einer «Mittelklasse» zu sprechen, es handelt sich eher um eine «bemittelte» Klasse, der eine große Mehrheit von Minderbemittelten und Armen gegenübersteht. Die 40 Prozent der Bevölkerung, die man nicht als arm, sondern nur als minderbemittelt bezeichnen kann, sparen vermutlich nicht viel, und es gibt darunter auch keine Abnehmer der Güter des gehobenen Bedarfs, die in Indien im wachsenden Maße produziert werden. In den Städten gehören zu diesen Minderbemittelten die vielen Gelegenheitsarbeiter ohne festen Arbeitsplatz, die Tagelöhner und Rikshafahrer und viele andere mehr. Auf dem Lande sind es die Teilpächter und Landarbeiter, aber auch die Kleinbauern mit Familienbetriebsgrößen, die unzureichend sind. Hier ist auch die versteckte Massenarbeitslosigkeit in der Landwirtschaft in Betracht zu ziehen, die dadurch verursacht wird, daß meist nur bei Aussaat und Ernte die Kapazität der Bauern und Landarbeiter voll ausgelastet ist, während in der übrigen Zeit oft keine Erwerbstätigkeit möglich ist. Das ist denn auch der Grund dafür, daß zwei Drittel der Erwerbstätigen in Indien nur etwa ein Drittel des Sozialprodukts erwirtschaften. Eine Abwanderung von Arbeitskräften aus der Landwirtschaft in die Industriegebiete ist dringend erforderlich, doch die Zahlen, um die es dabei geht, sind so groß, daß Indiens Planer nur dafür dankbar sein können, daß die Landwirtschaft bisher wie ein großer Schwamm das Bevölkerungswachstum aufgesogen hat.

*

Bei den vier Stadien der Wirtschaftsentwicklung, die in diesem Kapitel beschrieben worden sind, handelt es sich nicht um Stufen einer notwendigen Entwicklungsfolge, sondern um jeweils kontingent bedingte historische Verlaufsphasen. Das gilt sowohl für die koloniale Prägung als auch für die Kriegszwangswirtschaft und die ihr folgende planwirtschaftliche Phase. Beim dritten Stadium, der auf die große Dürre folgenden «Grünen Revolution» und der gleichzeitigen industriellen Rezession, könnte man freilich argumentieren, daß beide Phänomene sich als Konsequenzen aus dem Zusammenbruch der Agrar- und Industriepolitik Nehrus ergaben. Doch auch hier überwiegen die kontingenten Faktoren. Die Voraussetzungen für die «Grüne Revolution» waren gerade zu jener Zeit gegeben, und die Reduktion der staatlichen Investitionen in die Industrie war nicht zwangsläufig. Wiederum überraschend und nicht durch die vorausgehende Entwicklung vorbestimmt war die Kombination von Außenhandelsliberalisierung, industriellem Aufschwung und rasch anwachsender Staatsquote, die die 1980er Jahre prägte. Dagegen läßt sich schon eher die Zwangsläufigkeit der fünften Phase behaupten, die im Kapitel über die Liberalisierung behandelt wird. Der Anstieg der Importe aufgrund der Außenhandelsliberalisierung und das Fehlen einer inneren Liberalisierung, die für die internationale Wettbewerbsfähigkeit Indiens erforderlich gewesen wäre, führten zur Zahlungsbilanzkrise, die nur mit Hilfe des Weltwährungsfonds überwunden werden konnte. Doch auch in diesem Zusammenhang spielte der Golfkrieg als kontingentes Ereignis eine bedeutende Rolle, weil er einen Rückschlag für den Export indischer Arbeitskräfte bedeutete, die sonst durch ihre Überweisungen zum Ausgleich der Zahlungsbilanz beitrugen. Kurzum, die hier aufgezeigten Stadien lassen sich nur historisch erklären und folgen jeweils nur zum Teil immanenten Gesetzmäßigkeiten, die die Wirtschaftstheorie in den Griff bekommen kann.

XXVII.
Finanzsystem und Geldverfassung

Waltraud Schelkle

Seit der Unabhängigkeit haben indische Regierungen dem Finanzsystem, insbesondere den Banken, einen strategischen Stellenwert sowohl für Unterentwicklung als Entwicklung beigemessen. Es wurde gemäß der ordnungspolitischen Vorstellung von einer Gemischten Wirtschaft, die programmatisch einen dritten Weg zwischen Plan- und Geldwirtschaft beschreiben sollte, in die ehrgeizige Entwicklungsplanung eingebunden. Inzwischen weist dieses Finanzsystem der Gemischten Wirtschaft jedoch schwerwiegende Funktionsstörungen auf.

Bevor den Gründen dafür nachgegangen wird, soll in einem ersten Abschnitt die Struktur des indischen Finanzsystems skizziert werden. Im zweiten Abschnitt werden Stationen der Entwicklung des Finanzsystems geschildert, die v. a. durch eine zunehmende Inanspruchnahme der Banken für die Agrar- und Industriepolitik gekennzeichnet ist. Im dritten Abschnitt wird dann die Frage nach den Funktionsstörungen aufgenommen, indem die Geldverfassung der Gemischten Wirtschaft Indiens untersucht wird. Vor diesem Hintergrund sollen im vierten Abschnitt die Reformmaßnahmen eingeordnet werden, die die indische Regierung seit 1991/92 unternimmt.

1. Die Struktur des Finanzsystems

Eine für die Geldverfassung bedeutsame Unterscheidung ist diejenige zwischen Banken i. e. S., die der Zugang zur Refinanzierung bei der Zentralbank kennzeichnet, und sog. anderen Finanzintermediären, die solchen Zugang nicht haben. In Indien sind es die Entwicklungs-, Geschäfts- und Genossenschaftsbanken, die direkten oder indirekten Zugang zur Refinanzierung bei der Reserve Bank of India (RBI) haben. Dieser Ausschnitt umfaßt die typischen Teilnehmer am Geld- und Kreditmarkt. Aus der Sicht von Haushalten und Finanzanlagen suchenden Unternehmen sind Banken außerdem Anbieter von Vermögensobjekten wie Sparguthaben oder Termineinlagen. Auch andere Finanzintermediäre bieten jedoch Vermögensobjekte an, beispielsweise Versicherungen, Aktien oder Investmentanteile. Sie beteiligen sich auf dieser Basis ebenfalls an der Budget- und Unternehmensfinanzierung, in der Regel über den Kapitalmarkt (Markt für Unternehmensanteile und Staatsschuldpapiere). Die indische Volkswirtschaft weist einen äußerst diversifizierten Vermögens- und Kapitalmarkt (Vermögensmarkt i. w. S.) auf, obwohl nur der kleinere Teil der indischen Bevölkerung über andere Finanzanlagen als ein Sparbuch verfügt.

Die indische Zentralbank, die Reserve Bank of India (RBI), wurde 1935, also noch vor der Unabhängigkeit, gegründet. Zunächst hatte sie die Rechtsform einer Kapitalgesellschaft, deren Anteilseigner Privatpersonen und -unternehmen britischer oder indischer Herkunft sein konnten. Diese Rechtsform war auf Betreiben der britischen Kolonialregierung im Vorfeld der Verfassungsreform 1935 gewählt worden, um einem dann amtierenden indischen Finanzminister keinen Zugriff auf die Notenpresse und die Devisenreserven zu geben. Die britische Kolonialregierung mißachtete freilich diese vermeintliche Unabhängigkeit der Zentralbank, wenn es ihren eigenen Interessen entsprach, indem sie beispielsweise einen in der Zinspolitik «unbotmäßigen» Gouverneur zum Rücktritt zwang. Die RBI blieb nach der Unabhängigkeit 1947 zunächst noch eine Kapitalgesellschaft mit privaten Anteilseignern, wurde dann aber 1949 auf Beschluß des Parlamentes und unter Protest des RBI-Direktoriums verstaatlicht.

Die Geschäfts- und Genossenschaftsbanken hatten bereits Vorläufer in der Kolonialzeit. 1969 und 1980 wurden 20 Geschäftsbanken verstaatlicht – aus Gründen, die im nächsten Abschnitt erläutert werden. Zusammen mit der bereits staatlichen State Bank of India (SBI) und den ihr assoziierten Banken vereinigt der staatliche Teil des Geschäftsbankensektors rund 95 % der Einlagen und Kredite der registrierten («scheduled») Geschäftsbanken. Die 18 Privatbanken hatten bis vor kurzem nur noch einen verschwindend geringen Anteil am gesamtwirtschaftlichen Kredit- und Einlagenvolumen von rund 3 %. Dieser Anteil, wie derjenige der Niederlassungen ausländischer Banken, ist jedoch im Steigen begriffen.

Die Geldversorgung der Wirtschaft durch das Bankensystem i. e. S. erfolgt im wesentlichen über fünf Stränge: die Geschäftsbanken, die Genossenschaftszentralen, die Entwicklungsbank des Agrarsektors, über verschiedene Industrieentwicklungsbanken sowie die Entwicklungsbank für den Wohnungsbau. Entwicklungsbanken sind dadurch gekennzeichnet, daß sie in der Regel kaum direktes Kundengeschäft unterhalten, sondern Banken der Banken bzw. der Entwicklungsagenturen sind. In aller Regel werben sie auch keine Einlagen ein, sondern sind auf administrative Kapitalzuflüsse aus dem Budget oder aus der Entwicklungszusammenarbeit angewiesen. Dieser institutionelle Hintergrund ermöglicht dann u. U., zu vergleichsweise günstigen Konditionen Mittel am Kapitalmarkt aufzunehmen.

Allerdings ist das Volumen der Refinanzierung von insgesamt 46 registrierten Geschäftsbanken bei der RBI gering, stellt man ihr die Refinanzierung von Staatsschulden gegenüber: Vom gesamten jährlichen Refinanzierungsvolumen der RBI (405 Mrd. Rs. 1988/89 bzw. 545,5 Mrd. Rs. 1989/90) erhielt der Bankensektor nur rund ein Drittel (1988/89) bzw. ein Viertel (1989/90). Die anderen zwei Drittel bzw. drei Viertel wurden als Budgethilfe an die indische Regierung vergeben. Die Refinanzierung der Geschäftsbanken unterlag dabei starken jährlichen Schwankungen (zwischen 10 % und 5 % Anteilen am gesamten Refinanzierungsvolumen). Das läßt darauf schließen, daß sie als Restgröße bestimmt wurde, wenn die entwicklungspolitischen Prioritäten und die fiskalischen Notwendigkeiten feststanden. Damit ist bereits ein grundlegendes Problem der indischen Geldverfassung angesprochen, auf das noch zurückzukommen ist.

Unter den übrigen Finanzintermediären hat die Postsparkasse erhebliches Gewicht für die Mobilisierung kleiner Ersparnisse in den Dörfern. Sie unterhält das größte Postfilialnetz der Welt (1989: 145 000 Niederlassungen; zum Vergleich: Das nächstgrößte, das US-amerikanische Filialnetz umfaßt 40 000 Niederlassungen). Die Postsparkasse untersteht dem Finanzministerium, was ihren Zweck, die Ersparnismobilisierung zur Finanzierung des staatlichen Haushaltes, andeutet: Auf den rund 95 Mio. Postsparkonten sind ca. 53 % der Haushaltsersparnisse angelegt (1989–90).

Besondere Bedeutung für den Vermögen bildenden Mittelstand kommt den Versicherungen, dem Investmentfonds Unit Trust of India (UTI) und den Pensionsfonds der Unternehmen zu. Aufgrund einer erheblichen Marktkonzentration gehören diese Versicherungen wie auch der Investmentfonds zu den größten Finanzinstitutionen ihres Typs: der UTI bspw. unterhält 30 Mio. Konten und beschäftigt 90 000 Agenten. Diese drei gigantischen Finanzintermediäre waren seit ihrer Entstehung die wichtigsten institutionellen Anleger am indischen Kapitalmarkt. Insofern sind sie ergiebige Quellen der Budget- und der Industriefinanzierung.

Der indische Kapitalmarkt gehört zu den dynamischsten sog. «Emerging Markets», wie entstehende Kapitalmärkte in Entwicklungsländern genannt werden. Er wird zum größten Teil von den einundzwanzig Aktienbörsen gebildet, unter denen der Bombay Stock Exchange hinsichtlich Zahl und Wert der gehandelten Anteilsrechte herausragt. Sie vereinigt rund zwei Drittel des indischen Börsengeschäftes auf sich. Insgesamt waren an diesen Börsen 1993 ca. 6000 Unternehmen mit einer Marktkapitalisierung von 70 Mrd. $ notiert, was wesentlich über den Vergleichszahlen für China liegt. Bis in die 70er Jahre dominierte der Handel mit Staatsschuldtiteln (rund 95 % der Neuemissionen). Das lag nicht zuletzt an einer strikten Reglementierung der Emissionen von Industrieunternehmen – selbst von bereits an der Börse notierten Unternehmen – in betreff der Konditionen und der Preisfestsetzung für die von ihnen aufgelegten Anteilsrechte. Der Zugang war für ausländische

Andere Finanzintermediäre

Postsparkasse (*Post Office Savings Bank*)

Versicherungen (u.a. *General Insurance Corporation, Life Insurance Corporation*)

Investmentfonds (z.B. *Unit Trust of India, mutual funds*)

Pensionsfonds (*provident/pension funds*)

Börsen (*Stock Exchange*, z.B. *Bombay Stock Exchange*)

Investment- und Finanzierungsgesellschaften (*investment companies, finance companies*)

Leasing- und Mietkaufgesellschaften (*leasing companies, hire-purchase companies*)

informelle Finanzintermediäre (*non-scheduled banks, indigenous bankers, money-lenders, etc.*)

Investoren stark beschränkt: Direktinvestitionen durften nur bis zu 40 % der Kapitalanteile an einem indischen Unternehmen ausmachen (mit Ausnahmeregelungen für strategisch wichtige Branchen), sog. Portfolioinvestitionen (rein als Finanzanlage gedachte Kapitalbeteiligungen) durften bis Ende 1992 überhaupt nicht vorgenommen werden.

Eine bewußte Förderung und Liberalisierung der Industriefinanzierung seitens der Regierung führte jedoch zu einer enormen Steigerung der privatwirtschaftlichen Kapitalmarktfinanzierung seit den 70er Jahren, verstärkt seit Mitte der 80er Jahre. Mit dieser Ausweitung haben freilich die Börsenaufsicht und die Geschäftsabwicklung für Börsentransaktionen («stock settlement system») in keiner Weise Schritt gehalten. Der große Börsenskandal 1992, bei dem schätzungsweise 40 Mrd. Rs. illegaler Anlagen aufgedeckt wurden, offenbarte das Dilemma eines nach wie vor überregulierten Finanzmarktes: je vielfältiger und rigider die Kontrollen, desto schwieriger die effektive Durchführung der Kontrollen, desto größer die Anreize und Möglichkeiten, Schlupflöcher zu finden und auszunutzen. Die illegalen Kapitalmarktaktivitäten wurden begünstigt von einer auf verschiedene Organisationen verteilten Aufsicht sowie einer Banktechnologie, die wegen gewerkschaftlicher Widerstände gegen Rationalisierung noch großteils ohne Hilfe von Computern operiert (eine nationale Vereinbarung der Tarifparteien von 1989 sieht vor, daß jede der 46 registrierten Geschäftsbanken genau eine Niederlassung voll computerisieren darf). Hauptsächlich speisten sich diese Kapitalmarktaktivitäten aus kurzfristiger Liquidität, die sich Banken auf dem Interbankenmarkt für Staatsschuldpapiere besorgten und dann an Broker weiterliehen, um an der Börse zu investieren. Die Regierung sah darin eine Umgehung von Deckungsvorschriften für Kapitalmarktinvestitionen. Eine weitere Quelle schienen außerdem «zwischengeparkte» Reserveverpflichtungen der Banken: dank der schwerfälligen Verbuchungsverfahren wurden Einlagen nicht sofort wie vorgeschrieben in unrentablen staatlichen Schuldverschreibungen angelegt, sondern in lukrativen Kapitalmarktpapieren, die im normalen Bankgeschäft nicht erzielbare Renditen abwerfen.

Der Hinweis auf solche ordnungspolitischen Mängel sollte allerdings nicht davon ablenken, daß ein Skandal dieses Ausmaßes in der Regel auch volkswirtschaftliche Entstehungsbedingungen hat. Die makroökonomische Situation begünstigte einen Börsenboom, der keineswegs eine florierende Wirtschaft anzeigte: Die Krisenjahre 1990–92 waren gekennzeichnet durch ein ungünstiges Klima für produktive Investitionen und eine gleichzeitig hohe Geldversorgung, die aus der anhaltend exzessiven Budgetfinanzierung resultierte. Dieses Zusammentreffen – ein großes Potential anlagesuchender Vermögen bei geringeren Möglichkeiten der Vermögensanlage – bringt jenes Paradoxon eines Finanzmarktbooms in der Krise hervor, das insbesondere für die in die Arbeitslosigkeit Entlassenen so bitter ist.

Neben den genannten Finanzintermediären gibt es noch eine Vielzahl öffentlicher und privater Investment- und Finanzierungsfirmen. Besondere Bedeutung hat für große Teile der indischen Bevölkerung die sog. informelle Finanzierung. Dieser Bereich umfaßt das ganze Spektrum der Geldleihe innerhalb der Großfamilie und Selbsthilfegruppen, zwischen agrarischen Produzenten und Getreidehändlern oder Großgrundbesitzern, von der stundenweisen Geldleihe im Straßenhandel bis zur gewerblichen Finanzierung durch sog. einheimische Bankiers, die es schon zu Kolonialzeiten gab. Die sozio-ökonomische Grundlage dieser Finanzbeziehungen variiert sehr stark: Sie können innerhalb einer informellen Gruppe auf Reziprozität, also der nicht genau quantifizierten Verpflichtung zur Gegenleistung, beruhen; sie können Teil normaler Geschäftsbeziehungen sein wie im kleingewerblichen urbanen Bereich, oder aber sie begründen die Ausnutzung höchst ungleich verteilter Marktpositionen; so wenn der dörfliche Geldleiher in seiner Person oder Familie außerdem die Rolle des Getreidehändlers, Landbesitzers und Vorstandes der ländlichen Kreditgenossenschaft vereinigt. Das gemeinsame Merkmal dieser verschiedenen Finanzierungen ist, daß sie in der Regel nicht auf schriftlich niedergelegten Verträgen und gesetzlichen Regelungen zwischen anonymen Vertragsparteien, sondern auf persönlichen Abhängigkeitsverhältnissen beruhen. Dadurch wird oftmals eine Kreditnachfrage befriedigt, die unter herkömmlichen kommerziellen Bedingungen leer ausginge. Die Betreffenden müssen dafür häufig ausbeuterische Konditionen, insbesondere wucherische Zinssätze, akzeptieren.

Zu einem schwer quantifizierbaren, jedoch erheblichen Teil refinanziert sich dieses Finanzmarktsegment aus Geldanlagen, die sich der Steuerhinterziehung, illegalen Aktivitäten oder widerrechtlichen Abzweigungen aus dem formellen System, beispielsweise der mißbräuchlichen Inanspruchnahme subventionierter Kredite, verdanken. Mit diesem letzteren Aspekt ist die Entwicklung des indischen Finanzsystems angesprochen, die nicht in jeder Hinsicht eine Erfolgsgeschichte war.

2. Die Entwicklung des Bankensystems

Der folgende Überblick konzentriert sich auf die entwicklungspolitisch bedeutsamen Bereiche der Agrar- und Industriefinanzierung sowie auf den Umgang mit dem kolonialen Erbe – den Geschäfts- und Genossenschaftsbanken.

Zum Zeitpunkt der Unabhängigkeit zerfiel das der RBI nachgeordnete Bankensystem in zwei Teile, in einen der Kolonialherrschaft geschuldeten sowie einen indigenen Teil. Die kolonialen Banken waren fast ausschließlich in den (Küsten-)Städten angesiedelt und widmeten sich der kurz- und mittelfristigen Handelsfinanzierung. Das einheimische Finanzwesen setzte sich im wesentlichen aus Geldverleihern, einheimischen Bankiers und verschiedenen autochthonen Spar- und Kreditfonds zusammen. Es finanzierte im wesentlichen konsumtive Ausgaben wie diejenigen für die Verheiratung der Töchter, jedoch auch saisonale Kreditnachfrage einer nur begrenzt monetisierten Landwirtschaft. In den ersten Jahren versuchte die RBI, das einheimische Finanzwesen zu formalisieren, d. h. es der gesetzlichen Aufsicht zu unterstellen und ihm dafür Zugang zur Zentralbank-Refinanzierung zu gewähren. Diese Versuche, das formelle und das autochthone Finanzsystem zusammenzuführen, scheiterten jedoch, u. a. weil es den informellen Finanziers in einer hochliquiden Nachkriegswirtschaft nicht an anderweitigen Quellen der Refinanzierung mangelte, die keiner offiziellen Kontrolle unterstanden.

Die vorhandenen Banken mit ihrer Ausrichtung auf die Handelsfinanzierung wurden als ungeeignet erachtet, die anstehenden Entwicklungsaufgaben im Agrar- und Industriesektor zu finanzieren. Von den nahe am Subsistenzniveau wirtschaftenden Bauern trennten sie Welten, wobei neben den Unterschieden hinsichtlich Mentalität, Bildungsniveau und geographischer Nähe auch der kommerzielle Gesichtspunkt eine Rolle gespielt haben dürfte, daß diese marginalen Landwirtschaften keinerlei Sicherheiten (hypothekarisch beleihbare Landtitel) stellen konnten. Das frühe Versäumnis einer grundlegenden Landreform sollte die Agrarentwicklung – und mit ihr die Entwicklung des ländlichen Finanzsystems – anhaltend belasten. – Zur Finanzierung der Industrialisierung erschienen die kolonialen Banken nicht geeignet, weil sie die erforderlichen Losgrößen- und Fristentransformationen nicht leisten wollten oder konnten. Den Banken wurde vorgeworfen, traditional bestimmte Verhaltensweisen und übermäßige

Risikoscheu hinderten sie daran, die kommerziell lukrative Industriefinanzierung aufzunehmen.

In solchen Diagnosen wurde allerdings übersehen, daß eine längerfristige Kreditvergabe an die Bedingung geknüpft ist, daß die ihnen entsprechenden Forderungen auch vom Privatsektor gehalten werden. Bei den Haushalten war die Bereitschaft zum Halten langfristiger nomineller Forderungen (Spareinlagen im Bankensystem) jedoch begrenzt, u. a. weil Vermögen vorzugsweise in Sachwerten (Gold, Schmuck, Land) gebildet wurde, sei es aus Gründen der Tradition oder der erwarteten Wertstabilität. Außerdem war der Kapitalmarkt, auf dem Schuldverschreibungen der Banken gehandelt werden könnten, erst in der Entstehung begriffen. Beides setzte der kommerziell verantwortbaren Fristentransformation der Banken und damit dem mit Preisstabilität vereinbaren Volumen der Industriefinanzierung eine Grenze. Schon im Europa des 19. Jahrhunderts hatte sich gezeigt, daß die Finanzierung einer industriellen Revolution hinsichtlich Höhe und Fristigkeit eine so anspruchsvolle Aufgabe ist, daß dafür eigene Finanzierungsformen wie Kapitalgesellschaften oder Konglomerate von Banken und Schwerindustrie gefunden werden mußten. Den maßgeblichen indischen Entwicklungsplanern schwebte denn auch ein Bankensystem nach dem Modell der deutschen Industriebanken vor, die aufs engste mit den entstehenden Konzernunternehmen zusammenarbeiteten.

Die ersten Entwicklungsanstrengungen konzentrierten sich auf den Agrarsektor. So richtete die RBI nach der Unabhängigkeit einen Nationalen Agrarkreditfonds ein, aus dem die Banken ihre im ländlichen Raum vergebenen Kredite langfristig oder kurzfristig (aus dem sog. «Long-Term Operating Fund» bzw. dem sog. «Stabilization Fund») refinanzieren konnten. Sie beschritt damit den Weg einer Entwicklungsbank für den Agrarsektor, die in dieser Funktion jene langfristigen Forderungen hält, zu denen kommerziell kalkulierende Banken nicht bereit sind.

Zunächst wurde ein integrierter Ansatz der Entwicklung des ländlichen Raumes verfochten, der auf dem berühmten Report des «All-India Rural Credit Committee» (1954) beruhte. Man wollte sich nicht allein auf die Finanzierung beschränken und die vorhandenen genossenschaftlichen Einrichtungen auf dem Lande nutzen, aber vor allem um Kreditgenossenschaften auf Distrikt- und Bundesstaatsebene ergänzen. Die Strategie eines auf genossenschaftlicher Basis organisierten ländlichen Raumes lehnte sich an rätesozialistische Vorstellungen an. Bis heute wird der genossenschaftliche Teil des ländlichen Finanzsystems von denjenigen, die die Idee der Gemischten Wirtschaft vertreten, als das demokratisch legitimierte Segment angesehen – im Unterschied zum kommerziellen Rest.

Für die langfristige Finanzierung sollten Grundkreditbanken geschaffen werden, die später so genannten «Land Development Banks», die im wesentlichen Kredite auf hypothekarischer Grundlage vergeben. Ihr Spielraum wird freilich ebenso von der vernachlässigten Umsetzung einer Bodenreform beschränkt wie von einer indischen Rechtsprechung, die eine Hypothek, d. h. den Anspruch auf ein als Kreditsicherheit verpfändetes Grundstück, nur in jahrelangem Rechtsstreit durchzusetzen erlaubt – und damit für eine Bank illiquide macht.

Mit den beiden Empfehlungen – Genossenschaften für die mittelfristige und saisonale Finanzierung, die Grundkreditbanken für die langfristige – war die Grundstruktur des ländlichen Bankensystems festgelegt. Daneben gab es noch Geschäftsbanken, die sich allerdings aufgrund der hohen Kosten einer Kreditvergabe an kleine und risikoreiche Bewerber eher zurückhielten. Sie bzw. die zuständigen Bundesstaaten wurden seit 1976 angehalten, gewissermaßen als weiche Fenster des Geschäftsbankensektors die sog. «Regional Rural Banks» (RRBs) zu gründen. Sie vergeben zu günstigeren Bedingungen Kredite, unterliegen dafür aber auch weniger strikten Auflagen (insbes. Zinsvorschriften).

Das bedeutete einen Schwenk von einer Strategie, deren Träger v. a. die Agrargenossenschaften sein sollten, zu einem sog. Multi-Agenturen-Ansatz. Dies war eine Reaktion auf die insgesamt enttäuschenden Ergebnisse, die die genossenschaftliche integrierte Entwicklung zeitigte. Die Gründe dafür sind vielfältig. Am häufigsten genannt werden: (i) die Einmischung von politischer Seite, die u. a. mit dem Versprechen, die Bankschulden der Bauern zu streichen, auf Stimmenfang geht und damit eine «Kultur der Nicht-Rückzahlung» geschaffen hat; (ii) die bürokratischen Verfahren der ländlichen Banken, die z. B. Kredite für die Erntefinanzierung viel zu spät ausgeben und die Bauern damit wieder auf die Geldverleiher angewiesen sein lassen (die u. U. Geldverleiher und Vorstand der Kreditgenossenschaft in Personalunion sind!); (iii) fehlende Rahmenbedingungen wie die Durchsetzbarkeit von hypothekarisch besicherten Forderungen oder die Einrichtung eines Katasters, in dem die Grundeigentumsverhältnisse festgehalten sind u. a. m. Der Ausbau der Kreditgenossenschaften, das forcierte «Institution Building», ging jedenfalls nicht einher mit vergleichbaren Anstrengungen, die kreditsuchende Landwirtschaft zu entwickeln. Und um es vorwegzunehmen – die als dritte Säule der Finanzierung im ländlichen Raum gedachten RRBs erwiesen sich als äußerst schwach. Symptomatisch war an diesem Paradigmenwechsel vom genossenschaftlichen zum Multi-Agenturen-Ansatz nur, daß man die Lösung der ländlichen Entwicklungsprobleme in der Schaffung weiterer Finanzierungseinrichtungen sah.

Auf der nationalen Ebene vollzog sich die Herausbildung der heutigen NABARD (National Bank for Agricultural and Rural Development), die aus dem Nationalen Agrarkreditfonds bei der RBI hervorging. Ihre heutige Gestalt erhielt sie 1982, indem sie von der RBI die gesamte Refinanzierung ländlicher Banken und Kreditgenossenschaften übernahm. Daneben unterstützt sie den Aufbau weiterer Organisationen, betreut von ihr finanzierte Agrarentwicklungsvorhaben und übernimmt Anteilskapital an ländlichen Entwicklungsagenturen. Sie vereinigt damit die Funktionen einer Zentral-, einer Entwicklungs- und einer Geschäftsbank in sich.

In der Industriefinanzierung setzte man von vornherein auf die Entwicklung von oben, d. h. auf die Schaffung zahlreicher Industrie- und Industrieentwicklungsbanken auf nationaler und bundesstaatlicher Ebene. Sie werden unter dem Begriff «Term Lending Institutions» zusammengefaßt, um so ihren ursprünglichen Zweck – die Finanzierung langfristiger Investitionen – zum gemeinsamen Merkmal zu machen. Ihre Refinanzierung bei der RBI erfolgt aus dem Nationalen Industriekreditfonds, der wie das Vorbild in der Agrarfinanzierung eine langfristige Kreditlinie darstellt und der RBI praktisch nur ein Mitspracherecht bei der jährlichen Budgetaufstellung dieser Banken einräumt. Wie NABARD refinanzieren sich die nationalen Industriebanken außerdem zu einem erheblichen Teil aus Zuschüssen und Kreditlinien, die von ausländischen Gebern im Rahmen der Entwicklungszusammenarbeit eingeräumt werden (auf deutscher Seite z. B. von der Kreditanstalt für Wiederaufbau im Auftrag des Bundesministeriums für wirtschaftliche Zusammenarbeit).

Wie wichtig die langfristige Finanzierung durch diese Industriebanken genommen wurde, zeigen nicht zuletzt die Privilegien, die ihnen zugesprochen wurden: Sie unterlagen keiner Verpflichtung zur Steuerzahlung und waren der Aufsicht durch die RBI weitestgehend entzogen. Die führenden nationalen Industriebanken (IDBI, ICICI und IFCI) bilden eine Finanzdynastie, die sich dadurch auszeichnet, daß jeder geschäftsführende Direktor in den Aufsichtsräten der jeweils anderen sitzt. Hervorzuheben ist unter diesen Banken die IDBI, die seit 1964 unter ihrem heutigen Namen besteht und in gewissem Maße die Rolle einer Zentralbank für den Industriesektor spielt – neben ihrer Funktion als Geschäfts- und Entwicklungsbank. Als die erfolgreichste Industriebank gilt die ICICI, die 1955 unter massiver Beteiligung der Weltbank entstand, u. a. weil die USA verlangten, daß Entwicklungsgelder durch eine «privatwirtschaftliche» Empfängerorganisation geschleust wurden. Die ICICI war somit eines der ersten Fenster Indiens zu internationalen Kapitalmarktfinanzierungen. Symptomatisch ist schließlich die IRBI, die eine speziell geschaffene Auffangbank für Kreditforderungen gegenüber den zahlreichen «Sick Industries», d. h. temporär oder dauerhaft zahlungsunfähigen Unternehmen, ist.

Die erste Phase der Entwicklung des indischen Finanzsektors war also vom «Institution Building» bestimmt, weil die aus der Kolonialzeit übernommene Bankenstruktur den anstehenden Aufgaben nicht gewachsen schien. Diese Phase, die auch die Errichtung einer Einlagenversicherung und eines Kreditgarantieprogramms für die Kleinindustrie umfaßte, war Mitte der 60er Jahre abgeschlossen. Die staatlich forcierte Industrialisierung hatte sich inzwischen ausgewirkt: Die Geschäftsbanken konzentrierten ihre Kreditvergabe erwartungsgemäß auf große Unternehmen, da ihre Verbindung zur Regierung für gute Bonität sorgte. Zugleich wurde die Finanzierung der Entwicklungspläne immer prekärer. Um die Abhängigkeit von der Auslandshilfe zu verringern, sollten nun die Depositenmobilisierung in den Vordergrund gerückt und die Kreditvergabe stärker unter entwicklungspolitischen Gesichtspunkten gestaltet werden.

Ende 1967 wurde die Politik der sozialen Kontrolle des Finanzsystems ausgerufen: In die Leitungsgremien der privaten Banken setzte man Vertreter der als vorrangig eingestuften Sektoren; unter den Direktoriumsmitgliedern mußten mindestens zwei den Agrarsektor und das Kleingewerbe vertreten. Ein nationaler Kreditrat sollte nach französischem Vorbild der indikativen Planung die sektorale Kreditbudgetierung koordinieren. Bis heute werden die Direktorien der Banken politisch besetzt, wobei das Finanzministerium federführend ist. Als auch diese Maßnahmen nicht die erwünschten Ergebnisse zeitigten, wurde 1969 die Verstaatlichung der 14 größten Geschäftsbanken verfügt, der 1980 sechs weitere folgten. Die Stoßrichtung des «social banking» nach 1969 war eine zweifache: Die «unterversorgten» (underbanked) Regionen sollten durch Bankniederlassungen erschlossen werden; und die Banken sollten durch entsprechende Zins- und Reservehaltungsvorschriften massiv zur staatlichen Entwicklungsfinanzierung herangezogen werden.

Eine Bestandsaufnahme von der Verstaatlichung der Geschäftsbanken bis heute ergibt das folgende Bild: Die Zahl der Niederlassungen der Geschäftsbanken hat sich von knapp 8300 (1969), das bedeutete durchschnittlich eine Filiale für 65 000 Personen, auf 60 200 (1991) oder 11 000 Personen je Niederlassung erhöht. Davon waren 1969 rund 32 % im ländlichen Raum angesiedelt, 1991 dagegen 58 %. Gemessen an den eigenen Zielvorstellungen der Bankennationalisierung ist dies als Erfolg zu werten.

Mit dieser quantitativen Ausdehnung hat allerdings die qualitative Entwicklung des Finanzsektors nicht Schritt gehalten. Die Rentabilität des Bankengeschäftes ist auf ein bedrohlich niedriges Niveau gesunken, Anfang der 90er Jahre lag sie schätzungsweise bei 0,35 % durchschnittlicher Verzinsung der Aktiva. Hier hat der Zwang zum Halten niedrigverzinslicher Staatsschuldpapiere und zur konzessionären Kreditvergabe an besondere Kreditnehmergruppen seine Wirkung getan. Bei den Banken sind in hohem Maße Rückstellungen für uneinbringliche Kredite notwendig geworden. Dieses Problem ist besonders gravierend bei den bundesstaatlichen Industriebanken und bei den primären Agrarkreditgenossenschaften: Dort mußten Ende der 80er Jahre durchschnittlich mindestens 40% der ausstehenden Kredite als uneinbringbar klassifiziert werden. Dieses um sich greifende Phänomen der «Overdues» wird auf politische Protektion, mangelhafte Kreditabwicklung, mißbräuchliche Konkurserklärungen ohne Sanktionsmöglichkeiten und andere Probleme der Durchführung zurückgeführt.

3. Geldverfassung und die Gemischte Wirtschaft Indiens

Im Hinblick auf problematische Erscheinungen des indischen Finanzsystems lassen sich die obigen Ausführungen wie folgt zusammenfassen:
- der Kapitalmarkt bedarf einer weit effektiveren Aufsicht und effizienterer Methoden der Geschäftsabwicklung;
- das informelle Finanzsystem ist Spiegelbild einer segmentierten Wirtschaft;
- die Geschäfts- und Genossenschaftsbanken sind unrentabel, ein großer Teil überschuldet;
- sowohl die Zentralbank RBI als auch die sektoralen Entwicklungsbanken NABARD und IDBI nehmen eine prekäre Zwischenstellung von Zentral- und Entwicklungsbank ein;
- die RBI ist außerdem zu einer Hausbank des Staates geworden.

Obwohl hier nicht Raum ist, auf all diese Erscheinungen einzugehen, sollen im folgenden doch jene Gründe aufgezeigt werden, die in der Geldverfassung der Gemischten Wirtschaft Indiens zu suchen sind.

Die Gemischte Wirtschaft Indiens war nach dem Selbstverständnis ihrer maßgeblichen Gestalter als ein sozial- und entwicklungspolitisch gezähmter Kapitalismus gedacht. Insofern entspricht sie dem makroökonomischen System einer Geldwirtschaft eher als dem einer Planwirtschaft. Daraus ergeben sich allerdings bestimmte Funktionserfordernisse, wie die eines knappen Geldes, die nicht ungestraft verletzt werden können. D. h., bestimmte Arten der Zähmung, nicht die Zähmung des Kapitalismus an sich wird dadurch ausgeschlossen. Um zu zeigen, daß dies insbesondere ausschließt, einen dritten Weg zwischen Plan- und Geldwirtschaft zu gehen, ist in einem kleinen Exkurs auf die alternativen Koordinationsmechanismen von Plan- und Geldwirtschaft einzugehen.

In einer Planwirtschaft regelt der Plan die Verfügung über Produktionsmittel und Ressourcen einschließlich der Arbeitskräfte; Betriebe handeln mit der Planungsbehörde den Geldbedarf aus, der aus der Ressourcenzuteilung und den Produktionsvorgaben folgt. Das Bankensystem, das aus einer Monobank mit Zentral- und Geschäftsbankenfunktion besteht, befriedigt diesen aus der Wirtschaftsplanung folgenden Geldbedarf. Nicht Geld, sondern Güter und Ressourcen sind knapp, wie das Phänomen des Schlangestehens, d. h. die Mengenrationierung auf Märkten einer Planwirtschaft, zeigt.

In einer Geldwirtschaft steht an der Stelle des Plans das Geldangebot: Die Verfügung über Zahlungsmittel ermöglicht, Produktionsmittel, Ressourcen und Güter anzueignen. Zahlungsmittel wie Schecks etc. beruhen letztlich auf dem gesetzlichen Zahlungsmittel, dem von der Zentralbank emittierten Geld, weil es das unbestreitbare Medium der Schuldentilgung und -deckung darstellt. Am Beginn des gesamtwirtschaftlichen Einkommensbildungsprozesses steht deshalb Geld: Als eine «Schöpfung aus dem Nichts» erlaubt es den Banken, qua Kredit eine Produktion der Betriebe vorzufinanzieren, um so ein Zinseinkommen zu erwirtschaften. Die Betriebe refundieren aus dem Verkauf ihrer Produkte die Kosten, die sich aus Löhnen, Zahlungen für Vorprodukte und Schuldendienst zusammensetzen. Das Einkommen entsteht also als Reflex der Verfügung über Geld. Nicht Güter, sondern Geld ist knapp, wie volle Regale in funktionierenden Geldwirtschaften schlaglichtartig beleuchten: Sie stehen für die Preisrationierung im Unterschied zur Mengenrationierung der Nachfrage. Die relative Knappheit des Geldes gegenüber den Gütern wird dadurch angezeigt, daß ein zeitweiliger Verzicht, über Geld zu verfügen – es zu verleihen –, ein (real positives) Zinseinkommen zu erzielen erlaubt.

Dieses Knapphalten der Güterversorgung durch Geld stellt zugleich das Skandalon der monetären Wirtschaft dar, weshalb die Entwicklungsplanung in Indien wie anderswo versucht war, den «künstlichen Engpaß» zu geringer Finanzmittel durch Bedienen der Notenpresse zu beseitigen. Dadurch wird freilich der Koordinationsmechanismus einer Geldwirtschaft – daß alle ökonomischen Handlungen sich an der Gelderzielung orientieren, weil dieses den Zugang zu allen anderen Tauschwerten eröffnet – zerstört. Dies liegt vor allem an der Reaktion derer, die Forderungen auf das inländische Geld halten sollen, die sparenden Haushalte.

Offenkundig bedarf es keiner Ersparnis der Haushalte, i. S. eines Konsumverzichts aus vorhandenem Einkommen, um Einkommen zu bilden. Doch für die Stabilität der Einkommensbildung sind Ersparnisse entscheidend: Schließlich muß entsprechend dem Wert der Sachvermögens- oder Kapitalbildung in den Unternehmen, die durch Kredit vorfinanziert wurde, auch Finanzvermögen gehalten werden – dafür steht die Logik der doppelten Buchführung, die jeder Verbindlichkeit eine Forderung gegenüberstellt. Die Bereitschaft, dieses Finanzvermögen zu halten, hat einen Preis: den Habenzins. Er muß die Unsicherheit des Vermögensverlustes und das Risiko der Geldentwertung, was die Bereitschaft zum Konsumverzicht einschließt, entgelten. Dies verlangt einen positiven Realzins (d. h. nach Abzug der Inflationsrate), weil Haushalte andernfalls ihre Vermögen in Sachwerten oder Devisen anlegen können. Diese Flucht aus dem Geld zeigt sich gesamtwirtschaftlich in verstärktem Preisauftrieb und Abwertungstendenzen der Währung.

Der Stellenwert der Geldverfassung und des Finanzsystems läßt sich wie folgt zusammenfassen: In der Planwirtschaft besteht die Geldverfassung, die die Geldversorgung der Wirtschaft regelt, darin, daß die Monobank der zentralen Planbehörde untergeordnet wird. Das Finanzsystem, bestehend aus dem Finanzministerium und dieser Monobank als ihrer Durchleitstelle, hat seine Funktion im Rahmen der Planerfüllung. Demgegenüber besteht die Geldverfassung einer Geldwirtschaft in der organisatorischen Trennung der Geldemission durch die Zentralbank von der Kreditproduktion durch Banken. Das Finanzsystem besteht daher mindestens aus der Zentralbank, die das gesetzliche Zahlungsmittel emittiert, und den Geschäftsbanken, die im Rahmen der von ihnen gewünschten Kreditproduktion das gesetzliche Zahlungsmittel in Umlauf bringen. Die Zweistufigkeit des Finanzsystems einer Geldwirtschaft, also die Trennung der ehemaligen Notenbanken in eine Zentralbank und Geschäftsbanken, hat sich evolutionär durchgesetzt. Sie ist eine institutionelle Vorkehrung gegen Instabilitäten der Einkommensbildung, denn weder die Verhinderung von Preisniveauänderungen noch die von Wechselkursschwankungen liegt notwendigerweise im einzelwirtschaftlichen Interesse.

Daraus lassen sich bestimmte Anforderungen an die Zentralbanktätigkeit in einer Geldwirtschaft ableiten, die relevant für die Einschätzung der indischen Geldverfassung sind:

- Funktionsfähigkeit des Finanzsystems als Handlungsnorm. Als Platzhalterin für eine einzelwirtschaftlich nicht wahrnehmbare Aufgabe muß die Zentralbank Paniken und Bankzusammenbrüchen, die das System gefährden können, entgegenwirken. Infolgedessen nimmt sie vorbeugend die Bankenaufsicht wahr – nicht um einzelne Bankschließungen, sondern systemische Gefahren zu unterbinden – und ist der «Lender of Last Resort», um Zahlungskrisen abzuwenden.
- Preisniveau- und Wechselkursstabilität als wirtschaftspolitische Zielsetzung. Die Funktionsfähigkeit des Geldes zeigt sich daran, daß keine Flucht in Sachwerte und Fremdwährungen stattfindet, die zu Preissteigerungen und Abwertung führen. Um diese Größen stabilisieren zu können – und damit die Funktionsfähigkeit des Geldes aufrechtzuerhalten –, muß die Zentralbank jederzeit Forderungen gegen die bei ihr verschuldeten Banken geltend machen und damit den Geldumlauf verknappen können. Das erlaubt ihr insbesondere nicht, in großem Umfang langfristige Forderungen zu halten, wie dies die Aufgabenstellung einer Entwicklungsbank verlangt.
- Unabhängigkeit der Zentralbank von der staatlichen Haushaltsplanung. Der Staat als Schuldner der Zentralbank verletzt ein fundamenta-

les Prinzip des geldwirtschaftlichen Einkommenskreislaufs, demzufolge ein Schuldner in der Geldwirtschaft niemals das Medium herstellen kann, in dem er den Vertrag erfüllen muß. Vielmehr sind Schuldner zum Erwirtschaften des Mediums durch (profitable) Produktion gezwungen. Diese Unabhängigkeit erfordert letztlich, daß die Zentralbank nicht zur langfristigen Kreditvergabe an die Regierung verpflichtet ist.

Die RBI ist in formaler Hinsicht nie eine unabhängige Zentralbank gewesen wie z. B. die US-amerikanische Federal Reserve Bank oder die deutsche Bundesbank. Vielmehr entsprach sie der britischen Zentralbank-Tradition, zu der sowohl die eingeschränkte Autonomie als auch die parlamentarische Kontrolle gehören. Die Abhängigkeit der RBI äußert sich in verschiedenen Vorschriften, von denen hier nur die wichtigsten genannt seien:

- Das ökonomisch entscheidende Merkmal ist, daß sie gesetzlich zur langfristigen Kreditvergabe an die Zentralregierung verpflichtet ist. Die Staatsverschuldung muß vorher vom Parlament gebilligt werden. Die RBI hat insofern nur die Möglichkeit, durch die Steuerung ihrer Kreditvergabe an die Banken das Gesamtvolumen zu begrenzen.
- Der Gouverneur und der Vizegouverneur werden von der Regierung für eine fünfjährige Amtszeit ernannt, das übrige Direktorium wird von ihr nominiert.
- Die Regierung kann das Direktorium absetzen, wenn es seinen gesetzlichen Verpflichtungen nicht nachkommt, zu denen eben auch die Kreditvergabe an den Staat gehört. Ein solcher Beschluß muß nachträglich dem Parlament vorgelegt werden.
- Der An- und Verkauf von Devisen durch die RBI erfolgt zu einem Kurs, der weitgehend von der Regierung bestimmt wird.

Im Triumvirat von Finanzministerium, Planungskommission und Zentralbank hat die RBI eine Wächterrolle hinsichtlich der Preisniveaustabilität übernommen. Außerdem soll sie die Funktionsfähigkeit des Finanzsystems durch ihre einzelwirtschaftliche Aufsichtstätigkeit und ihre Rolle als «Lender of Last Resort» gewährleisten. Die Aufsicht über die staatlichen Geschäftsbanken teilt sie allerdings mit der 1969 geschaffenen Bankenabteilung im Finanzministerium. Sie spielte bis vor kurzem nur eine sehr eingeschränkte Rolle in bezug auf die Wechselkurspolitik, da diese von entwicklungsstrategischen und industriepolitischen Zielsetzungen bestimmt wurde. Als Zentralbank eines Entwicklungslandes sah es die RBI außerdem als ihre spezifische Aufgabe an, federführend den Ausbau der institutionellen Basis des Finanzsektors zu betreiben. Im Zuge dieser strategischen Finanzsektorentwicklung wurden NABARD und IDBI gegründet, die in bezug auf die Refinanzierung von Krediten im Agrar- bzw. Industriesektor die klassische Funktion der Zentralbank übernommen haben. Schließlich wurde die Wahrnehmung ihrer Zentralbankaufgaben mit dem Anwachsen der Finanznöte der indischen Regierung immer prekärer, wie die Verteilung des Refinanzierungsvolumens auf Geschäftsbanken und Regierung zeigte.

Somit bleibt in bezug auf die eingangs genannten Kriterien festzuhalten, daß die RBI nur in eingeschränktem Maße die Aufgaben einer Zentralbank in der Geldwirtschaft wahrnehmen kann: Sie teilt Funktionen mit dem Finanzministerium und den Entwicklungsbanken, sie hat selbst in gewissem Maße Entwicklungsbankenfunktion übernommen, ihr war bis vor kurzem die Wechselkurspolitik weitgehend entzogen und schließlich wird sie in hohem Maße zur staatlichen Budgetfinanzierung herangezogen.

Die Geldverfassung der Gemischten Wirtschaft Indiens sieht eine zweistufige Geldversorgung der Wirtschaft zwar vor, insofern die Banken nicht bloße Durchleitstellen von Finanzzuweisungen an Betriebe bzw. Gehalt empfangende Haushalte sind. Vielmehr können die Banken im Prinzip selbst bestimmen, mit wem sie einen Kreditvertrag eingehen bzw. von wem sie eine Einlage annehmen. Damit liegt die Initiative und Entscheidung, wie ein Kredit refinanziert werden soll, ob durch die Zentralbank, Spareinlagen oder den Kapitalmarkt, grundsätzlich bei den Banken.

Doch sind die indischen Banken letztlich nicht diejenigen, die über den Kreditmarkt die Geldversorgung der Wirtschaft steuern. Maßgeblich für die ausstehende Geldmenge ist vielmehr jener Teil der Staatsausgaben, der durch Monetisierung, d. h. durch staatliche Kreditaufnahme bei der RBI, finanziert wird. Als Folge der fiskalischen und entwicklungspolitischen Inanspruchnahme der RBI unterliegt die Geschäftstätigkeit indischer Banken weitgehenden gesetzlichen Einschränkungen. Zu den wichtigsten Vorschriften gehörten bis Anfang der neunziger Jahre:

- Aufsichtsrechtliche Vorschriften. Dazu zählen Vorschriften zur Reservehaltung auf Einlagen (Cash Reserve Ratio, CRR) und zur Aufrechterhaltung der Zahlungsfähigkeit (Statutory Liquidity Ratio, SLR). Dies sind gängige zentralbankpolitische Instrumente, die sicherstellen sollen, daß die Bankreserven gegen erwartbare Auszahlungsüberschüsse hinsichtlich Volumen und Fristigkeit ausreichen. Diese geforderten Bilanzkennziffern waren in Indien aber so hoch (1991 froren sie rund zwei Drittel der Sicht- und Termineinlagen ein, 1993 noch 40 %), daß den Geschäftsbanken nahezu keine Kreditschöpfungsspielräume blieben. Da dies keine temporäre Erscheinung darstellte und verbunden ist mit der Auflage, diese Reserven v. a. in niedrig verzinslichen Staatsschuldpapieren zu halten, ist die Begründung in der staatlichen Budgetpolitik zu suchen: Allein die SLR-Reserven deckten 1992/93 etwa 17 % der internen Verschuldung der indischen Regierung, wobei hierfür in erster Linie die bundesstaatliche Defizitfinanzierung verantwortlich war.
- Selektive Kreditpolitik. Es gibt eine Fülle von entwicklungs-, sozial- und regionalpolitisch motivierten Kreditvorschriften. So sollten Ge-

schäftsbanken 40 % ihrer Kredite an politisch als förderungswürdig bestimmte Kreditnehmer (und in geringerem Maße: Kreditnehmerinnen) vergeben: an kleine Industrieunternehmen und Landwirtschaften, an einkommensschwache Bevölkerungsgruppen, für strukturschwache Regionen. Kredite für besondere Zwecke, bspw. wenn diese bei den Endnachfragern dem Export dienen, können bei der RBI zu günstigeren Bedingungen refinanziert werden. Große Bedeutung haben außerdem Kreditbeschränkungen, die das Anlegen spekulativ gehaltener Nahrungsmittellager verhindern sollen. Offenkundig sah die indische Regierung in den Banken einen verlängerten Arm der Entwicklungs- und Sozialpolitik.

- Zinspolitische Vorschriften. Neben der üblichen Festlegung des Refinanzierungszinssatzes (Diskontpolitik, Bank Rate Policy), die das gesamte Geldvolumen steuern soll, wendet die RBI bevorzugt zinspolitische Instrumente an, die auf die Zusammensetzung dieser Gesamtmenge wirken sollen. Bis vor kurzem regelte die RBI sowohl die Zinssätze auf Guthaben (Habenzinsen) als auch die Zinssätze auf Kredite (Sollzinsen). So wurde z. B. festgelegt, daß der Zinssatz für Großkredite eine bestimmte Höhe nicht unterschreiten dürfe (Mindestzinsvorschrift), aber auch, daß er für kleine Kreditnehmer oder Spareinlagen eine bestimmte Höhe nicht überschreiten dürfe (Höchstzinsvorschrift). Die Zinsreglementierung war z. T. entwicklungspolitisch, z. T. stabilisierungspolitisch motiviert: In Zeiten steigender Zinsen, die auf inflationäre Tendenzen reagierten, sollten insbesondere bestimmte Kreditnehmergruppen vor den damit verbundenen Anpassungslasten geschützt werden bzw. die Banken von einem «gesellschaftlich ruinösen Preiswettbewerb» abgehalten werden.

Soweit sich die Vorschriften auf die Einhaltung bestimmter Bilanzrelationen und Kennziffern beziehen, läßt sich auch noch angesichts dieser beträchtlichen Regelungsintensität von der für eine Geldwirtschaft charakteristischen Zweistufigkeit sprechen. Indische Banken sind nicht wie Banken in einer Planwirtschaft gezwungen, mit bestimmten Vertragspartnern Geschäftsbeziehungen zu unterhalten. Allerdings können die Vorschriften zu Vertragsschlüssen nötigen, die unter kommerziellen Gesichtspunkten von den Banken nicht eingegangen worden wären.

Die selektiven zinspolitischen Eingriffe haben sich jedoch als äußerst folgenschwer erwiesen. Zeitweise wurden 25 verschiedene Zinssätze von der RBI vorgeschrieben, die keinerlei Kostenaspekte – geschweige denn Rentabilitätsgesichtspunkte – berücksichtigten. Die entwicklungs- und budgetpolitisch motivierte finanzielle Repression ist schwerlich mit Anforderungen an ein tragfähiges Bankensystem zu vereinbaren: Dessen kommerzielle Lebensfähigkeit hängt davon ab, daß Banken die ihnen unter Kosten- und Risikogesichtspunkten angemessen erscheinende Marge (den Differenzbetrag) zwischen Soll- und Habenzinsen durchsetzen. Die Weltbank schätzt, daß indische Geschäftsbanken 20 % Gewinn in jedem zusätzlichen Kreditgeschäft verdienen müßten, um unter Einhaltung der Reserve- und Kreditvorschriften daraus keine Verluste zu ziehen – selbst wenn von Steuern und möglichen Verlusten aus nicht zurückgezahlten Krediten abgesehen wird!

All diese Vorschriften sind im Zuge der seit 1991 eingeläuteten Reformmaßnahmen einer kritischen Revision unterzogen, teilweise gelockert (CRR und SLR) oder abgeschafft worden (Obergrenzen für Kreditzinsen). Die Reformen sollen hier vor allem unter dem eingeschränkten Blickwinkel betrachtet werden, ob sie zur Wiederherstellung der Geldverfassung beizutragen geeignet sind.

4. Die Reform des Finanzsystems

Die anvisierten Finanzsektorreformen sind Teil eines umfassenderen Reform- und Stabilisierungsprogramms, das 1991 zur Bewältigung einer akuten Zahlungsbilanzkrise notwendig geworden war. Das Defizit entsprach in diesem Krisenjahr 9,7 Mrd. US-$ oder 3,3 % des BSP. Die Devisenreserven waren auf den Wert von 1 Mrd. US-$ gefallen, was dem Importwert von 2 Wochen entsprach. Die Auslandsverschuldung betrug rund 70 Mrd. US-$ und lag damit in einer Größenordnung, wie sie zum selben Zeitpunkt die GUS erreichte.

In der Folge wurde ein erheblicher Teil der Fremdwährungseinlagen bei indischen Banken abgezogen (1991–92 ca. 1,6 Mrd. US-$). Diese Devisenguthaben («Foreign Currency Non-Resident Accounts») wurden wohlhabenden Auslandsindern und den v. a. in den Golfstaaten tätigen Gastarbeitern zu besonders attraktiven Konditionen eingeräumt. In der zweiten Hälfte der 80er Jahre finanzierten sie rund ein Viertel des Handelsbilanzdefizites. Attrahiert wurden sie, indem ein höherer Zins als auf vergleichbare Dollaranlagen, etwa bei einer kuweitischen oder amerikanischen Bank, gewährt wurde, indem von der RBI ein fester Wechselkurs garantiert wurde (so daß sie die Verluste aus Abwertungen der Rupie zu tragen hatte) und das Guthaben jederzeit verfügbar gemacht wurde. Angesichts der hohen (impliziten) Subventionen wurden immer wieder Zweifel am Nettoertrag dieser Art der kurzfristigen Devisenbeschaffung angemeldet. Noch grundsätzlicher läßt sich fragen, ob durch solche Fremdwährungseinlagen im einheimischen Bankensystem nicht lediglich die Dollarisierung und damit die Erosion der Geldverfassung subventioniert wird. Angesichts der Erfahrungen in den Krisenjahren 1991–92 hat die RBI nun verfügt, daß die Geschäftsbanken selbst das Wechselkursrisiko tragen müssen, wobei die Zusage eines festen Umtauschkurses nur für Einlagen mit mindestens einjähriger Laufzeit gilt und höchstens bis zu drei Jahre garantiert werden darf.

Eine für den Finanzsektor bedeutsame Öffnung besteht darin, daß es nur noch einen einheitlichen Wechselkurs für die Rupie gibt und der Umtausch in andere Währungen in bezug auf Handelstransaktionen freigegeben ist (eingeschränkte Konvertibilität). Dem Schwarzmarkt für Devisen ist damit die Grundlage entzogen worden. Banken können nun in größerem Umfang am freien Devisenhandel teilnehmen, und die RBI kann als eine Marktteilnehmerin am Devisenmarkt auftreten. Dort verfolgt sie bislang eine Wechselkurspolitik, die zwar keinen festen Kurs ankündigt, aber durch Interventionen nominal weitgehend stabil hält (sog. managed float, orientiert an einem Währungskorb).

Auch der Kapitalverkehr wurde erheblich liberalisiert, so daß indische Finanzintermediäre neue Klientel, aber auch zusätzliche Konkurrenz zu gewärtigen haben. Große indische Unternehmen können nun direkt am Euromarkt Anleihen aufnehmen bzw. Anteilsrechte emittieren. Der Niederlassung ausländischer Banken und den Direktinvestitionen ausländischer Firmen sind sehr viel günstigere Konditionen eingeräumt worden: Letztere dürfen nunmehr auch Mehrheitsbeteiligungen von 51 % an indischen Unternehmen halten. Portfolioinvestitionen ausländischer Anleger sind möglich, wenn diese über registrierte institutionelle Investoren (Versicherungen, Investmentfonds) und deren Treuhänder erfolgen. Außerdem können sich ausländische Interessenten an der anstehenden Privatisierung von Staatsunternehmen durch Zeichnung sog. «Global Depository Receipts» beteiligen, die unmittelbare Anteilsrechte an Unternehmen verbriefen und in einem zentralen Depot im Ausland gehalten werden.

Der Erfolg zeigte sich in einem für indische Verhältnisse phänomenalen Anstieg der Kapitalimporte: Betrugen die Direkt- und Portfolioinvestitionen im Krisenjahr 1991/92 noch 150 Mio. US-$, so betrugen sie 1993/94 schon 5 Mrd. US-$. Sie entfielen zu 90 % auf Portfolioinvestitionen, die Direktinvestitionen betrugen 0,5 Mrd. US-$. Das hohe Devisenangebot hat innerhalb einer überraschend kurzen Zeit die Zentralbankreserven auf das vertrauensstabilisierende Niveau von 15 Mrd. US-$ (Importwert von 6 Monaten) steigen lassen. Allerdings haben solche Kapitalimporte immer auch einen expansiven Effekt auf die Geldmenge und begünstigen gleichzeitig eine Aufwertung der Währung, die die Exportwirtschaft weniger wettbewerbsfähig macht. Genau dieselbe Situation bereitete verschiedenen lateinamerikanischen Ländern in den 80er Jahren große Stabilitätsprobleme.

Mit dem Erfolg der bisherigen Kapitalverkehrsliberalisierung hat die Geschäftsabwicklung nicht Schritt gehalten. Für eine Investitionssumme von 1 Mio. US-$ mußten noch 1994 schätzungsweise 400 Papiere ausgefüllt werden. Die Treuhänder, die z. B. im Auftrag ausländischer institutioneller Investoren die Börsentransaktionen ausführen, verweigerten zeitweise die Annahme weiterer Aufträge, weil sie angesichts des bürokratischen Aufwandes und der auf Kleinanleger ausgerichteten Stückelungen in bis zu dreimonatigen Rückstand mit der ordnungsgemäßen Verbuchung gekommen waren. Große indische Geschäftsbanken, wie die SBI, sehen nun in diesem Treuhändergeschäft eine Expansionschance.

In bezug auf das Finanzsystem prägte der sog. Narasimham-Report von Ende 1991 die Reformen. Er beinhaltet neben einer Fülle von Vorschlägen zur Liberalisierung des Versicherungssektors, der Aufsicht über neuere Arten von Finanzintermediären u. a. m. wichtige Schritte zur Wiederherstellung der Geldverfassung. Sie wurden teilweise bereits umgesetzt:

- Um die RBI aus ihrer Rolle als «Hausbank des Staates» zu entlassen, wird der Geldmarkt entwickelt, was die Schaffung von Instrumenten für Geldmarktauktionen sowie eines Clearing-Hauses bedeutete. Eine Erfolgsbedingung für diese Anstrengungen wie für das Vorhaben, Staatsschuldpapiere marktnah zu verzinsen, ist freilich, daß die Staatsverschuldung und das laufende Budgetdefizit der indischen Regierung gesenkt werden.
- Die Reserveanforderungen (CRR und SLR) sollen ihre Funktion als Instrumente der Geldpolitik zurückerhalten, ihre Instrumentalisierung für die Budgetpolitik phasenweise abgebaut werden. Die Sätze wurden deutlich gesenkt und sollen bis 1996/97 bei 25 % für SLR und 10 % bei CRR liegen. Zumindest die neubegebenen, als Reserve dienenden Staatsschuldpapiere werden marktnah verzinst.
- Die Struktur der regulierten Zinssätze ist erheblich rationalisiert worden, so daß es im wesentlichen nur noch drei vorgeschriebene Zinssätze gibt (Ende 1993: ein Höchstzins von 10 % auf Einlagen, ein Höchstzins von 12 % für Kleinkredite sowie ein Mindestzins von 15 % für alle anderen Kredite). Vor allem sind für normale Kredite keine Obergrenzen mehr vorgesehen. Damit nähert sich die RBI der Zinspolitik von Zentralbanken in entwickelten Geldsystemen, die die Untergrenze der Marktzinsen und evtl. die Struktur der kurz- und langfristigen Zinssätze zu beeinflussen sucht, indem sie als Teilnehmerin am Geldmarkt auftritt.
- Die Vorschriften zur prioritären Kreditvergabe sollen dahingehend verändert werden, daß nur noch 10 % der Bankkredite für entwicklungs- und sozialpolitisch definierte Zielgruppen ausgereicht werden müssen. Zu diesem Vorschlag hat es bisher keine Reaktion der Regierung gegeben.
- Die Aufsicht über Banken und Börse soll je einer unabhängigen Behörde übertragen werden, was bei der Bankenaufsicht insbesondere die Abschaffung der Abteilung im Finanzministerium verlangte. Außerdem sollen an neue Finanzmarktentwicklungen angepaßte und zugleich weniger «obrigkeitsstaatliche» Aufsichtsgrundsätze niedergelegt werden. Bisher geschah beides nur in bezug auf die Börse.

Die Schritte zur Liberalisierung setzen allerdings eine Sanierung des Bankensystems i. e. S. voraus. Der Abschreibungsbedarf für uneinbringliche Forderungen, die genannten «Overdues», wird auf 100–220 Mrd. Rs. geschätzt, was einem Anteil von 1,4–3 % des BIP entspricht. Zum Vergleich: Die Sanierung der Sparkassen (Savings and Loan Associations) in den USA dürfte die amerikanischen Steuerzahler ca. 2 % des BIP kosten.

Das Problem der «Overdues» scheint insofern zwar schwerwiegend, aber noch handhabbar. Weit schwieriger dürfte die Lösung des Problems der «Sick Industries» werden. Diese leiden zu einem erheblichen Teil nicht nur an einer vorübergehenden Malaise, sondern an einer tödlichen Krankheit: Der Liquidationswert ihrer Sachwerte und sonstigen Aktiva dürfte geringer als der Bestand ihrer Verbindlichkeiten sein. Ein solches negatives Reinvermögen bedeutet Überschuldung. Die Industriebanken sind mit Forderungen gegen diese Unternehmen besonders belastet, weil ihnen – so wie im vereinten Deutschland der Treuhand – die Aufgabe der Restrukturierung und Sanierung dieser zahlungsunfähigen Unternehmen übertragen wurde. Anders als der Bestand an «Overdues», der als solcher abgeschrieben werden kann, bedürfen die «Sick Industries» immer neuer Kredite, um den laufenden Betrieb und/oder die Lohnzahlungen zu finanzieren. Ob die indischen Banken zukünftig ihre Funktion in einer Geldwirtschaft wahrnehmen können oder ob sie weiterhin als ein verlängerter Arm des Fiskus agieren, wird zu einem Gutteil von den Fortschritten bei der Abwicklung dieser Unternehmen abhängen.

Letztlich steht das Gelingen der Reformen unter dem Vorbehalt, daß es gelingt, die Finanzierung des Budgets auf eine neue Grundlage zu stellen. Die interne Verschuldung der Regierung ist mehr als dreimal so hoch wie die Auslandsverschuldung: Sie betrug 1993/94 schätzungsweise 3,9 Billionen Rs. oder knapp 50 % des BSP, während die Auslandsverschuldung der Zentralregierung umgerechnet 15,6 % des BSP ausmachte. Die Zentralregierung mußte 1993–94 rund 35 % der aus Einnahmen finanzierten Budgetausgaben («Revenue Expenditure») für Zinszahlungen aufbringen. Bis 1997/98 wird angestrebt, ein Budgetdefizit nur noch über den Markt, nicht mehr durch Monetisierung zu finanzieren. Dies soll durch einen schrittweisen Übergang zu einer marktnahen Verzinsung von Staatsschuldtiteln erfolgen. Inzwischen werden neu emittierte Schuldtitel, z. B. Treasury Bills, marktnah verzinst. Eine Einbeziehung auch der ausstehenden, von den Banken zwangsweise gehaltenen Anlagen würde die Zinszahlungen schätzungsweise verdoppeln und damit auf rund 70 % der Revenue Expenditure erhöhen, weshalb die indische Regierung hiervon abgesehen hat. Andererseits müssen die Banken jetzt durch direkte Budgethilfen unterstützt werden, eben weil ihre Zinseinkünfte keine Restauration der Kapitalbasis aus eigener Kraft erlauben.

Alle Fortschritte auf der Ausgabenseite des Budgets sind selbstverständlich strikt abhängig von Fortschritten auf der Einnahmenseite: Als wichtigste Maßnahme zur Erhöhung der Einnahmen ist langfristig die Einführung einer allgemeinen Mehrwertsteuer vorgesehen.

Die Deformation des indischen Finanzsystems beinhaltet eine wichtige entwicklungspolitische Lehre, nämlich Agrar- und Industrieentwicklung nicht durch forciert billigen Kredit zu betreiben. Auf die fatalen volkswirtschaftlichen Effekte dieser Politik ist hingewiesen worden. Doch sogar die selbstgesteckten sozialpolitischen Ziele werden dadurch verfehlt. Die prioritären Sektoren werden gerade infolge dieser Vorschriften nicht als ein Potential kommerzieller Kreditvergabe gesehen, sondern als das Reservoir unliebsamer Bittsteller: So haben kleine landwirtschaftliche Betriebe oder Straßenhändlerinnen in den Städten nach wie vor kaum Zugang zum formellen Bankensystem. Dabei zeigen Selbsthilfeorganisationen wie Spar- und Kreditringe, die vor allem auf Initiative von Frauen entstehen, daß kostengerechte Zinsen weit höher liegen als die von Geschäftsbanken verlangten – und die Rückzahlungswahrscheinlichkeit trotzdem viel größer sein kann. Die vielbeschworenen Zielgruppen sind darauf angewiesen, daß der Kredit verfügbar ist, wenn er gebraucht wird, weniger darauf, daß er billig ist. Es scheint sich die Einsicht durchzusetzen, daß die Entwicklung des Finanzsektors die Entwicklung der Klientel nicht ersetzen und auch nicht ohne weiteres auslösen kann.

Für hilfreiche Kommentare und Informationen bedanke ich mich bei Ashok Desai, Delhi und Wissenschaftskolleg zu Berlin, sowie dem Indien-Referat der Kreditanstalt für Wiederaufbau, Frankfurt a. M.

XXVIII.
Die Liberalisierung der Wirtschaft

Hans Christoph Rieger

Obwohl es bereits unter Indira Gandhi und insbesondere unter ihrem Sohn Rajiv Diskussionen und erste Bemühungen um eine Liberalisierung der indischen Wirtschaft gab, kann der 21. Juni 1991 als der eigentliche Wendepunkt in der indischen Wirtschaftspolitik angesehen werden. An diesem Tage übernahm die Congress-Partei unter Premierminister Rao die Regierung in Delhi. Sie stand sofort unter Zugzwang, denn der Staat stand kurz vor dem Konkurs. Der Staatshaushalt war chronisch defizitär, die Zahl der im modernen Industriesektor Beschäftigten war rückläufig, und die Ausfuhren reichten seit langem nicht mehr aus, um für die notwendigen Einfuhren zu bezahlen. Die Bereitschaft des Auslands, der Weltbank und des Internationalen Währungsfonds und anderer multilateraler Institutionen, die marode indische Wirtschaft auf Dauer weiter zu unterstützen, war im Schwinden begriffen. Der indische Staat stand mit dem Rücken zur Wand, und seine Regierung mußte schnell handeln, um die Zahlungsunfähigkeit abzuwenden, die die Kreditwürdigkeit Indiens für immer beeinträchtigt hätte. Darüber waren sich alle politischen Kräfte einig. In dieser verzweifelten Lage war keine Partei bereit, die Verantwortung für ein Scheitern der mit der Weltbank und dem Internationalen Währungsfonds schon von der Vorgängerregierung geführten Verhandlungen über eine weitere Kreditunterstützung zu übernehmen. Aus der Schwäche heraus war die Minderheitsregierung Rao stark, aus dem Handlungsnotstand erwuchs die Handlungsfähigkeit.

Die neue Regierung war gezwungen, schnell zu handeln. Bereits 10 Tage nach ihrem Amtsantritt wurde die indische Rupie um 9,3 Prozent gegenüber dem US-Dollar abgewertet. Zwei Tage später erfolgte eine neuerliche Abwertung von 11 Prozent. Dadurch wurden die Einfuhren um rund 20 Prozent teurer, die indischen Ausfuhren für das Ausland entsprechend billiger. Wichtiger war jedoch, daß damit der Weg für die weitere Kreditgewährung durch den Internationalen Währungsfonds frei war.

Dabei konnte es jedoch nicht bleiben, denn die grundsätzlichen Strukturmängel des Systems, d. h. der indischen Wirtschaftsordnung, ließen sich nicht auf Dauer allein mit Mitteln der Prozeßsteuerung ausgleichen. Es mußten endlich Maßnahmen getroffen werden, um die «Konstruktionsfehler» der indischen Wirtschaft zu beheben. So wurde von der Regierung Narasimha Rao bereits am 27. Juli 1991, also knapp einen Monat nach ihrem Amtsantritt, eine neue Industriepolitik verkündet, die eine Abkehr von der Bevormundung der Wirtschaft durch den Staat und eine Öffnung der indischen Wirtschaft für Investitionen aus dem Ausland beinhaltete. Im Gegensatz zu den Abwertungen handelt es sich hier um Maßnahmen der Ordnungspolitik: Die Rahmenbedingungen für die Entscheidungen privater Unternehmer und für das Management der Staatsbetriebe wurden entscheidend geändert. Weitere Schritte folgten, und die indische Wirtschaftspolitik steht heute in einer Übergangsphase zu einer auf freier Marktwirtschaft und privatem Unternehmertum beruhenden Wirtschaftsordnung. Der Weg ist aber äußerst mühsam und stellt das politische System Indiens vor große Probleme. Der in die Sackgasse geratene indische Elefant muß sich rasch drehen, ohne dabei die politische Stabilität zu verlieren.

Die Tragweite der bisher eingeleiteten Maßnahmen sowie die Schwierigkeit der Probleme lassen sich nur auf der Grundlage eines Verständnisses der nach der Unabhängigkeit entstandenen Wirtschaftsordnung recht begreifen. Diesem Aspekt wenden wir uns zunächst zu.

1. Die Domination der indischen Wirtschaft durch den Staat

Wie in den vorangegangenen beiden Kapiteln gezeigt wurde, war die Wirtschaftsordnung des unabhängigen Indien von einer weitgehenden Beherrschung der Wirtschaft durch den Staat geprägt, auch wenn der «dritte Weg» der gemischten Wirtschaft der Privatwirtschaft in vielen Bereichen Handlungsmöglichkeiten belassen hatte. Die Beherrschung durch den Staat läßt sich folgendermaßen charakterisieren:

1. Der Staat sorgte nicht nur für die physische Infrastruktur und die Rahmenbedingungen der Wirtschaft, sondern beteiligte sich unmittelbar an der Wirtschaft, indem er große Bereiche für sich reservierte und dem Privatsektor den Zugang dazu verwehrte.
2. Der Staat reservierte bestimmte Wirtschaftszweige in den verbliebenen Bereichen für die Kleinindustrie.
3. Der Staat kontrollierte die Privatwirtschaft durch ein aufwendiges Lizenzsystem.
4. Der Staat ließ durch eine großzügige Arbeitsmarktpolitik das Entstehen einer «Arbeiteraristokratie» der Beschäftigten im modernen Industriesektor zu.
5. Der Staat setzte auf eine Strategie der Importsubstitution und kontrollierte und gestaltete dabei den Außenhandel in einer protektionistischen Weise, die die inländischen Produzenten von der Konkurrenz auf dem Weltmarkt abschottete.
6. Der Staat sperrte sich grundsätzlich gegen ausländische Direktinvestitionen, bei denen ausländische Manager das Sagen haben.

Auf einen Nenner gebracht: Der Staat bewirkte insgesamt mit seiner Wirtschaftspolitik eine Verzerrung des Preisgefüges, so daß Produzenten, Konsumenten, Investoren und Sparer laufend «falsche» Verhaltenssignale erhielten.

Es ist leicht, aus heutiger Sicht diese Ordnungspolitik als verfehlt zu bezeichnen, aber man darf dabei gerechterweise nicht außer acht lassen, daß das indische Experiment dem damaligen Stand der Entwicklungsökonomie durchaus entsprach und daß die ausländischen Hilfegeber, einschließlich Weltbank, die heute eine Abkehr von der Planwirtschaft fordern, damals die Fünfjahresplanung zur Bedingung für die Gewährung ihrer Entwicklungshilfe machten.

2. Die Staatsunternehmen

Auf die Verstaatlichung der Banken und die finanzielle Repression wurde bereits im vorangegangenen Kapitel ausführlich eingegangen. Die Besetzung großer Teile der industriellen Produktion durch den Staat wurde schon viel früher eingeleitet. Um den Aufbau der Industrie zu forcieren und die Feldherrenhügel (Commanding Heights) des wirtschaftlichen Schlachtfeldes zu besetzen, wurde ein erheblicher Teil der indischen Wirtschaft bereits in der «Industrial Policy Resolution» von 1956 für Staatsunternehmen (Public Sector Units = PSUs) reserviert. Dabei wurden alle Industriezweige in drei Rubriken unterteilt, nämlich in solche, die dem Staat vorbehalten blieben (Schedule A); die, in denen der Staat allmählich die Führungsrolle übernehmen wollte (Schedule B); sowie solche, in denen die Privatwirtschaft tätig werden konnte, wobei der Staat sich auch hier das Recht vorbehielt, sich zu engagieren. Zu der Rubrik «A» gehörten beispielsweise: Waffen und Munition; Atomenergie; aber auch Eisen und Stahl; schwere Gießerei- und Schmiedeteile aus Eisen und Stahl; Schwerindustrieanlagen und Maschinen; schwere Elektrizitätsanlagen; Stein- und Braunkohle; Erdöl; weite Bereiche des Bergbaus usw. Unter Schedule B wurden 12 weitere Industrien aufgeführt, z. B. Aluminium und Nichteisenmetalle, die nicht unter Schedule A fallen; Werkzeugmaschinen; Eisenlegierungen und Werkzeugstahl; Ausgangs- und Zwischenprodukte der chemischen Industrie wie etwa Medikamente, Farbstoffe und Kunststoffe; Antibiotika und andere wichtige Medikamente; Düngemittel. In der Folge wurden diese Listen sowohl mehrfach ergänzt als auch durch Ausnahmen und Sondergenehmigungen durchlöchert.

Die Verkaufspreise für die Erzeugnisse der Staatsunternehmen wurden entweder vom Staat vorgegeben oder unter Anwendung einer «Cost-plus»-Formel ermittelt, wobei den gesamten Aufwendungen eine «angemessene» Gewinnspanne hinzuaddiert wird. Diese Art der Preisbestimmung führte unweigerlich zur Vernachlässigung der Kostenseite und somit zu einer unwirtschaftlichen Verwendung knapper Ressourcen.

Machten seine Unternehmungen Verluste, so schoß der Staat die fehlenden Rupien aus dem Staatshaushalt zu – wie bereits gezeigt wurde, oft genug durch Bedienen der Notenpresse. Für die Staatsunternehmen blieb dabei der Anreiz gering, Risiken zu übernehmen, um Gewinne zu erzielen. Das Ergebnis war eine sehr niedrige Verzinsung des eingesetzten Kapitals, das im privaten Sektor viel eher gewinnbringend angelegt worden wäre.

Nach eigenem Bekunden in dem jährlich erscheinenden Wirtschaftsüberblick (Economic Survey) liegt die Profitabilität der etwa 240 Staatsunternehmungen des Bundes (also ohne Bundesstaaten) unter 3 Prozent. Nimmt man die Bundesstaaten dazu, so wird das Bild noch düsterer, da sich dort insgesamt jährliche Milliardenverluste ergaben. Bei den Energieunternehmen allein lag die Verlustrate bei knapp 14 Prozent mit steigender Tendenz.

Die unbestrittene mangelnde Profitabilität der indischen Staatsunternehmungen wurde damit gerechtfertigt, daß sie nicht nur kommerzielle, sondern auch wichtige gesellschaftliche und staatspolitische Ziele zu verfolgen hatten. Dazu gehörten die Bereitstellung von strategischen Gütern zu niedrigen Preisen, die Herstellung des sektoralen und regionalen Gleichgewichts in der Wirtschaftsstruktur, aber insbesondere auch die Schaffung von Arbeitsplätzen.

Das soziale Ziel der Arbeitsplatzbeschaffung hat dazu geführt, daß viele Staatsunternehmungen in Indien mehr Personal beschäftigen als benötigt wird, was als eine versteckte Form der Arbeitslosenunterstützung angesehen werden kann. Dieses «Overmanning» wirkt sich aber nicht nur direkt durch erhöhte Lohnkosten auf die Gewinn- und Verlustrechnung aus, sondern bewirkt auch nicht selten indirekte Verluste. Es kommt zur Diffusion der Verantwortung im Betrieb und zu Drückebergerei, die ein indischer Kritiker als «gesellschaftlichen Müßiggang» (social loafing) bezeichnet hat.

Ein eklatantes Beispiel für «Überbeschäftigung» in indischen Staatsunternehmen ist die Kunstdüngerfabrik Hindustan Fertiliser Corporation in Haldia, Westbengalen. Seitdem das Werk vor 12 Jahren eingeweiht wurde, gehen dort 1200 Arbeiter und Angestellte ihrer «Beschäftigung» nach. Die Produktion ist auf jährlich 150000 Tonnen ausgelegt. Doch bisher wurde nicht ein einziges Kilogramm Kunstdünger erzeugt. Die Errichtung des Werks zwischen 1971 und 1979 hat sechs Milliarden Rupien gekostet – d. h. damals etwa 600 Millionen US-$. Es kombiniert Maschinen aus der Bundesrepublik Deutschland, der ehemaligen Tschechoslowakei, Polen und einem halben Dutzend anderer Länder. Die Beamten hatten die jeweils preisgünstigsten Maschinen ausgewählt bzw. die mit den besten Kreditkonditionen. Leider paßten die Teile nicht zusammen. Zwei

Gutachter – aus Deutschland und Japan – kamen zu dem einhelligen Ergebnis, daß das Werk abgerissen und völlig neu erbaut werden müßte. Aber die indische Regierung hat es bisher vorgezogen, das Werk weiter «zu betreiben», um die «Arbeits»-Plätze nicht zu gefährden.

3. Reservierung einzelner Wirtschaftsbereiche für die Kleinindustrie

Nehru sah im kapitalistischen Wirtschaftssystem in der Herausbildung mächtiger Industriekonzerne einen Nachteil, da diese die Politik beeinflussen und daher abhängig machen könnten. Daher wurde 1969 ein Antimonopolgesetz, der «Monopolies und Restrictive Trade Practices Act (MRTP)», erlassen, um die Industriekonzentration in der Privatwirtschaft einzudämmen sowie Kartelle, Preisbindungen und andere Formen der Wettbewerbsverzerrung zu unterbinden. Neben der Regelung von Firmenzusammenschlüssen diente das Gesetz aber auch zur Unterteilung der Unternehmen in drei Größenklassen: Großindustrie-Konzerne (inzwischen 1163), mittlere Unternehmen und kleine Unternehmen. Während die weitere Expansion der Großunternehmen nur unter restriktiven Bedingungen gestattet werden sollte, wurden bestimmte Industriezweige ganz der Kleinindustrie vorbehalten. Im Interesse einer besonderen Förderung der Kleinindustrie wurden die sogenannten MRTP-Konzerne auch von verschiedenen Vergünstigungen und Liberalisierungsmaßnahmen ganz oder teilweise ausgenommen.

Die Ausschaltung der großen Privatkonzerne von Investitionen in Schlüsselindustrien durch das Antimonopolgesetz hatte zur Folge, daß nicht genügend Kapital aus der Privatwirtschaft für diese Bereiche zur Verfügung stand, denn die kleineren Firmen waren nicht in der Lage, die erforderlichen massiven Investitionsmittel aufzubringen. Die einfachste Art, dieses Gesetz zu umgehen, war die formale Gründung mehrerer kleiner Firmen auf dem Papier, die aber praktisch nichts anderes als Teile eines größeren Konzerns waren.

4. Das Lizenzverfahren

In dem für die Privatwirtschaft übriggebliebenen Sektor übte der Staat die Kontrolle dadurch aus, daß für alle wesentlichen Investitionen oder Produktionsentscheidungen staatliche Genehmigungen erforderlich wurden. Durch dieses System, das von seinen Gegnern (in Anlehnung an das British Raj) als «Licence Raj» bezeichnet wurde, war praktisch alles verboten, was nicht ausdrücklich genehmigt war. Nicht nur die Gründung und Erweiterung industrieller Produktionseinheiten, sondern auch Produktänderungen, Standortwechsel und sogar Schließungen von Unternehmen durften nur mit einer staatlichen Genehmigung vorgenommen werden. Dabei wurden die Lizenzen oft mit Auflagen, beispielsweise in bezug auf den Standort, die minimale Größe, die Beschäftigungszahl, die Exportleistung usw., vergeben. (Interessant ist dabei, daß das System ursprünglich als Vereinfachung gedacht war. Ziel der Lizenzierung war, die vielen aus der Kriegswirtschaft überkommenen und bereits bestehenden Kontrollen durch eine einzige Investitionsgenehmigung zu ersetzen.)

Die chronische Devisenknappheit der späten fünfziger und frühen sechziger Jahre führte dazu, daß alle Lizenzen für Neuinvestitionen nun auch unter dem Gesichtspunkt der Devisenverfügbarkeit geprüft werden mußten. Im Rahmen der noch zu diskutierenden Entwicklungsstrategie der Import-Substitution wurden die Importe vieler Erzeugnisse durch Einfuhrverbote unterbunden, andere durch hohe Zölle erschwert.

All diese Entscheidungen und Kontrollmechanismen waren zweifelsohne gut gemeint und jeweils für sich betrachtet sinnvoll. In ihrer Gesamtheit hatten sie jedoch auf die dynamische Entwicklung der indischen Volkswirtschaft verheerende Auswirkungen. Während die Lizenzerteilung sicherstellen sollte, daß Investitionen dem Fünfjahresplan entsprachen, betrug die Bearbeitungszeit für größere Investitionsvorhaben oft eher Jahre als Monate. So verhinderte das Kontrollsystem selbst das Erreichen der Planvorgaben. Die zuständigen Behörden neigten immer mehr dazu, die erteilten Lizenzen als heilig anzusehen, so daß sie Unternehmungen sogar rügten, die durch zusätzliche Schichten, durch die Erhöhung der Arbeitsproduktivität oder durch technologische Verbesserungen die Produktion über das in der Produktionslizenz vorgegebene Niveau steigerten. Das stand im krassen Widerspruch zu dem erklärten Ziel des Lizenzsystems, nämlich die Produktion mit den knappen vorhandenen Kapitalmitteln zu maximieren.

Staatliche Preisregulierungen für lebenswichtige Güter des Grundbedarfs führten zu einer nachlassenden Bereitschaft der Privatwirtschaft, in diesen Bereichen zu investieren, so daß die knappen Ressourcen mehr und mehr in weniger wichtige Sektoren umgeleitet wurden.

Es zeigte sich immer mehr, daß sich die mit erhabenen Zielen geschaffenen Kontrollmaßnahmen kontraproduktiv auswirkten. Aber anstatt das ganze System über Bord zu werfen, wurden immer wieder neue Korrekturen ersonnen, um die erkannten Nachteile einzuschränken. Eine Kommission nach der anderen wurde eingesetzt, um die Arbeitsweise der Behörden bei der Lizenzerteilung zu studieren und Verbesserungsvorschläge zu machen. Doch inzwischen waren die Interessen der Bürokraten an einer Fortsetzung des Kontrollsystems so stark geworden, daß die Regierung die Reformmaßnahmen nicht oder nur unvollständig durchsetzen konnte.

Wo immer der Apparat der Staatsbürokratie Entscheidungen über Genehmigungen und Lizenzen zu fällen hat, besteht die Gefahr der illegalen Einflußnahme auf diese Entscheidungen. Nach Ansicht des früheren Gouverneurs der indischen Zentralbank (Reserve Bank of India) und gegenwärtigen Direktors der London School of Economics, I. G. Patel, konnte die im Lizenzsystem verbreitete Korruption ohne Abschaffung des bürokratischen Kontrollsystems nicht überwunden werden. «Selbst diejenigen von uns, die die frühere Politik der fünfziger und frühen sechziger Jahre aktiv mittrugen, haben seit einiger Zeit erkannt, daß wir die langfristig schädlichen Auswirkungen von Kontrollen unterschätzt und die Gefahr einer selbstbedienenden Allianz zwischen politischen Führern und Beamten auf der einen Seite und den Wirtschaftsführern der Industrie und den großen Farmern mit erheblichem gesellschaftlichem und finanziellem Einfluß auf der anderen nicht genügend berücksichtigt haben.»

5. Arbeitsrecht und Gewerkschaften

Zu dem ordnungspolitischen Rahmen gehört auch das bestehende Rechtssystem. Denn ob Eigentumsrechte respektiert werden, ob Verträge eingeklagt werden können usw., entscheidet mit darüber, ob Sparer und Unternehmer bereit sind, Ersparnisse bzw. Kapital zu investieren. Besonders wichtig in diesem Zusammenhang sind die rechtlichen Bindungen zwischen Arbeitgeber und Arbeitnehmer, wie sie im Arbeitsrecht niedergelegt und in der Praxis geregelt werden. Darf der Arbeitgeber Arbeiter entlassen, und wenn ja, unter welchen Bedingungen? Dürfen sich die Arbeitnehmer in Gewerkschaften organisieren und sind Streiks als Mittel des Arbeitskampfes erlaubt? In diesem Schnittbereich zwischen politischer Demokratie einerseits und wirtschaftlicher Rationalität und Effizienz andererseits sind zweckmäßige ordnungspolitische Lösungen nur schwer ermittelbar und dann oft nicht durchsetzbar.

Die Entwicklung Indiens von der britischen Kolonie zum unabhängigen Staat brachte ein Rechtssystem hervor, das weder sprachlich bzw. kulturell noch inhaltlich dem indischen Rechtsverständnis voll entsprach. Gleichzeitig wurden die demokratischen Freiheiten und die Rechte der Arbeiterschaft aus dem britischen System weitgehend übernommen. Diese Rechte hatten sich in langen Jahren der Industrialisierung Englands herausgebildet und sich mit steigendem Entwicklungsniveau ständig verbessert. Wenn solche Rechte dem erreichten wirtschaftlichen Entwicklungsstand angepaßt werden müssen, dann wird ihre Übernahme in einem Land, das dieses Entwicklungsniveau noch nicht erreicht hat, unter Umständen entwicklungshemmende Auswirkungen haben.

Die politischen Parteien sehen aber – auch in Indien – in der organisierten Arbeiterschaft ein wichtiges Wählerpotential. Es haben sich daher Arbeitsgesetze herausgebildet, die dem gegenwärtigen Stand der industriellen Entwicklung Indiens weit voraus sind. Dabei ist der Kreis der so Begünstigten nur ein relativ kleiner Teil der indischen Gesamtbevölkerung, nämlich die im modernen Industriesektor Beschäftigten. Folgerichtig wird auch von «Arbeiteraristokratie» gesprochen.

Tatsache ist, daß es in Indien eine Fülle miteinander konkurrierender und den einzelnen Parteien nahestehender Gewerkschaften gibt, die bisweilen auch ideologisch stark geprägt sind und über den Arbeitskampf hinaus in das politische Geschehen eingreifen. Auf die Gewerkschaften und Verbände wird ausführlich im nächsten Kapitel eingegangen. Hier genügt es festzustellen, daß Unternehmer und Manager oft mit mehreren Gewerkschaften Abschlüsse aushandeln müssen. In dem ständigen Bestreben, neue Mitglieder zu gewinnen bzw. von anderen Gewerkschaften abzuwerben, werden oft extrem hohe Forderungen gestellt. Denn wer die höchsten Forderungen stellt, hat den größten Zulauf.

Die Entlassung selbst von Störenfrieden ist schwierig, kann zur Arbeitsniederlegung der ganzen Belegschaft führen. Eingelegte Rechtsmittel sind wenig erfolgversprechend. Viele Jahre können vergehen, ehe eine höchstrichterliche Entscheidung getroffen wird; Wiedereinstellung und Erstattung des Lohnausfalls über Jahre hinweg sind oft die Folge. Eine Folge des übertriebenen Schutzes der im modernen Sektor Beschäftigten ist, daß die Unternehmer bei Neueinstellungen zögern und einen höheren Grad der Automatisierung bzw. Kapitalintensität bevorzugen, als es nach oberflächlicher Kostenkalkulation der Fall wäre. Die Beschäftigung im modernen Industriesektor ist tatsächlich auch in den letzten Jahren, trotz des Wirtschaftswachstums, zurückgegangen.

6. Die Importsubstitution

Self-reliance, d. h. Unabhängigkeit und Eigenständigkeit, bedeutete für die Wirtschaft zunächst die Unabhängigkeit von ausländischen Lieferungen, sowohl von Rohstoffen als auch von Halbfertigwaren, aber insbesondere von Konsumgütern. Bisherige Importe sollten durch die Erzeugung im Land selbst ersetzt werden oder schlicht entfallen. Auch wenn die Abschottung gegenüber dem Ausland nie vollständig erreicht werden konnte, so wurde diese Politik der «Importsubstitution» doch sehr konsequent zum Leitmotiv der wirtschaftlichen Außenbeziehungen. Freilich brachte dies die Notwendigkeit mit sich, möglichst schnell eine Industrie aufzubauen, die die Einfuhren ersetzen konnte. Mit «gesundem Menschenverstand» und dem Rat des Statistikers Mahalanobis ging man dabei vermeintlich logisch vor: zuerst die Schwerindustrie (Kohle, Stahl, Zement usw.), dann die mittlere (Maschinenbau, Werkzeugmaschinen usw.) und erst später die Leichtindustrie (Konsumgüter). Heute weiß man, daß eine umgekehrte Reihenfolge im Rahmen einer internationalen Arbeitsteilung erfolgreicher sein kann.

Indien hat Zölle erhoben, die zu den höchsten der Welt gehören. Aber darüber hinaus wurde der Import von vielen Produkten einfach verboten – oder zumindest von Sondergenehmigungen abhängig gemacht. Es handelt sich hierbei um Produkte, die in Indien selbst hergestellt werden konnten. Investoren, die hochwertige Maschinen etwa aus der Bundesrepublik Deutschland importieren wollten, mußten zunächst auf dem indischen Markt Angebote einholen. Sie hatten die Beweislast, daß die in Indien angebotenen Maschinen nicht ihren Anforderungen entsprachen. Erst wenn ein Schreiben des indischen Anbieters vorlag, daß er doch nicht den geforderten Standard liefern könne, wurde eine Einfuhrlizenz erteilt. Ein solcher Vorgang konnte mehrere Jahre in Anspruch nehmen. So ist es nicht verwunderlich, daß Investoren, die es eilig hatten, zu Methoden der Entscheidungsbeschleunigung griffen. Davon profitierten nicht nur die Bürokraten, sondern auch unter Umständen die Anbieter indischer Konkurrenzprodukte.

Das System der administrativen Begutachtung von Importanträgen führte zu einer völligen Isolierung der inländischen Produktion vom ausländischen Konkurrenzdruck. Hinzu kam eine ungesättigte Nachfrage im inländischen Markt, so daß die Produzenten kaum einen Anreiz hatten, ihre Kosten zu senken. Die Daumenregeln der Bürokraten bei der Zuordnung von Importlizenzen gründeten sich einerseits auf Leistungen in der Vergangenheit und andererseits auf die bereits installierte Kapazität des Antragstellers. Das Ergebnis war ein Erstarren der relativen Betriebsgrößen und Marktanteile in den Industriesektoren. Kapazitäten wurden allenfalls künstlich ausgeweitet, um so erhöhte Importmengen zugesprochen zu bekommen.

Am schlimmsten wirkte sich aber aus, daß die Zollstruktur die Kapitalgüter künstlich verbilligte, so daß die Produzenten zu relativ kapitalintensiven Produktionsweisen angeregt wurden und daher weniger Arbeitskräfte einstellten, als dies bei unverzerrten Preisrelationen der Fall gewesen wäre. Die Protektion der Industrie durch die hohen Schutzzölle führte darüber hinaus zu einer künstlichen Erhöhung der Preise der von der Industrie gelieferten Zwischenerzeugnisse für den Agrarsektor – z. B. landwirtschaftliche Geräte und Werkzeuge –, und dies wirkte sich wiederum ungünstig auf die Entwicklung der Landwirtschaft aus.

Für verschiedene Rohstoffe wurde ein System der Einfuhrkanalisierung (import canalisation) eingeführt. Staatliche Handelsorganisationen wurden geschaffen: z. B. die State Trading Corporation of India (STC); die Minerals and Metals Trading Corporation of India (MMTC); die

Metal Scrap Trade Corporation of India, Ltd. Sie alle sollten den Bedarf der einheimischen Industrie ermitteln, die benötigten Mengen auf dem Weltmarkt möglichst kostengünstig einkaufen und sie zu Festpreisen an die einheimischen Verbraucher abgeben. Da die Bedarfsmengen ein halbes Jahr im voraus angekündigt (und angezahlt) werden mußten, führte das System zu mangelnder Flexibilität und Anpassungsfähigkeit, bzw. in vielen Fällen zum Horten von Rohstoffen. Da der kanalisierte Import nicht an Handelsfirmen, sondern nur an die tatsächlichen Verbraucherfirmen («actual users») geliefert wurde, gab es keinen einheimischen Handel dieser Güter, der zu einer größeren Flexibilität geführt hätte. Zeitweilig waren zwei Drittel der gesamten indischen Einfuhr auf diese Weise «kanalisiert».

Indem der Staat auf die Strategie der Importsubstitution setzte und dabei den Außenhandel in einer protektionistischen Weise kontrollierte und gestaltete, wurden die inländischen Produzenten von der Konkurrenz auf dem Weltmarkt abgeschottet, so daß Unwirtschaftlichkeit und Ineffizienz im Inland gefördert wurden.

7. Die ausländischen Direktinvestitionen

Die wirtschaftliche Abkoppelung vom Ausland blieb nicht auf den Handel mit Gütern und Dienstleistungen beschränkt, sondern bezog auch den freien Kapitalfluß mit ein. Die Investitionen ausländischer Kapitalgeber in der indischen Industrie wurden einschränkenden Bedingungen unterworfen. Der 1973 verabschiedete Foreign Exchange Regulations Act (FERA) regelte die Bedingungen, unter denen ausländische Firmen in Indien investieren, importieren und exportieren konnten. Beispielsweise durften Ausländer in der Regel nur bis zu 40 Prozent des Anlagekapitals einer Gesellschaft halten. Die übrigen 60 Prozent blieben einheimischen Investoren vorbehalten, die damit auch die Kontrolle ausüben konnten. Der Kapitalfluß aus dem Ausland blieb demzufolge auch sehr dünn. Auch hier gab es viele Ausnahmen und Sonderregelungen, die im Einzelfall von den betreffenden staatlichen Stellen entschieden wurden.

Die Erfahrungen anderer Länder haben aber gezeigt, daß ausländische Direktinvestitionen wertvolle Ergänzungen der einheimischen industriellen Entwicklung darstellen können. Der Technologietransfer, die Vermittlung von Managementverfahren und die Ergänzung des einheimischen Kapitalmarktes durch Bereitstellung von Investitionsmitteln der Ausländer sind positiv zu beurteilen. Obwohl es auch unbestrittene Gefahren und Probleme bei der ungehinderten Zulassung ausländischer Konzerne gibt, lassen sich diese eher bei einem starken Kapitalzustrom regeln als bei einem schwachen. Denn die ausländischen Firmen stehen dann in Konkurrenz zueinander und können die Regierung nicht so leicht erpressen oder sonst unter Druck setzen. Die indische Angst vor Überfremdung war unter diesem Gesichtspunkt daher überzogen.

8. Die neue indische Wirtschaftspolitik

Bedeutung und Tragweite der Liberalisierungsmaßnahmen der Congress-Regierung Rao vom 24. Juli 1991 und danach lassen sich vor diesem Hintergrund besser verstehen. In der Tat handelt es sich eher um die Umwandlung einer Wirtschaftsordnung von einem weitgehend staatlich dominierten System zu einem marktwirtschaftlichen als um eine bloße Anpassung an globale Veränderungen. Den sozialistischen Staaten Osteuropas hat Indien lediglich voraus, daß schon eine Privatwirtschaft besteht und daß damit ein besseres Verständnis für marktwirtschaftliche Prinzipien bei Managern, Produzenten, Konsumenten und politischen Entscheidungsträgern vorhanden ist. Andererseits hat Indien bereits sehr weit entwickelte politische Freiheiten und Rechte, so daß die einschneidenden und teils unpopulären Maßnahmen, die im Rahmen der Strukturanpassung erforderlich sind, auf lautstarken politischen und opportunistischen Widerstand stoßen.

Die neue indische Wirtschaftspolitik wurde im wesentlichen von Manmohan Singh konzipiert, einem Wirtschaftswissenschaftler, der unter Ökonomenkollegen im In- und Ausland hohes Ansehen genießt. Er ist eher Technokrat als Politiker, auf den sich der Premierminister Rao in Wirtschaftsfragen ganz verläßt. Manmohan Singh hat nach Abwendung der unmittelbaren Zahlungsbilanzkrise die Strukturprobleme folgendermaßen aufgegriffen:

1. Das System der Industrielizenzen wurde für alle Investitionen mit Ausnahme von 18 Industriezweigen, in denen strategische oder ökologische Gesichtspunkte wichtig sind, abgeschafft. Damit waren 80 Prozent der Industrie von der Lizenzierung befreit.
2. Das MRTP-Gesetz wurde geändert, so daß große Firmen nicht mehr die Vorabgenehmigung für Kapazitätsausweitungen oder -diversifizierung benötigen.
3. Die für den Staatssektor reservierten Industriezweige wurden reduziert. Statt 17 verbleiben jetzt nur noch acht, die strategische oder Sicherheitsfragen berühren, ausschließlich dem Staat vorbehalten.
4. Standortgenehmigungen wurden generell abgeschafft, mit Ausnahme von 23 Großstädten mit einer Bevölkerung von über einer Million.
5. Kleinunternehmen dürfen fortan 24 Prozent ihrer Anteile den Großunternehmen oder anderen Industrieunternehmen anbieten, so daß sie damit Zugang zu Kapital und Technologie erhalten.

6. Ein Nationaler Erneuerungsfonds wurde geschaffen, um sicherzustellen, daß die Kosten der Umstrukturierung nicht allein den Arbeitern aufgebürdet werden. Damit soll ein Sicherheitsnetz für die Arbeiter nicht lebensfähiger Unternehmen sowie eine Finanzierung ihrer Umschulung und Wiedereingliederung geschaffen werden.
7. Die Grenze für die Anteile ausländischer Investoren wurde in einer großen Anzahl von Industriezweigen (priority industries) von 40 auf 51 Prozent erhöht. Das Antrags- und Genehmigungsverfahren wurde vereinfacht.
8. Für ausländische Direktinvestitionen in den anderen Industriezweigen wurde das Genehmigungsverfahren durch die Einrichtung des Foreign Investment Promotion Board ebenfalls vereinfacht (streamlined). Dabei werden auch Anträge für eine Beteiligung über 51 Prozent angenommen.
9. Die Genehmigung des Technologieimports wurde in bestimmten Grenzen für Prioritätsindustrien automatisiert.
10. Das System der Importlizenzen wurde zunächst durch handelbare Einfuhrberechtigungen (exim scrips) ersetzt, die man für getätigte Ausfuhren erhielt. Inzwischen ist dieses System durch die weitgehende Konvertibilität der indischen Rupie überholt worden.
11. Die Einfuhr von Kapitalgütern (Maschinen usw.) wurde automatisch in bestimmten Grenzen genehmigt, wenn diese durch ausländische Direktinvestitionen finanziert werden.
12. Die Kanalisierung der Einfuhren sowie der Ausfuhren wurde stark reduziert.
13. Die Einschränkung auf tatsächliche Verbraucher (actual users) bei der Einfuhr von Kapitalgütern wurde aufgehoben.
14. Anerkannte Exporteure können ab sofort Devisenguthaben halten und ausländische Kredite aufnehmen.

Schritt für Schritt werden weitere Liberalisierungsmaßnahmen ergriffen, so z. B. die partielle Konvertibilität der indischen Rupie. Der zuvor in Indien weitverbreitete Schwarzmarkt für harte Währungen ist weitgehend zusammengebrochen.

9. Exit Policy und Sick Units

Doch in einem wichtigen Bereich steht die indische Regierung noch vor ihrer größten Bewährungsprobe. Das Haushaltsdefizit, das fast ein Zehntel des indischen Nettosozialprodukts ausmacht, muß zur Erreichung der Stabilität der Wirtschaft weiter gesenkt werden. In dem Maße, wie Zölle abgebaut werden, versiegt auch die wichtigste Einnahmequelle des Staates. An die Besteuerung des größten Wirtschaftszweiges, der Landwirtschaft, traut sich auch die Regierung Rao nicht heran. Bei der Mehrzahl der indischen Bevölkerung ist durch direkte Besteuerung wegen der niedrigen Einkommenshöhe nicht viel zu holen. Aber auch auf der Ausgabenseite ist der politische Spielraum für einschneidende Maßnahmen gering. Wesentliche Ausgabeposten sind die übergroße Bürokratie, die für die Steuerung der Wirtschaft im bisherigen System erforderlich war, sowie die erheblichen Mittel, die in die Aufrechterhaltung der Staatsunternehmungen fließen. In beiden Fällen führen Kürzungen zu Entlassungen, bzw. zu Versetzungen von Arbeitnehmern. Gewerkschaften und linksorientierte politische Parteien sehen hier einen Angriff auf den Besitzstand und die sozialen Errungenschaften und antworten mit Streiks und Unruhen.

Die Diskussion firmiert unter der Bezeichnung «Exit Policy». Der Begriff «Exit» hat in der Wirtschaftswissenschaft eine präzise Bedeutung. Die Marktwirtschaft erfordert freien Zutritt («Entry») und auch freien Austritt («Exit») aus einem Industriezweig. Die Anpassung der Wirtschaft an neue Entwicklungen, an Veränderungen im Welthandel usw. vollzieht sich nur teilweise in den einzelnen Unternehmen selbst, und dieser Prozeß der ständigen Anpassung wird ergänzt durch die Geburt neuer Firmen und das Sterben alter. In Indien, wo die Anpassung schlecht und recht durch staatliche Planung verordnet wurde, gab es kein Sterben in diesem Sinne. Private Unternehmen, die nicht mehr lebensfähig waren, konnten nicht einfach schließen, da dafür ja eine Genehmigung erforderlich war.

Die Genehmigung ist seit der Unabhängigkeit Indiens nicht ein einziges Mal erteilt worden. Letzten Endes mußte der Staat selbst einspringen und die «kranken Einheiten» (sick units) weiterführen. Ende März 1992 gab es im kleinindustriellen Sektor 219000 marode Firmen mit Schulden von ca. DM 1,6 Milliarden. Hinzu kamen 1455 weitere marode Firmen, die nicht zur Kleinindustrie gehören, mit Außenständen von DM 2,8 Milliarden. Nimmt man die «weak units» dazu, so erhält man eine Summe von 221000 zahlungsunfähigen Unternehmen mit einem Gesamtschuldenvolumen von DM 5,8 Milliarden.

Der Abbau des Bestandes maroder Industrieunternehmen gehört zu den vorrangigen, aber bisher ungelösten wirtschaftspolitischen Aufgaben in Indien. Die Weltbank ist bereit, durch Bereitstellung langfristiger Kredite den Grundstock für ein Sicherheitsnetz der Beschäftigten im staatlichen und modernen industriellen Sektor zu schaffen. Leider hat aber die öffentlich geführte Diskussion der Schließung von sick units einen emotionalen Aspekt, so daß «Exit» als Begriff heute schon tabu ist – sozusagen ein «four letter word».

10. Ausblick

Die Möglichkeit einer Liberalisierung der indischen Wirtschaft wurde in der Vergangenheit vielfach mit Skepsis beurteilt. Heute besteht eher eine Euphorie unter Wirtschaftsfachleuten, Unternehmern und Investoren, nicht nur in Indien, sondern auch in Deutschland, über die eingeleiteten Strukturveränderungen. Richtig ist wohl, daß es ein Zurück kaum noch geben kann, und daraus wird von Zweckoptimisten gefolgert, der Prozeß der Entfesselung der indischen Wirtschaft müsse zwangsläufig weitergehen. Es wäre aber ein Szenario denkbar, bei dem der Liberalisierungsprozeß, der noch viele Schritte zu gehen hat, ins Stocken gerät und zum Stillstand kommt. Schon jetzt hat die beginnende Liberalisierung der Preise zu erheblichen Verteuerungen geführt, die gerade von den einflußreichen Empfängern fester Einkommen besonders gespürt werden. Die Liberalisierungserfolge stellen sich aber erst in zwei bis drei Jahren ein. Unruhen in den Städten, geschürt von den Oppositionsparteien, könnten die Minderheitsregierung Narasimha Raos leicht zum Sturz bringen. Die Unzufriedenheit der Wähler schlägt in Indien schnell um und auf die Stimmung der politischen Entscheidungsträger durch. Die Unruhen in Bombay in jüngster Zeit wurden durch die Religionskonflikte um den Tempel bzw. die Moschee in Ayodhya ausgelöst. Aber viele Beobachter meinen, es wären eher die latenten sozio-ökonomischen Konflikte unter diesem Deckmantel ausgetragen worden.

XXIX.
Genossenschaften, Gewerkschaften und Verbände

Dietmar Rothermund

Einleitung

Im Wirtschaftsleben einer modernen Nation sind die freiwilligen, nicht vom Staat kontrollierten Organisationen der Bauern, Arbeiter und Unternehmer von großer Bedeutung. Sie tragen zur wirtschaftspolitischen Willensbildung bei und sind in dieser Hinsicht Partner der politischen Parteien. Einige dieser Organisationen mögen einer bestimmten Partei nahestehen oder gar direkt mit ihr verbunden sein, andere verstehen sich eher als überparteiliche «pressure group», die bestimmte Interessen ihrer Mitglieder gegenüber der Regierung vertritt, ganz gleich von welcher Partei sie gebildet wird. Die Stärke solcher Organisationen hängt von der Zahl und den Einlagen oder Beiträgen ihrer Mitglieder ab. Nur starke Organisationen können sich kompetente Funktionäre leisten, die den inneren Zusammenhalt wahren und die Interessen der Mitglieder wirkungsvoll vertreten.

Indien hat sowohl im Bereich der ländlichen Genossenschaften als auch der Industriegewerkschaften und der Handelskammern und Unternehmerverbände bereits eine Tradition, die bis ins 19. Jahrhundert zurückreicht, aber mit der Stärke und Integrität dieser Organisationen sieht es nicht so gut aus, wie man nach einem Blick auf die Mitgliederstatistik meinen könnte. Die Zahlenangaben sind oft übertrieben. Die Zahlungsmoral der Mitglieder läßt zu wünschen übrig. Dementsprechend sind die Funktionäre oft nur insofern kompetent, als sie es verstehen, ihre eigene Position auszubauen und sich unentbehrlich zu machen. Lediglich einige der Handelskammern und Unternehmerverbände, die eine überschaubare und zahlungskräftige Mitgliedschaft haben und ihre Rolle als «pressure groups» geschickt spielen, sind vergleichsweise gut organisiert. Ein Überblick über die drei Kategorien freiwilliger Organisationen wird dies zeigen.

1. Die ländlichen Genossenschaften

Das gläubigerfreundliche britische Recht und die im wesentlichen kleinbäuerliche indische Agrarverfassung führten dazu, daß die Mehrzahl der Bauern in die Schuldknechtschaft von Geldleihern geriet. Die Kolonialherren betrachteten diese Entwicklung zunächst mit Gleichmut. Die

Aktivitäten der Geldleiher waren ihnen sogar willkommen, denn sie sorgten dafür, daß immer genug Kredit für die Zahlung der Grundsteuer zur Verfügung stand. Das Land von Steuerschuldnern wurde zwangsversteigert. Der Geldleiher kam dem durch Kreditvergabe zuvor, da sein Schuldner ihm ja sonst keine Sicherheit mehr zu bieten hatte. Zunächst war der Geldleiher meist ein reicher Bauer vor Ort oder der lokale Steuerschreiber. Je mehr sich das Geschäft lohnte, übernahmen auf den Geldverleih spezialisierte Kastengruppen die Kontrolle über ganze Landstriche und verbanden dies mit dem Handel mit Agrarprodukten, weil sie ihren Schuldnern den Ernteertrag zu Preisen, die sie ihnen diktierten, abnehmen konnten.

Nachdem 1875 Bauern im Hochland von Maharashtra die Geldleiher überfallen und ihre Schuldscheine verbrannt hatten, dämmerte es den Kolonialherren, daß hier eine politische Gefahr drohte, und sie sannen auf Abhilfe. Zunächst wurden Gesetze erlassen, die den Zugriff der Geldleiher einschränken sollten, dann dachte man an positive Maßnahmen und bemühte sich um die Errichtung ländlicher Kreditgenossenschaften. Sowohl der indische Nationalist Mahadev Govind Ranade als auch der britische Kolonialbeamte Frederick Nicholson priesen bereits in den 1890er Jahren die Ideen des deutschen Genossenschaftlers Raiffeisen an. Das britisch-indische Genossenschaftsgesetz von 1904 reflektiert denn auch getreulich die Prinzipien Raiffeisens. Die einzelne Genossenschaft blieb jeweils auf ein Dorf beschränkt und wurde ehrenamtlich geleitet. Dabei beachtete man nicht, daß in Deutschland der Dorfschullehrer bei der ehrenamtlichen Leitung der Genossenschaft die Hauptrolle spielte. In Indien aber gab es kein vergleichbares Grundschulwesen und daher auch keine gutausgebildeten und integren Dorfschulmeister. Der durch das Gesetz bestimmte *Registrar of Cooperative Societies* konnte diese Aufgabe nicht wahrnehmen, er hatte nur eine übergeordnete Kontrollfunktion, die sich auf eine rein formale Aufsicht über eine große Zahl von Dorfgenossenschaften beschränkte.

Das Genossenschaftsgesetz bestimmte zwar, daß vier Fünftel der Mitglieder einer Dorfgenossenschaft Landwirte sein mußten, doch das konnte nicht verhindern, daß lokale Geldleiher, die ja oft auch Landwirte waren, in die Genossenschaft einstiegen und sie zur Refinanzierung ihres privaten Geschäfts nutzten. Der kleine Schuldner war nicht in der Lage, Kredit bei der Genossenschaft aufzunehmen, denn dazu hätte er ja erst einmal Mitglied mit einer eigenen Einlage werden müssen. So nützte das Genossenschaftswesen nur den Reichen im Dorf. Die rasche Zunahme der Zahl von Genossenschaften in den 1920er Jahren war hauptsächlich der Tatsache zu verdanken, daß es den reichen Bauern in dieser Zeit gutging und sie gelernt hatten, das Instrument der Genossenschaft in ihrem Interesse einzusetzen. Die Jahre der Weltwirtschaftskrise, in denen die Agrarpreise um die Hälfte reduziert wurden und die Bauern bei gleichbleibendem Schuldendienst und Steuerforderungen in Not gerieten, brachten einen Rückschlag für das Genossenschaftswesen, das erst im Zweiten Weltkrieg wieder einen Aufschwung nahm. Die folgende Tabelle zeigt diese Entwicklung:

Tab. 1: Zahl, Mitgliedschaft und Einlagen der Dorfgenossenschaften

Jahr	Zahl	Mitglieder	Einlagen (Mio. Rupien)
1906	843	91000	2
1911	8177	403000	33
1930	106000	4322000	946
1938	122000	5370000	1064
1945	172000	9160000	1640

Im unabhängigen Indien wurden die gesetzlichen und organisatorischen Grundlagen des Genossenschaftswesens so übernommen, wie sie von den Briten geprägt worden waren. Das quantitative Wachstum der Dorfgenossenschaften setzte sich fort, doch ihre Qualität nahm ab. Die Zahlungsmoral der Mitglieder ließ zu wünschen übrig. Die stolze Zahl von über 200000 Dorfgenossenschaften (1960) täuschte darüber hinweg, daß viele davon bereits völlig ausgezehrt waren. Nach einer gründlichen Revision blieben 1983 nur noch 94000 Dorfgenossenschaften übrig. Dabei bekam es den Genossenschaften gar nicht gut, daß sie mehr und mehr zum Instrument der staatlichen Agrarpolitik wurden. Die Eigenverantwortlichkeit wurde dadurch gelähmt.

Die 1982 gegründete *National Bank for Agriculture and Rural Development* (NABARD) diente der Refinanzierung des gesamten Kreditgenossenschaftswesens. Über sie wurde bereits im Kapitel über Geldverfassung und Finanzsystem berichtet. NABARD wurde praktisch als eine Art Geldgießkanne eingesetzt, um über die Kanäle der Genossenschaften der Landwirtschaft Kredite zu günstigen Bedingungen zuzuführen. Die Genossenschaftsmitglieder merkten bald, daß eine Rückzahlung solcher Kredite gar nicht erforderlich war und man sie als Subsidien betrachten konnte. Wahlversprechen der Politiker trugen dazu bei, die Zahlungsmoral völlig zu ruinieren. Mit Raiffeisen, dessen Prinzipien man zur Zeit der Gründung des indischen Genossenschaftswesens folgen wollte, hatte all das schon längst nichts mehr zu tun.

Neben den Kreditgenossenschaften wurden auch Produktions- und Vermarktungsgenossenschaften ins Leben zu rufen, doch diese hatten nur dort einigen Erfolg, wo besondere Bedingungen gegeben waren, die die genossenschaftliche Zusammenarbeit attraktiv machten. Das Paradebeispiel sind die Zuckerrohrgenossenschaften, die von der gemeinsamen Organisation des Anbaus bis zum Betrieb genossenschaftlicher Zuckerfabriken sozusagen einen vertikalen Verbund darstellen. Doch gerade auf diesem Gebiet gibt es erstaunliche Kontraste zwischen Nordindien und Westindien (Maharashtra), die jeweils auf exemplarische Weise zeigen, wie man Genossenschaften ruinieren und wie man sie zum Erfolg führen kann.

Die nordindische Zuckerindustrie entstand zur Zeit der Weltwirtschaftskrise, als ein prohibitiver Schutzzoll die rasche Importsubstitition ermöglichte. Als der Binnenmarkt dann 1937 seine Aufnahmegrenze erreicht hatte und nur noch der Export eine Ausdehnung der Produktion ermöglicht hätte, wurde dies von den Briten im Interesse anderer Zuckerexporteure ihres Weltreichs unterbunden. Die nordindische Zuckerindustrie wandte sich daraufhin an die nun in indischen Händen befindlichen Provinzregierungen um Hilfe bei der Errichtung eines Zuckerkartells. Das führte zu staatlicher Reglementierung, die noch heute die nordindische Zuckerindustrie kennzeichnet. Die wenigen Genossenschaften, die in diesem Umfeld entstehen konnten, sind korrupt und ineffizient. Zudem sind die Genossenschaften der Zuckerrohrbauern und die genossenschaftlichen Zuckerfabriken getrennt organisiert. Die Fabriken werden von Regierungsbeamten geleitet, die Vorstände der Genossenschaften sind in jedem Sinne des Wortes unverantwortlich. In Maharashtra dagegen entstanden die Zuckerrohrgenossenschaften nach Erlangung der Unabhängigkeit und mußten sich im Wettbewerb bewähren. Sie waren so erfolgreich, daß sie die privaten Zuckerfabriken Maharashtras zum größten Teil eliminierten. Ihr Erfolgsgeheimnis ist es, daß die Zuckerrohrbauern zugleich Eigner der Fabriken sind und sich an die von der Fabrikleitung festgelegten Erntepläne halten, die eine kontinuierliche Versorgung mit Zuckerrohr und damit eine optimale Nutzung der Kapazitäten der Fabriken garantieren. Die Fabriken zahlen keine Dividende an die Genossenschaftsmitglieder, sondern einen hohen Preis für das Zuckerrohr und stehen dabei im Wettbewerb miteinander. Die Direktoren konkurrieren dabei nicht nur ökonomisch miteinander, sondern auch politisch, denn die Genossenschaftsmitglieder sind ja auch Wähler. Diese vielfältige Konkurrenz setzt der Korruption und der Vetternwirtschaft Grenzen und regt die Betriebsleiter dazu an, sich über das normale Maß anzustrengen und sich durch Risikobereitschaft und Innovationslust auszuzeichnen. Viele Zuckerrohrgenossenschaften betreiben daher heute neben den Zuckerfabriken auch noch Alkoholdestillerien, chemische Fabriken und Papierfabriken, die die Zuckerrohrrückstände nutzen. Diese Genossenschaften Maharashtras produzieren heute über ein Drittel des in Indien hergestellten raffinierten Zuckers. Im Zuge der Liberalisierung dürften sie noch bessere Chancen haben, denn bisher mußten sie durch Zwangslieferungen an die Regierung zu von dieser diktierten Preisen die ineffizienten Zuckerfabriken Nordindiens indirekt subsidieren.

Besonders erfolgreich sind auch die Genossenschaften der Milchproduzenten, von denen es 1982 bereits 36000 mit über drei Millionen Mitgliedern gab. Die Keimzelle dieser Bewegung war die *Anand Milk Union Limited* (AMUL) in Gujarat. Zunächst hatten sich dort Bauern aus zwei Dörfern zu einer Milchvermarktungsgenossenschaft zusammengeschlossen. Später ging diese dazu über, auch Butter und Käse herzustellen, immer mehr Dörfer einzubeziehen und sich ähnlich wie die Zuckerrohrgenossenschaften Maharashtras zu einem effizienten Verbund zu entwickeln. Das in Anand vorexerzierte Beispiel ließ sich in anderen Gegenden Indiens reproduzieren. Die weite Verbreitung dieses erfolgreichen Musters verdankt freilich einem Mann sehr viel: Dr. Verghese Kurien. Er war zuerst in Anand leitend tätig und stieg dann zum Vorsitzenden des *National Dairy Development Board* auf. Ihm war es auch zu verdanken, daß die durch ausländische Entwicklungshilfe eingeleitete *Operation Flood,* eine nach 1970 vor allem von der Europäischen Gemeinschaft nach Indien geleitete «Flut» von Milch und Butterfett, die genossenschaftlichen Milchproduzenten nicht ruinierte, sondern ihnen letztlich sogar zugute kam. Zur Kanalisierung dieser «Flut» wurde ein Verteilungssystem aufgebaut, durch das heute die in Indien produzierte Milch vermarktet wird, während die ausländische Hilfe auf ein geringes Maß reduziert worden ist.

Dr. Kurien hatte darauf bestanden, daß die «Flut» zu gängigen Marktpreisen verteilt wurde, denn sonst hätte sie den Markt für die Milchproduktionsgenossenschaften rasch zerstört. Damit wurde freilich das erklärte Ziel der Regierung, die «Flut» zur Versorgung der unterprivilegierten und einkommensschwachen Schichten zu nutzen, zunichte gemacht. Doch langfristig gesehen hat Dr. Kuriens Preispolitik den Armen auf dem Dorf genützt. Untersuchungen haben gezeigt, daß vor allem Landlose und Unberührbare durch die Milchproduktion zu einem bescheidenen Einkommen gekommen sind. Das größte Problem liegt freilich im Zugang zu Futtermitteln, die eher den reichen Bauern als den Armen im Dorf zur Verfügung stehen. Insgesamt haben die reichen Bauern jedoch nicht versucht, die Kontrolle über die Milchproduktionsgenossenschaften an sich zu reißen, wie sie es bei den Kreditgenossenschaften getan haben. Die Milchproduktion ist den reichen Bauern zu arbeitsintensiv, und sie überlassen diese «Nische» daher den Armen.

Das Instrument der genossenschaftlichen Vermarktung hat sich auch auf anderen Gebieten als nützlich erwiesen, doch hier wurden die entsprechenden Strukturen meist wieder in Stützen der staatlichen Agrarpolitik umgewandelt. So ist die *National Agricultural Cooperative Marketing Federation of India Limited* (NAFED), die Zentralorganisation aller Vermarktungsgenossenschaften, letztlich zum Instrument der Politik der Stützung der Agrarpreise geworden. Sie kauft Agrarprodukte zu

Festpreisen auf, und wenn ihr beim Wiederverkauf Verluste entstehen, wird sie dafür vom Staat kompensiert.

Die doppelte Begünstigung der Landwirte durch billige Kredite, die meist nicht zurückgezahlt werden, und den Aufkauf ihrer Produkte zu staatlich gestützten Preisen muß vor dem Hintergrund einer nur noch nominellen Besteuerung der Landwirtschaft gesehen werden. Das sogenannte Genossenschaftswesen dient also einem Nettotransfer von Ressourcen in die Landwirtschaft, anstatt ihre Eigenständigkeit und Effizienz zu fördern. Die staatlichen Auflagen, daß der Ressourcentransfer auch den Unterprivilegierten auf dem Lande zugute kommen soll, werden dabei nur selten wirklich eingehalten, denn die zu Organen der staatlichen Agrarpolitik umfunktionierten Genossenschaften werden von den reichen Bauern beherrscht, die die Unterprivilegierten für sich arbeiten lassen und kein Interesse daran haben, ihre Emanzipation durch Teilhabe am Ressourcentransfer zu fördern.

Zum Schluß soll hier noch die revolutionärste Art der genossenschaftlichen Zusammenarbeit erwähnt werden: die gemeinsame Bewirtschaftung der Anbaufläche. Die große Zahl kleinbäuerlicher Betriebe in Indien und das damit verbundene Problem der unökonomischen Betriebsgröße legen diese Form der Zusammenarbeit nahe. Jawaharlal Nehru hatte deshalb ein Programm des kollektiven Landbaus *(joint collective farming)* befürwortet. Die Kongreßpartei verabschiedete 1955 auf ihrer Jahresversammlung in Avadi einen entsprechenden Beschluß, rückte aber bald wieder davon ab, weil der Widerstand der Bauern zu Wahlverlusten zu führen drohte. Danach wurde es still um dieses Programm. Immerhin wurden hier und da Versuche dieser Art gemacht, und 1980 bestanden immerhin 5462 Genossenschaften, die gemeinsamen Landbau *(joint farming)*, und 3537, die kollektiven Landbau *(collective farming)* betrieben. Die Gesamtfläche der ersten Kategorie (203000 Mitglieder) betrug 251000 Hektar, die der zweiten (139000 Mitglieder) 105000 Hektar.

2. Die Industriegewerkschaften

Auch die Industriegewerkschaften können in Indien bereits auf eine Tradition zurückblicken, die bis ins 19. Jahrhundert zurückreicht. Die von den Briten in Indien eingeführte Arbeiterschutzgesetzgebung *(Factories Act, 1881)* bot die eigentliche Grundlage für die Entstehung indischer Gewerkschaften, denn sie gestand den Arbeitern Rechte zu, um die es sich gemeinsam zu kämpfen lohnte. Dabei war diese Gesetzgebung nicht etwa der Menschenfreundlichkeit der Kolonialherren zu verdanken, sondern dem Druck der britischen Unternehmer im Mutterland, die befürchteten, daß ihnen durch die Ausbeutung indischer Arbeitskräfte eine Konkurrenz erwachsen würde.

Die erste Gewerkschaft, die *Bombay Millhands Association*, wurde nach dem Gesetz von 1881 von dem Textilarbeiter N. M. Lokhande gegründet, der sich für eine Novellierung dieses Gesetzes einsetzte, die 1891 erfolgte. Diese Textilarbeitergewerkschaft war recht lose organisiert, sie hatte weder Satzung noch Geldmittel und lebte von der Energie ihres charismatischen Führers. Sporadische Streiks in den Textilfabriken Bombays und Ahmedabads und in den Jutefabriken Kalkuttas fanden in den 1890er Jahren statt, aber es waren dies eigentlich wilde Streiks, die erfolglos abgebrochen wurden. Die erste eingetragene Gewerkschaft war die der Eisenbahner, doch sie beschränkte sich zunächst auf Anglo-Inder und europäische Eisenbahnangestellte. Hier ging es also um eine Arbeitnehmerelite, die eine strategisch wichtige Stellung einnahm. Im übrigen machte die Gewerkschaftsbewegung bis zum Ende des Ersten Weltkriegs keine großen Fortschritte.

Nach Kriegsende errang die Gewerkschaftsbewegung politische Bedeutung. Die britische Labour Party setzte durch, daß im Rahmen der britisch-indischen Verfassungsreform von 1920 auch Vertreter der Arbeiterschaft reservierte Sitze in den Landtagen erhalten sollten. Zugleich legte es die Gründung der ILO nahe, einen indischen Gewerkschaftsbund zu gründen, der mit dieser Organisation zusammenarbeiten konnte. Der Nationalkongreß fühlte sich dazu aufgerufen, die Initiative zu ergreifen. So wurde 1920 der *All-India Trade Union Congress* (AITUC) gegründet, dessen erster Präsident der bekannte Kongreßpolitiker Lala Lajpatrai wurde, der den Krieg in Amerika verbracht hatte und die dortige Gewerkschaftsbewegung kannte. Gegen Ende der 1920er Jahre wurde der AITUC jedoch von den Kommunisten unterwandert, die mehrere große Streiks organisierten und sich auf diese Weise profilierten. Auf der AITUC-Sitzung von 1929, über die Jawaharlal Nehru präsidierte, kam es zur Spaltung. Die nicht-kommunistischen Gewerkschaftler zogen sich aus dem AITUC zurück, der von nun an eine kommunistische Gewerkschaftsorganisation war und es bis heute geblieben ist.

Nach wie vorher unabhängig vom AITUC blieb die von Mahatma Gandhi ins Leben gerufene *Textile Labour Association* (TLA) von Ahmedabad, um deren Anschluß der AITUC sich mehrmals erfolglos bemüht hatte. Gandhi hatte 1918 die Führung eines Textilarbeiterstreiks in Ahmedabad übernommen, der auf sein Betreiben dann durch einen Schiedsspruch beendet wurde, dem sich die Textilfabrikanten beugten. Die TLA wurde 1920 gegründet und bediente sich wiederholt des Mittels der Schlichtung von Arbeitskämpfen durch Schiedsspruch. Der Durchsetzung dieser Prinzipien widmete sich auch der von Gandhis Mitarbeiter Vallabhbhai Patel 1938 gegründete *Hindustan Mazdoor Sevak Sangh* (Indischer Arbeiterhilfsbund), der sich nicht als Gewerkschaft verstand, sondern künftige Gewerkschaftsführer im Sinne Gandhis heranbildete. Das Ziel war eine aktive Gewerkschaftsarbeit ohne Klassenkampf, die von den Kommunisten natürlich als purer «Ökonomismus» oder gar als Anbiederung an die Kapitalisten verurteilt wurde.

Infolge solcher Auseinandersetzungen wurden die Gewerkschaften zu Unterorganisationen politischer Parteien. Diese Tendenz wurde dadurch verstärkt, daß die Gewerkschaftsführer meist Politiker, also «Außenseiter» und keine Arbeiter waren – und daran konnten auch die Mitarbeiter Gandhis nichts ändern. Der Bildungsstand der Industriearbeiter erlaubte es ihnen nicht, Führungspositionen in der Gewerkschaftsbewegung zu übernehmen. Die Fremdbestimmtheit der Gewerkschaftsbewegung erweist sich bis heute als ein großes Problem.

Nach der «Machtergreifung» der Kommunisten im AITUC wurde es in den Jahren der Weltwirtschaftskrise still um die indische Gewerkschaftsbewegung. Einerseits mußten die Arbeiter um ihre Arbeitsplätze bangen, andererseits ging es denen, die Arbeit hatten, weder vorher noch nachher so gut wie in den Jahren der Krise. Der Fall der Agrarpreise bedeutete einen Anstieg der Reallöhne der Arbeiter. Die Unternehmer konnten die Nominallöhne nicht so schnell reduzieren, wie sie es gern getan hätten, und so blieben die Reallöhne verhältnismäßig hoch. Erst im Zweiten Weltkrieg änderte sich das wieder, doch im Krieg waren der gewerkschaftlichen Tätigkeit enge Grenzen gesetzt.

Die Kommunisten, die sich während des Krieges auf Geheiß Moskaus als Erfüllungsgehilfen der Kolonialherren betätigen mußten und daher bei den Freiheitskämpfern als Vaterlandsverräter galten, versuchten nach dem Krieg wieder gewerkschaftlich aktiv zu werden und gerieten dabei sofort in Konflikt mit der Kongreßpartei, die nach einer neuerlichen Regierungsbildung in der Provinz Bombay im dortigen Landtag ein Gesetz verabschiedet hatte *(Bombay Industrial Relations Act, 1946)*, das die Prinzipien der von Gandhi inspirierten Gewerkschaftsbewegung beinhaltete. Dieses Gesetz hatte einen Vorläufer in dem *Bombay Industrial Disputes Act* von 1938, der von der damaligen Kongreßprovinzregierung eingebracht worden war, deren Arbeitsminister aus der TLA hervorgegangen war. Die Prinzipien dieser Gesetzgebung fanden dann auch in die zentrale Gesetzgebung *(Industrial Disputes Act, 1947)* Eingang. Die Kommunisten protestierten gegen diese Gesetzgebung. Vallabhbhai Patel, der inzwischen zum mächtigen Innenminister Indiens avanciert war, brachte nun seinen *Hindustan Mazdoor Sevak Sangh* ins Spiel und lud in seinem Namen eine Reihe von Gewerkschaftsführern im Mai 1947 zu einer Gesprächsrunde ein. Aus dieser Initiative ging die Gründung des *Indian Trade Union Congress* (INTUC) hervor, dessen Name bereits die enge Beziehung zum *Indian National Congress*, also der Kongreßpartei, andeutete.

Patel wandte sich aber nicht nur gegen die Kommunisten, er war auch gegen die Sozialisten, die seit 1934 als *Congress Socialist Party* sozusagen als eine Partei in der Kongreßpartei eine Rolle gespielt hatten. Sie beschlossen 1948, künftig ihren eigenen Weg zu gehen, und gründeten die *Praja Socialist Party* (Sozialistische Volkspartei), die sich bald auch eine eigene Gewerkschaft, *Hind Mazdoor Sabha* (Indische Arbeiterversammlung), zulegte. Nach demselben Muster gründete 1955 auch der *Bharatiya Jan Sangh* (Indischer Volksbund) den *Bharatiya Mazdoor Sangh* (Indischer Arbeiterbund).

Parteispaltungen trugen dazu bei, daß die Gewerkschaftsdachverbände zunahmen. Die Sozialistische Partei, die sich von der *Praja Socialist Party* abspaltete, nannte ihren Gewerkschaftsverband *Hind Mazdoor Panchayat* (Indischer Arbeiterrat). Die Spaltung der Kommunistischen Partei (1964) in CPI *(Communist Party of India)* und CPM *(Communist Party of India-Marxist)* führte zu einer Schwächung des AITUC, der jedoch im wesentlichen in den Händen der Funktionäre der CPI blieb. Die CPM gründete später einen eigenen Gewerkschaftsbund unter dem Namen *Centre of Indian Trade Unions* (CITU). Die Spaltung der Kongreßpartei (1969), mit der sich Indira Gandhi der alten Garde dieser Partei entledigte, führte zwar nicht zu einer Spaltung des INTUC, aber die TLA von Ahmedabad, die einst die treibende Kraft bei der Gründung des INTUC gewesen war, trat aus diesem aus und ging wieder ihren eigenen Weg.

Die meisten Gewerkschaftsbünde haben mehr oder weniger die gleichen Probleme mit dem Eintreiben von Mitgliedsbeiträgen. Ihre Funktionäre lassen sich meist von den Arbeitergebern bezahlen, die sie mit der Androhung von Streiks erpressen können. Streiks wiederum haben im Kontext der indischen Gesetzgebung wenig Sinn, denn sie sind ja nicht als letztes Mittel beim Aushandeln von Tarifverträgen erforderlich, weil diese ohnehin auf ganz andere Weise zustande kommen. Aus dem ursprünglich von Gandhi vertretenen Prinzip der freiwilligen Schiedsgerichtsbarkeit, der sich Arbeitnehmer und Arbeitgeber beugen, ist die Unterwerfung beider Tarifparteien unter den Schiedsspruch *(award)* eines staatlichen Tribunals geworden. Im Grunde bedeutet dies ein Lohndiktat. Den Gewerkschaftsführern bleibt praktisch nur übrig, Mängelrügen bei der Implementierung anzubringen oder sich für einzelne Arbeiter einzusetzen, die vom Arbeitgeber gekündigt oder auf irgendeine Weise ungerecht behandelt worden sind. Freilich gibt es auch Gewerkschaftsführer, die zu illegalen, wilden Streiks aufrufen und sich dabei des in Indien sehr populären Mittels der «Umzingelung» *(gherao)* bedienen, wobei Unternehmer oder leitende Angestellte oft stundenlang oder gar tagelang in ihrem Büro festgehalten werden. Doch die meisten Gewerkschaftsführer bleiben auf dem Boden des Gesetzes, zumal das auch für sie persönlich sehr viel einträglicher ist.

Die Gängelung des Arbeitsmarkts durch eine Gesetzgebung, die eine Tarifautonomie praktisch ausschließt, hat dazu geführt, daß viele Gewerkschaftsführer Rechtsanwälte sind, die sich auf arbeitsrechtliche Fragen spezialisieren, aber von technischen Problemen wenig verstehen. Lohnerhöhungen und Sicherung der bestehenden Arbeitsplätze stehen im Mittelpunkt des Interesses. Automatisierung, Normenvorgaben bei Akkordarbeit und andere Maßnahmen zur Erhöhung der Arbeitsproduktivität gehen über den Horizont der traditionellen Gewerkschaftsführer. Im Zweifelsfall unterstützen sie die Arbeiter, die sich gegen alle Neuerungen stemmen. Allmählich hat sich aber nicht nur die Technik, sondern auch der Bildungsstand der Arbeiter verändert. Permanente Arbeitsplätze in der Industrie sind so begehrt, daß die Arbeitgeber in vielen Industriebereichen dazu übergehen konnten, nur noch Arbeitskräfte mit Schulabschluß einzustellen. Ferner nahm die Zahl der Arbeitsplätze zu, die technische Qualifikationen verlangen. Waren früher die meisten Arbeiter Analphabeten, die für die Arbeit am Webstuhl oder anderen einfachen Maschinen nur kurz angelernt zu werden brauchten, so hat sich dies inzwischen gründlich geändert. Dementsprechend ist auch der alte Typ des paternalistischen und technisch unbedarften Gewerkschaftsführers nicht mehr gefragt. In den 1970er und 80er Jahren vollzog sich daher ein Umbruch, der durch den rasanten Aufstieg eines Gewerkschaftsführers neuen Typs demonstriert wurde: Dr. Datta Samant.

Dr. Samant war usprünglich Arzt, stieg im INTUC als Gewerkschaftsführer auf, sagte sich dann los und gründete eine unabhängige Gewerkschaft, die *Maharashtra General Kamgar Union* (Allgemeine Arbeiterunion Maharashtras). Er fand insbesondere in den aufstrebenden jungen, gutqualifizierten Arbeitern von Stahl- und Autofabriken und ähnlichen modernen Betrieben Resonanz. Er organisierte gutgezielte Streiks, die zu beträchtlichen Lohnerhöhungen für seine Klienten führten. Diese machten dann auch mit, als es darum ging, massive Lohnerhöhungen mit Produktivitätssteigerungen zu verknüpfen. Samant gelang auf diese Weise eine wahrhaft revolutionäre Umgestaltung des Arbeitskampfs in Indien. In der Textilindustrie führten seine Methoden jedoch zu einem unerwarteten Resultat. Es gelang ihm, in wenigen Jahren mit langwierigen Streiks die alte Textilindustrie Bombays zu ruinieren, weil diese weder auf der Arbeitgeber- noch auf der Arbeitnehmerseite zu Innovationen fähig war. Schließlich mußte der Staat die meisten Textilfabriken übernehmen, um die Arbeitsplätze zu erhalten. Das hatte Dr. Samant natürlich nicht beabsichtigt, aber es war die logische Folge der Übertragung seiner Methoden auf ein ungeeignetes Objekt.

Die Unternehmer reagierten auf die Radikalisierung des Arbeitskampfes, indem sie die Zahl der permanenten Arbeitsplätze rasch reduzierten. Sie ersetzten ausscheidende Arbeitskräfte nicht mehr, von der Schaffung neuer Arbeitsplätze ganz zu schweigen. Ferner gliederten sie die qualifiziertesten Arbeiter aus der Arbeiterschaft aus, indem sie untergeordnete Managementpositionen für sie erfanden. Gerade in modernen Industrien mit vollautomatisierten Produktionsanlagen konnte man Arbeiter, die diese Anlagen betrieben, bei gleichem Lohn mit einem wohlklingenden Titel auszeichnen und vom Arbeiter zum Angestellten befördern. Am unteren Ende der Skala konnte man die permanenten Arbeitsplätze abbauen, indem man Wartung, Verpackung, Versand etc. ausgliederte und an kleine Vertragsunternehmer vergab, die diese Arbeiten mit Kolonnen angelernter, temporärer Arbeiter erledigten. Ferner konnte man auch ganze Produktionszweige auslagern, indem man sie kleinen Zulieferfirmen überließ, die nicht zur Einrichtung eines Betriebsrats verpflichtet waren und ihre Arbeitskräfte jederzeit entlassen konnten, wenn sie nicht spurten. All das bedeutet eine Erosion gewerkschaftlicher Macht, denn die Gewerkschaften können sich natürlich nur um ihre Klienten, die permanenten Arbeitskräfte, kümmern, und diesen wiederum sind die Arbeitskräfte «draußen vor der Tür» gleichgültig, solange sie nicht hereinkommen und ihnen die Arbeitsplätze streitig machen dürfen. Erst eine weitgehende Liberalisierung des Arbeitsmarkts, die gegenwärtig zur Debatte steht, könnte hier einen Umschwung bringen und dann auch die Gewerkschaftsarbeit in Indien entscheidend verändern.

Zur Zeit fällt es der Regierung noch sehr schwer, Bewegung in den fragmentierten Arbeitsmarkt zu bringen. So wurde zum Beispiel ein *National Renewal Fund* (Nationaler Erneuerungsfond) eingerichtet, um Arbeiter von nicht mehr lebensfähigen Fabriken *(sick industries)* aufzufangen. Doch dieser Fond wurde bisher kaum in Anspruch genommen, weil die Arbeiter und damit auch die Gewerkschaften an der Erhaltung der Arbeitsplätze interessiert sind, selbst wenn die betreffenden Fabriken nur noch Verluste machen und keine produktive Leistung mehr möglich ist. Wenn aber die Gewerkschaften politisch die Erhaltung der Arbeitsplätze erzwingen können, werden sich ihre Mitglieder natürlich nicht mit der Unterstützung des besagten Fonds abspeisen lassen.

3. Die Handelskammern und Unternehmerverbände

Die ersten Handelskammern entstanden in Indien, nachdem die Ostindiengesellschaft 1833 ihr Handelsmonopol verlor und Handelsfirmen, insbesondere in Bombay und Kalkutta, es nützlich fanden, eine gemeinsame Interessenvertretung zu begründen. Diese Firmen waren überwiegend in britischen Händen. Der Dachverband dieser Handelskammern, die *Associated Chambers of Commerce* (ASSOCHAM), galt daher als ein Hort konservativer, kolonialregierungstreuer Kräfte und war den indischen Nationalisten ein Dorn im Auge. ASSOCHAM blieb aber auch im unabhängigen Indien aktiv. Die diesem Verband angehörigen Kammern wurden allmählich indisiert. Das ging in Bombay schneller als in Kalkutta, denn in Bombay war schon im 19. Jahrhundert eine indische Unternehmerschaft herangewachsen, während in Kalkutta die schottischen Jutemagnaten, Bergwerksbesitzer und Teepflanzer das Sagen hatten. Noch bis in die 1970er Jahre waren alle leitenden Funktionäre der *Bengal Chamber of Commerce* in Kalkutta Schotten.

Die britische Dominanz bei ASSOCHAM führte schon früh zu Konkurrenzgründungen von indischer Seite, so z. B. die *Bengal National Chamber of Commerce* in Kalkutta (1887) oder die *Indian Merchants Chamber* in Bombay (1907). Doch erst nach dem Ersten Weltkrieg erhielten diese Initiativen im Kontext der von den indischen Wirtschaftskreisen als äußerst negativ empfundenen britisch-indischen Wirtschafts- und Währungspolitik eine neue Bedeutung. Als Dachorganisationen der verschiedenen indischen Kammern wurde 1927 die *Federation of Indian Chambers of Commerce and Industry* (FICCI) gegründet, die bis heute die mächtigste Organisation dieser Art in Indien ist und großes politisches Gewicht hat. Über sie wird gleich noch ausführlicher berichtet werden.

Neben den Handelskammern gab es schon früh Vereinigungen der wichtigsten Industriezweige, unter anderem die *Bombay Millowners Association* (BMOA) der Baumwolltextilfabrikanten und die *Indian Jute Manufacturers Association* (IJMA) in Kalkutta. Sie haben heute ihre alte Bedeutung weitgehend verloren. Nach dem, was zuvor über das Schicksal der Textilindustrie Bombays gesagt worden ist, kann man sich vorstellen, daß die BMOA heute nur noch ein traditionsreicher Nostalgieverein ist. An die Stelle dieser Industrievereinigungen ist die *Confederation of Indian Industries* (CII) getreten, die heute stolz darauf verweist, daß sie Firmen mit insgesamt rund zwei Millionen Arbeitnehmern vertritt. In Anbetracht der Zahl der Arbeitskräfte der Eisenbahn und der vielen staatlichen Betriebe ist diese Zahl recht bescheiden. Doch wenn man bedenkt, daß es sich dabei um permanente Arbeitsplätze im privaten Sektor handelt, dann ist diese Zahl unter den oben bereits erwähnten Bedingungen durchaus respektabel. Die CII hat eine moderne Geschäftszentrale in New Delhi mit einem kompetenten Mitarbeiterstab. Im Rahmen der Liberalisierungspoltik, die eine Bewährung der indischen Industrie im internationalen Wettbewerb erfordert, kommt ihr eine wachsende Bedeutung zu.

Die Mitglieder dieser Organisationen sind oft in mehreren von ihnen gleichzeitig engagiert. So mag eine Firma sowohl ASSOCHAM als auch FICCI und dazu noch der CII angehören. Viele große Konzerne Indiens sind sowohl Handelshäuser als auch Industrieunternehmen und haben daher vielfältige Interessen, die einmal hier, einmal dort besser vertreten sind. FICCI als größter Dachverband umschließt alle diese

Interessen und ist daher auch der wichtigste Gesprächspartner der Regierung. Die große Geschäftszentrale in New Delhi verfügt über viele kompetente Referenten, die sozusagen eine Art «Gegenbürokratie» zur Regierungsbürokratie bilden. Der FICCI-Präsident wird jährlich gewählt, hat also keine Gelegenheit, die Organisation langfristig zu prägen, doch entstammt er meist einer kleinen Oligarchie großer Firmen. Die Birlas, die schon bei der Gründung der FICCI Pate standen, sind auch heute noch führend in dieser Oligarchie.

Seit ihrer Gründung hat die FICCI immer eine enge Verbindung zur Kongreßpartei gehabt. Doch nach 1947 war die Kongreßpartei unter Nehru der Unternehmeroligarchie nicht mehr so sympathisch wie zur Zeit des Freiheitskampfes. Aber Nehru war mächtig, und man mußte sich mit ihm arrangieren. Bei den ersten Wahlen nach seinem Tode, die 1967 abgehalten wurden, versuchte diese Oligarchie durch wohldosierte Wahlspenden und sogar durch eigene Kandidaturen ihrer Mitglieder die massive Mehrheit der Kongreßpartei zu reduzieren, um sie gefügiger zu machen. Doch bei den Wahlen von 1971 errang die Kongreßpartei unter Indira Gandhi einen so großen Erfolg, daß die Unternehmeroligarchie es vorzog, sich mit ihr - wie einst mit Nehru – zu arrangieren. Diesen vorsichtigen Kurs hat sie bis heute fortgesetzt. Das Schicksal der demokratischen Parteien Indiens wird in den ländlichen Wahlbezirken entschieden, auf die die Wirtschaftskreise allenfalls durch Wahlspenden indirekten Einfluß nehmen können. Deshalb ist es für sie ratsam, sich nicht politisch zu exponieren, sondern sich jeweils mit denen zu arrangieren, die die Macht im Staate errungen haben.

Die Aktivitäten aller dieser Verbände beziehen sich auf die Binnenverhältnisse Indiens und nicht auf das Ausland. Es gibt daneben nur ein paar Verbände, die sich bilateralen Wirtschaftsbeziehungen widmen, so zum Beispiel die *Indo-German Chamber of Commerce*, die ihr Hauptquartier in Bombay hat und der eine beachtliche Zahl indischer Geschäftsleute angehört. Das waren zunächst die Import- und Exportkaufleute, dann sind aber auch Firmen hinzugekommen, die *joint ventures* mit deutschen Industriellen betreiben. Im Zuge der Liberalisierung werden solche Aktivitäten immer bedeutsamer.

Abschließend sei gesagt, daß bei allen Mängeln verschiedener Vereinigungen, die hier erwähnt wurden, das Spektrum ihrer Aktivitäten doch recht beachtlich ist. Sie sind keinesfalls «gleichgeschaltet» und tragen zur Entwicklung einer «civil society» in Indien bei.

XXX.
Infrastruktur: Transport und Kommunikation

Wolfgang-Peter Zingel

Seit der Wende der Wirtschaftspolitik 1991 setzt die indische Regierung verstärkt auf die marktwirtschaftlichen Kräfte, auch beim Ausbau der Infrastruktur. Der Begriff bezeichnete ursprünglich alle «unten» (lat. *infra*) liegenden, erdverbundenen Anlagen. Die Bedeutung der Infrastruktur für die wirtschaftliche Entwicklung ist von der Weltbank in ihrem Weltentwicklungsbericht 1994 herausgestellt worden; sie knüpft dabei an die in den 60er Jahren geführte Diskussion (A. O. Hirschman, J. Stohler, R. Frey, R. Jochimsen) an. Aufgrund ihrer (nach J. Stohler) typischen Merkmale stellt die Infrastruktur die Ordnungspolitik vor besondere Probleme, und zwar in technischer Hinsicht (z. B. Unteilbarkeit der Anlagen, lange Lebensdauer), in ökonomischer Hinsicht (Investitionscharakter, externe Effekte, *economies of scale*, d. h. sinkende Durchschnittskosten, Sprungkosten, hoher Fix- und Gemeinkostenanteil, Mängel der Konsumentensouveränität, Nichtanwendung und Nichtanwendbarkeit des Ausschlußprinzips, großer Umfang und hohes Risiko der Investitionen) und in institutioneller Hinsicht (defizitäre Betriebsführung, Absenz von Marktpreisen, zentrale Planung, Kontrolle und/oder Betriebsführung). Für die Einteilung und Abgrenzung der Infrastruktur liegen verschiedene Konzepte vor. Die Weltbank versteht darunter das Verkehrswesen, Energie, Wasser, Abwasser, Nachrichtenwesen und Bewässerung. Im Sprachgebrauch der indischen Regierung, wie etwa in ihrem Jahreswirtschaftsbericht, umfaßt die Infrastruktur im wesentlichen die Bereiche Energie (einschließlich der Kohle-, Erdöl- und Erdgasförderung), Verkehr und Nachrichtenwesen sowie die daraus resultierenden Umweltprobleme. Sie werden im folgenden dargestellt. Vorangestellt wird ein Abschnitt über die Wasserwirtschaft, die in Indien von existentieller Bedeutung ist.

1. Die Wasserwirtschaft

Der vielleicht älteste Teil der Infrastruktur in Indien ist die Bewässerung. Fast das gesamte Land liegt im Bereich des Monsuns (siehe Kap. I.). Die Ergiebigkeit der Niederschläge ist gleichermaßen jahreszeitlich unterschiedlich wie unzuverlässig; mit ihnen steht und fällt die Ernte. Der Staat, d. h. sowohl die Fürsten als auch die Grundherren und Dorfgemeinschaften, haben schon in vorgeschichtlicher Zeit die Flüsse aufgestaut, Rückhaltebecken angelegt, das Wasser durch ein weitverzweigtes und kompliziertes Kanalnetz auf die Felder geleitet. Schon im *Arthashastra* finden sich Bestimmungen über die Wassernutzung. In vielen Gebieten Indiens bildet der Teich ein konstituierendes Merkmal eines Dorfes, auf dem Dekhan sind beeindruckende Reste von Wasserbauten aus dem ersten Jahrtausend zu besichtigen. In den Trockengebieten liegt der Wasserspiegel zum Teil sehr tief und erfordert aufwendige Brunnenbauten. Anderswo, wo er weniger tief liegt, ist er mit einfachen Schöpfbrunnen, mit Eimern oder dem «persischen Rad» nutzbar. Im Gebirge schließlich wird das Wasser am Oberlauf der Gewässer abgeleitet und der Kontur des Geländes folgend auf die Flächen gebracht, die nicht genügend Niederschläge empfangen. Rund die Hälfte der landwirtschaftlich genutzten Fläche wird bewässert.

Während und nach dem Monsun bedroht häufig ein Zuviel an Wasser die Menschen. Durch den Bau von Deichen und Kanälen versucht man, die Fluten zu lenken. Dies ist um so schwieriger, je weiter die wachsende Bevölkerung in das zwar fruchtbare, aber gefährdete Deichvorland drängt. Werden die Flüsse zu sehr eingeengt, treten sie in Hochwasserjahren weit über ihre Ufer und ändern dabei nicht selten ihren Lauf. Diesen Umstand konnten sich die Briten zunutze machen, als sie ab etwa Mitte des 19. Jh.s mit dem Bau der großen Kanäle in den Zweistromtälern *(doabs)* Nordindiens und den Delten begannen und dabei häufig diese verwaisten Flußbetten nutzten. Die Pläne dazu stammten teilweise aus vorkolonialer Zeit, in der aber die finanziellen und technischen Mittel zu ihrer Durchführung fehlten.

Bei gegebener Agrartechnologie ließ sich eine Ausweitung der Anbauflächen – und damit eine Erhöhung der Agrarproduktion und eine Steigerung der auf einer Besteuerung der landwirtschaftlichen Produktion basierenden Einnahmen der britisch-indischen Verwaltung nur durch Erschließung von Neuland und Bewässerung erreichen. Das Interesse der Kolonialmacht nahm zu, als während des amerikanischen Sezessionskrieges (1861–65) die Nachfrage englischer und schottischer Fabriken nach Textilfasern zunahm und Dampfschiffe Baumwolle und Jute ungleich billiger ins «Mutterland» schaffen konnten.

Die Neulandprogramme (wie die *canal colonies* im Panjab) hatten nicht nur eine Erhöhung der Agrarproduktion und der Staatseinnahmen durch Grundsteuern *(land revenue)* und Wassergebühren *(abiana)* zum Ziel, sondern boten auch die Möglichkeit, Gefolgsleute (Soldaten, Offiziere) mit Land zu belohnen und soziale Spannungen durch Landknappheit abzubauen. Die Nachfolgestaaten Britisch-Indiens haben diese Politik fortgesetzt, die schon damals auftretenden Schäden und Probleme haben zugleich zugenommen. Die Wassermengen reichen für die erforderliche Be- und Entwässerung vielfach nicht aus, wodurch die gelösten Bodensalze nicht ausgespült werden und sich an der Oberfläche absetzen. Im Zuge der Versalzung der Böden geht die Fruchtbarkeit dramatisch zurück, und ständig fallen große Flächen aus der Produktion. Zugleich wurden die verhaßten Grundsteuern und Wassergebühren seit der Weltwirtschaftskrise und der Unabhängigkeit der Inflation nicht mehr angepaßt und decken heute kaum noch ihre Erhebungskosten. Soweit das Wasser überhaupt bezahlt werden muß, sind die Gebühren unabhängig von der tatsächlich entnommenen Menge.

Die Trinkwasserversorgung ist in weiten Gebieten Indiens seit langem eine «kommunale» Aufgabe, sogar im «indischen» Wortsinne: Die hinduistischen Reinheitsgebote verbieten, daß die Angehörigen höherer und niederer Kasten aus denselben Quellen schöpfen und dieselben Brunnen benutzen. So haben die einzelnen Gruppen im Dorf meist ihre eigenen Wasserstellen. Städtische Trinkwasserversorgungen können hierauf keine Rücksicht nehmen. Doch haben auch heute längst nicht alle städtischen Wohnungen einen eigenen Anschluß. In einfachen Wohnvierteln gibt es nur einen Wasserhahn vor dem Haus oder – häufiger – einen öffentlichen Hydranten, an dem sich die Bewohner ganzer Straßenzüge ihr Wasser holen. Nur selten gibt es Wasseruhren, und die Wassergebühren werden – wenn überhaupt - meist unabhängig vom Verbrauch erhoben. Sie decken die Kosten der Trinkwassergewinnung, -aufbereitung und -verteilung bei weitem nicht. Der Bedarf übersteigt die Leistungsfähigkeit der Netze um ein Vielfaches. Der Staat löst das Problem dadurch, daß das Wasser nur für einige Stunden, manchmal nur Minuten, pro Tag zugeteilt wird. Gleichzeitig versickert Wasser ungenutzt in den Boden, weil die Leitungen schadhaft sind. In den letzten Jahren wurde die Trinkwasserversorgung auch auf dem Lande ausgebaut: nach offiziellen Angaben konnten 1993 78% der Bevölkerung auf dem Lande und 85% in den Städten mit Trinkwasser versorgt werden. Für die Seuchenbekämpfung bedeutet dies einen großen Erfolg, wenn man bedenkt, wie viele Krankheiten durch Wasser übertragen werden und daß die Fäkalien aus den einfachen Latrinen und die Industrieabwässer meist ungefiltert in den Boden sickern. Nur 3% der Bevölkerung auf dem Lande, aber immerhin 48% der Bevölkerung in den Städten haben Latrinen.

Die Aufteilung des Wassers war und ist zuerst einmal ein internationales Problem. Die Teilung Britisch-Indiens 1947 zerschnitt auch die Stromtäler im Norden des Subkontinents. Die Oberläufe der Flüsse des Panjab (= Fünf Wasser) kommen aus dem westlichen Himalaya und durchfließen ausnahmslos erst einmal indisches Territorium. Wasserentnahmen in Indien mußten deshalb zwangsläufig zu Lasten der auf Bewässerung angewiesenen pakistanischen Landwirtschaft gehen. Der Konflikt wurde unter Vermittlung und mit finanzieller Unterstützung der Weltbank und einiger westlicher Industrieländer (einschließlich der BRD) dadurch gelöst, daß Indien das Recht der Wasserentnahme aus den drei östlichen Flüssen Sutlej, Beas und Ravi und Pakistan das aus den drei westlichen Flüssen Chenab, Jhelum und Indus erhielt (Induswasser-Vertrag 1960). Indien staute Beas und Sutlej auf und leitet seitdem das Wasser durch den *Indira Gandhi Canal* (ehem. *Rajasthan Canal*) in den Panjab und nach Rajasthan (Pakistan füllt den Unterlauf des Sutlej durch Verbindungskanäle von «seinen» Flüssen wieder auf). Mit der Teilung des (indischen) Panjab (1965) stellte sich das Verteilungsproblem neu, da Haryana seinen Anteil fordert. Aber auch Delhi, das unter chronischer Wasserknappheit leidet, möchte daran beteiligt sein.

Ähnlich sieht es im Delta von Ganges und Brahmaputra aus. Um den Hafen von Kalkutta vor dem Versanden zu bewahren, wurde bei Farakka, unmittelbar vor der Grenze zu Bangladesch, ein Damm über den Ganges errichtet und Wasser in den Hugli, den Mündungsarm, an dem Kalkutta liegt, umgeleitet. Bangladesch leidet unter der verringerten Wasserführung in den trockenen Monaten, in denen die Wasserführung durch die Wasserentnahmen für die Bewässerung in Indien ohnehin immer geringer wird. Es gibt einen indischen Plan, das Problem ähnlich wie beim Indus-Wasser-Vertrag zu lösen und einen Teil des Brahmaputra-Wassers mit Hilfe eines gigantischen Dammes und eines Kanals durch Nord-Bengalen in den Ganges zu leiten und so den Verlust auszugleichen. Das Projekt wird von Bangladesch abgelehnt, da Indien die Verfügungsmacht über das Wasser hätte und Bangladesch viel Ackerland verlieren würde. Eine endgültige Lösung wäre es ohnehin nicht, da sich die Flußläufe im Delta immer wieder weiträumig verschieben. Probleme der Wasserverteilung gibt es auch im Süden: Karnataka beansprucht einen immer größeren Teil des Wassers des Kaveri; für das an seinem Unterlauf gelegene Tamil Nadu ist das Wassers aber von existentieller Bedeutung.

Der Bau sogenannter Vielzweckprojekte *(multi-purpose projects)*, die gleichermaßen der Bewässerung, der Elektrizitätserzeugung und dem Hochwasserschutz dienen, stößt immer häufiger aus Gründen des Umweltschutzes oder der Erdbebengefahr auf Widerstand. Die Bauzeiten sind lang und binden viel Kapital. Zwei Großprojekte sind besonders umstritten: Der Tehri-Damm in Uttar Pradesh wird, wie seine Gegner betonen, in einem erdbebengefährdeten Gebiet errichtet. Ein Dammbruch hätte dort verheerende Folgen. Das Narmada-Projekt sieht die Anlage einer ganzen Reihe von Dämmen und Stauseen vor, die das Wasser bis weit nach Gujarat hinein fließen lassen sollen. Dagegen richtet sich heftiger Widerstand von Umweltschützern (in Indien und im Ausland) und von den Zigtausenden, die aus ihrem angestammten Gebiet vertrieben werden.

2. Das Verkehrswesen

Rückgrat des indischen Transportsystems ist die Eisenbahn, ergänzt durch Busse und Lastwagen sowie – auf lokaler Ebene – Fahrradrikschas und Ochsenkarren. 54 % aller Dörfer sind noch immer ohne Anschluß an das Straßennetz. Der internationale Verkehr wird fast ausschließlich per Luft (Personen) und See (Güter) abgewickelt; der Überlandverkehr mit den Nachbarländern ist – mit Ausnahme Nepals – minimal.

Die meist idealisierende Beschreibung des sich selbst versorgenden indischen Dorfes deutet darauf hin, daß das Verkehrswesen in Indien bis ins letzte Jahrhundert kaum ausgebaut war. Es gab in Indien auch keine auf Handel sich gründenden Stadtstaaten, was auf einen geringen Binnenhandel deutet. Die Herrscher in Delhi bauten ihre Fernstraßen, wie die berühmte «*Grand Trunk Road*» vom Khyberpaß bis Bengalen, vor allem aus strategischen Gründen, z. B. für den Transport ihrer Feldartillerie. Der Fernhandel, etwa mit Zentralasien, wurde mit Lasttieren wie Kamelen, Eseln, Maultieren und sogar Rinderherden (z. B. für die Versorgung des Moghulheeres mit Getreide) abgewickelt, die keine Straße brauchten. Allein für Ochsenkarren, die noch immer meist nur kürzere Entfernungen bedienen, waren Straßen nützlich. Es gab aber auch regelmäßig genutzte Karawanenstraßen (mit Karawansereien), z. B. die Route von Delhi über Agra nach Surat. So ergänzten die Straßen den – bescheidenen – Transport auf den Flüssen und Kanälen und später der Eisenbahn, die in Indien – ganz anders als in den meisten anderen Staaten der sog. Dritten Welt – bis heute Priorität genießt. Dagegen ist die Kraftfahrzeugdichte in Indien (1 Kfz je 40 Einw.) eine der geringsten der Welt, und nirgendwo gibt es noch so viele Träger, Fahrradrikschas, Lasttiere und Gespanne.

Der Straßenfernverkehr hat in den letzten Jahren an Bedeutung gewonnen. Große Fernverbindungen wie von Amritsar über Delhi nach Kalkutta und von Delhi über Bombay nach Hyderabad werden über Hunderte von Kilometern auf vier Spuren erweitert und auf Umgehungsstraßen um die Städte herumgeführt. Aber auch das Landstraßennetz wird immer dichter und besser; in Kerala, Haryana und Panjab sind bereits alle Dörfer mit einer befestigten Straße verbunden. Der grenzüberschreitende Straßenverkehr beschränkt sich weitestgehend auf den mit Nepal, das auf den Transit durch Indien angewiesen ist. Zu Pakistan gibt es nur einen Straßenübergang bei Amritsar. Der Überlandverkehr von und nach Südwestasien und Europa hatte in den 70er Jahren verheißungsvoll begonnen, war dann aber nach der Revolution im Iran und der sowjetischen Invasion in Afghanistan fast völlig zum Erliegen gekommen. Die indische Verkehrspolitik machte es ausländischen Transporteuren auch so gut wie unmöglich, Indien zu bedienen. Deutsche Spediteure konnten z. B. Delhi nicht direkt anfahren: Die

Zugmaschinen blieben an der Grenze stehen, die Anhänger wurden von indischen Fahrzeugen ins Land befördert. Nach China gibt es nur einen kleinen Grenzverkehr über den Himalaya, der neuerdings aber ausgebaut werden soll. Der Güteraustausch mit Bangladesch per Straße ist zwar gering, es gibt aber regelmäßige Busverbindungen zwischen Kalkutta und Dhaka. Die Fähre nach Sri Lanka hat seit Jahren ihren Betrieb eingeschränkt, resp. eingestellt. Myanmar hat seine Landgrenzen verriegelt.

Das Straßennetz hatte 1990/91 eine Länge von 2 Mio. km, davon die Hälfte mit befestigter Fahrbahn, 3400 km waren Nationalstraßen. Schon heute sind die Fernstraßen und die Hauptdurchgangsstraßen in den Städten dem Verkehr in keiner Weise mehr gewachsen. Angesichts der erwarteten rapiden Zunahme des Verkehrs hat die indische Regierung 1994 erstmals privaten Unternehmen angeboten, Umgehungsstraßen, Brücken und Autobahnen zu bauen und zu betreiben. Diese fallen nach einer Frist von 20 bis 25 Jahren dann an den Staat. Eine Mindestverzinsung soll (wie früher bei der Eisenbahn) garantiert werden, die Benutzungsgebühren sollen im gegenseitigen Einverständnis festgelegt werden. So hofft man, 8 Mrd. DM an Investitionen mobilisieren zu können.

1990 waren 19,2 Mio. Kraftfahrzeuge angemeldet, darunter 2,7 Mio. Personenwagen, Geländefahrzeuge und Taxis, 1,3 Mio. Lastkraftwagen, 300000 Busse, 12,5 Mio. Motorräder und -roller sowie 2,3 Mio. Traktoren, Anhänger, Dreiräder etc. Hinzu kommen 100 Mio. Fahrräder, die jährlich um 5 Mio. mehr werden. Die Fahrzeugdichte wird nach dem Ausbau der Pkw-Produktion rasch zunehmen: 1992/93 wurden 200000 Personenwagen hergestellt, viermal soviel wie zehn Jahre zuvor. Die Lkw-Produktion entwickelte sich weniger stürmisch (130000), die Motorradproduktion hat ihren Zenit vorerst überschritten (1,5 Mio.). 1992 stand Indien nach der Zahl der produzierten Kraftfahrzeuge bereits an 13. Stelle der Welt. Der Kraftfahrzeugbestand wächst pro Jahr um 2 Mio. Die Zahl der Verkehrsunfälle hat erschreckend zugenommen und ist eine der höchsten der Welt. Die Zahl der Verkehrstoten (1988: 49200) ist mehrfach so hoch wie in Deutschland und wird nur in den USA übertroffen. Angesichts des noch geringen Motorisierungsgrades sind die Gründe weniger mit der hohen Einwohnerzahl als mit der unzureichenden Verkehrserziehung, dem schlechten Zustand der Fahrzeuge, dem Fehlen von Sicherheitseinrichtungen, einem noch wenig leistungsfähigen Rettungsdienst und den Defiziten in der medizinischen Versorgung der Unfallopfer zu erklären.

Nur wenige Jahre später als in Deutschland fuhr in Indien die erste Eisenbahn (Bombay–Thane, 1853). Bis zum Ersten Weltkrieg entstand eines der größten Eisenbahnsysteme der Welt. Die in Indien gebauten Brücken und Tunnel gehörten zu den großartigsten Ingenieurleistungen ihrer Zeit. Wie auch in Europa entstand das Netz aus einer Vielzahl von Initiativen: private Gesellschaften, indische Fürsten und die Kolonialverwaltung bauten die Strecken teils aus kommerziellem Interesse, teils aus Prestigesucht und teils aus strategischen Gründen. Die britisch-indische Regierung vergab zunächst Konzessionen an private Gesellschaften und garantierte diesen eine Rendite von fünf Prozent, weit mehr als die sonst übliche Verzinsung von drei Prozent. Dies führte zu einem Streckenausbau ohne Rücksicht auf Wirtschaftlichkeit. Das Ergebnis war ein schlechtverbundenes System, das verschiedene Spurweiten (Breit-, Meter- und Schmalspur) benutzte, manche Orte mehrfach verband und etliche Gebiete unverbunden ließ. Noch heute macht sich die einseitige Ausrichtung bemerkbar: die wichtigsten Agrargebiete wurden mit den Häfen verbunden, dafür fehlten Querverbindungen innerhalb des Landes. Nicht immer stellte sich der erhoffte Gewinn ein, so daß die Kolonialverwaltung mehr und mehr Gesellschaften und Linien übernahm. Von der Jahrhundertwende bis zum Ende des Ersten Weltkrieges stagnierte der Streckenausbau. Danach wurde er weiter vorangetrieben.

Nach Artikel 246 der Verfassung von 1950 *(Seventh Schedule – Union List)* fallen die Eisenbahnen in die Zuständigkeit der Unionsregierung. Als eines der wenigen Länder baut Indien sein Netz weiter aus: um ein Sechstel seit Erlangung der Unabhängigkeit. Als größtes Bauvorhaben der *Indian Railways* entsteht zur Zeit die Konkan-Bahn, die Kerala über Goa mit Bombay verbinden wird. Die indische Regierung hat sich für eine einheitliche Spur entschieden. Die Umstellung von Meter- auf Breitspur läuft. Der Antrieb wurde nach der Unabhängigkeit von Dampf auf Diesel umgestellt, die Elektrifizierung der Hauptstrecken macht rasche Fortschritte. Es werden auch schon beachtliche Geschwindigkeiten auf einigen Strecken erzielt, die Gleisanlagen und ihr schwacher Unterbau setzen hier allerdings Grenzen. Da die Strecken meist eingleisig sind, geht die Bevorzugung der schnellen Passagier-Fernzüge zu Lasten des Güterverkehrs. Die vielen in Angriff genommenen Projekte kommen bei den geringen Mitteln aber nur langsam voran; die Folgen sind erhebliche Zeitverzögerungen bei der Fertigstellung (bis zu mehr als 20 Jahre) und Kostenüberschreitungen.

Mit (1992/93) 62486 km Länge ist das indische Streckennetz das größte Asiens und das viertgrößte der Welt; 11289 km sind elektrifiziert, darunter die Strecken von New Delhi nach Bombay und Kalkutta. 56% der Strecken sind Breitspur, 37% Meterspur und 7% Schmalspur. Nur 12617 km sind zweispurig. Die Bahn ist ein Staatsunternehmen und mit 1,6 Mio. Beschäftigten der größte Arbeitgeber. 1992/93 wurden 3,7 Mrd. Reisende (300 Mrd. Passagier-km) befördert und 350 Mio. t Fracht (251 Mrd. Tonnen-km) transportiert. Entgegen der Politik der indischen Regierung verliert die Eisenbahn ständig Marktanteile an die

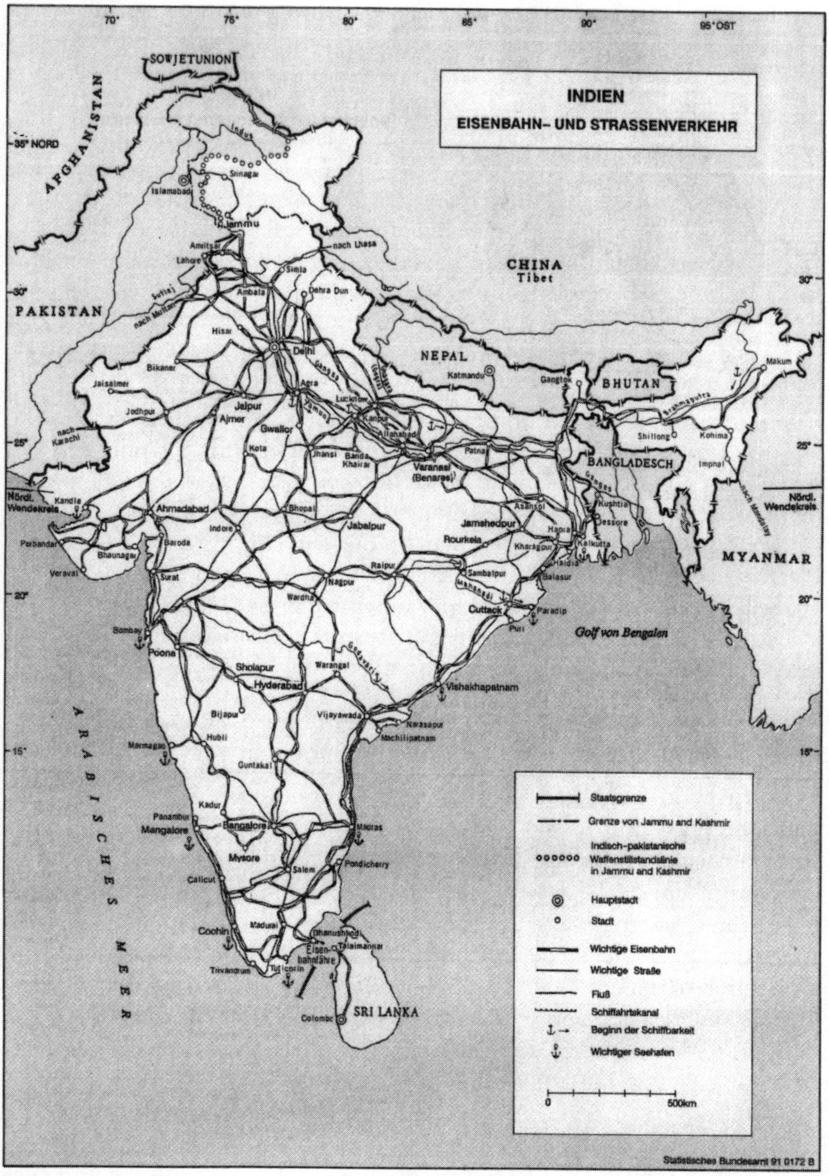
INDIEN
EISENBAHN- UND STRASSENVERKEHR
SOWJETUNION
AFGHANISTAN
PAKISTAN
CHINA
Tibet
NEPAL
BHUTAN
BANGLADESCH
MYANMAR
SRI LANKA
ARABISCHES MEER
Golf von Bengalen
Staatsgrenze
Grenze von Jammu and Kashmir
Indisch-pakistanische Waffenstillstandslinie in Jammu and Kashmir
Hauptstadt
Stadt
Wichtige Eisenbahn
Wichtige Straße
Fluß
Schiffahrtskanal
Beginn der Schiffbarkeit
Wichtiger Seehafen
0
500km
Statistisches Bundesamt 91 0172 B

Karte 1

Straße. Im Personenverkehr geht die Transportleistung – vor allem im Nahverkehr – auch absolut zurück. Der vom *National Transport Policy Committee* in den frühen 80er Jahren empfohlene Anteil der Eisenbahn am Verkehrsaufkommen im Langstreckenverkehr von 72% wird längst nicht erreicht. Insgesamt bewältigt die Eisenbahn nur noch 20% im Personen- und 40% im Frachtverkehr. Mehr als drei Viertel aller Dampfloks wurden seit den 60er Jahren aus dem Verkehr gezogen (1991/92: noch 2492), sie wurden durch Diesel- (3905) und E-Loks (1871) ersetzt. Der Bestand an Passagierwagen wird beständig vergrößert (39283); die Zahl der Güterwaggons (310000) wurde seit 1980 um fast ein Viertel reduziert.

Kohle macht fast die Hälfte aller Fracht aus (es folgen: Eisenerz, Zement, Getreide, Düngemittel, Mineralölprodukte). Der Ausbau der Energieversorgung erhöht prinzipiell das Frachtaufkommen, eine Entlastung kommt durch das Elektrizitätsverbundnetz: Statt Kohle mit der Eisenbahn von den Gruben zu den Kraftwerken zu transportieren, kann der Strom an Ort und Stelle erzeugt und per Fernleitung zu den Verbrauchern geschickt werden. Vor diesem Hintergrund ist das nur langsam steigende Frachtaufkommen zu sehen, welches zum Teil die Folge eines erwünschten Strukturwandels ist.

Die Eisenbahn ist ein wichtiges Instrument der regionalen Struktur- und Einkommenspolitik, nicht nur durch den Neu- und Ausbau der Strecken und den Einsatz zusätzlicher Verbindungen. So wird die Landwirtschaft von der Eisenbahn auf dem Wege von Vorzugstarifen für den Transport von Inputs, die bei der Produktion von chemischen Düngemitteln eingesetzt werden, wie Rohphosphat oder Kohle, subventioniert. Damit lassen sich die Forderungen der Weltbank und des Internationalen Währungsfonds auf Abbau der Düngemittelsubventionen umgehen. Statt dessen wird die Eisenbahn zu Lasten des Fiskus unterstützt, indem etwa die Zinsen der Eisenbahnanleihen der *Konkan Railway Corporation* steuerfrei sind. Der Bau der Konkan-Linie stößt in Goa auf Widerstand, weil das ökologische Gleichgewicht des Küstengebietes bei der geplanten Trasse empfindlich gestört würde.

Entscheidungen über den Ausbau der Infrastruktur beeinflussen vielfach gleichzeitig die regionale und sektorale Wirtschaftsstruktur. So bedeutet die Entscheidung, die Dampflokomotiven durch Diesel- oder Elektroloks zu ersetzen, eine erhebliche Reduzierung der Nachfrage nach Kohle; schließlich war bislang die Eisenbahn der größte Kunde der Kohlegruben. Das trifft die ohnehin strukturschwache Bergwerksregion im Osten des Landes (Bihar, West-Bengalen).

Bombay besitzt als einzige indische Metropole ein Schnellbahnnetz, ein weiteres ist in Hyderabad im Bau. In Delhi ist man – abgesehen von einer recht nutzlosen Ringbahn – über endlose Pläne für ein *Mass Rapid Transport System* noch nicht hinausgekommen. In Kalkutta sind Teilstrecken der neuen U-Bahn in Betrieb. Die dortige Straßenbahn, die 1873 als Pferdebahn gegründet worden war, soll dagegen wegen ihrer ständigen Verluste eingestellt werden.

Mit dem Bau der Eisenbahnen verlor die Binnenschiffahrt ihre – stets nur regionale - Bedeutung. Die jahreszeitliche Wasserführung selbst der größten Flüsse ist extrem unterschiedlich: Im Winter reicht der Wasserstand für größere Boote nicht aus, und während des Monsuns ist die Strömung zu stark. Von den 14500 km schiffbarer Flüsse sind 3700 km mit Motorschiffen befahrbar. Etwa 2000 km davon werden genutzt. Angesichts der jahreszeitlich stark unterschiedlichen Wasserführung sind diese Angaben aber wenig aussagefähig. Etwa 16 Mio. t Güter werden jährlich transportiert. Der Betrieb mit Dampfschiffen wurde schon um die Jahrhundertwende eingestellt. Die großen Sperrwehre behindern seit dem Bau der Bewässerungsanlagen die Binnenschiffahrt, und die Entnahme von Wasser für die Bewässerung reduziert den Wasserstand weiter. Die wenigsten Kanäle sind ganzjährig mit Wasser gefüllt und deshalb auch ohne Wert als Wasserstraßen. Heute hat die Binnenschiffahrt vor allem Bedeutung auf dem Ganges (Uttar Pradesh, Bihar, West-Bengalen), dem Bhagirathi und Hugli (West-Bengalen), dem Brahmaputra und dem Barak (Assam), in den *backwaters* von Kerala sowie in den Deltas von Godavari und Krishna (Andhra Pradesh). Das Gros stellen aber die Erztransporte auf den Flüssen Goas dar.

Trotz seiner langen Küsten war Indien meist binnen-orientiert. Die Zentren der großen Reiche lagen im Landesinnern, ihre Herrscher waren an den Gebieten jenseits der «schwarzen Wasser» nicht interessiert. Die europäischen Kolonialmächte errichteten Brückenköpfe für ihren Seehandel an den Küsten Indiens. Unter den Briten wurden Kalkutta, Madras und Bombay zu Zentren des Seehandels. Nach dem Bau der Eisenbahnen, der Eröffnung des Suezkanals und der Verlegung der Hauptstadt nach Delhi (ab 1911) verlagerte sich der Schwerpunkt des Seehandels von der Ost- an die Westküste. Dieser Trend verstärkte sich nach der Teilung Indiens 1947: Kalkutta verlor sein agrarisches Hinterland in Ost-Bengalen, dafür gewann Bombay den Teil des Verkehrs, der zuvor über Karachi gelaufen war. Die beiden wichtigsten Exportprodukte, die über den Hafen Kalkutta ausgeführt worden waren, Kohle und Jute, verloren an Bedeutung. Jute wurde weitgehend durch synthetische Fasern ersetzt. Der Einsatz von Kohle in der Seefahrt ging immer mehr zurück. Der Hafen Kalkutta ist von der Versandung des Hugli bedroht, trotz der Ableitung von Wasser aus dem Ganges bei Farakka. Seit einigen Jahren geht es aber mit der Wirtschaft West-Bengalens und dem Hafen Kalkutta wieder bergauf.

Indiens Abkopplung vom Weltmarkt führte dazu, daß sein Außenhandel – gemessen an der Wirtschaftsleistung – weniger bedeutend ist als der fast jeden anderen Landes. Indien ist keine Zwischenstation im

Ostasienverkehr mehr: Die Schiffe können heute alle Ziele ohne Zwischenstopp anlaufen. Indische Häfen galten lange als technisch veraltet, bürokratisch verwaltet und ständig von Streiks bedroht. So erklärt es sich, daß der Verkehr von und nach Indien heute über den Knotenpunkt Singapur läuft, der mehr Güter umschlägt als alle indischen Häfen zusammen. Mit dem Bau neuer Häfen, wie Kandla am Rann of Katch (Gujarat) oder Neva Sheva (gegenüber von Bombay), hat die indische Regierung begonnen, diesem Trend entgegenzusteuern. Seit dem Ausbau von Mangalore (Karnataka) und Paradip (Orissa) hat jeder Unionsstaat, der Zugang zum Meer hat, seinen eigenen Seehafen.

Die indische Handelsflotte bestand Ende 1993 aus 443 Einheiten mit 6,3 Mio. BRT (17. Stelle international). Sie transportierte 1992/93 35% der Fracht im internationalen Verkehr. Es gibt vier größere, drei mittlere und diverse kleinere Werften, wo vor allem Reparaturarbeiten durchgeführt werden. Als bisher größte Schiffsneubauten wurden in Cochin bis 1992 zwei 86000-Tonnen-Tanker gebaut. Wichtigste Häfen sind (Umschlag 1991/92 in Mio. t): Bombay (28,3), Madras (23,4), Kandla (20,3), Vishakhapatnam (19,3), Kalkutta (18,0), Marmagao (14,6), New Mangalore (8,5), Cochin (7,5), Paradip (7,0), Tuticorn (5,5), Nheva Sheva (2,7). Die Kapazität der Häfen (164 Mio. t) wird völlig ausgeschöpft: 1992/93 wurden 167 Mio. t umgeschlagen, davon zwei Drittel im internationalen Verkehr. Öl und Eisenerz stehen für 70% dieses Umschlags. 45% des Containerverkehrs von 7,6 Mio. t werden in Bombay abgewickelt. Die Küstenschiffahrt ist vergleichsweise bescheiden, sie dürfte nach der Fertigstellung der Konkan-Eisenbahn noch weiter zurückgehen. Die Passagierschiffahrt ist weder international noch im Küstenverkehr von Bedeutung. Mit der Aufhebung der Kontrolle der Frachtraten soll der Küstenverkehr wiederbelebt werden.

Rohrleitungen stellen eine effiziente Alternative für den Transport von Massengütern gegenüber Straße und Bahn dar. In Indien dienten sie lange Zeit nur für den Transport von Rohöl von den Fördergebieten (Assam) zu den Raffinerien. Das bei der Erdölförderung anfallende Erdgas mußte abgefackelt werden. Das wird sich ändern, wenn die neue *HBJ Pipeline* vom Arabischen Meer bis in die Ganges-Ebene in Betrieb genommen wird; 1994 steht sie kurz vor ihrer Vollendung. Sie beginnt in Hazira (bei Surat in Gujarat), wo die Unterwasser-Rohrleitung vom Offshore-Fördergebiet *Bombay High* an Land tritt und wo ein großer petrochemischer Komplex entsteht, und führt über Bijaipur (Madhya Pradesh) nach Jagdishpur (Uttar Pradesh). Eine 1440-km-Ölleitung von Kandla (Gujarat) nach Bhatinda (Panjab) wurde 1993 an eine tschechische Firma in Auftrag gegeben. Es gibt Pipelines mit einer Gesamtlänge von 3500 km für Rohöl, von über 2700 km für Mineralölprodukte und von 900 km für Erdgas.

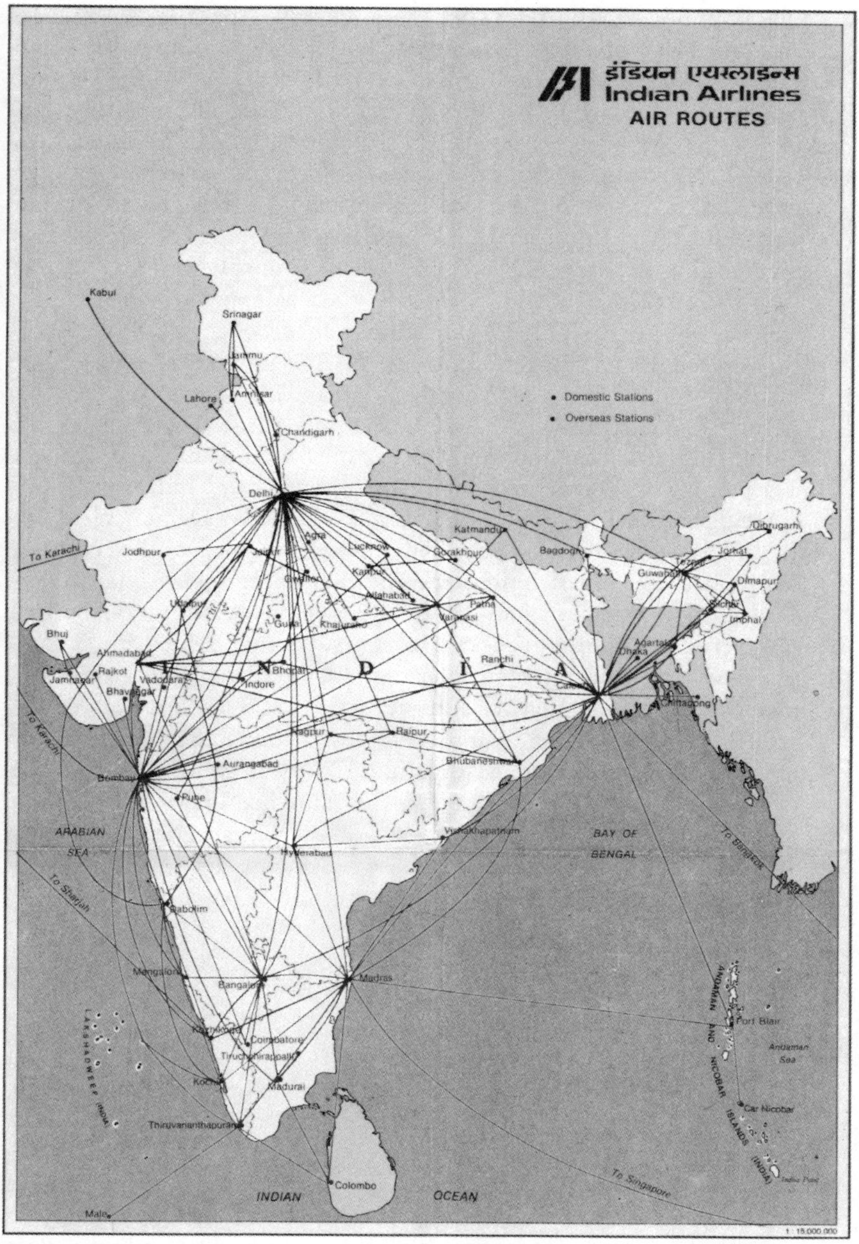

Karte 2: *Außer den staatlichen Indian Airlines unterhalten noch folgende private Anbieter Fluglinien im innerindischen Verkehr: Archana Airways, Damania Airways, East West Airlines, Jagson Airlines, Jet Airways, Modiluft, NEPC Airlines, Sahara India Airlines.*

Die kommerzielle Luftfahrt begann in den zwanziger Jahren mit der Gründung einer privaten Gesellschaft durch Indiens führenden Industriellen J. R. D. Tata. Aus ihr wurde nach der Unabhängigkeit die staatliche *Air India*. Für den Inlandsverkehr wurde *Indian Airlines* gegründet, die alle größeren Städte des Landes verbindet. Seit neuestem gibt es auch private Gesellschaften, die erfolgreich begannen. Dank der neuen Konkurrenz ist der Service der Staatslinie besser geworden. Die ebenfalls staatliche *Vayudoot*, die mit kleineren Maschinen Nebenstrecken bediente, ging in *Indian Airlines* auf. *Indian Airlines* beförderte 1992/93 7,8 Mio. (1987/88: 10,4 Mio.), *Air India* 1992/93 2,2 Mio. (1989/90: 2,5 Mio.) Passagiere; die Flugleistung ging wegen des 2. Golfkrieges zurück; der Anteil am Flugverkehr mit dem Ausland betrug 1992/93 nur noch 26%. Indien ist bei der Vergabe von Landerechten an ausländische Gesellschaften restriktiv gewesen, so daß als Folge dieser Protektion indische Gesellschaften nur wenige Ziele im Ausland anfliegen können. Bei der großen Reichweite moderner Flugzeuge wird Indien nur noch von wenigen Gesellschaften angeflogen. Weder New Delhi noch Bombay sind heute noch Drehscheiben im internationalen Flugverkehr, Kalkutta hat fast keinerlei internationale Bedeutung mehr. Die Abwertung der Rupie traf vor allem das Frachtgeschäft, da Leasing-Gebühren in konvertibler Währung zu zahlen sind, die Einnahmen im Frachtgeschäft aber vor allem in Rupien bezahlt werden. Eine Fusion der beiden Staatsgesellschaften wird immer wieder erörtert und verworfen. Es gibt 88 zivile Flughäfen. Auf den fünf internationalen Flughäfen New Delhi, Bombay, Kalkutta, Madras und Trivandrum wurden 1992/93 19 Mio. Passagiere abgefertigt. Nach der irakischen Invasion in Kuwait (1990) flog *Indian Airlines* über 100000 indische Gastarbeiter nach Hause – die größte zivile Evakuierung in der Geschichte der Luftfahrt weltweit.

3. Das Nachrichtenwesen

Von der Zeit der Postreiter künden noch heute die *Dak* (= Post) *Bungalows*, wo früher die Pferde gewechselt wurden. Heute ist die indische Post eines der größten Dienstleitungsunternehmen der Welt und eine der zuverlässigsten Einrichtungen des Landes. 150000 Postämter und -stellen sorgen dafür, daß die rund 600000 Dörfer erreicht werden. Mit 300000 regulären und ebensovielen Teilzeitbeschäftigten hat Indien das vielleicht weltgrößte Postsystem. Die indische Post betreibt mit 94 Mio. Konten und 419 Mrd. Rs Einlagen die größte Sparkasse des Landes; sie mobilisierte 1989/90 44% der nationalen Ersparnis, 53% der Ersparnis der privaten Haushalte. Konkurrenz erwächst der Post durch die erfolgreichen privaten Kurierdienste.

1993 gab es 7 Mio. Telefonanschlüsse, 2,8 Mio. weitere Anschlüsse sind beantragt. Der Selbstwähldienst wurde auf 850 Orte erweitert. 1992–93 wurden 1 Mio. neue Anschlüsse gelegt. 1992/93 haben 30032 Gemeindeverwaltungen *(village panchayat)* Telefon bekommen. Dadurch, daß private «Telefonläden» zugelassen wurden, ist das Telefonieren auch ohne eigenen Anschluß viel leichter geworden. Die Zulassung privater Anbieter bei Mobiltelefonen *(cellular telephones)* und *voice mail* 1992 scheiterte erst einmal an den Einsprüchen nicht zugelassener Bewerber. 1994 verkündete die indische Regierung das Ende des staatlichen Telefonmonopols und lud private Investoren aus dem In- und Ausland ein, bis zu 12 Mrd. DM während der nächsten drei Jahre zu investieren.

Während die Verbindungen mit dem Ausland besser geworden sind, sind die lokalen Verbindungen häufig noch schlecht. Das hat die Ausbreitung von Telefax aber nicht behindert, und bald dürfte es auch in Indien das Telex abgelöst haben. Die großen Hoffnungen, die auf die Entwicklung und den Export von Computer-Programmen (bereits im Umfang von 500 Mio. DM im Jahr) und die Übernahme von EDV-gestützten Dienstleistungen (Dienstleistungsexport) gesetzt werden, lassen sich nur erfüllen, wenn die elektronischen Datenverbindungen zu *information superhighways* ausgebaut werden. Bis 1993 wurden internationale Verbindungen mit einer Leistung von 65000 Zeichen pro Sekunde installiert. Eine erhebliche Verbesserung (auf 2 Mio. bit/Sek.) ist geplant – aber auch notwendig angesichts der wesentlich schnelleren Verbindungen in den Industrieländern.

Die Einführung moderner Nachrichtentechnik wurde durch den Börsenskandal 1991 beschleunigt: Um Arbeitsplätze nicht zu gefährden, hatte die Belegschaft der (staatlichen) Banken in den siebziger Jahren einen weitgehenden Verzicht auf die Einführung der Datenverarbeitung durchgesetzt. Diese angesichts der verbreiteten Arbeitslosigkeit verständliche Regelung führte aber zu beträchtlichen Beeinträchtigungen des Finanzwesens, weil das unübersichtliche und langwierige Abrechnungssystem «per Hand» bei der Abwicklung von Börsengeschäften die Möglichkeit bot, Kundengelder für Spekulationsgeschäfte einzusetzen. Als der Höhenflug der Börsenkurse endete, stürzte das System wie ein Kartenhaus ein. Der Schaden belief sich auf Hunderte Millionen Mark und erschütterte das Ansehen Indiens als Finanzplatz international. Mit dem inzwischen begonnenen Ausbau der Datennetze ist ein schnellerer Informationsaustausch – und damit auch eine effizientere Kontrolle – möglich. Durch die verbesserte Nachrichtentechnik entfallen viele unnötige Transporte von Gütern und Menschen. Eine moderne Infrastruktur hat Auswirkungen auch auf die Kultur des Landes: Zwar wird *electronic mail* vorerst noch nicht die Post ersetzen, doch erlaubt das Telefax die schnelle Nachrichtenübermittlung in jeder Sprache und

Schrift. Damit entfällt z. B. die Notwendigkeit, Telegramme auf englisch zu versenden. Das Kapital, das erforderlich ist, um das System auf einen modernen Stand zu bringen, soll seit der wirtschaftlichen Neuorientierung durch eine Teilprivatisierung aufgebracht werden. Der erste Versuch, Anteile der staatlichen Telekommunikationsgesellschaft *Videsh Sanchar Nigam Ltd.* (VSNL) international zu plazieren, scheiterte 1994 an dem überzogenen Ausgabekurs. Mit einem geplanten Erlös von etwa 1 Mrd. US-$ wäre es der größte Verkauf eines Unternehmens eines Entwicklungslandes gewesen.

Der Rundfunk *(All India Radio)* ist staatlich und versorgt das ganze Land, die Zulassung privater Sender wird diskutiert. Das Fernsehen *(Doordarshan)* sendet seit 1959 (versuchsweise) resp. 1965 (täglich), seit 1982 in Farbe und erreichte 1994 40 Mio. Haushalte. Bis 1997 sollen es 76% der Bevölkerung empfangen können. Das staatliche Informationsmonopol war schon seit langem durch die überall empfangenen Radiosendungen der BBC in Frage gestellt. Nun wurde es durch die privaten Satellitenprogramme (Rupert Murdochs *Star TV, CNN, BBC Asia*) vollends gebrochen, vor allem seit Programme in indischen Sprachen (*Zee TV* auf Hindi) angeboten werden. Seit der (inoffiziellen) Deregulierung des Fernsehens kaufen sich auch ausländische Anbieter in die Kabelnetze ein. Mehrere zehn Millionen der mehrere hundert Millionen Fernsehzuschauer können bereits Satelliten-Programme empfangen. Nach der Zahl der produzierten Titel ist Indien das Filmland Nummer eins, aber die allgegenwärtigen Video-Shops haben erstmals zu einem Rückgang der Zahl der Kinobesucher geführt. Eine indische Besonderheit sind die monatlich erscheinenden Video-Nachrichtenmagazine. Umstritten ist die Öffnung des indischen Nachrichtenmarktes: Auch in Indien gibt es die Forderung, das Nachrichtenmonopol aufrechtzuerhalten und – dem Beispiel Chinas und Malaysias folgend – den Empfang von Satellitensendungen zu unterbinden und ausländische Medienkonzerne vom Lande fernzuhalten.

4. Die Energieversorgung

Nach UN-Angaben wurde der Energiebedarf 1990 zu 49% durch Kohle, 18% durch Erdöl, 4% durch Erdgas, 3% durch Primärenergie (Wasserkraft und Kernenergie) und zu 26% durch traditionelle, nicht-kommerzielle Energieträger gedeckt; der in den Haushalten verbrannte Dung hat allein einen Brennwert von 35 Mio. t Kohle. Der indische Pro-Kopf-Energieverbrauch ist mit 9 Gigajoules (BRD: 156) einer der niedrigsten der Welt. Nicht eingerechnet in diese Zahlen ist die Leistung der 80 Mio. Zugtiere in der Landwirtschaft, mit denen noch immer 80% der Arbeiten verrichtet werden. Sie ist – nach einer indischen Studie – mit 30 Gigawatt

(GW) zu veranschlagen und übertraf bis vor wenigen Jahren die installierte Leistung aller indischen Elektrizitätswerke. Mit einer Förderung von 238 Mio. t Steinkohle hat Indien Deutschland seit langem überholt und steht heute international an vierter Stelle. Steinkohlevorkommen von wenigstens 65 Mrd. t gelten als sicher, genug für mehrere hundert Jahre bei der derzeitigen Förderung. Für die Stahlwerke muß aber trotzdem Kohle importiert werden (1990: 5 Mio. t). Trotz der vergleichsweise hohen Anteile traditioneller Energiequellen und Kohle trafen die «Ölschocks» von 1973 und 1979 auch Indien, das deshalb auch zur Gruppe der *Most Seriously Affected Countries* (MSAC) zählt. Es hatte jedoch einige Erfolge gegeben in dem Bemühen, sich von Mineralölimporten unabhängig zu machen. Bis zu der Entdeckung der Felder des *Bombay High* (1974) waren Assam und Gujarat die Hauptfördergebiete gewesen. Die jährliche Erdölförderung konnte von weniger als 1 Mio. t bis in die 60er Jahre auf 6,8 Mio. t 1970–71, 10,5 Mio. t 1980–81 auf einen vorläufigen Höchststand von 34 Mio. t im Jahre 1989–90 gesteigert werden, seitdem ging sie wieder zurück. 1992/93 waren es nur noch 27 Mio. t. 1989/90 wurden neue Erdölfunde in Gujarat, Andhra Pradesh und Assam gemacht, entgegen verbreiteten Befürchtungen, daß die Vorkommen bald erschöpft sein würden. Der Verbrauch nimmt aber ständig zu (1990: 52 Mio. t), weshalb – bei rückläufiger Förderung – die Importe noch stärker steigen (1990: 21 Mio. t). Exporte gibt es keine. Die Regierung hat immer wieder den Versuch gemacht, die Wirtschaft von den ärgsten Preissteigerungen für Mineralölprodukte zu verschonen, zuletzt nach der Abwertung der Rupie 1992. In bezug auf die Einführung energiesparender Technologien werden damit aber die falschen Preissignale gesetzt. Die zwölf Raffinerien sind voll ausgelastet: 1992/93 wurden 53,5 Mio. t verarbeitet. Weitere Kapazitäten von 30 Mio. t sind geplant. Die internationale Mineralölfirma Esso, die sich 1976 aus dem indischen Markt zurückgezogen hatte, wird wieder in Indien tätig werden. Die Erdgasförderung steigt langsam und beständig auf zuletzt (1992/93) über 18 Mrd. m^3. Das bei der Erdölförderung anfallenden Erdgas wird in immer stärkerem Maße genutzt und muß nicht länger abgefackelt werden.

Der Energieverbrauch verdoppelt sich etwa alle zehn Jahre, die Produktion bleibt weiter hinter diesem Bedarf zurück. Der Mangel an Devisen verbietet Importe großen Stils, und aus Gründen des Umweltschutzes wird ein verringerter Einsatz traditioneller Energieformen (Brennholz) angestrebt. Die indische Regierung setzt neben dem weiteren Ausbau der Kohle- und Erdölförderung und einer stärkeren Nutzung von Erdgas und (in begrenztem Maße) Wasserkraft vor allem auf Kernenergie. Die Uranvorkommen reichen nach indischen Angaben für Kraftwerke mit einer Kapazität von 10 GW für ihre gesamte Lebensdauer, die Vorkommen von Thorium beim Einsatz in Brütern für die Erzeugung von 900000 Mrd. kWh.

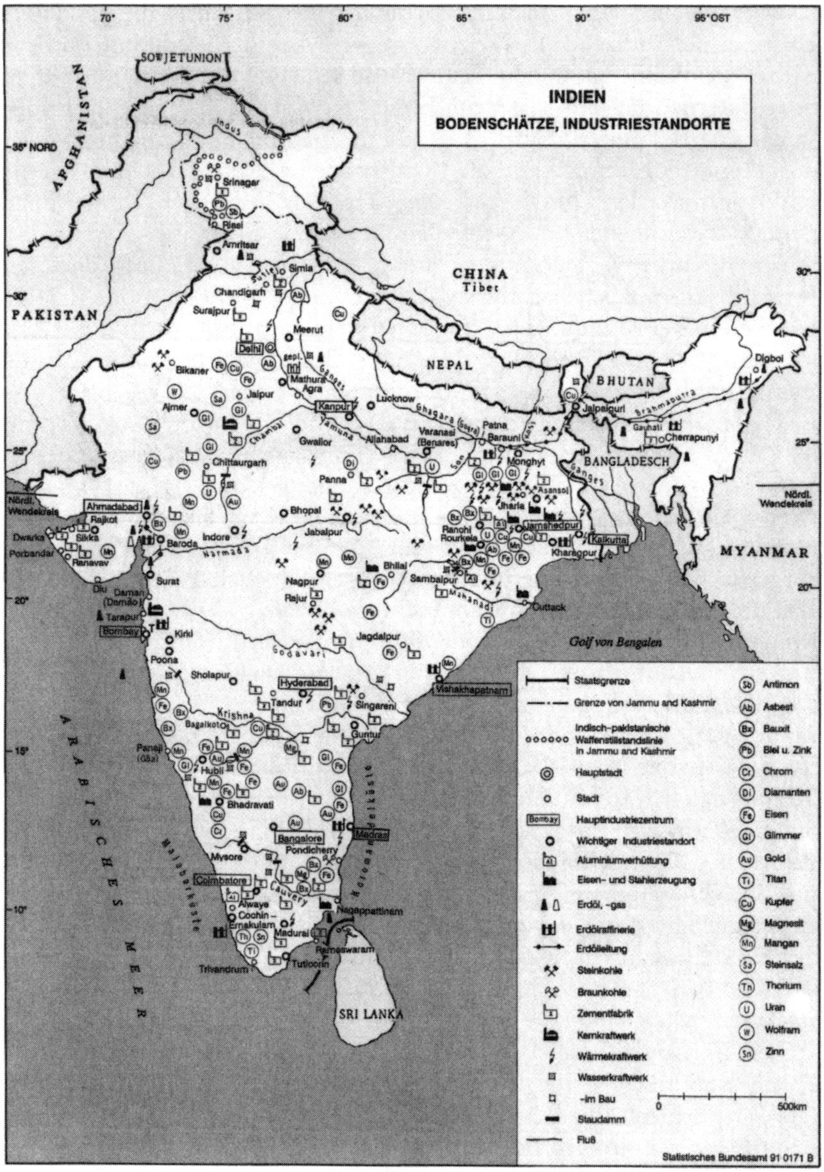
INDIEN
BODENSCHÄTZE, INDUSTRIESTANDORTE
70°
75°
80°
85°
90°
95°OST
35° NORD
30°
25°
20°
15°
10°
Nördl. Wendekreis
SOWJETUNION
AFGHANISTAN
PAKISTAN
CHINA
Tibet
NEPAL
BHUTAN
BANGLADESCH
MYANMAR
SRI LANKA
ARABISCHES MEER
Golf von Bengalen
Malabarküste
Koromandelküste
Indus
Sutlej
Ganges
Yamuna
Chambal
Ghagara (Gogra)
Kosi
Son
Brahmaputra
Narmada
Mahanadi
Godavari
Krishna
Cauvery
Srinagar
Riasi
Amritsar
Simla
Chandigarh
Surajpur
Meerut
Delhi
Bikaner
Mathura
Agra
Jaipur
Ajmer
Kanpur
Lucknow
Gwalior
Allahabad
Varanasi (Benares)
Patna
Barauni
Chittaurgarh
Panna
Monghyt
Asansol
Jharia
Ahmadabad
Rajkot
Dwarka
Sikka
Porbandar
Ranavav
Bhopal
Jabalpur
Indore
Baroda
Ranchi
Rourkela
Jamshedpur
Kalkutta
Kharagpur
Diu
Daman (Damão)
Surat
Tarapur
Bombay
Nagpur
Bhilai
Sambalpur
Rajur
Cuttack
Kirki
Poona
Jagdalpur
Sholapur
Hyderabad
Tandur
Singareni
Vishakhapatnam
Bagalkot
Guntur
Panaji (Goa)
Hubli
Bhadravati
Bangalore
Madras
Mysore
Pondicherry
Coimbatore
Alwaye
Cochin-Ernakulam
Nagappattinam
Madurai
Rameswaram
Tuticorin
Trivandrum
Digboi
Jalpaiguri
Gauhati
Cherrapunyi
Staatsgrenze
Grenze von Jammu and Kashmir
Indisch-pakistanische Waffenstillstandslinie in Jammu and Kashmir
Hauptstadt
Stadt
Hauptindustriezentrum
Wichtiger Industriestandort
Aluminiumverhüttung
Eisen- und Stahlerzeugung
Erdöl, -gas
Erdölraffinerie
Erdölleitung
Steinkohle
Braunkohle
Zementfabrik
Kernkraftwerk
Wärmekraftwerk
Wasserkraftwerk
-im Bau
Staudamm
Fluß
Sb Antimon
Ab Asbest
Bx Bauxit
Pb Blei u. Zink
Cr Chrom
Di Diamanten
Fe Eisen
Gl Glimmer
Au Gold
Ti Titan
Cu Kupfer
Mg Magnesit
Mn Mangan
Sa Steinsalz
Th Thorium
U Uran
W Wolfram
Sn Zinn
0
500km
Statistisches Bundesamt 91 0171 B

Karte 3

Die Kapazität der Elektrizitätswerke beträgt (1992/93) 82,7 GW, davon sind 72,3 GW in den durchweg öffentlichen Versorgungsunternehmen installiert. Seit der Unabhängigkeit wurden die Kapazitäten in jedem Jahrzehnt mehr als verdoppelt (1950–51: 2,3 GW), so auch im Dezennium seit 1982–83 (39,2 GW). Es wurden vor allem Wärmekraftwerke gebaut, ihre Kapazität (50,7 GW) stieg in den letzten zehn Jahren auf das Dreifache, die der Wasserkraftwerke (19,6 GW) auf das Doppelte. Die installierte Kraftwerksleistung der Kernkraftwerke (2,0 GW) konnte zwar auch fast verdoppelt werden, blieb aber weit hinter der Planung zurück. Wenig mehr als ein Zehntel (9,4 GW) der installierten Leistung wird außerhalb der Versorgungsunternehmen erzeugt. 1992/93 wurden 332 Mrd. kWh Strom erzeugt. Daran hatten die Versorgungsunternehmen einen Anteil von 301 Mrd. kWh: vor allem Wärmekraft (225 Mrd. kWh – Wasserkraft 70 Mrd. kWh, Kernkraft 6,7 Mrd. kWh). Außerhalb der Versorgungsunternehmen wurden 30 Mrd. kWh erzeugt. Der Auslastungsgrad der Kraftwerke läßt zu wünschen übrig. Er lag 1992–93 bei den Wärmekraftwerken mit 57% noch deutlich über dem der Wasser- und Kernkraftwerke. Er ist bei den Kraftwerken in der Regie der Unionsregierung deutlich besser als bei denen der Unionsstaaten. Stromabschaltungen sind nach wie vor an der Tagesordnung und behindern den erhofften wirtschaftlichen Aufschwung. Die Liberalisierung des Energiesektors soll private Investoren aus dem In- und Ausland anreizen, die erforderlichen Kapazitäten zu schaffen. Bis Mitte 1994 ist es zu einer ganzen Reihe von Verträgen vor allem mit britischen und US-Firmen gekommen.

Hoffnungen werden auf die Kernenergie gesetzt, trotz nachlassender Kooperationsbereitschaft der westlichen Industrieländer. *Self reliance* ist das erklärte Ziel der indischen Nuklearpolitik; 1969 wurde das erste indische Kernkraftwerk in Tarapore (Maharashtra, Typ: Leichtwasser, 2 × 160 Megawatt (MW)) in Betrieb genommen. Es folgten die Kraftwerke in Kota (Rajasthan, Siedewasser, 2 × 220 MW), Kalpakam (Madras, Siedewasser, 2 × 220 MW) und Narora (Uttar Pradeh, 2 × 220 MW). Während der Zeit des 8. Fünfjahresplanes (1992–97) soll die Technologie des Schnellen Brüters mit Vorrang entwickelt werden. Die Nennleistung wurde bisher kaum irgendwo erreicht (deshalb auch ständig abweichende Angaben über die Kapazität) und wenn überhaupt, dann unter Einbußen an Sicherheit. Diese wird in der indischen Öffentlichkeit weit weniger diskutiert, als dies bei Unfällen in dem Ausmaße, wie sie in Narora (Brand der Turbine, 1993) oder Kaiga (Einsturz der Kuppel, 1994) passierten, zu erwarten wäre.

Nicht weniger aufwendig als der Kraftwerksbau ist das nationale Verbundnetz, das alle Teile Indiens verbindet. Dadurch sind ein Ausgleich der Produktion zwischen Überschuß- und Defizitgebieten, eine erhöhte Versorgungssicherheit und eine Entlastung der Transportwege von Kohle und Öl gewährleistet. In geringem Maße bezieht Indien Strom von den Wasserkraftwerken Nepals und Bhutans (1990: 1 Mrd. kWh). Das nationale Verbundsystem stellt das Land nicht nur vor große technische und damit verbunden finanzielle Probleme. Es stellt sich auch die Aufgabe, die erzeugte Elektrizität gerecht im Lande zu verteilen. So liegen einige der größten Wasserkraftwerke in Himachal Pradesh, das eine bevorzugte Belieferung mit Elektrizität verlangt, denn der größte Teil des dort erzeugten Stromes geht in andere Bundesstaaten. Mehr als drei Viertel aller Dörfer sind an das Elektrizitätsnetz angeschlossen, in Andhra Pradesh, Gujarat, Haryana, Himachal Pradesh, Karnataka, Kerala, Panjab und Tamil Nadu bereits jedes Dorf, allerdings hat noch längst nicht jeder Haushalt einen Elektrizitätsanschluß. Neben oft nur einer einzigen Glühbirne werden – wenn überhaupt – nur wenige elektrische Geräte betrieben. Auf dem Lande sind das vor allem die 8,3 Mio. Pumpen für die Bewässerung.

Erfolge können auf dem Gebiet der erneuerbaren Ressourcen vorgewiesen werden: Bis 1993 wurden 1,8 Mio. Biogasanlagen installiert. Sie ersparen 5 Mio. t Brennholz. 14 Mio. verbesserte *chulha*s (Feuerstellen) erlauben die Einsparung von jeweils bis zu 700 kg Brennholz jährlich. 176000 Solar-Kocher wurden bisher verkauft, 8360 Dörfer bekamen eine photoelektrische Straßenbeleuchtung. Die photovoltaische Kapazität beläuft sich aber erst auf 4 MW.

5. Abwasser- und Müllbeseitigung, Immissionen

Neben Wasser- und Stromversorgung, Straßen und öffentlichem Nahverkehr gehören auch die Abwasser- und Müllbeseitigung zur Infrastruktur, aus Gründen der Hygiene, aber auch der Lebensqualität. Dergleichen Dienste funktionieren nur in den «besseren» Vierteln der Städte, auf dem Lande fehlen sie noch völlig. Es sind große Anstrengungen nötig, damit die Abwässer nicht mehr ungeklärt in die Flüsse fließen und der Müll nicht einfach auf offenen Deponien abgeladen wird. Das Umweltbewußtsein ist in den letzten Jahren gestiegen, etliche Städte haben mit dem Bau von Kläranlagen begonnen.

Nicht weniger besorgniserregend ist die Luftverschmutzung. Nach einer Zusammenstellung der Vereinten Nationen hält die Industriestadt Kanpur den traurigen Rekord, international die Metropole mit der stärksten Umweltbelastung zu sein. New Delhi steht an vierter Stelle. Ursachen sind vor allem der Straßenverkehr, Fabriken und Kraftwerke. Die verheerende Wirkung auf die Gesundheit, etwa durch Erkrankung der Atmungsorgane, wird zunehmend erkannt, doch werden für eine Abhilfe Milliardeninvestitionen erforderlich sein. Ein Anfang wurde mit dem *Ganga Action Plan* gemacht, der die Verschmutzung des heiligen Flusses kontrollieren soll.

6. Ausblick

Die durch die neue Wirtschaftspolitik eingeleitete Reform läßt sich nur verwirklichen, wenn Indien die Engpässe seiner Infrastruktur beseitigt. Dies wird nicht ohne einschneidende Änderungen der Organisation dieses Sektors gehen. Dies betrifft keineswegs nur die Eigentumsfrage. Überträgt der Staat die Infrastruktur privaten Unternehmern, so ist eine wirksame Kontrolle unverzichtbar, um Mißbrauch zu vermeiden. Prinzipiell sind auch ausländische Unternehmen eingeladen, Infrastrukturleistungen anzubieten. Neben der Möglichkeit, Gewinne ins Ausland zu transferieren, ist es für sie wichtig, eine Rechtssicherheit und -billigkeit gewährleistet zu sehen. Anfang 1994 werden Projekte geprüft, bei denen etwa ausländische Unternehmen Kraftwerke auf eigene Rechnung bauen, besitzen und betreiben, die nach einer vereinbarten Zeit an die indische Regierung fallen. Für die Zeit bis dahin müssen sich die indische Regierung und das ausländische Unternehmen auf Preise der Stromabgabe einigen, die auch Unwägbarkeiten wie Inflation und Wechselkursänderungen berücksichtigen. Prinzipiell einfacher dürfte die Regelung in anderen Bereichen, etwa bei der Erdölexploration, sein. Wenn die Infrastruktur weiterhin in staatlichem Eigentum bleibt, so werden vermehrt die lokalen Gebietskörperschaften Aufgaben übernehmen müssen, um eine größere Problemnähe zu gewährleisten. Eine weitergehende Dezentralisierung setzt aber korrespondierende Änderungen des Verwaltungs- und Steuerrechts voraus.

Eine optimale Versorgung der Bevölkerung mit Leistungen der Infrastruktur durch private, miteinander im Wettbewerb stehende Anbieter ist dann nicht automatisch gegeben, wenn sog. Unteilbarkeitsprobleme und externe Effekte vorliegen, wie sich am Beispiel der Eisenbahn leicht zeigen läßt: Mehrere in Konkurrenz zueinander stehende Linien, die zwei Orte miteinander verbinden, lassen eine optimale Nutzung der erheblichen Investitionen etwa in die Gleisanlagen nicht zu. Eine einzige Gesellschaft könnte aber ihre Marktmacht ausnützen und wesentlich höhere Preise durchsetzen. In solchen Fällen eines «natürlichen Monopols» ist der Staat aufgefordert, regulierend einzugreifen oder selbst derartige Leistungen der Infrastruktur zu organisieren, bereitzustellen und über Gebühren oder Steuern zu finanzieren. Kanäle und Staudämme wurden in Indien schon seit Jahrtausenden in staatlicher Regie (der Fürsten) gebaut. Die Briten haben diese Tradition fortgesetzt. Ähnlich verhält es sich beim Straßenbau und beim Bau von Schiffahrtskanälen. Anders bei der Eisenbahn: hier wurden Pionierleistungen in privater Regie erbracht, der Staat verleibte sich die privaten Gesellschaften erst nach und nach ein. Nach diesem Muster entwickelten sich auch die Seeschiffahrt, die Zivilluftfahrt, der Betrieb der Häfen sowie die Elektrizitätserzeugung und -verteilung. Omnibusse werden noch heute sowohl von staatlichen als auch privaten Gesellschaften betrieben, wobei die Fernbusse in Indien eine geringere Rolle spielen als in anderen Ländern der Region und stärker als dort vom Staat betrieben werden.

Mit diesen vielen Aufgaben hat sich der «schwache Staat» (Myrdals *soft state*) aber übernommen: Weil er die angebotenen Leistungen zu den künstlich niedriggehaltenen Preisen nicht in ausreichendem Maße gewährleisten kann, kommt es immer wieder zu Versorgungsengpässen wie bei der Elektrizitätsversorgung und zu Zuteilungsproblemen, in deren Gefolge die Korruption blüht. Da die Ausgaben von den Einnahmen nicht gedeckt werden, muß der Betrieb der meisten Infrastrukturleistungen aus dem ohnehin defizitären Staatshaushalt gedeckt werden, und der aufgeblähte Personalbestand erhöht die Kosten noch weiter. Heute denkt man daran – nach amerikanischem und britischem Vorbild –, Infrastrukturleistungen der Privatwirtschaft anzuvertrauen.

Der politische und Verwaltungsaufbau ähnelt nur zum Teil dem Deutschlands: Nach seiner Verfassung ist Indien eine Union, wichtige Kompetenzen liegen bei den Unionsstaaten. Die Zuständigkeit für die Bewässerung liegt bei den Unionsstaaten, die für die Straßen – je nach Klasse – bei der Unionsregierung, den Unionsstaaten und den Gemeinden. Die Eisenbahn ist staatlich und untersteht einem eigenen Ministerium (mit einem separaten Budget), ebenso wie Seeschiffahrt und Häfen, die großen Fluggesellschaften, Post und Telekommunikation, Rundfunk und Fernsehen. Der größte Teil der Kohleförderung und die gesamte Elektrizitätsversorgung sind staatlich.

Auf der untersten Verwaltungsebene sind die Unterschiede zu Deutschland gravierend: Die Gemeinden (Städte und Dörfer) verfügen kaum über eigene Einnahmen aus Gebühren und Steuern und sind auf die geringen Finanzzuweisungen der Staaten und der Union angewiesen. Diese reichen in keiner Weise aus, um eine moderne Infrastruktur zu finanzieren: Kläranlagen gibt es z. B. kaum, die geschilderten Probleme in der Energieversorgung und im öffentlichen Nahverkehr würden auch finanziell besser ausgestattete Kommunalverwaltungen vor größte Probleme stellen. Zu den wenigen eigenen Einnahmen gehört die in manchen Unionsstaaten noch immer erhobene *octroi*, diese «mittelalterlichste aller Steuern» (Rothermund), eine lokale Verbrauchssteuer, die am Ortsrand erhoben wird und den Warenfluß behindert; dazu kommen Marktgebühren u. ä. Damit ist in der Praxis eine Durchsetzung des grundsätzlich in der indischen Verfassung angelegten Subsidiaritätsprinzips nicht gegeben. Für Politiker und Bürokraten sind die Beschäftigungsmöglichkeiten attraktiv. Nirgendwo hat die Regierung sonst die Möglichkeit, Hunderttausenden ein Einkommen zu verschaffen. Daher geht der Personalbesatz über das Notwendige weit hinaus. Völlig ungeklärt ist nach wie vor, wie die Beschäftigung bei einer Umorganisation, insbesondere bei einer Privatisierung, sozialverträglich abgebaut werden kann.

Der Ausbau der Infrastruktur ist ein wesentliches Instrument der regionalen Wirtschaftspolitik, und zwar sowohl für die Unionsregierung als auch für die Regierungen der Unionsstaaten. Der Zusammenhalt der Indischen Union ist im Vergleich zu vielen anderen Staaten mit einer ähnlich heterogenen Struktur erfolgreich gewesen (siehe hierzu Kapitel 27). Einer der Gründe ist die Tatsache, daß Indiens Teilstaaten nicht nur auf dem Papier die Möglichkeit haben, ihre Wirtschaftsstruktur selber zu gestalten. Ein anderer ist, daß es der Regierung in New Delhi gelang, keinen der Unionsstaaten zu sehr zu vernachlässigen. Dennoch sind die Unterschiede etwa der ländlichen Infrastruktur gewaltig, wobei nach einer indischen Untersuchung die bestausgestatteten Gebiete im äußersten Norden (Panjab, Haryana) und Süden (Tamil Nadu, Kerala) und die am schlechtesten ausgestatteten Gebiete im Osten (Assam, Bihar, Orissa), in der Mitte (Madhya Pradesh) und im Westen (Rajasthan) liegen.

Anhang

I.

Statistisches Profil

Georg Berkemer

1. Grunddaten

Fläche	3.287.590 km² davon ca. 54 % Landwirtschaft und 20 % Wald
Bevölkerung 1991	846 302.688[1]
Bevölkerungswachstum 1991	2,11 %
Bevölkerungsdichte 1991	267/km²
BSP 1991 (Millionen)	284.668 US-$
BSP pro Einwohner	330 US-$
Realer Zuwachs 1992	4,2 %
Hauptstadt	New Delhi
Sprachen[2]	Hindi und Englisch sind am weitesten verbreitet
Maße	Metrisches System; große Zahlen werden oft in *lakhs* (einhunderttausend) oder *crores* (zehn Millionen) angegeben
Währung	Indische Rupien (Rupees, Rs) = 100 Paise
Finanzjahr	1. April bis 31. März
Zeitzone	4 h 30 min vor MEZ

[1] Diese Zahl schließt Jammu & Kaschmir ein, wo 1991 kein Zensus gehalten wurde. Zahlen von dort sind Fortschreibungen des Zensus von 1981.

[2] Siehe auch S. 594 f.

2. Bundesländer

Übersicht über die Bundesländer

(Hauptstadt, Bevölkerungszahl, Fläche, Sprache etc.)

Name	Hauptstadt	Fläche	Bevölkerung 1981	Bevölkerung 1991†	Mehrheitssprache/ mehrh. Verfassungssprache
Andhra Pradesh	Hyderabad	275068	53551026	66354559	Telugu
Andaman and Nicobar Islands[1]	Port Blair	8249	188741	279111	Bengali
Arunachal Pradesh[2]	Itanagar	83743	631839	858392	Gorkhali (Nepali)/ Bengali
Assam	Dispur	78438	18041248	22294562	Assamesisch
Bihar	Patna	173877	69914734	86338853	Hindi (Bihari)
Chandigarh[1, 3]	Chandigarh	114	451610	640725	Hindi

Übersicht über die Bundesländer (Forts.)
(Hauptstadt, Bevölkerungszahl, Fläche, Sprache etc.)

Name	Hauptstadt	Fläche	Bevölkerung 1981	Bevölkerung 1991[†]	Mehrheitssprache/ mehrh. Verfassungssprache
Dadra and Nagar Haveli[1]	Silvassa	491	103676	138401	Bhili/Gujarati
Daman and Diu[11,5]	Daman	112	78981	101439	Gujarati/Konkani[4]
Delhi[1]	Delhi	1483	6220406	9370475	Hindi
Goa[5]	Panaji	3702	1007749	1168622	Konkani
Gujarat	Gandhinagar	196024	34085799	41174343	Gujarati
Hariyana	Chandigarh[3]	44212	12922119	16317715	Hindi
Himachal Pradesh	Simla	55673	4280818	5111079	Hindi
Jammu and Kashmir[6]	Srinagar	222236	5987389	7718700*	Kashmiri
Karnataka	Bangalore	191791	37135714	44806468	Kanaresisch
Kerala	Thiruvananthapuram (Trivandrum)	38863	25453680	29032828	Malayalam
Lakshadweep[1]	Kavaratti	32	40249	51681	Malayalam
Madhya Pradesh	Bhopal	443446	52178844	66135862	Hindi
Maharashtra	Mumbai (Bombay)	307690	62782818	78748215	Marathi
Manipur	Imphal	22327	1420953	1826714	Manipuri (Meithei)/ k.A.
Meghalaya	Shillong	22429	1335819	1760626	Khasi/Bengali
Mizoram[2]	Aizawl	21081	493757	686217	k.A.
Nagaland	Kohima	16579	774930	1512573	Gorkhali (Nepali)/ Hindi
Orissa	Bhubaneswar	155707	26370271	31512070	Oriya
Panjab	Chandigarh[3]	50362	16788915	20190795	Panjabi
Pondicherry, Karikal & Yanam	Pondicherry	492	604471	807045	Tamil
Rajasthan	Jaipur	342239	34261862	43880640	Hindi (Rajasthani)
Sikkim	Gangtok	7096	316385	405505	Gorkhali (Nepali)/ Hindi
Tamil Nadu	Madras	130058	48408077	55638318	Tamil
Uttar Pradesh	Laknau (Lucknow)	294411	110862512	139031130	Hindi
West Bengal	Kalkutta	88752	54580647	67982732	Bengali

† Die Bevölkerungszahlen für 1991 sind vorläufig
* Geschätzt
1 Kein Bundesstaat, sondern ein von Delhi direkt verwaltetes *Union Territory*
2 Staat seit 1987
3 Chandigarh ist die gemeinsame Hauptstadt der Bundesstaaten Hariyana und Panjab und besitzt den Status eines *Union Territory*. Chandigarh sollte 1986 im Zug eines Gebietsaustausches zwischen Hariyana und Panjab eingegliedert werden. Dieser Austausch wurde aber bisher nicht vollzogen.
4 Gemeinsam mit Goa gelistet
5 Goa ist seit 1987 Bundesstaat, zuvor war es als Goa, Daman and Diu *Union Territory*.
6 Die Größe von Jammu und Kashmir bezieht sich auf das gesamte Gebiet, von dem ca. 78114 km² von Pakistan besetzt sind (Azad Kashmir). Die Bevölkerungszahlen stammen ausschließlich aus dem indischen Teil.

Quelle: *Census of India* 1981 und 1991

3. Städte (anglo-indische Schreibweise der Ortsnamen in Klammern)

Die Millionenstädte Indiens

Name der Stadt	Einwohner des Ballungsgebietes	Einwohner des Stadtgebietes
Bombay oder Mumbai	12596243	9909547
Kalkutta	11021918	4388262
Delhi	8419084	7174755
Madras	5421985	3795208
Haidarabad (Hyderabad)	4344437	3005496
Bangalur (Bangalore)	4130288	2650659
Ahmadabad (Ahmedabad)	3321216	2872865
Pune (Poona)	2493987	1559558
Kanpur	2029889	1958282
Lakhnau (Lucknow)	1669204	1592010
Nagpur	1664006	1622225
Surat	1518950	1496943
Jaipur	1518235	1454678
Kochi (Cochin)	1140605	564038
Vadodara (Baroda)	1126824	1021084
Indore	1109056	1086673
Coimbatore	1100746	853402
Patna	1099647	916980
Madurai	1085914	951696
Bhopal	1063662	1063662
Visakha (Visakhapatnam, Vizag)	1057118	750024
Ludhiana	1042740	1012062
Varanasi (Benares)	1030863	925962

Alphabetische Liste der Städte Indiens mit mehr als 100000 Einwohnern

Name der Stadt	rechtlicher Status	Bundesstaat	Distrikt oder Distrikte (bei Ballungsgebieten)	Zahl der Einwohner
Abohar	MC	Panjab	Firozpur	107163
Adoni	M	Andhra Pradesh	Kurnool	136182
Agartala	M	Tripura	West Tripura	157358
Agra	UA	Uttar Pradesh	Agra	948063
Ahmadabad (Ahmedabad)	UA	Gujarat	Ahmadabad	3321216
Ahmadnagar	UA	Maharashtra	Ahmadnagar	222088
Aizawl	---	Mizoram	Aizawl	155240
Ajmer	MCL	Rajasthan	Ajmer	402700
Akola	M	Maharashtra	Akola	328034
Alappuzha (Alleppey)	UA	Kerala	Alappuzha	264969
Aligarh	MB	Uttar Pradesh	Aligarh	480520
Alipurduar	UA	West Bengal	Jalpaiguri	102815
Allahabad	UA	Uttar Pradesh	Allahabad	844546
Alwar	UA	Rajasthan	Alwar	210146

Alphabetische Liste der Städte Indiens mit mehr als 100000 Einwohnern (Fortsetzung)

Name der Stadt	rechtlicher Status	Bundesstaat	Distrikt oder Distrikte (bei Ballungsgebieten)	Zahl der Einwohner
Ambala	UA	Haryana	Ambala	139029
Amravati (Amaravati)	MC	Maharashtra	Amravati	421576
Amritsar	MC	Panjab	Amritsar	708835
Amroha	MB	Uttar Pradesh	Moradabad	137061
Anand	UA	Gujarat	Kheda	174480
Anantapur	M	Andhra Pradesh	Anantapur	174924
Arcot	UA	Tamil Nadu	North Arcot-Ambedkar	114760
Arrah	M	Rajasthan	Arrah	157082
Asansol	UA	West Bengal	Barddhaman	763939
Aurangabad	UA	Maharashtra	Aurangabad	592709
Baharampur	UA	West Bengal	Murshidabad	126400
Bahraich	MB	Uttar Pradesh	Bahraich	135400
Baleshwar	UA	Orissa	Baleshwar	101829
Balurghat	UA	West Bengal	West Dinajpur	126225
Bangalur (Bangalore)	UA	Karnataka	Bangalore	4130288
Bankura	M	West Bengal	Bankura	114876
Barddhaman	M	West Bengal	Barddhaman	245079
Bareilly	UA	Uttar Pradesh	Bareilly	617350
Basirhat	M	West Bengal	North 24 Paraganas	101409
Batala	UA	Panjab	Gurdaspur	103367
Bathinda	MC	Panjab	Bathinda	159042
Beawar	UA	Rajasthan	Ajmer	106721
Belgaum	UA	Karnataka	Belgaum	402412
Bellary	CMC	Karnataka	Bellary	245391
Bhadravati	UA	Karnataka	Shimoga	149257
Bhagalpur	UA	Bihar	Bhagalpur	260119
Bharatpur	UA	Rajasthan	Bharatpur	156880
Bharuch (Broach)	UA	Gujarat	Bharuch	139029
Bhavnagar	UA	Gujarat	Bhavnagar	405225
Bhilwara	MCL	Rajasthan	Bhilwara	183965
Bhimavaram	M	Andhra Pradesh	West Godavari	121314
Bhind	M	Madhya Pradesh	Bhind	109755
Bhiwandi	UA	Maharasthra	Thane	392214
Bhiwani	MC	Haryana	Bhiwani	121629
Bhopal	MC	Madhya Pradesh	Bhopal	1063662
Bhubaneswar	M	Orissa	Puri	411542
Bhuj	UA	Gujarat	Katch (Kachchh)	121009
Bhusawal	UA	Maharashtra	Jalgaon	159799
Bid	M	Maharashtra	Bid	112434
Bidar	UA	Karnataka	Bidar	132408
Bihar Sharif	M	Bihar	Nalanda	201323
Bijapur	UA	Karnataka	Bijapur	193131
Bikaner	MCL	Rajasthan	Bikaner	416289
Bilaspur	UA	Madhya Pradesh	Bilaspur	229615
Bokaro Steel City	UA	Bihar	Dhanbad	398890
Bombay (Mumbai)	UA	Maharashtra	Greater Bombay, Thane	12596243
Brahmapur (Berhampur)	M	Orissa	Ganjam	210418
Budaun	MB	Uttar Pradesh	Budaun	116695
Bulandshar	MB	Uttar Pradesh	Bulandshar	127201
Burhanpur	MC	Madhya Pradesh	East Nimar	172710

Alphabetische Liste der Städte Indiens mit mehr als 100 000 Einwohnern (Fortsetzung)

Name der Stadt	rechtlicher Status	Bundesstaat	Distrikt oder Distrikte (bei Ballungsgebieten)	Zahl der Einwohner
Calcutta	UA	West Bengal	Calcutta, Haora, Hugli, North 24 Parganas, South 24 Parganas, Nadia	11 021 918
Chandigarh	UA	Chandigarh (UT)	Chandigarh	575 829
Chandrapur	M	Maharashtra	Chandrapur	226 105
Chapra	M	Bihar	Saran	136 877
Cherthala	UA	Kerala	Alappuzha	132 883
Chiral	UA	Andhra Pradesh	Prakasam	142 778
Chitradurga	UA	Karnataka	Chitradurga	103 435
Chittoor	M	Andhra Pradesh	Chittoor	133 462
Coimbatore	UA	Tamil Nadu	Coimbatore	1 100 746
Cuddalore	M	Tamil Nadu	South Arcot	144 561
Cuddapah	UA	Andhra Pradesh	Cuddapah	215 866
Cuttack	UA	Orissa	Cuttack	440 295
Dabgram	NM	West Bengal	Jalpaiguri	147 217
Damoh	UA	Madhya Pradesh	Damoh	105 043
Darbhanga	MC	Bihar	Darbhanga	218 391
Davangere	UA	Karnataka	Chitradurga	287 233
Dehra Dun	UA	Uttar Pradesh	Dehra Dun	368 053
Delhi	UA	Delhi (UT)	Delhi	8 419 084
Dewas	MC	Madhya Pradesh	Dewas	164 364
Dhanbad	UA	Bihar	Dhanbad	815 005
Dhule	M	Maharashtra	Dhule	278 317
Dibrugarh	UA	Assam	Dibrugarh	125 667
Dindigul	M	Tamil Nadu	Dindugul-Anna	182 477
Durg-Bhilai Nagar	UA	Durg	Madhya Pradesh	685 474
Durgapur	NA	West Bengal	Barddhaman	425 936
Eluru (Ellore)	M	Andhra Pradesh	West Godavari	212 866
English Bazar	UA	West Bengal	Malda	177 164
Erode	UA	Tamil Nadu	Salem, Periyar	361 755
Etawah	MB	Uttar Pradesh	Etawah	124 072
Faizabad	UA	Uttar Pradesh	Faizabad	176 922
Faridabad Complex	FCA	Haryana	Faridabad	617 717
Farrukhabad und Fatehgarh	UA	Uttar Pradesh	Farrukhabad	208 727
Fatehpur	MB	Uttar Pradesh	Fatehpur	117 674
Firozabad	UA	Uttar Pradesh	Firozabad	270 536
Gadag-Betigeri	CMC	Karnataka	Dharwad	134 051
Gandhidham	M	Gujarat	Katch (Kachchh)	104 585
Gandhinagar	NA	Gujarat	Gandhinagar	123 359
Ganganagar	MCL	Rajasthan	Ganganagar	161 500
Gaya	UA	Bihar	Gaya	294 427
Ghaziabad	UA	Uttar Pradesh	Ghaziabad	511 759
Godhra	UA	Gujarat	Panchmahals	100 662
Gondiya	M	Maharashtra	Bhandara	109 470
Gorakhpur	MC	Uttar Pradesh	Gorakhpur	505 566
Gudivada	M	Andhra Pradesh	Krishna	101 656
Gulbarga	UA	Karnataka	Gulbarga	310 920
Guna	M	Madhya Pradesh	Guna	100 490
Guntakal	M	Andhra Pradesh	Anantapur	107 592
Guntur	M	Andhra Pradesh	Guntur	471 051

Alphabetische Liste der Städte Indiens mit mehr als 100000 Einwohnern (Fortsetzung)

Name der Stadt	rechtlicher Status	Bundesstaat	Distrikt oder Distrikte (bei Ballungsgebieten)	Zahl der Einwohner
Gurgaon	UA	Haryana	Gurgaon	135884
Guruvayoor	UA	Kerala	Thrisssur	118632
Guwahati City	MC	Assam	Kamrup	584342
Gwalior	UA	Madhya Pradesh	Gwalior	717780
Habra	UA	West Bengal	North 24 Paraganas	196970
Haldwani und Kathgodam	MB	Uttar Pradesh	Naintal	104195
Haidarabad (Hyderabad)	UA	Andhra Pradesh	Hyderabad, Rangareddy, Medak	4344437
Haldia	NA	West Bengal	Medinipur	100347
Haora (Howra)	M	West Bengal	Haora	946732
Hapur	MB	Uttar Pradesh	Ghaziabad	146262
Hardwar	UA	Uttar Pradesh	Hardwar	187392
Hassan	UA	Karnataka	Hassan	108706
Hathras	MB	Uttar Pradesh	Aligarh	113285
Hindupur	M	Andhra Pradesh	Anantapur	104651
Hisar	UA	Haryana	Hisar	181255
Hoshiarpur	MC	Panjab	Hoshiarpur	122705
Hospet	UA	Karnataka	Bellary	134799
Hubli-Dharwad	MC	Karnataka	Dharwad	648298
Ichalkarnji	UA	Maharashtra	Kolhapur	235979
Imphal	UA	Manipur	Imphal	202839
Indore	UA	Madhya Pradesh	Indore	1109056
Jabalpur (Jubbalpore)	UA	Madhya Pradesh	Jabalpur	888916
Jaipur	UA	Rajasthan	Jaipur	1518235
Jalandhar	MC	Panjab	Jalandhar	509510
Jalgaon	M	Maharashtra	Jalgaon	242193
Jalna	M	Maharashtra	Jalna	174985
Jamnagar	UA	Gujarat	Jamnagar	381646
Jamshedpur	UA	Bihar	Purbi Singhbhum, Paschim Singhbhum	829171
Jaunpur	MB	Uttar Pradesh	Jaunpur	136062
Jhansi	UA	Uttar Pradesh	Jhansi	368154
Jodhpur	MCL	Rajasthan	Jodhpur	666279
Jorhat	UA	Assam	Jorhat	112030
Junagadh	UA	Gujarat	Junagadh	167110
Kakinada	UA	Andhra Pradesh	East Godavari	327541
Kamptee	UA	Maharashtra	Nagpur	127151
Kanchipuram	UA	Tamil Nadu	Chengalpattu-M.G.R.	172710
Kanhangad	UA	Kerala	Kasaragod	118214
Kannur	UA	Keraka	Kannur	463962
Kanpur	UA	Uttar Pradesh	Kanpur Nagar	2029889
Karaikkudi	UA	Tamil Nadu	Pasumpon Muthurama-linga Thevar	110926
Karimnagar	M	Andhra Pradesh	Karimnagar	148583
Karnal	UA	Haryana	Karnal	176131
Karur	UA	Tamil Nadu	Tiruchchirappalli	113669
Katihar	---	Bihar	Katihar	154367
Khammam	UA	Andhra Pradesh	Khammam	149077
Khandwa	MC	Madhya Pradesh	East Nimar	145133
Kharagpur	UA	West Bengal	Medinipur	264842

Alphabetische Liste der Städte Indiens mit mehr als 100000 Einwohnern (Fortsetzung)

Name der Stadt	rechtlicher Status	Bundesstaat	Distrikt oder Distrikte (bei Ballungsgebieten)	Zahl der Einwohner
Kochi (Cochin)	UA	Kerala	Ernakulam	1140605
Kolar Gold Fields	UA	Karnataka	Kolar	156746
Kolhapur	UA	Maharashtra	Kolhapur	418538
Kollam	UA	Kerala	Kollam	362572
Korba	NM	Madhya Pradesh	Bilaspur	124501
Kota	MC	Rajasthan	Kota	537371
Kothagudem	UA	Andhra Pradesh	Khammam	102137
Kottayam	UA	Kerala	Kottayam	166552
Kozhikode (Calicut)	UA	Kerala	Kozhikode	801190
Krishna Nagar	M	West Bengal	Nadia	121110
Kumbakonam	UA	Tamil Nadu	Thanjavur	150540
Kurnool	UA	Andhra Pradesh	Kurnool	275360
Lakhnau (Lucknow)	UA	Uttar Pratesh	Lucknow	1669204
Latur	M	Maharashtra	Latur	197408
Ludhiana	MC	Panjab	Ludhiana	1042740
Machilipatnam (Masulipatnam)	M	Andhra Pratesh	Krishna	159110
Madras	UA	Tamil Nadu	Madras, Chengai-Anna	5421985
Madurai	UA	Tamil Nadu	Madurai	1085914
Mahbubnagar	M	Andhra Pradesh	Mahbubnagar	116833
Mahesana	UA	Gujarat	Mahesana	109950
Maisur (Mysore)	UA	Karnataka	Mysore	653345
Malappuram	UA	Kerala	Malappuram	142204
Malegaon	M	Maharashtra	Nashik	342595
Mandya	CMC	Karnataka	Mandya	120265
Mangalore	UA	Karnataka	Dakshin Kannad	426341
Mathura	UA	Uttar Pradesh	Mathura	235922
Maunath Bhanjan	MB	Uttar Pradesh	Mau	136697
Medinipur	M	West Bengal	Medinipur	125498
Meerut	UA	Uttar Pradesh	Meerut	849799
Mirzapur und Vindhyachal(am)	MB	Uttar Pradesh	Mirzapur	169336
Modinagar	UA	Uttar Pradesh	Ghaziabad	123279
Moga	UA	Panjab	Faridkot	110958
Moradabad	UA	Uttar Pradesh	Moradabad	443701
Morena	M	Madhya Pradesh	Morena	147124
Morvi	UA	Gujarat	Rajkot	120117
Munger	M	Bihar	Munger	150112
Murwara (Katni)	MC	Madhya Pradesh	Jabalpur	163431
Muzaffarnagar	UA	Uttar Pradesh	Muzaffarnagar	247624
Muzaffarpur	MC	Bihar	Muzaffarpur	241107
Nabadwip	UA	West Bengal	Nadia	155905
Nadiad	UA	Gujarat	Kheda	170217
Nagercoil	M	Tamil Nadu	Kanniyakumari	190084
Nagpur	UA	Maharashtra	Nagpur	1664006
Nanded	UA	Maharashtra	Nanded	309316
Nandyal	M	Andhra Pradesh	Kurnool	119813
Nashik	UA	Maharashtra	Nashik	725341
Navsari	UA	Gujarat	Valsad	190946
Nellore	M	Andhra Pradesh	Nellore	316606
Neyveli	UA	Tamil Nadu	South Arcot	126889

Alphabetische Liste der Städte Indiens mit mehr als 100000 Einwohnern (Fortsetzung)

Name der Stadt	rechtlicher Status	Bundesstaat	Distrikt oder Distrikte (bei Ballungsgebieten)	Zahl der Einwohner
Nizamabad	M	Andhra Pradesh	Nizamabad	241034
Noida	CT	Uttar Pradesh	Ghaziabad	146514
Ondal	UA	West Bengal	Barddhaman	211670
Ongole	UA	Andhra Pradesh	Prakasam	128648
Orangallu (Warangal)	UA	Andhra Pradesh	Warangal	467757
Palakkad	UA	Kerala	Palakkad	180033
Pali	MCL	Rajasthan	Pali	136842
Panipat	MC	Haryana	Panipat	191212
Parbhani	M	Maharashtra	Parbhani	190255
Patan	UA	Gujarat	Juna Gadh	120178
Pathankot	UA	Panjab	Gurdaspur	128198
Patiala	UA	Panjab	Patiala	253706
Patna	UA	Bihar	Patna	1099647
Patratu	UA	Bihar	Hazaribagh	109822
Phusro	UA	Bihar	Giridih	142585
Pilibhit	MB	Uttar Pradesh	Pilibhit	106605
Pollachi	UA	Tamil Nadu	Coimbatore	127132
Pondicherry	UA	Pondicherry	Pondicherry (UT)	401437
Porbandar	UA	Gujarat	Porbandar	160167
Proddatur	M	Andhra Pradesh	Cuddapah	133914
Pune (Poona)	UA	Maharashtra	Pune	2493987
Puri	M	Orissa	Puri	125199
Purnia	UA	Bihar	Purnia	136918
Rae Bareli	MB	Uttar Pradesh	Rae Bareli	129904
Raichur	UA	Karnataka	Raichur	170577
Raiganj	UA	West Bengal	West Dinajpur	159266
Raipur	UA	Madhya Pradesh	Raipur	462694
Rajamandri (Rajamundry)	UA	Andhra Pradesh	East Godavari	401397
Rajanandgaon	MC	Madhya Pradesh	Rajanandgaon	125371
Rajapalaiyam	M	Tamil Nadu	Kamarajar	114202
Rajkot	UA	Gujarat	Rajkot	654490
Ramagundam	NAC	Andhra Pradesh	Karimnagar	214384
Rampur	MB	Uttar Pradesh	Rampur	243742
Ranaghat	UA	West Bengal	Nadia	127035
Ranchi	UA	Bihar	Ranchi	614795
Raniganj	UA	West Bengal	Barddhman	155823
Ratlam	UA	Madhya Pradesh	Ratlam	195776
Raurkela	UA	Orissa	Sundagarh	398864
Rewa	MC	Madhya Pradesh	Rewa	128981
Rohtak	MC	Haryana	Rohtak	216096
Sagar	UA	Madhya Pradesh	Sagar	257706
Saharanpur	MB	Uttar Pradesh	Jamnagar	374945
Salem	UA	Tamil Nadu	Salem	578291
Sambalpur	UA	Orissa	Sambalpur	193297
Sambhal	MB	Uttar Pradesh	Moradabad	150869
Sangli	UA	Maharashtra	Sangli	363751
Santipur	M	West Bengal	Nadia	109956
Satna	UA	Madhya Pradesh	Satna	160500
Shahjahanpur	UA	Uttar Pradesh	Shahjahanpur	260403
Shillong	UA	Meghalaya	East Khasi Hills	223366

Alphabetische Liste der Städte Indiens mit mehr als 100000 Einwohnern (Fortsetzung)

Name der Stadt	rechtlicher Status	Bundesstaat	Distrikt oder Distrikte (bei Ballungsgebieten)	Zahl der Einwohner
Shimla	UA	Himachal Pradesh	Shimla	110360
Shimoga	UA	Karnataka	Shimoga	193028
Shivpuri	M	Madhya Pradesh	Shivpuri	108277
Sikar	MCL	Rajasthan	Sikar	148272
Silchar	MB	Assam	Cachar	115483
Siliguri	M	West Bengal	Darjiling	216950
Sirsa	MC	Haryana	Sirsa	112841
Sitapur	MB	Uttar Pradesh	Sitapur	121842
Sivakasi	UA	Tamil Nadu	Kamarajar	102175
Solapur	UA	Maharashtra	Solapur	648298
Sonipat	MC	Haryana	Sonipat	143922
Surat	UA	Gujarat	Surat	1518950
Tenali	M	Andhra Pradesh	Guntur	143726
Thanjavur (Tanjore)	M	Tamil Nadu	Thanjavur	202013
Thiruvananthapuram (Trivandrum)	UA	Kerala	Thiruvananthapuram	826225
Thrissur	UA	Kerala	Thrissur	275053
Tiruchchirappalli (Trichinopoly)	UA	Tamil Nadu	Tiruchchirappalli	711862
Tiruneveli	UA	Tamil Nadu	Tirunelveli Kattabomman	366869
Tirupati	UA	Andhra Pradesh	Chittoor	188904
Tiruppur	UA	Tamil Nadu	Coimbatore	306237
Tiruvannamalai	M	Tamil Nadu	Tiruvannamalai Sambuvarayar	109196
Tonk	UA	Rajasthan	Tonk	100235
Tumkur	UA	Karnataka	Tumkur	179877
Tuticorin	UA	Tamil Nadu	Chidambaranar	280091
Udaipur	MCL	Rajasthan	Udaipur	308571
Udupi	UA	Karnataka	Dakshin Kannad	117674
Ujjain	UA	Madhya Pradesh	Ujjain	362633
Unnao	MB	Uttar Pradesh	Unnao	107425
Vadakara	UA	Kerala	Kozhikode	102430
Vadodara (Baroda)	UA	Gujarat	Vadodara	1126824
Valparai	PTS	Tamil Nadu	Coimbatore	106523
Valsad	UA	Gujarat	Valsad	111775
Varanasi (Benares)	UA	Uttar Pradesh	Varanasi	1030863
Vellore	UA	Tamil Nadu	North Arkot-Ambedkar	310776
Vijayanagaram (Vizianagaram)	UA	Andhra Pradesh	Vizianagaram	177022
Vijayavada	UA	Andhra Pradesh	Krishna, Guntur	845756
Visakha (Visakha-patnam, Vizag)	UA	Andhra Pradesh	Visakhapatnam	1057118
Wadhwan	UA	Gujarat	Wadhwan	166466
Wardha	M	Maharashtra	Wardha	102985
Yamunanagar	UA	Haryana	Yamunanagar	219754
Yavatmal	UA	Maharashtra	Yavatmal	121816

Die Abkürzungen in der Spalte «rechtlicher Status» folgen dem *civic administration status*, der im *Census of India 1981, Series 1, Part X-A(i), Town Directory,* New Delhi 1988, S. 1-13 näher erläutert ist.

CMC: Combined Municipal Corporation
CT: Census Town
FCA: Faridabad Complex Area
M: Municipality
MB: Municipal Board
MC: Municipal Committee/Corporation
MCL: Municipal Council
NA: Notified Area
NAC: Notified Area Committee
NM: Non-Municipal
PTS: nicht erklärt
UA: Urban Area/Agglomeration

Entfernungen (Bahnkilometer) zwischen wichtigen Zentren Indiens

	Ahmedabad	Bangalore	Bombay	Delhi	Hyderabad	Indore	Jaipur	Kalkutta	Kanpur	Lucknow	Madras	Madurai	Nagpur	Pune	Surat
Ahmedabad	---	1230	452	772	868	326	539	1606	854	935	1365	1563	703	511	204
Bangalore		---	834	1739	497	1099	1561	1553	1523	1581	294	342	927	733	1041
Bombay			---	1164	615	522	937	1656	1127	1206	1027	1142	708	124	248
Delhi				---	1256	670	234	1304	382	413	1755	2078	852	1164	938
Hyderabad					---	653	1095	1180	1026	1084	516	827	430	491	723
Indore						---	467	1282	608	688	1170	1441	387	500	354
Jaipur							---	1354	442	505	1606	1902	725	947	707
Kalkutta								---	929	891	1347	1770	953	1557	1605
Kanpur									---	81	1485	1849	596	1086	954
Lucknow										---	1531	1902	655	1163	1035
Madras											---	423	906	911	1197
Madurai												---	1254	1058	1370
Nagpur													---	618	660
Pune														---	312

Entfernungen (Luftlinie in km) zwischen wichtigen Zentren Indiens und ausgewählten Weltstädten

	Berlin	B. Aires	Cairo	Colombo	Dacca	Hong Kong	Islamabad	Istanbul	Jakarta	Johannesb.
Bombay	6292	14926	4353	1535	1912	4305	1638	4812	4683	6960
Delhi	5833	15795	4401	2433	1424	3774	686	4562	5037	8014
Kalkutta	7041	16495	5697	1955	256	2655	1944	5866	3806	8465
Madras	7338	15272	5383	687	1598	3742	2399	5834	3661	7081

	Kabul	Karachi	Katmandu	London	Mekka	Mexico City	Montreal	Moskau	New York	Paris
Bombay	1780	904	1611	7177	3460	15650	12085	5037	12536	7017
Delhi	1007	1109	795	6735	3846	9030	11249	4345	11748	6582
Kalkutta	2296	2193	661	7966	4989	9500	12247	5544	12746	7869
Madras	2638	1920	1716	8240	4385	10250	12987	6027	13526	8077

	Peking	Rangun	Rom	S. Francisco	Singapur	Sydney	Taschkent	Teheran	Tokyo
Bombay	4739	2478	6188	13502	3911	10171	2519	2518	6735
Delhi	3782	2340	5906	12376	4152	10428	1690	2551	5568
Kalkutta	3259	1036	7234	12569	2881	9149	2760	3862	5126
Madras	4643	1754	7242	13679	2921	9093	3323	3838	6437

4. Klima

Klima allgemein

Überwiegend subtropisch, Süden tropisch; kühler in den Höhenlagen; tägliche und jahreszeitliche Temperaturschwankungen nehmen nach Norden hin zu (kontinentaler Einfluß). Ausgeprägter Monsun, Regenzeit in Südwestmonsunzeit Juni bis Oktober.

Die Diagramme enthalten für den jeweiligen Ort die langjährigen Mittelwerte der Höchst- und Niedrigsttemperaturen in °C pro Monat (obere und untere Kurve) und Jahr (obere und untere horizontale Linie). Die vertikalen Balken stehen für die durchschnittliche monatliche Niederschlagsmenge in l pro m².

Ahmedabad (542 m ü. NN)

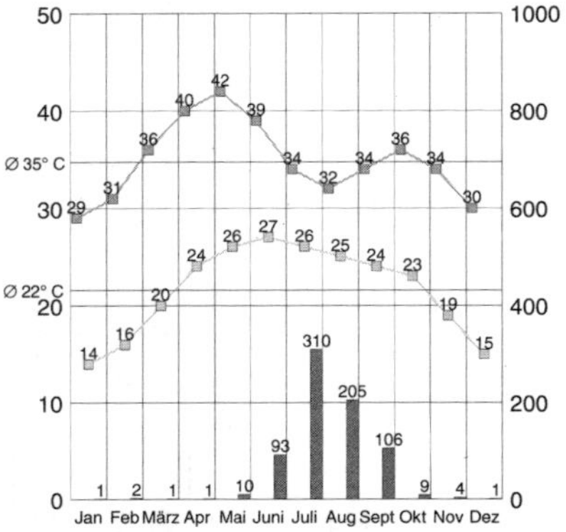

Bhubaneshwar (27 m ü. NN)

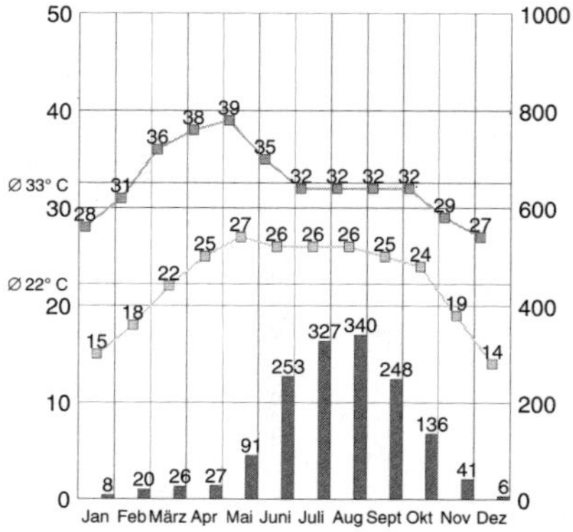

Bhopal (501 m ü. NN)

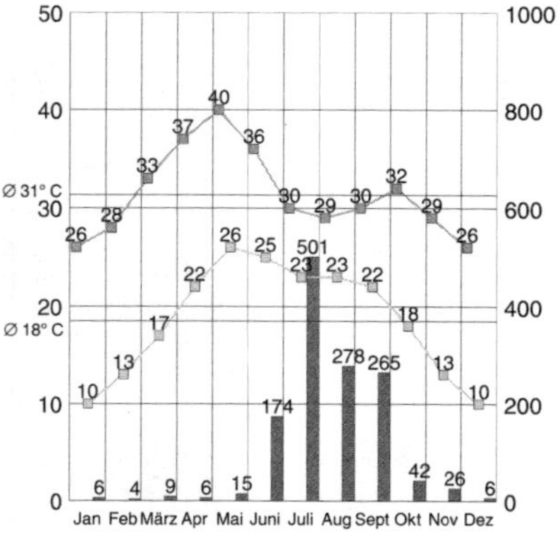

Bombay (11 m ü. NN)

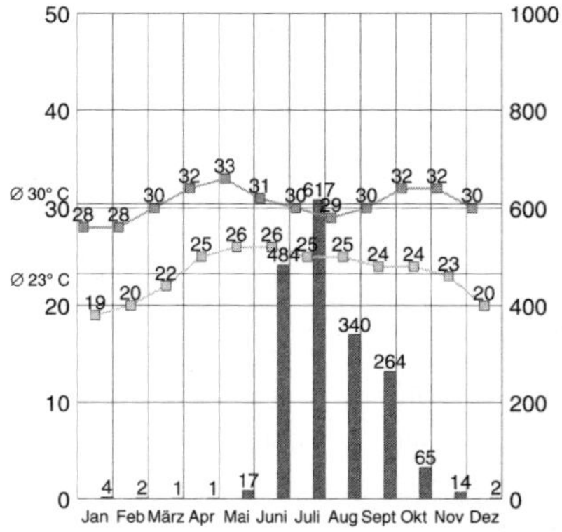

Calcutta (6 m ü. NN)

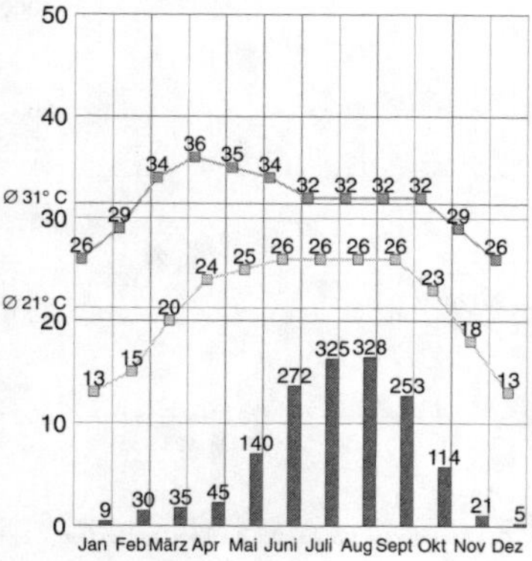

Cerrapunji (1313 m ü. NN)

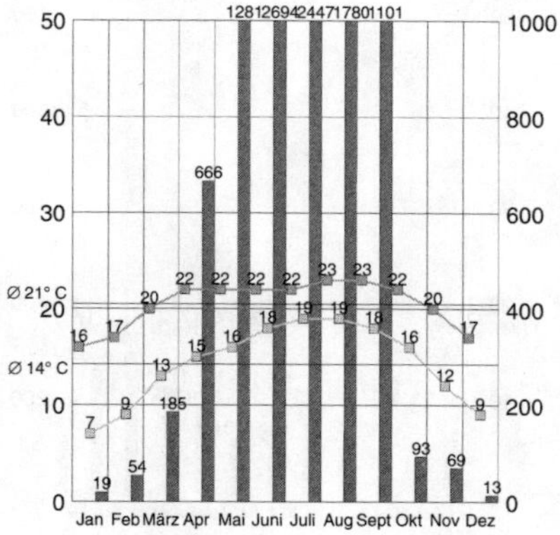

Darjeeling (2134 m ü. NN)

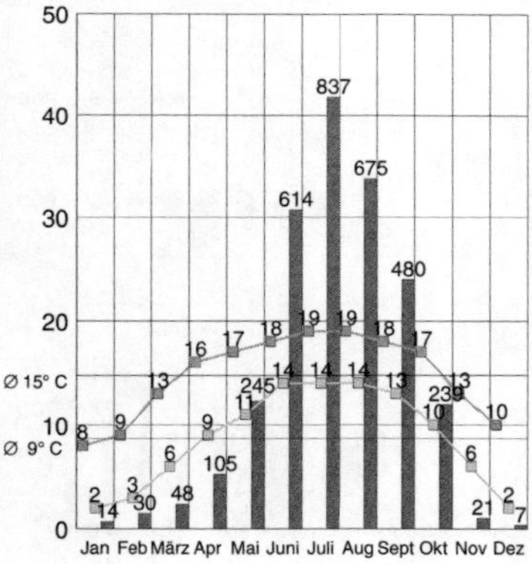

Delhi (239 m ü. NN)

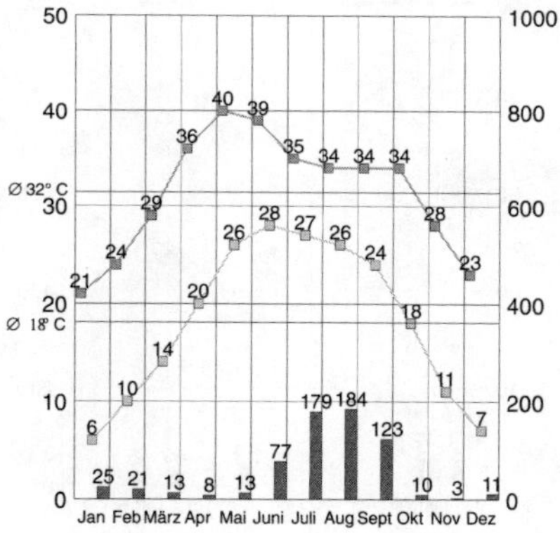

Hyderabad (542 m ü. NN)

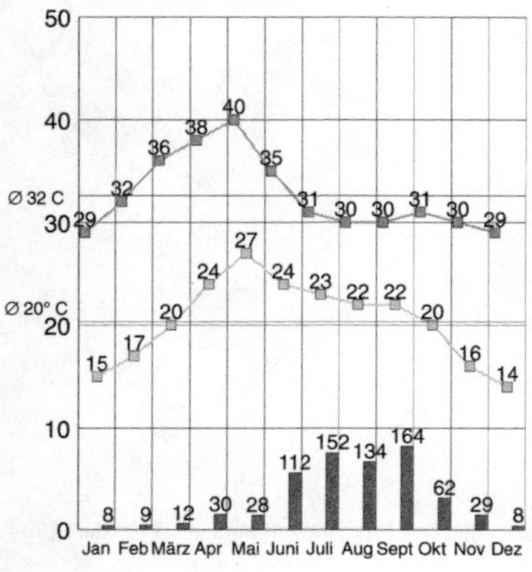

Jaipur (431 m ü. NN)

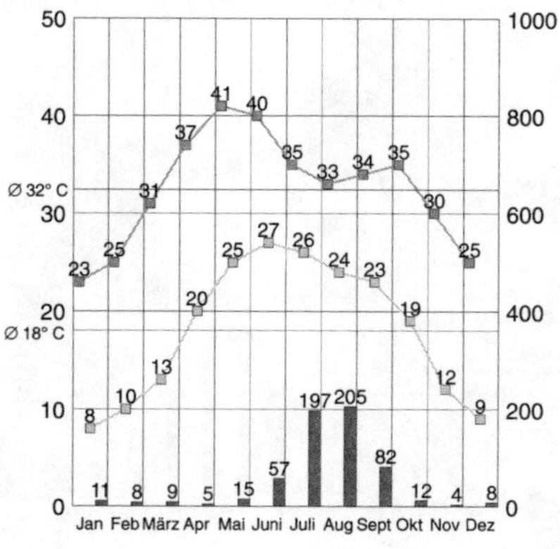

Kodaikanal (2343 m ü.NN)

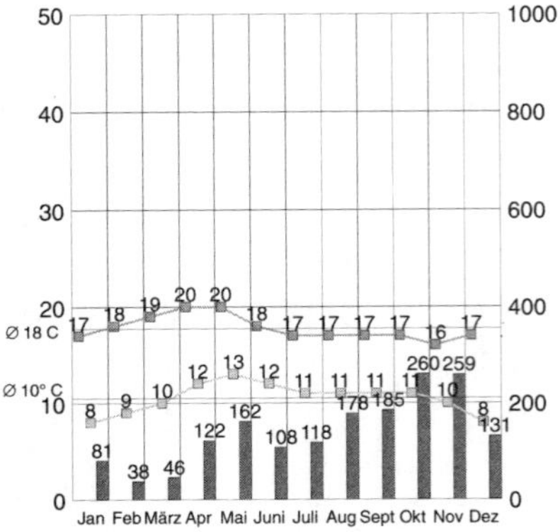

Madras (16 m ü. NN)

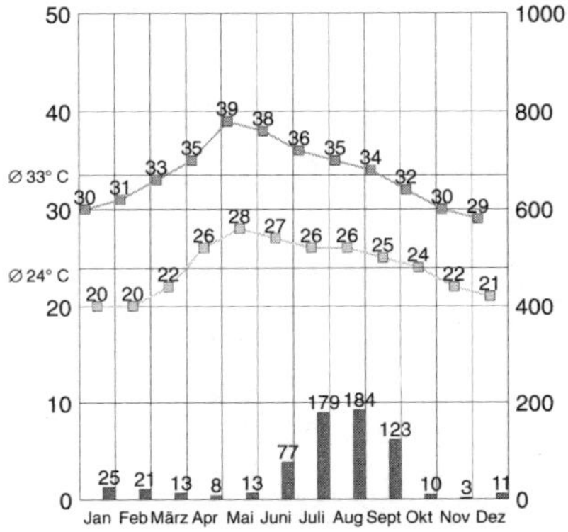

Srinagar (1768 m ü. NN)

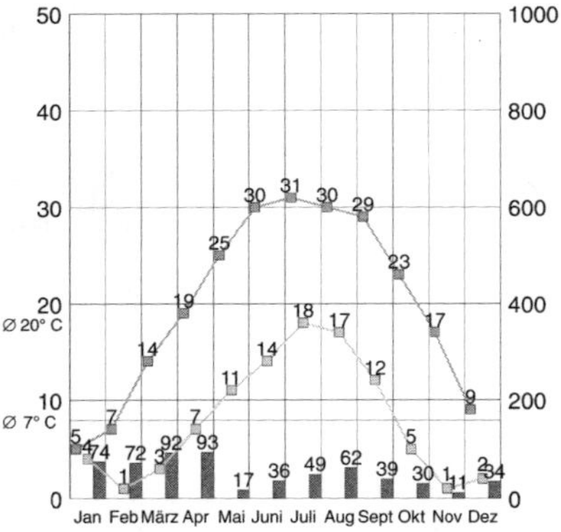

Trivandrum (61 m ü. NN)

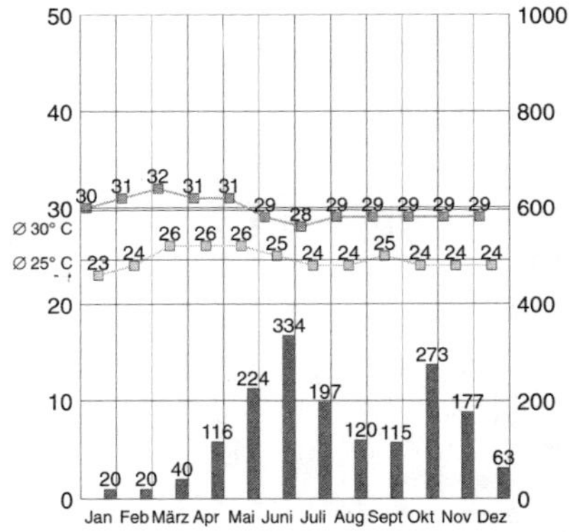

Varanasi (81 m ü. NN)

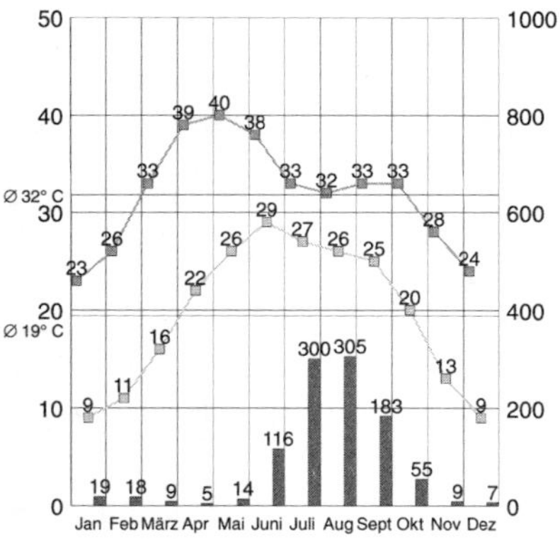

Quelle: Indisches Fremdenverkehrsamt, Frankfurt 1994

5. Bevölkerung

Demographische Daten 1991

Bevölkerung 1980	687 057 000	Bevölkerungswachstum	2,11 %
Bevölkerung 1990	827 100 000	Bevölkerungsdichte	267/km^2
Bevölkerung 1991	846 302 688	Verdopplungszeit der Bev.	35 Jahre
Bevölkerung 1997	941 400 000	Urbanisierungsrate	27 %
Bevölkerung 2001	1 006 200 000		

Bevölkerungswachstum seit 1901

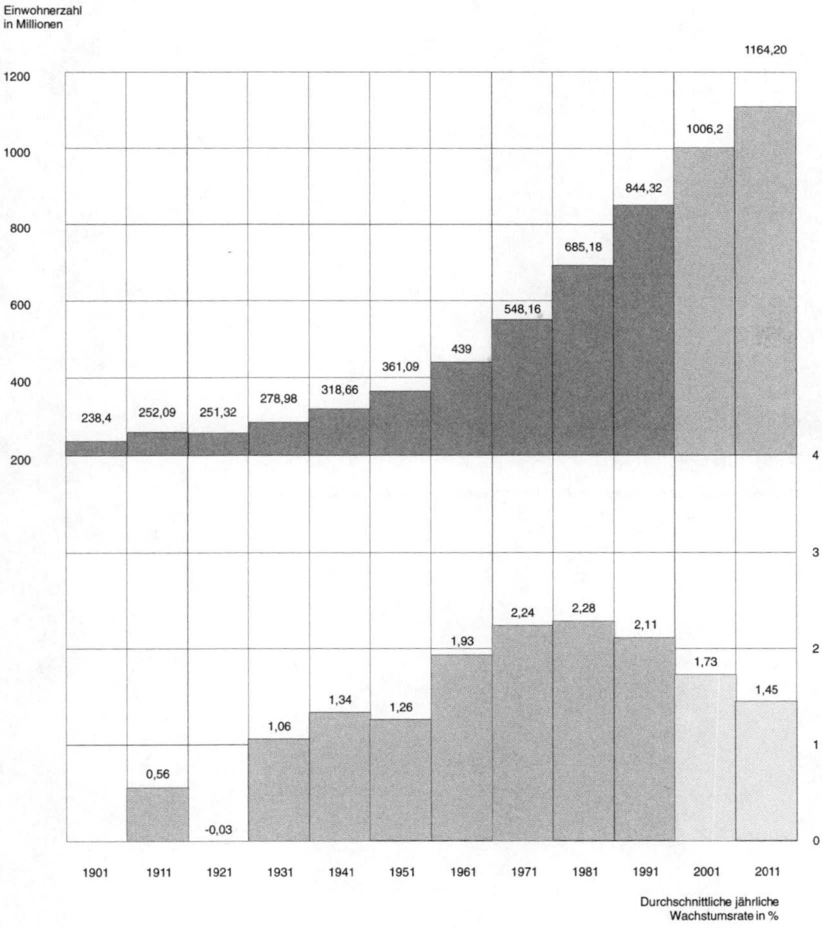

Geburten- und Sterberaten sowie Lebenserwartung seit 1901

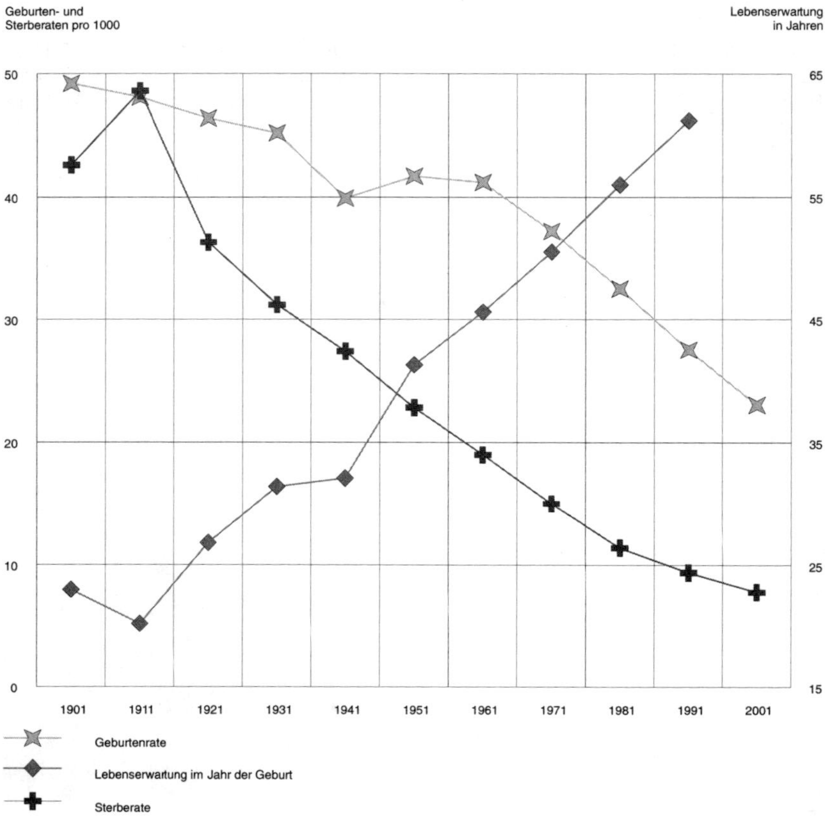

Die Daten beziehen sich auf den Durchschnitt des Jahrzehnts, welches mit dem angegebenen Jahr beginnt

Daten zur Bevölkerungsentwicklung seit 1951

	Lebenserwartung bei der Geburt in Jahren	Alphabetisierungsrate in %	Geburtenrate pro Tausend im Jahr	Sterberate pro Tausend im Jahr	Kindersterblichkeit pro Tausend im Jahr	Nettosozialprodukt pro Kopf und Jahr in Rs
1951	32	18	40	27	146	1127
1961	41	28	42	23	146	1350
1971	46	35	37	15	129	1520
1981	54	44	34	13	110	1630
1991	56	52	30	10	80	2199

Die Altersverteilung der indischen Bevölkerung

Angaben in Prozent

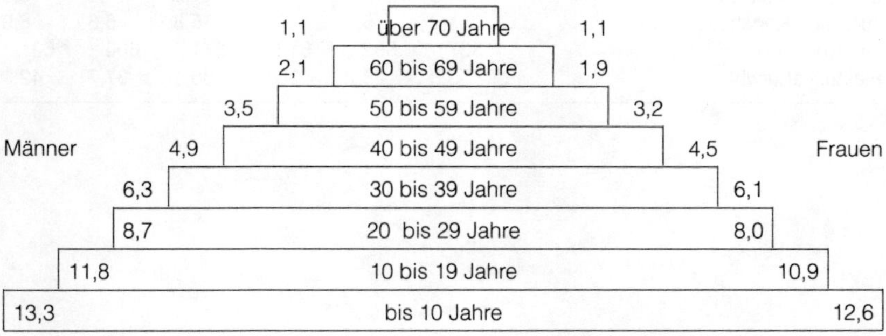

Quelle: PcGlobe 4.0, 1991

Schätzung der Haushalte nach Einkommensgruppen

Jahreseinkommen	Stadtbevölkerung	Landbevölkerung	Insgesamt
bis 12500 Rs	14895000	68914000	83809000
bis 25000 Rs	13904000	24445000	38349000
0ßbis 40000 Rs	7175000	7232000	14407000
bis 56000 Rs	2591000	1191000	3782000
über 56000 Rs	1505000	552000	2057000

Verfügbarkeit ausgewählter Konsumartikel pro Kopf der Bevölkerung und Jahr

	1961	1987	1988	1989	1990	1991
Getreide und Hülsenfrüchte (g pro Tag)	468,7	448,4	494,4	473,8	509,9	511,0
Speiseöl (kg)	3,2	5,8	5,3	5,3	5,4	5,4
Zucker (kg)	5,8	11,7	12,2	12,4	12,5	12,9
Baumwolltuch (m)	14,8	12,3	11,6	11,5	11,6	10,5
Tuch aus Kunstfasern (m)	1,2	5,7	6,2	5,8	6,6	6,9
Tee (g)	337	592	612	571	606	621
Elektrizität (kwh)	3,8	28,2	30,9	35,1	37,7	42,1

Getreideproduktion und -verfügbarkeit pro Einwohner

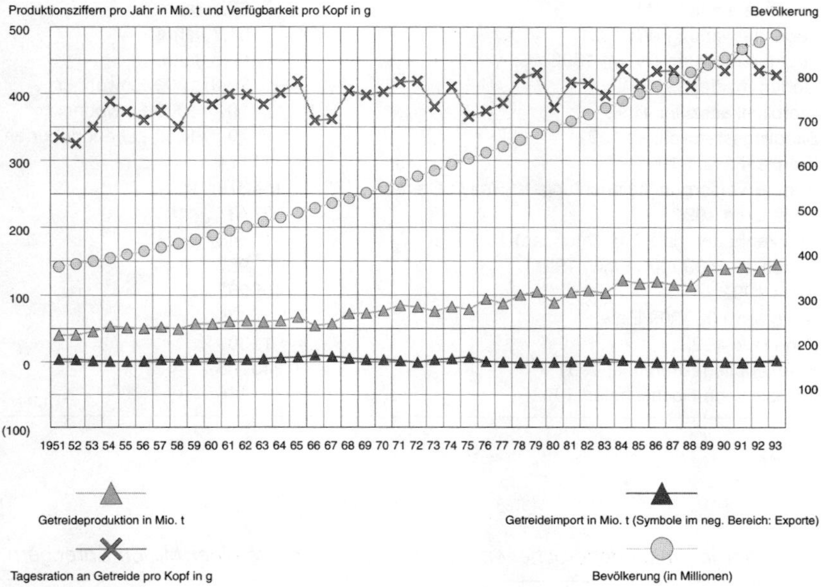

Produktion und Verfügbarkeit von Hülsenfrüchten pro Einwohner

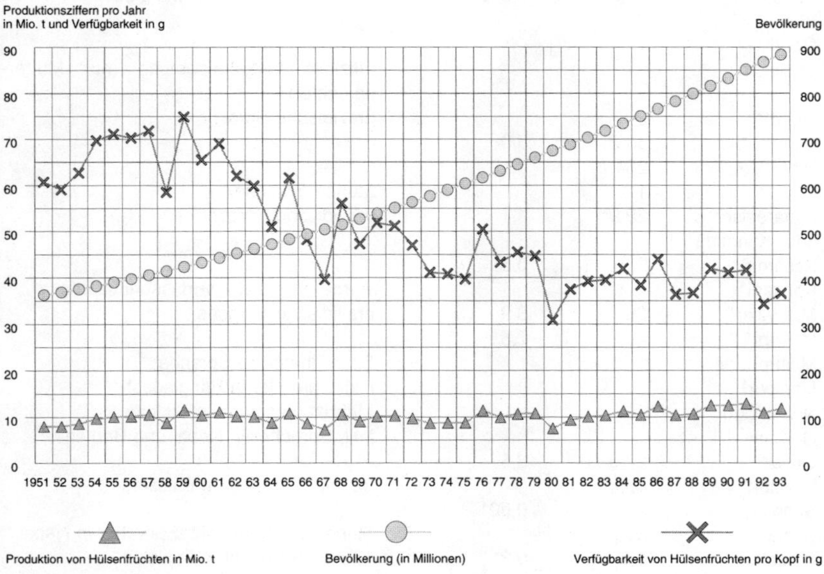

Gesundheitsstatistiken 1991/92

Lebenserwartung (M) 1991	60,6 Jahre
Lebenserwartung (W) 1991	61,7 Jahre
Lebenserwartung (W, M) 1992	60,8 Jahre
Geburtenziffer 1992	29,0 / 1000 Einwohner
Sterblichkeitsziffer 1992	10 / 1000 Einwohner
Säuglingssterblichkeit 1992	79 / 1000 Lebendgeburten
Krankenhäuser 1991	11174
Andere Versorgungseinrichtungen (*Health Centres*), 1992	154376
Apotheken 1991	27431
Krankenbetten (alle Einrichtungen) 1991	810548
Betten pro 1000000 Einw. 1991	957
Ärzte 1992	405253
Ärzte pro 1000000 Einw.	479
Zahnärzte 1992	11300
Krankenpflege-Personal 1991	340208
Medizinische Hochschulen 1992	146

6. Sprachen

Liste der in Indien gesprochenen Sprachen mit mehr als einer Million Sprechern

Sprache	Zahl der Sprecher in Mio.	Prozentzahlen (nur Verfassungssprachen)	Bemerkungen (wenn nicht anders angegeben, handelt es sich um eine indoeuropäische Sprache)
Assamesisch*	ca. 9	1,5–2	Schätzung, da 1981 in Assam kein Zensus gehalten wurde
Bengali*	51,5	7,8	192 inkl. Sprecher in Bangladesh
Bhili	3		
Gogri	1		
Englisch	0,2		offizielle Verkehrssprache (nur Muttersprachler)
Gondi	2		dravidische Sprache
Gujarati*	33,2	5,0	
Hindi*	264,2	39,9	
Ho	1		Munda-Sprache
Kanaresisch oder Kannada*	29,9	4,1	dravidische Sprache
Kashmiri*	3,2	0,5	
Konkani*	4		wurde nach 1981 Verfassungssprache
Malayalam*	26	3,9	dravidische Sprache
Marathi*	49,6	7,5	
Meithei oder Manipuri	1		Sino-Tibetische Sprache; inkl. Sprecher in Bangladesh
Nepali oder Gorkhali	16		Mehrheitssprache in Sikkim; inkl. Sprecher in Nepal und Bhutan
Oriya*	22,9	3,5	
Panjabi*	18,6		92 inkl. Sprecher in Pakistan
Sanskrit*	<1	0,001	
Santali	5		Munda-Sprache; inkl. Sprecher in Nepal
Sindhi*	1,9	0,3	18 inkl. Sprecher in Pakistan

Liste der in Indien gesprochenen Sprachen mit mehr als einer Million Sprechern

Sprache	Zahl der Sprecher in Mio.	Prozentzahlen (nur Verfassungssprachen)	Bemerkungen (wenn nicht anders angegeben, handelt es sich um eine indoeuropäische Sprache)
Tamil*	44,7	6,8	dravidische Sprache; 68 inkl. Sprecher in Sri Lanka
Telugu*	54,2	8,2	dravidische Sprache
Tibetisch	5		Sino-Tibetische Sprache; inkl. Sprecher in Tibet und Nepal
Tulu	2		dravidische Sprache
Urdu*	35,3	5,3	neben Englisch wichtigste Zweitsprache; 98 inkl. Sprecher in Pakistan

(Quelle: Census of India 1981, India Economic Information Yearbook 1992/93, The World Almanac and Book of Facts 1994, Mahwah, NJ, Funk & Wagnalls, 1993). Mit * gekennzeichnete Sprachen sind die Verfassungssprachen der Indischen Union.

*Bevölkerung nach Religionszugehörigkeit**

	1961[1]	1971 Mio.	1981	1961	1971 %	1981
Hindus	366,5	453,4	566,2	83,52	82,72	82,64
Muslime	46,9	61,4	77,8	10,69	11,20	11,35
Christen	10,7	14,2	16,6	2,44	2,60	2,43
Sikhs	7,8	10,4	13,5	1,79	1,89	1,97
Buddhisten	3,3	3,9	4,9	0,74	0,71	0,71
Jainas	2,0	2,6	3,3	0,46	0,48	0,48
Andere	1,6	2,2	2,9	0,36	0,40	0,42

* Volkszählungsergebnisse

[1] Ohne Sikkim und Arunachal Pradesh

Die Monate des indischen Jahres

Das Jahr beginnt traditionell am Neumond (Nordindien) bzw. Vollmond (Südindien) nach der Frühjahrs-Tagundnachtgleiche.

beginnend mit Neumond (Nordindien)	Sanskrit-Name	beginnend mit Vollmond (Südindien)
Januar / Februar	*Magha*	Februar / März
Februar / März	*Phalguna*	März / April
März / April	*Chaitra*	April / Mai
April / Mai	*Vaisakha*	Mai / Juni
Mai / Juni	*Jyestha*	Juni / Juli
Juni / Juli	*Ashadha*	Juli / August
Juli / August	*Sravana*	August / September
August / September	*Bhadra Pada*	September / Oktober
September / Oktober	*Asvina*	Oktober / November
Oktober / November	*Karttika*	November / Dezember
November / Dezember	*Maghasirsha*	Dezember / Januar
Dezember / Januar	*Pausha*	Januar / Februar

Die wichtigsten indischen Fest- und Feiertage

Die meisten hinduistischen Feste sind wie das christliche Osterfest bewegliche Festtage.

Monat/Tag	*Name/Anlaß*	*Details*
1. Januar	Neujahr	Feiertag in ganz Indien; Christen, Mittelschicht, Großstädte
26. Januar	Tag der Republik	Feiertag in ganz Indien; Militärparade und Feuerwerk in New Delhi
Januar	Pongal/Sankranti	Andhra Pradesh, Karnataka, Maharashtra, Tamil Nadu
Januar/ Februar	Vasanta Pancami oder Basant Pancami	Zu Ehren der Göttin Sarasvati, Schutzherrin der Gelehrsamkeit und der schönen Künste; ebenfalls Verehrung von Siva, Ganasha und Vishnu; Nordindien, Bengalen, Orissa
Februar	Karneval	Goa
Februar/März	Sivaratri	Nächtliche Anbetung Sivas, in ganz Indien verbreitet, Pilgerschaft zu den sivaitischen Zentren
	Holi	Fröhliches Frühlingsfest, zweitägiges Fest aller Hindus; man wirft mit rotem Farbpulver; überwiegend in Nordindien
21. März	Jamshed Navroz	Persisches Neujahrsfest, begangen von den Parsen; Maharashtra
März/April	Mahavira Jayanti	erinnert an die Geburt Mahaviras, des Gründers der Jaina-Religion; ganz Indien, besonders Rajasthan und Gujarat
	Karfreitag, Ostern	Christen; ganz Indien
April/Mai	Vaisakhi	Neumond des Monats Vaisakhi; Beginn des Hindu-Jahres nach der nordindischen Tradition
	Buddha Jayanti	Vollmondnacht des Monats Vaisakhi; Geburtstag Buddhas; Buddhisten; besonders in Lumbini (Nepal), Bodh Gaya, Sanchi und Kushinagara

	Ramzan Id	Beginn der muslimischen Fastenzeit, die einen Monat dauert; Moslems in ganz Indien; Datum richtet sich nach dem moslemischen Mondkalender
Juni/Juli	Ratha Yatra (Wagenfest)	Tempelfest des Gottes Jagannath in Puri (Orissa)
	Raksaha Bandhan	Familienfest; Mädchen und Frauen schenken ihren Brüdern Bänder für das rechte Handgelenk (Rakhi); Nord- und Westindien
15. August	Independence Day	Gedenkt der Unabhängigkeit am 15. 8. 1947; ganz Indien
August/ September	Kordad Sal	Höchstes Fest der Parsen; Maharashtra
	Ganesha Canturi oder Vinayaka Caturi	Fröhliches Fest zu Ehren des elefantenköpfigen Gottes; Zentrum in Bombay
	Onnam	Viertägiges Erntedankfest; Schauspiel, Tanz, Bootsrennen; Kerala
	Janma Ashtami	Geburt Krishnas; Familienfest in ganz Indien
	Muharram	Zehntägiges Fest der shiitischen Moslems zum Gedenken an das Martyrium des Imam Hussain; ganz Indien, besonders Lucknow und Delhi
September/ Oktober	Dassera oder Dassahra	Zehntägiges, prunkvolles Fest mit vielen regionalen Varianten; vor allem in Bengalen ist dies die Zeit des Durga Puja
2. Oktober	Gandhi Jayanti	Andenken an Mahatma Gandhi; Staatsakt am Rajghat in Delhi; ganz Indien
Oktober/ November	Gururab	Prozessionsfest der Sikhs, bei dem das Heilige Buch (Granth Sahib) durch die Straßen getragen wird; vor allem in Panjab
	Dipavali oder Divali	Das Lichterfest zu Ehren Lakshmis (in Bangalen Kali)
25. Dezember	Weihnachten	Christen; ganz Indien

Quelle: J-L. Nou, *Indische Feste*, Köln, Dumont 1982

8. Staat

Institutionen

Staatsform:	Demokratisch-parlamentarische Republik mit bundesstaatlicher Gliederung und 2-Kammern-Parlament
Staats- u. Reg.chef:	PRÄSIDENT Shankar Dayal Sharma, Congress (I) (seit 1992) VIZEPRÄSIDENT K. R. Narayan (seit 1992) MINISTERPRÄSIDENT P. V. Narasimha Rao, Congress (I) (seit 1991)
Politische Parteien:	Indian National Congress (Nationalkongreß, Congress (I)) Janata-Dal (Volks-Partei) Kommunistische Parteien (CPI, CPI (M)) Regionale Parteien (Telugu Desam, AIADMK) Bharatiya Janata Party (BJP, rechtsradikale Hindu-Partei)

Ergebnisse der Wahlen zum Bundesparlament 1980–1991

	Parlamentssitze 1980	1985	1989	1991
Congress (I)	351	401	197	227
Janata Party	32	10		
Lok Dal	41			
Janata Dal			141	55
CPI und andere marxistische Parteien	45	28	51	51
Telugu Desam (Regionalpartei)		28	9	20
AIADMK (Regionalpartei)			14	19
BJP (rechtsradikal)			86	123
andere	43	41	27	18

Quelle: EIU Country Profile 1993/94

9. Wirtschaft

Gesamtwirtschaftliche Entwicklung

Indikator			1991/92	1992/93	1993/94 (Schätzung)
Bruttoinlandsprodukt zu lfd. Preisen (in Mrd. iR)			6095	6930	7870
BIP, real (in Mrd. iR)			2413	2497	2609
BIP-Wachstum, real (in %)			1,3	3,5	4,5
BIP-Wachstum pro Kopf (in %)			– 0,7	1,5	2,5
Inflation (in %, Index der Konsumgüterpreise)			13,5	9,6	8,5
Exporte, fob (in Mrd. US-$)			18,0	18,4	21,5
Importe, cif (in Mrd. US-$)			19,6	21,7	23,5
Leistungsbilanz (in Mrd. US-$)			– 2,6	– 4,9	– 2,6
Reserven (in Mrd. US-$), ohne Geld und Sonderziehungsrechte			5,6	6,4	8,1
Öffentl. Auslandsverschuldung (in Mrd. US-$)			67,6	73,1	77,2
Schuldendienst (in Mio. US-$)			5,1	6,1	7,5
Wechselkurs, iR pro US-$			22,74	30,00	31,40
BSP 1988 (Milliarden)	3490 RS	BSP-Wachstum			1,2 %
BSP 1989 (Milliarden)	4000 RS	BSP pro Einwohner			505 DM
BSP 1990 (Milliarden)	4658 RS	%BSP Landwirtschaft			31 %
BSP 1991 (Milliarden)	5351 RS	%BSP Industrie			27 %
BSP 1992 (Milliarden)	6095 RS	%BSP Dienstleistungen			42 %
BSP 1993 (Milliarden)	6930 RS	%BSP Verteidigung			3,9 %
BSP 1994 (Milliarden, Schätzung)	7870 RS	%BSP für Erziehungswesen			3,6 %

Quelle: bfai Wirtschaftsdaten, 1993

Bruttosozialprodukt und Pro-Kopf-Einkommen

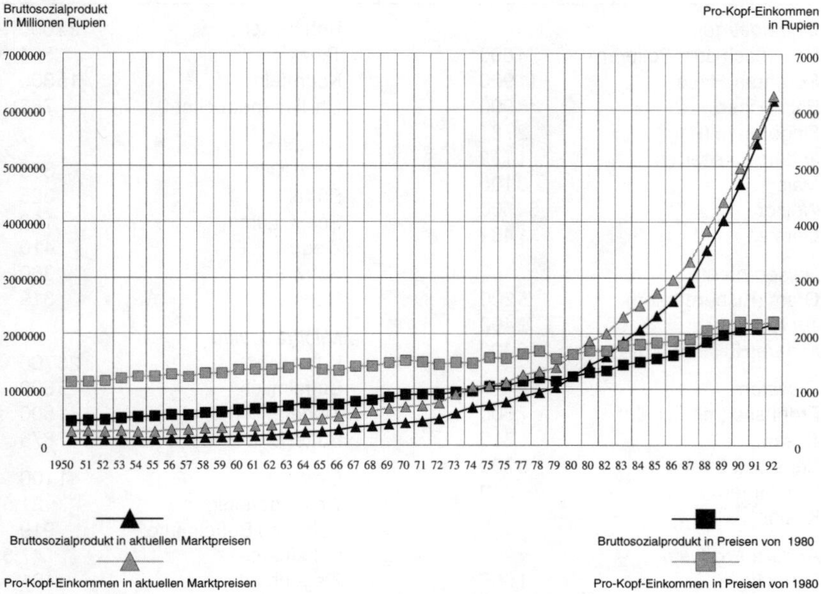

Wirtschaftssektoren / Erwerbstätige

	Anteil an BSP	Anteil an Erwerbstätigen
Landwirtschaft	32 %	66 %
Industrie	27 %	19 %
Dienstleistungen	41 %	15 %

Arbeitslosigkeit 1993 rd. 6 % bei 23 % Unterbeschäftigung

Quelle: Fischer Weltalmanach

Die Produktionszahlen der wichtigsten landwirtschaftlichen Produkte in tausend Tonnen, Stand 1991

Getreidearten	
Reis (nach dem Polieren)	74600
Sorghum-Hirse	11900
Bajra-Hirse	6900
Fingerhirse (Ragi)[1]	2781
andere Hirsearten[1]	1112
Mais	9100
Weizen	54500
Gerste	1469
Hülsenfrüchte	
Gram (Kichererbsen)	5200
Tur (Erbsen)	2400
andere Hülsenfrüchte	6400
Ölsaaten	
Erdnüsse (mit Schale)	7600
Sesam	810
Raps und Senf	5200
Leinsamen	340
Kastor	720
Andere Produkte	
Baumwolle	1666
Jute	1404
Kenaf (Mesta)	234
Tee (Fertigprodukt)	719
Zuckerrohr	240300
Rohzucker	24000
Tabak[1]	564
Kartoffeln	15300
Chillies (getrocknet)[1]	783
Fleisch[2]	
Rind, Kalb	316
Büffel	325
Schaf, Lamm	162
Ziege	410
Schwein	360
Geflügel	319
Milchprodukte	
Kuhmilch[3]	26700
Büffelmilch[3]	23600
Ziegenmilch[2]	1500
Butter und Ghee[2]	875
Eier[2]	1100
Wolle (gereinigt)[3]	21,5
Kuh- und Büffelhäute[2]	919
Schafhäute[2]	47,5
Ziegenhäute[2]	101
Seefische	2246,4
Krabben	238,4
Süßwasserfische	1371,3

1 Zahl von 1990
2 FAO-Schätzung
3 Inoffizielle Zahlen

Die Produktionsziffern ausgewählter Rohstoffe und Industriegüter (in 1000 Tonnen)

Steinkohle	211620	Chromerz[1]	902
Braunkohle	14076	Phosphor	508
Eisenerz[1]	54247	Aluminiumsilikat (Kyanit)	35
Manganerz[1]	1323	Magnesit	547
Bauxit	4699	Steatit	391
Schamotte	457	Kupfererz[1]	5247
Kaolin	628	Bleierze, konzentriert[1]	44,8
Dolomit	2458	Zinkerze, konzentriert[1]	137,6
Gips	1554	Glimmer (Mica)	3,6
Kalkstein	68464	Gold (in Kilogramm)	2005
Rohöl	33024	Diamanten (in Karat)	18010
Meersalz	12648	Erdgas (in Mio. m^3)	12768
Zucker[2]	11808	Aluminium	444
Baumwolltuch[3]	14076	Dieselmotoren[4]	1795200
Juteerzeugnisse	1430	Nähmaschinen[4]	92400
Papier und Pappe	2431	Radios[4]	708000
Soda	1384	Ventilatoren[4]	5496000
Düngemittel	9156	Personenwagen und Jeeps[4]	220764
Mineralölprodukte	48840		
Zement	45720	Busse und Lastwagen[4]	145740
Roheisen	12140	Motorisierte Zweiräder[4]	1864968
Stahl	13400	Fahrräder[4]	6768000

[1] Der geschätzte Metallgehalt der Erze ist: Eisen 70%, Mangan 40%, Chrom 30%, Kupfer 1,2%, Blei 70%, Zink 60%
[2] Raffinade (nur Zuckerrohr)
[3] in Millionen Metern
[4] Stückzaheln

Produktionsindizes und Lebenshaltungskosten 1984 bis 1992

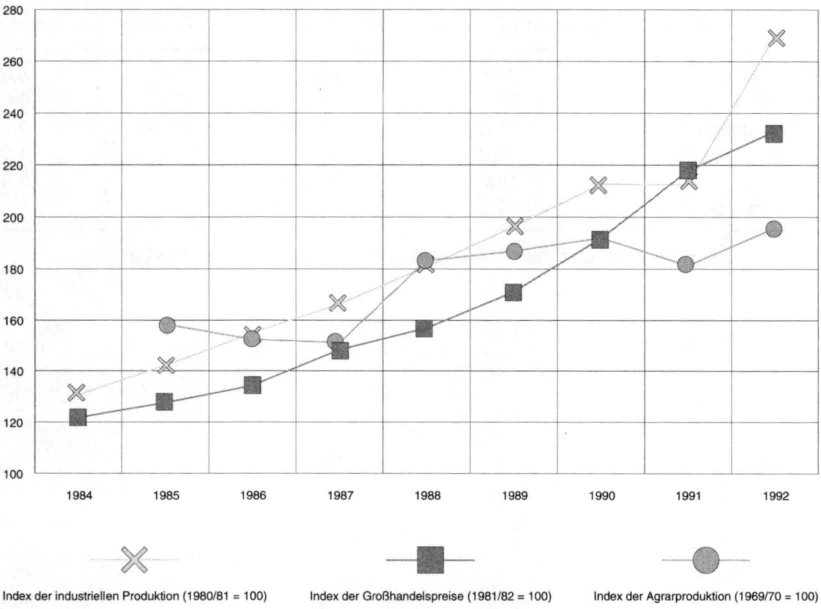

Transport und Tourismus

Eisenbahn 1992/93

Strecken:	62500	km, davon 11300 elektrifiziert
Gesamttransporttonnage:	350,04	Millionen Tonnen
Gesamttransportfahrleistung:	251,49	Milliarden Tonnen-km
Einnahmen aus dem Gütertransport:	106,14	Milliarden iR
Passagieraufkommen:	3,75	Milliarden
Passagierkilometer:	300,1	Milliarden
Einnahmen aus dem Passagiertransport:	43,16	Milliarden iR

Straßen 1990/91

Gesamtlänge:	2037000	km, davon 1001000 km asphaltiert
Nationalstraßen:	33700	km, alle asphaltiert
Staatsstraßen:	127000	km, davon 122000 asphaltiert
Zugelassene Fahrzeuge (1992):	23462000	

Flugverkehr 1992/93

Luftflotten:	Air India	22
	Indian Airlines	57
	Vayudoot	16
Passagierzahlen:	Air India	2201000
	Indian Airlines	7844000

Daneben bieten weitere kleine private Fluglinien Inlandsdienste an.

Gesamtzahl der Reisenden auf indischen Flughäfen	18800000
Gesamtes Frachtaufkommen auf indischen Flughäfen (in t)	391400

Seetransport 1992/93

Hafenumschlag (in t)	166610000

Frachtaufkommen in den indischen Häfen (in Mio. Tonnen)

Bombay	28,5	Kandla	9,0
Madras	25,0	Paradip	6,0
Visakhapatnam	21,5	Cochin	5,0
Calcutta-Haldia	16,0	Tuticorin*	4,0
Mormugao*	15,0	andere*	15,5
New Mangalore	11,0	* Zahlen von 1987	

Quelle: Indien Wirtschaftsnachrichten Mai 1994/Basic Port Statistics of India 1986/87

Güterumschlag in den indischen Häfen (in Mio. Tonnen)

Mineralöl und Ölprodukte	73,70	Düngemittel und -grundstoffe	7,38
Eisenerz	29,79	Flüssige Stoffe (z. B. Speiseöl)	4,40
Kohle	24,37	Getreide	2,24
Containerfracht	8,98	Andere Güter	15,75

Ausländische Besucher in Indien nach Herkunftsland

Australien	22700	Schweiz	29247
Deutschland	72019	Singapur	28363
Frankreich	60346	Sri Lanka	70088
Großbritannien	212052	UdSSR/GUS	32432
Iran	19959	USA	117322
Italien	41129	Vereinigte Arabische Emirate	28860
Japan	46655		
Kanada	36142	Gesamtzahl einschl. aller	
Malaysia	30617	nichtgenannten Länder	1236320
Saudi-Arabien	21114		

Stand 1991 (nicht aufgenommen sind Besucher aus Bangladesh und Pakistan)

Energieverbrauch

Elektrizität (1992/93)		
Kapazität	81700	MW
Wasserkraft 23,1 %, Thermalkraft 74,7 %, Nuklearenergie 2,2 %		
Produktion	331600	Millionen Kilowattstunden
Pro-Kopf-Verbrauch	377	Kilowattstunden
Kohle (1992/93)		
Reserven (1987)	1740	Millionen Tonnen
Produktion	238,25	Millionen Tonnen
Produktion Braunkohle	16,62	Millionen Tonnen
Verbrauch	231,03	Millionen Tonnen
Pro-Kopf-Verbrauch	0,26	Tonnen
Erdgas		
Reserven (1989)	1050	Milliarden Kubikmeter
Produktion (1988)	8660	Millionen Kubikmeter
Verbrauch (1987)	6241	Millionen Kubikmeter
Pro-Kopf-Verbrauch	8	Kubikmeter
Erdöl (1992/93)		
Produktion	27,0	Millionen Tonnen
Verbrauch	59,1	Millionen Tonnen
Pro-Kopf-Verbrauch	0,4	Barrel

Energieverbrauch 1991: 337 kg ÖE/Ew. (Vergleich BRD: 3436 kg ÖE/Ew., USA 10874 kg ÖE/Ew.)

Elektrizitätserzeugung in Milliarden KWH

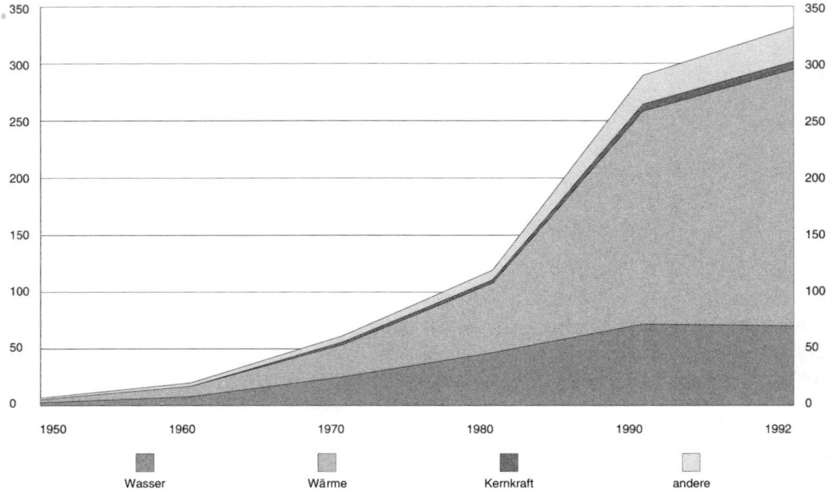

Proportionaler Elektrizitätsverbrauch der einzelnen Sektoren (in Prozenten)

	1950	1960	1970	1980	1990	1992
Industrie	62,6	69,4	67,6	58,4	44,2	40,6
Landwirtschaft	3,9	6,0	10,2	17,6	26,4	28,9
Haushalte	12,6	10,7	8,8	11,2	16,8	17,9
Gewerbe	7,5	6,1	5,9	5,7	5,9	5,6
Transport	7,4	3,3	3,2	2,7	2,2	2,5
Andere	6,0	4,5	4,3	4,4	4,5	4,5

Finanzdaten, Stand 1994

Währungseinheit:	Indische Rupie (*Indian Rupee*) 1 Rupee = 100 Paise (Singular Paisa)
Stückelung:	Münzen zu 5, 10, 20, 25 und 50 Paise, 1 Rupee, 2 Rupees (kleinere Münzen nur in wenigen älteren Stücken vorhanden); Geldscheine zu 1, 2, 5, 10, 20, 50, 100 und 500 Rupees (beschädigte Geldscheine werden in Geschäften oft zurückgewiesen)
Kurse (Stand 15. 8. 94):	1 US-$ = 31,13 Rupees 1 DM = 20,03 Rupees

Wechselkursveränderungen seit 1980
Rupien pro Deviseneinheit

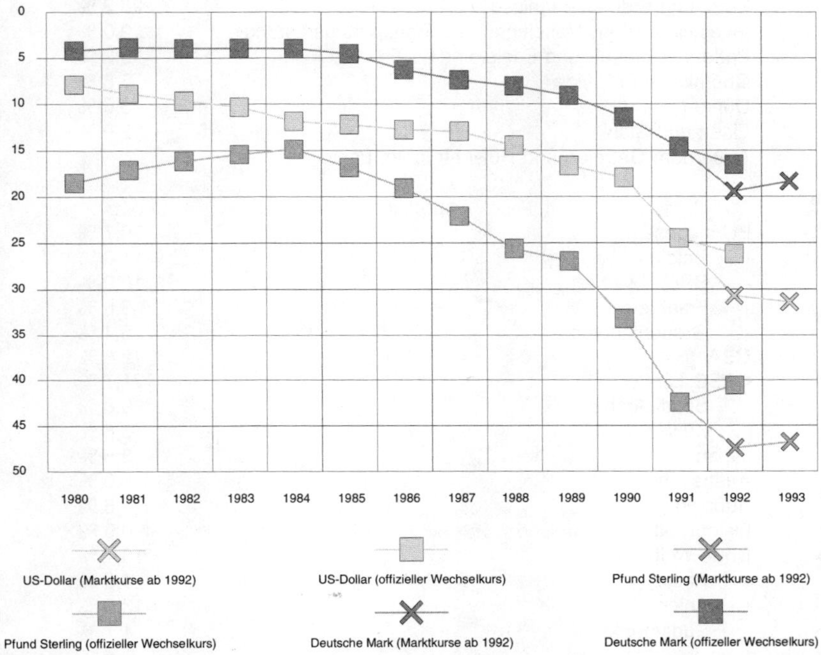

Quelle: Economic Survey 1992/93

Außenhandel (1992/93)

Import	21882,0 Mio. US-$
Erdöl und Erdölerzeugnisse	28,2 %
Investitionsgüter, Maschinen und Transportausrüstung	22,0 %
Perlen, Halbedel- und Edelsteine	13,2 %
Chemische Produkte	5,8 %
Dünger	3,6 %
Eisen und Stahl	2,9 %
Außerdem Getreide und Hülsenfrüchte, Papier	
Importländer	
EU insgesamt	39,7 %
Belgien	11,0 %
BRD	10,0 %
Frankreich	3,6 %
Großbritannien	8,4 %
USA	12,8 %
OPEC-Länder	21,7 %
Saudi-Arabien	9,0 %
Kuwait	5,8 %
Japan	8,5 %
Australien	5,0 %
Rußland	1,6 %
Osteuropa ohne Rußland	0,9 %
Dritte Welt	15,1 %
Afrika	4,5 %
Asien	13,9 %
Südamerika	1,7 %
Export (1992/93)	18537,1 Mio. US-$
Textilien und Bekleidung	11,7 %
Perlen, Edelsteine, Schmuck	18,1 %
Maschinen, Fahrzeuge, technische Geräte	5,6 %
Leder (Rohstoff und Fertigprodukte)	6,1 %
Erze und Mineralien	3,9 %
außerdem: Tee, Mate, Handarbeiten, Chemikalien, Eisen und Stahl	
Exportländer (Zeitraum April–September 1994)	
EU insgesamt	28,2 %
Belgien	3,7 %
BRD	7,7 %
Frankreich	2,5 %
Großbritannien	6,5 %
USA	18,8 %
OPEC-Länder	9,6 %
Saudi-Arabien	2,2 %
Japan	7,7 %
Australien	1,3 %
Rußland	3,2 %
Osteuropa ohne Rußland	1,0 %
Dritte Welt	20,3 %
Afrikanische Länder	2,6 %
Asien	16,9 %
Südamerika	0,8 %

Die wichtigsten Exportgüter zu ausgewählten Zeitpunkten

Ware	1960/61			1970/71			1980/81			1990/91			1992/93		
	Menge in 1000 t	Wert in Mio. Rs	Wert in Mio. US-$	Menge in 1000 t	Wert in Mio. Rs	Wert in Mio. US-$	Menge in 1000 t	Wert in Mio. Rs	Wert in Mio. US-$	Menge in 1000 t	Wert in Mio. Rs	Wert in Mio. US-$	Menge in 1000 t	Wert in Mio. Rs	Wert in Mio. US-$
Agrargüter	---	2840	569	---	4870	644	---	20570	2601	---	63170	3521	---	94570	3265
– Kaffee	19,7	70	15	32,2	250	33	87,3	2140	271	86,5	2520	141	114,1	3760	130
– Tee und Mate	199,2	1240	260	199,1	1480	196	229,2	4260	538	199,1	10700	596	168,1	9770	337
– Ölkuchen	433,8	140	29	878,5	550	73	886,0	1250	158	2447,8	6090	339	3678,8	15450	534
– Tabak	47,5	160	34	49,8	330	43	91,3	1410	178	87,1	2630	147	88,3	4740	164
– Cashewkerne	43,5	190	40	60,6	570	76	32,3	1400	177	55,5	4470	249	62,7	7490	258
– Gewürze	47,2	170	36	46,9	390	51	84,2	110	14	103,0	2340	130	128,7	3930	136
– Zucker und Melasse	99,6	30	6	473,0	290	39	97,0	400	50	191,0	380	21	485,1	3540	122
– Rohbaumwolle	32,6	120	25	32,1	140	19	131,6	1650	209	374,3	8460	471	63,7	1820	63
– Reis	---	---	---	32,8	50	7	726,7	2240	283	505,0	4620	257	1085,4	9760	337
– Fisch und Fischprodukte	19,9	50	10	32,6	310	40	69,4	2170	274	158,9	9600	535	210,8	17430	602
– Fleisch und Fleischwaren	---	10	2	---	30	4	---	560	70	---	1400	78	---	2570	89
– Früchte, Gemüse, Hülsenfrüchte (Frischwaren)	---	10	2	---	30	4	---	560	70	---	2310	119	---	3660	126
– Verarbeitete Nahrungsmittel	---	10	2	---	40	6	---	360	45	---	2130	119	---	3730	129
Erze u. Mineralien (außer Kohle)	---	520	109	---	1640	217	---	4140	523	---	14970	834	---	18140	626
– Glimmer	28,4	k.D.	k.D.	26,7	160	21	16,7	180	22	33,0	310	17	27,3	240	8
– Eisenerz	3,2	170	36	21,2	1170	155	22,4	3030	384	32,5	10490	585	22200	11040	381
Güter des verarbeitenden Gewerbes	---	2910	610	---	7720	1021	---	37470	4738	---	237360	13229	---	408350	14099
– Textilien (außer Teppiche in Handarbeit)	---	730	153	---	1450	192	---	9330	1179	---	69260	3860	---	124980	4315
– Baumwollgarne und -stoffe	---	650	136	---	1420	188	---	4080	516	---	21000	1170	---	39110	1350
– fertige Kleidung (alle Fasern)	---	10	2	---	290	39	---	5500	696	---	40120	2236	---	69310	2393
– Kokosfasern und -produkte	---	60	13	---	130	17	---	170	22	---	480	27	---	900	31
– Jutefasern und -produkte	790,0	1350	283	560,0	1900	252	660,0	3300	417	220,0	2980	166	210,0	3550	123
– Leder und Lederwaren	---	280	59	---	800	106	---	3900	493	---	26000	1449	---	37000	1277
– Handwerkliche Erzeugnisse (inkl. Teppiche in Handarbeit)	---	110	23	---	730	96	---	9520	1204	---	61670	3437	---	109570	3783
– Schmuck	---	10	2	---	450	59	---	6180	782	---	52470	2924	---	88970	3072
– Chemische Erzeugnisse	---	70	15	---	290	39	---	2250	284	---	25440	1418	---	39910	1378
– Eisen, Stahl, Maschinenbau, Fahrzeuge etc.	---	220	46	---	1980	261	---	8270	1045	---	38770	2161	---	71180	2458
Fossile Brennstoffe und Schmiermittel (inkl. Kohle)	---	70	15	---	130	17	---	280	35	---	9480	528	---	15200	525
Andere Güter	---	80	16	---	1000	132	---	4660	589	---	550	31	---	620	21
Gesamtsumme	---	6420	1346	---	15350	2031	---	67110	8486	---	325530	18142	---	536880	18537

Die wichtigsten Importgüter zu ausgewählten Zeitpunkten

Ware	1960/61			1970/71			1980/81			1990/91			1992/93		
	Menge in 1000 t	Wert in Mio. Rs	Wert in Mio. US-$	Menge in 1000 t	Wert in Mio. Rs	Wert in Mio. US-$	Menge in 1000 t	Wert in Mio. Rs	Wert in Mio. US-$	Menge in 1000 t	Wert in Mio. Rs	Wert in Mio. US-$	Menge in 1000 t	Wert in Mio. Rs	Wert in Mio. US-$
Nahrungsmittel	---	2140	449	---	2420	321	---	3800	481	---	k. D.	k. D.	---	k. D.	k. D.
– Getreide	3747,7	1810	380	3343,2	2130	282	400,8	1000	127	308,3	1820	102	1613,0	9660	334
Rohstoffe und Halbfertigwaren	---	5270	1105	---	8890	1176	---	97600	12341	---	k. D.	k. D.	---	k. D.	k. D.
– Cashewnüsse	k. D.	---	---	169,4	290	39	25,0	90	11	82,6	1340	75	134,9	3760	130
– Rohgummi (einschl. synth. u. recycl.)	36,2	110	23	7,8	40	5	26,2	320	40	105,1	2260	126	67,1	2610	90
– Garne	---	1010	212	---	1270	168	---	1640	208	---	k. D.	k. D.	---	k. D.	k. D.
– synthetisch	0,2	---	---	15,8	90	12	68,8	970	122	21,2	560	31	14,8	710	25
– Naturfasern	339,4	910	191	158,8	1140	151	k. D.	---	---	61,7	2030	113	103,5	5440	188
– Erdöl und -produkte	800,0	690	145	12767,0	1360	180	23537,0	52640	6656	29359,0	108160	6028	40661,0	171420	6100
– Tier- und Pflanzenöl	---	50	10	---	390	51	---	7090	896	---	k. D.	k. D.	---	k. D.	k. D.
– davon eßbar	31,1	40	8	84,7	230	31	1633,3	6770	857	226,1	2480	101	102,7	1670	58
– chem. Produkte	---	880	185	---	2170	286	---	14900	1884	---	k. D.	k. D.	---	k. D.	k. D.
– Düngemittel u. Rohprodukte	307,0	130	27	2392,7	860	113	5560,2	8180	1034	7560,3	17660	984	7547,5	28320	978
– anorg. Chemikalien	---	390	82	---	680	90	---	3580	453	---	22890	1276	---	41340	1427
– Farben, Gerbemittel	---	10	2	---	90	12	---	210	26	---	1680	94	---	1990	69
– pharm. Produkte	---	100	21	---	240	32	---	850	107	---	4680	261	---	8130	281
– Polymere, Kunstharze, Zellulose	---	90	19	---	80	11	---	1210	154	---	1095	610	---	12180	421
– Papierrohstoffe, Altpapier	80,3	70	15	71,7	120	16	36,6	180	23	678,2	4580	385,5	436,8	4090	141
– Papier und Pappe	55,6	120	25	159,0	250	33	371,4	1870	236	286,4	4560	260,1	270,3	5130	177
– nichtmetallische mineralische Produkte	---	60	13	---	330	44	---	5550	702	---	k. D.	k. D.	---	k. D.	k. D.
– Perlen u. (Halb-)Edelsteine	---	10	2	---	250	33	---	4170	527	---	37380	2083	---	70720	2442
– Eisen und Stahl	1325,2	1230	258	683,4	1470	194	2031,1	8520	1078	1920,5	21130	1178	1444,5	22540	778
– Nichteisenmetalle	---	470	99	---	1190	158	---	4770	604	---	11020	614	---	11440	395
Investitionsgüter	---	3560	747	---	4040	534	---	19100	2416	---	104660	5833	---	131230	4531
– Metallwaren	---	230	48	---	90	12	---	900	113	---	3020	168	---	4220	146
– Maschinen (nichtelektrisch)	---	2030	426	---	2580	341	---	10890	1377	---	42400	2363	---	52670	1819
– Maschinen (elektrisch)	---	570	120	---	700	93	---	2600	328	---	17020	949	---	23930	826
– Transportmaschinen	---	720	151	---	670	88	---	4720	597	---	16700	930	---	13380	462
andere Güter	---	250	52	---	990	131	---	4990	631	---	k. D.	k. D.	---	k. D.	k. D.
Gesamtsumme	---	11220	2353	---	16340	2162	---	125490	15869	---	431930	24072	---	633750	21882

Die indische Außenhandelsbilanz seit 1970
Bilanz in Crores (10 Millionen) Rupien und Millionen US-$

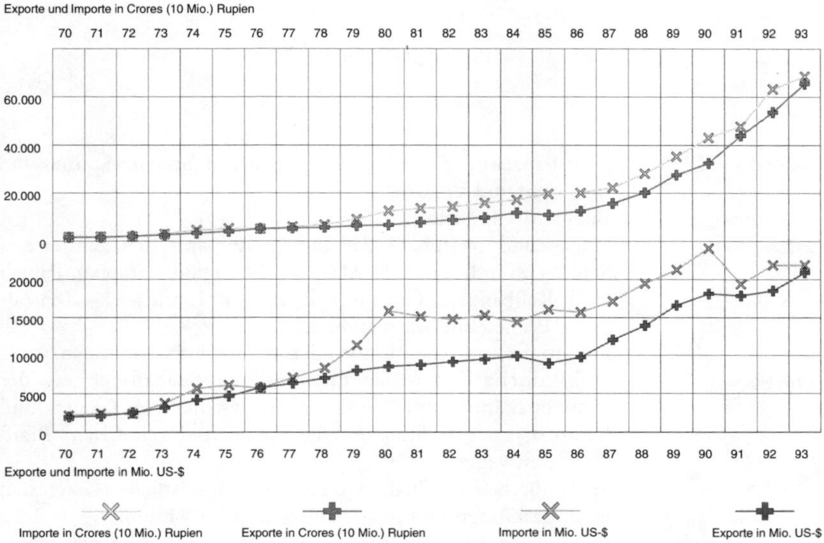

Genehmigte ausländische Investitionen in Indien im Zeitraum 1990–1993
in Millionen Rupien

Land	1990	1991	1992	1993
Australien	6,28	26,19	776,20	295,60
Deutschland	195,12	418,04	862,70	1759,30
Frankreich	88,80	193,37	296,40	1290,90
Großbritannien	90,67	321,08	1176,70	6227,30
Hongkong	11,50	211,52	570,80	879,50
Italien	68,27	178,17	893,90	1173,50
Japan	50,02	527,14	6102,30	2574,30
Niederlande	37,66	559,28	967,90	3216,50
Rußland	71,08	86,19	115,90	19,50
Schweiz	135,07	355,00	6897,60	4268,00
Singapur	k. D.	13,73	602,10	667,40
Südkorea	70,62	61,54	394,00	293,30
Taiwan	6,42	4,50	180,00	100,10
USA	344,82	1858,54	12315,00	34618,80
Auslandsinder	52,49	197,00	4391,30	10433,10

Quelle: Indien Wirtschaftsnachrichten Mai 1994

II.
Zeittafel

Georg Berkemer

ca. 6000 v. Chr.	Jungsteinzeitliche Siedlungen in Baluchistan, erste Spuren von Ackerbau und Viehzucht.
2800–2600	Beginn der Induskultur.
2300–1700	Hoch- und Spätphase der Induskultur mit den zahlreichen Städten im Industal (z. B. Mohenjo-Daro und Harappa), Panjab (z. B. Kalibangan), Gujarat (z. B. Lothal); Einflüsse bis Zentralasien, Persien und Mittelindien.
um 1250	Beginn der vedischen Einwanderung in den Nordwesten.
1200–900	Frühvedische Zeit (frühe Eisenzeit) mit Seßhaftwerdung der arischen Stämme im Panjab und im Gebiet von Ganges und Yamuna; kriegstechnische Überlegenheit durch Eisen, Pferd und Streitwagen.
900–600	Spätvedische Zeit; Siedlungen der Arier im östlichen Gangestal; Stammeskönigtümer mit Schwerpunkt im Westen.
ab 600	Erste Phase der Urbanisierung und der Entstehung von regionalen Königtümern im Gangesgebiet; Konzentration von Macht durch Einsatz von Kriegselefanten; Upanishaden-Philosophie.
um 518	Herrschaft der Perser im Indusgebiet unter Dareios.
ca. 500–320	Erste große Königreiche im Gangesgebiet; Magadha in der östlichen Gangesebene wird dominierend; heterodoxe Lehren (Buddhismus, Jainismus) entstehen im Osten.
spät. 5. bis früh. 4. Jh.	Lebenszeit Buddhas nach neuesten Datierungen.
327–325	Alexanderzug zum Industal, seitdem griechischer Einfluß im Nordwesten.
ca. 320	Gründung des Maurya-Reiches durch Chandragupta Maurya.
ca. 268–233	Ashoka, der Enkel Chandraguptas, herrscht über das erste gesamtindische Reich; Förderung des Buddhismus; Missionstätigkeit in Westasien und in Sri Lanka.
bis 185	Zerfall und Ende des Maurya-Reiches.
ca. 185–78	Sunga-Dynastie in Magadha und
ca. 182–94	Staaten der Indo-Griechen im Nordwesten.
ca. 94 v. Chr.	Erstes Auftreten der Indo-Skythen (Sakas) unter König Maues.
1. Jh. v. Chr.	Erste große Königreiche in Zentral- und Ostindien (Satavahanas in Maharashtra und Andhra, Mahameghavahanas in Orissa) und Beginn der Sangam-Kultur in Tamil Nadu.
ca. 20–46 n. Chr.	Regierung des indo-skythischen Königs Gondophernes in Taxila; St. Thomas in Indien.
frühes 1. Jh. n. Chr.	Gründung des Kushana-Reiches, das den Nordwesten und Zentralasien verbindet; Kontakte zu China.
zw. 78 u. 144	Das Kushana-Reich unter König Kanishka und seinen Nachfolgern einigt Nordindien; zugleich

ab ca. 125	Höhepunkt des zentralindischen Satavahana-Reiches, dann
um 250	Zerfall des Satavahana-Reiches.
1. bis 3. Jh.	Römische Handelsstationen in West- und Südindien; Entstehen neuer staatlicher Zentren in Tamil Nadu (Spätzeit der Sangam-Kultur).
320	Chandragupta I. gründet die Gupta-Dynastie mit Zentrum in Magadha.
ca. 335–413	Größte Ausdehnung und Höhepunkt des Gupta-Reiches unter Samudragupta und Chandragupta II.; Zeitalter der nordindischen Klassik in bildender Kunst und Sanskrit-Literatur.
455–467	Skandagupta; erster Angriff der Hunnen auf das Guptareich.
467–497	Budhagupta, letzter bedeutender Gupta-Herrscher; Zerfall der klassischen Stadtkultur Nordindiens.
499	Aryabhata errechnet die Zahl π als 3,1416 und die Länge des solaren Jahres zu 365,358 Tagen.
ca. 500–527	Kurzzeitige Hunnenherrschaft in Nordwestindien unter Toramana und Mihirakula, Beginn des Aufstiegs neuer Kleinkönige in Nord- und Zentralindien.
543–752	Erste Phase des Aufstiegs und Falls regionaler Großreiche; Regionale Zentren in Nordindien (Kanauj), Tamil Nadu (Kanchipuram) und Karnataka (Badami).
595	Früheste Inschrift mit Zahlennotation im Zehnersystem unter Verwendung der Null in Gujarat.
606–642	Harsha von Kanauj kämpft mit den Pallavas von Kanchipuram und den Chalukyas von Badami um die Vorherrschaft.
609–642	Höhepunkt der Chalukya-Macht unter Pulakesin II.
680–720	Höhepunkt der Pallava-Macht unter Narasimhavarman II.
711	Araber erobern den Sind.
752–973	Zweite Phase des Aufstiegs und Falls regionaler Großreiche; Rashtrakutas besiegen die Chalukyas auf dem Dekkan, Cholas lösen die Pallavas im Süden ab; Gurjara-Pratiharas im Westen und Norden, Palas in Bengalen.
752–756	König Dantidurga besiegt die Chalukyas und gründet die Rashtrakuta-Dynastie.
770–821	Gründung des Pala-Reiches von Bengalen durch Gopala; Vormachtstellung der Bengalen unter Dharmapala im Osten.
780–820	Wirken Sankaras, des bedeutendsten indischen Philosophen des Mittelalters.
783	Gründung der Gurjara-Pratihara-Dynastie durch Vatsaraja.
836–885	Unter Bhoja werden die Gurjara-Pratiharas zur Vormacht Indiens.
871–907	Aditya I. besiegt die Pallavas und führt die Dynastie der Cholas zur Vormacht in Tamil Nadu.
939–968	Aufstieg der Rashtrakutas unter Krishna III. zur Vormacht Indiens; nach dessen Tod
973	Sturz der Rashtrakutas und Aufstieg der Chalukyas von Kalyani.
985–1120	Vorherrschaft der Cholas in Südindien und Sri Lanka unter Rajaraja I., Rajendra I. und Kulottunga I.
ab 1000	Bedrohung des Nordens durch islamische Herrscher Afghanistans und Zentralasiens.

1000–1027	Mahmud von Ghazni (Afghanistan) plündert in 17 Kriegszügen Nordindien.
1022/25	Feldzüge der Cholas zu Land bis zum Ganges und zur See nach Südostasien.
1077–1147	Chodaganga Anantavarman gründet das Reich der Gangas von Orissa.
1079–1323	Kakatiyas von Warangal.
1192	Schlacht von Tarain; Muhammad Ghuri von Ghor schlägt die Rajputen unter Prithiviraja; Nordindien gerät langfristig unter moslemische Oberherrschaft.
1206	Qutb-ud-Din Aibak gründet das Delhi-Sultanat.
1229	Sein Nachfolger Iltutmish wird vom Kalifen als Sultan von Delhi anerkannt.
1246–1279	Rajendra III., letzter König der Chola-Dynastie.
um 1250	Bau des Sonnentempels von Konarak.
1290–1320	Unter der Khilji-Dynastie erreicht die Macht des Delhi-Sultanats ihren Höhepunkt; moslemische Dominanz auch in Südindien und Bengalen.
1296–1306	Mongolische Angriffe auf Nordindien.
1323	Prataparudra, der letzte Kakatiya-König, stirbt als Gefangener des Sultans auf dem Weg nach Delhi.
1334, 1338, 1347	Beginnender Zerfall des Delhi-Sultanats und Abspaltung selbständiger Sultanate in Madurai, Bengalen und auf dem Dekkan (Bahmaniden-Sultanat).
1346	Gründung des Reichs von Vijayanagar, des letzten hinduistischen Reiches, das 1370 das Sultanat von Madurai annektiert und bis 1420 ganz Südindien vereint.
1367	In den Kämpfen zwischen Vijayanagar und dem Bahmaniden-Sultanat werden erstmals in Südasien Kanonen in einer Feldschlacht eingesetzt.
1398	Timur plündert Delhi und hinterläßt ein Machtvakuum.
1403	Gründung des Sultanats von Gujarat.
1434	Der Offizier Kapilendra stürzt den letzten Ganga-König und etabliert die Dynastie der Suryavamsa Gajapatis von Orissa.
1450–1526	Lodi-Dynastie; letzter Höhepunkt des Sultanats von Delhi.
1469–1538	Guru Nanak, der Gründer der religiösen Gemeinschaft der Sikhs.
1498	Vasco da Gama entdeckt den Seeweg um Afrika und landet in Kozhikote (Calicut), wo er von Katalanisch sprechenden Händlern empfangen wird.
1498–1512	Schrittweiser Zerfall des Bahmaniden-Sultanats in vier Teilstaaten (Dekkan-Sultanate).
1509–1529	Krishnadevaraya, der bedeutendste König Vijayanagars.
1510	Die Portugiesen erobern mit Unterstützung Vijayanagars die Festungen Goa und Bombay.
1526	Gründung des Reichs der Großmoguln durch Babur, einen Nachfahren Dschingis Khans und Timurs, nach einem Sieg über Ibrahim Lodi von Delhi in der Schlacht von Panipat.
1556–1605	Kaiser Akbar, der bedeutendste der Großmoguln.
1565	Niederlage Vijayanagars gegen die Nachfolgestaaten des Bahmaniden-Sultanats in der Schlacht von Talikota; Vijayanagar wird politisch bedeutungslos.

1568	Eroberung des Orissa-Reichs durch die moslemischen Sultanate aus Bengalen und vom Dekkan.
1574	Kaiser Akbar erobert Gujarat.
1586	König Philipp II. von Spanien und Portugal schließt mit den deutschen Kaufleuten Fugger und Welser den Pfefferkontrakt.
1590	Kaiser Akbar erobert Bengalen und Orissa.
1600	Gründung der Britischen Ostindiengesellschaft.
1602	Gründung der niederländischen Ostindiengesellschaft.
1605–1627	Kaiser Jahangir; Blüte persischer Hofkultur in Delhi.
1627–1658	Kaiser Shah Jahan; Bau des Taj Mahal in Agra und des Roten Fort in Delhi.
1636–1644	Die Dekkan-Sultanate werden dem Mogulreich tributpflichtig; Prinz Aurangzeb wird Vizekönig des Dekkan.
1640	Gründung von Madras durch die Engländer.
1617–1680	Shivaji; Beginn der Marathen-Herrschaft im Raum von Pune.
1658–1707	Kaiser Aurangzeb; Rückbesinnung auf die islamischen Wurzeln der Mogulherrschaft; größte Ausdehnung des Mogul-Reiches; zugleich beginnende Reichskrise durch Überbeanspruchung der Ressourcen.
1661	Bei der Heirat Katharinas von Braganza mit Charles II. von England erhält dieser Bombay als Geschenk.
1664	Gründung der französischen Ostindiengesellschaft.
1670	Shivaji plündert Surat, den Haupthafen des Mogulreichs.
1674	Shivaji läßt sich nach hinduistischem Ritus zum König krönen.
1686	Kaiser Aurangzeb annektiert die Dekkan-Sultanate.
1690	Gründung Kalkuttas durch die Briten.
1707–1719	Niedergang des Mogulreichs nach dem Tod Aurangzebs; Erbfolgekriege und Sezessionen bestimmen die Politik.
1714–1761	Durch interne Reformen und erfolgreiche Kriegszüge steigen die Marathen zur Großmacht auf; eine Niederlage gegen den afghanischen König Ahmad Shah Durrani in der Schlacht von Panipat (1761) beendet die Expansion.
1724	Der Nizam von Hyderabad gründet ein faktisch unabhängiges Vizekönigreich, andere Statthalter von Mogul-Provinzen folgen diesem Beispiel.
1739	Der Schah von Persien, Nadir Shah, plündert Delhi.
1742–1754	Gouverneur Dupleix der Französischen Ostindiengesellschaft etabliert die Franzosen erfolgreich als innerindischen Machtfaktor; Einsatz indischer Soldaten mit europäischer Ausbildung.
1744–1763	Drei Karnatik-Kriege zwischen Engländern und Franzosen um Einflußsphären in Südindien und Hyderabad.
1746	Die Franzosen erobern Madras, geben es 1748 im Frieden von Aachen (Ende des Österr. Erbfolgekriegs und des ersten Karnatik-Kriegs) zurück.
1748	Trotz Friedensvertrag Verstrickung in indische Erbfolgekriege; in Hyderabad und Arcot unterstützen Engländer und Franzosen unterschiedliche Prätendenten.
1751–54	Zweiter Karnatik-Krieg.
1751	Belagerung von Arcot; Robert Clive erobert und verteidigt die Stadt für die Briten.

1754	Ende der französischen Kriegspolitik durch Ablösung Dupleix' als Gouverneur.
1754–63	Britisch-französischer Kolonialkrieg, darin 1756–1763 Dritter Karnatik-Krieg.
1757	Clive schlägt den Nawab von Bengalen in der Schlacht von Plassey; Dominanz der Briten in Bengalen beginnt.
1761	Niederlage der Franzosen und ihrer Verbündeten gegen die Engländer; Ende der französischen Hegemoniepläne; Fall von Pondicherry.
1763	Im Frieden von Paris, der den brit.-franz. Kolonialkrieg beendet, erhält Frankreich Pondicherry zurück; Verzicht auf Befestigung der franz. Niederlassungen.
1761	Ahmad Shah Durrani (Schah von Afghanistan) zieht sich nach seinem Sieg über die Marathen bei Panipat wieder nach Afghanistan zurück und hinterläßt ein Machtvakuum in Nordwestindien; Entstehung eines unabhängigen Sikh-Staates im Panjab als Folge davon.
1765	Die Briten schlagen den Großmogul; Clive erhält daraufhin vom Großmogul die Steuerhoheit über Bengalen und Bihar für die britische Ostindiengesellschaft; Beginn der direkten Herrschaft der Briten in Bengalen.
1769–1799	Kriege gegen Tipu Sultan und seinen Sohn Haider Ali; nach dem Sieg der Briten sind diese Hegemonialmacht in Südindien.
1770	Eine Kombination von Faktoren (schlechte Ernten, Monetarisierung, Grundsteuerreform und Korruption indischer und britischer Offizieller) löst in Bengalen eine Hungersnot aus, bei der ein Drittel der Einwohner stirbt.
1773, 1784	Das englische Parlament übernimmt die Aufsicht über die Verwaltungstätigkeit der British East India Company; zwei Gesetze des britischen Parlaments dienen der Schaffung des Amtes des Generalgouverneurs (in Kalkutta) und des *Board of Control* (in London).
1793	*Permanent Settlement* (permanente Grundsteuerveranlagung) in Bengalen.
1803	Der Nawab von Oudh tritt die Region Agra/Allahabad an die Briten ab; die britischen Besitztümer reichen damit bis kurz vor Delhi, die Hauptstadt des Mogulkaisers.
1818	Endgültiger Sieg der Briten über die Marathen.
1820	Gründung von *Samachar Darpana*, der ersten Zeitung in bengalischer Sprache, durch europäische Missionare.
1828	Raja Ram Mohan Roy gründet die refomhinduistische Bewegung Brahmo Samaj.
1829	Verbot der Witwenverbrennung *(sati)*.
1834	Formulierung der *Doctrine of Lapse*, wonach indische Staaten bei Ende der natürlichen Erbfolge an die Regierung zurückfallen.
1835	Das Englische löst das Persische als offizielle Verwaltungssprache ab; Einführung des höheren britischen Schulsystems.
1843	Abschaffung der Sklaverei.
1843–48	Die Annexion des Sindh löst die Sikh-Kriege (1845/6 und 1848/9) und diese die Annexion des Panjab durch die Briten aus.

1848–56	Generalgouverneur Lord Dalhousie setzt die *Doctrine of Lapse* mit Nachdruck durch; dies trägt zum Ausbruch des Aufstandes von 1857 bei.
1853	Eröffnung der ersten indischen Eisenbahn von Bombay nach Thana.
1852	Annexion Unterburmas – Eingliederung des Reststaates folgt 1885–91.
1856	Absetzung des Nawab von Oudh und Annexion von dessen Territorium durch die Briten wegen *«mismanagement»*.
1857	Aufstand *(mutiny)* der indischen Soldaten der britisch-indischen Armee in Nordindien und der Grundherren von Oudh; die Niederschlagung des Aufstandes mit Hilfe von Sikhs und Gurkhas bedeutet zugleich das Ende des Mogulreichs.
1858	Abschaffung der British East India Company; Übernahme Indiens durch die Krone; der Generalgouverneur erhält zusätzlich den Titel eines Vizekönigs.
1859	Rücknahme der *Doctrine of Lapse*.
1861	Einrichtung des *Imperial Legislative Council* mit einigen vom Vizekönig nominierten indischen Mitgliedern.
1865	Hungersnot in Orissa; Erste Telegraphenverbindung mit Europa.
1869–1948	Mohandas Karamchand Gandhi, genannt «Mahatma».
1873	Hungersnot in Bihar.
1875	Dayanand Sarasvati gründet den Arya Samaj mit dem Ziel der Rückbesinnung auf die reine Lehre der vedischen Seher.
1876–1947	Muhammad Ali Jinnah, Führer der *Muslim Liga*.
1877	Delhi Darbar: Königin Victoria nimmt den Titel *Kaisar al-Hind* (Kaiserin von Indien) an.
1878	*Vernacular Press Act:* Schlechterstellung von Zeitungen in einheimischen Sprachen gegenüber englischsprachigen.
1881	Erste allgemeine Volkszählung *(Census of India)*.
1885	Gründung des Indischen Nationalkongresses; erste Sitzung in Bombay.
1892	Reform des *Imperial Legislative Council* mit mehr indischen Mitgliedern.
1893	Die Rupie wird Zeichen-Währung *(gold exchange standard)* – Ende des freien Ausmünzens von Silber durch die britisch-indischen Münzanstalten.
1898–1905	Vizekönig Lord Curzon: Eindämmungspolitik gegen Rußland in Afghanistan und Tibet.
1904	*Co-operative Society Act* zur Förderung des Genossenschaftswesens.
1905	Die Teilung Bengalens führt zum Boykott britischer Erzeugnisse *(svadeshi)* und zu Bombenanschlägen. Der Sieg Japans über Rußland beflügelt die radikalen Kräfte der Befreiungsbewegung.
1906	Gründung der *Muslim Liga* als Gegengewicht zum Nationalkongreß.
1907	Spaltung des Indischen Nationalkongresses in eine gemäßigte und eine national-revolutionäre Richtung; Aufbau des ersten indischen Stahlwerkes.

1909	Morley-Minto-Reform: Erweiterung der Befugnisse und der Zahl der indischen Volksvertreter und Einführung von separaten Wählerschaften für Moslems.
1912	Delhi wird anstelle von Kalkutta Hauptstadt Britisch-Indiens.
1913	Nobelpreis für Rabindranath Tagore.
1914–18	Erster Weltkrieg; indische Truppen kämpfen in Europa und im Vorderen Orient.
1916	Im Pakt von Lakhnau fordern Nationalkongreß und Muslim-Liga gemeinsam die Autonomie Indiens und einigen sich über die Sitzverteilung in den Landtagen.
1919	Montagu-Chelmsford-Reformen sehen teilweisen Transfer der Regierungsverantwortung an Inder vor *(dyarchy)*; Rowlatt-Gesetze (Ermächtigungsgesetze als Ersatz für die im Krieg geltenden Notstandsgesetze) lösen Streiks und Unruhen aus. Gandhis erste Satyagraha-Kampagne in Indien.
1919–22	Gandhi organisiert das *Non-Cooperation Movement* (Nichtzusammenarbeits-Bewegung) – Gefängnisstrafe für Gandhi.
1928	Kongreß fordert Dominion-Status für Indien und Abzug der Briten in Jahresfrist.
1930–32	Gandhi organisiert Aktionen zivilen Ungehorsams *(Civil Disobedience Movement)*.
1930	Gandhis Salzmarsch.
1934	Wahlen zum Zentralparlament *(Imperial Legislative Council)* unter Beteiligung des Indischen Nationalkongresses.
1935	Eine Verfassungsreform *(Government of India Act)* führt den Bundesstaat ein und gewährt *«provisional autonomy»* (Regierungsbildung durch indische Parteien).
1936	Wahlsiege des Kongresses bei den Wahlen der Provinzlandtage.
1939	Kriegsausbruch und Rücktritt der Kongreßregierungen – Bedrohung Indiens durch japanische Besetzung Burmas – Subhas Chandra Bose (1897–1945) stellt in Burma eine Indische Nationalarmee auf – er scheitert mit seinem Versuch eines Bündnisses mit Hitler.
1940	Die *Pakistan Resolution* der Muslim-Liga vertritt die Zwei-Nationen-Theorie.
1942	*Cripps Mission:* Angebot Großbritanniens zur Schaffung eines indischen Dominions nach dem Krieg, was vom Kongreß als unbefriedigend abgelehnt wird – statt dessen beginnt Gandhi die *Quit-India*-Bewegung – Massenagitationen und Verbot des Kongresses.
1944	Gespräche zwischen Gandhi und Jinnah, dem Führer der Muslim-Liga, über die Zukunft Indiens enden ergebnislos.
1945	Die Konferenz in Simla mit dem Ziel der Bildung einer nationalen Interimsregierung scheitert am Widerstand Jinnahs, eine Spaltung in zwei Staaten zeichnet sich ab.
1946	Bei Wahlen erzielt die Muslim-Liga starke Stimmengewinne; *Cabinet Mission*: Britische Vorschläge zu einem Ausgleich der Gegensätze zw. Kongreß und Muslim-Liga und zu einer entsprechenden Verfassung bleiben ohne Ergebnis; Unruhen in Kalkutta.

	Jawaharlal Nehru (1889–1964) wird Premierminister einer Interimsregierung – Wahlen zur Verfassunggebenden Versammlung für ein unabhängiges Indien.
1947	Teilung und Unabhängigkeit: Pakistan (14.8.) und Indien (15.8.) werden Dominions – Massaker und Massenflucht auf beiden Seiten der Grenzen – Beginn des Kaschmirkonflikts.
1948	30.1. Ermordung Gandhis durch einen hinduistischen Fanatiker; Waffenstillstand in Kaschmir und de facto Teilung des Staates; Eingliederung der indischen Fürstenstaaten in die Union.
1949	26.11. Verabschiedung der indischen Verfassung durch die *Constituent Assembly* – Die Verfassung tritt am 26. 1. 1950 in Kraft.
1950	Rajendra Prasad wird Staatspräsident, Jawaharlal Nehru Premierminister; Abkommen mit Pakistan zum Schutz von Minderheiten.
1951	Außenpolitische Aktivitäten Nehrus: Vermittlung im Koreakrieg; Eingliederung des französischen Besitztums Chandarnagar in die Union.
1952	Inkrafttreten des ersten Fünfjahresplanes (bis 1956); Erfolge für die Kongreßpartei Nehrus in den ersten Parlamentswahlen.
1954	Indische Vermittlungsversuche in Indochina führen zur Internationalen Kontrollkommission unter Vorsitz Indiens. Pakistan wird Verbündeter der USA (CENTO, SEATO). Staatsbesuch Tschou En Lais in Indien; Eingliederung der französischen Besitztümer Pondicherry, Karikal, Mahé und Yanam in die Union.
1955	Bandung-Konferenz der afro-asiatischen Staaten (Blockfreie) unter maßgeblicher Beteiligung Indiens; Besuch Bulganins und Chruschtschows in Indien.
1956	Neuaufteilung der indischen Bundesstaaten nach Sprachgrenzen.
1957	Zweiter Fünfjahresplan mit Betonung des Ausbaus der Schwerindustrie; Indien erhält westliche Entwicklungshilfe. Bei den 2. allgemeinen Wahlen siegt die Kongreßpartei in Bund und Ländern mit Ausnahme von Kerala (Kommunisten). China besetzt Teile des indischen Kaschmir.
1959	Die Zentralregierung entläßt die Regierung von Kerala und unterstellt es der Kontrolle Delhis *(President's Rule)*; Gründung einer rechten Oppositionspartei *(Swatantra Party)*; Beginn von Grenzkonflikten mit China – der Dalai Lama flieht nach Indien. Das mit deutscher und österreichischer Hilfe gebaute Stahlwerk Rourkela nimmt die Produktion auf.
1960	Vertrag über amerikanische Weizenlieferungen; Staatsbesuch Chruschtschows in Indien; Vertrag mit Pakistan über das Induswasser; Teilung des Bundesstaates Bombay nach Sprachgrenzen in Maharashtra und Gujarat.
1961	Konferenz der Bündnisfreien Staaten in Belgrad – Nehru wird Wortführer der Gemäßigten;

	Gespräche mit China in Delhi; Indien befreit Goa, Daman und Diu von portugiesischer Kolonialherrschaft – Prestigeverluste bei den Blockfreien.
1962	3. Fünfjahresplan; 3. allgemeine Wahlen – die Kongreßpartei siegt wiederum in Bund und Ländern; Grenzkrieg mit China im Nordosten und in Ladakh.
1964	Im Mai stirbt Jawaharlal Nehru, Lal Bahadur Shastri wird Premierminister.
1965	Zwei Dürrejahre führen zu heftigen Einbußen in der Agrarproduktion. 1.9. Pakistan greift Indien an (Operation *«Grand Slam»*).
1966	Waffenstillstand durch Vermittlung der Sowjetunion – Konferenz von Tashkent; Tod Lal Bahadur Shastris in Tashkent – Indira Gandhi (1917–1984), die Tochter Nehrus, wird Premierministerin; Allgemeine wirtschaftliche Rezession – Abwertung der Indischen Rupie um ca. 50%; Teilung des Panjab in einen Sikh-dominierten Panjab mit Panjabi als Mehrheitssprache und ein hinduistisches, Hindi sprechendes Haryana.
1967	4. allgemeine Wahlen bringen Koalitionsregierungen der bisherigen Opposition in einigen Bundesländern und reduzieren die Kongreßmehrheit in der *lok sabha* (Bundesparlament); Chinesisch-indischer Konflikt an der Grenze von Sikkim.
1968	«Grüne Revolution» nach Zusammenbruch der Agrarpreispolitik in der Dürrezeit. Der Beginn des 4. Fünfjahresplanes (urspr. 1967–1974) wird um zwei Jahre verschoben.
1969	Blutige Unruhen zwischen Hindus und Moslems in Ahmedabad; Im Mai Tod des Präsidenten Zakir Hussain – Indira Gandhis Kandidat V. V. Giri wird Nachfolger; Im November Spaltung des Indian National Congress durch Indira Gandhi.
1971	Indira Gandhi gewinnt die vorgezogenen Parlamentswahlen; Freundschaftsvertrag mit der Sowjetunion einschl. einer Beistandsklausel; Indien unterstützt die separatistische Bewegung in Ost-Pakistan (Bangladesch) – Flüchtlingsprobleme in Bengalen – im Dezember Krieg mit Pakistan und militärisches Eingreifen in Bangladesch.
1972	Dürrejahr; Dialog mit Pakistan über die Konflikte um Bangladesch und Kaschmir *(Simla Agreement)*.
1974	Dürrejahr; Weltenergiekrise trifft Landwirtschaft und Industrie – Inflationsrate 30%; Unterzeichnung eines Abkommens mit Pakistan und Bangladesch über die Behebung der Streitigkeiten, die nach dem Sezessionskrieg von 1971 aufgetreten waren.

	Am 18.5. wird in der Thar-Wüste unterirdisch ein Atomsprengsatz gezündet – Verschlechterung der Beziehungen zu Pakistan.
1975	Protestbewegung gegen die Regierung Gandhi, geführt von Jayaparakash Narayan – Gerichtsurteil gegen Gandhi wegen Unregelmäßigkeiten im Wahlkampf von 1971 – Niederlage der Kongreßpartei bei der Landtagswahl in Gujarat – Indira Gandhi läßt den Notstand erklären und viele Oppositionelle verhaften. Ölfunde im Golf von Bengalen.
1976	Indira Gandhi verschiebt die fälligen Bundestagswahlen und setzt sie dann kurzfristig auf Anfang 1977 an; Nach 15 Jahren Normalisierung der Beziehungen zur Volksrepublik China; Botschafteraustausch mit Pakistan, nachdem diese Beziehungen seit dem Krieg von 1971 geruht hatten; Im Zuge der Bevölkerungspolitik Heraufsetzung des Heiratsalters für Frauen von 15 auf 18, und für Männer von 18 auf 21 Jahre; Gesetz zur Aufhebung von *bonded labour* (Fronarbeit).
1977	Niederlage Indira Gandhis bei der Wahl zum Unionsparlament – die Janata-Partei (Volkspartei) kommt an die Macht – Premierminister Moraji Desai, Präsident N. Sanjiva Reddy.
1978	Konflikte in der Janata-Partei – Desai entläßt seinen Stellvertreter Charan Singh; Spaltung der Kongreßpartei in den «Indischen Nationalkongreß» unter Brahmananda Reddy und den «Indischen Nationalkongreß-I» (Indira), bekannt als *Congress (I)*, unter Indira Gandhi; Das «Indien-Konsortium» aus 13 westlichen Industriestaaten gewährt für das Finanzjahr 1978/79 eine Finanzhilfe von ca. 2,2 Mrd. DM; Differenzen beim Besuch von US-Präsident Jimmy Carter in Delhi über die indische Atompolitik und die US-Stützpunkte im Indischen Ozean; Einführung der Prohibition.
1979	Nach dem Verlust der Unterstützung durch Sozialisten und Kommunisten tritt M. Desai im Juli zurück – Charan Singh bildet eine Interimsregierung.
1980	Im Januar gewinnt Indira Gandhi die Wahl zum Unionsparlament. Indira Gandhis Sohn Sanjay stürzt mit seinem Sportflugzeug ab.
1981	Ein Urteil des Obersten Gerichts *(Supreme Court)* bestimmt Indira Gandhis *Congress (I)* zur offiziellen Kongreßpartei.
1982	Sheikh Abdullah, der «Löwe von Kaschmir», stirbt.
1983	Im Februar wird Indira Gandhis Sohn Rajiv Gandhi Generalsekretär des *All-India Congress Committee*; Im Juni Sieg der Kongreßpartei bei Wahlen in Kaschmir, was zu dauernden Unruhen führt; Am 5.6. stürmt die indische Armee den goldenen Tempel von Amritsar und verhaftet den Führer des Akali Dal, B. Longowahle – bei weiteren Unruhen Stürmung von 26 Sikh-Tempeln

durch die indische Armee – dieses harte Vorgehen löst in der ind. Armee, der viele Sikhs angehören, Unruhen aus.
Agitation und Übergriffe gegen Bengalen, besonders aus Bangladesch, in Assam und den Nordost-Staaten.

1984 Im Mai brechen *communal riots* (lokale Aufstände) zwischen Hindus und Moslems in Bombay und anderen Städten Westindiens aus, ca. 200 Menschen sterben, 3000 werden verhaftet.
Am 2. 7. setzt die Zentralregierung die Regierung Kaschmirs ab, nachdem 12 Abgeordnete der Kongreßpartei zur Opposition übergegangen waren.
Im Oktober wird Indira Gandhi von Sikhs aus ihrer Leibwache erschossen.
Im Dezember gewinnt die Kongreßpartei unter der Führung von Rajiv Gandhi bei den Wahlen zum Unionsparlament.
Am 3. 12. ereignet sich im Chemiewerk der Union Carbide India in Bhopal der bisher größte Industrieunfall – Ursachen sind mangelnde Sicherheitsstandards, schlechte Ausbildung und Fahrlässigkeit – ca. 2800 Menschen sterben an den unmittelbaren Folgen, bis zu 16000 werden geschädigt – bis zum Jahr 1994 sterben ca. 10000 Menschen an den Folgen der Katastrophe.

1985 Rajiv Gandhi tritt in einen Dialog mit regionalen separatistischen Gruppierungen – Wahlen in Assam, Panjab und Mizoram können durchgeführt werden;
Goa wird Bundesland.
Erstes Gipfeltreffen der Mitglieder der SAARC (South Asian Association for Regional Cooperation) in Dhaka.

1986 Die Mehrheit des Indian National Congress (Socialist) kehrt zum *Congress (I)* zurück.
Erneute Verschärfung der Konflikte im Panjab – Gandhi entläßt die Landesregierung.
Staatsbesuch von Bundeskanzler Helmut Kohl in Indien.

1987 Niederlage der Kongreßpartei in Haryana, Erfolge militanter Hindu-Organisationen;
23. bis 25. 9. Artillerie- und Raketenduelle mit pakistanischen Streitkräften in Kaschmir.
Nach spektakulären Fällen von Witwenverbrennung erläßt die Regierung ein Gesetz, wonach auf Beihilfe zur Witwenverbrennung lebenslange Haft oder Todesstrafe steht.
Entsendung der Indian Peace Keeping Force nach Sri Lanka.

1988 Die Spannungen zwischen Sikhs und der indischen Regierung erreichen 1988 einen neuen Höhepunkt – zahlreiche Menschen sterben im Panjab und in Delhi bei terroristischen Anschlägen – am 7. 3. löst Rajiv Gandhi erneut den Landtag des Panjab auf;
Staatsbesuch Rajiv Gandhis in Deutschland.
Am 25.2. testet Indien zum ersten Mal erfolgreich die Langstreckenrakete Prithivi.
Am 17. 3. beschließt das Oberhaus eine Verfassungsänderung, wonach unter anderem die Grundrechte suspendiert und ein Bundesland für ein bis drei Jahre unter zentrale Verwaltung gestellt werden kann.

1989 Am 6. 4. spricht ein indisches Gericht den Opfern der Giftgaskatastrophe von Bhopal umger. 250 Mio. DM Schadensersatz zu.
Vom 12. bis 17.5. Belagerung und erneute Erstürmung des Goldenen Tempels der Sikhs in Amritsar durch die indische Armee.
Parlamentswahlen im November bringen Verlust der absoluten Kongreß-Mehrheit, darauf Rücktritt Rajiv Gandhis am 29.11. – Neuer Premierminister wird V. P. Singh (Janata Dal).
Zunahme hinduistischer Militanz in Nordindien.

1990 Die Regierung Singh erhebt im Januar Anklage gegen die schwedische Rüstungsfirma Bofors wegen Bestechung im Zusammenhang von Waffenverkäufen – im März Eröffnung eines Strafverfahrens gegen hohe indische Offiziere und ehemalige Staatssekretäre, die einen Auftrag zum Bau von U-Booten gegen rund 30 Mio. DM Bestechungsgelder der deutschen HDW angeboten haben sollen.
Erhöhung der Steuern für die Industrie und auf Luxusgüter und Rohöl, Senkung der Körperschaftssteuer und der Steuern für Importe, die der Exportwirtschaft dienen;
Erhöhung der Verteidigungsausgaben um 10%;
Von Jan. bis Juli 1990 ca. 1250 Tote im Panjab;
Wiedereröffnung der 1989 geschlossenen Grenzübergänge zu Nepal.
Eine Regierungskrise im Juli endet mit der Entlassung des stellvertretenden Ministerpräsidenten Devi Lal – Prestigeverlust des Premierministers, der durch Erschließung neuer Wählerschichten, der sog. *other backward classes*, aufgefangen werden soll, wozu eine unter der Regierung Desai erarbeitete Empfehlung der *Mandal Commission* (Einrichtung einer gesetzlichen Vorzugsbehandlung für Angehörige niedriger Kasten, u. a. Garantie auf 27% der Arbeitsplätze im öffentlichen Sektor) dient – als Reaktion darauf Generalstreik am 1.9. – am 2.10. einstweilige Anordnung des Obersten Gerichtshofs gegen die Reservierungspolitik, um Unruhen vorzubeugen.
Im Oktober erreicht die Auseinandersetzung um die Babri-Moschee von Ayodhya einen Höhepunkt – nach landesweiten Agitationen der BJP (Bharatiya Janata Party, Indische Volkspartei) wird deren Parteivorsitzender, Lal Krishnan Advani, verhaftet – die BJP entzieht der Minderheitsregierung V. P. Singhs die Unterstützung.
Am 23. 10. werden in Uttar Pradesh 17000 Hindus festgenommen – die Regierung schickt 250000 Soldaten ins Gebiet um Ayodhya.
Der Distriktbürgermeister von Srinagar ruft die Armee zur Unterstützung auf – Eskalation der Unruhen in Kaschmir.
7.11. Premier Singh verliert eine Vertrauensabstimmung und tritt zurück – Spaltung der Janata Dal-Partei – Rajiv Gandhi lehnt die Übernahme der Regierungsverantwortung ab – 10.11. Vereidigung Chandra Shekars (Janata Dal), der auf Unterstützung Gandhis angewiesen ist.

Die Zentralregierung erklärt am 29.11. Assam zum Unruhegebiet und unterstellt es der Kontrolle Delhis *(President's Rule)*.

1991 Die Zentralregierung entläßt am 5.2. die Regierung Tamil Nadus und verhängt *President's Rule*.

Bei Gesprächen in Peking im Februar verständigen sich China und Indien auf eine schrittweise Öffnung der Grenzen.

Premier Chandra Shekar tritt am 6.3. nach Konflikten mit der Kongreßpartei zurück;

8.4. Unterzeichnung einer Vereinbarung zwischen Indien und Pakistan über vertrauensbildende Maßnahmen im militärischen Bereich;

20.5. Beginn der Neuwahlen zum Bundesparlament;

21.5. Ermordung Rajiv Gandhis bei einer Wahlveranstaltung in Tamil Nadu – die Wahl wird unterbrochen – 31.5. Wahl P. V. Narasimha Raos zum Vorsitzenden der Kongreßpartei – 12.6. Fortsetzung der Parlamentswahlen, bei der die Kongreßpartei 233 von 511 Sitzen erringt – 23.6. Vereidigung Narasimha Raos als Premierminister – sein erster Staatsbesuch führt ihn Anfang September nach Deutschland.

10. 9. Verabschiedung eines Gesetzes zum Schutz der Gebetsstätten aller Religionen mit dem Ziel, Streitigkeiten um Standorte religiöser Einrichtungen zu vermeiden – ausgenommen ist die Moschee von Ayodhya, zu der ein Gerichtsverfahren anhängig ist.

Die Rebellen der United Liberation Force of Assam (ULFA) erklären am 17.12. einen einseitigen Waffenstillstand.

1992 Ca. 5000 Tote 1991/92 im Panjab durch die Auseinandersetzung militanter Sikhs und der indischen Zentralregierung – trotzdem leichte Entspannung, die am 19.2. Wahlen im Panjab ermöglicht – trotz strenger Sicherheitsvorkehrungen aber nur 28% Wahlbeteiligung – hoher Sieg der Kongreßpartei bei Boykott durch radikale Sikhs.

Im Februar und März billigt das Parlament den Haushaltsentwurf der Regierung und das wirtschaftliche Reformprogramm des Premierministers.

Im Mai verbietet die Regierung die Liberation Tigers of Tamil Eelam (LTTE), die in Tamil Nadu Stützpunkte zum Kampf gegen die Regierung Sri Lankas unterhält – 41 Führer werden wegen des Mordes an Rajiv Gandhi angeklagt.

13.7. Wahl des neuen Staatspräsidenten Shankar Dayal.

Im März werden weitreichende Betrugsmanöver aufgedeckt, bei denen Börsenmakler und Bankiers mit Kundengeldern an der Börse von Bombay spekuliert hatten.

Mitte Juli kommt es zu blutigen Auseinandersetzungen zwischen Hindus und Moslems um die Babri-Moschee in Ayodhya – Anhänger der fundamental-hinduistischen Massenorganisation Vishva Hindu Parishad (All-Hindu-Rat, VHP) mißachten ein Urteil des Obersten Gerichtshofs, das Fundamentaushebungen für einen Tempel auf dem Gelände der Moschee verbietet – Premierminister Narasimha Rao sagt eine Lösung binnen 3 Monaten zu.

Die Weltbank macht im Herbst weitere Kredite für das Narmada-Staudammprojekt von ökologischen und umsiedlungspolitischen Auflagen abhängig.

Am 6.12. erreicht der Konflikt um die Babri-Moschee von Ayodhya einen gewaltsamen Höhepunkt – im Verlauf einer zunächst friedlichen Demonstration von ca. 300000 Hindus wird die Moschee von Fanatikern zerstört – im ganzen Land brechen *communal riots* aus – allein in Bombay sterben 1 200 Menschen – die Landesregierung von Uttar Pradesh (BJP) wird sofort entlassen – auf dem Tempelgelände greifen die Sicherheitskräfte erst am 8.12. mit gewaltsamer Räumung ein – führende Politiker der BJP und des VHP werden wegen Rädelsführerei verhaftet – drei hinduistische und zwei moslemische Extremistenorganisationen, u. a. der VHP, werden verboten – am 15.12. entläßt Präsident Shankar Dayal Sharma alle Landesregierungen unter BJP-Ministerpräsidenten und unterstellt diese Bundesländer der Zentralregierung – darauf am 21.12. Mißtrauensvotum der BJP gegen Premierminister Narasimha Rao im Zentralparlament (334 zu 106 Stimmen für Rao) – Hindus und Moslems protestieren gegen die Absicht der Regierung, sowohl eine Moschee als auch einen Tempel auf dem Gelände errichten zu lassen.

1993 5.–13.1. Schwere Ausschreitungen zwischen Hindus und Moslems in Bombay und Gujarat;

27.–29.1. Staatsbesuch Boris Jelzins in Delhi – der neue Freundschaftsvertrag enthält keine Beistandsklausel mehr;

13 Bombenanschläge militanter Sikhs in Bombay fordern am 12.3. mehr als 300 Menschenleben – weitere Anschläge in Delhi und Kalkutta.

Die Regierung Narasimha Rao verzichtet auf Weltbankkredite für das Narmada-Staudammprojekt, da diese Gelder mit ökologischen Auflagen verbunden gewesen wären.

Ein Gericht bestätigt im Juni das Verbot des VHP, hebt aber die Verbote gegen Muslimorganisationen auf.

Premier Narasimha Raos Minderheitsregierung übersteht im Juli einen Mißtrauensantrag wegen Korruption, Mißwirtschaft und Untätigkeit im Religionsstreit mit 262 zu 248 Stimmen.

Zweiter Staatsbesuch von Bundeskanzler Helmut Kohl in Indien.

Wahlen im Himachal Pradesh, Madhya Pradesh, Rajastan und Uttar Pradesh im November führen zu Verlusten der BJP.

1994 Im Februar zweiter Staatsbesuch Premier Narasimha Raos in Deutschland.

Landtagswahlen in Karnataka und Andhra Pradesh führen zur Regierung der bisherigen Oppositionsparteien Janata Party (Karnataka) und Telugu Desam (Andhra Pradesh).

1995 Landtagswahlen in Gujarat, Maharashtra und Orissa. Die Kongresspartei siegt in Orissa, die BJP regiert in Gujarat alleine und ist in Maharashtra an der Regierung beteiligt.

III.
Literaturverzeichnis

Erster Teil: Umwelt und Bevölkerung

I. Ökologische Grundlagen: Naturraum und Klima (Hans-Georg Bohle)

Brückner, H.
Küstennahe Tiefländer in Indien: ein Beitrag zur Geomorphologie der Tropen. (Düsseldorfer Geographische Schriften, Bd. 28). Düsseldorf 1989

Büdel, J.
«Tropische Relieftypen Südindiens.» (Aus dem Nachlaß bearbeitet und herausgegeben von D. Busche, Cambridge (Mass.) 1993). In: *Relief, Boden, Paläoklima.* (Studien zur tropischen Reliefbildung, Bd. 4) Berlin / Stuttgart 1986, S. 1–84

Domrös, M.
«Das Klima des vorderasiatischen Subkontinents.» in: Blenck, J. / Bronger, D. / Uhlig, H. (Hrsg.) *Südasien.* Frankfurt am Main 1977, S. 47–55

Gadgil, S. et al.
«Coherent Rainfall Zones of Indian Regions.» *International Journal of Climatology* Vol. 6, 1986, S. 547–566

Government of India
A Social and Economic Atlas of India. New Delhi 1986

Gregory, S.
«The Changing Frequence of Drought in India.» *The Geographic Journal* Vol. 155, Nr. 3, 1989, S. 322–334

Herresthal, M.
Die landschaftsräumliche Gliederung des indischen Subkontinents. Saarbrücken 1976

Hingane, L. S. et al.
«Long-Term Trends of Surface Air Temperature in India.» *International Journal of Climatology* Vol. 5, 1985, S. 521–528

Krebs, N.
Vorderindien und Ceylon. Stuttgart 1939 (Nachdruck Darmstadt 1965)

Kulkarni A. et al.
«Classification of Summer Monsoon Rainfall Patterns over India.» *International Journal of Climatology* Vol. 12, Nr. 3, 1992, S. 269–280

Nag, P. / Sengupta, S.
A Geography of India. New Delhi 1992

Nitz, H. J.
Formen der Landwirtschaft und ihre räumliche Ordnung in der oberen Gangesebene. Wiesbaden 1971

Roy, B. K.
«Water in India with Reference to Agriculture and Population: Some Issues and Patterns.» *Geo Journal* Vol. 20, 1990, S. 271–284

Spate, O. H. K. / Learmonth, A. T. A.
India and Pakistan. A General and Regional Geography. Bungay 1967 (3. rev. Aufl.)

Stamp, L. D.
«The Natural Regions of India.» *Geography* Vol. 14, 1928, S. 502–506

Uhlig, H.
«Naturlandschaftliche Grundlagen der Lebensräume in Südasien. Bau – Relief-Böden – Vegetation – Naturräumliche Großgliederung.» in: Blenck, J. / Bronger, D. / Uhlig, H. (Hrsg.) *Südasien*. Frankfurt am Main 1977, S. 55–78

Vines, R. G.
«Rainfall Patterns in India.» *International Journal of Climatology* Vol. 6, 1986, S. 135–148

Weigt, E.
«Indien. Eine Geographische Strukturskizze.» *Geographisches Taschenbuch* 1966 / 69, S. 79–97

Weischet, W.
Einführung in die Allgemeine Klimatologie. Physikalische und meteorologische Grundlagen. Stuttgart 1977

II. Die Siedlungsformen: Dörfer, Städte, Metropolen (Dirk Bronger)

Alam, S. M. / Alikan, F. (Hrsg.)
Poverty in Metropolitan Cities. New Delhi 1987

Blenck, J.
«Die Städte Indiens.» in: Blenck, J. / Bronger, D. / Uhlig, H. (Hrsg.) *Südasien*. Frankfurt am Main 1977, S. 145–162

Bronger, D.
«Kriterien der Zentralität südindischer Siedlungen.» in: *Deutscher Geographentag Kiel. Tagungsbericht und wiss. Abhandlungen*. Wiesbaden 1970, S. 498–518
«Kastenwesen und Siedlung im südlichen Indien. (Der sozialgeographische Einfluß des Kastenwesens auf Siedlung und Agrarstruktur im südlichen Indien, Teil I).» *Erdkunde* Bd. 24, 1970, S. 89–106
«Jajmani System in Southern India?» in: Meyer-Dohm, P. (Hrsg.) *Economic and Social Aspects of Indian Development*. Tübingen / Basel / Bombay 1975, S. 207–242
«Die ländlichen Siedlungen Indiens.» in: Blenck, J. / Bronger, D. / Uhlig, H. (Hrsg.) *Südasien*. Frankfurt am Main 1977, S. 127–145
«Die Rolle der Metropole im Entwicklungsprozeß: Das Beispiel Bombay.» in: Feldbauer, P. et al. (Hrsg.) *Megastädte. Zur Rolle von Metropolen in der Weltgesellschaft*. Wien 1993, S. 107–128
Indien (Perthes Länderprofile). Gotha 1995 (im Druck)

Domrös, M.
«Indien.» in: Grötzbach, E. (Hrsg.) *Asien*, Bd. 1. München 1981, S. 130–158

Fischer, K. / Jansen M. / Pieper, J.
Architektur des Indischen Subkontinents. Darmstadt 1987

Gutschow, N. / Pieper, J.
Indien. Von den Klöstern im Himalaya zu den Tempelstädten Südasiens. Bauformen und Stadtgestalt einer beständigen Tradition. Köln 1978

Kulke, H. / Rieger, H. / Lutze, L.(Hrsg).
Städte in Südasien: Geschichte, Gesellschaft, Gestalt. Wiesbaden 1982

Nissel, H.
Bombay. Untersuchungen zur Struktur und Dynamik einer indischen Metropole. Berlin 1977
«Determinanten und rezente Auswirkungen der Urbanisierung in Indien.» in: Husa, K. et al. (Hrsg.) *Beiträge zur Bevölkerungsforschung*. Wien 1986, S. 267–284

Roy, B. K.
Census of India 1981, Series 1, Part 5. Geographical Distribution of Internal Migration in India 1971–1981. New Delhi 1989

Smailes, A.
«The Indian City. A Descriptive Model.» *Geographische Zeitschrift* Bd. 57, S. 177–190

III. Das Bevölkerungswachstum (Dietmar Rothermund)

Agrawal, A. N. / Varma, H. O. / Gupta, R. C.
India Economic Information Yearbook 1992–92. New Delhi 1993
Bose, A.
India's Urbanization, 1901–2001. New Delhi 1978
Population of India, 1991 Census. Results and Methodology. Delhi 1991
Bose, A. (ed.)
Patterns of Populations Change in India, 1951–61. New Delhi 1967
Cassen, R. H.
India. Population, Economy, Society. London 1978
Census of India 1991
Series 1, Paper 1 of 1991. Provisional Population Totals. Delhi 1991
Chesnais, J.-C.
Demographic Transition: Stages, Patterns and Economic Implications; a longitudinal study of sixty-seven countries covering the period 1720–1984. Oxford 1992
Davis, K.
The Population of India and Pakistan. Princeton 1951
Diekhoff, G. W.
Die Rolle des Bevölkerungswachstums in der sozialökonomischen Entwicklung. Die Theorie Esther Boserups als Erklärungsmodell der Agrarentwicklung in der tropischen und in der gemäßigten Klimazone. Kiel 1993
Dyson, T. (ed.)
India's Historical Demography: Studies in Famine, Disease and Society. London 1989
Government of India
Family Planning Programme: An Evaluation. New Delhi 1971
Premi, M. K.
India's Population: Heading Towards a Billion, An analysis of the 1991 Census Provisional Results. Delhi 1991
Streich, J.
Global 1990: Zwischenbilanz der Umweltstudie «Global 2000». Hamburg 1989
Visaria, P./Jain, A. K.
Country Profile: India. New York 1976

IV. Regionale Diskrepanzen (Dietmar Rothermund)

Ahmad, Q.
Indian Cities. Characteristics and Correlates. Chicago 1965
Government of India
A Social and Economic Atlas of India. Delhi 1987
Hellmann, D. / Rothermund, D. (Hrsg.)
Nationalstaat und Sprachkonflikte in Süd- und Südostasien. Stuttgart 1992
Kulke, H. / Rothermund, D. (Hrsg.)
Regionale Tradition in Südasien. Stuttgart 1985
Kundu, A./Raza M.
Indian Economy: The Regional Dimension. New Delhi 1982
Mitra, A. / S. Mukherji, S.
Population, Food and Land Inequality in India 1971. Bombay 1980

Rothermund, D. / Saha, S. K. (eds.)
Regional Disparities in India. Rural and Industrial Dimensions. New Delhi 1991
Sopher, David E. (ed.)
An Exploration of India. Geographical Perspectives on Society and Culture. Ithaca 1980

Zweiter Teil: Geschichte und Gesellschaft

V. Epochen der indischen Geschichte (Dietmar Rothermund)

Allchin, B. / Allchin, R.
The Birth of Indian Civilization. Harmondsworth 1968
The Rise of Civilization in India and Pakistan. Cambridge 1982
Baker, C. / Johnson, G. / Seal, A. (eds.)
Power, Profit and Politics: Essays on Imperialism, Nationalism and Change in Twentieth-Century India. Cambridge 1981
Baker, C. / Washbrook, D. A.
South India, Political Institutions and Political Change 1880–1940. Delhi 1975
Basham, A. L.
The Wonder that Was India. London (3rd rev.ed.) 1967
Basham, A. L. (ed.)
A Cultural History of India. Delhi 1975
Bayly, C. A.
Indian Society and the Making of the British Empire. Cambridge 1988 (The New Cambridge History of India 2,1)
Rulers, Townsmen and Bazaars. North Indian Society in the Age of Expansion 1770–1870. Cambridge 1983
Bhattacharya, S.
Landschenkungen und staatliche Entwicklung im frühmittelalterlichen Bengalen (5.–13. Jh. n. Chr.). Wiesbaden 1984
Blake, S. P.
«The Patrimonial-Bureaucratic Empire of the Mughals.» *Journal of Asian Studies* 39, No. 1, 1979, S. 77–94
Brass, P. R.
The Politics of India since Independence. Cambridge 1990 (The New Cambridge History of India 4,1)
Brown, J. M.
Modern India: The Origins of an Asian Democracy. Delhi 1985
Chaudhuri, K. N.
The Trading World of Asia and the East India Company, 1660–1760. London 1978
Dallapiccola, A. L. / Zingel Avé-Lallemant, S. (Hrsg.)
Vijayanagara – City and Empire. 2 Bde. Stuttgart 1985
Embree, A. T.
Imagining India: Essays on Indian History. Delhi 1989
Embree, A. T. / Wilhelm, F.
Indien. Geschichte des Subkontinents von der Induskultur bis zum Beginn der englischen Herrschaft. Frankfurt am Main 1967
Förster, S.
Die mächtigen Diener der East India Company. Ursachen und Hintergründe der britischen Expansionspolitik in Südasien, 1793–1819. Stuttgart 1992

Furber, H.
John Company at Work. A Study of European Expansion in India in the Late Eighteenth Century. London 1951
Rival Empires of Trade in the Orient, 1600–1800. Minneapolis 1976
Gandhi, M. K.
Collected Works. (90 vols.) New Delhi 1958–1984
An Autobiography. The Story of my Experiments with Truth. London 1966 (paperback ed.)
Gopal, S.
British Policy in India 1858–1905. Cambridge 1965
Gupta, P. L.
The Imperial Guptas. 2 Bde. Varanasi 1974
Habib, I.
The Agrarian System of Mughal India. Bombay 1963
Jacobs, N.
Patrimonial Interpretation of Indian Society: Contemporary Structure and Historical Foundations. Delhi 1989
Johnson, G. (gen. ed.)
The New Cambridge History of India. Cambridge; thematische Einzelbände erscheinen seit 1987
Karashima, N.
South Indian History and Society. Studies from Inscriptions (AD 800–1850). Delhi 1984
Kling, B. B. / Pearson, M. N. (eds.)
The Age of Partnership – Europeans in Asia before Dominion. Honolulu 1978
Kosambi, D. D.
The Culture and Civilisation of Ancient India in Historical Outline. London 1965
Kulkarni, A. R.
Maharashtra in the Age of Shivaji. Pune 1969
Kulke, H.
Jagannatha-Kult und Gajapati-Königtum. Ein Beitrag zur Geschichte religiöser Legitimation hinduistischer Herrscher. Wiesbaden 1979
Kings and Cults: State Formation and Legitimation in India and Southeast Asia. New Delhi 1993
Kulke, H. / Leue, J. / Lütt, J. / Rothermund, D.
Indische Geschichte vom Altertum bis zur Gegenwart. Literaturbericht über neuere Veröffentlichungen. (*Historische Zeitschrift* Sonderheft 10) München 1982
Kulke, H. / Rothermund, D.
Geschichte Indiens. Stuttgart 1982
A History of India. London (rev.ed.) 1990
Kulke,H. / Rothermund, D. (Hrsg.)
Regionale Tradition in Südasien. Wiesbaden 1985
Low, D. A. (ed.)
Congress and the Raj. Facets of the Indian Struggle 1917–1947. London 1977
Lütt, J.
Hindu-Nationalismus in Uttar Pradesh, 1867–1900. Stuttgart 1970
Majumdar, R. S.
History of the Freedom Movement in India. 3 Bde. Kalkutta 1988 (repr. of 2nd ed.)
Majumdar, R. S. / Altekar, A. S.
The Vakataka-Gupta Age. Delhi 1967
Majumdar, R. C. et al. (eds.)
History and Culture of the Indian People. 11 Bde. Bombay 1951ff.

Mansergh, N. (ed.)
The Transfer of Power. (12 vols). London 1970ff.
Marshall, P. J.
Bengal: the British Bridgehead: Eastern India 1740–1828. Cambridge 1987 (The New Cambridge History of India 2,2)
The Impeachment of Warren Hastings. London 1965
Metcalf, T. R.
The Aftermath of Revolt. India, 1857–1870. Princeton 1964
Moosvi, S.
The Economy of the Mughal Empire c.1595. A Statistical Study. Delhi 1987
Nilakanta Sastri, K. A.
A History of South India. Madras ^{4}1966
The Cholas. Madras ^{2}1955
Nilakanta Sastri, K. A. et al. (eds.)
A Comprehensive History of India (bisher 3 Bde.). Calcutta 1957ff.
Pearson, M. N.
The Portuguese in India. Cambridge 1987 (The New Cambridge History of India 1,1)
Philips, C. H. / Wainwright, M. D. (eds.)
The Partition of India. Policies and Perspectives 1935–1947. London 1970
Possehl, G. L. (ed.)
Harappan Civilization. New Delhi (rev.ed.) 1993
Rau, W.
Staat und Gesellschaft im alten Indien nach den Brahmana Texten dargestellt. Wiesbaden 1957
Richards, J. F.
The Mughal Empire. Cambridge 1993 (The New Cambridge History of India 1,5)
Rothermund, D.
Asian Trade and European Expansion in the Age of Mercantilism. New Delhi 1981
Die politische Willensbildung in Indien, 1900–1960. Wiesbaden 1965
Europa und Asien im Zeitalter des Merkantilismus. Darmstadt 1978
Government, Landlord and Peasant in India. Agrarian Relations under British Rule, 1865–1835. Wiesbaden 1978
Indische Geschichte in Grundzügen. Darmstadt (3. Aufl.) 1989
India in the Great Depression, 1929–1939. New Delhi 1992
Mahatma Gandhi. Der Revolutionär der Gewaltlosigkeit: eine politische Biographie. München 1989
The Phases of Indian Nationalism and Other Essays. Bombay 1970
Schwartzberg, J. (ed.)
Historical Atlas of South Asia. Chicago 1978
Schweinitz, K. de
The Rise and Fall of British India. Imperialism as Inequality. London 1983
Sharma, R. S.
Indian Feudalism: c. 300–1200 AD. Calcutta 1965
Sircar, D. C.
Landlordism and Tenancy in Ancient and Mediaeval India. Lucknow 1969
Stein, B.
Peasant State and Society in Medieval South India. New Delhi 1980
Vijayanagara. Cambridge 1989 (The New Cambridge History of India 1,2)
Stokes, E.
The English Utilitarians and India. London 1959
The Peasant and the Raj. Studies in Agrarian History and Peasant Rebellion in Colonial India. Cambridge 1978

Subbarao, B.
The Personality of India. Baroda 1958
Tara Chand
History of the Freedom Movement in India. 4 Bd. Delhi ²1965
Thapar, R.
Ancient Indian Social History. Some Interpretations. Hyderabad 1984
Ashoka and the Decline of the Mauryas. London 1961
From Lineage to State. Social Formations in the Fid-First Millenium B. C. in the Ganga Valley. Bombay 1984
Thapar, R. / Spear, P.
Indien – Von den Anfängen bis zum Kolonialismus. Essen 1975
Thorner, D.
The Shaping of Modern India. Bombay 1980
Tripathi, R. S.
History of Ancient India. New Delhi 1942 (zahlr. Neuauflagen)

VI. Die Vielfalt der indischen Sprachen (Hermann Berger)

Anvita, A. (ed.)
Languages of Tribal and Indigenous Peoples of India. New Delhi (im Druck)
Bloch, J.
L'Indo-Arien du Véda aux Temps Modernes. Paris 1934 (Revidierte und erweiterte englische Ausgabe: *Indo-Aryan from Vedas to Modern Times.* Paris 1965)
Structure grammaticale des langues dravidiennes. Paris 1946 (Englische Ausgabe: *The Grammatical Structure of the Dravidian Languages.* Pune 1954)
Burrow, T. B. / Emeneau, M. B.
A Dravidian Etymological Dictionary. Oxford 1984 (2. Auflage)
Chatterji, S. K.
Languages and Literatures of Modern India. Calcutta 1963
Grierson, G. A. (ed.)
Linguistic Survey of India. (13 Bde.) Calcutta 1903–27
Krishnamurty, B. / Masica, C. P. / Sinha, A. (eds.)
South Asian Languages: Structure, Convergence and Diglossia. Delhi 1986
Masica, C. P.
Defining a Linguistic Area: South Asia. Chicago 1976
The Indo-Aryan Languages. Cambridge 1991
Rai, A.
A House Divided. The Origin and Development of Hindi / Hindavi. Delhi 1984
Seboek, T. A. (ed.)
Current Trends in Linguistics. Bd. 5: *Linguistics in South Asia.* Paris / The Hague 1969
Shapiro, M. C. / Schiffman, H. F. (eds.)
Language and Society in South Asia. Delhi 1981
Steever, S. B. (ed.)
The Dravidian Languages. London (im Druck)
Turner, R. L.
A Comparative Dictionary of the Indo-Aryan Languages (3 Bde.). London 1966–71 (dazu Addenda and Corrigenda 1985)
Zvelebil, K. V.
Dravidian Linguistics: An Introduction. Pondicherry 1990
Zograf, G. A.
Die Sprachen Südasiens. Leipzig 1982

VII. Aspekte der Gesellschaftsstruktur Indiens: Kasten und Stämme (Monika Böck und Aparna Rao)

Agrawal, S. P. / Aggarwal, J. C.
Educational and Social Uplift of Backward Classes: At What Cost and How – Mandal Commission and After. Delhi 1991
Ahmad, I. (ed.)
Caste and Social Stratification: Muslims in India. Delhi 1978
Bailey, F. G.
«‹Tribe› and ‹Caste› in India.» *Contributions to Indian Sociology* Vol. 5, 1961, S. 7–19
Böck, M.
«Individual Flexibility of Cultural Models: The Khasi of Meghalaya.» in: Schweizer, Th. / White, D. (eds.) *Kinship, Networks and Exchange.* Cambridge (im Druck)
Devalle, S. B.
Discourses of Ethnicity: Culture and Protest in Jharkhand. New Delhi 1992
Dumont, L. M.
Homo Hierarchicus. Chicago 1980 (rev. ed.); deutsche Übers. unter dem Titel: *Gesellschaft in Indien: Die Soziologie des Kastenwesens.* Wien 1976
Galanter, M.
Competing Equalities: Law and the Backward Classes in India. Berkeley 1984
Geldner, K. F.
Der Rig-Veda, aus dem Sanskrit ins Deutsche übersetzt. Cambridge (Mass.) 1951–1957
Hörig, R.
Selbst die Götter haben sie uns geraubt. Indiens Adivasi kämpfen ums Überleben. Göttingen 1990
Mahar, P. M.
«A Multiple Scaling Technique of Caste Ranking.» *Man in India* Vol. 39, 1959, S. 127–147
Marriott, M.
«Caste Ranking and Food Transactions: A Matrix Analysis.» in: Singer, M. / Cohn, B. S. (eds.) *Structure and Change in Indian Society.* Chicago 1968, S. 133–171
Marriott, M. / Inden, R. B.
«Towards an Ethnosociology of South Asian Caste Systems.» in: David, K. A. (ed.) *The New Wind: Changing Identities in South Asia.* The Hague 1977, S. 227–238
Mathur, K. S.
«Tribe in India: A Problem of Identification and Integration.» in: Singh, K. S. (ed.) *Tribal Situation in India.* Simla 1972, S. 457–461
Moffatt, M.
An Untouchable Community in South India: Structure and Consensus. Princeton 1979
Orywal, E. / Hackstein, K.
«Ethnizität: Die Konstruktion ethnischer Wirklichkeit.» in: Schweizer, Th. et al. (Hrsg.) *Handbuch der Ethnologie.* Berlin 1993, S. 593–609
Quigley, D.
The Interpretation of Caste. Oxford 1993
Rao, A.
«Levels and Boundaries in Native Models: Social Groupings among the Bakkarwal of the Western Himalaya.» *Contributions to Indian Sociology* Vol. 22, 1988, S. 195–227
«Die Stellung der Frau und die Ehre der Gruppe: Einige Bemerkungen zur Situation islamischer Frauen in Nordindien.» *Sociologus* Vol. 42, 1992, S. 157–179
Schluchter, W.
«Weltflüchtiges Erlösungsstreben und organische Sozialethik: Überlegungen zu

Max Webers Analysen der indischen Kulturreligion.» in: Schluchter, W. (Hrsg.) *Max Webers Studie über Hinduismus und Buddhismus: Interpretation und Kritik*. Frankfurt am Main 1984, S. 11–71

Singh, K. S.
People of India: An Introduction. Calcutta 1992

Srinivas, M. N.
Caste in Modern India and Other Essays. Bombay 1962

Urhahn, M.
Grenzen und Übergänge von Kasten- und Stammesgesellschaft in Indien. Universität Heidelberg, Dissertation 1985

VIII. Die Stellung der Frau in der Gesellschaft (Chitra und Dietmar Rothermund)

Almenas-Lipowsky, A.
The Position of Indian Women in the Light of Legal Reform. Wiesbaden 1975

Altekar, A. S.
The Position of Women in Hindu Civilization. Delhi (Reprint) 1978

Beane, W. C.
Myth, Cult and Symbols in Sakta Hinduism: A Study of the Indian Mother Goddess. Leiden 1977

Gatwood, L. E.
Devi and the Spouse Goddess: Women, Sexuality and Marriage in India. New Delhi 1991

Jacobson, D. / Wadley, S.
Women in India: Two Perspectives. New Delhi 1992

Jeffrey, R.
Politics, Women and Well-Being; How Kerala Became a Model. Houndmills 1992

Kapadia, K. M.
Marriage and Family in India. Calcutta (3rd ed.) 1966

Ross, A.
The Hindu Family in its Urban Setting. Toronto 1961

SEWA (Self Employed Women's Association)
Shramshakti: A Summary of the Report of the National Commission on Self-Employed Women and Women in the Informal Sector. Ahmedabad 1989

Shiva, V.
Das Geschlecht des Lebens. Frauen, Ökologie und Dritte Welt. Berlin 1989

Singh, R.
The Womb of Mind: A Sociological Exploration of the Status-Experience of Women in Delhi. New Delhi 1990

Sontheimer, G. D.
The Joint Hindu Family. Its Evolution as a Legal Institution. New Delhi 1977

Wignaraja, P.
Women, Poverty and Resources. New Delhi 1990

Dritter Teil: Die Religionsgemeinschaften

IX. Die Erscheinungsformen des Hinduismus (Heinrich von Stietencron)

Bareau, A.
«Der indische Buddhismus.» in: Gonda, J. (Hrsg.) *Die Religionen Indiens III*. (Schröder, C. M. (Hrsg.) *Die Religionen der Menschheit* Bd. 13.) Stuttgart 1964, S. 1–215

Bechert, H. (Hrsg.)
The Dating of the Historical Buddha, 2 Parts. Abhandlungen der Akademie der Wissenschaften in Göttingen, Phil.-hist. Kl., 3. Folge, Nr. 194. Göttingen 1991–1992

Bechert, H. / Gombrich, R. (eds.)
The World of Buddhism. London 1984

Biardeau, M.
L'Hindouisme, Anthropologie d'une civilisation. Paris 1981

Brockington, J. L.
The Sacred Thread. Hinduism in its continuation and diversity. Edinburgh 1981, [3]1989

Conze, E.
Der Buddhismus. Wesen und Entwicklung. Stuttgart / Berlin / Köln 1990 (9. Aufl.)

Coomaraswamy, A. L.
Hinduism and Buddhism. Delhi 1986 (reprint)

Glasenapp, H. v.
Die Religionen Indiens. Stuttgart 1955

Gonda, J. (Hrsg.)
Die Religionen Indiens I–III (Schröder, C. M. (Hrsg.) *Die Religionen der Menschheit* Bd. 11–13.) Stuttgart 1960

Gonda, J.
«Veda und älterer Hinduismus.» in: Gonda, J. (Hrsg.) *Die Religionen Indiens I.* (Schröder, C. M. (Hrsg.) *Die Religionen der Menschheit* Bd. 11.) Stuttgart 1960
«Der jüngere Hinduismus.» in: Gonda, J. (Hrsg.) *Die Religionen Indiens II.* (Schröder, C. M. (Hrsg.) *Die Religionen der Menschheit* Bd. 12.) Stuttgart 1963

Hardy, F.
The Religions Culture of India. Power, Love and Wisdom. Cambridge 1994

Kinsley, D.
Hindu Goddesses. Visions of the Divine Feminine in the Hindu Religious Tradition. Delhi 1986

Klimkeit, H. J.
Der politische Hinduismus. Wiesbaden 1981
Der Buddha. Leben und Lehre. Stuttgart / Berlin / Köln 1990

Lamotte, E.
History of Indian Buddhism. Louvain / Paris 1988

Schubring, W.
«Der Jinismus.» in: Gonda, J. (Hrsg.) *Die Religionen Indiens III.* (Schröder, C. M. (Hrsg.) *Die Religionen der Menschheit* Bd. 13.) Stuttgart 1964, S. 217–242

Schumann, H. W.
Buddhismus – Ein Leitfaden durch seine Lehren und Schulen. Darmstadt 1973
Der historische Buddha. Leben und Lehre. München 1982

Sen, K. S.
Hinduism. Harmondsworth 1962

Sontheimer, G. D. (ed.)
Hinduism Reconsidered. New Delhi 1989

Stietencron, H. v.
«Religionen.» in: Franz, H. G. (Hrsg.) *Das alte Indien. Geschichte und Kultur des indischen Subkontinents.* München 1990, S. 177–244
«Hinduismus.» in: Küng, H. (Hrsg.) *Christentum und Weltreligionen.* München 1984, S. 205–408

X. Der Islam in Indien (Kerrin Gräfin von Schwerin)

Ahmad, A.
Studies in Islamic Culture in the Indian Environment. London 1960
Ahmad, I. (ed.)
Ritual and Religion among Muslims in India. New Delhi 1981
Bayly, Susan
Saints, Goddesses and Kings: Muslims and Christians in South Indian Society 1700–1900. Cambridge 1989
Böwering, G.
«The Adab-Literature of Classical Sufism: Ansari's Code of Conduct.» in: Metcalf, B. (ed.) *Moral Conduct and Authority.* Berkeley 1984, S. 62–87
Dallapiccola, A. L. / Zingel Avé-Lallemant, D. (Hrsg.)
Islam and Indian Regions, 2 Bde. Stuttgart 1993
Das, V.
«For a Folk-Theology and Theological Anthropology.» *Contributions to Indian Sociology* (N. S.) 18, 1984, S. 293–298
Digby, S.
«The Sufi Shaikh as a Source of Authority in Medieval India.» in: Gaborieau, M. (ed.) *Islam et société en Asie du Sud.* Paris 1986, S. 57–77
Eaton, R. M.
«The Political and Religious Authority of the Shrine of Baba Farid.» in: Metcalf, B. (ed.) *Moral Conduct and Authority.* Berkeley 1984, S. 333–355
Ewing, K.
«Malangs of the Punjab: Intoxication or Adab as the Path to God?» in: Metcalf, B. (ed.) *Moral Conduct and Authority.* Berkeley 1984, S. 357–379
«The Politics of Sufism: Redefining the Saints of Pakistan.» *Journal of Asian Studies* 42, 1983, S. 251–286
Frembgen, J.
Derwische. Gelebter Sufismus. Köln 1993
Gaborieau, M.
«Les ordres mystiques dans le sous-continent indien.» in: Popovic, A. / Veinstein, G. et al. (eds.) *Les ordres mystiques dans l'Islam.* Paris 1986, S. 105 ff.
Gaborieau, M. et al. (eds.)
Naqshbandis. Historical Development and Present Situation of a Muslim Mystique Order. Istanbul 1990
Gilmartin, D.
«Shrines, Succession and Sources of Moral Authority.» in: Metcalf, B. (ed.) *Moral Conduct and Authority.* Berkeley 1984, S. 221–239
Hardy, P.
The Muslims of British India. Princeton 1978
Kozlowski, G. C.
Muslim Endowments and Society in British India. Cambridge 1985
Lawrence, B.
«Islam in India. The Function of Institutional Sufism in the Islamization of Rajasthan, Gujarat and Kashmir.» in: Martin, R. C. (ed.) *Islam in Local Contexts.* Leiden 1982, S. 27–42
Mayer, A.
»Pir and Murshid: An Aspect of Religious Leadership in West Pakistan.» *Journal of Middle Eastern Studies* 3, 1966/67, S. 160–169

Minault, G.
«Some Reflections on Islamic Revivalism versus Assimilation among Muslims in India.» *Contributions to Indian Sociology* (N. S.) 18, 1984, S. 301–305
Mujeeb, M.
The Indian Muslims. London 1967
Mulla, D. F.
Principles of Mohamedan Law. Bombay 1990
Nizami, K. A.
Some Aspects of Religion and Politics in the 13th Century. Bombay 1961
Pfleiderer, B.
«Mira Datar Dargah. The Psychiatry of a Muslim Shrine.» *South Asian Digest of Regional Writing* 8, 1979, S. 70–98
Qureshi, R. B.
Sufi Music of India and Pakistan: Sound, Context and Meaning in Qawwali. Cambridge 1987
Robinson, F.
«Islam and Muslim Society in South Asia.» *Contributions to Indian Sociology* (N. S.) 17, 1983, S. 185–203
Schimmel, A.
Der Islam im Indischen Subkontinent. Darmstadt 1983
Mystische Dimensionen des Islam. München 1992
Schwerin, K. Gräfin v.
«Heiligenverehrung im indischen Islam: Die Legende des Märtyrers Salar Masud Ghazi.» *Zeitschrift der Deutschen Morgenländischen Gesellschaft* 126, 1976, S. 319–335
Troll, C. W.
Muslim Shrines in India; Their Character, History and Significance. Delhi 1989
Wink, A.
Al-Hind: The Making of the Indo-Islamic World, Bd. 1. Leiden 1990

XI. Die indischen Christen (Hans-Werner Gensichen)

Anderson, W. K. / Damle, S. D.
The Brotherhood in Saffron. Rashtriya Swayamsevak Sangh and Hindu Revivalism. New Delhi 1987
Barrett, D. B. (Hrsg.)
The World Christian Encyclopedia. Nairobi / Oxford / New York 1982
Brown, L. W.
The Indian Christians of St. Thomas. Cambridge 1981 (2. Aufl.)
Church History Association of India (Hrsg.)
Mundadan, A. M.
History of Christianity in India, Vol. I. From the Beginning up to the Middle of the 16th Century. Bangalore 1984
Thekkedath, J.
History of Christianity in India, Vol. II. From the Middle of the 16th to the End of the 17th Century. Bangalore 1982
Grafe, H.
The History of Christianity in Tamilnadu from 1800 to 1975. Bangalore / Erlangen 1990
Clarke, S.
Let the Indian Church be Indian. Madras 1980
Dehn, U. M.
Indische Christen in der gesellschaftlichen Verantwortung. Frankfurt am Main 1985

Firth, C. B.
An Introduction to Indian Church History. Madras 1983
Grafe, H. (Hrsg.)
Evangelische Kirche in Indien. Erlangen 1981
Hoering, U.
Indien ohne Gandhi. Wuppertal 1984
Jäggi, C. / Krieger, D. (Hrsg.)
Fundamentalismus. Ein Phänomen der Gegenwart. Zürich / Wiesbaden 1991
Kurien, C. T.
Mission and Proclamation. The Church in India Today and Other Pieces. Madras 1981
Meyer, T. (Hrsg.)
Fundamentalismus in der modernen Welt. Frankfurt am Main 1989
Neill, S.
A History of Christianity in India. 2 Bde. Cambridge 1984 und 1985
Pulsfort, E.
Indien am Scheideweg zwischen Säkularismus und Fundamentalismus. Würzburg / Altenberg 1991
Samartha, S. J.
«Indian Realities and the Wholeness of Christ.» *Indian Missiological Review* Vol. 4, 1982, S. 256–274
Van Skyhawk, H. (Hrsg.)
‹Minorities› on Themselves. Heidelberg 1986

XII. Die Sikhs (Marla Stukenberg)

Cole, W. O. / Sambhi, P. S.
The Sikhs. Their Religious Beliefs and Practices. New Delhi 1978
Cunningham, J. D.
A History of the Sikhs. New Delhi 1960
Fox, Richard G.
Lions in the Punjab. Culture in the Making. Berkeley 1985
Grewal, J. S.
The Sikhs of the Punjab. Cambridge 1990 (The New Cambridge History of India 2, 3)
Jeffrey, R.
What's Happening to India? London 1986
«Grappling with History: Sikh Politicians and the Past.» *Pacific Affairs* Vol. 60, No. 1, S. 59–72
Kapur, A. C.
The Punjab Crisis. New Delhi 1985
Kapur, R. A.
Sikh Separatism. The Politics of Faith. London 1986
Maaß, C. D.
«Die Krise im Punjab – Zerreißprobe für die Indische Union?» in: Betz, J. / Matthies, V. (Hrsg.) *Jahrbuch Dritte Welt 1985.* München 1985
McLeod, W. H.
The Evolution of the Sikh Community. Oxford 1976
Guru Nanak and the Sikh Religion. London 1968
Textual Sources for the Study of Sikhism. Totowa 1984
Who is a Sikh? The Problem of Sikh Identity. Oxford 1989
Pettigrew, J.
Robber Noblemen. A Study of the Political System of the Sikh Jats. London 1975

Puri, H. K.
«The Akali Agitation.» *Economic and Political Weekly*, 22. 1. 1983, S. 113–118
«‹Green Revolution› and Its Impact on Punjab Politics.» *The Indian Political Science Review* 1983, Vol. 13, S. 98–111
Rose, H. A.
«Sikhs.» in: Hastings, J. (ed.) *Encyclopedia of Religion and Ethics*. New York 1920, S. 507–511
Singh, K.
A History of the Sikhs. Vol. 1 / 2. Princeton 1963
Die Sikhs. Stuttgart 1986
Ranjit Singh, Maharaja of the Punjab 1780–1839. New Delhi 1962
Singh, S.
Philosophy of Sikhism. Amritsar 1986
Singh, T. (ed.)
The Holy Granth. Patiala 1985
Stukenberg, M.
«Der Sikh-Konflikt im indischen Bundesstaat Punjab. Annäherung an das Psychogramm einer Ethnie» *Asien*, Heft 48, 1993, S. 58–71
«Der Sikh-Konflikt. Eine Fallstudie zur Politisierung ethnischer Identität», *Beiträge zur Südasienforschung*, Wiesbaden 1995 (in Druck)
Die Sikhs. Religion, Geschichte, Politik. München 1995 (in Druck)
Tandon, P.
Punjabi Saga 1857–1987. New Delhi 1988
Thiel-Horstmann, M.
Leben aus der Wahrheit. Texte aus der Heiligen Schrift der Sikhs. Zürich 1988
Tully, M. / Jacob, S.
Amritsar. London 1986

Vierter Teil: Literatur, Musik, Kunst

XIII. Tendenzen der modernen indischen Literaturen (Lothar Lutze)

A) Literarische Werke in deutscher Übersetzung

Einzelne Autoren

Ajneya [Sachchidananda Vatsyayan]
Lebenwollen. Erzählungen und essayistische Prosa. Hildesheim 1987
Unterwegs zum Fluß. Erzählungen, Betrachtungen, Gedichte, zwei Briefe. Frauenfeld 1986
Anand, M. R.
Der Unberührbare. Roman. Zürich 1984
Bhagat, M.
Anaro. Hildesheim 1989 (2. Aufl.)
Desai, A.
Baumgartners Bombay. Roman. München 1989
Deshpande, S.
Das Dunkel birgt keine Schrecken. Roman. Frauenfeld 1989 (2. Aufl.)
Ghosh, A.
Bengalisches Feuer oder die Macht der Vernunft. Roman. Reinbek 1989

Kolatkar, J.
Jejuri. Ein Gedichtzyklus (engl.-dt). Frauenfeld 1984
Madgulkar, V.
Das Dorf hieß Bangarvadi. Roman. Frauenfeld 1986
Narayan, R. K.
Der Fremdenführer. Roman. Zürich 1986
Pawar, D.
Balute. Autobiographie eines Unberührbaren. Frankfurt am Main 1988
Premchand
Godan oder die Opfergabe. Roman. Zürich 1979
Die Schachspieler. Erzählungen. Wiesbaden 1989
Rakesh, M.
Großstadtgeschichten. Wiesbaden 1990
«Renu» Phanishwarnath
Pfauentanz. Dorfgeschichten aus Bihar. Frauenfeld 1983
Rushdie, S.
Mitternachtskinder. Roman. München 1987
Sahni, Bh.
Basanti. Roman. Frauenfeld 1989
Tamas. Roman. Frauenfeld 1994
Tagore, R.
Auf des Funkens Spitzen. Weisheiten für das Leben. München 1989
Gora. Roman. Berlin (Ost) 1987
Wo Freude ihre Feste feiert. Gedichte und Lieder. Freiburg 1989
Thakur, R.
Der andere Tagore. Eine Werkauswahl. Berlin 1987

Anthologien

Bengalische Erzählungen. (UNESCO-Sammlung Repräsentativer Werke. Asiatische Reihe) Stuttgart 1980
Dasgupta, A. (Hrsg.)
Gelobt sei der Pfau. Indische Lyrik der Gegenwart. München 1986
Hindi-Kurzgeschichten der Gegenwart. (UNESCO-Sammlung Repräsentativer Werke. Asiatische Reihe) Stuttgart 1984
Hörder, P. et al. (Hrsg.)
Erkundungen. 23 Erzählungen aus Indien. Berlin (Ost) 1990
Khare, V. / Lutze, L. (Hrsg.)
Der Ochsenkarren. Hindi-Lyrik der 70er und 80er Jahre. Frauenfeld 1983
Rothen-Dubs, U. (Hrsg.)
Allahs indischer Garten. Ein Lesebuch der Urdu-Literatur. Frauenfeld 1989

B) Sekundärliteratur

Das, S. K.
A History of Indian Literature, Vol. VIII, 1800–1910. Western Impact: Indian Response. New Delhi 1991
A History of Indian Literature, 1911–1956. Struggle for Freedom: Triumph and Tragedy. New Delhi 1995
Datta, A. / Lal, M. (eds.)
Encyclopedia of Indian Literature, Vols 1–5. New Delhi 1987–1992
Devy, G. N.
After Amnesia: Tradition and Change in Indian Literary Criticism. Bombay 1992

Gonda, J. (gen. ed.)
A History of Indian Literature in 10 Vols. Wiesbaden 1974ff.
Kirpal, V. (ed.)
The New Indian Novel in English: A Study of the 1980s. New Delhi 1990

XIV. Aspekte der indischen Kunst (Joachim K. Bautze)

Bautze, J. K.
Lotosmond und Löwenritt. Indische Miniaturmalerei. Stuttgart 1991
Chandra, P.
On the Study of Indian Art. Cambridge (Mass.) 1993
Goetz, H.
Indien. Fünf Jahrtausende indischer Kunst. (Holle Kunst der Welt). Baden-Baden 1958
Härtel, H. / Auboyer, J. / et al.
Indien und Südasien. (Propyläen Kunstgeschichte, Bd. 16). Berlin 1971
Harle, J. C.
The Art and Architecture of the Indian Subcontinent. (The Pelican History of Art.) Harmondsworth 1986
Hickmann, R. / Mode, H. / Mahn, S.
Miniaturen, Volks- und Gegenwartskunst Indiens. Leipzig 1975
Koch, E.
Maghal Architecture. An Outline of Its History and Development (1526–1858). München 1991
Kreisel, G.
Linden-Museum Stuttgart. Südasien-Abteilung. Stuttgart 1987
Plaeschke, K.
Buddhistische Kunst – Das Erbe Indiens. Leipzig 1970
Frühe Indische Plastik. Leipzig 1988
Plaeschke, K. / Plaeschke, I.
Hinduistische Kunst – Das indische Mittelalter. Leipzig 1978
Volwahsen, A.
Indien. Bauten der Hindus, Buddhisten und Jains. (Architektur der Welt) Fribourg 1968
Islamisches Indien. (Architektur der Welt) Fribourg 1969

XV. Handwerk und Volkskunst (Jutta Jain-Neubauer)

Archer, W. G.
Kalighat Paintings. London 1971
Banerjee, S.
The Parlour and the Streets. Elite and Popular Culture in Nineteenth-Century Calcutta. Calcutta 1989
Coomaraswamy, A. K.
«Picture Showmen.» *Indian Historical Quarterly* 5, 1929, S. 182–187
Fischer, E. / Jain, J. / Shah, H.
Tempeltücher für die Muttergöttinnen in Indien. Zürich 1982
Jain, J.
«Kleine Enzyklopädie der Textilen Künste.» *DU-Magazin*, Heft 3, 1991, S. 80–87
Painted Myths of Creation. Art and Ritual of an Indian Tribe. New Delhi 1984
«Parallel Structures.» in: Vatsyayan, K. (Hrsg.) *Concepts of Space – Ancient and Modern.* New Delhi 1991, S. 343–354
«The Absent Form. Tribal Bronzes of India.» in: *The Art of the Adivasi* (*Indian*

Tribal Art). Katalog einer gleichnamigen Ausstellung, Festival of India, Japan 1988, S. 67–74
Jain, J. / Aggarwal, A.
National Handicrafts and Handlooms Museum, New Delhi. (Katalog) New Delhi / Middletown 1989
Jain-Neubauer, J.
The Stepwells of Gujarat in Art-historical Perspective. New Delhi 1981
Jain-Neubauer, J. / Jain, J.
«Stoffe und Trachten der Königreiche der indischen Thar-Wüste.» Einführungstext zur Ausstellung *Thar. Die Wüstenkönige Indiens – Kunst und Kostbarkeiten von Maharajas und Nomaden.* Stuttgart 1991
«Wall Decorations of a Mobile People.» in: Pieper, J. / Michell, G. (eds.) *The Impulse to Adorn. Studies in Traditional Indian Architecture.* Bombay 1982, S. 33–42
Kane, P. V.
History of Dharmashastra. 5 Bde. Pune 1968–77 (2. Aufl.)
Kramrisch, S.
«Patron and Practice.» in: Miller, B. S. (Hrsg.) *Exploring India's Sacred Art. Selected Writings of Stella Kramrisch.* Philadelphia 1983, S. 335–342
Mallebrein, C. (Hrsg.)
Die anderen Götter. Volks- und Stammesbronzen aus Indien. (Katalog zu einer Ausstellung des Rautenstrauch-Joest-Museums für Völkerkunde der Stadt Köln, 10.9.93–9.2.94) Köln 1993
Michaels, A.
The Making of a Statue. Lost-Wax Casting in Nepal. Stuttgart 1988

XVI. Geschichte und Konzepte der indischen Musik (Josef Kuckertz)

Abu l-Fazl Allami
Ain-i Akbari. Blochmann, H. u. Jarrett, H. S. (Übers.) New Delhi 1977–78 (Nachdruck der 2. Aufl.)
Bharata
Natyasastra. Ghosh, M. (Hrsg. u. Übers.) Calcutta 1956–1967
Bhatkhande, V.
Hindustani Sangita-paddhati. Kramika Pustaka-malika, 6 Bde. Hathras 1963–65
Chaitanya Deva, B.
An Introduction to Indian Music. Delhi 1973
Damodara
Sangitadarpana. Simon, R. (Hrsg.) unter dem Titel «Quellen zur indischen Musik» *Zeitschrift der Deutschen Morgenländischen Gesellschaft* Vol. 6, 1902, S. 129–153 und 262–292
Danielou, A.
The Ragas of Northern Indian Music. London 1968
Deshpande, V. H.
Indian Musical Traditions. Bombay 1973
Gautam, M. R.
The Musical Heritage of India. Delhi 1980
Ilankovatikal
Cilappatikaram. Venkatacami Nattaravarkal, N. M. (Hrsg.). Tirunelveli / Madras 1966
Cilappatikaram. Ramachandra Dikshitar, V. R. (Übers.) Madras 1978
Cilappatikaram. Pillai, R. S. (Übers.) Tanjore 1989

Jayadeva
Gitagovinda. Stoler Miller, B. (Hrsg. u. Übers.) Delhi 1977
Jairazbhoy, N. A.
The Ragas of North Indian Music. Their Structure and Evolution. London 1970
Kaufmann, W.
The Ragas of North India. Bloomington 1968
Kriti-mani-malai, 4 Bde. Eine Anthologie der Kompositionen aus dem 19. und frühen 20. Jh., Texte und Noten in Tamil. Rangaramanuja Ayyangar, R. (Hrsg.) Madras 1965–1968 (2. Aufl.)
Kuckertz, J.
«Die Kunstmusik Südindiens im 19. Jahrhundert.» in: Günther, R. (Hrsg.) *Musikkulturen Asiens, Afrikas und Ozeaniens im 19. Jahrhundert*. Regensburg 1973, S. 97–130
Form und Melodiebildung der karnatischen Musik Südindiens im Umkreis der vorderorientalischen und der nordindischen Kunstmusik. 2 Bde. Wiesbaden 1970
«The Raga System of South India.» in: Dallapiccola, A. L. / Walter-Mendy, C. (Hrsg.) *The Sastric Tradition of Indian Arts*. Wiesbaden 1989, S. 379–392
Neuman, D. M.
The Life of Music in North India. Detroit 1980
Nijenhuis, E. te
Indian Music – History and Structure. (Spuler, B. (Hrsg.) *Handbuch der Orientalistik*, 2 Abt., 6 Bde.) Leiden-Köln 1974
Musicological Literature. (Gonda, J. (Hrsg.) *A History of Indian Literature*. Vol.6, Fasc.1.) Wiesbaden: Harrassowitz 1977
Popley, H. A.
The Music of India. Madras 1921 (3. Aufl. Delhi 1966)
Ramanathan, S.
Music in Cilappatikaaram. Madurai 1979
Rangaramanuja Ayyangar, R.
History of South Indian (Carnatic) Music. Bombay 1972
Sambamoorthy, P.
South Indian Music. 6 Bde. Madras 1958–1969 (versch. Aufl.)
Sarngadeva
Samgitaratnakara, mit den Kommentaren des Kallinatha und des Simhabhupala, 4 Bde. Subrahmanya Sastri, P. (Hrsg.) Madras 1943–1953
Seetha, S.
Tanjore as a Seat of Music during the 17th, 18th and 19th Centuries. Madras 1981
Singh, J.
«Prabandha and Dhruvapada.» *Journal of the Indian Musicological Society*, Vol. 7, Nr. 3, 1976, S. 5–11
Somanatha
Raghavibodha. Subrahmanya Sastri, S. (Hrsg.) Madras 1945
Somasundaram Pillai, J. M.
A History of Tamil Literature with Texts and Translations, from Earliest Times to 600 A. D. Annamalai University 1968
Srivastava, I.
Dhrupada. Delhi 1980
Tevarap-pan Icai. Tevaram-Gottesgesänge, Texte und Melodien. Ramanathan, S. (Hrsg.) Madras 1970
Tolkappiyam. The Earliest Existe Tamil Grammar. Text in Tamil and Roman scripts with critical commentary in English. Subrahmanya Sastri, P. S. (Hrsg.) 3. Teil: Porulatikaram, Tamil Poetics. 3 Hefte, Madras 1949–1956

Venkatamakhin
Caturdandiprakasika. Subrahmanya Sastri, S. (Hrsg.) Madras 1934
Wade, B. C.
Khyal. London 1984

XVII. Tanz und Theater (Kapila Vatsyayan)

Baldissera, F. / Michaels, A.
Der Indische Tanz. Körpersprache in Vollendung. Köln 1988
Banerji, P.
Aesthetics in Folk Dance. New Delhi 1982
Art of Indian Dancing. New Delhi 1985
Bhavnani, E.
The Dance in India. Bombay 1984 (reprint)
Farley, P. R.
Indian Theater: Traditions of Performance. Honolulu 1990
Gargi, B.
Folk Theatre of India. Seattle / London 1966
Hein, N.
The Miracle Plays of Mathura. New Haven 1972
Jones, B. T.
«Kathakali Dance Drama: An Historical Perspective.» in: Wade, B. C. (ed.) *Performing Arts in India. Essays on Music, Dance and Drama*. Berkeley 1981, S. 14–44
Karanth, K. S.
«Yakshagana.» *Marg* 19, 1966, S. 17–29
Kersenboom, S.
Life of the Text. Oxford / Providence 1995
Kothari, S. (ed.)
Bharata Natyam: Indian Classical Dance Art. Bombay 1979
Kathak: Indian Classical Dance Art. Delhi 1989
Odissi: Indian Classical Dance Art. Bombay 1990
Mathur, J. C.
Drama in Rural India. Bombay 1964
Ojha, D.
Hindi Natak Udbhav aur Vikas. Delhi 1961
Ragini Devi
Dance Dialects of India. Delhi ²1990
Rebling, E.
«Tanz und Musik.» in: Franz, H. G. (Hrsg.) *Das alte Indien. Geschichte und Kultur des indischen Subkontinents*. München 1990, S. 307–324
Saxena, S. K.
Aesthetical Essays. Studies in Aesthetic Theory, Hindusthani Music and Katak Drama. Delhi 1981
Schechner, R.
Performative Circumstances. From the Avantgarde to Ramlila. Calcutta 1983
Varadapande, M. L.
Krishna Theatre in India. New Delhi 1982
Vatsyayan, K.
Classical Indian Dance in Literature and the Arts. New Delhi 1968
Dance in Indian Painting. Delhi 1982

Traditional Indian Theatre: Multiple Streams. Delhi 1980
Traditions in Indian Folk Dance. Delhi 1976
Zarrilli, P.
Kathakali Complex: Actor, Performance and Structure. Delhi 1984

Fünfter Teil: Bildung, Gesundheitswesen, Forschung und Technologie

XVIII. Das Bildungswesen (Dietmar Rothermund)

Agrawal, S. P. / Aggarwal, J. C.
Educational and Social Uplift of Backward Classes. At What Cost and How? Mandal Commission and After. New Delhi 1991
Altekar, A. S.
Education in Ancient India. Varanasi (7th ed.) 1975
Chaube, S. P.
A History of Education in India. Allahabad 1965
Recent Educational Philosophies in India. Agra 1967
Jee-Peng Tan / Mingat, Alian
Education in Asia. A Comparative Study of Cost and Financing. Washington D. C. 1992
Kotenkar, A.
Grundlagen hinduistischer Erziehung im alten Indien. Frankfurt am Main 1982
Lal, S. K. / Nahar, U. R.
Higher Education: Scheduled Castes and Scheduled Tribes. Jodhpur 1978
Mukerji, S. N.
History of Education in India. Baroda (6th ed.) 1974
Rudolph, S. H. / Rudolph, L. I. (eds.)
Education and Politics in India. Delhi 1972
Sharma, V. N.
Indische Erziehung. Weimar 1936
Vakil, K. S. / Natarajan, S.
Education in India. Bombay (3rd ed.) 1966
Weiner, M.
The Child and the State. Child Labor and Education Policy in Comparative Perspective. Princeton 1991

XIX. Das Gesundheitswesen (Hans Jochen Diesfeld)

Banerjee, D.
A Socio-Cultural, Political and Administrative Analysis of Health Policies and Programmes in India in the Eighties: A Critical Appraisal. New Delhi 1990
Family Planning in India. A Critique and a Perspective. New Delhi 1971
Health and Family Planning Services in India. New Delhi 1985
Political Economy of Public Health Practice in India. Centre for Social Medicine and Community Health, SSS Working Paper Series, INU, 1991 / 92
Basham, A. L.
The Wonder that was India. London 1954
Basu, R. N. / Isek, Z. / Ward, N. A.
The Eradication of Smallpox from India. World Health Organization WHO-Regional Publications, South-East Asia Series No. 2, 1979

Diesfeld, H. J.
«Das Kohlerevier von Dhanbad (Bihar / Indien) als Beispiel für die Gesundheitsprobleme im Urbanisierungs- und Industrialisierungsprozess in Entwicklungsländern.» in: Kulke, H. / Rieger, H. C. / Lutze, L. (Hrsg.) *Städte in Südasien.* Wiesbaden 1982, S. 285–309
Duggal, R. / Jessani, A.
«Medical Ethics.» in: Mukhopadhyay, A. (Hrsg.) *The State of India's Health.* Voluntary Health Association of India. New Delhi 1992, S. 365–376
Government of India
Health Information India. New Delhi 1990, S. 29, 90, 208
Central Council of Health and Central Family Welfare Council: Report of the 9th Joint Conference. New Delhi 1983
Government of India, Ministry of Health
Health Survey and Development Committee (Bhore Committee, Vol. I, II, III). New Delhi 1946
Herrlich, A.
Die Pocken. Stuttgart 1967
Hirsch, A.
Handbuch der historisch-geographischen Pathologie, Bd. I. S. 144 Stuttgart 1881 (2. Aufl.)
Jaggi, O. P.
Indian System of Medicine. Delhi 1973
Kabra, S. G. / Saraf, D. N.
»Legal Issues Relating to Health.» in: Mukhopadhyay, A. (Hrsg.) *The State of India's Health.* New Delhi 1992, S. 351–363
Marriot, M.
«Western Medicine in a Village of Northern India.» in: Paul, B. D. (ed.) *Health, Culture and Community.* New York 1955, S. 239–268
Mukhopadhyay, A.
«Health Systems and Services.» in: Mukhopadhyay, A. (Hrsg.) *The State of India's Health.* New Delhi, 1992.p. 53–86
Mukhopadhyay, A. (Hrsg.)
The State of India's Health. New Delhi 1992, p. 80–85
Myrdal, G.
Asian Drama. Harmondsworth, 1968
Schumann, U.
«Homöopathie in der modernen indischen Gesundheitsversorgung: Ein Medium kultureller Kontinuität». In: Pfleiderer, B. (Hrsg.) *Medizin-Kultur im Vergleich,* Bd. 7. Münster, Hamburg 1993
Sinha, N. K.
«Family Welfare.» in: Mukhopadhyay, A. (Hrsg.) *The State of India's Health.* New Delhi 1992, S. 189–228

XX. Naturwissenschaftliche und technologische Forschung (Gisbert Freiherr zu Putlitz und Thomas Schmitt)

Alam, G. / Langrish, J.
«Government Research and Its Utilization by Industry: The Case of Industrial Civil Research in India.» *Research Policy,* Vol. 13, 1984, S. 55–61
Chidambaram, R. / Kakodkar, A. / Rodriguez, P.
«Nuclear Technology: Power to the People.» *IEEE Spectrum,* March 1994, S. 36–39

Desai, A. V.
«The Origin and Direction of Industrial R&D in India.» *Research Policy*, Vol. 9, 1980, S. 74–96
«India's Technological Capability: An Analysis of its Achievements and Limits.» *Research Policy*, Vol. 13, 1984, S. 303–310
Engelmann, P. / Dhar, J.
20 Years of Bilateral Cooperation Between the Federal Republic of Germany and the Republic of India. Jülich 1994
Evaluation Committee for the Indo-German Cooperation in Science and Technology
Report to the Minister for Science and Technology of the Republic of India and the Federal Minister for Research and Technology of the Federal Republic of Germany. Volume 1: *Report of the Evaluation Committee*. (ed. by Th. Schmitt); Volume 2: *Reports of the Expert Groups*. Ladenburg / New Delhi 1990
Government of India, Department of Science and Technology
Research and Development Statistics 1990–91. New Delhi 1992
Government of India, Department of Science and Technology
Research and Development Statistics 1992–93. New Delhi 1994
Jayaraman, K. S.
«An Unwelcome Export Success.» *Nature*, Vol. 366, 13. 12. 1993, S. 618
»Data Delivery to the People.» *Nature*, Vol. 366, 13. 12. 1993, S. 622
Kohli, F. C.
«Software: a Recognizable Export, at last.» *IEEE Spectrum*, March 1994, S. 32–34
Maddox, J.
«Science in India.» (Dossier aus mehreren Artikeln) *Nature*, Vol. 366, 13. 12. 1993, S. 611–627
Mahanty, J.
«Science in the Universities since 1947.» in: Nanda, B. R. (ed.) *Science and Technology in India*. New Delhi 1977, S. 112–123
Pradhan, B. D.
«Telecommunications: at least a Phone in Every Village.» *IEEE Spectrum*, March 1994, S. 43–47
Price, D. de Solla
«India as a Small, Highly Developed Scientific Nation.» in: Sharma, K. D. / Qureshi, M. A. (eds.) *Science, Technology and Development: Essays in Honour of A. Rahman*. New Delhi 1978, S. 329–335
Soota, A.
«A Partner on the Other Side of the Globe.» *IEEE Spectrum*, March 1994, S. 34–36
Subrahmanian, K. K.
«Regional Development Aspect of Technology Policy.» in: Sharma, K. D. / Qureshi, M. A. (eds.) *Science, Technology and Development: Essays in Honour of A. Rahman*. New Delhi 1978, S. 336–346
Thacker, M. S.
«Development of Technical Education in India.» in: Nanda, B. R. (ed.) *Science and Technology in India*. New Delhi 1977, S. 134–144
Varadarajan, S.
«Science and Industry.» in: Nanda, B. R. (ed.) *Science and Technology in India*. New Delhi 1977, S. 64–75
Visvanathan, S.
Organizing for Science: The Making of an Industrial Research Laboratory. Delhi 1985
Zorpette, G.
«Technology in India.» *IEEE Spectrum*, March 1994, S. 25–32

Sechster Teil: Der Staat

XXI. Parlamentarische Demokratie und Föderalismus (Dietmar Rothermund)

Austin, G.
The Indian Constitution: Cornerstone of a Nation. Oxford 1966
Baral, L. R. (ed.)
South Asia: Democracy and the Road Ahead. Kathmandu 1992
Brass, P.
The Politics of India since Independence. Cambridge 1990
Chowdhary, R.
Ideology and Politics of Ruling Parties in India. New Delhi 1991
Mitra, S. K. (ed.)
Electoral Politics in India. A Changing Landscape. New Delhi 1992
Morris-Jones, W. H.
Parliament in India. Philadelphia 1957
The Government and Politics of India. London 1964
Overstreet, G. / Windmiller, M.
Communism in India. Berkeley 1959
Rothermund, D.
Staat und Gesellschaft in Indien. Mannheim 1993
Weiner, M.
Party Politics in India. Princeton 1957
The Congress Party of India. The Dynamics of One Party Democracy. Chicago 1967

XXII. Rechtssystem und Verfassung (Dieter Conrad)

A) Recht

Baxi, U.
The Crisis of the Indian Legal System. Delhi 1982
Bhattacharjee, A. M.
Hindu Law and the Constitution. Calcutta 1994 (2. ed.)
Muslim Law and the Constitution. Calcutta 1985
Conrad, D.
«Die Zukunft des indischen Rechtsstaats» in: D. Rothermund (Hrsg.) *Erste Heidelberger Südasiengespräche.* Stuttgart 1990, S. 55 ff.
Derrett, J. D. M.
Introduction to Modern Hindu Law. London 1963
Dhagamwar, V.
Towards the Uniform Civil Code. Bombay 1989
Fyzee, A. A. A.
Outlines of Mohammedan Law. Bombay 1974 (4th ed.)
Gledhill, A.
The Republic of India. The Development of its Laws and Constitution, London 1964 (2nd ed.)
Hooker, M. B.
Legal Pluralism. An Introduction to Colonial and Neo-colonial Laws. Oxford 1975
Jain, M. P.
Outlines of Indian Legal History. Bombay 1990 (6th ed.)
Minattur, J. (ed.)
The Indian Legal System. Bombay 1978

Rankin, G. C.
Background to Indian Law. Cambridge 1946
Setalvad, M. C.
The Common Law in India. Bombay 1970 (Neudr.)
Tahir Mahmood
Personal Laws in Crisis. New Delhi 1986

B) Verfassung

Agrawala, S. K.
Public Interest Litigation in India. A Critique. Bombay 1985
Austin, G.
The Indian Constitution: Cornerstone of a Nation. Oxford 1966
Basu, D. D.
Commentary on the Constitution of India. Calcutta 1973 ff (6th ed.)
Conrad, D.
«Indien und seine föderative Verfassung.» *Politische Studien*, Sonderheft 1, 1990, S. 103 ff.
«Indien. Verfassung, Verwaltung, Recht.» in: *Staatslexikon*, 7. Aufl. Bd. 7 Freiburg 1993, S. 723 ff.
«Konstitutionelles Ausnahmerecht in Indien.» *Jahrbuch des öffentlichen Rechts, N.F.* 19, 1970, S. 589 ff.
Galanter, M.
Competing Equalities. Law and the Backward Classes in India. Berkeley 1984
Jain, M. P.
Indian Constitutional Law, Bombay 1987 (4th ed.)
Jain, M. P. / Jain, S. N.
Principles of Administrative Law. Bombay 1986 (4th ed.)
Jain, S. N.
Administrative Tribunals in India. Bombay 1977
Ramachandran, V. G.
Administrative Law. Lucknow 1984 (2nd ed.)
Servai, H. M.
Constitutional Law of India. 2 Bde. Bombay 1991 u. 1993 (4. ed.)
Shiva Rao, B. (ed.)
The Framing of India's Constitution. 5 Bde. Bombay 1968
Shukla, V. N.
V. N. Shukla's Constitution of India. Ed. by. M. P. Singh. Lucknow 1994 (9th ed.)

XXIII. Die Verteidigung (Dipankar Banerjee)

Baranwal, J. (ed.)
Military Yearbook. New Delhi 1980–1993 / 94
Cohen, S. P.
The Indian Army – Its Contribution to the Development of a Nation. Berkeley 1971
Das, C. N.
Traditions and Customs of the Indian Army. New Delhi 1989
Gaylor, J.
Sons of John Company – The Indian and Pakistan Armies, 1903–91. New Delhi 1992
Longer, V.
Red Coats to Olive Green – A History of the Indian Army 1600–1974. New Delhi 1984

Mason, P.
A Matter of Honour – An Account of the Indian Armed Forces. London 1974
Ministry of Defence
Annual Report. New Delhi 1975 / 76–1993 / 94
Praval, K. C.
Indian Army after Independence. New Delhi 1987
Sinha, S. K.
Soldier Recalls. New Delhi 1992
Thorat, S. P. P.
From Reveille to Retreat. New Delhi 1986

XXIV. Die Außenpolitik (Citha D. Maaß)

Ganguly, S.
«The Sino-Indian Border Talks, 1981–1989. A View from New Delhi.» in: *Asian Survey* Vol. 29, Nr. 12, 1989, S. 1123–1135
Horn, R.
Soviet-Indian Relations. Issues and Influence. New York 1982
Ispahani, M.
«India's Role in Sri Lanka's Ethnic Conflict.» in: Levite, A. E. / Jentleson, B. W. / Berman, L. (eds.) *Foreign Military Intervention*. New York 1992, S. 210–239
Lamb, A.
Birth of a Tragedy. Kashmir 1947. Hertingfordbury 1994
Kashmir. A Disputed Legacy 1846–1990. Hertingfordbury 1991
Maaß, C. D.
«Umorientierung der indischen Außenpolitik nach dem Kalten Krieg.» in: *Aussenpolitik*, 44. Jg., 1. Quartal, 1993, S. 34–43
Mansingh, S.
India's Search For Power. Indira Gandhi's Foreign Policy 1966–1982. New Delhi 1984
«India-China Relations in the Post-Cold-War Era.» in: *Asian Survey* Vol. 34, Nr. 3, 1994, S. 285–300
Maxwell, N.
India's China War. London 1970
Palmer, N. D.
The United States and India. The Dimensions of Influence. New York 1984
Rajan, M. S. (ed.)
India's Foreign Relations during the Nehru Era. Bombay 1976
Sen Gupta, B.
The Afghan Syndrome. How to Live with Soviet Power. New Delhi 1982
Smith, C.
India's Ad Hoc Arsenal. Direction or Drift in Defence Policy? Stockholm 1994
Thakur, R.
«Normalizing Sino-Indian Relations.» in: *The Pacific Review* Vol. 4, Nr. 1, 1991, S. 5–18
Thomas, R. C.
Indian Security Policy. Princeton 1986

XXV. Die deutsch-indischen Beziehungen (Dietmar Rothermund)

Hierzu gibt es keine aktuelle Monographie. Allein über die naturwissenschaftlich-technische Zusammenarbeit ist 1994 ein Bericht erschienen. Siehe die Literaturangaben zu Kap. XX, besonders den Bericht von P. Engelmann und J. Dhar.

Weitere Literatur:
Diehl, G.
Die indischen Jahre. Erfahrungen eines deutschen Botschafters. Frankfurt am Main 1991
Halbfass, W.
Indien und Europa: Perspektiven ihrer geistigen Begegnung. Basel 1981
Leifer, W.
Indien und die Deutschen. 500 Jahre Begegnung und Partnerschaft. Tübingen 1969
Leifer, W. (ed.)
Bombay and the Germans. Bombay 1975
Rothermund, D.
The German Intellectual Quest for India. New Delhi 1986
Rothermund, D. (Hrsg.)
Erste Heidelberger Südasiengespräche (Indien). Stuttgart 1990
«Utopie – Projektion – Gegenbild. Indien in Deutschland.» Themenheft der *Zeitschrift für Kulturaustausch* mit Beiträgen von A. Bhatti, V. Dalmia-Lüderitz, G. Dharampal-Frick, M. Fuchs, W. Halbfass, R. Lotz, J. Lütt, H. Rau, R. P. Sieferle, P. Talgeri. *Zeitschrift für Kulturaustausch* 37, Nr. 3, 1987

Siebter Teil: Die Wirtschaft

XXVI. Die Stadien der wirtschaftlichen Entwicklung (Dietmar Rothermund)

Ahluwalia, I. J.
Industrial Growth in India. Stagnation since the Mid-Sixties. Delhi 1985
Aiolfi, S.
Calicos und gedrucktes Zeug. Die Entwicklung der englischen Textilveredelung und der Tuchhandel der East India Company, 1650–1750. Stuttgart 1987
Ambirajan, S.
Political Economy and British Policy in India. Cambridge 1978
Political Economy and Monetary Management. India 1766- 1914. Madras 1984
Bagchi, A. K.
Private Investment in India, 1900–1939. Cambridge 1972
Bhatia, B. M.
Famines in India. London 1963
Blyn, G.
Agricultural Trends in India. Output, Availability and Productivity, 1891–1947. Philadelphia 1966
Chatterjee, B.
Trade, Tariffs and Empire. Lancashire and British Policy in India, 1919–1939. Delhi 1992
Chaudhuri, K. N.
The Trading World of Asia and the East India Company, 1660–1760. Cambridge 1978
Chowdhury, B. B.
The Growth of Commercial Agriculture in Bengal, 1759–1900. Calcutta 1964

Frankel, F.
India's Green Revolution. Economic Gains and Political Costs. Princeton 1971
Goldsmith, R. W.
The Financial Development of India, 1860–1977. New Haven 1983
Government of India, Ministry of Finance
Economic Survey 1993 / 94. New Delhi 1994 (und frühere Jahrgänge)
Hanson, A. H.
The Process of Planning. A Study of India's Five Year Plans, 1950–1964. London 1964
Heston, A.
«National Income.» in: Kumar, D. (ed.) *The Cambridge Economic History of India,* Vol. 2. Cambridge 1983, S. 376–462
Hurd, J. M.
«Railways.» in: Kumar, D. (ed.) *The Cambridge Economic History of India,* Vol. 2. Cambridge 1983, S. 737–761
Khusro, A. M.
The Indian Economy. Stability and Growth. New Delhi 1979
Managing the Indian Economy. New Delhi 1993
Knight, H.
Food Administration in India, 1939–1947. Stanford 1954
Kulke, H. / Rothermund, D.
Geschichte Indiens. Stuttgart 1982
Morris, M. D.
«The Growth of Large Scale Industry to 1947.» in: Kumar, D. (ed.) *The Cambridge Economic History of India.* Vol.2, Cambridge 1983, S. 553–676
Parikh, G. D. / M. N.Roy
Alphabet of Fascist Economics – A Critique of the Bombay Plan of Economic Development for India. Calcutta 1944
Raj, K. N.
«India: Monetary and Financial System.» in: Newman, P. et al. (eds.) *The New Palgrave Dictionary of Money and Finance,* London 1992, Vol.2, S. 380–381
Reserve Bank of India
Report of the Committee to Review the Working of the Monetary System (Chairman: S. Chakravarty). Bombay 1985
Rothermund, D.
Indien und die Sowjetunion. Tübingen 1968
Government, Landlord and Peasant in India. Agrarian Relations under British Rule, 1860–1935. Wiesbaden 1978
«Die Anfänge der indischen Wirtschaftsplanung im Zweiten Weltkrieg.» in: Halblützel, P. et al. (Hrsg.) *Dritte Welt: Historische Prägung und Politische Herausforderung* (Festschrift für R. v. Albertini). Wiesbaden 1983, S. 81–93
Indiens wirtschaftliche Entwicklung. Von der Kolonialherrschaft bis zur Gegenwart. Paderborn 1985
«The Legacy of the British-Indian Empire in Independent India.» in: Mommsen, W. / Osterhammel, J. (eds.) *Imperialism and after.* London 1986, S. 139–159
An Economic History of India. London (2. Aufl.) 1993
India in the Great Depression, 1929–1939. New Delhi 1992
Rothermund, D. (Hg.)
Erste Heidelberger Südasiengespräche (Indien). Stuttgart 1990
Schelkle, W.
Konstitution und Erosion einer Geldwirtschaft. Entwicklungsprobleme Indiens seit der Unabhängigkeit. Berlin (Deutsches Institut für Entwicklungspolitik) 1992

Sen, S.
Colonies and the Empire. India 1890–1914. Calcutta 1992
Specker, K.
Weber im Wettbewerb. Das Schicksal der südindischen Textilhandwerker im 19. Jahrhundert. Wiesbaden 1984
Thakurdas, P. et al.
A Brief Memorandum Outlining a Plan of Economic Development for India. Bombay 1944
Tischner, H.
Die wirtschaftliche Entwicklung Indiens 1951–1978 unter besonderer Berücksichtigung der Auslandshilfe. Berlin 1981
Tomlinson, B. R.
The Economy of Modern India, 1860–1970 (The New Cambridge History of India, Vol. 3.3) Cambridge 1993

XXVII. Finanzsystem und Geldverfassung (Waltraud Schelkle)

Aufricht, H. (Hrsg.)
Central Banking Legislation. Washington D. C. 1961
da Costa, E. P.
Reserve Bank of India, Fifty Years (1935–85). Bombay 1985
Dandekar, V. M.
«Limits of Credit, not Credit Limits.» *Economic and Political Weekly*, 25. 9. 1993, S. A86ff.
Desai, A. V.
My Economic Affair. New Delhi 1993
Goldsmith, R. W.
The Financial Development of India 1860–1977. New Haven 1983
Gupta, S. B.
Monetary Economics. Institutions, Theory and Policy. Delhi 1990 (2. Aufl.)
Khatkhate, D. R.
«Monetary Policy in India. A Command Approach.» *Economic and Political Weekly*, 18. 8. 1990, S. 1856–1858
Kumar, B.
Monetary Policy in India. Delhi 1983
Lal, M. V.
Development Banks. Growth – Organizational Structure – Operational Policy. Delhi 1990
Morris, F.
India's Financial System. An Overview of Its Principal Structural Features. (World Bank Staff Working Papers No. 739). Washington, D. C. 1985
Reserve Bank of India
Report on Trend and Progress of Banking in India. Bombay, erscheint jährlich
Reserve Bank of India
Report of the Committee on the Financial System. Delhi 1991
Riese, H.
Geld im Sozialismus. Zur theoretischen Fundierung von Konzeptionen des Sozialismus. Regensburg 1990
Roth, H.-D.
Institutioneller Agrarkredit und traditionelle Schuldverhältnisse. Beiträge zur Südasien-Forschung, Bd. 46. Wiesbaden 1978

Rothermund, D.
India in the Great Depression 1929–1939. New Delhi 1992
Wildenauer, C.
Von Geistern, Gold und Geldverleihern. Der informelle Finanzsektor Südindiens und Ansätze zu dessen Einbindung in den formellen Finanzsektor. Diskussionspapiere hrsg. von M. Trenk und D. Weiß. Berlin 1993
World Bank, India
Progress and Challenges in Economic Transition. Washington D. C. 1993

XXVIII. Die Liberalisierung der Wirtschaft (Hans Christoph Rieger)

Das, D.K
Import Canalisation. New Delhi 1991
Dhar, P. N.
«The Political Economy of Development in India.» *Indian Economic Review* Vol. 22, No, 1, S. 1–18
Government of India, Ministry of Finance
Economic Survey 1993 / 94. New Delhi 1994 (und frühere Jahrgänge)
Jha, L. K.
«New Thrusts in Indian Economy.» in: Datt, R. (ed.) *India's New Economic Policy*. New Delhi 1987, S. 27–37
Lal, D.
India. San Francisco 1988
McDonald, H.
«On Barren Ground.» *Far Eastern Economic Review*, 8. August 1991
Patel, I. G.
«New Economic Policy – An Assessment.» in: Datt, R. (ed.) *India's New Economic Policy*. New Delhi 1987
Rieger, H. C.
«Aktuelle Trends in der Wirtschaftspolitik.» in: Draguhn, W. (Hrsg.) *Indien in den 90er Jahren. Politisch-soziale Rahmenbedingungen*. Hamburg 1989
Sathe, V.
«Planning Processes and New Directions of Policy.» in: Datt, R. (ed.) *India's New Economic Policy*. New Delhi 1987, S. 38–54
Sinha, J. B.
Work Culture in the Indian Context. New Delhi 1990

XIX. Genossenschaften, Gewerkschaften und Verbände (Dietmar Rothermund)

A) Genossenschaften

Attwood, D. W.
«Does Competition help Cooperation?» *The Journal of Development Studies*. 2, 1989, S. 5–27
Bergmann, T.
Die Genossenschaftsbewegung in Indien. Frankfurt / M. 1971
Khanna, B. S.
Rural Development in South Asia, Vol. I: India. New Delhi 1991
Sharma, A. N.
Economic Structure of Indian Agriculture. Bombay 1984
Somjee, A. H. / Somjee, G.
«Cooperative Dairying and the Profiles of Social Change in India» *Economic Development and Cultural Change*. 26, 1978, S. 577–590

B) Gewerkschaften

Ramanujam, G.
Indian Labour Movement. New Delhi 1986

Karnik, V. B.
Indian Trade Unions. A Survey, Bombay. 1978 (3. Aufl.)

Myers, A. C. / Kannappan, S.
Industrial Relations in India. London 1970 (2. Aufl.)

C) Verbände

Fadia, B.
Pressure Groups in Indian Politics. New Delhi 1980

XXX. Infrastruktur: Transport und Kommunikation (Wolfgang-Peter Zingel)

Dalvi, M. G.
«Rail Development Policy and Structural Reforms.» *The Indian Economic Journal* Vol. 41, No. 2, 1993, S. 13–26

Datt, R. / Sundharam, K. P. M.
Indian Economy. New Delhi 1989

Ellis, R.
India by Rail. Chalfont St. Peter 1989

Government of India, Ministry of Finance
Economic Survey 1993–94. New Delhi 1994 (und frühere Jahrgänge)

Government of India, Ministry of Information and Broadcasting, Publications Division
India 1993: A Reference Annual. New Delhi 1994

Hurd, J. M.
«Railways.» in: Kumar, D. (ed.) *The Cambridge Economic History of India,* Vol. 2. Cambridge 1983, S. 737–761

Jha, R. / Sahni, B. S.
«Efficiency Profile of the Locomotive Industry in India: Translog Cost Function Estimates and Allocative Efficiency.» *The Indian Economic Journal* Vol. 42, No. 2, 1993, S. 38–47

Nanavati, A. / Patel, B. C.
«Labour Productivity in Indian Railways.» *The Indian Economic Journal* Vol. 41, No. 2, 1993, S. 128–136

Pet, P. C. et al.
Rail Across India. New York 1985

Schmidt, F.
«Die Eisenbahnen in Indien.» in: *Dampf & Reise* Nr. 12 / 13. *Überseeische Bahnen* 3+4 (Dez 1988 – Feb 1989). Krefeld, S. 38–61

Theroux, P. / McCurry, S.
The Imperial Way: Making Tracks from Peshawar to Chittagong. London 1985

Withcombe, E.
«Irrigation.» in: Kumar, D. (ed.) *The Cambridge Economic History of India,* Vol. 2. Cambridge 1983, S. 677–737

IV.
Abbildungsnachweis

Aspekte der Indischen Kunst: Archiv J. K. Bautze. *Handwerk und Volkskunst:* Archiv Jain-Neubauer. *Geschichte und Konzepte der indischen Musik:* Abb. 1 (Chaitanya Deva, B., Musical Instruments of India. Calcutta 1978), Abb. 2 (Gosvami, O., The Story of Indian Music. Bombay 1957), Abb. 3 (Schallplatte Philips 6586023), Abb. 4 (Jenkins, J./Olsen, P. R., Music and Musical Instruments in the World of Islam. London 1976), Abb. 5 (Archiv J. Kuckertz), Abb. 6 (wie Abb. 4), Abb. 7 (The World of Music. Internationales Institut für Vergleichende Musikstudien und Dokumentation, Berlin, Hrsg.), Abb. 8 und 9 (wie Abb. 7), Abb. 10 (Sambamoorthy, P., Layavadyas, New Delhi 1959), Abb. 11 (Schallplatte BM 2021 = India IV), Abb. 12 (Schallplatte Anth. of N. Ind. Class. M. Vol. III, BM 2053). *Tanz und Theater:* Abb. 1–4 (Sunil Janah, IGNCA Archiv, New Delhi), Abb. 5 (IGNCA Archiv, New Delhi), Abb. 6 (Sangeet Natak Akademi, New Delhi), Abb. 7 (wie Abb. 1), Abb. 8 (Ashish Khokar), Abb. 9 (wie Abb. 7).

V. Register

VI.
Autorinnen und Autoren

Banerjee, Dipankar, Major General, geb. 1941. M.A. in Political Sciences und M.Sc. in Defence Studies. 1960 Offizier beim Eliteregiment der First Gorkha Rifles, dessen Kommandeur er heute ist. Unterrichtete an verschiedenen Militärakademien in Indien. Nach 1980 Leitender Offizier im Indian Military Training Team der Royal Bhutanese Army; 1987–90 Forschungen am Institute for Defence Studies; 1991 Deputy Director of the Institute for Defence Studies and Analyses. Träger der Ati Vishisht Seva Medal (Distinguished Service Medal). Buchveröff.: *The Korean War 1950–53,* New Delhi 1980; *Tactical Appreciations Made Easy,* New Delhi 1980; *Arab-Israeli Wars 1967–73,* New Delhi 1980; Koautor der Jahresbände 1980/81/82 von *World Today*; Editor von *Southeast Asia and India,* New Delhi 1994 und *Security in the New World Order – An Indo-French Dialogue,* New Delhi 1994; Koeditor von *Central Asia – An Analysis of Current Situation and Future Prospects,* New Delhi 1993. Außerdem zahlreiche Artikel über nationale und internationale Sicherheit sowie Fragen der atomaren Rüstung und der internationalen Vertrauensbildung. – Maj. Gen. Dipankar Banerjee, AVSM, Deputy Director, Indian Institute for Defence Studies and Analyses, Sapru House, Barakhamba Rd., New Delhi 110001.

Bautze, Joachim Karl, geb. 1952. Studium der Religionswissenschaft, indischen Philologie und indischen Kunstgeschichte an der FU Berlin. 1982 Promotion, 1990 Habilitation. Mitarbeit an mehreren Ausstellungen indischer Kunst (1987 Amsterdam, 1991 Stuttgart und Dresden jeweils mit illustriertem Katalog, 1993 Hamburg und 1995 Stuttgart mit Katalogbeitrag). Seit Sommersemester 1992 Lehrstuhlvertretung am Südasieninstitut der Univ. Heidelberg. Veröff.: *Drei «Bundi-Ragamalas». Ein Beitrag zur Geschichte der Rajputischen Wandmalerei,* Stuttgart 1987. – Dr. Joachim Bautze, Abt. Kunstgeschichte, Südasieninstitut der Universität Heidelberg, Im Neuenheimer Feld 330, 69120 Heidelberg.

Berger, Hermann, geb. 1926. Studium der Indologie, Indogermanistik und Semitistik. Promotion und Habilitation in München. 1962–64 Gastprofessor am Sanskrit College in Kalkutta. 1964 Professor für Indologie am Südasieninstitut der Univ. Heidelberg. Forschungsaufenthalte in Indien und Pakistan. Seit 1981 Mitglied der Heidelberger Akad. der Wissenschaften. Veröff.: *Zwei Probleme der mittelindischen Lautlehre,* 1955; *Das Yasin-Burushaski* (Werchikwar), 1974; *Die Mythologie der Zigeuner,* in: Wörterbuch der Mythologie, hrsg. von H. W. Haussig, 1965ff. – Prof. Dr. Hermann Berger, Humboldtstr. 8, 69120 Heidelberg.

Berkemer, Georg, geb. 1957. 1978–85 Studium der Ethnologie, Indologie und Geschichte in Heidelberg, Madison und Visakhapatnam. 1986–88 DAAD-Stipendiat in Indien. 1991 Promotion zum Dr. phil. (Geschichte) in Heidelberg. 1988–91 Wiss. Mitarb. am Hist. Seminar der Univ. Kiel. 1991–94 Hochschulass. am Lehrstuhl für Indologie in Kiel. Seit 1994 Wiss. Ass. am Südasieninstitut der Univ. Heidelberg. Veröff.: *Little Kingdoms in Kalinga – Ideologie, Legitimation und Politik regionaler Eliten,* 1991, sowie Aufsätze zur Geschichte Südasiens. – Dr. Georg Berkemer, Abt. Geschichte, Südasieninstitut der Universität Heidelberg, Im Neuenheimer Feld 330, 69120 Heidelberg.

BÖCK, MONIKA, geb. 1958. Studium der Ethnologie, Kunstgeschichte und Empirischen Kulturwissenschaften in Tübingen. Dozentin am Institut für Völkerkunde der Univ. Köln. Feldforschung im nordöstlichen Indien. Veröff.: *Individual flexibility of cultural models: knowledge of kinship among the Khasi of Meghalaya,* in: Kinship and exchange, ed. by Thomas Schweizer & Douglas White; Cambridge, forthcoming; *Cultur, creation and procreation: concepts of kinship in South Asian practice* (Hg. mit Aparno Rao). – Monika Böck, M. A., Institut für Völkerkunde der Universität Köln, Albertus-Magnus-Platz, 50931 Köln.

BOHLE, HANS-GEORG, geb. 1948. 1968–1974 Studium der Geographie, Anglistik, Pädagogik und Philosophie in Göttingen. 1979 Promotion zum Dr. phil., 1985 Habilitation zum Dr. rer. nat. habil. 1986 Professor und ab 1989 Direktor am Institut für Kulturgeographie der Univ. Freiburg i. Br. Seit 1995 Ordinarius für «Geographie Südasiens» am Südasieninstitut der Univ. Heidelberg. Veröff. u. a.: *Das Cauvery Delta Südindien,* 1981; *Südindische Wochenmarktsysteme,* 1985. Zahlreiche Bücher und Zeitschriftenbeiträge zu Südasien und zur internationalen Hungerkrisenforschung. – Prof. Dr. Hans-G. Bohle, Abt. Geographie, Südasieninstitut der Universität Heidelberg, Im Neuenheimer Feld 330, 69120 Heidelberg.

BRONGER, DIRK, geb. 1938. Studium der Geschichte, Geographie und politischen Wissenschaften in Kiel, Tübingen und Hamburg. Promotion 1966, Habilitation 1973. Seit 1976 Professor für Geographie an der Ruhr-Univ. Bochum. Von 1975 bis 1979 Gastprofessor an der Univ. of the Philippines (Metro Manila). Wichtigste Veröff.: *Der Kampf um die sowjetische Agrarpolitik 1925–1929,* Köln 1967; *Formen räumlicher Verflechtung von Regionen in Andhra Pradesh/Indien als Grundlage einer Entwicklungsplanung,* Paderborn 1976; *Die Industrie der Philippinen,* Hamburg 1979; *Indien,* Stuttgart 1986 (mit N. v. d. Rühren); *Die Philippinen: Raumstrukturen, Entwicklungsprobleme, Regionale Entwicklungsplanung,* Hamburg 1987; *Indien,* Gotha 1995; Mitherausgeber und Hauptautor des Bandes 2 der Fischer Länderkunde: *Südasien* (1977). – Prof. Dr. Dirk Bronger, Fakultät für Geowissenschaften, Universität Bochum, Universitätsstraße 150, 44780 Bochum.

CONRAD, DIETRICH (DIETER), geb. 1932. Studium der Rechtswissenschaft in Tübingen, Freiburg, Heidelberg sowie an der Univ. of Michigan Law School, Ann Arbor (USA). 1. und 2. juristisches Staatsexamen 1955 und 1963. Master of Laws in Comparative Law, Ann Arbor 1958. Promotion Heidelberg 1963. Wiss. Mitarbeiter am Südasieninstitut der Univ. Heidelberg, Aufbau und Vertretung der Fachrichtung Rechtswissenschaft für die Länder Südasiens. Freier Mitarbeiter für das Referat Südasien am Max Planck Institut für ausländisches öffentliches Recht und Völkerrecht in Heidelberg. Honorarprofessor des Indian Law Institute, Delhi. Veröff.: *Limitation of Amendment Procedures and the Constituent Power,* in: Indian Yearbook of International Affairs 15/16 (1970); *Von der Teilung Indiens zur Teilung Pakistans: staatsrechtliche Aspekte,* in: Internationales Asienforum 4 (1973); *Der Begriff des Politischen, die Gewalt und Gandhis gewaltlose politische Aktion,* in: J. Assmann u. a. (ed.), *Kultur und Konflikt,* Frankfurt 1990. – Dr. Dieter Conrad, Abt. für Rechtswissenschaft, Südasieninstitut der Universität Heidelberg, Im Neuenheimer Feld 330, 69120 Heidelberg.

DIESFELD, HANS JOCHEN, geb. 1932. Studium der Medizin. Staatsexamen und Promotion in München 1957. Arzt für Innere Krankheiten, Tropenmedizin. Diplom in Tropical Public Health, Univ. London 1966. Habilitation in Heidelberg 1969. Seit 1976 Ordinarius und ärztlicher Direktor der Abt. Tropenhygiene und öffentliches

Gesundheitswesen, Südasieninstitut der Univ. Heidelberg. Veröff. zu Tropenmedizin, Geomedizin, Parasitologie, Medizin in Entwicklungsländern. Buchveröff. u. a.: *Gesundheitsproblematik der Entwicklungsländer,* Darmstadt 1989. – Prof. Dr. Hans Jochen Diesfeld, Institut für Tropenhygiene, Südasieninstitut der Universität Heidelberg, Im Neuenheimer Feld 324, 69120 Heidelberg.

GENSICHEN, HANS-WERNER, geb. 1915. Studium der Theologie und Religionswissenschaft in Leipzig, Königsberg, Tübingen, Göttingen und Princeton, N.J., USA. Promotion 1942, Dr. theol. h.c. 1958, Habilitation 1950. Professor für Kirchengeschichte und Theologie in Tranquebar und Madras (Indien), 1952–1957. Seit 1957 o. Professor für Religionsgeschichte und Missionswissenschaft in Heidelberg. Seit 1983 emeritiert. Gastprofessuren in Singapore (1980), Bangalore (1986) u. a. Veröff. u. a.: *The Elements of Ecumenism,* 1954; *Die Kirche von Südindien,* ²1960; *Living Mission,* 1966; *Glaube für die Welt,* 1971; *Missionsgeschichte der neueren Zeit,* ³1976; *Weltreligionen und Weltfriede,* 1985. – Prof. Dr. Hans Werner Gensichen, Eckenerstraße 1, 69121 Heidelberg.

JAIN-NEUBAUER, JUTTA, geb. 1951. 1971–78 Studium der Indologie, Indischen Kunstgeschichte und Neueren Indischen Sprachen in Marburg, Heidelberg und Bonn. 1976–78 DAAD Stipendiat in Indien. 1980 Promotion zum Dr. phil. (Ind. Kunstgeschichte) in Bonn. 1981–84 Feodor-Lynen-Stipendium der Alexander-von-Humboldt-Stiftung. 1984–88 Projektleiter für verschiedene Dokumentationen historischer Monumente in verschiedenen Regionen Indiens für Indian National Trust for Art and Cultural Heritage. Delhi: 1990/91 Visiting Scholar am National Museum Institute for the History of Art, Conservation and Museology, New Delhi. Veröff.: *The Stepwells of Gujarat in art-historical Perspective,* 1981; *Ramayana Miniatures in Pahari Painting,* 1981, sowie Aufsätze über indische Miniaturen, Wandmalereien, Monumente des westlichen Indiens und zu Aspekten der Volkskunst. – Dr. Jutta Jain-Neubauer, DII/11 Kaka Nagar, New Delhi 110003.

JOSEF KUCKERTZ, geb. 1930. Praktisch-musikalische Ausbildung an der Rheinischen Musikschule Köln 1952–1956. Studium der Musikwiss. mit Schwerpunkt Vergl. Musikwiss. an der Univ. zu Köln. Promotion 1962. Wiss. Assistent bis zur Habilitation 1967. Lehrtätigkeit im musikwiss. Institut der Univ. Köln, seit 1970 als Wiss. Rat und Professor. 1980 Professor für Vergl. Musikwiss. an der Freien Univ. Berlin. Seit 1967 Forschungsreisen in asiatische Länder, vor allem nach Indien. Veröff. u. a. (mit Dr. B. Chaitanya Deva): *Bhārūd Vaghya-muralī and the Daff-gān of the Deccan. Studies in the Regional Folk Music of South-India,* München-Salzburg 1981. – Prof. Dr. Josef Kuckertz, Institut für Musikwissenschaften, Freie Universität Berlin, Königin-Luise-Str. 29, 14195 Berlin.

LUTZE, LOTHAR, geb. 1927. Studium der Anglistik, Germanistik und russischen Philologie in Berlin. Promotion 1956. Indienaufenthalte und Studium neuerer indischer Sprachen und Literaturen (Hindi-Urdu, Bengali) seit 1960. Habilitation 1983. Aufbau des Faches Neuere Sprachen und Literaturen am Südasieninstitut der Univ. Heidelberg. Begründung der Neuen Indischen Bibliothek. Träger des Tagore- und des George-Grierson-Preises. Veröff. vor allem zur Literatursoziologie und vergl. Literaturwiss. u. a. *Hindi Writing in Post-colonial India,* 1985; literarische Übersetzungen aus dem Hindi, dem Bengali und dem indischen Englisch. – Prof. Dr. Lothar Lutze, Wexstraße 25, 10715 Berlin.

Maass, Citha D., geb. 1946. Studium der Politischen Wissenschaft, Volkswirtschaftslehre und Geschichte in Göttingen, München und New Delhi. Promotion 1980 in München. 1982–1986 Feodor-Lynen-Forschungsstipendiatin der Alexander-von-Humboldt-Stiftung an der Jawaharlal Nehru Univ., New Delhi. Seit 1990 wiss. Referentin (Südasien) der Stiftung Wissenschaft und Politik (SWP), Ebenhausen. Forschungs- und Vortragsreisen in Südasien. Veröff. u. a.: *Indien-Nepal-Sri Lanka: Süd-Süd-Beziehungen zwischen Symmetrie und Dependenz,* Wiesbaden 1982; zahlreiche Artikel über aktuelle politische Probleme Südasiens. – Dr. Citha D. Maaß, Stiftung Wissenschaft und Politik, Haus Eggenberg, 82067 Ebenhausen/Isar.

Gisbert Frhr. zu Putlitz, Dr. rer. nat., Professor für Physik an der Univ. Heidelberg und wiss. Mitglied des Max-Planck-Instituts für Kernphysik in Heidelberg. Forschungsschwerpunkte: Physik der Atome, der Elementarteilchen und der Quantenflüssigkeiten. Ehem. Wissenschaftlicher Direktor der Schwerionenforschungsanlage GSI in Darmstadt, Vorsitzender der Dachorganisation aller deutschen Großforschungseinrichtungen AGF, Rektor der Univ. Heidelberg und amtierender Rektor der Hochschule für Jüdische Studien. Verschiedene Preise, Orden und Ehrenpromotionen. Mitglied mehrerer wissenschaftlicher Akademien, darunter der Leopoldina und der Heidelberger Akademie der Wissenschaften. – Prof. Dr. Gisbert Freiherr zu Putlitz, Physikalisches Institut, Universität Heidelberg, Philosophenweg 12, 69120 Heidelberg.

Rao, Aparna, geb. 1950. Studium der Ethnologie, Soziologie, Kulturgeographie und Islamwissenschaften in Straßburg und Paris (Sorbonne). Wiss. Assistentin am Institut für Völkerkunde der Univ. Köln (1987–1988, 1990–1993). Vertreterin des Lehrstuhls für Ethnologie am Südasieninstitut der Univ. Heidelberg (1993–1995). Co-Vorsitzende der «International Commission on Nomadic Peoples» der «International Union of Anthropological and Ethnological Sciences». Veröff.: *Les Gorbat d'Afghanistan: Aspects économiques d'un groupe itinérant ‹Jat›,* Paris 1982; *The Other Nomads: Peripatetic Minorities in Cross-Cultural Perspective,* Köln 1987 (Hg.); *Entstehung und Entwicklung ethnischer Identität bei einer islamischen Minderheit in Südasien: Bemerkungen zur Geschichte der Bakkarwal im westlichen Himalaya,* Berlin 1988; M. J. Casimir/A. Rao, *Mobility and Territoriality. Social and Spatial Boundaries among Foragers, Fishers, Pastoralists and Peripatetics,* Oxford 1991 (eds.); E. Orywal/A. Rao/M. Bollig, *Kämpfen: Ursachen von Gewalt und Krieg in kulturvergleichender Sicht,* Münster 1995 (Hg.); *Autonomy: Life Cycle, Gender, and Status among Himalayan Pastoralists,* Oxford/New York 1996; A. Rao/M. Böck, *Culture, Creation, and Procreation: Concepts of Kinship in South Asian Practice,* Oxford/New York 1996 (eds.). – Dr. Aparna Rao-Casimir, Abt. für Ethnologie, Südasieninstitut der Universität Heidelberg, Im Neuenheimer Feld 330, 69120 Heidelberg.

Rieger, Hans Christoph, geb. 1934 in London. Studium Maschinenbau in England und Volkswirtschaft in Berlin und Karlsruhe (Dr. rer. pol. 1965). Ab 1963 Mitarbeiter des Südasieninstituts der Univ. Heidelberg, zur Zeit als Akademischer Oberrat. Dienstliche Auslandsaufenthalte: Indien (1965–70), Nepal (1972–74), Singapur (1980–87) und erneut Indien (1992–93). Veröff. u. a.: *Begriff und Logik der Planung,* 1967; *ASEAN Co-operation and intra-ASEAN Trade,* 1985; *ASEAN Economic Co-operation Handbook,* 1991; *Wenden in der Sackgasse: Probleme der wirtschaftlichen Neuordnung in Indien,* 1993. Aufsätze in wissenschaftlichen Zeitschriften und Sammelwerken. – Dr. Hans Christoph Rieger, Abt. für Wirtschaftswissenschaft, Südasieninstitut der Universität Heidelberg, Im Neuenheimer Feld 330, 69120 Heidelberg.

ROTHERMUND, CHITRA, M. A., geb. 1948. Studium der Germanistik in Bombay und der Sprachdidaktik in Heidelberg; Lehrtätigkeit in Bombay. – Chitra Rothermund, M. A., Oberer Burggarten 2, 69221 Dossenheim.

ROTHERMUND, DIETMAR, geb. 1933. Studium der Geschichte und Philosophie in Marburg, München und Philadelphia (Univ. of Pennsylvania). Ph. D. 1959. Habilitation 1967. Professor für Geschichte Südasiens, Univ. Heidelberg, seit 1968. Leiter des Südasieninstituts. Dekan der Philosophischen Fakultät der Univ. Heidelberg 1976/77. Fellow of the Royal Historical Society, London, seit 1988. Veröff. u. a.: *Die politische Willensbildung in Indien 1900–1960,* Wiesbaden 1965; *Government, Landlord and Peasant in India. Agrarian Relations under British Rule 1865–1935,* Wiesbaden 1978; *Geschichte Indiens* (mit H. Kulke), Stuttgart 1982; *Mahatma Gandhi. Der Revolutionär der Gewaltlosigkeit. Eine politische Biographie,* München 1984; *India in The Great Depression 1929–1939,* New Delhi 1992; *Geschichte als Prozeß und Aussage,* München 1994. – Prof. Dr. Dietmar Rothermund, Abt. Geschichte, Südasieninstitut der Universität Heidelberg, Im Neuenheimer Feld 330, 69120 Heidelberg.

SCHELKLE, WALTRAUD, geb. 1961. Studium der Volkswirtschaftslehre in Berlin und Durham/North Carolina. Promotion 1991 in Berlin. 1989–1992 wiss. Mitarbeiterin am Deutschen Institut für Entwicklungspolitik in Berlin. Seit 1992 Hochschulassistentin an der FU Berlin. Veröff.: *Konstitution und Erosion einer Geldwirtschaft: Entwicklungsprobleme Indiens seit der Unabhängigkeit,* 1991. Aufsätze zur monetären Entwicklungsökonomie und zur Wirtschaftspolitik in der Transformation von Planwirtschaften. – Dr. Waltraud Schelkle, Institut für die Theorie der Wirtschaftspolitik, Freie Universität Berlin, Boltzmannstraße 20, 14195 Berlin.

SCHMITT, THOMAS, geb. 1954. Ausbildung als Sozialarbeiter und Studium der Ethnologie, Islamwissenschaft und Indologie (Urdu) in Heidelberg. 1990 Magister der Ethnologie. 1980 und 1981/82 Teilnahme an kunsthist. Expeditionen in Nord-Pakistan, verbunden mit eigenen ethnogr. Untersuchungen. 1990 Betreuer der Geschäftsstelle der dt. Mitglieder des Evaluierungskomitees für die deutsch-indische Kooperation in Wissenschaft und Technologie. Ende 1990 bis 1993 wiss. Mitarbeiter an der Univ. Heidelberg. Seitdem wiss. Angestellter der Gottlieb Daimler- und Karl Benz-Stiftung, Ladenburg. – Thomas Schmitt, M. A., Gottlieb Daimler- und Karl Benz-Stiftung, Karl-Benz-Platz 2, 68526 Ladenburg.

SCHWERIN, KERRIN GRÄFIN V., geb. 1941. Studium der Geschichte, Soziologie und neuen indischen Sprachen in Berlin, Minnesota/USA und Heidelberg. Promotion 1971 in Heidelberg. Habilitation 1977 im Fach Neuere Geschichte Südasiens in Heidelberg. 1972–1977 Wiss. Assistentin in Heidelberg. 1977–1995 Priv. Doz. an den Univ. Heidelberg, Stuttgart, Berlin (FU) im Fach Geschichte Südasiens. Veröff. u. a.: *Heiligenverehrung im indischen Islam,* in: ZDMG 126 (1976); *Indirekte Herrschaft und Reformpolitik im indischen Fürstenstaat Hyderabad 1853–1911,* Wiesbaden 1980; *Die Stellung des Islams und des islamischen Rechts in ausgewählten Staaten: Indien,* in: Ende/Steinbach (Hrsg.), Der Islam in der Gegenwart, München 1984 (1. Aufl.); *Indien,* München 1988; *Rana-Herrschaft und Paläste im Kathmandu-Tal (1846–1951),* in: Saeculum 44, 2–4 (1993); *Der Viktorianische Kalte Krieg, Reiseberichte aus Tibet und Turkestan* (in Vorbereitung). – PD Dr. Kerrin Gräfin von Schwerin, Rüsternallee 2, 14050 Berlin.

Heinrich von Stietencron, geb. 1933. Seit 1973 Ordinarius für Indologie und Vergl. Religionswissenschaft an der Univ. Tübingen. Veröff. u. a.: *Indische Sonnenpriester,* Wiesbaden 1966; *Ganga und Yamuna,* Wiesbaden 1972; *Der Name Gottes* (Hrsg.), Düsseldorf 1975; *The Cult of Jagannath and the Regional Tradition of Orissa* (Co-Autor, Hrsg. A. Eschmann et al.), Delhi 1978; *Angst und Gewalt, ihre Präsenz und ihre Bewältigung in den Religionen* (Hrsg.), Düsseldorf 1979; *Dämonen und Gegengötter* (Hrsg., Saeculum 34, 3–4), Freiburg 1983; *Christentum und Weltreligionen* (Co-Autor, Hrsg. H. Küng), München/Zürich 1984; *Theologen und Theologien in verschiedenen Kulturkreisen* (Hrsg.), Düsseldorf 1986; *Krieg und Kultur* (Hrsg., Saeculum 37, 2), Freiburg 1986; *Das Alte Indien* (Co-Autor, Hrsg. G. Franz), München 1990; *Hahnenkampf. Gedichte von S. Mahapatra, ausgewählt und aus dem Oriya übertragen,* Frauenfeld 1991; *Angst und Religion* (Hrsg.), Düsseldorf 1991; *Epic and Puranic Bibliography (up to 1985) annotated and with indexes, two parts* (Co-Autor, Hrsg., Purana Research Publications, Tübingen, vol. 3), Wiesbaden 1992; *Töten im Krieg* (Hrsg. mit J. Rüpke, Veröffentlichungen des Instituts für Historische Anthropologie, Bd. 6), Freiburg 1995. Zahlreiche Fachbeiträge zur indischen Religionsgeschichte und zur allgemeinen Religionswissenschaft in wissenschaftlichen Zeitschriften und Sammelbänden. – Prof. Dr. Heinrich von Stietencron, Seminar für Indologie und Religionswissenschaft, Universität Tübingen, Münzgasse 30, 72070 Tübingen.

Stukenberg, Marla, geb. 1962. Studium der Politikwissenschaft, Germanistik und Mediavistik in Frankfurt a. M. und Freiburg. Promotion 1993. 1990–93 wiss. Mitarbeiterin am Arnold-Bergstraesser-Institut in Freiburg. 1993/94 Dozentenausbildung am Goethe-Institut. Veröff.: *Der Sikh-Konflikt im indischen Bundesstaat Punjab. Annäherung an das Psychogramm einer Ethnie,* in: ASIEN Heft 48, 1993, S. 58–71. *Der Sikh-Konflikt. Eine Fallstudie zur Politisierung ethnischer Identität,* Wiesbaden 1995; *Die Sikhs. Religion, Geschichte, Politik,* München 1995. – Dr. Marla Stukenberg, Horbener Str. 23, 79100 Freiburg.

Vatsyayan, Kapila, Dr., Akademische Direktorin des Indira Gandhi Centre of the Arts in New Delhi. Eine der Begründerinnen eines multidisziplinären Ansatzes in der Kunstwissenschaft als Grundlage für konzeptuelle Modelle zum Studium der indischen Kunst. Veröff. u. a.: *Classical Indian Dance in Literature and Arts,* New Delhi 1968; *The Square and the Circle of the Indian Arts,* New Delhi 1983; *Concepts of Space, Ancient and Modern,* New Delhi 1991. – Dr. Kapila Vatsyayan, Indira Gandhi National Centre for the Arts, Janpath, New Delhi 110001, Indien.

Zingel, Wolfgang-Peter, geb. 1943. Diplom-Volkswirt, Dr. rer. pol., Wiss. Mitarbeiter am Südasieninstitut der Univ. Heidelberg, Lehrstuhl für internat. Wirtschafts- und Entwicklungspolitik. Forschungsaufenthalte und -reisen in Südasien. Gastdozentur in Shimla 1989, Leitung der Zweigstellen des SAI in Islamabad (1980–82) und New Delhi (1990–92). Veröff. u. a.: *Struktur- und Entwicklungsprobleme Südasiens,* in: Handbuch der Dritten Welt, 3. Aufl., Bd. 7, Bonn 1994; *Pakistan,* ebda.; (Mithg.) *Neuere deutsche Forschung zu Geschichte und Kultur Pakistans,* Bonn 1994; *Pakistan: zweite Heidelberger Südasiengespräche,* Stuttgart 1992; *Bangladesh: dritte Heidelberger Südasiengespräche,* Stuttgart 1993. – Dr. Wolfgang-Peter Zingel, Abteilung Internationale Wirtschafts- und Entwicklungspolitik, Südasieninstitut der Universität Heidelberg, Im Neuenheimer Feld 330, 69120 Heidelberg.

Lexika zur Geschichte und Politik

Walther L. Bernecker
Spaniens Geschichte seit dem Bürgerkrieg
2., neubearbeitete und erweiterte Auflage. 1988.
310 Seiten mit 1 Karte. Paperback
Beck'sche Reihe Band 284

Werner Ende / Udo Steinbach (Hrsg.)
Der Islam in der Gegenwart
4., neubearbeitete und erweiterte Auflage. 1995.
Etwa 1040 Seiten mit etwa 15 Abbildungen und 2 Karten. Leinen

Gerhard Köbler
Historisches Lexikon der deutschen Länder
Die deutschen Territorien vom Mittelalter bis zur Gegenwart
5., vollständig überarbeitete Auflage. 1996. XL, 796 Seiten. Leinen
Beck's Historische Bibliothek

Siegfried Lauffer (Hrsg.)
Griechenland. Lexikon der historischen Stätten
Von den Anfängen bis zur Gegenwart
1994. 775 Seiten mit 14 Karten. Broschierte Sonderausgabe
Auch in Leinen erhältlich

Dieter Nohlen (Hrsg.)
Lexikon der Politik
Band 2: Politikwissenschaftliche Methoden
Herausgegeben von
Jürgen Kriz, Dieter Nohlen und Rainer-Olaf Schultze
1994. 579 Seiten mit 14 Abbildungen und 17 Tabellen. Leinen
Band 3: Die westlichen Länder
Herausgegeben von Manfred G. Schmidt
1992. 571 Seiten mit 4 Abbildungen und 56 Tabellen. Leinen
Band 6: Internationale Beziehungen
Herausgegeben von Andreas Boeckh
1993. 652 Seiten mit 6 Abbildungen und 6 Tabellen. Leinen

Hans-Joachim Torke (Hrsg.)
Lexikon der Geschichte Rußlands
Von den Anfängen bis zur Oktoberrevolution
1985. 446 Seiten mit 3 Karten. Leinen

Verlag C. H. Beck München